KRÖNERS TASCHENAUSGABE BAND 376

Europäische Kulturgeschichte

Herausgegeben von Andreas Gestrich

Band 1

Andreas Gestrich / Jens-Uwe Krause
Michael Mitterauer

Geschichte der Familie

*Mit 34 Abbildungen, 19 Grafiken,
17 Tabellen und 6 Karten*

ALFRED KRÖNER VERLAG STUTTGART

Gestrich/Krause/Mitterauer
Geschichte der Familie
Stuttgart: Kröner 2003
(Kröners Taschenausgabe; Band 376)
ISBN 3-520-37601-6

Gesamtherstellung: Friedrich Pustet, Regensburg

Inhalt

Vorwort

Mit diesem Band Geschichte der Familie wird eine neue Reihe zur Europäischen Kulturgeschichte eröffnet. Kultur ist in den letzten Jahren zu einem – nicht unumstrittenen – Leitbegriff der Humanwissenschaften geworden. Damit war allgemein ein Wandel und eine Ausweitung der traditionellen Bedeutung des Wortes ›Kultur‹ verbunden, die sich an dem Gebrauch des Begriffs im Bereich der Kulturanthropologie orientiert. Kultur wird danach gewissermaßen als ein Orientierungssystem verstanden, als ein System von Standardisierungen, das bewirkt, dass bestimmte Gruppen ihre natürliche und soziale Umgebung auf gleiche Weise wahrnehmen und sich so für die anderen verständlich und verlässlich darin verhalten, ohne dass dies auf die biologischen Determinanten des Lebens zurückgeführt werden kann.

Diese neue Reihe schließt an derartige erweiterte Definitionen von Kultur an. Im Vordergrund des Interesses stehen daher grundlegende Bereiche und Formen der Wahrnehmung und des sozialen Handelns, Basisstrukturen und -regeln des täglichen Lebens, ihre historischen Veränderungen und regionalen Variationen, aber auch ihre langfristige Konstanz und Einheitlichkeit. Diese Dimensionen erschließen sich meist nur dem Vergleich. Die Reihe versucht daher europäische Wahrnehmungs- und Lebensformen immer auch im Kontext und aus der Perspektive außereuropäischer Kulturmuster zu sehen.

Im Rahmen einer derart konzipierten Kulturgeschichte kommt dem Bereich der Familie sicher eine überragende Bedeutung zu. Denn einerseits sind gerade im Bereich der Familie die »Naturalisierungen« kultureller Zusammenhänge besonders häufig, wird soziales Verhalten besonders rasch mit angeblichen biologischen Determinanten erklärt. Andererseits war Familie immer ein bevorzugter Gegenstand ethnologisch-vergleichender Forschung und schließlich eines der großen »Wachstumsgebiete« der europäischen Sozialgeschichte der letzten Jahrzehnte. Der Stand der Vorarbeiten für ein solches Unternehmen ist daher vergleichsweise gut. So versucht dieser Band unterschiedliche Forschungsergebnisse und -traditionen aus der Perspektive einer Kulturgeschichte der Familie zusammenzuführen, den interdisziplinären

Forschungsstand problemorientiert, aber verständlich zu bilanzieren und, wo möglich, auch neue Forschungsperspektiven zu eröffnen.

Die Fertigstellung dieses Bandes hat sich durch einen beruflich bedingten Ortswechsel des Herausgebers und die damit verbundene Übernahme neuer Verpflichtungen stark verzögert. Die Manuskripte von Jens-Uwe Krause und Michael Mitterauer wurden beide bereits zu Beginn des Jahres 2000 abgeschlossen. Die inzwischen neu erschienene Literatur konnte nur noch teilweise berücksichtigt werden. Ich bedanke mich bei den Mitautoren sehr für ihre große Geduld. Dank schulde ich auch meinen Mitarbeiterinnen und Mitarbeitern Daniela Friedrichs, Henning Behrens, Simone Martini, Gabriele Lieser und Christa Roob, die bei Textkorrekturen und der Erstellung der Indices behilflich waren.

Der Band wurde umfangreicher als ursprünglich geplant. Ohne die großzügige finanzielle Hilfe der Werner-Zeller-Stiftung und der Berthold Leibinger Stiftung hätte der Druck vor allem nicht in dieser guten Ausstattung realisiert werden können. Herausgeber und Verlag danken für diese Unterstützung.

Dank gebührt schließlich dem Verlag, der das Unternehmen angeregt und trotz der Verzögerung von Seiten des Herausgebers geduldig gefördert hat.

Andreas Gestrich

Einleitung

von
Andreas Gestrich

Die europäische Geschichtsschreibung des 19. und auch 20. Jahrhunderts war von der nationalstaatlichen Sicht auf die Vergangenheit dominiert. Nach der Katastrophe des Zweiten Weltkriegs schwand deren Anziehungskraft allerdings und der Versuch des Aufbaus gemeinsamer politischer Institutionen und Strukturen lenkte auch den historischen Blick immer stärker auf reale oder vermeintliche Gemeinsamkeiten der europäischen Gesellschaften. Dabei werden Elemente wie die Prägung durch griechische und römische Antike, Judentum und Christentum, Aufklärung und Wissenschaft, Industrialisierung und Demokratie regelmäßig als Beispiele bemüht, um einen angeblich weit zurückreichenden einheitlichen Kulturraum und ein darauf aufbauendes Bewusstsein europäischer Zusammengehörigkeit zu konstruieren. Dies ist problematisch und geschieht vielfach mehr in politischer als in wissenschaftlicher Absicht.

Der geographische Raum Europas war trotz seiner geringen Fläche lange Zeit weder in seinen kulturellen, sozialen und politischen Strukturen noch im Bewusstsein seiner Bewohner eine Einheit. Provozierend fragte daher der Kulturhistoriker Peter Burke bereits vor zwei Jahrzehnten: »Did Europe exist before 1700?« Er gab darauf eine negative Antwort. Zwar sei der Begriff Europa unter Gelehrten als geographische Bezeichnung durchaus gängig gewesen. Bis weit in die Frühe Neuzeit hinein sei jedoch der für die breite Bevölkerung sehr viel wichtigere Begriff, der auch eine inhaltlichen Verbindung der Menschen zum Ausdruck brachte, derjenige der »Christenheit« gewesen. Die Christenheit war in ihrer räumlichen Ausdehnung aber keineswegs deckungsgleich mit unserem heutigen geographischen Begriff von Europa – und sie war keine wirkliche Einheit. West- und Ostkirche trennte meist mehr als sie vereinte. Eine Identifizierung Europas mit der Christenheit schließt zudem alle diejenigen aus, die in diesem Raum nicht christlichen Glaubens waren. Europa als ein im Bewusstsein der Bewohner politisch und kulturell zusammengehöriger Raum, so Burke, sei gewissermaßen eine ›Erfindung‹ des 18. und 19. Jahrhunderts, als besonders durch die Westorientierung des Russischen Reiches Ost und West politisch und kulturell stärker vernetzt wurden.[1]

Man kann darüber streiten, ob die These in dieser Zuspitzung richtig ist und ob nicht eher das 15. Jahrhundert, das den Fall Konstantinopels und die Expansion des Osmanischen Reiches auf dem europäischen Kontinent brachte, als Formierungsphase eines modernen Europa-Begriffs angesehen werden muss. Unbestreitbar jedoch ist, dass die Definition dessen, was im Verlauf der europäischen Geschichte von unterschiedlichen Seiten als Europa wahrgenommen wurde, sich kontinuierlich veränderte. Was Europa jeweils bedeutet, ist letztlich eine Frage der Kommunikation und der herrschenden Diskurse über Europa und damit auch der Macht zu Einschluss und Ausgrenzung aus einem dominanten Europabild.[2]

Geschichtsschreibung ist ein wichtiger Teil des gegenwärtigen Diskurses über Europa, und sie läuft heute – bewußt oder unbewußt – ebenso leicht Gefahr, sich an dem politischen Ziel einer europäischen Einigung zu orientieren wie die Nationalgeschichtsschreibung des 19. Jahrhunderts an dem Gegenteil. Dessen sind sich auch die Bände dieser neuen Reihe zur europäischen Kulturgeschichte bewusst. Insofern gilt es hier, einleitend bestimmte Positionen und Vorannahmen offenzulegen. Das Ziel dieser Reihe und auch dieses Bandes ist nicht, eine kulturelle Einheit Europas nachzuweisen, die gewissermaßen über Jahrhunderte die antagonistischen Nationen ›heimlich‹ verbunden habe und heute die Grundlage einer europäischen Identität bilden könne. Die Bände dieser Reihe versuchen deshalb auch nicht, lediglich die Mitgliedsstaaten der Europäischen Union in den Blick zu nehmen, sondern den europäische Kontinent gerade in seiner Vielgestaltigkeit und auch an seinen Randzonen zu erfassen. Die Perspektive dabei ist allerdings nicht die der Nationalstaaten des 19. und 20. Jahrhunderts. Vielmehr geht es zum einen um das Erkennen von Räumen, die durch gemeinsame soziale Strukturen, Institutionen und Lebensweisen gekennzeichnet sind. Damit kommen die Unterschiede, die diese Räume voneinander abgrenzen, ebenso in den Blick wie die verbindenden Elemente. Zum anderen geht es um den Wandel. Gesellschaften sind nicht statisch. Auch die europäischen Gesellschaften haben sich im Laufe der Zeit teilweise durch die Ausbreitung bestimmter Institutionen in ihren Strukturen einander angenähert, teilweise aber auch deutlich auseinanderentwickelt.

Die Unterschiede sind manchmal prinzipieller Art, vielfach aber nur graduell. Ihr Umfang und ihre Bedeutung erschließt sich erst, wenn man vergleicht. Die Reihe zur europäischen Kulturgeschichte versucht, Vergleiche als Erkenntnismittel einzusetzen. Dies gilt sowohl für den Vergleich europäischer Gesellschaften oder Regionen untereinander, als auch für die Einbeziehung der Forschung zu außereuropäischen Gesellschaften. Dies ist gerade auch für den ersten Band zur Geschichte der Familie von Bedeutung. Denn die europäische Familienforschung hat in den letzten Jahrzehnten viel profitiert von der Abkehr von eurozentristischen Fortschrittsmodellen, die mit der Ausbreitung industriewirtschaftlicher Produktionsweisen auch eine Konvergenz der Familienstrukturen hin zur globalen Dominanz des modernen westeuropäischen Modells kernfamilialer Haushaltsstrukturen vorhergesagt haben. Die Faktoren, die den Wandel von Familienstrukturen bestimmen, lassen sich nicht allein auf den ökonomischen Bereich reduzieren – so wichtig dieser auch sein mag. Unterschiede in den Konstruktionen von Verwandtschaft, verschiedene Erbsitten und Heiratsregeln oder religiöse Aufgaben der Familie z. B. bei Ahnenkulten sind neben zahlreichen anderen sozialen Zusammenhängen wichtige Faktoren, die die Gestalt und die Funktionen von Familie nachhaltig beeinflussen und einem ganz anderen Veränderungstempo unterliegen als die wirtschaftlichen Rahmenbedingungen. So wandeln sich Familienstrukturen innerhalb wie außerhalb Europas, aber sie vereinheitlichen sich nicht automatisch, auch nicht im europäischen Raum.[3]

Im folgenden sollen einige der zentralen Fragestellungen angesprochen werden, die in allen drei Hauptteilen dieses Buches zu Antike, Mittelalter und Neuzeit – natürlich mit jeweils unterschiedlicher Intensität – aufgegriffen werden. Damit soll weniger eine Zusammenfassung erreicht, als vielmehr der Problemhorizont eröffnet und die Verbindung der Hauptteile, die in sich jeweils etwas unterschiedlich konzipiert sind, angedeutet werden.

Familie und Verwandtschaft

Familien im Sinne der kernfamilialen Einheit eines Elternpaares und seiner Kinder sind immer eingebettet in größere Verwandtschaftszusammenhänge. Die Konstruktion dieses Zusammenhanges besitzt nachhaltige Auswirkungen auf die Strukturen von Haushalt und Familie und die innerfamilialen Beziehungen. Wie Verwandtschaft jeweils bestimmt wird, ist – vom Eltern-Kindverhältnis abgesehen – kulturspezifisch sehr unterschiedlich. Die Regeln der Verwandtschaftsbeziehungen stellen deshalb ein zentrales Thema ethnologischer Familienforschung dar. In der europäischen sozialgeschichtlichen Familienforschung wurde dieses Thema dagegen lange eher vernachlässigt. In diesem Band kommt ihm eine zentrale Bedeutung zu.

In weiten Teilen Europas bildete sich zum Teil bereits in der Antike, zum Teil während der Zeit der Spätantike und des Mittelalters das Prinzip der sogenannten »Bilinearität« der Verwandtschaft heraus. Darunter versteht man die gleichberechtigte Einbeziehung der Vorfahren sowohl der väterlichen (agnatischen) wie der mütterlichen (kognatischen) Seite in das Verwandtschaftssystem. Diese Form der Verwandtschaftsbestimmung ist – mit bezeichnenden Ausnahmen – zu Beginn der Neuzeit für weite Teile Europas gültig. Zieht man zum Vergleich Gesellschaftssysteme mit einseitig patrilinealen oder matrilinealen Verwandtschaftssystemen heran, so kann man sehen, dass die unterschiedlichen Verwandtschaftskonstruktionen mit einer Vielzahl weitreichender Strukturmerkmale von Familie und Haushalt verbunden sind wie z. B. mit der Ausdehnung des Erbrechts und der familialen Solidarität auf beide Verwandtschaftszweige, mit der Stellung von Mann und Frau im Haushalt oder auch mit der Sozialisationsrelevanz bestimmter Personen.

Stark matrilineal geprägt sind die Verwandtschaftssysteme mehrerer nordamerikanischer Indianervölker, z. B. der Hopi, der Irokesen oder der Navajo. Bei ihnen wurde Clanzugehörigkeit auch bei Heiraten zwischen Angehörigen verschiedener Stämme nur über die Mutter definiert. Nur aus der mütterlichen Familie wurden bei den Irokesen auch die Namen für die Kinder genommen. Verheiratete Frauen und ihre Kinder blieben in diesem System in den Haushalt ihrer Mutter integriert. Bei den Irokesen wurden von den Kindern alle älteren Frauen im Haushalt unterschiedslos als »Mütter«, alle Frauen der gleichen Generation als Schwestern bezeichnet. Das deutet auf Gleichheit und Solidarität zwischen den durch gemeinsamen Landbesitz verbundenen Schwestern bzw. Cousinen hin, auch auf die geringe Bedeutung des individuellen Besitzes. Die Altershierarchie war in diesen Gesellschaften jedoch extrem stark ausgeprägt, denn es wurde terminologisch genau zwischen älteren und jüngeren Schwestern differenziert. Der Vater und seine Verwandten spielen für die Organisation des Alltags der Frauen und Kinder eine eher sekundäre Rolle. Die eigentliche männliche Autoritäts- und Bezugsperson im Haus ist der Bruder der Mutter.[4] Stark matrilineale Systeme finden sich auch in mehreren Regionen Afrikas. Am bekanntesten sind die von Meyer Fortes untersuchten Gesellschaftsstrukturen der Ashanti. Bei ihnen bzw. der gesamten übergeordneten Gesellschaft der Akan Westafrikas führte die traditionelle Matrilinealität der Verwandtschaft zu ähnlichen Haushalts- und Familienstrukturen wie bei den Irokesen: Frauen und Männer wohnten nicht notwendig beieinander, denn verheiratete Frauen lebten im Haushalt der Mutter und Schwestern, während der Mann häufig bei seiner Herkunftsfamilie wohnen blieb. Die Frauen sandten den Männern jedoch das Essen und kamen auch zum Beischlaf in ihr Haus. Ein Paar wurde also nicht notwendig als eine ökonomische Einheitheit gesehen, ihre materiellen Interessen und ihre Arbeitsorganisation konnten durchaus getrennt bleiben.[5]

In patrilinealen Gesellschaften, die wir nicht nur aus dem Bereich des Nahen Ostens, sondern auch aus dem Balkan- und Mittelmeerraum kennen, tritt dagegen die Bedeutung der mütterlichen Verwandtschaft stark zurück. In diesen Gesellschaften verbindet die Rückführung auf einen gemeinsamen Urahnen die Männer. Die Verwandtschaftsgruppe steht daher eindeutig fest und wird durch Frauen nicht erweitert. Hier wohnen die männlichen Nachkommen im oder in der Nähe des väterlichen Haushalts und sind durch das gemeinsame Erbe am Land und vielfach auch durch gemeinsame Verpflichtungen im Ahnenkult verbunden. »Patrilinear heißt nicht nur Besitzübergabe in der Männerlinie. Patrilinearität auf dem Balkan kann Ahnenkult, Blutrache, Irrelevanz weiblicher Verwandtschaft, Rechtlosigkeit der Frau, Ausschluß der Ehefrauen und Töchter von Eigentum und Erbe von Grund und Boden bedeuten.«[6] In Umkehrung der Verhältnisse bei den Irokesen werden auf dem Balkan in Teilen Albaniens und Montenegros natürliche Brüder wie männliche Cousins (bis zum achten Grad) als Brüder bezeichnet, weil die Verwandtschaft des Cousins »als genauso stark verstanden wird als die des Bruders«.[7] Verwandte der Mutter dagegen werden in dieser Balkanregion nicht als Verwandte, sondern als »Freunde« bezeichnet und besitzen keine Bedeutung für Solidaritätsbeziehungen oder die Sozialisation der Kinder.[8]

Im Gegensatz zur Matrilinealität spielte die Patrilinealität der Verwandtschaft in Europa historisch durchaus eine bedeutsame Rolle. Charakteristisch für Europa wurde jedoch, dass sich während Antike und Mittelalter in weiten Teilen ein bilineares Verwandtschaftssystem durchsetzte. Eines der Kennzeichen dafür ist der Rückgang einer sprachlichen Differenzierung zwischen Verwandten väterlicher- und mütterlicherseits und der Übergang zu einer homogenen Verwandtschaftsterminologie, wie wir dies heute im Deutschen bei den einheitlichen Bezeichnungen von Onkel und Tante, Cousin und Cousine für beide Verwandtschaftslinien haben. Dieser Übergang zu bilinealer Verwandtschaft geschah in einigen Regionen Europas, wie z. B. in Griechenland, schon sehr früh; in Rom können wir diesen Prozess in Republik und Kaiserzeit, wie in dem Beitrag von Krause in diesem Band gezeigt, mitverfolgen. Für weite Teile Europas stellte das Christenum eine besonders wichtige verändernde Kraft dar, da der mit patrilinealen Strukturen häufig verbundene Ahnenkult dem christlichen Monotheismus entgegenstand. Aber auch das im Karolingerreich und den aus ihm hervorgehenden Reichen und Gesellschaften sich ausbreitende mittelalterliche Lehenswesen stand aufgrund der wirtschaftlichen Interessen der Grundherrn konträr zu starken patrilinealen Abstammungsgruppen. Wo beide Elemente, Christentum und Lehenswesen, sich gegenseitig verstärkten, setzte sich, das ist eine in diesem Band von Mitterauer stark gemachte These, in Europa unbestritten das bilineare System durch. Wo aufgrund naturräumlicher oder wirtschaftlicher Strukturen, wie z. B. in Hirtengesellschaften des Balkans, die grundherrschaftliche Komponente des Lehenssystem schwach ausgebildet war, konnten sich trotz des Christentums patrilineale Verwandtschaftsstrukturen sehr viel länger erhalten.

Bilineare Verwandtschaftssysteme haben, wie bereits angedeutet, eine Reihe von Konsequenzen, deren Bedeutung für die europäische Familie nicht hoch genug veranschlagt werden können: Sind in patrilinealen Abstammungsgruppen alle Männer im

Prinzip mit den gleichen Personen verwandt, so steht im Zentrum der bilinearen Verwandtschaftssysteme immer ein Individuum mit einer – von Geschwistern abgesehen – jeweils individuellen Verwandtschaftskonstellation. Cousins haben deshalb in patrilinealen Abstammungsgruppen die gleiche Verwandtschaft, während sie sich in bilinealen nur teilweise überschneidet.[9] Dadurch ergeben sich völlig andere Strukturen sozialer Netzwerke, andere Heiratsstrategien und Formen der Partnerwahl, andere Grundsätze der Haushaltsformation und andere Erbschaftsregeln. Die Forschung zu diesem Themenkomplex, die in diesem Band in dem Beitrag von Michael Mitterauer noch einmal eine wichtiges Stück vorangeführt wird, hat gezeigt, dass aufgrund dieser unterschiedlichen Konstruktionsprinzipien von Verwandtschaft sich in Ost- und Westeuropa zum Teil sehr unterschiedliche Strukturen im Bereich von Haushalt und Familie herausgebildet haben.

Europäische Haushaltsstrukturen

Die Zusammenhänge zwischen Verwandtschaftskonstruktion und Familien- und Haushaltsstrukturen bilden einen zentralen Themenbereich in diesem Band, der in allen drei Beiträgen aufgegriffen wird. Am intensivsten wird diese Frage für das Mittelalter behandelt, da sich hier für die europäische Familiengeschichte entscheidende Weichenstellungen vollzogen, die sich in mehrerer Hinsicht auch als Schlüssel zum Verständnis moderner Strukturen bzw. Strukturunterschiede erweisen. Diese tiefgreifenden Unterschiede in den verschiedenen europäischen Räumen werden in dem Beitrag zur Neuzeit aufgegriffen und auf ihre jeweils spezifische regionale oder nationale Weiterentwicklung hin untersucht.

Ausgeprägte Matri- oder Patrilinearität der Verwandtschaft kann zu Formen des Zusammenlebens in einem Haushalt führen, die von den in Westeuropa heute üblichen sehr verschieden sind. Am Beispiel der Hopi und Irokesen wurde darauf hingedeutet, dass verwandte Frauen und ihre Kinder mit oder ohne Männer in dem Haushalt ihrer Mutter und deren Schwestern zusammenwohnen konnten. Daraus entstehen komplexe, aus mehreren Kernfamilien oder zumindest Mutter-Kind-Einheiten zusammengesetzte Haushaltsformen, die in der international gängigen Terminologie der Historischen Demographie auch als »multiple family households« bezeichnet werden. Solche komplexen Haushaltsformen bilden sich häufig auch in Gesellschaften mit stark patrilinealen Verwandtschaftsstrukturen heraus. Innerhalb Europas finden sich daher auf dem Balkan bis heute Beispiele für solche mutiplen Haushalte.

In Westeuropa dagegen lassen sich multiple family households – auch historisch weit zurückreichend – nicht oder nur ganz selten nachweisen. Hier waren und sind vielmehr einfache, zumeist nur aus einer Kernfamilie bestehende Haushaltsformen und die damit verbundene Neolokalität des Paares charakteristisch. Ein neu verheiratetes Paar gründet in Westeuropa in der Regel einen eigenen, auch räumlich von der elterlichen Familie getrennten Haushalt. War dies nicht der Fall, so ging bei bäuerlichen Betrieben zumindest die Leitungsfunktion nach der Heirat des Hoferben an diesen über. Sogenannte »Stammfamilien«, die aus einem Ehepaar und einem verheirateten Kind und dessen Kindern bestehen und in der Regel unter der Leitung des ältesten Mannes stehen, waren in Westeuropa sogar im bäuerlichen Bereich eher selten. In Japan dagegen, wo die religiöse Bedeutung der Ahnen noch heute für die Familienbeziehungen zentral ist, sind Stammfamilien auch unter den Bedingungen einer modernen Industriegesellschaft noch eine verbreitete Familienform.

Diese Charakteristika der Haushaltsbildung im westeuropäischen Raum haben dazu geführt, dass man in der Historischen Demographie den Begriff der »Western family« prägte. Neben den Strukturen der Verwandtschaft waren für die Herausbildung dieses Familien- bzw. Haushaltstyps noch andere Faktoren maßgebend. Besonders charakteristisch für das Verbreitungsgebiet der »Western family« ist ein spätes Heiratsalter von Frauen und Männern. Dadurch war der Altersabstand zwischen den Generationen groß und das Zusammenleben von Großeltern, Eltern und Kindern bereits aus biologischen Gründen unwahrscheinlich, zumindest aber auf eine relativ kurze Zeitspanne im Familienzyklus beschränkt. Dieses Heiratsmuster findet sich in Europa, grob gesprochen, westlich einer Linie, die von St. Petersburg nach Triest reicht. Östlich dieser Linie lag das durchschnittliche Heiratsalter für beide Geschlechter deutlich niedriger – wie dies auch in den meisten außereuropäischen Kulturen der Fall ist. Die Zeitspanne zwischen Eintritt der Geschlechtsreife und Heirat war in Westeuropa für beide Geschlechter überdurchschnittlich lang, die dadurch entstandene Lebensphase der Jugend ist daher in Westeuropa von besonderer Bedeutung.

Neben diesem östlichen und westlichen Heiratsmuster finden wir im europäischen Raum noch eine dritte Variante, die durch frühe Heirat der Frauen und ein relativ hohes Heiratsalter der Männer gekennzeichnet ist. Dieses Muster war typisch für große Teile des Mittelmeerraums und läßt sich bereits in der Antike für den griechischen wie für den römischen Bereich nachweisen. Es war verbunden mit einer stärkeren Tendenz zur Ausbildung komplexer Familienformen. Neolokalität eines neu verheirateten Paares scheint weder im antiken Griechenland noch in Rom die Regel gewesen zu sein. Kernfamiliale Haushaltsstrukturen, die durchaus weit verbreitet waren, waren in Rom eher ein Oberschichtsphänomen und traten bei den weniger wohlhabenden Schichten meist erst in einer zweiten Phase des Familienzyklus, also nach dem Tod der Eltern, auf. Auch eine frühzeitigen Übergabe der Leitungsfunktion an die mittlere Generation findet sich hier kaum. Dieses mediterrane Heiratsmuster und die damit verbundenen Haushaltsformen lassen sich zum Teil ebenfalls bis in die Neuzeit hinein verfolgen. Noch jetzt zeichnen sich die südeuropäischen Gesellschaften z. B. durch eine sehr viel höhere Rate der Koresidenz von erwachsenen Kindern mit ihren Eltern aus, als dies in Nordwesteuropa üblich ist.

Wohnverhältnisse

Ein zentrales Element von Haushalt und Familie ist das räumliche Zusammenleben. Das Haus als ein sowohl architektonisch als auch rechtlich in spezifischer Weise organisierter Raum spielt dabei in der europäischen Familiengeschichte von der Antike bis in die Gegenwart eine ganz herausragende Rolle. Darauf deutet bereits die Begriffsgeschichte. Der Begriff Haus stand seit der Antike bis ins 18. Jahrhundert in den meisten europäischen Gesellschaften auch für Familie. Unter beiden Begriffen verstand man allerdings nicht nur die zusammenwohnenden verwandten Personen, sondern auch die sonstigen Mitglieder eines Haushalts, auch die Sklaven oder das Gesinde. Man hat für diese umfassende Einheit auch den Begriff des »ganzen Hauses« geprägt. Sehr viel wichtiger als die durch Bluts- bzw. Heiratsverwandtschaft konstituierte Familie im engeren Sinne war über lange Zeit der europäischen Geschichte somit die »Hausgemeinschaft«, die in der konkreten Organisation des Alltags am Beginn der Frühen Neuzeit noch wenig Sinn für das besaß, was wir heute als Kernfamilie bezeichnen würden. Erst in der späten Neuzeit verliert sich vor allem mit dem Rückgang des Gesindedienstes der Begriff des »Hauses«, derjenige der Familie wurde dagegen auf die verwandten Personen im Haushalt reduziert. Lediglich im Bereich des Adels hat sich der heute etwas altertümlich anmutende Begriff des Hauses (z. B. Haus Hohenzollern) noch gehalten, bezeichnet hier aber die weitere, durch einen Namen verbundene Verwandtschaft.

Das alteuropäische Haus stellte eine über die Verwandtschaft hinausgehende Wirtschafts- und Rechtseinheit dar. Trotz der Bilinearität der Verwandtschaftskonstruktion herrschte insofern eine starke Vormachtstellung der Männer, als sie in allen europäischen Gesellschaften das Haus nach außen zu vertreten hatten, also das Verbindungsglied zwischen Haus und Gemeinde oder anderen übergreifenden sozialen und politischen Institutionen darstellten, und ihnen gegenüber zugleich für die Ordnung im Haus verantwortlich waren. Wie weit die Verfügungsgewalt der Männer über die Mitglieder des Hauses und das individuelle oder kollektive Eigentum jeweils ging, war in den einzelnen europäischen Gesellschaften graduell verschieden, es ging aber überall weit.

Ganz eng mit der rechtlichen Einheit des von den Hausherrn nach außen vertretenen Hauses ist das interessante Feld des Wandels der Konzepte von Privatheit und Öffentlichkeit verbunden. Wie weit ist das Haus ein Privatraum, dessen innere Ordnung der Kontrolle einer wie auch immer gearteten Öffentlichkeit prinzipiell entzogen ist? Gab es innerhalb des Hauses noch einmal eine Unterscheidung zwischen privaten und öffentlichen, d. h. für soziale Begegnung mit Außenstehenden offenen Räumen? Waren diese Räume geschlechtsspezifisch konnotiert? Gab es in europäischen Gesellschaften eine der »oriental seclusion« der Frauen vergleichbare Praxis der Sonderräume für Frauen? Dies sind Fragen, die auf der geschlechtergeschichtlichen Ebene vor allem für die antiken Häuser diskutiert werden. Gab es hier bzw. welche Bedeutung besaßen die Frauenräume? In den Häusern der westeuropäischen Gesellschaften des Mittelalters und der Neuzeit finden sich – von adeligen und großbürgerlichen Haushalten einmal abgesehen – keine spezifischen Räume für weibliche Tätigkeiten, und auch diese waren nicht prinzipiell für Männer verschlossen wie dies beim orientalischen Harem der Fall ist.

Auf der allgemeinen Ebene besitzt die Frage der Öffentlichkeit und Privatheit aber auch in der neueren europäischen Geschichte durchaus noch Relevanz. Ganz generell lässt sich feststellen, dass gerade im Zusammenhang von Haus und Familie das Bedürfnis nach Privatheit zumindest seit dem späten Mittelalter anstieg. In regional und schichtspezifisch unterschiedlicher Intensität und Geschwindigkeit beanspruchten sowohl Kernfamilien als auch Individuen immer mehr Privatheit und damit Sonderraum innerhalb des Hauses. Ein Ausdruck dieser Tendenz war die zunehmende räumliche Absonderung der Räume und sozialen Interaktionen der Kernfamilie von denen des Gesindes. Dies ist ein Vorgang, der sich als schleichender Prozess tendenziell in allen Schichten über die gesamte Frühe Neuzeit beobachten lässt. Besonders auffällig wurde dies im Rahmen der bürgerlichen Familie, die rein architektonisch die Aufteilung des Hauses in Sonderräume am weitesten trieb und für die durch die Trennung von Familie und Arbeit die Intimsphäre des privaten Hauses und der Familie eine ganz besondere Bedeutung gewann.

Diese Ausdifferenzierung von öffentlichen und privaten Räumen innerhalb des Hauses war verbunden mit einem Prozess, der für die Gesellschaften des Gebiets der »western families« in der Neuzeit ganz allgemein kennzeichnend wurde, die zunehmende Individualisierung der Lebensvollzüge und -verläufe. Die Tendenz zur Individualisierung lässt sich in verschiedenen Bereichen von Wirtschaft und Gesellschaft verfolgen und ist erstmals zusammengefasst in jenen klassischen Formulierungen der Grundrechte der amerikanischen oder der französischen Verfassung am Ausgang des Ancien Régimes, wonach jedes Individuum ein Anrecht auf Glück, Besitz, Meinungs- und Religionsfreiheit hat und ganz über sich selbst bestimmen kann. Der traditionale Familienverband, der die Unterordnung des Glückstrebens und der Freiheit des einzelnen unter die Belange des Hauses und seiner Kontinuität verlangte, wurde dadurch zunehmend in Frage gestellt. Die neue Form der kernfamilialen Lebens- und Erziehungsgemeinschaft war Ausdruck dieser Tendenz und bestärkte sie zugleich. Individuelle Räume auch für Kinder und Jugendliche in modernen Häusern und Wohnungen gehören in diesen Kontext der innerfamilialen Unterstützung individueller Entwicklung.

Partnerwahl und Eheschließung

Mit dem Prozess der Individualisierung ist sehr eng die individuelle Partnerwahl verbunden. Sie gilt heute als Voraussetzung für persönliches Glück in der Ehe, eine Verheiratung der Kinder durch die Familie zur Formung von Allianzen oder die Sicherung von Erbschaft und Status wird deshalb abgelehnt. Gerade an diesem Punkt ist es jedoch wichtig, eine allzu sehr auf die europäische Moderne eingeschränkte Sichtweise zu vermeiden und den Blick historisch und geographisch auszuweiten. Die Individualisierung der Partnerbeziehungen hat besonders im Verbreitungsgebiet der »western family« eine weit zurückreichende Tradition. Die christlichen Kirchen haben den Konsens der Ehepartner als Grundlage einer gültigen Ehe seit dem hohen Mittelalter befördert. Die katholische Kirche hat diesem Konsens durch die Lehre vom Ehesakrament, das sich die Gatten gegenseitig spenden, zudem noch eine besondere religiöse Dignität verliehen. Mitterauer weist daher zurecht darauf hin und führt dies in seinem Beitrag auch aus, dass die europäischen Familien seit dem Mittelalter in einer im interkulturellen Vergleich einzigartigen Weise »gattenzentriert« waren. Alte Tendenzen zur Klanendogamie, wie sie allenthalben in Europa geherrscht hatten, wurden zurückgedrängt und strenge Regeln der verbotenen Heiratsgrade eingeführt. Im Gegensatz zu den in vielen Kulturen vorherrschenden und meist religös sanktionierten präskriptiven Heiratsregeln, die einen Kreis von Personen definieren, aus denen die Partner gewählt werden müssen, errichtete das kanonische Recht ein exklusives Regelwerk, das nur die verbotenen Heiratsgrade definierte, diese aber sehr weit fasste.

Diese von den christlichen Kirchen ausgehende Tendenz der Zurückdrängung des Einflusses von Abstammungsbeziehungen auf die Partnerwahl wurde im Westen noch unterstützt durch das Lehenswesens und die Interessen der Grundherrn. Für sie war ein »funktionierendes« Arbeitpaar an der Spitze eine Hofes wichtiger als der Schutz von Patrilinien innerhalb der Haushalte ihrer Bauern. Dies war eine der Grundlagen für die in Westeuropa unproblematische Wiederverheiratung von Witwen. Wo es dagegen eine Patrilinie zu bewahren gilt oder wo Ahnenkult eine wichtige Rolle spielt, stiftet die Wiederverheiratung von Witwen genealogische Verwirrung und wird deshalb (wie z. B. im Hinduismus) meist unterdrückt.

Allerdings kann auch im westeuropäischen Bereich die Individualisierung der Partnerwahl nicht als ein Vorgang angesehen werden, der im Mittelalter bereits abgeschlossen gewesen wäre. Das kirchliche wie das weltliche Eherecht spiegelten in ihrer Entwicklung bis weit ins 19. Jahrhundert hinein immer die Spannungen zwischen den durch Elternkompetenz zu sichernden Familieninteressen und den Selbstbestimmungsansprüchen der Partner wider. Außerdem unterwarf gerade die katholische Kirche die individuellen Beziehungen der Partner vor allem im sexuellen Bereich einer starken Normierung und Kontrolle. Die Reformation dagegen leitete in der Frage der Freiheit der Partnerwahl in gewisser Weise ein »roll back« ein. Luther nahm die Ehe aus dem Kanon der Sakramente heraus und stärkte den Einfluss der Eltern und der weltlichen Obrigkeiten auf den Akt der Eheschließung. Von den kleinen protestantischen Denominationen bzw. Sekten wie dem Pietismus oder in England auch dem Puritanismus wurden jedoch erhebliche Bedenken gegen diese Entwicklung vorgebracht. Unter ihrem Einfluss wurden zumindest die Partnerbeziehungen auf andere, spirituelle Grundlagen gestellt. Vernunftehen nach Gesichtspunkten der Besitzakkumulation wurden abgelehnt. Diese Kritik floss dann auf unterschiedliche Weise in das Ehebild von Aufklärung und Romantik ein und bestimmt die europäische Sichtweise auf die Partnerwahl bis in die Gegenwart.

Liebe gilt heute als Voraussetzung einer dauerhaften Verbindung von Mann und Frau und als eigentliche Legitimierung zur Aufnahme sexueller Beziehungen. Die Geschichte von Ehe und Familie führt daher auch auf die schwierige Frage der Geschichtlichkeit von Gefühlen. Was Menschen aneinander bindet, was sie aneinander anzieht und was sie entzweit, das ist sicher eine der spannendsten, aber auch schwierigsten Fragen der Mentalitätsgeschichte. Sie ist eng, aber keineswegs ausschließlich verbunden mit der Frage nach der Einstellung zu und der Erfahrung von Sexualität. Die Kontexte für die Entfaltung und Formung persönlicher Gefühle sind komplex und eng verknüpft mit dem allgemeinen gesellschaftlichen Wandel. Dies trifft auch auf die Beziehungen zwischen Eltern und Kindern zu. Zu beiden Feldern hat sich in der familienhistorischen Forschung eine breite Diskussion entfaltet, auf die in den Beiträgen dieses Buches auch Bezug genommen wird.

Rollen

Die Beziehungen zwischen Mann und Frau, Eltern und Kindern basieren – auch in der Neuzeit – keineswegs ausschließlich auf frei aushandelbaren Beziehungen und Gefühlen, sondern sind stark normiert durch Rollen. In vielen Gesellschaften sind die geschlechtsspezifischen Rollen religiös begründet, wird eine allgemeine Über- oder Unterordnung von Mann und Frau auch über kultische Funktionen legitimiert. In patrilinealen Gesellschaften, in denen noch Formen des Ahnenkults praktiziert werden, haben Männer durch ihre ausschließliche Kultfähigkeit in der Regel auch in anderen Bereichen eine sehr starke Stellung. Dies lässt sich an verschiedenen Gesellschaften vor allem Asiens zeigen. Dort strukturieren die religiösen Aufgaben der Männer einen erheblichen Teil der geschlechtsspezifischen Organisation des sonstigen Alltags. Eine ähnliche geschlechtsspezifische Zuordnung kultischer Aufgaben gibt es auch im Judentum.

Das Christentum greift, darauf weist Mitterauer hin, kaum präskriptiv in die innerfamiliale Regulierung der Stellung von Mann und Frau ein. Dies hängt sicher auch mit der Tatsache zusammen, dass das Christentum keine abstammungs- oder familienbezogene, sondern eine Gemeindereligion ist. Das heißt nicht, dass die christlichen Kirchen in ihren verschiedenen Formen der Regulierung des familialen Alltags nicht bestehende Formen der Ungleichheit zwischen den Geschlechtern nachhaltig unterstützt und befestigt hätten. Insgesamt aber führt die vergleichsweise geringe religiöse Normierung der Gechlechtsrollen von Mann und Frau dazu, dass diese in Europa in ihren konkreten Ausformungen sehr variabel und vor allem von schichtspezifischen Kontexten und Fragen der konkreten Arbeitsorganisation her bestimmt wurden.[10] Dies war in den antiken Gesellschaften noch deutlich anders. Diese Offenheit mag eine Voraussetzung dafür sein, dass sich in Westeuropa die Emanzipation der Frauen und die Gleichberechtigung der Geschlechter in und außerhalb der Familie zwar noch keineswegs vollständig durchgesetzt haben, dass hier aber früh ein Prozess in Gang gekommen ist, der die moderne Familie nachhaltig und wohl irreversibel verändert hat.

Familie, Erbschaft, Gesellschaftsstruktur

Ein Feld, auf dem sich die Variabilität der Stellung der Frau in den meisten westeuropäischen Gesellschaften besonders zeigte, war das Erbrecht. Im Gegensatz zu den patrilinealen Gesellschaften Osteuropas war die erbrechtliche Stellung der Frauen im Bereich der »Western Family« in der Regel besser, aber keineswegs immer derjenigen der Männer gleichgestellt. Die Übertragung von Besitz über Frauen ist ein außerordentlich diffiziles Feld der Forschung, wie die Fragen des Erbrechts überhaupt. Am besten erforscht ist sicher das bäuerliche Erbrecht, aber auch hier unterliefen vielfach kleinräumige regionale Sitten übergreifende Erbrechtstraditionen oder -gesetze. Das gleichberechtigte Erbe aller Kinder findet sich in der Theorie vor allem im Mittelmeerraum, de facto kam es jedoch auch hier vielfach zu gravierenden Einschränkungen des Erbrechts von Frauen an Grund und Boden oder Gebäuden, und die zwangsweise Einführung des gleichen Erbrechts durch den Code civil Napoleons stieß in Italien keineswegs auf Gegenliebe. Die Mitgift bei der Heirat war vielfach nur ein schwacher Ersatz für die erbrechtliche Benachteiligung der Frauen. In Gebieten der mittelalterlichen Grundherrschaft in West- und Nordeuropa setzten die Grundherren – zum Teil erst im Verlauf der Frühen Neuzeit – die ungeteilte Hofübergabe durch. Auch diese bevorzugte in der Regel die Söhne, auch hier war die Mitgift für die Töchter (allerdings auch die Leistungen für die nicht hoffolgenden Söhne) kein wirklich gerechter Ersatz. Im Vergleich zu Osteuropa jedoch waren alle diese süd- und westeuropäischen Systeme gegenüber Frauen relativ großzügig. In Osteuropa dominierte auch in der Neuzeit und unter verschiedenen agrarrechtlichen Systemen ein gleichberechtigtes Männererbe, das Frauen vom Landbesitz ausschloss. Erst die Russische Revolution und die Etablierung sozialistischer Gesellschaften nach dem Zweiten Weltkrieg lösten dieses System auch in Osteuropa auf.[11]

Die weitgehende Durchsetzung des gleichberechtigten Erbes in Europa hatte nachhaltige Auswirkungen auf die Stellung der Frauen in Ehe und Familie, auf die Bedeutung von Heiratsverwandtschaft und damit auch auf familiale Heiratsstrategien. Dass dies keineswegs nur ein Problem bäuerlicher Familien der Vergangenheit war, sondern dass Vermögensübertragung und -konzentration durch Heirat auch ganz zentrale Bestandteile der modernen europäischen Gesellschaften sind, wird in diesem Band ausführlich dargestellt. Insgesamt erweist sich gerade das Erbrecht, neben dem allgemeinen Bereich der Verwandtschaft, als ein für das Verständnis der Entwicklung von Familie und Haushalt zentrale Thematik, da hier rechtlich, wirtschaftliche, soziale und auch religiöse Aspekte eng verknüpft sind.

Veränderungen in der Gegenwart

In den verschiedenen angeschnittenen Fragekomplexen wurden unterschiedliche Faktoren des Wandels der Familienformen thematisiert: wirtschaftliche, rechtliche, religiöse usw. Ein Bereich, der vor allem die neueste Geschichte der Familienstrukturen in Europa betrifft, kommt in diesem Band deutlich zu kurz, da er in einer Überblicksdarstellung nicht wirklich sinnvoll zu bewältigen ist. Er soll hier aber wenigstens kurz erwähnt werden: Die massiven Bevölkerungsverschiebungen durch Flucht und Arbeitsmigration seit dem Ende des Zweiten Weltkriegs haben in den meisten europäischen Ländern und vor allem in den großen Städten zu einer kulturellen Vielfalt der Bevölkerung geführt, die sich natürlich auch in einer großen Heterogenität der Familienformen und ihrer Veränderungsprozesse unter den Migranten niederschlägt. Keineswegs ist es so, dass sich unter diesen Migranten Familienformen und familiale Lebensstile in kurzer Zeit den entsprechenden Strukturen der jeweiligen Gesellschaft völlig anpassen. Es gibt zahlreiche neue, gewissermaßen hybride Familienformen, die sich aus partiellen Angleichungsprozessen ergeben. Der Typus der Migrantenfamilie, die auf verschiedene Länder aufgeteilt ist, aber dennoch real oder fiktiv die wirtschaftliche und emotionale Einheit aufrecht erhalten will und durch moderne Verkehrs- und Kommunikationsverbindungen zum Teil auch kann, stellt vielleicht sogar einen ganz eigenständigen, neuen Familientypus dar.

Dieses Problem wurde in dem Neuzeitteil des vorliegenden Bandes nicht mehr angegangen. Er konzentriert sich bei den Entwicklungen der Gegenwart vor allem auf die Prozesse der Individualisierung und die Veränderung der Heiratsmuster- und Haushaltsstrukturen, die sich aus dem Bedeutungsverlust der Ehe als Legitimation für Sexualität ergeben haben. Dies sind jedoch nicht die zentralen Probleme der Migrantenfamilien. Ohne ihre Berücksichtigung wird die Familiengeschichte der Gegenwart aber nur unvollständig erfasst. Dieses Mangels ist sich der Autor bewusst. Dieser Bereich stellt aber auch noch ein deutliches Desiderat der Forschung dar.

Antike

von
Jens-Uwe Krause

I. Vorbemerkungen

Die antiken Autoren glaubten, Staat und Gesellschaft seien auf die Familie gegründet, und als Augustus, der erste römische Kaiser, die Gesellschaft umfassend zu reformieren suchte, richtete er sein Augenmerk vor allem auf die Institutionen Ehe und Familie. Die Familie war die wichtigste soziale Einheit; innerhalb ihrer wurden sozialer Status und Reichtum auf die nächste Generation übertragen. Die Familie hatte dabei sowohl in Griechenland als auch in Rom eine Reihe von Funktionen, von denen sie heute durch den Staat sowie andere gesellschaftliche Institutionen entlastet ist: in der Religion, dem Rechtswesen, der Wirtschaft, der Erziehung.

Griechenland und Rom hatten ein Schulwesen, aber die Erziehung der Kinder fand in sehr viel größerem Umfang im Rahmen der Familie statt, als dies heute der Fall ist. Vor allem in Rom hatte der Familienvorstand innerhalb des Haushaltes eine sehr starke Stellung: nicht nur seinen Sklaven, sondern auch seinen leiblichen Kindern und bis zu einem gewissen Grade auch seiner Ehefrau gegenüber. Die väterliche Gewalt, die *patria potestas*, ging bis zum Tötungsrecht nicht nur der Sklaven, sondern auch der Kinder. Der Hausvater konnte in Rom über die seiner Gewalt Unterworfenen zu Gericht sitzen und nahm somit auch im Rechtswesen Aufgaben wahr, die bei uns in die alleinige Kompetenz des Staates fallen. Die Familie war sowohl in Griechenland wie in Rom nicht ausschließlich Konsumtions-, sondern auch Produktionseinheit. Die antike Wirtschaft war weitgehend von Familienbetrieben bestimmt, Bauernhöfen und Handwerksbetrieben, in denen neben dem Haushaltsvorstand und den eventuell vorhandenen Sklaven auch die Ehefrau und die heranwachsenden Kinder mitwirkten. Und schließlich hatte die antike Familie auch kultische Funktionen. Das Aussterben der Familie wurde vor allem deshalb so gefürchtet, weil dann der Familienkult nicht mehr weitergeführt werden konnte.

Es fällt schwer, auf begrenztem Raum eine Geschichte der »griechischen« und »römischen« Familie zu schreiben. Griechenland war in eine Vielzahl von kleinen Gemeinwesen untergliedert, die allesamt über ihre eigenen Rechtssatzungen und Institutionen verfügten. Es wären an sich also immer die regionalen und lokalen Unterschiede zu berücksichtigen. Das Quellenmaterial reicht für die meisten griechischen Poleis hierfür freilich nicht aus, und so wird sich die Darstellung im Folgenden im griechischen Teil auf das klassische Athen konzentrieren, welches von den griechischen Gemeinwesen am besten dokumentiert ist; nur hier ist das Quellenmaterial so reichhaltig, um sinnvolle Aussagen über die Ehe, die soziale und wirtschaftliche Stellung der Frauen und andere Aspekte des Familienlebens machen zu können. Man muss sich freilich darüber im Klaren sein, dass Athen nicht für ganz Griechenland steht und dass etwa eine Geschichte der Familie in Sparta ganz anders geschrieben werden müsste.

Ähnliches gilt für das Römische Reich: Es erstreckte sich vom Atlantik bis zum Euphrat und Tigris, von Rhein und Donau bis zur Sahara. Es wäre verwunderlich, wenn es in einem so großen Gebiet nicht auch regionale Unterschiede gegeben hätte. Es fehlen die Quellen, um diese erfassen zu können; lediglich für eine Provinz des Reiches, nämlich Ägypten, verfügen wir in den Papyri über dokumentarisches Quellenmaterial, welches uns auch manche Einblicke in das dortige Familienleben gewährt. Die Papyri stellen auch deshalb eine unschätzbare Quelle dar, weil sie Aussagen über den sozialen Alltag breiterer Volksschichten, etwa der einfachen Landbevölkerung oder der Handwerker, zulassen, über die die literarischen Quellen nahezu jegliche Informationen vermissen lassen.

Im Übrigen ist das Quellenmaterial, welches dem Familienhistoriker zur Verfügung steht, recht einseitig: Es bezieht sich vor allem auf die Oberschichtenfamilien. Man würde gerne mehr wissen über das Ehe- und Familienleben in breiteren Volksschichten, im bäuerlichen Milieu oder in den städtischen Unterschichten; das Quellenmaterial erlaubt es kaum, nach den einzelnen sozialen Schichten zu differenzieren, was an sich geboten wäre.

II. Die Demographie der Familie in Griechenland und Rom

Seit den sechziger Jahren ist vor allem durch die historische Demographie unser Bild von der Familie im vorindustriellen Europa erheblich modifiziert worden. Pierer Goubert und Louis Henry haben durch die systematische Auswertung frühneuzeitlicher Kirchenbücher (vor allem aus dem 17. und 18. Jahrhundert) Aufschluss über grundlegende demographische Fakten wie Heiratsalter, generatives Verhalten und andere mehr gegeben. Andere Forscher haben in der Nachfolge von Peter Laslett durch die umfassende Auswertung von Zensuslisten unsere Kenntnisse der Haushalts- und Familienstrukturen in Mittelalter und früher Neuzeit wesentlich erweitert. Diese Arbeiten haben ebenso wie sozialanthropologische Forschungen deutlich gemacht, dass die Funktionen der Familie wie ihre Struktur und Zusammensetzung von Gesellschaft zu Gesellschaft höchst unterschiedlich sein können.

Nicht nur hängt die Zusammensetzung der Familie ab von demographischen Faktoren wie der Mortalität, dem Heiratsalter, dem generativen Verhalten in der Ehe; auch die Beziehungen der Familienmitglieder zueinander werden hierdurch entscheidend mitbestimmt. Es macht einen großen Unterschied, ob die Ehepartner gleichaltrig oder ob sie durch einen großen Altersunterschied voneinander getrennt sind, und für die Beziehungen zwischen den Generationen ist es nicht ganz unerheblich zu wissen, wie groß der Generationenabstand ist. Demographie ist nun eine Disziplin, die auf quantitativ auswertbaren Daten beruht, und für die Antike existieren weder Geburtenstatistiken noch exakte Daten zum Heirats- und Todesalter. Trotzdem ist in die Erforschung der demographischen Strukturen der Antike in den letzten Jahrzehnten viel Energie investiert worden, so dass unsere Kenntnisse auf diesem Gebiete erheblich bereichert worden sind.[1]

1. Sterblichkeit

Da eine sehr große Zahl an Grabinschriften aus dem Römischen Reich überliefert ist, die das Alter des oder der Verstorbenen angeben, haben viele Forscher in ihnen eine Quellengruppe gesehen, die mit Hilfe moderner quantitativer Methoden auswertbar sei.[2] Bei genauerer Untersuchung freilich zeigen sich in dem Material zahlreiche Ungereimtheiten, die an dem Wert der Grabinschriften für demographische Forschungen zweifeln lassen. Die regionalen Unterschiede sind zu groß, als dass sie glaubhaft mit unterschiedlichen demographischen Strukturen erklärt werden könnten. Sie ergeben sich vielmehr vor allem daraus, dass beileibe nicht in jeder Grabinschrift das Alter des Verstorbenen genannt wird. Während man in dem einen Gebiet dazu neigte, das Alter Jungverstorbener (weil zu früh verstorben) hervorzuheben, wurde in einer anderen Region aus einem gewissen Stolz heraus das hohe Alter von Greisen betont. Dass die Grabinschriften so zahlreich überliefert sind, muss also nicht bedeuten, dass sie für die Gesamtbevölkerung repräsentativ sind. Generell sind Säuglinge und Kleinkinder in den Grabinschriften unterrepräsentiert,[3] während die Altersklassen zwischen 5 und 25 oftmals überrepräsentiert sind. Denn die Eltern neigten eher dazu, das Alter ihrer verstorbenen Kinder anzugeben, als die Kinder dasjenige der Eltern. Auf das Alter des Verstorbenen wurde vor allem dann hingewiesen, wenn der Tod zu früh eingetreten war, während bei Älteren auf die Angabe des Lebensalters häufig verzichtet wurde. Die Grabinschriften geben somit kaum Auskunft über die demographischen Strukturen. Die von Region zu Region unterschiedliche Präferenz, das Todesalter in einer Grabinschrift anzugeben, macht Sterbetafeln, die auf Basis dieses Quellenmaterials erstellt sind, wertlos.[4]

In den letzten Jahren hat die physische Anthropologie neue Möglichkeiten auch für demographische Forschungen eröffnet. Die 120 untersuchten Skelette des spätrömischen Friedhofs von Keszthely-Dobogó (Ungarn) zeigen, dass die 15-jährigen eine weitere Lebenserwartung von rund 32 Jahren gehabt haben mögen; von denen, die das 15. Lebensjahr erreicht hatten, war die Hälfte zwischen 45 und 50 Jahren verstorben. Die Altersverteilung entspricht einer Bevölkerung mit einer Lebenserwartung bei der Geburt von etwas über 20 Jahren.[5] Die Untersuchung gallischer Friedhöfe (Spätantike, frühes Mittelalter) führt auf eine Lebenserwartung bei der Geburt von 28,8–32,6 Jahren. Im Alter von 20 Jahren hätte die weitere Lebenserwartung allerdings noch immerhin 24,1 bis 31,0 Jahre betragen. In dieser gegenüber der Lebenserwartung bei der Geburt nur geringfügig verminderten Lebenserwartung spiegelt sich die hohe Säuglings- und Kinder-

Abb. 1: Frau mit kleiner Tochter und weiterer junger Frau. Attisches Grabrelief aus der ersten Hälfte des 4. Jh. v. Chr. Athen, Nationalmuseum. Eine nahe Verwandte reicht der im Sitzen dargestellten Verstorbenen ihr Kind.

sterblichkeit wider.[6] Derzeit ist die Auswertung von Knochenfunden aber noch mit zu großen Unsicherheitsfaktoren behaftet und die Zahl der untersuchten Skelette zu gering, als dass auf dieses Material Aussagen über die Demographie in der Antike gegründet werden könnten. Sicher ist das Geschlecht der Verstorbenen nur zu bestimmen, wenn das gesamte Skelett erhalten ist. Auch das Alter lässt sich gegenwärtig nur bei Kindern exakt ermitteln, während die Feststellung des Alters Erwachsener äußerst unsicher ist und in vielen älteren Untersuchungen tendenziell zu einer Unterschätzung des Alters der Frauen, zu einer Überschätzung desjenigen der Männer geführt hat. Eine systematische Auswertung der Skelette eines Friedhofes macht für demographische Fragestellungen nur dann Sinn, wenn davon ausgegangen werden kann, dass alle Bevölkerungsgruppen, alle Altersgruppen, Männer und Frauen in gleicher Weise vertreten sind. Dies ist jedoch ganz offenkundig nicht der Fall. Kleinkinder wurden häufig nicht auf den Erwachsenenfriedhöfen bestattet; schon allein deswegen lässt sich angesichts der sehr hohen Kindersterblichkeit in der Antike die Altersstruktur der Bevölkerung aufgrund von Friedhofsuntersuchungen nicht ermitteln.[7]

Eine Quellengruppe freilich erlaubt relativ zuverlässige Aussagen über die Demographie der antiken Familie: Durch die Haushaltsdeklarationen, die anlässlich des alle 14 Jahre stattfindenden Provinzialzensus bei der Verwaltung eingereicht wurden, sind wir über die Zusammensetzung von rund 200 ägyptischen Haushalten aus dem ersten bis dritten Jahrhundert n. Chr. informiert. Da in den Deklarationen jeweils auch das Alter der Personen, die den Haushalt bildeten, angegeben ist, sind sie ein einzigartiges Quellenmaterial für die Demographie der Familie im Römischen Reich. Die Papyri sind allerdings unterschiedlich gut überliefert, häufig fehlen Anfang oder Ende, und wir sind nur über die männlichen oder weiblichen Bewohner eines Haushaltes informiert. Es gibt guten Grund zur Annahme, dass in den Haushaltsdeklarationen gewisse Altersgruppen unterregistriert sind. Auch die Haushaltsdeklarationen sind also mit großer Vorsicht auszuwerten. Trotzdem sind sie beim jetzigen Stand der Forschung das beste Quellenmaterial für die antike Demographie.[8] Die Altersstruktur der Frauen entspricht hiernach einer Bevölkerung mit einer Lebenserwartung bei der Geburt von rund 22½ Jahren. Dies muss nicht in der gesamten Antike, nicht einmal im ganzen Römischen Reich gegolten haben. Immerhin ist es angesichts des ägyptischen Befundes kaum vorstellbar, dass die Lebenserwartung in der Antike nicht deutlich unter 30 Jahren gelegen haben sollte, und auch die anderen genannten Quellengruppen geben nicht im Mindesten Anlass zur Annahme, dass sie nicht im Bereich zwischen 20 und 30 Jahren anzusetzen ist.

Das, was wir über die Lebensverhältnisse der Griechen und Römer wissen, spricht für diese Schätzung: Ein großer Teil der Bevölkerung war unterernährt oder auf jeden Fall einseitig ernährt, ansteckende Krankheiten forderten zahlreiche Menschenleben. Vor allem in den Städten muss die Sterblichkeit sehr hoch gewesen sein. Sicher verfügten die meisten Städte im Römischen Reich über Aquädukte und Abwasserkanäle. Aber gerade die Latrinen waren nicht an das Abwassernetz angeschlossen. Die Folgen dieser schlechten sanitären Verhältnisse werden in den Grabinschriften greifbar: In der Stadt Rom stieg nach dem Befund der Grabinschriften, die auch die Jahreszeit des Todes angeben, in den späten Sommermonaten die Sterblichkeit um 50 % im Vergleich zu den gesünderen Jahreszeiten, Winter und Frühling. Diese saisonal unterschiedliche Mortalität erklärt sich mit der großen Bedeutung ansteckender Krankheiten, die in den modernen Industriestaaten weitgehend eliminiert sind.[9]

Geht man von einer Lebenserwartung bei der Geburt von 25 Jahren aus, so lag die Zahl der jährlichen Todesfälle bei 40 pro 1000 Einwohner; in den modernen Industriestaaten liegt der Wert bei weniger als 10 pro Tausend. Die Zerbrechlichkeit der antiken Familie kann angesichts der in vorindustriellen Gesellschaften äußerst hohen Sterblichkeit gar nicht überschätzt werden. Und sollten die Bevölkerungszahlen auf demselben Niveau gehalten werden, dann muss sich auch die Geburtenrate bei ca. 40 Geburten auf 1000 Einwohner bewegt haben, ein Wert, der heute nicht einmal in den meisten Ländern der Dritten Welt erreicht wird. Jede Frau musste im Durchschnitt 5–6 Kinder gebären; aus diesem Grund brachten Frauen bis in ein fortgeschrittenes Alter, bis hin zur Menopause, Kinder zur Welt. Das Familienleben in der Antike gestaltete sich hierdurch in ganz anderer Weise, als dies in der modernen Familie der Fall ist. Die hohe Mortalität hatte also für das Familienleben weit reichende Konsequenzen: Die Ehen waren nicht auf Dauer angelegt; viele Kinder wuchsen ohne Vater oder Mutter auf. Die Rolle eines oder beider Elternteile wurde von anderen Personen wahrgenommen, von Stiefeltern, Verwandten und Sklaven, die in die Erziehung involviert waren.

Wenn man noch sinnvoll erscheinende Annahmen zum Heiratsalter und zur Fruchtbarkeit einbringt, so lassen sich zumindest in ihrer Größenordnung plausible Aussagen über die demographische Struktur der Familie machen. Es lassen sich dann Fragen beantworten wie die nach der Wahrscheinlichkeit, dass zu einem bestimmten Alter einer Person deren Vater oder Mutter noch am Leben waren. Mit Hilfe einer Computersimulation lässt sich abschätzen, wie sich die Zahl der Familienangehörigen und der Verwandten für eine gegebene Person im Verlaufe ihres Lebens verändert. Die Ergebnisse hängen von den Parametern (Lebenserwartung, Fruchtbarkeit, Heiratsalter) ab, die in die Rechnung eingegangen sind, und da diese Zahlen angesichts einer unzulänglichen Quellenlage nicht exakt sind, können auch die Ergebnisse lediglich Größenordnungen vorgeben. Trotzdem sind die Befunde aufschlussreich genug: Nach den Berechnungen Sallers hatten etwa 37 % der Knaben im Römischen Reich im Alter von 15 Jahren ihren Vater verloren und 28 % ihre Mutter; wir gewinnen hieraus eine Vorstellung von der großen Zahl der Halbwaisen. Weiterhin hatten nur 17 % der Neugeborenen noch einen Großvater väterlicherseits. Dieser Wert sinkt bei den 5, 10 und 15-jährigen auf 10, 5 bzw. 2 %: Die Wahrscheinlichkeit, dass Dreigenerationenfamilien realisiert wurden, war also schon demographisch bedingt sehr gering, und diese Familien konnten angesichts der hohen Sterblichkeit nicht von langer Dauer sein. Zu keinem Lebensalter hatten mehr als 88 % der Männer ein Kind und nicht mehr als 69 % einen Sohn: Es wird hieraus deutlich, wie viele Familien ohne Erben in direkter Linie bleiben mussten.[10]

2. Heiratsalter

Das Heiratsalter ist für den Familienhistoriker von großer Bedeutung, da hierdurch die Dauer der Ehen bestimmt wird und damit auch der Zeitraum, in dem legitime Kinder zur Welt gebracht werden können. Die hohe Sterblichkeit musste, wenn die Bevölkerung zumindest konstant bleiben und nicht abnehmen sollte, durch eine entsprechend große Fruchtbarkeit kompensiert werden. Je früher die Frauen heirateten, umso besser konnte ihre Reproduktionsfähigkeit genutzt werden.

Für das europäische Mittelalter und die Neuzeit unterscheiden die Historiker und Demographen im Wesentlichen drei Heiratsmuster: frühes Heiratsalter für Mann und Frau in Osteuropa, spätes Heiratsalter für Mann und Frau in Westeuropa, spätes Heiratsalter für die Männer und frühes Heiratsalter für die Frauen im Mittelmeerraum. Das Heiratsalter sowohl in Griechenland wie auch im Römischen Reich entsprach am ehesten dem »mediterranean marriage pattern«.

Schon der archaische Dichter Hesiod (um 700 v. Chr.) riet den Männern zur Heirat im Alter von 30 Jahren, während die Mädchen vier oder fünf Jahre nach Eintritt der Pubertät heiraten sollten (Hesiod, Werke und Tage 695ff.).[11] In klassischer Zeit erwarteten die Philosophen Plato und Aristoteles von der Frau, dass sie bald nach Eintritt der Pubertät, vom Mann, dass er im Alter von etwa 30 Jahren heiraten solle (Plato, Staat 5, 460e–461c; Gesetze 4, 721b; 6, 772d/e; 6, 785b; Aristoteles, Politik 7, 16, 1334b29ff.). Die wenigen uns überlieferten Angaben zum Heiratsalter passen gut zu den normativen Aussagen der Philosophen. Ein spätes Heiratsalter der Männer in Athen war die Regel. Oft konnte der älteste Sohn erst an eine Eheschließung denken, wenn der Vater verstorben war. Eine Heirat musste so lange aufgeschoben werden, bis der junge Mann über eigenes Vermögen verfügte. Töchter wurden zumeist vor ihren Brüdern verheiratet; ein Bruder konnte häufig erst dann heiraten, wenn alle seine Schwestern außer Hauses waren.[12] War der Vater vorher verstorben, dann wurde von den Brüdern erwartet, dass sie mit der eigenen Eheschließung warteten, bis für ihre Schwestern ein Ehemann gefunden war (Isaios 2, 3ff.). Mehr noch: Wenn der Vater verstorben war, dann warteten die Söhne häufig mit der Eheschließung, bis ihre verwitwete Mutter wieder verheiratet war. Dies verschob das Heiratsalter der Männer weiter nach oben.[13] Es gab natürlich Ausnahmen: Mantitheos hatte auf den ausdrücklichen Wunsch seines Vaters, der noch Enkelkinder sehen wollte, schon mit 18 Jahren geheiratet. Aber auch Mantitheos lässt keinen Zweifel daran, dass es sich hier um ein für einen Mann ausgesprochen niedriges Heiratsalter handelte (Demosthenes 40, 4 und 12). Die meisten Männer in Griechenland heirateten vermutlich zwischen 25 und 30 Jahren. Die Mädchen galten demgegenüber bereits sehr viel früher als reif für die Ehe. Sie wurden nicht selten schon mit 15 Jahren verheiratet; da sie bis dahin kaum etwas gelernt hatten, was sie zur Leitung eines großen Haushaltes hätte befähigen können, oblag ihre weitere Erziehung dann dem oft beträchtlich älteren Ehemann (Xenophon, Oikonomikos 7, 5). Der Vater des Redners Demosthenes bestimmte seiner fünfjährigen Tochter kurz vor seinem Tode einen Ehemann; die Ehe sollte laut Ehevertrag zehn Jahre später vollzogen werden (Demosthenes 29, 43; 27, 4). Der Altersunterschied der Ehepartner in Athen lag somit vielfach bei 10 bis 15 Jahren.

Nach römischem Recht waren 12 Jahre für Mädchen das Mindestalter bei der Eheschließung, während für Knaben das Alter von 14 Jahren keine so eindeutige Grenze bedeutete. Eine Ehe, die vor dem 12. Lebensjahr der Braut geschlossen worden war, wurde gültig, sobald das Mädchen dieses Alter erreicht hatte.[14] Aus dem Mindestalter ist nicht abzuleiten, dass die meisten Mädchen auch tatsächlich in diesem Alter geheiratet hätten; zwischen gesetzlichem Mindestalter und erfolgter Eheschließung kann eine beträchtliche Spanne liegen.

Die literarischen Quellen zum Heiratsalter der Mädchen sind spärlich und von unterschiedlichem Gewicht und betreffen zudem meist die Oberschichten.[15] Augustus' Tochter Iulia war im Jahr 39 v. Chr. zur Welt gekommen und heiratete 25 v. Chr., als sie 14 Jahre zählte. Kaiser Claudius' Tochter Octavia, die vermutlich 39 n. Chr. geboren wurde, heiratete 53 n. Chr. Ähnlich frühe Eheschließungen sind für eine Reihe von Mädchen aus dem Senatorenstand bezeugt. Die Verheiratung der Mädchen unmittelbar nach Eintritt der Pubertät war in diesen Kreisen offenkundig üblich. Nach dem Moralphilosophen Epiktet bereiteten sich in Rom die Mädchen vom 14. Lebensjahr an auf die Heirat vor (Enchiridion 40). Von einer frühen Heirat der Mädchen spricht auch der kaiserzeitliche Autor Plutarch: Die Römer verheirateten ihre Töchter anders als die Spartaner schon sehr früh, vom 12. Lebensjahr an, ja noch früher (Numa 26 (4), 2f.). Ausgehend u. a. von dieser Stelle ist in der Forschung die Ansicht vertreten worden, Kinderehen seien in Rom durchaus üblich gewesen; diese Ehen seien auch vollzogen worden. Wir wissen in der Tat durch Inschriften von zahlreichen Frauen, die schon mit 11–12 Jahren verheiratet waren.[16]

Die Männer heirateten deutlich später als die Frauen. In der antiken Medizin herrschte die Auffassung vor, dass die Knaben noch einige Jahre nach Eintritt der Geschlechtsreife mit der Heirat warten sollten.[17] In der frühen Kaiserzeit dürften die Männer im Senatorenstand im Allgemeinen mit 22–24 Jahren geheiratet haben, zu Beginn ihrer politischen Karriere; denn seit der augusteischen Ehegesetzgebung waren Unverheiratete nämlich in der Ämterkarriere benachteiligt. Frau und Mann sollten hiernach bis zum zwanzigsten bzw. fünfundzwanzigsten Lebensjahr ihr erstes

Kind zur Welt gebracht haben; hierdurch ist ein terminus ante quem für das erwünschte Heiratsalter gegeben.

Während sich die literarischen und juristischen Quellen vor allem auf eine kleine Elite beziehen, lassen die Inschriften Aussagen auch über das Heiratsverhalten in breiteren Volksschichten zu. Nach den (vergleichsweise wenigen) Inschriften, die sowohl das Alter des Verstorbenen wie auch die Dauer der Ehe angeben (so dass sich das Heiratsalter durch eine Subtraktion ermitteln lässt), lag das durchschnittliche Heiratsalter der Frauen bei rund 17, der Männer bei 25,2 Jahren.[18] Aussagekräftig sind ferner die Inschriften, die zwar keine expliziten Angaben zum Heiratsalter machen, aus denen sich aber ersehen lässt, wer dem Verstorbenen den Grabstein gesetzt hat. Frauen, die bis Anfang 20 verstarben, wurden mehrheitlich von ihren Eltern beigesetzt; deren Anteil unter den Dedikanten der Grabinschriften nimmt bei den im Alter von 20 bis 25 Jahren verstorbenen Frauen stark ab. Ehemänner als Dedikanten erscheinen kurz vor dem 20. Lebensjahr. Die Frauen heirateten also in aller Regel wohl im Alter von 17–18 Jahren, kurz vor Vollendung des 20. Lebensjahres.[19] Der Befund der Inschriften legt die Vermutung nahe, dass sie etwas später in den Ehestand eingetreten sind, als es die literarischen Quellen nahe legen würden. Während sich diese vor allem auf die Oberschichten beziehen, sind in den Grabinschriften breitere Bevölkerungskreise repräsentiert. Möglicherweise ließ die Notwendigkeit, eine Mitgift aufzubringen, die Frauen in den Unterschichten etwas später heiraten. Für die Männer ergibt sich mit derselben Methode ein spätes Heiratsalter (gegen Ende 20). Bis zum Alter von 25 Jahren werden die Männer vornehmlich von ihren Eltern beigesetzt; erst dann erscheinen die Ehefrauen in größerer Zahl als Dedikanten.[20]

In den Oberschichten, d. h. vor allem dem Senatorenstand, heirateten die Männer also zumeist im Alter von 20 bis 25 Jahren, in den Unterschichten dagegen erst kurz vor dem 30. Lebensjahr. Die Mädchen wurden mit 17–18 Jahren verheiratet, viele, zumal in den Oberschichten, auch schon in jüngeren Jahren. Insgesamt entsprach das Heiratsalter in der römischen (wie der griechischen) Antike dem Muster, das auch im Mittelalter und in der Frühen Neuzeit in der Mittelmeerregion anzutreffen ist: frühe Eheschließung für die Mädchen, späte Heirat für die Männer und ein hieraus sich ergebender großer Altersunterschied der Ehepartner.

Die Bedingungen, die das Heiratsalter von Männern und Frauen bestimmten, waren in Griechenland und Rom dieselben. Die Mädchen wurden früh verheiratet, weil der Verlust ihrer Jungfräulichkeit ihren Wert auf dem Ehemarkt gemindert hätte. Bei den Männern führte insbesondere die Notwendigkeit, eine ökonomische Basis für den Haushalt zu schaffen, zu einer Verzögerung der Eheschließung. Viele Männer mussten mit der Heirat bis zum Tod des Vaters warten, da sie erst dann über Mittel zur Führung eines eigenen Haushaltes verfügten. Junge Leute forderten von ihren Eltern für die Hochzeit und spätere Ehe materielle Unterstützung. An eine Eheschließung war häufig erst zu denken, wenn der Vater die hierzu erforderlichen Geldmittel zur Verfügung gestellt hatte oder gestorben war und das Vermögen in die Hand des Sohnes übergegangen war. Immer wieder ist in den römischen Quellen von den so genannten *onera matrimonii*, den mit der Eheschließung verbundenen finanziellen Belastungen, die Rede. Die Begründung eines neuen Haushaltes setzte entsprechende finanzielle Mittel voraus, und die waren in weiten Bevölkerungsschichten nicht vorhanden.

Der Altersunterschied zwischen den Ehepartnern beeinflusste das Eheleben. Die Ehepartner verfügten bei der Eheschließung über ganz unterschiedliche Erfahrungen; schon allein aus dem großen Altersunterschied ergab sich eine Asymmetrie in den Beziehungen. Aus dem Heiratsverhalten folgt auch ein sehr großer Generationenabstand zwischen Vater und Kindern. Dies lässt sich zumindest für eine Provinz des Reiches, Ägypten, genauer belegen. Zahlreiche Papyri enthalten Angaben über den Generationenabstand (Altersunterschied zwischen Vater bzw. Mutter und Kindern). Der durchschnittliche Altersunterschied zwischen Vater und Kind lag bei deutlich über 30 Jahren (33,4 Jahre). In mehr als einem Viertel der Fälle war der Vater um mehr als 40 Jahre älter.[21] Der große Altersunterschied war zum einen durch das hohe Heiratsalter der Männer bedingt, zum anderen dadurch, dass die Ehefrauen bis weit über ihr 30. Lebensjahr hinaus und bis zur Menopause Kinder zur Welt brachten. Im Gegensatz hierzu ist es heute in Industriestaaten in den meisten Ehen üblich, wenige Kinder und diese meist kurz nach der Eheschließung zur Welt zu bringen. Die Sozialisationsphase der Kinder ist daher meist schon beendet, bevor die Eltern das fünfzigste Lebensjahr erreicht haben. Das generative Verhalten in der Antike unterschied sich hiervon grundlegend. Das oftmals kühle und distanzierte Verhältnis von Vater und Sohn war vermutlich auch in dem Altersunterschied begründet. Und es ist auf eine weitere Konsequenz hinzuweisen: Angesichts einer hohen Sterblichkeit auch im Erwachsenenalter musste der große Generationenabstand zwangsläufig zu einer beträchtlichen Zahl von Halbwaisen bzw. Waisen führen.

3. Generatives Verhalten

Die Kindersterblichkeit in der Antike war sehr hoch; vermutlich 25–30 % der Neugeborenen starben innerhalb des ersten Lebensjahres; in den modernen Industriestaaten liegt die Säuglingssterblichkeit demgegenüber lediglich bei 10 von 1000. Etwa die Hälfte der Kinder starb, bevor sie das zehnte Lebensjahr erreicht hatten. Die Zahl überlebender Kinder war demgemäß in Griechenland wie in Rom gering. In den Gerichtsreden des Isaios (4. Jh. v. Chr.), in denen sämtliche Kinder verstorbener Männer aufgelistet werden (19 Fälle), sind 19 Söhne und 23 Töchter genannt. Eine Zahl von 2,2 Kindern pro Familie ist nicht viel; aber es handelt sich hier wohlgemerkt nur um die überlebenden Kinder.[22] Der Redner Fronto (2. Jh. n. Chr.) hatte den frühzeitigen Tod seiner fünf erstgeborenen Kinder und seines ersten Enkels zu beklagen, eine Erfahrung, die in modernen entwickelten Ländern selten wäre, die aber in der Antike nichts Sensationelles an sich hatte (Fronto, De nepote amisso 2, 1f.). Sind mehr als zwei Kinder vorhanden, wird bereits von »vielen« Kindern gesprochen. Kinderreiche Familien blieben aufgrund der hohen Kindersterblichkeit die Ausnahme. Instruktiv sind folgende Beispiele: Cornelia, die Mutter der Gracchen, hatte 12 Kinder, die allesamt den Vater überlebten. Aber nur drei, die beiden berühmten Brüder Gaius und Tiberius sowie eine weitere Schwester, erreichten das Erwachsenenalter. Der Kaiser Marc Aurel (161–180 n. Chr.) und seine Frau Faustina hatten mindestens 12 Kinder, aber lediglich ein Sohn, der spätere Kaiser Commodus, überlebte seinen Vater.

Ungewollte Kinderlosigkeit ist vielfach bezeugt.[23] Sie galt als ein großes Übel und wurde insbesondere vom Haushaltsvorstand gefürchtet. Nach Ansicht des Aristoteles kann jemand, der kinderlos ist, nicht völlig glücklich sein (Nikomachische Ethik 1, 9, 1099b1ff.). So blieb auch Plinius der Jüngere (1./2. Jh. n. Chr.) nach drei Ehen kinderlos. Seine dritte Frau, Calpurnia, wurde schwanger, hatte aber eine Fehlgeburt (Plinius, Epistulae 8, 10 und 8, 11). Nur wenige Kaiser hatten Söhne als Erben; verhältnismäßig wenige Familien konnten sich im römischen Kaiserreich über mehrere Generationen hin an der Spitze der Gesellschaft halten; ständig starben vornehme Familien aus. Es wechselten so immer wieder große Vermögenswerte die Familien; die demographischen Strukturen waren allein für sich schon eine wichtige Ursache für die große soziale Mobilität.

Aber auch eine hohe Kinderzahl war nicht erwünscht. Da weder das griechische noch das römische Erbrecht das Prinzip der Primogenitur kannte, ging das Bestreben dahin, die Kinderzahl klein zu halten, damit das Familienvermögen nicht unter allzu viele Erben aufgeteilt werden musste. Die Zeitgenossen waren sich des Risikos einer zu großen Kinderzahl bewusst. Kinder stellten eine Belastung der Familienfinanzen dar. Durchgängig wird daher in der griechisch-römischen Antike eine Zahl von 1–2 Kindern (worunter mindestens ein Sohn sein sollte) für ideal gehalten. Selbst für Angehörige der Oberschichten mochte eine große Kinderzahl eine Reduzierung ihres Lebensstandards, im Extremfall sogar den Verlust des bisherigen sozialen Ranges zur Folge haben. Der aus einer angesehenen senatorischen Familie stammende Hortensius Hortalus geriet unter Kaiser Tiberius (14–37 n. Chr.) in finanzielle Schwierigkeiten; er verfügte nicht mehr über das von einem Senator geforderte Mindestvermögen. Als Grund für seine finanziellen Schwierigkeiten wird seine Kinderzahl genannt; er hatte vier Kinder gezeugt (Sueton, Tiberius 47).

Die Erziehung von Kindern erforderte Investitionen, die sich bestenfalls in späten Jahren auszahlten. Spätantike Kirchenväter führen uns in ihren Predigten immer wieder die Klagen der Armen vor Augen, die unter einer zu großen Kinderschar zu leiden hatten. Der römische Staat entwickelte nur in Ansätzen eine Sozialpolitik, die die Erziehung von Kindern erleichterte. Erst Kaiser Trajan (98–117 n. Chr.) stellte Gelder zur Verfügung, die Eltern und ihren Kindern zugute kommen sollten. Es wurden Darlehen an italische Grundbesitzer ausgegeben. Die von diesen entrichteten Zinsen wurden von den Stadtgemeinden verwaltet und genutzt, um Eltern zumindest einen Teil der für die Erziehung der Kinder anfallenden Kosten abzunehmen. Die Alimentarstiftungen unterstützten Mädchen bis zum 13./14. Lebensjahr, Knaben einige Jahre länger.[24]

Aufgrund der hohen und unkalkulierbaren Sterblichkeit unterschied sich in der Antike eine Familie von der anderen in sehr viel stärkerem Maße, als dies bei uns der Fall ist. Heute haben die meisten Ehepaare lediglich ein oder zwei Kinder, die in aller Regel das Erwachsenenalter erreichen. In der Antike währten manche Ehen nur wenige Jahre, andere dauerten Jahrzehnte. Wurden Kinder zur Welt gebracht, so ließ sich nie vorausssagen, ob sie das Erwachsenenalter erreichen würden oder nicht. Viele Ehen blieben kinderlos (was nicht heißen muss, dass überhaupt keine Kinder zur Welt gebracht worden waren), oder aber es überlebte nur eine Tochter, so dass das Vermögen aus einer Familie in die andere überging. In anderen Familien musste das Vermögen dagegen unter eine große Zahl von Kindern aufgeteilt werden. Dies führte in der nächsten Generation unter Umständen zu einem sozialen Abstieg, im schlimmsten Fall zur Verarmung.

4. Familienplanung

Die Familienplanung, die Begrenzung der Kinderzahl durch Empfängnisverhütung, Abtreibung oder Kindesaussetzung war unter den geschilderten demographischen Verhältnissen mit einem großen Risiko behaftet.[25] Denn es bestand, wenn zu wenige Kinder zur Welt gebracht wurden, bei einer hohen Sterblichkeit die Gefahr, dass die Familie aussterben würde. Bei zu vielen Kindern drohte demgegenüber die Zersplitterung des Vermögens in der nachfolgenden Generation. Gerade in bäuerlichen Gesellschaften spielen derlei Überlegungen eine große Rolle. Es steht nicht unbegrenzt viel Land zur Verfügung, und die Familien müssen angesichts einer sehr hohen Mortalität genügend Kinder haben, damit der Fortbestand der Familie gesichert ist; andererseits ist zu vermeiden, dass die Zahl der Kinder, unter die der Familienbesitz aufgeteilt werden muss, zu groß wird.

In der medizinischen Fachliteratur der Antike wird eine Reihe von empfängnisverhütenden Mitteln genannt. Die hier beschriebenen Techniken stützten sich ebenso sehr auf magische wie auf medizinische Methoden. Manche unter ihnen waren wirksam, aber es ist sehr fraglich, ob der Unterschied zwischen den wirksamen und den untauglichen Methoden überhaupt erkannt wurde. Eine der einfachsten Methoden der Empfängnisverhütung, der *coitus interruptus*, wird in der antiken Literatur überhaupt nicht erwähnt.

Der hippokratische Eid verpflichtete den Arzt, keine Abtreibung vorzunehmen. Die Tatsache, dass Abtreibungen ausdrücklich untersagt werden mussten, mag ein Hinweis darauf sein, dass sie durchgeführt wurden. Im medizinischen Schrifttum der Griechen und Römer wird eine Reihe von medikamentösen wie chirurgischen Maßnahmen angeführt, die den Abort herbeiführen sollten; es handelt sich auch hier um eine Mischung aus wirksamen und völlig ungeeigneten Mitteln. Aber es wurden mit Sicherheit erfolgreiche Abtreibungen durchgeführt.

Während die Mediziner bis in die Kaiserzeit über die Zulässigkeit von Abtreibungen diskutierten, waren sie strafrechtlich kein Problem. Sie galten nicht als Straftat, es sei denn, durch die Abtreibung wäre das Recht des Vaters auf einen potenziellen Erben verletzt worden. Es war demzufolge illegal, wenn eine Frau eine Abtreibung ohne Zustimmung ihres Ehemannes durchführte. In diesem Fall griff die Frau in die Rechte des Vaters ein, über das Los seines Kindes zu entscheiden; die Abtreibung mit des Vaters Zustimmung war dagegen ein völlig legaler Akt.

Abtreibungen waren für die Frauen mit großen gesundheitlichen Risiken verbunden. Die Kindesaussetzung war das ungefährlichere Mittel, die Zahl der Kinder zu begrenzen.[26] Die Entscheidung hierüber wurde in der Regel unmittelbar nach der Geburt getroffen und fiel in die Kompetenz des Familienvorstandes. In Sparta war die Aussetzung missgebildeter Kinder vom Gesetz gefordert. So weit gingen die Athener und Römer nicht. Aber auch hier inspizierte der Vater das neugeborene Kind sehr genau, um zu entscheiden, ob es aufzuziehen sei oder nicht. Armut war ein häufiges Motiv für die Aussetzung von Kindern. Nach Aussage des kaiserzeitlichen Autors Plutarch zogen manche Arme ihre Kinder deswegen nicht auf, weil sie fürchteten, ihnen keine adäquate Erziehung zukommen lassen zu können (De amore prolis 5, 497E). Aber auch die Reichen entledigten sich überzähliger Kinder; Kindesaussetzungen sollten verhindern, dass das Erbe unter eine allzu große Zahl von Kindern aufgeteilt werden musste.

Gegenüber der Abtreibung hatte die Kindesaussetzung den Vorteil, dass sie sehr viel gezielter eingesetzt werden konnte. Mädchen wurden in größerer Zahl als Knaben ausgesetzt.[27] Während Söhne schon früh durch ihre Arbeit zum ökonomischen

Wohlergehen des Haushaltes beitrugen, war den Töchtern bei der Eheschließung eine beachtliche Mitgift auszuzahlen. Söhne leisteten einen Beitrag zur Altersversorgung; die Töchter waren eher eine finanzielle Belastung. Überdies kam Knaben die Aufgabe zu, die Familie fortzusetzen. In einem Roman erteilt ein Ehemann, der auf Reisen geht, seiner schwangeren Frau den Auftrag, das Neugeborene, falls es ein Mädchen ist, auszusetzen (Apuleius, Metamorphosen 10, 23, 3ff.). Eine große Bedeutung wurde in der Antike sogleich nach Feststellung der Schwangerschaft der Frage beigemessen, welches Geschlecht das Kind haben werde. Liege das Kind auf der rechten Seite der Gebärmutter, werde es ein Knabe werden, andernfalls eine Tochter. Die rechte Seite war auch in der Antike die »gute« Seite; einer Tochter wurde also ein geringerer Wert als einem Sohn beigemessen. In zahlreichen bäuerlichen Gesellschaften werden Knaben den Töchtern vorgezogen: Die Söhne bleiben und kümmern sich um die alten Eltern, während die Töchter früh außer Hauses gehen und darüber hinaus auch noch mit einer Mitgift ausgestattet werden müssen.

Häufig wurden die Kinder an einer Wegkreuzung oder vor einem Tempel ausgesetzt, in der Hoffnung, dass ein Passant sich des Kindes annehmen werde. Einige ausgesetzte Kinder hatten so die Chancen, als Findelkinder aufgezogen zu werden. Im Römischen Reich wurde die Kindesaussetzung eine der wichtigsten Quellen für den Nachschub an Sklaven. Der bekannte Grammatiker Melissus war nach der Geburt von seinen Eltern ausgesetzt worden, wurde als Sklave aufgezogen, erhielt höhere Bildung und wurde dann dem Maecenas zum Geschenk gemacht. Später forderte ihn seine Mutter in die Freiheit zurück; Melissus verblieb aber lieber im Haushalt des Maecenas (Sueton, De grammaticis 21, 1f.). Als Plinius der Jüngere als Statthalter im kleinasiatischen Bithynien tätig war, wurde er mit einem ähnlichen Problem konfrontiert. Viele ausgesetzte Kinder waren von ihren Findern als Sklaven aufgezogen worden. Kaiser Trajan entschied, die Kinder sollten die Möglichkeit haben, die Freiheit zurückzufordern (ohne die Kosten für den Unterhalt erstatten zu müssen) (Plinius, Epistulae 10, 65f.).

Die Kindesaussetzung wurde in der Öffentlichkeit nicht begrüßt, und den meisten Eltern dürfte die Entscheidung, ein Kind auszusetzen, schwer gefallen sein, insbesondere wenn sie durch Armut motiviert war. In der Spätantike häufen sich die Gesetze zum Thema Kindesaussetzung. Die Ablehnung der Kindesaussetzung, die von christlichen Autoren wortreich vorgetragen wurde, fand in der Gesetztgebung des ersten christlichen Kaisers, Konstantins des Großen, freilich noch keinen Niederschlag. Erst im Jahr 374 verboten die Kaiser Valentinian und Valens die Aussetzung von Kindern; Kindestötung sollte als Mord geahndet werden.[28] Anlass zu Optimismus, was die Entwicklung der Zahl der Kindesaussetzungen anbelangt, ist aber nicht gegeben. Sie muss unvermindert hoch gewesen sein. Kinder wurden häufig vor der Kirche ausgesetzt; die Eltern hofften, dass sich ein mitleidiger Mensch ihrer annehmen werde. Gallische Kirchenkonzilien des 5. Jh. bestimmen, dass in der Kirche zu verkünden sei, wenn jemand ein ausgesetztes Kind aufgenommen habe, so dass es möglich sei, innerhalb von zehn Tagen seinen Anspruch auf das Kind geltend zu machen. Nach Ablauf dieser Frist solle der Finder das Kind behalten dürfen.[29]

III. Familienstrukturen in Griechenland und Rom

Die Forschung unterscheidet verschiedene Haushaltsformen. Die Kernfamilie wird gebildet von einem verheirateten Paar und dessen Kindern; nach dem Tod eines der beiden Ehepartner verbleibt eine Rest- oder unvollständige Familie. Von der Kernfamilie und ihren Derivaten werden erweiterte Familienformen abgesetzt: ein Ehepaar mit oder ohne Kinder sowie einem oder mehreren weiteren Verwandten. Ist die Familie aufwärts oder abwärts erweitert, so wird eine Dreigenerationenfamilie gebildet. Ein Beispiel ist die patriarchalische Großfamilie, in der die verheirateten Söhne mit ihren Ehefrauen und Kindern weiterhin im Haushalt der Eltern leben. Eine Variante ist die Stammfamilie, in der nur der Erbsohn, zumeist der älteste Sohn, mit Frau und Kindern im Haushalt des Vaters verbleibt. Die Familie kann auch seitwärts erweitert sein, durch Brüder, Schwestern oder Vettern. Stirbt etwa in einer Dreigenerationenfamilie die Großelterngeneration, so verbleiben u. U. mehrere Brüder und deren Familien in einem Haushalt.

1. Griechenland

Die Griechen hatten kein Wort zur Bezeichnung der Kernfamilie (Vater, Mutter, Kinder). Trotzdem dürfte die Kernfamilie als Familienform im klassischen Griechenland zahlenmäßig dominiert haben.[30] Da die Lebenserwartung gering war und die Söhne zudem meist sehr spät heirateten, blieb selbst dann, wenn der Sohn nach der Eheschließung keinen eigenen Haushalt begründete, die Zeit, während derer ein Dreigenerationenhaushalt realisiert werden konnte, gering. Dreigenerationenfamilien hatten in Athen wie auch in der antiken Welt insgesamt aufgrund der demographischen Gegebenheiten quantitativ eine geringe Bedeutung. Aber wenn auch die Kernfamilie zahlenmäßig überwog, bedeutet dies doch nicht notwendigerweise, dass sie die kulturelle Norm gewesen wäre. Dies wird deutlich, wenn man den dynamischen Aspekt der Familie ins Auge fasst; Haushaltsgröße und -zusammensetzung sind nicht statisch, sondern verändern sich mit den einzelnen Phasen des Familienzyklus.

War der Vater noch am Leben, so begründeten die Söhne anscheinend nur in der Minderzahl der Fälle nach der Eheschließung einen eigenen Haushalt; Neolokalität war nicht die Regel. In etwa ¾ der in den Gerichtsreden dokumentierten Fälle führte die Eheschließung des Sohnes nicht zur Begründung eines neuen Haushaltes. Anscheinend wurde vom ältesten Sohn erwartet, dass er im väterlichen Haushalt blieb, um ihn nach dem Tod des Vaters weiterzuführen. In manchen Fällen überließ der alte Vater noch zu seinen Lebzeiten die Leitung der Geschäfte dem ältesten Sohn. Wurde das Gut bereits zu Lebzeiten unter die Söhne aufgeteilt, so lebten Vater und Mutter im Haushalt eines der Söhne, während die anderen ihren eigenen Haushalt führten (Demosthenes 47, 34f.). Nach dem Tod des Vaters blieb die verwitwete Mutter häufig im Haushalt ihres ältesten Sohnes. Schon aufgrund der großen Zahl von Witwen, die in den Haushalt eines Sohnes integriert waren, war die Zahl aufwärts erweiterter Familien groß.

Alle Söhne hatten im klassischen Griechenland den Anspruch auf einen gleichen Erbanteil. Das väterliche Vermögen wurde üblicherweise aufgeteilt; dass Brüder mit ihren Familien auf längere Frist einen Haushalt bildeten, ist nur in Ausnahmefällen bezeugt. Hin und wieder wurde das Erbe zumindest vorläufig von den

Brüdern gemeinsam bewirtschaftet. Aber dies muss nicht bedeuten, dass die Brüder auch in einem Haushalt gelebt hätten.

Trotz der Dominanz der Kernfamilie war eine Erweiterung der Kernfamilie durch weitere Verwandte in den griechischen Familienstrukturen durchaus angelegt. Zwar konnten unter demographischen Verhältnissen, wie sie in Griechenland bestanden, Dreigenerationenfamilien auch dann, wenn sie angestrebt wurden, immer nur ein Übergangsstadium sein. Die Kernfamilie war somit die häufigste Familienform; sie konnte aber jederzeit um mehr oder weniger ferne Verwandte erweitert werden. Die familiäre Solidarität galt sehr viel, und im Notfall konnte man damit rechnen, Zuflucht im Haushalt eines Verwandten zu finden.

2. Rom

Die ältere Forschung ging für die römische Gesellschaft von der Dominanz der patriarchalischen Großfamilie aus, in der der Vater mit dem verheirateten Sohn und dessen Kindern in einem Haushalt gelebt hätte. Die Söhne unterstanden, solange ihr Vater lebte, dessen Gewalt (*patria potestas*) und erlangten die volle Geschäftsfähigkeit erst mit dessen Tod. Cicero schildert mit dem Haushalt des Appius Claudius Caecus an der Wende vom 4. zum 3. vorchristlichen Jahrhundert eine durch und durch patriarchalisch strukturierte Familie: Appius Claudius als Oberhaupt auch der offenbar noch in seinem Haus lebenden 4 Söhne und 5 Töchter (Cicero, Cato maior 37).

Nach der derzeit in der Forschung vorherrschenden Auffassung dominierte in Rom jedenfalls in historischer Zeit jedoch die Kernfamilie, auf jeden Fall in den Oberschichten. Söhne gründeten in diesem sozialen Milieu, wenn sie das Erwachsenenalter erreichten, zumeist ihren eigenen Haushalt. Cicero hält die Kernfamilie für das Übliche; dass Brüder oder Vettern in einem Haushalt lebten, muss, wenn wir ihm Glauben schenken dürfen, als die Ausnahme gelten (Cicero, De Officiis 1, 54). Der junge Caelius, der noch der väterlichen Gewalt (*patria potestas*) unterstand und nicht über eigenes Vermögen verfügte, hatte gleichwohl einen eigenen Haushalt (er wohnte zur Miete) (Cicero, Pro Caelio 17f.). Der gerade 20-jährige und noch unverheiratete Marcus Tullius Cicero junior hatte die Absicht, mit den Pachteinkünften, die ihm von den mütterlichen Gütern zustanden, ein Haus zu mieten; Cicero hielt dies für etwas ganz Natürliches (Cicero, Ad Atticum 12, 32, 3 (2)).

Wenn auch die meisten Forscher heute die Auffassung vertreten, dass im Rom der späten Republik und der Kaiserzeit die Kleinfamilie dominiert habe, so gilt dies doch kaum für alle Bevölkerungsschichten in gleicher Weise. Wahrscheinlich war die Begründung eines eigenen Haushaltes durch den volljährigen Sohn überhaupt nur in den Oberschichten ohne weiteres möglich; denn nur hier standen die erforderlichen wirtschaftlichen Ressourcen hierfür zur Verfügung. Diese Vermutung lässt sich für eine Region des Reiches, Ägypten, überprüfen, für die dank der günstigen Überlieferungslage auch dokumentarisches Quellenmaterial zur Verfügung steht. Durch Haushaltsdeklarationen sind wir über die Zusammensetzung von rund 200 ägyptischen Haushalten aus dem ersten bis dritten Jahrhundert n. Chr. informiert; in einigen besonders gut dokumentierten Fällen lässt sich sogar die Zusammensetzung von Haushalten über einen längeren Zeitraum hin verfolgen.[31]

Die Kernfamilie (Ehepaar mit Kindern) war im römischen Ägypten zwar die häufigste Familienform. Aber auch komplexere Familienformen, Dreigenerationen-, ja sogar Viergenerationenfamilien, sind bezeugt, und es kam vor, dass erwachsene Geschwister in ein und demselben Haushalt lebten. Rund jeder zehnte Haushalt umfasste zehn Personen oder mehr; der Durchschnitt liegt bei 5,1 Personen pro Haushalt. Dieser Wert scheint auf den ersten Blick nicht hoch zu sein. Jedoch hatten in vorindustriellen Gesellschaften mit ihrer großen Sterblichkeit auch die Großfamilien, d. h. Dreigenerationenfamilien und andere erweiterte Familienformen, nicht notwendigerweise eine große Zahl von Mitgliedern.

16,2 % der ägyptischen Haushalte bestanden aus Einzelpersonen. Es handelte sich zumeist um Personen, die verwitwet waren oder keine Ehe hatten schließen können; ihr Durchschnittsalter lag bei etwas über 40 Jahren. 4,8 % der Haushalte setzten sich aus mehreren Personen, die nicht durch die Ehe miteinander verbunden waren, zusammen, in der Regel unverheirateten Brüdern, die nach dem Tod beider Elternteile weiter zusammenlebten. 43,1% der Haushalte waren Kernfamilien in ihren verschiedenen Phasen (Ehepaar mit oder ohne Kinder, Witwer oder Witwe). In 15 % der Haushalte lebten Familien, die durch einen oder mehrere Verwandte aufwärts oder seitwärts erweitert waren, häufig Elternteile eines der beiden Ehepartner, zumeist eine verwitwete Mutter. Die fünfte Kategorie wird aus Haushalten mit mehreren, meistens durch Verwandtschaft miteinander verbundenen Familienkernen gebildet. Es war im römischen Ägypten gar nicht so selten, dass Geschwister auch nach der Eheschließung in einem Haushalt zusammenlebten. 21 % der erfassten Haushalte gehörten in diese Kategorie. Bemerkenswert ist das Durchschnittsalter der Ehepartner in den Kernfamilien der dritten Gruppe: Es finden sich in dem Material so gut wie keine jungen Ehepaare; das Durchschnittsalter der Ehemänner liegt hier bei 45,9, das der Frauen bei 37,3 Jahren. Frisch verheiratete Paare verließen in aller Regel nicht den elterlichen Haushalt, um neue Haushalte zu bilden; Kernfamilien resultierten in Ägypten in aller Regel erst aus dem Tod der Großelterngeneration. Auf der Grundlage der Haushaltsdeklarationen und anderer Zeugnisse ergibt sich folgender hypothetische Familienzyklus: Nach der Heirat lebten die Söhne meist im Haushalt des Vaters und setzten auch nach dessen Tod die gemeinsame Haushaltsführung fort, solange sie selbst noch keine erwachsenen Söhne (älter als 14 Jahre) hatten. Sobald dies der Fall war, wurde der gemeinsame Haushalt aufgelöst.

Nahezu zwei Fünftel (36 %) der ägyptischen Haushalte waren also komplex (d. h. enthielten mehr als zwei Kernfamilien bzw. waren um einen Verwandten erweitert); beinahe drei Fünftel (55,3 %) der Bevölkerung lebten in solchen Haushalten. Auf der anderen Seite lag der Anteil der Personen, die zu einer Kernfamilie zählten, bei gerade 35,7 %. Wird nach der Bedeutung der Haushaltsformen gefragt, so dürfen nicht allein die Haushalte gezählt werden, entscheidender ist die Frage, wie viele Personen jeweils in den einzelnen Haushaltstypen lebten. Es ist ferner zu bedenken, dass diejenigen, die zur Zeit des Zensus in einfachen Haushalten lebten, zu einem anderen Zeitpunkt ihres Lebenszyklus' in komplexen Haushalten gelebt haben können. In einer Gesellschaft kann also zwar der Anteil komplexer Familienformen geringer sein als derjenige der Kernfamilien; trotzdem können sie zur Lebenserfahrung eines Großteils der Bevölkerung gehört haben.

Die Frage, ob das sich für Ägypten ergebende Bild auf die städtischen und ländlichen Unterschichten im Gesamtreich übertragbar ist, lässt sich nur schwer beantworten. Aus dem kaiserzeitlichen Kleinasien ist eine beträchtliche Zahl von Inschriften überliefert, in denen die Personen aufgelistet werden, die in einem Familiengrab Aufnahme finden sollten. Mit aller Vorsicht lässt sich hieraus auf die Familienstrukturen zurückschließen. Der Befund dieser Inschriften entspricht dem der ägyptischen Haushaltsdeklarationen. Sie bezeugen die unterschiedlichsten Familienformen: Einpersonenhaushalte, Mehrgenerationenfamilien, seitwärts erweiterte Familien (Familien, in denen Brüder und Cousins allein oder mit ihren Familien zusammenlebten), auch Haushalte, in denen Personen zusammenlebten, die nicht durch Blutsverwandtschaft miteinander verbunden waren.[32] Vermutlich waren erweiterte Familienformen somit insbesondere in den einfachen Bevölkerungskreisen wenn schon nicht die Regel, so doch häufiger als in den Oberschichten. Nur in den besitzenden Kreisen standen die finanziellen Mittel zur Verfügung, um den erwachsenen Söhnen die Begründung eines Haushaltes zu ermöglichen. In den Unterschichten dagegen übernahm der Sohn häufig den väterlichen Bauernhof oder Handwerksbetrieb; wenn er denn überhaupt vor dem Tod des Vaters heiratete, wird er die Ehefrau in den väterlichen Haushalt geführt haben.

Unabhängig davon, ob die Kern- oder die Großfamilie die dominierende Familienform war, so stand doch sowohl in Griechenland als auch in Rom stets die Kernfamilie im Zentrum der Gefühle. Griechische wie römische Autoren beschreiben das »Familienleben« als das von Ehemann, Ehefrau und Kindern. Nicht anders ist der Befund der Grabinschriften: In den einzelnen Regionen des Römischen Reiches stammten 75–90 % der Stifter von Grabinschriften aus dem engsten Familienkreis: Ehemann, Ehefrau, Kinder oder Geschwister.[33] Es dürfen jedoch nicht unsere Vorstellungen von Familie auf die Antike übertragen werden. Die Gruppe Vater–Mutter–Kind war aufgrund der hohen Scheidungsraten und der großen Sterblichkeit keine kompakte, stabile Einheit. Sehr viele Kinder wuchsen in Familien auf, die in sich heterogen waren (mit Stiefeltern, Stiefgeschwistern). Außer zu den Eltern hatten die Kinder eine Fülle von weiteren Bezugspersonen, zu denen emotionale Bindungen bestanden: neben anderen Familienangehörigen auch zu Sklavinnen (Amme) und Sklaven, die häufig die Erziehung der Kinder leiteten. Die Allgegenwart von Sklaven ist ein wichtiger Faktor, der die Besonderheit der Familie in der Antike ausmacht, und hierauf wird noch zurückzukommen sein.

IV. Ehe und Familie in Griechenland

1. Haushalt und Familie im klassischen Griechenland: Der Oikos

Der Oikos, das »Haus«, war die Grundlage der athenischen Gesellschaft. Nach Aristoteles entsteht die Polis aus der Verbindung von Oikoi; sie sind für ihn die grundlegenden sozialen Einheiten (Aristoteles, Politik 1252a25ff.). Die Polis war ein Zusammenschluss von Oikoi, und die Bürger hatten ihren Platz in der Polis nicht als Individuum, sondern definierten sich durch ihre Zugehörigkeit zu einem Oikos. So waren uneheliche Kinder, die keinem Oikos eines athenischen Bürgers angehörten, nicht nur erbrechtlich schlechter gestellt, sondern hatten auch nicht das Bürgerrecht. Das Wort Oikos bezeichnete die Familienangehörigen, die Sklaven und die bewegliche und unbewegliche Habe gleichermaßen. Der Terminus zielte damit nicht nur auf das Haus als Wohnsitz, sondern auch auf die Personen, die in ihm lebten, sowie das Vermögen, welches zu ihm gehörte. Der Familienbesitz, insbesondere das ererbte Land, bildete gewissermaßen die materielle Basis der Familie.[34] Der Oikos war nicht nur Konsumtions- und Reproduktions-, sondern auch Produktionseinheit, wobei die Produktion (zumal von Lebensmitteln und Textilien) zunächst vor allem dem eigenen Bedarf diente. Zwar konnte im klassischen Athen mit sich entwickelnder Wirtschaft von einer Autarkie der Oikoi keine Rede mehr sein. Trotzdem blieb die Marktanbindung der Haushalte vergleichsweise gering; vor allem auf dem Lande wurde eine weit gehende Unabhängigkeit vom Markt angestrebt. Der Oikos hatte schließlich auch religiöse und kultische Funktionen. Die Redner des vierten vorchristlichen Jahrhunderts begründeten die Notwendigkeit, den Oikos zu erhalten, immer wieder mit den mit ihm verbundenen religiösen Zeremonien. Durch den Kult wurde eine enge Verbindung zu den Ahnen aufrechterhalten; der Fortführung der Familie durch die Nachkommen, die den Familienkult weiterzuführen hatten, wurde demgemäß eine überaus große Bedeutung beigemessen.

Der Haushaltsvorstand, der *kyrios*, hatte eine sehr starke Stellung, da er allein über das Familienvermögen verfügte. Die Frauen hatten ebenso wenig wie die Minderjährigen politische Rechte; ihre Vertretung nach außen hin wurde vom Familienvorstand wahrgenommen. Der *kyrios* stellte somit das Bindeglied zwischen Haushalt und Gemeinde dar. Er war allerdings nicht der absolute Herrscher über den Haushalt. So verwaltete er zwar die Mitgift, die seine Ehefrau in die Ehe eingebracht hatte; sie wurde aber nicht eigentlich sein Eigentum. Eingeschränkt war auch die Verfügungsgewalt des Haushaltsvorstandes über das ererbte Familienvermögen. Hatte ein Mann legitime Kinder, so war es ihm nicht möglich, testamentarisch hierüber zugunsten von Außenstehenden zu verfügen; es stand ihm auch nicht zu, beim Vorhandensein leiblicher Kinder einen Dritten zu adoptieren. Die Kinder hatten somit schon vor Erreichen der Volljährigkeit ein Interesse am Familienvermögen. Es war äußerst schwierig, ein Kind zu enterben; es sind kaum Beispiele hierfür, d. h. für die *apokeryxis* eines Kindes, überliefert.[35] Der *kyrios* war gleichsam nur Verwalter des Familienvermögens; bei seinem Tod erbten die Söhne zu gleichen Teilen. Das Vermögen gehörte zum Haushalt, zum Oikos, und es ging mit ihm an die Kinder über. Während der römische *pater familias* über das Familiengut uneingeschränkt verfügte und es ihm frei stand, seine Kinder zu enterben, war der Familienvorstand in Athen nicht im vollen Sinne des Wortes Eigentümer des Familiengutes, auch wenn er es verwaltete und nutzte.

Auch die agnatischen Verwandten behielten ein lebhaftes Interesse an dem Familienbesitz, zumal wenn keine Erben in direkter Linie zur Verfügung standen. Sie hatten keine Bedenken, ein Testament oder eine Adoption anzufechten, mit dem Argument, die Ansprüche der Verwandten hätten Vorrang. Der Staat war gleichfalls daran interessiert, dass die Haushalte Bestand hatten; es gab eine spezielle Klageform, um Vermögen vor der Vergeudung durch den Haushaltsvorstand zu schützen. Jeder, der wollte, konnte einen Mann wegen Vergeudung seines Besitzes vor Gericht ziehen.[36] Die Griechen gingen davon aus, dass das Eigentum nur treuhänderisch für die nachfolgende Generation erhalten wurde, ebenso wie man es in ähnlicher Weise von der voraufgegangenen Generation erhalten habe.

2. Die Ehe

a) Die Eheschließung: Ehezweck, Partnerwahl und Hochzeit

Dem Haushaltsvorstand, dem *kyrios*, unterstanden Ehefrau, Kinder und Sklaven. Die Autorität über die Frauen des Haushaltes beinhaltete vor allem das Recht, sie in rechtmäßiger Ehe zu verheiraten. Beim Tod des Vaters war es häufig ein Bruder, der Großvater oder ein anderer Verwandter väterlicherseits, der sich dieser Aufgabe annahm. In einem Gesetz, welches von Demosthenes zitiert wird, werden als Verwandte, die zur Verheiratung durch *engye* befugt sind, der Vater, der Bruder sowie der Großvater genannt (Demosthenes 46, 18). Ob auch weiter entfernte Verwandte eine Frau in *engye* verheiraten durften, ist nicht ganz klar; vermutlich ging dieses Recht an denjenigen über, den der Vater testamentarisch zum *kyrios* bestimmt hatte.[37] Auch der Tod des Vaters führte demnach nicht dazu, dass die Tochter bei der Eheschließung einen größeren Handlungsspielraum erlangt hätte. Die Verheiratung der Frau war nicht so sehr eine Verbindung von Mann und Frau, als vielmehr eine Vereinbarung zwischen den Vorständen zweier Haushalte. Die Zustimmung der Tochter zur Eheschließung wurde nicht für erforderlich gehalten; sie war keine Vertragspartei. Dies unterscheidet das attische Recht vom römischen, in dem auch der Konsens der Tochter gefordert war. Größer war der Spielraum bei der Auswahl des Ehepartners für den Sohn; da die Männer sehr spät heirateten, war der Vater zumeist schon verstorben.

Zweck der Ehe war die Zeugung legitimen Nachwuchses. Indem ein Mann eine Frau verheiratete, erklärte er, dass sie in einer legitimen Ehe zur Welt gekommen war und so in der Lage war, ihrerseits legitime Kinder zu gebären. Das perikleische Bürgerrechtsgesetz von 451/50 v. Chr. machte zur Voraussetzung für die Erlangung des Bürgerrechtes, dass beide Elternteile attische Bürger waren und somit ihrerseits einer legitimen Ehe attischer Bürger entsprossen waren.

Allein in einer Ehe, die durch *engye* geschlossen wurde, konnten legitime Kinder zur Welt gebracht werden. Das Wort *engye* leitet sich vom Verb »*engyan*« ab, welches soviel wie »als Pfand übergeben« oder auch »sich verpflichten, versprechen« bedeutet: Der Vormund der Braut, der Vater oder der nächste Agnat, versprach

Abb. 2: Hochzeitszug mit Braut und Helferinnen. Rotfigurige Loutrophoros (ein Hochzeitsgefäß und typische Grabbeigabe für eine unverheiratet Verstorbene), Mitte 5. Jh. v. Chr. Athen, Nationalmuseum. Eine der dargestellten Frauen trägt ihrerseits eine Loutrophoros.

dem Bräutigam die Braut. Es handelte sich bei der *engye* um einen Vertrag zwischen den beiden genannten Parteien; die Braut brauchte nicht anwesend zu sein, und das eheliche Zusammenleben wurde unter Umständen erst sehr viel später aufgenommen. Trotzdem war die *engye* mehr als nur eine Verlobung; vom juristischen Standpunkt aus wurde die Ehe durch sie begründet. Gewöhnlich waren beim Vertragsabschluss Zeugen zugegen, schon allein deswegen, um die Rechtsgültigkeit der Ehe späterhin jederzeit nachweisen zu können. Der Staat wirkte bei der Eheschließung nicht mit; es fand keinerlei staatliche Beurkundung statt. Die Eheschließung war eine rein private Vereinbarung zweier Familien. Volle Wirksamkeit erlangte die *engye* jedoch erst durch die *ekdosis*, die Herausgabe, in der die Braut ihrem Mann tatsächlich übergeben wurde. Zumeist folgte die *ekdosis* unmittelbar auf die *engye*. Zwischen den beiden Akten konnten im Extremfall aber auch mehrere Jahre verstreichen.[38]

Es folgte ein Hochzeitsfest, an dem Familienangehörige, Freunde und Verwandte teilnahmen.[39] Es wurde zunächst den Göttern ein Opfer dargebracht, insbesondere Zeus Teleios und Hera Teleia, die als Beschützer der Ehe galten. Braut und Bräutigam nahmen ein Bad und legten ihre Hochzeitskleider an; das Hochzeitsmahl fand im Haus der Braut statt. Am Abend führte der Bräutigam seine Frau begleitet von Freunden und Bekannten beim Lichte von Fackeln in sein Haus. Die Hochzeit war, soweit es auf das Recht ankommt, nicht das entscheidende Element der Eheschließung; aber sie war gleichwohl von großer Bedeutung; denn durch die Hochzeit nahm überhaupt erst eine breitere Öffentlichkeit von der Eheschließung Kenntnis.

Im weiteren stellte der Ehemann seine Frau den Mitgliedern seiner Phratrie, seiner Kultgenossenschaft, vor, die damit in die Lage versetzt wurden, jederzeit die Legitimität der Ehe bestätigen zu können. Es fand ein Opfer statt und, hiermit verbunden, ein Gastmahl für die Mitglieder der Phratrie (*gamelia*).

Materielle Gesichtspunkte standen jedenfalls in den Oberschichten bei der Auswahl des Ehepartners im Zentrum. Der Ehepartner sollte mindestens aus derselben sozialen Schicht stammen; es wurde auf Homogamie Wert gelegt. War der Vater noch am Leben, so achtete er darauf, dass der Sohn eine standesgemäße Ehe schloss. In den besitzenden Kreisen konnte »romantische Liebe« bei der Ehebegründung in der Tat keine Rolle spielen.[40] Die Jugendlichen beiderlei Geschlechts bekamen einander, wenn sie denn nicht verwandt waren, kaum je zu Gesicht; es war undenkbar, dass ein junger Mann ein Mädchen umwarb. In den Unterschichten mag dies anders gewesen sein; an die Stelle von Reichtum oder sozialem Stand als Kriterien bei der Auswahl des Ehepartners traten möglicherweise bis zu einem gewissen Grade sexuelle Anziehung und Zuneigung. Es war in den ärmeren Bevölkerungskreisen kaum möglich, die Frauen an das Haus zu binden; viele unter ihnen gingen notgedrungen einer Erwerbstätigkeit nach, und sie konnten sich nicht, wie dies in den Oberschichten der Fall war, durch Sklavinnen bei Geschäften außer Hauses vertreten lassen. Möglicherweise wurden unter diesen Verhältnissen Kontakte zwischen Angehörigen unterschiedlichen Geschlechts geknüpft, die zur Ehe führte.

Eheverbindungen zwischen Cousin und Cousine, Onkel und Nichte waren allgemein üblich, und selbst Ehen zwischen Halbgeschwistern waren in Athen gestattet.[41] Diogeiton verheiratete seinem Bruder Diodotos, der im Handel viel Geld verdient hatte, seine einzige Tochter; aus dieser Ehe entsprossen zwei Söhne und eine Tochter. Diogeiton war also gleichzeitig Bruder und Schwiegervater von Diodotos, Großvater und Onkel von dessen Kindern (Lysias 32, 4). Man war der Auffassung, den Verwandten Solidarität zu schulden. Wenn eine Tochter zu verheiraten war, lag es daher nahe, zunächst unter den Verwandten nach einem Bräutigam zu suchen. Ein Redner führt als Beleg dafür, dass ein Mann und der Sohn seines Bruders miteinander zerstritten gewesen seien, die Tatsache an, dass der Onkel seinem Neffen nicht eine seiner Töchter zur Frau gegeben habe (Isaios 7, 11f.). Der Athener hatte kaum Gelegenheit, Mädchen im heiratsfähigen Alter kennen zu lernen; dies war noch am ehesten im Verwandtenkreis möglich. Es mag sich daher zwischen Cousin und Cousine, die sich von Kindheit an kannten, vielfach persönliche Zuneigung entwickelt haben.

Ließ sich unter den Verwandten kein geeigneter Ehepartner für die Tochter finden, so wurde unter den Freunden Ausschau gehalten. Die Freundschaft wurde durch das Band der Verschwägerung gestärkt und intensiviert. Menekles bat die Brüder eines jungen Mädchens um die Hand ihrer Schwester mit der Begründung, er sei mit ihrem verstorbenen Vater gut befreundet gewesen. Die beiden Brüder stimmten zu, da sie wussten, dass auch ihr Vater das Mädchen mit Menekles verheiratet hätte (Isaios 2, 3ff.). Der Vater des Theomnestos hatte seine Tochter Apollodoros, dem Sohn des Pasion, zur Frau gegeben; da freundschaftliche Beziehungen zum Schwager bestanden, heiratete nun Theomnestos eine Tochter des Apollodoros und seiner Schwester, also seine eigene Nichte (Demosthenes 59, 2). Freundschafts- und Verwandtschaftsbeziehungen stärkten sich also durch Eheverbindungen.

Der Kreis der Verwandten und Freunde war allemal begrenzt, und da nur wenige Gelegenheiten bestanden, mit den jungen Mädchen fremder Haushalte Kontakte zu knüpfen, wurden die Dienste professioneller Ehevermittlerinnen genutzt. In einer Komödie des Aristophanes verflucht Strepsiades seine Ehevermittlerin: er selbst ist ein sparsamer Bauer, seine Frau eine verschwenderische Aristokratin aus der Stadt, die ihn in den Bankrott treibt (Aristophanes, Wolken 41ff.).

b) Materielle Aspekte der Eheschließung: Die Mitgift

Die Mitgift war der Beitrag der Ehefrau zur Etablierung des gemeinsamen Haushaltes. Die Eheschließung war damit auch von ökonomischer Bedeutung.[42] Eine Frau mit reicher Mitgift zu heiraten, konnte viel zum wirtschaftlichen Erfolg eines Haushaltes beitragen. In vorindustriellen Gesellschaften sind die Möglichkeiten, zu Vermögen zu kommen, begrenzt; häufig waren es Erbschaften oder Mitgiften, die eine größere Zufuhr an Kapital brachten.

Der Vater (bzw. sonstige Gewalthaber) war zwar nicht juristisch, aber doch moralisch verpflichtet, die künftige Ehefrau mit einer Mitgift auszustatten. Jeder würde es doch wohl vorziehen, ein Darlehen aufzunehmen, als seinem Schwager keine Mitgift zu zahlen, heißt es in einer Rede (Demosthenes 30, 12). Die Meinung ging allgemein dahin, dass den Frauen die Mitgift geradezu geschuldet werde. Ein Redner behauptet, dass die Brüder seiner Mutter, da sie reich gewesen seien, es niemals über sich gebracht hätten, »ihre eigene Schwester zu berauben« und ihr eine Mitgift zu verweigern (Demosthenes 40, 25).

Die Bestellung einer Mitgift war für die Rechtmäßigkeit der Ehe zwar nicht erforderlich, aber sie war doch nahezu die Regel. Ohne Mitgift mochte es schwierig werden, einen Ehemann zu finden. Euripides lässt Medea klagen, die Frauen seien die unglücklichsten Lebewesen, die sich mit einer Unmenge Geldes selbst ihren Herrn erkaufen müssten (Euripides, Medea 230ff.). Die Mitgift konnte geradezu als das entscheidende Kriterium für die Legitimität einer Ehe gelten. Ein Redner argumentiert mit dem Fehlen der Mitgift, um wahrscheinlich zu machen, dass keine legitime Ehe bestand (Isaios 3, 8ff.; 28ff.; 36; 38; 78). Ein Gerichtsredner muss einen Grund dafür benennen, warum seine Mutter in ihrer zweiten Ehe mit einer geringen Mitgift verheiratet war; denn eine solche Mitgift konnte den Argwohn wecken, es handele sich bei der Verbindung nicht um eine vollgültige Ehe (Isaios 8, 8).

Durch eine große Mitgift wurde auch der eigene soziale Status dokumentiert. Es mehrte das Prestige der Familie der Frau, wenn diese dank einer ansehnlichen Mitgift einen respektablen Ehemann fand. Die ganze Familie profitierte von den Kontakten, die auf diese Art und Weise angeknüpft wurden. Die Eheschließung verband in Athen also nicht nur Mann und Frau, sondern auch deren Familien.

Die Mitgift der Ehefrau sollte in einer vernünftigen Relation zum Vermögen des Mannes stehen. Ein Redner, der nachweisen wollte, dass er und sein Bruder nur über ein bescheidenes Vermögen verfügten, argumentierte damit, dass sie von ihren Ehefrauen jeweils nur eine Mitgift von 20 Minen erhalten hätten; sie hätten sich wohl kaum mit dieser bescheidenen Summe begnügt, wenn sie vermögender gewesen wären (Isaios 11, 40). Nach allgemeinem Dafürhalten sollten Mann und Frau derselben sozialen Schicht entstammen.

Frauen ohne Mitgift hatten die allergrößten Schwierigkeiten, einen Ehepartner zu finden. Der Politiker Aristides (5. Jh. v. Chr.) soll bei seinem Tod zwei Töchter zurückgelassen haben, die zunächst, weil kein Vermögen vorhanden war, keinen Mann fanden, bis sie auf Staatskosten mit einer Mitgift ausgestattet wurden (Plutarch, Aristides 1, 1; 27, 2). Ein gewisser Apollodoros konnte seine zweite Tochter nicht mehr verheiraten, als er zu einer hohen Geldstrafe verurteilt worden war: Denn wer hätte die Tochter eines Staatsschuldners ohne Mitgift zur Frau nehmen wollen (Demosthenes 59, 8)?

Die Tochter eines mittellosen Freundes mit einer Mitgift auszustatten, war eine häufiger praktizierte Form von Wohltätigkeit und mehrte das Ansehen des Wohltäters außerordentlich. Ein Redner preist die Leistungen, die sein Vater für das Staatswesen erbracht habe, fügt aber noch hinzu, dass er Töchtern und

Schwestern verarmter Bürger eine Mitgift zur Verfügung gestellt habe; diese Form der Wohltätigkeit steht auf einer Stufe mit dem Freikauf von Kriegsgefangenen oder der Übernahme der Kosten für ein Begräbnis (Lysias 19, 59). Vermögendere Verwandte waren verpflichtet, ein mittelloses Mädchen entsprechend den eigenen Vermögensverhältnissen mit einer Mitgift auszustatten, um sicherzustellen, dass sie einen Ehemann fanden. Je nach der Zensusgruppe, der der Mann angehörte, musste er 500, 300 oder 150 Drachmen zahlen. Von den Theten, den Angehörigen der vierten Zensusklasse, scheint man die Aufbringung einer Mitgift nicht verlangt zu haben. Bei den Besitzlosen wird die Ehe ohne Mitgift geschlossen worden sein.

Zumeist bestand die Mitgift aus Geld oder beweglichen Gütern. Sie war in vielen Fällen das Grundkapital, mit dem der Haushalt des jungen Ehepaares begründet wurde, und diente gleichzeitig als Grundlage für den Unterhalt der Ehefrau. Landbesitz wurde kaum je als Mitgift gestellt; die Immobilien gingen an die Söhne, wenngleich die Frauen wohl nicht von Gesetz wegen vom Landbesitz ausgeschlossen waren.[43]

Die Mitgift repräsentierte in den Oberschichtenfamilien beträchtliche Vermögenswerte. Kein Adoptivsohn, so ein Redner vor Gericht, würde sich trauen, die legitime Tochter seines Adoptivvaters mit weniger als einem Zehntel des Vermögens als Mitgift in die Ehe zu geben (Isaios 3, 51). Der Anteil der Mitgift am Familienvermögen schwankte in den besitzenden Bevölkerungsschichten stark (zwischen 5 und 25 %), wobei die Mitgift aber nicht proportional mit dem Familienvermögen wuchs. Der Druck, die Tochter mit einer Mitgift auszustatten, war in den ärmeren Kreisen genauso vorhanden wie in den vermögenden Bevölkerungsschichten, und hier mag die Mitgift, auch wenn sie in absoluten Zahlen deutlich kleiner war, sogar einen größeren prozentualen Anteil am Familienvermögen ausgemacht haben.

Die Tochter erhielt erheblich weniger als Mitgift, als ihre Brüder als Erbteil erwarten durften. Demosthenes folgert: Wenn sein Vater seiner Mutter und seiner Schwester zusammen 3 Talente und 2000 Drachmen als Mitgift für ihre Ehen mit zweien seiner Vormünder ausgesetzt habe, wenn er darüber hinaus einem dritten Vormund den Nießbrauch von 70 Minen vermacht habe, so müsse ihm als einzigem Erben doch wohl mehr als das Doppelte verblieben sein (Demosthenes 27, 44). Die Mitgift repräsentierte in Griechenland zwar beträchtliche Vermögenswerte, entsprach aber bei weitem nicht einem vollen Kindesteil.

Die Ansprüche der Töchter auf eine Mitgift und damit eine standesgemäße Partie und die der Söhne auf das Familienvermögen, durch das allein sich ihr sozialer Stand erhalten ließ, standen in Konkurrenz zueinander. Ein Vormund, der bezichtigt worden war, die materiellen Interessen seines Mündels geschädigt und dessen vier Schwestern nicht verheiratet zu haben, weist voller Stolz darauf hin, dass er das Vermögen seiner Mündel nicht nur nicht vermindert, sondern deutlich gemehrt habe. Es reiche aus, um die Mädchen angemessen zu verheiraten, ohne den Reichtum ihres Bruders dadurch empfindlich schmälern zu müssen (Isaios 11, 39). Waren mehrere Töchter zu verheiraten, so war die finanzielle Belastung ganz beachtlich. Es scheint allgemeine Praxis gewesen zu sein, nicht eine Tochter auf Kosten der anderen zu bevorzugen, sondern ihnen eine Mitgift in gleicher Höhe zukommen zu lassen.

Der Ehemann verfügte über die Mitgift, die in sein Vermögen aufging; aber er war doch nicht eigentlich ihr Eigentümer. Bei Beendigung der Ehe durch Scheidung oder Tod des Mannes stand sie wieder der Frau zu. Um die Rückerstattung der Mitgift sicherzustellen, wurde sie daher auch bei ihrer Auszahlung an den Ehemann, sofern sie nicht ohnehin aus Geld, sondern anderen Vermögenswerten bestand, genau geschätzt. Nur dann war die Rückforderung der Mitgift einklagbar. Mitunter belastete der künftige Ehemann einen Teil seiner Immobilien, Land oder Häuser, mit einer Hypothek, um die Rückzahlung der Mitgift jederzeit gewährleisten zu können. Die Mitgift, die immer eher der Frau als ihrem Mann gehörte, stellte sicher, dass ihre Bindungen zur Herkunftsfamilie nie ganz gelöst wurden; diese hatte ein Interesse daran, dass die Mitgift bei Auflösung der Ehe in voller Höhe zurückerstattet wurde. War der Ehemann im Scheidungsfall zur Rückzahlung der Mitgift nicht in der Lage, hatte er seiner Ehefrau Zinsen in Höhe von 18 % jährlich zu zahlen. Die Mitgift diente also dazu, den Unterhalt der Frau sicherzustellen, und so hieß denn auch die Klage, mit der ihre Rückzahlung verlangt werden konnte, »Klage auf Unterhalt« (*dike sitou*).

Verstarb die Frau, ohne dass Kinder aus der Ehe hervorgegangen wären, fiel die Mitgift an ihren Vater bzw. an die Brüder zurück. Wenn Kinder zur Welt gekommen waren, blieb demgegenüber die Mitgift im Vermögen des Mannes. Es wurde aber sichergestellt, dass sie nur an die Kinder aus dieser Ehe fiel, d. h. falls noch andere Söhne des Mannes aus anderen Ehen vorhanden waren, musste sie aus der Erbmasse ausgegliedert werden und wurde nur unter die Söhne dieser Frau aufgeteilt. Der Ehemann verwaltete gewissermaßen die Mitgift für die nachfolgende Generation. Die Mitgift hatte damit auch die Funktion, den Kindern einen Anteil am Vermögen der mütterlichen Familie zu sichern.

c) Das Eheleben: Die rechtliche Lage der Frau und geschlechtsspezifische Arbeitsteilung in der Ehe

Aristoteles vergleicht die Beziehungen zwischen Ehemann und Ehefrau mit denen von Beamten und Bürgern in einer demokratischen Polis, die zwischen Vater und Kindern dagegen mit denen von Herrscher und Untertan (Aristoteles, Politik 1, 1259a37–b10). Die Familie wird also als ein Herrschaftsverband verstanden, mit dem Haushaltsvorstand (*kyrios*) an der Spitze.[44]

Die Frau unterstand auf Lebenszeit der *kyrieia* (Vormundschaft) eines nahen männlichen Verwandten; *kyrios* der verheirateten Frau war ihr Ehemann.[45] In der Regel war der *kyrios* gleichzeitig der Vorstand des Haushaltes, in dem die betreffende Frau lebte. Jeder Wechsel des Oikos war daher auch mit einem Wechsel des *kyrios* verbunden. Die Abhängigkeit der Frauen von einem männlichen *kyrios* manifestiert sich auch in der ganz charakteristischen Gewohnheit, auf eine Frau in der Öffentlichkeit nicht mit ihrem Namen zu verweisen. In den uns überlieferten Gerichtsreden werden Frauen üblicherweise mit Umschreibungen bezeichnet wie »Frau des X« oder »Schwester des Y« oder »Tochter des Z«. Wir kennen daher sehr wenige Namen von Frauen, selbst von Angehörigen der Oberschichten. Es genügte, in der Öffentlichkeit die Beziehung zu einem nahen männlichen Verwandten anzugeben, um deutlich zu machen, auf wen man sich bezog. Die Redner nennen mit Namen nur die Frauen von Prozessgegnern, Frauen mit schlechtem Ruf. Bei Prostituierten oder Konkubinen handelte es sich zumeist um Sklavinnen und Freigelassene oder Fremde, die keinem attischen Oikos angehörten und die daher auch nicht durch ihre Verwandtschaftsbeziehung mit einem Oikosvorstand identifiziert werden konnten.[46]

Der Ehemann vertrat seine Ehefrau, deren Geschäftsfähigkeit stark eingeschränkt war, in der Öffentlichkeit. Frauen besaßen hin und wieder neben der Mitgift Vermögenswerte, Immobilien, Sklaven, bewegliche Habe, Geld, die sie in aller Regel ererbt hatten. Aber sie durften hierüber nicht frei verfügen. Der Ehemann verwaltete nicht nur die von seiner Frau in die Ehe eingebrachte Mitgift, sondern auch das Vermögen seiner Frau, welches sie darüber hinaus ererbt oder auf andere Weise erworben haben mochte. Vor Gericht trat der Ehemann als Vertreter seiner Frau auf, ob sie nun Klägerin oder Angeklagte war. Als Zeuginnen konnten Frauen nicht vor Gericht geladen werden.[47] Redner des 4. Jh. zitieren ein Gesetz, das den Frauen geschäftliche Aktivitäten verbot, die über den Wert eines Scheffels Gerste (rund 50 Liter) hinausgingen (Isaios 10, 10). Der Geldwert dürfte ausgereicht haben, eine Familie für fünf oder sechs Tage zu ernähren. Die Frau war somit in der Lage, ihren Haushalt zu führen und die damit verbundenen Geschäfte zu tätigen, ohne jeweils die ausdrückliche Zustimmung des Ehemannes einholen zu müssen. Größere geschäftliche Aktivitäten blieben den Frauen, ob verheiratet oder nicht, im Prinzip aber verwehrt, solange sie sich nicht von ihrem *kyrios* unterstützen ließen. Sobald der Frau ein *kyrios* zur Seite stand, waren auch Geschäfte mit einem größeren Volumen möglich.[48]

So waren Frauen nicht völlig vom Wirtschaftsleben ausgeschlossen. Wir begegnen ihnen in einer Reihe von Berufen: als Gaststätteninhaberin, Verkäuferin u. a. Frauen beteiligten sich am täglichen Geschäftsleben, und hierzu gehörten hin und wieder auch Aktivitäten, die größere Vermögenswerte betrafen. Aphobos, einer der Vormünder des Demosthenes, behauptete, um seine eigenen Unterschlagungen zu kaschieren, dessen Vater habe vor seinem Tod seiner Frau heimlich eine Summe von 4 Talenten zur Verwaltung anvertraut; Demosthenes fällt es nicht schwer, diese Geschichte als eine Lüge zu entlarven. Grundsätzlich zeigt sie, dass es im damaligen Athen nicht ganz unmöglich erschien, wenn eine Frau eine so große Summe in Verwahrung nahm (Demosthenes 27, 53ff.; 29, 46ff.). Archippe gab ihren Kindern aus zweiter Ehe 2000 Drachmen; zwar wurde diese Schenkung von ihrem Sohn aus erster Ehe Apollodoros erfolgreich vor Gericht beanstandet; aber Archippe verfügte offenkundig über beträchtliche Geldsummen, ganz gleich wie die Rechtslage gewesen sein mag (Demosthenes 36, 14ff.). Nicht immer lässt sich den Quellen mit Sicherheit entnehmen, ob die Frauen allein handelten oder sich von einem *kyrios* unterstützen ließen. Es ist aber mit einer gewissen Diskrepanz zwischen den Rechtsnormen und der alltäglichen Praxis zu rechnen. Insbesondere innerhalb der Familie verfügten Frauen anscheinend häufig relativ autonom über Vermögenswerte, auch wenn die vom Gesetz gezogene Grenze überschritten wurde.[49]

Da allein der Ehemann den Haushalt nach außen hin repräsentierte, hatte er unmittelbaren Zugriff auf die Mitgift. Aber innerhalb des Haushaltes sahen die Machtverhältnisse oftmals anders aus. Im äußersten Fall konnte die Ehefrau damit drohen, den Mann zu verlassen, was die Auszahlung der Mitgift zur Folge gehabt hätte. Hipparete verließ ihren Mann Alkibiades, weil sie es nicht mehr ertragen konnte, dass er ständig Prostituierte mit nach Hause brachte. Alkibiades reagierte hierauf, indem er Hipparete mit Gewalt vom Markt nach Hause schleppte; er konnte es sich offenkundig nicht leisten, auf die große Mitgift, die ihm seine Frau in die Ehe eingebracht hatte, zu verzichten. So weit wie Alkibiades konnten die allerwenigsten Männer gehen. Wenn eine Frau sich erst einmal entschieden hatte, ihren Mann zu verlassen, so verfügte sie über den Rückhalt in ihrer Herkunftsfamilie, die Gewalttaten wie die des Alkibiades in aller Regel verhindert haben wird (Andokides 4, 14; Plutarch, Alkibiades 8). Ein großes Vermögen der Frau bedrohte auch die Autorität des Ehemannes; die Drohung mit der Scheidung machte sehr viel mehr Eindruck, wenn die Ehefrau eine große Mitgift oder sonstiges Vermögen hatte, welches ihr der Mann im Scheidungsfall zurückzuerstatten verpflichtet war. Zwar dürfen die sich hieraus ergebenden Möglichkeiten der Frau, sich gegen ihren Ehemann zur Wehr zu setzen, nicht überschätzt werden – die Drohung mit einer Scheidung wurde sicher nicht leichthin ausgesprochen. Eine große Mitgift stärkte aber zweifelsohne die Position der Ehefrau. Plato begründet seinen Vorschlag, die Mitgift abzuschaffen, damit, dass die Frauen sich dann nicht mehr aufspielen könnten; diejenigen, die eine Ehe schlössen, würden nicht mehr in niedrige Sklaverei geraten (Plato, Gesetze 6, 774c). Was hier für die griechische Gesellschaft deutlich wird, ist auch für andere bäuerliche Gesellschaften bezeugt. Die Autorität der Ehefrau innerhalb der Familie nahm mit dem in die Ehe eingebrachten Vermögen zu. Eine Frau ohne Mitgift verfügte demgegenüber über keinerlei Druckmittel und war ihrem Ehemann schutzlos ausgeliefert. Der Gegner des Nikodemos hält es deswegen für völlig unmöglich, dass dieser seine Schwester ohne Mitgift oder schriftlichen Vertrag verheiratet haben soll (Isaios 3, 36). Der Ehemann konnte seine Frau, die keine Mitgift in die Ehe eingebracht hatte, jederzeit verstoßen, ohne Nachteile befürchten zu müssen.

Eine gewisse Stärkung der Stellung der Frau ergab sich daraus, dass die Verbindungen zur Herkunftsfamilie aufrechterhalten blieben. Der ursprüngliche *kyrios* einer Frau (der Vater, mitunter auch der Bruder) behielt auch nach deren Verheiratung gewisse Rechte an ihr. Er unterstützte seine Tochter bzw. Schwester bei einer Scheidung und einer anschließenden Wiederverheiratung.[50] Der Vater oder Bruder kümmerte sich darum, ob die Mitgift angemessen verwaltet oder vielmehr vergeudet wurde, ob die Ehe kinderlos blieb, ob der Ehemann seine Frau anständig behandelte. Die Frau wurde dem Oikos des Ehemannes gewissermaßen nur leihweise zur Verfügung gestellt. In der griechischen Ehe wurden also die Verbindungen der Ehefrau zu ihrer Familie niemals ganz und gar gelöst. Die Frau suchte häufig eher die Interessen ihrer Herkunftsfamilie zu befördern als die der Familie ihres Mannes.

Die Eheschließung reduzierte sich nicht auf einen Vermögenstransfer. Die Ehe wurde definiert als Zusammenleben von Mann und Frau zur Erzeugung legitimer Kinder. Jeder Athener wünschte sich zumindest einen Sohn, der den Oikos fortführen würde, und nur Kinder, die aus einer rechtsgültigen Ehe entsprossen waren, galten als legitim. Ein Redner bringt diesen Sachverhalt auf folgende Formel: In Athen unterhielten die Männer Prostituierte, damit sie ihr Vergnügen hätten, Konkubinen für die täglichen körperlichen Bedürfnisse, Ehefrauen aber, damit sie legitime Kinder zur Welt brächten. Und dies impliziert keineswegs eine Geringschätzung der Ehefrau: In klassischer Zeit konnten nur einer legitimen Ehe entsprossene Söhne ihrem Vater in der Führung des Haushaltes, des Oikos, nachfolgen, ebenso wie seit 451/0 nur Kinder aus einer Ehe zweier Athener in den Genuss des athenischen Bürgerrechts gelangten. Es war also in Athen ein Privileg, einem Athener Kinder gebären zu können (Demosthenes 59, 122).

Die Wertschätzung einer Frau stieg, wenn sie ihrem Mann Kinder geschenkt hatte. Ein Beispiel: Euphiletos setzte nach der Geburt eines Kindes ein weitaus größeres Vertrauen in seine Frau und vertraute ihr alle wichtigen Angelegenheiten an (Lysias 1, 6). Kinder stärkten die Bande zwischen den Ehepartnern. Eine Ehe galt erst dann als erfüllt, wenn es gemeinsame Kinder gab. Man glaubte, streitende Ehepartner würden sehr viel leichter zu einer Einigung kommen, wenn sie gemeinsame Kinder hatten (Demosthenes 39, 23; 40, 29). Auch die Frauen selbst sahen ihren Lebenszweck darin, Kinder zur Welt zu bringen. Die griechischen Ärzte empfahlen den Frauen, die unfruchtbar waren, eine Fülle von Heilmitteln; die meisten dürften wirkungslos geblieben sein. Hermione vertritt in einer Tragödie des Euripides die Ansicht, sie hätte keinen Grund gehabt, über eine Nebenfrau eifersüchtig zu sein: Wohlstand habe zur Verfügung gestanden, und sie, nicht ihre Nebenbuhlerin habe ihrem Ehemann legitime Kinder geschenkt (Andromache 938ff.). Ein Ehemann, der schon in fortgeschrittenem Alter stand, bittet die Brüder seiner Frau, ihre Schwester zu sich zurückzunehmen und sie einem anderen Mann zu verheiraten. Der Mann fühlte sich nicht mehr in der Lage, noch Kinder zu zeugen. Es sei genug, dass er selbst unter der Kinderlosigkeit leide. Er wolle nicht, dass auch seine Frau hiervon betroffen sei. Sie solle in einer anderen Ehe Kinder zur Welt bringen (Isaios 2, 7ff.).

Die Sexualität in der Ehe diente allein der Zeugung von Kindern. Die sexuellen Beziehungen zwischen Ehefrau und Ehemann waren offenkundig nicht sehr lustbetont. Es ist nach Xenophon nicht der Liebesgenuss, der Männer dazu treibt, Kinder zu zeugen; denn dann gäbe es auf der Straße (d. h. bei den Prostituierten) eine Fülle von Möglichkeiten, dieses Ziel zu erreichen. Vielmehr suche man sich eine Frau aus, um möglichst »gute« Kinder zu zeugen, und heirate sie, damit sie die Kinder aufziehe (Memorabilien 2, 2, 4). Sexualität und Erotik spielten in der griechischen Ehe nur eine geringe Rolle.

Einem harmonischen Ehe- und Familienleben wurde ein sehr großer Wert beigemessen: Wenn Charaktere in den Komödien des Aristophanes ihren Wunsch nach einem bescheidenen Vermögen zum Ausdruck bringen, so fügen sie hinzu, dass sie den Wohlstand zusammen mit Frau und Kindern genießen wollten (Acharner 130ff.; Plutos 613ff.). Ein Gerichtsredner erklärt, seine Frau über alles zu lieben (Demosthenes 50, 61f.). Der Wahrheitsgehalt dieser und ähnlicher Behauptungen kann natürlich nicht überprüft werden. Dass sie vor den Geschworenen gemacht wurden, zeigt, dass auch das griechische Eheideal von Liebe und Zuneigung der Ehepartner zueinander charakterisiert war. Auf der anderen Seite galt es als unpassend, der Ehefrau in der Öffentlichkeit allzu große Zärtlichkeit und Liebe zu zeigen. Dieses Verhalten konnte den Argwohn wecken, dass es sich bei der Frau nicht um die legitime Ehefrau, sondern um eine Konkubine handelte.

Nach allgemeinem Dafürhalten setzte eine gut funktionierende Ehe eine enge Zusammenarbeit der Ehepartner voraus. Trotzdem bestehen deutliche Unterschiede zu unseren Vorstellungen von partnerschaftlicher Ehe. Aristoteles konstatiert, dass zwischen den Ehepartnern »Freundschaft« bzw. »Liebe« bestehe, fügt allerdings hinzu, dass die Liebe des Mannes für seine Frau nicht dieselbe sei wie die der Frau für ihren Mann. Dies ergebe sich aus ihren unterschiedlichen Rollen in der Ehe. Wenn griechische Autoren von »Eintracht«, »Harmonie« und »Liebe« unter den Ehepartnern sprechen, so setzen sie immer eine Asymmetrie in ihren Beziehungen zueinander voraus (Aristoteles, Nikomachische Ethik 8, 7, 1, 1158b11ff.). Die Tatsache, dass die Ehen arrangiert wurden und dass der Altersunterschied zwischen den Ehepartnern sehr groß war, trug nicht zur Entwicklung ehelicher Partnerschaft bei. Ischomachos erklärt dem Sokrates, er habe mit seiner jungen Frau kein vernünftiges Gespräch führen können, bevor er sie sich erzogen habe (Xenophon, Oikonomikos 7, 4ff.). Es mochte sich zwischen den Ehepartnern Liebe und Zuneigung entwickeln; sie standen aber nicht am Anfang der Ehe.

Das Eheleben war nicht sehr intensiv. Mahlzeiten nahm die Familie in aller Regel nicht gemeinsam ein; die Kinder aßen mit der Mutter. Die Mahlzeiten boten der Familie also keine Gelegenheit, zusammenzukommen und das Familienleben zu pflegen. Zu Symposien wurden Frauen nicht zugelassen, und häufig wurde die Frau weggeschickt, wenn ein Gast zu Besuch kam. Wenn es um intellektuelle Themen oder solche der Politik ging, so tauschte sich der Ehemann mit Freunden aus; seine Frau kam als Diskussionspartnerin nicht in Betracht. Es gab verhältnismäßig wenige Gelegenheiten, Probleme zu besprechen und gemeinsame Entscheidungen zu fällen. Die Männer interessierten sich für die Interna des Haushaltes wenig, und ein partnerschaftliches Eheleben ließ sich auf dieser Basis kaum aufbauen. Auch sonst ergaben sich kaum gemeinsame Interessen von Mann und Frau, die zu einer Intensivierung des Familienlebens hätten führen können.

Ein vollwertiger Haushalt umfasste in Athen Ehemann und Ehefrau. Der Ehemann war für die Erwerbsarbeit zuständig, die Ehefrau für die Führung des Haushaltes.[51] Insbesondere in den einfachen Bevölkerungsschichten wurden Frauen auch wegen

Abb. 3: Schwarzfigurige Lekythos (des Amasis-Malers); Mitte 6. Jh. v. Chr. New York, Metropolitan Museum of Art. Frauen bei der Textilarbeit. Es sind die verschiedenen Stadien der Wollbearbeitung dargestellt: im Zentrum zwei Frauen am Webrahmen; daneben zur Linken und zur Rechten (nur noch zum Teil oder gar nicht mehr zu sehen) Frauen beim Spinnen, beim Abwiegen der Wolle und (auf der Rückseite) beim Zusammenfalten der fertigen Tücher.

ihrer Arbeitskraft geschätzt. Sie führten den Haushalt, und hin und wieder mögen Frauen in bäuerlichen Familien auch bei anderen Aufgaben, etwa dem Einbringen der Ernte, mitgeholfen haben. Die Pflichten der Hausfrau waren sehr vielfältig, trotz der Anwesenheit von Sklaven und Sklavinnen auf jeden Fall in den vermögenderen Haushalten. Eine Vorstellung von den Aufgaben, die der Hausfrau zukamen, vermittelt Xenophons Schrift »Oikonomikos«.[52] Die Ehe stellt für ihn eine Partnerschaft dar, die durch eine Aufgabenteilung zwischen Mann und Frau gekennzeichnet ist: der Mann erwirbt, die Frau verwaltet (und hat damit genauso große Bedeutung wie ersterer) (Oikonomikos 3, 15). Diese Partnerschaft ändert freilich nichts daran, dass die Entscheidung über wichtige, die Familie und den Haushalt betreffende Angelegenheiten beim Ehemann liegt. Die Aufgaben der Hausherrin verteilen sich nach Xenophon auf vier Bereiche: Kindererziehung, Nahrungszubereitung, Anfertigung von Kleidung und Beaufsichtigung der Sklaven im Haushalt (Oikonomikos 7, 16ff.). Diese Aufgaben fächerten sich weiter auf und waren sehr vielfältig. Die Hausherrin hatte die Vorräte und Austeilung der Lebensmittel zu überwachen: Getreide, Öl, Wein. Schafe, die auf dem Hof gehalten wurden, lieferten die Wolle; sie musste mit der Spindel und dem Webstuhl weiterverarbeitet werden. Der Textilherstellung kam in den griechischen Haushalten eine sehr große Bedeutung zu; die Mehrzahl der Textilien wurde noch nicht auf dem Markt gekauft, sondern daheim produziert.[53] Die Ehefrau sollte den Brotteig kneten, die Kleidung und die Bettlaken ausschütteln und zusammenlegen (Oikonmikos 10, 11). Die Beaufsichtigung der Sklaven machte viel Arbeit; hierzu gehörte auch ihre Pflege im Krankheitsfall (Oikonomikos 7, 37). Nach der Darstellung Xenophons machte die Herrin tagsüber mehrere Runden durch das Haus, um zu sehen, ob alles in Ordnung war (Oikonomikos 10, 10). Das von den Moralphilosophen gezeichnete Bild scheint der Realität entsprochen zu haben. Jedenfalls behauptet die Lysistrata des Aristophanes, die Verwaltung der Haushaltsgelder liege in den Händen der Frauen (Aristophanes, Lysistrata 492ff.). Es werden in derselben Komödie die vielfältigen Aufgaben der Hausfrau aufgezählt, die sie an Ausgängen hindern: Sie muss ihren Mann bedienen, die Sklaven beaufsichtigen, das Kind waschen, wickeln und füttern (Lysistrata 15ff.; 880f.). Die Verwaltung der Vorratsräume war ebenfalls die Domäne der Ehefrau (Aristophanes, Thesmophoriazusen 418ff.). Auch hatte sie sich um die Küche zu kümmern (Aristophanes, Ekklesiazusen 221ff.).

Kam es den Frauen zu, das Haus zu hüten, so galt es umgekehrt als unpassend, wenn sich der Mann allzu lange im Haus aufhielt und sich in die der Frau zukommende Verwaltung des Hauses einmischte. Er hatte die Arbeiten außerhalb des Hauses zu verrichten, sei es auf dem Feld oder auf dem Markt. Die Frau galt also als (wenn auch untergeordnete) Partnerin des Mannes und verfügte im Haushalt über gewisse Entscheidungsbefugnisse. In Abwesenheit des Hausherrn kam der Ehefrau ohnehin eine dominierende Stellung zu. Viele Athener hatten Landbesitz, den sie oft über längere Zeit besuchten; in ihrer Abwesenheit führte die Ehefrau den Haushalt in Athen. Die Frauen scheinen vielfach die

Familienfinanzen relativ autonom kontrolliert zu haben. Manche Frau verfügte im Haushalt über große Autorität.

Wie im modernen Mittelmeeraum bestand im alten Griechenland eine geschlechtsorientierte Unterscheidung zwischen öffentlich und privat. Der private Raum wurde mit dem eigenen Haus identifiziert, der öffentliche Raum mit den Plätzen, an denen sich die Männer trafen: die *agora*, die Volksversammlung, die Gerichtshöfe, die Sportplätze usw. Der private Raum war den Frauen zugeordnet, der öffentliche den Männern. Im öffentlichen Leben spielten Frauen demgemäß keine Rolle. Sie durften in Athen nicht bei den Sitzungen der Volksversammlung zugegen sein und waren nicht befugt, ein politisches Amt zu übernehmen oder als Geschworene in den Volksgerichten tätig zu werden. Frauen hatten somit keinerlei Möglichkeiten, am politischen Leben teilzuhaben. Dies hatten sie mit anderen Bevölkerungsgruppen gemein, den Metöken und den Sklaven. Frauen in den Oberschichten hatten vergleichsweise selten Anlass, das Haus zu verlassen. Sie nahmen nicht an sportlichen Wettkämpfen teil und durften bei vielen Theateraufführungen nicht unter den Zuschauern sitzen. Medea betont, eine unglückliche Ehe sei für den Ehemann stets sehr viel weniger schwer zu ertragen als für die Ehefrau, denn der Mann habe genügend Möglichkeiten, das Haus zu verlassen und sich draußen anderen Dingen hinzugeben (Euripides, Medea 244ff.). Von den Frauen wurde Zurückhaltung erwartet. Die Vorstellungen von dem, was sich für eine anständige Frau schickte, sind besonders deutlich in der Tragödie greifbar. Hier gilt als der Bereich der Frau das Haus; sie soll in der Öffentlichkeit zurückhaltend auftreten und schweigen. Andromache erzählt in einer Tragödie des Euripides, wie sie sich bemühte, dem Hektor eine gute Frau zu sein, indem sie in ihrem Haus blieb und vor ihrem Mann schwieg (Troerinnen 643ff.). Ihrem Mann soll die Frau sich unterordnen und ihm die Treue halten.

Die Realität war natürlich weitaus vielfältiger. Auch Frauen bewegten sich in der Öffentlichkeit; dies ließ sich gar nicht vermeiden.[54] Während aber vom Mann erwartet wurde, dass er sich die meiste Zeit außerhalb des Hauses aufhielt, musste eine Frau einen Grund hierfür haben. Der Mann wird zornig, wenn er erfährt, dass seine Frau außer Hauses ist – dies behaupten wenigstens die Frauen in einer Komödie des Aristophanes (Thesmophoriazusen 792ff.). Wenngleich die Frauen sicher nicht eingeschlossen gehalten wurden, so waren ihre Möglichkeiten, sich in der Öffentlichkeit zu zeigen, doch beschränkt. Die Teilnahme von Ehefrauen, und sei es in Begleitung des Ehemannes, an Gastmählern galt als völlig unpassend; dies kam lediglich Prostituierten und Hetären zu. Es genügte bereits, darauf hinzuweisen, dass Neaira in Gegenwart von Männern gespeist und getrunken hatte, um sie als Prostituierte herabzusetzen (Demosthenes 59, 24). Der Ehebrecher Eratosthenes sah seine spätere Geliebte zum ersten Mal, als diese sich während einer Bestattung auf der Straße zeigte. Sonst hatte sie das Haus offenkundig kaum je verlassen (Lysias 1, 8). Die Frauen lebten zurückgezogen in ihren Gemächern und zeigten sich Fremden nach Möglichkeit nicht. Ein Redner, der seinem Gegner vorwirft, in sein Haus eingebrochen zu sein, behauptet von seiner Schwester und seinen Nichten, die in seinem Haushalt lebten, sie hätten sich stets im Frauengemach aufgehalten und sich sogar geschämt, von ihren Verwandten gesehen zu werden. Diese Behauptung mag eine Übertreibung sein; aber sie muss für die Geschworenen prinzipiell glaubwürdig geklungen haben (Lysias 3, 6). In den attischen Häusern waren die Sphären von Mann und Frau getrennt. Zumindest die größeren Häuser hatten einen oder mehrere Räume, in denen die Frauen arbeiteten oder die Zeit verbrachten, das *gynaikeion*. In zweistöckigen Häusern befanden sich diese Räume zumeist im Obergeschoss. Damit waren die Frauen relativ abgeschieden und geschützt. Die Frauengemächer entsprachen jedoch keinem »Harem«, in dem die Frauen den ganzen Tag eingeschlossen gehalten gewesen wären.

Eine Reihe von Aktivitäten führte die Frauen regelmäßig aus ihrem Haus heraus. Für die ärmeren Frauen, die keine Sklavinnen hatten und die vielleicht selbst einer Erwerbstätigkeit nachgehen mussten, ergab sich die Notwendigkeit, das Haus zu verlassen, viel häufiger als für die Frauen aus den Oberschichten. Aristoteles konstatiert, es sei unmöglich, die Frauen der Armen am Verlassen des Hauses zu hindern (Politik 4, 1300a4ff.). In den Unterschichten ließ sich eine strenge Segregation der Geschlechter gar nicht durchführen. Griechenland war ein armes Land, und viele Familienväter waren auf die Mitarbeit von Frau und Kindern angewiesen. Die Männer weilten während der zahlreichen Kriege oftmals lange Zeit fern von Athen;[55] ihre Frauen gingen unterdessen vielfach notgedrungen einer Erwerbstätigkeit nach. Das Bild, das man sich anhand der Tragödie von der gesellschaftlichen Stellung der Frau machen könnte, entspricht also keineswegs in jeder Hinsicht der Realität.

Frauen brachten, wie in vielen anderen Mittelmeergesellschaften, Wasser vom Brunnen und wuschen die Kleidung am öffentlichen Waschplatz, Aufgaben, die sie in engen Kontakt miteinander brachten. Sie nahmen auch an Begräbnisprozessionen teil; es war ihre Aufgabe, die Verstorbenen für die Beisetzung vorzubereiten und sie sodann in der Öffentlichkeit zu beklagen. Auch bei der Hochzeit wurden einige Zeremonien von Frauen durchgeführt. Frauen besuchten Wahrsager, nahmen an Opfern oder an religiösen Festen teil. Sie reisten nach Eleusis, um in die Mysterien eingeweiht zu werden, und sie organisierten allein das Fest der Thesmophorien. Das religiöse Leben nahm einen zentralen Platz in der athenischen Gesellschaft ein, und die Frauen spielten hier eine wichtige Rolle. Bei den großen religiösen Festen hatten sie Gelegenheit, einander zu treffen und miteinander zu kommunizieren; die Feste hatten in diesem Zusammenhang also nicht nur eine religiöse Funktion. Frauen bekleideten ferner eine Reihe von Priesterämtern. Eine wichtige Stellung hatte die Priesterin der Athena Polias, der Schutzgöttin der Stadt. Der Archon Basileus, dessen Kompetenzen vor allem im religiösen Bereich lagen, wurde bei den von ihm geleiteten Zeremonien von seiner Frau, der Basilinna, unterstützt. Wenn die Frauen auch vom politischen Leben ausgeschlossen waren, so wurde dies doch bis zu einem gewissen Grade durch ihre prominente Rolle in der Religion kompensiert. Griechische Autoren glaubten, dass sich Frauen intensiver mit der Religion beschäftigten als Männer; dies dürfte seine Ursache nicht zuletzt darin gehabt haben, dass es sonst keine Möglichkeiten für Frauen gab, sich im öffentlichen Bereich, der Politik zumal, zu entfalten.[56]

Wie in den ländlichen Gesellschaften des modernen Mittelmeerrraumes pflegten die Frauen Freundschaften mit Nachbarinnen. Sie besuchten einander aus den verschiedensten Anlässen, und häufig auch einfach nur, um Gesellschaft zu haben. Die Häuser standen in Athen dicht nebeneinander. Unter diesen Voraussetzungen war es nur natürlich, dass Nachbarsfamilien auf vertrautem Fuße miteinander standen. Die meisten Beziehungen gingen von Mann zu Mann bzw. von Frau zu Frau; die sozialen Kontakte von Frauen waren im Wesentlichen auf ihre Geschlechtsgenossinnen beschränkt. Wie die Männer ihre Freunde hatten, so unterhielten auch die Frauen ihren eigenen Zirkel von

Freundinnen, zumeist Nachbarinnen. Sie erörterten mit ihnen ihre Probleme und tauschten Klatsch aus. Man lieh voneinander Lebensmittel, Geräte, Kleidung oder Geld, half sich bei der Entbindung oder in anderen Notlagen. Bei diesen Gelegenheiten wurden auch Informationen ausgetauscht; es existierte demnach ein dichtes Kommunikationsnetz der Frauen. Auch wenn die Sphären der Geschlechter getrennt waren, so heißt dies also doch nicht, dass die Frauen in völliger Isolation gelebt hätten. Sie bauten sich ihre eigenen Macht- und Einflusssphären auf.

Die Ängste vor Ehebruch waren in der athenischen Gesellschaft weit verbreitet.[57] Dies ist schon an sich ein deutliches Indiz dafür, dass die Frauen in der athenischen Gesellschaft nicht so abgeschlossen lebten, wie manche literarische Quellen den Anschein geben. Frauen kamen auch in Kontakt mit fremden Männern. Diese Kontakte müssen noch häufiger in den ärmeren Bevölkerungsschichten gewesen sein, wo man in kleinen Häusern eng beieinander lebte. Der Ehezweck, legitime Kinder, erklärt, warum auf die Keuschheit der Ehefrau so großer Wert gelegt wurde. Ehebruch war ein Kapitalverbrechen: Der auf frischer Tat ertappte Ehebrecher konnte straflos getötet werden. Weniger streng wurde mit der ehebrecherischen Frau verfahren; aber auch für sie blieb der Ehebruch nicht ohne Konsequenzen: Sie wurde aus dem Haushalt gestoßen und war von allen religiösen Zeremonien der Gemeinde ausgeschlossen. Damit war sie auf eine Stufe mit einer Hetäre oder einer Fremden gestellt. Der Ehemann war verpflichtet, sich von seiner ehebrecherischen Frau zu trennen. Der Ehebruch richtete sich nicht nur gegen den Ehemann; es war ein öffentliches Anliegen, die Reinheit der Familien zu bewahren. Auf der anderen Seite galt ein Ehemann, der mit einer fremden Frau Geschlechtsverkehr hatte, nicht als Ehebrecher (es sei denn, seine Geliebte wäre selbst verheiratet gewesen). Allein der Ehebruch der Ehefrau konnte Zweifel an der Legitimität der Kinder aufkommen lassen. Die Athener verkehrten mit ihren Sklavinnen, und sie besuchten ohne jegliche moralische Bedenken die zahlreichen Bordelle der Stadt.[58]

Athen war eine »shame culture«, d. h. die Selbsteinschätzung hing sehr stark davon ab, wie man von den anderen beurteilt wurde. Scham und Ehre waren eng miteinander verbunden, da die Ehre die Grundlage für das Ansehen und den eigenen Wert in der Gesellschaft war. Die Ehre eines Mannes hing auch von dem angemessenen Verhalten seiner Familienangehörigen ab. Und hier waren es vor allem die Frauen, auf die sich das Augenmerk richtete. Ob verheiratet oder unverheiratet, es wurde von einer ehrbaren Frau Zurückhaltung in ihren Kontakten mit Männern erwartet. Den Männern oblag der Schutz der sexuellen Unversehrtheit der weiblichen Mitglieder ihres Haushaltes. Ihre Reputation und ihr öffentliches Ansehen hingen ganz wesentlich davon ab, inwieweit ihnen dies gelang.

d) Auflösung der Ehe: Scheidung, Verwitwung und Wiederverheiratung

Ehescheidungen standen in Athen keine rechtlichen Hindernisse entgegen, und sie waren gesellschaftlich auch nicht geächtet.[59] Der Mann konnte die Frau ohne weiteres in ihre väterliche Familie zurückschicken (*apopempsis* – das Wegschicken), sofern er die Mitgift zurückzuzahlen in der Lage war. Die Frau musste dagegen augenscheinlich vor dem Archon Eponymos erscheinen, damit die Scheidung (*apoleipsis* – das Verlassen) registriert wurde. Prinzipiell war es damit auch der Frau möglich, die Scheidung einzuleiten, wenngleich sie für einen solch schwerwiegenden Schritt in aller Regel der Zustimmung ihres früheren *kyrios* bedurfte, in dessen Haushalt sie nach der Scheidung ja zurückkehrte. Ob die Frau von ihrem Recht auf Ehescheidung tatsächlich Gebrauch machen konnte, hing ganz wesentlich von dem Rückhalt ab, den sie bei ihrem Vater oder anderen männlichen Verwandten fand. Die meisten Scheidungen wurden jedenfalls vom Mann eingeleitet. Medea betont bei Euripides, dass für eine Frau eine Scheidung von ihrem Mann kaum möglich sei (Medea 236f.). Scheidungsgründe waren unter anderem Kinderlosigkeit oder moralisches Fehlverhalten eines der beiden Ehepartner. Medea hätte nach eigenem Bekunden Verständnis für Jasons Trennung von ihr gehabt, wenn sie ihm nicht schon Kinder geboren hätte (Euripides, Medea 489ff.). In den meisten Fällen wurde die Kinderlosigkeit der Frau angelastet. Die häufigen Scheidungen wie der Tod eines der beiden Ehepartner waren Faktoren, welche zu einer großen Instabilität der Ehen beitrugen.

Die Arbeitsteilung zwischen Mann und Frau, die der Frau die Leitung des Haushaltes überantwortete, dem Ehemann die Erwerbsarbeit überließ, erklärt bis zu einem gewissen Grad die häufigen Wiederverheiratungen: Ein vollwertiger Oikos umfasste

Hausherrn und Hausherrin.[60] Witwer heirateten auch dann wieder, wenn sie bereits Kinder aus erster Ehe hatten, und zwar bis in ein hohes Alter hinein. Es wurde allerdings in der Öffentlichkeit kritisch vermerkt, wenn ein Witwer erneut heiratete, der bereits zu alt war, um noch Kinder zeugen zu können. Die Hinweise auf Stiefgeschwister und Stiefmütter in der griechischen Literatur sind sehr zahlreich. Alkestis erhält in der gleichnamigen Tragödie des Euripides von ihrem Mann Admet das Versprechen, nicht wieder heiraten zu wollen. Es ist vor allem der Schutz der Kinder vor der Stiefmutter, der Alkestis von Admet den Verzicht auf eine Wiederverheiratung verlangen lässt (Alkestis 305ff.). Die erbrechtlichen Interessen der Kinder aus erster Ehe wurden durch die konkurrierenden Ansprüche der zweiten Ehefrau und ihrer Kinder geschmälert.

Wiederverheiratungen auch von Witwen waren in klassischer Zeit häufig; die öffentliche Meinung stand ihnen nicht ablehnend gegenüber, anders als in vielen anderen archaischen Gesellschaften. Zumal dann, wenn sie noch im gebärfähigen Alter stand, wurde von einer Witwe eine Wiederverheiratung geradezu erwartet. Dies kann in einer Gesellschaft, in der die Frauen in sehr jungen Jahren heirateten und der Altersunterschied der Ehepartner sehr groß war, nicht verwundern. Früh verwitwet war die Frau in der Lage, einem zweiten Mann Kinder zu schenken. Das athenische Recht kannte nicht einmal eine obligatorische Trauerzeit für Witwen, so wie sie in Rom bestand. In den Quellen werden aus dem 5. und 4. Jh. v. Chr. über 50 Fälle von Wiederverheiratungen erwähnt, davon 30 von Frauen. Lebenslängliche Witwenschaft wird als Besonderheit hervorgehoben und gilt als etwas Beklagenswertes. Nicht jede Witwe oder geschiedene Frau fand erneut einen Mann. In den Gerichtsreden des Isaios sind 18 verwitwete oder geschiedene Ehefrauen erwähnt. Fünf unter ihnen hatten wieder geheiratet, neun blieben unverheiratet, über vier lassen sich diesbezüglich keine Angaben machen.[61] Diese zufällig überlieferten Daten haben nur begrenzten statistischen Wert; es lässt sich aus ihnen jedoch mit aller Vorsicht die Hypothese ableiten, dass trotz einer großen Zahl von Wiederverheiratungen die Mehrzahl der geschiedenen und verwitweten Frauen im weiteren unverheiratet blieb.

Auch Witwen hatten bei der Gattenwahl nur einen geringen Spielraum. In aller Regel kümmerte sich der Vater bzw. ein Bruder um die Rückgabe der Mitgift. Es lag in der Verantwortung des *kyrios*, für die Witwe einen Ehepartner zu suchen. Er hatte die moralische Verpflichtung, die Witwe bei einer Wiederverheiratung mit einer Mitgift mindestens in Höhe der ersten auszustatten. Fiel die Mitgift in der zweiten Ehe geringer als in der ersten aus, wurde eine Entschuldigung für notwendig erachtet: Ein Redner erklärte, sein Großvater habe seine Mutter nach dem Tod des ersten Mannes wieder zu sich genommen und sie, da er die Mitgift nicht in voller Höhe zurückerhalten habe, nur mit einer Mitgift von 1000 Drachmen (im Gegensatz zu den 25 Minen bei der ersten Ehe) erneut verheiratet (Isaios 8, 8).

In manchen Fällen war es der Ehemann, der als *kyrios* die Wiederverheiratung seiner Frau nach seinem Tode regelte. Demosthenes' Vater bestimmte seiner Frau testamentarisch Aphobos, seinen Neffen und einen der Vormünder des Demosthenes, zum Ehemann und setzte ihr eine Mitgift von 80 Minen aus; in die Ehe eingebracht hatte die Frau lediglich 50 Minen. Die Verheiratung diente in diesem Fall nicht nur der Versorgung der Witwe (die ohnehin garantiert war, da sie im Haus ihres Mannes zusammen mit ihrem Sohn wohnen bleiben konnte), als vielmehr dem Zweck, Aphobos durch Gewährung einer reichen Mitgift an einer redlichen Verwaltung des Mündelvermögens zu interessieren. Der Ehemann hoffte darüber hinaus aber sicher auch, auf diese Weise am besten für seine Ehefrau zu sorgen (Demosthenes 27, 4f.; 28, 15f.; 29, 43). Der angemessene Familienstand einer Frau war die Ehe; für allein stehende Frauen gab es in der attischen Gesellschaft keinen rechten Platz. Der Bankier Pasion ließ bei seinem Tod seine Ehefrau Archippe und zwei Kinder im Alter von 24 und 10 Jahren zurück. Testamentarisch setzte er seinen Freigelassenen Phormion zu seinem Nachfolger ein (er hatte ihm schon vor seinem Tod die Bank und eine Schildfabrik verpachtet; die Pacht endete mit der Volljährigkeit des jüngeren Sohnes), den er auch mit seiner Witwe verheiratete und zum Vormund des jüngeren Sohnes einsetzte (Demosthenes 36, 8; 28ff.). Von der Ehefrau wurde Treue erwartet, aber nur so lange, wie die Ehe bestand, nicht über den Tod des Ehemannes hinaus.

Witwen, die erneut heirateten, ließen ihre Kinder in aller Regel im väterlichen Oikos zurück; sie kamen in die Obhut ihres Vormundes. Mutter und Kinder wurden also getrennt. Das Motiv des bösen Stiefvaters hat in der griechischen Literatur bei weitem nicht dieselbe Bedeutung wie das der bösen Stiefmutter, vor allem deswegen, weil es kaum direkte Interessenskollisionen zwischen Stiefvater und Waisenkindern gab. Nur in wenigen Fällen folgten die Kinder ihrer verwitweten Mutter in den Haushalt von deren zweitem Ehemann. Der Stiefvater war in Athen, da er ohnehin nicht in die Vermögensverwaltung involviert war, sehr viel stärker ein Beschützer der Kinder aus erster Ehe, als dies etwa in Rom der Fall war.[62] Ein Beispiel hierfür bietet die Lebensgeschichte des Apollodoros: Eupolis hatte das Vermögen seines Neffen veruntreut, der unter seiner Vormundschaft stand. Beistand fand Apollodoros bei dem zweiten Ehemann seiner Mutter, Archedamos, der ihn in sein Haus nahm und ihm, als er volljährig geworden war, bei der Wiedererlangung seines Vermögens half. Apollodoros unterhielt auch weiterhin gute Beziehungen zu seinem Stiefvater und dessen Nachkommen. Als sein einziger Sohn starb, adoptierte er den Sohn seiner Halbschwester, d. h. den Enkel seines Stiefvaters (Isaios 7, 7). Die verwitwete Mutter fühlte sich, wie dieser und weitere Fälle zeigen, auch nach einer Wiederverheiratung weiterhin für das Wohlergehen ihrer Kinder aus erster Ehe verantwortlich.

e) Eheähnliche Verbindungen: Das Konkubinat

Neben der legitimen Ehe gab es Verbindungen, die zwar formlos eingegangen wurden, aber doch auf Dauer angelegt waren. Ein Redner unterscheidet zwischen Prostituierten, Konkubinen und Ehefrauen. Zwischen den Prostituierten und den Ehefrauen schiebt sich hier also eine weitere Kategorie von Frauen, mit denen ein langfristiges, stabiles Verhältnis unterhalten wurde (Demosthenes 59, 122).[63] Häufig lässt sich nur schwer zwischen Konkubinen und Prostituierten unterscheiden. Ein und dieselbe Frau kann in einem Atemzug als Prostituierte und Konkubine bezeichnet werden. Aber nicht jede Konkubine war eine Prostituierte. Das Konkubinat konnte sich sehr wohl zu einer dauerhaften Beziehung entwickeln; mancher Mann schenkte seiner Konkubine sehr viel Zuneigung. Der Politiker Perikles unterhielt über lange Jahre hin liebevolle Beziehungen zu seiner Konkubine Aspasia.

Häufig waren die Konkubinen Sklavinnen, die in einer langwährenden Verbindung allerdings durchaus die Freiheit erlangen konnten. Das bekannteste Beispiel ist Neaira. Zwei Männer hatten die junge Neaira für die enorme Summe von 30 Minen gekauft. Nachdem sie eine gewisse Zeit mit ihr zusammengelebt hatten, beschlossen sie, die Beziehung zu beenden; sie wollten heiraten. Sie boten ihr also die Freiheit an, wenn sie ihnen zwei Drittel des Kaufpreises erstatten würde. Neaira brachte das Geld auf und erlangte die Freiheit (Demosthenes 59, 29ff.). Die Lage der Konkubinen entwickelte sich nicht immer so günstig wie in diesem Fall. Eine Konkubine hatte keinerlei rechtlichen Schutz; es war ihrem Partner jederzeit möglich, sie zu verstoßen. Die Konkubine des Philoneus hatte ihrem Partner, wie sie glaubte (so jedenfalls ihre Darstellung), einen Liebestrank gegeben, an dem dieser gestorben war. Er war ihrer überdrüssig geworden und hatte vorgehabt, sie in ein Bordell zu geben (Antiphon 1, 14ff.).

Nicht alle Konkubinen waren Sklavinnen; es bestanden auch Konkubinate zwischen freien Partnern. Ein Gesetz, das dem archaischen Gesetzgeber Drakon zugeschrieben wurde, gewährte demjenigen Straffreiheit, der den Ehebrecher oder Verführer bei seiner Frau, seiner Konkubine oder seiner Tochter erschlug (Demosthenes 23, 53). Das Gesetz scheint im 4. Jh. noch nicht überholt gewesen zu sein. Das Konkubinat hatte eine gewisse Stabilität und unterschied sich rein äußerlich in dieser Hinsicht u. U. kaum von einer Eheverbindung. Es kam sogar vor, dass der Gewalthaber einen Vertrag mit dem Partner der Konkubine abschloss, der die Auszahlung einer Art Mitgift vorsah. Auch Athenerinnen, nicht nur Sklavinnen, Freigelassene oder Fremde lebten also im Konkubinat.

Der entscheidende Unterschied zwischen Ehe und Konkubinat bestand darin, dass nur in einer legitimen Ehe mit einer Athenerin vollbürtige, erbberechtigte Kinder gezeugt werden konnten. Ein Gesetz über die Intestaterbfolge aus dem Jahr 403/2 schloss uneheliche Kinder von der *anchisteia*[64] aus, sowohl in kultischer als auch in materieller Hinsicht (Demosthenes 43, 51). Uneheliche Kinder hatten also keinerlei Erbanspruch.[65] Vermutlich waren illegitime Kinder (selbst wenn beide Eltern Athener waren) auch vom Bürgerrecht ausgeschlossen.[66] Denn sie durften nicht in die Kultgemeinschaft des Vaters, in die Phratrie, eingeschrieben werden. Im archaischen Athen war die Mitgliedschaft in den Phratrien die Vorausssetzung für das Bürgerrecht. Seit den Reformen des Kleisthenes (508/7 v. Chr.) wurden zwar die Bürgerlisten in den Demen, den Gemeinden Attikas, geführt. Aber die Phratrien verloren auch in klassischer Zeit ihre Bedeutung nicht ganz, wenn es um den Nachweis des Bürgerrechts ging. Es ist daher sehr wohl denkbar, dass es in Analogie zum Verbot der Aufnahme illegitimer Kinder in die Phratrien auch ein Verbot gab, sie in den Demen als Bürger zu registrieren. Wenn sie tatsächlich vom Bürgerrecht ausgeschlossen waren, dann gewinnt die Rolle der legitimen Ehefrauen eine noch größere Bedeutung: Sie brachten nicht nur legitime Erben zur Welt, sondern versorgten die Polis darüber hinaus mit Bürgern, auch wenn sie selbst von politischer Betätigung ausgeschlossen blieben.

3. Eltern und Kinder

a) Kinder und Jugendliche in der griechischen Familie

Kinder wurden nicht um ihrer selbst willen gewünscht; sie sollten als Erwachsene das Weiterbestehen des Oikos, die Ernährung der alten Eltern und die Bewahrung der Familienkulte sicherstellen.[67]

Die Entbindung fand im Haus des Ehemannes statt, vermutlich im *gynaikeion*, den Gemächern, die den Frauen vorbehalten waren.[68] Hierbei waren ausschließlich Frauen zugegen. In einer Komödie des Aristophanes rechtfertigt eine Frau ihre Abwesenheit am frühen Morgen vor ihrem Ehemann mit der Behauptung, sie habe einer ihrer Freundinnen bei der Entbindung geholfen (Ekklesiazusen 526ff.). Der Ehemann wurde fortgeschickt, sobald die Wehen begannen. Häufig stand der Frau eine Hebamme zur Seite, zumeist eine ältere Frau, die selbst keine Kinder mehr gebären konnte.

Es war üblich, das neugeborene Kind in Windeln zu wickeln, und zwar so, dass der ganze Körper, auch die Arme, eng umschnürt waren. Hintergrund dieser Praxis war die Angst, dass es durch unkontrollierte Bewegungen zu einer Missgestaltung der Glieder des Neugeborenen kommen könne. In diesen Windeln verblieben die Kinder bis zu ihrem dritten Monat. Dies kann der Gesundheit der Kinder nicht zuträglich gewesen sein, zumal da sie selten an die frische Luft kamen. Rachitis mag eine häufige Folge gewesen sein.

Am fünften oder siebenten Tag nach der Geburt fand eine Zeremonie, die *amphidromia*, statt, mit der der offizielle Eintritt des neugeborenen Kindes in die Familie gefeiert wurde. Indem der

Vater das Kind um den häuslichen Herd herumtrug, tat er kund, dass er es als legitim akzeptierte und bereit war, es aufzuziehen. Üblicherweise am zehnten Tag (der »Dekate«) erhielt das Kind seinen Namen; beim erstgeborenen Sohn handelte es sich zumeist um den Namen des Großvaters. Außerhalb des eigenen Hauses wurde die Geburt eines Kindes nicht offiziell registriert; es existierten keine standesamtlichen Geburtsregister. Die Söhne wurden einer weiteren Öffentlichkeit außerhalb der Familie am dreitägigen Fest der Apaturien (Oktober/November) vorgestellt. Während dieses Festes wurden sie in die Register der Phratrien, der Kultgemeinschaften der athenischen Bürger, eingeschrieben. Der Vater leistete hierbei vor deren Mitgliedern einen Eid, dass der Sohn aus einer legitimen Ehe mit einer athenischen Bürgerin stamme. Es ist nicht ganz klar, ob auch Töchter in die väterliche Phratrie aufgenommen wurden; wenn sie ihr vorgestellt wurden, so scheint es sich jedenfalls nicht um eine generelle Praxis gehandelt zu haben.

Bei der Erziehung der Kleinkinder, aber auch im weiteren Leben, oft noch des Erwachsenen, spielte die Amme eine wichtige Rolle. Dies galt vor allem für die Oberschichtenfamilien, wenngleich auch hier manche Mütter ihre Kinder selbst stillten. Die meisten Ammen stammten aus dem Sklavenstand. Aber auch freigeborene Athenerinnen gingen hin und wieder dieser Tätigkeit nach; sie war für Freie freilich nicht hoch angesehen: Dem Sohn einer freien Lohnamme wurde vorgehalten, er sei der Sohn einer Sklavin (Demosthenes 57, 35; 42). Die Amme stillte das Kind in den ersten Jahren, hatte aber weiterreichende Aufgaben: Sie umsorgte das Kind, wenn es nachts schrie, sie wechselte die Windeln, lehrte es laufen, sang ihm Lieder und erzählte ihm Märchen. Kurz und gut: Die Amme fungierte in jeder Hinsicht als Mutterersatz. Sie umsorgte das Kind häufig auch noch, nachdem es bereits entwöhnt war, Mädchen oft das ganze Leben hindurch. Den etwas älteren Kindern wurde ein Pädagoge beigegeben, ein Sklave, der die Aufgabe hatte, seinen Zögling stets zu begleiten und zu behüten. Häufig war der Pädagoge ein Sklave, der aufgrund hohen Alters für andere Aufgaben nicht mehr tauglich war. Die Kinder hatten also neben den Eltern weitere Bezugspersonen außerhalb der Familie, vor allem Sklaven.

In der Forschung wurde auf die hohe Kindersterblichkeit hingewiesen, die es Eltern unmöglich gemacht habe, innige Beziehungen zu ihren Kindern zu entwickeln. Da ein großes Risiko bestanden habe, dass die Kinder ohnehin bald sterben würden, hätten die Eltern nicht allzu viel Zuneigung in ihre Kinder investiert. Für diese Vermutung scheint auf den ersten Blick einiges zu sprechen: Kinder, insbesondere Kleinkinder, sind auf den Friedhöfen unterrepräsentiert. Kinder wurden mit weit weniger Aufwand beigesetzt als Erwachsene. Eltern, die ein Kind durch den Tod verloren hatten, wurden damit getröstet, sie könnten ja neue haben. Trotzdem klagten die Eltern auch über den Tod kleiner Kinder. Plato schildert die Trauer von Eltern, deren Kind gestorben ist; sie zögen es vor, überhaupt kein Kind gehabt als es verloren zu haben (Alkibiades II, 142b/c). Aischines wirft einem politischen Gegner vor, er habe schon am siebenten Tag nach dem Tod der Tochter wieder an einem öffentlichen Opfer teilgenommen, bevor er eine angemessene Zeit getrauert habe. In der Öffentlichkeit wurde also erwartet, dass man auch über den Tod eines neugeborenen Kindes Trauer zeigen würde (Aischines 3, 77f.). Nach Aristoteles liebten die Eltern ihre Kinder wie sich selbst; ihre Liebe sei im Allgemeinen größer als die der Kinder für die Eltern; sie liebten ihre Kinder schon von der Geburt an, während die Liebe der Kinder zu den Eltern sich erst mit fortschreitender Zeit entwickele in dem Maße, wie sie an Verstand gewännen (Nikomachische Ethik 8, 12, 2f., 1161b16ff.). Xenophon rechnet zu den beständigsten Freundschaften diejenigen zwischen Eltern und Kindern (Hiero 3, 7). Es lässt sich allerdings nur schwer ausmachen, inwieweit diese Gefühle eine utilitaristische Komponente hatten: Man erwartete von den Söhnen, dass sie den Oikos fortführen, dass sie sich der Eltern im Alter annehmen würden.

Die Erziehung der Kinder oblag in Athen allein den Eltern (im Gegensatz zu Sparta, wo sie vom Staat überwacht wurde). Kein Gesetz schrieb dem Vater vor, seine Kinder in die Schule zu schicken. Vermutlich konnte allerdings zumindest die Mehrzahl der Männer wenigstens lesen und schreiben. Selbst einfache Leute verfügten über diese Fertigkeiten. Aber Schulen waren nicht allen Kindern zugänglich. Insbesondere gilt dies für die Landbevölkerung: Ein Redner betont, dass sein Vater seinen Unterricht in Athen selbst erhalten habe, während der Gegner auf dem Lande aufgewachsen sei und die Schafe gehütet habe (Lysias 20, 11). Mit Beginn der Schulzeit trennten sich die Wege von Knaben und Mädchen. Während Knaben die Schule besuchten und zahlreiche Kontakte mit Gleichaltrigen pflegten, blieben die Mädchen bis zur Verheiratung im heimischen Haushalt. Sie wurden hier in die

Aufgaben einer Hausfrau eingeführt. Schulen für Mädchen sind erst in hellenistischer Zeit bezeugt. Zwar konnten zumindest einige Frauen lesen und schreiben; aber den entsprechenden Unterricht mögen sie daheim empfangen haben. Für die Mädchen reduzierten sich die sozialen Kontakte auf die Hausangehörigen, Verwandte, allenfalls noch die Nachbarn.[69]

In den ärmeren Bevölkerungsschichten leisteten die Kinder bereits in jungen Jahren ihren Beitrag zu den Familienfinanzen. Knaben wurden schon früh mit kleinen Aufgaben betraut. Handwerkersöhne wurden vermutlich vom Vater in sein Handwerk eingeführt. Der Beitrag der Kinder zur Familienökonomie ist, auch wenn wir hierüber nur sehr wenig erfahren, sicher nicht gering zu veranschlagen. Vom Staat wurde großer Wert darauf gelegt, dass die Kinder ein Handwerk erlernten. Nach einem Solon zugeschriebenen Gesetz verlor der Vater im Alter den Anspruch auf Unterstützung von Seiten seines Sohnes, wenn er diesen kein Handwerk hatte lernen lassen.

Der Übergang ins Erwachsenenalter verlief für Knaben und Mädchen unterschiedlich. Für die Mädchen war er mit der Hochzeit identisch, die bereits unmittelbar nach Eintritt der Pubertät gefeiert wurde. Den Jugendlichen männlichen Geschlechts wurden demgegenüber vergleichsweise große Freiheiten gelassen. Insbesondere sexuelle Aktivitäten wurden den Jugendlichen zugestanden. Viele Väter tolerierten es, wenn ihre Söhne mit Prostituierten (Hetären) verkehrten; die Jugendlichen trieben sich in Banden in der Stadt herum, und es kam um die Frauen auch häufig zu Schlägereien. Zwischen Pubertät und Eheschließung lag ein langes Invervall, und es wurde von den Jugendlichen unterdessen keine sexuelle Enthaltsamkeit erwartet. Geschlechtsverkehr mit einer freien Frau war allerdings unter strenge Strafen gestellt; der geschädigte Ehemann hatte das Recht, den auf frischer Tat ertappten Ehebrecher zu töten. Die große Bedeutung der Prostitution in Athen ergab sich unter anderem aus dem späten Heiratsalter der Männer und der Tatsache, dass die jungen Mädchen ein sehr zurückhaltendes Leben führten.

Homosexuelle Beziehungen von Jugendlichen waren vor der Eheschließung toleriert, und sie waren auch, da junge Mädchen, um die sie hätten werben können, nicht zur Verfügung standen, neben dem Besuch von Prostituierten häufig die einzige Möglichkeit, sexuelle Erfahrungen zu sammeln. Es wurde eine Reihe von Konventionen beachtet. Der Liebhaber (*erastes*) war um einige Jahre älter als sein Geliebter (*eromenos*). Der Jüngere hatte in der homosexuellen Beziehung den passiven Part; der Ältere warb um ihn. Dem *eromenos* wurde durch die Beziehung der Übergang ins Erwachsenenalter erleichtert. Einige Jahre später übernahm er seinerseits in einer Beziehung mit einem Jüngeren die aktive Rolle. Der Jüngling durfte nicht zu lange Zeit den passiven Part spielen; sein Ansehen hätte hierunter gelitten.

In Athen zog sich die Periode des Übergangs von der Kindheit ins Erwachsenenalter vom 16. bis zum 20. Jahr hin. Die Jugendlichen wurden zuerst in die Phratrie, dann den Demos aufgenommen. Üblicherweise fand die Aufnahme in die Phratrie im 16. Lebensjahr des Knaben statt. Am so genannten »Haarschurtag« (»*koureotis*«) während der Apaturien wurde er den Mitgliedern der Phratrie vorgestellt. Seit den Reformen des Kleisthenes wurden die Bürgerlisten von den Demen, den Gemeinden, geführt. Deren Mitglieder untersuchten, ob der Jüngling das erforderliche Alter hatte und ob er einer legitimen Ehe athenischer Bürger entsprossen war. Die Entscheidung der Heimatgemeinde wurde sodann vom Rat der 500 überprüft. Auf die Aufnahme in die Bürgerschaft folgte noch ein zweijähriger Wehrdienst, die Ephebie. Diese ist eine Einrichtung des 4. Jh.; die Jugendlichen leisteten während dieser beiden Jahre vor allem Garnisonsdienst in den Festungen und kontrollierten die Grenzen.

b) Die Rolle des Vaters

Der Vater hatte das Recht, ein neugeborenes Kind anzuerkennen oder nicht; er vertrat seine Söhne, solange sie minderjährig waren, bei Rechtsgeschäften. Die väterliche Gewalt war in Griechenland jedoch stärker eingeschränkt als in Rom.[70] War der Sohn erst einmal unter die Bürger aufgenommen worden, so fand auch die väterliche Gewalt über ihn ein Ende. Oft dauerte die finanzielle Abhängigkeit allerdings an; der Sohn musste zumeist auf den Tod des Vaters warten, um in den Besitz des Familienvermögens zu gelangen. Der Vater sah im Sohn den künftigen Erben; die Beziehungen zwischen Vater und Tochter finden in den Quellen demgegenüber weniger Beachtung. Töchter genossen nicht dieselbe Wertschätzung wie Söhne. Sie wurden in größerer Zahl ausgesetzt, erhielten oft weniger und schlechtere Nahrung, ein Faktor, der ohne Zweifel zu einer erhöhten Sterblichkeit führte. Dementsprechend wurde von der Ehefrau erwartet, dass sie einen Sohn gebären würde.

Das Gesetz schützte sowohl den Vater als auch den Sohn. Einem Sohn, der seinen Vater schlug oder schlecht behandelte, drohte der Verlust seiner bürgerlichen Rechte. Umgekehrt konnte ein Vater, der seinen Sohn prostituiert hatte, keinen Anspruch mehr auf eine finanzielle Unterstützung im Alter geltend machen. Wenn man jemanden vor Gericht herabsetzen wollte, warf man ihm vor, seinen Sohn bzw. (häufiger) seinen Vater schlecht behandelt zu haben. Die Söhne schuldeten den Eltern, vor allem dem Vater, Respekt und Gehorsam. Vor Gericht galt es als Indiz für einen guten Charakter, wenn man darauf hinweisen konnte, mit dem Vater nicht in Konflikt geraten zu sein. Ein Redner betont, er sei nun dreißig Jahre alt, habe aber nie mit seinem Vater gestritten (Lysias 19, 55). Es wurde erwartet, dass Vater und Sohn in der Öffentlichkeit solidarisch agierten und gemeinsam die Interessen ihres Oikos vertraten, den der Sohn ja dereinst übernehmen würde.[71]

Trotzdem sind Spannungen zwischen Vater und Sohn häufig bezeugt.[72] In der Literatur der klassischen Zeit ist der Gegensatz zwischen Alt und Jung ein beliebtes Thema; eine Komödie des Aristophanes, die Wolken, ist ihm gewidmet. Die Gerichtsredner präsentieren in aller Regel gut funktionierende Familien, lassen aber doch durchblicken, dass das Ideal harmonischer Beziehungen zwischen Vater und Sohn nicht immer realisiert wurde. Alkibiades etwa wurde unterstellt, dass er seinen Sohn hasste (Lysias 14, 26f.). Häufig wurde Söhnen vorgeworfen, ihre alten Eltern vernachlässigt zu haben und ihren Kindespflichten nicht nachgekommen zu sein. Vor allem Geldstreitigkeiten führten zur Entfremdung von Vater und Sohn. Der älteste Sohn des Perikles, der schon verheiratet war, verfügte immer noch nicht über eigenes Einkommen und war auf die spärlichen Zuwendungen seines Vaters angewiesen. Als der Sohn im Namen seines Vaters ein größeres Darlehen aufnahm, kam es zwischen ihnen zum definitiven Zerwürfnis (Plutarch, Perikles 36). Wenn der Tod des Vaters allzu lange auf sich warten ließ, befanden sich die Söhne oftmals bis weit in das Erwachsenenalter hinein in finanzieller Abhängigkeit, eine äußerst konfliktträchtige Situation, nicht nur im klassischen Griechenland.

Die Stellung des Vaters war in der athenischen Gesellschaft schwächer als in Rom, da er seinem Sohn kaum mit der Enterbung drohen konnte. Zwar wurden auch in Rom Kinder nur selten enterbt, aber es bestand immer die Möglichkeit, ein Kind schlechter als seine Geschwister zu stellen. Dieses Disziplinierungsmittel entfiel im klassischen Athen weitgehend. Mehr noch: Die Kinder konnten im Extremfall den Vater vor Gericht ziehen und ihn entmündigen lassen, wenn dessen geistige Kräfte nachließen und er sein Vermögen zu vergeuden drohte; der Bestand des Familienvermögens sollte auf diese Weise gesichert werden (*graphe paranoias*).

c) Die Rolle der Mutter

In den Aufgabenbereich der Frau fiel vor allem die Erziehung der Kleinkinder und der Töchter. Die Zeit bis zum 6. Lebensjahr verbrachten die Kinder nahezu ausschließlich in den Frauengemächern, so dass die Kleinkinder hauptsächlich in der Gesellschaft von Frauen aufwuchsen. Die Frauen nahmen auch die Mahlzeiten gemeinsam mit den Kindern ein. Eine typische Szene findet sich in einer Gerichtsrede: Bei einem Überfall auf das Haus sitzen Frau, Kinder und eine freigelassene Amme im Hof und nehmen gerade ihre Mahlzeit ein (Demosthenes 47, 55; 61).

Die Mutter erzog die Töchter und bereitete sie auf die Verheiratung vor, während die Söhne ihren Schutz und Schirm beim Vater fanden. Die Frauen verbrachten einen großen Teil ihres Tages mit Textilarbeiten, wobei schon die jungen Mädchen mithalfen. Als Ischomachos heiratete, verfügte seine Frau nur über begrenzte Fähigkeiten; sie hatte im elterlichen Haushalt lediglich gelernt, wie man einen Mantel anfertigt, und hatte die Sklavinnen beim Spinnen beaufsichtigt (Xenophon, Oikonomikos 7, 6).

Der Einfluss der Mutter auf den heranwachsenden Sohn darf aber nicht unterschätzt werden. Plato schildert die Erbitterung einer Ehefrau über ihren Mann, der ihr nicht ehrgeizig genug ist; sie übt auf ihren Sohn Druck aus, mehr Erfolg zu haben (Plato, Staat 8, 549c–550b). Bei wichtigen Fragen, die die Zukunft der Kinder betrafen, spielte auch die Mutter eine wichtige Rolle. Apollodoros, dessen einziger Sohn gestorben war, wandte sich mit der Bitte, den Sohn zur Adoption freizugeben, nicht an seinen Schwager, sondern zuerst, wohl aufgrund persönlicher Bindungen, an seine Halbschwester. Jedenfalls hatte auch die Mutter zusammen mit dem Vater zu entscheiden, wenn es um die wichtige Frage ging, ob man den leiblichen Sohn in einen anderen Oikos zur Adoption weggeben sollte (Isaios 7, 14).

Die Beziehungen der Frau zu dem im Regelfall 10–15 Jahre älteren Ehemann waren oft distanziert, die Mutter stand den Söhnen altersmäßig sehr viel näher als der Vater. Hieraus ergaben sich besonders enge Beziehungen zwischen Mutter und Sohn. Nach Aristoteles liebten die Eltern ihre Kinder mehr als diese ihre Eltern; dies gelte umso mehr für die Mutter (Nikomachische Ethik 8, 12, 2, 1161b16ff.). Häufig fand der Sohn, wenn es zum Konflikt mit dem Vater kam, bei der Mutter Unterstützung.[73] Man ging davon aus, dass die Liebe und Zuneigung der Kinder zur Mutter größer seien als zum Vater.

d) Waisenkinder

Für minderjährige Kinder, die ihren Vater verloren hatten, wurde ein Vormund, zumeist ein agnatischer Verwandter, häufig der Onkel väterlicherseits, bestellt. Er verwaltete das Vermögen seiner Mündel, welches er ihnen bei Erreichen der Volljährigkeit mit 18 Jahren intakt auszuhändigen hatte, einschließlich der Zinsen.[74]

Die Schutzlosigkeit der Waisen ist ein Topos in der griechischen und römischen Literatur. Der Dichter Hesiod (um 700 v. Chr.) nennt unter den Freveltaten, die den Zorn des Zeus hervorrufen, neben dem Ehebruch mit der Frau des Bruders, der Missachtung der Eltern auch die Verletzung der Rechte von Waisenkindern (Werke und Tage 327ff.). Im klassischen Athen, aber auch in anderen griechischen Poleis, wurden rechtliche Regelungen getroffen, die die Waisen vor Verlust des väterlichen Erbes schützen sollten. Witwen, Erbtöchter und Frauen, die von ihrem verstorbenen Ehemann schwanger waren, standen unter dem Schutz des Archon Eponymos (Aristoteles, Athenaion politeia 56, 6f.). Diesem stand es zu, über Personen, die sich eines Unrechts an einer der genannten Personen schuldig gemacht hatten, eine Geldbuße (bis zu einer festgesetzten Summe) zu verhängen. Wurde eine schwerere Strafe für notwendig gehalten, dann konnte er den Beschuldigten vor seinen Gerichtshof laden.

Für Klagen gegen Vormünder galt eine besondere Klageform, die *eisangelia*: Wie eine *graphe* konnte die *eisangelia* von jedem Beliebigen, auch nicht direkt Betroffenen, eingebracht werden. Hierbei ging im Gegensatz zur *graphe* der Kläger aber kein Risiko ein, seinerseits einer Strafe unterworfen zu werden, wenn er nicht mindestens eine bestimmte Zahl der Geschworenen auf seine Seite ziehen konnte. Die *eisangelia* kam bei Verfahren zum Zuge, die in besonderem Maße im öffentlichen Interesse lagen. Bei den Vormundschaftsklagen ging es nicht ausschließlich um den Schutz der Waisen selbst, als vielmehr auch darum, dass die Oikoi keinen Schaden nahmen, im Extremfall untergingen. Ein Waisenknabe trat mit der Volljährigkeit die Leitung des väterlichen Oikos an, erbte das Familienvermögen und den Familienkult, garantierte also den Fortbestand der Familie. Der Oikos war die Grundlage der Polis, und der Wahrung seiner Integrität wurde daher eine besondere Bedeutung beigemessen.

Die Aufgabe des Vormundes war undankbar; die Verwaltung des Mündelvermögens erforderte einen großen Zeitaufwand, und über dem Vormund schwebte ständig das Damoklesschwert einer Klage wegen Veruntreuung von Mündelgut. Um erst gar nicht einer solchen Klage ausgesetzt zu werden, verpachteten viele Vormünder das Vermögen ihrer Mündel an Dritte. Derjenige, der es pachtete, hatte aus seinem Vermögen eine entsprechende Sicherheit zu stellen. So wurde gewährleistet, dass die Waisen ihr Vermögen zurückerhielten. Während der Minderjährigkeit verfügten sie über ein sicheres Einkommen, aus dem ihr Unterhalt finanziert werden konnte.

Der Schutz, der den Waisen vom Staat gewährt wurde, war nicht immer hinreichend. Zwar konnte jeder Bürger einen Vormund, der sich am Vermögen seiner Mündel bereicherte, vor Gericht bringen. Tatsächlich aber war es für minderjährige Kinder, die von ihren Vormündern ausgebeutet wurden, schwierig, wenn nicht unmöglich, außerhalb ihrer Familie jemanden zu finden, der sich ihrer Interessen angenommen hätte. In den fünf uns besser bezeugten Fällen, in denen Vormünder vor Gericht gezogen wurden, waren es jeweils die Waisen selbst, die, volljährig geworden, die Klage einbrachten. Vorher hatte sich niemand gefunden, der den betrügerischen Vormündern Einhalt geboten hätte. Einer der Waisenknaben hatte immerhin einen wohlgesinnten Stiefvater, der ihm beistand, als die Angelegenheit schließlich vor Gericht kam (Isaios 7).

e) Kinderlosigkeit und Adoptionen

In vielen Familien stand kein Sohn als Erbe zur Verfügung. Manche Ehen blieben überhaupt kinderlos, vielfach überlebten nur Töchter. Männer, die Vermögen hatten, welches sie vererben konnten, aber keine Erben in direkter Linie, nutzten daher den Ausweg der Adoption.[75] Die Adoption hatte in Athen nicht die Funktion, Waisenkindern Eltern zu verschaffen. Sie sollte einen Erben bereitstellen, um den Oikos fortzuführen. Daher war eine Adoption bei Vorhandensein eines leiblichen Sohnes verboten. Der Adoptivsohn löste sich vollkommen von seiner Herkunftsfamilie. Hierzu gehörte, dass er hier das Intestaterbrecht verlor. Niemand konnte gleichzeitig Erbe in zwei Oikoi sein. Indem ein kinderloser Athener einen Sohn aus einem anderen Oikos (der in aller Regel mehrere Söhne produziert hatte) adoptierte, wurde die Zahl der Oikoi bewahrt.

Auch wenn nach dem Gesetz die freie Wahl des Adoptivsohnes möglich war, wurden doch bevorzugt nahe Verwandte adoptiert. Thrasyllos behauptete, er sei von seines Mutters Halbbruder mütterlicherseits adoptiert worden, dies wurde aber von einer Verwandten väterlicherseits angefochten, die in der Intestaterbfolge vor ihm stand. Thrasyllos argumentiert, dass der Verstorbene mit den Verwandten väterlicherseits im Streit gelegen sei, und so sei seine Adoption nur natürlich gewesen. Es wäre zwar auch möglich gewesen, einen Außenstehenden zu adoptieren, es liege aber viel näher, sich für einen Verwandten zu entscheiden (Isaios 7, 33f.). Häufig wurden kognatische Verwandte adoptiert. Von 31 Adoptionen, über die wir besser informiert sind, betrafen zumindest zehn die Adoption eines Nachfahren der Schwester oder der Schwester des Vaters.[76] Man erwartete von der Schwester, dass sie ihrem kinderlosen Bruder einen Adoptivsohn und damit einen Erben stellen würde. Philoktemon, dessen beide Brüder verstorben waren, verließ sich auf seine beiden verheirateten Schwestern, um einen Adoptivsohn zu bekommen. Eine der beiden Schwestern hatte lediglich eine Tochter, aber die andere ließ einen ihrer Söhne in den Oikos des Bruders adoptieren (Isaios 6, 5ff.). Häufig kamen auf diese Weise Verwandte zum Zuge, die keinen unmittelbaren Anspruch auf das Erbe gehabt hätten. Die Adoption stellte also auch ein Mittel dar, sich von der Intestaterbfolge zu lösen.

f) Die Epikleros (Erbtochter)

Eine Tochter erbte nur in Ermangelung eines Sohnes: Sie wurde dann als Epikleros (Erbtochter) bezeichnet. Sie konnte an sich den Fortbestand des Oikos nicht sichern. War kein Sohn adoptiert worden, so stand es dem nächsten männlichen Verwandten des Verstorbenen zu, die Erbtochter als Frau zu beanspruchen (mitsamt dem Erbe). Die Epikleros war also nicht so sehr Erbin des väterlichen Gutes, als vielmehr gewissermaßen Bestandteil des Erbes. Die Vergabe der Erbtochter folgte dabei denselben Regeln wie die des Familienvermögens (mit der Einschränkung, dass die Epikleros nur von einem Mann beansprucht werden konnte): nach dem Onkel väterlicherseits folgte der Sohn des Onkels väterlicherseits usw.[77] Wer glaubte, auf eine Erbtocher Anspruch zu haben, konnte sich beim Archon Eponymos melden und eine schriftliche Begründung einreichen, die der Archon veröffentlichte. Er sprach die Epikleros demjenigen zu, der als nächster Verwandter anerkannt wurde; das Verfahren wurde als *epidikasia* bezeichnet. Der Verwandte hatte kein Recht, das Mädchen zu heiraten, bevor es ihm nicht vom Archon zugeteilt wurde. Hiermit war auch die Zuweisung des Vermögens des Verstorbenen verbunden; der nächste Verwandte wurde *kyrios* von dessen Oikos und damit Herr sowohl des Vermögens als auch der Epikleros.

Auf die Wünsche der Erbtochter wurde bei dem Verfahren keine Rücksicht genommen. Mit einer gewissen Wahrscheinlichkeit wurde auf diesem Wege ein jugendliches Mädchen mit einem erheblich älteren Verwandten verbunden. Begehrt war die Eheschließung mit einer Epikleros vor allem aus finanziellen Gründen, da sie gleichzeitig den Zugriff auf deren Vermögen gewährte. Auf der anderen Seite befanden sich die Epikleroi dank des Geldes, welches sie in die Ehe einbrachten, häufig in einer starken Position. Antike Autoren verweisen immer wieder darauf, dass in diesen Ehen die Ehefrau das Wort führe. Ganz anders war die Lage der armen Epikleros. Sie hatte weder Geld, um einen Ehepartner anzulocken, noch einen Vater oder Bruder, der für sie eine Mitgift aufbringen konnte. In dieser Situation wurden die Verwandten durch Gesetz zur Eheschließung gezwungen. Wenn der nächste Verwandte sie nicht heiraten wollte, so hatte er für eine Verheiratung und eine angemessene Mitgift zu sorgen.

War die Epikleros bereits verheiratet, konnte der nächste männliche Verwandte augenscheinlich die Auflösung ihrer Ehe erzwingen, jedenfalls wenn noch keine Söhne in dieser Ehe zur Welt gekommen waren und wenn es der Vater versäumt hatte, deren Ehemann als Sohn und Erben zu adoptieren. War das Vermögen von einigem Wert, war es von größerem finanziellen Vorteil für den nächsten Verwandten, eine Epikleros zu heiraten und so das ganze Vermögen ihres Vaters zu erhalten, als mit einer anderen Frau verbunden zu sein, die als Mitgift nur einen Teil des väterlichen Vermögens mitbrachte. Protomachos, ein armer Mann, hatte die Gelegenheit, durch die Eheschließung mit einer Epikleros ein großes Vermögen zu erlangen. Da er verheiratet war, trennte er sich von seiner bisherigen Ehefrau. Weder die Wünsche der ersten Ehefrau des Protomachos noch diejenigen der Epikleros wurden hierbei berücksichtigt (Demosthenes 57, 41).

Der Ehemann der Epikleros erlangte nicht das volle Eigentum an dem Erbgut. Da die Epikleros per definitionem weder Vater noch Bruder hatte, wäre sie ihrem Ehemann und *kyrios* schutzlos preisgegeben gewesen. Um wenigstens einen gewissen Schutz zu gewährleisten, gab es die Bestimmung, dass ihr Sohn zwei Jahre nach Erreichen der Volljährigkeit in das Vermögen eintreten sollte. Dieser war hinfort verpflichtet, aus den Erträgen des Erbes seiner Mutter den Unterhalt zu gewähren. Auf diesem Wege, über die Tochter, ging das Vermögen vom Großvater auf den Enkel über, der im Idealfall seinem Großvater ohnehin als Adoptivsohn nachfolgte und die Familie fortsetzte. Das Gut einer Epikleros fiel immer an deren Kinder. Die Tochter war also auch beim Fehlen eines Sohnes keine vollwertige Erbin. Sie war lediglich Interimserbin und hatte die Aufgabe, dem Oikos einen männlichen Erben zu verschaffen, der dessen Fortbestand sicherstellen würde. Das Erbrecht wurde dem Enkel durch die Mutter vermittelt. Zwar wurde erwartet, dass der Vater ihn durch Adoption der Familie des Großvaters mütterlicherseits abtrat; aber eine Verpflichtung hierzu bestand nicht (zumal, wenn der Ehe nur ein Sohn entsprossen war). Mitunter erbte der Sohn der Epikleros somit das Vermögen, ohne dass er in den Haushalt des Großvaters mütterlicherseits adoptiert worden wäre. In diesem Fall wurde der Oikos des Verstorbenen ausgetilgt, denn die Kinder der Epikleros gehörten zum Oikos ihres Vaters; die Vermögen von väterlicher und mütterlicher Seite vereinigten sich in einer Hand. Die Epikleros rettete den Oikos also nicht notwendigerweise davor, ausgelöscht zu werden. Insgesamt gilt jedoch, dass das Familien- und Erbrecht auf die möglichst lange Erhaltung der bestehenden Oikoi zielte und dass das Epiklerat vor allem diesem Zweck diente; die Polis basierte auch in demokratischer Zeit nicht auf den Individuen, sondern auf den Oikoi.

4. Die Alten in der griechischen Familie

a) Die familiäre Altersversorgung

Da es in der heidnischen Antike kaum staatliche Bemühungen gab, für das materielle Wohlergehen der Alten Vorsorge zu treffen, kam ihrer Versorgung durch die Kinder eine ganz besondere Bedeutung zu. Das Bestreben aller zielte zwar darauf ab, für das Alter Rücklagen anzulegen, von denen man zehren konnte, aber dies konnte naturgemäß nur wenigen gelingen. Mit zunehmendem Schwinden der Leistungsfähigkeit im Alter war Armut somit zumal für die Angehörigen der Unterschichten die Folge. Für sie waren die Kinder oft das einzige Kapital. In der antiken Literatur wird denn auch immer wieder die Pflicht der Kinder unterstrichen, die Eltern zu ehren und insbesondere im Alter für sie zu sorgen.[78]

Ein Beamter musste sich, bevor er sein Amt antreten konnte, der Frage stellen, ob er seine Eltern gut behandelt habe. Das Gesetz verpflichtete die Söhne, für den Lebensunterhalt ihrer alten Eltern sowie für ihre Bestattung zu sorgen; Kinder die sich dem widersetzten, konnten von jedermann vor Gericht gezogen werden. Diese Klagen fielen in den Zuständigkeitsbereich des Archon. Als Strafe drohte der Verlust der bürgerlichen und politischen Rechte; der Verurteilte verfiel der Ehrlosigkeit (*atimia*). Die Tatsache, dass gesetzliche Regelungen für notwendig gehalten wurden, deutet darauf hin, dass Vernachlässigung der Eltern in der athenischen Gesellschaft kein unerhörter Tatbestand war. Ein beliebtes Motiv bei den attischen Rednern, die ihre Gegner herabsetzen wollten, war die Behauptung, sie hätten ihre alten Eltern im Stich gelassen und sie darben lassen.

Gleichwohl kamen die Kinder in Athen der Verpflichtung zur Versorgung der alten Familienmitglieder nach: Ein Redner klagt darüber, dass unter den dreißig Tyrannen (404/3 v. Chr.) zahlreiche Personen umgebracht worden seien, die alte Eltern zurückgelassen hätten, welche die Hoffnung gehegt hätten, von ihren Kindern im Alter ernährt zu werden (Lysias 13, 45). Der kinderlose Menekles hatte den Bruder seiner zweiten (geschiedenen) Ehefrau adoptiert, um für seine Ernährung und Pflege im Alter sowie für seine Bestattung Vorsorge zu treffen (Isaios 2, 10; 18; 25; 36; 45). Bdelykleon verspricht in den Wespen des Aristophanes, seinen Vater im Alter zu ernähren und ihn mit allem Lebensnotwendigem auszustatten: Graupenbrei, einem weichen Mantel, einem Pelz und einer Prostituierten (letzteres ist von Aristophanes natürlich als Witz gemeint) (Wespen 736ff.).

Mitunter erfolgte die Übergabe des Familienvermögens an die nachfolgende Generation schon zu Lebzeiten des Vaters. Damit gerieten die Eltern im Alter vielfach in materielle Abhängigkeit von ihren Kindern. In komischer Übertreibung wird dieses Thema von Aristophanes angesprochen, der den Philokleon darüber klagen lässt, dass sein Sohn ihn finanziell gängele (Wespen 1354ff.). Ein Redner konstatiert, dass vorsichtige Väter auf jeden Fall einen ansehnlichen Teil des Vermögens für sich zurückbehalten wollten, um nicht vom Sohn für jede Kleinigkeit Geld erbetteln zu müssen. Die Väter waren sich also des Risikos, das Vermögen noch zu Lebzeiten an die Kinder zu übergeben, sehr wohl bewusst (Lysias 19, 36f.). Wie häufig die Übergabe des Familienvermögens an den Sohn zu Lebzeiten war, lässt sich nicht feststellen, auch nicht, wann sie üblicherweise erfolgte.

b) Witwen

In besonderer Weise war die verwitwete Mutter von ihren Kindern abhängig. Die Beziehung zur Familie des Mannes wurde nach dessen Tod gelöst, vor allem, wenn die Frau in der Ehe keine Kinder zur Welt gebracht hatte. Sofern der Vater noch lebte, kehrte sie meist in dessen Haus zurück. War der Vater bereits verstorben, oblag der Schutz der Witwe ihren Brüdern. Waren der Ehe Kinder entsprossen, so zählten diese zur Familie ihres Vaters; die Mutter hatte dann die Möglichkeit, sich zu entscheiden, ob sie bei ihren Kindern bleiben oder in die Herkunftsfamilie zurückkehren wollte. War sie schwanger, so hatte sie gleichfalls das Anrecht, im Haus ihres verstorbenen Mannes zu bleiben. Offenkundig hatte eine Witwe, die keine Kinder zur Welt gebracht hatte, dieses Recht nicht; erst eine Frau, die ihrem Mann ein Kind geschenkt hatte, gehörte vollgültig seiner Familie an.

Abb. 4: Statue der sog. ›Trunkenen Alten‹. Römische Kopie nach einem Original des späten 3. Jhs. v. Chr. München, Glyptothek. Dargestellt wird möglicherweise eine wohlhabende, alt gewordene Prostituierte; es kontrastieren die teuren Kleider der Frau mit der aggressiven Zurschaustellung des häßlichen alten Körpers.

Blieb die Mutter bei ihren Kindern im Haushalt des verstorbenen Mannes, so blieb auch ihre Mitgift dort und wurde vom Vormund mitverwaltet, bis der Sohn mündig wurde und die Verfügungsgewalt hierüber erlangte. Zu diesem Zeitpunkt fiel dem Sohn auch die Verpflichtung zu, für die Mutter zu sorgen (Unterkunft und Ernährung). Zwar verlor die Mutter den Anspruch auf ihre Mitgift, dafür hatte sie aber einen gegen ihre Kinder auch einklagbaren Unterhaltsanspruch. Die Verpflichtung, für die alte Mutter zu sorgen, hatte ein ganz besonderes Gewicht. Redner bitten die Geschworenen um einen Freispruch, da sie andernfalls nicht mehr für den Unterhalt der Mutter und ihre Bestattung Sorge tragen könnten (Demosthenes 57, 70). Lysias lässt einen Angeklagten sagen, dass im Falle der Verbannung die Mutter, die bislang von ihm unterstützt wurde, völlig ohne Ressourcen wäre (7, 41).

Da angesichts eines großen Altersunterschiedes von Mann und Frau zuerst mit dem Tod des Mannes gerechnet werden musste, blieb häufig die verwitwete Mutter allein im Haushalt ihres Sohnes zurück. Viele Haushalte waren daher um eine verwitwete Mutter erweitert. Von den Witwen, die in den attischen Gerichtsreden erwähnt werden, blieben ca. zwei Drittel unverheiratet. Lediglich wenn keine Kinder in erster Ehe zur Welt gebracht worden waren oder diese noch sehr klein waren, war der Druck groß, erneut zu heiraten. Von 30 älteren Witwen, die in unseren Quellen bezeugt sind, lebten mindestens 13 im Haushalt ihres Sohnes. Zumindest dann, wenn der Sohn noch nicht verheiratet war, dürfte die Mutter in aller Regel den Haushalt geleitet haben.[79]

Nach dem Tod des Mannes war die Mutter für die Erziehung der minderjährigen Kinder verantwortlich, jedenfalls solange sie nicht wieder heiratete. Obwohl Kleoboule, die Mutter des Demosthenes, nach dem Tod ihres Mannes erneut hätte heiraten können, zog sie es vor, sich als Witwe um die Erziehung ihrer Kinder zu kümmern. Zwar führten die Vormünder den Familienbetrieb weiter und zahlten mit ziemlicher Sicherheit ihren Mündeln den Unterhalt, auch wenn ihnen später von Demosthenes Unterschlagungen vorgeworfen wurden. Aber Kleoboule hatte eine so starke Stellung, dass sie, als Demosthenes mit Erreichen der Volljährigkeit einen Prozess gegen seine Vormünder anstrengte, ihn bei dem Bemühen unterstützte, das Familienvermögen zurückzuerlangen (Demosthenes 29, 26; 33; 56).[80]

Nach athenischem Recht konnte die Ehefrau von ihrem Mann nicht erben, außer wenn der Mann seiner Frau testamentarisch die von ihr in die Ehe eingebrachte Mitgift im Hinblick auf eine mögliche Wiederverheiratung aufstockte. Trotzdem kannte die Ehefrau die finanziellen Details des Haushaltes, Kenntnisse, die ihr eine starke Stellung gaben. Die Gerichtsreden des 4. Jh. v. Chr. bezeugen das Bemühen von Witwen, das Familienvermögen vor den Übergriffen von Verwandten oder Vormündern zu schützen. Eine Witwe erstellte ein Inventar der Forderungen ihres verstorbenen Mannes (Isaios 11, 43). Polyeuktos' Frau scheint nach dessen Tod faktisch das Vermögen verwaltet zu haben; einem ihrer Schwiegersöhne gewährte sie ein Darlehen (Demosthenes 41, 8ff.). Witwen verfügten auch sonst über größere Geldsummen: Einem Prozessgegner wird sein schlechtes Verhältnis zur verwitweten Mutter vorgehalten; er habe nicht einmal für ihre Bestattung Sorge getragen, eine der ganz elementaren Pflichten des Sohnes. Seine Mutter habe es vorgezogen, vor ihrem Tode einem Fremden drei Silberminen auszuhändigen, damit dieser für ihre Bestattung sorge (Lysias 31, 20ff.). Zwar unterstand auch eine Witwe einem *kyrios*. Eine gewisse Zahl von Witwen führte ihre Geschäfte aber anscheinend häufig ohne dessen allzu strikte Kontrolle.

Die ökonomische Lage der meisten Witwen war jedoch nicht beneidenswert. Aristophanes lässt in einer Komödie eine Witwe auftreten, deren Ehemann sie mit fünf Kindern zurückgelassen hatte. Sie musste als Kranzflechterin tätig werden, um sich und ihre Kinder ernähren zu können (Thesmophoriazusen 446ff.). Nikarete arbeitete als verwitwete Mutter von fünf Kindern auf dem Markt. Ihr wurde von Gegnern zum Vorwurf gemacht, einer »sklavischen« Beschäftigung nachzugehen. Aber sehr viele Frauen in den Unterschichten fielen in diese Kategorie; Armut ließ sie für den Markt arbeiten (Demosthenes 57, 30ff.; 42; 45). In den Komödien des Aristophanes wird eine Reihe von berufstätigen Frauen erwähnt, darunter die Kranzflechterin, die Gaststätteninhaberin, die Gemüsehändlerin. Einige waren Metökenfrauen, aber viele hatten offenkundig den Bürgerstatus. In den Inschriften findet sich eine ähnliche Spannweite von Frauenberufen.

Die Bewegungsfreiheit von Witwen, die oftmals schon so alt waren, dass ihre Sexualität keine Gefahr mehr für die Ehre der Familie darstellte, war größer als die von Jungfrauen oder verheirateten Frauen. Sie konnten ihre Nachbarinnen und Freundinnen besuchen, ohne hierüber Rechenschaft ablegen zu müssen. Hypereides, ein Redner des 4. Jh., bemerkt: »Eine Frau, die ihr Heim verlässt, sollte in einem Lebensstadium sein, dass diejenigen, die ihr begegnen, nicht fragen, wessen Ehefrau sie sei, sondern wessen Mutter.« (Frg. 205). Das hohe Alter der Frau bedeutete freilich nicht unbedingt eine Aufwertung ihres Status, sondern spiegelte eher ihren geminderten Wert wider: Da eine Frau jenseits der Menopause keine Kinder und damit legitime Erben mehr gebären konnte, gab es auch keine Notwendigkeit mehr, sie zu beschützen.

Genossen alte Frauen innerhalb der Familie durchaus Achtung und Ansehen, galt dies für ihre Stellung in der Öffentlichkeit weniger. Sie waren als Kupplerinnen verschrien, galten als dumm, einfältig und abergläubisch, man unterstellte ihnen übermäßigen Alkoholkonsum. Alte Frauen, die dem körperlichen Verfall entgegengingen, waren in der griechischen Literatur ein beliebter Gegenstand des Spottes. Sie waren eine Randgruppe, die man gering achtete und vor der man Angst hatte. Die alte Frau war im Altertum die Hexe und Zauberin par excellence. Die Menopause und die damit einhergehende größere Bewegungsfreiheit der älteren Frauen waren also für sie kein uneingeschränkter Segen.

5. Die Sklaven im griechischen Haushalt

Der Anteil der Sklaven an der Gesamtbevölkerung Attikas lag bei ca. einem Drittel. Er war damit so hoch wie in nur wenigen anderen Gesellschaften: außer in Athen nur noch im Italien der späten römischen Republik und der Kaiserzeit, in den amerikanischen Südstaaten, der Karibik und in Brasilien in der Neuzeit. Anscheinend verfügten selbst relativ arme Haushalte über Sklaven. Jedermann strebte danach, einen Sklaven zu haben. Dies war auch ein Statussymbol. Genaue Angaben über die Zahl von Sklaven pro Haushalt fehlen. Die Zahlen bewegten sich jedoch in athenischen Haushalten in einer ganz anderen Größenordnung als später in Rom. In der frühen Kaiserzeit lebten in manchen Haushalten einige Hundert Sklaven; die reichen Athener dürften demgegenüber im Maximum 12–15 Sklaven in ihren Haushalten gehalten haben. Die durchschnittliche Zahl der Sklaven pro Haushalt war erheblich niedriger und wird nicht über drei gelegen haben.[81]

Die Haushaltssklaven wurden in einer Vielzahl von Funktionen eingesetzt. Sklaven bzw. Sklavinnen säuberten das Haus und warteten bei den Mahlzeiten auf. Eine große Rolle spielten sie bei der Essenszubereitung: Sklavinnen mahlten das Getreide, kneteten den Teig, buken das Brot und kochten. Sie fertigten Kleidung an. Weibliche Sklaven dienten als Ammen und standen ggf. als Konkubinen zur Verfügung. Sklaven begleiteten ihren Herrn überall, beim Besuch eines Trinkgelages, eines Symposion, auf der Straße, auf dem Markt und auf Reisen. Sie waren so oftmals bis ins letzte Detail über seine Aktivitäten informiert.

Die Sklaven schliefen vermutlich dort, wo gerade Platz für sie war. Separate Räume für Sklaven waren nur in größeren Häusern erforderlich, die in Griechenland die Ausnahme waren. In den meisten Häusern spiegelte sich die soziale Trennung zwischen Sklaven und Freien demzufolge in der Architektur nicht wider. Die Sklaven waren Mitglieder des Oikos, wenngleich sie in der Hierarchie ganz unten standen. Es war nahezu unmöglich, in einem griechischen Haus Geheimnisse bewahren zu wollen. Sklaven waren überall anzutreffen: Eine Privatsphäre für den Herrn gab es nicht. So waren es häufig Sklaven, die die Quelle von Klatsch und Gerede waren; in der Komödie spielen Sklaven, die über sämtliche Interna des Hauses informiert sind und diese mit anderen Sklaven austauschen, eine prominente Rolle. Eine besondere Bedeutung bekam die Tatsache, dass die Sklaven so gut informiert waren, vor Gericht: Denn in Athen konnten im Gegensatz zu Rom Sklaven gegen ihren eigenen Herrn Zeugnis ablegen.

6. Das griechische Haus

Die griechischen Häuser waren nach außen hin abgeschlossene Einheiten. Zwar lagen sie direkt an der Straße; das Innere des Hauses war aber von der Straße aus nicht einsehbar. Die Häuser bestanden aus einer Gruppe von rechteckigen Räumen, die sich zu einem gleichfalls rechteckigen Hof hin öffneten. Dieser war das Zentrum des griechischen Hauses, wo man sich einen großen Teil des Tages über aufhielt.[82]

Die Wohnräume waren klein. Licht erhielten sie vom Hof; es gab nur wenige, kleine Fenster. Die Funktion der Räume lässt sich le-

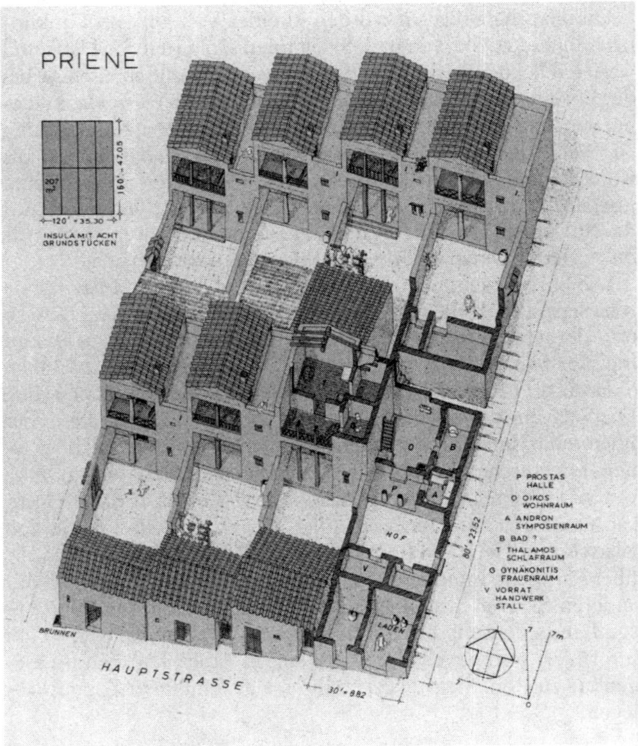

Abb. 5: Priene. Rekonstruktion eines Häuserblocks mit acht Typenhäusern (jeweils mit Laden, Hof und eigentlichem Wohnhaus). 2. Hälfte 4. Jh. (?). Das Obergeschoss der Wohnhäuser beherbergte die Schlaf- und Frauenräume.

diglich hier und da aus einzelnen Funden, etwa Speichergefäßen, erschließen. Lediglich die Küche mit ihrer Feuerstelle ist archäologisch eindeutig identifizierbar, mitunter lässt sich auch noch ein Bad ausmachen. Die meisten Häuser verfügten über ein *andron*, den Raum für die Männer bzw. den Speiseraum; der *andron* war ein quadratischer Raum, der mit einer Reihe von Speisesofas ausgestattet war. Hier wurden die Gäste des Hauses empfangen.

Die meisten Häuser, die ausgegraben wurden, hatten 5–7 Räume; erst in hellenistischer Zeit wurde es üblich, dass die vermögenderen Häuser durch Nebenhöfe erweitert wurden. Es bestand allerdings die Möglichkeit, nach oben zu bauen; zweigeschossige Häuser waren üblich. Im Obergeschoss befanden sich in aller Regel Privaträume, die Schlafgemächer und die Räume für die Frauen. Die Räume, in denen die Frauen arbeiteten, waren die Küche, Arbeitsräume (für Textilarbeiten etwa) und die Speicherräume. Hier und da lässt sich am archäologischen Befund noch eine weit gehende Trennung der Sphären von Mann und Frau erahnen: Über eine Treppe konnte die Frau vom *gynaikeion* in ihre Arbeitsräume im Erdgeschoss gelangen, ohne durch die öffentlichen Räume, die für die Männer bestimmt waren, gehen zu müssen. Deutlich auf den Mann bezogen war vor allem der *andron*. Im Übrigen waren die Räume im griechischen Haus sehr flexibel nutzbar, und die Sphären von Mann und Frau waren vermutlich nicht immer so deutlich voneinander getrennt, wie häufig unterstellt wird.

Die Privatsphäre begann mit dem Haus, und in ihrem Zentrum standen die Frauengemächer. Das Eindringen in diesen Raum stellte die schwerwiegendste Verletzung der Privatsphäre überhaupt dar. Durch den Angriff auf das eigene Haus wurde man auch in seiner Ehre verletzt. Das Gesetz gestattete es dem Haushaltsvorstand, denjenigen, der diesen Bereich verletzte, straflos zu töten: sowohl den Ehebrecher als auch den Dieb, der in das Haus eingebrochen war. Die Grenzen des Hauses waren aber keineswegs undurchdringlich. Die Freunde und Nachbarn waren über die intimsten Vorgänge im Hause zumeist sehr gut informiert und häufig Träger eines sehr intensiven Klatsches. Die Privatsphäre war in einer face-to-face Gesellschaft wie Athen anders definiert als in einer modernen Industriegesellschaft.[83] In vielerlei Hinsicht war man auf die Nachbarn angewiesen, und ihnen gegenüber ließ sich die Intimsphäre kaum schützen, ganz abgesehen davon, dass auch die physischen Gegebenheiten dies sehr schwer durchführbar machten, da die Häuser in Athen sehr dicht beieinander standen. Die Vertrautheit der Nachbarn war eine zweischneidige Angelegenheit. Auf der einen Seite leisteten sie in vielen Belangen Hilfe und Beistand; auf der anderen Seite stellte das Wissen, das sie sich aufgrund des intimen Verkehrs erworben hatten, aber auch eine Gefahr dar.

7. Die Verwandtschaftsfamilie

Das athenische Verwandtschaftssystem war im Prinzip bilateral; es umfasste sowohl die Verwandten väterlicher- als auch mütterlicherseits. In der griechischen Sprache wurde nicht zwischen den beiden Linien differenziert; während im Lateinischen zwischen dem *patruus* und *avunculus*, dem Bruder des Vaters bzw. der Mutter, unterschieden wurde, gab es im Griechischen nur den *theios*. Der Sohn des Vaters wie derjenige der Mutter wurden gleichermaßen als *anepsios* bezeichnet. Ein einzelner Terminus, nämlich *kedestes*, bezeichnete im klassischen Griechisch sämtliche angeheirateten Verwandten.

Jeder Athener stand im Zentrum einer als *anchisteia* bezeichneten bilateralen Verwandtengruppe, die sich auf beiden Seiten bis hin zu den Kindern der Cousins erstreckte. Die Mitglieder der *anchisteia* waren, wenn ein Verwandter ermordet worden war, verpflichtet, beim Fehlen direkter Nachkommen die Täter vor Gericht zu bringen, und sie hatten das Recht, die Erbschaft einzufordern, wenn ein Mann ohne direkte Nachkommen gestorben war. Innerhalb der *anchisteia* hatten aber die Agnaten Vorrang. Im Fall einer Erbschaft kamen sie zunächst zum Zuge, angefangen bei den Brüdern des Verstorbenen, dann seinen Schwestern. Es folgten die Onkel väterlicherseits und ihre Nachkommen, die Tanten väterlicherseits und deren Nachkommen. Erst nach den Agnaten wurden die Ansprüche eines Halbbruders mütterlicherseits berücksichtigt. Danach folgten die weiteren Verwandten von der mütterlichen Seite.[84]

Wie weit reichte der Kreis der Verwandten, zu dem noch enge emotionale Bindungen bestanden? Inwieweit wurde innerhalb dieses Kreises differenziert zwischen Verwandten väterlicher- und mütterlicherseits, zwischen Blutsverwandten und angeheirateten Verwandten? Welche Unterstützung konnte man von den einzelnen Verwandten erwarten, welche Konflikte traten zwischen ihnen auf? Auf all diese Fragen lassen sich keine einfachen Antworten geben. Die Gerichtsreden liefern immerhin einige Anhaltspunkte. Die Kontrahenten ließen, zumal in den zahlreichen Erbschaftsprozessen, häufig Verwandte vor Gericht auftreten, die zu ihren Gunsten Zeugnis ablegen sollten. Der Kreis der Verwandten, auf die man sich vor Gericht stützte, war nun ein sehr enger: Man bewegte sich zumeist im Rahmen der Kernfamilie (Vater und Sohn, Stiefvater und Stiefsohn, Brüder); relativ häufig begegnen noch Schwager und Schwiegervater; weiter entfernte Verwandte spielen als Zeugen vor Gericht eine untergeordnete Rolle. Auch in Athen stand also die Kernfamilie im Zentrum der Gefühle; dies war der Kreis der Verwandten, mit denen die intensivsten Kontakte gepflegt wurden. Kontakte zu Verwandten außerhalb eines relativ eng umrissenen Kreises fallen demgegenüber kaum noch ins Gewicht; wenn weiter entfernte Verwandte überhaupt in den Gerichtsreden erwähnt werden, dann werden für sie in aller Regel keine spezifischen Verwandtschaftsbezeichnungen mehr verwendet; es ist dann einfach nur noch von »Verwandten« die Rede.[85]

Durch die attischen Redner sind wir über das Spektrum der denkbaren Konflikte informiert.[86] Testamente, in denen weiter entfernt Verwandte oder Fremde bedacht wurden, riefen nahe Blutsverwandte, die sich benachteiligt fühlten, auf den Plan. Auch Adoptionen gaben Anlass zu Streit unter Verwandten, denn die Adoption eines Erben ging zu Lasten der in der Erbfolge am Nächsten stehenden Verwandten. Familienloyalitäten und der Grundsatz der freien Verfügung über das Familienvermögen durch Testament, die beim Fehlen von Erben in direkter Linie an sich gegeben war, standen im Widerspruch zueinander. Auch Prozesse gegen Vormünder, denen Veruntreuung des Mündelvermögens vorgeworfen wurde, kamen vor Gericht. Konflikte ergaben sich ferner aus der Rückzahlung der Mitgift. Andere Verfahren, etwa wegen Körperverletzung oder Mord, waren zahlenmäßig von geringerer Bedeutung.

Zog man gegen einen Verwandten vor Gericht, so musste man mit Kritik in der Öffentlichkeit rechnen. Zumeist suchten die Kontrahenten daher zunächst zu einer außergerichtlichen Einigung zu gelangen. Diogeitons Tochter, die mit dem Bruder ihres Vaters verheiratet war und nach dem Tode ihres Mannes zusammen mit ihren Kindern von ihrem Vater ihrer Habe beraubt worden war, überzeugte den Mann ihrer Tochter, Diogeiton und eine Anzahl von Verwandten und Freunden der Familie zu einem Familienrat zu laden, vor dem sie ihren Vater anklagte. Erst nachdem es zu keiner gütlichen Einigung gekommen war, wurde der Fall vor Gericht gebracht (Lysias 32, 11ff.).

Rivalitäten zwischen Brüdern ergaben sich zumeist aus der Aufteilung des Erbes.[87] Das Prinzip der Realteilung führte zu Konflikten, insbesondere dann, wenn das Familienvermögen, die Immobilien, nicht ausreichte, um mehrere Haushalte zu unterhalten. Gegenstand einer Rede des Isaios ist der Streit zweier Brüder um das väterliche Erbe; die Konfrontation eskalierte in offene Gewalt und führte zum Tod eines der Brüder durch die Hand des anderen. Das Opfer der Gewalttat konnte vor seinem Tod noch seinem Sohn auftragen, ihn zu rächen (Isaios 9, 16f.).

Von den Brüdern wurde im politischen wie im privaten Bereich Solidarität erwartet.[88] Aber wenn es um die Aufteilung des väterlichen Erbes ging, wurden die Beziehungen zwischen ihnen oft auf eine harte Probe gestellt. Weniger belastet war das Verhältnis von Bruder und Schwester.[89] Sicher hatte die Schwester einen Anspruch auf eine standesgemäße Mitgift; diese war jedoch in aller Regel nicht so groß, dass ihre Auszahlung für die Brüder eine unzumutbare finanzielle Belastung dargestellt hätte. Da die jungen Mädchen mit Ausnahme der Brüder und allenfalls des einen oder anderen nahen Verwandten von Personen männlichen Geschlechts weitgehend fern gehalten wurden, entwickelten sich zu diesen meist enge Beziehungen, die oft auch noch Bestand hatten, wenn die Schwester längst verheiratet war. Eine Frau, die ihren Bruder verloren hatte, galt als einsam und verlassen. Der Bruder schützte die Ehre seiner Schwester: Er bewahrte sie vor sexuellem Missbrauch und vor Beleidigungen jeder Art. Brüder sorgten sich um das materielle Wohlergehen ihrer Schwestern. Demosthenes stellt fest, dass das Hauptziel bei der Verheiratung einer Schwester oder Tochter darin bestehe, ihr die größtmögliche Sicherheit zu geben (30, 21). Nach Beendigung der Ehe fand die Frau häufig im Haushalt ihres Bruders Aufnahme. Da die Mitgift der Ehefrau nie völlig in das Vermögen ihres Mannes aufging, hatten vor allem die Brüder (der Vater war meist schon verstorben) ein unmittelbares Interesse daran, dass die Mitgift nach Auflösung der Ehe mitsamt ihrer Schwester in ihren Oikos zurückkehrte. Der Bruder fühlte sich für seine Schwester verantwortlich, sowohl vor wie nach ihrer Eheschließung.

Die Geburt eines Enkelsohnes erfüllte jeden Athener mit großer Freude, da dies den Fortbestand der Familie und die Fortführung des Familienkultes verbürgte.[90] Die Wahrscheinlichkeit, dass der Großvater zum Zeitpunkt der Geburt noch am Leben war, war jedoch aufgrund der demographischen Strukturen gering; noch seltener kam es vor, dass die Großeltern im Weiteren über einen längeren Zeitraum Anteil an der Erziehung ihrer Enkel nahmen. Angesichts des niedrigen Heiratsalters der Frauen standen hierfür eher die Großeltern mütterlicher- als väterlicherseits zur Verfügung. Zwar wurde üblicherweise der erstgeborene Sohn nach dem Großvater väterlicherseits benannt, aber einem Sohn (vor allem einem jüngeren) konnte auch ohne weiteres der Name des Großvaters mütterlicherseits gegeben werden, ein Hinweis auf den bilateralen Charakter der griechischen Verwandtschaft. Beim Fehlen eines Sohnes wurde häufig der Sohn einer Tochter in den Haushalt des Großvaters adoptiert, selbst postum. Zwischen Großeltern (auch mütterlicherseits) und Enkeln bestanden enge Kontakte.

Die Enge der Beziehungen zwischen Familien, die durch Eheschließung miteinander verbunden waren, zeigt sich u. a. in den Fällen, in denen ein Bruder in die Familie des Ehemannes seiner Schwester adoptiert wurde. Zwischen Schwagern bestand zumeist ein enges, vertrautes Verhältnis. Theophemos bediente sich der Dienste seines Bruders und eines Schwagers, um sich der Güter eines Schuldners zu bemächtigen (Demosthenes 47, 52ff.). Sowohl im politischen wie im privaten Bereich wurden enge Beziehungen zwischen Schwagern angestrebt.

V. Ehe und Familie in Rom

1. Die Terminologie der römischen Familie: *familia* und *domus*

Während im Deutschen mit dem Wort »Familie« zumeist die Gruppe bezeichnet wird, die sich aus Vater, Mutter und Kindern zusammensetzt, also die Kernfamilie, gibt es für das Wort »Familie« in diesem Sinne im Lateinischen kein Pendant (ebenso wenig wie im Griechischen). Der Terminus *familia* ist in der lateinischen Sprache vieldeutig. Er kann sich auf die Familie im weiteren Sinne beziehen und bezeichnet dann die Gruppe der Personen, die von einem gemeinsamen Vorfahren abstammen, und zwar nur in männlicher Linie, also die agnatische Verwandtschaft. Nach einer anderen Definition gehörten zur *familia* die Personen, die der Gewalt, der *potestas*, eines Familienvostands unterworfen sind, also neben dem Familienvorstand, dem *pater familias*, auch dessen Ehefrau, soweit sie in der Gewalt (*manus*) ihres Ehemannes stand, die *mater familias*, die Kinder, gegebenenfalls auch die Enkel. Sehr häufig sind mit dem Wort *familia* auch lediglich die Sklaven und die Freigelassenen gemeint. *Familia* steht dann also schlicht für das Sklavengesinde; im alltäglichen Sprachgebrauch wurde *familia* zumeist in diesem Sinn verwendet. In keiner ihrer Bedeutungen war *familia* also die Kernfamilie, bestehend aus Vater, Mutter, Kindern.[91]

Ein weiterer Terminus bezeichnete die Familie oder den Haushalt: *domus*. Auch dieses Wort hat viele Bedeutungsvarianten. Es konnte 1) das Haus, 2) den Haushalt einschließlich der Familienmitglieder und der Sklaven, 3) die Verwandtschaft und 4) das Familienvermögen bezeichnen. *Domus* steht also (ebenso wie das griechische Pendant *oikos*) sowohl für das Haus wie für seine Mitglieder. Dies entspricht der Verwendung des Wortes »Haus« in der deutschen Sprache bis ins 18. Jh. hinein. Es bezeichnete nicht nur das Gebäude, sondern auch die in ihm lebenden Personen, ganz gleich, ob sie miteinander verwandt waren oder nicht: Knechte, Mägde, Gesellen, Lehrlinge usw. gehörten ebenso zum »Haus« wie die Familienangehörigen. Auch die römische *domus* umfasste sämtliche Personen, die in einem Haushalt lebten, nicht nur die Kernfamilie. Seneca kritisiert etwa die Familienvorstände, die in ihrem eigenen Haus die Freiheit zerstörten, indem sie ihren Sklaven, Freigelassenen, der Frau oder den Klienten jegliches Recht zur Widerrede nähmen (Seneca, De Ira 3, 35, 1). *Domus* bezieht sich also auf sämtliche Personen, die in einem Haushalt lebten, nicht nur die Kernfamilie, sondern immer auch die Sklaven und die Freigelassenen. Dies rechtfertigt es, in einer Geschichte der Familie auch auf die Sklaverei einzugehen. Da ärmere Haushalte häufig keine Sklaven besaßen, kann die *domus* in einem solchen Fall mit der Kernfamilie identisch gewesen sein.

Die lateinische Sprache hatte kein Wort, welches die Blutsverwandten im Haushalt, die Mitglieder der Kernfamilie unter Ausschluss der Sklaven bezeichnet hätte. *Familia* wurde niemals im Sinne von »Vater, Mutter und Kinder« verwandt. Das übliche Wort für »Familie« war in klassischer Zeit *domus*, welches die allgemeine Bedeutung von »Haushalt« hatte, unter Einschluss der Haussklaven. Wenn die Römer die Einheit von Vater, Mutter und Kindern bezeichnen wollten, mussten sie sich immer mit Umschreibungen begnügen: Sie sprachen dann von *uxor* (bzw. *coniunx*) *liberique*, von »Frau und Kindern«.

2. Die Ehe

a) Die Eheschließung: Rechtliche Aspekte, Gattenwahl und Hochzeit

Es mussten bestimmte Voraussetzungen erfüllt sein, damit eine Ehe rechtskräftig war, ein *iustum matrimonium* bestand. Hierzu gehörte zum einen, dass Mann und Frau ein Mindestalter (von 14 bzw. 12 Jahren) erreicht hatten. In einer ständisch gegliederten Gesellschaft wie der römischen, in der es eine Fülle von personenrechtlichen Differenzierungen gab (Freie – Sklaven, Bürger – Nichtbürger u. a. m.), war es nicht jedem möglich, jeden zu heiraten. Die rechtliche Befähigung zur Eheschließung wurde mit dem Begriff *conubium* bezeichnet.[92] Über das *conubium* verfügten lediglich Bürger: Eine nach römischem Recht vollgültige Ehe konnten nur römische Bürger untereinander schließen. Mit Nicht-Bürgern, d. h. Peregrinen, bestand kein *conubium*. Diesen war selbstverständlich eine Eheschließung nicht verwehrt, aber ihre Eheverbindungen hatten nicht den Status einer römischen Ehe; es galten für sie die jeweiligen lokalen Rechtssatzungen, nicht das römische Recht. Sklaven besaßen das *conubium* gleichfalls nicht, und Verbindungen, in denen einer der Partner oder auch beide Unfreie waren, hatten nicht den Rechtsstatus einer legitimen Ehe. Es wurde dann nicht von einem *matrimonium*, sondern lediglich einem *contubernium* gesprochen. Die *patria potestas*, die väterliche Gewalt, bestand nur über Kinder, die einem *iustum matrimonium* entsprossen waren. Demgegenüber galten Kinder aus einer illegitimen Verbindung lediglich als mit der Mutter verwandt.

Neben dem *conubium* war der *consensus* beider Ehepartner eine weitere Voraussetzung für das Bestehen einer rechtsgültigen Ehe.[93] Das Zusammenleben als Mann und Frau war Indiz für den Bestand einer Ehe, war aber an sich nicht ehebegründend. Die Juristen betonten wiederholt, dass nicht der Geschlechtsverkehr, der Vollzug der Ehe, sondern allein der beiderseitige Konsens die Ehe begründe.

Sofern der Vater noch lebte und er seine Kinder nicht aus der väterlichen Gewalt (*patria potestas*) entlassen hatte, musste auch seine Zustimmung zur Eheschließung vorliegen. Ein Sohn konnte nur dann ohne Zustimmung des Vaters heiraten, wenn er

Abb. 6: Römisches Kastengrabrelief (Relief der Servilier). Familiengrabstein von Freigelassenen mit Vater, Mutter und Sohn. Um 30 v. Chr. Rom, Musei Vaticani, Museum Gregoriano Profano. Dargestellt ist ein Ehepaar (Freigelassene) mit Sohn (links). Dieser ist, wie sich aus der Namensform ergibt, bereits als Freier zur Welt gekommen (also nach der Freilassung der Eltern). Auf der nicht mehr erhaltenen rechten Seite des Reliefs war möglicherweise ein weiteres Kind der Familie dargestellt.

emanzipiert, d. h. aus der väterlichen Gewalt entlassen war. Auf der anderen Seite durfte ein Sohn nach dem Recht der klassischen Zeit nicht zur Heirat gezwungen werden. Von den Philosophen wurde die Frage erörtert, inwieweit der Sohn seinem Vater Gehorsam schuldig sei; einige vertraten die Ansicht, wenn der Vater dem Sohn eine bestimmte Frau zu heiraten befehle, so habe er zu gehorchen, weil die Eheschließung nicht zu den Dingen gehöre, die an sich entweder ehrenwert oder schändlich seien. Konflikte zwischen Vater und Sohn über die Auswahl der Ehegattin scheinen somit nicht selten gewesen zu sein (Gellius 2, 7, 18ff.). Die demographischen Verhältnisse nahmen der juristischen Situation jedenfalls viel von ihrer Schärfe. Aufgrund des späten Heiratsalters der Männer war in den meisten Fällen der Vater bereits verstorben.

Anders als in Griechenland war bei der Eheschließung in Rom auch die Einwilligung der Braut erforderlich. Wenn sie noch der väterlichen *potestas* unterstand, war allerdings die Zustimmung des Vaters unumgänglich. Da die Töchter in sehr viel jüngerem Alter heirateten als die Söhne, war zum einen die Wahrscheinlichkeit, dass der Vater zum Zeitpunkt der Heirat noch am Leben war, größer, und zum anderen konnte ein Mädchen von gerade 16 oder 17 Jahren naturgemäß sehr viel weniger entschieden ihre eigenen Wünsche zur Geltung bringen, als dies einem jungen Mann im Alter von 25 bis 30 Jahren möglich war. Die Zustimmung der Tochter zur Eheschließung wurde schon dann vorausgesetzt, wenn sie sich nicht explizit der von ihrem Vater getätigten Wahl widersetzt hatte; und dieser Widerspruch wurde ihr auch nur dann gestattet, wenn der Vater ihr einen offenkundig unwürdigen und verdorbenen Mann als Ehepartner bestimmt hatte.

In der Kaiserzeit griff der Staat in die Rechte des Vaters ein; die *patria potestas* wurde beschränkt. Schon Augustus hatte die Möglichkeit vorgesehen, einen Vater, der seine Kinder, die sich noch in seiner Gewalt befanden, an der Heirat zu hindern suchte, durch den Prätor zur Zustimmung zu zwingen. Kaiser Septimius Severus (193–211) zog aus dieser Bestimmung den logischen Schluss, einen Vater, der seine Tochter daran hinderte zu heiraten und ihr eine Mitgift versagte, auch durch den Provinzstatthalter (nicht mehr nur durch den Prätor in Rom) zur Verheiratung der Tochter und Bestellung einer Mitgift zu nötigen: Eine Eheschließung ohne Mitgift war in der Tat weitgehend ausgeschlossen. Die Verhinderung einer Heirat konnte auch schon darin bestehen, seiner Tochter keinen Bräutigam zu suchen (Digesta 23, 2, 19 [Marcianus]). Mit schwächer werdender *patria potestas* hatten in einzelnen Fällen auch nicht emanzipierte Kinder die Möglichkeit, gegen den Willen des Vaters bzw. der Eltern zu heiraten. Zwar durften weiterhin Kinder, die der *patria potestas* unterstanden, nicht ohne Einverständnis des Vaters heiraten, eine gleichwohl geschlossene Ehe blieb aber gültig. Die Stabilität einer einmal geschlossenen Ehe sollte also mehr gelten als die Wünsche des Vaters (Paulus, Sententiae 2, 19, 2). Diese Entwicklung setzte sich in der Spätantike fort: Kaiser Justinian (527–565) verbot, eine Tochter zu enterben, die wegen der Nachlässigkeit der Eltern, die ihr bis zum 25. Lebensjahr keinen Ehemann bestimmt hatten, ohne deren Zustimmung mit einem Mann zusammengezogen war (Novellae Iustiniani 115, 3, 11 [542 n. Chr.]). Trotz Abschwächung der väterlichen Gewalt blieb aber bis gegen Ende der Spätantike der väterliche Konsens zur Eheschließung der Kinder unerlässlich. Justinian verbot die Scheidung noch der väterlichen Gewalt unterstehender Kinder ohne die Einwilligung der Eltern; deren Einwilligung sei wie bei der Eheschließung so auch bei der Ehescheidung erforderlich (Novellae Iustiniani 22, 19 [536 n. Chr.]).

Auch in Rom war die Ehe zuallererst eine Institution, welche der Zeugung von legitimen Kindern galt. Darüber hinaus übernahm sie aber noch weitere Funktionen. Sie verband nicht nur die Ehepartner, sondern auch deren Familien. Dieser Aspekt spielte vor allem in den Oberschichten eine große Rolle, wo Eheschließungen auch dem Zweck dienten, politische Allianzen zu begründen oder zu befestigen, besonders bei den führenden republikanischen Familien, aber auch in der Kaiserzeit noch, als der politische Kampf der großen Familien bereits zum Erliegen gekommen war. Der Emporkömmling Agricola konnte sich von der Einheirat in eine vornehme Familie eine Förderung seiner Karriere versprechen (Tacitus, Agricola 6.). Mitgift und Erbschaft, die beiden wichtigsten Formen der Übertragung von Vermögen, erfolgten in der Familie. Die Eheschließung war in Rom somit eine Angelegenheit, die die ganze Familie, nicht lediglich die beiden Ehepartner betraf. Da ein römisches Mädchen wenig Gelegenheit hatte, mit jungen Männern zusammenzukommen, waren es nicht Liebe und Zuneigung, die zur Ehe führten. Die Ehen wurden zumeist nicht von Braut und Bräutigam, sondern von deren Eltern oder durch Mittelspersonen arrangiert. Die Ehepartner kannten einander bei der Eheschließung häufig überhaupt nicht oder nur wenig. Dies muss nicht ausschließen, dass sich liebevolle Beziehungen der Ehepartner zueinander entwickelten; aber Liebe und Zuneigung waren unter diesen Prämissen nicht die Vorbedingung der Eheschließung, sondern allenfalls eine mögliche Folge.

Es gab professionelle oder semi-professionelle Ehevermittler, eine Rolle, die meist von Frauen wahrgenommen wurde.[94] Dies ist ganz erklärlich: Da die Mädchen weit gehend im Hause gehalten wurden und Männer zu den Frauenräumen nicht ohne weiteres Zugang erhielten, hatten Frauen eher Gelegenheit, Mädchen im heiratsfähigen Alter kennen zu lernen, als Männer. Die Rolle der Ehevermittlerinnen ist für das gesamte Altertum bezeugt. In der Spätantike schildert der Kirchenvater Johannes Chysostomos, wie Vater und Mutter gemeinsam besprechen, welche Frau für ihren Sohn in Frage kommt. Sie besuchen zu diesem Zweck fremde Häuser, schmeicheln und umwerben potenzielle Schwiegereltern und schalten auch eine große Zahl von Ehevermittlerinnen ein (In psalm. 48, 7 [PG 55, 509]).

In den Oberschichten konnten Familien auf anderem Wege zum Zweck einer Eheverbindung miteinander in Kontakt treten.[95] Freunde und Bekannte fungierten als Ehevermittler. Ein gewisser Iunius Mauricius hatte Plinius den Jüngeren darum gebeten, nach einem Mann für die Tochter seines Bruders, deren

Vormund er augenscheinlich war, Ausschau zu halten. Plinius schlug Minicius Acilianus aus Brixia, der dem Ritterstand entstammte und es schon bis zur Prätur gebracht hatte, vor (Plinius, Epistulae 1, 14). Die Briefe von Plinius dem Jüngeren zeigen, welche Qualitäten von dem künftigen Ehemann erwartet wurden: wichtig war die Herkunft aus einer guten Familie, es zählten ein guter Charakter und Bildung, auch das Vermögen spielte natürlich eine gewichtige Rolle. Zwar wird dieser Gesichtspunkt nur selten ganz offen angesprochen; aber es ist ganz unverkennbar, dass der künftige Ehepartner nach Möglichkeit innerhalb derselben sozialen Schicht gesucht wurde. Liebe und Zuneigung der beiden Ehepartner gehörten nicht zu den entscheidenden Kriterien bei der Auswahl des Ehepartners.[96] Lediglich ein Drittel der Ehen von Angehörigen des Senatorenstandes in der frühen und hohen Kaiserzeit wurde außerhalb dieser Schicht geschlossen. Der Ehepartner stammte in diesen Fällen in aller Regel aus dem Ritter- oder Decurionenstand. Es bestand also eine starke Tendenz zur Homogamie.[97]

Die Ehe wurde vorbereitet durch das Verlöbnis (*sponsalia*).[98] Dieses war nicht ehebegründend, und es war auch keine Voraussetzung für eine vollgültige Ehe. Die beiden kontrahierenden Parteien gaben mit der Frage *Spondesne*? und der Antwort *Spondeo* ihre Übereinstimmung zu erkennen, was *despondere* hieß. Der Verlobte gab seiner Braut den Verlobungsring (*anulus pronubus*). Die Verlobten wohnten weiterhin im elterlichen Hause; an ein Zusammenleben vor der Hochzeit war selbst nach der Verlobung nicht zu denken. Spätestens seit der späten Republik hatte die Verlobung keine bindende Kraft mehr; sie konnte daher auch einseitig aufgelöst werden. Verlobung und Eheschließung waren getrennte Akte. Die Verlobung verpflichtete nicht zur Eheschließung, wenngleich sie gewisse Bande zwischen den Verlobten und deren Familien schuf. In der Spätantike verstärkten sich diese. Die christliche Kirche suchte die Rechtsverbindlichkeit der Verlobung durchzusetzen. Ein spanisches Kirchenkonzil drohte am Anfang des 4. Jh. den Eltern mit dreijähriger Exkommunikation, wenn sie eine Verlobung leichthin aufgelöst hatten, ohne dass der Bräutigam hierzu einen triftigen Grund geliefert hatte (Konzil von Elvira [300/6 n. Chr.?], Canon 54). Auch in der spätantiken Gesetzgebung spiegelt sich das Anliegen, einer leichtfertigen Auflösung der Verlobung entgegenzutreten: Wenn die Verlobte nicht heiratet, so ist sie zur vierfachen Rückerstattung der Verlobungsgeschenke verpflichtet (Codex Theodosianus 3, 5, 11 [380 n. Chr.]).

Die römische Konzeption der Ehe, die allein den Konsens zur Grundlage der Ehe machte, warf gewisse Probleme auf: Die Römer hatten kein Standesamt, welches die Aufgabe gehabt hätte, die Eheschließungen zu registrieren und damit die Vollgültigkeit einer Ehe nachzuweisen. Wie sollte man unter diesen Voraussetzungen im Zweifelsfall entscheiden können, ob ein ehebegründender Konsens tatsächlich gegeben war? Die Öffentlichkeit bei der Eheschließung war daher durchaus üblich, denn sie ermöglichte es, die Ehe von einem Konkubinat zu scheiden. Es war nur natürlich, dass sich der Ehekonsens auch nach außen hin manifestierte, durch eine Mitgift, einen Ehevertrag oder eine Hochzeitsfeier. Die Hochzeit hatte keinen ehebegründenden Charakter; sie war für das römische Recht nur ein Indiz, welches auf das Vorhandensein des Willens, als Mann und Frau zusammen zu leben, d. h. der *affectio maritalis*, schließen ließ. Allerdings wurde der Durchführung dieser Feiern eine große Bedeutung beigemessen. Dem Schriftsteller Apuleius wurde im 2. Jh. n. Chr. zum Vorwurf gemacht, dass er seine Frau auf dem Land, nicht in der Öffentlichkeit der Stadt geehelicht habe.

In vorindustriellen, agrarischen Gesellschaften ist die Eheschließung an den saisonal unterschiedlich starken Arbeitskräfteanfall gebunden. Man heiratet bevorzugt in den Monaten, in denen relativ wenig Arbeit anfällt, während nur wenige Eheschließungen in die Erntemonate gelegt werden. Das Römische Reich fügt sich in dieses Schema ein. Aus der Spätantike liegt eine gewisse Anzahl von Inschriften vor, die nicht nur den Todestag des Verstorbenen angeben, sondern auch die exakte Dauer der Ehe, so dass sich der Hochzeitstermin bestimmen lässt. Diese Inschriften zeigen eine Präferenz für die Eheschließung in den Wintermonaten (Dezember – Februar), während zumal in den Sommermonaten vergleichsweise wenig Ehen geschlossen wurden. Die Arbeit war in der italischen Landwirtschaft relativ breit über das gesamte Jahr gestreut; lediglich in den Wintermonaten hatten die Bauern etwas Ruhe.[99]

Die Braut trug während der Hochzeitsfeier eine Tunica und ein rotes Kopftuch, welches den Kopf und den größten Teil des Gesichtes verhüllte und nach seiner Farbe *flammeum* hieß. Vor der eigentlichen Feier wurden die Auspizien eingeholt. Die Brautfrau, die *pronuba*, welche eine in erster Ehe verheiratete Frau sein musste, legte daraufhin die rechten Hände des Brautpaares ineinander (*dextrarum iunctio*). Danach wurde die Braut in das Haus des Ehemannes geführt (*deductio in domum mariti*). Während der Prozession sangen die Teilnehmer Spottverse, die Feszenninen. War der Zug am Hause des Bräutigams angekommen, so wurden wiederum mehrere symbolische Handlungen vorgenommen. So schmückte die Braut die Tür mit Wollbinden und bestrich die Pfosten mit Fett oder Öl. Dann wurde die Braut von den Brautführern über die Schwelle des Hauses gehoben. Im Atrium war das Familienbett, der *lectus genialis*, aufgestellt. Am Tage nach der Hochzeit brachte die junge Frau am Hausaltar den Familiengöttern, den Laren und Penaten, ein Opfer dar.

Die Gewalt, die der Ehemann über seine Gattin ausübte, führte den Namen *manus*. Die Frau, die durch die Heirat aus der *patria potestas* ausgeschieden war, nahm in der Familie ihres Gatten im Wesentlichen die Stellung einer Haustochter ein, sie konnte aber nicht wie diese vom Familienvorstand, vom *pater familias*, straflos getötet werden. Die in einer *manus*-Ehe verheiratete Frau hatte selbst keinen Besitz; alles gehörte ihrem Gatten bzw. dessen Vater, solange dieser am Leben war.[100]

Der Eintritt der Frau in die *manus*-Gewalt des Ehemannes erfolgte auf drei Arten. Die *confarreatio* hatte ihren Namen von einem Kuchen aus Spelt, *far*, der bei einem Opfer für Jupiter Verwendung fand. Diese Eheform bestand noch in der Kaiserzeit fort, denn einige Priester, die *flamines* sowie der *rex sacrorum*, stammten von Eltern ab, die auf diese Weise verheiratet waren, und mussten auch ihrerseits auf diese Weise ihre Ehe schließen. Die *coemptio* zum Zwecke der Eheschließung war eine Art Scheinverkauf der Frau. Sowohl die *confarreatio* wie auch die *coemptio* waren in der frühen Kaiserzeit sehr selten geworden. Die dritte Form der Begründung einer *manus*-Ehe war der *usus*: Hierbei ging eine Frau, die ein ganzes Jahr lang ohne Unterbrechung im Hause des Mannes zugebracht hatte, in die *manus*-Gewalt ihres Mannes über. Diese Methode, *manus*-Gewalt zu erlangen, war bereits in der Zeit des Juristen Gaius, also im 2. Jh. n. Chr., außer Gebrauch gekommen.

Nach dem Tod des Mannes wurde die Witwe, die in einer *manus*-Ehe verheiratet war, erbrechtlich wie eine Tochter behandelt. Sie war in der *manus*-Ehe ihren Kindern gleichgestellt. Sie hatte ihre Herkunftsfamilie mit der des Ehemannes vertauscht, in der sie die Stellung einer Tochter des Ehemannes hatte; gleichzeitig verlor sie den Anspruch auf das väterliche Erbe. In ihren Beziehungen zum Schwiegervater hatte sie die Position einer Enkelin; nach dem Tod ihres Mannes wurde sie demzufolge Erbin ihres Quasi-Großvaters mit denselben Rechten wie dessen Kinder. Auch nach dem Tod ihres Mannes blieb sie der eingeheirateten Familie weiter zugehörig. Die Witwe unterstand der Vormundschaft entweder ihres Sohnes oder eines anderen agnatischen Verwandten ihres verstorbenen Ehemannes; die Ehefrau war völlig in die Verwandtschaftsgruppe des Ehemannes integriert.

Seit der späten Republik wurden die *sine manu*-Ehen, bei denen die Ehefrau weiterhin der *potestas* ihres Vaters unterstand, immer häufiger und schließlich zur Regel. Erbrechtlich hatte für die Ehefrau der Übergang von der *manus*-Ehe zur *sine manu*-Ehe Konsequenzen: Von ihrem Ehemann erbte sie – sofern kein Testament gemacht worden war – erst beim Fehlen jeglicher Blutsverwandten, ein Fall, der äußerst selten eingetreten sein wird. Die Befreiung von der *manus*-Gewalt wurde für die Frau mit einer erbrechtlichen Schlechterstellung in der eingeheirateten Familie erkauft. Andererseits beerbte die Ehefrau nun zusammen mit ihren Brüdern den Vater, dessen *potestas* sie weiterhin unterstand (es sei denn, sie wäre emanzipiert worden). Und da der Vater aufgrund höheren Alters meist vor dem Ehemann starb, konnten Frauen vorher in den Besitz eigenen Vermögens kommen (über das sie u. U. schon zu Lebzeiten des Mannes verfügten).

Der Übergang zur *sine manu*-Ehe hatte nichts mit einer ›Frauen-Emanzipation‹ im heutigen Sinne zu tun. Selbst wenn eine Frau in der *manus*-Ehe durch den Tod ihres Gatten zur Person ›eigenen Rechts‹, *sui iuris*, wurde, hatte sie weiterhin einen Vormund, der zumeist ein naher Verwandter ihres verstorbenen Gatten war, ohne dessen Zustimmung sie kein Testament errichten konnte. Bei einer *sine manu*-Ehe jedoch kontrollierte nicht der Ehemann, sondern der Vater der Frau das Vermögen, in dessen Besitz sie zu dessen Lebzeiten gelangt war. Nach dem Tod ihres Vaters konnte die Ehefrau zwar unabhängig von ihrem Gatten Eigentum haben, sie stand aber dennoch, jedenfalls bis zur Regierungszeit des Kaisers Claudius (41–54 n. Chr.), unter der Vormundschaft eines agnatischen Verwandten. Sie war nicht in der Lage, ohne dessen Zustimmung ein Testament zu errichten, in dem sie ihr Vermögen aus ihrer ursprünglichen Familie etwa an ihre Kinder hätte vererben können.

b) Materielle Aspekte der Eheschließung: Mitgift und *donatio propter nuptias*

Es setzte sich zunehmend die Schriftlichkeit bei der Eheschließung durch; zumindest in den Oberschichten wurde regelmäßig ein Ehevertrag abgeschlossen. Dieser war für die Rechtmäßigkeit der Ehe aber nicht erforderlich; er entsprach nicht unseren Heiratsurkunden; er wurde auch nicht vor staatlichen Beamten, die unseren Standesbeamten entsprechen würden, abgeschlossen. Die römischen Eheverträge betrafen allein die Regelung finanzieller Angelegenheiten, insbesondere die Festlegung der Höhe der Mitgift.

Im Gegensatz zur eigentlichen Erbmasse wurde die Mitgift bereits vor dem Tod des Vaters ausgezahlt.[101] Wenngleich die legitime Ehe nach römischem Recht keine Mitgift voraussetzte, sah man in der Mitgabe einer solchen doch eine väterliche Pflicht. Ein Ehemann konnte daher legitimerweise die Auszahlung einer Mitgift erwarten; für ein Mädchen ohne Mitgift war es sehr schwierig, einen Mann zu finden. Auch in den einfachen Bevölkerungskreisen scheint die Aufbringung einer Mitgift für die Tochter die Regel gewesen zu sein. Selbst Sklavinnen bestellten ihren Gefährten, ihren *contubernales*, eine Quasi-Mitgift, ein deutlicher Hinweis darauf, dass die Mitgift auch in den Unterschichten als Grundlage einer dauerhaften Eheverbindung galt (Digesta 23, 3, 39, pr. [Ulpian]). Die Aufbringung der Mitgift war für die Familienfinanzen stets eine große Belastung, denn vielfach verfügte der Familienvater nicht über genügend flüssige Geldmittel. Der Agrarschriftsteller Columella berichtet von den Schwierigkeiten, die ein Bauer hatte, als er seine beiden Töchter verheiratete. Seiner ältesten Tochter gab er ein Drittel seines Gutes, hatte aber durch intensivere Bewirtschaftung der verbliebenen zwei Drittel einen ebenso großen Ertrag wie zuvor. Als er seine jüngere Tochter verheiratete, gab er auch ihr ein Drittel des Landes als Mitgift und zog wiederum durch Intensivierung des Anbaus aus dem verbliebenen Drittel denselben Ertrag (Columella 4, 3, 6). Für eine besonders edle Handlungsweise hielt man es, ein Mädchen ohne Mitgift zu heiraten. Trotzdem muss es viele Frauen gegeben haben, die keine Mitgift hatten.

Wurde die Mitgift vom Vater bestellt, so hieß sie *dos profecticia*. Oftmals war zu dem Zeitpunkt, da die jungen Mädchen heirateten, der Vater aber bereits verstorben (vermutlich in einem Drittel bis zwei Fünftel der Fälle). Es mussten dann andere Arrangements getroffen werden: Entweder die Frau stellte die Mitgift selbst aus ihrem eigenen Vermögen, oder die Mitgift wurde von Dritten gezahlt; sie hieß dann *dos adventicia*.

Solange die Ehe bestand, hatte der Ehemann bzw. (wenn er der *patria potestas* unterstand) der Schwiegervater die Verfügungsgewalt über die Mitgift; sie behielt aber stets den Charakter eines Sondervermögens und ging nie in das Vermögen des Mannes bzw. Schwiegervaters auf. Bei schuldhafter Minderung der Mitgift hatte die Ehefrau Anspruch auf Ersatz. Die Juristen nennen die Wahrung der Wiederverheiratungschancen als ein besonderes Motiv für den rechtlichen Schutz, der der Mitgift gewährt wurde. Seit Kaiser Augustus war es dem Ehemann untersagt, gegen den Willen seiner Ehefrau in Italien befindlichen Landbesitz zu veräußern, ebenso, zur Mitgift gehörige Sklaven ohne ihre Zustimmung freizulassen. Justinian dehnte dieses Verbot auf Güter außerhalb Italiens aus, und auch auf den Fall, dass die Ehefrau mit dem Verkauf einverstanden war. Die Ansprüche der Ehefrau auf die Mitgift wurden von ihm durch eine Hypothek am Vermögen des Mannes abgesichert, die allen anderen Forderungen vorausging. Die Verfügungsgewalt des Ehemannes über die Mitgift wurde immer mehr eingeschränkt, um die Rückerstattung der Mitgift jederzeit gewährleisten zu können.

Die verschiedenen Formen der Mitgift wurden im römischen Recht unterschiedlich behandelt. Im Falle einer Scheidung bestand Anspruch auf Rückerstattung der Mitgift; sie konnte mit Hilfe einer speziellen Klage, der *actio rei uxoriae*, eingefordert werden. War die Ehe allerdings auf Veranlassung der Frau oder ihres Vaters oder wegen eines schweren moralischen Versäumnisses der Frau durch Scheidung beendet worden, so stand dem Mann für jedes Kind (bis zu dreien) ein Sechstel der Mitgift zu (*retentio propter liberos*) sowie ein Sechstel für moralische Verfehlungen der Frau (*retentio propter mores*).[102] Anspruch auf Rückerstattung der gesamten Mitgift bestand auch, wenn der Ehemann verstorben war. Die aus der Ehe entsprossenen Kinder hatten in diesem Fall keinerlei Rechte an der Mitgift. Beim Tod der Frau ging die *dos adventicia* an den Ehemann, es sei denn, es wären bei der Zahlung der Mitgift an ihn spezielle Vereinbarungen getroffen worden; die *dos profecticia*, die vom Vater bestellt worden war, fiel demgegenüber an diesen zurück. Der überlebende Ehemann konnte für jedes aus der Ehe stammende Kind ein Fünftel der Mitgift zurückbehalten.

Mit der Mitgift leistete die Familie der Ehefrau einen Beitrag zur Bestreitung der Kosten für den neu begründeten Haushalt, den so genannten *onera matrimonii*. Zwar bestand für den Ehemann auch in einer *sine manu*-Ehe eine moralische Verpflichtung, für den Unterhalt seiner Frau zu sorgen; einen gerichtlich einklagbaren Anspruch hierauf hatte sie aber nicht. Die Mitgift diente nach römischem Recht zuallererst dem Unterhalt der Ehefrau und ihrer Bediensteten in der Ehe. Dies erklärt auch bis zu einem gewissen Grade, warum bei der Eheschließung so sehr auf gleiche soziale Herkunft der Ehepartner geachtet wurde; die Ehefrau musste aus der Mitgift ihrem (und ihres Mannes) Rang entsprechend unterhalten werden können. Darüber hinaus hatte die Mitgift die Funktion, der Ehefrau nach Beendigung der Ehe durch Scheidung oder Tod des Ehemannes den Lebensunterhalt zu sichern und ihr gegebenenfalls die Wiederverheiratung zu erleichtern.

Seit dem zweiten Jahrhundert v. Chr. nahm mit generell wachsendem Wohlstand auch die Höhe der Mitgift zu. In der städtischen Oberschicht bewegte sie sich in der späten Republik und frühen Kaiserzeit bei einigen Hunderttausend Sesterzen. Die Mitgift von Terentia, der Frau Ciceros, hatte eine Höhe von 480.000 Sesterzen. Cicero kam aus einer Provinzstadt und gehörte keiner der vornehmen Familien an. Die Mitgift von Apuleius' Frau Pudentilla (2. Jh. n. Chr.), die aus einer Familie der provinzialen Oberschicht in Nordafrika stammte, betrug 300.000 Sesterzen (bei einem Vermögen von 4 Millionen) (Apuleius, Apologia 71; 77; 91f.). Wenn die Satiriker oder die Moralphilosophen von großen Mitgiften sprechen, begegnen immer wieder Summen von einer Million oder 400.000 Sesterzen. Sie stimmen gut mit den wenigen bezeugten Einzelfällen überein: Demnach bewegte sich die Mitgift in den Oberschichten bei einigen Hunderttausend bis einer Million Sesterzen, vielleicht bei ca. einer Million im Senatorenstand, bei einigen Hunderttausend Sesterzen bei den Angehörigen der städtischen Oberschichten. Plinius der Jüngere, der nicht zu den vermögendsten Senatoren gehörte, verfügte über ein Vermögen von ca. 20 Millionen Sesterzen: Eine Mitgift von einer Million Sesterzen entspräche also ca. 5 % des Vermögens und damit in etwa einem Jahreseinkommen. Verglichen mit anderen vorindustriellen Gesellschaften war die Mitgift in Rom damit von relativ geringer Bedeutung. Sie war zwar keine vernachlässigenswerte Größe, hatte aber in aller Regel keine Bedeutung für den finanziellen Erfolg (durch eine gute Partie) oder den finanziellen Niedergang (durch Auszahlung der Mitgift) aristokratischer Familien. Sie entsprach in aller Regel nicht einem vollen Kindesteil. Auf der anderen Seite waren die Mitgiften immer noch groß genug, um bei der Eheschließung eine gewisse Homogamie zu begünstigen: Denn eine Mitgift von einigen Hundertausend bis einer Million Sesterzen konnten nur die wirklich Vermögenden aufbringen.[103]

Bei der seit der späten Republik dominierenden *sine manu*-Ehe, bei der das Vermögen der Ehefrau nicht in die Verfügungsgewalt des Ehemannes überging, hatten die Väter alles Interesse daran, der Tochter nur einen Teil des Erbteils als Mitgift auszusetzen. Sie verfügte daher in der Ehe über eigenes Vermögen, das nicht wie die Mitgift der Verfügungsgewalt ihres Ehemannes unterworfen war. In der römischen Ehe wurde somit zwischen drei Vermögensmassen unterschieden: dem Vermögen des Mannes, der Mitgift, die der Ehemann kontrollierte, die er aber nicht aufbrauchen durfte, und schließlich dem Vermögen der Frau. Vater und Tochter hatten alles Interesse daran, die Höhe der Mitgift zu beschränken.

In der Spätantike trat neben die Mitgift die *donatio propter nuptias*, die von der Familie des Ehemannes aufgebracht wurde.[104] Schenkungen des Bräutigams an die Braut (in aller Regel Kleidung, Schmuck etc., kaum Vermögenswerte, die nach Auflösung der Ehe, etwa durch den Tod des Ehemannes, die Versorgung der Frau sicherzustellen in der Lage waren) waren schon vor dem vierten nachchristlichen Jahrhundert üblich. Die Neuerung der Spätantike bestand darin, dass sie zu einem juristisch ausgeformten Institut wurden: Die Brautgeschenke, nun als *donatio ante (propter) nuptias* bezeichnet, erhielten einen speziellen Status, der in vielerlei Beziehung dem der Mitgift ähnelte.[105] Sie fielen insbesondere bei Auflösung der Ehe durch Tod des Mannes an die überlebende Ehefrau und hatten damit, ebenso wie die Mitgift, wenigstens teilweise die Funktion einer Witwenversorgung. Es setzte sich ein weiterer Gedanke durch: Es sollten die erbrechtlichen Ansprüche der Kinder hierdurch nicht geschmälert werden. Die überlebende Ehefrau erhielt daher an der *donatio propter nuptias* nur den Nießbrauch, Eigentümer wurden die Kinder, an die die Güter beim Tod der Mutter fielen. So wurde für die überlebende Witwe eine Vermögensmasse geschaffen, die sie zu ihren Lebzeiten nutzen konnte, die aber schließlich in das Eigentum der Kinder überging. Die Eheschenkung seitens des Ehemannes bzw. seiner Familie wurde in der Spätantike wie die Mitgift zu einem nahezu obligatorischen Element einer jeden Eheschließung. Nach einem Gesetz aus dem Jahr 468 n. Chr. mussten zwar die *donatio* und die *dos* in keiner festen Relation zueinander stehen (Codex Iustinianus 5, 14, 9, 1 [468 n. Chr.]). In anderen juristischen Quellen heißt es jedoch, dass die *donatio* dieselbe Höhe habe wie die Mitgift. Sie gewann gegenüber dieser zunehmend an Bedeutung. Manchmal scheint gar keine Mitgift mehr gezahlt worden zu sein: Kaiser Maiorian verlangt 458 n. Chr., dass die Mitgift in ihrer Höhe zumindest der Brautgabe entspreche; andernfalls könnten die Ehe und die aus ihr entsprossenen Kinder nicht als legitim gelten (Novellae Maioriani 6, 9).

Die Gründe für die Entwicklung, die seit dem 3. Jh. n. Chr. dazu führte, dass die Familie des Bräutigams gegenüber der Braut einen immer größeren Anteil an der Bestreitung der Kosten des gemeinsamen Haushalts übernahm, sind nicht leicht zu ermitteln. Es wurde durch sie aber auf jeden Fall die Stellung der Ehefrauen gestärkt. Denn nach dem Tod des Mannes stand der Witwe die Nutzung der *donatio propter nuptias* zu, auch wenn sie streng genommen als Eigentum der Kinder galt. Während die Mitgift von der Familie der Ehefrau wie diese selbst gewissermaßen nur leihweise zur Verfügung gestellt wurde, im Wesentlichen einen Beitrag zur Bestreitung der gemeinsamen Lebenshaltungskosten darstellte, hatte die donatio *propter nuptias* von vornherein als Witwenversorgung (bzw. Strafgeld für den Ehemann bei leichtfertiger Scheidung) eine andere Funktion. Mit ihr erkannte der Ehemann die Verpflichtung an, für seine Ehefrau auch nach seinem Tod zu sorgen.

c) Das Eheleben: Rechtliche Lage der Frau und geschlechtsspezifische Arbeitsteilung in der Ehe

Der Übergang von der *manus-* zur *sine manu*-Ehe war in vermögensrechtlicher Hinsicht für die Frauen ein großer Einschnitt. Es war allemal wahrscheinlicher, dass der Vater vor dem Ehemann starb und die *patria potestas* früher ihr Ende fand als die *manus*. In der *sine manu*-Ehe gelangte die Frau damit früher in den Besitz eigenen Vermögens, über welches sie verfügen durfte, ohne auf den Ehemann Rücksicht nehmen zu müssen.

Eingeschränkt war die Verfügungsgewalt der Frauen über ihr Vermögen allerdings durch die Frauenvormundschaft.[106] Während für Knaben, deren Vater nicht mehr lebte, die Vormundschaft mit dem Erreichen der Volljährigkeit (d. h. dem 14. Lebensjahr) ihr Ende fand, unterstanden ihr auch volljährig gewordene Mädchen (sofern sie nicht mehr der väterlichen *potestas* unterworfen bzw. in einer *manus*-Ehe verheiratet waren). Vormund, *tutor*, freigeborener Frauen war zumeist der nächste agnatische Verwandte; bei Freigelassenen übernahm der Patron diese Aufgabe (*tutela legitima*). Der *tutor legitimus* war gleichzeitig der nächste Erbberechtigte; er hatte somit alles Interesse daran, dass das Vermögen der seiner Vormundschaft unterstehenden Frau keinen Schaden nahm.

Während ein Minderjähriger allein keine Geschäfte tätigen konnte, war einer Frau dies durchaus möglich; sie benötigte lediglich für gewisse Geschäfte (nicht alle) die Zustimmung (*auctoritas*) ihres Vormundes. Diese war u. a. bei der Eheschließung erforderlich, insbesondere bei der Bestellung der Mitgift, dem Errichten von Testamenten, der Übernahme von Verpflichtungen (*obligationes*), etwa der Aufnahme von Schulden, bei der Freilassung von Sklaven, überhaupt bei der Veräußerung von Vermögen, allerdings nur einer speziellen Kategorie von Vermögen, den *res mancipi*, d. h. neben Sklaven vor allem in Italien gelegenem Land. Alle anderen Gegenstände konnte eine Frau frei verkaufen, ebenso wie sie ohne Zustimmung des Vormundes kaufen oder Geld verleihen durfte. Der Frauenvormund verwaltete das Vermögen seines Schützlings nicht; die Geschäfte wurden von der Frau geführt. Daher war der Frauenvormund auch nicht wie der Vormund minderjähriger Kinder zur Rechenschaftsablegung verpflichtet. Schon in der späten Republik bedeutete die Geschlechtsvormundschaft für Frauen keine ernsthafte Einschränkung ihres wirtschaftlichen Handlungsspielraumes. Zur Zeit des Juristen Gaius im zweiten nachchristlichen Jahrhundert hatte die Vormundschaft über Frauen keinerlei praktische Bedeutung mehr (Gaius, Institutiones 1, 190).

Juristisch gesehen hatte die römische Frau also bis zur frühen Kaiserzeit eine weit gehende Unabhängigkeit erworben: Die wenigsten Frauen gerieten noch in die *manus*-Gewalt des Ehemannes. Zwar unterstanden sie weiterhin der väterlichen Gewalt; mit fortschreitendem Alter war die Wahrscheinlichkeit aber immer geringer, dass der Vater noch am Leben war. Die Frauenvormundschaft bedeutete in immer geringerem Ausmaße eine Beschränkung der Handlungsfreiheit der Frauen. Die Verfügungsgewalt über eigenes Vermögen ließ die Stellung der verheirateten Frau in der römischen Gesellschaft, jedenfalls in den Oberschichten, stärker als in den meisten anderen vorindustriellen Gesellschaften werden. Die Ehefrau war – so die Rechtslage – allein für die Verwaltung ihres Vermögens zuständig. Unterstand sie noch der *patria potestas*, so konnte ihr der Vater neben der Mitgift ein *peculium* einräumen, ein Sondergut, über welches sie im Wesentlichen frei verfügte. Pudentilla, die im zweiten nachchristlichen Jahrhundert den Philosophen Apuleius heiratete, stellte in dieser Ehe bei einem Vermögen von insgesamt 4 Millionen Sesterzen nur 300.000 als Mitgift (Apuleius, Apologia 71; 77; 91f.).

Nach römischem Recht bestand in der *sine manu*-Ehe eine strikte Gütertrennung.[107] Wie ernst dieser Grundsatz genommen wurde, wird daran deutlich, dass Schenkungen in der Ehe (zwischen Ehemann und Ehefrau) untersagt waren.[108] Das Verbot geht bereits auf die Republik zurück und hatte wohl den Zweck, nach der Verbreitung der *sine manu*-Ehen zu verhindern, dass Vermögenswerte die Familie des Ehemannes bzw. der Ehefrau verließen. Insbesondere wenn der Ehemann seiner Frau eine Schenkung machte, bestand diese Gefahr: Denn solange sie der *patria potestas* unterstand, fielen die von ihr erworbenen Vermögenswerte an ihren Vater. Das Schenkungsverbot zeigt, dass in aller Regel beide Ehepartner eigenes Vermögen und eigene Vermögensverwaltung hatten. Ehepartner konnten nicht wechselseitig für ihre Schulden haftbar gemacht werden. Häufig hatten Mann und Frau getrennte Wohnsitze; in einem solchen Fall muss die Frau in geschäftlichen Dingen selbständig agiert haben. Wie weit die Vermögenstrennung ging, lässt sich schließlich einem Fall entnehmen, in dem der Ehemann von seinem Schwiegervater das für die kranke Frau aufgewendete Geld zurückverlangte. Zwar wurde diese Forderung als unbillig verworfen, immerhin aber wurde ihm zugestanden, dass er von seinem Schwiegervater die Kosten für die Bestattung verlangen könne, da ja auch die Mitgift an diesen zurückgefallen sei (Codex Iustinianus 2, 18 (19), 13 [230 n. Chr.]).

Wenn auch im römischen Recht der Grundsatz der Gütertrennung sehr fest verankert war, so bestanden in der Praxis jedoch häufig weit reichende Zugriffsmöglichkeiten des Ehemannes auf das Vermögen der Ehefrau. Der Ehemann verwaltete die Mitgift, hin und wieder aber auch die Güter der Frau, die nicht zur Mitgift gehörten. Antike Autoren empfehlen eine enge Gütergemeinschaft. Der Dichter Martial rühmt eine junge Frau, die ihr vom Vater ererbtes Vermögen mit dem ihres Mannes vereinigt habe; sie habe durch den Verzicht auf eigene Vermögensverwaltung ihre große Gattenliebe unter Beweis gestellt (Martial 4, 75). Der griechische Philosoph Plutarch empfiehlt an der Wende vom 1. zum 2. Jh. n. Chr. in einer Schrift, die dem Zusammenleben von Mann und Frau gewidmet ist, sie sollten eine vollkommene Interessengemeinschaft bilden: Keiner sage »mein« oder »dein«. Auch wenn die Frau mehr an Vermögen mit in die Ehe einbringe, solle hierüber der Mann als sein Eigentum verfügen (Plutarch, Praecepta coniugalia 20, 140F). In der Spätantike scheint in noch stärkerem Maße als vordem realiter Gütergemeinschaft üblich gewesen zu sein, trotz der weiterhin bestehenden Rechtslage, die eine Gütertrennung implizierte. Spätantiken Kirchenvätern galten Ehen, in denen Gütergemeinschaft von Mann und Frau praktiziert wurde, als vorbildlich. Eine Ehefrau sollte ihrer Ansicht nach ohne Einwilligung des Ehemannes auch über ihr eigenes Vermögen nicht frei verfügen.

Ist die Rechtslage dadurch charakterisiert, dass die Ehefrau (abgesehen von der Mitgift) über ihr Vermögen autonom, ohne auf den Ehemann Rücksicht nehmen zu müssen, verfügte, so sah die soziale Realität also oftmals anders aus. Der Ehemann nahm häufig die Verwaltung des Besitzes seiner Ehefrau in die Hand. Die Hinweise hierauf häufen sich in der christlichen Spätantike; möglicherweise verstärkte sich somit gegenüber der frühen Kaiserzeit die Abhängigkeit der Ehefrau vom Ehemann. Es ist wohl auch nach sozialem Rang zu differenzieren: Eine Gütertrennung machte überhaupt nur in den Oberschichten Sinn. In den Unterschichten lagen die Finanzen in aller Regel in der Hand des Ehemannes; hier war gar nicht daran zu denken, dass die Ehefrau unabhängig von ihrem Mann Geschäfte tätigte. Die ökonomische »Emanzipation« der Frau im Römischen Reich reichte also nicht sehr weit. In wirtschaftlichen Fragen versierte Frauen waren auch in der späten Republik und frühen Kaiserzeit eher die Ausnahme als die Regel.

Der juristische Grundsatz der Gütertrennung spiegelte sich auch im Ehegattenerbrecht.[109] Die Ehepartner waren nicht die ersten und natürlichen Erben. Das römische Recht intendierte die völlige Trennung der Vermögen von Mann und Frau. Nicht nur zu Lebzeiten, sondern auch im Todesfall sollte verhindert werden, dass Vermögenswerte von der einen Familie in die andere wechselten. Nach dem Zwölftafelgesetz (451/50 v. Chr.) erbten zunächst die *sui heredes*, d. h. all die Personen, die unmittelbar der *patria potestas* des Verstorbenen unterstanden und bei seinem Tod *sui iuris* wurden. Die Frauen waren gegenüber den Männern unter den *sui heredes* nicht benachteiligt: Söhne und Töchter, ebenso die Ehefrau, die in einer *manus*-Ehe stand, erbten zu gleichen Teilen. Die Ehefrau *in manu* hatte ihre Herkunftsfamilie mit der des Ehemannes vertauscht, in der sie die Stellung einer Tochter des Ehemannes hatte; gleichzeitig verlor sie den Anspruch auf das väterliche Erbe. Der Übergang zur *sine manu*-Ehe, die seit der späten Republik dominierte, hatte für die Ehefrau erbrechtlich schwerwiegende Konsequenzen. In einer *sine manu*-Ehe erbte sie – sofern kein Testament gemacht worden war – erst beim Fehlen jeglicher Blutsverwandten. Die Befreiung von der *manus*-Gewalt wurde für die Frau mit einer erbrechtlichen Schlechterstellung in der eingeheirateten Familie erkauft. Andererseits beerbte die Ehefrau nun zusammen mit ihren Brüdern den Vater, dessen *potestas* sie weiterhin unterstand (es sei denn, sie wäre emanzipiert worden). Allein unter rechtlichen Gesichtspunkten waren die Beziehungen zwischen den Ehepartnern somit sehr locker. Weder zu Lebzeiten noch beim Tode eines der beiden Ehepartner bestand ein Anspruch auf das Vermögen des anderen. Die Ehefrau war in der *sine manu*-Ehe gewissermaßen lediglich eine Leihgabe ihrer Herkunftsfamilie, der sie auch nach der Eheschließung eng verbunden blieb. Unter diesen Voraussetzungen stellt sich die Frage, ob ein auf wechselseitigem Vertrauen und Zuneigung basierendes Eheleben in Rom überhaupt möglich war.

Eine Reihe von Faktoren erschwerte die Realisierung einer auf Partnerschaft und wechselseitiger Liebe und Zuneigung gegründeten Ehe. In den Oberschichten hatte die Eheschließung oft das Ziel, eine politische Allianz herzustellen oder zu festigen; der Bestand der Ehe war damit nicht ausschließlich von persönlicher Zuneigung abhängig. Da die Ehen häufig arrangiert wurden, kannte die Frau in vielen Fällen bei der Eheschließung ihren künftigen Partner überhaupt nicht oder kaum. Die jungen Mädchen traten oft mit großer Angst in die Ehe ein (Catull 61, 36f.). So erklärt es sich, dass Plutarch für die schwierigste Phase in der

Ehe die Zeit unmittelbar nach der Hochzeit hält: Die Frauen zeigten sich häufig schwierig; ihr Ehemann solle hierauf mit Verständnis reagieren (Praecepta coniugalia 2, 138D/E.). Aufgrund des häufig sehr großen Altersunterschiedes zwischen den Ehegatten verfügten Ehemann und Ehefrau zum Zeitpunkt der Eheschließung über völlig unterschiedliche Erfahrungen, eine Tatsache, die einer gleichberechtigten Partnerschaft nicht förderlich war. Viele Ehemänner legten großen Wert darauf, dass sich ihre Frauen ihnen bedingungslos unterordneten. Auch die Zerbrechlichkeit der Ehe durch eine große Sterblichkeit und eine hohe Scheidungsrate kann schwache emotionale Bande zwischen den Ehepartnern zur Folge gehabt haben.

Wesentlicher Zweck der römischen Ehe war die Zeugung legitimen Nachwuchses. Ehe und Kinder waren der Lebenszweck für ein junges Mädchen. Es galt als unnatürlich und beklagenswert, wenn ein Mädchen alt wurde, ohne einen Mann gefunden und Kinder zur Welt gebracht zu haben. Einer Frau konnte die Kinderlosigkeit zum Vorwurf gemacht werden; Frauen dagegen, die viele Kinder hatten, wurden ob ihrer Fruchtbarkeit gerühmt. Der Sexualität in der Ehe waren Grenzen gesetzt. Der Moralphilosoph Plutarch (Wende 1./2. Jh.) vertritt die Auffassung, die Ehefrau solle froh sein, wenn ihr Mann Ausschweifungen mit einer Sklavin, nicht mit ihr selbst begehe; die Sexualität in der Ehe hatte allein der Kinderzeugung zu dienen. Genügte dies nicht, musste der Mann sich an Sklavinnen oder Prostituierte halten (Praecepta coniugalia 16, 140B). Der Gedanke, dass Sexualverkehr auch in der Ehe nur durch die Kinderzeugung legitimiert werde, wurde von den christlichen Autoren übernommen.[110]

Das Eheideal war durch eheliche Treue beider Ehepartner gekennzeichnet, wenngleich ihm in der Realität, zumal was die Männer anbelangt, nur in höchst unzureichendem Maße entsprochen wurde. Autoren der späten Republik und der frühen Kaiserzeit schildern das Familien- und Eheleben als von Liebe und Zuneigung geprägt. Wenn der Dichter Lukrez (1. Jh. v. Chr.) die Beisetzung eines jungen Mannes schildert, so führt er Klage darüber, dass der Verstorbene niemals in sein glückliches Heim und zu seiner Frau zurückkehren werde, dass niemals mehr die Kinder zu ihm laufen werden, um von ihm geküsst und an die Brust genommen zu werden (Lukrez 3, 894ff.). Als unter Kaiser Tiberius (14–37 n. Chr.) im Senat Kritik daran geäußert wurde, dass sich römische Amtsträger in den Provinzen von ihren

Ehefrauen begleiten ließen, wurde argumentiert, die Provinzstatthalter sollten nicht der Gemeinschaft mit ihren Frauen beraubt werden. Es sind inschriftlich nicht wenige Frauen bezeugt, die ihren Männern in die Provinzen folgten, teilweise in sehr unwirtliche Gebiete. Dem ehelichen Zusammenleben wurde offenkundig ein großer Wert beigemessen.[111] In zahlreichen Grabinschriften der Kaiserzeit wird des verstorbenen Ehepartners gedacht; mehr oder weniger formelhafte Wendungen sollen des überlebenden Ehepartners Gefühle beschreiben. Ein Ehemann betont etwa, dass er mit seiner Ehefrau eine gewisse Zahl von Jahren »ohne dass ein Grund zur Klage bestanden hätte« zusammengelebt habe. Des Ehepartners wird in liebevollen Wendungen gedacht: *amantissimus/a*, *piissimus/a* usw. Diese Wendungen, so formelhaft und konventionell sie auch sein mögen, zeigen doch, dass die Ehe im Idealfall auf wechselseitigen Gefühlen von Liebe und Respekt beruhte.

Insbesondere von den stoischen Philosophen der Kaiserzeit wurden neben der Kinderzeugung auch andere weniger utilitaristische Motive für die Eheschließung benannt; ihnen wurde eine immer größere Bedeutung beigemessen. Der Philosoph Musonius Rufus vertrat die Auffassung, wenn es nur um die Kinderzeugung ginge, bestünde nicht die Notwendigkeit, Ehen zu schließen. Die Ehe diene darüber hinaus vielmehr auch dem Zweck, das Leben miteinander zu teilen.[112] Mann und Frau sollten, so Plutarch, eine enge Einheit bilden; Mitgift und Streben nach Kindern seien kein hinreichendes Motiv für die Ehe (Praecepta coniugalia 34, 142E–143A). Es vollzog sich in dem, was die Philosophen über die Ehe zu sagen hatten, eine Akzentverschiebung: Themen wie eheliche Gefährtenschaft erlangten ein größeres Gewicht. Wenn von einem »partnerschaftlichen« Eheideal gesprochen wird, so muss dies allerdings eingeschränkt werden. Die antiken Autoren gingen allesamt von der Inferiorität des weiblichen Geschlechts aus. Die Ehefrau schuldete ihrem Ehemann Gehorsam; die Unterordnung der Frau unter ihren Mann wurde zu keinem Zeitpunkt in Frage gestellt.[113]

Generell sind vormoderne, agrarische Gesellschaften durch eine weit reichende geschlechtsspezifische Arbeitsteilung charakterisiert. Das Römische Reich machte hier keine Ausnahme.[114] Aufgabe der Ehefrauen war neben der Kindererziehung im Wesentlichen die Überwachung des Haushaltes. Dazu zählten u. a. die Essenszubereitung, die Beaufsichtigung der Sklavinnen oder die Krankenpflege. Als eine ihrer zentralen häuslichen Pflichten in städtischen wie ländlichen Haushalten kam den Ehefrauen die Textilherstellung zu. Junge Mädchen wurden zum Spinnen und Weben angehalten. Von der Ehefrau wurde erwartet, dass sie sich zusammen mit den Sklavinnen der Textilarbeit widmete, wenngleich sich in der Literatur immer wieder Klagen darüber finden, dass man hiervon abgekommen sei. Die Christen machten sich das Erbe der griechisch-römischen und jüdischen Kultur zu eigen und wiesen gleichfalls der Frau als ihre Sphäre den Haushalt zu: Der Mann nimmt sich die Frau als Lebensgefährtin, zur Kinderzeugung und für die Leitung des Haushaltes. Aufgabe der Frau ist es, sich um das Haus zu kümmern, die Dienerinnen zu überwachen und sie zur Arbeit anzuhalten.[115] Gott hat, so die christlichen Autoren der Spätantike, dem Mann die Frau als Helferin gegeben und die Aufgaben zwischen ihnen aufgeteilt: Alles was draußen ist, obliegt dem Mann, der häusliche Bereich der Frau. Der Mann verdient das Geld, während der Frau die Geschäftstätigkeit untersagt ist. Ihr kommt es zu, die erworbenen Güter zu bewahren und zu erhalten.

Bereits antike Autoren konstatierten einen deutlichen Gegensatz zwischen der Stellung der Frau in Griechenland und in Rom. Die römischen Frauen besuchten ziemlich frei die öffentlichen Schauspiele, Gladiatorenspiele und das Theater. Frauen nahmen darüber hinaus neben ihren Männern an Gastmählern teil, was in Griechenland ganz unvorstellbar gewesen wäre. Gleichwohl war auch in Rom eine Frau, die auf ihren guten Ruf achtete, gewissen Restriktionen unterworfen. Es galt als unpassend, wenn eine Frau ohne ihren Ehemann an einem Gastmahl teilnahm. Die Bewegungsfreiheit der römischen Frauen war größer als die der griechischen. Aber auch von der römischen Ehefrau wurde ein zurückhaltendes Auftreten in der Öffentlichkeit erwartet. Kaiser Augustus soll seine Frau Livia zur Zurückhaltung in ihren Ausgängen ermahnt haben. Manche Ehemänner gingen in ihrer Eifersucht angeblich so weit, ihre Frauen zu schlagen, wenn sie sich nur aus dem Fenster hinauslehnten (Augustin, Epistulae 246, 2 [CSEL 57, 584]). Wenn sich ehrbare Frauen in der Öffentlichkeit zeigten, so war ihnen zumeist ein Sklave als Beschützer und Wächter beigegeben.

Gelegenheiten für eine Frau, sich mit Geschlechtsgenossinnen zu treffen, ergaben sich auch im Römischen Reich vor allem aus den ihr obliegenden Arbeiten. Das Wasserholen war die Aufgabe der Hausfrau in ärmeren Haushalten, der Dienerinnen in den wohlhabenderen. Der öffentliche Brunnen bzw. Quellen und der öffentliche Waschplatz sind noch heute in vielen Mittelmeergesellschaften Treffpunkt und Kommunikationszentrum für Frauen. Auch der von Nachbarinnen gemeinsam genutzte Backherd kam als Treffpunkt in Betracht. Die gesellige Textilarbeit war eine weitere Möglichkeit für Frauen, sich zu treffen und sich miteinander zu unterhalten. Gelegenheit, miteinander zu kommunizieren, boten religiöse Feiern und der Tempelbesuch. Frauen sahen einander in den öffentlichen Bädern, was Anlass zu Kritik insbesondere seitens der spätantiken Kirchenväter bot. Darüber hinaus hatten Frauen nur wenige Möglichkeiten, einander zu treffen. Beliebte Treffpunkte für Leute, die den Müßiggang pflegten und den ganzen Tag verplauderten, waren der Markt und die Arztpraxen. Zumindest der Markt eignete sich für anständige Frauen als Treffpunkt kaum: es wurde abfällig von den Frauen gesprochen, die sich hier herumtrieben. Die Möglichkeiten für Frauen, sich einen eigenen Freundeskreis aufzubauen, waren somit reduziert. Die sozialen Kontakte verheirateter Frauen waren insgesamt im Wesentlichen durch den Ehemann vermittelt und vor allem auf Geschlechtsgenossinnen beschränkt.

In der *sine manu*-Ehe wurde die Ehefrau zwar in den Haushalt ihres Ehemannes aufgenommen, gehörte aber weiterhin ihrer Herkunftsfamilie an. Dies war wichtig, wenn es in der Ehe zu Konflikten kam. Der Rückhalt, den eine verheiratete Frau in ihrer Herkunftsfamilie hatte, stärkte ihre Position. Selbst in der alten *manus*-Ehe konnte sich die Ehefrau vermutlich bis zu einem gewissen Grade auf die Unterstützung ihres Vaters verlassen; bei den *sine manu*-Ehen unterstand sie weiterhin der *potestas* ihres Vaters, sofern dieser noch am Leben war. In vielen Gesellschaften, die von Ethnographen und Sozialanthropologen erforscht wurden, gelten die Ehefrauen als »Fremde«; sie bleiben weiterhin ihrer Abstammungsfamilie verbunden und finden bei ihren männlichen Verwandten Schutz vor Übergriffen des Ehemannes. Im modernen Mittelmeerraum löst die Tochter auch nach der Verheiratung nicht die Bindungen zu ihrer Herkunftsfamilie, ihrem Vater und ihren Brüdern. Letztere sind weiterhin für ihre Ehre verantwortlich und deren Hüter. Ähnlich war die Situation im Römischen Reich. Ein Vater, der seine Tochter mit einer Mitgift ausstattete, die bei der Auflösung der Ehe wieder an ihn zurückfallen würde, musste daran interessiert sein, für das Wohlergehen seiner Tochter und ihres Vermögens Sorge zu tragen. Die Klage auf Rückerstattung der Mitgift (*actio rei uxoriae*) im Scheidungsfall wurde häufig vom Vater durchgeführt, auch wenn die Einwilligung der Tochter zur Klage vorliegen musste. Es wurden auch nach der Verheiratung intensive Kontakte zwischen Vater und Tochter gepflegt. Oftmals waren die Beziehungen von Vater und Tochter um einiges enger als die von Mann und Frau.[116] Enge Kontakte und räumliche Nähe des Wohnorts der verheirateten Tochter zu den Eltern waren erwünscht. Im Falle der Scheidung war der väterliche Haushalt für die Ehefrau eine Zufluchtsstätte.

Konflikte zwischen Ehepartnern hatten vor allem ihre Ursache in der schlechten Behandlung der Ehefrau durch den Ehemann sowie in Geldstreitigkeiten. Übergriffe des Ehemannes auf das Vermögen der Ehefrau und daraus sich ergebende Zwistigkeiten scheinen häufig gewesen zu sein. Zahlreiche Frauen erhielten von ihrem Mann Schläge. Augustins Vater war recht jähzornig, worunter seine Ehefrau Monica zu leiden hatte. Augustin räumt aber ein, dass sie gleichwohl nie von ihrem Mann geschlagen worden sei, wie dies in den meisten anderen Ehen der Fall sei (Confessiones 9, 9, 19). Die christlichen Autoren der Spätantike ermahnen den Ehemann, seine Frau zu lieben, aber auch diese, selbst einen Mann, der trinkt und gewalttätig ist, zu ertragen und die Ehe nicht leichthin aufzulösen.

Der am häufigsten gegen Ehefrauen erhobene Vorwurf zielte auf ehebrecherisches Verhalten. Ehebruch war definiert als Geschlechtsverkehr einer verheirateten Frau mit einem fremdem Mann. Lediglich von der Frau, nicht auch vom Mann wurde eheliche Treue verlangt. Geschlechtsverkehr mit den eigenen Sklavinnen war üblich und galt nach römischem Verständnis nicht als Ehebruch. Bis zu Kaiser Augustus war die Ahndung des Ehebruches im Wesentlichen der Privatrache des geschädigten Ehemannes überlassen. Im Extremfall konnte er den Ehebrecher und seine Frau töten, ohne hierfür mit einer Strafe rechnen zu müssen. Erst durch ein Gesetz des Augustus, die *lex Iulia de adulteriis*, wurde die Verfolgung des Ehebruchs staatlicherseits geregelt. Hiernach hatten, wenn die Ehefrau und ihr Liebhaber in flagranti ertappt wurden, sowohl der Ehemann als auch der Vater der Ehebrecherin die Möglichkeit der Privatrache, wobei allerdings die Rechte des Vaters umfassender waren. Er konnte sowohl die seiner *potestas* unterstehende ehebrecherische Tochter als auch den Ehebrecher töten, der Ehemann nur letzteren, sofern er einer

Reihe von Kategorien übel beleumdeter Personen angehörte, nicht aber seine Ehefrau, die er lediglich verstoßen durfte. Der Ehemann wurde verpflichtet, sowohl die Ehefrau als auch deren Geliebten anzuklagen; ihm wurde hierfür eine Frist von 60 Tagen eingeräumt. Tat er dies nicht, so konnte er seinerseits wegen »Kuppelei« (*lenocinium*) angeklagt werden. War die dem Ehemann eingeräumte Frist für die Erhebung einer Klage verstrichen, so stand es auch Unbeteiligten frei, den Ehebruch vor Gericht zu bringen. Die verurteilte Ehefrau wurde mit der Verbannung bestraft. In der Spätantike drohte gar die Todesstrafe.

Die Vermögensverhältnisse bestimmten wesentlich die Machtverhältnisse in der Ehe. Insbesondere waren Frauen, die keine Mitgift in die Ehe eingebracht hatten, dem Ehemann gegenüber nahezu schutzlos; im Falle einer Scheidung standen sie ohne Versorgung da. Während eine Frau, die über eine große Mitgift verfügte, immer mit der Scheidung drohen konnte, war dies einer Frau ohne Mitgift kaum möglich. Eine große Mitgift, die bei einer Scheidung zurückzuzahlen wäre, war ein starkes Druckmittel. Auch die Angehörigen der Oberschichten verfügten nur in den seltensten Fällen über genügend flüssige Mittel, um der Ehefrau ohne größere Schwierigkeiten die Mitgift auszahlen zu können. Die Warnungen vor der Ehe mit einer reichen Frau, die unweigerlich das Regiment übernehmen werde, halten sich bis in die Spätantike. Der christliche Autor Johannes Chrysostomos rät davon ab, eine wohlhabendere Frau zu heiraten, die die Machtverhältnisse im Haushalt umkehren könne. Eine Frau, die ärmer sei, werde dagegen völlig willfährig sein (Johannes Chrysostomos, Quales ducendae sint uxores 3, 4 [PG 51, 231f.]).

d) Auflösung der Ehe: Scheidung, Verwitwung und Wiederverheiratung

Die römische Ehe war sehr instabil. Hierzu trugen eine sehr große Sterblichkeit wie auch eine vergleichsweise hohe Scheidungsrate bei. Lag die Lebenserwartung bei der Geburt bei ca. 25 Jahren, so wurde vermutlich jede sechste Ehe innerhalb von fünf Jahren durch den Tod eines der beiden Ehepartner aufgelöst, jede dritte innerhalb von 10 Jahren, beinahe jede zweite innerhalb von 15 Jahren und drei Fünftel innerhalb von 20 Jahren.

Die römische Konzeption der Ehe, die diese allein auf den fortbestehenden Konsens der beiden Ehepartner gegründet sein ließ, hatte die leichte Auflösbarkeit der Ehe zur Konsequenz.[117] Sobald der Konsens nicht mehr bestand, hatte auch die Ehe aufgehört zu bestehen. Von frühester Zeit an hatten die Ehemänner das Recht, sich von ihren Frauen zu trennen, allerdings zunächst wohl nur dann, wenn die Frau sich ein schweres Vergehen hatte zuschulden kommen lassen. Seit dem 3. Jh. v. Chr. wurden Ehescheidungen aber immer häufiger. Ein gewisser Carvilius Ruga (um 230 v. Chr.), der sich von seiner Frau wegen Unfruchtbarkeit getrennt hatte, schuf einen Präzendenzfall: Der Ehemann konnte sich von nun an auch von einer untadeligen Frau trennen, aber er musste ihr die Mitgift zurückerstatten. Als sich die *sine manu*-Ehen durchsetzten, bei denen die Frau in der *potestas* ihres Vaters verblieb, wurden auch vom Vater der Frau eingeleitete Scheidungen häufiger. Schließlich konnte auch eine Ehefrau, die in einer *sine manu*-Ehe verheiratet war und die nach dem Tode ihres Vaters *sui iuris* geworden war, sich ohne weiteres von ihrem Mann trennen. In der späten Republik und frühen Kaiserzeit waren Männer und Frauen, was das Scheidungsrecht anbelangt, im Wesentlichen gleichgestellt.

Die geschiedene Ehefrau hatte keinerlei Anspruch auf Unterhalt, sie erhielt lediglich die Mitgift zurück. Der Ehemann war berechtigt, ein Sechstel der Mitgift einzubehalten, wenn die Ehefrau die Schuld an der Scheidung trug. Wurden dem Ehemann schwerwiegende moralische Verfehlungen nachgewiesen, so hatte er die Mitgift innerhalb von sechs Monaten zurückzuzahlen. Prozesse nach einer Scheidung entwickelten sich nicht aus der Frage, wem das Sorgerecht für die gemeinsamen Kinder zukomme (dies stand in aller Regel dem Vater zu), auch nicht daraus, ob der Ehemann seiner geschiedenen Frau Unterhalt zu zahlen hatte (dieser stand ihr in keinem Fall zu). Welcher der beiden Ehepartner die Schuld an der Scheidung trug, war allein relevant für die (allerdings nicht ganz unerhebliche) Frage, ob der Mann die Mitgift in voller Höhe zurückzuzahlen hatte.

Vor allem in den Oberschichten waren Ehescheidungen sehr häufig. Manche Politiker nutzten ihre Eheschließungen zu politischen Zwecken, trennten sich daher auch für die Schließung neuer Familienbündnisse von ihren bisherigen Frauen. Der Philosoph Seneca führt im 1. Jh. n. Chr. Klage darüber, dass manche Frauen ihr Alter nicht nach den Konsuln, sondern nach ihren Ehemännnern zählten (De beneficiis 3, 16, 2f.). Es ist nicht einfach, aus dieser und ähnlichen moralisierenden, ideologisch gefärbten Äußerungen Aussagen über die Häufigkeit von Ehescheidungen im Römischen Reich abzuleiten. Die juristischen Quellen zeigen immerhin, dass die Scheidung stets möglich war. Eheschließungen und Scheidungen waren frei. Auch einseitige Scheidungen wurden in aller Regel nicht getadelt. Aus den ägyptischen Haushaltsdeklarationen ergibt sich, dass zumindest in Ägypten Ehescheidungen auch in den einfachen Bevölkerungskreisen häufig waren.[118]

In der Spätantike wurde die Scheidungsgesetzgebung deutlich verschärft. Kaiser Konstantin legte fest, dass eine Frau sich von ihrem Mann nur dann trennen dürfe, wenn es sich bei ihm um einen Mörder, Räuber oder Grabschänder handele. Trennte sie sich aus einem anderen Grund von ihrem Mann, so verlor sie ihre Mitgift und wurde auf eine Insel deportiert. Und es wurden auch nur noch wenige Gründe akzeptiert, die eine einseitige Scheidung von Seiten des Ehemannes rechtfertigten. Trennte er sich aus einem anderen als aus einem der gesetzlich anerkannten Gründe von seiner Frau, drohte ihm allerdings nicht die Verbannung; ihm wurde lediglich untersagt, erneut zu heiraten. Immerhin wird die Rechtsgültigkeit der Auflösung der Ehe nicht in Frage gestellt (Codex Theodosianus 3, 16, 1 [331 n. Chr.]). In der Forschung ist die Auffassung vertreten worden, in dem Gesetz spiegele sich christlicher Einfluss. Dies mag partiell durchaus zutreffen; die Scheidung wird missbilligt. Andererseits ist die Wiederverheiratung zumindest des nicht-schuldigen Partners nach der Scheidung auch nach dem Gesetz Konstantins durchaus möglich, was im Widerspruch zur christlichen Doktrin stand. Und bis hin zu Kaiser Justinian (527–565) blieben immer noch Scheidungen in beiderseitigem Einvernehmen gestattet, die von der christlichen Kirche ebenfalls abgelehnt wurden. Die Scheidungsgesetzgebung ist somit ein gutes Beispiel dafür, dass von einer tief greifenden Christianisierung des Rechts und der Gesellschaft in der Spätantike nicht gesprochen werden kann.[119]

Aus der leichten Auflösbarkeit der Ehe resultierte eine sehr große Zahl von Wiederverheiratungen.[120] Zwar galt es auch für den Mann als wünschenswert, nur mit einer Frau ehelich verbunden gewesen zu sein. Die Realität sah jedoch anders aus.[121] Witwer oder geschiedene Männer heirateten auch im hohen Alter wieder, was Spott hervorrief, wenngleich bei weitem nicht in demselben Maße wie die Ehe einer älteren Witwe. In den ägyptischen Papyri ist häufig ein frappierend großer Altersunterschied der Ehegatten bezeugt; meist handelte es sich hier um die zweite Ehe des Mannes. Ein Haushalt etwa bestand aus dem Ehemann (69 Jahre), seiner Ehefrau (52 Jahre), vier gemeinsamen Kindern von 3 bis 21 Jahren und einem weiteren, aus der ersten Ehe des Haushaltsvorstandes stammenden 35-jährigen Sohn (P. Brux. 5, 174 n. Chr.). Männer heirateten auch in einer zweiten Ehe bevorzugt junge Frauen. Der Altersunterschied von Mann und Frau entsprach dann im Extremfall dem von Vater und Tochter. Cicero heiratete nach seiner Scheidung, als er bereits um die 60 Jahre alt war, ein junges Mädchen namens Publilia, Pompeius war in den fünfziger Jahren mit Iulia, der Tochter des um einige Jahre jüngeren Caesar verheiratet. Eine Stiefmutter mochte unter diesen Umständen nicht älter als ihre Stiefkinder oder sogar jünger sein. Es verwundert daher nicht, dass der Stiefmutter vielfach unterstellt wurde, ehebrecherischen Verkehr mit dem Stiefsohn zu pflegen.

Wichtigstes Motiv für Witwer, erneut zu heiraten, war der Wunsch nach Kindern (und Erben in direkter Linie). Häufig wurde freilich beim Fehlen von Kindern aus erster Ehe in der Adoption etwa eines nahen Verwandten eine Alternative zur Wiederverheiratung gesehen.

Zumal dann, wenn sie schon aus erster Ehe Kinder, v. a. Söhne, hatten, legten Männer häufig keinen Wert auf eine neue Ehe: Weitere Kinder hätten die Zersplitterung des Vermögens zur Folge gehabt. Kindern aus erster Ehe gegenüber erschien es geradezu als Unrecht, wenn der Vater erneut heiratete. Es kam vor, dass die Kinder gegen die erneute Eheschließung des Vaters opponierten. Der Sohn Catos des Älteren aus erster Ehe soll seinen Vater nach dessen erneuter Heirat gefragt haben, ob er denn wohl mit ihm unzufrieden sei, dass er ihm eine Stiefmutter gebe (Plutarch, Cato maior 24, 7f.). Im Konkubinat hatten die Witwer eine sozial durchaus akzeptierte Alternative zur Wiederverheiratung. Während bei einer erneuten Eheschließung familiäre Konflikte zwischen den Kindern aus erster und zweiter Ehe angelegt waren, bestand bei einer Freigelassenen als Konkubine diese Gefahr kaum. Illegitime Kinder waren nicht erbberechtigt, und die Spannungen zwischen Kindern aus erster Ehe und Konkubine nahmen zumeist nicht dieselbe Schärfe an, wie sie zwischen Kindern aus erster Ehe und Stiefmutter hin und wieder bezeugt ist.[122] Der verwitwete Kaiser Marc Aurel unterhielt eine Beziehung mit einer Konkubine, um seinen Kindern keine Stiefmutter zu geben.

Konkubinen hatten auch die verwitweten Kaiser Vespasian und Antoninus Pius. Alle drei Kaiser hatten Söhne aus erster Ehe; weitere legitime Söhne hätten Anspruch auf das Erbe erheben können.

In manchen Fällen ließ das Fehlen einer Hausfrau eine erneute Ehe wünschenswert erscheinen. Nach dem christlichen Autor Tertullian (2./3. Jh.) wurde von Witwern, die erneut heirateten, als Begründung vorgebracht, das Haus müsse geleitet, das Gesinde beaufsichtigt, die Vorräte kontrolliert, die Wollarbeit verteilt und für die Zubereitung der Nahrung gesorgt werden (De castitate 12, 1f.). Während in der frühen Neuzeit der »Rollenergänzungszwang« ein entscheidendes Motiv für die zahlreichen und sehr bald erfolgenden Wiederverheiratungen von Witwern war, ist hiermit in der Antike freilich nur in eingeschränktem Maße zu rechnen. Aufgaben wie die Kindererziehung, die Verwaltung des Haushalts, die Befriedigung der sexuellen Bedürfnisse des Hausherrn konnten ersatzweise von anderen Personen wahrgenommen werden. In bäuerlichen Haushalten nahmen bei Bedarf Sklavinnen die Aufgaben der Hausfrau wahr; von daher bestand für einen Bauern keine Notwendigkeit, nach dem Tod der Ehefrau wieder zu heiraten. Neben Sklavinnen kamen weibliche Verwandte als Mutterersatz in Betracht. Häufig wurden kleine Kinder nach dem Tod der Mutter zu einer Großmutter oder Tante gegeben.

Auch Wiederverheiratungen von Witwen waren mit keinerlei Stigma behaftet. Zwar galt das Ideal der *univira*, der Frau, die nur einmal in ihrem Leben verheiratet gewesen war. Aber Wiederverheiratungen von Witwen waren häufig, und seit der augusteischen Ehegesetzgebung wurden geschiedene Frauen oder Witwen geradezu zur Wiederverheiratung angehalten. Die *lex Iulia* von 18 v. Chr. gewährte der Witwe bzw. geschiedenen Frau lediglich einen Zeitraum von einem Jahr bzw. 6 Monaten, um erneut zu heiraten und damit den Sanktionen für die Unverheirateten zu entgehen; die *lex Papia* von 9 n. Chr. dehnte die Fristen auf 2 bzw. 1½ Jahre aus.

Viele Witwen oder geschiedene Frauen heirateten aus ökonomischen Motiven erneut. Zwar stand ihnen nach der Auflösung der ersten Ehe die Mitgift zu, aber diese reichte nur in den wenigsten Fällen aus, um den Lebensunterhalt bestreiten zu können. Einen Arbeitsmarkt für Frauen gab es kaum, und so war eine gesicherte Versorgung für die meisten Frauen nur in der Ehe gegeben.[123] Ein weiteres Motiv für die Wiederheirat resultierte auch bei den Witwen aus der Arbeitsteilung zwischen Mann und Frau. Ein vollständiger, funktionsfähiger Haushalt bestand aus Hausherrn und Hausfrau. Dies gilt insbesondere für die Unterschichten, wo die Frau nicht wie in den Oberschichten von vielen Aufgaben durch das Hauspersonal entlastet war.

Der Prozentsatz der Witwen, die erneut heirateten, war, verglichen mit anderen Gesellschaften, in denen von den Frauen Treue auch über den Tod des Mannes hinaus verlangt wurde, groß. Aber hatte die Frau erst einmal ein gewisses Alter erreicht, so bestanden kaum noch Chancen, einen Mann zu finden. In Ägypten blieben Frauen, die das 30. Lebensjahr erreicht hatten, im weiteren in aller Regel unverheiratet. Der Anteil der unverheirateten, zumeist verwitweten Frauen, steigt in den Altersgruppen über 30 Jahren kontinuierlich an: Bereits im Alter über 50 war lediglich die Minderzahl unter den Frauen (noch) verheiratet. Es ist für Ägypten von einem Anteil verheirateter Frauen unter den über zwanzigjährigen von ca. 55 %, der Witwen von 25–30 % auszugehen (die übrigen Frauen waren geschieden oder ledig).[124] Ähnlich dürften die Zahlen in den anderen Gebieten des Römischen Reiches gewesen sein.

Welche Bedeutung Wiederverheiratungen in der römischen Gesellschaft hatten, lässt sich am besten ersehen, wenn eine begrenzte, durch die Quellen besonders gut bezeugte Personengruppe näher untersucht wird, etwa die Konsuln der Jahre 80–50 v. Chr. Von 51 Konsuln dieser Jahre, über die wir Informationen haben, waren 8 mit Sicherheit wieder verheiratet. Ein Prozentsatz von 16 % scheint zunächst nicht hoch. Es ist jedoch nicht für jeden Konsul die Ehegeschichte vollständig dokumentiert. Zwölf weitere Wiederverheiratungen lassen sich mit einer gewissen Wahrscheinlichkeit aus prosopographischen Gründen erschließen. Und die Wiederverheiratungen gewinnen in dieser Stichprobe ein ganz anderes Gewicht, wenn auch noch die Wiederverheiratungen der Frauen berücksichtigt werden. 16 sind bezeugt, 3 weitere lassen sich mit großer Wahrscheinlichkeit erschließen. Dies bedeutet, dass in ca. 47 % der Familien der Konsuln der Jahre 80–50 v. Chr. eine Wiederverheiratung, sei es des Mannes, sei es der Frau, bezeugt ist. Stiefeltern und Stiefgeschwister hatten in diesem Kreis demzufolge eine große quantitative Bedeutung.[125]

Die römische Familie ist durch eine Reihe von Merkmalen charakterisiert, die sie von der unsrigen abhebt: die Unbeständigkeit der Ehe und ihre leichte Auflösbarkeit, ein häufig früher Tod eines der Ehepartner und die Verfügbarkeit des überlebenden Partners für eine neue Eheverbindung. Die römische Familie war dynamisch, sie wurde ständig aufgelöst und wieder neu formiert. Kinder konnten nicht damit rechnen, dass die Verbindung der Eltern bis zu deren Tod in hohem Alter dauern würde. Ein sehr großer Anteil unter den Männern und Frauen schloss zumindest zwei Ehen. Sehr viele Kinder waren mit Stiefeltern und Stiefgeschwistern konfrontiert. In der Literatur begegnet immer wieder das Motiv der bösen Stiefmutter. Dies deutet auf häufige Spannungen zwischen Kindern und Stiefeltern hin. Die Trias Vater-Mutter-Kind war keine kompakte, stabile Einheit. Die römische Familie unterscheidet sich somit deutlich von unserer Kernfamilie. Diese hat einen typischen Verlauf: zwei Ehepartner, die nahezu gleichaltrig sind, begründen einen Haushalt, bald nach der Eheschließung werden ein oder zwei Kinder gezeugt, der Altersunterschied der Geschwister ist gering, die erwachsenen Kinder verlassen den elterlichen Haushalt, und die Eltern bleiben allein zurück. Diese Periode der »nachelterlichen Gefährtenschaft« kann wiederum Jahrzehnte dauern. Ein Modell dieser Art ist ganz offenkundig nicht geeignet, um die römische Familie zu beschreiben.

e) Eheähnliche Verbindungen: Konkubinat und Sklavenfamilien

Zumal aus den Inschriften lässt sich ersehen, welch große Bedeutung neben der regulären Ehe bei den Römern Konkubinate sowie andere eheähnliche Verbindungen hatten.[126] Kinder, die in einer legitimen Ehe geboren wurden, übernahmen den personenrechtlichen Status ihres Vaters; illegitime Kinder dagegen erbten die personenrechtliche Stellung ihrer Mutter. Folglich waren die Kinder, die ein Sklaveneigentümer mit einer Sklavin gezeugt hatte, dessen Sklaven. Wurden die Kinder dagegen von einer Freien oder einer Freigelassenen außerhalb der Ehe geboren, so waren sie zwar frei; sie hatten aber keinen Anspruch auf das Erbe des Vaters.

In der Kaiserzeit wurde wahrscheinlich das Konkubinat aus einer ganzen Reihe von Gründen häufiger, insbesondere wegen der Ehegesetzgebung des Kaisers Augustus. Angehörigen des Senatorenstandes war es jetzt verboten, Freigelassene zu heiraten. Auch ein Soldat konnte in der frühen Kaiserzeit während seiner Dienstzeit nicht rechtsgültig heiraten, und ein Amtsträger durfte keine Ehe mit einer Frau aus seiner Provinz schließen. In den meisten dieser Situationen bot sich stattdessen ein Konkubinat an. Es wurde vor allem dann einer regulären Ehe vorgezogen, wenn an eine Ehe aufgrund des Statusgefälles zwischen Mann und Frau ohnehin nicht zu denken war, wenn die beiden Partner somit aus unterschiedlichen sozialen Schichten stammten. Es war in aller Regel keine ephemere Verbindung, sondern durchaus dauerhaft. Die Konkubine hätte meist auch Ehefrau sein können, wenn dies nicht ihr niedriger sozialer Status bzw. ihre personenrechtliche Stellung unmöglich gemacht hätte. Inschriften zeigen, dass das Konkubinat eine sozial akzeptierte Alternative zur Ehe war und dass Konkubinen als nahezu genauso respektabel wie Ehefrauen galten.

Die jungen Männer hatten zwischen ihrer Pubertät und der Eheschließung einen recht langen Zeitraum von rund 10–15 Jahren zu überbrücken. Es stand in den großen Haushalten eine Fülle von Sklavinnen zur Verfügung, die sexuell ausgebeutet werden konnten. Darüber hinaus half das Konkubinat die Zeit zwischen Pubertät und später Eheschließung auszufüllen. Der Kirchenvater Augustin lebte in seiner Jugend mit einer Konkubine zusammen, von der er einen Sohn hatte. Er trennte sich von ihr, als er sich schließlich verlobte, behielt den gemeinsamen Sohn aber bei sich (Augustin, Confessiones 4, 2, 2; 6, 15, 25). Der niedrige soziale Status der Konkubine machte es leicht, sie davonzuschicken, sobald eine legitime Ehe geschlossen werden sollte. Für Männer, die ihre Frau durch Tod oder Scheidung verloren hatten, kam das Konkubinat als Alternative zu einer Wiederverheiratung in Betracht. Eine neue Ehe und weitere legitime Kinder hätten die Familienpläne häufig kompliziert; viele Männer zogen es stattdessen vor, sich mit einer Konkubine zu verbinden. Das Konkubinat spielte also vor allem in zwei Phasen des Lebenszyklus eine große Rolle: vor der Eheschließung sowie nach dem Tod der Ehefrau.

Mit dem Konkubinat war kein soziales Stigma verbunden; die Verbindungen waren häufig genauso dauerhaft wie die vollgültigen Ehen. Demzufolge waren die illegitimen Kinder in der römischen Gesellschaft vergleichsweise wenig diskriminiert. Freilich galten sie mit ihrem Erzeuger als nicht verwandt; sie konnten also auch nicht von ihm erben, wenn er denn nicht testamentarisch für sie gesorgt hatte.

Rechtlich gesehen waren Ehen zwischen Sklaven eine Unmöglichkeit. Allerdings wurden eheähnliche Verbindungen von Sklaven, die mit dem Terminus *contubernium* bezeichnet wurden, zunehmend faktisch anerkannt. Sklavenverbindungen werden in den Inschriften mit den Termini gefasst, die an sich vollgültigen Ehen vorbehalten waren (*coniunx*, *uxor*, *maritus* usw.). Abgesehen davon, dass ihnen der juristische Status einer legitimen Ehe fehlte, konnten *contubernia* also durchaus stabile Verbindungen sein, die sich kaum von einer Ehe unterschieden.

Sklavenfamilien wurden im Verlauf der Kaiserzeit eine zunehmend gewöhnlicher werdende Erscheinung.[127] Zahlreiche Eigentümer ermutigten Sklavenehen in der Hoffnung, von dem Sklavennachwuchs zu profitieren. Angesichts der unbeschränkten Verfügungsgewalt des Eigentümers über seine Sklaven konnten dauerhafte eheähnliche Beziehungen unter ihnen ohne sein Einverständnis gar nicht Bestand haben. Der Großgrundbesitzer und Verfasser eines Handbuches der Agrarwirtschaft, Columella, etwa gewährte seinen Sklavinnen Befreiung von der Arbeit, wenn sie drei Kinder aufgezogen hatten, die Freiheit, wenn sie noch mehr Kinder zur Welt gebracht hatten (Columella 1, 8, 19). Nur die Minderzahl der Sklaven dürfte freilich in einer festen Verbindung gelebt haben: In kleineren Haushalten standen bei einer geringen Zahl von Sklaven häufig keine Partner zur Verfügung. Auf den Landgütern in Italien und Sizilien waren mehrheitlich männliche Sklaven tätig, so dass viele unter ihnen keine Verbindung mit einer Frau eingehen konnten. Besser war diesbezüglich die Situation in den großen städtischen aristokratischen Haushalten, in denen das Geschlechterverhältnis ausgeglichener war. Selbst in diesen Haushalten scheinen aber die männlichen Sklaven überwogen zu haben. Sie dürften also um die relativ wenigen zur Verfügung stehenden Frauen konkurriert haben.

Wie beständig waren die Verbindungen von Sklaven? Eine Reihe von Faktoren wirkte gegen ihre Stabilität. Sklaven waren eine Form von Eigentum, und sie konnten verkauft oder vererbt werden, ohne dass der Eigentümer auf die familiären Bindungen des Sklaven Rücksicht nehmen musste. Sklaven bildeten häufig einen Bestandteil der Mitgift, sie wurden verliehen oder verschenkt. Sie wurden mithin in vielfältiger Weise von einem Ort zum anderen, von einem Eigentümer zum nächsten übertragen. Dies gefährdete auch ihre familiären Beziehungen.

Wir können nicht sagen, inwieweit es Sklaven, die in einem *contubernium* lebten, möglich war, ein wirkliches Familienleben zu führen. Gehörten sie demselben Haushalt an, so werden sie in den jeweiligen Trakten für die männlichen und weiblichen Sklaven gelebt haben. Viele Sklaven waren aber auch selbständig gestellt, etwa als Geschäftsführer in einem Geschäft oder Handwerksbetrieb. Diese mögen die Chance gehabt haben, mit ihrer Partnerin einen Haushalt zu bilden. Gehörten die *contubernales* verschiedenen Haushalten an, was hin und wieder vorkam, so war an ein Zusammenleben wohl kaum zu denken; die Partner mussten sich mit wechselseitigen Besuchen begnügen.

Aus einem *contubernium* konnte sich eine Ehe entwickeln, wenn beide Partner in die Freiheit entlassen worden waren und sie auch dann weiterhin als Mann und Frau zusammenlebten. Erfolgte die Freilassung der Sklaven nicht gleichzeitig, so dass der eine Partner Freigelassener wurde, der andere weiterhin Sklave blieb, so blieb es beim *contubernium*. Wenn eine Frau freigelassen wurde, so waren die nach ihrer Freilassung zur Welt gekommenen Kinder zwar illegitim, aber doch Freigeborene, unabhängig vom personenrechtlichen Status des Vaters. Wenn aber der Mann Freigelassener war, die Frau dagegen Sklavin, so wurden die Kinder als Sklaven geboren. Entscheidend für die Bestimmung des personenrechtlichen Status des Kindes in einem *contubernium* war allein die Rechtsstellung der Mutter zum Zeitpunkt der Geburt.

3. Eltern und Kinder

a) Kinder und Jugendliche in Rom

Die Römer heirateten der Kinder wegen, *liberorum quaerendorum causa*; diese Formel fand auch Eingang in die Eheverträge. Kinder waren erwünscht, um den Fortbestand des Namens zu sichern, als Erben des Familienbesitzes, in den einfachen Bevölkerungskreisen auch zur Unterstützung im Alter. Das Ansehen von Ehefrauen, die unfruchtbar blieben, war gemindert. Die Stellung der Frau stärkte sich in der Ehe, sobald sie Kinder zur Welt gebracht hatte. Einer Unfruchtbarkeit versuchte man mit konzeptionsfördernden Mitteln abzuhelfen, die jedoch mitunter eher schadeten als nützten. Frauen, die keine Kinder zur Welt gebracht hatten, suchten häufig bei Quacksalberinnen Hilfe und Beistand.

Die Geburt fand zumeist im Haus des Ehemannes, aber in sehr viel weniger privatem Rahmen statt, als dies bei uns der Fall ist. Üblicherweise wurde eine Hebamme herangezogen. In den einfachen Bevölkerungskreisen betätigten sich vielfach Nachbarinnen als Geburtshelferinnen. Darüber hinaus waren bei der Geburt häufig weitere Frauen zugegen, zumeist Verwandte der beiden Ehepartner. Die Hebamme war die Erste, die das Kind genauer untersuchte und damit eine Vorentscheidung darüber fällte, ob das Kind am Leben bleiben sollte. Aber es war der Vater, der darüber zu entscheiden hatte, ob das Kind aufgezogen oder ausgesetzt werden sollte. Die Entscheidung für das Kind wurde mit dem Verb *tollere* umschrieben: Das Kind wurde auf den Boden gelegt; hob der Vater es auf, so erkannte er es als sein Kind an und übernahm die Verpflichtung, es aufzuziehen und es ernähren.

Am *dies lustricus*, dem neunten Tag nach der Geburt eines Knaben, dem achten nach der eines Mädchens, erhielt das Kind seinen Namen. Es wurde ein Opfer dargebracht und eine Feier für die Verwandten und Freunde veranstaltet. Der Aufschub der Namensgebung ist vermutlich mit der extrem hohen perinatalen Sterblichkeit zu erklären. Bis zum *dies lustricus* befand sich das Kind gewissermaßen noch in einem Übergangsstadium. Erst einige Tage nach der Geburt ließ sich absehen, ob es überhaupt Überlebenschancen hatte. Am *dies lustricus* erhielt es auch die so genannte *bulla*, eine Kapsel, in der Amulette verwahrt waren, die eine apotropäische Funktion hatten. Die *bulla* wurde von den Kindern um den Hals getragen, bis sie das Erwachsenenalter erreichten. Solange trugen die Kinder außerdem die *toga praetexta*, eine Toga mit einem Purpurstreifen am Rand.

Ursprünglich war es in Rom die Mutter selbst, die das Kind stillte. In späterer Zeit wurde in den Oberschichten dies von einer Amme übernommen, die auch sonst die Kinder in ihre Obhut nahm. In den größeren Haushalten waren die Ammen zumeist Sklavinnen; aber auch freie, arme Frauen verdienten mit dieser Tätigkeit ihren Lebensunterhalt. Aus dem kaiserzeitlichen Ägypten ist eine ganze Reihe von Ammenverträgen überliefert. Über die Dauer der Stillzeit lassen sich keine allgemein gültigen Aussagen machen. In Ägypten wurden Verträge mit Lohnammen häufig über einen Zeitraum von zwei Jahren abgeschlossen. Die Ärzte empfahlen, man solle das Kind auf jeden Fall bis zum Erscheinen der ersten Zähne stillen, d. h. bis zum sechsten oder siebenten Monat. Danach solle man allmählich feste Nahrung einführen; es sei aber empfehlenswert, bis ins zweite Lebensjahr hinein die Brust zu geben. Die erste feste Nahrung, die den Kindern verabreicht wurde, waren Brot und andere Getreideprodukte.[128]

Auch wenn das Kind entwöhnt war, blieb die Amme bei ihm. Sie hatte großen Einfluss auf die Persönlichkeitsbildung ihres Zöglings. Die Beziehungen zu den Ammen wurden, wie Inschriften zeigen, oft das ganze Leben lang gepflegt und erreichten mitunter eine Stabilität, die in den Eltern-Kind-Beziehungen nicht vorhanden war. Plinius der Jüngere schenkte seiner Amme ein Landgut im Wert von 100.000 Sesterzen, um sie in ihrem hohen Alter zu unterstützen. Der Philosoph Favorinus wendet gegen die Praxis, das Neugeborene zu einer Amme zu geben, u. a. ein, hierunter leide die wechselseitige Liebe von Mutter und Kind; die Kinder entwickelten enge, liebevolle Beziehungen eher zur Amme als zur eigenen Mutter (Gellius 12, 1, 22f.). Es kann nur spekuliert werden, welche Folgen der Einsatz von Amme (und später Pädagoge) für die Entwicklung der Kinder sowie ihre Beziehungen zur Mutter gehabt hat. In den Oberschichten waren die Ehefrauen auch durch die so wichtige Aufgabe der Kindererziehung (von der sie im Wesentlichen durch Sklaven entlastet waren) nur locker in die Familie ihres Mannes eingebunden. Vielleicht erklärt es sich so zum Teil, dass Scheidungen im Römischen Reich auch beim Vorhandensein von Kindern so häufig waren. Kaum je wurde für die geschiedene Ehefrau die Trennung von ihren Kindern (die in aller Regel im Haushalt des Vaters blieben) zum Problem.

Sobald das Kind etwas älter war, wurde ihm in den Oberschichten ein Sklave, ein Pädagoge, beigegeben, der das Kind beaufsichtigte und es überallhin begleitete, nicht nur zur Schule, sondern auch z. B. in den Circus oder ins Theater. Amme und Pädagoge teilten sich also, jedenfalls in den Oberschichtenfamilien, im Wesentlichen die Aufgaben der Kindererziehung. Insbesondere der Vater hatte, wie es scheint, zu den Kleinkindern nur wenig Kontakt. Der Philosoph Seneca tröstet einen Vater über den Tod seines Sohnes mit dem Argument hinweg, er sei der Amme noch bekannter gewesen als dem Vater (Seneca, Epistulae 99, 14). Die Kinder hatten also in der römischen Familie neben Vater und Mutter weitere Bezugspersonen, die u. U. für ihre Sozialisation sogar von größerer Bedeutung waren als die Eltern.

Während sich die Mutter vor allem der Kleinkinder annahm, kümmerte sich um die Erziehung des Sohnes vorzugsweise der

Vater, in der Regel vom siebenten Lebensjahr an. Nach dem alten römischen Erziehungsideal lernten die Knaben und jungen Männer vor allem durch dessen Vorbild. Sobald die Knaben ein gewisses Alter erreicht hatten, wurden sie einem oder mehreren Fachleuten, zumeist Verwandten oder Freunden der Familie, anvertraut, von denen sie gleichfalls im Wesentlichen durch Nachahmung lernten. Mit der Übernahme des griechischen Schulwesens durch die Römer seit dem 2. Jh. v. Chr. änderte sich das Erziehungssystem grundlegend. In den Oberschichtenfamilien wurden die Kinder nun zumeist durch einen literarisch gebildeten Sklaven oder Freigelassenen meist griechischer Herkunft im Hause unterrichtet. Nur die wenigsten Eltern konnten es sich natürlich leisten, ihre Kinder von Privatlehrern unterrichten zu lassen. Die Alternative hierzu war der Schulbesuch. Zwar betont auch Quintilian in seinem Handbuch der Rhetorik (1. Jh. n. Chr.) die Bedeutung der Familienerziehung; im Gegensatz zu vielen Zeitgenossen neigt er aber dazu, die Schulerziehung gegenüber der häuslichen Erziehung zu bevorzugen, u. a. mit dem Argument, dass man leichter unter Altersgenossen lerne (Institutiones 1, 2, 4f.).

In der Spätantike gewann die Erziehung im Rahmen der Familie eine noch größere Bedeutung, als dies schon vorher der Fall gewesen war. Christliche Autoren propagieren ein stärkeres Engagement der Eltern bei der Erziehung ihrer Kinder. Ein Teil der gottesdienstlichen Funktionen wurde in die Familie verlagert. Die Christen entwickelten auch in der Spätantike kein eigenes Schulsystem: Die religiöse Erziehung musste daher in der Familie oder durch die Liturgie erfolgen. In der Kindererziehung (die naturgemäß christlich geprägt war) sehen die Kirchenväter die wesentliche Aufgabe der Ehe. Eine besondere Verantwortung hatte hierbei der Familienvater: Er ist, so die christlichen Autoren, der Erzieher des ganzen Hauses, dem Gott die Kinder und die Frau anvertraut hat; er ist der Bischof der Familie, der für seine Untergebenen dereinst Rechenschaft abzulegen hat.

Das Erreichen der Volljährigkeit wurde durch den Tausch der *toga praetexta*, der Knabenkleidung, gegen die *toga virilis* markiert. Für dieses Zeremoniell gab es keinen festgelegten Zeitpunkt; die Knaben hatten zumeist ein Alter von 14 bis 16 Jahren erreicht. Sie wurden von den Familienangehörigen zum Forum geführt, wo ihr Name in die Bürgerlisten eingeschrieben wurde. Im Alter von 17 bis 18 Jahren wurden die Jugendlichen zum Militärdienst herangezogen. Für die Mädchen dagegen bedeutete die Eheschließung den Übertritt von der Kindheit ins Erwachsenenalter.

b) Die *patria potestas* und die Rolle des Vaters

Die *patria potestas* ist das herausstechende Charakteristikum der römischen Familie.[129] Es gab eine väterliche, aber keine elterliche Gewalt. Die Kinder gehörten dem Familienverband ihres Vaters an; sie übernahmen dessen Namen und sozialen Status. Demgegenüber bestanden nur lockere juristische Bande zur Familie der Mutter, ja zu dieser selbst. Die römische Familie war patriarchalisch: Familienvorstand, *pater familias*, konnte nur ein Mann sein. Die agnatische Verwandtschaft wurde allein durch die Abstammung von der Vaterseite bestimmt; durch Frauen (Mutter, Schwester, Tochter usw.) konnte sie dagegen nicht vermittelt werden. Die Kinder waren daher agnatisch nur mit dem Vater, nicht auch mit ihrer Mutter verwandt. In vielen Bereichen, so im Erbrecht oder bei der Einsetzung eines Vormundes, hatten die durch die Männer vermittelten agnatischen Verwandtschaftsbeziehungen eine sehr viel größere Bedeutung als die Blutsverwandtschaft, die kognatische Verwandtschaft.

Die väterliche Gewalt, die *patria potestas*, umfasste das Haus mit allem, was dazu gehörte, die freien Familienangehörigen, die Sklaven und die Vermögenswerte. Sie war nahezu unbeschränkt, und der *pater familias* durfte sowohl seine Sklaven wie seine Kinder straflos töten. Dieses Tötungsrecht betraf nicht nur das neugeborene Kind, sondern auch den erwachsenen, weiterhin der *patria potestas* unterstehenden Sohn. In der Stellung zum Familienvorstand bestanden, wenn man nur auf das Recht schaut, kaum Unterschiede zwischen Sklaven und Familiensöhnen. Zu Lebzeiten kontrollierte der Familienvater die ökonomischen Aktivitäten der seiner *potestas* unterstehenden Kinder: er konnte ihnen ein *peculium* gewähren, aber auch entziehen. Im juristischen Sinn verfügten die Kinder, solange die väterliche Gewalt bestand, über keinerlei Eigentum. Was die *patria potestas* besonders drückend machte, war die Tatsache, dass kein Alter für die Volljährigkeit der Kinder festgelegt war. Auch die Eheschließung änderte nichts am Status eines *filius familias*. Die *patria potestas* währte bis zum Tode des Vaters. Erst dann wurden die Kinder unabhängig, wurden sie geschäftsfähig, *sui iuris*. Die demographischen Strukturen (v. a. die hohe Sterblichkeit) hatten allerdings zur Konsequenz, dass die Kinder nur in vergleichsweise wenigen Fällen auch im Erwachsenenalter noch der väterlichen Gewalt unterworfen waren. Wenn die Mädchen kurz vor dem 20. Lebensjahr heirateten, hatte wahrscheinlich bereits die Hälfte unter ihnen den Vater verloren. Wenn die Männer im Alter von rund 30 Jahren heirateten, unterstand nur noch etwa ein Viertel unter ihnen der *patria potestas*. Lediglich die Minderzahl unter den Römern musste bis weit in das Erwachsenenalter hinein einen Vater ertragen, der das Familienvermögen kontrollierte.

In aristokratischen Kreisen war es üblich, dass der junge Mann bei der Eheschließung oder auch schon vorher einen eigenen Haushalt begründete. Die verbreitete Neolokalität, auf jeden Fall in den Oberschichten, dürfte die Spannungen zwischen Vater und Sohn reduziert haben. Getrennte Haushaltsführung war allerdings ein Luxus, den sich nur die Reichen leisten konnten. Hier liegt vielleicht auch der Grund dafür, dass die Senatoren zumeist etwas früher heirateten als die Männer aus den Unterschichten. Die Söhne mussten hier häufig auf den Tod des Vaters warten, bis sie über die Mittel zur Gründung einer eigenen Familie verfügten.

Die *patria potestas* wurde schließlich durch die Institution der Emanzipation abgeschwächt. Es war dies ein fiktiver Verkauf, durch den der *pater familias* den Sohn oder die Tochter aus der väterlichen Gewalt entließ: Der Vater »verkaufte« seinen Sohn einem Dritten; dieser ließ ihn frei. Anstatt aber seine Freiheit zu erlangen, fiel der Sohn in die väterliche Gewalt zurück. Dieser Vorgang wurde wiederholt. Erst mit dem dritten »Verkauf« wurde der Sohn endgültig aus der väterlichen Gewalt entlassen. Die uns überlieferten Fälle deuten freilich darauf hin, dass es sich bei der Emanzipation in der späten Republik und frühen Kaiserzeit nicht um eine reguläre Praxis handelte. Dies änderte sich möglicherweise in der Spätantike. In einem Gesetz Kaiser Konstantins ist die Rede von der Volljährigkeit, anlässlich derer die Kinder üblicherweise aus der väterlichen Gewalt entlassen würden (Codex Theodosianus 8, 18, 2 [319 n. Chr.]).

Abgemildert wurde die *patria potestas* ferner durch die Gewährung eines *peculium*, eines Sondergutes, welches zwar Bestandteil des Vermögens des Vaters blieb, über welches der Sohn bzw. die Tochter aber relativ frei verfügte. Zwar konnte der Vater das *peculium* theoretisch jederzeit wieder an sich ziehen, aber der Entzug des *peculium* und damit u. U. zusammenhängende Rechtsstreitigkeiten spielen in den juristischen Quellen kaum eine Rolle. Es war üblich, ein einmal gewährtes *peculium* dem Gewaltunterworfenen zu belassen und es nur beim Vorliegen sehr gewichtiger Gründe wieder an sich zu nehmen. In den meisten Fällen war das *peculium* mehr als eine Art »Taschengeld«. Es war groß genug, dass die Söhne vertragliche Verpflichtungen eingehen konnten, ja groß genug, um als Sicherheit für die Erfüllung von Verpflichtungen gegenüber dem Staat dienen zu können. Der Sohn erhielt durch das *peculium* die Möglichkeit, einen eigenen Haushalt zu führen und standesgemäß zu leben. Es diente somit den Zweck, eine gewisse Unabhängigkeit mit der grundsätzlich weiterhin bestehenden finanziellen Abhängigkeit vom Vater zu verbinden. Zum *peculium* gehörten etwa ein Haus oder Sklaven, die als persönliche Bedienstete tätig waren.[130]

Üblicher als die Überlassung eines Kapitals, mit dem der Sohn wirtschaften konnte, war die Gewährung einer jährlichen Rente, von der dieser standesgemäß leben sollte. Diese Rente hielt ihn in wirtschaftlicher Abhängigkeit vom Vater. Cicero setzte seinem Sohn beträchtliche Summen aus, damit er während seiner Studien in Athen seinen Lebensunterhalt bestreiten konnte. Manche jungen Männer kamen freilich nicht mit den ihnen vom Vater zur Verfügung gestellten Geldern aus. Ein ständiges Problem war die Verschuldung noch der *patria potestas* unterstehender Jugendlicher. Die Väter reagierten in dieser Situation unterschiedlich: Neben strengen und knauserigen standen liberale Väter, die sich gegenüber ihren verschwendungssüchtigen Sprösslingen nachsichtig zeigten. Als Ciceros Sohn das ihm vom Vater ausgesetzte Geld in Athen sehr schnell durchgebracht hatte, bemühte sich Cicero, ihm die Summe aufzustocken. Es war für ihn eine Sache der Ehre, seinen Sohn standesgemäß versorgt zu wissen. Die Existenz von liberalen Vätern muss die Situation für Kinder, die bis weit ins Erwachsenenalter einem sparsamen Vater unterstanden, noch schwieriger gemacht haben. Die markante Trennungslinie verlief in der römischen Gesellschaft also nicht zwischen Jugendlichen und Erwachsenen. Wichtiger als Altersgrenzen war die familiäre Situation, ob man noch der väterlichen Gewalt unterstand oder nicht. Die römischen Familienstrukturen hatten große Ungleichheiten zur Folge: Der Sohn eines lang lebenden Vaters stand unter Umständen noch bis ins Erwachsenenalter unter dessen *patria potestas* und war nicht voll geschäftsfähig, während andere, viel jüngere Männer auf Grund des frühen Todes des Vaters schon Familienoberhäupter waren.

Die Sitte, ein Testament zu errichten, war in Rom schon sehr früh weit verbreitet. Das Erbrecht konnte durch individuelle Regelungen modifiziert werden. In den vermögenden Familien war es dem Vater damit möglich, durch die Drohung mit Enterbung Druck auf die Kinder auszuüben. Zwar stand es den Kindern frei, gegen eine unbegründete Enterbung mit der *querela inofficiosi testamenti* zu klagen. Aber es blieb dem Vater unbenommen, seine Kinder lediglich mit dem Pflichtteil, einem Viertel, abzufinden. Der Sohn hatte also gewichtige Gründe, dem Vater gehorsam zu sein. Trotzdem wurden Grenzen beachtet. Der Vater konnte es sich aufgrund eines starken sozialen Druckes faktisch gar nicht erlauben, seinen Sohn leichthin, ohne triftigen Grund zu enterben. Allgemein bestand die Auffassung, dass sämtliche legitimen Kinder, männlichen oder weiblichen Geschlechts, einen gleichen oder doch zumindest einen substanziellen Anteil am Erbe erhalten sollten. Es mussten schon sehr gute Gründe vorliegen, wenn ein Testator ein Kind ganz und gar von der Erbschaft ausschließen wollte. Wenn es aber auch nur selten zur Enterbung kam, so war doch der Hinweis auf das zu erwartende Erbe ein Mittel, um von den Kindern Gehorsam und Respekt einzufordern.

Die Kontrolle des Vaters über seine erwachsenen Söhne basierte in erster Linie auf der Verfügungsgewalt über das Familienvermögen. Dies gilt vor allem für die besitzenden Schichten. In der einfachen Bevölkerung war die Situation anders. In dem Maße, wie der Vater älter wurde und seine Körperkräfte nachließen, war er auf die Unterstützung und die Hilfe seiner Söhne angewiesen, geriet also in Abhängigkeit von diesen. Er konnte nicht mit der Drohung, er werde den Sohn im Testament schlechter stellen oder ihn gar enterben, Druck ausüben. Die Kinder erlangten, sobald sie einen Beruf erlernt hatten, ihre finanzielle Unabhängigkeit. In den einfachen Bevölkerungskreisen verdiente ein junger Mann seinen Lebensunterhalt selbst und stand damit wirtschaftlich auf eigenen Füßen. Es sind also Zweifel angebracht, ob die Stellung des *pater familias* in der römischen Familie wirklich so dominierend war, wie es allein die juristischen Quellen nahe legen könnten.

Das Hausgericht des *pater familias* über seine Familienangehörigen bestand bis in die Kaiserzeit hinein fort: des Vaters über seinen Sohn, des Ehemannes über seine Ehefrau (mit Einschränkungen), des Eigentümers über seinen Sklaven. Straftaten, die innerhalb der Familie begangen wurden, wurden häufig nicht vor staatliche Gerichte gebracht. Aufgaben, die heute vom Staat wahrgenommen werden, waren in die Familie verlagert. Eine Klage wegen Diebstahls war zwar gegen den gestattet, der einem Sohn, Sklaven oder der Ehefrau beim Diebstahl Hilfe leistete, nicht aber gegen diese selbst (Digesta 47, 2, 36, 1 [Ulpian]). Die Gewalt des Familienvaters über seine Kinder beinhaltete auch das Tötungsrecht, das *ius vitae necisque*. Um es ausüben zu können, musste kein staatliches Gericht eingeschaltet werden; allerdings war es üblich, dass der Familienvater einen Beirat, ein *consilium*, von Verwandten einberief, die er vor dem Urteil um Rat fragte. Es gibt aus historischer Zeit freilich nur wenige Belege dafür, dass das *ius vitae necisque* tatsächlich genutzt wurde.[131] Unter Augustus hätte das Volk in Rom beinahe einen Vater gelyncht, der seinen Sohn zu Tode gepeitscht hatte; die öffentliche Meinung stand einer exzessiven Nutzung der väterlichen Gewalt offenbar feindselig gegenüber (Seneca, De clementia 1, 15, 1). Bereits gegen Ende der Republik und zur frühen Kaiserzeit war das Tötungsrecht also in der Öffentlichkeit nicht mehr unumstritten. Im weiteren wurde es durch die Rechtsprechung weiter eingeengt. Kaiser Hadrian (117–138) ließ einen Vater deportieren, der seinen Sohn während der Jagd getötet hatte, weil er eine Liebesaffäre mit seiner Ehefrau, der Stiefmutter des Sohnes, gehabt hatte. Hadrian rechtfertigte seine Entscheidung damit, dass der Vater seinen Sohn eher nach Art eines Räubers getötet habe als nach väterlichem Recht. Die väterliche Gewalt müsse auf der *pietas* beruhen (Digesta 48, 9, 5 [Marcianus]). Einem Familienvater war es jetzt nicht mehr gestattet, seinen Sohn, ohne ihn gehört zu haben, zu töten. Er hatte ihn beim Statthalter oder in Rom beim Stadtpräfekten anzuklagen (Digesta 48, 8, 2 [Ulpian]). In der Spätantike musste sich der Vater an die staatlichen Gerichte wenden, wenn er schärfere Strafmaßnahmen gegen seinen Sohn für erforderlich hielt. Zwar wird das *ius vitae necisque* noch von Konstantin dem Großen erwähnt; es ist allerdings fraglich, ob es zu seiner Zeit noch geltendes Recht war.[132] Spätestens im weiteren Verlauf des 4. Jahrhunderts war das Tötungsrecht des Vaters über seine Kinder jedenfalls aufgehoben; schon vorher wurde es nicht häufig genutzt. Trotzdem ist das *ius vitae necisque* des Vaters nicht bedeutungslos: Es existierte als Drohung und muss entsprechend auf die Kinder gewirkt haben.

Die *patria potestas* war bereits in der Republik durch die Aufsicht der Censoren, aber auch durch die öffentliche Meinung begrenzt. Die augusteische Ehegesetzgebung hatte eine Schwächung der väterlichen Gewalt zur Folge, indem Kinder beiderlei Geschlechts gegen ihren Vater Klage erheben konnten, wenn dieser seine Zustimmung zur Heirat verweigerte. Spätestens seit dem 2. Jh. n. Chr. bestand im römischen Recht ein wechselseitiger Anspruch von Eltern und Kindern auf Unterhalt. Die Kinder konnten zur Durchsetzung dieses Anspruches die Zwangsmittel der Staatsgewalt nutzen. Die Kaiser griffen in einzelnen Fällen in die Rechte des Vaters ein, um die Kinder zu schützen. So veranlasste Kaiser Traian einen Vater, der seinen Sohn schlecht behandelt hatte, ihn aus der väterlichen Gewalt zu entlassen, ihn zu emanzipieren (Digesta 37, 12, 5 [Papinianus]). Aus der *patria potestas* folgte ursprünglich, dass der Vater auch die Ehen seiner Gewaltunterworfenen auflösen konnte. Dieses Recht wurde in der Kaiserzeit eingeschränkt. Kaiser Antoninus Pius verbot, glückliche Ehen gegen den Willen der Tochter aufzulösen (Paulus, Sententiae 5, 6, 15). Die väterliche Gewalt bestand jedoch bis in die Spätantike fort; die patriarchalischen Familienstrukturen wurden nicht in Frage gestellt.[133]

Die Rechtssatzungen sind für sich allein nicht geeignet, die Realität des Familienlebens zu beschreiben. Durch sie wird lediglich der Rahmen des rechtlich Möglichen vorgegeben. Der Vater konnte seine Kinder enterben, er konnte sie straflos töten, was aber nicht bedeutet, dass die meisten oder auch nur viele Väter so gehandelt hätten. Auch bei den Römern setzte sich vielmehr zunehmend die Auffassung durch, dass ein Vater sich nicht so sehr durch Strenge wie durch Wohlwollen, Anteilnahme oder zärtliche Liebe auszeichnen sollte. Immer wieder findet sich in den literarischen Quellen der Hinweis auf die erzieherische Rolle des Vaters. Die Zeiten väterlicher Strenge waren offenbar vorbei. Der Sohn sollte seinen Vater respektieren, ihn aber auch lieben.[134]

Wenn auch im Idealfall die Beziehungen zwischen Vater und Sohn durch wechselseitige Zuneigung und Liebe charakterisiert waren und die allumfassende väterliche Gewalt im Alltag nicht die Bedeutung gehabt hat, die ihr von den Juristen häufig zugeschrieben wurde, so sind Konflikte zwischen Vater und Sohn doch vielfach bezeugt; diese Konflikte entzündeten sich vor allem an finanziellen Fragen, an der Übergabe des väterlichen Vermögens an die nachfolgende Generation. Knaben ersehnten, so ein beliebter Topos in der antiken Literatur, den Tod des Vaters, um in den Genuss des Erbes zu kommen. Im spätantiken Nordafrika waren nach den Predigten Augustins die Beziehungen zwischen Vater und Sohn oftmals gespannt.[135] Wie sehr von manchen Jugendlichen die väterliche Autorität als Belastung empfunden wurde, manifestiert sich in den zahlreichen Hinweisen auf Vatermorde in der Literatur. Die Angst hiervor war in der römischen Gesellschaft weit verbreitet. Zwar war die Ermordung des Vaters in Rom schwerlich häufiger als in anderen Gesellschaften. Der vielen Söhnen zugeschriebene Wunsch, der Vater möge doch endlich sterben, macht aber deutlich, dass sie dessen Tod als eine Befreiung von lästiger Bevormundung empfanden.[136]

c) Die Rolle der Mutter

Die Frau in einer *sine manu*-Ehe war rechtlich nur locker in die Familie ihres Mannes eingebunden. Die Mutter hatte niemals Anteil an der *patria potestas*, selbst wenn der Ehemann seinen Aufgaben nicht gewachsen war. Sie gewann auch mit dessen Tod keine Gewalt über ihre Kinder. Zwar leitete sie in aller Regel deren Erziehung, aber es musste daneben ein Vormund bestellt werden, der das Vermögen der Kinder verwaltete. Die Mutter war zur Übernahme der Vormundschaft nicht befugt.[137]

Solange die Ehe bestand, hatte die Mutter nur eine geringe finanzielle Verantwortung für den Unterhalt der gemeinsamen Kinder; es war prinzipiell alleinige Aufgabe des Ehemannes, hierfür Sorge zu tragen. Allerdings wurden die Erträge aus der Mitgift auch für den Unterhalt und die Erziehung der Kinder genutzt. Im Scheidungsfall konnte der Ehemann schon in republikanischer Zeit einen Teil der Mitgift für die gemeinsamen Kinder zurückbehalten, sofern die Scheidung auf Initiative der Frau oder ihres *pater familias* erfolgt war. Die Mutter hatte also auch nach Beendigung der Ehe eine gewisse finanzielle Verantwortung für die Kinder, wenn auch nur dann, wenn sie selbst die Bindungen zu ihnen gelöst hatte. Ähnlich wie nach einer Scheidung wurde verfahren, wenn die Ehe durch den Tod der Frau aufgelöst wurde: Die Mitgift (genauer: die *dos profecticia*) fiel dann an den Vater der Frau zurück, abzüglich eines Fünftels für jedes überlebende Kind; der Unterhalt der Kinder war somit auch aus dem Vermögen der verstorbenen Frau zu finanzieren. Beim Tode des Mannes stand die Mitgift demgegenüber in voller Höhe der Frau (bzw. deren Gewalthaber) zu. Die Kosten für den Unterhalt der Kinder waren – juristisch gesehen – allein aus dem Vermögen des verstorbenen Mannes zu tragen.

In der Kaiserzeit gewann die kognatische gegenüber der agnatischen Verwandtschaft an Gewicht. Die Stärkung der Blutsverwandtschaft implizierte auch juristisch anerkannte engere Bindungen zwischen Mutter und Kindern. Dies gilt unter anderem für das Erbrecht, das Sorgerecht für die Kinder nach vollzogener Scheidung und das Vormundschaftsrecht. Seit dem zweiten Jahrhundert n. Chr. besaßen Kinder und Mutter wechselseitige Intestaterbansprüche (nach dem *senatus consultum Tertullianum* und dem *senatus consultum Orfitianum*).[138] Generell wuchsen die Kinder geschiedener Eltern beim Vater auf. Allerdings vollzogen sich im Verlauf der Kaiserzeit Rechtsentwicklungen, die auch der geschiedenen Mutter einen größeren Einfluss auf die Erziehung der gemeinsamen Kinder einräumten. Beim Vorliegen besonders triftiger Gründe konnte das Sorgerecht der geschiedenen Mutter zugesprochen werden. Nach klassischem römischem Recht war die Verwaltung des Vermögens der Kinder, die ihren Vater verloren hatten, alleinige Aufgabe des Vormundes. Aber schon in der frühen Kaiserzeit hatte die Mutter Einfluss auch auf die Vermögensverwaltung, über die es mit den Vormündern zu Konflikten kommen mochte. In der Spätantike wurde der Mutter in manchen Fällen, inbesondere wenn kein agnatischer Verwandter zur Verfügung stand, auch offiziell die Vormundschaft über ihre Kinder übertragen.[139] Zwar wurden im Recht die engen Bindungen von Mutter und Kindern zunehmend anerkannt, aber die Römer blieben gleichwohl weit davon entfernt, Mutter und Vater rechtlich gleichzustellen. Freilich gibt das Recht auch hier nicht die ganze Realität wider. Wenngleich es kein Pendant zur *patria potestas* in einer »mütterlichen Gewalt« gab, auf die sich die Mutter hätte stützen können, um Respekt von ihren Kindern einzufordern, war sie doch Gegenstand der Liebe und des Respekts ihrer Kinder; die Bindungen zwischen Mutter und Sohn waren häufig sehr eng, meist enger als zwischen Vater und Sohn. Schon vor der Einführung des Intestaterbrechts zwischen Mutter und Kindern war es üblich, dass sie sich wechselseitig in ihren Testamenten bedachten. Starben die Kinder vor der Mutter, so galt es als Anstandspflicht, diese entweder zur Erbin (mit)einzusetzen oder ihr doch zumindest ein Legat zukommen zu lassen.

Eine der wesentlichen Aufgaben der Ehefrau lag in der Kindererziehung. Sie war vor allem für die Kleinkinder verantwortlich.

Für diese war sie die wichtigere Bezugsperson, wobei allerdings schichtenspezifisch zu differenzieren ist. In den Oberschichten wurden die Eltern durch Personal, Sklaven, aber auch professionelle Erzieher und Lehrer, von Erziehungsaufgaben entlastet. In den Unterschichten waren dagegen die Beziehungen Mutter–Kind vermutlich enger: Während bei den Reichen das neugeborene Kind oftmals einer Amme anvertraut wurde, zogen ärmere Mütter ihre Kinder selbst auf. Neben der Pflege der Kleinkinder fiel die Erziehung der Töchter in die Kompetenz der Mutter. Sie blieben bis zu ihrer Eheschließung in deren Obhut. Dass die Mutter bzw. andere weibliche Verwandten für die Erziehung der Mädchen, die Männer dagegen für die der Knaben (soweit sie ein bestimmtes Alter erreicht hatten) zuständig sind, hat zahlreiche ethnographische Parallelen. In den meisten »primitiven« Gesellschaften untersteht der Knabe der alleinigen Autorität des Vaters, während sich der Töchter die Mutter annimmt. Aber auch auf die Erziehung der Söhne hatte die Mutter einen gewissen Einfluss. In manchen Fällen waren es beide Eltern, die grundlegende Entscheidungen über die Ausbildung ihrer Kinder fällten. Die Auswahl des künftigen Ehepartners fiel zwar in die Kompetenz des Vaters; aber es war allgemein üblich, auch die Mutter zu befragen, und ihre Einflussmöglichkeiten scheinen im Verlauf der Kaiserzeit gewachsen zu sein.

In der antiken Literatur ist vielfach von den unterschiedlichen Erziehungsstilen von Vater und Mutter die Rede. Der väterlichen Strenge wurde die größere Nachgebigkeit der Mutter gegenübergestellt. Seneca weist darauf hin, dass die Väter ihre Kinder gewöhnlich zu den Studien antrieben, während die Mütter die Kinder pflegten und verhätschelten (De providentia 2, 5). Es kam zunächst dem Vater zu, den Sohn zurechtzuweisen und zu züchtigen.

In der Spätantike gewann die Erziehung im Rahmen der Familie eine noch größere Bedeutung als vordem. Christliche Autoren propagierten ein stärkeres Engagement der Eltern, auch der Mutter, bei der Erziehung ihrer Kinder. Der Kirchenvater Gregor von Nazianz übt Kritik an der Gesetzgebung, die die Kinder allein der väterlichen Gewalt unterwerfe. Gott habe den Menschen gleichermaßen den Gehorsam und den Respekt vor dem Vater wie vor der Mutter eingeschärft (Gregor von Nazianz, Oratio 37, 6). Vor allem kam der Mutter eine besondere Verantwortung bei der religiösen Erziehung der Kinder zu. Die Frauen waren in der christlichen Kirche überrepräsentiert; die Bekehrung eines großen Teils der Bevölkerung zum Christentum in der Spätantike dürfte daher über die Familienerziehung, vor allem durch die Mutter, erfolgt sein. Augustin, der bedeutendste christliche Theologe der Spätantike, hatte seine früheste religiöse Erziehung von seiner Mutter Monica erhalten, einer eifrigen Christin. Sein Vater dagegen war Heide und ließ sich erst unmittelbar vor seinem Tode taufen.

Die Tatsache, dass die Ehefrau vielfach über eigenes Vermögen verfügte, gab ihr auch gegenüber den Kindern eine starke Position. Größere Aufwendungen für sie wurden häufig auch aus dem mütterlichen Vermögen getragen. Genau wie der Vater mit der Enterbung drohen konnte, hatte die Mutter die Möglichkeit, mit dem Hinweis auf ihr Testament Druck auf die Kinder auszuüben. Es war angesichts der Vermögensverhältnisse in der römischen Ehe mithin wichtig für die Kinder, sich auch um die Mutter zu bemühen. Die Rolle der Mutter in der römischen Familie macht somit einmal mehr deutlich, wie sehr die juristischen Satzungen und die soziale Realität auseinanderklaffen konnten. War nach römischem Recht die Mutter nur locker in die Familie ihres Mannes eingebunden und wurden die rechtlichen Bande zwischen Mutter und Kind erst im Verlauf der Kaiserzeit gestärkt, so war es doch in der römischen Gesellschaft gar keine Frage, dass die Mutter eine sehr große Verantwortung für ihre Kinder trug, sowohl während der Ehe wie nach deren Auflösung durch Scheidung oder Tod des Mannes.

d) Waisenkinder

Vermutlich verloren ca. 40 % der Kinder ihren Vater, bevor sie das 15. Lebensjahr erreichten.[140] Starb der Vater ohne Testament, so wurde der nächste männliche Agnat Vormund (*tutela legitima*); in der Regel handelte es sich hierbei um den Onkel väterlicherseits oder einen älteren Bruder.[141] Die *tutela legitima* fiel dorthin, wohin die Erbschaft des Mündels fallen würde, mit der Ausnahme, dass eine Frau zwar erben, aber nicht Vormund werden konnte. Die Knaben wurden von der Vormundschaft mit Erreichen des 14. Lebensjahres befreit, aber auch dann erlangten sie noch nicht die volle Geschäftsfähigkeit. Bis zum Alter von 25 Jahren unterstanden sie einem Curator, dessen Zustimmung zu den von ihnen getätigten Geschäften erforderlich war; im Gegensatz zum

Vormund verwaltete der Curator aber das Mündelvermögen nicht.

Die Einflussmöglichkeiten der Mutter waren in Vermögensfragen juristisch stark begrenzt. Allein stehenden Frauen wurde kaum die Verwaltung des eigenen Vermögens zugetraut. Umso weniger war man gewillt, ihnen die Verwaltung eines fremden Vermögens, und sei es das der eigenen Kinder, zu überlassen. Die Mutter war somit auch nach dem Tode ihres Mannes keineswegs in der Lage, über alle wichtigen, die Kinder betreffenden Angelegenheiten autonom zu entscheiden. In aller Regel bestand eine Arbeitsteilung in dem Sinne, dass die Mutter die Erziehung der Kinder leitete, während der Vormund für die Vermögensverwaltung zuständig war.

Zumal nach Tod oder Wiederverheiratung der Mutter wurden Waisen häufig auch von anderen Verwandten aufgenommen (Großeltern, Onkel und Tanten).[142] Octavian, der spätere Kaiser Augustus, wuchs in seiner Kindheit auf einem großväterlichen Gut auf; seine Erziehung wurde – nach der erneuten Ehe seiner Mutter – von seiner Großmutter mütterlicherseits Iulia geleitet. Nach deren Tod kam Octavian mit zwölf Jahren (51 v. Chr.) in das Haus seiner Mutter und seines Stiefvaters. Der kleine Caligula, der Sohn des Germanicus, wohnte vielleicht noch zu Lebzeiten beider Eltern zeitweise im Haus seiner kaiserlichen Urgroßeltern. Nach dem Tod des Vaters lebte er zunächst bei seiner Mutter, nach deren Verbannung bei seiner Urgroßmutter Livia, nach deren Tod kam er zu seiner Großmutter väterlicherseits, Antonia, um im Alter von 19 Jahren schließlich zu Tiberius auf Capri überzusiedeln. So hatten Großmütter und Tanten eine wichtige Funktion im Bereich der Kindererziehung. Kinder wurden hin und wieder noch zu Lebzeiten des Vaters, insbesondere aber nach dem Tod der Mutter zu den Großeltern bzw. der Großmutter oder einer Tante gegeben; dies war eine Erfahrung, die nicht nur Waisenkinder machten. Insbesondere diese kamen häufig zu Großeltern oder Onkel und Tante, selbst wenn die Mutter noch am Leben war. Wenn die Mutter wieder geheiratet hatte, wurde diese Lösung einer Aufnahme der Kinder in eine Stieffamilie vorgezogen. So wurden die verwandtschaftlichen Beziehungen über die Kernfamilie hinaus gepflegt. Häufig genug wirkten auch Verwandte mütterlicherseits bei der Erziehung der Waisenkinder mit. Die verwitwete Mutter scheint sich oftmals dieser Aufgabe allein nicht gewachsen gefühlt zu haben und ließ sich deshalb von ihren eigenen Eltern oder einer Schwester (also der Tante mütterlicherseits der Waisen) unterstützen. Die Präferenz ging sicher dahin, Waisenkinder zu Verwandten väterlicherseits zu geben. Trotzdem ist das Engagement von Verwandten mütterlicherseits bemerkenswert. Auch nach Auflösung der Ehe blieben enge Kontakte und Bindungen zwischen den Kindern (die an sich zur *familia* ihres verstorbenen Vaters gehörten) sowie den Verwandten der Mutter erhalten.

e) Kinderlosigkeit und Adoptionen

Bei Kinderlosigkeit war auch in Rom die Adoption eines Erben ein denkbarer Ausweg, zumal in den Oberschichten, den Senatoren- und Kaiserfamilien. Sie hatte nicht in erster Linie die Funktion der Versorgung mittelloser Kinder. Vielmehr wurde durch die Adoption meist eines nahen Verwandten, der häufig schon das Erwachsenenalter erreicht hatte, das Aussterben der Familie verhindert; es sollte ein Erbe bereitgestellt werden, jemand, der sich um den Ahnenkult kümmerte. So wurden überwiegend Söhne, keine Töchter adoptiert; sie allein konnten den Familiennamen fortführen. Häufig erfolgte die Adoption testamentarisch; der Erbe wurde damit zur Übernahme des Familiennamens verpflichtet. Da die Adoption vor allem dem Zweck diente, das Aussterben vornehmer Familien zu verhindern, wurde es ungern gesehen, wenn jemand eine Adoption durchführte, der schon einen Sohn hatte, ebenso wenn der potenzielle Adoptivvater in einem Alter war, dass er selbst noch Kinder zeugen konnte. Ebenso wurde es missbilligt, wenn der Adoptierende jünger als der Adoptierte war.

4. Die Alten in der römischen Familie

a) Die familiäre Altersversorgung

In den Unterschichten waren die Kinder oftmals das einzige Kapital; sie hatten schon sehr früh zu den Familienfinanzen beizutragen. Der Schriftsteller Lukian (2. Jh. n. Chr.) hätte nach dem Willen des Vaters zunächst einen handwerklichen Beruf, den des Steinmetzen, lernen sollen: Die Ausbildung sei nicht so teuer wie die für die geistigen Berufe, und mit dem erworbenen Geld könne der Sohn die Familienkasse unterstützen (Lukian, Somnium 1ff.). In den Unterschichten gingen Kinder in großer Zahl sehr früh einer Lohnarbeit nach, um einen Beitrag zum Unterhalt der Familie zu leisten. Kinder wurden in der Landwirtschaft schon in sehr jungen Jahren als Arbeitskräfte eingesetzt, etwa um das Vieh zu hüten.[143]

Wie landwirtschaftliche Tätigkeiten ließen sich auch die meisten Handwerke nicht über ein bestimmtes Alter hinaus betreiben. Die Vorstellung, dass der Familienvater bis zu seinem Tod ein patriarchalisches Regiment geführt habe, dem sich auch erwachsene Söhne zu beugen gehabt hätten, entsprach in den Unterschichten häufig nicht der Realität. Im ländlichen Europa der Neuzeit waren Konflikte zwischen Vätern und erwachsenen Söhnen, die auf das Erbe warteten, sehr verbreitet. Eine Lösung, dieser Spannungen Herr zu werden, war das Ausgedinge, d. h. der Rückzug des alten Vaters und die Übergabe des Hofes an den Sohn. In Rom ist dies relativ selten belegt, was aber in der Quellenlage begründet sein mag. Die meisten antiken Autoren beziehen sich lediglich auf die Oberschichtenfamilien, in denen der Familienvorstand nicht selbst schwere körperliche Arbeit zu verrichten hatte; die Verwaltung des Landbesitzes wurde zumeist Sklaven übertragen. In den einfachen Bevölkerungskreisen scheint demgegenüber der Sohn oftmals noch zu Lebzeiten der Eltern, wenn deren Kräfte nachließen, den Bauernhof oder einen Handwerksbetrieb übernommen zu haben. Jedenfalls löste auch die Institution des Ausgedinges im ländlichen Europa die Probleme nicht: In den Ausgedingeverträgen musste genau festgelegt werden, welche Leistungen dem Vater und seiner Frau von Seiten des Sohnes, der die Leitung des Bauernhofes übernommen hatte, zustanden, da man befürchtete, dass die Kinder dem Vater das Lebensnotwendige verweigern würden. Nicht anders scheint die Lage in der römischen Antike gewesen zu sein. Augustin deutet jedenfalls an, dass viele Kinder ihren Eltern nur willfahrten, wenn sie von ihnen materielle Vorteile erhoffen durften. Söhne forderten vom Vater die Übergabe des Vermögens noch vor seinem Tod. Die Väter widersetzten sich diesem Ansinnen, weil sie befürchten müssten, dass ihre Söhne ihnen sonst nicht mehr gehorchten (Sermo 45, 2).

Die Unterhaltsverpflichtung der Kinder für die Eltern wurde erst relativ spät Gegenstand der Gesetzgebung. Die Gründe hierfür sind nicht schwer zu finden: Nach römischem Recht behielt der Vater bis an sein Lebensende die väterliche Gewalt, die *patria potestas*, über seine Kinder; diese verfügten nicht über Eigentum. Daher musste die Unterhaltsleistung erst spät zur Rechtspflicht erhoben werden. Sie ist zum ersten Mal unter Kaiser Hadrian (117–138 n. Chr.) bezeugt und galt wechselseitig zwischen Aszendenten und Deszendenten. Maßgebend war neben der agnatischen Verwandschaft die Blutsverwandtschaft, d. h. auch die Verwandten in weiblicher Linie hatten bei Bedürftigkeit Anspruch auf Unterhalt.[144]

Man glaubt gemeinhin, die Alten hätten bei den Römern besonders große Autorität genossen. Dies ist sicher nicht falsch, aber doch einseitig. Denn die Mehrzahl der Alten lebte in sehr bedrängten und prekären Verhältnissen, und weder die starke Position des *pater familias*, der theoretisch bis an sein Lebensende die alleinige Kontrolle über das gesamte Familienvermögen hatte, noch die von den Kindern gewährte Versorgung konnten verhindern, dass ein großer Teil unter ihnen in Armut absank.

b) Die Witwen

Erbrechtlich war die Stellung der Ehefrau in der *sine manu*-Ehe sehr ungünstig. War kein Testament errichtet worden, so beerbte sie ihren Ehemann lediglich beim Fehlen jeglicher Blutsverwandter. Die Ehepartner konnten einander allerdings testamentarisch bedenken. Aber die Ehefrau durfte nicht an erster Stelle auf das Erbe hoffen. Vorrang hatten stets – von der Republik bis zur Spätantike – die Kinder des Erblassers; es dominierte die Vererbung in direkter Linie, d. h. an die Kinder, u. U. auch die Enkelkinder. Eine Klage, wenn man in einem Testament nicht berücksichtigt worden war (*querela inofficiosi testamenti*), konnten Kinder oder Eltern führen, nicht aber Ehegatten, die im Testament ihres verstorbenen Partners übergangen worden waren: Die Beziehungen zwischen Eltern und den Kindern hatten größeres Gewicht als die zwischen den Ehepartnern. Zwar wurden, zumal in den Oberschichten, die Legate weit gestreut (an Freunde, Abhängige, einflussreiche Persönlichkeiten). Daneben bestand aber das Bestreben, den Grundbestand am Vermögen intakt weiterzugeben. Bei dieser Mentalität verwundert es nicht, dass in der Regel nicht mehr als ein vergleichsweise kleiner Teil des Vermögens für die Witwe abgezweigt wurde.

Es wurde für eine Anstandspflicht gehalten, der Ehefrau einen Teil des Vermögens zukommen zu lassen, entweder als Nießbrauch (insbesondere dann, wenn Kinder vorhanden waren) oder in Form eines Legats.[145] Häufig beinhaltete das Legat Sklaven, in anderen Fällen den Hausrat, daneben auch Bargeld. Landbesitz wurde der Witwe offenbar nur selten überlassen. Eine dauerhafte Versorgung wurde sichergestellt, wenn der Witwe im Testament eine Rente ausgesetzt wurde. Ihr sollte hierdurch die Beibehaltung des bisherigen Lebensstandards gesichert werden. Häufig war die Rente an die Bedingung geknüpft, dass die Witwe mit den Kindern zusammenlebte, diese aufzog. In manchen Fällen musste der Mutter offenbar erst ein finanzieller Anreiz geboten werden, sich um die gemeinsamen Kinder zu kümmern. Der Aussetzung einer Rente kam es gleich, wenn der Witwe die Einkünfte aus Grundbesitz vermacht wurden. Die testamentarische Versorgung der Ehefrau blieb aber in den meisten Fällen unzureichend; Bauern oder Handwerker verfügten ohnehin nicht über genügend finanzielle Ressourcen. Einen einklagbaren Anspruch auf einen Anteil am Vermögen des verstorbenen Ehemannes hatte die Witwe bis in die Spätantike nicht; sie musste sich mit dem zufrieden geben, was ihr testamentarisch vermacht worden war. Erst Kaiser Justinian (527–565) billigte der Ehefrau ein Intestaterbrecht zu, insbesondere wenn sie über keine Mitgift verfügte.[146] Bis dahin war die Witwe auf ihre Mitgift verwiesen, auf die *donatio propter nuptias* (in der Spätantike), auf die Vermögenswerte, über die sie nebenher in der Ehe verfügt haben mochte, und auf das, was ihr der Ehemann aus eigenem Antrieb testamentarisch überlassen hatte.

All diese Vermögenswerte sicherten der Witwe in den meisten Fällen kein Auskommen. Sie war daher in besonderem Maße auf die Unterstützung ihrer Kinder angewiesen. Die Mutter hatte bei Bedürftigkeit einen Rechtsanspruch auf Unterhalt.[147] Waren die Kinder selbst noch minderjährig, oblag es den Vormündern, aus dem vom Vater hinterlassenen Vermögen für den Unterhalt der Mutter zu sorgen. Diese Regelungen belegen, dass in vielen Fällen die testamentarische Versorgung der Witwe unzureichend blieb und dass auch eigenes Vermögen (etwa die der Witwe ausgezahlte Mitgift) zumeist dieses Defizit nicht behob.

Zumeist wurde die Versorgung der Witwe durch die Aufnahme in den Haushalt des verheirateten Sohnes sichergestellt; regelmäßige Unterhaltszahlungen erübrigten sich dann.[148] Die Eheschließung des Sohnes war häufig der Zeitpunkt, zu dem Witwen dem Sohn ihr Vermögen oder einen größeren Teil desselben überließen, um im weiteren von ihm versorgt zu werden. In einem Fall hatten der Sohn und sein Schwiegervater die bei der Eheschließung des Sohnes mit der Mutter getroffene Unterhaltsvereinbarung gröblich verletzt, so dass sie Not leiden musste (Gregor der Große, Epistulae 9, 36). Die hier sichtbar werdende Problematik ist für viele Gesellschaften bezeugt, die Einrichtungen wie das Ausgedinge kennen. Die alternden Eltern (hier: die Mutter) sind, sobald sie ihr Vermögen an die Kinder übergeben haben, von diesen abhängig. Auch sonst ließen Kinder ihrer Mutter mitunter nur unzureichende Hilfe zukommen. Christliche Autoren der Spätantike beklagen wiederholt die Überforderung der kirchlichen Witwenhilfe. Witwen mit Kindern sollten im Regelfall nicht von der Kirche unterstützt werden, es sei denn, die Kinder kämen ihrer Verpflichtung, für die Witwe zu sorgen, nicht nach. Die familiäre Altersversorgung war im Römischen Reich wie auch in anderen vorindustriellen Gesellschaften, die keine staatliche Altersversorgung kannten, keine völlig unproblematische Lösung.

Da die wenigsten Witwen über ein Vermögen verfügten, das ihnen einen sicheren Unterhalt gewährte, da ferner Lohnarbeit generell nur einen ärmlichen Lebensstandard sicherte und außerdem für freie Frauen in ausreichendem Maße nicht zur Verfügung stand, gerieten die meisten Witwen in materielle Abhängigkeit von ihren Kindern (Söhnen). Sicher verfügte die Mutter auch gegenüber einem erwachsenen Sohn oftmals über eine gewisse Autorität; dies gilt insbesondere für Witwen aus der Oberschicht. Anders war die Situation in den Unterschichten, wo die alte Mutter häufig auf die mehr oder weniger willig gewährte Unterstützung durch die Kinder angewiesen war. Die meisten Kinder nahmen sich wohl ihrer alten Eltern an; manche hatten aber keine Skrupel, die eigene Mutter betteln zu lassen. Auch wenn es nur in Extremfällen so weit kam, befanden sich viele ältere Frauen doch in finanzieller Abhängigkeit, die für sie nicht angenehm gewesen sein kann.

Im familiären Rahmen wurden die alten Eltern, gerade auch die verwitwete Mutter, geehrt und geachtet. Gleichwohl genossen alte Frauen kollektiv kein hohes Ansehen. Frauen allgemein, insbesondere aber Witwen, und gerade den älteren unter ihnen, wurde in der Antike eine ausschweifende Sexualität vorgeworfen.[149] Konnte man Witwen nicht mehr vorhalten, selbst sexuell aktiv zu werden, so nahm man an, dass sie sich als Kupplerinnen betätigten und fremde Ehen zerstörten. Es wurden weitere Vorwürfe laut: Frauen generell, insbesondere aber alten Frauen, die nicht der Aufsicht eines Mannes unterstanden, wurde übermäßiger Alkoholkonsum sowie Klatsch- und Schmähsucht vorgehalten. Ältere Frauen galten darüber hinaus als abergläubisch; der Aberglaube alter Weiber, die »*superstitio anilis*«, war eine geradezu stehende Redewendung. Ältere Frauen betätigten sich häufig als Wahrsagerinnen; insbesondere in der Liebeselegie sind es oft ältere Frauen, die sich magischer Praktiken (Liebeszauber zumal) bedienen. Frauen wurde außerdem vorgeworfen, Hexerei zu praktizieren. Alte Frauen galten generell als dumm und einfältig. Das Alter brachte der Frau somit kein erhöhtes gesellschaftliches Ansehen. Insbesondere allein stehende Witwen aus den Unterschichten, die materielle Not litten und sich deswegen in ganz anderer Weise in der Öffentlichkeit bewegen mussten, als dies für eine Frau gemeinhin geziemend erschien, waren als Randgruppe stigmatisiert. Nur wenigen Witwen aus den Oberschichten war es möglich, daheim zu bleiben und etwa die notwendigen Besorgungen die Sklavinnen erledigen zu lassen. Witwen in den Unterschichten liefen demgegenüber etwa durch regelmäßige Marktbesuche Gefahr, in schlechten Ruf zu geraten. So waren die Möglichkeiten (eher wohl: die Notwendigkeit) für ältere Frauen (Witwen), außerhalb des eigenen Haushaltes aktiv zu werden, zwar größer als die jüngerer, verheirateter Frauen; ihr Wirken in der Öffentlichkeit wurde aber nicht wirklich akzeptiert.

5. Die Sklaven im römischen Haushalt

Zu einem typischen römischen Haushalt gehörten weitere Gruppen als nur Ehefrau und Kinder, nämlich Sklaven, Freigelassene und Klienten. Er entsprach also, auch wenn in ihm neben Eltern und Kindern keine weiteren Verwandten lebten, nicht unserer Kernfamilie. Antike Autoren gehen wie selbstverständlich davon aus, dass Sklaven oder Freigelassene und unter Umständen auch Klienten zum Haushalt gehörten. Die römischen Juristen diskutierten etwa die Frage, ob jemand, dem das Nutzungsrecht an einem Haus vermacht worden war, in diesem Haus nicht nur seine Familienangehörigen und seine Sklaven, sondern auch seine Freigelassenen wohnen lassen dürfe, und die Frage wurde bejaht

(Digesta 7, 8, 2–4, pr. [Ulpian, Paulus]). Der Jurist Paulus fügte auch noch die Klienten hinzu (Digesta 7, 8, 3 [Paulus]).

Mit wachsendem Wohlstand nahm die Zahl der Sklaven, die sich in einem Haushalt aufhielten, zu. In den vorindustriellen Gesellschaften, und dies gilt auch für Rom, schwankt die Haushaltsgröße sehr viel stärker, als dies heute der Fall ist: Es bestand eine Korrelation zwischen Wohlstand und Haushaltsgröße. Im Jahre 61 n. Chr. wurde an 400 Sklaven eines vornehmen Senators, der ermordet worden war, die Todesstrafe verhängt, weil sie die Straftat nicht verhindert hatten. Es handelte sich wohlgemerkt nur um die Sklaven, die sich zum Zeitpunkt der Bluttat im städtischen Haushalt aufgehalten hatten (Tacitus, Annales 14, 43). Auch Freigelassene blieben oft im Haus ihres Patrons wohnen, verfügten hier u. U. über ein eigenes Appartement. Das Familienleben in den besitzenden Schichten fand in der Umgebung von Dutzenden und manchmal Hunderten von Haussklaven statt.

Haushaltssklaven sowie Freigelassene hatten oftmals ein sehr vertrautes Verhältnis zu ihren Herren. Die Bindungen zwischen Patron und Freigelassenen konnten über den Tod hinaus Bestand haben. Die Freigelassenen hatten den Namen ihres Freilassers übernommen und führten gewissermaßen dessen Familie weiter. Freigelassene wurden vielfach zu Vormündern für minderjährige Kinder eingesetzt. Andere Erblasser sorgten testamentarisch für ihre alten Freigelassenen und verpflichteten die Erben, ihnen den Unterhalt zu gewähren; dies beinhaltete zum einen die Nahrungsmittel, zum anderen häufig noch dazu ein Kleidergeld. Auch das Wohnrecht war vielfach einbezogen. Die Bedingungen für die Renten variierten: Sie wurden in Geld oder Naturalien gewährt. Üblicherweise wurden sie auf Lebenszeit ausgesetzt, aber der Erblasser konnte auch einen Endtermin bestimmen oder eine Bedingung für die Auszahlung der Rente setzen. Legate umfassten ferner Grund und Boden, einmalige Geldzahlungen u. a. mehr.[150] Die Sklaven und die Freigelassenen galten als vollwertige Mitglieder des Haushaltes. Häufig gestatteten die Erblasser, dass in ihren Grabmälern auch ihre Freigelassenen bestattet wurden. In vielen Grabinschriften findet sich der Hinweis, dass das Grabmal nicht nur für den Erblasser, sondern auch für dessen Freigelassene und deren Nachkommen errichtet wurde.[151]

Innerhalb des Hauses war es dem Eigentümer schon möglich, sich von den Sklaven zu separieren, wenn er seine Ruhe haben wollte.[152] Aber Tacitus hält es für bemerkenswert, dass bei den

Germanen die Sklaven und ihre Eigentümer jeweils getrennte Wohnsphären hätten; bei den Römern muss die Situation eine andere gewesen sein (Tacitus, Germania 25). Hier und da lassen sich die Sklavenquartiere archäologisch nachweisen: zumeist ein Trakt von kleinen Räumen, die als *cellae* von Sklaven identifiziert werden können. In den kleineren Häusern ist es schwieriger, die Sklavenquartiere archäologisch zu erfassen, einfach deswegen, weil auch die Zahl der Sklaven in diesen Häusern geringer war. Möglicherweise waren die Sklaven in den kleineren Häusern mit ihrer begrenzten Grundfläche häufig im Obergeschoss untergebracht. Vermutlich existierten aber nicht in allen Häusern separate Sklavenquartiere, und dies mag selbst für viele größere Häuser gegolten haben. In den meisten pompeianischen Häusern scheinen die Sklaven dort geschlafen zu haben, wo gerade Platz für sie war. In einer juristischen Quelle ist von einem jungen Sklaven die Rede, der hingerichtet wurde, weil er die Ermordung seines Herrn nicht nur nicht verhindert, sondern nicht einmal nach dem Mord Hilfe herbeigerufen hatte; der Sklave schlief zu Füßen seines Herrn (Digesta 29, 5, 14 [Marcianus]). In anderen Häusern nächtigten Sklaven vor der Tür ihres Herrn. Die Sklaven waren in den großen aristokratischen Häusern allgegenwärtig. Der Haushalt hatte den Erwartungen der Standesgenossen zu entsprechen, und hierzu gehörte auch eine große Zahl von Sklaven. Die Allgegenwart der Sklaven muss immer in Betracht gezogen werden, wenn man sich mit dem römischen Familienleben beschäftigt. Es bestand stets die Gefahr, dass die Dinge, die im Haus vor sich gingen, von klatschsüchtigen Sklaven nach draußen getragen wurden. Die Angst der Sklaveneigentümer vor dem Gerede und dem Klatsch ihrer Sklaven war sehr groß; sie konnten nie ganz sicher sein, nicht von Sklaven belauscht zu werden.

6. Das römische Haus

Das typische Wohnhaus der Oberschichten war das Atrium-Haus. Das Atrium war ein Innnenhof, der bis auf eine kleine Öffnung überdacht war. In einem Basin unter dieser Dachöffnung wurde das Regenwasser aufgefangen. Die Wohnräume waren um diesen Innenhof herum angelegt. Ein Teil dieser Räume war zum Hof hin offen, andere, vor allem die Schlaf- und Speiseräume, geschlossen. Da das Atrium für Besucher offen war, wurde somit zwischen Räumen differenziert, die die Privatsphäre schützten, und solchen, die für Besucher und Klienten ohne weiteres zugänglich waren. Im Atrium fand das soziale Leben des Hauses statt.

Auch heute noch gilt die Größe des Hauses als Symbol für den sozialen Status. Dies war im Römischen Reich in noch sehr viel stärkerem Maße der Fall. Das Haus spiegelte den Wohlstand und den sozialen Rang seines Eigentümers wider. Es war wichtig für einen Aristokraten, ein großes Haus zu haben, weil die meisten seiner öffentlichen Pflichten sich hier vollzogen. In den großen Privathäusern der mächtigen Aristokraten wurden auch öffentliche Geschäfte erledigt. Wenn Freunde oder Klienten ihres Patrons Hilfe benötigten, so besuchten sie ihn in seinem Haus. Der morgendlichen *salutatio*, dem Empfang der Klienten und Freunde, diente vor allem das Atrium. Die Zahl der Besucher war ein Indikator für die Macht, über die ein Mann verfügte.

In den römischen Häusern wurde nicht zwischen dem Wohnraum von Männern und Frauen, Erwachsenen und Kindern differenziert. Natürlich hatte die Hausfrau in den größeren Häusern ihre eigenen Räume; aber es waren nicht ganze Teile des Hauses den Frauen vorbehalten, wie dies in einem typischen griechischen Haus der Fall war. In den Oberschichtenhäusern verfügten Mann und Frau häufig jeweils über getrennte Schlafgemächer, was aber nicht ausschloss, dass sie gleichwohl die meisten Nächte gemeinsam verbrachten. In dem modernen Haus finden sich in aller Regel eigene Räumlichkeiten für die Kinder. Anders in Rom: Die Kinder spielten und lebten unter den Erwachsenen; viele Kinder schliefen vermutlich in denselben Räumen wie die Sklaven, von denen sie betreut wurden, Amme und Pädagogen. Im archäologischen Befund sind eigene Kinderzimmer nicht nachzuweisen. Wenn römische Autoren Kinder beim Spiel zeigen, so nicht in einem eigenen Kinderzimmer, sondern im zentralen Wohn- und Empfangsraum, dem Atrium.

Das Atrium, wo die Hausfrau ihren Textilarbeiten nachging und die Kinder spielten, aber auch die *salutatio* stattfand, ist somit ein gutes Beispiel für die Vermengung von öffentlichem und privatem Bereich. In den Häusern der großen Familien blieb nicht viel Raum für Intimität. Die vermögenden Männer empfingen stets eine große Zahl von Besuchern, und sie lebten mit einer großen Schar von Sklaven in einem Haushalt. Heute dient das Haus dem Schutz der Privatsphäre; in den römischen Häusern war die

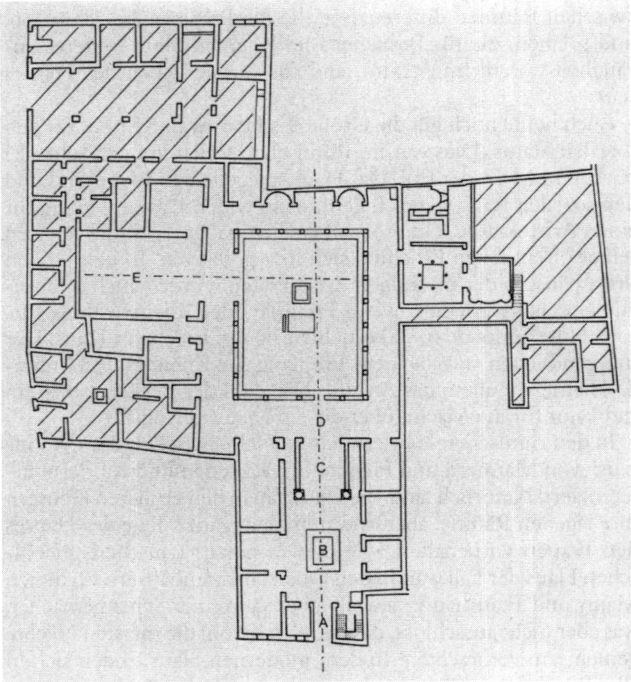

Abb. 7: Pompeji. Grundriß der Casa del Menandro (1. Jh. v./n. Chr.). Haus mit Atrium, Peristyl und Empfangsraum. Die Sklaven- und Bedienstetenräume (schraffiert) befinden sich am Rande des Gebäudes und sind für die Besucher des Hauses gewissermaßen »unsichtbar«.

Unterscheidung zwischen Privat und Öffentlich, die für uns so wichtig ist, bei weitem nicht so deutlich ausgeprägt; beides war im römischen Haus eng miteinander verbunden. Es gab natürlich Räume, die einen »privateren« Charakter hatten. Aber selbst in einem Raum wie dem Schlafgemach, der heute eindeutig der Intimsphäre zugeordnet ist, wurden Besucher empfangen. In welche Bereiche Besucher vordringen konnten, hing von ihrer sozialen Stellung und ihren Beziehungen zum Haushaltsvorstand ab. Klienten und Abhängige wurden im Atrium empfangen, höher gestellte Freunde wurden in die »privateren« Räume vorgelassen. Es gab also im römischen Haus keine Dichotomie zwischen »pri-

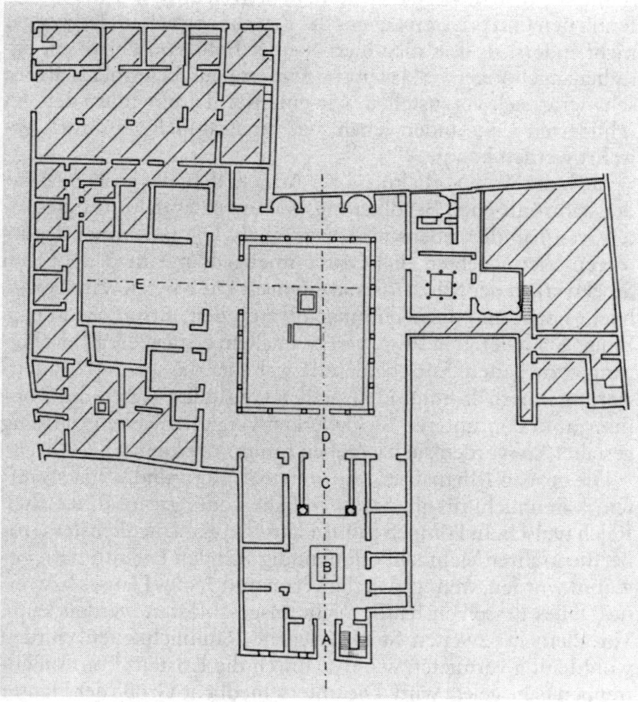

Abb. 8: Pompeji. Grundriss der Casa degli Amanti (1. Jh. v./n. Chr.). Haus mit Atrium, Peristyl und Empfangsraum. Auf der linken Seite die Zellen für die Sklaven.

vaten« und »öffentlichen« Räumen. Es existierte keine eindeutige Trennung der Sphären von Mann und Frau, von Herren und Sklaven, von Erwachsenen und Kindern, von Familienangehörigen und Fremden. Wollte man aus einem Raum in den anderen, so musste man durch das Atrium, in dem sich weite Teile des öffentlichen und privaten Lebens der Familie abspielten. Es ging gar nicht anders, als dass man hierbei einer Fülle von Personen, Familienangehörigen, Sklaven und Fremden, begegnete. Es ist schwierig, sich vorzustellen, wie eine Kernfamilie unter den geschilderten Umständen leben, wie eine familiäre Intimität gewahrt werden konnte.[153]

Auch die Wohnverhältnisse der Armen, d. h. der großen Masse der stadtrömischen Bevölkerung, waren der Entfaltung eines intensiven Familienlebens nicht zuträglich. Die Bewohner der ärmeren Viertel lebten dicht zusammengedrängt in den oberen Stockwerken der Miethäuser, der *insulae*. Die Mieten waren exorbitant hoch, und die Wohnungen waren dementsprechend eng. Einige Stadtviertel in Rom waren vor allem der ärmeren Bevölkerung vorbehalten. Entscheidender war aber die soziale Differenzierung innerhalb ein und desselben Gebäudes: Waren die Wohnungen in den unteren Stockwerken vergleichsweise großzügig gestaltet, so wurden sie nach oben hin immer kleiner.

Die großen Miethäuser, wie wir sie in Rom und Ostia antreffen, waren nicht für alle Städte in Italien oder gar im Römischen Reich typisch. In Pompeii gab es Häuser unterschiedlichster Größe, die in ihrer Mehrzahl offenkundig von den Eigentümern bewohnt wurden, wenngleich die Vermietung eines Hauses bzw. eines Teiles desselben häufig nicht ausgeschlossen werden kann. Vor allem im zweiten Stock gelegene Räumlichkeiten wurden wohl häufig vermietet, wie u. a. durch die Existenz von Außentreppen nahe gelegt wird. Die unterschiedliche Größe der Häuser selbst in ein und demselben Stadtviertel ist eines der bemerkenswertesten Kennzeichen des Stadtbildes von Pompeii und Herculaneum.[154]

Wie sich die Wohnverhältnisse gestalteten, darüber können auch für Pompeii letztlich nur Mutmaßungen angestellt werden. Das grundlegende Problem besteht darin, dass die genaue Einwohnerzahl der Stadt nicht bekannt ist. Beim jetzigen Forschungsstand wird man von ca. 10.000 Einwohnern ausgehen dürfen. Die Zahl der Wohnhäuser kann mit 1200 bis 1300 angegeben werden. Dies ergibt eine durchschnittliche Haushaltsgröße von 7,7 bis 8,3 Personen; im frühneuzeitlichen Europa lag sie demgegenüber bei vier bis fünf Personen: Dieser recht beträchtliche Unterschied ergibt sich im Wesentlichen aus der großen Bedeutung der Sklaverei in den antiken Städten.

Für die Landbevölkerung lassen am ehesten die ägyptischen Papyri in Verbindung mit dem archäologischen Befund Aussagen zu den Wohnverhältnissen der großen Masse der Bevölkerung zu.[155] In den Papyri finden sich zahlreiche Hinweise auf Häuser, deren Verkauf, Vermietung, Vererbung usw. Häufiger als auf ganze Häuser beziehen sich diese Dokumente jedoch auf Teile von Häusern. Die Fragmentierung des Hausbesitzes resultierte vor allem aus dem ägyptischen Erbrecht, welches eine Aufteilung der Erbmasse unter alle Kinder vorsah. Die Häuser waren nach unseren Maßstäben sehr klein, die Bewohner drängten sich in wenigen Räumen zusammen, sie lebten ständig mit anderen auf engstem Raum zusammen. Häufig wurde Wohnraum in einem Haus auch an Nicht-Verwandte vermietet. Das Haus bot zwar Schutz, es hatte aber für die bäuerlichen Familien nicht dieselbe Bedeutung wie in unserer Gesellschaft. Die Bauern verbrachten den größten Teil ihrer Zeit außerhalb des Hauses. Das Haus oder die Wohnung war auch für die Angehörigen der Unterschichten nicht der Ort intimen Familienlebens.

7. Die Verwandtschaftsfamilie

Zwischen Verwandten (auch angeheirateten) bestand eine enge Solidarität; man konnte sich auf ihre Hilfe sowohl in Routineangelegenheiten wie auch in Notsituationen verlassen.[156] Der Kapitalmarkt in Rom war kaum entwickelt; selbst die vermögendsten Senatoren hatten oft Schwierigkeiten, größere Geldsummen aufzubringen. In dieser Situation wandte man sich häufig an Verwandte. Als Plinius der Jüngere ein Landgut kaufen wollte, lieh ihm seine Schwiegermutter hierfür Geld (Plinius, Epistulae 3, 19, 8). Der Landbesitz der römischen Aristokraten war weit verstreut. Es war daher hilfreich, wenn man zur Inspektion eines Landgutes die Dienste eines Verwandten in Anspruch nehmen konnte (Plinius, Epistulae 6, 30). Für dieselben Dienste konnte man allerdings auch auf einen weiten Kreis von Freunden zurückgreifen. Die Verwandtschaft hatte für den Römer eine große

Bedeutung; nahezu ebenso wichtig waren aber die Solidaritäten unter Freunden und Nachbarn.

Es wurde terminologisch zwischen den Verwandten väterlicher- und mütterlicherseits unterschieden: dem *patruus* bzw. *avunculus*, der *amita* bzw. der *matertera*, also dem Onkel bzw. der Tante väterlicher- und mütterlicherseits. Erfüllten diese Verwandten aber auch jeweils unterschiedliche Funktionen? Tatsächlich gilt der Onkel väterlicherseits, der *patruus*, in der römischen Literatur als Autoritätsperson, der seinen Neffen zurechtweist. Vielfach fungierte er als Vaterersatz, indem er die Vormundschaft über die Kinder seines verstorbenen Bruders führte. Was für den *patruus* bzw. *avunculus* noch durchaus gilt, lässt sich allerdings für die anderen Verwandten von väterlicher bzw. mütterlicher Seite nicht verallgemeinern. Die Römer hatten kein durchgängiges Verwandtschaftssystem, nach dem den Verwandten väterlicher- und mütterlicherseits jeweils unterschiedliche Funktionen zugekommen wären.

Im Erbrecht hatten die Agnaten Vorrang. Nach dem Zwölftafelgesetz (451/0 v. Chr.) erbten zunächst die *sui heredes*, d. h. all die Personen, die unmittelbar der *patria potestas* des Verstorbenen unterstanden und bei seinem Tod *sui iuris* wurden. Beim Fehlen eines *suus heres* folgten in der Intestaterbfolge die Agnaten (bis zum siebten Verwandtschaftsgrad), dann kamen die Mitglieder des Geschlechts, der *gens*, des Verstorbenen. Das Intestaterbrecht wurde durch die Prätoren, die in Rom für die Rechtsprechung zuständig waren, gegenüber dem Recht der Zwölftafeln in einigen Punkten modifiziert. Jeder Prätor erließ zu Beginn seiner Amtszeit ein Edikt, in dem er verkündete, nach welchen Rechtssätzen er Recht sprechen werde. Dieses Edikt wurde eine wichtige Quelle für das römische Zivilrecht; es wurde von Jahr zu Jahr weitergegeben. Nach prätorischem Recht nun standen in der Erbfolge an erster Stelle die Kinder, ganz gleich ob sie sich noch in der väterlichen Gewalt befanden oder emanzipiert worden waren. Es folgten die Agnaten, sodann die Kognaten, d. h. die Blutsverwandten, die jetzt die Gentilen verdrängten. Damit wurden die Verwandten mütterlicherseits zum ersten Mal in die Intestaterbfolge einbezogen, aber es wurde dennoch keine Gleichstellung der beiden Linien erreicht: Denn die Kognaten kamen lediglich beim Fehlen von Agnaten zum Zuge. Immerhin wurde dank des prätorischen Rechts die Wahrscheinlichkeit größer, dass Vermögenswerte aus einer Familie in die andere wechselten.

Die Sitte, ein Testament zu errichten, war im Römischen Reich schon sehr früh weit verbreitet, die Regeln der Intestaterbfolge konnten hierdurch eigenen Wünschen und Bedürfnissen angepasst werden. Legate wurden breit gestreut (an Freunde, Bekannte, entfernte Verwandte), aber die nächsten Verwandten wurden doch den Außenstehenden, was die eigentliche Erbmasse anbelangt, vorgezogen. Beim Fehlen von Kindern kamen zunächst die nächsten Agnaten als testamentarische Erben in Betracht; man ging hier selten über den Bruder, die Schwester oder die Kinder eines Bruders, den Onkel väterlicherseits hinaus. Zwar bestanden zum Onkel mütterlicherseits, dem *avunculus*, sehr liebevolle Beziehungen, aber die Kinder der Schwester wurden doch nur selten zu Erben eingesetzt. Die Agnaten wurden also den Kognaten im Testament vorgezogen. Bereits in der späten Republik war es allerdings üblich, dass die Mutter ihre Kinder zu Erben einsetzte, selbst wenn sie noch der väterlichen Gewalt unterstanden. Über die Geschwister und ihre Nachkommen hinaus zeigten die Testatoren wenig Interesse an ihren Verwandten. Onkel und Tanten sind in den uns bezeugten Testamenten kaum jemals erwähnt (dies ist natürlich zum Teil mit dem Altersunterschied zu erklären: viele Erblasser hatten keine Onkel und Tanten mehr, die sie hätten testamentarisch bedenken können); Cousins wurden sehr selten zu Erben bestellt; sie erhielten zumeist lediglich Legate. Damit ist auch die Grenze bezeichnet, jenseits derer Verwandte kaum noch in Testamenten genannt werden. Weiter entfernten Verwandten wurden Freunde und Bekannte als Erben und Legatare vorgezogen. Jenseits der Kernfamilie (Kinder, Ehefrau) bestanden also lediglich zu Geschwistern und deren Kindern so enge Kontakte, dass sie hoffen konnten, zu Erben eingesetzt oder wenigstens im Testament mit einem Legat bedacht zu werden.

Die Entwicklung der römischen Familie ist durch die Zurückdrängung agnatischer Verwandtschaftsprinzipien, hin zu einer eher lockeren, kognatischen, in erster Linie um Eltern und Kinder zentrierten Familie gekennzeichnet. Der Name wurde über den Vater weitergegeben, aber die Abstammung wurde nach beiden Linien berechnet. So führt Tacitus den Stammbaum seines Schwiegervaters in beiden Linien vor, um seine vornehme Abstammung deutlich zu machen (Tacitus, Agricola 4, 1f.). Die Abstammung von der mütterlichen Seite bekam ein größeres Gewicht. Diese Entwicklung spiegelt sich auch im Namensystem des 2. Jh. n. Chr. wider: die vornehmen Römer führten jetzt häufig mehrere Beinamen, die zum Teil von der mütterlichen Familie herrührten. Für einen Mann war es nahezu ebenso wichtig geworden, Kinder von der Tochter wie vom Sohn zu sehen. Der Redner Fronto äußert in einem Brief an seinen Schwiegersohn die Hoffnung, dass seine Familie »durch Kinder und Enkelkinder wachsen möge«. Fronto hatte lediglich eine überlebende Tochter, und seine Hoffnung auf Nachkommenschaft gründete sich allein auf sie (Fronto, Epistulae ad amicos 1, 12, 1). Die Bedeutung kognatischer Verwandtschaft wurde größer; man lebt, so konnte ein Jurist konstatieren, auch in den Kindern der Tochter fort, und deswegen wünsche man sich sowohl von Söhnen wie von Töchtern Nachkommenschaft (Digesta 50, 16, 220, 3 [Callistratus]). Im ersten Jahrhundert n. Chr. wird das Wort *domus* zunehmend als Terminus für die Verwandten verwendet, über die Kernfamilie hinaus. Anders als *familia* bezieht sich *domus* nicht allein auf die agnatischen Verwandten, sondern bezeichnet gleichermaßen die kognatischen Verwandten. Eine *domus* konnte auch durch die Kinder der Tochter fortgeführt werden, eine *familia* nicht.

8. Zusammenfassung

Die römische Familie wies vor allem in ihren juristischen Aspekten einige Charakteristika auf, die sie nicht nur von unserer Familie, sondern auch von der Familie in den meisten anderen Gesellschaften abhebt, darunter auch im klassischen Griechenland. Es ist zum einen die *patria potestas*, die die römische Familie auszeichnet. In den Beziehungen zwischen Mann und Frau ist die *sine manu*-Ehe bemerkenswert, die eine sehr lockere Einbindung der Ehefrau in die Familie des Ehemannes impliziert. Natürlich vermitteln die juristischen Quellen ein sehr einseitiges Bild von der römischen Familie; das Tötungsrecht des Vaters etwa wurde nur selten praktiziert, und auch die Gütertrennung zwischen Mann und Frau wurde nicht immer strikt durchgehalten. Trotzdem gab das Ehe- und Familienrecht der römischen Familie einen durch und durch eigenständigen Charakter.

Auf der anderen Seite waren es vor allem die demographischen Bedingungen, die die römische Familie prägten: hohe Sterblichkeit, spätes Heiratsalter der Männer, frühes Heiratsalter der Frauen, unzureichende Möglichkeiten der Empfängnisverhütung, zahlreiche Wiederverheiratungen, daraus resultierend eine große

Zahl von Familien mit Stiefeltern und Stiefgeschwistern: dies sind einige der Faktoren, die hier zu nennen wären. Die Kernfamilie war sehr zerbrechlich, wurde durch Wiederverheiratungen ständig neu konstituiert.

Es ist nicht ganz einfach, in der Geschichte der römischen Familie Wandel und Veränderung auszumachen. Ein wesentlicher Einschnitt, der Übergang von der *manus*- zur *sine manu*-Ehe erfolgte am Anfang der hier betrachteten Periode, in der späteren Republik. Weitere Wandlungen im Recht waren wichtig, aber letztlich nicht so einschneidend: Die väterliche Gewalt wurde im Verlauf der Kaiserzeit begrenzt, aber sie wurde bis hin zu Justinian (527–565) nicht aufgehoben. Die Stellung der Frau innerhalb der Familie, insbesondere in den Beziehungen zu den eigenen Kindern wurde gestärkt, aber es entwickelte sich nie so etwas wie eine mütterliche Gewalt, die der väterlichen Gewalt vergleichbar gewesen wäre. Ebenso wurde die Bedeutung der kognatischen Verwandtschaft gestärkt, aber die agnatische Verwandtschaft behielt im römischen Recht bis in die Spätantike hinein den Vorrang.

Noch schwerer fällt es, Veränderungen im emotionalen Klima innerhalb der Familie zu erfassen. Die väterliche Gewalt mag im Recht begrenzt worden sein, aber hieraus kann nicht gefolgert werden, dass die Beziehungen zwischen Vater und Sohn herzlicher und inniger geworden wären. Zahlreiche Ehefrauen verfügten über große Vermögenswerte, aber bis in die Spätantike war man sich einig, dass der Frau in der Ehe lediglich eine untergeordnete Position zukomme. Der Sieg des Christentums scheint zu keinen tief greifenden Wandlungen des Ehe- und Familienlebens geführt zu haben. In der Sexualmoral war die christliche Religion sehr viel stärker von der stoischen Philosophie der frühen Kaiserzeit beeinflusst, als dass sie ihrerseits prägend auf die Beziehungen innerhalb der Familie gewirkt hätte.

Mittelalter

von
Michael Mitterauer

I. Zwei Thesen in der Diskussion

In der Gegenwart werden mit dem Wort »Familie« im Wesentlichen zwei Bedeutungsfelder angesprochen, die Haushalts- und die Verwandtschaftsfamilie. In Wortverbindungen wie »Familienleben« oder »Familienbudget« ist ein engerer Personenkreis gemeint, der in örtlicher Gemeinsamkeit in einer Wohnung bzw. einem Haus zusammenlebt, d. h. eine »coresident domestic group«, um diesen treffenden Begriff der englischsprachigen Historischen Familienforschung aufzugreifen. Für die Verwandtschaftsfamilie gilt dieses Kriterium der Koresidenz nicht. Sie erfasst einen weiteren Personenkreis. Dessen horizontale Dimension ist etwa angesprochen, wenn wir den Begriff »Familie« in der Zusammensetzung »Familientreffen« verwenden, dessen vertikale, wenn von »Familientraditionen« die Rede ist. In diesem Verständnis gehören auch verstorbene »Familienmitglieder« zur »Familie«.

Eine wissenschaftliche Beschäftigung mit Familie in der Gegenwart wird sicher nicht Themen der Verwandtschaftsfamilie vor Themen der Haushaltsfamilie reihen. Die größere Relevanz der letzteren ist zu eindeutig. Behandelt man Familienverhältnisse des Mittelalters, kann die umgekehrte Abfolge sinnvoll sein. Die Ordnungen der Verwandtschaft hatten damals für alle Formen des familiären Zusammenlebens weit mehr Bedeutung als heute. So lassen sich die Familienverhältnisse auf der Ebene von Haus- bzw. Haushaltsgemeinschaften im Kontext von Verwandtschaftsstrukturen besser verstehen. Mit der Bedeutung von Verwandtschaft im Verhältnis zu Haushalt korrespondiert auch die Quellenlage. Für die Untersuchung von Verwandtschaftsverhältnissen liegen selbst für die extrem quellenarmen Zeiten des Frühmittelalters brauchbare Informationen vor. Bezüglich der Haushaltsfamilie ist es schlechter bestellt. Vor allem fehlt für das Mittelalter jener klassische Quellentyp fast vollkommen, der in der Erforschung neuzeitlicher Familienverhältnisse die »coresident domestic group« zum zentralen Untersuchungsgegenstand hat werden lassen, nämlich die Zensuslisten.

Über den Wandel von Verwandtschaftsverhältnissen im Mittelalter gibt es in der Literatur sehr unterschiedliche Meinungen. Auf zwei Thesen soll hier besonders verwiesen werden – nicht nur wegen der Bedeutsamkeit ihrer inhaltlichen Aussagen, sondern auch wegen ihrer sehr unterschiedlichen Zugangsweise, die wiederum in der fachlichen Herkunft ihrer Vertreter begründet ist. Die eine der beiden Thesen kommt aus der Mediävistik, die andere aus der Sozialanthropologie. Beide Thesen sehen den Strukturwandel von Verwandtschaftsbeziehungen im Zusammenhang mit grundsätzlichen gesellschaftlichen Veränderungsprozessen. Ihre Diskussion führt damit notwendig zu allgemeinen gesellschaftlichen Rahmenbedingungen von Familie und Verwandtschaft. Beide Thesen setzen die entscheidenden Wandlungsprozesse im Früh- und Hochmittelalter an. Ihnen folgend wird dieser Epoche in der Behandlung mittelalterlicher Familien- und Verwandtschaftsverhältnisse besondere Aufmerksamkeit zugemessen werden. Beide Thesen beanspruchen – implizit oder explizit – Veränderungsprozesse von europaweiter Geltung zu erklären. So gilt es, von ihnen ausgehend auch die Frage von überregionaler Einheit und regionaler Differenzierung zu besprechen. Als Frage nach den Entstehungsbedingungen spezifisch europäischer Phänomene der Verwandtschafts- und Familienstruktur führt die Diskussion dieser beiden Thesen letztlich zu maßgeblichen Bedingungsfaktoren des europäischen Sonderwegs der Gesellschaftsentwicklung im Allgemeinen, die als sozialer Kontext mittelalterlicher Verwandtschafts- und Familienverhältnisse zu berücksichtigen sind.

In seinem Buch über die Ehe im feudalen Frankreich »Ritter, Frau und Priester« formulierte der französische Mediävist Georges Duby[1] 1988: »Anknüpfend an die Forschungen von Karl Schmid und anderen Schülern Gerd Tellenbachs habe ich viel über ein sehr folgenschweres Phänomen geschrieben: über den Übergang einer Familienstruktur zu einer anderen. Am Ende des 9. Jahrhunderts wurde Verwandtschaft sozusagen horizontal erlebt, als eine soziale Einheit, die in einer Tiefe von lediglich zwei oder drei Generationen alle Verwandten und Verschwägerten, Männer und Frauen, auf derselben Ebene zusammenschloss.

Zeugnisse dessen sind das ›Manuale Dhuodas‹, aber auch die ›Libri memoriales‹, die Register zur pünktlichen Abhaltung von Seelenmessen, in denen Gruppen von beispielsweise einem Dutzend Verstorbenen und 30 Lebenden durch die Pflicht zum Gebet und durch dieselbe Heilshoffnung in geistlicher Gemeinschaft vereinigt sind. Mit der Zeit jedoch schob sich an die Stelle eines solchen Verbandes unmerklich ein neuer Typ, der nunmehr vertikal, allein auf die ›agnatio‹ hin organisiert war. Zur maßgeblichen Verwandtschaftseinheit wurde jetzt eine Abstammungslinie von Männern, in der die Stellung und das Recht der Frauen immer schwächer wurden und an der entlang das Gedächtnis immer mehr Tote umfasste, bis hin zu einem Stammvater, dem heldenhaften Begründer des Geschlechts, der von Generation zu Generation in eine immer fernere Vergangenheit rückte. Seit langem schon stellte sich das Königshaus in diesem Bilde dar. Während der ersten Phase der Feudalisierung, im 10. Jahrhundert, wurde es von den Inhabern der mächtigen Fürstentümer, die sich damals bildeten, übernommen. Dann verbreitete es sich durch Nachahmung, und diesmal sehr rasch, im Zuge der großen Umwälzung um das Jahr 1000, als sich mit der Grundherrschaft (›seigneurie‹) ein neues System der Ausbeutung etablierte, über die ganze Gesellschaftsschicht hin, die durch dieses System fortan strikt vom Volke geschieden war.«

In dieser Fassung könnte man wohl von einer Schmid-Duby-These sprechen. Karl Schmid selbst hat seine Überlegungen über den radikalen Wandel der Verwandtschaftsordnungen im hochmittelalterlichen Adel zwar in zahlreichen Einzelstudien entwickelt, aber nirgendwo derart thesenhaft knapp zusammengefasst – auch nicht in seiner ersten einschlägigen Veröffentlichung »Zur Problematik von Familie, Sippe und Geschlecht, Haus und Dynastie beim mittelalterlichen Adel« aus dem Jahr 1957.[2] Aus seinen verstreuten Aussagen ergibt sich aber im Wesentlichen ein übereinstimmendes Bild, wenn auch mitunter etwas vorsichtiger formuliert als bei Duby. Grundgedanke ist die Entstehung des Adelsgeschlechts als eines geschlossenen agnatischen Verwandtschaftsverbandes. Es löste eine offenere Verwandtschaftsgruppe der Karolingerzeit ab, in der die kognatischen Beziehungen eine größere Rolle gespielt hatten. Übereinstimmung herrscht auch in der Zugangsweise. Die beiden unterschiedlichen Formen adeliger Verwandtschaftsstruktur werden aus unterschiedlichen Quellentypen erschlossen, die über ganz verschiedene Dimensionen von Verwandtschaft Schlüsse erlauben, die ältere Form aus Eintragungen in Verbrüderungsbüchern zum Zweck des Totengedenkens, die jüngere vor allem aus der Benennung von Adeligen nach Burgen, aus Beziehungen zu Hausklöstern, aus dem Aufkommen von Familienwappen. Diese Vorgangsweise schafft Probleme der Vergleichbarkeit. Von Seiten der Sozialanthropologie wurde dementsprechend gegen die Mediävistik der Vorwurf »unpräziser und konfuser Terminologie« und des Fehlens klarer Konzepte von Verwandtschaftssystemen erhoben.[3]

Die bei weitem wichtigste und einflussreichste Theorie über den Wandel von Verwandtschaft im Mittelalter von Seiten der Sozialanthropologie ist sicher die so genannte »Goody-These«. 1983 veröffentlichte der Sozialanthropologe Jack Goody sein grundlegendes Werk »Die Entwicklung von Ehe und Familie in Europa.« Der Verlag präsentierte den Grundgedanken der Arbeit in folgender Weise: »In diesem höchst originellen und weitreichenden Werk entwickelt Jack Goody die Theorie, dass sich im nördlichen Mittelmeerraum vom 4. Jahrhundert an das Verwandtschaftssystem und damit das Erbrecht tiefgreifend veränderte. Die Verantwortung dafür schreibt er dem Bestreben der christlichen Kirche zu, sich Besitz anzueignen, der sich zuvor in den Händen der Familien befand. Eine Ehe mit einem nahen Verwandten war zuvor die Norm, nach 300 n. Chr. wurde sie zu einem Tabu. Das gleiche passierte mit der Adoption, aber auch mit der Pflicht eines Mannes, die Witwe des verstorbenen Bruders zu heiraten. Durch diese Veränderung brach das christliche Europa radikal mit der eigenen Vergangenheit. Goody stellt die These zur Diskussion, dass die frühe Kirche – mit der Notwendigkeit konfrontiert, für jene Menschen zu sorgen, die ihre Familien hinter sich ließen, um der Kirche zu dienen, – die Regeln der Ehe mit der Absicht änderte, Familienreichtum der Kirche zuzuleiten. Durch die Entfremdung der Familienrechte wurde die Kirche ein ›Erbe‹ und konnte ausgedehnte Besitztümer erwerben. Indem er die Folgen dieser Veränderung bis zum heutigen Tag verfolgt, stellt Jack Goody einige fundamentale Voraussetzungen über die Entstehung der europäischen Gesellschaft in Frage …«.[4]

Wissenschaftliche Neuerungen haben häufig mehrere Väter. Goody zitiert in seinem Literaturverzeichnis – nicht in den Anmerkungen – Sidney Mintz und Eric Wolf[5] mit ihrer grundlegenden Studie zur Geschichte der Patenschaft. Hier findet sich bereits die Idee, die Kirche habe aus Interesse an testamentarischen

Zuwendungen die Verbote der Heirat unter Blutsverwandten derart drastisch ausgeweitet – allerdings in einer differenzierteren Erklärung als einer von drei Gründen, die zu verstärkter Exogamie geführt haben sollen. Verfolgt man die Genealogie der Ideen weiter, so zeigen sich »Abstammungslinien« nach Zagreb und Wien zu zwei so unterschiedlichen »Ahnherren« wie Dinko Tomašic und Alfons Dopsch.[6] Wie auch immer – Heiratsregeln sind ein klassisches Thema der Sozialanthropologie, das in den umfassenderen Kontext von Verwandtschaftssystemen führt. So ist es kein Zufall, dass sich gerade Sozialanthropologen dieses Themas auch für die Geschichte des mittelalterlichen Europa annahmen. Ihnen sind die entscheidenden Anstöße für den Versuch einer systematischen Einordnung europäischer Verwandtschaftsentwicklungen im Mittelalter zu verdanken.

Sowohl die Schmid-These als auch die Goody-These haben Widerspruch gefunden.[7] Die gegensätzlichen Meinungen sind noch lange nicht ausdiskutiert. Die beiden Thesen stehen zueinander auch in einem gewissen Gegensatz, insofern Goody eine sukzessive Überwindung agnatischer Strukturen postuliert, Schmid aber die Neuentstehung solcher Strukturen für das Hochmittelalter annimmt. Vereinbarkeit wäre nur dann gegeben, wenn man auf eine Verallgemeinerung der von Schmid beobachteten Tendenzen verzichtet und in ihnen eine auf den Adel beschränkte Sonderentwicklung sieht. Hinsichtlich der Entwicklungstrends mittelalterlicher Verwandtschaftsordnungen sind also noch sehr viele Fragen offen, so dass es derzeit unmöglich erscheint, einen zusammenfassenden Überblick als Synthese gesicherter Forschungsergebnisse zu geben. Das Bemühen um ein kohärentes Gesamtbild bedarf daher neuer Ansätze. Alle Versuche einer Neuinterpretation aber werden diesen beiden wichtigen Thesen verpflichtet bleiben, die die Diskussion um die Veränderungsprozesse mittelalterlicher Verwandtschaftsordnungen ausgelöst haben – sowohl in der Beschreibung von deren Verlauf als auch in den Modellen einer Erklärung aus umfassenden gesellschaftlichen Zusammenhängen.

II. Die Verwandtschaftsfamilie

1. Terminologie der Verwandtschaft – Wandel und Beharrung im europäischen Vergleich

In der Rekonstruktion mittelalterlicher Verwandtschaftsordnungen soll zunächst von der Verwandtschaftsterminologie ausgegangen werden, auch wenn Veränderungstendenzen in Verwandtschaftsbezeichnungen sicher nur ein sehr grober Indikator für Veränderungstendenzen von Verwandtschaftssystemen sind.

Vielerlei ist bei der Interpretation solcher Zusammenhänge zu bedenken:[8] Verwandtschaftsbezeichnungen überleben oft sehr lange jene sozialen Strukturen, in denen sie entstanden sind, und dieser Verzögerungseffekt ist wohl der gravierendste Einwand gegen derartige Rekonstruktionen; Verwandtschaftsbezeichnungen werden durch neue ersetzt, ohne dass sich in der Position des Bezeichneten im System etwas ändert; Verwandtschaftsbezeichnungen vereinfachen das Bild der Verwandtschaftsordnung, indem sie die Komplexität gesellschaftlicher Verhältnisse reduzieren; Verwandtschaftsbezeichnungen sind oft aus der Sprache gesellschaftlicher Sonderbereiche überliefert, die für die Kommunikationsverhältnisse des Alltags nicht als repräsentativ angesehen werden können. Letzteres gilt etwa für das Mittelalter für Bestimmungen über Bußzahlungen von Verwandten in Blutrachefällen oder für Heiratsverbote unter Verwandten. Gerade Rechtsquellen dieser Art bieten in ihrer Systematik von Verwandtschaftsbezeichnungen scheinbar einen besonders günstigen Zugang zur Erschließung von Verwandtschaftssystemen, haben aber in Hinblick auf ihren Sondercharakter nur beschränkte Aussagekraft.

Trotz solcher berechtigter Bedenken gibt es ein entscheidendes Argument dafür, in der Rekonstruktion mittelalterlicher Verwandtschaftsordnungen von der Verwandtschaftsterminologie auszugehen: Im Kontext der Sprachentwicklung lässt sich die Entwicklung der Verwandtschaftsbegriffe für alle europäischen Sprachen über lange Zeiträume hin verfolgen. Die aus mittelalterlichen Quellen überlieferten bzw. aus der Sprachgeschichte rekonstruierten Verwandtschaftsbegriffe sind die einzige Quelle zur Erschließung mittelalterlicher Verwandtschaftsordnungen, die gleichsam flächendeckend analysiert werden kann. Will man etwa die bisher – übrigens nicht nur des Quellenmangels wegen – stark vernachlässigten Großregionen Ost- und Südosteuropas in die Untersuchung einbeziehen, so ist man auf diesen Quellentypus angewiesen. Er ermöglicht es, im zeitlich und räumlich weit ausholenden Vergleich Makrotendenzen zu rekonstruieren. Das so erstellte Bild bedarf allerdings vielfältiger Ergänzungen und Spezifizierungen aufgrund weiteren Quellenmaterials.

a) Parallelisierung zwischen väterlichen und mütterlichen Verwandten

In seiner grundlegenden Studie »Changing kinship in Europe« hat R.T. Anderson 1963 auf einen wichtigen Veränderungsprozess hingewiesen, der sich in der Verwandtschaftsterminologie der meisten europäischen Sprachen feststellen lässt:[9] Es kommt zu einer Verlagerung von einem bifurkativ-kollateralen System zu einem linearen. Charakteristisch für ersteres ist eine nach der »Gabelung« in die väterliche und die mütterliche Linie differenzierte Begrifflichkeit, für letztere eine nach beiden Seiten hin vereinheitlichte. Ein besonders markanter Unterschied der Systeme ist die jeweilige Bezeichnung für die Geschwister der Eltern. Im bifurkativ-kollateralen Typus wird etwa zwischen »patruus« und »avunculus« als Bruder des Vaters bzw. der Mutter im Lateinischen oder zwischen »Vetter« und »Oheim« mit der gleichen Bedeutung in älteren Phasen der deutschen Sprache unterschieden. Als Schwester des Vaters bzw. der Mutter korrespondieren damit »amita« und »matertera« bzw. »Base« und »Muhme«. Ein verwandter »Mischtyp« differenziert nur bei den männlichen Geschwistern der beiden Elternteile. Im jüngeren linearen Typus sind die Geschwister der Vater- und Mutterseite gleichgestellt. Französisch »oncle« und »tante« englisch »uncle« und »aunt« , deutsch »Onkel« und »Tante« beziehen sich auf beide. Der Prozess der Gleichstellung von Verwandtschaftsbezeichnungen auf Vater- und Mutterseite wirkt sich beim linearen System auch auf andere Verwandtschaftsgrade aus. Man kann deshalb insgesamt von einem Prozess der Parallelisierung sprechen.

Anderson geht in seiner Studie von einem engen Zusammenhang zwischen Systemen von Verwandtschaftsbezeichnungen und sozialen Systemen aus: »Die hier diskutierten Typen der Verwandtschaftsterminologie scheinen völlig übereinstimmend mit bestimmten Formen der sozialen Organisation verbunden zu sein. Unter den Gesellschaften, die indoeuropäische Sprachen sprechen, sind bifurkativ-kollaterale, gemischte und ›oldest Sanskrit‹-Typen der Bezeichnung stets mit Formen der sozialen Organisation verbunden, in denen die grundlegende Einheit die patrilineal erweiterte Familie ist. Der lineare Typ der Verwandtschaftsterminologie korreliert stark mit der Existenz von konjugalen Familien als wesentlicher sozialer Einheit. Diese Familienformen üben über mit ihnen verbundene Institutionen Einfluss auf die Terminologie aus – über Regeln des Besitzes und der Vererbung von Eigentum, über Wege, die Abstammung festzulegen, über Praktiken verbotener oder bevorzugter Eheschließungen, über Residenzregeln. Von diesen Praktiken scheinen mit Eigentum und Residenz verbundene Gewohnheiten den stärksten Einfluss auf Verwandtschaftsbegriffe gehabt zu haben«.[10] Die von Anderson auf dieser Grundlage formulierte These einer unmittelbaren Entsprechung von Formen der sozialen Organisation, Familieninstitutionen und Verwandtschaftsbegriffen wird allerdings durch einen wichtigen Zusatz relativiert: »The terms may represent instances of cultural lag, reflecting social traditions of a by-gone period.«[11]

Von den beiden eingangs zur Diskussion gestellten Theorien ist die von Karl Schmid und Georges Duby schwer mit den von Anderson beobachteten Entwicklungstendenzen vereinbar. Wäre es in europäischen Gesellschaften des Mittelalters zu einer Verschiebung von horizontalen zu vertikalen Verwandtschaftsgruppen gekommen, so hätte ein derart grundsätzlicher Wandel in der Begrifflichkeit der Verwandtschaft einen Niederschlag finden müssen – etwa durch ein Wiederaufleben oder zumindest durch eine Stabilisierung von bifurkativ-kollateralen Terminologien. Das war jedoch nicht der Fall. Die Goody-These hingegen steht mit der Entwicklung der Begrifflichkeit in Einklang. Auf sie bezogen stellt sich allerdings die Frage, ob die angenommenen Bedingungsfaktoren von Formen der sozialen Organisation und Institutionen der Familienverfassung in der vorgeschlagenen Weise haltbar sind.

Der von Anderson beobachtete Prozess der Parallelisierung von Verwandtschaftsbezeichnungen der Vater- und Mutterseite war zu Beginn des Mittelalters in Europa erst in zwei Sprachen vollzogen, allerdings zwei von besonderer Bedeutung, nämlich im Griechischen und im Vulgärlateinischen. Die griechische

Sprache hatte in homerischer Zeit noch eindeutig eine bifurkativ-kollaterale Verwandtschaftsterminologie. Zwischen dem fünften und dritten Jahrhundert v. Chr. können wir bereits eine Tendenz zur Parallelisierung feststellen: »theios«, »theia« für Onkel und Tante – Wurzel der italienischen Bezeichnungen »zio« und »zia« – erscheinen als Leitbegriffe der Neuorientierung. Dass gerade diese Sprache als Erste den für die Entwicklung der europäischen Verwandtschaftsterminologie so wegweisenden Übergang vollzieht, ist sicher kein Zufall. Dementsprechend wichtig erscheint die Frage nach den soziokulturellen Bedingungen dieser Transformation. Für sie eine Antwort zu finden, würde allerdings weit über den hier zu behandelnden Untersuchungszeitraum hinausführen. Nur so viel sei gesagt, dass diese Transformation der Verwandtschaftsterminologie den Übergang zu einem bilateralen Verwandtschaftssystem voraussetzt. Jahrhunderte später vollzog sich in einer veränderten gesellschaftlichen Situation in der ausgehenden Antike im Vulgärlatein ein analoger Übergang. Alle aus dem Vulgärlatein entwickelten romanischen Sprachen haben bis heute eine entsprechende Verwandtschaftsterminologie dieses Typus bewahrt – das Italienische, Sardische, Rätoromanische, Französische, Provenzalische, Katalanische, Spanische, Portugiesische, Sephardisch-Spanische, Aromunische und Rumänische. Schon im frühen Mittelalter haben wir also in der gesamten Romania mit einem System von Verwandtschaftsbegriffen zu rechnen, in dem sich die Bezeichnungen für Angehörige in väterlicher und mütterlicher Linie aneinander angeglichen hatten.

Unter den Sprachen germanischer Herkunft hat sich der Übergang zu einem parallelisierenden System der Verwandtschaftsbezeichnungen zuerst im Englischen vollzogen. Er erfolgte in der Zeit nach dem »Norman conquest« auf der Basis von Lehnwörtern aus dem Französischen.[12] Während die alten angelsächsischen Worte für Vater, Mutter, Bruder, Schwester, Sohn und Tochter beibehalten wurden, kam es unter den kollateralen Verwandten der ersten aufsteigenden Generation zu einer Substitution durch neue Begriffe aus romanischer Wurzel: »aunt« – von »amita«, der lateinischen Bezeichnung für die Vaterschwester, abgeleitet – ersetzte »modrige« und »fadu«, die alten angelsächsischen Begriffe für die Schwester der Mutter bzw. des Vaters. Analog wurden »faedera« für den Bruder des Vaters und »eam« für den Bruder der Mutter durch »uncle« aus der lateinischen Wurzel

»avunculus« für Mutterbruder abgelöst. Die Übernahme der französischen Bezeichnungen hieß jedoch nicht, dass die angelsächsischen völlig aufgegeben worden wären. Es scheint, dass bei den männlichen Angehörigen der Elterngeneration nicht nur die Bezeichnungen weiterlebten, sondern auch ihre differenzierende Bedeutung – länger jedenfalls als bei den weiblichen – ein für den »Mischtyp« charakteristisches Phänomen.

Zu den Rückzugsgebieten, in denen sich die alten angelsächsischen Bezeichnungen der bifurkativ-kollateralen Terminologie für die Geschwister der Eltern besonders lange erhalten haben, gehört das östliche Schottland.[13] Im schottischen Englisch findet sich zwischen dem 15. und 17. Jahrhundert aber auch ein anderes System von Verwandtschaftsbegriffen, das man auf den ersten Blick dem bifurkativ-kollateralen Typ zuordnen könnte.[14] Es handelt sich dabei um Zusammensetzungen aus den angelsächsischen Bezeichnungen »faeder« und »moder« mit »bródor« und »sweostor«. Ihnen entsprechen analoge Komposita in der absteigenden Linie wie »sweostor sunu«.[15] Solche Zusammensetzungen waren im Mittelalter keineswegs auf das Englische beschränkt. Sie begegnen uns vielmehr in mehreren Sprachen germanischen Ursprungs, ähnlich übrigens auch in keltischen.[16] Bis in die Gegenwart erhalten hat sich dieses System in Schweden. »Farbror« und »morbror« charakterisieren hier den Vaterbruder und den Mutterbruder wie die analog gebildeten Komposita »farfar« und »morfar« den väterlichen und mütterlichen Großvater.[17] Auch das Dänisch-Norwegische kannte diese Bezeichnungen, bevor es – offenbar unter kontinentaleuropäischem Einfluss – zu »onkel« und »tante« überging.[18] Ebenso finden wir sie in Island – hier neben einem anderen, seinem Ursprung nach weit in germanische Frühzeit zurückreichenden System, das eindeutig dem bifurkativ-kollateralen Typ zuzuordnen ist.[19]

Nach rein formalen Kriterien beurteilt, die sich an den Bezeichnungen für die Geschwister der Eltern orientieren, ist das heutige System der schwedischen Verwandtschaftsterminologie als bifurkativ-kollateral zu charakterisieren.[20] Man müsste dementsprechend annehmen, dass sich in Nordeuropa neben dem aus germanischer Frühzeit tradierten System von Verwandtschaftsbezeichnungen im Mittelalter ein zweites desselben Typus entwickelt hätte. Ein solcher Schluss erscheint aus verschiedenen Gründen nicht zulässig. Zunächst ist darauf zu verweisen, dass eine ausschließlich an Onkel- und Tantenbezeichnungen ausgerichtete Typologie Systeme von Verwandtschaftsbezeichnungen unzureichend differenziert. Solche Bezeichnungen haben zwar eine wichtige Indikatorfunktion, genügen aber nicht für eine Charakteristik des gesamten Systems. Vergleicht man die sonstige Begrifflichkeit, so ergeben sich zwischen den bifurkativ-kollateralen Systemen, wie sie sich in der Frühzeit der indoeuropäischen Sprachgruppen allgemein nachweisen lassen, und den seit dem Mittelalter auftretenden Systemen zusammengesetzter Verwandtschaftsbegriffe wesentliche Unterschiede. Bei den letzteren macht zwar die Begriffsbildung durch Komposita eine Differenzierung nach Vater- und Mutterseite notwendig, die Bezeichnungen sind jedoch auf beiden Seiten völlig gleich gestaltet. Dem Bedeutungsgehalt nach handelt es sich also um parallelisierende Systeme, wie sie dem linearen Typus der Verwandtschaftsterminologie entsprechen.

Wesentlicher noch ist der inhaltliche Aspekt. Die nordeuropäischen Verwandtschaftsbezeichnungen in zusammengesetzter Form zeigen keinerlei Korrespondenz zu patrilinear-agnatisch orientierten Verwandtschaftssystemen, wie sie hinter bifurkativ-kollateraler Terminologie in der Regel erkennbar sind. Ihr Hintergrund ist vielmehr dominant bilateral-kognatisch, allerdings mit Hinweisen auf stärker patrilineare Vorformen. »It seems certain, though, that the kinship system of the medieval North represents some kind of transitional state between an earlier patrilinear principle and a later cognatic one – when seen in a very broad and general perspective« wurde der Forschungsstand kürzlich zusammenfassend beschrieben.[21] Fragt man nach bedingenden Faktoren dieses Übergangs, so können die neuen Bezeichnungen beim Versuch einer Erkärung hilfreich sein. Die zusammengesetzten Formen mit ihren bilateralen Parallelbildungen finden ihre Entsprechung in den Verwandtschaftsschemata des Kirchenrechts, wie sie seit der Christianisierung Nordeuropas zwecks Feststellung von Ehehindernissen auch hier zunehmend in Gebrauch waren. Wir werden dieser Grundlage im Mittelalter neu aufkommender Verwandtschaftsbegriffe bei besser abgesicherten Ableitungen im Bereich der Heiratsverwandtschaft neuerlich begegnen.

Ähnlich wie im Englischen vollzog sich der Prozess der Parallelisierung von Verwandtschaftsbegriffen der Vater- und der Mutterseite seit dem Mittelalter auch im Deutschen. Die entscheidende Phase für die Neutralisierung der begrifflichen Opposition

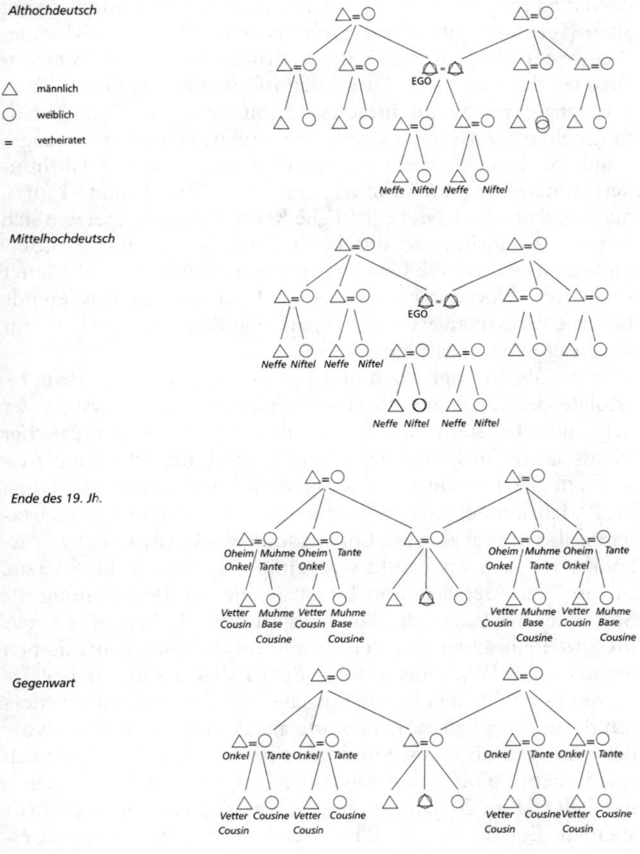

Abb. 9: Die Parallelisierung von Bezeichnungen für Verwandte der Vater- und Mutterseite in der deutschen Sprache vom Frühmittelalter bis zur Gegenwart. Der Wandel von einer bifurkativ-kollateralen Terminologie zu einer linearen entspricht der Entwicklung des Verwandtschaftssystems zur Bilateralität.

zwischen Geschwistern des Vaters und der Mutter war hier jedoch die Frühe Neuzeit. Sie erfolgte noch auf der Grundlage der alten Terminologie »Base« (Schwester des Vaters), »Muhme« (Schwester der Mutter), »Vetter« (Bruder des Vaters), »Oheim« (Bruder der Mutter).[22] Diese Begriffe werden in einer Übergangsphase relativ undifferenziert mit einem breiten Bedeutungsfeld für Verwandte väterlicher- und mütterlicherseits angewandt. Sie leben in verschiedenen Dialekten bis ins 20. Jahrhundert weiter. Die französischen Lehnworte »Onkel« und »Tante«, die auf bilateraler Basis begriffliche Klarheit schaffen, setzten sich erst im 18. Jahrhundert durch. Zu ihnen kamen mit »Cousin« und »Cousine« für die Geschwisterkinder von Vater und Mutter sowie mit »Neveu« und »Niece« noch weitere parallelisierende Begriffe für Seitenverwandte hinzu, von denen sich jedoch nur die ersteren dauerhaft hielten.[23]

Später als im Englischen und Deutschen – wenn überhaupt – erfolgte der Übergang zu einem paralleliserenden System der Verwandtschaftsterminologie in den Sprachen europäischer Randstaaten. Im Polnischen etwa fiel die Unterscheidung zwischen dem Vaterbruder »stryi« und dem Mutterbruder »wuj« erst im 19. Jahrhundert weg, bezeichnenderweise zugunsten des letzteren, also ganz analog zur Entwicklung im Vulgärlatein der Spätantike, wo sich »avunculus« gegenüber »patruus« durchsetzte. Ebenso charakterisiert nun »chiotka«, die alte Bezeichnung für Schwester des Vaters, die Tante schlechthin, ähnlich wie »amita« im Spätlateinischen und den daraus entwickelten romanischen Sprachen. Im Polnischen erfolgte die Parallelisierung auf der Basis von Begriffen der eigenen Sprache, und es wurde auch weiterhin daran festgehalten. Lehnworte aus dem Französischen wurden hingegen für Cousin und Cousine übernommen.[24] Ähnlich spät wie im Polnischen erfolgte der Übergang im Russischen – nämlich erst im 20. Jahrhundert.[25] Bemerkenswert erscheint vor allem die Entwicklung im Ungarischen.[26] Auch hier kam es zu einer Parallelisierung der Verwandtschaftsterminologie auf Vater- und Mutterseite. Das Ungarische hat damit als einzige Sprache der finnisch-ugrischen Sprachgruppe diesen Übergang vollzogen. In den übrigen wird – ebenso wie in den in Europa gesprochenen Sprachen altaiischen Ursprungs – bei den Geschwistern der Eltern nach Vater- und Mutterseite unterschieden,[27] eine Differenzierung, die in allen diesen Sprachen sicher im Mittelalter gegeben war.

In einer europäischen Großregion hat sich die differenzierende Verwandtschaftsterminologie bzw. der ihr strukturell nahe stehende Mischtypus bis in die Gegenwart erhalten, nämlich auf dem Balkan. Wir finden sie im Bulgarischen, Makedonischen, Serbischen, Bosnischen sowie im Albanischen, also keineswegs nur bei den Balkanslawen. Im Griechischen, im Rumänischen sowie in den anderen romanischen Sprachen Südosteuropas hingegen fehlt sie. In allen balkanslawischen Sprachen wird grundsätzlich zwischen dem väterlichen und dem mütterlichen Onkel differenziert, im Albanischen auch zwischen den Schwestern der Eltern. Hier liegt der bifurkativ-kollaterale Typus also in seiner eigentlichen Form vor. Hinweise auf eine starke Differenzierung zwischen Vater- und Mutterlinie finden sich auch in vielen ande-

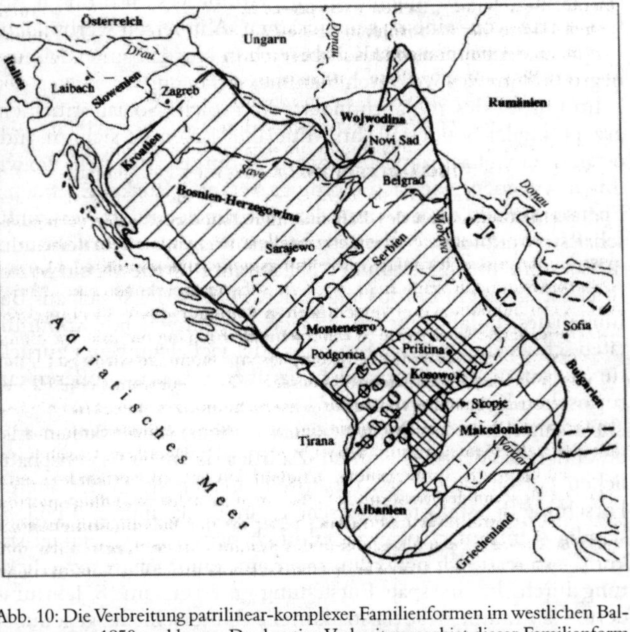

Abb. 10: Die Verbreitung patrilinear-komplexer Familienformen im westlichen Balkanraum um 1850 und heute. Das heutige Verbreitungsgebiet dieser Familienform entspricht einer Zone, in der sich patrilineare Abstammungsverbände bzw. Elemente der Stammesverfassung besonders lange erhalten haben. Solche Reliktphänomene waren in früheren Zeiten in diesem Raum sicher stärker verbreitet.

ren Verwandtschaftsbegriffen dieser Sprachen. Im Balkanraum steht dieses archaische System der Verwandtschaftsterminologie in deutlich erkennbaren Zusammenhängen mit bestimmten sozialen Strukturen, die von Prinzipien der Patrilinearität geprägt sind: patrilinear-komplexen Familienformen, patrilinearen Abstammungsgruppen sowie in Abstammungsgruppen untergliederten Stammesverbänden. Solche Sozialstrukturen finden sich keineswegs in allen Regionen der Balkanhalbinsel. Sie begegnen uns aber in einer weiten Zone im Westen, an der alle Balkansprachen mit differenzierender Verwandtschaftsterminologie Anteil haben oder hatten. In früheren Zeiten dürfte diese Zone viel umfassender gewesen sein. Ein äußerer Bereich erscheint durch das Auftreten der patrilinear-komplexen Familie – häufig mit dem serbokroatischen Wissenschaftsbegriff »Zadruga« bezeichnet – charakterisiert, ein innerer durch Patrilineages, also durch Abstammung von einem gemeinsamen Ahnherren verbundene Deszendenzgruppen, der Kernbereich in Nordalbanien, Montenegro und im Kosovo durch Stammesverfassung.

Im Europa des 20. Jahrhunderts sind solche Sozialformen ein exzeptioneller Sonderfall. Im Mittelalter lassen sie sich im Südosten, aber vielfach auch anderwärts in Europa antreffen. Wo wir ihnen begegnen, zeigt sich allerdings stets eine Rückzugstendenz. Ebenso verhält es sich mit der differenzierenden Verwandtschaftsterminologie. Stehen die beiden Phänomene miteinander in Zusammenhang? Kann der Balkanraum für sie als ein letztes Rückzugsgebiet in Europa angesehen werden? Lässt sich aus Befunden des 20. Jahrhunderts auf weit zurückreichende Kontinuitäten schließen – bis ins Mittelalter oder vielleicht weiter zurück, für Südosteuropa oder vielleicht darüber hinaus in größeren europäischen Zusammenhängen?

Das Alter der patrilinearen Sozialformen auf dem Balkan, insbesondere das der so genannten »Zadruga« ist in der wissenschaftlichen Forschung äußerst umstritten. Galten sie in der älteren Forschung der südosteuropäischen Länder als uralt und bodenständig – mitunter sogar als ethnisch-nationales Charakteristikum –, so setzt sich neuerdings hier eine entgegengesetzte Richtung durch, die eine späte Entstehung – etwa erst im 18. Jahrhundert – annimmt.[28] Sozialstrukturelle Unterschiede gegenüber dem übrigen Europa sind wenig gefragt. Forscher, die – von auswärts kommend – aus vergleichender Perspektive für ein hohes Alter plädieren, geraten seit der Orientalismus-Debatte unter

»Balkanismus«-Verdacht.[29] Damit ist gemeint, dass westliche Wissenschaftler künstlich die Unterschiede zwischen westlichen und orientalischen bzw. Balkangesellschaften konstruieren, weil sie ein Interesse an der angeblichen Fremdheit ihres Gegenstandes haben. Innerwissenschaftlich wirkt die quantifizierende Richtung der Historischen Familienforschung auf der Basis von Zensuslisten in Richtung einer Nivellierung von Unterschieden gegenüber anderen europäischen Regionen.[30] Komplexe Familien gab es ja – aus vielfachen Gründen – auch anderwärts. Und in Prozentsätzen von »extended families« und »multiple families« gemessen sind die Differenzen zwischen dem Balkan einerseits, Mittel- und Westeuropa andererseits nur graduell. Wechselt man jedoch die Perspektive von Haushaltskonstellationen als Ausgangspunkt zu Verwandtschaftsstrukturen, dann wird deutlich, dass es sich um wesentliche qualitative Unterschiede handelt. Geht man ins Mittelalter zurück, so zeigt sich freilich, dass viele dieser Besonderheiten südosteuropäischer Familien- und Verwandtschaftsstrukturen auch in anderen Großräumen des Kontinents begegnen.

Die von rezenten Verhältnissen ausgehend gut rekonstruierbare Situation auf der Balkanhalbinsel lässt grundsätzliche Überlegungen über das Verhältnis von Verwandtschaftsbezeichnungssystemen zu Verwandtschaftssystemen zu, die für Rückschlüsse aus sprachlichen Entwicklungen auf gesellschaftliche Verhältnisse des Mittelalters wichtig sind. Es kann kein Zweifel daran bestehen, dass die Beharrlichkeit, mit der auf dem Balkan zwischen Verwandten der Vater- und der Mutterlinie unterschieden wird, mit der Kontinuität patrilinearer und – man kann hinzufügen – patriarchaler Familien- und Verwandtschaftsverhältnisse zusammenhängt.[31] Auch die wirtschaftlichen Rahmenbedingungen des kulturellen Musters sind ziemlich offenkundig. Die Patrilinearität ist auf das Engste mit der transhumanten Schafweidewirtschaft, also der Wanderweidewirtschaft, und ihren spezifischen Formen der geschlechtsspezifischen Arbeitsteilung verbunden. Insbesondere in den Kernzonen des westbalkanischen Bereichs traditionell patrilinearer Gesellschaftsstrukturen ist diese Prägung durch den Pastoralismus evident. Im Hinblick auf die nachweisbare Kontinuität der Wirtschaftsformen in diesem Raum darf auch für die hier herrschenden Familien- und Verwandtschaftsverhältnisse ein hohes Alter angenommen werden. Aber nicht alle Bewohner der Balkanhalbinsel sind Schafhirten, und sie waren es auch im Mittelalter nicht. Trotzdem unterscheiden viele in ihren Sprachen – anders als im übrigen Europa – bis heute zwischen Verwandten der Vater- und der Mutterseite.

Die Zusammenhänge zwischen transhumanter Weidewirtschaft, männerrechtlicher Ordnung, Patrilinearität und bifurkativ-kollateraler Verwandtschaftsterminologie sind höchst kompliziert. Bezüglich der Verwandtschaftsterminologie ist zwischen Prozessen der Entstehung und der Erhaltung zu unterscheiden. Dass patrilineare Muster in ganz anderen Sozialmilieus unabhängig von einer solchen ökologisch-ökonomischen Grundlage weiterlebten, ist im Balkanraum evident. Ebenso offenkundig ist, dass hier die sprachlichen Ausdrucksformen allgemein beibehalten wurden, auch wenn sich das zugrundeliegende Verwandtschaftssystem nur mehr in Relikterscheinungen erhalten hat. Die heutigen Benutzer einer zwischen Vater- und Mutterseite differenzierenden Verwandtschaftsterminologie leben zumeist nicht mehr in patrilinear-komplexen Familienverbänden. Sie müssen deswegen aber nicht notwendig ihre überkommenen Verwandtschaftsbezeichnungen ändern. Die Betonung dieser Beharrungskraft mag trivial erscheinen, sie ist es durchaus nicht. So wurde etwa für den deutschen Sprachraum ein Vorherrschen der »Großfamilie« bis in die frühe Neuzeit postuliert, weil bis dahin die bifurkativ-kollaterale Verwandtschaftsterminologie überwog.[32]

Deutliche Zusammenhänge zwischen patrilinear-komplexen Familienformen und einer bifurkativ-kollateralen Begrifflichkeit konnten in Studien über die Entwicklung der russischen Verwandtschaftsterminologie nachgewiesen werden.[33] Die sozioökonomische Grundlage komplexer Familienformen dürfte in den verschiedenen Regionen Russlands eine andere gewesen sein als im Balkanraum, die Auswirkung auf die Kontinuität der Verwandtschaftsterminologie jedoch eine ähnliche. Mit überkommenen Familienstrukturen hielten sich die alten Bezeichnungen. Wenn sich in allen slawischen Sprachen mit Ausnahme des Tschechischen, des Slowenischen und des Dalmatinisch-Serbischen, ebenso in allen baltischen Sprachen, das ganze Mittelalter hindurch nach Vater- und Mutterseite differenzierende Verwandtschaftsbegriffe erhielten, so lässt das wohl den Schluss zu, dass in Osteuropa prinzipiell patrilinear-komplexe Familienstrukturen stark verankert waren.

Der Prozess der Parallelisierung der Verwandtschaftsterminologie, der sich – mit wenigen Ausnahmen[34] – in allen europäischen Sprachen beobachten lässt, scheint prinzipiell unumkehrbar zu sein. Das hat offenbar mit seinen gesellschaftlichen Grundlagen zu tun. Beispiele aus dem Balkanraum eröffnen diesbezüglich interessante Perspektiven. Die Sarakatsanen und die Vlachen sind hier besonders exponierte Vertreter der durch die Schafweidewirtschaft geprägten Kultur. Das gilt für ihre streng männerrechtliche Ordnung, für ihre spezifische Arbeitsorganisation, auch für ihre tendenziell komplexen Familienformen. In alle dem unterscheiden sie sich keineswegs von ihren albanisch- oder slawischsprachigen Nachbarn. Sehr zum Unterschied von diesen sind sie jedoch in ihrem Verwandtschaftssystem bilateral orientiert und dementsprechend in ihren Verwandtschaftsbezeichnungen dem parallelisierenden Typ zuzurechnen.[35] Die Sarakatsanen sprechen Griechisch, die Vlachen romanische Idiome. Offenbar handelt es sich hier um Gruppierungen, die gewisse kulturelle Traditionen aus der Zeit des Imperium Romanum bewahrten, als sie sich ins Gebirge zurückzogen und sich hier ökonomisch neu anpassten. Wir haben gesehen, dass das Griechische schon weit zurück in vorchristlicher Zeit und das Vulgärlatein in der Spätantike zu einer parallelisierenden Terminologie übergegangen ist. Diese Begrifflichkeit haben die Sarakatsanen und die Vlachen beibehalten. Es geht aber nicht nur um Bezeichnungen. Die Verwandtschaftssolidarität umfasst bei ihnen – ganz anders als bei ihren Nachbarn – die Angehörigen der väterlichen und der mütterlichen Seite in gleicher Weise. Die Pflichten der Verwandtschaftssolidarität sind streng geregelt. Sie beziehen sich auf einen genau festgelegten Personenkreis, nämlich die Nachkommen der jeweiligen vier Urgroßeltern. Für diese Gruppe wird u. a. die aus dem Albanischen entlehnte Bezeichnung »fara« verwendet. Die albanische »fara« ist freilich eine echte Abstammungsgruppe, die die Nachkommen eines bestimmten Ahnherren in männlicher Linie zusammenfasst. Die Abstammungsgruppen der Sarakatsanen hingegen sind nicht an einem Ahnherren in der Vergangenheit, sondern an einem Ego in der Gegenwart orientiert. Ganz deutlich wird darin der Unterschied zwischen dem patrilinearen und dem bilateralen System erkennbar. Im letzteren ist für exklusiv agnatische Deszendenzgruppen kein Platz mehr.

Dem parallelisierenden System der Verwandtschaftsterminologie liegt ein Konzept von Verwandtschaft zugrunde, das die Angehörigen der Vater- und Mutterseite prinzipiell gleichstellt. Der

Übergang zu diesem System wird in der Regel an der Vereinheitlichung der Bezeichnungen für die Geschwister des Vaters und der Mutter festgemacht.[36] Für die Analyse des Systems sind die Bezeichnungen für diese Verwandtschaftspositionen sicher Schlüsselbegriffe. Zweifellos ist aber der Wandel der Verwandtschaftsverhältnisse nicht primär von den Geschwistern der Eltern ausgegangen, sondern von den Eltern selbst. So ist das Auftreten von Elternbezeichnungen für den Systemwandel von besonderem Interesse.

Bezeichnenderweise gibt es in den indogermanischen Sprachen kein Wort für Eltern, das zu dem aus gemeinsamer Frühzeit überlieferten Grundbestand gehört.[37] Das entspricht ganz dem patriarchal, patrilinear und patrilokal geprägten Sozial- und Familienverhältnissen, die den Frühphasen dieser Sprachentwicklung zugrundeliegen dürften. Soweit es überhaupt zur Entwicklung eines solchen Terminus kam, half man sich in einigen Sprachen zunächst mit Dualbildungen des Wortes für Vater. Das Latein ging schließlich einen anderen Weg. Das Wort »parens«, d. i. »Erzeuger«, wird im Plural für »Eltern« verwendet. Noch in klassischer Zeit wird seine Bedeutung zunächst auf die Vorfahren im zweiten und dritten Glied und dann schließlich auf die Verwandten im Allgemeinen ausgedehnt. Das mag die Ursache dafür gewesen sein, dass sich mit »genitores« eine zweite Elternbezeichnung ausbildete, die im italienischen »genitori« fortlebt.[38]

Das doppelsinnige »parentes« gabelt sich in seiner Bedeutung in den romanischen Sprachen in zwei Stränge.[39] Das Rumänische und zunächst auch das Altitalienische setzen die Bedeutung »Eltern« fort, im Katalanischen, Spanischen, Portugiesischen, Italienischen, Languedokischen und Friulanischen verdrängt die jüngere Bedeutung »Verwandte« die ältere Bedeutung »Eltern«. Im Galloromanischen besteht die Doppeldeutigkeit bis heute. Im Altfranzösischen sowie im Altprovenzalischen kommt es sogar – unter Verzicht auf die Eingeschlechtlichkeit von lateinisch »parens« – zur Singularbildung »parent« und »parente« sowohl für Vater und Mutter als auch für männliche bzw. weibliche Verwandte. Beide laufen seit alters parallel zum Pluralwort »parents«, das sowohl Eltern wie Verwandte meint. In dieser Gleichsetzung des Begriffs für Eltern und über die Eltern laufende Verwandtschaftsbeziehungen, wie sie sich vom klassischen Latein bis in das Französisch der Gegenwart verfolgen lässt, ist das Grundprinzip der parallelisierenden Verwandtschaftsterminologie ausgedrückt.

Man könnte in diesem Sinne von einem »elternzentrierten« Verwandtschaftssystem sprechen. Als auf die Eltern bezogener Verwandtschaftsbegriff reicht »parentes« weit hinter jene Phase zurück, in der es im Vulgärlatein der Spätantike zur Parallelisierung anderer Verwandtschaftsbegriffe der Vater- und der Mutterseite kam. Das deutet auf ältere Wurzeln dieses Systems.[40]

Bei der Parallelisierung von Verwandtschaftsbegriffen der Vater- und der Mutterseite kam es notwendig zu einem Verdrängungsprozess. Es erscheint interessant, welche Begriffe sich auf beiden Seiten durchsetzten bzw. welche aufgegeben wurden. Wie schon erwähnt übernahmen das Vulgärlatein und ihm folgend alle romanischen Sprachen »avunculus« von der Mutterseite für den Vaterbruder, hingegen »amita« von der Vaterseite für die Mutterschwester. Als Bezeichnung für die Kinder der Geschwister beider Eltern setzte sich »consobrinus/consobrina« durch, was die Kinder zweier Schwestern meint. »Frater patruelis« bzw. »frater amitinus« als Bezeichnungen für generationsgleiche Verwandte von Vaterseite wurden zurückgedrängt. Durch Frauen vermittelte Verwandtschaftsverhältnisse spielten also bei der terminologischen Parallelisierung eine wichtige, freilich keine ausschließliche Rolle.

Nun ist in patrilinear geprägten Gesellschaften, wie sie auch die römische ursprünglich war, die Rolle des Vaterbruders eine ganz andere als die des Mutterbruders. Nicht in gleicher Deutlichkeit gilt dies auch für die Schwestern beider Elternteile. Maurizio Bettini hat diesbezüglich auf der Basis eines interkulturellen Vergleichs formuliert: »Auch hier ist ein guter, nachsichtiger, beschützender Mutterbruder das Gegenstück zu einem entschieden unsympathischen, unbeliebten (geradezu missgünstigen) Vaterbruder. Zur Mutterschwester bestehen ebenfalls von Vertrauen und Zuneigung geprägte Beziehungen, […] so dass sie tatsächlich mit der Mutter identifizierbar ist. Die Beziehungen zur Vaterschwester dagegen, sind nicht besonders gut: Für Rom lässt sich zumindest sagen, dass die Funktion der ›amita‹ mit der der ›matertera‹ nicht vergleichbar ist.«[41]

Als Vorbild für den männlichen Verwandten der ersten aufsteigenden Generation setzte sich also offenkundig eine Rolle durch, die wenig formell und stark emotional besetzt war. Ähnlich könnte es sich bei den Cousins verhalten haben. Hatte der Bedeutungsrückgang der Agnaten innerhalb des Verwandtschaftssystems, wie er durch die Veränderungen der Terminologie signalisiert wird, eine Tendenz zu weniger formellen Beziehungen unter Männern zur Folge? Kann man vielleicht insgesamt von einer stärker emotionalisierten Beziehungskultur unter Verwandten sprechen?[42] Mit einem solchen auf Angehörige beider Geschlechter bezogenen Trend zur Emotionalisierung wäre allerdings die Verdrängung von »matertera« durch »amita« schwer vereinbar – vorausgesetzt die Rollenunterschiede zwischen den beiden Tanten waren wirklich ähnlich stark wie die zwischen Vaterbruder und Mutterbruder. Eine andere Deutungsmöglichkeit wäre, dass die Ersetzung des »harten Onkels« durch den »weichen«, umgekehrt aber der »weichen Tante« durch die »harte« eine Tendenz zum Ausgleich von Geschlechterrollen signalisiert.

Mit dem Vordringen der parallelisierenden Verwandtschaftsterminologie bzw. des ihr zugrundeliegenden bilateralen Verwandtschaftssystems musste es auch in der zweiten aufsteigenden Generation zu einem Ausgleich der Bezeichnungen kommen, nämlich bei den Großeltern. Im Lateinischen stand im 3. Jh. n. Chr. bereits eindeutig eine gemeinsame Bezeichnung für die väterlichen bzw. mütterlichen Großeltern fest: »Avus est patris vel matris meae pater« heißt es in den Digesten des Paulus. Maurizio Bettini, kommentiert dies: »Man muß sich damit abfinden, daß das Lateinische auf dieser Ebene keine charakteristische Terminologie besitzt.«[43] Dieser Sachverhalt reicht allerdings nicht aus, um die von Indogermanisten vertretene Meinung, »avus« habe ursprünglich nur den Großvater väterlicherseits gemeint, in Frage zu stellen.[44] Die parallelisierende Terminologie der romanischen Sprachen hat »avus« genauso beeinflusst wie den griechischen »nennos«/»nonnos«, der sich ursprünglich auf den mütterlichen Großvater bezog.[45] Ebenso wie »theios«/»theia« für Onkel und Tante haben sich auch die griechischen Großelternbezeichnungen vom griechischsprachigen bzw. byzantinischen Süditalien aus verbreitet. Wahrscheinlich wurden sie aufgrund des höheren Prestigewertes der Herkunftssprache zunächst in der Oberschicht übernommen.

Neben den jeweils von den Großeltern über den einen Elternteil auf die über den anderen übertragenen Begriffe, kam es mit der parallelisierenden Verwandtschaftsterminologie auch zu Wortbildungen, die sich von vornherein auf die Eltern von Vater und Mutter gemeinsam bezogen. Das französische »grand-père« und »grand-mère« gehört hierher, ebenso das deutsche »Großvater« und »Großmutter«, das im 12. Jahrhundert am Mittelrhein und an der Mosel aufgekommen sein dürfte. Die beiden letzteren Begriffe verdrängten in der Hochsprache das ältere »ano«/»ana«, das allerdings in Dialekten – vor allem im bayerisch-österreichischen Raum – bis in die Gegenwart weiterlebt. Es meinte die Vorfahren schlechthin ohne eine generationale Beschränkung. Dieser Wortsinn hat sich im Begriff »Ahnen« bis heute erhalten.

Dass der Großvater väterlicherseits als Repräsentant der patrilinearen Ahnen schlechthin angesehen wird, begegnet vor dem Übergang zum parallelisierenden System mehrfach. Ein Unterschied innerhalb der inselkeltischen Sprachgruppe gibt diesbezüglich interessante Hinweise.[46] In der irischen Sprache des Frühmittelalters fehlt eine Bezeichnung für den mütterlichen Großvater überhaupt. Die Bezeichnung für den väterlichen Großvater »senathair« konnte über die zweite aufsteigende Generation hinaus für alle männlichen Vorfahren der Patrilinie verwendet werden. Das bedeutungsgleiche »hendad« im Walisischen hingegen war auf den Großvater beschränkt und wurde vom väterlichen auf den mütterlichen Großvater übertragen. Die Entwicklung ist für den Übergang zwischen zwei Verwandtschaftssystemen signifikant. In Irland gab es damals noch eine ausgeprägte Stammesverfassung mit einer differenzierten Organisation in Abstammungsgruppen. Das Verwandtschaftssystem war dementsprechend stark an den Ahnen der Patrilinie orientiert. In Wales hatten zwar die gesellschaftlichen Strukturen ähnliche Wurzeln, waren aber im Mittelalter bereits durch Außeneinflüsse überformt. Das Verwandtschaftssystem war schon stärker bilateral und am Ego in der Gegenwart, nicht am Ahnherren in der Vergangenheit orientiert. Mit der parallelisierenden Verwandtschaftsterminologie setzte sich offenbar eine deutliche Zuordnung der Verwandten zu Generationen durch. Nicht nur in der Präzisierung von Positionen in der Ahnenreihe, auch sonst lässt sich nun eine Tendenz beobachten, die Unterschiede nach Generationen stärker zu berücksichtigen.

b) Parallelisierung zwischen Blutsverwandten und Heiratsverwandten

Die Veränderungen der Verwandtschaftsterminologie, wie sie sich in der Spätantike in allen romanischen Sprachen und weit darüber hinausgehend abzeichnet, zeigt neben der Parallelisierung zwischen Blutsverwandten der väterlichen und der mütterlichen Linie noch eine weitere, nämlich zwischen Bluts- und Heiratsverwandten.[47] Zwei Begriffsentwicklungen charakterisieren diesen Prozess besonders deutlich: die Bedeutungsveränderung von »cognati« und die Neubildung von Begriffen für Schwiegerverwandte als Komposita, die mit Bezeichnungen der Kernfamilienbeziehungen zusammengesetzt sind. Das lateinische »cognati« bezeichnete ursprünglich jene Blutsverwandten, die nicht unter der »patria potestas« des Familienvaters standen. Schon im Vulgärlatein soll die Bezeichnung »cognatus« für Schwager aufgekommen sein. Etwa mit dem 4. Jahrhundert erfuhr der Begriff eine wesentliche Ausweitung: Er schloss nun alle so genannten Affinalbeziehungen mit ein. Das lateinische »affinis« charakterisierte Verwandtschaftsverhältnisse durch Heirat. Das Wort wurde in der Spätantike abgelöst und durch »cognati« ersetzt. Aus den Verschwägerten waren Verwandte geworden.

Noch deutlicher signalisiert diesen Veränderungsprozess das Aufkommen einiger neuer Begriffe im Französischen, Deutschen und Englischen im Verlauf des Mittelalters. Im Französischen charakterisieren die Bezeichnungen »beau-père« und »belle-mère«, »beau-frère« und »belle-sœur«, »beau-fils« und »belle-fille« die Schwiegerverwandten in einer ganz neuen Weise. Sie werden sowohl vom Gatten für die nächsten Anverwandten der Gattin verwendet wie umgekehrt. Das dahinter stehende Konzept ist deutlich: die Kernfamilienbeziehungen des einen Partners werden mit denen des anderen parallelisiert. Ganz ähnliche Bezeichnungen finden sich im Niederländischen, wo noch im Mittelalter zu »schoonvader«, »schoonmoeder« etc. übergegangen wurde.[48] Das lateinische »bellus« = schön unterscheidet sich vom klassischen »pulcher«. Es hat einen gewissen Affektwert in der Familiensprache. Mit dieser Konnotation wurde es ins Galloromanische übernommen.[49] Etwas anders entwickelte sich die deutsche Terminologie der Schwiegerverwandtschaft, in der das alte Wort »Schwager« beibehalten wurde und von ihm ausgehend »Schwiegervater«, »Schwiegermutter« etc. entstand. Bezeichnenderweise wurde diese Entwicklung im Jiddischen nicht mitvollzogen, das sich sonst abgekommene Worte für Schwiegerverwandte erhalten hat.[50]

Das führt zur Erklärung des Veränderungsprozesses, die in den englischen Begriffen für Schwiegerverwandte deutlich zum Ausdruck kommt. In England wurden die alten angelsächsischen Bezeichnungen für Eltern, Geschwister und Kinder mit dem Suffix »in law« verbunden und so für entsprechende Positionen in der Heiratsverwandtschaft verwendet. Der Schwager etwa wurde zu einem »brother in law«, einem Bruder dem Gesetze nach etc. Welches Gesetz hier gemeint ist, liegt auf der Hand: Es geht um das kanonische Recht der römischen Kirche, konkret um dessen Heiratsverbote. Wie noch zu zeigen sein wird, machte das christliche Eherecht – in den einzelnen Kirchen in etwas unterschiedlicher Weise – im Anschluss an die entsprechenden Regelungen des Pentateuch durch Heiratsverwandtschaft verbundene Frauen zu verbotenen Partnerinnen. Genau jener Personenkreis, innerhalb dessen die römische Kirche Eheschließungen als inzestuös ansah, wurde mit »in law«-Verwandtschaften charakterisiert. Auch Stiefverwandte kamen hinzu.[51] So konnte »mother in law« sowohl die Schwiegermutter wie auch die Stiefmutter bezeichnen. Der enorme Einfluss der kirchlichen Heiratsverbote auf die Veränderungstendenzen des mittelalterlichen Verwandtschaftssystems wird daraus erkennbar. Überall wo die römische Kirche missionierte, verbreitete sie mit ihrem Eherecht auch ihre Vorstellungen von Verwandtschaft. Aber es waren nicht nur die Heiratsverbote, über die die römische und andere christliche Kirchen traditionelle Verwandtschaftsordnungen beeinflussten. Und es waren nicht nur Besitzinteressen, die die römische Kirche zu ihrer Politik sehr weit reichender Inzestverbote veranlasst hat, wie es die Goody-These besagt.

Die Besonderheit jenes Verwandtschaftssystems, das unter dem Einfluss des Kirchenrechts in den europäischen Kernstaaten zu einer Parallelisierung von Bluts- und Heiratsverwandten geführt hat, wird erst gänzlich bewusst, wenn man es mit der Situation außerhalb vergleicht. Einen Extremfall stellen die Stammesgebiete Nordalbaniens und Montenegros dar, wo durch Heirat überhaupt keine Verwandtschaftsbeziehung zu den Angehörigen der Frau begründet gedacht wird.[52] Ist die Stammesverfassung hier für das Mittelalter als gegeben anzunehmen, so wohl auch eine derartige Konzeption der durch Heirat entstandenen Beziehungen.

Auf schwache Affinalbeziehungen deuten auch undifferenzierte Kollektivbezeichnungen wie etwa »cliamain« für Schwager, Schwiegersohn bzw. andere durch Heirat verwandte Männer im mittelalterlichen Irland – ein Wort, das vermutlich eine klientenähnliche Stellung meint.[53] Für Heiratsverwandtschaft zu Frauen gibt es hier weder eine generelle noch eine spezifizierte Bezeichnung. Die Situation scheint typisch für extrem patrilineare Verhältnisse.

Ein Aufkommen von Bezeichnungen für Personen, mit denen man durch Heirat verbunden ist, muss allerdings keineswegs ein Indiz für überwundene Patrilinearität bedeuten. Das zeigt die Situation in verschiedenen balkanslawischen Sprachen. Für sie sind bis heute Verwandtschaftsbegriffe für Verschwägerte typisch, die je nach Geschlecht des Sprechers unterschiedlich gebraucht werden.[54] So sagt in Serbien ein Mann zum Bruder seiner Ehefrau »sura«, zu deren Schwester »svastika«, eine Frau nennt den Bruder ihres Ehemanns »dever«, die Schwester »zuava«. Bei dieser Differenzierung der Verwandtschaftstermini nach dem Geschlecht des Sprechers bzw. der Sprecherin erscheint es auf den ersten Blick überraschend, dass die von Frauen gebrauchten Begriffe die älteren sind. Die Erklärung des Phänomens ist einfach. Bei strikt patrilokalen Residenzregeln war die einheiratende Frau innerhalb des Familienverbands mit verschiedenen Typen von Schwiegerverwandten konfrontiert, die es zu differenzieren galt. Insbesondere bei komplexen Familienverhältnissen bedurfte es dafür eines entsprechenden Instrumentariums.

Besonders interessant ist in diesem Zusammenhang die serbische Bezeichnung »jetrva«, zu der es Analogiebildungen im Bosnischen, Makedonischen und Bulgarischen, aber auch in ostslawischen Sprachen wie dem Russischen sowie dem Baltischen gibt.[55] Mit ihr bezeichnet eine Frau die Gattin des Bruders ihres Mannes. Bei komplexen Familienverhältnissen mit mehreren verheirateten Söhnen oder Brüdern hatte diese Bezeichnung eine wichtige Funktion. Man kann sie als einen relativ sicheren Indikator für patrilinear-komplexe Familienstrukturen ansehen. Die sprachlich verwandte Form »einater« findet sich im homerischen Griechisch, ging aber früh verloren.[56] Eine weit in die Frühzeit europäischer Sprachentwicklung zurückreichende Wurzel ist wahrscheinlich. Wo sich die slawischen Sprachen in Gesellschaftsverhältnissen mit vorherrschender Kernfamilie entwickelten, ging die Bezeichnung verloren, so etwa im Polnischen im 16. und 17. Jahrhundert.[57] In den vom römischen Kirchenrecht beeinflussten Sprachen des Westens fehlt – trotz beträchtlicher Ausweitung der Verwandtschaftsterminologie im Bereich der Verschwägerten – jegliche Bezeichnung für dieses Verwandtschaftsverhältnis. »Jetrva« ist ein typisches Strukturelement eines patrilinearen Verwandtschaftssystems mit komplexen Familienformen. In einem bilateralen hat sie – auch bei Einbeziehung der Verwandtschaft des Gatten bzw. der Gattin – keine Position, die unter diesen Systembeziehungen charakterisiert werden müsste.

Die Parallelisierung der Begriffe für Bluts- und Heiratsverwandte seit der ausgehenden Antike signalisiert einen Systemwandel, bei dem letztlich einer veränderten Konzeption der Ehe die entscheidende Bedeutung zukommt. Die Eltern und Geschwister des Gatten bzw. der Gattin wurden mit Begriffen bezeichnet, die mit Termini der Kernfamilienbezeichnungen komponiert sind, dies gilt auch für die Gattinnen und Gatten der eigenen Kinder und Geschwister. Die Gattinnen der Onkel werden zu Tanten, die Gatten der Tanten zu Onkeln. Auch die Parallelisierung der Bezeichnungen für väterliche und mütterliche Verwandte hat mit einer neuen Eheauffassung zu tun. Sie setzt ein Konzept der Eltern als Gleichgestellte voraus. Sicher ist für die Verbreitung eines neuen Systems von Verwandtschaft die Durchsetzung der kirchlichen Heiratsverbote als unmittelbar wirkender

Abb. 11: Eheschließlungsriten im 13. und 14. Jahrhundert in Illustrationen zur Kirchenrechtssammlung des Dcretum Gratiani. Die Ehe wird durch Ineinanderlegen der Hände geschlossen. Nach der älteren Form (links) läßt die Braut die Hand ihres Vaters los und ergreift die des Bräutigams. Ein Priester erscheint für die Eheschließung noch nicht erforderlich. Nach der jüngeren Form (rechts) fügt der Priester die Hände von Frau und Mann zusammen. Ihm kommt im Bild eine zentrale Stellung zu. Das entspricht der neuen kirchlichen Konzeption der Ehe als Sakrament, das auf dem Konsens der Partner beruht – ein wichtiger Schritt auf dem Weg zur gattenzentrierten Familie, der auch in der Verwandtschaftsterminologie zum Ausdruck kommt.

Faktor von entscheidender Bedeutung gewesen. Hinter diesen Verboten steht aber eine allgemeine Konzeption von Ehe, die zu wesentlichen Veränderungen geführt hat.[58] Diese Konzeption beruht auf den Prinzipien des Konsenses und der Unauflöslichkeit. Das Konsensprinzip stammt schon aus der römischen Tradition, die Unauflöslichkeit der Ehe ist spezifisch christlich. Das Bild, in das dieses Konzept von Ehe als Einheit zweier sich auf Lebenszeit füreinander entscheidender Partner gefasst wird, ist im Bibelwort »Und sie werden ein Fleisch sein« ausgedrückt. Dieser »una caro«-Gedanke liegt dem christlichen Eherecht zugrunde, auch seinen Heiratsverboten.[59] Er erklärt die grundsätzlich neue Situation, dass Heirat in gleicher Weise verwandtschaftsbegründend gedacht wird wie Abstammung.

c) »Geistliche Verwandte« als ein neues Phänomen

In seiner grundlegenden Arbeit über »Paten und Verwandtschaft im frühmittelalterlichen Europa« formuliert Joseph H. Lynch zusammenfassend: »Zwischen dem dritten und dem neunten Jahrhundert gewann die christliche Welt eine neue Form der Verwandtschaft, die neben der des Blutes und der der Heirat ihren Platz einnahm. Spirituelle Verwandtschaft, wie sie genannt wurde, wurde ursprünglich durch die Patenschaft bei der Taufe bewirkt, und diese Art, eine neue Bindung zu schaffen, blieb immer die wichtigste. Es entstanden jedoch auch andere Anlässe für Patenschaften, die am Vorbild der Taufpatenschaft orientiert waren. Auch sie begründeten geistliche Verwandtschaft, wenn auch deren Intensität und deren Dauer üblicherweise geringer waren als die durch die Taufe geschaffene.«[60]

In den Typologien von Verwandtschaftssystemen, wie sie die Ethnologie entwickelt hat, ist herkömmlicherweise für geistliche Verwandtschaft kein Platz.[61] Das erscheint verständlich, wurden doch diese Typologien primär aus der Untersuchung außereuropäischer Verwandtschaftsverhältnisse entwickelt. Die geistliche Verwandtschaft aber ist ein spezifisch christlich-europäisches Phänomen, das sich erst durch die christliche Mission auch außerhalb Europas verbreitet hat. Innerhalb Europas begegnet es während des Mittelalters auf die christianisierten Gesellschaften beschränkt. Die neue Verwandtschaftsterminologie, die die Taufpatenschaft schuf, entspricht gänzlich der, wie sie in der Heiratsverwandtschaft neu entstand: Begriffe der Blutsverwandtschaft werden in ihr parallelisiert. So passt die Patenverwandtschaft von ihrer Begrifflichkeit her ganz in den großen Transformationsprozess vom bifurkativ-kollateralen zum linearen System. Das Verwandtschaftssystem, das der linearen Terminologie im mittelalterlichen Europa zugrundeliegt, war damit – genau genommen – kein bilaterales. In Hinblick auf die Dreiheit von väterlicher, mütterlicher und Patenverwandtschaft müsste man es eigentlich als »trilateral« charakterisieren.

Die Taufpatenschaft ist keineswegs eine urchristliche Institution. Sie entstand aus der Bürgschaft, die Mitglieder der christlichen Gemeinden für Erwachsene abgeben mussten, die durch die Taufe aufgenommen werden wollten.[62] Bei Kindern christlicher Eltern war eine solche Zeugenschaft nicht erforderlich. Dafür musste bei der Taufe von Säuglingen eine erwachsene Person stellvertretend für sie sprechen. Zunächst waren das Vater und Mutter. Seit dem vierten Jahrhundert verschmolzen die beiden Formen in der Taufliturgie. Auch bei Kleinkindern wurden Bürgen herangezogen, die jedoch nicht – wie bisher bei der Erwachsenentaufe – für das Vorleben der Täuflinge einzustehen hatten, sondern verpflichtet waren, für eine christliche Erziehung der Kinder zu sorgen.

Die Taufzeugen dieses neuen Typs sollten also elterliche Aufgaben übernehmen. Dementsprechend wurden sie auch in der theologischen und pastoralen Literatur zunehmend als »parentes« bezeichnet. Die schon biblisch grundegelegte Konzeption der Taufe als »Geburt dem Geiste nach«, die der »Geburt dem Fleische nach« gegenüberstand, begünstigte ein solches Verständnis. Dieses Verständnis der Taufe als Akt der Neugeburt betraf nicht nur die Position des Paten, sondern auch die des Taufpriesters.[63] Als maßgeblicher Akteur dieses für das christliche Leben entscheidenden Akts der Wiedergeburt in der Taufe wurde auch er als »pater spiritualis« bezeichnet. Die Vorstellung einer durch die Taufe begründeten spirituellen Verwandtschaft zum Taufpriester hat jedoch nie eine ähnliche gesellschaftliche Bedeutung erlangt wie die zum Taufpaten.

Die Entwicklung dieser neuen geistlichen Verwandtschaft verlief im Osten und im Westen der Christenheit unterschiedlich. Im Osten hatte sich um die Mitte des 6. Jahrhunderts die Idee der Gleichartigkeit von Bluts- und Patenverwandtschaft so weit durchgesetzt, dass Kaiser Justinian I. (527–565) die Ehe eines

Mädchens mit ihrem Taufpaten als inzestuös erklärte und deshalb untersagte.[64] Ging es zunächst nur um die Ehe zwischen Patenkind und Pate, so wurden die Heiratsverbote zunehmend auch auf dessen Angehörige ausgeweitet. Tendenziell ging die Entwicklung in die Richtung, Ehen unter geistlichen Verwandten im selben Ausmaß zu verbieten wie unter Bluts- und Heiratsverwandten. Die geistliche Verwandtschaft wurde also nicht auf zwei durch das Taufsakrament verbundene Personen beschränkt gedacht, sondern auf deren verwandtschaftliches Umfeld ausgeweitet.

Im lateinischen Westen spielten die Heiratsverbote aufgrund von Patenverwandtschaft zunächst nicht die gleiche Rolle wie in Byzanz, wurden allerdings im 8. Jahrhundert – vor allem auf Betreiben von Päpsten griechischer Herkunft – auch hier verbreitet. Die Ausgangssituation war jedoch insofern verschieden, als hier – anders als im griechischen Osten – Paten desselben Geschlechts gewählt wurden. Probleme unerlaubter Heiraten konnten sich daher erst stellen, als die Angehörigen des Patenkinds stärker in das durch die Taufe begründete Verwandtschaftssystem einbezogen wurden. Das muss allerdings auch schon sehr früh der Fall gewesen sein. Gegen Ende des 6. Jahrhunderts begegnen in der Westkirche erstmals die Begriffe »compater« und »commater«.[65] Sie charakterisieren die Beziehung, die durch die Taufe zwischen dem Paten bzw. der Patin und den Eltern des Täuflings zustandekam.

Eine wichtige neue Sozialbeziehung wird damit fassbar. Zunächst hatte das Taufsakrament nur eine vertikale Verwandtschaftsbeziehung begründet, nämlich die zwischen dem »pater spiritualis« bzw. der »mater spiritualis« – schon bald vereinfachend »patrinus« bzw. »matrina« genannt – auf der einen und dem »filiolus« bzw. der »filiola« auf der anderen Seite. Die »compaternitas« als horizontale Verwandtschaftsbeziehung kam nun hinzu.[66] In der Entwicklung der geistlichen Verwandtschaft wurde diese horizontale Beziehung zu manchen Zeiten und in manchen Regionen die wichtigere als die vertikale. Aus der Entwicklung des Taufsakraments lässt sich das nicht erklären. Vielmehr muss diese enorme Bedeutung, die die »compaternitas« in christlichen Gesellschaften des Mittelalters und der Neuzeit gewann, mit deren besonderer Eignung als Mittel der Allianzbildung erklärt werden. Die Entwicklung der »compaternitas« ist ein Beitrag der Westkirche, offenbar aufgrund des besonderen Bedürfnisses nach neuen Formen sozialer Bindung in der Entstehungszeit. Die Ostkirche hat die Institution bald übernommen. Die griechische Patenbezeichnung »koumbaros« deutet auf den westlichen Ursprung.

Insgesamt hilft die Terminologie der Patenverwandtschaft in den einzelnen europäischen Sprachen, die Entwicklung dieses Beziehungsmusters über quellenarme Epochen hinweg zu rekonstruieren. Zwei Großräume unterschiedlicher Struktur zeichnen sich dabei ab. Im einen dominiert in den Bezeichnungen der Patenschaft die horizontale Bindung vom Typus »compater«/»commater«/»compaternitas«. Dieser Großraum umfasst die Mittelmeerländer sowie den überwiegenden Teil Südost- und Osteuropas. Offenbar kam hier der Allianzbildung durch geistliche Verwandtschaft eine ganz besondere Bedeutung zu. Im zweiten stehen Bezeichnungen im Vordergrund, die die vertikale Bindung betonen: »parrain« / »parraine« / »parrainage« im Französischen, »godfather« / »godmother« / »godparenthood« im Englischen, »Pate« / »Patin« / »Patenschaft« im Deutschen. In diesem Raum dürfte die geistliche Verwandtschaft nicht die gleiche Bedeutung für den Aufbau sozialer Beziehungen gehabt bzw. behalten haben. Mit einem zeitlichen Abstand von ein bis zwei Jahrhunderten verbreitete sich in diesem Raum das Lehenswesen. Wir werden auf innere Zusammenhänge zwischen Patenschaft und Lehenswesen noch mehrfach zu sprechen kommen. Zunächst ist allein die räumliche Koinzidenz Grund genug, die Vermutung anzustellen, dass es im Frankenreich und den von ihm beeinflussten Gebieten zu einer Funktionsentlastung der geistlichen Verwandtschaft durch das Lehenswesen gekommen sein dürfte.

Ausgangspunkt einer stärker differenzierenden Analyse der Patenschaftsbegriffe soll wiederum der Balkanraum sein, weil hier der soziale Kontext von sehr starken Beziehungen der geistlichen Verwandtschaft besonders gut fassbar ist und zum übrigen Europa deutlich kontrastiert. Es wird vermutet, dass hier die so genannte »Haarschneidepatenschaft« der christlichen Taufpatenschaft vorausging. Sie hat sich in einzelnen Regionen neben ihr bis heute erhalten und ist analog zu ihr konstruiert.[67] Wie auch immer – die Institution der geistlichen Verwandtschaft verdankt bei den Balkanslawen ihre Entstehung im Wesentlichen dem Einfluss der byzantinischen Kirche. In deren Rahmen hat sie allerdings eine Sonderentwicklung genommen, die auch in der Terminologie zum Ausdruck kommt.

Eine besondere Begrifflichkeit der Patenverwandtschaft und eine besondere Verwandtschaftsorganisation als deren Hintergrund findet sich in Serbien. Drei Bezeichnung der Patenschaft begegnen hier: »kršteno kumstvo« für die Taufpatenschaft, »vencano kumstvo« für die Haarschneidepatenschaft und »šišano kumstvo« für die Trauzeugenschaft.[68] Der von »compater«/ »kumbaros«/»kum« abgeleitete Begriff »kumstvo« ist also hier von der Taufpatenschaft auf zwei andere Formen der rituellen Patenschaft übergegangen, mit der sie institutionell und häufig auch personell zusammenhängt. Der Pate bei der Taufe ist hier wie in vielen anderen südosteuropäischen Ländern häufig der Trauzeuge seines Patenkinds. Ebenso werden Trauzeugen vielfach zum Paten des ersten Kindes gewählt. Die Bindung ist also von Dauer. Der Taufpate heißt im Serbischen »kum«, die Patin »kuma«. Oft wird auch die Frau des Paten »kuma« genannt. Weibliche Paten sind selten, nicht zuletzt deswegen, weil die Taufpatenschaft eng mit der Trauzeugenschaft verbunden ist, die rechtlich nur Männern möglich ist. Das Taufkind wird von »kum« und »kuma« »kumce« genannt, als Braut und Bräutigam dann jedoch auch als »kum« und »kuma« bezeichnet. Mit dem Heranwachsen des Kindes kommt es also zu einer begrifflichen Gleichstellung, die ursprünglich den Eltern galt. Der Trauzeuge nennt das Kind seines »kum« »kumcic«, d. i. »kleiner kum«. In manchen Gegenden findet sich für den Sohn des »kum« die aufschlussreiche Bezeichnung »prikumak«, was wörtlich »Beinahe-kum«[69] bedeutet. Diese vielfältigen terminologischen Hinweise drücken eine Besonderheit der Taufpatenschaft in dieser Region aus, nämlich ihre Erblichkeit.[70]

Die Erblichkeit der Patenschaft, wie sie sich in Serbien entwickelt hat, widerspricht der ursprünglichen Idee christlicher Patenschaft. Der Pate sollte ja dem Kind bei der Taufe als individueller persönlicher Begleiter auf den Lebensweg mitgegeben werden. Demgegenüber hat sich hier die Allianzfunktion der geistlichen Verwandtschaft vollkommen durchgesetzt, und zwar nicht als eine Allianz zwischen einzelnen Personen, sondern zwischen patrilinearen Abstammungsverbänden. Die Patenschaften sind erblicher Besitz einer korporativen Gruppe. Bei der Teilung einer Hausgemeinschaft werden sie wie der Boden und das Vieh zwischen den Familien der Söhne oder Brüder aufgeteilt und in der Patrilinie weitergegeben.[71] Der gruppenbezogene Charakter der Patenschaft kommt nicht zuletzt darin zum Ausdruck, dass die Mitglieder einer Abstammungsgruppe alle Mitglieder der anderen, von der sie ihre Paten bezieht, als »kum« bzw. »kuma« bezeichnen.[72] Die Paten können dementsprechend nie aus der eigenen Patrilinie gewählt werden. Es handelt sich hier stets um Exoparrainage, also um eine Auswärtspatenschaft, nie um Endoparrainage. Dabei war letztere in Byzanz, von wo aus die Balkanslawen missioniert wurden, durchaus üblich.[73] Die byzantinische Mission traf jedoch bei den Balkanslawen offenbar auf eine vollkommen andere gesellschaftliche Situation. In einer von patrilinearen Abstammungsgruppen geprägten Umwelt gewann die Möglichkeit, durch geistliche Verwandtschaft neue Allianzen zu schließen, eine besondere Bedeutung.

Dass die erbliche Taufpatenschaft im serbischen Bereich bis in die Zeit der Mission zurückgeht, wird durch die räumliche Korrespondenz mit einer anderen christlichen Institution nahe gelegt, die sich nur hier findet und die wohl auch aus der Zeit der Christianisierung stammt.[74] Bei Serben wie auch bei benachbarten Gruppen mit ausgeprägter Patrilinearität wird als ein besonders hohes Fest des Kirchenjahres das Hauspatronsfest gefeiert. Es handelt sich beim Hauspatron um einen kollektiven Schutzheiligen der Abstammungsgruppe, der an seinem Kalendertag besonders verehrt wird. Im Ablauf dieser Festfeier spielt aber auch das Ahnengedenken eine wichtige Rolle, so dass die Vermutung nahe liegt, es handle sich um eine christliche Überformung von vorchristlichem Ahnenkult. Auch die Hauspatronsfeier wird streng nach der Patrilinie weitergegeben und spielt für das Bewusstsein gleicher Abstammung eine große Rolle. So kommt es vor, dass ein Mädchen nicht geheiratet werden darf, weil seine Familie den gleichen Hauspatron verehrt wie die des jungen Mannes, so dass die Vermutung der Verwandtschaft im Mannesstamm besteht. Nach ebenfalls wenig christlich beeinflussten Exogamieregeln ist dann in diesem Fall eine Eheverbindung ausgeschlossen. Die byzantinische Mission scheint sich in diesen Regionen des westlichen Balkanraums mit seinen starken patrilinearen Traditionen an die überkommenen Verhältnisse angepasst zu haben. Die patrilinear erbliche Patenschaft würde sich in diesen Kontext gut einfügen.

Interessant erscheinen die sozialen Funktionen, die der Allianzbildung durch »kumstvo« in neuerer Zeit zukamen. Es finden sich Beispiele für ökonomisch motivierte Patenschaftsbeziehungen, etwa zwischen Besitzern von Herden und Besitzern von Weidegründen oder Käseproduzenten und -händlern.[75] Diese

Motive stehen aber keineswegs generell im Vordergrund. Große Bedeutung hatten Patenschaften zwischen zugewanderten und autochthonen Familien zwecks Akzeptanz in der neuen Umgebung. Auf dem Balkan spielten solche Formen der Einwurzelung von Migrantengruppen auf der Basis von geistlicher Verwandtschaft eine große Rolle.[76] Für dieses Modell finden sich Analogien in anderen Regionen Europas, die weit zurückreichen, etwa bei der Integration von Normannengruppen in der Wikingerzeit. Vor allem aber diente die Patenschaft im westlichen Balkanraum der Beilegung von Blutrachefehden.[77] Das Problem, Blutrache beizulegen, stellte sich im mittelalterlichen Europa in vielen Regionen, insbesondere in peripheren Gebieten, die von kirchlicher und herrschaftlicher Seite her schwächer erfasst waren. Die »compaternitas« könnte auch anderwärts als ein geeignetes Instrument zu seiner Bewältigung gedient haben.

Besonders vielfältig sind die traditionellen Bezeichnungen der Patenverwandtschaft in Italien.[78] Der vom »compater« abgeleitete »compare« hat sich in der Schriftsprache durchgesetzt, also ein Begriff des horizontalen Typs der geistlichen Verwandtschaft. Er findet sich vielfach auch in Dialektformen, insbesondere südlich der Linie La Spezia–Rimini. Die Diminutivform »comparello«/»commarella« bzw. »comparuccio«/»commaruccia« für das Patenkind zeigen, dass in diesen Gebieten das Patenwesen insgesamt von der Allianzbeziehung beherrscht wurde. Wo sich neben »compare« als gegenseitige Bezeichnung zwischen geistlichem und leiblichem Vater das vertikal orientierte Begriffspaar »padrino« und »figlioccio« findet, das vielfach im Norden vorkommt, scheint die Allianzbeziehung schwächer gewesen zu sein. Im Norden begegnen noch zwei andere Patenbezeichnungen des vertikalen Typs, die entwicklungsgeschichtlich von Interesse sind, nämlich »guidazzo« und »santolo«.

»Guidazzo« kommt vor allem in den lombardisch-emilianischen Dialekten des oberitalienischen Zentrums vor.[79] Der Begriff hat sich besonders im Raum der Kirchenprovinz Mailand erhalten, war aber sicher früher viel weiter verbreitet. Es handelt sich um eine Verwandtschaftsbezeichnung, die aus der langobardischen Sprache stammt. »Guidazzo« ist aus »god« und »atto« = Vater gebildet und meint – ebenso wie der englische »godfather« oder der schwedische »godfar« – den Paten als »Vater in Gott«.[80] Bei den Angelsachsen wurde in der Zeit der Missionierung für die Patenverwandten eine parallele Terminologie zu der der

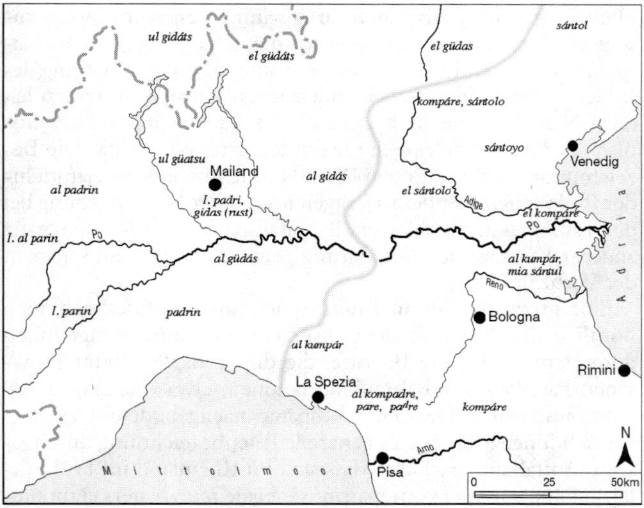

Abb. 12: Grenze der Patenschaftsterminologie in Italien. Im Nordwesten wurden in der Volkssprache vorwiegend von »patrinus« abgeleitete Formen verwendet, sonst solche, die auf »compater« zurückgehen. Die Grenze ist Ausdruck einer Zweiteilung Europas in Zonen mit Dominanz der vertikalen bzw. der horizontalen Bindung durch Patenverwandtschaft. Wo sich in Europa das Lehenswesen durchgesetzt hat, dort steht die vertikale Bindung im Vordergrund. Im Mittelmeerraum hingegen kommt der für die Allianzbildung wichtigen horizontalen Bindung die größere Bedeutung zu.

Blutsverwandtschaft durch Komposita mit »god« geschaffen.[81] Ein Ansatz dazu lebt offenbar im langobardisch-lombardischen »guidazzo« fort.

Die Patenbezeichnung »santolo« deutet in eine andere Richtung. Sie findet sich in Friaul, in Venetien und in der Romagna, darüber hinaus aber auch in Süditalien.[82] Die räumliche Verteilung könnte an byzantinischen Einfluss denken lassen. Den Taufpaten als »kleinen Heiligen« zu bezeichnen, verweist auf einen »großen Heiligen«, mit dem er und durch ihn das Patenkind verbunden gedacht wurde. Nun ist aus der Zeit des Bilderstreits aus Byzanz ein eigenartiger Brauch überliefert. Extreme Vertreter der Bilderverehrung benutzten Ikonen von Heiligen, um über deren Verwendung in der Taufliturgie den präsent gedachten Heiligen selbst zum Paten des Kindes zu machen.[83] Ob sich diese Sitte,

Heilige persönlich als Paten zu gewinnen, auch im byzantinischen Italien ausbreitete, wissen wir nicht. Sicher ist, dass die Namengebung nach Heiligen bei der Taufe durch den Ausgang des Bilderstreits einen entscheidenden Impuls erhielt. In Italien hat diese Namengebung im byzantinischen Süden sowie im byzantinisch beeinflussten Venedig besonders früh eingesetzt. Die Bezeichnung »santolo« für den Paten könnte mit dessen vermittelnder Rolle gegenüber dem Heiligen im Akt der Namengebung bei der Taufe zusammenhängen. Jedenfalls verweist sie auf ein ganz anderes Konzept der Ausweitung geistlicher Verwandtschaft in der Vertikale.

Eine große Vielfalt an Patenbezeichnungen findet sich auch nördlich der Alpen im deutschsprachigen Raum. Unter ihnen dominieren eindeutig Begriffe, die die vertikale Bindung zwischen Pate/Patin und Patenkind betonen, etwa »pfater«, »gote«/»göte« und »tot«.[84] Der dem »compater« nachgebildete »Gevatter« hat sich hingegen nicht als generelle Patenbezeichnung durchgesetzt. Auffallend erscheint, dass sich im Rheinland im Frühmittelalter zunächst der vom »patrinus« abgeleitete »pfater« verbreitete, dann aber durch die angelsächsische Mission für weibliche Paten die von der »godmoder« abgeleitete »gote«, zu der sich erst sekundär eine männliche Form bildete.[85] Gab es bis zu dieser Missionswelle hier keine weiblichen Paten, so dass mit einer institutionellen Neuerung auch ein neuer Begriff aus einem anderen sprachlichen Kontext übernommen wurde? Wie auch immer – der eigenartige Sachverhalt macht auf ein wichtiges Problem aufmerksam: Zwar ist die Institution der Patenschaft von ihren kirchlichen Wurzeln her grundsätzlich für beide Geschlechter offen, es zeigen sich jedoch immer wieder Tendenzen, dass bevorzugt männliche Paten gewählt wurden. Das gilt insbesondere für Regionen, in denen Patenschaft als Mittel der Allianzbildung diente. Bündnisse zwischen Familien wurden primär von Männern mit Männern geschlossen. »Commaternitas« hat nie eine der »compaternitas« gleichrangige Bedeutung erlangt. Dennoch bedeutete weibliche Patenschaft unter gesellschaftlichen Verhältnissen, in denen Schwureinungen etwa nur von waffenfähigen Männern geschlossen werden konnten, einen wichtigen Ansatz, neuartige Sozialbeziehungen über Frauen zu knüpfen. »Gote« ist ein besonderer Begriff für die Patin ohne ein männliches Basiswort. Vielleicht hat die angelsächsische Mission ein besonderes Beziehungsmuster eingeführt.[86]

Im Frankenreich und seinen Nachfolgereichen hat die geistliche Verwandtschaft durch Taufpatenschaft eine andere Entwicklung genommen als im Mittelmeerraum. In Verbindung mit anderen Sakramenten wurden zusätzliche Patenschaftsformen kreiert, etwa im Zusammenhang mit der Firmung, die der Ostkirche als selbständiges Sakrament fehlt, oder mit der Beichte.[87] Die Zahl der Paten bei der Taufe stieg an.[88] Das Konzil von Metz legte 893 zwar die überkommene Tradition eines einzigen Paten kirchenrechtlich fest, unter dem Druck der Realität wurde aber diese Norm schon bald geändert und ein Maximum von drei Paten festgelegt. Berthold von Regensburg berichtet im 13. Jahrhundert von bis zu zwölf Paten.[89] Sicher waren das Ausnahmefälle in Oberschichtenkreisen, die neue Tendenz wird aber deutlich erkennbar.

Noch wesentlicher erscheint der Trend, den oder die Paten aus dem Kreis der Bluts- oder Heiratsverwandtschaft zu wählen. Für jene Großräume in Europa, in denen sich die vertikale Patenschaftsterminologie durchgesetzt hat, erscheint die Inwärtspatenschaft charakteristisch. Mit dem horizontalen Typus der »compaternitas« hingegen korrespondiert Dominanz der Auswärtspatenschaft.[90] Das verweist offenbar auf die schon angedeuteten Zusammenhänge mit der Entwicklung des Lehenswesens. Durch das Lehenswesen entstand eine Vielzahl neuer Möglichkeiten der horizontalen und vertikalen Bindung. Vor allem aber ergaben sich aus dem im Kontext des Lehenswesens ausgebildeten herrschaftlichen und genossenschaftlichen Gruppen neue Sicherheiten, durch die die Funktion der Allianzbildung durch Patenschaft entlastet bzw. verlagert wurde. So konnte das Mittel der geistlichen Verwandtschaft nun auch dazu benutzt werden, um innerhalb der Bluts- und Heiratsverwandtschaft bestimmte Beziehungen zu akzentuieren und zu intensivieren.

Insgesamt scheinen die Bindungen durch Patenschaft neben den Lehensbindungen eine keineswegs unwesentliche ergänzende Bedeutung gehabt zu haben. Es kam ihnen aber nicht mehr jene grundlegende Bedeutung zu, die sie im Mittelmeerraum für den Aufbau umfassender gesellschaftlicher Strukturen erlangten. Die Unterschiede zwischen dem »Europa des Lehenswesens« und dem »Europa der Patenschaft« sind ja bis heute im Aufbau von Staat und Gesellschaft erkennbar. Bei einer solchen – sicher vereinfachenden – Gegenüberstellung darf allerdings nicht vergessen werden, dass auch im »Europa des Lehenswesens« die Patenschaft im Frühmittelalter eine entscheidende Rolle in der Vorbereitung der neuen Strukturen gespielt hat. So erscheint insgesamt die damals entwickelte Institution der geistlichen Verwandtschaft durch die Taufpatenschaft als ein grundlegender Faktor in der Ausbildung spezifisch europäischer Sozialstrukturen. Das zeigt insbesondere der Vergleich mit dem islamischen Kulturraum, dem mit der Taufe als »zweiter Geburt« die Möglichkeit fehlte, solche mit Abstammungsordnungen konkurrierende Sozialstrukturen aufzubauen.

Die Vorstellung, in spiritueller Weise miteinander verwandt zu sein, hat sich durch das Christentum keineswegs nur im Bereich der Patenschaft durchgesetzt. Auch vielfältige andere Formen neuer sozialer Beziehungen wurden nach diesem Prinzip entwickelt. Die Verwendung von Begriffen der Verwandtschaftsterminologie ist ein guter Indikator für solche Vorstellungen bzw. die ihnen entsprechenden Verhaltensweisen. Primär durch das Christentum bedingt ist das Vokabular der Verwandtschaft in sehr vielfältige Lebensbereiche vorgedrungen, die nach dem Vorbild der Verwandtschaft gestaltet wurden. Diese Prozesse blieben nicht ohne Rückwirkungen auf die Familienverhältnisse. Auch das kommt in der Verwandtschaftsterminologie zum Ausdruck. Die beiden wichtigsten Begriffsfelder sind diesbezüglich die der Eltern und der Geschwister. Während die Ausweitung des Vater- bzw. Mutterbegriffs auf den »pater spiritualis« bzw. die »mater spiritualis« den innerfamiliären Gebrauch nicht beeinträchtigte, hatte die Expansion der »Bruder«- und »Schwester«-Terminologie viel weiter reichende Folgen. Im spätantiken Latein treten neben den »frater« und die »soror« der »germanus« bzw. die »germana« als Bezeichnungen für die leiblichen Geschwister.[91] In einigen romanischen Sprachen sind sie erhalten geblieben, etwa im Spanischen und im Portugiesischen. Auch im französischen und italienischen Raum standen »frater« und »germanus« im Mittelalter in starker Konkurrenz. Im Galloromanischen hat sich dabei die erstere Bezeichnung durchgesetzt, im Italienischen in der Diminutivform »fratello«. Der »frater« blieb dem Klosterbruder vorbehalten.[92] Nur in Süditalien bzw. in Sardinien, wo der Klosterbruder griechisch »monaco« genannt wurde, bezeichnete man weiterhin den leiblichen Bruder mit Ableitungen der Vollform »frater«. Analog verlief die Entwicklung bei »soror«, »germana« und »sorella«. Im Unterschied zu den romanischen Sprachen ist es in den gemanischen, keltischen und slawischen unter dem Einfluss der geistlichen Verwandtschaft nicht zu einer Aufgabe der traditionellen Geschwisterterminologie gekommen.

Die Ausweitung des Bruder-Begriffs auf nichtverwandte Männer reicht schon in vorchristliche Zeit zurück.[93] Bereits im Hellenismus findet sich die Anrede »Bruder« gelegentlich für den Amts-»Bruder«, den Vereins-»Bruder«, generell für den Freund. Durch die Lehre der Stoa wurde von der frühen Kaiserzeit an der Gebrauch des Brudertitels verbreitet und vertieft. Eine spezifisch religiöse Prägung erhielt er in verschiedenen orientalischen Religionsgemeinschaften, etwa in den syrischen Baal-Kulten, die ursprünglich von Abstammungsgemeinschaften getragen wurden, die dann aber auch Fremde durch Einweihungszeremonien in die Brüdergemeinde aufnahmen. Eine besondere Rolle spielten familiale Begriffe in der Kultgemeinde des Mithra. In der Hierarchie der »patres« stand an der Spitze der »pater patrum«; die einzelnen Mysten bezeichneten einander gegenseitig als »frater«. Auch im Judentum ist die Bruder-Bezeichnung bereits vorchristlich belegt, etwa bei den Essenern, durch das Christentum erfuhr deren Gebrauch jedoch eine Radikalisierung. Die Evangelien und die Apostelbriefe bieten dafür zahlreiche Belege. Neu und ausschließlich christlich dürfte es sein, dass unter den Gemeindemitgliedern neben dem »Bruder«- in völliger Gleichberechtigung der »Schwester«-Begriff gebraucht wird. Wie in den Mysterienreligionen durch einen Akt der Initiation werden im Christentum die Gemeindemitglieder durch die Taufe zu »Kindern Gottes« und damit untereinander zu »Brüdern und Schwestern«. Die patristische Literatur hat dieses Konzept theologisch entfaltet. Die Sprache der Liturgie wurde zu seiner wichtigsten Trägerin. Nur im Mönchtum blieb freilich der Brudername als Wort der täglichen Rede lebendig. Dementsprechend dürfte die christliche Bruder-Terminologie auch am stärksten über das Klosterwesen zu einer begrifflichen Neukonzeption des leiblichen Bruders geführt haben, wie wir sie in einigen romanischen Sprachen vorfinden.

Insbesondere über das Klosterwesen hat das christliche Bruder-Modell im Mittelalter weitergewirkt – sowohl dem Wort als auch der Sache nach. Vom Kloster als einer Gemeinschaft von Brüdern führt über Gebetsverbrüderungen und religiöse Bruderschaften eine Entwicklungslinie zu zahllosen Sozialformen des Typs der Genossenschaft bzw. der Gemeinde. In ihnen allen wird – mehr oder weniger ausgeprägt – brüderliches Verhalten von

Personen verlangt, die nicht aus gleicher Abstammung Brüder sind. Gegenüber Gesellschaften, die auf Abstammungsordnungen basieren, liegt in diesem übertragenen Gebrauch des Brüderlichkeitskonzepts ein enormes Entwicklungspotential. Die starke genossenschaftlich-gemeindliche Komponente in der spezifisch europäischen Gesellschaftsentwicklung steht mit dieser Konzeption in ursächlichem Zusammenhang und damit generell mit dem Prinzip der »geistlichen Verwandtschaft«. Die Vorstellungen über die Wirkungen des Taufsakraments erscheinen so als ein Faktor, der den europäischen Sonderweg nachhaltig beeinflusst hat.

Ein ähnlich tief greifender Transformationsprozess des Verwandtschaftssystems in Europa, wie er im Übergang von der bifurkativ-kollateralen zur linealen Terminologie erschließbar wird, lässt sich aufgrund veränderter Verwandtschaftsbegriffe sonst nicht erkennen. Überraschend mag es erscheinen, dass die Ausbildung des Lehenswesen diesbezüglich keine nachhaltigen Spuren hinterlassen hat. Zu erwähnen ist in diesem Zusammenhang jedoch eine Differenzierung zwischen dem ältesten und den jüngeren Söhnen, die sich seit dem Hochmittelalter im französischen Sprachbereich beobachten lässt.[94] Verschiedene Begriffspaare werden der Unterscheidung zugrundegelegt: die zeitliche Orientierung bei »ainé« (»ante natus«) und »puiné« (»post natus«), ähnlich durch Nummerierung ausgedrückt »premier« – »second« oder »premier« – »autre«, nach der Körpergröße »mayor« und »menor« und schließlich – wegen der sozialen Aussage besonders interessant – die nur für jüngere Söhne verwendeten Wortschöpfungen »esterle« von »sterilis« = unfruchtbar und »cadet« von »capitellum«, d. i. der Anführer.[95] Beide sagen viel über das Schicksal jüngerer Söhne aus: Sie durften nicht heiraten und wurden häufig Söldnerführer. Bei Töchtern kam es zu keiner vergleichbaren Begrifflichkeit nach dem Geburtsrang. Für die Lehensfolge spielten sie ja in der Regel keine Rolle. Obwohl sich durch das Lehenswesen vielfach Formen des Einzelerbrechts verbreiteten – vor allem auch in der bäuerlichen Bevölkerung –, führte das nicht zu einer generellen neuen Begrifflichkeit in der Bezeichnung von Söhnen. Im Unterschied zum Adel, bei dem Unigenitur prinzipiell Primogenitur bedeutete, gab es ja bei Bauern vielfach Ultimogenitur und andere Formen der Unigenitur, etwa das Bestenerbrecht.[96]

Eine dem äußeren Ausdruck nach recht ähnliche Entwicklung muss sich im Mittelalter auch in Südosteuropa abgespielt haben –

allerdings auf der Grundlage völlig anderer gesellschaftlicher Verhältnisse. In mehreren Balkansprachen findet sich die Unterscheidung zwischen »älterer Bruder« und »jüngerer Bruder« bzw. »ältere Schwester« und »jüngere Schwester«, und zwar im Bulgarischen, Makedonischen, Serbischen, Albanischen, Rumänischen sowie im Ungarischen und im Osmanisch-Türkischen.[97] Im Bulgarischen werden auch Schwägerinnen und Schwäger nach »älter« oder »jünger« differenziert. In den indoeuropäischen Sprachen hat eine solche Unterscheidung keine gemeinsamen Wurzeln. Sie fehlt bei ihnen auch außerhalb der Balkanhalbinsel. So haben die slawischen Völker, die im Frühmittelalter nach Südosteuropa einwanderten, mit Sicherheit dieses Vokabular noch nicht mitgebracht, sondern erst hier erworben. Allgemein verbreitet findet sich hingegen die Unterscheidung von Brüdern und Schwestern nach »älter« und »jünger« bei vielen Steppenvölkern des Ostens – sowohl solchen mit Turksprachen als auch solchen mit finno-ugrischer Sprachzugehörigkeit.[98] Als Wurzel für dieses in vielen Balkansprachen unterschiedlicher Herkunft verbreitete Muster der Verwandtschaftsterminologie kommen also wohl in erster Linie die ursprünglich turksprachigen Bulgaren, dann aber auch die Ungarn und die Osmanen in Frage.

Wenn eine Mehrzahl von Völkern Südosteuropas im Mittelalter diese Verwandtschaftsterminologie von einem einwandernden Steppenvolk übernommen hat, so müssen soziale Verhältnisse geherrscht haben, die eine solche Adaption ermöglichten. Hinsichtlich des Strukturprinzips der Patrilinearität dürfte Übereinstimmung geherrscht haben. Es war bei den nomadisierenden Völkern der Steppe vielfach noch stärker ausgeprägt.[99] Die Begriffe setzen voraus, dass in der Regel mehrere – wohl erwachsene – Brüder zusammenlebten. Es ist also der Schluss auf patrilinear-komplexe Familien erlaubt, vielleicht sogar auf Abstammungsverbände. Bei manchen Steppenvölkern charakterisieren die einzelnen Bezeichnungen oft generell ältere oder jüngere Verwandte der Patrilinie.[100] Auch in den Balkansprachen werden die Begriffe derart gebraucht.[101]

Bei aller äußeren Ähnlichkeit bezeichnen die »ainés« und »cadets« des Französischen etwas völlig anderes als die »älteren« und »jüngeren Brüder« der Balkansprachen. Im einen Fall geht es um die erbrechtliche Bevorzugung eines Sohnes vor den anderen, im zweiten Fall um eine Hierarchie der Achtung und Autorität innerhalb eines größeren Familienverbands, vielleicht sogar einer

Abstammungsgruppe, die in der Altersrelation zum jeweiligen Sprecher ausgedrückt wird. Das eine Muster steht für ein komplexes Herrschaftssystem, das durch das Lehenswesen eine innere Ordnung bekommen hat, die nicht mehr primär auf Abstammung beruht, das zweite Muster wurzelt in einer Stammesverfassung und hat sich in einer weiterhin stark abstammungsorientierten Gesellschaft erhalten. So kann diese Gegenüberstellung veranschaulichen, wie weit der Osten und der Westen Europas im Mittelalter voneinander entfernt waren – nicht nur in den jeweils dominierenden Verwandtschaftssystemen, sondern auch in den Herrschaftssystemen, die für sie eine wesentliche Rahmenbedingung darstellen.

2. Ausdrucksformen von Verwandtschaft

a) Zu Beginn des Lebens: Namengebung

Aus den Veränderungen der Verwandtschaftsterminologie in den verschiedenen europäischen Sprachen ließen sich die Veränderungen der Verwandtschaftssysteme im Verlauf des Mittelalters in großen Linien rekonstruieren. Vieles blieb dabei allgemein, nach Zeit, Raum bzw. Sozialmilieus wenig differenziert. Andere Ausdrucksformen ermöglichen Präzisierungen und Ergänzungen, vor allem solche, die nicht in gleicher Weise wie die Verwandtschaftsbegriffe in ihrer Interpretation durch die »cultural lag«-Problematik beeinträchtigt sind. Aus Anlass der drei großen lebenszyklischen Zäsuren Geburt, Heirat und Tod wird Verwandtschaft stets in besonderer Weise aktualisiert. Bei der Geburt bzw. einem korrespondierenden Akt der sozialen Anerkennung in der Gemeinschaft erhält das Neugeborene einen individuellen Namen, der oft auf Verwandte Bezug nimmt, mitunter auch einen kollektiven, der der Verwandtschaftsgruppe gemeinsam ist. Namen- bzw. Namengebungssysteme sind ein guter Indikator für Verwandtschaftssysteme. Die Regeln der Heirat teilen den Kreis der Verwandten in erlaubte und verbotene Partner. Solche Regeln eignen sich daher in besonderer Weise, Verwandtschaftssysteme zu erschließen. Trauerriten und Bestattungsformen zeigen Zusammengehörigkeitsbewusstsein sowohl unter den Lebenden als auch über den Tod hinaus mit den Verstorbenen. Im Fall eines gewaltsamen Todes sind Blutrachepflicht bzw. die Berechtigung zum Empfang einer Ablösezahlung ein aufschlussreicher Spiegel verwandtschaftlicher Verbundenheit mit dem Opfer. Schließlich bringen Formen des Erbrechts Verwandtschaftszusammenhänge deutlich zum Ausdruck.

Mit den angesprochenen Themen sind die Ausdrucksformen von Verwandtschaft im Mittelalter sicher bei weitem nicht erschöpft. Sie mögen aber genügen, um einen zeitlich, räumlich und sozial differenzierten Überblick über die Faktoren des Wandels von Verwandtschaftssystemen zu vermitteln. Wenn die in der Literatur so viel behandelte Frage des Totengedenkens als Ausdrucksform hier nicht eigens besprochen wird, so vor allem deshalb, weil sie nicht in gleicher Weise allgemeinen Regeln unterliegt wie etwa das Ehe- oder Erbrecht. Für die weit reichenden Schlüsse, die in der Schmid-Duby-These aus der Memorialüberlieferung über mittelalterliche Verwandtschaftsstrukturen abgeleitet wurden, ist diese mangelnde Regelhaftigkeit als methodische Schwachstelle zu bedenken.

Personennamen sind wie Verwandtschaftsbegriffe eine sprachliche Ausdrucksform von Verwandtschaft. Prozesse des Wandels lassen sich durch sie jedoch zeitlich und räumlich viel besser verorten. Wenn sich in einer Sprache z. B. eine spezifische Bezeichnung für die Gattin des Bruders des Ehemanns erhalten hat, die ihrem Ursprung nach sicher aus patrilinear-komplexen Familienformen abgeleitetet werden darf, so lässt das nicht den Schluss zu, dass die Sprecher dieser Sprache mehrheitlich in solchen Familienformen leben. Wenn hingegen eine Person in einer mittelalterlichen Quelle durch die Nennung des Vaternamens sowie der Namen des väterlichen Großvaters, Urgroßvaters und Ururgroßvaters charakterisiert wird, so ist die Interpretation sicher erlaubt, dass im gesellschaftlichen Umfeld dieser Person patrilineare Denkmuster galten. Für die hier diskutierten Thesen lassen sich daher aus der Analyse des mittelalterlichen Namenwesens in differenzierter und zeitspezifischer Weise Pro- oder Contra-Argumente gewinnen. Auch für die sozialen Rahmenbedingungen von Prozessen des Wandels von Verwandtschaftssystemen im Mittelalter ergeben sich aus einer solchen Analyse zusätzlich Hinweise.

Im Wandel des römischen Namensystems zwischen früher und ausgehender Kaiserzeit zeigen sich deutliche Parallelen zum Wandel der Verwandtschaftsterminologie, der sich in der lateinischen Sprache damals vollzog. Die »tria nomina« der römischen

Oberschicht waren strikt patrilinear orientiert.[102] Das »nomen gentile« charakterisierte den umfassenden Abstammungsverband all jener, die sich in männlicher Linie von einem gemeinsamen Ahnherren herleiteten, das »cognomen« einen Teilstamm dieser »gens«. Das individuelle »praenomen« war auf 18 Namen beschränkt. Einige von ihnen kamen wiederum nur in bestimmten Geschlechtern vor, z. B. Appius bei den Claudiern. In weiblicher Linie wurden sie nicht weitergegeben. Zu diesen »tria nomina« konnte noch das Patronym hinzukommen, das auf das »praenomen« des Vaters Bezug nahm, z. B. Marcus Caecilius Secundus Marci filius. Patrilineare Abstammung bzw. patrilineare Abstammungsverbände spielten in diesem Namensystem die entscheidende Rolle. Der Name drückte Geschlechtszugehörigkeit aus. Für individuelle Positionierung durch Namengebung bestand wenig Möglichkeit. Die Gründe für diese Dominanz des Geschlechtsbewusstseins im Verwandtschaftsdenken waren sicher vielfältig – einer verdient besondere Erwähnung, weil er für spätere Prozesse des Wandels wichtig erscheint: Der römische Kult der »dii parentes« ist eines der seltenen Beispiele für religiöse Ahnenverehrung in der europäischen Geschichte.[103] Das Abstammungsdenken der römischen »gentes« und ihre darin wurzelnden Namensformen dürften also auch sakral bestimmt gewesen sein.

Das römische Namensystem der ausgehenden Antike ist ein völlig anderes. Alle Hinweise auf Zugehörigkeit zu agnatischen Abstammungsgruppen gehen verloren. Alle Ausdrucksformen der Patrilinearität verschwinden. Das System tendiert zur Einnamigkeit.[104] Dieser eine Name kann insofern Verwandtschaftszusammengehörigkeit ausdrücken, als er den eines lebenden oder schon verstorbenen Angehörigen aufgreift. Namensrepetition kommt vor, ist aber nicht obligatorisch. Dabei kann sowohl auf die Vater- als auch auf die Mutterlinie zurückgegriffen werden, wie es einem bilateralem Verwandtschaftssystem entspricht. Ein Anknüpfen an die Namen der mütterlichen Seite lässt sich ansatzweise schon in der frühen Kaiserzeit beobachten, die Durchsetzung der Einnamigkeit, mit der das Namensystem nach diesem Transformationsprozess eine neue Gestalt annimmt, erfolgte jedoch im Wesentlichen erst im 4. Jahrhundert. So kann man wohl von einer »konstantinischen Wende« des Namenwesens sprechen, und das nicht nur aufgrund zeitlicher Koinzidenz. Sicher war das Christentum nicht die einzige Kraft, die in der Spätantike überkommenen Formen des Abstammungsdenkens entgegenwirkte. Es war aber eine Kraft, die in besonders radikaler Weise in diese Richtung Einfluss ausübte, vor allem eine, die als Staatsreligion eine das ganze Imperium erfassende Wirkung erreichte. Einige Stichworte mögen genügen, um jene Momente zu charakterisieren, die im Christentum zumindest zu einer religiösen Bedeutungslosigkeit von Herkunft, darüber hinaus jedoch vielfach zu einer explizit abstammungsfeindlichen Haltung führten: die Idee der allgemeinen Gotteskindschaft aller Christen, die Konzeption der Gemeinde als Einheit von »Brüdern« und »Schwestern« unabhängig von Familienbindungen, die Taufe als »Geburt dem Geiste nach«, die individuelle Verantwortlichkeit ohne Bedeutsamkeit von »Verdiensten der Väter« für das Seelenheil, die Aufforderung zur Nachfolge Jesu durch das Verlassen der Familie, Fehlen von erblich gedachtem Charisma, das Fehlen von Priesterdynastien sowie die Gegnerschaft gegen alle Formen des Ahnenkults. Vor diesem Hintergrund erscheint es verständlich, dass mit der Verbreitung des Christentums abstammungsorientierte Momente der Namengebung generell zurückgingen.

Gegen Ende des vierten Jahrhunderts schrieb Johannes Chrysostomus, einer der großen Lehrer der alten Kirche, in seinen Homilien zum Buch Genesis über die Namengebung: »Siehst du, dass auch in bloßen Benennungen ein reicher Schatz an Gedanken liegt? Nicht nur zeigt sich darin die Frömmigkeit der Eltern, sondern auch ihre Sorgfalt für die Kinder, wie sie sofort und von Anfang an ihre Neugeborenen durch die Benennungen, die sie ihnen geben, zum Streben nach Tugend anleiten, und wie sie nicht wie heute – zufällig und aufs Geratewohl – die Namen wählten. ›Nach dem Namen des Großvaters oder des Urgroßvaters‹, sagen sie, ›soll das Kind heißen.‹ Aber die Alten taten nicht so, sondern sie wandten alle Mühe auf, um solche Benennungen den Neugeborenen zu erteilen, die nicht nur die Benannten auf die Tugend aufmerksam machten, sondern auch allen anderen und den kommenden Geschlechtern ein vollständiger Unterricht in vernünftiger Lebensführung wurden. So sollen auch wir nicht irgendwelche Namen den Kindern geben, weder von Großvätern und Urgroßvätern noch von solchen, die durch adelige Geburt sich auszeichneten, sondern sie nach heiligen Männern nennen, die durch Tugend hervorragten und mit Zuversicht vor Gott auftreten konnten. Auch nicht auf solche Namen an und für sich sollen Eltern und Kinder Vertrauen setzen; denn eine Benennung bringt keinen Nutzen, wenn sie leer an Tugend ist, sondern auf die Übung der Tugend muss man die Hoffnung des Heiles aufbauen.«[105]

Die Formulierungen des Kirchenvaters sind sowohl als Bestandsaufnahme wie als Programm von Interesse. Als Bestandsaufnahme beschreiben sie ein System der Einnamigkeit mit relativ offenen Wahlmöglichkeiten der Eltern. Nachbenennung nach Vorfahren erscheint allgemein üblich. Der Großvater steht dabei im Vordergrund. Der Benennung nach Ahnen stellt Johannes Chrysostomus die nach Heiligen gegenüber. Seine Begründung ist der Vorbildcharakter der Heiligen. An anderer Stelle verweist er auf deren Schutzfunktion, die durch die Nachbenennung eines Kindes gewonnen werden kann[106] – für viele Christen schon zu seiner Zeit das wichtigere Motiv. Ein Programm, sich statt an Ahnen an Heiligen zu orientieren, ist notwendigerweise abstammungsfeindlich. Es hat viele Jahrhunderte gedauert, bis dieses Programm realisiert wurde – ein Prozess, der auch zu Ende des Mittelalters noch nicht vollkommen abgeschlossen war.[107]

Dieser Prozess ist durch einen kontinuierlichen Kompromiss charakterisiert. Heiligennamen, die Ahnennamen ersetzt hatten, wurden durch innerfamiliale Nachbenennung selbst zu Ahnennamen und in dieser Doppelbedeutung an folgende Generationen weitergegeben. Eine gewisse Orientierung an der Verwandtschaft blieb also auch im Kontext der Namengebung nach Heiligen erhalten. Heiligennachbenennung war keineswegs die einzige Form spezifisch christlicher Namengebung. Die theophoren, die frommen, die Symbolnamen standen nicht in der Spannung eines solchen doppelten personellen Bezugs auf Ahnen bzw. Heilige. Im griechischen Umfeld eines Johannes Chrysostomus scheint Namensrepetition der Normalfall gewesen zu sein, wie über den Namen des Kindes eine personale Beziehung innerhalb der Verwandtschaft oder darüber hinausgehend hergestellt wurde.[108] Durch seine Ausbreitung im Verlauf des Mittelalters kam das Christentum jedoch mit Gesellschaften in Berührung, in denen ganz andere Verwandtschafts- und Namensysteme herrschten. Um das Nebeneinander solcher ganz unterschiedlicher Systeme während des Mittelalters anzudeuten, sei auf einige Beispiele näher eingegangen.

Im Spannungsfeld zweier unterschiedlicher Namenkulturen standen das ganze Mittelalter hindurch die unter islamischer

Herrschaft lebenden spanischen Christen, die Mozaraber. Noch um 1200, also mehr als ein Jahrhundert, nachdem Toledo an das Königreich Kastilien gefallen war, nannte sich hier ein Alkalde aus dem angesehenen christlichen Geschlecht der Abenharits »Juan ben Pedro ben Abderraman ben Yahya ben Harits.« Sein gleichnamiger Urgroßvater hingegen wurde um 1100 in einer kastilischen Königsurkunde schlicht als »dominus Johannes« bezeichnet.[109] Was in diesem Gegensatz zum Ausdruck kommt, sind zunächst zwei unterschiedliche christliche Namensysteme, von denen sich das neue der Eroberer rasch durchsetzte. Eine strikt patrilinear orientierte Namensform, die den Namen von Vater, Großvater und Urgroßvater bis hin zum Ahnherren, nach dem sich das Geschlecht benannte, in die Individualbezeichnung einbezieht, war um 1200 bereits ein Reliktphänomen. Es blieb davon bestenfalls ein Patronym. Aber auch dieses war nicht obligatorisch. Namenselemente der mütterlichen Linie konnten durchaus als Zweitnamen aufgenommen werden. Ebenso waren die Erstnamen der väterlichen wie der mütterlichen Linie entnommen. So hat das Namensystem nach der Reconquista eindeutig bilateralen Charakter und ist als Ausdruck eines bilateralen Verwandtschaftssystems zu verstehen. Aber auch zuvor dürfte das System der Mozaraber nicht streng patrilinear orientiert gewesen sein, wie man aus der Aufnahme der Väterreihe in die Selbstbezeichnung sowie aus der Bezeichnung des Geschlechts als »Söhne« des Ahnherren schließen könnte. Eine Mischung von patrilinearen und bilateralen Elementen finden wir damals auch bei jüdischen Familien unter islamischer Herrschaft.[110] Obwohl bei diesen – anders als bei den Christen – das Abstammungsbewusstsein durch die strikt patrilineare Form des Totengedenkens kultisch fundiert war, ist die Orientierung des Namensystems bei ihnen nicht streng agnatisch. Einerseits gibt es Geschlechternamen, die den Ahnherren zum Bezugspunkt machen sowie obligatorische Patronymika, andererseits hat auch der Großvater mütterlicherseits das Recht, durch Nachbenennung eines Sohnes seiner Tochter geehrt zu werden. Auch für die Mozaraber wird man annehmen dürfen, dass die islamische Umwelt zumindest formal-äußerlich das Namensystem beeinflusst hat.

Islamische Namenkultur war fast das ganze Mittelalter hindurch in Europa präsent, und – in ihr ausgedrückt – ein stark patrilinear orientiertes Abstammungsdenken, das zu den christlichen Formen des Abstammungsbewusstseins in deutlichem Kontrast stand. Nach der Eroberung des Westgotenreichs kamen Araber und Berber in Stammesverbänden auf die Pyrenäenhalbinsel. In den Bezeichnungen dieser Verbände kommt das starke Abstammungsbewusstsein deutlich zum Ausdruck. Abenharits ist eine Analogiebildung dazu in christlichem Milieu. Der so stark auf die Vorväter bezogene Name des Alkalden von Toledo entspricht der Konstruktion nach ganz dem islamischen Namensystem, was nicht heißen muss, dass er für den Träger und sein soziales Umfeld auch dieselbe Bedeutung hatte. Er ist aus dem »ism« und dem »nasab« zusammengesetzt, der die väterliche Ahnenreihe einbezieht. Der »nasab« ist in islamischen Kulturen ein integrierender Namensbestandteil.[111] Durch ihn leben die Väter in den Söhnen weiter. Mit »ism« und »nasab« werden nach islamischem Glauben die Menschen beim Jüngsten Gericht aufgerufen. Von ähnlichen Vorstellungen bei den Mozarabern wissen wir nichts. Auch sonst war das arabische Namensystem stark patrilinear abstammungsorientiert. Besonders deutlich kommt das in der »kunya« zum Ausdruck, einem Namenselement, das allen anderen im mittelalterlichen Europa präsenten Namenkulturen fehlt. Zum Unterschied von »ism« und »nasab« war die »kunya« ein Erwachsenenname, den Vater und Mutter bei der Geburt des ersten Sohnes erhielten. Sie wurde durch die Bezeichnung »abu«/Vater bzw. »umm«/Mutter in Verbindung mit dem Sohnesnamen komponiert. Als Teknonym ist sie sozusagen das Gegenstück zum patronymisch konstruierten »nasab«. In besonderer Weise signalisiert dieses Element des islamischen Namensystems, welcher Stellenwert der Fortsetzung des Mannesstamms durch Söhnegeburten zukam. Auch dort, wo in christlichen Kulturen Europas die Kontinuität der Patrilinie sehr hoch bewertet wurde, wie etwa in weiten Teilen Südosteuropas, hat sich keine vergleichbare Ausdrucksform in Namenteilen herausgebildet. Wo das der »nasab« sowie patronymische Bezeichnungen nach Abstammungsverbänden leisten, erscheint es nicht notwendig, durch Nachbenennung im persönlichen Namen, dem »ism«, Verwandtschaftszusammenhänge auszudrücken. Die Analyse mittelalterlicher Genealogien aus dem islamischen Raum hat gezeigt, dass Nachbenennung nach Vorfahren hier keine nennenswerte Rolle spielt.[112]

Ein stark abstammungsorientiertes Namens- und Verwandtschaftssystem hat sich – trotz früher Christianisierung – das ganze Mittelalter hindurch bei den Inselkelten erhalten, am stärksten in Irland, abgeschwächt auch in Schottland und Wales, wo der Einfluss der römischen Kirche bzw. des englischen Feudalsystems früher und intensiver einwirkte. Ein Beispiel des frühen 16. Jahrhunderts soll diese Beharrungskraft illustrieren: 1533 begegnet in London ein aus Wales stammender Kaufmann »Thomas ap Jovan ap David ap Blethyn alias Thomas Jones«.[113] Zwei unterschiedliche Formen der Identifikation stehen hier nebeneinander. Für das englische Umfeld genügt der Taufname und ein vom Vatername abgeleiteter Zweitname, in dieser Zeit durchaus schon als »Familienname« zu verstehen. In seinem Waliser Herkunftsmilieu hingegen wird der Namensträger als Sohn, Enkel und Urenkel von einer patrilinearen Ahnenreihe stammend definiert – in der Vielzahl der identititätsstiftenden Ahnennamen einem islamischen »nasab« vergleichbar. Auf Tory Island nördlich von Irland lassen sich derart gebildete Namensformen bis ins 20. Jahrhundert hinein nachweisen.[114] Keine Region Europas hat schon im Frühmittelalter eine so reiche genealogische Überlieferung wie der keltische Siedlungsraum der Britischen Inseln, insbesondere Irland. Alle diese überlieferten Genealogien sind strikt patrilinear strukturiert.

Über Praktiken der Nachbenennung sind wir für Irland am besten durch die Genealogien der zahlreichen Königsgeschlechter informiert.[115] Eine Sitte der Namengebung nach nahen Verwandten lässt sich hier keineswegs beobachten. Benennungen nach dem Vater kommen überhaupt nicht vor, solche nach dem Großvater erst seit dem 10. Jahrhundert. Auch dann sind sie selten. Das heißt nicht, dass Namensrepetition in diesen Königsdynastien keine Rolle gespielt hätte. Sie bezog sich aber oft auf weit zurückliegende Vorfahren, vor allem auch auf agnatische Verwandte der Seitenlinie. Die Art der Repetition deutet auf ein enorm weit reichendes genealogisches Wissen, das nicht nur die Vorfahren in männlicher Linie, sondern auch deren gesamte Nachkommenschaft umfasste. Abstammungsbewusstsein wurde im Namen nicht primär durch Nachbenennung von Individuen ausgedrückt, sondern durch deren kollektive Bezeichnung nach einem gemeinsamen Ahnherren. Die aus »Uí« (uá, uó), d. i. männliche Nachkommen/Enkel, bzw. »Mac«, d. i. Sohn und dem Ahnherrennamen zusammengesetzten Familien-, Geschlechts-, Klan-, Stammesnamen Irlands und Schottlands veranschaulichen dieses Verwandtschaftsdenken.[116]

Ebenso wie das Namensystem bei den Inselkelten durch die Zurechnung zu patrilinearen Abstammungsverbänden charakterisiert war, so die Verwandtschaftsterminologie durch entsprechende generelle Bezeichnungen. Zahlreiche Bezeichnungen für Abstammungsgruppen sind aus dem Mittelalter aus diesem Raum überliefert, und zwar in ihrer ursprünglichen Bedeutung, so dass die neuerdings vertretene Annahme, die Iren wären erst unter normannischem Einfluss »increasing patrilineal« geworden, wenig plausibel erscheint.[117] Sie haben sich – im Unterschied zu anderen europäischen Regionen – sehr lange in ihrer ursprünglichen Bedeutung erhalten. Die wichtigste dieser Bezeichnungen von Abstammungsverbänden ist »fine«. In rechtlichen Belangen wurde innerhalb der »fine« zunächst zwischen »derbfine« als der Deszendenz in männlicher Linie des Urgroßvaters, der »iarfine« als der des Ururgroßvaters und der »indfine« als der des Urururgroßvaters unterschieden. Im 8. Jahrhundert grenzte man innerhalb der »derbfine« einen engeren Kreis der »gelfine« als Nachkommen eines Großvaters aus – offenbar ein Zeichen der Bedeutungsverschiebung von größeren zu kleineren Abstammungsverbänden.

Diese Abstammungsverbände hatten ganz unterschiedliche Funktionen – bei Blutrachefällen, im Erbrecht, im Wirtschaftsleben.[118] Die bäuerliche »derbfine« etwa war häufig Pfluggemeinschaft. In Königsdynastien bildete sie die »rigdamnae« d. i. das »Königsmaterial«, die »zum Königtum geeigneten Männer«.[119] Bei der Wahl innerhalb der Dynastie war die verwandtschaftliche Nähe zu einem früheren König – nicht unbedingt dem Vorgänger – von entscheidender Bedeutung. Die besondere Bedeutung patrilinearer Abstammungsgruppen kommt auch in den Bezeichnungen der einzelnen Verwandtschaftspositionen zum Ausdruck, die nur schwache Ansätze zur Bilateralität erkennen lassen. Väterliche und mütterliche Linie werden terminologisch streng geschieden. Für Heiratsverwandtschaft gibt es überhaupt kein Vokabular.[120] Die Bezeichnung »brathair« = Bruder kann grundsätzlich für agnatisch verwandte Männer verwendet werden, ebenso »siur«, Schwester, für Frauen der Patrilinie. Auf der Mutterseite gibt es einzig für den Mutterbruder eine spezifische Bezeichnung. Ihr entspricht ein Wort für den Schwestersohn als eines zweiten in weiblicher Linie Verwandten.

Obwohl in einer christlichen Gesellschaft verankert, hat sich das Namen- und Verwandtschaftssystem der Inselkelten besonders lange seinen abstammungsorientierten Charakter bewahrt. Das Christentum kam in Irland in der ausgehenden Antike in eine Stammesgesellschaft ohne Städte und hat sich ihr stark angepasst. Jahrhunderte hindurch blieb es vom Christentum des Mittelmeerraums abgeschnitten. Der Prozess der Penetration durch Organisationsformen der römischen Kirche bzw. der englischen Feudalordnung hat erst spät in dieser Randgruppe der westlichen Christenheit zu Angleichungstendenzen geführt. Das Beispiel zeigt anschaulich, dass die abstammungsfeindlichen Tendenzen des Christentums keineswegs in allen christianisierten Gebieten in gleicher Weise zum Tragen kamen. In einer städtelosen Stammesgesellschaft fehlten dafür einfach die Voraussetzungen. Die Strukturen einer städtischen Gemeindereligion, wie es das Christentum seit seinen Anfängen war, ließen sich in diesem völlig anderen Umfeld nicht gänzlich realisieren. Das Gegensatzpaar Stamm und Stadt wird als gesellschaftlicher Kontext des großen Transformationsprozesses mittelalterlicher Verwandtschaftsordnungen im Auge zu behalten sein.

Die Bezeichnung »Stamm« deckt – für das mittelalterliche Europa verwendet – ein breites Spektrum sehr unterschiedlich strukturierter Sozialformen ab. Die Klanstruktur der keltischen Stämme in Irland lässt sich keineswegs als keltische Stammesverfassung schlechthin verallgemeinern. Vor allem gegenüber den benachbarten Germanenstämmen ergeben sich wesentliche Unterschiede.[121] Insgesamt scheinen bei den germanischen Stämmen der Wanderungszeit patrilineare Abstammungsverbände keine wesentliche Rolle gespielt zu haben.[122] Das zeigt sich auch an ihrem dominanten Prinzip der Namengebung, nämlich der Namensvariation.

Die Namensvariation drückt Familienbeziehungen aus, nicht Gemeinsamkeit der Abstammung in patrilinearen Klans. Eine Quelle aus der Spätzeit dieses Systems, die Vita des Bischofs Wulfstan von Worcester (1062–92) erläutert es: »Puero Wulstanus vocabulum datum, ex anteriori materni et ex posteriori paterni nominis compositum.«[123] Bischof Wulfstans Eltern hießen Aethelstan und Wulfgifu. Der Name des Knaben wurde aus Namensteilen beider Eltern komponiert. Gemeint war damit wohl, dass er in seinem Wesen väterliche und mütterliche Anteile verband bzw. verbinden sollte. Namensvariation erscheint hier als eine eindeutig abstammungsorientierte Form der Namengebung, und zwar in bilateraler Orientierung. Namensrepetition vermag in einem Namen eine solche doppelte Bezugnahme auf zwei verschiedene Verwandtschaftslinien nicht zu leisten.

Namensvariation bot viele Möglichkeiten, familiale und verwandtschaftliche Beziehungen auszudrücken – zwischen Vater, Mutter und Sohn wie im Falle Bischof Wulfstans, zwischen Eltern und Kindern generell, zwischen Geschwistern sowie zwischen Kindern und Angehörigen der Eltern. Dabei konnte die Geschlechtergrenze bei dem nicht geschlechtsspezifisch festgelegten ersten Teil des Namens stets überschritten werden. Die Polypticha geistlicher Grundherrschaften aus der Karolingerzeit bieten zahllose Beispiele für diese Praxis. Ob die hier vorherrschende Bilateralität für das System generell gilt, ist schwer zu beurteilen. Weiter zurückreichende Zusammenhänge lassen sich primär auf der Basis von Namengut der Königshäuser rekonstruieren, bei denen die Kontinuität der Patrilinie eine besondere Rolle spielt und auch in der Namengebung zum Ausdruck kommt. Aber auch in Fürstenhäusern ist in der Namengebung

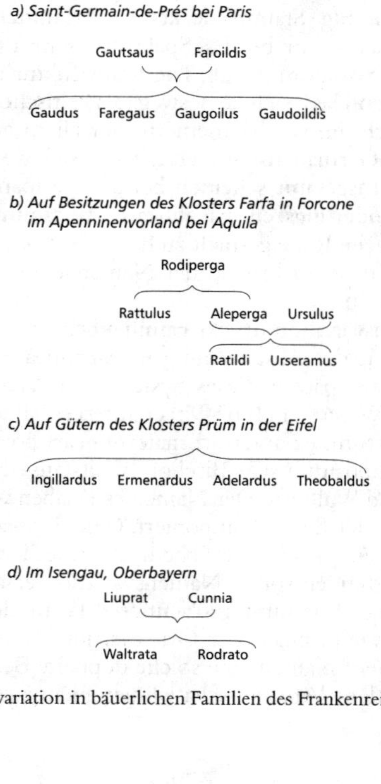

Abb. 13: Namensvariation in bäuerlichen Familien des Frankenreichs um 800.

auf der Basis der Namensvariation schon früh der Einfluss der Mutterlinie erkennbar, vor allem bei den Namen der Töchter. Das gilt für angelsächsische Königsfamilien im 7., für die Merowinger bereits im 6. Jahrhundert.

Bei den Merowingern, der »stirps regia« der Franken, lassen sich das ältere Prinzip der Namensvariation und das jüngere der Namensrepetition nebeneinander beobachten.[124] Beide Prinzipien haben hier unterschiedliche Funktionen. Die Namensvariation dient vor allem der Bezugnahme auf nächste Anverwandte, auf Eltern, auf Geschwister oder auf Großeltern. Sie ist in einem engeren Sinn familienorientiert. Die Namensrepetition hingegen gehorcht anderen Gesetzen. Sie betrifft vor allem die großen Herrschernamen wie Chlodwig und Chlothar, Theuderich und Theudebert, Dagobert und Childerich. Keiner dieser Namen wird vom Vater auf den Sohn weitergegeben. Nur selten kommt es zu einer Nachbenennung nach dem Großvater, und wenn, so nach einem bereits verstorbenen.

Die Frage nach dem Verwandtschaftsverhältnis zwischen Namensvorbild und Nachbenanntem scheint hier insgesamt falsch gestellt. König Theuderich III. hieß nicht aufgrund einer bestimmten Verwandtschaftsbeziehung nach König Theuderich II., der sein Großonkel dritter Linie war, dieser wiederum nicht nach seinem gleichnamigen Onkel zweiter Linie oder seinem Urgroßonkel Theuderich I. Nicht eine bestimmte genealogische Relation war für die Namengebung entscheidend, sondern die Verfügbarkeit des Namens nach dem Tod seines vorangegangenen Trägers. Die Vergabe an einen in der Folgezeit geborenen Sohn des Königshauses konnte mit der Hoffnung auf die Wirksamkeit starker und heilskräftiger Königsnamen verbunden sein, ebenso aber mit dem Anspruch auf ein bestimmtes Teilreich. War ein Name nach dem Tod des vorigen Trägers einmal vergeben, so konnte er nicht ohne weiteres ein zweites Mal aufgegriffen werden. Das Namengut war gleichsam ein gemeinsamer Besitz der »stirps regia« ebenso wie das Reich, auf das durch die Vergabe von Königsnamen Anspruch erhoben wurde. Wilhelm Grönbech hat in diesem Zusammenhang von Namen als »Vorrat der Sippe« gesprochen.[125] Wo Abstammungsverbände für die Nachbenennung ausschlaggebend sind und vom Prinzip der Einmaligkeit der Namensvergabe ausgegangen wird, ergeben sich so ganz andere Wege der Namensrepetition, als sie bei Nachbenennung aufgrund einer individuellen Abstammungsbeziehung zustandekommt, etwa der Großvaternachbenennung, die uns Johannes Chrysostomus als ein vorherrschendes Muster der Namengebung in der ausgehenden Antike schildert.

Ein ganz ähnliches System der Namengebung wie bei den Merowingern finden wir Jahrhunderte später bei den Rurikiden in Russland.[126] Auch hier stehen anfangs Namensvariation und Namensrepetition nebeneinander. Ob die Rurikiden dieses System aus ihrer skandinavischen Heimat mitgebracht oder von den von ihnen beherrschten slawischen Völkern übernommen hatten, lässt sich schwer entscheiden. Letzteres scheint wahrscheinlicher. Bei slawischen Stämmen findet sich das Prinzip ebenso wie bei germanischen. Die Namensrepetition setzt auch bei den Rurikiden mit den Fürstennamen ein. Sie werden hier ebenso wenig vom Vater auf den Sohn oder vom Großvater auf den Enkel weitergegeben, vielmehr nach dem Tod des bisherigen Trägers von einem Angehörigen der weit verzweigten Fürstensippe für einen in der Folgezeit geborenen Sohn übernommen. Bei den Rurikiden kam jedoch eine Überschneidung mit einem anderen System der Namengebung hinzu. Nach dem Übertritt zum Christentum im ausgehenden 10. Jahrhundert erhielt ein Angehöriger des Fürstenhauses neben dem herkömmlichen Namen noch einen christlichen Taufnamen. Dabei handelte es sich durchgehend um einen Heiligennamen. In Byzanz hatte sich zu diesem Zeitpunkt die Namengebung nach Heiligen schon weitgehend durchgesetzt. In den byzantinischen Missionsgebieten wurden Anstrengungen unternommen, dieses Prinzip zu realisieren. Mit ihren christlichen Zweitnamen gingen die Rurikiden nun ganz anders um als mit ihren traditionellen Fürstennamen. Sie wurden durchaus auch zu Lebzeiten eines älteren Namensträgers neu vergeben. Namensgleichheit zwischen Vater und Sohn war somit nicht mehr ausgeschlossen. Der Sohn wurde ja primär nach dem vom Vater verehrten Heiligen benannt. Die Homonymie zwischen Vater und Sohn war ein Nebeneffekt. Durch solche Übereinstimmungen erhielten die Heiligennamen im Kontext der Verwandtengruppe eine zusätzliche Konnotation. Durch den doppelten Bezug auf den Heiligen und den Verwandten machten sie eine Benennung nach Lebenden möglich. Damit trat zugleich die Gruppe der nächsten Angehörigen des Kindes in aufsteigender Linie gegenüber dem patrilinearen Abstammungsverband als Orientierungsrahmen der Namengebung in den Vordergrund.

Noch ein zusätzliches Element verdient bei den Namen der Rurikiden erwähnt zu werden. Es kommen patronymische Bezeichnungen auf, und zwar in doppeltem Sinne als Charakteristika einzelner Personen nach dem Vater wie auch von Abstammungsgruppen nach dem Ahnherren. So nannten sich die Nachkommen von Großfürst Wladimir II. (1113–25), der nach seinem mütterlichen Großvater, Kaiser Konstantin IX., den Beinamen Monomach angenommen hatte, die Monomáchowitschi, also die Söhne des Monomach.[127] Ein Namensystem, das dem Taufnamen ein Patronym und eine patronymisch gebildete Bezeichnung des Geschlechts hinzufügt, finden wir im Spätmittelalter auch bei Fürstenfamilien in Südosteuropa, in Serbien, in Bosnien, in der Herzegowina und in Montenegro.[128] Bei montenegrinischen Stämmen sind zumindest dreiteilige Namen dieses Typs bis in die Moderne üblich.[129] Sie können jedoch auch hier durch Hinzufügen von weiteren Namen der Vaterlinie ergänzt werden – ähnlich strukturiert wie der arabische »nasab« oder patronymische Namensbildungen in inselkeltischen Klangesellschaften. Sowohl das auf den Vaternamen bezogene Patronym als auch die vom Namen des Ahnherren abgeleitete Bezeichnung der Abstammungsgruppe spielen jeweils in der traditionellen Namenkultur Ost- und Südosteuropas eine wichtige Rolle und liefern einen Hinweis auf die Bedeutung, die hier patrilinearen Prinzipien in den Ordnungen des Verwandtschaftssystems zukommt.

Auch im Westen lassen sich Tendenzen in der Entwicklung von Namens- und Verwandtschaftssystemen am besten von den Fürstenfamilien ausgehend behandeln. Bei den Karolingern sind im 8. Jahrhundert nur noch schwache Ansätze der Namensvariation zu beobachten. Die Namensrepetition setzt sich vollkommen durch, zunächst aber – ebenso wie bei den Merowingern – auf eine Nachbenennung nach Toten beschränkt. Erst nach dem Aufstieg zum Königtum kommt es zur Durchbrechung dieses Prinzips.[130] Gerade die neuen Königsnamen werden jetzt direkt an die Söhne weitergegeben. Sie sind zunächst auf den engsten Kreis der Familie Pippins beschränkt, die durch die Salbung von 754 einen neuen Status erhielt. Zusätzlich zu den Namen der Gesalbten griff Karl der Große in der Namengebung seiner Kinder die merowingischen Königsnamen Chlodwig und Chlothar auf. Für nicht thronberechtigte Söhne wurde Namengut des Geschlechts aus älterer Zeit benutzt wie Arnulf, Drogo und Bernhard – wiederum nicht in unmittelbarer Nachbenennung eines nahe verwandten Namensvorbilds, sondern gleichsam »aus dem Vorrat der Sippe«. Ein zukunftsweisendes neues Element der Namengebung kommt bei den Karolingern in der Spätzeit der Dynastie auf, nämlich in der Benennung nach dem Taufpaten.[131] Der älteste Sohn des späteren Königs und Kaisers Arnulf wurde 870 auf den Namen Zwentibold getauft. Sein Pate war der Mährerfürst Swjatopluk, ein Vasall von Arnulfs Großvater König Ludwig, der damals noch lebte. Im Westen dürfte das der erste Fall einer Namengebung nach dem Paten in einer Fürstenfamilie gewesen sein. Im Osten erfolgte schon 864 die Umbenennung des Bulgarenchans Boris anlässlich seiner Taufe unter der Patenschaft Kaiser Michaels III. Patennachbenennung setzt voraus, dass das Patenverhältnis als eine der Blutsverwandtschaft gleichgestellte Beziehung angesehen wird. Dieses Konzept hatte sich, von Byzanz ausgehend, spätestens im 8. Jahrhundert auch im Westen durchgesetzt.[132] Patennachbenennung setzt aber auch voraus, dass überhaupt nach noch lebenden Familienangehörigen nachbenannt werden darf. Dieses Prinzip kam bei den Karolingern erst um die Mitte des 8. Jahrhunderts auf, als es darum ging, die neuen Königsnamen in der Dynastie weiterzugeben.

Die Königsnamen der Karolinger waren für die Nachbenennung außerhalb der »stirps regia« streng tabu, auch im Kreis der Heirats- oder Patenverwandten. Ganz anders verhielt es sich mit den Königsnamen ihrer Nachfolgedynastien.[133] In Deutschland verbreiteten sich die Namen Heinrich und Konrad, in Frankreich Hugo und Robert – zunächst im Adel, aber schon bald darüber hinaus in Städten und auf dem Lande. Ähnlich verlief die Entwicklung bei manchen Fürstennamen, bei Balduin in Flandern, bei Burkhard und Berthold in Schwaben. Solche ursprünglichen Fürstennamen traten im Spätmittelalter so häufig auf, dass »Hinz und Kunz« oder »Butz und Benz« zur Bezeichnung für jedermann wurden. Am stärksten war die Konzentration auf Königsnamen im hoch- und spätmittelalterlichen England. Um 1166/7 hießen nach einer umfangreichen Personenliste 33 Prozent der Männer William, Robert oder Richard. Schon 1066 waren unter den 80 wichtigsten Gefährten Wilhelms des Eroberers 15x der Name William, 9x Robert und 5x Richard vertreten. Es sind also die Namen der normannischen Herzöge bzw. Könige, die sich enorm verbreiteten, nicht die der alten Wessex-Könige. Am Beispiel England wird besonders deutlich, dass dieser Prozess der

Konzentration auf Fürstennamen mit einem grundsätzlichen Sturkturwandel zusammenhängt. Die Veränderungen in der Herrschaftsstruktur müssen auch das Verwandtschaftssystem betroffen haben, in dessen Rahmen Nachbenennung bisher erfolgt war.

Man hat versucht, diesen Prozess der Namenkonzentration durch Patennachbenennung zu erklären.[134] Folgt man dieser Hypothese, so müsste man stark hierarchisierte Patenschaftsbeziehungen annehmen, die im Königshaus ihren Mittelpunkt hatten. Patenschaften fördern jedoch eher die Entstehung von Netzwerken, nicht von Hierarchien. Auch die räumliche Verteilung spricht dagegen. Im Mittelmeerraum, wo die Patenverwandtschaft die gesellschaftlichen Verhältnisse in besonderer Weise prägte, fehlt die Fürstennachbenennung im Mittelalter weitgehend. Sie begegnet jedoch sehr ausgeprägt in denjenigen Regionen Mittel- und Westeuropas, in denen sich das Lehenswesen durchgesetzt und dabei viele Funktionen der Patenverwandtschaft übernommen hat. In zeitlicher und räumlicher Hinsicht erscheint zwischen Fürstennachbenennung und Verbreitung des Lehenswesens volle Koinzidenz gegeben. Die Patenverwandtschaft als Vorstufe erklärt, wieso es in der Familie des Lehensmanns zu einer Nachbenennung nach dem Lehensherren und dessen Angehörigen kommen konnte.[135] Das Konzept der »geistlichen Verwandtschaft« durch die Patenschaft wurde offenbar auf die Lehensbindung übertragen bzw. diese analog als eine verwandtschaftliche Beziehung angesehen. Das kommt zwar nicht in einer Lehensterminologie zum Ausdruck, die auf Verwandtschaftsbegriffe zurückgreift, sehr wohl aber in genetischen Zusammenhängen und in funktionalen Entsprechungen.

Entwicklungsgeschichtlich scheint die Ablöse der so genannten »Unterwerfungstaufe« durch die Vasallität ein besonders deutlicher Hinweis auf solche Zusammenhänge zu sein. Byzantinische Kaiser und nach ihrem Vorbild angelsächsische und fränkische Könige haben auswärtige Fürsten dadurch in Abhängigkeit gebracht, dass sie bei ihnen selbst oder bei deren Kindern als Taufpaten fungierten.[136] Seit dem 10. Jahrhundert wird diese Abhängigkeit dann durch Lehennahme und Aufnahme in die Vasallität abgelöst. Die Integration der Normannen in das Westfränkische Reich ist ein anschauliches Beispiel für diesen Übergang. Deren Führer Rollo ließ sich einerseits unter der Patenschaft Herzog Roberts von Franzien taufen, dessen Namen er übernahm, andererseits wurde er für die von ihm beherrschten Gebiete zum Lehensmann König Karls des Einfältigen.[137] In der Frühphase des Lehenswesens begegnen also noch beide Formen der Integration nebeneinander. Dann übernimmt die Lehensbindung allein diese Funktion, die auf der verwandtschaftlichen Bindekraft von Patenschaft beruhte. Man könnte deshalb in Analogie zur Wirkung von Heirats- und Patenverwandtschaft von einer »Lehensverwandtschaft« sprechen, allerdings nur für die Frühzeit des Lehenswesens.

An funktionalen Entsprechungen von Vasallität und Verwandtschaftsbindungen sei exemplarisch auf das Rechtsinstitut der Lehensvormundschaft hingewiesen, das sich bereits in spätkarolingischer Zeit nachweisen lässt.[138] Für verwaiste Söhne des Lehensmannes übernahm nicht ein Blutsverwandter, sondern der Lehensherr die Vormundschaft. Ebenso besaß er das Recht, die verwaisten Töchter des Vasallen zu verheiraten. Vormundschaft und Verheiratungsrecht waren klassische Verwandtenrechte. Wenn sie nun auf den Lehensverband übergehen, so wird der Funktionswandel deutlich. In der Vormundschaft des Lehensherren über die verwaisten Kinder des Lehensmannes kommt die Einbeziehung der folgenden Generation in das Vasallitätsverhältnis zum Ausdruck. Sie findet in der Nachbenennung dieser Generation nach dem Lehensherren ihre Entsprechung.

Namensgleichheit zwischen der Familie des Lehensherren und der des Lehensmannes sind ein anschauliches Zeichen einer gleichsam verwandtschaftlichen Verbundenheit. Solche Zeichen gibt es auch auf anderer Ebene. Mit der Entwicklung des Lehenswesens ist die Entstehung des Wappenwesens eng verbunden. Beide wurzeln ja in neuen Organisationsformen der Heeresverfassung. Im 12. und 13. Jahrhundert lässt sich nun gerade in den Kerngebieten des Lehenswesens Wappengleichheit bzw. Wappenähnlichkeit zwischen Lehensherr und Vasall bzw. Vasallenfamilien des gleichen Lehenshofes feststellen.[139] Je stärker sich Familienwappen gegenüber den Lehenswappen durchsetzen, desto mehr gehen diese Übereinstimmungen verloren. Das entspricht ganz der Entwicklung bei der Fürstennachbenennung im Lehensadel. Stark vertreten sind die Königsnamen des frühen Lehenszeitalters, die des 13. Jahrhunderts werden kaum mehr aufgegriffen. Die gleichsam verwandtschaftliche Konzeption des Lehenswesens gilt also vor allem für die Frühphase seiner Entwicklung.

Abb. 14: Zusammenhänge zwischen Namengebung und Wappen: Die Wappen Ferdinands III. von Leon und Kastilien (1217–52) und seiner beiden Söhne Don Enrique und Don Manuel. Die Wappenbilder der Söhne variieren die des Vaters wie Namenteile beim Prinzip der Namensvariation. Der Name des jüngeren Sohnes, Manuel, wurde von dessen Taufpaten nach einem Traum ausgewählt, den die Mutter vor der Geburt des Sohnes hatte – ein in der christlich-jüdischen Tradition häufiges Motiv. Als Manuel waffenfähig wurde, komponierte der Taufpate sein Wappen. Als individuelles Zeichen wählte er eine geflügelte Hand mit dem Schwert – offenbar in Entsprechung zum Namen (»Manu aile«). Derart sprechende Wappen finden sich sonst in der Regel in Korrespondenz zum Familiennamen wie insgesamt das Wappen zum Identifikationssymbol der Abstammungsgemeinschaft wird.

Der Weg, über den die Königsnamen Heinrich und Konrad zu »Hinz und Kunz« wurden, führt weit über den Lehensadel hinaus. Auch Bürger und Bauern wurden von dieser Bewegung der Nachbenennung erfasst. Lehensbindungen und in Analogie zu ihnen gestaltete Sozialbeziehungen beschränkten sich keineswegs auf die Heeresverfassung. Das Lehenswesen wurde im Verlauf des Hochmittelalters zu einem umfassenden Gestaltungsprinzip der Gesellschaft. Landleihe gab es in der Stadt genauso wie in der ländlichen Grundherrschaft. Und Leihe wurde mit spezifischen Sozialbeziehungen verbunden, die letztlich an der Vasallität orientiert waren. Auch Bürger und Bauern huldigten ihrem Herren. Und viele dieser Herren hießen Heinrich oder Konrad. Man würde den Begriff Verwandtschaft zu stark strapazieren, wollte man ihn auf das breite Spektrum aller jener Sozialbeziehungen übertragen, die sich aus dem Lehenswesen entwickelt haben. Es scheint jedoch wichtig, deren gemeinsamen Ursprung zu sehen, dem eine starke verwandtschaftliche Komponente zugrundeliegt. Die Fürstennachbenennung macht diesen genetischen Zusammenhang anschaulich. Sie zeigt, dass diese vielfach verschachtelten Herrschaftssysteme des Lehenszeitalters in sich durch Bindungen zusammengehalten waren, für die das verwandtschaftliche Muster der Nachbenennung adäquat erschien. Sie drückt Prozesse der Penetration und der Integration aus, nicht der Zersplitterung, wie man sie vielfach mit dem Lehenswesen assoziiert. Außerhalb des vom Lehenswesen erfassten Europa fehlen solche Bindungen, und damit eine solche Intensität der herrschaftlichen Integration. Das Fehlen der Fürstennachbenennung in großen Teilen des Mittelmeerraums sowie im Osten markiert diesen wichtigen Unterschied.

Die Benennung nach Fürsten ist Grund dafür, dass es während des Hoch- und Spätmittelalters zu einer drastischen Reduktion des Namenguts kam. Der andere ist der Aufschwung der Namengebung nach Heiligen, der in dieser Epoche erfolgte. Die Gründe für diese Entwicklung sind auf veränderte Formen der Heiligenverehrung zurückzuführen, denen hier nicht im Einzelnen nachgegangen werden soll.[140] Neue Vorstellungen, wie ein Zugang zum Heiligen gefunden werden kann – über Reliquien und Bilder hinaus auch über Namen –, spielen dabei eine Rolle, ebenso Vorstellungen über die besondere Wirkkraft von Heiligen an ihrem Tag, die dem an diesem Tag geborenen oder getauften Kind durch Nachbenennung zuteil werden kann. Es geht also auch hier um die Konstruktion sozialer Beziehungen, wenn auch nicht primär nach verwandtschaftlichem Vorbild. Wo man den Heiligen selbst – vermittelt über seine Ikone – zum Taufpaten macht, wie das für Byzanz in der Zeit des Bilderstreits berichtet wird, wird versucht, eine direkte geistliche Verwandtschaft herzustellen.[141] Aber das blieb eine Ausnahmeerscheinung. Die Bezeichnung »santolo« für den Paten in einigen Regionen Italiens drückt aus, dass man den »pater spiritualis« in einer besonderen Beziehung zum Heiligen sah. Die Korrespondenz von »patrinus« und »patronus« mag dazu beigetragen haben. Wie die lateinische Patenbezeichnung ist auch die des Schutzheiligen von »pater« abgeleitet, die letztere allerdings in vermittelter Form. Es stellt sich die Frage, ob man sich der etymologisch in ihr enthaltenen Verwandtschaftsterminologie bewusst war, als man sie für den Namensheiligen übernahm.

Gleichgültig ob in Kategorien von Verwandtschaft vorgestellt – die durch die Nachbenennung nach Heiligen entstandene Beziehung zum Heiligen hatte sicher Auswirkungen auf das Verwandtschaftsdenken der Zeit, trat doch der Heilige als Bezugsperson der

Namengebung vielfach an die Stelle eines Verwandten. Auf diese Konkurrenz zwischen Ahnen und Heiligen hat schon der Bericht des Johannes Chrysostomus über die Namengebung aufmerksam gemacht. In seinem Umfeld wurde durch die Nachbenennung nach Ahnen wohl kaum mehr in gleicher Weise Heil für das Kind erwartet wie durch die nach Heiligen. Eine existenziell viel bedeutsamere Rolle dürfte die Verdrängung der Namengebung nach Verwandten durch die nach Heiligen im skandinavischen Raum gehabt haben. Anders als bei den Angelsachsen oder Franken dominierte hier nicht die Namensvariation, sondern die -repetition. Mit dem Aufgreifen von Namen aus der Verwandtschaft wurde das Heil des gesamten Verwandtschaftskreises erneuert gedacht.[142] »Dieses Heil – oder die ›hamingja‹ wie das nordische Wort heißt – umfasst alles, was das Menschentum des Mannes ausmacht, Körper wie Seele; um den vollen Wert des Ausdrucks zu erfassen, müssen wir bedenken, dass diese Hamingja eine Einheit bildet und durch und durch homogen ist. Auch wenn sie sich in verschiedenen Formen offenbart, je nachdem sie nun durch die Augen, die Hände, den Kopf, durch die Waffen oder das Vieh in Erscheinung tritt, ist sie eins und unteilbar. Hinter dem sichtbaren Mann oder genauer hinter dem sichtbaren Kreis von Verwandten steht eine gesammelte geistige Kraft, deren Verkörperung die Verwandten sind.« So formuliert Wilhelm Grönbech über das Verwandtschaftsdenken in diesem Raum in vorchristlicher Zeit, und zur Rolle der Namengebung für die Verwandtschaft meint er: »In den Gebräuchen der Namengebung, wie sie sich in Skandinavien gestalteten, finden wir einige Andeutungen über die Bildungsfähigkeit der Seele. Die Sitte der Benennung nach älteren Verwandten zeigt uns, dass in erster Linie Blutsverwandte in direkt aufsteigender Linie zu der Seele gehörten. Oft lässt man Großvater und Urgroßvater im Kinde wiederauferstehen, wenn sie vor seiner Ankunft dahingegangen sind, und mit gleicher Häufigkeit werden die Brüder des Großvaters und des Vaters ins Leben gerufen, sobald sie gestorben sind. Weiterhin wird das Heil der Schwäger eifrig in die Sippe geholt, indem das Kind nach seinem Muttervater, Mutterbruder oder noch ferneren Verwandten mütterlicherseits benannt wird, aber die Namengebung ist nicht auf die direkte Wiedergeburt durch die Person der Mutter beschränkt. Die ganze Hamingja, die die verbündete Sippe besitzt, steht der Familie zur Verfügung. Sehr oft erscheinen jüngere Brüder oder Schwestern des Bräutigams oder der Braut als lebende Zeugen des Ehebundes zwischen den beiden Familien, der Vater wird sich häufig der Schwäger in seinen Kindern erinnern, die nach der Heirat seines Sohnes oder seiner Tochter geboren sind. Und noch stärker herrscht die Neigung, Kinder nach Leuten zu benennen, die wir als angeheiratete Verwandte zweiten Grades bezeichnen könnten, vielleicht sogar im dritten oder vierten Grad. Wenn die Verbindung eingegangen ist, nützt die gesamte Sippe die Schwägerschaft als Gesamtheit aus.«[143]

Auffallend erscheint, dass sich diese durch Nachbenennung stets erneuernde »Verwandtenseele« nicht oder nicht mehr auf eine patrilineare Abstammungsgruppe bezieht. Das »Gruppen-Ich« der Hamingja konstituierte sich aus dem Heil verschiedener Traditionslinien, auch aus der mütterlichen und aus der Heiratsverwandtschaft. Konnte das Heil des Heiligen ohne weiteres in diese »Verwandtschaftsseele« integriert werden? Bedurfte es nicht einer Individualisierung der »Seelenvorstellung« bevor Heiligennachbenennung überhaupt möglich wurde? In Regionen mit starker Gruppenidentität von Verwandtschaftsverbänden scheint sie sich jedenfalls langsamer durchgesetzt zu haben. Auf alle Fälle bedeutet sie eine Ausweitung personaler Bezüge weit über die Abstammungs- und Verwandtengruppen hinaus. Mit der Nachbenennung nach Heiligen wurden Kinder in einen viel umfassenderen sozialen Zusammenhang einbezogen, nämlich in die Christenheit als ganze, die sich als eine Einheit von Lebenden und Toten verstand, in der die Gemeinsamkeit durch Abstammung nicht zählte.

Die Fürstennachbenennung ist im 10. Jahrhundert von der Kernzone des Frankenreichs im Westen ausgegangen, die auch gleichzeitig die Kernzone für die Ausbildung des Lehenswesens bildete. Die Heiligennachbenennung hat entscheidende Impulse durch den Ausgang des Bilderstreits in Byzanz im 9. Jahrhundert bekommen. Bis sie sich bis in die europäischen Peripherien hinein durchsetzte, brauchte es vielfach Jahrhunderte. Beide Entwicklungen zusammen haben den großen Prozess des Namenschwunds bewirkt, der sich im hoch- und spätmittelalterlichen Europa bis weit in die Neuzeit hinein beobachten lässt.[144] Vor allem waren es die Heilserwartungen, die an die Namen großer Heiliger gebunden waren wie zum Beispiel an Johannes und Petrus, Jakob und Nikolaus, Maria und Anna, durch die dieser Prozess der Namenreduktion so stark vorangetrieben wurde. Die Gleichnamigkeit so vieler Menschen machte dabei eine Differenzierung notwendig. Es entstanden Zweitnamen. Sie bildeten die Grundlage der Familiennamen, die seit dem Mittelalter ein unverzichtbares Element des europäischen Namensystems darstellen.

Die Wurzeln unserer heutigen Familiennamen liegen in Byzanz. Dort waren differenzierende Zweitnamen, die in der Familie weitergegeben wurden, im 9. und 10. Jahrhundert schon voll entwickelt – deutlich vor ihrem Aufkommen in Mittel- und Westeuropa.[145] Eine wichtige Vermittlerrolle bei der Verbreitung dieses neuen Namentyps scheint Venedig gespielt zu haben sowie insgesamt alle ehemals byzantinischen Gebiete in Italien. Ihrem Inhalt nach sind die differenzierenden Zweitnamen in Byzanz ähnlich strukturiert wie später im Westen. Sie verweisen auf Verwandtschaftsbeziehungen des Trägers, allerdings keineswegs nur auf diese, sondern auch auf persönliche Eigenschaften und Aussehen, auf regionale Herkunft und Wohnorte, auf Berufe, Ämter und Titel. Dass sie sich in Byzanz so früh entwickelt haben, scheint mit dem Vorsprung in der Verbreitung von Heiligennamen zusammenzuhängen. Zunehmende Häufigkeit einiger weniger besonders begehrter Heiligennamen ließ hier frühzeitig das Bedürfnis nach einer Differenzierung durch Zweitnamen aufkommen.

Geht man von dieser differenzierenden Funktion der Zweitnamen bzw. der aus ihnen entstandenen Familiennamen aus, so ist man von der Aufgabe entlastet, das Aufkommen von Familiennamen als Ausdruck eines grundsätzlichen Wandels mittelalterlicher Familienstrukturen zu denken. Das Aufkommen adeliger Familiennamen stellt etwa ein Hauptargument für die Schmid-These dar, die Georges Duby dann als einen allgemeinen Übergang von horizontal erlebten Familienstrukturen zu vertikalen weiterentwickelt hat.[146] So sehr es auf den ersten Blick nahe liegen mag, das neue Namenselement als Indiz für neue Strukturen zu deuten – eine nähere Analyse dessen, was die Zweitnamen ausdrücken, zeigt sehr rasch, dass hier keine einheitliche Tendenz zugrundeliegt. Gerade die Vielfalt ihrer Inhalte spricht gegen eine gemeinsame Ursache, die über das Moment der Differenzierung hinausgeht.

Bezeichnungen nach Verwandten spielen bei differenzierenden Zweitnamen bzw. Familiennamen eine große Rolle, jedoch lässt sich innerhalb dieser Gruppe von Namen keine einheitliche Tendenz erkennen. Wären diese Namen Ausdruck eines Wandels

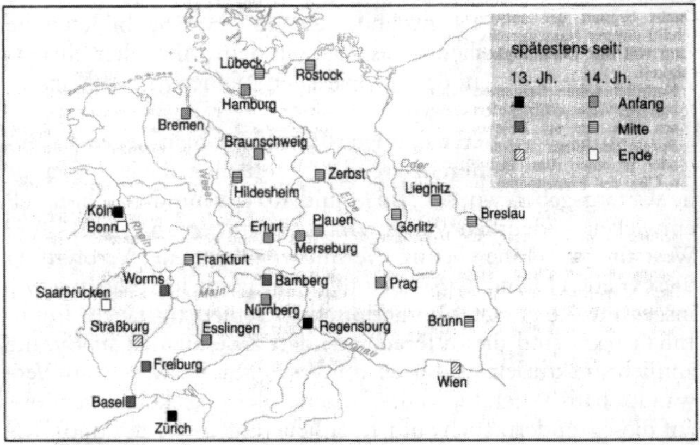

Abb. 15: Regelmäßiges Auftreten von Zweitnamen in städtischen Quellen des deutschen Sprachraums. Zweitnamen, aus denen später Familiennamen werden, setzen sich von Oberitalien bzw. Frankreich ausgehend auch in Mitteleuropa durch. Sie begegnen zunächst in den großen Sädten, wo das Differenzierungsbedürfnis zwischen Personen gleichen Namens besonders stark ist, erst sekundär auch in den mittleren und kleineren.

zu agnatischen Familienstrukturen, so hätte man mit einer generellen Verbreitung von Patronymika zu rechnen. Das war aber keineswegs der Fall. Schon in Byzanz findet man neben Patronymika auch ganz andere Formen, Personen durch Verwandtschaftsbezüge zu charakterisieren. Im gesamten christlichen Mittelmeerraum begegnet uns im Hochmittelalter vielfach ein beträchtlicher Anteil von Metronymika an den Zweitnamen.[147] In den benachbarten patrilinearen Kulturen des Islam fehlen sie dagegen. Mit strikt agnatischen Verwandtschafts- bzw. Familienstrukturen sind sie unvereinbar. Wenn als Folge des großen Namenschwunds mancherorts verstärkt auch patronymische Zweitnamen aufkamen, so war das lediglich Ausdruck eines zusätzlichen Identifizierungsbedürfnisses, nicht jedoch einer neuen Tendenz zu verstärkter Patrilinearität.

Allerdings lässt das Aufkommen von Zweitnamen bzw. Familiennamen erkennen, in welchen europäischen Regionen schon bisher patrilineares Abstammungsbewusstsein stärker oder schwächer verankert war. Wenn etwa in Wales die von Wohnorten, von Berufen bzw. von Spitznamen abgeleiteten Familiennamen gegenüber den patronymisch gebildeten deutlich in der

Minderzahl sind, so hat das sicher mit einem besonderen Abstammungsbewusstsein in der Patrilinie zu tun, das letztlich in den Traditionen der Klanverfassung wurzelt.[148] Solche Regionen sind aber beim Aufkommen der Familiennamen in der Minderzahl und eher für die europäische Peripherie typisch. In den Kerngebieten zeigen die starken Anteile von Wohnstättennamen, wie sehr die Zugehörigkeit zu einem Haus gegenüber der Abstammung in den Vordergrund tritt. Die Identifikation von Personen über die Zugehörigkeit zu einer Hausgemeinschaft, und nicht über ihre genealogische Herkunft, ist hier sehr ausgepägt. Claude Lévy-Strauss hat dementsprechend das mittelalterliche Europa als »société à maison« charakterisiert.[149] Man wird diese Charakteristik vor allem für die grundherrschaftlich bestimmten Regionen West- und Mitteleuropas in Anspruch nehmen dürfen. Hier hat im Rahmen der Hufenverfassung eine an Haus und Hof orientierte Sozialstruktur – man könnte sie auch »domozentrisch« nennen – schon lange vor dem Aufkommen von Familiennamen vorgeherrscht. Differenzierende Zweit- und Familiennamen bringen so herkömmliche Muster familialer Zuordnung zum Vorschein, sie sind aber nicht Ausdruck des Übergangs zu neuen.

Das Bedürfnis, zwischen Trägern gleicher Namen zu differenzieren, bestand in erster Linie in verschiedenen Kreisen der Männeröffentlichkeit: unter den Zeugen eines Rechtsgeschäfts, das uns urkundlich überliefert ist, unter steuerzahlenden Bürgern einer Stadt, die von der Stadtverwaltung in einer Steuerliste aufgezeichnet wurden, oder unter abgabepflichtigen Bauern, die im Urbar ihrer Herrschaft eingetragen sind. Wenn in solchen Kommunikationskreisen bzw. den Quellen, die über sie berichten, primär väterliche Zweitnamen weitergegeben wurden, so ist das nicht notwendig als Zeichen für ein verstärktes Abstammungsbewusstsein in der Patrilinie zu deuten. Man kann daraus auch nicht auf eine sukzessive Schlechterstellung der Frauen schließen. Natürlich waren es männerrechtlich geprägte Öffentlichkeiten, in denen jene Zweitnamen von Männern aufkamen, die sich später zu Familiennamen entwickelten – der Lehenshof eines Fürsten etwa, eine Bürgergemeinde, eine Bruderschaft von Handwerksgesellen, eine Genossenschaft bäuerlicher Hausherren. Die Öffentlichkeiten vorausgehender Zeiten ohne solche Zweitnamen waren nicht weniger männlich dominiert.

Hinsichtlich der Stellung von Frauen erscheint es interessant, wie sie in das neue System der Zweinamigkeit einbezogen wurden. In Gesellschaften mit patrilinear organisierten Abstammungsverbänden werden Frauen häufig auch nach der Heirat durch das Verhältnis zu ihrem Vater, nicht zu ihrem Gatten definiert. Ein klassisches Beispiel dafür sind die römischen Frauennamen, die als Femininform des väterlichen »nomen gentilicium« gebildet wurden, also Claudia oder Julia für eine Tochter aus dem Hause der Claudier oder der Julier. Im Mittelalter hingegen sind die neuen Zweitnamen bzw. Familiennamen von Ehefrauen, wie sie als Folge des großen Namenschwunds in weiten Teilen Europas aufkamen, überwiegend an denen des Ehemanns orientiert. Deutlich kommt darin das Grundprinzip des vorherrschenden Verwandtschafts- und Familiensystems zum Ausdruck. Nicht die Vater- sondern die Gattenbeziehung stellt das wichtigste Beziehungselement dar, bei Frauen ebenso wie bei Männern. Im Mittelpunkt steht die gattenzentrierte Familie. Auch die Entwicklung des Namenwesens bestätigt diesen Befund.

b) Bei der Eheschließung: Heiratsregeln

Die Heirat als Zäsur im Lebenszyklus betrifft die Ordnung der Verwandtschaft in vielfältiger Weise. Um die Veränderungstendenzen in dieser Ordnung während des Mittelalters sichtbar zu machen, soll exemplarisch auf Regeln der Partnerwahl eingegangen werden. Als Heiratsverbote definieren solche Regeln innerhalb der Verwandtschaft einen Personenkreis, der als so nahe verwandt angesehen wird, dass eine geschlechtliche Verbindung als inzestuös gilt. Als Heiratsempfehlung benennen sie Präferenzen bei der Partnerwahl innerhalb der Verwandtschaft. Das Christentum ist keine Kultur der Heiratsempfehlungen. Es unterscheidet sich diesbezüglich von vielen seiner Vorgänger- und Nachbarkulturen im Orient. Das Judentum hat neben exogamen auch stark endogame Regeln.[150] Es verlangt, die Witwe des söhnelos verstorbenen Bruders zu heiraten, um mit ihr dem Toten einen Sohn zu zeugen. Archaische Muster des religiös begründeten Abstammungsdenkens leben in dieser Institution der Leviratsehe fort. Sie wurde auch noch im Mittelalter von Juden praktiziert, wenn auch die Möglichkeit bestand, sich durch einen Ritus von der Verpflichtung zu befreien.[151] Der Talmud empfiehlt die Ehe mit der Schwestertochter – sicher eine extreme Form der Partnerwahl im engsten Verwandtenkreis.[152] Nicht durch den Islam empfohlen, aber durch die islamische Kultur verbreitet, begegnet die Präferenz für die Ehe mit der »bint amm«, der Tochter des Vaterbruders.[153] Solche stark endogame Heiratsmuster finden sich im mittelalterlichen Europa in der islamischen bzw. in der jüdischen Bevölkerung. Sie kontrastieren deutlich zu den Regeln der Partnerwahl im christlichen Umfeld. Für das Christentum hat, wie immer wieder zu betonen ist, das Moment der Abstammung »dem Fleische nach« keinerlei religiöse Bedeutung. Und so kann es auch keine religiös begründete Empfehlung einer Partnerwahl unter Blutsverwandten geben.

Das Christentum kennt nur Heiratsverbote. Seit dem 4. Jahrhundert nehmen sie immer mehr zu. Diese Ausweitung des Kreises verbotener Heiratspartner im Früh- und Hochmittelalter hat in der Forschung starke Beachtung gefunden.[154] Einig ist man sich, dass die kanonischen Heiratsverbote bzw. die ihnen zugrundeliegenden Prinzipien das Verwandtschaftssystem der Zeit stark beeinflusst haben, vor allem auch die Verwandtschaftsterminologie. Unterschiede gibt es in der Erklärung dieses auffallenden Phänomens. Die wichtigste, aber keineswegs unumstrittene Interpretation stellt die Goody-These dar, die kirchliches Interesse an Besitzakkumulation als Motiv für verschärfte Inzestregeln ansieht.[155] Versuche, das Problem zu lösen, werden über eine Analyse der Heiratsverbote im Bereich der römischen Kirche hinausgehen müssen. Zunehmende Rigidität in Fragen der Inzestregeln erscheint nämlich als eine allgemeinere Tendenz der Zeit.

Im Römischen Reich begann die Entwicklung im ausgehenden 4. Jahrhundert mit einem Gesetz Kaiser Theodosius I., das die Ehe zwischen Geschwisterkindern untersagt, bzw. von kirchlicher Seite aus mit Synodalbeschlüssen gegen die Ehe mit der Witwe des Bruders sowie der Schwester der verstorbenen Ehefrau. Im Bereich der Blutsverwandtschaft wurde im sechsten Jahrhundert der Kirchenbann auf den dritten Grad kanonischen Rechts ausgedehnt, d. h. auf die Abkömmlinge des Urgroßvaters. Später hat man das Verbot noch weiter bis zum vierten Grad und schließlich im 11. Jahrhundert bis zum siebten erweitert. Auch im Bereich der Schwiegerverwandtschaft bzw. der spirituellen Verwandtschaft durch Taufpatenschaft wurden die verbotenen Grade ausgeweitet.[156]

Weitgehend unabhängig von der Entwicklung im Westen kam es in ähnlicher Weise in Byzanz zu verschärften Inzestregeln. Bis zum 11. Jahrhundert unterlagen auch hier alle Seitenverwandten bis zum siebten Grad dem Eheverbot.[157] Noch stärker wurden hier Verbindungen zwischen Verschwägerten bzw. Patenverwandten bekämpft. Auch in verschiedenen orientalischen Kirchen finden sich zunehmend verschärfte Regelungen für Heiraten unter Verwandten.[158] Aufschlussreich ist diesbezüglich die Entwicklung bei den nestorianischen Christen in Mesopotamien. In einer Ordnung des Eherechts aus dem 11. Jahrhundert werden nicht weniger als 40 Verwandtschaftsbeziehungen aufgezählt, die eine Ehe ausschließen.[159] Im Bereich der Blutsverwandtschaft erscheint hier erstaunlich viel erlaubt. Die Bestimmungen im Bereich der Schwieger- und Stiefverwandtschaft sind hingegen äußerst streng. Auffallende Parallelen dazu finden sich bei einer jüdischen Gruppierung, nämlich den Karäern, die ebenfalls ihr Zentrum in Mesopotamien hatten, aber auch im Byzantinischen Reich und anderwärts in Europa begegnen. Sie entwickelten ein System von Heiratsverboten, die auf Verwandtschaftsbeziehungen beruhten, die durch eine Kette(»rikkub«) von Eheschließungen bedingt gesehen wurden. Man hat dieses »rikkub«-System der Karäer treffend als »something approaching group suicide« charakterisiert. Um die Mitte des 11. Jahrhunderts wurde tatsächlich die zugrundeliegende Verwandtschaftstheorie theologisch aufgegeben.[160]

Gerade die orientalischen und unter ihnen wiederum die nichtchristlichen Beispiele zeigen, dass die Verwandtenheiratsverbote der römischen Kirche Ausdruck allgemeiner religiöser Tendenzen der Zeit waren. Sexualasketische Strömungen spielten dabei sicher eine Rolle, wobei der hohe Stellenwert der Inzestangst in diesem Zusammenhang besonders auffällt. Die rechtlichen Bestimmungen entwickelten sich in den einzelnen Regionen in unterschiedliche Richtungen. Sie gehen aber durchweg auf eine gemeinsame Wurzel zurück, nämlich die im Buch Levitikus für die ganze jüdisch-christliche Tradition festgelegten Verbote des Geschlechtsverkehrs unter Bluts- und Heiratsverwandten. Nach drei Grundprinzipien wurden diese Regeln weiterentwickelt:[161] Zunächst durch die Verbindung des »ius divinum« mit dem »ius saeculi«, also dem göttlichen mit dem irdischen Recht. Das bedeutete für das Römische Reich, die Blutsverwandten stärker zu berücksichtigen. Dann nach dem »una caro«-Prinzip, nach dem die Ehegatten entsprechend dem Bibelwort als »ein Fleisch« gelten. Das führte zu einer Einbeziehung der eingeheirateten Partner sowie von deren Angehörigen, also von zusätzlichen Schwieger- bzw. Stiefverwandten. Schließlich durch logische Analogiekonstruktionen zu vorgegebenen Verboten. Die Inzestregelungen des Levitikus waren asymmetrisch – offenbar weil sie ursprünglich auf den Personenkreis einer patrilinear komplexen Großfamilie bezogen waren. Aus diesem Grund fragten sich Rechtsgelehrte, warum die Verbindung mit der Nichte erlaubt sein sollte, wenn die mit der Tante verboten war. Solche aus Analogiedenken abgeleitete Bestimmungen finden sich in asketischen Strömungen des Judentums, etwa bei den Karäern, ebenso aber in verschiedenen christlichen Kirchen des Früh- und Hochmittelalters. Für die Veränderungen des Verwandtschaftsdenkens unter dem Einfluss der christlichen Inzestverbote war die Tendenz zur Parallelisierung wesentlich, wirkte sie doch – entgegen allen patrilinearen Traditionen – in Richtung einer Gleichstellung der Verwandten von Vater und Mutter bzw. Gatten und Gattin, und damit auf ein bilaterales Verwandtschaftssystem.

Die christlichen Verbote der Verwandtenheirat, wie sie sich seit dem 4. Jahrhundert entwickelten, stellten in den verschiedenen europäischen Missionsgebieten eine Neuerung dar. Sie stießen allerdings nirgendwo auf erbitterten Widerstand. Daraus kann geschlossen werden, dass es keine entgegenstehenden Regeln der präferentiellen Partnerwahl gab – jedenfalls nicht im Bereich der Blutsverwandtschaft. Mit exogamen Traditionen in der Abstammungslinie konnte das Christentum gut leben. Schwierigkeiten ergaben sich eher im Bereich der Heiratsverwandtschaft. Als 858 die Karolingerin Judith nach dem Tod ihres Gatten, des Wessex-Königs Aethelwulf, ihren Stiefsohn, den neuen König Aethelbald, heiratete, war nicht nur der kaiserliche Vater, sondern auch die englische Geistlichkeit aufs Äußerste empört.[162] Man wird den Fall wohl nicht individuell als Folge der »stürmischen Leidenschaft« des Stiefsohns zu erklären haben, sondern strukturell als Typus der Witwenerbschaft. Eine solche Weitergabe von Witwen unter Agnaten begegnet in vielen patrilinear strukturierten Gesellschaften – allerdings viel häufiger zwischen Brüdern als zwischen Vater und Sohn bzw. Onkel und Neffe.[163]

Die Übernahme der Witwe des Bruders, die Leviratsehe, war – wie schon erwähnt wurde – eine obligatorische Institution des Judentums. Ganz deutlich wird hier auch ihre soziale Bedeutung. Es geht nicht bzw. nicht primär um die Versorgung der Witwe, sondern um die Fortsetzung der Patrilinie des Verstorbenen aus kultischen Gründen. In diesem Sinn wurde Levirat in einigen historischen Gesellschaften Europas praktiziert, insbesondere in Ost- und Südosteuropa.[164] Der familiale Kontext ist meist der gleiche: patrilineare Verwandtschaftsordnung, komplexe Familienstruktur, starkes Interesse an männlicher Nachkommenschaft für jedes männliche Mitglied, dementsprechend niedriges Heiratsalter, Brautkauf mit der Konsequenz des Besitzdenkens gegenüber den Frauen und häufig auch Toleranz gegenüber Bigamie. Denn zu bigamen Verhältnissen musste es kommen, wenn der zur Leviratsehe verpflichtete Bruder schon verheiratet war. So war diese Eheform für die christlichen Kirchen in doppelter Weise ein Stein des Anstoßes, als Blutschande und als Verstoß gegen das Gebot der Einehe. In den kirchlichen Verboten wird deshalb oft beides erwähnt, etwa in einem Schreiben des serbischen Patriarchen an die Stämme der Ost-Herzegowina, Montenegros und des Küstenlands von 1689.[165] Die inkriminierten Verhältnisse wie auch der Kampf gegen sie gehen sicher schon bis ins Mittelalter zurück.

Die Vorstellungswelt einer Gesellschaft, die aus kultischen Gründen Levirat praktiziert, lässt sich aus heutiger Perspektive schwer nachvollziehen. Zum einen stellt sich die Frage, wie denn ein Bruder stellvertretend für den anderen Nachkommen zeugen kann. Das setzt wohl ein Denken voraus, in dem die Agnaten einer Familie gleichsam in einer Symbiose als personale Einheit gedacht werden, innerhalb derer das Handeln jedes Einzelnen die Gruppe als Ganzes betrifft. Die Austauschbarkeit der Opfer unter Agnaten in Blutrachefehden ist Ausdruck desselben Denkens. Mit Begriffen wie »Gruppen-Ego« oder »Verwandtenseele« kann man sich dieser Vorstellungswelt nähern, aber eben auch nur in paradoxen Formulierungen.[166] Eugene Hammel spricht für den Balkanraum von »patterns of corporacy« und stellt deren patrilinear-abstammungsbezogene Bindungen den bilateral-kontraktuell und territorial orientierten im übrigen Europa gegenüber.[167] Zum anderen ergibt sich im Zusammenhang mit der Leviratsehe die Frage, wozu denn der verstorbene Bruder männliche Nachkommen braucht. Sie führt in die Vorstellungswelt des Ahnenkults. Um in die Reihe der Ahnen einzutreten, bedarf es der Fortsetzung der Patrilinie. Bei Söhnelosigkeit ist die Leviratsehe der Witwe nur eine Möglichkeit, dieses Problem zu lösen. Eine andere ist die Erbtochterehe, eine dritte die Adoption von Söhnen – aus der agnatischen Verwandtschaft oder von außerhalb.[168] Die beiden zuletzt genannten Formen finden sich bei den Griechen

Abb. 16–18: Schematische Darstellungen der Blutsverwandtschaft (»arbor consanguinitatis«), der Heiratsverwandtschaft (»arbor affinitatis«) und der geistlichen Verwandtschaft (»arbor cognationis spiritualis«) zur Bestimmung der nach dem kanonischen Recht verbotenen Grade nach dem »Codex Saleanus« aus dem ausgehenden 15. Jahrhundert. Solche Darstellungen als Hilfsmittel der Geistlichkeit zur Durchsetzung der kirchlichen Heiratsverbote waren im Mittelalter weit verbreitet und haben das Verwandtschaftsdenken nachhaltig beeinflußt.

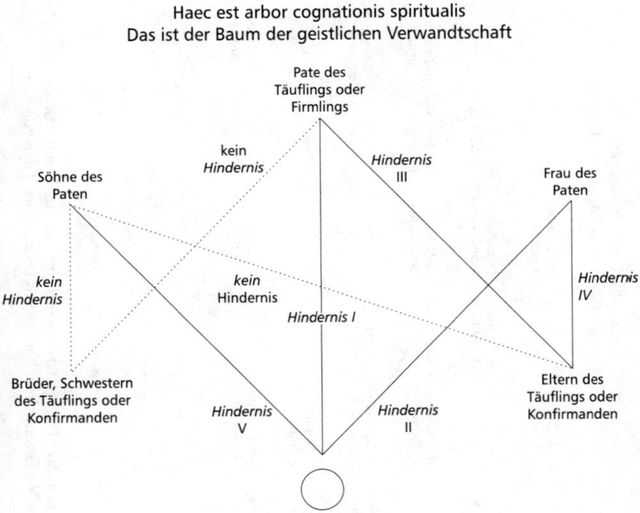

Abb. 16: Arbor cognationis spiritualis. Die durchgezogenen Linien bezeichnen die Heiratsverbote, die zwischen dem Täufling bzw. Firmling (Kreis) und den Paten sowie deren jeweiligen Familienangehörigen (Eltern, Geschwister bzw. Ehepartner und Kinder) bestanden. Die gestrichelten Linien bezeichnen die im Rahmen der Patenverwandtschaft unproblematischen Eheverbindungen.

Abb. 17: Arbor consanguinitatis. Als primäres Ehehindernis wurde im kanonischen Recht die Blutsverwandtsachaft angegeben. Ein Individuum (Kreis) darf keine Nachkommen von Vorfahren ehelichen jeweils bis zu einer Tiefe von vier Generationen (Urenkel der Ururgroßeltern).

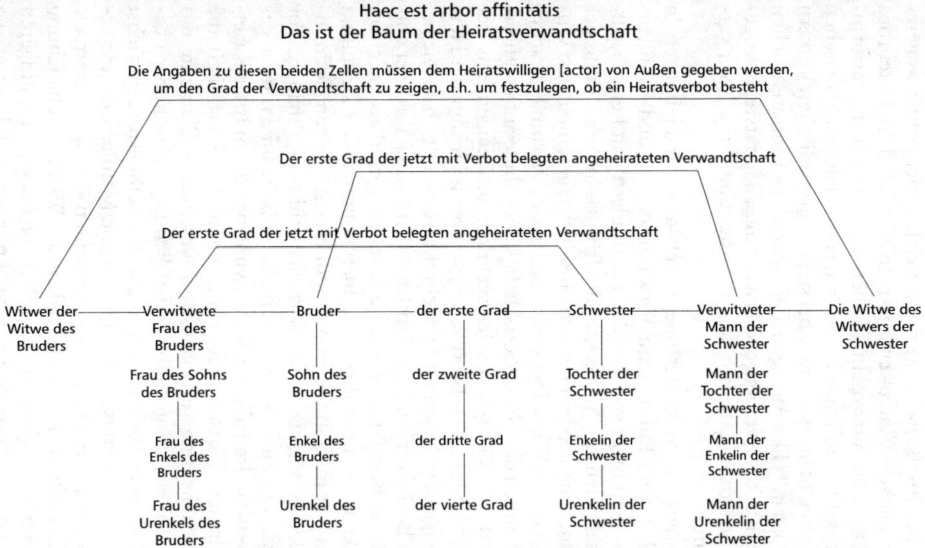

Abb. 18: Arbor affinitatis. Als zweites Ehehindernis wurde im kanonischen Recht die Heiratsverwandtschaft / Schwägerschaft angesehen. Ein Individuum darf weder die Schwester bzw. den Bruder des verstorbenen Ehepartners noch deren Nachkommen bis in den vierten Verwandtschaftsgrad heiraten. Aber auch verwitwete Ehepartner der eigenen Geschwister sowie verwitwete Ehepartner der Nachkommen der eigenen Geschwister waren tabu.

bzw. den Römern, bei diesen eindeutig in Verbindung mit Traditionen des Ahnenkults. Starkes patrilineares Abstammungsbewusstsein ist keineswegs notwendig Ausdruck einer kultischen Verehrung der Ahnen. So lässt sich etwa der ausgeprägte Genealogismus der Inselkelten im Frühmittelalter nicht ohne weiteres aus einer solchen Wurzel erklären. In Ost- und Südosteuropa sind die Hinweise auf vorchristlichen bzw. christlich überformten Ahnenkult deutlich, ebenso bei verschiedenen slawischen und baltischen Stämmen sowie bei steppennomadischen Völkern aus dem Osten.[169] Das Auftreten der Leviratsehe kann aus solchen Traditionen erklärt werden. So verweist diese Heiratsregel insgesamt auf Strukturen, die mit dem Christentum nur schwer vereinbar waren.

Eine zweite Entwicklungslinie mittelalterlicher Heiratsregeln mit nachhaltigem Einfluss auf Verwandtschafts- und Familienstrukturen geht nicht von kirchlichen, sondern von herrschaftlichen Vorschriften aus. Sie betrifft die »familia« im Verständnis der Zeit, die auch die aus der Hausgemeinschaft abgeschichteten Unfreien mit eigener Wirtschaft umfasste. Es geht also um Heiratsregeln im Rahmen der Grundherrschaft, soweit diese auf Leibherrschaft beruht.[170] Bei solchen leibrechtlich abhängigen, aus der Unfreiheit stammenden Bevölkerungsgruppen verfügte der Herr über Belange der Verheiratung, nicht die Verwandtschaft wie bei der freien Bevölkerung. Der Herr bzw. sein lokaler Vertreter entschied, ob sie heirateten, wann sie heirateten und aus welchem Personenkreis sie ihren Partner wählen konnten. Der Zeitpunkt der Heirat war im Rahmen von grundherrschaftlichen Ordnungen von den Bedürfnissen der Wirtschaftsführung abhängig. Vor Übernahme der Stelle konnte nicht, bei Übernahme musste geheiratet werden. Im Falle der Verwitwung wurde im Interesse einer geordneten Wirtschaftsführung seitens der Herrschaft die Wiederverehelichung verlangt. Zwei wesentliche Elemente des Heiratsverhaltens im grundherrschaftlich geprägten Europa basieren auf diesem Verheiratungsrecht des Leibherren: zunächst das relativ hohe Heiratsalter bei Frauen und Männern, das ein besonderes Charakteristikum des so genannten »European marriage pattern« darstellt, dann die Häufigkeit der Wiederverehelichung von Witwen und Witwern, zum Teil mit wesentlich jüngeren Partnern. Solche Muster konnten sich nur dort durchsetzen, wo Heirat nicht von Verwandtschaftsverbänden zur Fortführung der Abstammungsgemeinschaft, sondern von Herrschaftsträgern zur

Sicherung rationaler Formen der Arbeitsorganisation genutzt wurde.[171]

Hinsichtlich der erlaubten Partner war die Ehe von Unfreien prinzipiell auf den Verband der grundherrlichen »familia« beschränkt. Im Bistum Basel hat man im 9. Jahrhundert eine Ehe mit »Ungenossen« für ungültig erklärt, wenn die Herren der beiden Eigenleute die Ehe nicht erlaubt hatten. Noch im Jahr 1035 erklärte Kaiser Konrad bei der Festsetzung der Rechte der Limburger Klosterleute: Wenn der Mann eine Frau aus einer anderen »familia« nehme, könne der Abt die Scheidung nach Belieben »mit dem Sakrament« vollziehen (»cum sacramentum divorcium facere«).[172] Bei der Kirche als Grundherrschaft hatte der kirchliche Grundsatz, dass der »consensus matrimonialis«, also die Willensübereinstimmung und Willenserklärung der Partner die Ehe konstituiere, noch lange mit Widerständen zu rechnen. In Hofrechten und Weistümern findet sich im Spätmittelalter das Verbot der »Ungenosssame«, d. h. der Ehe mit Partnern aus einem anderen Hofverband. Auch wo es nicht mehr galt, deuten oft spezifische Abgaben auf seinen früheren Bestand. In vielen Gegenden Europas begegnen Abgaben, die auf eine Ablöse des Ausheiratsverbots deuten, etwa unter der Bezeichnung »formariage« (»foris maritagium«) in Frankreich oder »Bedemund« im nördlichen Deutschland.[173] Verträge zwischen Grundherren über ein erlaubtes Konnubium ihrer Untertanen – sie wurden vor allem zwischen geistlichen Grundherren und ihren Vögten geschlossen – verweisen auf das wichtigste Problem solcher Auswärtsehen: die Aufteilung der Kinder.

Der Zwang, innerhalb der »familia« des Herren zu heiraten, ging weit über die bäuerlichen Untertanen hinaus. Auch in Städten hatte er mitunter noch Geltung.[174] Vor allem adelige Unfreie unterlagen dieser Pflicht. Seit dem 11. Jahrhundert stiegen – besonders in Deutschland – aus der Unfreiheit stammende Ministeriale zu höchsten Herrschaftspositionen auf. In ihrem Konnubium unterlagen sie aber weiterhin der Beschränkung auf die »familia« ihres Herren. Für die Reichsministerialen etwa wurde diese Beschränkung 1232 aufgehoben.[175] Auch unter adligen Vasallen bzw. Gefolgsleuten finden sich Ansätze in diese Richtung. Vom Verheiratungsrecht des Lehensherren gegenüber verwaisten Töchtern seiner Vasallen nach fränkischem Lehensrecht war schon die Rede. Im Westgotenreich kennt bereits der »Codex Euricianus« aus dem 5. Jahrhundert ein Verheiratungsrecht, das der

Gefolgsherr unter den »aequales« ausüben konnte, wenn die Tochter seines verstorbenen Gefolgsmanns das diesem übertragene Gut behalten wollte.[176] König Ervig ergänzte es, indem er verfügte, dass der König die Witwen seiner Gefolgsleute noch vor Ablauf der Trauerzeit von einem Jahr neuerlich verheiraten durfte.[177] Europäisches Lehenswesen und europäische Grundherrschaft sind seit ihren Anfängen durch ein Verheiratungsrecht der Herren sowie durch Heiratspflichten innerhalb herrschaftlich organisierter Personenverbände charakterisiert. Dadurch wurden Verheiratungsrechte der Blutsverwandten abgebaut, soweit solche überhaupt bestanden hatten. Bei Unfreien war das nicht der Fall. Aufgebaut wurden hingegen endogame Heiratskreise vom Typus der herrschaftlichen »familia«. Im grundherrschaftlich geprägten Europa hat sich dieses Muster durchgesetzt, im Wesentlichen im Frankenreich, seinen Nachfolgereichen bzw. in den von hier entwickelten Herrschaftsstrukturen erfassten Regionen. Entscheidende Wurzel dieses endogamen Musters ist die Leibherrschaft über Unfreie.

Die ursprünglich aus herrschaftlichem Zwang entstandene Gewohnheit, innerhalb lokaler Personenverbände zu heiraten, hat ihre Entstehungsbedingungen vielfach überlebt. Ein in ganz West- und Mitteleuropa verbreitetes Brauchtum, das sich bis ins Mittelalter zurückverfolgen lässt, gibt diesbezüglich interessante Hinweise.[178] Wollte ein junger Mann ein Mädchen aus einer anderen Pfarre, einem anderen Dorf, einer anderen Gerichtsgemeinde heiraten, so wurde von Burschen dieser Herkunftsgemeinde symbolisch eine Wegsperre errichtet. Der Auswärtige musste das Mädchen bei der lokalen Burschenschaft auslösen. Hinter dem Brauchtum steht die allgemeine Vorstellung, dass die Burschen grundsätzlich das Recht auf die Ehe mit einem Mädchen ihrer Gemeinde haben. Anders formuliert: Das Brauchtum der Wegsperre ist Ausdruck von stark endogamen Traditionen. Das Prinzip der Endogamie bezieht sich hier allerdings nicht auf eine Verwandtschaftsgruppe, sondern auf einen territorialen Verband. Es ist sehr wahrscheinlich, dass sich diese für West- und Mitteleuropa charakteristische Gemeindeendogamie aus dem Heiratszwang innerhalb der grundherrlichen »familia« herausentwickelt hat.

In den Riten aus Anlass von Lebenszykluszäsuren lässt sich im Verlauf des Mittelalters in mehrfacher Hinsicht ein Zurücktreten der Verwandtschaft zugunsten der Gemeinde beobachten. Im Frühmittelalter sind die Familiengruppen der beiden Partner sowohl die Träger als auch das maßgebliche Forum von Eheschließungszeremonien.[179] Der ehebegründende Vergabeakt spielt sich in der Konstellation von Brautvater, Braut und Bräutigam ab. Im Hochmittelalter tritt der Priester hinzu, und mit ihm die Gemeinde. Die rituelle Handlung wird vor bzw. in die Kirche verlegt. Seit dem 13. Jahrhundert nehmen die priesterlichen Trauungshandlungen zu. Brautmesse und Ehesegen werden zu einem konstitutiven Element. Für die Rechtmäßigkeit der Trauung ist die Öffentlichkeit wesentlich. Durch das kirchliche Aufgebot wird die Pfarrgemeinde in die rituelle Handlung einbezogen. Ähnliche Tendenzen vom Verwandtschaftsverband zur Pfarrgemeinde zeigen sich in der Begräbnisliturgie.[180] Diesbezüglich setzt die Entwicklung schon früher ein. Seit dem 9. Jahrhundert erfährt die Begräbnisliturgie eine bedeutsame Umgestaltung. Die Verbindung der Begräbnisfeier mit den Riten im Sterbehaus wird gelöst, Elemente der Sterbeliturgie werden in die Begräbnisliturgie übernommen. Die Begräbnisfeier beginnt mit der Übertragung des Toten in die Kirche, wo das Totenoffizium und die Totenmesse gehalten werden. Daran schließt die Bestattung auf dem Friedhof an. Die Teilnahme am Begräbnis wird zum Kernbestand nachbarlicher Pflichten. Trauer um Verstorbene entwickelt sich von einer Verwandtschaftspflicht zur Gemeindeangelegenheit.[181]

c) Nach dem Tod: Grabstätten – Blutrache – Erbe

Welchen Stellenwert Verwandtschaft für Menschen im Mittelalter gehabt hat, lässt sich nicht zuletzt daran ablesen, ob und in welcher Weise über den Tod hinaus Gemeinsamkeit gesucht wurde. Die Topographie von Grabstätten kann diesbezüglich eine interessante Quelle sein. Sie lässt im europaweiten Vergleich einige Grundmuster erkennen, die mit den bisher behandelten Ausdrucksformen von Verwandtschaft Übereinstimmungen zeigen. Auch in den Tendenzen der Veränderungen ergeben sich Analogien.

Das römische Friedhofswesen war seinem Ursprung nach vom familialen Totenkult geprägt. Dafür hatten die männlichen Nachkommen zu sorgen, die leiblichen wie die adoptierten. Den Totenkult fortzusetzen, war die eigentliche Funktion der Adoption.[182] Dieser abstammungsorientierte Totenkult befand sich in der Spätantike weithin in Auflösung. Familienmausoleen waren einigen wenigen Reichen vorbehalten. Bei den Armen sorgten

Begräbnisgesellschaften für eine würdige Bestattung.[183] Abstammungsbindungen spielten für die Anordnung der Gräber keine wesentliche Rolle. Auch die christlichen Gemeinden standen in der Tradition solcher genossenschaftlichen Organisationsformen der Bestattung. Eine wichtige soziale Beziehung kam bei ihnen jedoch hinzu, die zum Heiligen. Die Märtyrer der Verfolgungszeit hatten ihre Grabplätze auf den städtischen Friedhöfen außerhalb der Mauern. Zu ihrem Gedenken wurden dort Versammlungen und Gottesdienste abgehalten und schließlich Kirchen errichtet. »Ad sanctos« begraben zu werden, war unter Christen besonders begehrt, wurde doch aus der räumlichen Nähe zu den Reliquien des Heiligen seine Hilfe bei der Auferstehung der Toten erwartet.[184] Nicht die Beziehung zu Ahnen ist wichtig, sondern die zu Heiligen. Durch die Grabkirche des Heiligen kommt es zu einer Verbindung von Kirche und Begräbnisplatz. Ein topographisches Grundmuster entsteht. Es war allerdings ein weiter Weg, bis sich dieses Muster im mittelalterlichen Europa allgemein durchsetzte.

Das Frankenreich der Merowingerzeit ist noch weit von einer allgemeinen Verbreitung des Kirchenfriedhofs entfernt. Das Friedhofswesen des Imperium Romanum war vom Friedhof der Stadt geprägt. Das Merowingerreich aber ist in großen Teilen nicht von Stadt-, sondern von Stammesstrukturen bestimmt. Lassen sich hier unter den miteinander Bestatteten Abstam-

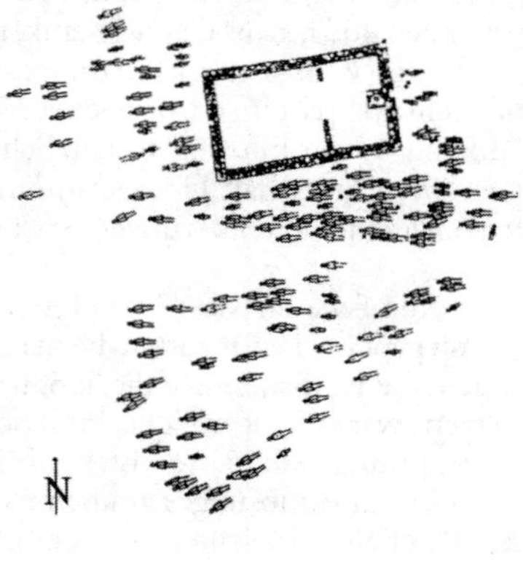

Abb. 19a

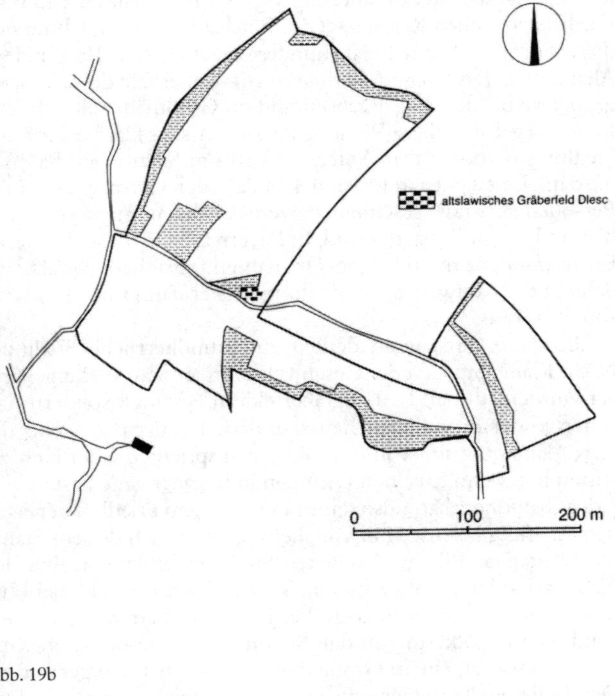

Abb. 19b

Abb. 19: Typen mittelalterlicher Bestattungstopographie auf unterschiedlicher sozialer Grundlage. Der Grabungsbefund von Berslingen im Schweizer Kanton Schaffhausen (Abb. 16a) veranschaulicht den Übergang vom frühmittelalterlichen Reihengräberfeld zum hoch- und spätmittelalterlichen Kirchhof. In der unteren Hälfte noch ohne sakralen Bezugspunkt schließen die Gräber in der oberen an die später hier errichtete Kirche – und zwar an die besonders geheiligt gedachten Positionen beim Chor, unter der Dachtraufe und beim Eingang an. Die soziale Grundlage der Belegung ist die Grundherrschaft bzw. Gemeinde. Das altslawische Gräberfeld von Zgornje Bodešce (Abb. 16b) wurde im ausgehenden 8. Jahrhundert am Rande des ursprünglichen Flurkerns des späteren Dorfes angelegt, das aus der Teilung des Urhofes entstand. Es ist am Grab des namengebenden Ahnherrn Bodeh orientiert und wurde für dessen Nachkommen durch mehrere Generationen benützt, bis es durch den Gemeindefriedhof der Pfarrkirche abgelöst wurde. Soziale Grundlage ist hier ein Abstammungsverband.

mungsgruppen feststellen? Charakteristisch für die Stammesgebiete des Reichs waren die so genannten »Reihengräberfelder«.[185] Es handelte sich dabei um einen Bestattungstypus, für den vor allem die West-Ost-Orientierung des Körpers typisch ist. Vom nordfranzösischen Kerngebiet des Reichs ausgehend dehnte sich diese Form seit dem 5. Jahrhundert bei Franken, Burgundern Alemannen, Bayern und Türingern aus. Außerhalb desselben begegnet sie bei den Angelsachsen und im Großmährischen Reich. In der Regel sind diese Reihengräberfelder sehr klar bestimmten Siedlungen zuordenbar. Sofern es sich um Siedlungen handelt, die damals neu entstanden sind, kann aus den Ortsnamen auf die Personenverbände geschlossen werden, deren Angehörige auf diesem Friedhof bestattet sind. In Bayern lässt sich vor allem eine Korrespondenz mit den -ing-Ortsnamen feststellen, der ältesten Schicht der bajuwarischen Siedlung, ferner dann mit -dorf bzw. -hofen-Orten.[186]

Alle diese Ortsnamen deuten auf grundherrliche Siedlung. Nicht Klane, Sippen oder Geschlechter freier Stammesangehöriger wurden auf den Reihengräberfeldern bestattet, sondern Angehörige der grundherrlichen »familia«. Dazu passt, wenn die »Lex Alamannorum« von Bußzahlungen spricht, die der Herr zu leisten hat, wenn er seinen Unfreien in fremder Erde bestattet.[187] Jeder Grundherr hatte also seine Leute auf dem Friedhof der eigenen Siedlung beizusetzen. Vor allem: Es war nach diesem Stammesrecht eine Pflicht des Herrn zu bestatten, nicht eine der Nachbarn oder der Verwandten. Verwandtschaft spielte bei Unfreien eine untergeordnete Rolle. Leibherrschaft war entscheidend. Die Bevölkerung in den Stammesgebieten des Merowingerreichs war zu einem Großteil grundherrschaftlich gebunden. Die Reihengräberfelder spiegeln diese soziale Situation. Das heißt nicht, dass alle hier Bestatteten grundsätzlich Leibeigene gewesen wären. Mitunter ist das Grab des Herren durch eine besondere Position oder besondere Beigaben erkennbar. Und auch seine Angehörigen liegen wohl hier. Über die Rechtsverhältnisse der von ihm Abhängigen lässt sich aus den Bodenfunden kaum etwas erschließen. Aber dass es sich bei den hier gemeinsam Begrabenen primär um Beziehungen der Abhängigkeit und nicht der Verwandtschaft gehandelt hat, darf mit hoher Wahrscheinlichkeit angenommen werden.

Die Reihengräberfelder des Frühmittelalters hatten keinerlei kirchlichen Charakter. Dass die hier Bestatteten zunehmend

Christen waren, wird aus dem Rückgang der Grabbeigaben ersichtlich.[188] Damit änderte sich jedoch zunächst nichts an den Bestattungsformen. Erst in karolingischer Zeit kam es zu einer grundsätzlichen Neuordnung. Der Kirchenfriedhof setzte sich durch. Die Toten mussten nun zu zentralen Kirchen gebracht werden, die auch als Mittelpunkte von Tauf- und Zehentbezirken dienten. Die Entwicklung zur Pfarrkirche mit Begräbnisrecht beginnt. Die hier gemeinsam Bestatteten waren nicht mehr nur die Angehörigen der »familia« eines Grundherren. Wie für die Lebenden entstand auch für die Verstorbenen mit der Pfarrkirche ein neuer Bezugspunkt. Die Zugehörigkeit zur Pfarrgemeinde statt zur Grundherrschaft stellte das verbindende Prinzip dar. Auch hier spielte Abstammung keine Rolle. Die Gräber um die Pfarrkirchen lassen mitunter Trennung nach Geschlechtern erkennen. Auch Kinder konnten separiert bestattet werden. Das maßgebliche Gestaltungsprinzip der räumlichen Anordnung aber war die von allen gesuchte Nähe zum Altar, wo das Messopfer gefeiert wurde bzw. wo die Reliquien des Heiligen lagen. Mit dem Kirchenfriedhof setzt sich das Prinzip der Bestattung »ad sanctos« auch in den Stammesgebieten im Norden durch.

Von Widerständen gegen die neue Praxis des Kirchenfriedhofs ist im Frankenreich – abgesehen von den neu bekehrten Sachsen – nichts zu hören. Ganz anders in Irland mit seinen ausgeprägt patrilinearen Abstammungstraditionen. Eine kirchenrechtliche Schrift aus der ersten Hälfte des 8. Jahrhunderts diskutiert die Frage, ob ein Mann in seiner Kirche begraben werden solle, wenn sein väterlicher Grabplatz (»paternum sepulcrum«) anderswo liege.[189] Bei Laien solle durch Loswurf entschieden werden. Nur bei Mönchen wäre die Frage des Kirchenbegräbnisses eindeutig. Denn die Verwandten des Mönchs seien seine Mitmönche und mit ihnen zusammen sollte er beim Jüngsten Gericht auferstehen. Wenn ein Laie sich auf einem klösterlichen Friedhof bestatten ließe, so stelle sich die Frage, ob er nicht dadurch ein Verwandter der Mönche werde. Die Gemeinsamkeit des Grabplatzes bedeutet also in dieser schon seit Jahrhunderten christianisierten Gesellschaft Verwandtschaft. Dementsprechend behandelt die Schrift auch das Problem, ob eine verheiratete Frau bei ihrem Gatten oder bei ihrem Vater beerdigt werden solle.[190] Die Zuordnung der Frau erscheint in stark patrilinear geprägten Klangesellschaften stets schwierig. Dass sie in einer christlichen Kirchenrechtsschrift noch im 8. Jahrhundert diskutiert wird, ist allerdings überraschend – ein starker Kontrast zu den Verhältnissen in anderen christlichen Gesellschaften jener Zeit.

Das abseits der Kirche gelegene »paternum sepulcrum« ist offenbar ein traditionelles Ahnengrab, ein »fert«, wie es im Gegensatz zu den als »relic« (von lateinisch »reliquiae«) bezeichneten christlichen Gräbern genannt wurde.[191] Solche Ahnengräber lagen vielfach an Besitzgrenzen. Sie waren durch Steine mit Ogham-Inschriften markiert, in denen der Name stets mit dem Patronym verbunden ist. Die Ahnen wurden hier nicht nur ruhend gedacht, sondern auch aktiv handelnd, etwa wenn es um den rechtmäßigen Besitz ihrer Nachkommen ging. Im Rechtsbrauchtum bei der Durchsetzung von Besitzansprüchen kommt diese Vorstellung zum Ausdruck. Eine derart schützende Funktion der Vorväter von ihren Grabplätzen aus könnte ein Zeichen für Ahnenkult sein, für den es sonst freilich bei den Inselkelten kaum Hinweise gibt. Dass man im Alltagsleben derart hilfreiche Ahnen nicht ohne weiteres vom »paternum sepulcrum« auf einen Kirchenfriedhof verlegen konnte, scheint verständlich.

Auch in peripheren Regionen Europas vermochten sich nach Abstammungsprinzipien belegte Friedhöfe über die Christianisierung hinaus zu halten. Im schwedischen Småland wird in kirchenrechtlichen Bestimmungen von »aettae hôgher« gesprochen, also von Grabplätzen von Verwandtschaftsgruppen.[192] Fremde, die dort einen Toten begruben, unterlagen einer Strafe. Von kirchlicher Seite wurde diese Tradition offenbar gebilligt. Über interessante Parallelen zu Irland berichtet eine frühe russische Chronik. Auch hier dienten Ahnengräber als Grenzmarken.[193] Nach Verbrennung des Toten wurde das Gefäß mit den sterblichen Resten an den Kreuzweg gebracht, also die Stelle, wo verschiedene Besitztümer aneinander grenzten. Von hier aus wird der »cur«, d. i. der Ahne, als Schutzherr wirkend gedacht. Der Kreuzweg begegnet in der Volksüberlieferung vielfach als ein besonders bedeutsamer Ort, offenbar in Zusammenhang mit seiner Rolle als Begräbnisplatz. Zahlreiche kirchliche Maßnahmen waren im Mittelalter gegen solches Kreuzwegbrauchtum gerichtet.

Bis in die neuere Zeit hat sich die gemeinsame Bestattung der Angehörigen von Abstammungsgruppen in Ungarn und vor allem im westlichen Balkanraum erhalten.[194] Durch die Aufteilung des Besitzes unter den Agnaten bilden sich in Dörfern häufig nach Abstammungsgruppen gesonderte Dorfviertel. Ihnen entsprechen auf dem Friedhof getrennte Segmente, in denen jeweils die einzelnen Abstammungsgruppen ihre Toten begraben. Die topographische Ordnung der Lebenden findet so in der der Verstorbenen ihre Spiegelung. Die Einheit der Kirchengemeinde steht dadurch nicht in Frage, sie ist aber – ganz anders als seit alters im Westen – in sich sehr stark nach Kriterien der patrilinearen Abstammung geliedert. Warum dieses patrilineare Abstammungsdenken gerade auf dem Friedhof so deutlich zum Ausdruck kommt, ist verständlich, ist doch seine Grundlage ein in christlicher Einkleidung fortlebender vorchristlicher Ahnenkult.[195]

Mit dem Begräbnisrecht der Pfarrkirche setzte sich seit karolingischer Zeit die Gemeinsamkeit nach dem Territorialprinzip immer mehr durch. Diese Norm hatte aber auch viele Ausnahmen, in denen mit der Gemeinde konkurrierende Sozialbeziehungen zum Ausdruck kommen. Manche von ihnen hatten verwandtschaftlichen Charakter. Das gilt in einem weiten Verständnis für die wichtigste dieser Ausnahmen: das Kloster als Begräbnisort. Nicht alle Mönchsgemeinschaften haben ihre innere Verbindung so radikal verwandtschaftlich aufgefasst, wie das im zitierten irischen Beispiel zum Ausdruck kommt. Der Gedanke, dass man aus der Herkunftsfamilie ausscheidet und in eine Gruppe spiritueller Verwandter eintritt, ist aber im Prinzip dem gesamten christlichen Klosterwesen gemeinsam. So sind Klöster als Friedhöfe bzw. Klosterfriedhöfe ihrem Ursprung nach Familienfriedhöfe. Sich im Kloster bestatten zu lassen, wurde als ähnlich heilswirksam gedacht, als am Sterbebett den Mönchshabit anzulegen. Laien konnten über die Beerdigung in eine besondere Beziehung zur Klostergemeinschaft treten. Mit dem Aufkommen der stadtansässigen Orden, vor allem der Franziskaner und der Dominikaner im 13. Jahrhundert, entstand eine starke Konkurrenz zu den Pfarrfriedhöfen.[196] Sonderbestattungen stellten ihrem Ursprung nach eine individuelle geistliche Beziehung her, sie konnten für Verwandtschafts- und Abstammungsbeziehungen jedoch Bedeutung gewinnen, wenn eine erbliche Grablege einer Familie daraus entstand. Das Erbbegräbnis eines Adels- oder Patriziergeschlechts in der Kapelle einer Klosterkirche hatte sicher für das Selbstbewusstsein der Familie große Bedeutung. Dass sich in solchen Grablegen auch Abstammungsbewusstsein ausgedrückt hat, ist anzunehmen. Eine Wende zu einem neuen agnatischen Denken darf man darin aber sicher nicht sehen. Das Erbbegräbnis spätmittelalterlicher Adelsgeschlechter ist seinem

Wesen nach etwas ganz anderes als das Ahnengrab, wie es in Abstammungsgesellschaften der europäischen Peripherie begegnet. In der Klosterkirche wird nicht Heil von den Ahnen erwartet, sondern Heil für die Ahnen vom Gebet der Mönche. Mit Ahnenkult hat diese Bestattungsform nichts zu tun. Ahnenkult bewirkt eine exklusive und verpflichtende Gemeinsamkeit der Grabplätze auf einem eigenen Friedhof oder in einem gesonderten Friedhofsbezirk. Vereinzelt sind solche Phänomene an der europäischen Peripherie im Mittelalter und darüber hinaus noch fassbar.

Eine besondere Rolle konnte der Verwandtschaft im Mittelalter nach dem gewaltsamen Tod eines Menschen zukommen. Eine Brabanter Quelle aus der Mitte des 13. Jahrhunderts berichtet diesbezüglich über die Friesen:[197] »Seit ältester Zeit haben die Friesen einen ganz unsinnigen Brauch: Wenn ein Mann einer Verwandtschaftsgruppe von einer anderen getötet wird, so wird der Körper des Erschlagenen von den Seinen nicht begraben; sondern an einem Ort aufgehängt, bewahrt und im Haus getrocknet, bis die Verwandtschaftsgruppe zur Rache aus der gegnerischen Verwandtschaftsgruppe mehrere oder zumindest einen stellvertretend getötet hat. Dann erst begraben sie ihn in einer großen Totenfeier.« Dieses makabre Ritual illustriert einen allgemeinen Sachverhalt, der für die Praxis der Blutrache charakteristisch ist: Als ständige Erinnerung an die Rachepflicht wird ein Gegenstand aufbewahrt, der die Tat präsent macht, in der Regel das blutige Gewand des Erschlagenen,[198] in diesem Fall sogar sein Körper. Man nimmt an, dass der Ort der Aufbewahrung im friesischen Bauernhaus der Herdplatz war. Auch sonst enthält der Bericht Typisches: Der Totschlag wird ganz selbstverständlich von einer Verwandtschaftsgruppe begangen gedacht, nicht von einem einzelnen. Auch umgekehrt steht der Tätersippe eine Gruppe von Verwandten gegenüber, die als ganze Rache nimmt. Bei solchen blutigen Auseinandersetzungen zwischen Verwandtengruppen wird im Gegenschlag die Opferzahl erhöht. Es geht nicht um Strafe für einen einzelnen Täter. Die Gruppe als ganze haftet.

Detaillierter führt das ein Lübecker Chronist aus, der etwa ein Jahrhundert später über Bauernfehden in Holstein berichtet:[199] »Diese Totschläge und Morde geschahen gar viel und hatten eine wunderliche Weise, die war so: Wurde einem sein Vater oder sein Bruder oder sein Vetter erschlagen, und hatte der Totschläger einen Vater, einen Bruder, einen Vetter, oder wer sonst sein

Schwertmage sein mochte, den schlugen sie wieder tot, wenn es ihnen gelang, gleichviel ob es ihm leid war oder nicht, ob er davon Wissen hatte oder ob er zur Zeit des Totschlags über See war zu Rom oder in Norwegen. Auf diese Art wurde mancher biedere Mann erschlagen und war es richtiger Mord, für den es auch Kaiser Karl erklärte, als er zu Lübeck war und gebot, dass sie von der Mörderei ablassen sollten.« Zwei ganz unterschiedliche Sichtweisen desselben Sachverhalts werden hier erkennbar. Für den Lübecker Stadtbürger ist es glatter Mord, wenn ein völlig Unbeteiligter für seinen Verwandten büßt. Für den Holsteiner Bauern hingegen ist es legitime Tötung, weil für ihn der Agnatenverband als ganzer für die Tat haftet. Diese Kollektivhaftung von Verwandtschaftsverbänden ist für Blutrache wesentlich.

Nicht jede Tötung aus Rache ist in diesem Sinn Blutrache. Eine Vielzahl von Racheakten, von denen wir im Mittelalter hören, betraf nur den Täter individuell, nicht dessen Verwandte.[200] Natürlich haben die Zeitgenossen das eine wie das andere als »Rache« bezeichnet. Unser Begriff »Blutrache« stammt nicht aus dem Mittelalter.[201] Im wissenschaftlichen Zugang erscheint es sinnvoll, die beiden Sachverhalte begrifflich zu unterscheiden, etwa in der Gegenüberstellung von »blood feud« und »revenge killing«.[202] Der Unterschied zwischen kollektiver Haftung für den Täter oder individueller Haftung des Täters ist essenziell. Blutrache muss weiterhin auch gegen Häuptlingsrivalitäten, Lokalkämpfe und Bündnisfehden abgegrenzt werden, bei denen es zu Mord- und Totschlag kam.[203] Gemeinsam haben diese »Privatkriege« mit der Blutrache, dass sie Ausdruck einer schwach entwickelten Zentralgewalt sind, deren Gerichtsbarkeit sich nicht genügend durchzusetzen vermag. Im Unterschied zu anderen Formen der Selbsthilfe ist Blutrache aus der Perspektive der jeweiligen Gesellschaft jedoch ein legitimes Mittel, die verletzte Ordnung wiederherzustellen. Es muss Blut vergossen werden, um die Integrität der eigenen Gruppe zu gewährleisten. Dahinter steht jene aus heutiger Sicht schwer nachvollziehbare Vorstellung des Verwandtschaftsverbands als einer quasipersonalen Einheit, die mit behelfsmäßigen Begriffen wie »Gruppen-Ego« oder »Verwandtschaftsseele« zu charakterisieren versucht wurde. Bei den Friesen und in Holstein ist Blutrache in diesem Sinn im Spätmittelalter anzutreffen. Das Interesse an unterschiedlichen Verwandtschaftsmustern im mittelalterlichen Europa lässt fragen, wo das sonst noch der Fall war.

Sehr vereinfachend lässt sich sagen, dass Blutrache im Mittelalter zunächst in Stammesgesellschaften auftritt, hingegen nicht in der hoch entwickelten Staatlichkeit des Imperium Romanum. Hinweise auf Blutrache finden wir bei den keltischen Stämmen auf den britischen Inseln, bei germanischen, slawischen, nicht zuletzt bei illyrischen Stämmen, unter deren Nachfahren sie sich in Albanien bis in die Gegenwart erhalten hat.[204] Die Stammesrechte der germanischen Völkerschaften aus dem Frühmittelalter lassen unterschiedliche Intensität erkennen – bei Angelsachsen, Skandinaviern und auf Island viel stärker als bei den kontinental-europäischen Stämmen.[205] Besser als aus den Bestimmungen über Blutrache selbst lassen sich spezifische Muster ihrer Verbreitung aus den Bestimmungen über deren Ablöse erschließen, nämlich über die Zahlung des so genannten Wergelds. Wergeld hieß die Buße, die bei der Tötung eines Menschen zu entrichten war. Sowohl bei der Aufbringung dieses Bußgelds seitens des Täters konnte die Verwandtschaft beteiligt sein als auch bei der Entschädigung der Angehörigen des Opfers. Sicher geben die Rechtsquellen mit ihrer Wergeldarithmetik ein sehr schematisches Bild von Verwandtschaft. In grundsätzlichen Tendenzen sind ihnen jedoch wichtige Hinweise zu entnehmen. Das gilt etwa für das Verhältnis von Verwandten väterlicher- und mütterlicherseits.[206] In den meisten Rechtsquellen aus Schweden, Dänemark, Norddeutschland, Holland, Belgien und Nordfrankreich sind beide Gruppen gleichgestellt. Eine Ausnahme bildeten die Dithmarschen, wo das ganze Wergeld nur an die Agnaten ging. In Norwegen wurden die Agnaten bevorzugt behandelt und in England war ihnen ein spezieller Teil reserviert.

Soweit sich Entwicklungen zurückverfolgen lassen, geht die Tendenz weg vom abgegrenzten Agnatenverband hin zu einem ego-zentrierten Verwandtenkreis.[207] Ansätze zu einem bilateralen Verwandtschaftssystem scheinen bei den germanischen Stämmen schon früh bestanden zu haben. Etwas anders ist die Situation bei den keltischen Stämmen auf den britischen Inseln.[208] Das eigentliche Wergeld geht hier zum überwiegenden Teil an die »aithre«, das ist die Abstammungsgruppe des Vaters, der auch der Getötete selbst angehört, nämlich zu sechs Siebtel. Das siebte Siebtel erhält die Abstammungsgruppe der Mutter, die »maithre«. Unterschieden von diesen Wergeldzahlungen wurde ein von der persönlichen Bedeutsamkeit des Toten abhängiger Ehrenpreis, der individuell bestimmten Verwandten zukam und zwar über die Agnaten des Vaters bzw. der Mutter hinaus. Die Grundstruktur dieses Systems ist eindeutig patrilinear. In zwei unterschiedlichen Ansätzen werden jedoch Elemente der Bilateralität aufgenommen – zunächst noch auf der Basis von Deszendenzgruppen, dann bereits ego-fokussiert. Das Beispiel zeigt, dass Verwandtschaftssysteme in ihrer Komplexität schwierig zu erfassen sind. Die Ansätze zur Bilateralität, die sich in der Ordnung der Totschlagbußen zeigen, waren etwa aus der Perspektive der Verwandtschaftsterminologie nicht erkennbar.

Neben Strukturen der Blutsverwandtschaft machen Wergeldbestimmungen Verwandtschaftsbeziehungen sichtbar, die über diese hinausreichen. In den Gesetzen König Ines von Wessex von 692 heißt es: »Wenn jemand den Patensohn oder den Paten eines anderen tötet, so ist die Buße für die geistliche Verwandtschaft die gleiche wie gegenüber dem Herren … Wenn jemand des Königs Patensohn tötet, dann muss dem König in derselben Weise Wergeld gezahlt werden wie der Verwandtschaft. Wenn es ein geistlicher Sohn durch die Firmung ist, so ist die Kompensation halb so hoch.«:[209] Blutrache bzw. deren Ablöse wird hier also auf das neue System der Patenverwandtschaft übertragen. Bemessen wird das Wergeld an der Leistung, die dem Herrn des Erschlagenen geschuldet wird. Also auch die Beziehung zwischen Herr und Gefolgsmann ist angesprochen. Man nimmt an, dass schon bei den Stämmen der Wanderungszeit Blutracheverpflichtungen von der Verwandtschaft auf die Gefolgschaft übergegangen sind.[210] Für die Anfänge des Lehenswesens gibt es analoge Hinweise.[211] Solche Beispiele deuten an, in welche Richtungen sich im Frühmittelalter neue Bindungsformen entwickelten, die die der Blutsverwandtschaft ergänzten oder ersetzten.

Hinweise ganz anderer Art auf kollektiv handelnde und kollektiv haftende Blutracheverbände können aus Baulichkeiten abgeleitet werden. Aus Blutrachegesellschaften der neuesten Zeit wissen wir, dass sich Geschlechterfehden über viele Jahrzehnte hinziehen können. Die Männer der Tätersippe müssen, solange die Blutschuld nicht getilgt und die Fehde nicht beendet ist, ständig auf der Hut sein. Befestigte Häuser können ihnen Schutz vor unerwarteten Angriffen bieten. Wir finden solche wehrhaften Anlagen bis heute in mehreren klassischen Blutracheregionen, in Nordalbanien, im Kosovo, in Mani auf der Peloponnes, im Atlas, im Kaukasus.[212] Als historisch weiter zurückreichende Beispiele wären die Wehranlagen schottischer Klane zu nennen, vor allem aber die Geschlechtertürme oberitalienischer Städte.[213] Erbaut wurden diese Türme von den »consorterie«, auf Erbengemeinschaft beruhenden Verbänden untereinander verwandter Adelsfamilien, die sich mitunter auch auf Vertragsbasis mit nicht stammesgleichen Familien zusammenschliessen konnten. In der 2. Hälfte des 12. Jahrhunderts bildeten diese »consorterie« in den Städten autonome Machtzentren. Bestimmte Quartiere wurden von ihnen beherrscht. Sie verfügten über eigene Kirchen, in denen sie sich begraben ließen, vor allem aber über befestigte Häuser oder Türme, in denen sich alle Mitglieder in Gefahrensituationen versammeln konnten. Die Pflicht der »consortes« zur Beteiligung an Racheaktivitäten wird in deren Statuten ausdrücklich erwähnt. Die Opfer wurden bei einer solchen »vendetta« nicht nach dem Prinzip individueller Schuld aus dem gegnerischen Klan ausgewählt, sondern nach gemeinsamer Verantwortlichkeit der Gruppe. Kollektivhaftung galt auch zwischen Geschlecht und Stadt. Für eine Untat eines ihrer Angehörigen hatte das Geschlecht als Ganzes zu büßen, bis hin zum Verlassen der Stadt.

Erstaunlich erscheint, dass sich solche Abstammungsverbände mit Selbstjustiz durch Blutracheaktionen gerade in hoch entwickelten Stadtregionen wie der Lombardei und der Toskana im Hochmittelalter neu ausgebildet haben – freilich beschränkt auf die adelige Oberschicht der Stadt. Mit Urbanisierung sind sonst eher Tendenzen der Individualisierung verbunden. Hier aber geht der Einzelne völlig im Verwandtschaftsverband auf, mit dem er Ehre, Ansehen, Schuld und Strafe teilt. Das Phänomen dieses starken Korporatismus der Adelsgeschlechter hängt wohl mit der Sonderentwicklung der Städte in diesem Raum zusammen. Der Adel ist hier stadtsässig, nicht auf Burgen oder in festen Häusern auf dem Land lebend wie nördlich der Alpen. Der Stadtherr selbst ist schwach, die Gemeinde hat nicht dieselbe Bindekraft wie etwa im Verbreitungsgebiet des Bürgereids. Die Adelsgeschlechter stoßen hier in ein Machtvakuum vor. Mit der Funktionsanreicherung in Belangen des Gerichtswesens, der Selbstverteidigung, der Wirtschaft, sogar des kirchlichen Lebens steigt auch das Bewusstsein der Eigenständigkeit. Scharfe Abgrenzung nach außen stärkt die kohäsiven Kräfte nach innen. Das führt zu einer Intensivierung des Abstammungsdenkens. Das Geschichtsbewusstsein dieser Stadtadelsgeschlechter ist besonders ausgeprägt. Bezeichnenderweise sind ihre Geschlechterbezeichnungen oft vom Namen des Ahnherrn abgeleitet. Der persönliche Name umfasst vielfach ein doppeltes Patronym. Innerhalb des vom Lehenswesen bestimmten Adels sind solche Ausdrucksformen eines patrilinearen Abstammungsbewusstseins einmalig.

Nicht nur in italienischen Städten begegnet das Phänomen der Blutrache, sondern auch auf dem Land, etwa in Ligurien. In Sardinien und in Korsika hat es sich bis in neuere Zeit erhalten.[214] Man darf Blutrache im Mittelalter keineswegs nur als eine Relikterscheinung sich auflösender Stammesgesellschaften ansehen. Sie ist sicher in einigen Gebieten damals erst neu entstanden. Das bedeutet aber, dass auch jenes spezifische Gruppenbewusstsein sich neu gebildet hat, das ihr zugrundeliegt – ein Bewusstsein, nach dem Männer einer Verwandtschaftsgruppe in einem Maße miteinander identifiziert werden, dass die Blutschuld des einen am anderen gesühnt werden kann. Solche Verwandtschaftsgruppen müssen, wo sie neu entstehen, nicht notwendig streng patrilinear strukturiert sein. Die »vendetta« in Korsika folgt nicht exakt denselben Regeln wie die Blutrache in Albanien oder Montenegro. Im Prinzip sind es aber immer Gruppierungen, innerhalb derer Männer die Kontinuität herstellen. Nur Männer können sich rächen, denn nur sie sind waffenfähig. Deshalb hat sich Blutrache in Regionen gehalten bzw. neu ausgebildet, in denen Männer das Waffenrecht besaßen. Im grundherrschaftlich bestimmten Europa kam dieses Recht den Bauern nicht zu. Hier entwickelte sich durch das Lehenswesen eine Ordnung des Gerichtswesens, die Selbsthilfe weitgehend ausschloss. Es erscheint bezeichnend, dass im Mittelalter die Blutrache gerade in Teilen der Romania neu aufkommt, die vom Lehenswesen nur schwach oder überhaupt nicht erfasst waren.

Jener Personenkreis, der nach einem gewaltsamen Tod die Rache zu vollziehen hat, ist häufig derselbe, der auch die Erbschaft des Erschlagenen antritt. Allgemeiner formuliert: Erbberechtigung hat mit der Wahrnehmung bestimmter Pflichten gegenüber dem Verstorbenen zu tun – Pflichten der Bestattung, der Trauer, des Opfers, des Gebets. Solche Zusammenhänge im Ursprung müssen allerdings keineswegs auf Dauer erhalten bleiben. In mittelalterlichen Gesellschaften, in denen Blutrachepraxis und Ahnenopfer längst aufgegeben waren, stellten die Ordnungen der Erbschaft weiterhin ein wesentlich strukturierendes Moment des Verwandtschaftssystems dar.

Von den Mustern der Besitzfolge im ländlichen Raum ausgehend wurde kürzlich in folgender Weise versucht, einen europaweiten Überblick zu geben: »Die Geographie der Erbgewohnheiten im Europa an der Schwelle zur Neuzeit zeigt also zusammengefasst folgendes generelles Bild: Im mediterranen Bereich ein tributäres Agrarrechtssystem mit einem konjugalen bzw. kernfamilienorientiertem, tendenziell gleichbrechtigten Erbmuster; im westlichen Europa ein grundherrschaftliches Agrarrechtssystem mit konjugalem bzw. kernfamilienorientiertem, auf Unigenitur oder Gleichberechtigung beruhendem Erbmuster; im östlichen Europa ein tributäres Agrarrechtssystem mit agnatisch-abstammungszentriertem gleichberechtigtem Männererbrecht.«:[215] Mit ergänzenden Merkmalen charakterisiert derselbe Autor »drei Haupttendenzen, die in zahlreichen Untervarianten untergliedert zutage treten: die westeuropäische mit dem Fokus auf das unteilbare Einzelerbe (Anerbenrecht), das die Versorgung der übrigen weiblichen und männlichen Erbberechtigten mit Mitgiften nicht ausschließt; die mediterrane, die – auf römisch-byzantinischer Grundlage – im Großen und Ganzen das gleichberechtigte Erbe fördert, das sogar in eine Präferenz von weiblichen Erbinnen umschlagen kann; schließlich das Erbsystem im östlichen Europa mit seinem Schwerpunkt auf dem gleichberechtigten männlichen Erbe, vielfach unter Ausschluss der weiblichen Erbinnen.«[216] Die wichtigsten Momente der Differenzierung zwischen diesen Systemen sind also Unterschiede im Erbgang zwischen Söhnen und Töchtern einerseits und zwischen einem bevorzugt behandelten Kind und seinen Geschwistern andererseits. Die maßgebliche Ursache solcher Unterschiede wird im Agrarsystem gesucht.

Mit den skizzierten Systemen der Verwandtschaft ergibt sich in diesem Bild der Erbsysteme am Übergang vom Mittelalter zur Neuzeit viel an Übereinstimmungen. Eine Tendenz des Ausgleichs in der Stellung der Geschlechter ist für jenen Prozess der Entwicklung zur Bilateralität charakteristisch, der vom Mittelmeerraum aus seinen Ausgang genommen hat. Seine Wurzeln reichen hier weit zurück, insbesondere in Griechenland.[217] Ebenso lässt sich die durch Mitgift dotierte Ehe, und damit die Besitzfolge von Töchtern, in diesem Raum weit zurückverfolgen. Die griechisch-römische Welt nimmt diesbezüglich im interkulturellen Vergleich eine einmalige Sonderstellung ein.[218] Rundherum bei den benachbarten Kulturen indoeuropäischer Völkerschaften wie den Kelten und den Germanen, aber auch in Hochkulturen des Orients wurde ein Brautpreis gezahlt. Nur die Griechen und

Römer kannten diesen Brauch nicht. Dafür gaben sie ihren Töchtern eine Mitgift in die Ehe mit. Mitgift lässt sich als eine Form des vorgezogenen Erbes verstehen. Wo es Mitgift gibt, sind Frauen besitzfähig und erbberechtigt. Gleiches Erbrecht für Kinder beiderlei Geschlechts hat sich schließlich im gesamten Raum des Imperium Romanum durchgesetzt. Im römischen Erbrecht wurde die frühere Bevorzugung der agnatisch Verwandten zugunsten einer Gleichstellung von Männern und Frauen in allen Klassen von Erbberechtigten zurückgedrängt, in erster Linie bei den Kindern und Kindeskindern, weiterhin bei Eltern und Geschwistern sowie deren Kindern, dann bei den Halbgeschwistern und deren Kindern und viertens schließlich bei den Seitenverwandten nach Graden ihrer Erbberechtigung.[219]

Im oströmisch-byzantinischen Bereich wurden sowohl Mitgifttradition als auch gleichberechtigte Intestatserbfolge das ganze Mittelalter hindurch praktiziert.[220] In einigen Gebieten Griechenlands haben sie sich auch unter osmanischer Herrschaft erhalten. Eine besondere Vielfalt an Erbmustern findet sich auf den griechischen Inseln.[221] Sie lassen sich zu drei Grundtypen zusammenfassen: Zunächst bilaterale Primogenitur, d. h. der älteste Sohn und die älteste Tochter teilen sich das Erbe, die übrigen Kinder bekommen keinen Anteil. Diese Praxis findet sich etwa auf Chalkis, Kasos, Tilos, teilweise auf Andros, Nisyros und Karpathos. Dann bilaterales gleichberechtigtes Erbe, wobei üblicherweise die Töchter Mitgifthäuser und die Söhne Land erhalten. Dies war in erster Linie auf den Kykladen der Fall, auf Amorgos, Ikaria, Ios, Kea, Kos, Naxos, Paros, Patmos, Samos, Sifnos, Santorin und teilweise auf Andros. Schließlich ungeteiltes Erbe der ältesten Tochter. Diese in Europa einzigartige Erbgewohnheit findet sich auf einzelnen Inseln der Sporaden, der Kykladen und der Dodekanes, nämlich auf Astypalea, Kalymnos, Leros, Lesbos, Limnos, Mykonos, Psara, Santorin, Serifos, Skiathos, Skopelos und Skyros. Historischer Ausgangspunkt für diese so auffällig günstige Stellung von Töchtern in der Besitzfolge ist sicher das Prinzip des gleichberechtigten Erbes von Kindern beiderlei Geschlechts. Dass es von dieser Ausgangsbasis aus zu einer Präferenz für Töchtererbschaft kam, dürfte aus ökonomischen Faktoren zu erklären sein.[222] Eine beträchtliche Anzahl der Männer dieser Inselgesellschaften verbrachte einen Großteil des Jahres als Matrosen, als Fischer oder als Schwammtaucher auf dem Meer. Die Führung des Hauses und die Bewirtschaftung des Bodens blieb weitgehend den Frauen überlassen. Dadurch kam es offenbar zu einer Weitergabe von Häusern bzw. von Häusern und Grundbesitz in der Mutter-Tochter-Linie. Analoge Muster matrilinearer Besitzweitergabe finden sich auch in Fischergesellschaften Nordspaniens.[223] Trifft diese ökonomische Erklärung für die Besonderheit der Erbsysteme der Ägäis zu, so gehen diese wohl auf sehr alte Traditionen zurück. Die Zwänge geschlechtsspezifischer Arbeitsteilung waren in diesen Inselgesellschaften Jahrhunderte hindurch die gleichen. Dadurch scheint es über die Gleichstellung von Söhnen und Töchtern hinaus zu einer Präferenz der weiblichen Linie in der Weitergabe von Häusern und auch von Grundbesitz gekommen zu sein. Im Hinblick auf solche matrilineare Elemente des Erbrechts von einem matrilinearen Verwandtschaftssystem zu sprechen, wäre sicher verfehlt. Erbschaftsübertragungen sind nur eine Facette des Verwandtschaftssystems. Weil es bei ihnen um die Weitergabe unterschiedlicher Güter geht, können auch unterschiedliche Formen der Übertragung nebeneinander stehen – über Kinder beiderlei Geschlechts, nur über Töchter bzw. nur über Söhne. Die Vererbung von Häusern und Gründen in weiblicher Linie deutet nicht auf die Existenz von Matriarchatsverhältnissen.

Die matrilinearen Erbschaftsmuster der Ägäis stellen einen extremen Kontrast zu der strikt patrilinearen Weitergabe von Besitz in weiten Gebieten des übrigen Südosteuropa dar. Die Gleichstellung der Geschlechter im Erbe in griechisch-römischer Tradition war hier im Mittelalter auf dem Rückzug. Im bulgarischen Reich wurde bereits in der zweiten Hälfte des 9. Jahrhunderts in der ältesten Rechtskodifiktion das gewohnheitsrechtlich praktizierte Erbrecht der Zuwanderer schriftlich niedergelegt.[224] Es war ein exklusives Männererbrecht mit Gleichstellung der Agnaten. Auch im nördlichen Griechenland gingen Mitgift und Töchtererbrecht sicher bereits im Verlauf des Mittelalters verloren, keineswegs nur bei den extrem männerrechtlich organisierten Hirtengesellschaften der Sarakatsanen und der Vlachen, die sich in ihrer Verwandtschaftsterminologie die alte Bilateralität erhalten haben. Im Westen des Imperium Romanum haben die eindringenden Germanenstämme schon zuvor Formen der Besitzweitergabe eingeführt, die mit dem gleichberechtigten Erbe aller Kinder konkurrierten, die antike Erbrechtstradition wirkte hier jedoch stärker nach. Ihr wichtigster Gegenspieler wurde nicht das gleichberechtigte Erbrecht von männlichen Nachkommen bzw.

Agnaten, wie es für Stammesgesellschaften typisch ist, sondern ein jüngerer Typ, der auf Lehensrecht und Grundherrschaft basierte und die Unigenitur begünstigte. Die Wurzeln dieses Typs sind im Kernraum des Karolingerreiches zu suchen. Von dort ausgehend hat er sich von der Iberischen Halbinsel bis ins Baltikum und von den Britischen Inseln bis in den pannonischen Raum hinein verbreitet.

Sowohl das adelige Lehen als auch die innerhalb der grundherrlichen »familia« ausgegebenen bäuerlichen Stellen wurden im Prinzip nicht nach erbrechtlichen Grundsätzen weitergegeben. Sie standen im Obereigentum des jeweiligen Herren und mussten nach dem Tod des Belehnten bzw. Bestifteten nicht notwendig einem Angehörigen des bisherigen Inhabers überlassen werden. Sicher war das in der Regel im Interesse des Herren. Durch Kontinuität in der Weitergabe konnte die Kontinuität der Leistungen sichergestellt werden. Selbstverständlich war aber die Nachfolge von Angehörigen in der Nutzung des Untereigentums nicht. Sowohl beim Herrenfall als auch beim Mannfall musste in der Vasallität neu gehuldigt werden. Die grundherrlichen Untertanen mussten vielfach ein Stück Vieh, das so genannte »Besthaupt«, als Todfallsabgabe leisten – gleichsam ein Erbteil des Herren nach seinem Untertan.[225] Sowohl adelige Lehen als auch Güter bäuerlicher Untertanen wurden tendenziell als ungeteilte Einheiten weitergegeben. Nur in ihrem vollen Umfang bewahrt konnten sie die geschuldeten Kriegsdienst- bzw. Abgabeleistungen gewährleisten. Das begünstigte bei beiden die Nachfolgeform der Unigenitur. In der Praxis kam es allerdings zu vielfachen Durchbrechungen dieses Prinzips. Lehen wurden »zur gesamten Hand«, also an eine Gruppe von Lehensträgern, in der Regel von Brüdern, vergeben. Auch bäuerliche Stellen konnten von mehreren Inhabern gemeinsam genutzt werden. Häufiger noch kam es zur Teilung von Bauerngütern, die – soweit die geschuldeten Abgaben und Leistungen dadurch nicht gefährdet waren – durchaus vom Grundherren begünstigt werden konnte. Kriegerlehen waren ihrer Funktion nach an die Nachfolge unter Männern gebunden und im Prinzip unteilbar. Wenn ein Angehöriger das Lehen übernahm, so in der Regel der Sohn. Über das Verheiratungsrecht der Töchter verstorbener Vasallen konnte der Herr aber auch bei der Weitergabe in weiblicher Linie Einfluss auf die Nachfolge nehmen. Bei bäuerlichen Gütern kam es vor allem darauf an, die Kontinuität der Wirtschaftsführung unter möglichst geringer Belastung der Güter sicherzustellen. Vielfach wurde das durch die Wiederverehelichung der Witwe am besten gewährleistet. Der zweite Ehemann hatte dann vor einem heranwachsenden Sohn den Vorrang.

Diese Weitergabe durch Ketten der Wiederverehelichung ist ein seinem Ursprung nach typisch grundherrschaftliches Muster der Gutsfolge. Aber auch in der Alternative zwischen Sohn oder Schwiegersohn konnte die Entscheidung durchaus für den letzteren fallen. Während adelige Lehen grundsätzlich an den ältesten Sohn fielen, konnte es für Grundherren und Bauern günstiger sein, dass der Jüngste übernahm. Dann war eine möglichst lange Wirtschaftsführung gewährleistet. Es konnte sich aber auch in bäuerlichem Milieu ein Ältestenerbrecht ausbilden. Die Nachfolge jenes Sohnes, der für die Wirtschaftsführung am geeignetsten angesehen wurde, also ein Tüchtigstenerbrecht, war eine dritte Möglichkeit. Alle diese Formen der Abfolge auf bäuerlichen Gütern müssen in ihren Frühphasen vom Grundherren bzw. seinem Amtmann gesteuert gedacht werden. Erst mit der rechtlichen Besserstellung der Bauern im Verlauf des Hochmittelalters entwickelten sie sich zu Erbrechtsgewohnheiten im eigentlichen Sinn, die von den Bauern selbst getragen wurden.[226] Dabei konnte sich die aus grundherrschaftlichem Rahmen stammende Einzelfolge durchaus mit gleichmäßiger Ausstattung aller Kinder aus der Hinterlassenschaft verbinden. Zu einer analogen Verbindung zwischen ungeteilter Hoffolge und Teilung des Erbes kam es auch bei manchen Formen der Gutsübergabe »inter vivos«, also zu Lebzeiten des bisherigen Inhabers, etwa bei der in Mittel-und Nordeuropa verbreiteten Form des Kaufrechts.

Im Kontext des Lehenswesens bzw. von analog strukturierten Verfassungselementen wie etwa der Ministerialität hat sich in West- und Mitteleuropa seit dem 10. Jahrhundert die Verwandtschaftsstruktur des Adels verändert. Mit der Annahme eines Wandels von kognatischen zu agnatischen Strukturen wird dieser Wandel aber wohl unzutreffend charakterisiert. Es mag sein, dass der männerrechtliche Charakter der Vasallität zu einer stärkeren Betonung des Mannesstammes geführt hat, er führte aber zugleich auch zu einer engeren Bindung an den Herren zu Lasten der Verwandtschaft. Und Betonung des Mannesstamms ist nicht ohne weiteres mit agnatischer Struktur gleichzusetzen. In agnatisch strukturierten Verwandtschaftssystemen wird von der grundsätzlichen Gleichheit der Männer eines patrilinearen Abstammungsverbands ausgegangen, auch in der Weitergabe des Besitzes. Die Tendenz zur Unigenitur in den Adelshäusern West- und Mitteleuropas im Hoch- und Spätmittelalter bedeutet aber eindeutig ein Moment der Ungleichheit. Jüngere Söhne, die nicht die Herrschaft übernahmen, waren zur Ehelosigkeit, zum Eintritt in den geistlichen Stand oder zur Abwanderung genötigt. Die von Duby konstatierte »Vertikalisierung«[227] des Adelshauses ist Folge dieser Tendenz zur Unigenitur, nicht von einem vermeintlich neuen agnatischen Denken.

Tendenzen zur Unigenitur in der bäuerlichen Bevölkerung Mittel- und Westeuropas haben im Regelfall sicherlich nicht zu

Abb. 20: Ostkolonisation und Erbrechtsmuster. Die Verteilung planmäßig angelegter ländlicher Ortsformen in Ostmitteleuropa am Ausgang des Mittelalters spiegelt das Vordringen der Ostkolonisation, mit der sich das bäuerliche Anerbenrecht verbreitet. Die Grenze zwischen Anerbenrecht und gleichberechtigtem Männererbrecht unter Ausschluss der Frauen ist nach Verhältnissen des 19. Jahrhunderts eingetragen. Sie entspricht in etwa der »Hajnal-Linie« zwischen Zonen hohen und niedrigen Heiratsalters bzw. hoher und niedriger Ledigenanteile.

einer analogen Vertikalisierung der Verwandtschaftsstruktur geführt. Zu vielfältig und zu wenig kontinuierlich waren dazu die Muster der Abfolge in der Innehabung der bäuerlichen Stellen – bei Lockerung der grundherrlichen Abhängigkeit zusätzlich noch unterbrochen durch Verkauf außerhalb der Familie. Zu bedenken ist weiter, dass die Masse der grundherrschaftlichen Untertanen keine eigenständigen Traditionen des Erbrechts mitbrachte – ganz anders als der Adel, der seine Güter in dieser oder jener Form vererbt hatte, bevor er zum Lehensadel wurde. Ein Großteil der bäuerlichen Untertanen kam aus der Unfreiheit. Auf der Stufe völliger Unfreiheit gibt es zunächst kein Verwandtschaftssystem und keine Erbrechtsordnung. So bildeten die grundherrlichen Vorgaben der Hoffolge die Basis dafür, was sich im Prozess der hochmittelalterlichen Emanzipationsbewegung zu bäuerlichen Erbrechtstraditionen entwickelt hat. Das Anerbenrecht zeigt am deutlichsten diesen grundherrlichen Ursprung,[228] aber auch Formen der Freiteilbarkeit können auf grundherrliche Regelungen zurückgehen. Zwischen und neben diesen beiden Grundtypen hat sich im Mittelalter in Mittel- und Westeuropa eine Vielfalt von Erbrechtssystemen entwickelt. Gerade die Wurzel in Grundherrschaft und Unfreiheit ermöglichte diese Vielfalt der Entwicklung. Anders als in Bauerngesellschaften, die aus Stammesordnungen hervorgegangen sind, bestand hier keine Präjudizierung der Gutsweitergabe durch überkommene Verwandtschaftsstrukturen. Die Bauernschaft im Raum des Frankenreichs und den von seiner Agrarverfassung beeinflussten Gebieten unterscheidet sich diesbezüglich grundsätzlich von den Bauern in Ost- und Südosteuropa.[229]

Auch in diesem dritten Großraum Europas, der in neuerer Zeit vom exklusiven und gleichberechtigten Männererbrecht an Grund und Boden charakterisiert ist, kann dem Ursprung nach nicht von Erbrecht im eigentlichen Sinn gesprochen werden. Es handelt sich hier zunächst nicht um individuelles Eigentum von Personen, das nach deren Tod unter ihre Angehörigen verteilt wird. Vielmehr sind untereinander agnatisch verwandte Männer die Besitzer des Bodens, der in der patrilinearen Abstammungsgruppe weitergegeben wird. Zum Erbfall kommt es in diesem System nicht. Nach dem Tod des Ältesten, der der Hausgemeinschaft vorsteht, ändert sich in den Besitzverhältnissen nichts. Es übernimmt bloß der Nächstälteste die Verfügungsrechte im Namen der Gruppe. Auch wenn sich die Hausgemeinschaft teilt, ist dies kein Erbfall. Die Teilung kann, muss aber nicht mit dem Tod des männlichen Oberhaupts in Zusammenhang stehen. Durch solche Besitzteilungen zwischen Agnaten – zwischen mehreren verheirateten Brüdern, zwischen Onkeln und Neffen oder zwischen Cousins – entstehen einander benachbart gelegene Güter von Verwandten. Mitunter werden nur die Häuser getrennt, die Wirtschaftsführung bzw. ein Teil derselben bleibt gemeinsam. Wie auch immer – das Prinzip der Teilung zwischen Agnaten führt dazu, dass Häusergruppen, Siedlungsteile, ganze Siedlungen patrilinearen Abstammungsgruppen entsprechen. Solche Siedlungsformen lassen sich in Ost- und Südosteuropa historisch weit zurückverfolgen. Patronymisch mit dem Stammvaternamen gebildete Ortsnamen sind für sie ein guter Indikator.[230] Analoge Verhältnisse finden sich im Westen unter der keltischsprachigen Bevölkerung der Britischen Inseln – auch hier in Verbindung mit ausgeprägt patrilinearen Traditionen.[231] Bei einer solchen Besitzentwicklung im Rahmen patrilinearer Abstammungsverbände ist

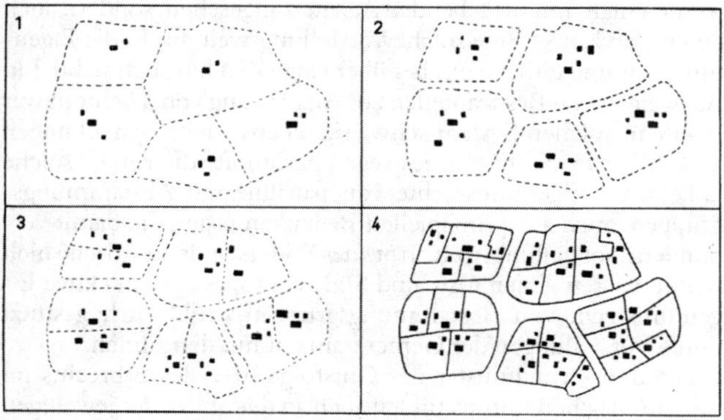

Abb. 21: Idealtypische Darstellung der Entwicklung eines Zellenhaufendorfs in Südosteuropa.
Phase 1: Einzelhöfe um Familien;
Phase 2: Vermehrung der Gebäude durch Wachstum der Großfamilien;
Phase 3: Beginn der Teilungen, Ausbildung von Weilern;
Phase 4: Haufendorf mit Vierteln von Abstammungsverbänden.
Solche Siedlungsformen von Abstammungsverbänden kontrastieren besonders deutlich gegenüber den auf gemeindlich-genossenschaftlicher Grundlage angelegten planmäßigen Siedlungsformen der hoch- und spätmittelalterlichen Ostkolonisation (Straßendörfer, Angerdörfer etc.).

der Nachbar in der Regel ein verwandtschaftlich nahe stehender Agnat. Ganz anders in den Dörfern des grundherrschaftlichen Typs. Auch hier kann Nachbarschaft mit Verwandtschaft verbunden sein, aber bedingt durch die lokale Endogamie, wie sie sich aus der grundherrschaftlichen »familia« als Heiratskreis entwickelt hat.

Solche Siedlungen patrilinearer Abstammungsverbände gab es sehr wahrscheinlich auch bei den westslawischen Stämmen in Böhmen, Mähren und Polen, bis die Ostkolonisation hier mit einem neuen Typ der Agrarverfassung auch neue Erbrechtsverhältnisse eingeführt hat. Die Mehrzahl der freien Dörfer waren in der vorkolonialen Zeit von einer Bevölkerungsgruppe besiedelt, die die Quellen lateinisch als »heredes«, also Erben, oder »dedicones«, slawisch-sprachig als »dedici« bezeichnen.[232] Dieses slawische Wort ist von der Bezeichnung für den Großvater bzw. Ahnherren abgeleitet. Zweifellos liegt hier eine Abstammungsgemeinschaft der Dorfnachbarn vor. Die Bezugnahme auf den Ahnherren deutet einen weiteren Zusammenhang an: Als Besitzer des Erbguts werden nicht nur die lebenden Agnaten angesehen, sondern auch deren Vorväter.[233] Eine solche Vorstellungswelt macht die Eigentumsordnung unflexibel, aber über lange Zeit hin auch stabil. Ein Abzweigen von Besitzanteilen zur Ausstattung von Töchtern war in einem solchen System schwierig, ebenso auch Schenkungen an die Kirche. Nicht nur deswegen bekämpfte die Kirche solche kollektiven Eigentumsrechte von patrilinearen Abstammungsgruppen, auch aus prinzipiellen Bedenken gegen die damit verbundene Vorstellungswelt. Trotz des Widerstands der Kirche hielt sich in weiten Teilen Ost- und Südosteuropas das kollektive Eigentumsrecht von Abstammungsgruppen, wohl auch gestützt durch Vorstellungen der Gemeinsamkeit mit den Ahnen.

Die drei Grundmuster der Gutsfolge bzw. des Erbrechts im mittelalterlichen Europa finden auch an der Spitze der jeweiligen gesellschaftlichen Ordnung ihren Ausdruck, nämlich in der Thronfolge der Fürsten. Natürlich gibt es Unterschiede zwischen der Weitergabe von Häusern und der Weitergabe von Reichen. Vor allem das Prinzip der Bestellung durch Wahl macht auf der Ebene der Fürstenherrschaft der Erbfolge aufgrund von Verwandtschaft Konkurrenz. Aber die Wahl kann stets nur aus einem Kreis von Berechtigten erfolgen. Und für diese Berechtigung spielen Kriterien der Verwandtschaft eine Rolle.[234] Welche Formen der Verwandtschaft zur Fürstenherrschaft legitimieren, ist im Mittelalter nach europäischen Großräumen sehr unterschiedlich.

Obwohl es keine staatsrechtliche Grundlage dafür gab, haben seit Augustus die römischen Kaiser versucht, ihre Nachfolge dynastisch zu regeln.[235] Die Nachfolger waren entweder durch Blutsverwandtschaft in männlicher Linie oder – dieser rechtlich gleichgestellt – durch Adoption mit dem Vorgänger verbunden. Die Adoption als ein spezifisches Instrument, einen Erben zu bestellen, wurde unter den so genannten »Adoptivkaisern« zu einem Mittel, das Geblütsrecht zugunsten eines besonders qualifizierten Nachfolgers auszuschalten. Auch noch das tetrarchische System Diokletians war diesem Gedanken verpflichtet. Die natürlichen Söhne der Herrscher sollten nicht deren Nachfolger werden, die designierten Nachfolger wurden durch Heirat, Adoption und Aufnahme in die göttlichen Familien der Jovier und Herculier in engster Weise an den Herrscher gebunden. Mit der Dynastie Konstantins tritt die Bedeutung der männlichen Linie wieder in den Vordergrund, aber auch die Töchter haben offenbar für die Thronfolge Bedeutung, sonst wären sie nicht so konsequent innerhalb der Dynastie verheiratet worden.[236]

Mit der konstantinischen Wende wird die Thronfolge aufgrund von Adoption gänzlich aufgegeben – ganz in Entsprechung zur Ablehnung der Adoption durch das Christentum. Dafür beginnen Frauen der kaiserlichen Familie beim Thronwechsel eine immer wichtigere Rolle zu spielen. Theodosius I. legitimiert seine Dynastie durch die Heirat der Tochter Valentinians I. Seine Tochter Galla Placidia wird vom Westgotenkönig Athaulf entführt und mit dem Anspruch auf die Kaiserwürde geheiratet. Der Name des früh verstorbenen Sohnes aus dieser Ehe, Theodosius, signalisiert diesen Anspruch.[237] Ihr Sohn aus zweiter Ehe, Valentinian, wird – durch die mütterliche Herkunft legitimiert – noch als Kind zum Kaiser erhoben. Galla Placidias Nichte Pulcheria macht ihren Gatten Marcianus zum Kaiser, deren Nichte Eudoxia als Tochter und Witwe eines Kaisers ihren zweiten Mann Petronius Maximus. Ariadne, die Tochter Kaiser Leos I., war ebenso Gattin zweier Kaiser – zunächst Zenos, dann Anastasius'. Im vierten Jahrhundert vollzieht sich im Römischen Reich offenbar eine grundsätzliche Wende, die den Frauen als Vermittlerinnen der Thronfolge eine große Bedeutung zukommen lässt. Das entspricht dem allgemeinen Wandel des Verwandtschaftssystems in dieser Zeit bzw. den Tendenzen der Erbrechtsentwicklung.

Eine ähnliche Bedeutung von Töchtern bzw. Witwen für die Thronfolge findet sich während des Früh – und Hochmittelalters nur in Byzanz. Exemplarisch sei diesbezüglich auf die Rolle der beiden Töchter des letzten Kaisers der Makedonendynastie, Konstantins VIII., verwiesen.[238] Die ältere Zoe verheiratete Konstantin kurz vor seinem Tod 1028 mit Romanos Argyros, der dann sein Nachfolger wurde. 1034 ließ Zoe Romanos umbringen und machte ihren bisherigen Liebhaber Michael zu ihrem neuen Gatten und damit zum Kaiser. Diesem Michael IV. folgte 1041 sein gleichnamiger Neffe, den Zoe adoptierte. Eine Heirat wäre aufgrund der Verwandtschaft nicht möglich gewesen. Als Michael V. schon im nächsten Jahr abgesetzt wurde, regierte Zoe zunächst mit ihrer Schwester Theodora allein, dann heiratete sie ein drittes Mal und machte den neuen Gatten als Konstantin IX. zum Kaiser. Zoe starb vor Konstantin, die jüngere Schwester Theodora bestieg nun als letzte Angehörige der Makedonendynastie erneut den Thron und bestellte auf dem Totenbett den Nachfolger, in diesem Fall ohne zu heiraten.

Welche Rolle Frauen als Vermittlerinnen von Legitimität in Byzanz spielten zeigt auch ein anderes Beispiel aus der Makedonendynastie.[239] Dem aus kleinen Verhältnissen stammenden Flottenoffizier Romanos Leakapenos gelang es 919, seine Tochter Helene mit Kaiser Konstantin VII. Porphyrogennetos zu verheiraten. 920 wurde er von diesem zum Cäsar erhoben und bald darauf zum Mitkaiser gekrönt. Konstantin musste sich dann seinerseits mit der Stellung als Mitkaiser begnügen und wurde schließlich völlig verdrängt, als Romanos 921 seinen ältesten Sohn Christophoros und dann noch die beiden jüngeren Stephan und Konstantin zu Mitkaisern machte. Der Versuch einer neuen Dynastiegründung misslang, nicht aber das wohl einmalige Experiment, aus der Position des Schwiegervaters die Nachfolge anzutreten. Die besondere Rolle der Frau als Erbin und Vermittlerin von Herrschaft, die aus spätrömischer Tradition in Byzanz weitergeführt wurde, ist als Hintergrund für diese Entwicklung zu sehen, wohl aber auch die besondere Bedeutung, die die Heiratsverwandtschaft im byzantinischen Kirchenrecht gewonnen hatte und auf die im Zusammenhang mit Heiratsverboten bereits eingegangen wurde.[240]

Unter den Fürsten der germanischen Reichsgründungen auf dem Boden des Imperiums finden sich bei den Westgoten in Spanien Ansätze einer mit Byzanz vergleichbaren Thronfolge.[241] Ganz anders bei den Franken.[242] Der Zugang zum Königtum ist

Abb. 22: Christus krönt Kaiser Romanos und seine Gattin Eudokia, Elfenbeintafel, um 945/49. Romanos Lakapenos war ein armenischer Bauernsohn, der als Flottenkommandant Karriere gemacht hatte. Durch die Heirat seiner Tochter Helene mit dem noch jugendlichen Kaiser Konstantinos Prophyrogennetos 919 wurde er zum »Basileopator«, d. i. zum »Kaiservater«, und bald darauf zum Mitkaiser bzw. Kaiser. Die Konzeption des Schwiegervaters als Vater entspricht der christlichen Eheauffassung. Eudokia war nicht die leibliche Mutter Helenes. Mit der herrschenden Makedonendynastie verband sie also zweifach vermittelte Heiratsverwandtschaft. Ihre Stellung beruhte auf der Krönung ihres Gatten. Das Bildmotiv des von Christus gekrönten Herrscherpaares unter Einbeziehung der Gattin des Fürsten hat sich in Byzanz besonders früh entwickelt.

hier strikt an die Zugehörigkeit zur »stirps regia« als patrilinearem Abstammungsverband gebunden. Bis zur Absetzung Childerichs III. 751 und der Salbung der Mitglieder des neuen Königshauses durch den Papst sind nur Merowinger auf den Thron gekommen. Ein früher Versuch der Karolinger, einem der ihren durch Adoption seitens des Königs die Nachfolge zu verschaffen, scheiterte. Von Nachkommen in weiblicher Linie als Thronprätendenten erfahren wir nichts. Innerhalb des Königshauses sind hingegen alle männlichen Mitglieder zum Königtum berechtigt, unabhängig von der Stellung in der Brüderreihe und unabhängig vom Stand der Mutter. Nur die patrilineare Abstammung vom gemeinsamen Ahnherren zählt. Diese aber gibt allen Agnaten gleiche Rechte. Mörderische Verwandtenkriege und häufige Reichsteilungen sind die Folge dieses Egalitätsprinzips. Die Thronfolge der Merowinger repräsentiert das Erbrecht von Stammesverbänden in Reinkultur.

Unter den Karolingern zeigen sich erste Anzeichen einer Neuorientierung.[243] Die Reichseinheit soll gewahrt werden. Aus diesem Interesse versucht man, bei der Nachfolgeordnung dem ältesten Sohn eine Vorrangstellung einzuräumen. Die Vasallität bietet eine neue Form, die Abhängigkeit der jüngeren Brüder ohne Statusminderung zu organisieren. Söhne, die nicht aus vollberechtigter Ehe stammen, werden von der Thronfolge ausgeschlossen. Weiterhin kommt es jedoch zu Teilungen und zu Auseinandersetzungen zwischen den Trägern gleicher Ansprüche. Erst in den Nachfolgereichen des karolingischen Imperiums wird die Unigenitur zur Regel,[244] in Deutschland, in Burgund, in Frankreich und außerhalb in England. Analog verläuft die Entwicklung bei den Kronvasallen dieser Reiche. In den Lehensreichen des Hochmittelalters setzt sich überall die Einzelfolge durch. Sie wird von der Kirche gestützt, unter deren Einfluss sich die Konzeption des Königtums als Amt ausbildet. Mit Christianisierung und Feudalisierung nimmt auch in peripheren Regionen Europas die Tendenz zur Unigenitur zu. Mit der Aufgabe des Gedankens der Gleichberechtigung aller Königssöhne wird aber nicht zugleich auch das Geblütsrecht aufgegeben. Dieses Geblütsrecht erscheint jedoch nicht mehr bloß auf patrilineare Abstammung beschränkt, auch über die weibliche Linie können Thronfolgerechte begründet werden.[245]

Weder von den Thronfolgeregeln des Byzantinischen Reichs noch von denen der westlichen Lehensreiche beeinflusst, waren die Verhältnisse bei den Rurikiden. Die Einheit des Reichs versuchten sie durch eine in ihrer Art einmalige Nachfolgeordnung zu bewahren.[246] Diese Ordnung ging vom Prinzip des Seniorats aus. Der jeweils Älteste der Nachkommen Ruriks sollte Großfürst sein und seinen Sitz in Kiew haben. Die Fürstensitze der »stirps regia« hatten eine feste Rangordnung. Nach Kiew kam Nowgorod, dann Tschernigow, Perejaslawl, Smolensk, Wladimir etc. Starb der Großfürst, so folgte ihm der nächstälteste Rurikide als Geschlechtsoberhaupt und Großfürst. Er machte seinen bisherigen Sitz einem nachrückenden Agnaten frei. Auch die übrigen Fürsten rückten um eine Stufe nach. Theoretisch konnte so jedes Mitglied des Hauses sukzessive bis zum Großfürst von Kiew aufrücken, allerdings nur dann, wenn er selbst Sohn eines Großfürsten war. Starb ein Fürst, ohne den Thron in Kiew erreicht zu haben, so verloren seine Söhne das Recht auf das gemeinsame Erbe und schieden aus der Stufenleiter aus. Dieses komplizierte System hielt sich auf Dauer nicht. Auf dem Fürstentag von Ljubetsch 1097 setzte sich der Grundsatz durch, dass jeder sein »Vatererbe« behalten solle. Obwohl die ältere Thronfolgeordnung der Rurikiden letztlich undurchführbar blieb, erscheint sie deswegen so interessant, weil sie auf allgemeine Grundsätze von Verwandtschaftssystem und Besitzabfolge in diesem Großraum verweist. Das Fürstengeschlecht als Ganzes regiert das Herrschaftsgebiet. Es soll sich wie eine ungeteilte Hausgemeinschaft verhalten. Alle Männer, aber nur sie, haben am gemeinsamen Ahnengut Anteil, das innerhalb der Abstammungsgruppe weitergegeben wird. Die Zirkulation zwischen den Fürstensitzen soll das Konzept der gemeinsamen Herrschaft aufrechterhalten und durch die Verhinderung der Vater-Sohn-Folge einer Aufteilung entgegenwirken. Im Prinzip sind – dem patrilinearen Geblütsdenken entsprechend – alle männlichen Angehörigen der Abstammungsgruppe gleichgestellt. In Hinblick auf die beschränkte Zahl der Fürstensitze muss es innerhalb der Gruppe zu Ausscheidungsprozessen kommen. Das Kriterium dafür ist der geminderte Rang des Vaters, also wiederum eines der patrilinearen Abstammung. Wie in der ungeteilten Hausgemeinschaft steht an der Spitze der jeweils Älteste. Stirbt er, so folgt nicht der Sohn, sondern der Nächstälteste nach. Dieses Senioratsprinzip stellt die wichtigste Übereinstimmung zwischen der Nachfolgeordnung des Fürstenhauses und den allgemeinen Mustern des Verwandtschaftssystems in diesem Großraum dar. Die Vorstellung, die dem Senioratsprinzip zugrundeliegt, ist die, dass derjenige in der Abstammungsgruppe den Vorrang haben soll, der den Ahnen am nächsten ist.

In den Mustern des Erbrechts kommen deutlich die großen Tendenzen der Veränderung mittelalterlicher Verwandtschaftssysteme bzw. die von ihnen jeweils erfassten Großräume zum Ausdruck. Zunächst stehen sich die griechisch-römische Stadtkultur der Mittelmeerwelt mit ihrer Tendenz zur Bilateralität sowie zum gleichberechtigten Erbe aller Kinder einerseits und die Stammeskulturen außerhalb des Imperium Romanum andererseits gegenüber, bei denen Patrilinearität bzw. gemeinsames Männererbe vorherrscht – allerdings unterschiedlich stark ausgeprägt, bei den Inselkelten und den slawischen Stämmen deutlich stärker als bei den germanischen. Im Frankenreich kommen mit Grundherrschaft und Lehenswesen Faktoren hinzu, die patrilineare Abstammungstraditionen weiter zurückdrängen und in der Besitzweitergabe mit der Tendenz zur Unigenitur einen wichtigen neuen Akzent setzen. Von den Nachfolgereichen des Frankenreichs ausgehend erfassen diese Strukturen im Verlauf des Mittelalters große Teile der europäischen Peripherie, ganz Nordeuropa sowie das östliche Mitteleuropa. Die rurikidischen Fürstentümer im Osten und die slawischen Reichsbildungen auf dem Balkan bleiben außerhalb. Im Südosten ist schon seit dem Frühmittelalter das antike Erbe des Byzantinischen Reichs auf dem Rückzug, kann sich jedoch auch unter osmanischer Herrschaft im Raum der Ägäis halten.

Hinsichtlich der Auswirkungen des Verwandtschaftssystems auf die Familienstruktur erscheint wesentlich, dass die neuen Entwicklungstendenzen des Mittelalters dadurch, dass sie neue Bindungen schaffen, zugleich überkommene, durch Abstammung bedingte lösen: Es besteht für Söhne kein Zwang zur Patrilokalität; Neolokalität ist möglich, und damit auch Zusammenleben in einfachen Haushaltsformen vom Typus der Kernfamilie. Es besteht aber auch für Töchter kein Zwang zur Ausheirat; sie können im Haus bleiben und ihrerseits die Familie fortsetzen. Es besteht kein Zwang zur frühen Heirat, weder für Söhne noch für Töchter; die Patrilinie fortzusetzen bzw. dem Abstammungsverband des Gatten möglichst viele Söhne zu gebären, ist kein kultureller Wert, schon gar nicht ein religiös bedingter. Es besteht überhaupt kein Zwang zu heiraten – abgesehen von Bindungen im Rahmen der Grundherrschaft, die Spätheirat begünstigen; der

Ledigenstand ist – jedenfalls soweit er mit dem Eintritt in eine geistliche Hausgemeinschaft verbunden ist – gesellschaftlich hoch bewertet. Für Witwen besteht kein Zwang, in der Familie des verstorbenen Gatten zu bleiben; Wiederverehelichung in jedem Alter ist möglich, in grundherrschaftlichem Rahmen sogar erwünscht. Es besteht kein Zwang zur Adoption im Falle der Söhnelosigkeit; die Fortsetzung der Patrilinie durch leibliche bzw. fiktive Elternschaft ist keine verbindliche Aufgabe. Es besteht für Söhne kein Zwang, im Vaterhaus zu verbleiben bzw. dorthin zurückzukehren; individuelle Mobilität und Migration wird möglich. Und es besteht schließlich auch kein Zwang, als Hausvater die Autoritätsposition im Alter bis ans Lebensende auszuüben; das Senioratsprinzip ahnenorientierter Gesellschaften hat hier keine Gültigkeit.

Nur in einem Bereich haben die neuen Tendenzen, die sich in den mittelalterlichen Verwandtschaftssystemen zeigen, bestehende Bindungen verstärkt, nämlich im Bereich der Ehe. Das sich in der Spätantike und im Mittelalter formierende Ehemodell hat nicht ausschließlich christliche Wurzeln, es wurde aber im Rahmen der christlichen Kirchen ausformuliert und im Wesentlichen durch sie verbreitet. Dieses Ehemodell ist monogam. Polygamie und Konkubinat sind ausgeschlossen. Es ist lebenslänglich; Scheidung wird nicht erlaubt. Und es ist konsensual. Der Wille der Eheschließenden erscheint für das Zustandekommen der Ehe konstitutiv, nicht ein Vertragsabschluss zwischen ihren Herkunftsfamilien. Wenn auch gerade der individuelle Konsens lange Zeit nur Programm blieb und erst sukzessive durchgesetzt werden konnte, zeichnet sich doch mit dem christlichen Ehemodell ein neues Familienmodell ab, das für die europäische Familienentwicklung richtungsweisend wurde, nämlich das der gattenzentrierten Familie.

III. Die Haushaltsfamilie

1. Haushaltstypen und Haushaltszusammensetzung

a) Probleme der Typenbildung für das Mittelalter

Die verschiedenen Muster mittelalterlicher Verwandtschaftssysteme bzw. die Trends in deren Veränderung können helfen, die Muster mittelalterlicher Haushaltsstrukturen besser zu verstehen. Entscheidende Anstöße zu einer Typisierung europäischer Familienformen nach Großräumen sind von der Historischen Demographie gekommen, und dementsprechend auf der Grundlage neuzeitlichen Quellenmaterials erarbeitet. Geht man den sozialstrukturellen Bedingungen solcher Typen von Familienformen nach, so lassen sich allerdings bis weit ins Mittelalter zurückreichende Bezüge herstellen. Das gilt vor allem für John Hajnals berühmtes »European marriage pattern« bzw. seine auf dieser Grundlage entwickelten »two kinds of pre-industrial household formation«,[247] mit Einschränkungen auch für die von Peter Laslett in »Household and family as work-group and kin-group« entwickelte Typologie.[248] In Ermangelung einer genuin mediävistischen Theorie der Systematisierung von Haushalts- und Familienformen erscheint es sinnvoll, von diesen neuzeitlichen Modellen auszugehen, sich aber zugleich auch die Grenzen ihrer Anwendbarkeit für das Mittelalter bewusst zu machen.

John Hajnal hat in seinem nunmehr schon klassischen Aufsatz »European marriage patterns in perspective« 1965 festgestellt, dass sich in Europa zwei Muster des Heiratsverhaltens gegenüberstehen, für deren Verbreitungsgebiet er eine Trennlinie angab, die in etwa von Triest nach St. Petersburg verläuft. Östlich dieser Linie liegt das Heiratsalter tief. Nahezu alle Frauen und Männer heiraten. Westlich davon ist das Heiratsalter im interkulturellen Vergleich extrem hoch, vor allem für Frauen. Ein hoher Prozentsatz der Bevölkerung bleibt ledig. 1983 hat Hajnal diese demographischen Muster mit Regeln der Haushaltsformierung bzw. Haushaltstypen in Beziehung gesetzt.[249] Für das »joint-household-system« Osteuropas gilt seiner Meinung nach, dass das früh heiratende junge Paar sein Zusammenleben im Haushalt eines älteren Paares beginnt, üblicherweise dem, dem der Gatte bisher angehört hatte, weiterhin dass Haushalte mit mehreren Paaren sich teilen und dadurch neue Haushalte mit einem oder mehreren Paaren entstehen. Für das »simple-household-system« Nordwesteuropas dagegen nimmt Hajnal als Regeln der Haushaltsformierung an, dass das spät heiratende Paar im Normalfall einen neuen Haushalt begründet und dass junge Leute vor der Heirat häufig als Gesinde zwischen Haushalten zirkulieren.

Hajnal hat zunächst vermutet, dass sein »European marriage pattern« erst in der frühen Neuzeit entstanden sei, jedenfalls nicht bis ins Mittelalter zurückreiche. Dies erscheint heute vom demographischen Befund her revidiert.[250] Auch die sozialstrukturellen Voraussetzungen des Musters lassen sich bis weit ins Mittelalter zurückverfolgen.[251] Die Linie Triest–St. Petersburg, bis zu der sich das »European marriage pattern« ausbreitete, entspricht in etwa jener Grenze bzw. Übergangszone, bis zu der im Hoch- und Spätmittelalter, zum Teil sogar noch in der frühen Neuzeit, durch die Ostkolonisation Agrarstrukturen vordrangen, die dieses Muster begünstigten. Wichtigster Faktor der Vermittlung zwischen Agrarstrukturen und Familienformen ist die so genannte Hufenverfassung. Die Hufe wird in mittelalterlichen Quellen immer wieder als »terra unius familiae« definiert, wobei unter »familia« offenbar das Gattenpaar mit Kindern als Grundeinheit verstanden wird. Die Hufenverfassung ist grundherrschaftlichen Ursprungs und hat ihre Wurzeln in der königlichen Grundherrschaft des Frankenreichs in karolingischer Zeit.[252] In diesem System führt die grundherrlich bestimmte Hoffolge im Regelfall zu einfachen Familienstrukturen. Der Erbe heiratet üblicherweise bei der Übernahme des Guts, häufig erst nach dem Tod des Vaters. Als Hofinhaber muss er heiraten, vorher darf er es nicht. In einem solchen System kann es zu langen Wartezeiten kommen. Dementsprechend hoch liegt das Heiratsalter. Die Hufenverfassung hat sich im Zuge der Ostkolonisation bis weit ins östliche Mitteleuropa hinein verbreitet. In dieser Entwicklung nimmt der Grundherr auf die Heirat vielfach gar keinen unmittelbaren Einfluss. Das System hat sich verselbständigt. Die bäuerliche Bevölkerung hält sich von sich aus an Hoffolgeformen, die nur ein Ehepaar pro Hof zulassen. Seine Wurzeln hat das System aber im Verheiratungsrecht des Grundherren gegenüber seinen Untertanen, in Strukturen also, in denen ein charakteristisches Verwandtenrecht vom Herrn wahrgenommen wird. Für das feudale Europa sind solche Strukturen typisch.

Hajnal stellt dem »simple household system« Nordwesteuropas das »joint household system« Osteuropas gegenüber. Der zentrale Unterschied liegt in den familialen Rahmenbedingungen der Heirat. Hausherrenstellung ist in diesem System nicht Voraussetzung der Heirat. Der Sohn bzw. die Söhne dürfen, ja sollen im Status hausrechtlicher Abhängigkeit heiraten, um die Patrilinie fortzusetzen. Von der Verwandtschaftsstruktur her scheinen in Ost- bzw. Südosteuropa wesentliche Voraussetzungen dieser Haushaltsformierungsregeln schon im Mittelalter vorgegeben. In den Formen der Besitzfolge ist das gleiche Recht der Agnaten eine wichtige Bedingung. In der Verwandtschaftsterminologie finden sich eine Reihe von Bezeichnungen, die auf ein hohes Alter patrilinear-komplexer Familienformen deuten. Das heißt nicht, dass die stark ausgeprägte Patrilinearität in diesem Raum stets zu einer Vorherrschaft komplexer Familien geführt hätte. Die Wirkung von Haushaltsformierungsregeln im Sinne John Hajnals lässt sich nicht in bestimmten Prozentsätzen von Familienformen messen, wie sie in Zensuslisten ausgezählt werden können. Im Ablauf des Familienzyklus kann auch das östliche Muster zu langen Phasen einfacher Haushaltskonstellationen führen. Grundsätzlich sind aber in ihm komplexe Formen angelegt. Im Rahmen der Hufenverfassung sind sie dies grundsätzlich nicht.

Peter Laslett hat – aufbauend auf John Hajnals Konzept – eine Typologie von Familienformen nach europäischen Großräumen vorgelegt, die weitere Differenzierungen bringt.[253] Statt von zwei geht er von vier Großräumen aus, innerhalb derer er einheitliche Tendenzen in der Organisation häuslicher Gruppen gegeben sieht. Sicher zu Recht behandelt er den Mittelmeerraum gesondert. Nimmt man an, dass die Unterschiede zwischen den Familienverhältnissen östlich und westlich der Hajnal-Linie seit dem Mittelalter durch sehr unterschiedliche Muster der Agrarverfassung bestimmt sind, so kann das westliche Muster nur auf das Einflussgebiet der fränkischen Grundherrschaft beschränkt gesehen werden. Der Mittelmeerraum bleibt großteils außerhalb. Selbst wo hier im Früh- bzw. Hochmittelalter grundherrschaftliche Strukturen gegeben waren, setzten sich schon früh Pachtverhältnisse durch, bei denen der Herr des verpachteten Landes keinerlei Einfluss auf die Familiensituation der Pächter nahm.[254] So fehlte ein, wenn nicht der entscheidende Faktor für die Regeln der Haushaltsformierung in West- und Mitteleuropa.

Wenn Laslett West- und Mitteleuropa von den Tendenzen der Familienorganisation her unterteilt, so erscheint das weniger überzeugend. Die von ihm aufgrund demographischer Kriterien festgestellten Unterschiede sind eher graduell als prinzipiell. Wenn etwa der prozentuelle Anteil von wiederverehelichten Witwen und von Frauen, die älter sind als ihre Gatten, in Westeuropa als »hoch«, in Mitteleuropa aber als »sehr hoch« eingestuft wird,[255] so liegt hier kein struktureller Unterschied vor. Wir haben gesehen, dass das Verheiratungsrecht des Grundherren auch die Witwen betraf, durch die der Hof an einen – meist bedeutend jüngeren – zweiten Gatten überging. Im System der patrilinearen Abstammungsgruppen im Osten und Südosten Europas wäre eine solche Weitergabe des Besitzes durch Witwen völlig unmöglich gewesen. Gegenüber diesem Großraum besteht tatsächlich ein struktureller Unterschied. Auch bezüglich der Mitarbeit von Verwandten als Gesinde in der Familienwirtschaft bzw. in der Aufnahme von Inwohnern in die Hausgemeinschaft sieht Laslett zwischen West- und Mitteleuropa Differenzen. Er charakterisiert die Häufigkeit solcher Konstellationen als »rare« bzw. »common«, also ebenso in gradueller Abstufung. Wiederum besteht der eigentlich strukturelle Unterschied zwischen West- und Mitteleuropa einerseits und Ost- und Südeuropa andererseits. Denn wo die Hausgemeinschaft auf patrilinear verwandte Männer und deren einheiratende Ehefrauen beschränkt ist, ist für Knechte, Mägde und Inwohner kein Platz. Auch dieser Strukturunterschied geht sicher bis ins Mittelalter zurück.

Für das Mittelalter und wohl auch darüber hinaus wird man Lasletts Modell einer Gliederung Europas nach Großräumen mit unterschiedlichen Formen der Haushalts- und Familienorganisation wohl in andere Richtungen weiter differenzieren müssen. Wir haben gesehen, dass es im Mittelmeerraum ganz unterschiedliche Sonderentwicklungen gab. Die matrilinearen Muster der Ägäis etwa stellen wohl einen sehr spezifischen Typ dar.[256] Differenzierungen erscheinen auch im Norden am Platz. Immer wieder sind markante Unterschiede im Raum der Britischen Inseln aufgefallen, die sich aus den keltischen bzw. angelsächsischen Tradition ergaben. Zwar herrschte auch in Irland seit alters Neolokalität und damit tendenziell Kleinfamilienstruktur, jedoch in einem ganz anderen Kontext als in England.[257] Die aus dem väterlichen Haushalt ausgeschiedenen Söhne standen weiterhin unter der Autorität des Vaters. Die patrilineare Abstammungsgruppe der »derbfine« blieb als Siedlungseinheit zusammen und bildete in der Bodenbewirtschaftung eine Arbeitseinheit. Solche über einen einzelnen Haushalt hinausgehende Arbeitszusammenhänge unter Verwandten sind bei einer differenzierten Typologie sicher mitzubedenken. Auch die skandinavischen Länder zeigen gegenüber Mittel- und Westeuropa tief greifende Unterschiede. Wenn dort die Grundherrschaft für die Entwicklung der ländlichen Familienformen wichtig war, so ist hier das Vorherrschen von Pachtverhältnissen zu bedenken.[258] Die Agrarverfassung hat im Mittelalter für die Familienformen der überwältigenden Bevölkerungsmehrheit entscheidende Bedeutung gehabt. Insofern war sie für Großräume prägend. Zu bedenken ist freilich, dass in diesen europäischen Großräumen die städtische Bevölkerung und der Adel in ganz besonderen Haushaltsformen lebten, die sich vom dominanten ländlichen Muster deutlich unterschieden. Auch solche milieuspezifischen Besonderheiten müsste ein differenzierendes Modell berücksichtigen.

Insgesamt werfen die von der Historischen Demographie bzw. der quantifizierend orientierten Historischen Familienforschung an Quellen der Neuzeit entwickelten Instrumentarien der Typisierung von Familienformen – für das Mittelalter angewandt – manche Probleme auf. Für die Analyse von Zensuslisten der neueren Zeit mögen formale Kategorien wie »multiple family households«, »extended family units«, »simple family households«, »no familiy households« (gemeint sind Haushalte ohne Gattenpaar) und »solitaries« eine brauchbare Typisierung sein,[259] die eine erste Orientierung ermöglicht und mit dem Begriff »houseful« ist der sicher wichtige Sachverhalt angesprochen, dass auch über die Haushaltsgemeinschaft hinausgehende, am ganzen Haus orientierte soziale Gruppen zu berücksichtigen sind. Aber auch für diese Epoche stellt sich die Frage nach dem Erkenntniswert derart formal konzipierter Analysen. Für das Mittelalter sind sie in dieser Weise kaum anwendbar, weil vergleichbares Quellenmaterial weitgehend fehlt. Unterscheidungen zwischen einfachen und komplexen Familienformen um mehrere Ehepaare lassen sich zwar auch mit mittelalterlichen Quellen gelegentlich durchführen, es stellt sich dabei aber die Frage, ob man – auf diese Differenzierung konzentriert – nicht andere, für eine Typenbildung ebenso wichtige Momente aus dem Blick verliert. So verweisen spezifische Gesindepersonen, die im Haushalt mitleben, auf spezifische ökonomische Funktionen der Familie oder auf

Statusunterschiede, die in der Beschäftigung von Dienstpersonal zum Ausdruck kommen. Solche Faktoren der Arbeitsorganisation bzw. der sozialen Milieuzugehörigkeit sind sicher für die Typisierung von Haushaltsfamilien ähnlich wichtig wie die Zusammensetzung mit einem einzigen oder mit mehreren Gattenpaaren.

Die quantifizierende Richtung der Historischen Familienforschung, die in der Neuzeit zunehmend für ihre Zwecke geeignetes Quellenmaterial vorfindet, hat stets ein besonderes Interesse an Durchschnittswerten gezeigt. Großhaushalte verzerren die Werte des »mean household size«. Häufig haben sie auch keine eindeutig familiale Struktur, was zu methodisch legitimen Argumenten führen kann, sie aus der Analyse auszuscheiden. Man könnte aber auch einen gegenteiligen Standpunkt vertreten. Gerade wo der Familiencharakter einer Gruppe zusammenlebender Menschen diskutabel erscheint, liegen Formen vor, die uns das ganze Spektrum familialer und nichtfamilialer Sozialstrukturen mit seinen vielfältigen Übergängen bewusst machen. In der mittelalterlichen Gesellschaftsentwicklung haben familiale Sozialformen als Wurzel anderer eine sehr wichtige Rolle gespielt.[260] Solchen aus der Familie herausführenden Entwicklungen soll hier am Beispiel von Großhaushalten besonders nachgegangen werden.

Quantifizierende Familienforschung muss exakt abgrenzen. Sie muss genau sagen, welche Personen zur Familie gehören und welche nicht. Nur so kann sie zählen. Vielleicht ist es ein Glück, dass Historische Familienforschung aufgrund der Quellenlage für das Mittelalter dieses Zwangs zur Abgrenzung enthoben ist. So kann sie die Frage offen lassen, wo im Zeltlager von Hirtennomaden in Osteuropa, wo auf dem Meierhof eines fränkischen Klosters, wo im Königspalast von Toledo der Haushalt bzw. die Familie ihre Grenzen hat. Engere und weitere Gruppen familialen Zusammenlebens können nebeneinander Behandlung finden. Es kann auf Rahmenhaushalte eingegangen werden, die ihrerseits wieder Haushalte umfassen. Es können je nach Funktion unterschiedliche Grade der Integration von Personen in eine familiale Gemeinschaft Berücksichtigung finden. Viele Sozialformen kommen damit ins Blickfeld, an die man vom heutigen Wortgebrauch des Begriffs »Haushaltsfamilie« ausgehend zunächst gar nicht denken würde, bei denen es sich aber sehr wohl um Haushaltsgemeinschaften mit Familiencharakter handelt.

Mit solchen in der Historischen Familienforschung vielfach vernachlässigten Sozialformen beginnend soll das Spektrum mittelalterlicher Haushaltstypen in voller Breite dargestellt werden. Gegenüber heutigen Familienverhältnissen ergibt sich daraus ein deutlicher Kontrast. Dieser Gegensatz kann einerseits die Radikalität des Wandels in der Geschichte der europäischen Familie seit dem Mittelalter bewusst machen, andererseits aufzeigen, dass viele auf Hausgemeinschaften des Mittelalters zurückgehende soziale Entwicklungsprozesse weit über diesen Rahmen hinausgeführt haben.

b) Fürstenhöfe

Eine besonders komplexe Haushaltsform stellt im Mittelalter der Fürstenhof dar. Dass es sich hier im Verständnis der Zeit um eine Hausgemeinschaft, letztlich also eine familial konzipierte Sozialform handelt, zeigen zeitgenössische Bezeichnungen wie »domus regia«, »familia regis«, »palatium«, »aula regia« oder »curtis regalis«.[261] Zwei Grundtypen von Fürstenhöfen sind zu unterscheiden: zum einen solche in festen Residenzstädten und zum anderen solche des Reisekönigtums. Während erstere ihrem Umfang nach stärker anwachsen konnten, hatten letztere eine besonders komplexe Struktur. Zur Haushaltung des Königs gehörte zunächst der engere Kreis seiner Begleitung, der mit ihm von Pfalz zu Pfalz, von Königshof zu Königshof zog. Auf jedem dieser Höfe stand ihm das dort lebende Dienstpersonal zur Verfügung. Die Dienstleute der königlichen Domänen gehörten somit insgesamt zur »familia« des Herrschers. Auch die Grundherrschaft des Königs stellt einen Rahmenhaushalt dar. Schließlich erweitert sich der fürstliche Haushalt aus Anlass von »Hof«-Tagen um die Kronvasallen. Überall wo sich in Europa das Lehenswesen durchgesetzt hat, sind die großen Vasallen zum Besuch der »curia regis« verpflichtet, aus der sich später die Ständeversammlungen ausbilden. Die Wurzel dieser Hoftage liegt letztlich in einer hausrechtlichen Abhängigkeit der Vasallen, d. h. die Lehensträger sind in einem weiteren Verständnis Mitglieder des königlichen Haushalts.

Im höfischen Ritual werden solche Zusammenhänge sichtbar. Von den Krönungsfeierlichkeiten Ottos des Großen in Aachen 936 wird berichtet: »Nun wurde das Tedeum gesungen und das Messopfer gefeiert. Dann stieg der König herab und ging zur Pfalz. Er trat zu dem Marmortisch, der mit königlichem Prunk gedeckt war, und setzte sich mit den Erzbischöfen und allem Volk; die Herzöge taten Tischdienst. Der Lothringerherzog Giselbert, zu dessen Machtbereich Aachen gehörte, hatte als Kämmerer die Oberaufsicht; Eberhard (der Frankenherzog als Truchsess) besorgte den Tisch, Hermann der Franke (als Schwabenherzog) überwachte die Schenken, Arnulf (der Bayernherzog als Marschall) sorgte für die Reiterschaft und für Wahl und Absteckung des Lagers. Der Sachsenführer Sigfried aber, der zweite Mann nach dem König, ehedem Schwager des Königs (Heinrichs I.) und nun mit dem König verwandt, verwaltete währenddessen Sachsen, damit kein feindlicher Überfall vorkäme; er hatte den jüngeren Heinrich (Ottos Bruder) bei sich.«:[262] Mahlgemeinschaft ist ein besonders starker Ausdruck familiärer Verbundenheit. Gemeinsam essen und trinken ist der Inbegriff dessen, was Mitglieder einer Familie, einer Hausgemeinschaft miteinander verbindet. Und in diese Mahlgemeinschaft wurde die Gefolgschaft einbezogen.[263] Ein Hoftag ist grundsätzlich mit einem gemeinsamen Mahl des Herren und seiner Vasallen verbunden, erst recht eine Reichsversammlung aus Anlass der Krönung. Beim Krönungsmahl treten die Herzöge in häuslichen Dienstfunktionen in Erscheinung. Als Kämmerer, als Truchsess, als Schenk und als Marschall haben sie aus diesem Anlass besondere Aufgaben. Ihre Beziehung zum König wird durch die Ausübung eines Hausamts beim Krönungsmahl definiert. Nebenbei: Der Bruder des Königs – sein späterer Konkurrent – fehlt bei dieser feierlichen Repräsentation der »domus regia«. Otto weiß ihn beim Mutterbruder, der mit seiner Erziehung beauftragt ist, in sicherer Obhut.

Obwohl in ihrem Herzogtum selbst Herren eines adelig-fürstlichen Haushalts, sind die Herzöge zugleich auch hausrechtlich Abhängige im Haushalt des Königs. Dasselbe gilt für die anderen königlichen Vasallen, soweit sie nicht unmittelbar in der ständigen Gefolgschaft ihres Herren leben. Sie haben ihrerseits wieder Vasallen, die einem eigenen Haushalt vorstehen. So schafft das Lehenswesen ein vielfach verschachteltes System einander über- und untergeordneter Hausgemeinschaften, in dem der königliche Hof den äußeren Rahmen vorgibt.

Zeremonien wie das Aachener Krönungsmahl führen anschaulich vor Augen, wie stark mittelalterliche Herrschaft in Ordnungen des Hauses wurzelt. Das gilt jedenfalls für die germanischen Königreiche, insbesondere für das Frankenreich mit seinem Reisekönigtum. In allen diesen Reichen hat sich im Anschluss an die Hausämter die Reichsverwaltung des Königshofs entwickelt.[264] Der Marschall, in dessen Bezeichnung der Pferdeknecht weiterlebt, übernahm zunehmend Kompetenzen im Heerwesen. Der für die fürstliche Schlafkammer zuständige Kämmerer hatte auch den dort aufbewahrten Schatz zu verwalten. Die Entwicklung verlief von Land zu Land unterschiedlich, geht aber überall auf die gleiche häusliche Wurzel zurück. Neben den von Laien verrichteten Hausämtern gewannen auch die Aufgabenfelder der Hofgeistlichkeit für die Reichsverwaltung Bedeutung – und damit die Hofkapelle und die aus ihr hervorgegangene Hofkanzlei. Alle Träger solcher Ämter gehörten zum Hofgesinde, unterstanden der Hofordnung, waren in einem hausrechtlich konzipierten Dienstverhältnis abhängig.

Diese hausrechtliche Abhängigkeit war in besonderem Maße gegeben, wenn die Ämter mit Unfreien besetzt wurden. Die großen Vasallen übten die Dienste beim Krönungsmahl aus außerordentlichem Anlass als Ehrenamt aus. De facto verrichteten im Alltag lediglich Personen des fürstlichen Gefolges diese Funktionen. Seit dem 11. Jahrhundert zogen die deutschen Könige dazu durchweg Ministerialen heran, also Leute unfreier Abkunft aus dem Personal ihrer Königshöfe.[265] Man kann diese Reichsministerialen nicht mit den Palastsklaven islamischer Fürstenhöfe gleichsetzen. Das Moment der Unfreiheit verstärkte jedoch hier wie dort die hausrechtliche Komponente der Herrschaftsausübung.

Unterschiede in der Struktur der Hofhaltung zwischen Königtum mit fester Residenz und Reisekönigtum betrafen vor allem die Königin bzw. die mit ihr zusammenlebenden Kinder.[266] Wo ohne Residenz regiert wurde, begleitete die Königin in der Regel den Herrscher. Es konnten ihr bei der Verlegung des Herrschaftssitzes von Pfalz zu Pfalz sogar besondere Aufgaben zukommen, hatte sie doch für Fragen des Haushalts im Zusammenwirken mit dem Kämmerer spezielle Kompetenzen. Andererseits begleiteten Königinnen ihre Gatten nicht auf allen Stationen. Das gilt keineswegs nur für die häufigen Kriegszüge. Die Königin und ihre engere Begleitung nahm im Reisekönigtum eine Zwischenstellung ein – zwar mobil, aber doch nicht in derselben Weise wie der Herrscher selbst. Das konnte zu einer zeitweisen Aufgliederung des Hofstaats führen, auch zur Ausbildung eigener Hausämter für die Königin. Kunigunde etwa, die Gattin Heinrichs II., verfügte über einen eigenen Kämmerer und einen eigenen Mundschenk. So trug die Stellung der Königin zu einer weiteren Komplexität der Hofhaltung bei.

Eine besonders starke Position konnten Königinnen in der Hofhaltung einnehmen, wenn der König vorzeitig verstarb und einen unmündigen Thronerben hinterließ. De facto übte dann eine Frau in der »domus regia« die Herrschaft aus, und über sie auch im Reich. Die Byzantinerin Theophano hat als Witwe Ottos II. diese Herrschaftsform zu einem Höhepunkt geführt.[267] Aus ihrer Heimat war sie die mächtige Stellung der verwitweten Herrscherin gewohnt, insgesamt der Frau im Herrscherpalast. War der Thronfolger beim Tod des Herrschers volljährig, so spielte die Königinmutter am Hof meist keine Rolle mehr. Sie zog sich in der Regel auf einen Witwensitz oder ins Kloster zurück. Das Nebeneinander zweier Hausfrauen war auch im Haushalt des Königs problematisch.

Die starke Stellung der Königin am Hof hat sich erst im Verlauf des Mittelalters sukzessive durchgesetzt. Sie ist verbunden mit der Durchsetzung des Konzepts der gattenzentrierten Familie. Als Pippin 754 mit seinen Söhnen Karl und Karlmann von Papst Stephan in der Abteikirche von St. Denis zum König und Patricius gesalbt und geweiht wurde, erhielt Pippins Gattin Bertrada immerhin die Weihe, nicht aber die Salbung.[268] Mit dem Übergang zur Krönung setzt sich unter den späten Karolingern auch die Krönung der Königin durch.[269] Die Bezeichnung »consors regni«, also »Gefährtin der Königsherrschaft« kommt auf. Das bedeutet nicht notwendig de iure oder de facto eine Mitregentschaft der Frau.[270] Es drückt aber aus, dass auch in der »domus regia« nicht der Mann allein, sondern – in spezifischer Rollenteilung – das Paar an der Spitze steht.

Zum selben Zeitpunkt, als sich im Westen die Byzantinerin Theophano »consors imperii«, »dei gratia imperatrix Augusta«, ja sogar »dei gratia imperator Augustus« nennt, zum selben Zeitpunkt geht eine andere Byzantinerin nach Kiew, um die Gattin eines Rurikidenfürsten zu werden, der fünf legitime Gattinnen – drei Warägerinnen, eine Griechin und eine Tschechin – sowie einen Harem von 800 Nebenfrauen besitzt.[271] Von seinen Hauptfrauen hatte er bereits zwölf legitime Söhne. Großfürst Wladimir – später als »der Heilige« verehrt – ließ sich aus Anlass seiner Ehe mit der »purpurgeborenen« Kaiserschwester taufen und wollte ab nun in Einehe leben. Vom Modell einer gattenzentrierten

Herrscherfamilie war man im Rurikidenhaus auch weiterhin weit entfernt. Die bisherige Familienform Großfürst Wladimirs entsprach eher der Praxis islamischer Hofhaltungen, nämlich Polygynie und Konkubinat mit Sklavinnen.[272] Die immense Zahl von Sklaven an den Herrscherhöfen von Bagdad, Kairo, Cordoba oder Palermo bot für den Harem des Fürsten ein großes Rekrutierungsfeld. Polygynie und Konkubinat mit Sklavinnen gab es im Frühmittelalter aber durchaus auch unter Herrschern christlicher Reiche.

In Irland war dies in Königsfamilien an der Tagesordnung. Dementsprechend gab es auch keinen Mangel an Thronberechtigten.[273] Stark patrilinear orientierte Gesellschaften tendieren insgesamt zur Polygynie – im Fürstenhaus, wo es um die Sicherung legitimer Thronfolger geht, in ganz besonderer Weise. Auch bei den Frankenkönigen finden sich Ansätze zur Polygynie. Karl der Große lebte nicht nur vor und nach seinen vier Vollehen mit Konkubinen zusammen, sondern auch während dieser Zeit.[274] Für die Stellung der jeweiligen Partnerinnen des Fürsten im Rahmen der Hofhaltung war die Frage der Einehe bzw. der Vollehe von entscheidender Bedeutung. Erst die Durchsetzung der gattenzentrierten Konzeption schuf jene starke Position, die die Fürstin im Hoch- und Spätmittelalter an den Höfen des christlichen Europa einnahm.

Erweiterte bzw. komplexe Familien auf der Basis von Verwandtschaftsbeziehungen dürften an europäischen Fürstenhöfen des Mittelalters eher selten gewesen sein. Wenn Karl der Große seine zahlreichen Töchter mit ihren Gatten und Kindern am Hof leben ließ und sie unter seiner »Munt« behielt, so war das ein Ausnahmefall.[275] Seinen Söhnen richtete auch er eigene Hofhaltungen in ihren Teilkönigreichen ein, noch lange bevor er sie verheiratete.[276] Frühzeitige Übertragung eigenständiger Aufgaben abseits des väterlichen Hofes war ein verbreitetes Muster. Es konnte der Sicherung der Familienherrschaft dienen, ebenso der Herrschaftsvorbereitung des Sohnes. Auch die Erhebung des Sohnes zum Mitkönig musste nicht Koresidenz bedeuten. Für jüngere Brüder diente dieses Muster der Übertragung selbständiger Aufgaben fernab des Königshofs nach Durchsetzung der Primogenitur als Versorgung. Stammfamilien bzw. Frérèche-Strukturen, also komplexe Familienformen in vertikaler oder in horizontaler Erweiterung, kamen so im Rahmen der »domus regia« kaum zustande. Man konnte ebenso verwitweten Frauen und unverheirateten Schwestern außerhalb des Hofes einen standesgemäßen Unterhalt verschaffen, so dass auch verwandtschaftlich erweiterte Familien von Fürsten selten waren. Nach den Kriterien der historisch-demographischen Familienforschung sind die höchst komplexen und weit ausgreifenden Haushaltsformen mittelalterlicher Fürsten weder als »komplexe« noch als »erweiterte« Haushalte zu qualifizieren.

Mittelalterliche Fürstenhöfe bieten eine Vielfalt an Möglichkeiten, sie nach ihren Haushaltsstrukturen zu vergleichen. Solche Vergleiche können auch deshalb von Interesse sein, weil sich in ihnen Unterschiede von Herrschaftsformen spiegeln, die sich aus der Hausherrschaft entwickelt haben. Mit Blick auf die unterschiedlichen Familienformen in den verschiedenen europäischen Großräumen seien bloß zwei Elemente angesprochen, die die Fürstenhöfe des feudalen Europa einerseits von denen der nördlichen Peripherie, andererseits von denen des Mittelmeerraums wesentlich unterschieden.

»Der ist nicht König, der nicht Geiseln in Ketten hat« heißt es im irischen Recht.[277] Die Geiselhaltung war im frühmittelalterlichen Irland ein essenzielles Element der Gesellschaftsverfassung. Die Stellung von Geiseln band Verwandtschaftsverbände an den König, die Könige wiederum an den Oberkönig.[278] Wer als Geisel zu gehen hatte, bestimmte das Oberhaupt des Verwandtschaftsverbands. Einzelpersonen hafteten für das Wohlverhalten der Gruppe – ein ähnliches Denken wie es der Blutrache zugrundeliegt. Meist waren es Kinder oder Jugendliche, die als Geiseln gegeben wurden. Sicherlich wurden sie an den Fürstenhöfen nicht wie Gefangene gehalten. Gefangenschaft bzw. Versklavung drohte ihnen nur, wenn ihre Verwandtschaftsgruppe die getroffene Übereinkunft nicht hielt. Sie wurden hier erzogen und zum Dienst im Haus herangezogen. Die Übergänge zur »fosterage«, dem spezifisch inselkeltischen Ziehkindwesen, bzw. zur Klientel sind fließend. Auch geistliche Institutionen nahmen Geisel. Mit »Giall«/»Gilla«, d. i. Geisel, und einem Heiligennamen zusammengesetzte Personennamen sind in Irland häufig.[279] Die Hofdienste der Geisel können also wohl keine besonders erniedrigende Form gewesen sein. Die Geisel verlor grundsätzlich auch nicht den Status, den sie durch ihre Herkunftsfamilie besaß. Das unterscheidet sie prinzipiell vom Sklaven.

Geisel hatte man in Irland nicht nur in den Häusern der Könige und Oberkönige, für diese erscheinen sie aber als besonders charakteristisch. Auch in Nord- und Osteuropa findet sich im Früh- und Hochmittelalter das Prinzip der Geiselstellung an Fürsten – etwa in Schweden, im Baltikum sowie bei finno-ugrischen Stämmen.[280] Vereinzelt begegnet es im Frankenreich. Als der Bayernherzog Tassilo 781 nach vorangegangenem Treuebruch sein Vasallitätsverhältnis zu König Karl erneuern muss, wird zur Absicherung von bayerischen Großen die Stellung von Geiseln verlangt.[281] In England wurde es von den Kronvasallen als eine schwere Verletzung ihrer Rechte angesehen, dass König Johann ohne Land von ihnen Geisel nahm. Dieses Verhalten spielte in der Vorgeschichte der Magna Charta eine Rolle.[282] Mit der Durchsetzung des Lehenswesens scheint allerdings grundsätzlich das Geiselwesen an Bedeutung verloren zu haben. In der Vasallität waren Abhängigkeitsverhältnisse zu Fürsten dauerhafter und besser abgesichert. Die Übergänge sind aber wohl fließend. Die Erziehung von Vasallensöhnen am Fürstenhof wurde im Mittelalter weithin praktiziert und lebt in Hofschulen und Pagenkorps der neuzeitlichen Hoforganisation gelegentlich weiter.[283] Der Herrendienst des Vasallensohns war keine Vergeiselung, er verstärkte jedoch Abhängigkeitsverhältnisse und garantierte Wohlverhalten. Das Institut der Vasallität hat die Vergeiselung abgelöst, dabei aber auch Elemente von ihr weitergeführt, die für den Aufbau des fürstlichen Haushalts Bedeutung behielten.

Vergleicht man die Hoforganisation im Frankenreich mit der von Byzanz, so fällt vor allem das Fehlen einer Personengruppe besonders auf, nämlich das der Eunuchen. Die byzantinischen Kaiser übertrugen höchste Ämter am Hof genauso wie in Verwaltung, Armee und Kirche an Eunuchen.[284] Im Hofzeremoniell spielten diese eine wichtige, höchst eigenartige Rolle. Weiß gekleidet wie Engel führten sie die Besucher vor den Kaiser, sie überreichten ihm bei der Krönung die Insignien, sie geleiteten ihn bei der Rückkehr aus dem Krieg in die Kapelle der Gottesmutter, sie assistierten ihm beim Ausziehen der Rüstung und führten ihn zum Bad in den Blachernenpalast. In einer Rangliste des 9. Jahrhunderts sind acht spezielle Eunuchenämter genannt, etwa das des Parakoimenos, der neben den kaiserlichen Gemächern schlief und meist zu den besonderen Vertrauten des Kaisers zählte, oder das des Protovestiarios, des Vorstehers der kaiserlichen Garderobe. Nähe zum Schlafgemach und damit zu den Frauen des Fürstenhauses ist häufig ein Grund, Eunuchen im Fürstendienst einzusetzen. Die byzantinischen Eunuchen aber waren keine Haremswächter. Der Grund für ihre Förderung in höchsten Hofämtern war in Byzanz ein anderer: Eunuchen konnten nicht Kaiser werden. So stellten sie als Thronprätendenten keine Gefahr dar. Die geringe geblütsrechtliche Fundierung des byzantinischen Kaisertums machte die Inhaber hoher Hofämter für den Herrscher zu einer potenziellen Konkurrenz. Auch die Erblichkeit von Ämtern konnte durch die Besetzung mit Eunuchen hintangehalten werden.

Die bedeutende Rolle von Eunuchen hat der byzantinische Kaiserhof mit den Fürstenhöfen der islamischen Reiche gemeinsam.[285] Die Eunuchen sind hier ihrer Herkunft nach Sklaven. Sklaven haben für den Fürstendienst generell den Vorteil der totalen Abhängigkeit, der Bindungslosigkeit, der Fremdheit. Die Großhaushalte islamischer Herrscher im südlichen Mittelmeerraum sind von einem hohen Anteil von Sklaven und Sklavinnen geprägt. Auch über Sklaven lässt sich von der Hofhaltung her ein Herrschaftssystem aufbauen, allerdings in anderen Formen als über die Vasallität. Das Lehenswesen des Frankenreichs und seiner Nachfolgereiche war zwar auf hausrechtliche Abhängigkeit und Dienstverpflichtung aufgebaut, nicht aber auf Unfreiheit. Vor allem war es ein System, das Phasen verpflichtender Präsenz am Hof mit Phasen der Herrschaftsausübung außerhalb verband. Die Über- und Unterordnung von hausrechtlich organisierten Sozialformen bedingte insgesamt ein Herrschaftssystem, das ein hohes Maß an Stabilität und Integration gewährleistete.

c) Adelshöfe

Die Höfe von Adligen stellten vielfach ein Abbild der Fürstenhöfe im Kleinen dar. Das zeigen etwa Bestimmungen der Lex Alamannorum.[286] Hier wird vom Seneschalk gesprochen, also dem »Altknecht«, unter dem zwölf Knechte stehen, vom Marschalk, der über zwölf Pferde gesetzt ist, vom Koch und seinem Gehilfen, vom Bäcker, vom Schmied, auch vom Goldschmied und vom Schwertschmied, von verschiedenen Hirten und ihren Herden, vom Arbeitshaus der Frauen, wo wahrscheinlich vor allem textile Arbeiten geleistet wurden, mit der Obermagd an der Spitze, von der Mühle, von der Meute der Jagdhunde, vom Hetzhund, Leithund, Windhund und den Hunden für die Schweine- und Bärenjagd. Jagdfalken werden erwähnt, des Weiteren ein Hühnerhof, zu dem auch ein Kranich gehört, schließlich ein Zwinger für

Bären und Hirsche sowie andere gefangene Tiere. Die verschiedenen Kategorien von Hofgesinde, aber auch die am Adelshof gehaltenen Tiere lassen konkrete Schlüsse zu, wie hier gearbeitet wurde, aber auch wie der Herr und seine Angehörigen ihr Leben gestalteten. Wie auf dem Fürstenhof sind es gerade die vielfältigen Kategorien von Dienstleuten, die uns Eindrücke von der Lebenswelt einer solchen adligen Hausgemeinschaft vermitteln. Man muss diese umgeben denken von bäuerlichen Hausgemeinschaften, die durch ihre Abgaben und Frondienste die Bequemlichkeit eines solchen Herrenlebens ermöglichten. Der Herrenhof ist der Mittelpunkt bzw. der Rahmenhaushalt einer grundherrlichen »familia«.

Im äußeren Erscheinungsbild, aber auch in der inneren Struktur des adeligen Hauses kommt es seit dem 10. Jahrhundert zu wesentlichen Veränderungen. Die Burg, der Turm, das »feste Haus« löst die Adelshöfe ab.[287] Es handelt sich zunehmend um befestigte Adelssitze, allerdings solche unterschiedlicher Qualität. »Burg« ist ursprünglich eine Bezeichnung für städtische Siedlungen.[288] Sie hängt mit »bergen« zusammen und charakterisiert die Funktion einer befestigten Siedlung als Zufluchtsstätte. In vielen mit »-burg« gebildeten Ortsnamen von städtischen Siedlungen, aber auch in der Bezeichnung »Bürger« wirkt diese Begrifflichkeit nach. Im Hochmittelalter kommt es zu einer Gabelung in der Entwicklung befestigter Plätze, bei der der befestigte Adelssitz die Bezeichnung »Burg« übernimmt und für die urbane Siedlung eine neue aufkommt, nämlich die der »Stadt«. Dieses Nebeneinander von Herrenburg und Burgstadt, wie es sich in den Nachfolgereichen des karolingischen Imperiums ausgebildet hat, stellt eine einmalige sozialtopographische Konstellation dar, zu der es weltweit kein Gegenstück gibt. Obwohl es sich auch um ein zentrales Element der Wehrverfassung handelt, erscheint eine Erklärung aus dem Lehenswesen bzw. aus dem Lehenswesen allein unzureichend. Weiterführend ist eine Sicht im Kontext des Reichskirchensystems jener Zeit, also im Zusammenhang mit Immunität, Laienabtei und Vogtei über Reichskirchengut. Schon in karolingischer Zeit hatten die Güter der Bischofskirchen und Reichsabteien durch königliche Schenkungen stark zugenommen. Die Immunität bedeutete für das Reichskirchengut Exemtion aus der Grafschaftsverfassung und damit auch von der Burgwerksleistung. In Frankreich waren es zunächst die Laienäbte der großen Königsklöster, in Deutschland die Hochstiftsvögte, die im

10. Jahrhundert mit dem Bau von Herrenburgen begannen – entweder auf Kirchengut selbst oder in Anschluss daran auf Rodungsland. Die Umstände der Zeit begünstigten die Anlage zusätzlicher Zufluchtsstätten: Normannen- und Ungarneinfälle stellten eine ständige Bedrohung dar.[289] Aber auch nach Ende dieser Bedrohung ging der Burgenbau des Adels weiter und fand erst mit der Entvogtung seinen Abschluss. Es waren dies keine usurpierten Rechte des Adels, sondern frühere Grafenrechte, die – durchaus systemkonform – auf Reichskirchengut an Vögte oder andere im königlichen Auftrag wirkende Herrschaftsträger übergingen.[290] Dementsprechend wurden die neuentstehenden Burgherrschaften vielfach auch als Lehen vom König oder von der Kirche in den Herrschaftsaufbau des Reiches eingegliedert.

Mit dem Übergang zur Herrenburg kommt es in der Zusammensetzung der adligen Hausgemeinschaft zu Veränderungen. Die wirtschaftlichen Funktionen treten zurück. Landwirtschaftliche Tätigkeiten und Hofhandwerk konzentrieren sich nun auf den Meierhof. Durch die Entwicklung zur Höhenburg werden Herrensitz und Wirtschaftszentrum voneinander getrennt. Auf der Burg steht die bewaffnete Mannschaft im Vordergrund, nicht das Wirtschaftsgesinde. Die Burgmannen leben entweder in der Burg selbst oder in deren nächster Umgebung als Herren eigener Häuser, aber stets in einem Naheverhältnis, das die Bereitschaft zur Verteidigung der Burg ermöglicht. Zumindest der Burggraf, der Kastellan oder der Burgpräfekt ist neben dem Herrn selbst auf der Burg ansässig bzw. vertritt ihn in seiner Absenz. Ähnlich wie die »Reisekönige« wechselten auch Adelige zwischen ihren Sitzen. Auch bei ihnen ist mit einer größeren Stabilität von Frau und Kindern an einem Platz zu rechnen. Zum Hauspersonal des Burgherren gehören Bedienstete, die die klassischen Hausämter wahrnehmen. Auch ein Geistlicher zählt vielfach zum Haushalt. Die Kapelle ist ein konstitutiver Bestandteil der Herrenburg. Die Burg ist weiterhin Sitz der Gerichtsbarkeit. Auch diese Funktion findet im Personal der adeligen Hausgemeinschaft ihren Niederschlag.

Die Herrenburg als Mittelpunkt eines Hochgerichtsbezirks, wie sie aus der Vogteiverfassung entstanden sein dürfte, ist nicht die einzige Form des Adelssitzes. Neben dem Hochadel, der über Gerichts- und Bannrechte verfügt, gibt es noch die breite Masse des Niederadels – ritterliche Gefolgsleute, adelige Dienstmannen, Edelknechte, »Einschildritter«, wie sie aufgrund ihres untersten Platzes in der Herrschildordnung – als Vasallen, die selbst keine Vasallen haben – genannt werden. Auch sie haben befestigte Häuser, aber nicht mit Wall und Graben, sondern einzelne Türme, wehrhafte Höfe, die sich nur wenig von Bauernhöfen unterscheiden, auch Türme und steinerne Häuser in Städten, sofern ihr Herr der Stadtherr ist. Mit dem Personal des Burgherren kann sich das des Kleinadels nicht messen.

Der Burgenbau blieb im Hochmittelalter zunächst auf die Nachfolgereiche des karolingischen Imperiums beschränkt – auch das ein Hinweis, dass er mit spezifischen Elementen der Verfassungsstruktur dieses Raumes zusammenhängt, nämlich dem Reichskirchensystem mit Immunität und Vogtei.[291] Nach England kam er erst mit den Normannen nach 1066 als ein vom Festland importiertes Strukturelement. In den nördlichen und östlichen Randstaaten – in Skandinavien, Polen, Ungarn, vor allem in Russland und auf dem Balkan ist es erst spät oder überhaupt nicht zu der charakteristischen Auseinanderentwicklung von Herrenburg und Burgstadt gekommen. Interessant ist die Situation in Reichsitalien, in der Lombardei und in der Toskana.[292] Hier kommt es im Hochmittelalter zu einer Welle adeligen Burgenbaus. Schon bald übersiedelt der Adel in die Stadt – freiwillig oder gezwungen –, und legt dort seine befestigten Wohnsitze an. Die »alberghi« mit ihren Geschlechtertümen, die hier entstehen, haben eine andere Struktur als die adeligen Hausgemeinschaften des Nordens. Die Größe dieser Gruppen wird weniger durch die Zahl der Dienstleute bewirkt, zu denen noch Haussklaven hinzukommen.[293] Sie stellen vielmehr umfassende Abstammungsverbände dar. Die Grundlage bildet die »consorteria«, die aus dem langobardischen Recht kommende ungeteilte Erbengemeinschaft der Agnaten. Und selbst wenn Teilungen vorgenommen werden, so bleibt die Abstammungsgruppe weiterhin beisammen. Der »albergo« der Doria in Genua umfasste 1465 und 1479 nicht weniger als 59 Familienchefs.[294] »Alberghi« dieser Größenordnung kommen auch sonst gelegentlich vor, solche mit zehn bis zwanzig sind keine Seltenheit. Die einzelne Haushaltsfamilie spielt eine untergeordnete Rolle, entscheidender Träger von Gemeinschaftseinrichtungen und Gemeinschaftshandlungen ist der »albergo« als ganzer.

Solche umfassenden Personenverbände finden im Lehensadel des Nordens kein Gegenstück. So genannte »Ganerbenburgen« von adeligen Erbengemeinschaften sind eine seltene Ausnahmeerscheinung. Das Lehensrecht bewirkt tendenziell Kernfamilienstrukturen, Erweiterungen der Hausgemeinschaft erfolgen primär durch Aufnahme von Hausgesinde aller Art und sonstiger nichtverwandter Personen. Verwandtschaftlich erweiterte Hausgemeinschaften des Adels finden sich eher außerhalb des lehensrechtlich beeinflussten Großraums in West- und Mitteleuropa, und zwar auf der Basis des gleichen Erbrechts der Männer, das sich in manchen Regionen Osteuropas auch im Adel stark erhalten hat. Wir treffen ungeteilte Besitzgemeinschaft von Brüdern und anderen männlichen Verwandten im polnischen, litauischen, ruthenischen und ungarischen Adel an.[295] Sie begegnen vor allem im Kleinadel, für den der Militärdienst eine besonders harte Last bedeutete. Blieb man in Haushaltsgemeinschaft zusammen, war die Belastung durch den Kriegsdienst weniger schwer. Nur einer der Männer wurde im Kriegsfall abgezogen, während die Übrigen für die Wirtschaftsführung zur Verfügung standen. Aus ähnlichen Gründen kam es in der frühen Neuzeit in der Militärgrenzorganisation der Habsburgermonarchie gegen das Osmanische Reich zur Begünstigung komplexer Familienverbände.[296] Anders als im Lehensadel des Westens gab es so im bäuerlich lebenden Kleinadel des Ostens Tendenzen zu komplexen Familienformen. Es gab sie hier auch bei den nichtadeligen Bauern. Im Vergleich zu diesen wird aber wohl der Kleinadel auch aus Abstammungsbewusstsein an patrilinearen Traditionen festgehalten haben.

d) Fronhofverbände

Was »familia« als Rahmenhaushalt im Frühmittelalter bedeutete, wird am deutlichsten in der Struktur des Fronhofverbandes sichtbar. Mit dem Begriff »Fronhof«, d. i. »Herrenhof«, können wir die unterschiedlichsten Typen von grundherrschaftlichen Mittelpunkten fassen – von Königshöfen über Adelshöfe bis hin zu Haupthöfen der bischöflichen und klösterlichen Grundherrschaft. Der Fronhof ist das Zentrum einer »villicatio«, einer herrschaftlichen Domäne mit zugehörigen Gütern von Untertanen, die die Domäne bewirtschaften.[297] Die Wurzeln der Villikationsverfassung gehen weit zurück – auf die römische »villa rustica«, von der aus das »latifundium« mit Hilfe von Haussklaven bewirtschaftet wurde. Auch in der »Germania libera« gab es solche Wirtschaftshöfe. Die »familia« als eine geschlossene Hausgemeinschaft steht also am Anfang der Entwicklung. Sehr treffend hat man diese Entwicklung im Frühmittelalter als »stufenweise Verwandlung der patriarchalischen Hof-Sklaverei zur grundhörigen Unfreiheit« charakerisiert.[298] Das Resultat dieses Prozesses ist die so genannte »domaine bipartite«, die »zweigeteilte Domäne« der Karolingerzeit.[299] Sie umfasst idealtypisch zwei Personengruppen bzw. zwei Typen von Land, das sie bebauen: die »servi non casati«, also die unbehausten Unfreien, die auf dem Fronhof leben und in täglichem Dienst das zu ihm gehörige Salland bewirtschaften, und die »servi casati«, die behausten Untertanen, die einen »mansus« oder eine »hoba«, also einen Hof mit Land, zur Eigenbewirtschaftung übertragen erhalten, von dem sie mit ihrer Familie leben können, die aber auch zu Frondiensten am Herrenhof verpflichtet sind. Solche »zweigeteilte Domänen« begegnen schon im 7. Jahrhundert, sie erfahren im 8. Jahrhundert in den zentralen Regionen des Frankenreichs zwischen Rhein und Seine ihre volle Entfaltung und erleben im 9. Jahrhundert ihre Blütezeit. Im 12. und 13. Jahrhundert kommt es zu einem Unwandlungsprozess. Die Fronhofverfassung wird zunehmend durch die Rentengrundherrschaft abgelöst, ohne dass jedoch ihre maßgeblichen Strukturelemente völlig verschwinden.

Im Einzelfall ist die Struktur des Rahmenhaushalts Fronhofverband meist noch komplizierter als es im Modell der »zweigeteilten Domäne« ausgedrückt wird. Von den Arbeitsleistungen her, die seitens der »familia« am Fronhof zu erbringen sind, erscheint diese in unterschiedlicher Weise in die Hofgemeinschaft als Einheit der Arbeitsorganisation integriert.[300] Ihrer Dauer nach werden drei Formen des Frondienstes unterschieden, der tägliche Dienst, den das auf dem Hof lebende Gesinde, aber auch in dessen unmittelbarer Nähe ansässige Tagwerker zu leisten haben, der wöchentliche im Umfang von meist drei Tagen und der jährliche im Umfang von zwei bis zehn Wochen im Mai und im Herbst, der Aufgabe der Mansusbauern und ihrer Angehörigen ist. Von Männern und von Frauen geforderte Dienste sind nach Umfang und Aufgabe sehr unterschiedlich. Diesen unterschiedlichen Frondienstleistungen entsprechend ist die Einbeziehung in die Gruppe der auf dem Fronhof miteinander Arbeitenden unterschiedlich stark. Auch die Mansusbauern haben hier ein deutliches Schwergewicht ihres Arbeitslebens. Der Fronhofverband steht gegenüber der eigenen Wirtschaft im Vordergrund. Von einer bäuerlichen Familienwirtschaft im Vollsinn des Wortes lässt sich daher erst sprechen, als mit dem Übergang zur Rentengrundherrschaft der Fronhofverband als Einheit der Arbeitsorganisation an Bedeutung verliert.

Von den Leistungen des Herren her gesehen ergibt sich ein ähnlich differenziertes Bild des Fronhofverbands. Die klassische Trias von Leistungen, die der Hausherr zu erbringen hat, umfasst Unterkunft, Nahrung und Kleidung.[301] Bei dem unmittelbar in seinem Haus lebenden Gesinde sind alle drei Leistungen Sache des Grundherren. Zwischen dem Hofgesinde und den in eigenem Haushalt lebenden und sich selbst ernährenden Mansusbauern gibt es vielfältige Zwischenformen. Zeitgenössische Termini geben uns Hinweise. Die bayerisch-österreichische Bezeichnung »Sölde« für ein Kleinhaus geht auf »selde«, d. i. Nachtlager, zurück.[302] Offenbar handelte es sich ursprünglich um Fronhofsarbeiter, die bloß über eine eigene Hütte als Nachtquartier verfügten, wohl weil sie verheiratet waren. Auch der »praebendarius«, der Pfründner, dürfte ein Kleinstellenbesitzer gewesen sein. Seine Bezeichnung ist von einer Verpflegungsleistung abgeleitet, die ihm die Herrschaft erbrachte.[303] Ebenso scheint der »haistaldus«, von dem sich der Hagestolz ableitet, über eine eigene Hütte gesondert vom Fronhof, aber noch innerhalb der Hecke, dem »Haag«, verfügt zu haben, auf den das Wort verweist.[304] Er dürfte

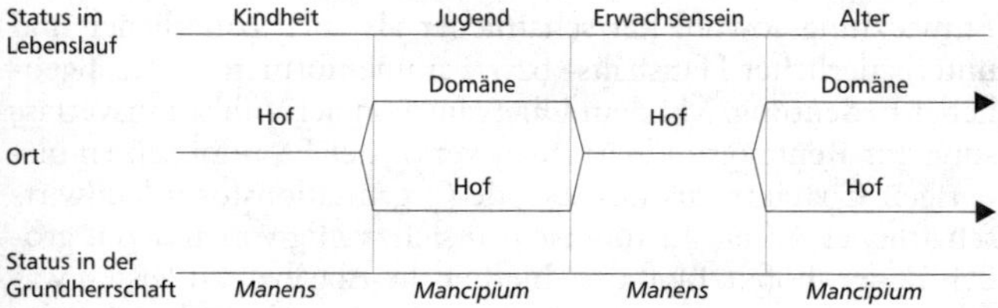

Abb. 23: Schematische Darstellung des Lebenslaufs in einem grundherrschaftlichen Verband im frühmittelalterlichen Bayern. Die verschiedenen Lebenszyklusphasen untertäniger Bauern der grundherrlichen »familia« werden an unterschiedlichen Orten des Herrschaftskomplexes verbracht: die Kindheit bei den Eltern am abhängigen Bauernhof, die Jugend bei den Eltern oder als Gesinde auf dem herrschaftlichen Meierhof, das Erwachsenenalter als verheirateter Bauer auf eigenem Hof, das Alter nach Ablöse als bäuerlicher Hausherr auf dem Bauern- oder Meierhof.

aber in der Regel ledig gewesen sein – ein Moment, das für die Struktur des Fronhofverbands als Rahmenhaushalt besonders wichtig war.

Der Status ledig und verheiratet schied das Hofgesinde und die Mansusbauern. Die Inhaber von Kleinstellen nahmen eine Zwischenstellung ein. Der Mansusbauer musste heiraten, sonst konnte er sein Gut nicht bestellen und die geschuldeten Abgaben nicht erbringen. Der Hofknecht durfte nicht heiraten, jedenfalls nicht, solange er am Herrenhof lebte. Wie späterhin der Gesindedienst schlechthin scheint auch der Dienst auf den Fronhöfen des Früh- und Hochmittelalters eine lebenszyklische Durchgangsphase gewesen zu sein.[305] Zu Recht wird angenommen, dass sich der Grundherr bzw. sein Meier die Kinder der Mansusbauern als Knechte und Mägde auf seinen Fronhof holte, und zwar erst in einem Alter, in dem sie schon voll arbeitsfähig waren. Wenn sein Vater starb oder sonst ein Mansus frei war, ging der Knecht aus dem inneren in den äußeren Kreis der »familia« zurück. Er heiratete jetzt mit Zustimmung bzw. auf Weisung des Herren und wählte seine Frau aus der grundherrlichen »familia« – die Tochter eines Mansusbauern oder eine Magd aus dem Hofgesinde. Das Paar sorgte für Nachwuchs, auch für die Arbeit im Rahmen des Fronhofverbands.

Der Fronhofverband als Rahmenhaushalt von bäuerlichen und unterbäuerlichen Haushalten, aber auch eines engeren Kreises von Hofgesinde war in seinem Verbreitungsgebiet für die weitere Entwicklung sowohl herrschaftlicher als auch bäuerlicher und unterbäuerlicher Haushalts- bzw. Familienformen von maßgeblicher Bedeutung. Mit dem Übergang von der Villikationsverfassung zur Rentengrundherrschaft verlor der Fronhof seinen bisherigen Charakter als umfassende Organisationsform landwirtschaftlicher Arbeit. Er unterschied sich wenig von anderen großen Bauernhöfen, bloß dass hierher die Abgaben zu leisten waren. Aber das war etwa bei den Zehnthöfen nicht anders, bei denen die der Kirche geschuldete »decima« gesammelt wurde.

Die Reduktion der dem Grundherren geschuldeten Leistungen auf Natural- bzw. Geldabgaben schwächte insgesamt die personalen Bindungen im Rahmen der »familia« und ermöglichte eine Emanzipation der bäuerlichen und unterbäuerlichen Familien innerhalb des grundherrschaftlichen Verbands. Die im Rahmen der Fronhofverfassung entstandenen Strukturen der Familienorganisation im ländlichen Raum wirkten jedoch weiter: Die

Bindung einer Heirat an die Inhaberschaft eines Mansus bzw. einer Hufe, der Rollenergänzungszwang durch Wiederverehelichung im Falle der Verwitwung, der Gesindedienst von herangewachsenen Kindern der Mansusbauern auf dem Haupthof bzw. insgesamt auf Höfen mit größerem Arbeitskräftebedarf, die späte Heirat – bedingt durch den Gesindedienst bzw. die beschränkten Möglichkeiten, einen Hof zu übernehmen. Schon in Fronhofverbänden des 9. Jahrhunderts finden sich Mansen, die doppelt und mehrfach besetzt waren – mit Brüdern, aber auch mit Nichtverwandten.[306] Hier ist eine Entwicklung eingeleitet worden, die später zum wichtigsten Differenzierungsfaktor in der Hoffolge bäuerlicher Familien führen sollte, nämlich der Freiteilbarkeit, die sich mit der zunehmenden Emanzipation der Bauern gegenüber der vom Grundherren zumeist begünstigten Einzelfolge mehr und mehr durchsetzte. Solche doppelt und mehrfach besetzte Mansen können aber auch als Frühformen von Gemeinderschaften und Hauskommunionen angesehen werden, wie sie in spätmittelalterlichen Urbaren von Grundherrschaften nicht selten begegnen, insbesondere in Gebirgsregionen.[307] Komplexe Familien kommen im Mittelalter durchaus auch im grundherrschaftlich geprägten Europa vor, nicht nur an dessen Peripherie.[308] Sie haben hier jedoch einen ganz anderen Charakter. Sie entstehen vom Grundherren aus bestimmten Motiven gefördert oder zumindest mit seiner Erlaubnis, nicht aber aus den Bedingungen eines patrilinearen Verwandtschaftssystems.

Auch die vielen landlosen oder landarmen Inhaber von Kleinhäusern, die an den Fronhof gebunden waren, gewinnen mit dem Übergang zur Rentengrundherrschaft innerhalb der »familia« an Selbständigkeit. Hinsichtlich ihrer eigenen Familie erscheinen sie weniger gebunden als die Mansus- bzw. Hufenbauern. Für sie besteht weder Verheiratungs- noch Wiederverehelichungszwang, auch nicht aus wirtschaftlichen Gründen. Das Handwerk, das sie betreiben, bzw. die von ihnen geleistete Lohnarbeit bedarf keiner Ergänzung durch die Mitarbeit eines Partners. So kann es bei ihnen häufiger zu »unvollständigen Familien« kommen. Gesinde erübrigt sich bei solchen Inhabern von Kleinstellen. Ihre eigenen Kinder beginnen – weil sie zuhause nicht gebraucht werden und eine Belastung der kargen Existenzbasis darstellen – in der Regel schon früh in einer anderen Hausgemeinschaft als Knecht oder Magd zu dienen. Die Familien dieser unterbäuerlichen Gruppen kontrastieren stark gegenüber denen der Bauern, soweit sich bei ihnen durch Anerbenrecht große Güter ungeteilt erhielten. Bei Freiteilbarkeit kommt es zu fließenden Übergängen zwischen Familien von Kleinhäuslern und auf mehrfach geteilten Hufen sitzenden Kleinbauern.

Aus dem Zusammenhang des Fronhofverbandes haben verschiedene Einrichtungen mit wirtschaftlichen Sonderfunktionen eine Fortsetzung in selbständigen Hausgemeinschaften gefunden. Bei einer war das nicht der Fall, nämlich beim Gynäceum.[309] Wie schon die Bezeichnung andeutet, ist die Einrichtung viel älter als die Fronhofverfassung. Sie meinte ursprünglich den inneren Teil des Hauses, wo die Frauen wohnten, verband sich dann aber mit frauenspezifischen Textilarbeiten und ging in der römischen Kaiserzeit auf Tuchmanufakturen über, in denen Frauen Tücher für den Hof- und Heeresbedarf herstellten. Wohl über die »villa rustica« vermittelt, gelangte Sache und Begriff in den Kontext der Villikationsverfassung. Gynäceen finden sich im ganzen Frankenreich und seinen Nachfolgereichen. Bei der sächsischen Pfalz Tilleda wurde ein besonders großes Frauenhaus ausgegraben, in dem 22–24 Frauen Textilarbeiten verrichtet haben dürften. Aus Bayern wird aus dem 9. Jahrhundert von einem Fronhof mit Handwerkern und einem Gynäceum für 12 Frauen berichtet. Ob die ursprüngliche Bedeutung als geschlechtsspezifisch gesonderter Raum im Frühmittelalter noch eine Rolle spielte, ist schwierig zu entscheiden. Sonst scheinen im Rahmen der Dienste am Fronhof Männer und Frauen keineswegs separiert worden zu sein. Manche Textilarbeiten bedurften bestimmter Temperatur und Luftfeuchtigkeit.[310] Es ist wohl eher aus solchen arbeitstechnischen Bedingungen zu erklären, dass das Gynäceums als Zubehör des Fronhofs eine besondere Einrichtung darstellte. Die hier arbeitenden Frauen waren sicher ledige junge Mädchen wie die Mehrheit des anderen weiblichen Fronhofgesindes, das das männliche meist deutlich überwog. Mit der Auflösung der Villikationsverfassung kamen die Gynäceen ab. Aus ihnen bildeten sich nicht textile Gewerbebetriebe. Weibliches Handwerk gab es unter den Landhandwerkern nicht. Eine Fortsetzung könnten die Gynäceen – freilich in veränderter Form – in den Spinnstuben gefunden haben, die sich im Verlauf des Mittelalters zu wichtigen Einrichtungen ländlicher Jugendkultur entwickelten.[311] Spinnstuben wurden in Bauernhäusern abgehalten, oft zwischen verschiedenen Häusern wechselnd. An ihnen nahmen die ledigen jungen Mädchen teil – Töchter wie Mägde. Die Aufsicht führte meist eine verheiratete Frau, in der Regel die Hausfrau des Hauses, in dem die Spinnstube abgehalten wurde. Eine Form kollektiver Arbeit von jungen Mädchen war auch hier gegeben, allerdings mit wesentlichen Unterschieden. Die Mädchen arbeiteten nicht ganztags, sondern nur in den Abendstunden, insbesondere an den langen Winterabenden. Vor allem aber arbeiteten sie ausschließlich für sich selbst, nicht für den Grundherren.

Zu den zentralen Wirtschaftseinrichtungen des Fronhofverbandes gehörte das Back- und Brauhaus. Back- und Braudienste, die von den Mansusbauern bzw. ihren Frauen hier zu leisten waren, begegnen in urbarialen Aufzeichnungen häufig.[312] Mit dem Abkommen der Frondienste entstanden daraus gewerbliche Betriebsstätten, über die sich die Herrschaft meist eine unmittelbare Kontrolle vorbehielt. Gerade Brauereien konnten sich zu landwirtschaftlich-industriellen Betrieben von beachtlichem Umfang entwickeln. Sie wurden mit im Haushalt lebenden, ledigen Brauknechten betrieben. Ähnliches gilt für die Mühle, die zumeist unter unmittelbarer Kontrolle der Herrschaft verblieb.[313] Durch ihre Standortbindung an fließendes Wasser war sie mitunter topographisch nicht direkt dem Fronhof angegliedert. Auch eine dritte technisch-industrielle Betriebsform verdient Erwähnung, die ihre Wurzeln im Fronhofverband hat. Der Eisenbergbau wurde vielfach von Mansusbauern als Nebenerwerb betrieben.[314] Abbau und Verhüttung erfolgte also auf Bauernhöfen mit Hilfe von spezialisierten Knechten. Im Eisenbergbau blieb diese Produktion im Rahmen bäuerlicher Wirtschaftsbetriebe lange erhalten. Auch nach den großen technischen Innovationen des Hochmittelalters waren die Werke der Rad- und Hammermeister immer noch große Bauernhöfe mit industrieller Spezialisierung, die mit einschlägig ausgebildetem Gesinde arbeiteten.[315] Das im Rahmen der Fronhofverfassung entwickelte Modell der Arbeitsorganisation mit Gesindekräften erwies sich schon im Mittelalter als flexibel und entwicklungsfähig und eröffnete nicht nur in der Landwirtschaft, sondern auch im gewerblich-industriellen Bereich besondere Möglichkeiten neuer Produktionsformen.

In seiner grundlegenden Studie »Die ›Familia‹ als Grundstruktur der mittelalterlichen Gesellschaft« hat Karl Bosl formuliert: »Für alle diese Menschen im Lande draußen auf ihren Bauernstellen, an den Zentral- und Herrenhöfen, am Herrenhaus, an den Pfalzen der Könige, Herzöge, Bischöfe, in den praeurbanen und urbanen Siedlungen und um die Klosterorte war die ›familia‹

die stärkste und die einzige wirksame kollektive Bindung, die dem Herrn zugeordnet und auch nach ihm als Gesamtheit benannt war. So kam es, dass von den führenden Schichten und ihren agnatischen Verbänden abgesehen, alle anderen Menschen der Gesellschaft, die ja leibeigen und hörig waren, in ›familiae‹ zusammengeschlossen waren. Mit Ausnahme der Herrenschichten gab es also außerhalb der ›familia‹ keine Menschen, denn die ›familiae‹ waren die Schutzverbände und Leistungsgruppen schlechthin«.[316] Besonderen Anteil an dieser umfassenden Eingliederung der ländlichen Bevölkerung West- und Mitteleuropas in grundherrschaftliche »familiae« hatten die Klöster. Die Klostergrundherrschaften waren besonders umfangreich, besonders gut organisiert und in der Entwicklung grundherrschaftlicher Strukturen ein besonders dynamisierender Faktor. So lässt sich das System der Hufenverfassung neben der königlichen Grundherrschaft besonders früh in Grundherrschaften von Reichsklöstern antreffen.[317]

e) Geistliche Hausgemeinschaften

Herr der Klostergrundherrschaft war dem Verständnis der Zeit nach der Patron der Klosterkirche.[318] So sprach man von einer »familia Sancti Nazarii« zu Lorsch oder einer »familia Sancti Agapiti« in Kremsmünster. De facto stand an der Spitze der Klostergrundherrschaft die vom Abt geleitete Klostergemeinschaft, also eine Familie besonderer Art, die in Quellen der Zeit ebenso als »familia« bezeichnet wurde.[319] Eine Familie von Mönchen scheint zunächst ein Widerspruch in sich zu sein, ist doch für den Mönch das Verlassen der Familie essenziell. Das Zurücklassen der Herkunftsfamilie in der Nachfolge Christi bedeutet keineswegs selbstverständlich den Anschluss an eine neue familiale Gemeinschaft. Viele christliche Mönche lebten alleine. Das Eremitentum war auch im Mittelalter noch sehr verbreitet. Viele christliche Mönche, die gemeinsam lebten, taten das nicht in familienähnlichen Gruppenformen. Das zönobitische Mönchtum des Abendlands hat allerdings seit früher Zeit ausgeprägt familistische Züge. Sie haben ihre Wurzeln in der Regel des heiligen Benedikt, die für das ganze Klosterwesen der Westkirche maßgebliche Bedeutung gewann.[320] Die Übernahme der Verwandtschaftsterminologie durch das Kloster drückt die familiale Konzeption dieser Sozialform besonders deutlich aus. Die Bruderbezeichnung wurde, wie wir gehört haben, so stark mit dem Klosterbruder assoziiert, dass für den leiblichen Bruder eine neue Bezeichnung gefunden werden musste. Die Bezeichnung Abt = »abba«/Vater stammt noch aus den orientalischen Wurzeln des abendländischen Mönchtums. Es gibt Belege genug, dass man ihn hier als »pater spiritualis« der Mönche bzw. als »pater monasterii« im Sinne von Hausherr des Klosters verstand, wie insgesamt Kloster- und Klerikergemeinschaften in ihrer Organisation und Reproduktion auf dem Muster der »geistlichen Verwandtschaft« basierten.[321] Interessant erscheint, dass für die Vorsteherin von Nonnenklöstern nicht eine von Mutter abgeleitete Bezeichnung gewählt wurde, sondern »abbatissa«, also die Femininform von »abbas«.[322] Die Äbtissin übte eben im Verständnis der Zeit nicht eine Mutterrolle, sondern eine Vater- bzw. Hausherrenrolle aus.

Abb. 24: Benediktiner beim Mahl im Refektorium. Fresko in der Benediktinerabtei Monte Oliveto Maggiore (nach 1505). Neben dem gemeinsamen Gottesdienst kommt der zönobitische Charakter des abendländischen Klosterwesens vor allem in der Mahlgemeinschaft zum Ausdruck. Sie stellt zugleich eine wichtige Parallele zwischen geistlicher und weltlicher Hausgemeinschaft dar und verweist damit auf die familienähnliche Struktur des Klosters.

Das Verständnis der Klostergemeinschaft als Familie kommt auch sehr anschaulich in jenem Ritus zum Ausdruck, den die Benediktsregel für die Aufnahme von Kindern vorsieht.[323] Dass Eltern in sehr frühem Alter Kinder in einem Kloster »opferten«, war schon in der Spätantike üblich und wurde bis ins Hochmittelalter hinein praktiziert. Diese »pueri oblati« waren eine Teilgruppe der Klostergemeinschaft.[324] Ihre Erziehung ist eine wichtige Wurzel des klösterlichen Schulwesens und damit des mittelalterlichen Schulwesens insgesamt. Die »pueri oblati« sollten nach der Benediktsregel bei ihrer Aufnahme in das Altartuch gewickelt werden. Das war eine für die Zeitgenossen sehr aussagestarke symbolische Rechtshandlung. Der Altar vertritt Christus. Das Altartuch versinnbildlicht Christi Gewand. Die Einhüllung in das Gewand des Adoptivvaters war ein im Frühmittelalter weit verbreiteter Ritus der Adoption.

Das westliche Mönchtum ist in der Tradition Benedikts sehr stark am Prinzip des Gehorsams gegenüber dem Vater/Abt orientiert, der freilich in wichtigen Entscheidungen an das »consilium fratrum«, den Brüderrat der Klostergemeinschaft, gebunden ist.[325] Das macht auch seine besondere organisatorische Stärke aus. Es ist ein nach dem Vorbild des Familienlebens konzipiertes Gestaltungsprinzip des Gemeinschaftslebens. Dieses Gemeinschaftsleben umfasst die beiden wichtigsten Familienfunktionen: das Essen an einem Tisch und das Schlafen unter einem Dach. Zwei klassische Raumtypen der mittelalterlichen Klosteranlage entsprechen ihnen, das Refektorium als Speisesaal und das Dormitorium als Schlafsaal. In der Benediktsregel ist das gemeinsame Schlafen in einem Raum nicht zwingend vorgesehen, aber: »si potest fieri, omnes in uno loco dormiant.« Bis ins 13. Jahrhundert halten alle Reformen des Klosterlebens an diesem Prinzip fest.[326]

Die dynamische Weiterentwicklung des abendländischen Klosterwesens seit dem 10. Jahrhundert führte hinsichtlich der Konzeption als Familie bzw. als Hausgemeinschaft zu vielfältigen Varianten.[327] Für die Reform von Cluny stellte sich das Problem der überregionalen Organisation eines Verbands von Köstern. Man versuchte, es innerhalb der überkommenen Strukturen zu lösen. Der Abt von Cluny war zugleich auch Abt aller anderen Klöster, die dem Verband beitraten, also geistlicher Vater für viele tausende Mönche in ganz Europa. Die Zisterzienser lösten das Problem anders: Sie stellten dem monokratischen Modell der Cluniazenser ein förderalistisch-demokratisches gegenüber. Jedes Kloster war unter seinem Abt eine selbständige Hausgemeinschaft. Der überregionale Zusammenhang wurde einerseits durch ein Filiationsprinzip hergestellt, nach dem jeweils das Mutterkloster seine Töchterklöster visitierte, andererseits durch das regelmäßig in Citeaux zusammentretende Generalkapitel, zu dem alle Einzelhäuser Vertreter entsandten. An die Stelle der klösterlichen Grundherrschaft setzten die Zisterzienser die Grangienwirtschaft. Die »familia« wurde gleichsam in den Orden integriert. Die Arbeitskräfte auf den klösterlichen Grangien, den in Eigenregie betriebenen Wirtschaftshöfen, waren als Laienbrüder Teil der Klostergemeinschaft – ein Organisationsprinzip, das allerdings nicht lange aufrechterhalten werden konnte.

Bei den Ritterorden kam es zu einer eigenartigen Verbindung von Kloster und Adelsburg. Das Prinzip der Hausgemeinschaft wurde dadurch verstärkt, freilich in einer Einordnung des Einzelhauses in einen umfassenden Rahmenhaushalt der Ordensgemeinschaft. Die Ritterorden gaben – ihren militärischen Verpflichtungen entsprechend – als erste der neuen Orden das Prinzip der »stabilitas loci« auf und damit den Grundsatz der lebenslänglichen Zugehörigkeit zu einer bestimmten Hausgemeinschaft. Ihre Oberen heißen nicht mehr Vater/Abt, sondern Magister, auch das ein Hinweis auf Modifikationen familialer Organisation. Die Bettelorden setzen diese Linie fort. Der Eintritt in den Orden ist nicht mehr an ein bestimmtes Haus gebunden. Die Ordensbrüder sind mobil und formieren sich in häufig wechselnder Zusammensetzung zu Hausgemeinschaften. Sie haben auch keinen auf Lebenszeit bestellten »Abt« als »Hausvater«, sondern einen auf Zeit gewählten »Prior« bzw. »Guardian«. Gegenüber den familialen Traditionen des benediktinischen Klosterwesens treten immer stärker genossenschaftliche Züge in den Vordergrund. Die grundherrschaftliche »familia« wird bei den Bettelordensklöstern völlig aufgegeben. Sie sind in der Stadt angesiedelt. Der Lebensunterhalt wird nicht mehr aus der Naturalwirtschaft, sondern aus der Geldwirtschaft bestritten. So ist das einzelne Ordenshaus nicht mehr Mittelpunkt eines umfassenden Rahmenhaushalts. Die im Frühmittelalter eingegangenen Verbindungen von Klosterfamilie und grundherrschaftlicher »familia« wird bei den Bettelorden aufgegeben. Bei den alten Orden lebt sie jedoch noch viele Jahrhundere weiter.

Hausgemeinschaften von Geistlichen bzw. mit Geistlichen als Hausherren reichen in den Städten weit zurück. Die wichtigste von ihnen ist sicher die »domus episcopalis«, das bischöfliche Haus.[328] Seit der Antike hat der Bischof seinen Sitz in der Stadt. Seine Amtsgewalt erstreckt sich auf die »civitas«, also den jeweiligen Bezirk der Stadt. Alle Kleriker der »civitas« gehören zunächst zur »domus episcopalis«. Mit der kirchlichen Durchdringung des flachen Landes kommt es zu einer Dezentralisierung. Für die ländlichen »plebes« sind nun eigene »plebani«, die Pfarrer, zuständig. Der bischöfliche Landklerus wird als erster aus der »domus episcopalis« ausgegliedert. Die oft sehr zahlreichen Kirchen und Kapellen im Weichbild der Bischofsstadt werden zunächst weiterhin vom bischöflichen Klerus versorgt. Die Gesamtheit der Kirchen bildet die »Dom«-Kirche. Aber auch im städtischen Bereich erfolgt schon im Frühmittelalter eine Aufgliederung. Im 11. Jahrhundert kommt es dann zu einer weiteren Separierung. Die bischöflichen Kleriker an der Domkirche schließen sich als Kanoniker zum Domkapitel zusammen, einer dem Bischof nebengeordneten rechtlich-wirtschaftlichen Korporation.

Inwieweit der Bischof mit dem Klerus seines Hauses tatsächlich eine Lebensgemeinschaft bildete, war regional und zeitlich höchst verschieden. Eine starke Tradition des »convivium« kam von den Britischen Inseln. In England entstand der Typ des Kathedralklosters.[329] Das Bischofshaus war zugleich auch »monasterium«, wie es in den mit »-minster« zusammengesetzten Bezeichnungen fortlebt. Noch stärker familienhaft war die Organisation in Irland.[330] Der Bischof unterstand im Kloster dem Abt. Das Kloster als Ganzes war stark von den Klanstrukturen seiner Umwelt beeinflusst. Mit der angelsächsischen bzw. der irischen Mission kam die klösterliche Lebensweise des Bischofs auf den Kontinent.[331] In karolingischer Zeit wurden verschiedene Versuche gemacht, dem Domklerus eine Regel des Gemeinschaftslebens zu geben, das gelang jedoch nur in Ansätzen.[332] Ein wesentliches Ziel aller Versuche der Monachisierung des Domklerus war es, sexuelle Enthaltsamkeit durchzusetzen, sowohl im Interesse kultischer Reinheit als auch, um die Erblichkeit kirchlicher Ämter zu verhindern.

Mit dem Domklerus als Subgruppe des Bischofshauses waren die Domschulen eng verbunden.[333] Solche Schulen gab es schon lange, bevor Papst Gregor VII. den Domkanonikern ihre Einrichtung mit einer Weisung von 1079 zur Pflicht machte. Durch den Aufschwung der Kathedralschulen wurde der Rückgang der Klosterschulen in dieser Zeit wieder wettgemacht. Wie die »pueri oblati« als Nachwuchs des Ordenshauses in der Klosterschule, so wurde der Nachwuchs der Bischofskirche in der Domschule ausgebildet, allerdings ohne dass es hier bereits im Kindesalter zu einer lebenslänglichen Bindung gekommen wäre. Die Erziehungsfunktion dieser geistlichen Häuser gab ihnen eine familienhafte Komponente. Erwachsene lebten mit Kindern und Jugendlichen zusammen. Diese wurden hier erzogen und versorgt, vor allem aber wirkten sie bei der wichtigsten Gemeinschaftsaufgabe des geistlichen Hauses mit, beim Gottesdienst. Auch noch in anderer Weise hatte der bischöfliche Großhaushalt familienhafte Züge.[334] Die Schüler, die in die Domschule aufgenommen wurden, stammten häufig aus angesehenen Familien, die traditionell der Kathedralkirche besonders verbunden waren. Als Geistliche hatten sie dann gute Chancen auf eine Domherrenpfründe. Sie zogen ihrerseits Verwandte als Schüler und Inhaber von Pfründen nach. Sehr häufig begegnen Neffen von Domherren wieder als Domherren, gelegentlich auch Domherrensöhne.[335] Aus diesem untereinander vielfach durch Verwandtschaft verbundenen Kreis wurde auch der Bischof gewählt. Die soziale Abschließung der Domkapitel ist vor allem ein Phänomen des Spätmittelalters. Sie erfolgte nicht überall in gleicher Weise, stellt aber tendenziell einen Faktor des geistlichen Familismus dar.

Der Bischof als Herr einer oft sehr umfangreichen Grundherrschaft, stand nicht nur an der Spitze eines geistlichen, sondern auch eines weltlichen Rahmenhaushalts. Diesbezüglich bestand kein Unterschied zu anderen Herren einer »familia« – zu Äbten, zu Adeligen, zu Fürsten. Wie diese umgaben sich Bischöfe mit einem engeren Kreis von Dienstleuten, die ihren Hof bildeten. Auch bei Bischöfen finden sich die klassischen Hofämter.[336] Der Unterschied zu weltlichen Fürsten und ihrem Hofstaat war vor allem dort gering, wo Bischöfe weltliche Herrschaftsrechte übertragen bekamen, insbesondere etwa im ottonisch-salischen Reichskirchensystem. Bewaffnete Gefolgsleute – Vasallen oder Ministerialen – gehören dort ebenso zur bischöflichen Hofhaltung wie zu der von Herzögen oder Grafen.

Im Unterschied zur Ostkirche hat die Westkirche ihre Priester von Ehe und Familie ausgeschlossen. Durch die Reformgesetzgebung des 11. und 12. Jahrhunderts wurde die Zölibatsverpflichtung allgemein verbindlich gemacht.[337] Ein Ziel dieser Gesetze war es, die Vererbung kirchlicher Ämter und Benefizien zu verhindern. Man darf sich aber nicht vorstellen, dass die bis dahin geübte Priesterehe von heute auf morgen verschwunden wäre. Papst Zoelestin III. (1191–98) verurteilte es als »eine völlig perverse Sitte Deutschlands«, dass »die Nachfolge der Priestersöhne in das Amt des Vaters ganz selbstverständlich« ist. Er wandte sich an den Erzbischof von Mainz mit der dringenden Aufforderung, er solle verhindern, dass Vater und Sohn an derselben Kirche geistliche Dienste verrichteten. Bis ins Spätmittelalter gab es in Pfarreien eine direkte Erbfolge von Priestersöhnen. Zunächst stammten sie noch aus rechtmäßig geschlossenen Priesterehen, dann wurden auch Söhne, die Priester mit einer Konkubine hatten, als Nachfolger zugelassen. Gegen solche Konkubinensöhne von Priestern richteten sich Bestimmungen, die unehelich Geborene vom Priesteramt ausschlossen. Aber es gab die Möglichkeit der Dispens. Im Erzbistum Köln wurden zwischen 1310 und 1352 nicht weniger als 60 Priestersöhne dispensiert, damit sie rechtlich einwandfrei das Amt ihres Vaters übernehmen konnten.[338] In Friesland galt die Erbfolge in kirchlichen Ämtern noch im Spätmittelalter ganz generell – selbst vom Papst toleriert. Auch ohne unmittelbare Erblichkeit scheint die Selbstrekrutierung des Pfarrklerus aus den eigenen Reihen stark gewesen zu sein. Es war wie im Handwerk: Beim Vater zu lernen, bedeutete eine gute Voraussetzung für den eigenen Beruf. In den Kirchen der Reformation setzte sich diese Linie fort. Erst in der frühen Neuzeit gelang der katholischen Kirche die volle Durchsetzung der Zölibatsverpflichtung. Dementsprechend ist das ganze Mittelalter hindurch mit Priesterfamilien bzw. familienähnlichen Haushaltsformen von Priestern zu rechnen. Das gilt auch, wenn ein Priester nicht mit seiner Ehefrau bzw. Konkubine und seinen Kindern zusammenlebte. Das Pfarrhaus bedurfte immer einer Frauenrolle. Den Haushalt konnte eine Schwester oder eine Magd führen. In großen Pfarrhaushalten gab es oft mehrere weibliche Gesindepersonen. Das männliche Gesinde des Pfarrhauses konnte sehr unterschiedliche Funktionen haben. Einerseits umfasste es geistliches Hilfspersonal, bei dem die Bezeichnung »Gesellpriester« auf diesen Status verweist, andererseits konnten Bauernknechte im Pfarrhaus mitleben, wenn zum Pfarrhof eine bäuerliche Wirtschaft gehörte. Häufig waren in Pfarrhöfen auch Schüler in die Hausgemeinschaft aufgenommen, die beim Pfarrherren lernten, aber ihm auch als Messdiener halfen.[339] Mittelalterliche Schulformen sind generell häufig mit einer Aufnahme des Schülers in den Haushalt des Lehrers verbunden. Eine Parallele zum Handwerks- oder Handelshaus scheint es auch diesbezüglich gegeben zu haben.

f) Städtische und ländliche Haushaltsformen

In mittelalterlichen Städten stellen Fürsten- bzw. Bischofshöfe Rahmenhaushalte von Personenverbänden dar, die ihre gemeinsame Wurzel in einer Hausgemeinschaft auch dann noch erkennen lassen, wenn Einzelne ihrer Mitglieder schon längst über einen eigenen Haushalt verfügen. In fürstlichen Residenzstädten finden sich im Spätmittelalter zahlreiche eigene Häuser und Wohnungen von Hofbeamten und Fürstendienern – in unmittelbarer Nachbarschaft zum Hof, aber auch ohne einen solchen Konnex. Ebenso können Mitglieder des Domkapitels über eigene Häuser bzw. Haushalte verfügen, etwa mit einer Haushälterin und Schülern oder Bediensteten zusammenlebend. Die einzelne Haushalte bzw. Hausgemeinschaften umgreifende personale Bindung bleibt aufrecht. Analoge Prozesse der Ausgliederung aus großen Haushalten kommen auch sonst vor, sind aber in Städten eher selten. Zu nennen wäre in diesem Zusammenhang das Handelshaus, und zwar in zweifacher Hinsicht: Handelsdiener wurden – anders als Handwerksgesellen – auf lange Zeit im Haus zu halten versucht. Sie waren Personen besonderen Vertrauens, wussten um die Geschäftsgeheimnisse und konnten nur schwer ersetzt werden. So konzedierte man ihnen zu heiraten. Der Handlungsgehilfe konnte mit seiner Familie im Haus des Herren bleiben, wenn dort genug Platz war – gleichsam als ein Subhaushalt des »ganzen Hauses«. Es konnte aber auch zu einer gesonderten Haushaltsgründung kommen, in der Regel wohl als Mietpartei. Die Situation eines solchen Handelsangestellten war dann der eines separiert lebenden Hofbeamten vergleichbar. Aber auch durch Teilungen konnte es in Handelshäusern zu Abschichtungsprozessen kommen. In Kaufmannsfamilien war es vorteilhaft, das Vermögen zusammenzuhalten.[340] Vor allem in Italien lebten häufig Brüder als Erbengemeinschaften zusammen. Man konnte aber auch das Vermögen der Firma beisammen lassen und in getrennten Haushalten wohnen. Vielfach waren die Inhaber einer Familiengesellschaft auf mehrere Häuser verteilt – in unmittelbarer Nachbarschaft oder auch räumlich getrennt. Es kam so zu komplexen Strukturen von Familien-, Haus- bzw. Haushaltsgemeinschaften.

Personenverbände hausrechtlichen Ursprungs können in der Stadt Beziehungen zwischen Häusern bzw. Teileinheiten von Häusern herstellen. Häufiger ist jedoch das gegenteilige Phänomen, dass innerhalb großer Häuser einzelne Haushalte relativ unverbunden nebeneinander stehen. Otto Brunners Konzept des »ganzen Hauses« ist dann für mittelalterliche Städte nicht mehr anzuwenden, wenn das Haus nur eine Baulichkeit darstellt, innerhalb derer einzelne Familienhaushalte als Mietparteien voneinander separiert leben.[341] Für Regensburg etwa lassen sich für das ausgehende 14. Jahrhundert bis zu acht Mietparteien pro Haus feststellen.[342] In Städten des Mittelmeerraums wird mit weit höheren Zahlen zu rechnen sein. Traditionen der Steinbauweise und des Wohnens in Sammelsiedlungen begünstigten solche Verhältnisse. Eine unmittelbare Entsprechung von Familie als sozialer und Haus als räumlicher Einheit war in mittelalterlichen Städten sicher nicht der Regelfall. In mittleren und kleineren Städten darf eher mit dieser Konstellation gerechnet werden als in größeren, hier wiederum eher in der Vorstadt als im Zentrum. Mietverhältnisse waren keineswegs auf Städte beschränkt. Es gab sie auch im ländlichen Raum. Vielfach wohnten etwa in Bergbaurevieren Bergknappen als Inwohner bei Bauern.[343] Auf dem Land hatte freilich Miete einen anderen Charakter. Der Inwohner bzw. seine Frau mussten das Wohnrecht durch Arbeitsleistung beim Bauern abarbeiten. Sie waren dadurch – wenn auch nur phasenweise – in die Arbeitsorganisation der bäuerlichen Familie einge-

Simmonnet Prevostin, Apotheker, 40 Jahre alt
- seine Frau, 26 Jahre alt,
- drei Töchter, von denen die älteste erst 9 Jahre alt ist,
- ein junger Sohn von 10 Jahren,
- drei Knechte, von denen einer 32 Jahre, einer 28 Jahre und einer 20 Jahre alt ist,
- zwei Zimmermädchen, die eine 24 Jahre und die andere 16 Jahre alt

Abb. 25 und 26: Haushalt des Apothekers Simonnet Prevostin in der Pfarre St. Pierre in Reims. Gesindereiche Kleinfamilienhaushalte sind für das gehobene städtische Bürgertum charakteristisch. Bürgerliche Wohnhäuser der Zeit umfassten Laden bzw. Werkstatt im Erdgeschoss, darüber zwei Geschosse und einen geräumigen Dachboden. Die unter einem Dach lebende Haus- bzw. Haushaltsgemeinschaft von Verwandten und Nichtverwandten ist auch in städtischen Gesellschaften des Mittelalters eine maßgebliche Familienform.

RESTAURANT
KESSLER
RESTAURATEUR

schlossen. In der städtischen Gesellschaft gab es diese Form einer personalen Bindung zwischen Hausherr und Mieter nicht.

Ein Großteil der Handwerker in mittelalterlichen Städten wohnte zur Miete. Das kommt auch in ihren Familienformen zum Ausdruck. Denn zwischen haussässigen und nicht haussässigen Gewerben bestehen diesbezüglich Unterschiede. Für Frankfurt am Main hat Karl Bücher aus einer Steuerliste von 1387 das Zusammenleben von selbständigen Gewerbetreibenden mit Söhnen nach Gewerbezweigen rekonstruiert.[344] Bei den Schneidern kommen auf 112 Meister nur 5 Söhne, bei den Wollwebern auf 272 Meister ebenso nur 5. Hingegen beträgt die Relation bei den Gerbern 27 zu 8, bei den Metzgern 65 zu 21. Gerber und Metzger sind relativ reiche Gewerbe, vor allem solche, bei denen die Produktion hausgebundene Produktionseinrichtungen voraussetzt. Dementsprechend waren sie in der Regel mit Hausbesitz verbunden. Das gilt etwa auch für die Back- und Badstuben von Bäckern und Badern. Bei solchen hausgebundenen Gewerben war die Vater-Sohn-Folge stärker. Dementsprechend lebten dort auch herangewachsene Söhne im Elternhaus, die es einmal übernehmen sollten. Gelegentlich blieb die verwitwete Mutter beim Sohn. Bei jenen städtischen Handwerkern, die zur Miete wohnten, fehlen alle Hinweise auf patrilokale Residenzmuster. Neolokalität und dementsprechend Kernfamilienstruktur scheint bei ihnen der Regelfall gewesen zu sein. Familienbetriebe im Sinn einer erblichen Weitergabe in der Vater-Sohn-Folge dürfte unter Handwerkern in mittelalterlichen Städten nicht sehr häufig vorgekommen sein.[345] Das bedeutet einen grundlegenden Unterschied gegenüber den bäuerlichen Familienbetrieben der Zeit.

Die besondere Privilegierung von Meistersöhnen in Handwerksordnungen scheint aufs Erste gegen dieses Bild des Handwerksbetriebs zu sprechen. Genau besehen hat die Begünstigung von Meistersöhnen mit einer Erblichkeit von Werkstätten aber überhaupt nichts zu tun.[346] Berufskontinuität in der Generationenfolge und Erblichkeit von Familienbetrieben sind zwei verschiedene Dinge. Meistersöhne sollten schneller Meister werden können, um eine freiwerdende Meisterstelle zu übernehmen. Durch die Zunft war die Zahl der Stellen beschränkt. Die freiwerdende Meisterstelle, zu der der Zugang erleichtert werden sollte, war aber keineswegs die des Vaters. Auch die Privilegierung von Gesellen, die Meisterstöchter heirateten, hatte dieses Ziel.

Einzig die Begünstigung von Gesellen, die sich mit Meisterswitwen verehelichten, kann als unmittelbare Fortsetzung des Betriebs gedeutet werden. Die Witwenheirat führt aber nicht zur Generationenfolge, sondern zur Ergänzung der unvollständig gewordenen Kernfamilie.

Die für die Familienzusammensetzung wichtigen Unterschiede in der Besitzfolge zwischen Bauern und Handwerkern lassen sich aus Unterschieden in der Produktionsweise erklären. Spätestens seit der Intensivierung des Getreidebaus und den agrartech-

Abb. 27: Werkstatt eines städtischen Handwerkers, Miniatur des späten 15. Jahrhunderts von Jean Bourdichon. Wie im ländlichen Raum erscheinen auch im städtischen Handwerk die Bereiche von Arbeit und Familie nicht getrennt.

nischen Neuerungen, die in West- und Mitteleuropa während des Hochmittelalters erfolgten, ist hier für die Bodenbewirtschaftung eine sehr genaue Kenntnis der Bodenverhältnisse erforderlich. Für die Familie, vor allem aber auch für den Grundherren erscheint es vorteilhaft, wenn ein Sohn den Hof übernimmt, der von klein auf mit den spezifischen Bedingungen der Bewirtschaftung vertraut ist. Dadurch werden Erblichkeit und Patrilokalität begünstigt. Für den Handwerkersohn sieht die Situation anders aus. Auch er hat von Kindheit an spezifische Arbeitsprozesse miterlebt, so dass es sinnvoll erscheint, die Erwerbstätigkeit des Vaters fortzusetzen. Materielle Produktionsmittel spielen dafür aber eine geringe Rolle – schon gar nicht Grund und Boden und im Regelfall auch nicht spezifische an ein Haus gebundene gewerbliche Einrichtungen. Er braucht vielfach nur eine gemietete Wohnung und die für die Warenproduktion nötigen Geräte. Die Produktionsmittel des Handwerkers sind im Allgemeinen leichter erwerbbar als die des Bauern. So ist der Handwerkersohn auf seinem Weg zur Verselbständigung weniger auf das väterliche Erbe angewiesen. Er verfügt auch eher über das zum Erwerb dieser Produktionsmittel erforderliche Geld. Als in Geld entlohnter Geselle kann er sich die nötigen Anschaffungskosten ersparen. In Anbetracht dieses günstigen Zugangs zu den erforderlichen Produktionsmitteln ist es für den angehenden Handwerksmeister nicht wesentlich, ob die väterliche Stelle frei wird, sondern, dass irgendeine Meisterstelle frei wird bzw. dass er ohne freiwerdende Stelle von der Zunft zur Meisterschaft zugelassen wird. In diesem Sinn haben alle Begünstigungen bei der Zulassung für ihn besonderen Wert. Sie sind für die Familiengründung ähnlich essenziell wie die Hofübernahme für den Bauernsohn. Patrilokalität ist deshalb im städtischen Handwerk eher selten. Von Patrilinearität lässt sich hingegen in gewissem Sinne bei Handwerkerfamilien sprechen. Wenn Handwerkersöhne als Lehrlinge und Gesellen auswärts jenen Beruf erlernen, in den sie schon in ihrer Kindheit durch ihren Vater eingeführt wurden, so entstehen dadurch Handwerkerdynastien, bei denen in einem übertragenen Sinn von »Berufsvererbung« gesprochen werden kann.[347] Die Annahme, dass es diese »Berufsvererbung« im städtischen Handwerk bis ins Mittelalter zurück gegeben hat, wird durch die zahlreichen von gewerblichen Tätigkeiten abgeleiteten Familiennamen nahe gelegt.[348] Sie sind ihrem Ursprung nach individuelle Zweitnamen. Dass sie zu erblichen Familiennamen wurden, setzt eine gewisse Kontinuität der Berufsausübung in der Generationenfolge voraus. Patrilinearität also ohne Patrilokalität? Wenn man den Begriff »Patrilinearität« für dieses Phänomen gebraucht, so muss man sich allerdings darüber im Klaren sein, dass es sich um einen relativ schwachen Kontinuitätszusammenhang in der Vaterlinie handelt. Von der Patrilinearität einer Agnatengruppe, die gemeinsam Blutrache übt oder ihren Ahnherren kultisch verehrt, sind städtische Handwerker, die das väterliche Gewerbe fortführen, weit entfernt.

Der junge Handwerker macht eine lange Ausbildungsphase durch, bis er Meister wird und damit eine Familie gründen kann. Die Wartezeit bis zur Verselbständigung und Heirat ist vielfach noch länger als auf dem Land im Rahmen der Hufenverfassung. Sicher hat auch das städtische Handwerk – und insgesamt die Stadtbevölkerung – schon seit dem Mittelalter zur relativen Höhe des »European marriage pattern« beigetragen, durch seinen quantitativ geringeren Anteil aber wohl nicht in so entscheidender Weise wie die Landbevölkerung. Auch die Gestaltung dieser langen Jugendphase zeigt Analogien zum ländlichen Raum. Sie ist durch Dienst in fremdem Haus bestimmt, der dem ländlichen Gesindedienst durchaus vergleichbar ist. Bevor sich die Bezeichnung »Geselle« im Handwerk durchsetzte, wurde auch hier von »Knechten« gesprochen.[349] »Weberknecht« etwa bezeichnete einen Gesellen im Haus des Webermeisters.

Eine Besonderheit des Diensts in fremdem Haus im Handwerkermilieu ist seine Zweiteilung. Der Gesellenzeit, die ihrem Wesen nach auch Ausbildung ist, geht eine spezielle Lehrzeit voraus. Für den Lehrling findet sich die Bezeichnung »Lehrkind«. Diese erste Phase in fremdem Haus ist also in besonderer Weise durch einen kindesgleichen Status charakterisiert. Meister und Meisterin ersetzen die Eltern aber nicht voll. Die Lehrzeit wird in der Regel in der Nähe des Elternhauses verbracht, so dass weiterhin Kontakt bestehen kann. Die Eltern haben für Bekleidung und Bettzeug aufzukommen, während der Meister Kost und Quartier bietet.[350] Anders die Gesellenzeit: Sie führt vielfach weit weg von der Heimatstadt, jedenfalls seit der Einführung des Wanderzwangs durch die Zünfte.

Auch Bauernknechte wandern bereits im Mittelalter, allerdings nur innerhalb eines sehr beschränkten Einzugsbereichs, der in der Regel noch Verbindung zur Herkunftsfamilie zugelassen haben dürfte. Gesellenwanderungen hingegen führen über größere

Distanzen. Von diesem Aufenthalt in der Fremde werden verbesserte Kenntnisse des Handwerks erwartet. Auch in der Verweildauer unterscheidet sich der Handwerksbursche vom Bauernknecht. Während jener mindestens ein Jahr im Dienst bleiben muss und häufig noch länger bleibt, wechselt dieser schon nach ein paar Monaten oder Wochen. Die Integration in die aufnehmende Familie ist dementsprechend schwächer.[351] Wie der Knecht wird aber auch der Geselle in Kost und Quartier aufgenommen. Essen an einem Tisch und Schlafen unter einem Dach ist auch bei ihm gegeben. Bestrebungen von Gesellen, sich selbst zu verköstigen, lassen sich früh feststellen. Die Trinkstube der Gesellenbruderschaft verweist auf eine konkurrierende Sozialform, die eine partielle Emanzipation aus dem Meisterhaushalt ermöglicht. Eine primäre Aufgabe solcher Bruderschaften ist die Sorge für Begräbnis und Totengedenken. Sie übernehmen also spezifisch familiale Aufgaben, die aufgrund der Distanz von der Herkunftsfamilie nicht mehr wahrgenommen werden konnten.

Die Aufnahme von Gesellen war ein sehr flexibles System zur Deckung des Arbeitskräftebedarfs. Bauernfamilien zogen in erster Linie ihre eigenen Kinder zur Mitarbeit heran, erst in zweiter Knechte und Mägde. In Handwerkerfamilien war das anders. Da die Vater-Sohn-Folge eine geringe Rolle spielte, verließen die Söhne vielfach schon früh das Haus. Töchter kamen für die Mitarbeit im Betrieb nur beschränkt in Frage. Ein auf der Mitarbeit von Kindern basierender Familienbetrieb wie das Bauernhaus war der Handwerksbetrieb jedenfalls nicht. Anders als dort finden sich kaum erwachsene Kinder im Haushalt. Auch die Zahl der jüngeren Kinder ist gering. Das mag mit späterer Heirat, aber auch mit der höheren Kindersterblichkeit in der Stadt zusammenhängen. Zu bedenken ist hierbei auch die Häufigkeit der Wiederverehelichung von Witwen im städtischen Handwerk, oft mit einem großem Altersunterschied zwischen Frau und Mann.

Sowohl vom Arbeitskräftebedarf wie von den spezifischen Formen der Besitzfolge her ist es zu verstehen, dass komplexe Familien vom Typus der Erbengemeinschaft von Brüdern im städtischen Handwerk völlig fehlen. Am Beispiel von Genua wurde der Unterschied zwischen agnatisch strukturierten Großfamilien in der städtischen Oberschicht und gattenzentrierten Kleinfamilien im gewerblichen Milieu sehr anschaulich herausgearbeitet.[352] Die unterschiedliche Rolle von Erbe und Erwerb in diesen Bevölkerungsgruppen führte auch zu unterschiedlichem Besitzrecht. In der Handwerkerschaft findet sich die Gütergemeinschaft zwischen den Ehegatten allgemein verbreitet. Im Falle der Verwitwung förderte diese Besitzform die Wiederverehelichung. Wie in der bäuerlichen Hausgemeinschaft sind auch im Handwerkshaushalt die beiden zentralen Rollen fast immer besetzt. Man wird dies nicht in gleicher Weise aus arbeitsorganisatorischen Notwendigkeiten der Rollenergänzung erklären können wie dort. Für die Arbeit im Handwerksbetrieb hatte die Meisterin nicht die gleiche Bedeutung wie die Bäuerin auf dem Bauernhof. Gründe der Ehrsamkeit könnten für die häufige Wiederverehelichung eine Rolle gespielt haben, vor allem aber solche der Witwenversorgung.

Sichere Schlüsse auf die Mitarbeit von Frauen im Handwerk lassen sich aus den Verboten bzw. Einschränkungen ziehen, die durch Zunftordnungen vereinzelt schon im Spätmittelalter, verstärkt aber seit dem 16. Jahrhundert verfügt wurden. Im Mittelalter muss also die Zusammenarbeit von Mann und Frau in der gewerblichen Produktion stärker verbreitet gewesen sein.[353] Das lässt sich auch aus der Entstehungsgeschichte des Gewerbes erschließen. Viele Gewerbezweige haben sich aus Tätigkeiten entwickelt, die in ländlich-bäuerlichen Hausgemeinschaften zum Arbeitsbereich der Frau gerechnet wurden. Das gilt für die Gesamtheit der Textilgewerbe sowie den Großteil des Nahrungsmittel- und Bekleidungsgewerbe. Es ist sehr unwahrscheinlich, dass in diesen Tätigkeitsbereichen ein abrupter Übergang von Frauen- zur Männerarbeit erfolgte. Auch nach der Verselbständigung als eigene Handwerkszweige, die nun primär von Männern getragen wurden, dürften Frauen hier mitgearbeitet haben. Das gilt nicht nur für Ehefrauen, sondern ebenso für Töchter und Mägde. Bei Bäckern etwa oder in Badstuben wurde weibliches Gesinde auch außerhalb des Haushalts im engeren Sinne eingesetzt. Viel schwächer dürfte hingegen die Mitarbeit von Frauen in jenen Handwerkszweigen gewesen sein, in denen es keine derartige Tradition weiblicher Arbeit gab. Gewerbe, die sich aus Tätigkeiten entwickelten, die in bäuerlichen Hausgemeinschaften der Arbeitssphäre des Mannes zugeordnet waren, sind vor allem das Baugewerbe sowie die Metall und Holz verarbeitenden Gewerbezweige. Hinweise auf weibliche Hilfskräfte bei Schmieden, Schlossern, Tischlern und Zimmerleuten sind in mittelalterlichen Quellen kaum zu finden. Bei allen diesen Gewerben dürfte die männliche Sphäre des Betriebs und die weibliche des Haushalts stärker separiert gewesen sein – eine Tendenz, die insgesamt die städtische Handwerkerfamilie von der bäuerlichen zunehmend unterscheidet.

Eine Sonderstellung hinsichtlich des Verhältnisses von Familie und Arbeitsorganisation nahmen das Bau- und Transportgewerbe ein.[354] Bei beiden handelte es sich um außerhäuslich verrichtete Tätigkeiten, bei ersterem zudem noch in großbetrieblicher Form. Von Familienbetrieben kann bei beiden nicht gesprochen werden. Dementsprechend spielte die Arbeitsorganisation für die Familienzusammensetzung keine Rolle. Hilfskräfte zu Kost und Quartier aufzunehmen, war hier nicht üblich. Das Baugewerbe hatte schon im Mittelalter die charakteristischen Merkmale von außerhäuslich verrichteter individueller Lohnarbeit.

Ohne Einfluss auf die Familienzusammensetzung blieb die Arbeit aller jener Handwerker, die nicht im eigenen Haus, sondern in dem des Bestellers arbeiteten. Bei vielen Handwerkern, für die man aufgrund der späteren Verhältnisse Werkstattproduktion annehmen würde, war das im Mittelalter nicht der Fall.[355] Das gilt für Schneider, Tuchscherer, Sattler, aber gelegentlich auch für Bäcker und Metzger. Sie erhielten im Haus des Auftraggebers – ähnlich wie Tagwerker – Lohn und Kost. Solche Arbeitsverhältnisse gab es im Mittelalter auch in ländlichen Gebieten. Aufgrund der größeren Distanzen, die hier zu überwinden waren, dürfte zur Kost meist auch das Quartier hinzugekommen sein – also eine auf Zeit befristete Aufnahme in den Haushalt des Auftraggebers. Auch für Frauen gab es solche Arbeitsverhältnisse, etwa für Näherinnen.

Die Übergänge zwischen Handwerk und Lohnarbeit erscheinen bei vielen Formen der individuellen Erwerbstätigkeit in mittelalterlichen Städten als fließend. Lohnarbeit war hier insgesamt sehr stark verbreitet – sowohl bei Männern als auch bei Frauen. Viele Formen der Lohnarbeit konnten – für sich genommen – die Person bzw. die Familie nicht ernähren. Häufig waren Mischformen zwischen unterschiedlichen Typen von Handwerk und Lohnarbeit wie »Seiler und Botenläufer«, »Pförtner und Schneider« oder »Glöckner und Leinenweber». Mit den Bezeichnungen »Taglöhner« und »Taglöhnerin« ist die Kombination vielfältiger unterschiedlicher Formen individueller Erwerbstätigkeiten angesprochen.[356] Allen diesen Formen städtischer Lohnarbeit im Mittelalter ist gemeinsam, dass sie von den Bedingungen der Arbeitsorganisation her die Zusammensetzung der Familie nicht beeinflussten. Der Einfluss der Arbeitsorganisation auf die Familie dürfte in der mittelalterlichen Stadt weit geringer gewesen sein als im umgebenden ländlichen Raum.

Die vielfältigen Formen individueller Lohnarbeit in der mittelalterlichen Stadt ermöglichte es verwitweten Frauen, für sich selbst bzw. für sich und ihre Kinder den Lebensunterhalt zu sichern. Weit häufiger als auf dem Land finden sich in der Stadt Familien um Witwen und sogar Einzelhaushalte verwitweter Frauen.[357] Auch zwei oder mehrere in einem gemeinsamen Haushalt lebende Witwen kommen vor. Frauen ohne Kinder lebten häufig mit anderen Frauen zusammen. Ein Verwandtschaftsverhältnis war dafür nicht notwendige Voraussetzung. Insgesamt tritt Verwandtschaft als konstitutives Kriterium der Haushaltsbildung in den Hintergrund.

Der starke Anteil von Witwenhaushalten an der städtischen Bevölkerung ist sicher nicht, zumindest nicht primär eine Folge geschlechtsspezifischer Unterschiede der Sterblichkeit, vielmehr hängt er mit Formen der Zuwanderung zusammen.[358] Die Bevölkerung mittelalterlicher Städte rekrutierte sich in hohem Maß durch Migration. In stark gewerblich orientierten Städten konnte es durch Zuwanderung von Lehrlingen und Gesellen zu einer männlichen Bevölkerungsmehrheit kommen. Das dürfte aber eher die Ausnahme gewesen sein. Meist waren die Dienstmädchen in der Überzahl, die vor allem in den Haushalten der reichen Oberschicht, durchaus aber auch in denen der gewerblichen Mittelschicht gebraucht wurden.[359] Nach dem Gesindedienst gab es für Frauen in der Stadt vielfältige individuelle Erwerbsmöglichkeiten – sowohl für verheiratete als auch für verwitwete. Taglohnarbeit stellte freilich eine unsichere und spärliche Erwerbsquelle dar. Verwitwete Frauen waren besonders in der Stadt von Armut bedroht.

In der Vielfalt städtischer Haushaltsformen im Mittelalter bedeutet der Gesindedienst den wichtigsten differenzierenden Faktor. Wir können zwischen Hausgesinde und betrieblichem Gesinde unterscheiden, das im Haushalt mitlebt. Nach Art der Erwerbstätigkeit ergeben sich beim betrieblichen Personal viele Differenzierungen. Beim Haushaltsgesinde spielt die hierarchische Stufung eine wichtige Rolle, insbesondere in den Hofhaltungen der weltlichen und geistlichen Großen, die in der Stadt residieren. Manche Fürstendiener leben innerhalb des Rahmenhaushalts Fürstenhof in eigenem Haushalt und haben selbst wieder Dienstpersonal. Auch in der Zahl der Knechte und Mägde, der Dienerinnen und Diener, die in einem städtischen Haushalt mitleben, gibt es eine breite Streuung. Man könnte überspitzt formulieren: Für eine Typologie städtischer Haushalte im Mittelalter ist das Gesinde wichtiger als die leiblichen Kinder.

Im Mittelmeerraum kommen zum Haushaltsgesinde in den städtischen Familien noch Haussklaven hinzu.[360] Anders als in West- und Mitteleuropa spielen in Spanien, Italien und in den dalmatinischen Städten Haussklaven bis ins Spätmittelalter eine wichtige Rolle. Auch wenn die Bezeichnungen »servi« und »ancillae« sowohl für Sklaven und Sklavinnen als auch für Knechte und Mägde bzw. Diener und Dienerinnen gebraucht werden, so besteht doch zwischen Haussklaverei und Gesindedienst ein essenzieller Unterschied. Sklaven und Sklavinnen werden gekauft, gehören ihrem Herren – oft sachenrechtlich dem Vieh gleichgestellt – und können nicht von sich aus den Dienst verlassen. Gesinde hingegen steht in einem freien Dienstverhältnis. Zwar ist der erste Dienstplatz häufig nicht selbstbestimmt, sondern von den Eltern vereinbart, die Wahl späterer Dienstorte wird jedoch sukzessive freier. Wesentlich erscheint, dass es überhaupt zu einem solchen Wechsel kommen kann. Für den Gesindedienst ist Zirkulation zwischen Haushalten charakteristisch – sowohl für den von jungen Männern als auch den von jungen Frauen. Und dieser Dienst dauert nicht lebenslänglich. Er ist im Normalfall eine lebenszyklische Durchgangsphase von mehr oder minder langer Dauer. Deshalb wird in der Literatur auch von »life cycle servants« gesprochen.[361]

Mitunter kommt es freilich zwischen Haussklaverei und Gesindedienst zu fließenden Übergängen.[362] In der korsischen Kleinstadt Bonifacio lässt ein Mann testamentarisch nicht weniger als neun Sklaven und sieben Sklavinnen frei. In der gleichen Stadt verdingen sich jedoch auch junge Mädchen aus den umliegenden Bergdörfern durch Vertrag auf sechs oder zehn Jahre gegen Kost und Quartier sowie eine kleine Geldsumme. In Venedig gehen junge Mädchen »de Sclavonie«, die offenbar als Sklavinnen in die Stadt gekommen sind, auf acht oder zehn Jahre Dienstverträge mit ihrem Arbeitgeber ein. Einerseits liegen hier Verträge für sehr lange Dienstzeiten in einem fremden Haus vor, andererseits erscheint auch die Haussklaverei als eine lebenszyklische Durchgangsphase. Sklavinnen und Sklaven wurden vielfach schon als Kinder gekauft und als Erwachsene freigelassen. Gerade in Übergangszonen, in denen Haussklaverei und Gesindedienst nebeneinander vorkamen – etwa in Oberitalien und in Dalmatien – dürfte es zu Angleichungstendenzen gekommen sein.

Anders als im übrigen Europa spielt im Mittelmeerraum Haussklaverei das ganze Mittelalter hindurch eine wichtige Rolle – auch in den christlichen Reichen, nicht nur in den islamischen. Die Sklavenhaltung war im Wesentlichen auf die Städte beschränkt und insbesondere in den Residenzstädten stark ausgeprägt. Von der Bedeutung von Sklaven für die fürstliche Hofhaltung in diesem Raum war schon die Rede. In der mediterranen Landwirtschaft hingegen kam ihnen – im Unterschied zu der antiken Latifundienwirtschaft – eine geringe Bedeutung zu. Im ausgehenden Mittelalter wurde allerdings auf einigen Mittelmeerinseln mit neuen Formen der kommerziellen Landwirtschaft unter Einsatz von Sklaven als Arbeitskräften begonnen[363] – Formen, die die Sklavenwirtschaft des kolonialen Zeitalters vorbereiten.

Auch der »life cycle servant« wurzelt letztlich in der Sklaverei. Sein Zirkulieren zwischen verschiedenen Haushalten lässt sich aus dem Arbeitskräfteausgleich verstehen, den der Grundherr oder sein Meier zwischen den verschiedenen Höfen des Fronhofverbands aus dem unfreien Personal der grundherrlichen »familia« organisierte. Zumindest der ländliche Gesindedienst geht auf diesen Ursprung zurück. In der Stadt könnten daneben auch andere Faktoren eine Rolle gespielt haben – etwa das Ziehkindwesen oder Formen der freien Hausgefolgschaft, die sich unfreien Abhängigkeitsverhältnissen anglichen. Die überwältigende Mehrheit der Bevölkerung lebte im Frühmittelalter in Personenverbänden vom Typus der grundherrschaftlichen »familia«, und so wird auch für das städtische Gesindewesen diese Entwicklungslinie entscheidend gewesen sein. Gerade die Bezeichnung »familia« für den Personenverband der Grundherrschaft verweist auf die Sklaverei als Wurzel. Aus heutiger Perspektive erscheint es schwierig, Verbände von oft hunderten und tausenden unfreien Personen als »familia«/Familie zu verstehen. Näher liegend ist uns ein Verständnis von »familia«, wie es in der Spätantike formuliert wurde – etwa bei Kaiser Constans: »non amplius quam coniugia liberos, servos emptos«, also Kernfamilie und Kaufsklaven, oder bei Kaiser Justinian: »parentes et liberos omnesque propinquos et substantiam libertos etiam et patronos nec non servos.«[364] Die Sklaven gehören im Römischen Reich zu Beginn des Mittelalters grundsätzlich zur »familia«. Durch die Abschichtung von Haussklaven und deren Ansiedlung als hörige Bauern wächst der Verband der »Familie« zu Dimensionen, die es schwer machen, mit ihr familiäre Beziehungen und familiäre Lebensformen zu assoziieren. Die Bezeichnung »Rahmenhaushalt« trifft die Situation besser. Die »servi«, die diese »familia« bilden, haben ihrerseits Familie und schließlich selbst »servi«. »Sklaven von Sklaven« wird man diese wohl kaum mehr nennen dürfen, eher »Knechte von Knechten«. Der Familienfähigkeit von Unfreien geht schon ein wesentlicher Emanzipationsprozess voraus, und im weiteren Verlauf betrifft dieser Emanzipationsprozess auch das Gesinde innerhalb der Grundherrschaft. Mit der Freiheit des Arbeitsvertrags verliert der »life cycle servant« die letzten Spuren seiner unfreien Herkunft. Letztlich wurzelt aber das west- und mitteleuropäische Gesindewesen wie die spezifische Familienverfassung, der es angehört, in sozialen Strukturen der Unfreiheit. Es erscheint paradox: Gerade die besondere Offenheit und Flexibilität, die dieses Familiensystem auszeichnet, hat ihren Ursprung in extremer persönlicher Abhängigkeit.

Das Konzept des »Rahmenhaushalts« könnte insgesamt hilfreich sein, sich die stark familistische Prägung mittelalterlicher Sozialstrukturen bewusst zu machen. In Anlehnung an zeitgenössische Konzepte der Gesellschaftsgliederung in die drei »ordines« der »oratores«, »bellatores«, und »laboratores« haben sich in der Mediävistik Ordnungsmodelle durchgesetzt, die die Christenheit nach solchen gesellschaftlichen Funktionen in Großgruppen gegliedert denken.[365] Eine Analyse mittelalterlicher Großhaushalte bzw. sie umgreifender Rahmenhaushalte eröffnet eine andere Perspektive. In Primärgruppen des Alltags leben Angehörige verschiedener »ordines« in familienhaften bzw. familienähnlichen Bindungen auf das Engste zusammen – auf den Höfen von Fürsten, Bischöfen und Adligen, in Klöstern, in den Grundherrschaften geistlicher und weltlicher Herren. Die in solchen Primärgruppen entwickelten Beziehungsmuster werden vielfach über die jeweilige »coresident domestic group« hinaus ausgeweitet und gewinnen für umfassende Gruppierungen gestaltende Kraft. Karl Bosls Konzept der »familia« als Grundstruktur der mittelalterlichen Gesellschaft[366] ließe sich so in Anpassung an moderne Begrifflichkeit zu einem sehr brauchbaren Instrumentarium der Beschreibung und Analyse mittelalterlicher Sozialstrukturen ausbauen.[367]

2. Familienfunktionen und Familienbeziehungen

a) Kult

Aufgaben, Rollen und Beziehungen von Familienmitgliedern sind im Verlauf des Mittelalters in ihrer regionalen Differenzierung und in ihrem Wandel von jenen Funktionen abhängig, die die Haushaltsfamilie jeweils ausübte. Vorweg lässt sich sagen, dass Ordnungen der Arbeit deutlich im Vordergrund standen bzw. während des Untersuchungszeitraums immer stärker an Bedeutung gewannen. Das entspricht den Prozessen der funktionalen Entlastung der Familie durch umfassende Sozialformen, die schon verschiedentlich festgestellt werden konnten. Wie stark Fragen der Arbeitsorganisation das Familienleben innerhalb des Haushalts bestimmten, zeigen Frühformen der Hausväterliteratur, die in Frankreich, England, Deutschland und Italien bis ins Spätmittelalter zurückreichen.[368] Auch wenn solche lehrhaften Schriften von Geistlichen verfasst sind, geht es hier primär nicht um religiöse Praxis in der Familie, sondern um die richtige Wirtschaftsführung. Sie greifen nicht nur die antike Terminologie der »Oikonomia« auf, sondern beinhalten weitgehend schon eine Haushaltsökonomie im heutigen Wortverständnis.

Die Stellung des Hausvaters bzw. Familienältesten erscheint im christlichen Europa des Mittelalters grundsätzlich nicht durch Kultfunktionen begründet. Das gilt sowohl für die West- als auch für die Ostkirche. Das Christentum ist eine ausgeprägte Gemeindereligion. Der Hausvater als Hauspriester hat in christlichen Kulthandlungen keinen Platz. Es gibt keine spezifischen Riten, die er zu leisten oder zu vollziehen hätte. Insgesamt spielt sich religiöses Leben in der alten Kirche und im Mittelalter nicht primär in der Familie ab. Direkte Anweisungen über das Familienleben, die Rechte und Pflichten der Mitglieder einer Hausgemeinschaft, der Eltern, Kinder oder Sklaven finden sich in der Verkündigung Jesu kaum.[369] Wie in den Evangelien ist auch in der neutestamentlichen Briefliteratur die Familie an sich nicht Gegenstand von Mahnung und Unterweisung.[370] Eine Ausnahme stellt diesbezüglich lediglich die Unauflöslichkeit der Ehe und die uneingeschränkte Verurteilung des Ehebruchs dar.[371] Dem Stellenwert von Familie in der Heiligen Schrift entspricht es auch, dass Kirchenväter über die Gestaltung des Familienlebens aus christlichem Geist wenig Konkretes schreiben. Familienkult war für sie offenbar stark mit vorchristlichen religiösen Vorstellungen verbunden. Von Augustinus hören wir, dass sich seine sehr fromme Mutter nur aus Gehorsam dem Verbot des Ambrosius unterwarf, die Parentalien zu feiern.[372] Es bedurfte nachdrücklicher Gesetzesbestimmungen seitens christlicher Kaiser, um diesen vorchristlichen Familienkult zurückzudrängen.[373]

Was sich über »familiale Religiosität« im Mittelalter sagen lässt, ist relativ bescheiden.[374] Wenn es im Spätmittelalter verstärkt zu häuslich praktizierten Frömmigkeitsformen gekommen ist, so wohl eher zu individuellen als zu gruppenbezogen-familialen. Neue Formen der Frauenfrömmigkeit entfalten sich vor allem in städtischem Milieu.[375] Gebetbuch und Andachtsbild unterstützen private Frömmigkeitspraxis. Schon im 13. Jahrhundert nennt der Sachsenspiegel Gebetbücher – darunter den Psalter – als Teil der »Gerade«, also der persönlichen Gebrauchsgegenstände im Sondervermögen der Frau, die regelmäßig in weiblicher Linie über die Tochter weitergegeben wurden.[376] Soweit es sonst Hinweise auf häusliche Frömmigkeit gibt, steht meist die Hausfrau, nicht der Hausvater im Vordergrund. Das gilt etwa für die erwähnten Frühformen der Hausväterliteratur. »Le ménagier de Paris«, von einem unbekannten Autor des ausgehenden 14. Jahrhunderts verfasst, empfiehlt der Frau, bei ihrem Erwachen und Aufstehen Gott zu loben, sich bei ihrem Gang zur Kirche schicklich zu benehmen, dann dort die Messe zu hören und zu beichten.[377] Kein Wort also von einem Familiengebet unter ihrer Leitung oder der ihres Mannes! Und auch in Master Fitzherberts »Boke of Husbandry« wird vor der ausführlichen Beschreibung der Frauenarbeit im Haus kurz erwähnt, dass sie vor Beginn ihrer Arbeit am Morgen beten solle – offenbar alleine, nicht gemeinschaftlich.[378]

Anders ist die Situation nach dem »Domostroj«, dem ältesten russischen Hausbuch aus der Mitte des 16. Jahrhunderts.[379] Hier sind im Ablauf des Tages verschiedene Gebete, Lesungen und Hausgottesdienste vorgesehen, für die der Hausherr zuständig ist. Insgesamt trug er die Verantwortung für das christliche Leben bzw. das Seelenheil aller im Hause lebender Menschen, unterstützt von »geistlichen Vätern«, die als Lehrer, Erzieher, Beichtväter und auch zur Krankenheilung herangezogen wurden. Es erscheint fraglich, wie die im Domostroj aufgezählten religiösen Familienpflichten mit den sonst hier beschriebenen Aktivitäten des Alltags vereinbar waren. Zu berücksichtigen ist sicher, dass der Autor ein Pope war. Seine Vorschriften für das religiöse Gemeinschaftsleben der Familie sind an der Ordnung zönobitischer Klöster orientiert, die in einer Popenfamilie wohl eher beachtet wurden als sonst in Familienhaushalten. Man wird sich aber auch fragen können, ob nicht in den orthodoxen Kirchen insgesamt die Voraussetzungen für die Entwicklung von Formen des Hauskults günstiger waren als im Westen – sei es durch Verchristlichung vorchristlicher Elemente von Hausreligion, sei es durch Entstehung neuer. Es gibt Hinweise, die in diese Richtung deuten.

Bei den Ostslawen lassen sich bis ins Mittelalter hausbezogene Glaubensvorstellungen und Riten in schriftlichen Quellen zurückverfolgen, die in neuerer Zeit im Brauchtum und in der mittelalterlichen Überlieferung fassbar sind. Der Hausgeist »Domovoi« ist schon in Quellen des 14. Jahrhunderts bezeugt.[380] Später begegnet er unter sehr unterschiedlichen Namen. Bemerkenswert ist vor allem die Bezeichnung »Domovoi ded«, das bedeutet »Domovoi Großvater«.[381] Ein Vorfahre wird also hier als Hausgeist verehrt. Mitunter steht ihm eine »domovicka« zur Seite.[382] Der Kult des »rod« und der »rozanica« ist schon 1073 bezeugt.[383] »Rod« bedeutet »Sippe, Geschlecht«. In mittelalterlichen Beichtfragen wird mehrfach seine Verehrung erwähnt. In einer Schrift des 15. Jahrhunderts heißt es über die Beseelung des Menschen: »Denn der Schöpfer aller ist Gott und nicht der rod.« Trotz des Kampfs der Kirche gegen Ahnen und Hausgeister, hielt sich deren Kult in Russland bis in die Moderne. Als Sitz der Ahnen im Haus wird zumeist das Herdfeuer gedacht.[384] An seine Stelle kann auch die Getreidedarre treten. Eine der Bezeichnungen für den Schutzgeist des Hauses ist dementsprechend auch »ovin«, d. i. Ofen. Wenn am »Sonntag der Ahnen«, dem ersten Sonntag nach Pfingsten, beim Ambo in der Kirche ein Ofen aufgestellt wird, so zeigt sich dabei ein Element des häuslichen Ahnenkults ins christliche Gemeindeleben integriert, für das es auch sonst zahlreiche Hinweise gibt.[385] Als Ahnengeist ist der »Domovoi« nicht orts-, sondern geschlechtsbezogen.[386] Er muss mitgenommen werden, wenn eine Familie übersiedelt, sonst kommt es mit dem »Domovoi« der neuen Familie zu Streit. Bei der Übersiedlung heizt der Hausherr den Ofen im alten Haus an, nimmt Glut in einen Topf und sagt: »Wir bitten euer Gnaden Großväterchen in die neue Wohnung.« Dann überträgt er das Feuer. Auch die Ikonen des alten Haushalts werden mitgenommen. Sie stellen eine kirchlich akzeptierte bzw. geförderte Form des Hauskults dar, die mit dem Kult der Vorfahren verbunden wird.

Der »Domovoi«-Kult ist ein echter Ahnenkult, nicht bloß ein Totengedenken. Dem Domovoi wird geopfert, etwa bei Aussaat, Ernte oder bei Begräbnisriten.[387] Für das Opfer wird von ihm eine Gegenleistung erwartet, etwa Fruchtbarkeit der Felder oder Schutz der Familie. Sein Wirken ist primär gut, aber wie ein Vater kann er seine »Kinder« auch bestrafen, wenn sie sich falsch verhalten. So ist es wichtig, ihn günstig zu stimmen. Die regelmäßigen Opfer tragen dazu bei.

Opferpriester des »Domovoi« ist der Hausherr bzw. Familienälteste, jedenfalls immer ein Mann. Er opfert etwa am Kosmas- und Damian-Tag einen Hahn, überträgt bei der Übersiedlung die Herdfeuerglut, entzündet bei einer Beerdigung die Ahnenkerze vor den Ikonen, nimmt das Weihrauchfass und umgibt zunächst den Toten und dann alle Familienangehörigen mit geweihtem Rauch.[388] Weil nur ein Mann diese Kulthandlungen vollziehen kann, ist es wichtig, dass möglichst mehrere erwachsene Männer im Haus sind, so dass einer den anderen ersetzen kann. Darüber hinaus ist es wichtig, dass die Hausgemeinschaft über Söhne verfügt, die die Aufgaben des Hausvaters einmal fortsetzen können. So kann Patrilinearität mit spezifisch kultischen Aufgaben von Männern im Haus zusammenhängen.

Wichtige Aufgaben haben Väter, aber auch Mütter im Hochzeitsritual. Die Segnung der Braut am Hochzeitsmorgen ist Sache der Eltern, nicht des Priesters.[389] Nicht nur der Brautsegen wird von den Eltern gespendet. Insgesamt kommt dem Segen der Eltern in der russischen Tradition, ebenso wie in anderen Ostkirchen, große Bedeutung zu. Das Gegenstück zur Segensmacht der Eltern ist ihre Fluchgewalt. Der Fluch der Eltern ist sehr gefürchtet. »Nicht einmal Gott kann den Fluch der Eltern von den Kindern nehmen.« In der Westkirche hat dieser Aspekt elterlicher Gewalt seine Bedeutung verloren. Das Segnen wie auch das Verfluchen wurde bereits in früher Zeit vom Amtspriestertum monopolisiert. Wo es elterliche Segens- oder Fluchgewalt gibt, darf man wohl von sakral fundierter Elternautorität sprechen. Hauspriestertum bewirkt einen kultisch grundgelegten Patriarchalismus. Im christlichen Europa des Mittelalters war ein Patriarchalismus dieser Art eher die Ausnahme.

Zum Teil durch mittelalterliche Quellenzeugnisse überliefert, zum Teil aus späteren Verhältnissen erschließbar sind analoge hausbezogene Kultformen bei anderen slawischen Völkerschaften sowie bei baltischen und finno-ugrischen Stämmen.[390] Wo sich in neuerer Zeit Elemente des Ahnenkults finden, handelt es sich in der Regel nicht um eine Neubildung. Man wird mit Vorsicht auf mittelalterliche Verhältnisse zurückschließen dürfen. Das gilt etwa für die Finnen. Die Verehrung der verstorbenen Vorfahren wird als wesentliches Charakteristikum der finnischen Volksreligion angesehen. Uno Harva, der Erforscher dieser religiösen Verhältnisse, formuliert dazu: »Gegenstand der Verehrung war jedoch nicht der Tote an sich, sondern der verehrungswürdige Tote jeder einzelnen Familie, dessen Werk fortzusetzen und dessen Wünsche zu erfüllen heilige Pflicht seiner Nachkommen war. Dieses Brauchtum war Grundlage des gesamten sozialen Lebens der alten Finnen. Die Verstorbenen waren die Wächter der Moral, die Richter über die Sitten und sie hielten die Ordnung der Gesellschaft. In dieser Hinsicht konnte sich nicht einmal der Gott der oberen Regionen mit ihnen messen.«[391] Welche Bindungen Ahnenkult für die Angehörigen der Familie bedeutet, kommt in diesem Zitat schön zum Ausdruck. Der Hausherr wird hier auch zum Hauspriester. So vollzieht er etwa beim Umzug in ein neues Haus, nachdem es der orthodoxe Priester geweiht hat, die entscheidenden Riten, um den schützenden Hausgeist günstig zu stimmen. Solche hauspriesterliche Riten haben sich nur bei den orthodoxen Finnen bis in neuere Zeit erhalten, nicht bei den evangelischen. Das gilt auch für die Feier der Eingliederung von Verstorbenen in die Familie der Toten sechs Wochen nach dem Tod. Hinsichtlich der Vorstellungen des Ahnenkults gibt es Übereinstimmungen mit anderen finnischen bzw. finno-ugrischen Gruppen im Baltikum und an der Wolga. Auch für die Ungarn finden sich in schriftlichen Quellen Hinweise, dass sie vor ihrer Christianisierung Ahnenkult praktiziert haben.

Bei den vorchristlichen Slawen dürften Ahnenkultvorstellungen sehr stark verbreitet gewesen sein, wie aus sprachlichen Zeugnissen, Bodenfunden und schriftlichen Quellen geschlossen werden kann. Am deutlichsten haben sie sich bei slawischsprachigen Gruppen im westlichen Balkanraum erhalten. Von der »Slava«, dem Hauspatronsfest, das als ein Ahnenfest in christlicher Einkleidung gefeiert wird, war in einem anderen Zusammenhang schon die Rede.[392] Die Situation ist einmalig: Eine christliche Bevölkerung, die als höchstes Fest im Jahresablauf nicht Ostern, Pfingsten oder Weihnachten begeht, sondern jeweils das Fest eines bestimmten christlichen Heiligen, den eine Hausgemeinschaft zusammen mit den Angehörigen ihres patrilinearen Abstammungsverbands als ihren Patron verehrt. In der Festliturgie spielt der Heilige allerdings keineswegs eine dominierende Rolle. Sehr wichtig sind hingegen die verstorbenen Vorfahren, und zwar die der Patrilinie. Ihre Namen stehen auf der »citula«, dem Ahnenverzeichnis, das bei der Slava verlesen wird. Ihnen zu Ehren wird die Slava-Kerze entzündet. Dies ist nicht Aufgabe des Popen, der bei der Feier nicht anwesend sein muss, sondern des »Starešina«, des jeweils ältesten Mannes der Hausgemeinschaft. Das Fest findet zumeist auch nicht in der Kirche statt, sondern zuhause. Hier übt der Starešina hauspriesterliche Funktionen aus. Die Feier des Hauspatrons wird in männlicher Linie weitergegeben. Die Angst, dass »die Slava-Kerze verlischt«, führt zu einer starken Präferenz für Söhnegeburten. Aus kultischen Gründen ist so schon von Geburt an eine Ungleichheit zwischen Männern und Frauen in der Familie gegeben. Patrilinearität und männerrechtliche Ordnung sind in einer solchen Gesellschaft sakral fundiert. Das macht sie besonders dauerhaft. Dasselbe gilt für die patriarchalische Autorität des jeweiligen Ältesten der Hausgemeinschaft. Zu solchen Entwicklungen konnte es im christlichen Europa des Mittelalters nur dort kommen, wo sich kirchliche Mission nicht vollkommen durchzusetzen vermochte bzw. mit vorchristlichen Glaubensvorstellungen Kompromisse schließen musste. Es ist ein Phänomen der Peripherien, das aus dem Kontrast erkennen lässt, wie Christentum sich von seinen Grundsätzen her im Normalfall auf Familien- und Verwandtschaftsverhältnisse auswirkte.

Einen Kontrast anderer Art ermöglicht die Gegenüberstellung mit der jüdischen Familie. Während der christliche Sonntag in der Gemeinde begangen wird, ist der jüdische Sabbat primär eine Familienfeier.[393] Die zahlreichen Einschränkungen der am Sabbat erlaubten Verrichtungen, die sich bereits im Jubiläenbuch finden und dann in der Mischna minutiös festgelegt wurden, konzentrierten das Begehen des Sabbat auf den Familienkreis. Die häusliche Liturgie der Sabbatfeier weist Vater, Mutter und Kindern unterschiedliche Aufgaben zu. So eröffnet der Hausvater am Freitagabend die Sabbatfeier mit dem Qiddush, dem Weinsegen, die Mutter hingegen entzündet die Sabbatkerzen.[394] Auch andere Feste werden mit einer spezifisch häuslichen Festliturgie zuhause gefeiert. Die familiale Rollenteilung ist jedoch nicht nur durch die Riten des Feierbrauchtums festgelegt. Mann und Frau haben insgesamt unterschiedliche religiöse Pflichten. Verpflichtungen zu Gebet und zum Studium der heiligen Schriften betreffen nur die Männer. Frauen sind hingegen in ihrem alltäglichen Wirkungsbereich durch die religiösen Speisevorschriften gebunden, insbesondere das Gebot der getrennten Zubereitung von Fleisch- und Milchprodukten.[395] Alle diese geschlechtsspezifischen Bindungen betreffen nicht nur die Erwachsenen, sie wirken sich bereits ab einem frühen Alter auch auf die Erziehung der Kinder aus. Unterschiedliche Geschlechterrollen – insbesondere die von der christlichen Umwelt stark abweichende des lernenden Mannes – sind sakralrechtlich vorgegeben. Auch der Patriarchalismus des jüdischen Hausvaters hat eine religiöse Basis. Diese Grundlage ist allerdings eine andere als in Ahnenkultgesellschaften mit oder ohne christliche Überformung. Gemeinsam ist dem religiös fundierten Patriarchalismus bloß, dass die durch ihn geschaffenen Familienstrukturen sehr dauerhaft sind – dauerhafter als Patriarchalismus ohne eine spezifisch religiöse Basis. In christlichen

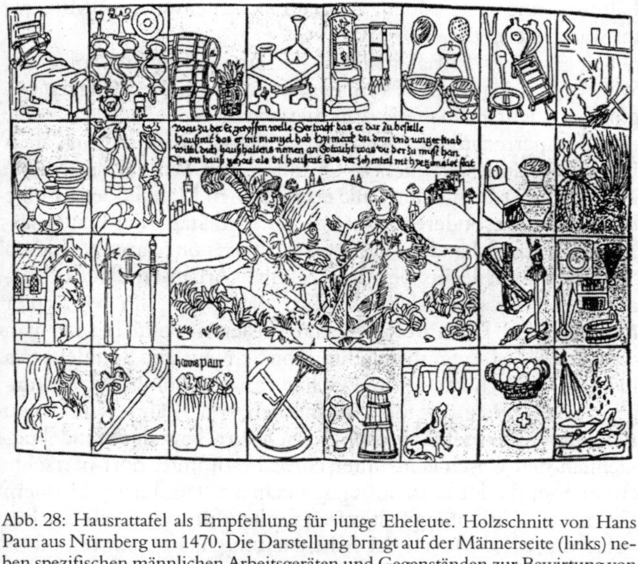

Abb. 28: Hausrattafel als Empfehlung für junge Eheleute. Holzschnitt von Hans Paur aus Nürnberg um 1470. Die Darstellung bringt auf der Männerseite (links) neben spezifischen männlichen Arbeitsgeräten und Gegenständen zur Bewirtung von Gästen vor allem auch Waffen, wie sie von spätmittelalterlichen Stadtbürgern geführt wurden. Hinweise auf kultische Funktionen des künftigen Hausvaters fehlen in dieser Zusammenstellung. Einblattdruck »Wer zu der Ee greyffen welle«.

Gesellschaften des Mittelalters wurde die Stellung des Hausvaters in der Regel nicht durch häusliche Kultfunktionen stabilisiert.

b) Schutz

Für die Stellung des Hausvaters ebenso wichtig wie das Verhältnis von Hauskult und Gemeindekult sind Strukturen der Wehrverfassung. Sehr treffend wurde in einer in den 1930er Jahren durchgeführten soziologischen Untersuchung im Vergleich zweier Regionen des westlichen Balkanraums zwischen kriegerischem und unkriegerischem Patriarchalismus unterschieden.[396] Dem kriegerischen Patriarchalismus liegen gesellschaftliche Verhältnisse zugrunde, bei denen erwachsene Männer grundsätzlich bewaffnet sind und ihre Waffen nicht nur im Kriegsfall sondern auch zum Schutz von Ehre und Eigentum ihrer Familie bzw. Verwandtschaftsgruppe gebrauchen. Im 20. Jahrhundert sind solche Verhältnisse eine exzeptionelle Ausnahmeerscheinung, im Mittelalter waren sie an der Tagesordnung.

Kriegerischer Patriarchalismus ist eine sekundäre Folge der Wehrverfassung für das Familiensystem. Die Waffenfähigkeit begünstigt nicht primär die Vaterherrschaft, sie schafft vielmehr eine männerrechtliche Ordnung der Gesellschaft, die sich auch in einer männerrechtlichen Ordnung der Familie ausdrückt. Nicht nur der Hausvater – alle erwachsenen Männer der Familie haben einen besonderen Status, der sie vom Status der Frauen abhebt. Das Kriegshandwerk ist jene Aktivität von Männern, die im Spektrum geschlechtsspezifisch geteilter Arbeit zu einer besonders radikalen Polarisierung führt. Wenn man im Mittelalter Männer- und Frauenrollen charakterisieren wollte, so tat man dies durch die Gegenüberstellung von Schwert und Spindel, etwa in der Unterscheidung von »Schwertmagen« und »Spindelmagen« als Bezeichnung der Verwandten von Männer- und von Frauenseite. Wo der Gebrauch des Schwerts bzw. der Spindel tatsächlich den Geschlechtsunterschied bestimmte, dort herrschte ein extrem dichotomisches Geschlechterrollenmuster. Mit dem Verlust der Waffenfähigkeit waren freilich für weite Teile der Bevölkerung diese Muster der Arbeitsteilung nicht mehr relevant.

Wo in mittelalterlichen Gesellschaften allgemeine Waffenfähigkeit der freien Männer besteht, dort erlangen diese das Recht zur Waffenführung mit dem Zeitpunkt der Mündigkeit. Der von

»munt«, d. i. Schutz, abgeleitete Begriff »Mündigkeit« hat selbst mit dem Waffengebrauch zu tun.[397] Nur wer sich selbst mit der Waffe schützen kann, ist mündig. Nicht waffenfähige Personen, also Frauen, Kinder, aber auch Geistliche stehen unter der Muntgewalt, d. h. unter der »Vormundschaft« waffenfähiger Männer. Das gilt auch für den Schutz in Rechtskonflikten vor Gericht. Über die Zeit hinaus, in der im gerichtlichen Zweikampf die Waffe unmittelbar eingesetzt wurde, hat die Vormundschaft des erwachsenen Mannes in der Rechtsvertretung seiner Familienangehörigen Bedeutung.[398] Über die Gerichtsverfassung wirkt die Wehrverfassung in vermittelter Form weiter. Das kann auch für die politische Mitbestimmung gelten, die ihrerseits sowohl mit der Wehrverfassung als auch mit der Gerichtsverfassung aufs Engste verbunden ist. Die Verpflichtungen im Heer, in der Gerichtsgemeinde bzw. in den politischen Versammlungen können die »mündigen« Männer einer Hausgemeinschaft gemeinsam wahrnehmen oder durch einen von ihnen vertreten. Wo die Kernfamilie vorherrscht, kommt der besondere Status, den Waffenfähigkeit verleiht, speziell dem Hausvater zu.

In seiner großen Darstellung des Strukturwandels in Europa zwischen 950 und 1350 »Die Geburt Europas aus dem Geist der Gewalt« schreibt Robert Bartlett in einem Kapitel »Die Verbreitung fränkischer Waffen« über die Großräume unterschiedlicher Militärtechnik um 1100: »Die wichtigste Trennlinie bestand jedoch allem Anschein nach zwischen jenen Gebieten, in denen es um 1100 bereits Panzerreiter und Burgen gab, und jenen, in denen dies nicht der Fall war. Auf einer skizzenhaften militärtechnischen Landkarte des nichtmediterranen Europa um 1100 wären somit drei verschiedene Zonen zu unterscheiden: Die erste umfasst die bereits beschriebene Region, nämlich Frankreich, Deutschland und England. In diesem Gebiet konzentrierte sich die Kriegführung vorwiegend auf die gepanzerte Reiterei, auf Burgen, Belagerung und zunehmend auch auf Bogenschützen. Eine weitere Zone, in der die Fußsoldaten dominierten, umfasste Schottland, Wales und Skandinavien. Hier kämpfte man zu Fuß mit Speer und Bogen, Axt und Schwert … In der dritten Zone gab es zwar eine Reiterei, doch keine schwere Kavallerie. Dieser Abschnitt bestand hauptsächlich aus Osteuropa, schloss also die slawischen Länder, das Baltikum und Ungarn ein, doch scheint die Kriegführung in ihren Grundzügen auch in Irland ähnlich verlaufen zu sein. Die irischen Reiter waren eindeutig die leichtesten in Europa: Dort kannte man weder Steigbügel noch richtige Sättel, und diese Reiter waren eigentlich nur berittene Lanzenträger oder Speerwerfer.«[399] Es sind bekannte Verteilungsmuster, die hier begegnen. Die Wehrverfassung hängt insgesamt eng mit der Herrschaftsverfassung zusammen: Beide beeinflussen die Familienverfassung.

Sehr vereinfacht könnte man Bartletts Typisierung auf die Formel Lehensverfassung contra Stammesverfassung bringen. In der Lehensverfassung der Nachfolgereiche des karolingischen Imperiums ist Kriegsdienst Sache einer schmalen Elite, die gänzlich auf diese Aufgabe spezialisiert ist. Ihre grundherrschaftliche Absicherung stellt sie dafür frei. Die bäuerlichen Untertanen hingegen sind vom Militärdienst entlastet. Die Auseinanderentwicklung in der Waffenfähigkeit zwischen Adel und Bauern wirkt sich in der unterschiedlichen Stellung von Männern und Frauen aus. Während es bei den Bauern zu mehr Gemeinsamkeit in der Arbeits- und Lebenswelt kommt, verläuft die Entwicklung im Adel konträr. Männerrechtliche Ordnungen behalten im Adel besonders lange ihre Geltung – außerhalb wie innerhalb der Familie. Wenn auch in den Anfängen des Lehenswesens die Bindung an den Lehensherren stärker gewesen sein dürfte als an die Abstammungsfamilie, setzt sich letztlich doch unter den Lehensleuten patrilineares Denken und Zusammengehörigkeitsbewusstsein durch. Die Entwicklung vom Lehenswappen zum Geschlechtswappen ist Ausdruck dieser Tendenz.[400] Dass mit der Bewaffnung verbundene Zeichen zum Symbol des Geschlechts werden, lässt deren besondere Bedeutsamkeit für das Gruppenbewusstsein erkennen.

Sicher gab es in jenem Bereich, den Bartlett den »fränkischen Waffen« zuordnet, auch waffenfähige Bauern, sie stellen im Hoch- und Spätmittelalter jedoch eine Minderheit dar.[401] Sie sind eher für diejenigen Randgebiete charakteristisch, in denen der bäuerlichen Bevölkerung besondere Freiheitsrechte belassen oder neu zugestanden wurden, etwa an der Nordseeküste oder im Alpenraum. Im Zusammenhang mit dem Auftreten von Blutrachefehden war davon schon die Rede.[402] Blutrache setzt Bewaffnung voraus. Mit dem Phänomen Blutrache ist jene Form des Einsatzes von Waffen angesprochen, die für Familien- und Verwandtschaftsverbände besonders wichtig ist, nämlich Fehdeführung als Selbstjustiz. Keineswegs wird im Mittelalter dieses Fehderecht von allen waffenfähigen Gruppen in Anspruch genommen, es ist jedoch gerade in frühen Zeiten eine häufige Begleiterscheinung. Wo freibäuerliche Gruppen Waffenfähigkeit besitzen, finden sich oft stark männerrechtlich organisierte Sozialformen und ein ausgeprägter Patriarchalismus.

Im »Europa der Stammesverfassung« ist die Waffenfähigkeit von Bauern nicht seltener Ausnahmefall, sondern die Regel. Zwischen Kleinadel und Bauern lässt sich hier vielfach nicht unterscheiden. Das gilt etwa weit über den von Bartlett beschriebenen Zeitraum hinaus für große Teile Ungarns und Polens. Dass hier die Heeresverfassung das patrilineare Abstammungsbewusstsein nicht auflöste, sondern noch verfestigte, veranschaulicht ein Phänomen, das sich in Polen beobachten lässt. Die Geschlechter hatten hier neben den seit dem 13. Jahrhundert aus dem Westen übernommenen Wappen noch die so genannten »proclamationes« als symbolische Ausdrucksform.[403] Sie wurzeln im Schlachtruf. Als »proclamatio« begegnet häufig der Name des Ahnherren. Wie man in westlichen Heeren himmlische Schutzheilige angerufen hat – etwa im französischen Heer den heiligen Dionysius oder im englischen den heiligen Georg – so taten das in Polen einzelne Abstammungsverbände mit ihren Stammvätern. Elemente der Stammesverfassung lebten so weiter. Von der Bedeutung der Erbengemeinschaften für die mittelalterliche Herresverfassung in diesem Raum war schon die Rede.[404] Verschiedene Faktoren spielten also zusammen, die Solidarität der Agnaten aufrechtzuerhalten. Wo die Bindungen der Männer die Grundstruktur von Familien- und Verwandtschaftsgruppen vorgeben, dort ist in der Regel die Integration der Frauen und dementsprechend ihre Stellung in der Familie schwach.

Der Übergang vom »Bauernkrieger« zum »Ackersmann[405]«, der im »Europa der Stammesverfassung« um 1100 noch gar nicht begonnen hatte, setzte im Frankenreich schon im 8. Jahrhundert ein. Die zunehmende Bedeutung des Reiterheers bewirkte für die bäuerlich lebenden Freien sukzessive den Ausschluss vom Kriegsdienst.[406] Ein durchschnittlicher Bauernhof konnte die Ausrüstung für einen Reiterkrieger nicht aufbringen. Ebenso war für diese Bevölkerungsgruppe die lange Abwesenheit vom Hof nicht tragbar. Die Kriegszüge fielen meist gerade in die Jahreszeit, die den Bauern in der Landwirtschaft besonders beanspruchten. Die Heeresreformen Karls des Großen versuchten, diese Schwierigkeiten zu berücksichtigen. 807 verordnete der Kaiser, dass nur mehr die Besitzer von wenigstens drei Hufen an Kriegszügen teilzunehmen hätten. Im folgenden Jahr wurde die Minimalzahl auf vier Hufen erhöht und ärmeren Freien befohlen, Gestellungsverbände zu bilden, die gemeinsam einen Reiter auszurüsten hatten. In den Vasallenheeren des 10. und 11. Jahrhunderts verlor das Aufgebot der freien Bauern vollends an Bedeutung.

Parallel zum Wandel der Heeresverfassung vollzog sich im Karolingerreich ein tief greifender Wandel der Agrarverfassung. Es kam zu revolutionären Veränderungen der Bodenbewirtschaftung, die gerade die Arbeitskraft des Mannes verstärkt erforderten – insbesondere die Arbeit mit dem schweren Pflug und der Einsatz von Pferden in der Landwirtschaft.[407] Unfreie und freie Landbevölkerung waren von diesen Neuerungen der Landwirtschaft in gleicher Weise betroffen. Unter den freien Bauern stellte sich jedoch das besondere Problem der Vereinbarkeit mit dem Kriegsdienst. Der Bauernkrieger geriet somit von zwei Seiten unter Druck – einerseits durch die immer kostspieligere Ausrüstung und den immer längeren Einsatz des Panzerreiterheers, andererseits von der immer intensiveren Beanspruchung durch neue Wirtschaftsformen. So kam es zu einer Angleichung an die große Masse der aus der Unfreiheit stammenden Bauernschaft und zur Verschmelzung zu einem einheitlichen Bauernstand, für den die kriegerische Komponente keine Rolle mehr spielte.[408] Für die geschlechtsspezifische Arbeitsteilung, für die Geschlechterrollen und für die Geschlechterbeziehungen in der bäuerlichen Familienwirtschaft Mittel- und Westeuropas im Hoch- und Spätmittelalter wurde diese Situation bestimmend.

c) Arbeit

Das Bauerntum West- und Mitteleuropas ist schon im Mittelalter durch ein hohes Maß an Zusammenarbeit von Mann und Frau charakterisiert.[409] Es besteht keine rigide geschlechtsspezifische Arbeitsteilung, d. h. viele Arbeiten können von Männern oder von Frauen verrichtet werden. Noch wichtiger aber ist: Viele und wesentliche Arbeiten der Bauernwirtschaft werden – in gleicher oder ungleicher Rollenverteilung – gemeinsam ausgeübt. Im interkulturellen Vergleich erscheint dies bemerkenswert, etwa auch in der Gegenüberstellung zu Verhältnissen in Ost- bzw. Südeuropa. Die besondere Rolle der Kooperation von Mann und Frau in der bäuerlichen Familienwirtschaft West- und Mitteleuropas wirft die Frage auf, ob die Tendenz zur gattenzentrierten Familie nicht auch ökonomische Gründe hat.

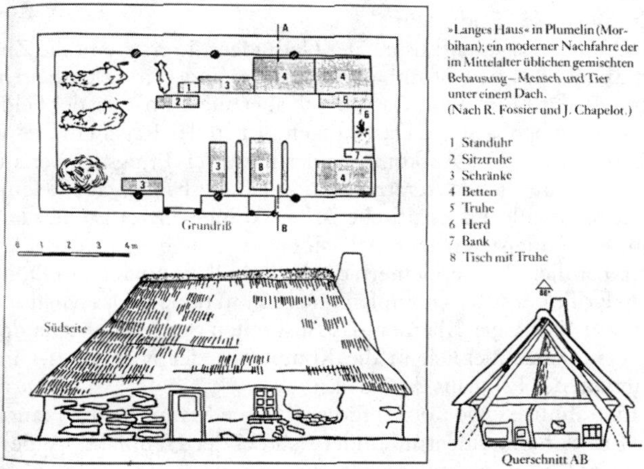

Abb. 29: Mensch und Tier unter einem Dach: »Langes Haus« in Plumelin (Morbihan, Frankreich), ein moderner Nachfahre dieser im Mittelalter häufigen Behausungsformen. Die Stallhaltung von Rindern bot der Frau in vielen Regionen West-, Mittel- und Nordeuropas die Möglichkeit, an dem sonst so stark männlich dominierten Bereich der Großviehhaltung teilzuhaben.

Ein Zusammenwirken beider Geschlechter begegnet vor allem bei den besonders arbeitsintensiven und meist unter Zeitdruck stehenden Erntearbeiten.[410] Alle Kräfte des Hofes wurden dabei eingesetzt, nicht nur die der Erwachsenen. Bei der Getreideernte griffen Frauen- und Männerarbeit eng ineinander. Im Mittelalter wurde das Getreide noch vorwiegend mit der Sichel geschnitten. Am Sichelschnitt waren beide Geschlechter beteiligt. Fiel diese Aufgabe vorwiegend in die Kompetenz des einen, so kam dem anderen eine komplementäre Funktion zu, etwa das Binden der Getreidehalme und das Aufstellen der Garben. Beides war nicht eindeutig geschlechtsspezifisch zugeordnet. Wo sich seit dem 15. Jahrhundert im Getreideschnitt die Sense durchsetzte, verfestigte sich das Arbeitspaar von Schnitter und Binderin. Auch beim Einfahren in die Scheune wirkten Frauen mit. Das Dreschen mit dem Flegel fiel primär in die Kompetenz der Männer, aber auch an dieser schweren und langwierigen Aufgabe waren Frauen beteiligt. Hier handelte es sich um eine innerhäusliche Verarbeitungsform der Feldfrucht.

Weniger ausgeprägt als bei der Getreideernte erscheint die Zusammenarbeit von Mann und Frau bei anderen Feldarbeiten. Formen der Kooperation lassen sich aber auch sonst bei der Feldbestellung beobachten. Das Pflügen war in der Regel eine reine Männerarbeit. Das Aufkommen des schweren Pflugs im Verlauf der mittelalterlichen Agrarrevolution hat diesbezüglich eine eindeutige geschlechtsspezifische Arbeitskompetenz entstehen lassen. Frauen leisteten aber vielfach eine wichtige ergänzende Arbeit, nämlich das Zerkleinern der Erdschollen. Auch beim Düngen der Felder gab es komplementäre Funktionen: Das Mistführen war Sache der Männer, das Ausbreiten des Mists Sache der Frauen. Ausschließlich in die Kompetenz der Männer fiel im Rahmen des Feldbaus die Aussaat.

Eine ähnlich enge Kooperation zwischen Männern und Frauen wie bei der Getreideernte findet sich bei der Heumahd. Anders als beim Getreideschnitt wurde dabei schon früh die Sense eingesetzt und auch von Frauen verwendet. Wenn Frauen nicht selbst mitmähten, verteilten sie das gemähte Gras und rechten das Heu zusammen. Beim Einbringen des Heus waren Frauen ebenso beteiligt wie beim Getreide, wiederum in komplementären Rollen beim Be- und Entladen des Wagens. Im Gebirge musste das Heu auf dem Rücken zum Hof getragen werden. Die für Männer und Frauen unterschiedlich berechnete Tracht Heu, die aus späterer Zeit überliefert ist, wird wohl schon im Mittelalter gegolten haben.[411]

Heugewinnung spielte überall dort für die bäuerliche Wirtschaft eine größere Rolle, wo in Ställen gehaltenes Großvieh über den Winter durchgefüttert werden musste. Im Hinblick auf klimatische Verhältnisse war sie nicht überall in gleicher Weise möglich. Mit Heuwirtschaft korrespondiert Rinderhaltung, diese war aber nicht in ähnlicher Weise in Zusammenarbeit der Geschlechter organisiert. Es gab vielmehr eine strenge Trennung zwischen der männlichen Sphäre des Ochsenstalls, der Zugviehbetreuung und des Viehhandels sowie der weiblichen des Kuhstalls und der Milchwirtschaft. Über die Stallhaltung von Rindern wurde die Frau in den sonst stark männlich beherrschten Bereich der Großviehhaltung einbezogen. Auch das ist im europäischen Vergleich gegenüber den Verhältnissen im Süden und im Osten eine Besonderheit.

Im Rahmen des Ackerbaus lassen sich gleichartige bzw. gemeinsame Arbeiten von Frauen und Männern aus den Verhältnissen der Villikationsverfassung des Frankenreichs mit ihren Dienstpflichten abhängiger Bauern auf den Meierhöfen des Grundherrn plausibel erklären.[412] Unfreie Arbeitsverhältnisse bilden hier den Ausgangspunkt. Bei Unfreien spielen kulturelle Muster der Angemessenheit für die geschlechtsspezifische Arbeitsteilung eine geringere Rolle als bei Freien. Es geht primär um das real Leistbare. Beim ledigen Hofgesinde auf den Fronhöfen musste man in der Zuweisung von Arbeitsaufgaben an Frauen weder auf Schwangerschaften noch auf Mutterpflichten Rücksicht nehmen. Die Mägde waren hier mit Schwerarbeit belastbar und zu Außenarbeit einsetzbar. Zu vielen Arbeiten konnten sie in gleicher Weise und zugleich mit den Hofknechten herangezogen werden. Das relativ hohe Heiratsalter von Frauen in Mittel- und Westeuropa ermöglichte solche Frauenarbeiten über ihr Entstehungsmilieu in der Villikationsverfassung hinaus. Auch die Mansusbauern und ihre Frauen leisteten einen Großteil ihrer Arbeit als Frondienst auf dem Meierhof – drei Tage in der Woche und noch länger in der Erntezeit.[413] Für sie war die Fronarbeit grundsätzlich Außenarbeit. Ein Grundmuster geschlechtsspezifischer Arbeitsteilung, das verheirateten Frauen mit Kindern tendenziell Innenarbeit zuweist, wurde hier von der herrschaftlichen Arbeitsorganisation außer Kraft gesetzt. Frondienste leisteten die Mansusbauern vielfach als Paar, insbesondere zur Erntezeit. Das könnte auf die bäuerliche Arbeitsorganisation nachhaltig zurückgewirkt haben. Vor allem aber war in der Villikationsverfassung der Mansus so berechnet, dass er einem Paar mit seinen Kindern den Lebensunterhalt gewährleisten konnte. Die bäuerlichen Familienbetriebe, die sich durch zunehmende Emanzipation aus dem Fronhofverband entwickelten, waren auf die Kooperation von Mann und Frau hin konzipiert.

Auch die Mitarbeit der Frauen bei der Heuernte bzw. ihre starke Beteiligung an der Großviehhaltung könnte durch die Fronhofverfassung begünstigt worden sein. Die Großviehhaltung war im Rahmen der Villikationsverfassung auf den Fronhöfen besonders intensiv. Das Muster dieser Arbeitsteilung ist aber wohl älter und weiter verbreitet als die Fronhofverfassung. Schon aus frühgeschichtlicher Zeit sind sowohl aus den Alpen als auch aus dem nordfranzösischen, belgischen, niederländischen, norddeutschen und skandinavischen Raum Ställe für Großvieh überliefert

– jener Zone also, in der das atlantische Klima sowohl Weidewirtschaft als auch Überwinterung von Rindern ermöglicht.[414] Stallhaltung begünstigt weibliche Zuständigkeit. Sie kann sich sekundär auf den außerhäuslichen Bereich erstrecken. In Irland sind im Frühmittelalter die Frauen für Kühe, Schafe, Schweine und Hühner zuständig.[415] Wie das Pferd für den Mann ist hier das Mutterschaf das Symboltier für die Frau.[416] »Wo ein Schaf ist, dort ist auch eine Frau« heißt es in der Vita des heiligen Lugidus.[417] Vom »boaire«, wörtlich der »Kuh-Freie«, der höchsten Stufe des freien Klienten, sagt das irische Gesetz: »Er besitzt zwanzig Kühe, zwei Stiere, sechs Ochsen, zwanzig Schweine, vier Hauseber, zwei Muttersäue, ein Reitpferd. Er hat Weideland, das die Schafe erhält ohne zu wechseln.«[418] Es handelt sich hier um eine besonders umfassende, hausnahe Viehwirtschaft. Die Frau hat an dieser Viehhaltung wesentlichen Anteil. Für Nordwesteuropa darf man wohl das ganze Mittelalter hindurch mit einer starken Beteiligung von Frauen in der Viehwirtschaft rechnen. Die Voraussetzung dafür sind klimatisch-ökologische: die Möglichkeit hausnaher Weidewirtschaft und die Notwendigkeit, einen Teil des Viehbestands während des Winters im Stall zu versorgen.

Wenn von gleichartigen und gemeinsamen Arbeiten von Frauen und Männern in bäuerlichen Familienwirtschaften West- und Mitteleuropas gesprochen wurde, so gilt das bloß für einen Überschneidungsbereich im Gesamtspektrum notwendiger Tätigkeiten – im Vergleich zu anderen bäuerlichen Kulturen allerdings einen relativ großen. Trotz solcher Überschneidungen gab es auch hier eine Reihe von Aktivitäten, die als exklusiv oder dominant männlich oder weiblich angesehen wurden.[419] Ein Zeugnis aus der Frühzeit der »Agrarrevolution« im Frankenreich, ein Kapitular Karls des Großen über die am Sonntag verbotenen Arbeiten, hält fest, »dass die Männer keine Feldarbeiten ausführen, weder in den Weinbergen arbeiten, noch auf den Äckern pflügen oder Heu machen, noch Zäune errichten, noch den Wald roden oder Bäume fällen, noch Steine zurechtschlagen, noch Häuser bauen, noch im Garten arbeiten, noch zur Gerichtsversammlung zusammenkommen, noch zur Jagd gehen. Dreierlei Fuhrwerk darf am Tag des Herren getan werden: Fahrt für den Heerdienst, Fahrt von Lebensmitteln oder, wenn es nötig ist, eine Leiche zu Grabe fahren. Desgleichen dürfen die Frauen nicht weben, noch Kleidung zuschneiden, noch nähen, noch sticken, noch Wolle rupfen, noch Flachs schlagen, noch in der Öffentlichkeit Kleidung waschen oder die Schafe scheren.«[420]

Aus dieser Quelle darf nicht geschlossen werden, dass Frauen von den hier Männern zugeordneten Tätigkeitsbereichen ausgeschlossen gewesen waren. Von ihrer Beteiligung an Feldarbeit und Heumachen war schon die Rede. Ebenso war der Weingarten sicher bereits im Mittelalter keine ausschließlich männliche Domäne. Im Weinbau war die Zusammenarbeit besonders ausgeprägt. Im Fall der Verwitwung konnte hier die Frau alleine wirtschaften. Schon gar nicht war der Hausgarten exklusiv männlich.[421] Sein Bezug zur Küche ließ ihn später zu einer spezifisch weiblichen Sphäre werden. In karolingischer Zeit mag das nicht anders gewesen sein. Sicher exklusiv männlich waren hingegen schon damals die Rodungsarbeiten, das Holzfällen sowie die Steinbrucharbeiten und die ihnen verwandten Bergbautätigkeiten. Bei allen diesen Arbeiten handelte es sich in extremer Weise um Außenarbeit, um Schwerarbeit und um Risikoarbeit – Faktoren, die eine Zuordnung zum Aufgabenbereich des Mannes notwendig machten.[422] Für die Jagd war der Einsatz der Waffe erforderlich und damit die Zuordnung eindeutig und exklusiv. Bäuerliche Jagd spielt aber wohl schon in karolingischer Zeit keine große Rolle mehr. Für das Fuhrwerken gelten wiederum die Kriterien von Schwerarbeit und Außenarbeit. Die Arbeit mit Pferden kam hier hinzu, die auch aus Prestigegründen als ausschließlich männlich angesehen wurde.

Der Katalog der am Sonntag verbotenen Frauenarbeiten im Kapitular von 789 ist kürzer. Die beiden zentralen Bereiche, die Sorge für die Kinder und für die Nahrungszubereitung, werden nicht erwähnt, weil sie am Festtag nicht untersagt waren. Ebenso wenig werden Bereiche genannt, in denen Frauen bloß mitarbeiteten, weil es sich um keine spezifischen Frauenarbeiten handelte. Als charakteristischer weiblicher Tätigkeitsbereich erscheint in der Aufzählung die textile Produktion bzw. die ihr vor- und nachgelagerten Arbeitsgänge. Innerhalb der bäuerlichen Familienwirtschaft scheint sich die exklusive Zuständigkeit der Frauen für diesen Bereich lange erhalten zu haben. Sowohl auf dem Lande als auch in der Stadt entwickelten sich jedoch ebenso aus der Textilproduktion wie auch aus der Produktion von Nahrungsmitteln zahlreiche Gewerbe. Es wurde schon darauf hingewiesen, dass für diese Gewerbezweige in besonderer Weise eine Kooperation des Gattenpaars angenommen werden darf. Das ländliche

Textilgewerbe entwickelte in manchen Regionen schon im Spätmittelalter familienwirtschaftliche Produktionsformen, wie sie unter der Etikettierung »Protoindustrie« für die frühe Neuzeit ein in der Forschung viel diskutiertes Thema darstellen.[423]

Vergleicht man die Voraussetzungen bäuerlichen Wirtschaftens im Mittelalter in West- und Mitteleuropa einerseits und in Osteuropa andererseits, so wird verständlich, warum im Osten nicht die Kooperation des Gattenpaars im Mittelpunkt der familialen Arbeitsorganisation stehen konnte. Es gab hier viele exklusive Männerarbeiten, und viele dieser Arbeiten mussten in Gruppen bewältigt werden. Während in West- und Mitteleuropa der Wald durch die Kolonisationstätigkeit des Hochmittelalters radikal zurückging und für die bäuerliche Wirtschaft an Bedeutung verlor, stand er im Osten in unerschöpflichem Ausmaß zur Verfügung. Anders als im Westen spielten Wildtiere für die Nahrungsbasis eine wesentliche Rolle. Deutlich zeigt das die Relation von Wildtier- zu Haustierknochen, wie sie aufgrund von Grabungen in mittelalterlichen Siedlungen berechnet wurde.[424] Die Jagd war hier also für die bäuerliche Bevölkerung existenzsichernd – nicht Unterhaltung einer schmalen Oberschicht. Jagd wurde nicht nur des Fleisches, sondern auch der Pelze wegen betrieben. Über den Eigenbedarf hinaus dienten diese sowohl als Abgabe als auch als Exportartikel. Die Jagd war – individuell oder in Gruppe betrieben – wie schon betont eine exklusive Männerarbeit. Das gilt auch für die Fischerei, die wie die Jagd im Osten für die Nahrungsbasis wichtiger war als im Westen. Der Wald bot aber auch andere Möglichkeiten des Lebensunterhalts. Die Honiggewinnung etwa spielte in Osteuropa eine wesentliche Rolle – ebenso eine Männertätigkeit.[425] Vor allem hatte der Wald auch als Weide große Bedeutung, insbesondere für die Schweinehaltung, wo Eichenwald zur Verfügung stand. Auch im Westen war die Waldweide der Schweine Männersache.[426] Die weibliche Kompetenz gewann erst mit zunehmender Stallhaltung der Schweine an Bedeutung.

Die Weidewirtschaft stand in ganz Osteuropa im Mittelalter im Vordergrund – sowohl in den bewaldeten als auch in den waldfreien Gebieten. Sie wurde von sesshaft-bäuerlichen, aber auch von halb- und vollnomadischen Gruppen betrieben. Insbesondere bei den letzteren handelte es sich dabei um einen exklusiv männlichen Tätigkeitsbereich, der Kooperation in Gruppen notwendig machte. Aber auch bei den sesshaft-bäuerlichen Gruppen war die Großviehhaltung nur schwer mit häuslicher Tätigkeit zu verbinden, wie das für die Entwicklung in Nordwesteuropa typisch gewesen zu sein scheint. Selbst im nördlichen Osteuropa wurde – jedenfalls im Frühmittelalter – Viehzucht ohne Stallhaltung betrieben. Die bei den Ostslawen sehr weit entwickelte Viehzucht basierte auf widerstandsfähigen Viehrassen, die in der Lage waren, auch schneereiche Winter ohne Einstallung zu überstehen.[427] Bei Weidewirtschaft ohne Stallhaltung bleibt aber die Viehhaltung in der Regel eine Männerdomäne. Während es im Westen durch die »Agrarrevolution« zu einer »Vergetreidung« kam, erlangte der Getreidebau im Osten keine vergleichbare Dominanz. Er wurde in weniger intensiven Formen betrieben, bei denen die Nutzflächen nach Erschöpfen des Bodens oft lange brach lagen. Sehr verbreitet war die Brandrodewirtschaft.[428] Das Roden der für den Ackerbau vorgesehenen Flächen war wiederum reine Männerarbeit, die Kooperation in Gruppen notwendig machte. Weder Viehzucht noch Ackerbau begünstigten ein besonders ortsfestes Bauerntum. Die Weidewirtschaft legte von größeren Personenverbänden gemeinsam genutzte Flächen nahe. Und auch die Landwirtschaft tendierte eher zur Umverteilung als zu gleich bleibenden Besitzverhältnissen.[429] Die landbebauende Bevölkerung war so stark in Bewegung. Fürsten, die von ihr Abgaben erheben wollten, hatten damit große Schwierigkeiten. Ihren Dienstleuten kam die Aufgabe zu, die Bauern auf dem soeben erschlossenen Land festzuhalten und am Weiterwandern zu hindern. Denn das versuchten die Kolonisten immer wieder, wenn der Fürst sie zu Abgaben und Leistungen heranzog.[430] Aufgrund der wenig ortsgebundenen Wirtschaftsweise stellten sich den Herren ganz andere Probleme als beim ortsfesten Bauerntum des Westens. An Eingriffe in das bäuerliche Familienleben von Seiten der Herrschaft war unter solchen Voraussetzungen nicht zu denken.

Die ländlichen Wirtschaftsverhältnisse im Osten begünstigten nicht eine Zusammenarbeit der Geschlechter in der Familie, sondern separierten im Gegenteil Arbeitsbereiche von Männern und Frauen. Insbesondere auf der Männerseite machten sie die Kooperation mehrerer erwachsener Familienmitglieder notwendig. Man wird die Männersolidarität in patrilinearen Familien- und Abstammungsverbänden wohl nicht nur ökonomisch erklären können. Zweifellos haben aber die spezifischen Arbeitsverhältnisse zu einer Stabilisierung solcher Familienstrukturen beigetragen. Die Besitzfolge in patrilinearen Abstammungsgruppen passt zu solchen Formen strikt dichotomischer Arbeitsteilung. Auch von der Arbeitssituation her erscheint es verständlich, dass die junge Frau in der Familie zunächst die Fremde ist. Die Ausbildung gattenzentrierter Familienformen wird von den wirtschaftlichen Rahmenbedingungen her nicht begünstigt. Aus der Perspektive bäuerlicher Familienverhältnisse im Westen erscheint es besonders auffällig, dass im Osten Hausherr und Hausfrau nicht ein Ehepaar sein müssen.[431] Wenn die jeweils älteste Frau die Frauenarbeiten koordiniert und der jeweils älteste Mann die Hausgemeinschaft als ganze repräsentiert, so kann es sich dabei auch um Schwager und Schwägerin, um Schwiegervater und Schwiegertochter, im Extremfall sogar um einen Bauer und die Witwe seines Cousins oder seines Neffen handeln. Fraglich erscheint, ob der Begriff Patriarchalismus im eigentlichen Wortsinn auf die Autoritätsverhältnisse solcher Familienformen zutrifft. Die Leitungsbefugnisse des Familienoberhaupts sind nicht in seiner Vaterrolle, sondern in seiner Position als Ältester begründet – auch als älterer Bruder, älterer Cousin etc. Die Abhängigkeit der Generationsgleichen ist keine kindliche. Wie auch immer – von männerrechtlicher Ordnung kann auch im Hinblick auf die innerfamiliale Arbeitsteilung mit gutem Grund gesprochen werden.

Auch im Mittelmeerraum waren die Voraussetzungen für eine Kooperation des Gattenpaares auf dem Land aufgrund der vorherrschenden Muster geschlechtsspezifischer Arbeitsteilung wenig günstig. Generalisierungen sind allerdings für diesen europäischen Großraum wegen seiner wirtschaftlichen Vielfalt besonders schwierig. Sie sind aber zumindest insofern erlaubt, als sie das Fehlen von Voraussetzungen betreffen, die in West- und Mitteleuropa eine solche Kooperation gefördert haben. Wesentlich erscheint vor allem, dass jene große Welle agrartechnischer Neuerungen, die seit der karolingischen Zeit vom Zentralraum des Frankenreichs ausgehend die landwirtschaftlichen Arbeitsverhältnisse revolutioniert hat, den Mittelmeerraum nur partiell bzw. nur in Ausläufern erreicht hat.[432] Diese Neuerungen standen zum Großteil in einem Zusammenhang mit sich gegenseitig bedingenden Faktoren: die Dreifelderwirtschaft, der Beetpflug, das Arbeitspferd mit Hufeisen und Zuggeschirr, die Grasmähsense, der Ackerwagen, der Dreschflegel und die Wassermühle. Der entscheidende Grund, weshalb dieses Agrarsystem im Mittelmeerraum nicht gänzlich übernommen werden konnte, war klimatischer Natur: Es gibt zu wenig Regen. In der atlantischen Klimazone war das neue System entstanden. Hier ermöglichte es, neue Böden zu erschließen und den Ertrag der Landwirtschaft beträchtlich zu steigern. In die mediterrane Klimazone passte es nicht. Hier war es aufgrund des zu geringen Niederschlags nicht möglich, Viehwirtschaft auf der Basis von Heugewinnung zu betreiben bzw. Landwirtschaft und Viehzucht in ähnlicher Weise zu integrieren, wie das mit der Dreifelderwirtschaft im Norden gelang. Wesentliche Bereiche der Kooperation von Bauer und Bäuerin waren dementsprechend nicht gegeben – im Feldbau, bei der Getreideernte, bei der Heumahd, beim Dreschen, in der Viehwirtschaft.

Noch ein zweiter Erklärungszusammenhang lässt sich aus dem Vergleich mit der Situation im Norden ableiten. Aufgaben, Rollen und Räume von Frau und Mann sind im Mittelmeerraum seit alters von kulturellen Mustern bestimmt, die mit dem Begriffspaar von »Ehre« und »Scham« charakterisiert werden.[433] Auch die Arbeitsteilung zwischen den Geschlechtern ist von solchen Mustern beeinflusst. So dürfen in vielen Regionen des mediterranen Europa Frauen nicht auf dem Feld arbeiten.[434] Unfreie Arbeitsverhältnisse, wie sie im Norden im Rahmen der Fonhofverfassung ein Massenphänomen darstellten, haben in der mediterranen Landwirtschaft nur eine marginale Rolle gespielt, und damit auch von herrschaftlicher Seite aufgezwungene Arbeitsrollen. Auch wenn Pachtverhältnisse zu drückender wirtschaftlicher Abhängigkeit führten – welche Arbeiten für Frauen und Männer als angemessen galten, wurde dadurch nicht beeinflusst. Im Mittelmeerraum fehlte jene im Norden oft sehr lange Phase des Diensts als Magd auf dem Bauernhof, in der ledigen Frauen Arbeiten übertragen wurden, für die Mütter mit Kindern nicht in Frage kamen. Unterschiede bezüglich Gesindedienst und Heiratsalter sind also im Hinblick auf die stärker getrennten Arbeitsrollen von Frauen und Männern im Mittelmeerraum ebenso zu bedenken.

Die mediterrane Lebenswelt ist seit alters von städtischer Siedlungsweise bestimmt. Auch die landwirtschaftlich tätige Bevölkerung wohnt häufig in großen Sammelsiedlungen.[435] In West- und Mitteleuropa hat erst die Siedlungsintensivierung des Hochmittelalters im ländlichen Raum zu einer Welle der Verdorfung geführt. Im Osten blieb – sehr vereinfachend gesprochen – weiterhin die Weilersiedlung dominant.[436] Es hängt auch von der Größe einer Siedlung ab, welche Distanzen jeweils zu überwinden sind, um auf dem Feld, im Weingarten, im Olivenhain die notwendigen Arbeiten zu verrichten. Außenarbeiten, die mit der Versorgung der Kinder nicht mehr vereinbar sind, stellen sich in quasiurbanen Siedlungen anders als in Weilern oder auf Einzelhöfen.

Aus der Vielfalt mediterraner Ökotypen sei ein Gegensatzpaar aufgegriffen, das für geschlechtsspezifische Arbeitsteilung und Geschlechterrollen in der Familie besondere Bedeutung hat, nämlich das zwischen Bauern und Hirten.[437] Ein durchschnittlicher Bauer, der Getreidefeld, Weingärten und Olivenbäume bewirtschaftete, hatte an Vieh wohl nicht mehr als ein Dutzend Schafe, die hausnah geweidet wurden, zwei Muttersäue, einen Esel und vielleicht noch einen Ochsen für seinen leichten Pflug. Diesem sesshaften Bauern standen die Hirten gegenüber, die mit ihren großen Schaf- und Ziegenherden transhumante Weidewirtschaft betrieben. Zwischen Sommer- und Winterweide waren oft große Distanzen zu überwinden. Mit Ackerbau ließ sich diese Form der Viehzucht nur in einem äußerst beschränkten Umfang verbinden, jedenfalls nicht von Seite der Männer, in deren Kompetenz die Weidewirtschaft fiel. Transhumante Weidewirtschaft bewirkt eine rigide Arbeitsteilung zwischen den Geschlechtern, macht enge Zusammenarbeit unter den Männern notwendig und begünstigt damit ungeteiltes Männererbe, Patrilinearität, komplexe Familienformen sowie eine ausgeprägt männerrechtliche Ordnung in Familie und Gesellschaft. Die Konkurrenz zwischen Hirten und Ackerbauern dürfte mit einem Männlichkeitsbild zusammenhängen, das in hohem Maß Gewaltanwendung legitimiert. Die komplementären Muster von männlicher und weiblicher Ehre sind bei Hirten besonders ausgeprägt.[438] Für deren Einhaltung erscheinen die Männer der Abstammungsgruppe gemeinsam verantwortlich. Gegenüber der starken Gruppenidentität zwischen den Agnaten – zwischen Vätern und Söhnen, zwischen Brüdern, Onkeln und Neffen oder zwischen Cousins – kommt der Gemeinsamkeit des Gattenpaars keine Vorrangstellung zu. Diese dichotomischen Rollenmuster der Hirtengesellschaften finden sich im Mittelmeerraum vielfach in unmittelbarer Nachbarschaft zu stärker ausgeglichenen der bäuerlichen Bevölkerung in Dörfern und Agrostädten.

Vergleicht man die wirtschaftlichen Voraussetzungen für eine Zusammenarbeit von Mann und Frau in den verschiedenen europäischen Großräumen, dann lässt sich sagen, dass in West- und

Mitteleuropa die Bedingungen für gattenzentrierte Familienformen unter der bäuerlichen Bevölkerung am günstigsten waren. Die geschlechtsspezifische Arbeitsteilung war nicht dichotomisch. Es gab einen relativ großen Bereich gemeinsamer Aktivitäten. Nochmals ist zu betonen, dass eine solche Begünstigung nicht als ausschließliche Ursache für die Entstehung gattenzentrierter Formen zu deuten ist, eher als ein begünstigender Faktor. Ebenso erscheint die Feststellung wichtig, dass gattenzentriert nicht mit partnerschaftlich gleichgesetzt werden kann. Das gilt sicher für den ökonomischen Bereich im engeren Sinne. Bei den gemeinsam verrichteten Arbeiten auf Feldern und Wiesen hatte der Bauer die Leitungsbefugnis. Autonomie bestand eher im selbständigen Wirkungsbereich der Frau – soweit sie über Hilfskräfte verfügte, auch für sie mit Leitungsbefugnis verbunden. Im Kapitular Karls des Großen über die verbotenen Sonntagsarbeiten wurde unter den spezifisch männlichen Verrichtungen neben Holzfällen und Hausbau völlig gleichgestellt der Besuch der Gerichtsversammlung genannt. Auch das war Arbeit, und zwar eine, die für die Ungleichheit von Männern und Frauen besondere Bedeutung hatte. Solange in der Gerichtsgemeinde nur Männer das Sagen hatten, war die politische Öffentlichkeit männerrechtlich geordnet. Über die Vertretung der Hausgemeinschaft nach außen wirkte diese männerrechtliche Ordnung als Patriarchalismus auf die Familie nach innen zurück.

Die Kooperation des Gattenpaars ist die Voraussetzung für familienbetriebliche Strukturen. Wo Mann und Frau eng zusammenarbeiten, sind auch Söhne und Töchter sowie männliche und weibliche Mitarbeiter in die Familie als Produktionsgemeinschaft einbezogen. Dieser Sachverhalt ist gemeint, wenn vom »ganzen Haus« als Einheit der Arbeitsorganisation gesprochen wird. Mit dem Gesindewesen wurde im mittelalterlichen Europa ein einmaliges System entwickelt, die Zusammensetzung der Familie nach Bedürfnissen der Arbeitsorganisation zu gestalten. Für das Heranwachsen und die sozialen Beziehungen von Kindern und Jugendlichen war dieses System von nachhaltiger Bedeutung. Es basierte auf dem Verlassen des Elternhauses und dem Wechsel zwischen Hausgemeinschaften. Es bot die Möglichkeit zu lernen, was im Elternhaus nicht gelernt werden konnte, und damit zu einer alternativen Orientierung. In Systemen, die die Söhne an die patrilineare Abstammungsgruppe banden und den Töchtern nur bei der Heirat einen Wechsel des familiären Umfelds ermöglichten, war dazu wenig Möglichkeit. Aber nicht nur der Gesindedienst vermittelte über die Sozialisation im Elternhaus hinausgehende Erfahrungen. Die geringe Bedeutung von Abstammungsbindungen, die im mittelalterlichen Europa den Gesindedienst erst möglich machte, erlaubte auch sonst den Aufbau von Beziehungen zu nichtverwandten Personen. Diese Offenheit für Beziehungen über die Verwandtschaftsfamilie hinaus schon in der Kindheit und Jugend scheint eine Voraussetzung dafür gewesen zu sein, dass die europäische Familienentwicklung so viel an Individualisierungsprozessen innerhalb und außerhalb der Herkunftsfamilie zuließ.

d) Erziehung

Gleich zu Beginn des Lebens wurde christlichen Kindern im mittelalterlichen Europa in der Person des Paten bzw. der Patin neben den Eltern eine zusätzliche Bezugsperson an die Seite gestellt. Der »pater spiritualis« bzw. die »mater spiritualis« sollten nach kirchlicher Konzeption für die religiöse Erziehung des Kindes zuständig sein. Cäsarius von Arles trägt im frühen 6. Jahrhundert den Taufpaten auf, ihre Taufkinder zu Keuschheit, Demut, Nüchternheit und Frieden zu erziehen.[439] Und noch karolingische Kapitularien machen es ihnen zur Aufgabe, den Kindern die wichtigsten Gebete beizubringen.[440] Wir haben keine Quellenzeugnisse, die unter Beweis stellen, dass dieses Programm soziale Realität geworden wäre. Das Taufpateninstitut hat sich, wie wir gesehen haben, in eine andere Richtung entwickelt. Für das Denken über Familie und Erziehung im Bereich der Westkirche des Frühmittelalters erscheint es aber aufschlussreich, dass ein Konzept einer solchen ergänzenden Sozialisation überhaupt erstellt werden konnte. Kindererziehung bedeutete hier nicht, nur in die Fußstapfen der Vorfahren zu treten. Sie war für eine Orientierung an anderen Bezugspersonen als den Eltern durchaus offen. Im Volksglauben hielt sich die Vorstellung, dass Kinder in ihren moralischen Eigenschaften dem Paten nachgeraten.[441] Im »Meier Helmbrecht«, einer Dichtung des 13. Jahrhunderts, wird diese Vorstellung sehr anschaulich angesprochen. Der Titelheld, ein Bauernsohn mit adeligen Ambitionen, beruft sich darauf, dass er einen Ritter zum Paten hat. Deswegen habe er eine stolze und ritterliche Gesinnung. Was solchen Vorstellungen charakterlicher Übereinstimmung zwischen Pate und Patenkind zugrundeliegt, ist sicher der Glaube an eine besondere Wirkkraft der durch das Taufsakrament hergestellten geistlichen Verwandtschaft, nicht die Beobachtung von Folgen realer Erziehungstätigkeit. Die Frage, wie es zu solchen Vorstellungen kam, erscheint freilich von untergeordneter Bedeutung. Entscheidend ist, dass eine solche Offenheit der Orientierung akzeptiert wurde.

Ganz ähnliche Vorstellungen wie im Verhältnis zwischen Kind und Pate finden sich im Verhältnis zwischen Kind und Amme. In spätmittelalterlichen Quellen wird viel über die richtige Wahl der Amme geschrieben. Die Sorge, dass von geistig-moralisch verdorbenen Ammen negative Charaktereigenschaften auf das Kind übergehen könnten, spielt dabei eine wichtige Rolle.[442] Es gab im Mittelalter die Annahme, dass durch Stillen verwandtschaftliche Bindungen entstehen. Der Koran verbietet Ehen zwischen Personen, die von derselben Frau gestillt wurden. Auch in einigen christlichen Kirchen des Orients sind Ehen zwischen »Milchgeschwistern« untersagt.[443] In der Ost- und der Westkirche ist das nicht der Fall. Muttermilch galt nicht in gleicher Weise verwandtschaftlich bindend wie Taufwasser. Der Volksglaube dürfte allerdings nicht überall dieser Ansicht gefolgt sein.

Das Ammenwesen lässt sich im Mittelalter vor allem in Südeuropa nachweisen, insbesondere in den städtischen Oberschichten.[444] Es gab zwei Formen der Ammenhaltung: Zum einen die Aufnahme der Amme in den Haushalt der Eltern des Kindes, zum anderen die Weggabe des Kindes in den Haushalt der Amme. Zog die Amme zu den Eltern des Kinds, war die Beziehung des Kindes zu den leiblichen Eltern nicht wesentlich beeinträchtigt. Die Amme lebte hier im Rahmen des Dienstpersonals mit. Ein Zusammenhang dieser Form der Ammenhaltung mit dem Gesindewesen ist unwahrscheinlich, musste doch die Amme selbst Mutter sein. Eher wird man diese Form aus der Haussklaverei ableiten können. In Florenz, Genua, Katalonien wurden häufig Sklavinnen als Ammen engagiert.[445] Kam das Kind in den Haushalt der Amme, so war es für die Eltern schwieriger, Kontakt zu halten, vor allem wenn Stadtkinder zum Stillen zu Frauen auf dem Land gegeben wurden. Diese Konstellation bedeutete ein erhöhtes Risiko der Kindersterblichkeit. Umso erstaunlicher erscheint es, dass in italienischen Städten des Spätmittelalters auch diese Form sehr häufig gewählt wurde. Es stellt sich die Frage, ob sich eine derart frühe Trennung vom Kind nur in einer Kultur durchsetzen konnte, in der auch in späteren Phasen von Kindheit und Jugend diese Trennung als selbstverständlich akzeptiert wurde.

Ammenwesen war im Mittelalter noch eine marginale Erscheinung. Was die schriftlichen Quellen darüber berichten, darf nicht ohne weiteres verallgemeinert werden. Es bezieht sich auf adelige bzw. großbürgerliche Verhaltensweisen. In der breiten Masse der bäuerlichen Bevölkerung stillten die Mütter, wenn sie konnten, selbst.[446] Die Vereinbarkeit mit den übrigen Arbeitsverpflichtungen war dort eher gegeben, wo die Hausfrau wenig an Außenarbeit zu leisten hatte. Die stärkere Integration der Bäuerin in die Feld- und Wiesenarbeit in West-, Mittel-, aber auch Nordeuropa stellte diesbezüglich sicher ein Problem dar. Sobald nicht mehr gestillt wurde, konnte eine Kindsmagd die volle Sorge für das Kleinkind übernehmen. Die Arbeitskraft der Bäuerin war für den Hof zu wichtig, um auf längere Zeit entbehrbar zu sein. Auch in städtischen Haushalten wurde häufig die Mutter durch eine »Kindsdirn« entlastet. In spätmittelalterlichen Dienstbotenordnungen findet sich diese Gesindekategorie sowohl auf dem Lande als auch in der Stadt.[447] Es handelt sich um die am schlechtesten bezahlte, also die unterste Stufe in der weiblichen Gesindehierarchie. Schon im Alter von zehn bis zwölf Jahren konnten die gestellten Aufgaben bewältigt werden. War eine ältere Schwester im Haus, so erfüllte sie die Rolle. Inwieweit ältere Brüder im Mittelalter dazu eingesetzt wurden, lässt sich nicht eruieren. Die Rolle der Geschwister war jedenfalls in der Erziehung von Kleinkindern eine sehr wesentliche – bei Bauern, wo man mehr Kinder länger im Haus behielt, sicher noch mehr als in ländlichen Unterschichten bzw. im städtischen Milieu. Man darf jedenfalls nicht davon ausgehen, dass Kleinkinderziehung bloß von den Müttern geleistet wurde.

Im bäuerlichen Milieu wurden Kinder, wenn möglich, schon von kleinauf zu Außenarbeiten mitgenommen. Sie erlebten die Arbeit der Erwachsenen mit und wurden schon früh selbst zur Mitarbeit herangezogen, insbesondere bei der Ernte, wo jede Unterstützung gebraucht werden konnte. Bei geschlechtsspezifischen Außenarbeiten, wie etwa dem Holzfällen, gingen Buben mit den Vätern. Nicht nur Mitarbeit – auch bloß dabei zu sein bedeutete Lernen. Mit etwa sieben Jahren wurden Bauernkinder zu selbständiger Arbeit herangezogen.[448] Typische Kinderarbeiten waren etwa Botengänge – über weitere Distanz zog man dazu eher Knaben heran –, ferner Essen aufs Feld bringen – vor allem in der Erntezeit von Bedeutung – oder Viehhüten. Kinder hatten nicht nur auf Gänse, Schweine, Schafe oder Ziegen aufzupassen, sondern auch, wo Rinderhaltung betrieben wurde, auf Großvieh. Beispiele für andere Kinderarbeiten, die schon aus dem Mittelalter überliefert sind, wären Pferde füttern, Wasser holen, Unkraut jäten, Steine wegräumen, Gemüse ernten, Spreu vom Weizen trennen, beim Garbenbinden helfen. Eine wichtige Form der Zusammenarbeit mit Erwachsenen war das Führen der Zugtiere beim Pflügen oder Eggen. Alle diese Arbeiten waren wenig geschlechtsspezifisch differenziert, konnten von Buben oder Mädchen oder von beiden zusammen verrichtet werden. Nahm man für solche Arbeiten Dienstboten auf, so eher einen Hüterbub für das Viehhüten, eine junge Magd für die Aufsicht über Schweine, Gänse und Hühner oder zur Aushilfe in der Küche. Spezielle Ge-

Abb. 30: Familienordnung bei Tisch. Holzschnitt des Dürerschülers Georg Pencz, Nürnberg 1534. Der Hausvater nimmt den Platz am Kopfende des Tisches ein. Ein kleiner Sohn, für den noch kein Sitzplatz vorgesehen ist, wird von einem anderen Familienmitglied dazu angehalten, ein Tischgebet zu sprechen. Das Auftragen der Speisen und das Einschenken der Getränke wird von Dienstboten vorgenommen, die hier die Größe von Kindern haben, weil sie im Sinne eines Bedeutungsmaßstabs verkleinert sind. Der Hausfrau obliegt die Anleitung der Dienstboten.

sindebezeichnungen, die sich auf solche Arbeiten beziehen, deuten an, dass man gelegentlich Gesinde schon im gleichen Alter ins Haus holte, in dem man die eigenen Kinder zu selbständiger Arbeit heranzog. Auch allgemeine Gesindebezeichnungen haben in verschiedenen europäischen Sprachen viel Gemeinsamkeiten mit Bezeichnungen für Kinder.[449]

Aus solchen begrifflichen Übereinstimmungen bzw. aus gelegentlichen Einzelfällen darf allerdings nicht der generelle Schluss gezogen werden, dass das Normalalter für den Antritt des Gesindedienststs sehr niedrig gewesen wäre. Diesbezüglich hat Philippe Ariès mit seiner für die Historische Familienforschung wie für die Historische Anthropologie insgesamt so inspirierenden »Geschichte der Kindheit« in eine falsche Richtung gewiesen. Er meinte: »Das Wort ›garçon‹ bezeichnete in der Sprache des 16. und 17. Jahrhunderts zum einen einen sehr jungen Mann und zum anderen einen jungen Domestiken. Es ist ein Überbleibsel aus jener Zeit, in der sämtliche häuslichen Verrichtungen unterschiedslos von Kindern, die wir dann als Lehrlinge bezeichnen wollen, und von Lohndienern, die wahrscheinlich ebenso jung waren, geleistet wurden – eine Unterscheidung, die sich erst ganz allmählich durchsetzte. Der Diener ist ein Kind, ein etwas älteres Kind.«[450] Und stark generalisierend heißt es weiter: »Wir haben gesehen, dass die Kindererziehung im Mittelalter auf der Lehrzeit bei Erwachsenen basierte, die Kinder von etwa sieben Jahren an in fremden Familien lebten. Nun (seit dem 15. Jahrhundert, M.M) wird die Erziehung mehr und mehr von der Schule übernommen.«[451] In einem anderen sozialgeschichtlichen Standardwerk mit großer Breitenwirkung – bei John Gillis in seiner »Geschichte der Jugend« – werden die Gedanken von Ariès aufgegriffen und weitergeführt: »Heute unterscheidet sich das Kind in der Vorpubertät von älteren Jugendlichen vor allem durch die Tatsache, dass es noch zu Hause in der eigenen Familie lebt. Wenn ein junger Mensch von zu Hause weggeht, betrachtet ihn niemand mehr als Kind, er tritt in den Bereich ›Jugend‹ ein. Die vorindustrielle Zeit machte diese Unterscheidung nicht, eben weil Kinder schon mit sieben oder acht Jahren in andere Haushalte weggegeben wurden. Dort lebten und arbeiteten sie als Diener der Familie, die sie aufgenommen hatte; manchmal traten sie dann im Alter von Dreizehn oder Vierzehn mit etwas mehr Formalitäten als Lehrlinge in andere Haushalte ein…«[452] Hier entsteht also aus der generalisierten Sieben-Jahre-Grenze der Ariès-These die

Annahme eines etwa sechs Jahre dauernden Gesindediensts von Kindern vor der Lehrzeit.

Die Überbewertung der Sieben-Jahre-Grenze sowie die Verallgemeinerung als generelle Lebenslaufphase, die Kinder zu durchlaufen hatten, geht auf eine einzige Quellenstelle zurück. Ariès stützt sich auf den Bericht eines italienischen Reisenden über die Engländer aus dem 16. Jahrhundert, in dem es heißt: »Dass es bei den Engländern an Herz fehlt, zeigt sich insbesondere an ihrer Haltung zu den Kindern. Nachdem sie sie bis zum Alter von sieben bis neun Jahren zu Hause behalten haben, stecken sie sie, Knaben wie Mädchen, zur Verrichtung grober Dienste in die Häuser anderer Personen, an die diese Kinder für eine Dauer von sieben bis neun Jahren gebunden bleiben.« Ariès meint dazu: »Dieser Modus war wahrscheinlich im gesamten mittelalterlichen Westen üblich.«[453]

Für England gibt es aus der Zeit dieses italienischen Reiseberichts bereits vereinzelt Personenstandslisten, die eine Überprüfung auf quantitativer Basis ermöglichen.[454] In der Pfarre Ealing sind 1599 im Alter von 10–14 Jahren noch alle Söhne und Töchter im Elternhaus, zwischen dem 15. und 20. Lebensjahr allerdings nur mehr 21 % der Söhne. Spätere Quellen zeigen, dass in England das 14. Lebensjahr als Normalalter für den Antritt des Gesindediensts galt. Jüngeres Gesinde ab dem 9. Lebensjahr kam vereinzelt vor, blieb aber die seltene Ausnahme. Von einem generellen Verlassen des Elternhauses in diesem Alter kann nicht die Rede sein. Die entscheidende Quelle für Philippe Ariès' Annahme lässt sich also nicht verallgemeinern. In der Darstellung fremder Sitten und Gebräuche neigen Reisebeschreibungen insgesamt zur Betonung von Unterschieden und zur Verallgemeinerung. Das vereinzelte Auftreten von sieben- oder achtjährigen Kindern im Gesindedienst in Personenstandslisten lässt sich erklären. Wenn Kinder schon so früh in den Dienst kamen, so war das meist durch Verwaisung bedingt.[455] In Gesellschaften mit Kernfamilienstruktur bedeutete Verwaisung ein besonderes Risiko. In Gesellschaften mit komplexen Familienformen gab es diese Unsicherheit nicht. Kinder konnten auch nach dem Tod beider Eltern innerhalb des Familienverbands weiter versorgt werden. Bei Kernfamilienstruktur gab es im Fall der Verwaisung keine derartige Möglichkeit. Kinder mussten dann in ein anderes Haus – als Ziehkinder oder als kindliche Dienstboten. Ein essenzieller Unterschied dürfte diesbezüglich nicht bestanden haben.

Auch für andere Länder West- und Mitteleuropas lässt sich an frühneuzeitlichen Quellen zeigen, dass das Normalalter für den Antritt des Gesindediensts keineswegs bei sieben Jahren lag – weder auf dem Land noch in der Stadt.[456] Für das Mittelalter sind Personenstandslisten mit Altersangaben eine rare Quellengattung. Wo sie vorliegen, ergibt sich ein ähnliches Bild. In der Pfarrei St. Pierre in Reims gehört nach einer Beschreibung von 1422 das Gros des Gesindes der Altersgruppe der 15- bis 24-jährigen an. Nur vereinzelt finden sich Dienstmägde mit sechs oder sieben Jahren bzw. Lehrbuben mit acht oder neun.[457] Ein abweichendes Bild ergibt sich bloß aus dem »Catasto« von Florenz von 1427, also gerade aus dem Heimatland jenes Reisenden, der die Engländer als herzlos anklagte, weil sie ihre Kinder so früh aus dem Haus gaben. Nicht weniger als 32,1 % des Dienstpersonals soll dort zwölf Jahre und darunter gewesen sein.[458] Wohl zu Recht wurde an diesem statistischen Befund Kritik geübt und darauf hingewiesen, dass das ältere Gesinde in der Quelle nicht ausreichend erfasst erscheint.[459] Der Sachverhalt einer hohen Zahl sehr jungen Dienstpersonals aber bleibt. Die Bearbeiter der Quelle verweisen auf die zahlreichen Findel- und Waisenkinder, die in den Häusern, in die man sie aufnahm, als Diener geführt worden sein dürften[460] – also auch hier eine Abweichung vom Normalfall des Gesindediensts aufgrund einer Sondersituation in der Herkunftsfamilie. Gegenüber den Verhältnissen in West- und Mitteleuropa erhöhte Prozentsätze ergeben sich für Oberitalien auch noch aus Quellen der frühen Neuzeit.[461] So war in Verona 1545 15 % des Dienstpersonals unter 15 Jahren und 2 % unter 10, in der Stadt Parma war zur selben Zeit 2 % und im Contado von Parma 3 % unter 13 Jahren. Die Hauptgruppe aber stellten stets die 16–20-jährigen. Für die mittelalterlichen Verhältnisse in Oberitalien wird zu bedenken sein, dass hier das Dienstpersonal nicht nur aus Kindern und Jugendlichen bestand, die von ihren Eltern in Dienst gegeben wurden, sondern auch aus Haussklaven, die in unterschiedlichem Alter gekauft oder schon von Geburt an im Haus des Herren aufgewachsen waren.

Mit der Annahme, Kinder wären grundsätzlich schon mit sieben Jahren in fremden Häusern in Dienst gewesen, steht auch eine andere These von Philippe Ariès in Zusammenhang, die ebenfalls forschungsgeschichtlich sehr wirksam geworden ist, nämlich die Annahme, man hätte im Mittelalter das Phänomen Adoleszenz gesellschaftlich nicht wahrgenommen: »Daß die

Kindheit in der Umgangssprache eine so lange Dauer zugesprochen bekommt, ist darauf zurückzuführen, daß man biologischen Phänomenen im eigentlichen Sinne damals gleichgültig gegenüberstand: man wäre niemals auf die Idee gekommen, zwischen Kindheit und Pubertät eine Grenze zu ziehen. Die Kindheitsvorstellung war mit der Vorstellung von Abhängigkeit verbunden: die Wörter ›fils‹, ›valets‹, ›garçons‹ gehören zugleich dem Vokabular der feudalen oder herrschaftlichen Abhängigkeitsverhältnisse an. Aus der Kindheit trat man nur heraus, indem man aus der Abhängigkeit oder doch wenigstens aus den niedrigsten Abhängigkeitsverhältnissen heraustrat«.[462] Dieser These wurde – sicher zutreffend – mit dem Hinweis widersprochen, dass die in ganz West-, Mittel- und Nordeuropa nachweisbaren Gruppen lediger junger Männer nicht ohne eine klare Unterscheidung der gesellschaftlichen Stellung von Kindern bzw. Jugendlichen verständlich wären.[463]

Dass eine generelle Gleichsetzung von Kindheit und Abhängigkeit durch Dienst in fremdem Haus nicht haltbar ist, wird auch anhand der Gesindeterminologie selbst erkennbar, die Ariès als Argumentationsbasis dient. Sie erscheint überall dort, wo mehrere Knechte und Mägde im Haus mitleben, deutlich differenziert und hierarchisch gestaffelt.[464] Allgemeine Modelle solcher Gesindehierarchien finden sich schon in mittelalterlichen Lohnordnungen.[465] So sah die sächsische Lohnordnung von 1466 bei den Knechten für den Schirrmeister einen Jahreslohn von acht Gulden, für den Ackerknecht von sechs, für den Pflugtreiber von vier, für den Kuhhirt von zwei, für den Schweinehirt von eineinhalb sowie bei den Mägden für die Käsemutter von drei und für die andere Magd von zwei Gulden vor. Das waren sehr beträchtliche Unterschiede innerhalb des Dienstpersonals. Mit zunehmender Körperkraft, sicher aber auch aufgrund gestiegener Qualifikation und Erfahrung konnte man in der Gesindelaufbahn von Stufe zu Stufe aufsteigen. Das dürfte auch das Hauptmotiv dafür gewesen sein, dass Knechte und Mägde oft jährlich oder im Abstand von zwei oder drei Jahren den Dienstplatz wechselten. Unterschiede in der körperlichen Leistungsfähigkeit wurden sehr wohl wahrgenommen und auch finanziell honoriert. Man blieb nicht auf der Stufe des Hüterbubs stehen, auf der man mit zwölf oder als Waisenkind schon mit sieben Jahren begonnen hatte.

Eine eigenartige Institution, bei der Kinder tatsächlich schon mit sieben Jahren das Elternhaus verließen, findet sich im Früh-

und Hochmittelalter bei den Inselkelten in Irland und Wales. Die Pflegekindschaft war hier eine rechtlich geregelte Einrichtung.[466] Sie sollte nicht länger als bis zur Pubertät dauern. Dann kehrten die Kinder wieder in ihr Elternhaus zurück. Vor allem Söhne, aber auch Töchter wurden auswärts in Pflege gegeben. Die Pflegeeltern waren verpflichtet, das Kind zu erziehen, und hatten dadurch den Anspruch auf eine Gabe seitens der Eltern. Ein Kind konnte auch nacheinander zu verschiedenen Pflegeeltern gegeben werden. Vor allem bei Fürstensöhnen scheint dies üblich gewesen zu sein. Der heilige Patrick, der Apostel Irlands, wurde gefragt: »Hat dein Gott Söhne und Töchter, Gold und Silber? Ist er ewig lebend, ist er schön, haben viele seinen Sohn erzogen?« Die Pflegekindschaft hatte hauptsächlich zwei Funktionen: Allianzbildung und Erziehung. Allianzen wurden durch das Auswärts-Erziehen-Lassen von Kindern in mehrfacher Hinsicht gebildet, zwischen leiblichen Eltern und Pflegeeltern, zwischen Pflegeeltern und Pflegekind, zwischen Pflegekind und leiblichen Kindern der Pflegeeltern sowie zwischen verschiedenen Pflegekindern derselben Pflegeeltern. Häufig wurden Kinder zum Mutterbruder in Pflege gegeben. Dadurch gewann die mit der Heirat geschlossene Allianz an Bedeutung. Aber auch wenn Kinder zu nichtverwandten Pflegeeltern kamen, war ihre Beziehung zu diesen offenbar im Regelfall stark emotional geprägt. Das zeigen die altirischen Bezeichnungen für die Pflegeeltern »aite« und »muimme«. Im Unterschied vom formalen »athair« und »mathair« für die leiblichen Eltern haben sie informellen Charakter. In patrilinearen Gesellschaften wie der irischen oder der römischen ist die Vaterbeziehung stark durch formale Autorität bzw. strenge Pietätsverpflichtungen charakterisiert. Die Beziehung zu den Pflegeeltern war – wie die zum Mutterbruder – von solchen Verpflichtungen entlastet.

Die Erziehungsfunktion der irischen Pflegekindschaft scheint keine spezielle Zielsetzung gehabt zu haben – etwa im Sinne einer Ausbildung, die das Elternhaus nicht vermitteln konnte, wie das bei der Handwerkslehre der Fall war. Es gibt auch keinen Hinweis auf Erziehung durch Mitarbeit. Am ehesten könnte man eine derart spezifische Ausbildung bei Pflegekindern vermuten, die ins Kloster gegeben wurden.[467] Dabei handelte es sich aber nicht um »pueri oblati« im Sinne der benediktinischen Tradition, die der Klostergemeinschaft insgesamt übergeben wurden. Vielmehr wurden die Kinder einem bestimmten Mönch als Pflegevater anvertraut. In einigen Fällen lässt sich zeigen, dass dieser Pflegevater ein Verwandter des Kindes war. Verwandtschaftsbeziehungen spielten allgemein für die innere Struktur irischer Klöster eine große Rolle.[468] Eine Grundidee der irischen Pflegekindschaft war es offenbar, dass Erziehung über die Eltern hinaus zusätzlicher Bezugspersonen bedarf.

Es erscheint bemerkenswert, dass sich diese eigenartige Institution der Pflegekindschaft in einer streng patrilinearen Gesellschaft entwickeln konnte, wie es die irische im Frühmittelalter war. Patrilineare Gesellschaften binden die Söhne dauerhaft an die Väter. Das war auch in Irland der Fall. Die Söhne blieben lebenslänglich unter der väterlichen Autorität, auch wenn sie erwachsen waren, geheiratet hatten und einem eigenen Haushalt vorstanden.[469] Es gab einen eigenen Rechtsbegriff für den Sohn eines noch lebenden Vaters, nämlich »mac béoathar«. Die Pflegekindschaft beeinträchtigte diese lebenslange Vaterautorität nicht. Und offenbar machte es auch nichts aus, dass der Sohn vorübergehend mit einer anderen Familientradition vertraut gemacht wurde als der seines Vaterhauses. Wo die Bindung an die Ahnen kultisch begründet ist, scheint dies nicht ohne weiteres möglich. In Irland dürfte das im Frühmittelalter nicht oder nicht mehr der Fall gewesen zu sein. Ein Gegenstück zu dieser Einrichtung lässt sich in anderen Gesellschaften des Mittelalters mit stark patrilinearer Prägung nicht finden.

Interessante Parallelen zeigt die irische Pflegekindschaft zur Patenschaft.[470] Auch sie war mit Erziehungsaufgaben ergänzend zu den Eltern verbunden. Auch sie spielte eine wichtige Rolle für die Allianzbildung der Eltern, späterhin ebenso für die des Kindes. Die Erziehungsfunktion, die der Patenschaft zugedacht war, kam aber wohl nicht zuletzt deswegen nicht zum Tragen, weil kein dauerhaftes Zusammenleben gegeben war. In den Haushalt des Paten aufgenommene Patenkinder sind jedenfalls nicht der Regelfall. Im Fall der Verwaisung konnte es dazu kommen. Neuzeitlichen Quellen liefern Hinweise darauf, dass Patenkinder beim Paten ihren ersten Dienstplatz als Knecht oder Magd erhielten. Eine der irischen Pflegekindschaft vergleichbare Institution war dies aber nicht. Auch in der Form der Allianzbildung ergeben sich Unterschiede. Während als Paten häufig höher gestellte Personen gewählt wurden, bedeutete die Übernahme von Pflegekindern die Anerkennung der sozialen Überlegenheit des Kindesvaters. Ein Beispiel dafür, das zugleich die Ausstrahlung des irischen

Brauchs nach Skandinavien illustriert, ist die Geschichte des Norwegerkönigs Harald Schönhaar, der gegenüber dem englischen König Aethelstan seinen höheren Rang dadurch zum Ausdruck gebracht haben soll, dass er ihn – allerdings durch List – dazu veranlasste, seinen Sohn Hakon auf die Knie zu nehmen, der rituelle Ausdruck der Annahme als Pflegekind.[471] Hakon ist dann auch als »Hakon Aethelstanfostr« in die Geschichte eingegangen. Eine Gemeinsamkeit zeigen Patenverwandtschaft und Pflegeverwandtschaft in ihrer Bedeutung für die Allianzbildung als Mittel, Heiratsallianzen zu verstärken. Die analoge Funktion von Patenschaft und Pflegekindschaft kommt auch darin zum Ausdruck, dass erstere in Irland keine soziale Bedeutung erlangte. Ihr Platz war dort schon ausgefüllt.

Wenn man den Begriff Pflegekindschaft für die inselkeltische Institution außerhalb des Elternhauses erzogener Kinder verwendet, so läuft man Gefahr, Assoziationen zur europäischen Tradition der Ziehkinder zu wecken. Auch diesbezüglich erscheint eine Abgrenzung notwendig. Ziehkinder waren Waisenkinder oder uneheliche Kinder, die von der Mutter nicht behalten werden konnten, etwa weil sie in einem Haushalt im Dienst stand, der nicht bereit war, sie zusammen mit dem Kind zu behalten. Ziehkinder entstanden aus extremen familiären Notsituationen in sozialen Unterschichten. Bei den irischen Pflegekindern gab es keinerlei Probleme dieser Art. Die Großen des Landes rechneten es sich als eine Ehre an, einen Königssohn erziehen zu dürfen. So handelt es sich um eine ganz andere Form der Erziehung durch Eltern, die nicht die leiblichen sind, die typologisch streng unterschieden werden muss.

Auch mit dem Gesindedienst, der nicht selten unmittelbar auf eine Ziehkindphase folgte, hat die irische Pflegekindschaft wenig gemeinsam. Es ging dabei nicht um Arbeitskräfteergänzung seitens des aufnehmenden Hauses, auch nicht um Versorgung von Kindern, die den eigenen Haushalt belasteten, seitens der Eltern. Fragen der Balance von Arbeitskräften zwischen Haushalten, denen das Gesindewesen seine Entstehung verdankt, spielen für die Pflegekindschaft bei den Inselkelten keine Rolle. Nach sieben oder acht Jahren, die bei Pflegeeltern verbracht werden, kehren die Kinder ins Elternhaus zurück und unterstehen hier weiterhin der väterlichen Gewalt. Ganz anders das Gesinde auf dem Kontinent. Der Abschied vom Elternhaus ist in der Regel endgültig. Im Haus des Dienstgebers untersteht der Knecht, die Magd, der

Lehrling, der Geselle, das Dienstmädchen der »Munt« des Hausherren.[472] Die Dienstgeber, denen Gehorsam geschuldet wird, wechseln; am Ende einer mehr oder minder langen Phase der Abhängigkeit aber steht die Verselbständigung. Als Bauer, als Kleinhäusler, als Handwerksmeister oder auch als Lohnarbeiter mit eigenem Haushalt ist man selbst Hausvater, untersteht man nicht mehr fremder »Munt«-Gewalt. Von einer lebenslänglichen Abhängigkeit gegenüber dem leiblichen Vater hat das System des Gesindediensts jedenfalls weit weg geführt. Die Mobilität, die es bewirkte, enthielt viele Risiken, eröffnete aber auch eigenständige Wege, sich zu verselbständigen. Die Unabhängigkeit von der Herkunftsfamilie, die es ermöglichte, kann als ein Faktor gesehen werden, der Emanzipation bewirkte.

Eine Institution, die ein besonders frühes Verlassen des Elternhauses zur Folge hatte, war die Oblation an ein Kloster.[473] »Pueri oblati« wurden schon ab dem fünften Lebensjahr in ein geistliches Haus gegeben, bei »puellae oblatae« sind Fälle sogar ab dem zweiten Lebensjahr überliefert.[474] Offenbar traute man Nonnen eher als Mönchen zu, für kleine Kinder zu sorgen. Dass der frühe Abschied vom Kind auch für die Eltern schmerzhaft war, wird vielfach berichtet. Ohne religiöse Legitimation hätte sich dieses extreme Modell frühzeitiger Trennung wohl nicht halten können. Vorbilder aus dem Alten Testament dienten als Beispiel – das Opfer des Erstgeborenen, der Gott gehört, vor allem aber die Geschichte von Hannah und Samuel.[475] Seit der Spätantike hielt sich diese Institution das ganze Frühmittelalter hindurch. Die Diskussionen, zu denen es in karolingischer Zeit kam, wurden nicht von der Problematik der Eltern-Kind-Beziehung her ausgelöst, sondern von der freien Entscheidung für die geistliche Laufbahn. Sie führten zunächst zu einer Rechtfertigung der Oblation. Erst im 12. Jahrhundert kam es zu Änderungen. Die Zisterzienser legten anfangs ein Mindestalter von 15 Jahren für die Aufnahme in das Noviziat fest, später dann von 18 Jahren, eine Altersgrenze, die im 13. Jahrhundert auch bei den Franziskanern eingeführt wurde.[476] Die nach der Benediktsregel lebenden alten Klöster nahmen hingegen weiterhin »pueri oblati« in früher Kindheit auf. Auch die Bettelorden senkten im 14. Jahrhundert das Aufnahmealter wieder. Es lässt sich jedoch feststellen, dass es – ausgelöst durch die Diskussion um die »pueri oblati« – im Hochmittelalter zu einem verstärkten Bewusstsein von Problemen der Reife und der Eigenständigkeit in religiösen Belangen kam. Sie wirkte sich auch auf neue Altersregelungen für den Sakramentenempfang aus. Die »anni discretionis« – der Unterscheidung zwischen Eucharistie und anderer Speise – waren für das mittelalterliche Denken von Altersstufen im Verlauf von Kindheit und Jugend von großer Bedeutung.

Wie bei vielen anderen Formen der Aufnahme von Kindern in eine neue Hausgemeinschaft, die in Gesellschaften des Mittelalters begegnen, war auch bei der Oblation an ein Kloster Erziehung und Dienstleistung der Kinder eng miteinander verbunden. Die »pueri oblati« verrichteten verschiedene Arbeiten im Kloster, vor allem aber hatten sie im Rahmen der gemeinsam gefeierten Liturgie Hilfsdienste zu leisten. Die Vorstellung der kultischen Reinheit von Knaben vor der Geschlechtsreife spielte eine umso größere Rolle, je mehr Sexualität und Kulthandlungen miteinander als unvereinbar galten.[477] So unterstützte gerade die Kirchenreform des Hochmittelalters die frühzeitige Aufnahme in die geistliche Gemeinschaft. Mit dem Dienst in der Liturgie kam es zu einer »Ausbildung durch Mitarbeit« für das Priesteramt. Aber auch andere Formen der Ausbildung waren dafür erforderlich, die nicht durch »Mitarbeit« erworben werden konnten, nämlich schulische Bildung, insbesondere der Erwerb der lateinischen Sprache. So wurde die »schola« der »pueri oblati« zum Ansatzpunkt für die Entwicklung des höheren Schulwesens.

Von der Pflegekindschaft der Inselkelten und von den verschiedenen anderen Formen des Diensts von Kindern und Jugendlichen in einem fremden Haus unterschied sich das kirchliche Oblationswesen in mancher Hinsicht wesentlich. Zunächst: Es gab kein Zurück ins Elternhaus. Mit dem »votum« der Eltern bzw. deren »commendatio« gegenüber dem Kloster war eine lebenslängliche Bindung gegeben. Dementsprechend gab es auch keinen Wechsel zwischen verschiedenen Hausgemeinschaften, wie er für das Gesindewesen charakteristisch ist. Trotz solcher struktureller Unterschiede wird zu fragen sein, ob nicht Wechselwirkungen mit anderen Formen des Diensts in fremdem Haus bestanden haben. Die Form der »commendatio«, wie sie in merowingischer Zeit bei »pueri oblati« gegenüber dem Kloster, vor allem aber in adeligen Dienstverhältnissen praktiziert wurde, begegnet damals auch als Begründung eines Lehrverhätnisses im Handwerk.[478] Der heilige Eligius wurde von seinen Eltern einem Amtsträger der königlichen Münze zu Limoges »kommendiert«, um dort das Gewerbe des Münzens zu lernen. Eltern gaben damit ihre Autorität auf und übertrugen sie dem »nutritor«, dem Erzieher, der für Unterhalt und Ausbildung verantwortlich war. Der Erzieher übte »patrocinium«, »tuitio«, »mundeburdium« bzw. »potestas« – alles Begriffe, die zur hausväterlichen Gewalt gehören – über das ihm anvertraute Kind aus. Für das städtische Lehrlingswesen könnten die Formen der Aufnahme in geistliche bzw. adelige Hausgemeinschaften Bedeutung gehabt haben – wohl kaum aber für das ländliche Gesindewesen, die quantitativ und entwicklungsgeschichtlich bedeutsamste Form des Diensts in fremden Haus. Dessen aus der Herrschaft über Unfreie entstandene Struktur machte eine rechtsförmliche Übertragung elterlicher Gewalt nicht erforderlich.

In die »schola« der Klostergemeinschaften wurden nicht nur »pueri oblati« aufgenommen.[479] Auch Schüler, die nicht zum Mönch bestimmt waren, konnten dort mitlernen, insbesondere solche, die Weltpriester werden sollten. Klosterschulen und in Kontinuität zu ihnen Stifts- und Domschulen wurden zur Ausbildungsstätte für den Klerikernachwuchs schlechthin. Die Lateinschulen des Hoch- und Spätmittelalters waren nur mehr zum Teil geistliche Hausgemeinschafen, in denen die Schüler in vollem Umfange mitlebten.[480] Dadurch kam es im Regelfall keineswegs zu deren Reintegration ins Elternhaus. Vielmehr lebten Scholaren an ihrem Studienort in vielfältigen häuslichen Gemeinschaftsformen von Schülern bzw. Schülern und Lehrern, die sich in den Ordnungen ihres Gemeinschaftslebens wiederum sehr stark am Kloster bzw. Stift orientierten. Die zum Elternhaus komplementäre Tagesschule blieb im Wesentlichen auf das elementare Schulwesen beschränkt.

Für eine Ausbildung zum Priester im Elternhaus bestand in der Westkirche im Prinzip keine Möglichkeit. Bei der Behandlung der Zölibatsproblematik wurde darauf hingewiesen, dass der Vorteil einer Erziehung zum Priester durch den Vater sehr wohl gesehen wurde.[481] Aber solche Familienkonstellationen waren außerhalb der Legalität. Insgesamt wurden die entscheidenden Formen der religiösen Erziehung in der abendländischen Entwicklung aus der Familie ausgelagert. Einerseits übernahm sie das aus der geistlichen Hausgemeinschaft herausgewachsene Schulwesen als eine mit der Familie konkurrierende Institution, andererseits die Pfarre bzw. andere Einrichtungen, in denen Kleriker Seelsorge ausübten. In seiner »Yconomica«, dem wohl bedeutendsten Werk mittelalterlicher Hausväterliteratur in deutscher Sprache, empfahl Konrad von Megenberg um die Mitte des 14. Jahrhunderts den Bauern, ihre Kinder an Festtagen mit in die Stadt zu nehmen, damit sie nicht »dumm wie die Ochsen« blieben. Sie sollten sich dort Predigten anhören können.[482] In den Landpfarren war es darum offenbar nicht zum Besten bestellt. In den Städten gab es vor allem in den Kirchen der Bettelorden ein besonderes Angebot. Diese hatten im 13. Jahrhundert die Predigt zu ihrer wichtigsten Aufgabe gemacht. Das war eine neue Situation. Denn die Aufgabe zu predigen kam dem Bischof und dem von ihm bevollmächtigten Pfarrklerus zu. Wenn den Dominikanern und Franziskanern von kirchlicher Seite dieses Recht zugestanden wurde, so aus einer besonderen Krisensituation. Die Laienpredigt hatte in vielfältiger Weise zu nonkonformistischen Lehrinhalten geführt. Die Predigt der Bettelorden wurde gegen die Verbreitung abweichender Ansichten über christliche Glaubens- und Lebensformen eingesetzt. Die Ausweitung des Predigtrechts auf die Bettelorden ist verbunden mit einer rigiden Beschränkung der Predigt auf Kleriker. Der Hausvater als Hausprediger war nicht gefragt. Gerade um das zu verhindern, ging es auch, wenn Übersetzungen der Heiligen Schrift in die Volkssprache verboten wurden. Nur der Klerus, der die Sakralsprache Latein beherrschte, sollte das Recht auf Schriftauslegung haben. Nicht nur Hauskult, auch Bibellesung und Bibelinterpretation im häuslichen Rahmen fehlten so im Regelfall in der christlichen Familie des Mittelalters. Laienfrömmigkeit, die sich darum bemühte, geriet leicht unter Ketzereiverdacht.[483] Religiöse Erziehung im Elternhaus wurde von kirchlicher Seite nur in beschränkter Form gefordert bzw. gefördert. Die wichtigsten Gebete sollten dem Kind beigebracht werden. Das war primär Sache der Mutter.[484] Auch in der Weitergabe von Glaubensgut spielt die christliche Familie – im Unterschied zu der jüdischen – im Mittelalter nur eine untergeordnete Rolle.

Die weit gehende Ausgrenzung religiöser Lehre aus der Familie hat zum Aufbau alternativer Sozialisationsinstanzen geführt. Im Schulwesen ist dieser für die gesellschaftliche Entwicklung in Europa bedeutsame Zusammenhang evident. Er gilt auch für das Predigtwesen und die aus ihm hervorgegangenen Vermittlungsformen. Die Predigt stellt eine Frühform der Massenkommunikation dar.[485] In der Westkirche hat sie mit Kreuzzugs- und Ketzerpredigt jedenfalls diese Form angenommen. Massenkommunikation über den Rahmen von Primärgruppen hinaus bewirkt stets Möglichkeiten individueller Orientierung. Individualistische Züge in der spätmittelalterlichen Laienfrömmigkeit wären ohne den Einfluss verstärkter Predigtaktivitäten nicht zu verstehen. Auf dem Hintergrund dieser individualisierten Frömmigkeit erklärt sich auch die Nachfrage nach neuen Medien der Massenkommunikation, nach dem Holzschnitt als individuellem Andachtsbild, vor allem aber nach dem gedruckten Buch als persönlicher Erbauungsliteratur. Unter den Rezipienten dieser Medien ist es im Spätmittelalter zu Prozessen der Individualisierung gekommen, die auch als Individualisierung innerhalb der Familie verstanden werden dürfen.

Im Unterschied zu der religiösen Erziehung war Erziehung zum Waffengebrauch in der breiten Masse der ländlichen und städtischen Bevölkerung kein Thema. Seit der Monopolisierung der Waffenfähigkeit durch den Adel hatte die Ausbildung zum Kriegsdienst im Wesentlichen nur für die Adelsfamilie Bedeutung. Wie so viele mittelalterliche Ausbildungsformen erfolgte auch sie in hohem Maß durch Dienst in fremdem Haus. Der Sache nach waren nur die Söhne davon betroffen, insbesondere die jüngeren, denn die zur Nachfolge bestimmten Erstgeborenen behielt man eher im Haus.[486] Auch Töchter wurden gelegentlich an einen auswärtigen Fürsten- oder Adelshof zur Erziehung gegeben, es war dies aber bei weitem nicht so verbreitet wie bei Söhnen.[487] Das Motiv dazu konnte sein, sie gemeinsam mit ihrem zukünftigen Ehegatten erziehen zu lassen. Die heilige Elisabeth etwa wurde schon mit vier Jahren mit dem damals 11-jährigen Landgrafensohn Ludwig von Thüringen verlobt und auf die Wartburg gebracht. Mit 15 Jahren heiratete sie. Ehen zwischen Partnern, die die Pubertät im selben Haushalt verbracht haben, sollen besonders belastet sein, weil die sexuelle Appetenz gering ist. Das Beispiel der Sim-pua-Ehen in Taiwan wird für diese anthropologische Grundregel, die für die Erklärung der Inzesttabus so wichtig ist, immer wieder ins Treffen geführt.[488] Die heilige Elisabeth brachte in fünf Ehejahren vier Kinder zur Welt. Von sexuellen Schwierigkeiten in ihrer Ehe wissen wir nichts. Darüber berichten Heiligenviten in der Regel auch nicht. Derartige Fälle frühzeitigen Verlassens des Elternhauses waren sicher die Ausnahme. Sie sind im Kontext dynastischer Heiratspolitik zu verstehen.

Adelssöhne wurden kaum vor dem siebten Lebensjahr aus dem Haus gegeben. Sie sollten schon mit dem Reiten beginnen können, wenn sie als Knappen ausgebildet wurden.[489] Die Bezeichnung »Knappe« ist mit unserem heutigen Wort »Knabe« verwandt und meint allgemein einen in Dienst stehenden jungen Mann. Auch ein Handwerksgeselle konnte als »Knappe« bezeichnet werden, und beim heute noch geläufigen »Bergknappen« – einer frühen Form der Lohnarbeit – muss ein häusliches Dienstverhältnis am Beginn der Entwicklung gestanden sein.[490] Auf das Dienstverhältnis des adeligen Knappen verweisen die bedeutungsgleich gebrauchten Bezeichnungen »famulus« und »serviens«. Die konkrete Art des Dienstes ist mit »scutarius« und »armiger«, also »Schildträger« und »Waffenträger«, angesprochen. Der Knappe leistete seinem Herrn konkrete Dienste im Krieg – das sicher aber erst nach voller Ausbildung im Umgang mit den Waffen, also mit etwa 15 Jahren. Die Bezeichnung »vasalletus«, die im französischen »valet« fortlebt,[491] charakterisiert die personelle Grundkonstellation: Der »kleine Vasall«, also der Sohn des Vasallen, wird in den Haushalt des Herren seines Vaters aufgenommen, um dort Dienst zu tun und ausgebildet zu werden.

Für diese Ausbildung war letztlich – wie für die seiner eigenen Söhne – der Herr selbst verantwortlich. Mit der Durchführung beauftragte er jedoch einen oder mehrere Lehrer bzw. Erzieher.[492] In Hinblick auf die Differenzierung des Ausbildungsziels konnten verschiedene Lehrer notwendig sein. Primär ging es um die Vorbereitung des Kampfs als Panzerreiter, also Reiten, Umgang mit Waffen und allgemeines Trainieren der Körperkraft für diesen Einsatz. Vom Ritter wurde allerdings zunehmend mehr verlangt als bloße Befähigung zum Reiterkampf. Vor allem unter dem Einfluss der Cluniazenser ist es zu einer Verchristlichung des zunächst rein kämpferischen Kriegerideals gekommen.[493] Der angehende Ritter sollte zu Verhaltensweisen erzogen werden, wie sie im Begriff »ritterlich« ansatzweise fortleben. Mit Verfeinerung der Hofkultur gewann auch die Erziehung zu höfischen Umgangsformen an Bedeutung, etwa bezüglich der Tischsitten. Kenntnisse des Lesens und Schreibens sowie der lateinischen Sprache gehörten zunächst nicht zum Bildungsziel des adeligen Nachwuchses. Die Ausbildung des Ritters und des Geistlichen blieben lange getrennt. Sowohl religiöse Gründe als auch neue Anforderungen im fürstlichen Ämterwesen führten jedoch mit der Zeit zu einer Konvergenz. Dementsprechend breit musste das Lehrangebot sein, das die Ausbildung an spätmittelalterlichen Adels- und Fürstenhöfen umfasste.

Die adelige Kavalierstour als Form der Ausbildung ist erst ein Phänomen der frühen Neuzeit.[494] Meist unter Begleitung eines Hofmeisters wurden Adelssöhne ins Ausland geschickt, um an Fürstenhöfen und anderen Bildungsstätten die für einen Höfling erforderlichen Qualifikationen zu erwerben. Die Reise als Ausbildungsform des Adels zeichnet sich jedoch schon im Mittelalter ab.[495] In zwei Versionen des Tristan etwa geht der Titelheld auf Reisen, um verschiedenen Herren zu dienen, Fremdsprachen zu erlernen und fremde Länder mit ihren Sitten und Gebräuchen kennen zu lernen. Analoge Phänomene finden sich im Mittelalter auch in anderen Milieus. Der »clericus vagans« sucht Bildung im Wechsel der Ausbildungsstätten. Wenn er eine Dienststellung übernimmt, so tut er das nicht unbedingt, um vom Dienstgeber zu lernen. Sehr häufig verdienten sich Studenten ihren Lebensunterhalt als Hauslehrer – einer anderen Form der Verbindung von Lehre und Dienst in fremden Haus.[496] Der Bildungsreise des Adeligen eher vergleichbar ist die Kaufmannsausbildung. Lehrjahre im Kontor von auswärtigen Geschäftsfreunden waren für Kaufmannssöhne eine wichtige Vorbereitung auf ihren Beruf. In vielen Gewerben wurden den Gesellen als Bedingung der Zulassung zur Meisterschaft Wanderjahre vorgeschrieben. Voraussetzung für das Selbständigwerden war es also, in möglichst vielen Betrieben gelernt zu haben – jeweils in die Hausgemeinschaft des Meisters, bei dem man diente, aufgenommen.[497] Qualifizierte Formen des Lernens durch Dienst in fremdem Haus bedingten Wechsel des Haushalts und damit letztlich auch Ortswechsel. Man könnte auch umgekehrt formulieren: Weil das west- und mitteleuropäische Familiensystem problemlos ein Verlassen des Elternhauses ermöglichte, war so viel an qualifizierter Ausbildung möglich.

Das in Zünften organisierte Gewerbe der spätmittelalterlichen Stadt war das einzige Milieu, in dem Ausbildung durch Dienst in fremdem Haus zwingend vorgeschrieben war. Nur in wenigen Regionen und dann auch nur ausnahmsweise durfte der eigene Vater als Meister den Sohn ausbilden.[498] Es wurde schon darauf hingewiesen, dass in städtischen Handwerkerfamilien nur sehr selten erwachsene Söhne mitlebten. Wenn Söhne ein Handwerk lernen wollten, mussten sie das Elternhaus verlassen. Auch wenn der Vater den Sohn als Mitarbeiter hätte brauchen können, durfte er ihn nicht bei sich behalten. Im bäuerlichen Familienbetrieb war das anders. Der Arbeitskräftebedarf des Hofes wurde primär mit eigenen Kindern gedeckt, erst sekundär mit Knechten und Mägden. Hier stand auch nicht eine qualifizierte Ausbildung im Vordergrund, sondern das Erledigen bestimmter Arbeitsaufgaben. Der Schluss, dass der bäuerliche Gesindedienst nicht auch Ausbildungsaufgaben erfüllt hätte, wäre allerdings eine unzulässige Folgerung aus diesem Unterschied. Jugendliche wurden auf dem Hof auf ihre zukünftige Rolle als Bauer bzw. Bäuerin vorbereitet, sie konnten das aber auch als Sohn und Tochter und mussten dafür nicht Knecht oder Magd werden. So wurde in bäuerlichen Gesellschaften der Gesindedienst keineswegs zu einer Phase, die der gesamte Nachwuchs durchlaufen musste. Der Prozentsatz der in Dienst stehenden Jugendlichen war regional sehr unterschiedlich, in Regionen mit Anerbenrecht, wo sich große Höfe hielten, meist stärker als bei Freiteilbarkeit.

Für Handwerkertöchter sah die Jugendphase ganz anders aus als für Handwerkersöhne.[499] Eine qualifizierte Ausbildung in einem Gewerbe kam für sie lediglich ausnahmsweise in Frage. Es gab nur wenige Zünfte von Meisterinnen, auf spezielle Zweige der Textilproduktion in ein paar Großstädten beschränkt, die Lehrmädchen ausbildeten. Ohne qualifizierte Ausbildung war in einigen Gewerben eine Mitarbeit von weiblichem Hilfspersonal möglich – als ›Ladendirn‹ beim Bäcker, als ›Bankdirn‹ beim Fleischhauer, als ›Baddirn‹ beim Bader. Das bedeutete Aufnahme in den Familienbetrieb ohne Ausbildung durch Dienst in fremdem Haus. Die meisten Gewerbe sperrten sich jedoch gegen eine Mitarbeit von Frauen. Es kam im Spätmittelalter zu einer Auseinanderentwicklung der betrieblichen Sphäre der Männer und der familiären der Frauen. Den Mädchen blieb im Handwerkerhaushalt die Stellung als Tochter oder als Magd, in beiden Positionen in starker häuslicher Abhängigkeit. Den Gesellen hingegen gelang – gestützt auf ihre Bruderschaften – eine Emanzipation aus solchen Abhängigkeitsverhältnissen. In der Entwicklung der bäuerlichen Hausgemeinschaft hat diese Separierung von Haushalt und Arbeitsstätte bzw. korrespondierend von weiblichem und männlichem Gesinde kein Gegenstück.

Der Antritt der Lehrzeit in fremdem Haus konnte im städtischen Handwerk zu sehr unterschiedlichen Zeitpunkten erfolgen.[500] Lehrlinge unter zwölf Jahren begegnen selten. Lehrzeit ab vierzehn Jahren dürfte die Regel gewesen sein. Es kam aber auch vor, dass ein Lehrling erst mit achtzehn oder zwanzig seine Ausbildung begann. Auch die Dauer der Lehrzeit war sehr unterschiedlich.[501] Viele Gewerbe begnügten sich mit zwei bis drei Jahren, in hochspezialisierten Handwerkszweigen konnte die Lehrzeit weit länger dauern, etwa bei den Silberschmieden oder den Paternostermachern. Im 13. Jahrhundert wurden in diesen Gewerben in Paris zehn bzw. zwölf Lehrjahre gefordert. Für die Dauer der Lehrzeit konnte der Lehrling nicht seinen Ausbildungsplatz wechseln. Er war durch den Vertrag, den seine Eltern mit dem Meister geschlossen hatten, gebunden. Das bedeutete eine hohe Stabilität bezüglich der Familieneinbindung in den Lehrjahren, der eine hohe Mobilität in der Gesellenzeit gegenüberstand. Beim bäuerlichen Gesinde gab es diesen Kontrast nicht in gleicher Weise. Aber auch auf dem Lande lässt sich beobachten, dass jüngere Knechte und Mägde länger auf einem Dienstplatz blieben als ältere, obwohl die Bindung jeweils nur für ein Jahr bestand.

Bevor Handwerkersöhne ihre Lehrzeit begannen, absolvierten sie im ausgehenden Mittelalter häufig schon ein oder zwei Jahre Elementarschule.[502] 1478 untersagte die Londoner Goldschmiedezunft ihren Mitgliedern, Lehrlinge aufzunehmen, die nicht lesen und schreiben konnten. Die Kürschner hatten hier 1490 eine ähnliche Regelung und die Eisenwarenhändler verlangten von ihren Lehrlingen, dass sie zumindest ihren Namen schreiben konnten.[503] Die Elementarschulen waren nicht aus spezifischen Ausbildungsbedürfnissen des städtischen Handwerks entstanden. Eher lässt sich ein funktionaler Zusammenhang mit dem kaufmännischen Rechnungswesen und der Schriftlichkeit des Handelsverkehrs herstellen. Schreib- und Rechenschulen, die sich vor allem im 14. Jahrhundert stark ausbreiteten, können aber insgesamt nicht auf die Qualifikationsbedürfnisse einer bestimmten Berufsgruppe zurückgeführt werden. Dementsprechend hat sich dieser Schultyp nicht unmittelbar aus Formen des Lernens durch Dienst in fremdem Haus herausentwickelt.[504] Die Elementarschulen sind von vornherein Tagesschulen. Soweit sich Parallelen zu häuslichen Ordnungen finden, sind sie als Analogiebildung zu verstehen – etwa die Rute als Symbol des Lehrers, dem – wie den Eltern – das Züchtigungsrecht über die Kinder zusteht. Die Verbreitung solcher Elementarschulen im mittelalterlichen Europa war höchst unterschiedlich. In Florenz sollen nach dem Bericht des Giovanni Villani 1338 zwischen 8000 und 10 000 Kinder Elementarschulen besucht haben.[505] Nach vorsichtigen Berechnungen wäre das jedes zweite Kind gewesen. Für London wird zu Ende des Mittelalters eine Lesefähigkeit von 50 Prozent der Bevölkerung angenommen.[506] Diese Fähigkeiten müssen allerdings nicht nur durch Schulbesuch erworben worden sein. Mit England und Italien sind zwei europäische Regionen angesprochen, in denen Schreib- und Rechenschulen schon im Mittelalter sehr stark verbreitet waren. Dementsprechend hoch war hier der Grad der Literalität. Lesen und schreiben zu können ermöglichte Formen der indirekten Kommunikation über die Bezugspersonen der Primärgruppen hinaus und damit der alternativen Orientierung. Möglichkeiten alternativer Orientierung hatten damals vor allem im religiösen Bereich Bedeutung. Der religiöse Nonkonformismus des Reformationszeitalters wäre ohne die Literalisierung breiter Bevölkerungsgruppen undenkbar. Die Entfaltung des Schulwesens im Spätmittelalter bewirkte aber auch im Bereich der Primärgruppenbildung und damit in der direkten Kommunikation zukunftsweisende Neuansätze. Gegenüber den traditionellen Formen der häuslichen Erziehung führte die schulische verstärkt zur Ausbildung von außerhäuslichen Gruppen von Kindern und Jugendlichen.

Jugendgruppen, die Gleichheit und Selbstbestimmung ermöglichen, können ein Gegengewicht zu den herrschaftlich bestimmten Strukturen von Haus und Familie bilden. Für die europäische Gesellschaftsentwicklung dürfte die Stärke solcher Jugendgruppen wichtig gewesen sein.[507] Das oppositionelle Potential von studentischen Gruppen wird schon im Mittelalter deutlich fassbar, es richtete sich jedoch nicht gegen häusliche Autoritäten. Bei Gesellenverbänden hingegen ist dieser Gegensatz offenkundig. Sie bilden die organisatorische Basis für Konflikte mit den Meistern. In diesen Konflikten geht es in hohem Maß um Emanzipation aus den Bindungen der Familie, etwa im Kampf um eigenständige Verköstigung. Gesellenbruderschaften übernehmen aber auch Aufgaben, die die Meisterfamilie nicht mehr zu leisten bereit ist oder nicht mehr zu leisten vermag. Wesentlich erscheint diesbezüglich vor allem Begräbnis und Totengedenken – charakteristische Familienverpflichtungen, die bei den hochmobilen Gesellen nicht mehr Sache der Herkunftsfamilie sein können. Die Verwandtschaftsbindungen sind bei ihnen extrem gelockert.

Bei ländlichen Burschenschaften – dem zweiten wichtigen Typ von Jugendgruppen, der sich bis ins Mittelalter zurückverfolgen lässt – ist die Situation anders. Hier handelt es sich nicht um eine berufsbezogene, sondern um eine territorialbezogene Jugendgruppe. Die zugewanderten Knechte spielen zwar auch eine Rolle, im Vordergrund stehen aber die Bauernsöhne. Ein Gegengewicht zu den Vätern stellt die Gruppe der Jungen in zweierlei Hinsicht dar: Zunächst üben sie durch ihr Rügebrauchtum eine Art eigenständige Gerichtsbarkeit aus. Gegenstand dieser Jugendjustiz sind nicht zuletzt die Belange des Familienlebens – etwa wenn gegen die Wiederverehelichung einer Witwe oder eines Witwers protestiert wird, die die Hoffolgechancen der jüngeren Generation beeinträchtigt. Die andere für das Generationenverhältnis wichtige Funktion ländlicher Burschenschaften ist ihre Rolle im Werbebrauchtum. Sie beschränkt sich nicht auf das Veranstalten von Festen, bei denen getanzt wird und damit die Möglichkeit des Kennenlernens besteht. Vielmehr kontrollieren ländliche Burschenschaften den Prozeß der Partnerfindung insgesamt. Das heißt nicht, dass der Einfluss der Familie auf die Verheiratung durch die Jugendgruppe ersetzt worden wäre. Partnerfindung ist ein hochkomplexer Prozess. Wo die Gemeinschaften der Jungen stark sind, können sie in diesem Prozess mitsprechen.

Unabhängig von Konfliktsituationen, in denen Jugendgruppen hausrechtlich Abhängige stärken, geben sie ihnen im allgemeinen Möglichkeiten zu selbstbestimmten Lebensformen außer Haus und damit zu Eigenständigkeit, Autonomie und Emanzipation. Bis ins Mittelalter zurück hat die männliche Jugend diese Möglichkeiten in viel stärkerem Maße gehabt als die weibliche. Das erklärt sich aus Bedingungen der geschlechtsspezifischen Arbeitsteilung, aber auch aus kulturellen Mustern von Geschlechterrollen, die gerade in der Jugendphase als besonders streng verpflichtend angesehen werden. Alle jene Jugendgruppen, die schon im Mittelalter zur Emanzipation hausrechtlich Abhängiger beitragen, sind Zusammenschlüsse von jungen Männern. Spezifische Mädchengruppen wie die Spinnstuben führen nicht in gleicher Weise zur Emanzipation aus hausrechtlicher Abhängigkeit. Treffen innerhalb des Hauses stehen hier im Vordergrund, die von Erwachsenen kontrolliert sind.

Sicher hat die besondere Rolle von ländlichen Burschenschaften, Gesellenverbänden und anderen Zusammenschlüssen junger Männer in Mittel- und Westeuropa damit zu tun, dass hier die Jugendphase besonders lange dauert. Das »European marriage patterns« bewirkt lange Wartezeiten. Der Anteil der Ledigen an der Bevölkerung ist hoch, vor allem der der älteren Ledigen. Aus der langen Dauer der Jugendphase im Verbreitungsgebiet dieses Heiratsmusters lässt sich aber nicht erklären, warum Jugend hier in besonderer Weise zu schrittweiser Verselbständigung führt. Wäre das nur eine Frage der Dauer, so müsste gerade die im interkulturellen Vergleich besonders lange Ledigenphase von Mädchen auch in besonderer Weise emanzipatorisch wirken. Zur Phase der Verselbständigung wird Jugend erst im Kontext eines spezifischen Familien- und Gesellschaftssystems. Als ein dafür besonders wesentliches Strukturelement des west- und mitteleuropäischen Familiensystems erscheint der Gesindedienst bzw. allgemeiner formuliert das Ausscheiden von Kindern und Jugendlichen aus dem Elternhaus, um in fremdem Haus zu dienen. Wir haben gesehen, dass dieser Dienst mit besonderen Ausbildungsmöglichkeiten zusammenhängt, dass er Mobilität bewirkt und Möglichkeiten alternativer Orientierung bietet. Das sind wichtige Voraussetzungen – sicher nicht die alleinigen – dafür, dass sich die Jugendphase in zentralen Regionen Europas schon im Mittelalter zu einer Lebensphase der Individualisierung entwickelte.

Als Kind oder als Jugendlicher das Elternhaus zu verlassen, um in einem fremden Haus in Dienst zu gehen, ist nur dort möglich, wo es keine religiösen, kulturellen oder ökonomischen Bedingungen gibt, die zum Verbleib zwingen. Der innereuropäische Vergleich zeigt, dass Gesellschaftssysteme mit streng patrilinearer Abstammungsordnung – gleichgültig wodurch diese begründet ist – die Söhne an die Herkunftsfamilie binden. Die Töchter verlassen das Haus, aber bloß aus Anlass der Heirat. Familiensysteme, die ein Ausscheiden der Söhne erlauben, haben sich im mittelalterlichen Europa nur dort entwickelt, wo solche Abstammungsordnungen nicht bestanden haben oder überwunden wurden. Die Veränderungen im Verwandtschaftssystem stehen mit den Haushaltsformen in ursächlichem Zusammenhang. So sind es letztlich dieselben Bedingungen einer offenen und flexiblen Familienstruktur, die den hier skizzierten Entwicklungsprozessen zugrundeliegen: der Entwicklung zur Verselbständigung in der Jugendphase und zur gattenzentrierten Familie.

IV. Zusammenfassung: Familienentwicklung in gesellschaftlichem Kontext

Die beiden meistdiskutierten Thesen über die Entwicklung von Familie und Verwandtschaft im Mittelalter, von denen der hier versuchte Überblick ausgegangen ist, bedürfen beim heutigen Diskussionsstand sicher einiger Ergänzungen und Modifikationen, in mancher Hinsicht wohl auch der Korrektur. Karl Schmids Aussagen über den Strukturwandel der Familie in nachkarolingischer Zeit waren ursprünglich auf den Adel der aus dem Imperium der Karolinger hervorgegangenen Reiche beschränkt. Dass sich in diesem Milieu damals einschneidende Veränderungsprozesse von Familie und Verwandtschaft abspielten, steht außer Frage. Ob sie mit »offener Verwandtschaftsgruppe« und »geschlossen agnatischem Verwandtschaftsverband« zutreffend charakterisiert werden können, lässt sich allerdings bezweifeln. Man könnte die zunehmenden Bindungen zwischen den Familien von Lehensherren und Vasallen durchaus auch als eine Tendenz zur Öffnung verstehen. Wenn sich mit dem Lehenswesen das Prinzip des Einzelerbrechts verbreitete, so entstanden daraus Geschlechterverbände, deren agnatische Struktur sich grundsätzlich von patrilinearen Abstammungsgruppen mit Gleichberechtigung aller Deszendenten unterschieden. Keinesfalls lässt sich Georges Dubys weiterführende Feststellung halten: »Zur maßgeblichen Verwandtschaftseinheit wurde jetzt eine Abstammungslinie von Männern, in der die Stellung und das Recht der Frauen immer schwächer wurden«. Alle Indikatoren sprechen gegen die Annahme, dass die Bedeutung von Frauen in der Verwandtschaft bzw. von Verwandtschaft durch Frauen damals zurückgegangen ist. Das gilt ebenso für die These von der »horizontal erlebten« zur »vertikal organisierten Verwandtschaft«. Die Tendenz zur Parallelisierung von kognatischen und affinen Verwandten, das Aufkommen der Patenverwandtschaft, die Ausweitung des Brüdermodells und manche andere Momente deuten eher darauf hin, dass die Entwicklung in Richtung des Ausbaus horizontaler Bindungen ging. Insgesamt ist die mittelalterliche Gesellschaftsentwicklung in Europa durch die starke Bedeutungszunahme genossenschaftlicher Sozialformen und damit horizontaler Beziehungen charakterisiert.

Die mit der Schmid-Duby-These in Widerspruch stehende These des Sozialanthropologen Jack Goody spricht in der Beschreibung der Veränderungen von Verwandtschaftsverhältnissen in Europa in der Spätantike und im Frühmittelalter sicher wesentliche Momente des Wandels an. Seine Beobachtungen über Heiratsregeln, Erbrechtssysteme, Ehekonzepte oder Formen der künstlichen Verwandtschaft führen zu Grundmustern, denen für das Bild mittelalterlicher Verwandtschafts- und Familienverhältnisse entscheidende Bedeutung zukommt. Problematisch erscheint jedoch der Erklärungsansatz: »daß die frühe Kirche [...] die Regeln der Ehe mit der Absicht änderte, Familienreichtum der Kirche zuzuleiten.«

Alle Versuche, Entwicklungstendenzen von Familie und Verwandtschaft in Europa während des Mittelalters im ganzen zu charakterisieren, stehen vor zwei kaum überwindbaren Problemen. Zunächst: Der Kontinent Europa stellt in dieser Zeit keine Einheit gleichartiger gesellschaftlicher Verhältnisse dar – zu Beginn des Mittelalters noch viel weniger als zu dessen Ende. Das gilt dementsprechend auch für Verwandtschaft und Familie. Dann: Die Epoche »Mittelalter« wurde aufgrund von Kriterien konstruiert, die für die Geschichte von Familie und Verwandtschaft ohne Bedeutung sind. Innerhalb konventioneller Epochengrenzen bekommt man nur einen beschränkten Ausschnitt größerer Entwicklungszusammenhänge in den Blick. Wenn im Anschluss an die Goody-These auf der Basis der gebotenen Übersicht Ergänzungen versucht werden, so gilt es, diese Schwierigkeiten zu berücksichtigen. Eingegangen werden soll vor allem auf jene Entwicklungstendenzen, die sich im Untersuchungszeitraum verstärkt und auf größere Räume innerhalb Europas ausgeweitet haben.

Die in fast allen europäischen Sprachen beobachtbare Parallelisierung von Verwandtschaftsbegriffen zwischen väterlicher und mütterlicher Linie bzw. zwischen Bluts- und Heiratsverwandtschaft weist den Weg zu maßgeblichen Basisprozessen in der Entwicklung von Familie und Verwandtschaft. Sie signalisiert einen Bedeutungsverlust von patrilinearen Abstammungsverbänden und mit ihnen korrespondierenden patrilinear-komplexen Familienformen, insgesamt einen Rückgang des Abstammungs- und Geblütsdenkens. An Ahnherren orientierte Verwandtschaftskonzepte treten zugunsten ego-fokussierter zurück, damit auch jenes Einheitsbewusstsein der Agnaten, das mit dem Begriff »Gruppen-Ego« zu charakterisieren versucht wurde, wie es in Blutrache oder Leviratsehe zum Ausdruck kommt. Verwandtschaftsbeziehungen werden vielfältiger, stärker funktional differenziert, damit aber auch weniger verpflichtend. Neue Formen von Verwandtschaftsbeziehungen und quasifamilialen Bindungen kommen auf – vor allem die Patenschaft, die Vasallität, die Bruderschaft. Auf sie aufbauend entstehen umfassende Sozialformen, die die spezifisch europäische Entwicklung von Herrschaft und Mitbestimmung entscheidend beeinflussen.

Mit dem Bedeutungsrückgang von Abstammungsbeziehungen korreliert die Bedeutungszunahme der Gattenbeziehung. Auch sie kommt besonders deutlich im Wandel der Verwandtschaftsterminologie, aber auch sonst in vielen der untersuchten Phänomene zum Ausdruck. Die Einehe wird zum allgemein verbindlichen Modell. Immer stärker setzt sich das Konzept der Konsensehe durch, die durch die Entscheidung zweier individueller Partner geschlossen wird. Damit sind Tendenzen der Partnerschaftlichkeit angelegt. In Hinblick auf die Bedeutung der Ehe für das europäische Verwandtschafts- und Familiensystem wird man wohl zu Recht die Charakteristik als »gattenzentrierte Familie« verwenden dürfen.

Ein weiteres Spezifikum der europäischen Familienverfassung, das im Mittelalter verstärkt in Erscheinung tritt, steht mit der Bedeutungsabnahme von Abstammungsbindungen bzw. der Bedeutungszunahme der Gattenbeziehung in Zusammenhang, nämlich die Orientierung an Haus bzw. Haushalt als maßgeblichem Rahmen der Familiengemeinschaft. In vielen Kulturen des mittelalterlichen Europa fallen Heirat und Übernahme der Hausherrenstellung zusammen – sei es bei patrilokaler Residenz oder bei neolokaler Ansiedlung. Das »European marriage pattern« mit seiner relativ langen Wartezeit bis zur Heirat ist Ausdruck dieses Musters der Haushaltsformierung. Dieses Muster verhindert komplexe Familienkonstellationen im Sinne eines Zusammenlebens mehrerer Ehepaare, wie sie bei Patrilokalität in patrilinearen Gesellschaften häufig vorkommen. Das Zusammenleben mit Verwandten spielt bei solchen Formen der Haushaltsformierung insgesamt eine relativ geringe Rolle. Aus dem Gattenpaar und seinen Kindern bestehende einfache Familienformen herrschen vor. Hingegen kann es zu einem Zusammenleben mit nicht verwandten Personen innerhalb der Haus- bzw. Haushaltsgemeinschaft kommen. Für viele Gesellschaften des mittelalterlichen Europa ist diese Entwicklung typisch. Aus Gründen der Arbeitskräfteergänzung kommt es zur Aufnahme von Knechten, Mägden, Gesellen, Lehrlingen, Dienstmädchen etc. Sie alle gehören nach dem Verständnis der Zeit zur Familie, obwohl sie nicht verwandt sind. Das gilt in gleicher Weise auch für die verschiedenen Formen von Zieh- und Pflegekindern. Für die Familienzugehörigkeit entscheidend ist das Leben unter einem Dach, das Essen an einem Tisch, die gemeinsam verrichtete Arbeit – nicht die Abstammung von einem gemeinsamen Ahnherren.

Es ist ein sehr offenes und flexibles System der Familienorganisation, das hier durch die Abwertung der Abstammungsbindungen entsteht. Insbesondere als Einheit der Arbeitsorganisation gewinnt die Familie vielfältige Entwicklungsmöglichkeiten. Durch das Zusammenleben von verwandten und nicht verwandten Personen können an unterschiedliche Aufgaben angepasste Großhaushalte zustandekommen. Ebenso sind Erweiterungsmöglichkeiten zu Rahmenhaushalten gegeben, die einzelne Familiengemeinschaften durch familiale oder quasifamiliale Beziehungsformen miteinander verbinden. Auch durch solche umfassenden Groß- und Rahmenhaushalte ist das europäische Familiensystem durch seine besondere Offenheit und Flexibilität für spezifische Sonderentwicklungen der europäischen Gesellschaften bestimmend geworden. Analog zur Charakteristik »gattenzentriert« und ursächlich damit in Zusammenhang lässt sich dieses Familiensystem als »domozentrisch«, d. h. auf das Haus zentriert, beschreiben.

Zu jenem Syndrom spezifisch europäischer Familienentwicklungen, die bereits im Mittelalter entstehen, gehört sicher auch die Tendenz zur Individualisierung in der Familie. Sie findet nicht nur in der Zunahme individuell verfügbaren Eigentums gegenüber dem Gemeinschaftsbesitz von Familien- und Verwandtschaftsgruppen ihren Ausdruck, wie in der Literatur häufig betont wird. Wesentlicher erscheint die lange Jugendphase, die das »European marriage pattern« bedingt, das Verlassen des Elternhauses als häufiges Phänomen, der Wechsel zwischen verschiedenen Hausgemeinschaften im Gesindedienst, die Erfahrungen der Wanderschaft bei »life cycle servants«, insgesamt die relativ hohe individuelle Mobilität in Gesellschaften mit dominant neolokaler Ansiedlung. Bindungen an die Herkunftsfamilie konnten durch solche Faktoren gelockert werden. Gerade in der Jugendphase spielten konkurrierende Sozialformen eine bedeutsame Rolle, vor allem Jugendgruppen, seit dem späten Mittelalter zunehmend auch Schulen. Die Stärke genossenschaftlicher und anstaltlicher Sozialformen in den europäischen Gesellschaften des Mittelalters ist insgesamt als ein Faktor zu bedenken, der dem Einzelnen über seine familialen Rollen hinaus Entfaltungsmöglichkeiten bot. Sicher waren solche Individualisierungschancen für Männer in höherem Maße gegeben, die offene und flexible Familienverfassung schuf jedoch auch für Frauen in vieler Hinsicht analoge Voraussetzungen.

Die Frage nach den bedingenden Ursachen spezifisch europäischer Entwicklungen des Verwandtschafts- und Familiensystems im Mittelalter wird in Georges Dubys Fassung der Schmid-These mit dem Stichwort »Feudalismus« beantwortet, in der Goody-These mit Besitzinteressen der »christlichen Kirche«. Als »Lehenswesen« und »Christentum« umformuliert sind es Erklärungsansätze, zu denen auch die hier vorgenommene Analyse immer wieder geführt hat. Zusammenhänge mit derart allgemein etikettierten Rahmenbedingungen haben sich allerdings in ganz unterschiedlicher Weise ergeben. Dazu einige Beispiele: Die religiöse Bedeutungslosigkeit von Abstammung, die für die Entwicklung der europäischen Familien- und Verwandtschaftssystems so wichtig werden sollte, ist nirgendwo als Glaubensgrundsatz festgelegt. Aber sie gehört implizit zu den Grundstrukturen christlicher Gemeinschaftsordnung. Das Christentum ist eine Bekehrungsreligion. Die Taufe als die »Geburt dem Geiste nach« hat gegenüber der »Geburt dem Fleische nach« Vorrang. Das Christentum kennt kein Erbcharisma. Sukzession durch Weihe steht im Vordergrund, nicht Sukzession nach der Abstammungslinie. Das Christentum ist eine Gemeindereligion. Mit seiner Verbreitung setzen sich gemeindlich-genossenschaftliche Sozialformen durch, die organisierten Abstammungsverbänden entgegenwirken. Das gilt im Mittelalter für alle bereits christlichen bzw. neu christianisierten Gesellschaften. Aus dieser genuin christlichen Grundstruktur erklärt sich die Zurückdrängung abstammungsorientierter Elemente der Familien- und Verwandtschaftssysteme. Aus dieser Grundstruktur lässt sich jedoch nicht ableiten, was sich in diesen Systemen neu entwickelte. Das Christentum gibt – im Unterschied zu anderen großen Religionsgemeinschaften – kaum Anweisungen über die Ordnung von Familie und Verwandtschaft. Mit einer Ausnahme – aber die ist nicht genuin christlich.

Die für die Entwicklung der gattenzentrierten Familie so wesentlichen Prinzipien von Monogamie und Konsensehe wurden im Mittelalter sicher als spezifisch christliche Werte durchgesetzt und verbreitet. Sie waren bis dahin auch dazu geworden. Ihrem Ursprung nach können sie aber nicht so charakterisiert werden. Insgesamt hat die gattenzentrierte Familie weiter zurückreichende Wurzeln. In der Verwandtschaftsterminologie sind uns bezeichnenderweise schon in vorchristlicher Zeit entscheidende Indikatoren im Griechischen begegnet. Vieles, was in die mittelalterliche Verwandtschafts- und Familienverfassung eingegangen ist, hat Wurzeln, die weit in die griechische bzw. römische Antike zurückreichen.

Neben genuin christlichen und vom Christentum aus antiken Traditionen übernommenen Bedingungsfaktoren sind auch solche zu bedenken, die sich aus späteren Entwicklungen einzelner christlicher Kirchen ergeben haben. Die Papstkirche als eine stark zentralisierte und hoch organisierte Religionsgemeinschaft ist ein Spezifikum der westlichen Christenheit, das sich erst im Hochmittelalter ausgebildet hat. Ihr gelang es in einmaliger Weise, ihre Normen innerhalb ihres Jurisdiktionsbereichs durchzusetzen. Das gilt auch für ihre radikalen Verbote von Eheschließungen unter Verwandten. Christlichen Kirchen mit geringerer Penetrationskraft ist das nicht in gleicher Weise gelungen, wie sich etwa in der kontinuierlichen Praxis von Leviratsehen in einigen Regionen des Balkans zeigt. Ein wichtiges Instrument der Penetration waren in der römischen Kirche die großen Ordensgemeinschaften, insbesondere die Bettelorden. Auch diese universalen Orden sind ein Spezifikum des Westens. Für die Entwicklung privater Laienfrömmigkeit waren sie von großer Bedeutung und damit für Individualisierungsprozesse in der Familie. Christentum als Erklärungsfaktor europäischer Familien- und Verwandtschaftssysteme im Mittelalter muss also selbst als eine Struktur in Entwicklung gesehen werden, die zu unterschiedlichen Zeiten durch unterschiedliche Einzelfaktoren gewirkt hat.

Wie die Papstkirche als organisierte Religionsgemeinschaft stellen die Lehensreiche des Mittelalters als Herrschaftssysteme einen auf die Ordnung von Verwandtschaft und Familie einwirkenden gesellschaftlichen Rahmen dar. Als ein besonders nachhaltig wirkender und tief greifend verändernder Faktor im Kontext des Lehenswesens hat sich das Prinzip der Unigenitur erwiesen. Sein Einfluss lässt sich von der Thronfolge der Fürsten bis zum bäuerlichen Anerbenrecht feststellen. Der wichtigste Einfluss des Lehenswesens auf die Familienverfassung ging aber sicher von der grundherrschaftlichen Fundierung des Systems aus. In der Hufenverfassung weltlicher und geistlicher Grundherrschaften dürften jene Strukturelemente entstanden sein, die – jedenfalls seit dem Hochmittelalter – die bäuerlichen Familienformen in West- und Mitteleuropa weithin bestimmten: Heirat erst bei der Hofübernahme, häufige Weitergabe durch Wiederverehelichung, Gesindedienst, Ausgedinge. Eingriffsrechte des Grundherren in die Familienverhältnisse der Untertanen sind für dieses System charakteristisch – durchaus vergleichbar den Eingriffsrechten des »Seniors« in die seiner Vasallen. Solche herrschaftlichen Eingriffsrechte sind wohl eine der maßgeblichen Wurzeln für die spezifische Offenheit und Flexibilität europäischer Familienstrukturen.

Das Christentum römischer Prägung und das im Frankenreich entstandene Lehenswesen sind nicht die einzigen, aber wohl die beiden wichtigsten Systembedingungen für die Entwicklung europäischer Verwandtschafts- und Familienverfassung im Mittelalter. Die durch sie bestimmten Elemente dieser Verfassung setzten sich in weiten Räumen des Kontinents durch, so dass die Bezeichnung »europäisch« gerechtfertigt erscheint. Einschränkend ist allerdings zu betonen, dass dieser Prozess der Ausweitung über Jahrhunderte verlief und bis zum Ende des Mittelalters große Räume an der Peripherie des Kontinents nicht erfasst wurden, schließlich, dass es auch nicht zu einer Koinzidenz zwischen den vom Lehenswesen und den von der Westkirche geprägten Strukturen kam.

Die Entwicklung spezifisch europäischer Elemente der Verwandtschafts- und Familienverfassung im Mittelalter erfolgte auf der Grundlage unterschiedlich strukturierter Großräume der Spätantike. In einem stark vereinfachenden Modell lässt sich die Civitas-Verfassung des Imperium Romanum den vielfältigen Formen von Stammesverfassungen außerhalb des Limes gegenüberstellen. Zwischen Stamm und Stadt liegt ein weites Spektrum sozialer Organisationsformen, die die Ordnungen von Familie und Verwandtschaft sehr unterschiedlich beeinflussen. Der krasse Gegensatz zwischen der Stadtkultur des Mittelmeerraums und den Stammeskulturen im Norden des Limes Romanus zu Beginn des hier behandelten Zeitraums hat sich in der Folgezeit abgeschwächt. Alte und neue Formen des Städtewesens verbreiteten sich. Prozesse der Urbanisierung veränderten im Verlauf des Mittelalters die sozialen Ordnungen vom Atlantik bis weit nach Ostmitteleuropa hinein. Gewisse Auswirkungen auf das Familien- und Verwandtschaftssystem sind ihnen allen gemeinsam: Rückgang des Abstammungsdenkens, Bedeutungsverlust von Verwandtschaft, ego-fokussierte Verwandtschaftsordnungen, stärker gattenzentrierte Familienformen, zahlreiche mit nicht verwandten Personen zusammengesetzte Haushalte, große Vielfalt von Haushaltsformen nach Umfang und nach Zusammensetzung, Funktionsentlastung der Haushaltsfamilie durch genossenschaftliche und anstaltliche Sozialformen, vor allem aber Ansätze zur Individualisierung innerhalb der Familie. Im Vergleich zum jeweiligen Umland zeigen sich in Städten in der Regel »modernere« Familienformen. In besonders urbanisierten Regionen des mittelalterlichen Europa setzen sich solche Formen dementsprechend früher und stärker durch.

Auf dem Hintergrund solcher Systembedingungen mittelalterlicher Verwandtschafts- und Familienstrukturen erscheint es sinnvoll, die viel diskutierte Frage europäischer »marriage patterns« und »household typologies« neu zu überdenken, wie sie vor allem durch die Arbeiten von John Hajnal und Peter Laslett zur Debatte gestellt wurde. Damit ist zugleich das Problem der »langen Dauer« europäischer Verwandtschafts- und Familiensysteme berührt. Dass die aus demographischen Daten des 20. Jahrhunderts rekonstruierte »Hajnal-Linie« zwischen Triest und St. Petersburg mit jener Grenze zusammenfällt, die die vom Frankenreich ausgehende Kolonisationsbewegung im Spätmittelalter erreichte, deutet auf kausale Zusammenhänge. Und dass jenes Merkmalsyndrom, das John Hajnal als »European marriage pattern« charakterisiert hat, gerade aus der Perspektive von Forschungen aus dem Mittelmeerraum immer wieder kritisiert wird, ist sicher auch kein Zufall. Offenbar handelt es sich um ein Phänomen, das auf spezifische Strukturen des Frankenreichs zurückgeht. Wenn Peter Laslett – ebenso aufgrund demographischer Merkmale aus neuerer Zeit – die Sonderstellung des Mittelmeerraums betont, so spricht für seinen Ansatz, dass entscheidende Rahmenbedingungen von Familien- und Verwandtschaftssystemen, die sich im Mittelalter im Nordwesten Europas ausgebildet haben, nicht bis in den Mittelmeerraum diffundierten. Kritisch ist gegenüber seiner Sichtweise allerdings anzumerken, dass sie der inneren Differenzierung des Mittelmeerraums hinsichtlich seiner Familienformen nicht gerecht wird, deren Systembedingungen in vieler Hinsicht im Mittelalter entstanden sind. Ebenso erscheint Kritik am Platz, wo Familienstrukturen auf personelle Konstellationen in Haushalten reduziert werden, wie das auch sonst häufig in Arbeiten der quantifizierend orientierten Historischen Familienforschung begegnet. Dem gegenüber ist ein weiter gefasster Begriff von Familienstruktur notwendig. Erst ein derart erweitertes Verständnis macht es möglich, Familienverhältnisse historischer Zeiten aus ihrem jeweiligen gesellschaftlichen Kontext zu erklären.

Neuzeit

von
Andreas Gestrich

I. Faktoren und gesellschaftlicher Kontext des Wandels der Familie in der Neuzeit

Das Christentum, die katholische Kirche und das Lehenswesen waren die zentralen Faktoren, die die Veränderungen der Familienstrukturen in West- und Mitteleuropa während des Mittelalters bestimmten. Auf jeweils unterschiedliche Weise trugen sie dazu bei, dass die Einbindung des Elternpaars in größere Familien- und Verwandtschaftszusammenhänge gelockert wurde. Dadurch beschleunigten sie ganz wesentlich den Aufstieg der so genannten gattenzentrierten Familie. Seit dem Mittelalter dominieren in Mittel- und Westeuropa deshalb Familienformen, in denen ein Elternpaar und seine Kinder den Kern eines Haushalts bilden. Kennzeichnend für die mittel- und westeuropäische Familien wurde außerdem, dass neu verheiratete Paare einen eigenen Haushalt gründen; dass bei der Übernahme eines Hofes oder Betriebes zu Lebzeiten der Eltern die Leitungsfunktion auf die jüngere Generation übergeht und dass verheiratete Geschwister außerordentlich selten und nur in ganz bestimmten Regionen in einem Haushalt zusammenleben. Familienformen, in denen mehrere verheiratete Paare und ihre Nachkommen zu einem Haushalt zusammengeschlossen sind, finden sich in Mittel- und Westeuropa kaum.

Christentum, Kirche und Lehenswesen, die wichtigsten Veränderungsfaktoren für die Familie im Mittelalter, waren in der Neuzeit selbst einem grundlegenden Wandel unterworfen. Das Christentum verlor seine ›Weltdeutungskompetenz‹ durch den Aufstieg der neuzeitlichen Wissenschaft, die westliche Kirche ihre Einheit durch Spaltung und interne Differenzierung. Das Lehenswesen wurde von der Herausbildung moderner Nationalstaaten mit Staatsbürgerrecht, Steuer und freier Lohnarbeit statt persönlicher Bindungen, feudaler Abgaben und Dienste verdrängt. All dies hatte spezifische Auswirkungen auf die Strukturen und das Leben von Familien, auf die Vorstellungen von ihren Aufgaben, Funktionen und ihrer gesellschaftlichen Stellung.

Dies waren aber nicht die einzigen Faktoren, die den Wandel der Familie im Verlauf der Neuzeit prägten. Der Prozess der Industrialisierung Europas und die damit verbundenen tief greifenden Veränderungen in den materiellen Grundlagen und in der Arbeitsorganisation der Gesellschaft, die Verstädterung, die Erleichterungen in der Mobilität und Telekommunikation, die politische Demokratisierung, die Möglichkeiten zur Geburtenverhütung und die Frauenemanzipation waren weitere wichtige Faktoren, die in den letzten zweihundert Jahren den Wandel der Strukturen und Funktionen von Haushalt und Familie nachhaltig beeinflussten.

Neben Veränderungen werden im Folgenden aber auch Konstanten in den Blick kommen. Die bereits für das Mittelalter festgestellten Unterschiede zwischen West-, Mittel- und Nordeuropa einerseits und dem mediterranen Raum sowie Osteuropa andererseits setzten sich auch in der Neuzeit fort und führten zu spezifisch unterschiedlichen Anpassungen an die allgemeinen Herausforderungen der ökonomischen und sozialen Modernisierung. Die gesellschaftlichen Leitbilder von Familie, die Haushaltsstrukturen und innerfamilialen Beziehungen sind auch im 20. Jahrhundert trotz der allgemeinen Durchsetzung der industriellen Gesellschaft noch keineswegs europaweit, geschweige denn weltweit vereinheitlicht. Es bestehen noch immer signifikante Unterschiede, deren Verteilung in Europa erstaunlich weit mit den mittelalterlichen Trennlinien familienstruktureller Großräume übereinstimmt.

Wie stark bestimmte Muster die Haushaltsbildung und die innerfamilialen Interaktionen auch über längere Zeiträume hinweg prägen, kann für die neuere Geschichte der interkulturelle Vergleich zeigen. Die globale Ausbreitung der industriellen Produktionsweise unterwirft die Familien in Lateinamerika, Asien oder Afrika zwar einem deutlichen Anpassungsdruck an bestimmte Anfordernisse dieses Systems, macht sie in ihren Strukturen aber keineswegs gleich. Heiratsregeln, die Bedeutung von Ahnen und Verwandtschaft, Formen der Haushaltsbildung weisen auch in diesen außereuropäischen Regionen weiterhin spezifische Besonderheiten auf. Die von der funktionalistischen Schule der Familiensoziologie in den 1960er und 1970er Jahre prognostizierte Konvergenz der Familienmodelle in Form einer weltweiten Ausbreitung der gattenzentrierten Familie Westeuropas als Konsequenz der Ausbreitung industriegesellschaftlicher Strukturen fand im 20. Jahrhundert nicht statt.[1] Eher sind gegenläufige Tendenzen zu bemerken – zumal dieses Modell im Westen selbst durch steigende Scheidungsraten und neue Formen des Zusammenlebens mit Partnern, Kindern, Freunden, vor allem aber durch die rasante Steigerung von Einpersonenhaushalten im Rückzug begriffen ist. Aus dieser vergleichenden Perspektive lässt sich die Frage nach der Einheit oder Vielfalt der europäischen Familie und den Besonderheiten ihres Wandels in der Neuzeit nochmals präziser fassen.

1. Ehe und Familie als religiöse und weltliche Ordnungen: Wandel der Normen und Leitbilder

Über die Familien vollzieht sich nicht nur die biologische Reproduktion der Gesellschaft, sondern auch die Vermittlung von Werten und kulturellen Verhaltensmustern, die Weitergabe von Eigentum und sozialer Stellung über die Generationen. Die Ordnung der Familie war deshalb immer ein wichtiges Objekt für gesellschaftliche Leitbilder und Vorschriften des Zusammenlebens und sozialen Verhaltens. Diese Normen dürfen nicht mit der Realität des Familienlebens verwechselt werden. Sie besaßen jedoch gerade in ihrer kirchlich-religiösen Variante auch in der Neuzeit eine enorme Prägekraft für das Verhalten und die gegenseitigen Ansprüche innerhalb der Familie. Insofern stellen die normativen Vorgaben einen wichtigen Teil der Geschichte der Familie dar. Zugleich lassen sich über sie bedeutsame Aspekte des gesellschaftlichen Kräftefelds beschreiben, in dem die Familie stand. Die Ansprüche, die an die Familie gerichtet, und die Funktionen, die ihr zugewiesen werden, sind immer Teil konkreter wirtschaftlicher, sozialer und politischer Strukturen und Machtverhältnisse. Sie sind eingebettet in komplexe Zusammenhänge von religiösen, rechtlichen und politischen Traditionen, von Anpassungen an wirtschaftliche Herausforderungen und kulturell geprägten Annahmen über die ›Natur‹ der Gesellschaft, des Individuums und der sozialen Beziehungen.

Dies zeigt sich bereits an der Begrifflichkeit. Das Wort ›Familie‹ drang im Deutschen erst seit dem ausgehenden 17. Jahrhundert – aus dem Französischen kommend – in die Alltagssprache ein. Es war zunächst noch gleich bedeutend mit dem älteren germanischen Begriff des Hauses.[2] Beide bezeichneten in der Frühen Neuzeit weiterhin den »unter der Leitung eines Hausvaters stehenden Rechtsverband, der über die eigentliche, aus Eltern und Kindern bestehende Kernfamilie hinaus auch noch alle anderen Mitglieder des Haushalts umfasste«[3], oder wie Luther es ausdrückte: »Weib und Kind, Knecht und Magd, Vieh und Futter«.[4] Dies entsprach auch der üblichen Bedeutung des lateinischen Terminus ›familia‹ im römischen Recht. Im Englischen und Französischen waren die Begriffe ›family‹ bzw. ›famille‹ zwar schon länger auch als Bezeichnung für die engere Einheit von Eltern und Kinder in Gebrauch, sie wurden bis weit ins 18. Jahrhundert jedoch auch in diesen Sprachen überwiegend synonym für Haus bzw. Haushalt gebraucht.[5]

Dennoch wurde gerade auf der normativen Ebene auch die Einheit von Mann und Frau bzw. Eltern und Kindern schon seit längerem auf verschiedene Weise hervorgehoben. Mit dem Aufstieg der gattenzentrierten Familie seit dem hohen Mittelalter wuchs die religiöse und rechtliche Bedeutung der Verbindung von Mann und Frau. Die katholische Kirche versuchte, ihren Einfluss auf die Definition von Ehe und die Aufsicht über das Ehe- und Familienleben zu festigen. Im Zentrum stand dabei zunächst die Spiritualisierung der Ehe durch ihren Einschluss in die christlichen Sakramente. Dies führte zu einer Zurückdrängung des Einflusses und der Bedeutung der Verwandtschaftsfamilie und wirkte sich über die Partnerbindung hinaus auf das religiöse Verständnis von Familie aus.

a) Die Ehe als Sakrament

Schon im antiken Christentum wurde die Ehe als eine von Gott eingesetzte Institution und als Symbol oder Abbild der Verbindung Christi mit der Kirche interpretiert und deshalb auch als »sacramentum« bezeichnet. Im hohen und späten Mittelalter kam es dann stufenweise zu einer immer klareren und kirchenrechtlich verbindlichen Definition des sakramentalen Charakters der Ehe. Daraus ergab sich notwendig die Forderung, dass eine solche Ehe unter Beachtung bestimmter kultischer und (kirchen-)

rechtlicher Vorschriften geschlossen werden musste. Als Sakrament war die Ehe zudem unauflösbar. Auf dem Konzil von Lyon wurde 1274 die Siebenzahl der Sakramente unter Einschluss der Ehe endgültig fixiert. Seither bestimmte diese Auffassung die römisch-katholische Einstellung zu Fragen des Eherechts und begründete den kirchlichen Anspruch auf die Kontrolle von Eheschließung und Eheleben.

Das hatte Auswirkungen auf die Ehezeremonien: War die Eheschließung ursprünglich ein Rechtsakt zwischen Familien und die kirchliche Beteiligung auf einen Segen nach dem Abschluss des Ehevertrags oder auch auf die Segnung des Ehebetts beschränkt, so setzte sich spätestens seit dem 13. Jahrhundert die maßgebliche Beteiligung der Priester am Rechtsvorgang der Eheschließung durch.[6] Sie waren nicht nur für den Ehesegen, sondern auch für die Kontrolle der Einhaltung der kirchlichen Eheverbote, die Öffentlichkeit des Eheverspruchs und das dreimalige öffentliche Verlesen des Aufgebots in der Kirche verantwortlich. Das kirchliche Eherecht verdrängte seit dem 12. Jahrhundert im Westen allmählich das »weltliche aus dem Substanzbereich der Materie« und erreichte für mehrere Jahrhunderte »ein Geltungsmonopol für das Recht des Ehebandes«.[7]

Allerdings verlief dieser Prozess der Spiritualisierung der Ehe und der Verkirchlichung des Heiratszeremoniells langsam. Vielerorts bestand noch für Jahrzehnte, wenn nicht Jahrhunderte, ein Neben- und Mit- bzw. zum Teil auch ein Gegeneinander kirchlicher und weltlicher Vorstellungen und Sitten. In Norditalien blieb noch lange die Eheschließung nur vor einem Notar üblich. Die kirchliche Beteiligung beschränkte sich auf den Ehesegen nach vollzogener Heirat oder fehlte – wie in Florenz bis ins 15. Jahrhundert – ganz.[8] Auch in Frankreich finden sich noch über das 13. Jahrhundert hinaus Eheschließungen ohne Beiziehung eines Priesters und entsprechende kirchliche Verlautbarungen gegen diese Praxis.[9]

Die sozialhistorische Bedeutung der Auffassung der Ehe als eines Sakraments lag zum einen in der allmählichen Herauslösung der Ehe aus der Machtpolitik von Familien oder den ökonomischen Interessen von Grundherrn, zum anderen führte dies aber auch zu einer Steigerung des Selbstbestimmungsrechts der Partner gegenüber der Kirche. Denn das Sakrament der Ehe stiften sich die Eheleute nach katholischem Verständnis gegenseitig. Der Priester besitzt nur vermittelnde und bezeugende Funktion. Deshalb war auch eine ohne Beiziehung des Priesters geschlossene Ehe nach kirchlichem Recht gültig und unauflöslich – wenngleich strafbar. Dadurch eröffnete sich ein Spielraum für Eheschließungen derjenigen Paare, die sowohl die Interessen der Familien, als auch die Anforderungen der Kirche zu umgehen versuchten.

Dieser Spielraum sollte allerdings für das ausgehende Mittelalter und die Frühe Neuzeit nicht überschätzt werden. Das Recht der Grundherrn auf eine Partnerwahl ihrer Bauern innerhalb der eigenen Grundherrschaft wurden durch diese Entwicklungen de facto noch nicht nachhaltig in Frage gestellt. Auch der Einfluss der Eltern auf die Partnerwahl der Kinder blieb stark.[10] Selbst die Verheiratung kleiner Kinder durch die Eltern als Mittel familialer Allianzpolitik kam – nicht nur in den adeligen Oberschichten – noch lange und häufig vor.[11] Dennoch nahm seit dem 12. Jahrhundert in Westeuropa allgemein die Bedeutung des in ehemündigem Alter (bei Jungen ab 14, bei Mädchen ab 12 Jahren) gegebenen Konsenses zu. Kinder konnten auch nicht gegen ihren Willen verheiratet werden. Diese zunehmende Berücksichtigung der individuellen Entwicklung lässt sich auch bei der Widmung von Kindern zum geistlichen Stand beobachten.[12] Der im 12. Jahrhundert neu gegründete Zisterzienserorden nahm nur mündige Personen auf, die den Entschluss zum Eintritt ins Kloster freiwillig gefällt hatten. Auch in anderen Bereichen kann man in jener Zeit das Vordringen des Konsensprinzips gegenüber reinen Machtbeziehungen feststellen.[13]

Bei der Betonung des Konsenses der Partner als ausreichender Voraussetzung einer gültigen Ehe konnte die katholische Kirche dem Wortlaut nach an ältere Bestimmungen des weltlichen römischen Rechts anknüpfen, denen sie aber einen neuen, ganz auf die freie Entscheidung der Ehepartner ausgerichteten Sinn gab. Im römischen Eherecht war mit consensus wohl die Zustimmung der Familien gemeint. Auch die bereits vom römischen Recht für eine gültige Ehe geforderte »maritalis affectio« wurde nun von »Eheintention« zu »ehelicher Liebe« uminterpretiert und »bekam in einem langsamen Prozess eine Aura des Gefühls und sogar der Romanze.«[14] Für das Eheverständnis war dieser Wandel »revolutionär«, denn er verwandelte die Ehe »von einer sozialen, zwei Familien vorübergehend miteinander verbindenden Institution in eine von Grund auf intime, zwei Personen auf ewig einende Beziehung«.[15] Die neuere Forschung lässt deshalb den Aufstieg stärker partnerschaftlich ausgerichteter Ehen und die Intimitätssteigerung der Partnerbeziehungen bereits im Mittelalter beginnen und betont inzwischen mehr die Kontinuitäten als die Unterschiede zwischen Mittelalter und Neuzeit.

Die orthodoxe Kirche ging mit der katholischen Ehelehre weitgehend konform. Früher noch als in der Westkirche wurde in Byzanz die Gültigkeit einer Ehe schon im 9. Jahrhundert von der Einsegnung durch einen Priester abhängig gemacht. Erst die priesterliche Trauung verlieh einer Ehe nach orthodoxem Verständnis Sakramentscharakter. Eine gültig geschlossene Ehe war deshalb auch in der orthodoxen Kirche nicht auflösbar und eine Wiederverheiratung nach dem Tod eines Partners zunächst nur in Form einer außerkirchlichen Eheschließung, also als Vertrag, möglich. Später wurden diese strikten Bestimmungen etwas gelockert. Mehr als drei Eheschließungen mit kirchlichem Segen waren in der Ostkirche jedoch nicht erlaubt. Allerdings blieben in der Realität die Spielräume zur Annullierung von nicht rechtsgültig geschlossenen Ehen hoch. Die Möglichkeit, Kinder schon im Alter von zehn Jahren miteinander zu verloben, eröffnete Heiratsstrategien der Eltern und der Verwandtschaft hier einen außerordentlich breiten Spielraum.

Auch die jüdische Auffassung von Ehe und Familie war religiös geprägt, die Familie eine wichtige kultische Einheit. Für die Eheschließung selbst bedurfte es jedoch im Judentum keiner Vermittlung durch einen Priester bzw. Rabbiner. Allerdings war auch hier die Frage der Öffentlichkeit des Eheverspruchs und der Anwesenheit von Zeugen wichtig. Kinder wurden oft schon in einem sehr frühen Alter verlobt. Nach dem jüdischen Gesetz konnten sie ebenfalls nicht gegen ihren Willen verheiratet werden, jedoch bestanden auch hier gewisse Grauzonen. Väter konnten die Hochzeitsgeschenke symbolisch an Stelle ihrer Töchter annehmen, die damit rechtsverpflichtend verheiratet waren.[16]

In der Ehelehre der christlichen Kirche des Westens hatte sich über die Erhebung der Ehe zum Sakrament und die Betonung des Konsensprinzips bis zum Ende des Mittelalters im Prinzip ein Bekenntnis der Kirche zu der besonderen Bedeutung der freien Verbindung von Mann und Frau auf der Grundlage von gegenseitiger Zuneigung durchgesetzt. Damit einher ging im Spätmittelalter eine immer deutlichere Abkehr von den asketisch-ehefeindlichen Strömungen, die im 12. und 13. Jahrhundert sehr dominant gewesen waren. Die innerkatholische Reformbewegung der

Humanisten priesen Ehe und Familie als gottgefällige Institutionen. Auch außerhalb des humanistischen Diskurses fand ein Wandel statt. Die »heilige Familie« wurde allgemein zu einem spirituell wie emotional bedeutsamen Vorbild der christlichen Verbindung von Eltern und Kind.[17] Mit der Anerkennung dieses Wandels innerhalb der spätmittelalterlichen katholischen Lehre verlieren auch die häufig der Reformation zugeschriebenen Neuansätze in der Bewertung von Ehe und Familie etwas den Charakter der revolutionären Neuerung. Zum Teil griffen die Reformatoren in der Tat nur bestehende Entwicklungstendenzen auf und radikalisierten sie.[18] Zum Teil allerdings formulierten sie auch wirklich neue Anschauungen und Vorschriften zu Ehe und Familie.

b) Die protestantische Ehelehre und die Spiritualisierung des Haushalts

Luther kämpfte aufgrund seiner zentralen theologischen Überzeugung, dass allein der Glaube den Menschen vor Gott gerecht mache, gegen die älteren asketischen Tendenzen in der katholischen Kirche. Die Auffassung, dass Ehelosigkeit ein besonderes Verdienst und der Zölibat ein vollkommener Stand sei, lehnte Luther ab. Seine Auffassung von der Ehe legte er in seiner im Jahr 1522 verfassten Schrift »Zum ehelichen Leben« dar, die die gesamte protestantische Ehelehre nachhaltig beeinflusste: Die Vereinigung von zwei Partnern in der Ehe blieb auch bei Luther ein Zeichen der Beziehung Christi zu seiner »Braut«, der Kirche. Dadurch wurde die Verbindung des Paares auch nach reformatorischem Verständnis religiös überhöht. Dennoch ist die Ehe nach allgemeiner protestantischer Auffassung nicht heilsnotwendig und kann daher kein Sakrament sein.[19]

Aus der Ablehnung des Sakramentscharakters der Ehe folgten einige gravierende Neuerungen gegenüber der älteren katholischen Praxis: Zunächst verwarf Luther die vielen von der katholischen Kirche aufgebauten Ehehindernisse und reduzierte sie auf die in 3. Mose 18, 7–13 genannten Grade der allernächsten Verwandtschaft (inklusive der Stiefmutter). Heiraten zwischen ›geistlichen Verwandten‹ (Paten und deren Kindern) sowie zwischen Adoptivverwandten, aber auch zwischen Vettern und Cousinen sollten freigegeben sein. Auch Ehescheidung und Wiederverheiratung waren nach protestantischem Verständnis unter bestimmten Bedingungen (v. a. bei Ehebruch und »böslichem Verlassen« oder Misshandlung des Ehepartners) möglich, wenngleich auch die protestantische Lehre aufgrund des Symbolcharakters der Ehe im Prinzip daran festhielt, dass die Eheschließung ein unauflösbares Band zwischen den Partnern begründe.[20]

Der »Entsakralisierung« der Ehe stand im Protestantismus eine geistlich-religiöse Überhöhung der Familie bzw. des »Hauses« und ihrer hierarchischen Struktur gegenüber. Mit der Betonung der allgemeinen Priesterschaft aller Gläubigen durch die protestantischen Kirchen stieg die Bedeutung der religiösen Unterweisung außerhalb der Kirche. Das christliche Haus wurde zum wichtigsten Ort religiöser Sozialisation, zur wahren Kirche. Vater und Mutter seien, so Luther, »ihrer Kinder Apostel, Bischöfe, Pfarrer, indem sie das Evangelium ihnen kundmachen«.[21] Dies stand in deutlichem Kontrast zur katholischen Monopolisierung von Priestertum und Verkündigung durch die Kirche. Religiöse Unterweisung durch die Eltern und Gehorsam der Kinder und des Gesindes ihnen gegenüber waren für alle reformatorischen Theologen zentrale Werte der christlichen Familie bzw. des christlichen Haushalts.[22] Die vom Staat in der öffentlichen Ausübung ihres Kultus vielfach unterdrückten englischen Freikirchen, vor allem die Puritaner und Quaker, kultivierten diese ›Spiritualisierung‹ des Haushalts in ganz besonderer Weise und trugen diese Dimension des protestantischen Familienverständnisses auch in die Neue Welt.[23] Hier lässt sich also eine deutliche Veränderung gegenüber der von Mitterauer aufgezeigten geringen religiösen Funktion der mittelalterlichen Familie bzw. des Hauses im Einflussbereich der Westkirche feststellen.

Über diese religiöse Bedeutung des Haushalts als kleiner Kirche und erstem Ort der Verwirklichung von Gottes Geboten wurde die Familie zur Kerneinheit einer christlichen Gesellschaft und zum Abbild eines wohl regierten Gemeinwesens. Das Haus sollte vom Hausvater unter Mithilfe seiner Frau als christliches Haus ›regiert‹ werden. In der Erklärung zum vierten Gebot betonte Luther deshalb, dass Gott die Eltern – und zwar durchaus beide Elternteile – gewissermaßen an seine Stelle als Oberhaupt über die Kinder gesetzt habe. Ungehorsam gegenüber den Eltern war Ungehorsam gegenüber Gott.[24] Die innere Ordnung bzw. Hierarchie des Hauses wurde so zu einer religiösen Angelegenheit und zugleich zu einer Sache der Kirche und ihrer Kontrolle. Zudem konnte auf dieser Grundlage eine Parallelität zwischen

Hausvater und Landesherr konstruiert werden, der seine Macht ebenfalls »von Gottes Gnaden« herleitete und sich nach den frühneuzeitlichen Regierungslehren gegenüber seinen Untertanen auch als Stellvertreter Gottes auf Erden verstand. Dieses Bild vom Hausvater prägte trotz der Bedeutung der Frau für die Ökonomie und Ordnung des Haushalts durch die gesamte Frühe Neuzeit die protestantische und zunehmend auch die katholische Familienlehre, die über die so genannte Hausväterliteratur, die gedruckten Ratgeber für die richtige Führung eines christlichen Hausstandes, massenhaft verbreitet wurde.[25]

In diesem Zusammenhang gewann auch die Ablehnung des Sakramentscharakters der Ehe nochmals eine besondere Bedeutung. Die Reformatoren konnten damit gegen die heimlichen, die so genannten klandestinen Ehen vorgehen. Das waren Ehen, die ohne Zustimmung der Eltern geschlossen wurden, aber nach dem kanonischen Recht der katholischen Kirche dennoch gültig waren. Zwar fand die protestantische Ehelehre in diesem Punkt zu keiner einheitlichen Haltung, der überwiegende Teil der protestantischen Kirchenordnungen erklärte jedoch klandestine Ehen für ungültig bzw. sah vor, dass Eltern nachträglich ihre Auflösung beantragen konnten.

Diese Regelung der protestantischen Territorien entsprach offenbar einem sehr allgemeinen Bedürfnis, denn die katholische Kirche reagierte auf dem Konzil von Trient 1563 auf das Problem der klandestinen Ehen, indem sie zwar den Sakramentscharakter der Ehe und das Prinzip, dass bereits der Konsens der Partner eine gültige Ehe stifte, bestätigte. Gleichzeitig führte sie aber für den Konsens bestimmte Formerfordernisse ein, die eine Umgehung der Eltern weitgehend ausschlossen: Das dreimalige Verlesen des Aufgebots in der Kirche musste eingehalten und die Ehe vor Zeugen und dem Gemeindepriester geschlossen werden – andernfalls war sie auch für die katholische Kirche ungültig. Damit gab auch die katholische Kirche den Zeitströmungen des 16. Jahrhunderts nach, die die Stärkung der elterlichen (und parallel dazu auch der landesherrlichen) Autorität begünstigten.[26] Eine ganz ähnliche, stark an die posttridentinische Entwicklung im Katholizismus angelehnte Diskussion ergab sich im 16. Jahrhundert im Übrigen auch in den jüdischen Gemeinden zumindest in Italien, die ebenfalls die clandestinen Beziehungen zu kontrollieren versuchten und die Zustimmung der Familie und die Anwesenheit von Zeugen für die Gültigkeit einer Ehe verpflichtend machten.[27]

Interessanterweise folgten aber nicht alle von Rom abgefallenen Kirchen dieser neuen Tendenz. Sowohl in der anglikanischen wie in der reformierten schottischen Kirche wurde an dem alten Prinzip des kanonischen Rechts festgehalten, dass der Konsens der Ehepartner, auch der heimliche, eine gültige Ehe begründe. Die anglikanische Kirche erkannte bis zu dem von Lord Hardwick 1753 eingebrachten Marriage Act »for the better preventing of Clandestine Marriages« auch heimlich geschlossene Ehen als gültig an.[28] Die »Kirk of Scotland« folgte zwar der protestantischen Ehelehre in der Ablehnung des sakramentalen Charakters der Eheschließung, konnte aber umgekehrt in der Frage der klandestinen Ehe keine harte Linie durchsetzen. Die Tatsache, dass auch im schottischen Calvinismus das Konsensprinzip des kanonischen Rechts seine uneingeschränkte Gültigkeit behielt, führte dazu, dass sich in Schottland ältere, volksrechtliche Eheschließungsformen ohne kirchliche Beteiligung erhalten konnten. Selbst völlig formlos eingegangene Lebensgemeinschaften, also eheähnliche Verhältnisse »by habit and repute« konnten in Schottland auch erbrechtlich einer regulären Ehe gleichgestellt werden.[29] Die schottischen Gesetze unterscheiden in Anerkennung der faktischen Zustände zwischen »regular« und »irregular marriages«; beide sind gültig. Auf dieser Unterscheidung beruhten die Eheschließungen in Gretna Green, die auch an jedem anderen Ort in Schottland so hätten geschlossen werden können. Der Anteil der »irregular marriages« an der Gesamtzahl der Ehen war in Schottland allerdings gering und stieg erst im 20. Jahrhundert parallel zur Zunahme der Zivilehen in anderen europäischen Staaten deutlich an.[30]

In England selbst gab es ebenfalls unterschiedliche Möglichkeiten, den kirchlichen Eheritus und die Zustimmung der Eltern zu umgehen. Vor allem in den größeren Städten fanden sich immer wieder Geistliche, die gegen eine entsprechende Gebühr Ehen heimlich einsegneten und nach anglikanischem Verständnis damit gültige Ehe stifteten. Zum Teil gab es auch privilegierte Kirchen, die aufgrund älterer Rechte nicht verpflichtet waren, die Regularien eines öffentlichen Aufgebots einzuhalten. Ein besonders bekanntes Beispiel waren Geistliche der Fleet Street in London, die daraus ein Geschäft in großem Stil machten. Zwischen 1690 und 1754, als der neue Marriage Act in Kraft trat, wurden hier etwa 300 000 irreguläre Ehen, das heißt ohne Zustimmung von Eltern und Heimatgemeinde, eingesegnet.[31] In Teilen von

Wales und Nordenglands wurden Ehen vielfach bis weit ins 19. Jahrhundert völlig ohne kirchliche oder weltliche Legalisierung nach Volksbräuchen geschlossen. Bei den so genannten »Besenhochzeiten« (besom weddings) in Wales musste das Paar vor Zeugen über einen über die Türschwelle gelegten Besen springen und war damit verheiratet. Das machte die Auflösung von Ehen sehr viel einfacher. In einem walisischen Dorf entstammten im letzten Drittel des 18. Jahrhunderts etwa 60 Prozent aller neugeborenen Kinder aus Ehen, die nicht in der Kirche geschlossen worden waren.[32]

Integrierte die katholische Kirche im Konzil von Trient die Eheschließung und Eheführung ganz ins Kirchenrecht und in die ausschließliche Zuständigkeit der Kirche, so sahen die Reformatoren des Kontinents keine Notwendigkeit, dass die Ehe eine Angelegenheit des kirchlichen, des kanonischen Rechts sei. Sie betonten vielmehr die Regelungskompetenz und -verpflichtung der weltlichen Obrigkeit.[33] In den Niederlanden führten die konfessionellen Streitigkeiten schon 1580 dazu, dass die Eheschließung durch einen reformierten Pfarrer nicht mehr zwangsweise vorgeschrieben werden konnte und deshalb die Möglichkeit der Zivilehe vor dem Magistrat eingeführt wurde.[34] Allerdings war auch innerhalb der katholischen Länder die Entscheidung des Konzils von Trient nicht unumstritten. Die französische Krone lehnte die Verkündigung eines Teils der Trienter Beschlüsse ab und verteidigte die Eingriffsmöglichkeiten des weltlichen Rechts und der königlichen Gerichte in Ehesachen.[35] Trotz der prinzipiellen Entsakralisierung der Ehe im Protestantismus kann man jedoch auch für die protestantischen Länder der Frühen Neuzeit nicht von einer religiösen Indifferenz von Ehe und Familie sprechen. Aufgrund der Konzeption von Familie als kleiner Kirche und des religiös begründeten Zusammenhangs der Autorität von Gott-Vater, Landesvater und Hausvater konnte eine materiale Verweltlichung der Vorstellungen und Normen zu Ehe und Familie erst eintreten, seit Staat und Gesellschaft insgesamt als weltliche Institutionen begriffen und die biblischen Gesetze nicht mehr automatisch als Grundlage der sozialen Ordnung angesehen wurden.

c) Die ›Verweltlichung‹ von Ehe und Familie

Dieser Wandel fand im Wesentlichen im 18. Jahrhundert statt, wenngleich er in den frühen Naturrechtslehren vorbereitet war.

Bereits im 17. Jahrhundert wurden Ehen von Rechtsgelehrten wie Hugo Grotius oder Samuel Pufendorf als Vertrag definiert und auf dieser Grundlage eine Lockerung des Scheidungsrechts verlangt. Speziell die Debatte um die Ehescheidung wurde im 17. und 18. Jahrhundert in Europa sehr breit geführt.[36] In Deutschland war einer der gedanklichen Vorarbeiter der Frühaufklärer Christian Thomasius in Halle. In seinem 1705 erschienen Buch über die Grundlagen des Natur- und Völkerrechts[37] arbeitete er auf eine strikte Trennung zwischen weltlichen und religiösen Gesetzen hin. Die ersten beträfen das irdische Glück, die zweiten das jenseitige. Die ersten seien eine Angelegenheit des Staates, die anderen gewissermaßen Privatsache. In der Ehegesetzgebung müsse der Staat nicht auf biblische Bestimmungen zurückgreifen, sondern sei bei Beachtung der naturrechtlich vorgegebenen Rechte der Individuen frei, eigene Zielsetzungen zu entwickeln. Es liegt nach Thomasius im Ermessen des Fürsten, »ob er Bordelle zur Vermeidung von größerem Übel tolerieren, ob er Unzuchtsstrafen verhängen, ob er polygame Verbindungen gestatten will oder nicht«.[38]

In der Philosophie und im Rechtsdenken der Aufklärung geriet bald jede religiöse Überhöhung der Ehe und der sich daraus ableitende Anspruch der Kirchen auf die Aufsicht über das Ehe- und Familienwesen unter Kritik. Die Ehe wurde als bürgerlicher Vertrag angesehen, der zu einem bestimmten Zweck geschlossen wurde und deshalb in gegenseitigem Einvernehmen auch wieder auflösbar war. Das Eherecht wurde immer stärker eingegliedert in das Gesamtsystem der bürgerlichen Rechtsordnung, das heißt, es wurde ausgestaltet nach dem Prinzip der Staatsraison und öffentlichen Nützlichkeit. Im ausgehenden 18. Jahrhundert spielten daher bevölkerungspolitische Argumente eine besonders große Rolle z. B. bei der Frage der Zulassung von Wiederverheiratung nach Ehescheidung oder bei der diskutierten Frage der Zulässigkeit von Polygamie.[39] In den Entwürfen zum preußischen Allgemeinen Landrecht wurde der Übergang zu einer rein vertragsrechtlich bestimmten Zivilehe ebenso diskutiert wie im Zusammenhang der Gesetzesreformen Kaiser Josephs II. in Österreich. In der Praxis konnten jedoch die aufklärerischen Vorstellungen meist nicht in der Radikalität umgesetzt werden, die für die Gesetzesentwürfe von Juristen jener Zeit charakteristisch war. Das österreichische Ehepatent vom 16.1.1783 drängte daher zwar viele Einzelbestimmungen des Kirchenrechts zurück, hielt aber doch noch am Sakramentcharakter der Ehe fest. Dennoch war der Angriff auf kirchliche Positionen nicht zu übersehen.[40]

Der Sakramentcharakter der Ehe wurde in einem katholischen Land erstmals in Frankreich durch die Ehegesetze der Französischen Revolution negiert. Das Gesetz vom 20. September 1792 führte in Frankreich die obligatorische Zivilehe ein und reduzierte die kirchlichen Ehehindernisse drastisch. Es ermöglichte die Scheidung bei Konsens der Partner im Sinne der Möglichkeit der Auflösung eines zivilrechtlichen Vertrags in gegenseitigem Einverständnis.[41] Der napoleonische Code Civil von 1804 schränkte zwar das liberale Scheidungsrecht der Revolution wieder ein, hielt jedoch prinzipiell an dem zivilen Vertragscharakter und der Auflösbarkeit der Ehe fest. Über die europaweite Rezeption des Code Civil bildeten die französischen Gesetze aus der Revolutionszeit die Grundlage für das moderne weltliche Eherecht, das sich im 19. Jahrhundert in ganz Westeuropa – außer in Spanien – durchsetzte.

Wie sehr das Denken über die Familie in Europa von den neuen politischen Verhältnissen geprägt wurde, zeigt sich nicht nur an der Vorstellung der prinzipiellen Gleichheit von Mann und Frau beim Ehevertrag, sondern auch daran, dass die innere Ordnung der Familie nicht mehr als Teil einer göttlichen Weltordnung aufgefasst wurde. Der deutsche Aufklärungsphilosoph Karl Ludwig Pörschke formulierte 1795 noch etwas ambivalent: »Die Ehe ist ein Vertrag zwischen Personen beiderlei Geschlechts, um zusammen in der engsten Verbindung zu leben. [...] Nur durch Verabredungen und durch Einwilligung erlangt ein Teil die Herrschaft über den anderen.«[42] Frühe Frauenrechtlerinnen wie die Französin Olympe de Gouge oder die Engländerin Mary Wollstonecraft haben um die gleiche Zeit die Diskussion verschärft und Herrschaft der Ehepartner übereinander ganz abgelehnt. Sie setzten ein »rational fellowship« der Partner an die Stelle von »slavish obedience«.[43]

Zumindest ansatzweise findet sich dieser Übergang von den hierarchischen zu partnerschaftlichen Konzeptionen auch in den Überlegungen zum Verhältnis zwischen Eltern und Kindern. Der bereits zitierte Pörschke schreibt nicht ambivalent: »Es findet zwischen den Eltern und den Kindern ebenso wenig als zwischen den übrigen Bürgern Ungleichheit statt, denn die Eltern befehlen dem Kinde nur in seinem Namen das, was das Kind sich selbst bei voller Vernunft befehlen würde«.[44] Bei einem anderen Autor jener Zeit findet sich die Meinung, dass bei Kindern auf ihre Menschenrechte und Menschenwürde zu achten sei und dass sie eigenständige Rechte hätten, die nicht automatisch den Eltern zukämen.[45] Im preußischen Allgemeinen Landrecht von 1794 wurden derartige Gedanken wenigstens so weit umgesetzt, dass Söhnen ab 14 Jahren das Recht zugestanden wurde, gegen Entscheidungen ihres Vaters bezüglich ihrer Berufs- und Partnerwahl ein Vormundschaftsgericht anzurufen.[46] Auch das Gesinde wurde bei der Heirat unabhängig von der Zustimmung des Gutsherrn, der es bis dahin noch unterworfen war.

Allerdings ordneten die Rechtskodifikationen des aufgeklärten Absolutismus auch die Ehe- und Familiengesetzgebung insgesamt dem Ziel der allgemeinen Wohlfahrt unter. Sie wurde funktional an einem übergreifenden Staatsinteresse ausgerichtet, in das sich auch die Familien einzufügen hatten. Den einzelnen Mitgliedern von Familie und Haushalt wurden klare Vorgaben ihrer Pflichten gemacht: Der Vater hatte für den Unterhalt der Familie zu sorgen, die Mutter ihre Kinder selbst zu säugen, beide Elternteile »sind schuldig, ihre Kinder zu künftigen brauchbaren Mitgliedern des Staates, in einer nützlichen Wissenschaft, Kunst oder Gewerbe vorzubereiten«[47] Über das Gesinde bekam der Hausherr auch noch in der preußischen Gesindeordnung von 1810 weit gehende Aufsichtsbefugnisse und selbst ein eingeschränktes Züchtigungsrecht zugesprochen. Die hausväterliche Gewalt wurde bewusst stark gemacht; sie diente in vieler Hinsicht als Ordnungsmacht des Staates anstelle der noch nicht ausgebildeten Polizei.[48] Zu den übergeordneten Interessen konnte auch die Erhaltung der ständischen Ordnung zählen. In Preußen bedurften deshalb standesungleiche Ehen von Adeligen bis 1869 eines speziellen königlichen Dispenses.[49]

Die familienrechtlichen Neuerungen des ausgehenden 18. Jahrhunderts waren somit – nicht nur in Preußen – ambivalent, indem sie zwar die individuellen Recht innerhalb von Ehe und Familie vor allem für Frauen und Kinder vergrößerten, gleichzeitig aber auch die staatlichen Eingriffs- und Steuermöglichkeiten erhöhten. Das preußische Landrecht, so kritisierte im 19. Jahrhundert der Staatsrechtler Clemens Theodor Perthes, verfüge »über die Verhältnisse der Familie und des Hauses, als ob dieses sich zum Staate ebenso wie die Caserne oder das Zuchthaus verhielt«.[50] Diese Spannung zwischen Schutz des Individuums und Öffnung des Innenraums der Familie bzw. des Hauses für die Regelungs- und Überwachungskompetenz des Staates ist ein grundsätzliches Problem moderner, an den Individualrechten orientierter Gesetzgebung.

d) Konträre Perspektiven: Ehe- und Familienlehren im 19. und 20. Jahrhundert

Die Verweltlichung des Eherechts stellte vor allem für die katholische Kirche eine große Herausforderung und eine ernsthafte Konfliktzone mit dem Staat dar, die im Laufe des 19. Jahrhunderts besonders in Deutschland und Italien im Rahmen des Kulturkampfs zu erheblichen Friktionen führte. Gegen die rationalistische Auffassung von Ehe und Familie als bloßen Vertragsgesellschaften gab es aber auch von protestantischer Seite Widerspruch. In der sich im gesamten europäischen Protestantismus ausbreitenden pietistischen Reformbewegung des 18. und 19. Jahrhunderts kam es zu einer radikalen Unterwerfung der Lebensführung unter das Ziel der Bekehrung und des Seelenheils. In Bezug auf die Ehe bedeutete dies, dass man auch an die Ehe hohe spirituelle Anforderungen stellte und sowohl die bürgerliche Vertragstheorie als auch die auf die gesellschaftliche Nützlichkeit abgestellten Ehezwecke des Reformabsolutismus verwarf. Rein auf Befriedigung der körperlichen Bedürfnisse, der Erzeugung von Nachkommen oder die gemeinsame Bewirtschaftung von Gütern ausgerichtete Ehen konnten kein Ebenbild der Verbindung Christi mit der Kirche sein. Das Band zwischen den Partnern musste ein geistliches sein. Das Zusammenleben und besonders die sexuelle Verbindung von bekehrten und nicht-bekehrten Partnern wurde von den Pietisten deshalb zunehmend abgelehnt.[51]

In dieser Ablehnung der Vernunftehe trafen sich die Pietisten mit der literarischen Kritik, die Vertreter von Empfindsamkeit und Romantik zu Beginn des 19. Jahrhunderts daran übten. Viele junge Intellektuelle in Europa lehnten damals jeden äußerlichen rechtlichen oder religiösen Rahmen für die Verbindung von Mann und Frau, Eltern und Kindern ab und bezeichneten alle nicht aufgrund innerer Zuneigung geschlossenen Ehen pointiert als »Konkubinate«.[52] Die Liebe der Partner, die z.T. religiös überhöht wurde, sei das einzig legitime Band, das ein so intimes Zusammenleben begründen und erhalten könne.

Das 19. Jahrhundert kannte jedoch keine einheitliche Tendenz der theologischen und weltlichen Ehelehren mehr, auch die Vorstellungen von der Struktur und den Funktionen der Familien wurden nun sehr kontrovers. In den gegensätzlichen Auffassungen spiegeln sich die großen Unterschiede wider, die sich im Zuge der Auflösung der ständischen Gesellschaft zwischen den verschiedenen politischen Grundüberzeugungen über die beste Einrichtung von Staat und Gesellschaft auftaten. Innerhalb dieser großen Entwürfe wurden Ehe und Familie jeweils ganz unterschiedliche Positionen eingeräumt.

So zog sich z. B. eine grundsätzliche Kritik an der bestehenden patriarchalischen Ehe- und Familienverfassung und ihrer religiösen Untermauerung von der Zeit der Französischen Revolution über die frühsozialistische und sozialistische Kritik an der bürgerlichen Gesellschaft in die Literatur besonders der sozialistischen Frauenbewegung des ausgehenden 19. und in die politischen und sozialen Emanzipationsbewegungen des 20. Jahrhunderts. Der französische Frühsozialist Charles Fourier z. B. griff zu Beginn des 19. Jahrhunderts mit den Ausbeutungsverhältnissen der entstehenden kapitalistischen Klassengesellschaft auch die Institution der Familie an und brandmarkte sie als Ort der Unterdrückung der Frauen und Kinder. In der von ihm entworfenen neuen Gesellschaft sollten sich echte Liebesbeziehungen frei von den Zwängen und Tabus der europäischen Zivilisation entfalten können.[53] Auch Friedrich Engels verband die klassenlose Gesellschaft mit dem Ende der Herrschaft der Männer über Frauen und Kinder in der Familie.[54] Der englische Sozialreformer Robert Owen experimentierte im frühen 19. Jahrhundert in seinen verschiedenen Modellsiedlungen mit neuen Formen des offenen familialen Zusammenlebens mit oder ohne Trauschein, gemeinsamer Kindererziehung und kollektiver Haushaltsführung.[55]

Dieses Misstrauen gegen die Institution der Familie als einem zentralen Ort der Unterdrückung und der Stabilisierung umfassender sozialer Ungleichheit zieht sich wie ein roter Faden durch die politischen und sozialen Emanzipationsbewegungen des 19. und 20. Jahrhunderts. In der Anfangsphase der Russischen Revolution wurde versucht, dieses Gedankengut auch in die Praxis umzusetzen und die traditionellen Strukturen der Familie (die in Russland noch stärker unter kirchlicher Kontrolle stand als in Westeuropa) und der Kindererziehung abzuschaffen – allerdings ohne langfristigen Erfolg.[56] Die sozialistisch orientierte Studentenbewegung der 1960er und 1970er Jahre schließlich kritisierte auf der Grundlage marxistischer und psychoanalytischer Theorien die Familie als Ort der Unterdrückung und der Reproduktion autoritärer Strukturen und Verhaltensweisen im Ablöseprozess der Generationen. Man forderte im Rückgriff auf die Theorien des Linksfreudianers Wilhelm Reich eine »sexuelle Revolution« und die Auflösung des »bürgerlichen Instituts« der Ehe.[57] Wohngemeinschaften waren ein Experimentierfeld für neue Formen des Zusammenlebens der Geschlechter und Generationen.

Lediglich der innerhalb der Linken ohnehin als konservativ geltende Philosoph und Soziologe Max Horkheimer hob die Dialektik der Position der Familie hervor und sah in ihr nicht nur einen Ort der Unterdrückung. Die menschlichen Beziehungen in der bürgerlichen Familie ließen sich nach Horkheimer nicht auf Ausbeutungsverhältnisse reduzieren, sondern seien auch eine Gegenwelt gerade zur modernen industriekapitalistischen Gesellschaft: »Im Gegensatz zum öffentlichen Leben hat jedoch der Mensch in der Familie, wo die Beziehungen nicht durch den Markt vermittelt sind und sich die Einzelnen nicht als Konkurrenten gegenüberstehen, stets auch die Möglichkeit besessen, nicht bloß als Funktion, sondern als Mensch zu wirken. [...] Die Entfaltung und das Glück des anderen wird in dieser Einheit gewollt. Dadurch entsteht der Gegensatz zwischen ihr und der feindlichen Wirklichkeit, und die Familie führt insofern nicht zur bürgerlichen Autorität, sondern zur Ahnung eines besseren menschlichen Zustandes.«[58]

Horkheimer schloss mit dieser Sicht in gewisser Weise an die andere, die zweite Tradition normativer Familienliteratur des 19. und 20. Jahrhunderts an, die zur Verklärung der Familie neigte. Hier wurde die Familie zwar nicht mehr als ein zentrales Element der göttlichen Weltordnung angesehen, indem sie jedoch zur natürlichen und sittlichen Grundlage aller menschlichen Gesellschaften stilisiert wurde, entzog man sie ebenfalls der Kritik. In der Familie käme, so formulierte es 1821 der deutsche Philosoph Friedrich Wilhelm Hegel, der »natürliche sittliche Geist« zum Ausdruck. »Die Ehe, und wesentlich die Monogamie, ist eines der absoluten Prinzipien, worauf die Sittlichkeit eines Gemeinwesens beruht«. In deutlicher Ablehnung der aufklärerischen Vertragstheorien und des romantischen Liebeskults definierte Hegel deshalb auch die Ehe als »rechtlich sittliche Liebe«, aus der das »Vergängliche, Launenhafte und bloß Subjektive«, das reine Liebes- oder Vertragsbeziehungen kennzeichnet, verschwinden muss, damit in ihr die Idee des Sittlichen, die Identität von Pflichten und Rechten, verwirklicht werden kann.[59] Sicher in Kenntnis von Hegels Passagen formulierte wenig später der bekannte demokratische Staatsrechtler Carl von Rotteck um die Mitte des 19. Jahrhunderts, die Familie sei »Grundlage alles edleren menschlichen und bürgerlichen Lebens, alles menschlichen und bürgerlichen Glücks«.[60] Das seit 1835 erscheinende englische »Magazine of Domestic Economy« hatte als Motto: »We are born at home, we live at home, we die at home, so that the comfort and economy of home are of more deep, heartfelt, and personal interest to us, than the public affairs of all the nations in the world«.[61] Hinter allen diesen ganz unterschiedlichen Zitaten steht die Tendenz, die bürgerliche Familie in ihrer bestehenden Form – das heißt mit ihrer geschlechtsspezifisch ungleichen Verteilung der Rechte und Pflichten und der Beschränkung der Frauenrolle auf Haus und Kinder – zu verteidigen und sie zur Grundlage »bürgerlichen Glücks«, das heißt auch gesellschaftlicher und staatlicher Stabilität zu machen.

In die gleiche Richtung zielte die um die Mitte des 19. Jahrhunderts beginnende sozialwissenschaftlich-empirische Familienforschung. In Deutschland und Frankreich versuchten Familienforscher wie Wilhelm Heinrich Riehl und Frédéric Le Play ein konservatives Familienbild zu propagieren, das einen in der Vergangenheit angeblich dominanten Typ des patriarchalisch strukturierten Mehrgenerationenhaushalts als Vorbild und Garanten für persönliche und gesellschaftliche Stabilität und Sicherheit darstellte.[62] So heißt es bei dem deutschen Volkskundler Riehl in seinem viel gelesenen Werk »Die Familie« von 1855: »Die moderne Zeit kennt leider fast nur noch die ›Familie‹, nicht mehr das ›Haus‹, den freundlichen gemüthlichen Begriff des ganzen Hauses, welches nicht bloß die natürlichen Familienglieder, sondern auch alle […] freiwilligen Genossen und Mitarbeiter der Familie in sich schließt […]. In dem ›ganzen Hause‹ wird der Segen der Familie auch auf ganze Gruppen sonst familienloser Leute erstreckt, sie werden hineingezogen, wie durch Adoption, in das sittliche Verhältnis von Autorität und Pietät. Das ist für die sociale Festigung eines ganzen Volkes von der tiefsten Bedeutung.«[63]

Der Hintergrund dieser angeblich neuen Auflösung des »ganzen Hauses« bestand für Riehl weniger in der Industrialisierung, denn er fand sie auch in ländlichen Gebieten. Die eigentliche

Triebkraft war für ihn vielmehr der normative Wandel, der von der Französischen Revolution ausging und das Individuum auf Kosten der Unterordnung unter die Bedürfnisse der Familie ins Zentrum rückte. Nach Familienstudien in der Pfalz formulierte Riehl mit antifranzösischem und antirevolutionären Pathos: »Die französische Fassung sozialer Freiheit und Unabhängigkeit unterscheidet sich von der deutschen wesentlich dadurch, dass sie das Individuum als solches selbständig und fessellos machen will, während es deutsch ist, in der Macht und Unabhängigkeit der Gesellschaftsgruppe und der Familie, welcher der Einzelne angehört, seine persönliche Unabhängigkeit mit eingeschlossen zu finden.«[64]

Dies war natürlich eine vereinfachte Sicht. Weder war das »ganze Haus«, wie Riehl es sah, der in vorindustrieller Zeit generell dominante Haushaltstyp, noch wirkte sich die Französischen Revolution so direkt auf die Familienstrukturen in Deutschland aus. Durchaus weitsichtig war jedoch, dass Riehl und seine konservativen Zeitgenossen damit rechneten, dass die Grundsätze von rechtlicher und politischer Gleichheit, von Freiheit und Schutz individuellen Eigentums den Zusammenhalt der Familien und damit auch die äußeren Formen des Zusammenlebens in Haushalten transformieren würden. Eine Stärkung des traditionellen Familienlebens schien ihnen daher als bestes Bollwerk gegen revolutionäre Aspirationen. Familienpolitik wurde für Riehl zur Grundlage jeder konservativen Sozialpolitik.

Um die Mitte des 19. Jahrhunderts wurde in Europa somit von verschiedenen Seiten ein konservatives, patriarchalisches Familienbild propagiert. Interessant ist, dass sich neben den traditionellen Leitbildproduzenten für Familienwerte, der Theologie und der Literatur, nun auch die entstehenden empirischen Sozial- und Humanwissenschaften an diesem Diskurs beteiligten und in der Folgezeit immer stärker in den Vordergrund drängten und vor allem die staatliche Politik gegenüber Ehe und Familie prägten.

e) Ehe und Familie als Gegenstand staatlicher Regulierung im 19. und 20. Jahrhundert

Im 19. und 20. Jahrhunderts war in Europa das normative Reden über Familie eingespannt in den weltanschaulichen Grundkonflikt zwischen Zukunftsentwürfen, die auf die Emanzipation von

Individuen, Geschlechtern oder Klassen gerichtet waren, und solchen, die auf die Stabilisierung der bestehenden sozialen und politischen Strukturen zielten. Für beide Richtungen spielte die Familie eine zentrale Rolle, beide trieben auf je unterschiedliche Weise die »Verwissenschaftlichung des Sozialen«[65] auch in diesem Bereich deutlich voran und setzten dies in entsprechende rechtliche Rahmenbedingungen für Ehe und Familie um. Auf der sozialistischen Seite wurde dies am deutlichsten in der bereits erwähnten antifamilialen Politik der frühen Russischen Revolution. Auf der konservativen Seite lassen sich diese Bemühungen anhand der Engführung von Familien- und Bevölkerungspolitik im 19. und 20. Jahrhundert verfolgen.

Die Agrarkrisen des frühen 19. Jahrhunderts führten in manchen Ländern zu einer in der nachreformatorischen Ehelehre zwar angelegten, nun aber stark am Staatsinteresse ausgerichteten und statistisch-bevölkerungswissenschaftlich begründeten Praxis politischer Ehehindernisse. Mit der Ausnahme besonders Preußens schrieben viele deutsche Staaten und ein Teil der habsburgischen Länder nicht nur die Zustimmung der Eltern, sondern auch die der Gemeinde bzw. weltlichen Obrigkeit als Voraussetzung für eine gültige Eheschließung vor. Diese Zustimmung der Gemeinde oder Obrigkeit war an den Nachweis eines ausreichenden »Nahrungsstandes« gebunden. Armen Personen, Handwerkern in bereits übersetzten Berufen, zeitweilig arbeitslosen Arbeitern konnten die Gemeindebehörden so den Ehekonsens verweigern. Ziel war, die biologische Vermehrung der Unterschichten einzuschränken.[66]

Auch im ausgehenden 19. und in der ersten Hälfte des 20. Jahrhunderts wurde die Familie primär aus der Perspektive ihrer quantitativen Reproduktionsleistung für Volk und Staat gesehen, allerdings unter umgekehrten Vorzeichen. Man machte sich nun Sorgen um den Rückgang und die Gesundheit der Bevölkerung. Mit Hilfe von Statistik, Eugenik und Recht wurde sie zum Objekt wissenschaftlicher und politischer Überwachung und Steuerung.[67] Dies war ein allgemeineuropäisches Phänomen und trat in ganz unterschiedlichen politischen Kontexten auf. Frankreich spielte in gewisser Weise eine Vorreiterrolle. Hier gab es im Rahmen einer konservativen, antisozialistischen Politik schon seit 1840 eine Art Kindergeld zur Unterstützung von Familien. Der früh eingetretene allgemeine Geburtenrückgang führte dann vor dem Ersten Weltkrieg zu Versuchen der Bevölkerungssteuerung durch eine aktive, vor allem von privaten und kirchlichen Organisationen getragenen Familienunterstützung. Im bereits von Kriegserwartungen geprägten Jahr 1939 erließ die französische Regierung einen ›Code de la famille‹, der eine weit reichende finanzielle Unterstützung der Familien mit dem Hauptziel einer Bevölkerungszunahme vorsah.[68]

Eine zentrale Rolle spielte die Bevölkerungspolitik im 20. Jahrhundert in den faschistischen Staaten. Der völkische Staat, so Hitler in »Mein Kampf«, habe das Kind zum kostbarsten Gut eines Volkes zu erklären. Er müsse dafür Sorge tragen, »daß nur wer gesund ist, Kinder zeugt; [...] Umgekehrt aber muß es als verwerflich gelten: gesunde Kinder der Nation vorzuenthalten. Der Staat muß dabei als Wahrer einer tausendjährigen Zukunft auftreten, der gegenüber der Wunsch und die Eigensucht des einzelnen als nichts erscheinen und sich zu beugen haben.«[69] In ähnlicher Weise argumentierten die italienischen Faschisten.[70] In beiden Ländern wurde Familienpolitik ganz unter dem Primat der Bevölkerungs- und – in Deutschland – auch der nationalsozialistischen Rassenpolitik gestellt. Eugenik allerdings war generell kein Spezifikum deutscher oder nationalsozialistischer Bevölkerungspolitik, sondern ein in allen europäischen Staaten (und den USA) anzutreffendes, eng mit der Verbindung von Sozialdarwinismus und modernem Nationalismus verbundenes Phänomen.[71]

Neben dieser Unterordnung der Familie unter staatliche und ›völkische‹ Ziele gab es teilweise in Anlehnung an die konservative Theorie der Familie als »sittlicher Anstalt« im Sinne Hegels auch die Tendenz des staatlichen Schutzes des familialen Binnenraums als einer dem Staat nicht zugänglichen und von ihm nicht zu regulierenden Privatsphäre. Nicht das Gesetz, sondern Liebe und Sitte gelten als Regulative dieses vor staatlichen und anderen Eingriffen zu schützenden Rückzugsgebiets des Individuums. Deshalb sind vom Staat nicht die Aufgaben und Beziehungen der Mitglieder in der Familie zu bestimmen, sondern nur die Rahmenbedingungen für einen optimalen Schutz dieser als »Keimzelle« von Staat und Gesellschaft angesehenen sozialen Institution bereitzustellen. Die Familie wurde deshalb in verschiedenen Verfassungen unter den Schutz des Staates gestellt. »Die Reinerhaltung, Gesundung und soziale Förderung der Familie ist Aufgabe des Staates und der Gemeinden. Kinderreiche Familien haben Anspruch auf ausgleichende Fürsorge«, heißt es in Art. 119 der Verfassung der Weimarer Republik, die gleichzeitig auch die

Ehe als Grundlage der Familie unter den Schutz der Verfassung stellte. Das Grundgesetz der Bundesrepublik knüpfte mit Art. 6 an beide Bestimmung an. Andere moderne Verfassungen Europas enthalten ähnliche Bestimmungen.[72]

Die ideologischen Kontexte aus denen heraus der verfassungsmäßige Staatsschutz für die Familie entstand, war zeit- und länderspezifisch jeweils etwas unterschiedlich. In der Bundesrepublik wurde damit vor allem auf die Funktionalisierung der Familie und die Aufhebung jeglicher Privatsphäre durch den Nationalsozialismus reagiert. Ganz generell zielte diese Gesetzgebung allerdings immer auf eine Stärkung der Familie als einer eher auf Konservierung des sozialen Status quo, den Schutz des Privateigentums und die Orientierung an gemeinschaftsbezogenen Werten ausgerichteten Institution. Familiale Solidarität und Bindung gilt als »Zement« der Gesellschaft, familiale Sozialisation als beste Form der Vermittlung sozialer Verhaltensweisen.

Der Verfassungsschutz für die Familie war speziell nach dem Zweiten Weltkrieg auch Ergebnis einer gewissen Renaissance christlicher und vor allem katholischer Soziallehren, die die Stärkung von Ehe und Familie nachhaltig unterstützten. Ihr Einfluss auf den Gesetzgeber ging allerdings im ausgehenden 20. Jahrhundert deutlich zurück. Mit der offiziellen staatlichen Anerkennung nichtehelicher Lebensgemeinschaften im Rahmen von Steuergesetzgebung und Fürsorgerecht und mit der sich in den meisten europäischen Staaten anbahnenden Legalisierung homosexueller Verbindungen als ehelicher oder eheähnlicher Institution scheint das Monopol der traditionellen heterosexuellen Ehe als Grundlage von Familie in einem bisher in der europäischen Geschichte der Neuzeit nicht gekannten Ausmaß zu erodieren. Man mag argumentieren, dass die Gesetzgeber mit der Anerkennung nichtehelicher Lebensgemeinschaften als Familien im rechtlichen Sinne nur einen Wandel zurück zur Formenvielfalt akzeptieren, die es auch früher in Europa gegeben habe. Bei der Anerkennung homosexueller Verbindungen als Ehen und der Frage des Adoptionsrechtes für solche Paare handelt es sich jedoch auf jeden Fall um eine tief greifende Revision grundsätzlicher Positionen der europäischen Familiengeschichte. Homosexualität war in Europa über Jahrhunderte mit starken gesellschaftlichen Tabus, Strafen und Diskriminierungen belegt.[73] Die Dimensionen des Wandels der Familie sind hier noch nicht wirklich abzusehen.

2. Strukturen und Funktionen von Haushalt und Familie: Grundtendenzen und -probleme des Wandels

Neben dem Wandel der Leitbilder und Normen steht die Veränderung der Strukturen und Funktionen von Haushalt und Familie. Diese beiden Ebenen der Betrachtung sind genau zu trennen. Die normativen Vorstellungen konnten die Entwicklung der demographischen Strukturen der Haushalte zwar immer wieder beeinflussen – wie sich umgekehrt Normen an Veränderungen des tatsächlichen Verhaltens anpassten. Primär scheint der Wandel der Strukturen und Funktionen von Haushalt und Familie in der Neuzeit aber durch Faktoren wie Industrialisierung, Urbanisierung und die raschen Verbreitung neuer Verkehrs- und Kommunikationsmittel gesteuert worden zu sein. Allerdings sind auch diese Zusammenhänge sehr komplex und Ursachen und Folgen keineswegs immer eindeutig.

Der fabrikmäßig organisierten Industriearbeit wurde schon von zeitgenössischen Beobachtern ein zentraler Einfluss auf die Haushaltsformen der gesellschaftlichen Unterschichten zugesprochen. In den 1880er Jahren vermutete der französische Soziologe Émile Durkheim, dass die Entwicklung vorindustrieller Gesellschaften zu modernen Industriegesellschaften notwendig eine ›Kontraktion‹ der Familien von großen erweiterten Haushaltsfamilien zu kleinen Kernfamilien mit sich bringe. Damit sei zugleich ein Rückzug der Familie in die Privatsphäre und eine Intensivierung der Partnerbeziehungen verbunden.[74] Diese Annahme blieb bis in die 1970er Jahre in der Familiensoziologie unbestritten. Sie wurde 1963 von William Goode erweitert zu der These von der allmählichen globalen Angleichung der Familienformen an das Modell der europäischen gattenzentrierten Kernfamilie im Rahmen der weltweiten Ausdehnung der Industriegesellschaften.[75] Parallel zu der Kontraktion der Familie vermutete die Familiensoziologie einen mit dem Aufstieg der modernen Industriegesellschaften ebenfalls verbundenen »Funktionsverlust« der Familie und eine Konzentration ihrer Aufgaben auf die Organisation des Privatlebens ihrer Mitglieder. In den letzten Jahrzehnten führte die Zunahme neuer Lebensformen wie nichteheliche Partnerschaften und die Tendenz zu Einpersonenhaushalten zu der These, dass die modernen Industriegesellschaften eine

Individualisierung der Biographien und – damit verbunden – auch eine Pluralisierung der Familien- und Haushaltsformen zur Folge hatten. Die Überprüfung dieser Thesen der Familiensoziologie – Kontraktion, Funktionsverlust und Pluralisierung der Familienformen – bildeten einen wichtigen Ausgangspunkt für die Entwicklung der historischen Familienforschung. Sie dienen im Folgenden als Leitfaden für einen Überblick über grundlegende Tendenzen und Faktoren des Wandels der Familienstrukturen und Haushaltsformen in der Neuzeit.

a) Die Kontraktion der Familie als Folge von Industrialisierung?

Die in den 1970er Jahren einsetzende sozialhistorische Familienforschung zeigte rasch, dass der Wandel von Familien- und Haushaltsstrukturen ein sehr komplexes Phänomen ist und von einer Vielzahl wirtschaftlicher, sozialer, rechtlicher und religiöser Faktoren abhängt. Er kann nicht allein auf die Prozesse der Industrialisierung und Urbanisierung von Gesellschaften zurückgeführt werden. Das verdeutlichten vor allem interkulturelle Vergleiche. Die Gültigkeit der Kontraktionsthese wurde deshalb sowohl für Europa als auch für die globale Perspektive in Frage gestellt. Zwei Befunde waren besonders wichtig:

Zum einen waren die von der soziologischen Literatur für die Frühe Neuzeit als Regel angenommenen komplexen Familienformen zumindest in Nordwest- und Mitteleuropa nicht sehr weit verbreitet. Dass Familien aus drei und mehr Generationen in einem »multiplen Haushalt« zusammenlebten oder dass ein Haushalt um eine Vielzahl lediger Geschwister bzw. Onkel oder Tanten erweitert war, stellte in Europa in vorindustrieller Zeit nicht die Norm dar. Als dominante Typen gab es solche Haushaltsformen nur in wenigen Regionen und nur unter ganz besonderen Bedingungen. Auf keinen Fall können multiple oder erweiterte Haushalte (sie wurden unpräzise auch als vorindustrielle »Großfamilien« bezeichnet, die Familienforschung fasst die »multiplen«, aus mehreren Familien bestehenden, und die um ledige Personen »erweiterten Haushalte« unter dem Begriff der »komplexen Haushalte« zusammen) als ›die‹ typischen vorindustriellen Haushaltsformen in Europa angesehen werden. Allenfalls stellten sie eine (meist sehr kurze) Phase im Lebenszyklus einer Familie dar. In manchen Regionen entwickelten sich umgekehrt komplexe Haushaltsstrukturen erst im Zuge der Industrialisierung als Überlebensstrategien der Arbeiterschaft. Auch die Modernisierung der Landwirtschaft im 19. und 20. Jahrhundert führte zum Teil zu komplexen Haushaltsformen. In der Frühen Neuzeit waren sie jedoch gerade nicht die Regel.

Zum anderen erwies sich auch die zweite Annahme, die mit den angeblich großen Haushalten in vorindustrieller Zeit verbunden wird, als problematisch: der besondere Kinderreichtum der Kernfamilien. Genauere Nachforschungen vor allem in England ergaben, dass vom 16. bis zum 18. Jahrhundert der Mittelwert der Haushaltsgrößen ziemlich konstant bei 4,75 Personen lag. Diese Zahl schloss Eltern, Kinder und Bedienstete ein.[76] Entgegen der Annahme der Familiensoziologie, die mit einer kontinuierlichen Abnahme der Kinderzahl rechnete, ließ sich feststellen, dass gerade in ländlichen Industriegebieten oder auch in Gebieten mit einer stark modernisierten Landwirtschaft während des 19. Jahrhunderts die Haushaltsgrößen zu- und gerade nicht abnahmen und dass dies auf eine steigende Zahl im elterlichen Haushalt wohnender Kinder zurückzuführen ist.[77] In der Mitte des 19. Jahrhunderts erreichte in manchen englischen Industriedörfern die durchschnittliche Haushaltsgröße einen Wert von über 5,5 Personen. Mit Ausnahme Frankreichs – auf die Gründe dafür wird noch eingegangen werden – begannen in Europa erst im 20. Jahrhundert die Kinderzahlen und Haushaltsgrößen kontinuierlich zu sinken. Im Jahr 1960 lag in England und Wales die durchschnittliche Haushaltsgröße bei 3,0 Personen, in Deutschland betrug sie in den 1950er Jahren ebenfalls 3,0 Personen, Anfang der 1990er Jahre waren es noch 2,3 Personen mit sinkender Tendenz, da die Zahl der Einpersonenhaushalte in den letzten Jahren stetig anstieg.

Der Übergang von vorindustriellen Familienformen zur modernen Familie kann also keineswegs als ein geradliniger »Schrumpfungsprozess« beschrieben werden. Die »vorindustrielle Großfamilie« als angebliche Normalfamilie erwies sich als ein Konstrukt sozialkonservativer Kritiker des ausgehenden 19. Jahrhunderts. Unter welchen Bedingungen sie dennoch entstehen konnte und wie sich der Wandel der Haushaltsstrukturen in den verschiedenen sozialen Schichten und Regionen wirklich vollzog, ist ein zentraler Gegenstand der demographisch-sozialhistorischen Familienforschung, auf deren Ergebnisse noch genauer einzugehen ist.

b) Funktionsverlust – Funktionsabgabe – Funktionswandel?

Mit der Kontraktionsthese verband die Familiensoziologie die These eines zunehmenden Funktionsverlustes der Familie in industrialisierten Gesellschaften. Eine Differenzierung der Gesellschaft nach Funktionsbereichen habe die alte Einteilung nach Ständen als zentrales Gliederungsprinzip abgelöst. In diesem Zusammenhang sei auch die Familie zu einem »funktionalen Teilbereich« der Gesellschaft geworden.[78] Sie habe dabei zwar eine »relative Autonomie« gegenüber anderen Teilbereichen wie Wirtschaft, Kirche oder Staat erlangt. Diese übten nun keine Kontrolle mehr über das »Innenleben« der zum Privatraum gewordenen Familie aus. Die Familie selbst habe in diesem Prozess der funktionalen Differenzierung aber Kompetenzen an andere, spezialisierte Institutionen abgeben müssen. Das wurde als Funktionsverlust der Familie bezeichnet.[79]

Auch über diese These hat sich eine breite Diskussion zwischen der Familiensoziologie und der sozialgeschichtlichen Familienforschung ergeben.[80] Von der Historischen Familienforschung wurde früh vorgeschlagen, den wertenden Begriff des Funktionsverlusts durch neutralere Termini wie Funktionsentlastung oder Funktionsabgabe zu ersetzen.[81] Die Abgabe von Familienfunktionen an andere Sozialgruppen oder Institutionen setzte nicht erst mit der Industrialisierung im 19. Jahrhundert ein, die Familie gab außerdem nicht nur Funktionen ab, sondern gewann auch neue Aufgaben hinzu. Militärische oder gerichtliche Aufgaben und wichtige Teile der Ausbildung waren z. B. schon lange an dafür spezialisierte Institutionen übergegangen. Umgekehrt waren der Familie im Bereich der Primärsozialisation, der Freizeit und der Kommunikation, besonders während der letzten zwei Jahrhunderte, eine Reihe neuer Aufgaben zugewachsen. Adäquat ist daher, von einem Funktionswandel zu sprechen.

Eine für die Struktur der modernen Haushalte zentrale Funktionsentlastung oder -verlagerung war die Trennung von Familie und gewerblicher Produktion im Laufe des 19. und 20. Jahrhunderts. Der Übergang von Handwerk und Heimindustrie zu industrieller Massenfertigung in Fabriken entzog dem traditionellen Meisterhaushalt ebenso die Grundlage wie der protoindustriellen Familienproduktion in der ländlichen Textilindustrie. Die für einen Großteil des traditionalen Handwerks typische Einheit von

Wohnen, Arbeiten und Konsum von Meister, Lehrlingen und Gesellen wurde mit dem Übergang zur Lohnarbeit abgelöst durch individualisierte bzw. durch die Ordnung der Fabrik koordinierte Arbeitsformen. Dieser Übergang war nicht abrupt, zog sich vielmehr über das gesamte 19. Jahrhundert und – je nach Region – noch über einen guten Teil des 20. Jahrhunderts hin. In manchen Dienstleistungsbereichen wie der Gastronomie ist die Bedeutung der Familie noch heute hoch. Dennoch ist der Trend dieser Entwicklung deutlich. Er wurde noch akzentuiert durch die im 19. Jahrhundert rasch anwachsende Gruppe der Angestellten und Beamten in der Verwaltung von Industrie, Kommune und Staat, deren Arbeitsplatz von Anfang an von der Familie getrennt war.

Durch diese Entwicklung verloren die Familien ihre direkte Einbindung in die aktive Seite des Wirtschaftslebens und des Marktes und wurden zu einer Sphäre des Konsums und der Privatheit.[82] In der Familiensoziologie sprach man in diesem Zusammenhang auch von einem Prozess der »thematischen Reinigung« der Familie. Mit der Trennung von Familie und Produktion seien alle mit der traditionellen häuslichen Rollenstruktur verbundenen »ökonomischen, politisch-herrschaftlichen und religiösen Sinnkomponenten und Motivlagen als sinnfremd und teils sogar unmoralisch ausgeschieden« worden.[83] Das soll heißen, dass die Familie sich erst jetzt ganz auf ihre angeblich ›eigentliche‹ Aufgabe, die Pflege der emotionalen Beziehungen zwischen Mann und Frau und die Erziehung der Kinder, habe konzentrieren können. Es war deshalb vor allem dieser Verlust der Produktionsfunktion und die Konzentration auf das Private und Intime, die bei allen weiterbestehenden schichtspezifischen Unterschieden den Eindruck der Gleichartigkeit moderner Familien in Industriegesellschaften als ›Gegenwelt‹ zur Wirtschaftsgesellschaft und als Sitz von individueller Anerkennung und emotionaler Verbindung hervorbrachten.

Allerdings sind auch der Begriff der ökonomischen Funktionsentlastung und die These der Abkoppelung der modernen Familie vom Bereich der Produktion umstritten. Geht man von der Prämisse aus, dass »die Gesamtheit der Lebensverhältnisse einer Gesellschaft eine unlösbare Einheit bilden«,[84] dann bleibt auch die moderne Familie auf den Produktionsprozess bezogen. Nur ist dieser Bezug nicht mehr offensichtlich. Mit der Trennung von (weiblicher) Familien- und (männlicher) Lohnarbeit entstand im

19. Jahrhundert als neuer ›Beruf‹ die Hausfrau.[85] Vor allem die feministische Geschichtswissenschaft hat auf die ökonomische Bedeutung der auf die Befriedigung der Konsumbedürfnisse des Mannes und der Kinder ausgerichteter Hausarbeit hingewiesen. Ihr volkswirtschaftlicher Wert sei durch die damit verbundene zeitliche Entlastung der Männer von der Aufgabe der Reproduktion ihrer Arbeitskraft immens. Die weibliche Hausarbeit müsse wenigstens teilweise zu der Arbeitszeit des Mannes hinzugerechnet werden, der Lohn dafür würde von den Arbeitgebern jedoch stillschweigend als Gewinn einbehalten.[86] Die Gegensätze zwischen den Geschlechtern, die angeblich unterschiedlichen ›Geschlechtscharaktere‹ von Männern und Frauen sind aus dieser Perspektive weder genetisch bedingtes Schicksal, noch Überreste traditioneller Rollenmuster, sondern »*Produkt* und *Grundlage* des Industriesystems, und zwar in dem Sinne, dass Erwerbsarbeit Hausarbeit *voraussetzt* und die Sphären und Formen von Produktion und Familie im 19. Jahrhundert getrennt und *geschaffen* werden«.[87] Die Verschleierung dieses ökonomischen Zusammenhangs zwischen weiblicher Hausarbeit und männlicher Berufsarbeit – auch in der Wissenschaft – ist aus feministischer Perspektive nicht zufällig, sondern Teil einer Strategie der Festlegung von Frauen auf eine angeblich geschlechtsspezifische mütterliche Rolle im Haus mit ›Gefühlsarbeit‹ statt Lohnarbeit. Auch aus feministischer Perspektive wird deshalb vorgeschlagen, nicht von einer wirtschaftlichen Funktionsentlastung, sondern allenfalls von einem Funktionswandel der Familie zu reden.[88]

c) Erbschaft und familiale Statussicherung im Wechsel der Generationen

Die wirtschaftlichen Funktionen der Familie sind nicht auf die Produktion beschränkt. Ein ganz wesentlicher Aspekt in diesem Zusammenhang ist auch die Weitergabe von mobilem und immobilem Besitz an die nächste Generation. Bis in die Gegenwart hinein vollzieht sich ein nicht unerheblicher Teil der Reproduktion der Sozialstruktur der europäischen Gesellschaften über die Vermögensübertragung im Erbgang. Moderne Gesellschaften sind zwar sozial durchlässiger als die Ständegesellschaften der Frühen Neuzeit, der legendäre Aufstieg vom Tellerwäscher zum Millionär ist aber selbst in relativ dynamischen und innovativen Phasen der wirtschaftlichen Entwicklung eher die Ausnahme als die Regel. Erben spielt für die Bildung wirtschaftlicher Oberschichten auch in Industriegesellschaften eine sehr viel größere Rolle als der Aufstieg über Qualifikation und Leistung.[89] Selbst in den unteren Gesellschaftsschichten entscheidet das bescheidene Erbe vielfach über Lebenschancen und Sozialstatus von Personen und Familien. Schließlich besitzt das Erbrecht auch einen deutlichen Einfluss auf die Haushaltsstruktur. Seine Entwicklung ist daher für die Geschichte der Familie von zentraler Bedeutung.

Die Art, auf die das Vermögen an die nächste Generation weitergegeben wurde, war auch in der Neuzeit nie beliebig, sondern abhängig von Erbsitten und Erbrechtskodifikationen. Hierbei lassen sich, wie oben für den Bereich des Mittelalters ausgeführt, in Europa große Regionen gleichen Erbrechts unterscheiden, zum Teil konnten die Gewohnheiten allerdings auch sehr kleinräumig von Herrschaft zu Herrschaft wechseln. Ein besonderes Interesse der Forschung galt immer dem bäuerlichen Erbrecht. Seine historische Entwicklung und räumliche Verbreitung in Erbrechtszonen war ein beliebtes Thema der Agrar- und Rechtsgeschichte oder auch der Volkskunde. Einen wirklich verlässlichen kartographischen Überblick über die europäischen Regionen gibt es aber selbst für die Neuzeit noch immer nicht. Dies liegt an verschiedenen Schwierigkeiten: Das Erbrecht einer Region konnte sich durch Herrschaftswechsel und andere Faktoren verändern, musste also keineswegs durch die gesamte Neuzeit bis in die Gegenwart konstant blieben. Oft versuchten Bauern auch gegen veränderte rechtliche Bestimmungen de facto an älteren Gewohnheiten festzuhalten, so dass sich eine eindeutige Zuordnung nur schwer vornehmen lässt.[90] Zudem verbergen sich hinter den gleichen Begriffen oft sehr unterschiedliche Praktiken der Erbteilung, die zum Teil daraus resultierten, dass innerhalb bestimmter Erbrechtssysteme dem Erblasser ein gewisser Spielraum geboten wurde, über sein Erbe testamentarisch zu verfügen. In Spanien zum Beispiel folgten aufgrund ihrer jeweiligen Geschichte manche Regionen eher dem römischen Recht, das trotz seiner prinzipiellen Gleichbehandlung der Erben auch die freie testamentarische Verfügung eines Erblassers über das gesammte Vermögen kannte, andere folgtem gothischem Recht, nach dem ein Fünftel des Besitzes frei verteilt werden konnte, andere muslimischem Recht, wonach dieser Anteil ein Drittel betrug.[91] Über testamentarische Verfügungen konnte man also bis zu einem gewissen Grad übergreifende Erbsitten oder kodifiziertes Erbrecht (besonders die geschlossene Übergabe und den Ausschluss nicht berechtigter Kinder) umgehen. In Deutschland war z. B. in Bayern der Spielraum für testamentarische Übergabe groß, während in Sachsen oder Württemberg sehr viel genauer auf die Einhaltung der landrechtlichen Bestimmungen geachtet wurde. Schließlich muss man für Deutschland beachten, dass die Bauern in der Frühen Neuzeit nur im Gebiet der Grundherrschaft westlich der Elbe überhaupt ein Erb*recht* besaßen, während sie auf den ostelbischen Gutsherrschaften bei der Vermögensübertragung auf die Zustimmung des Gutsherrn angewiesen blieben.[92]

Bei den in spätmittelalterlichen und frühneuzeitlichen Landesgesetzgebungen festgelegten allgemeinen Erbregelungen lassen sich im Mittelmeerraum sowie in Mittel- und Westeuropa zwei prinzipielle Systeme unterscheiden: das gleichberechtigte Erbe aller Kinder (Realteilungsrecht) und das unteilbare Einzelerbe, die im landwirtschaftlichen Bereich jeweils mit einer Teilung des Hofes oder einer ungeteilten Hoffolge (Anerbenrecht) verbunden sein konnten. Im Mittelmeerraum war eher die Tendenz zu gleichberechtigtem Erbe vorherrschend, im nordwestlichen Europa dagegen dominierten auf Unigenitur beruhende Erbmuster. Im östlichen Europa schließlich gab es Gesellschaften mit starken Traditionen eines gleichberechtigten Männererbrechts. Die historischen Wurzeln dieser unterschiedlichen Tendenzen wurden im Rahmen der Ausführungen zur mittelalterlichen Familie ausführlich diskutiert.[93]

Die realen lokalen und regionalen Verhältnisse waren aber in der Regel sehr viel komplizierter und folgten nicht unbedingt den großen Mustern. Meist waren im westlichen Europa in einem Territorium oder ›Staat‹ in unterschiedlichen Regionen beide Formen sowie auch Mischformen vertreten. Bei dem so genannten Realteilungsrecht erbten im Prinzip alle Kinder gleichmäßig. Der Hof wurde geteilt. Dadurch kam es oft zu Betriebsgrößen, die wirtschaftlich nicht mehr lebensfähig waren. Deshalb finden sich in Realteilungsgebieten starke Traditionen der Rücksichtnahme auf den Erhalt des Hofes als einer wirklich arbeitsfähigen Einheit. Von Geschwistern wurde in diesen Regionen oft erwartet, dass sie auf das Erbe verzichteten bzw. ledig blieben, um einem de facto-Alleinerben die Übernahme und Weiterführung des elterlichen Hofes zu ermöglichen.[94] Bei dem Anerbenrecht, das die ungeteilte Weitergabe des Hofes vorsah, gab es große Un-

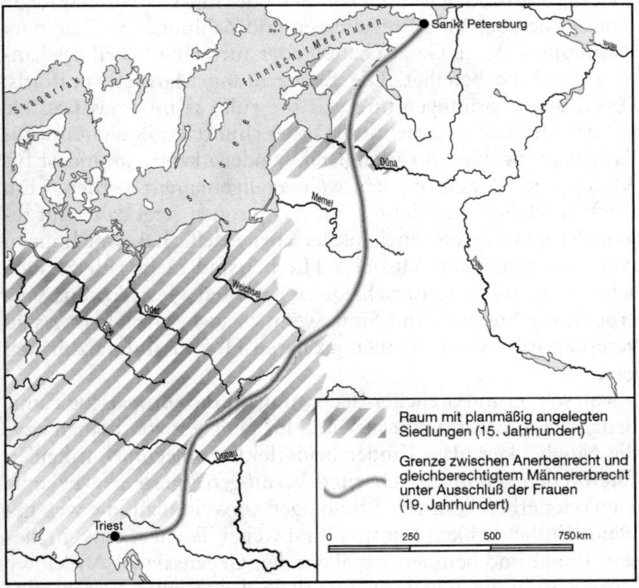

Abb. 31: Die Karte versucht Familienformen und Erbrechtsformen zu verbinden. Beim Erbrecht wird unterschieden zwischen Erbfolge, d. h. der Frage, welches Kind das Eigentum eines Hofes oder Betriebes übertragen bekommt, und der Frage, wer erbberechtigt ist, also ein Anrecht auf eine Kompensation oder ein Nutzungsrecht am elterlichen Land erhält. Im Einzelnen verbergen sich jedoch hinter den scheinbar einheitlichen Großräumen erhebliche lokale oder regionale Variationen und auch Veränderungen im Laufe der Zeit.

terschiede in der Frage, welches Kind die Hoffolge antrat (der älteste Sohn, der jüngste Sohn, der geeignetste Erbe) und wie die anderen entschädigt werden konnten oder mussten. In aller Regel wurden sie über Mitgiftregelungen und Zahlungen in Geld oder ›Naturalien‹ (Vieh, Gerätschaften oder auch einem Teil des Landes) am Erbe beteiligt. Die Beobachtung Margret Spuffords: »Even where primogeniture was the rule, as much as possible seems to have been done for the other children« gilt nicht nur für das Anerbengebiet in Ostengland, sondern kann zumindest für Mittel- und Westeuropa sehr weit verallgemeinert werden.[95] Ein Blick in scheinbar eindeutige Erbrechtszonen zeigt daher auf regionaler und teilweise auch lokaler Ebene vielfach Abweichungen von dem generellen Muster.[96] Hierbei sind nicht zuletzt auch schichtspezifische Unterschiede zu beachten. Geschlossene Vererbung machte nur dann Sinn, wenn es auch wirklich etwas zu vererben gab, wenn es einen größeren Hof zusammenzuhalten galt.[97]

Von sehr grundsätzlicher Bedeutung für die europäische Familiengeschichte war die Besitz- und Erbfähigkeit von Frauen bzw. die Möglichkeit, dass Kinder beiderlei Geschlechts von beiden Elternteilen schon zu Lebzeiten Vermögen übertragen bekommen oder erben konnten. Ethnologen verweisen auf die weit gehende Einheitlichkeit Europas (und weiter Teilen Asiens) in diesem Punkt und betonen vor allem den Gegensatz zu Afrika, wo Vermögen in der Regel nur innerhalb des gleichen Geschlechts weitergegeben wurde.[98] Bis auf Teile Osteuropas, wo das gleichberechtigte Männererbrecht unter Ausschluss der Töchter vorherrschte, hatte sich in Europa zumindest die Möglichkeit eines gleichberechtigten Erbrechts von Männern und Frauen allgemein durchgesetzt.[99] Um die wirkliche Stellung der Frauen beim Erben hat sich in der Familienforschung eine breitere Debatte entfaltet, die in den letzten Jahren eher die starke Stellung von Frauen bei der Übernahme und Verfügung über Eigentum betonte. Dies gilt auch für das 18. und 19. Jahrhundert, die lange eher als eine Zeit abnehmender ökonomischer Selbständigkeit von Frauen interpretiert wurden.[100]

Allerdings finden sich auch in dieser Frage bei genauerer Untersuchung immer wieder Beispiele, in denen Frauen im Erbrecht deutlich benachteiligt und vor allem von Land- und sonstigem Immobilienbesitz ausgeschlossen wurden.[101] Wo dies der Fall war, stellte die Mitgift bei der Eheschließung oder auch beim

Eintritt in ein Kloster[102] einen gewissen (meist nicht wirklich äquivalenten) Ausgleich dar, gewissermaßen ein vorgezogenes Erbe. Testamente, Heiratsverträge von Kindern und Ausgedingverträge zwischen den Generationen bildeten daher in der Regel einen sehr komplexen Zusammenhang, der die unterschiedlichen Interessen von Gleichbehandlung der Kinder, Erhaltung des Anwesens in der männlichen Linie und Eigenversorgung der Elterngeneration auszutarieren hatte.

Das bäuerliche Erbrecht ist keine statische Institution, sondern ein adaptierbarer Rahmen, in den sehr individuelle Strategien des Überlebens und des Statuserhalts der Familie eingelassen werden können.[103] Das zeigt sich besonders an der Entwicklung im 19. Jahrhundert. Den Vorstellungen der Zeit vom Recht auf Eigentum entsprechend verfügte der 1804 eingeführte »Code civil« die freie Teilbarkeit der bäuerlichen Güter und installierte in Frankreich das Realteilungsrecht als allgemeine Grundlage.[104] Durch die Expansion Frankreichs unter Napoleon, aber auch durch seine den politischen Zielen und Rechtsvorstellungen des Bürgertums entsprechenden inhaltlichen Qualitäten fand der Code civil rasche Verbreitung in Europa. Er prägte weit über Frankreich und die von Frankreich besetzten Gebiete hinaus nachhaltig das europäischen Erbrecht. Unter der Hand jedoch blieben in den Anerbengebieten vielfach die alten Erbsitten erhalten, »indem nunmehr durch Gutsübergabeverträge oder letztwillige Verfügungen Sorge getragen wurde, das Gut ungeteilt in der Familie zu erhalten.«[105] Auch auf der Gesetzgebungsebene machten sich in Mittel- und Westeuropa gegen Ende des 19. und zu Beginn des 20. Jahrhunderts im Erbrecht gegenläufige Tendenzen bemerkbar. Nun sollte der zunehmenden Güterzersplitterung durch eine rechtlich-politische Unterstützung des Anerbenrechts entgegengewirkt werden.[106] Dies war teilweise verbunden mit deutlich ideologischen Bestrebungen einer Stärkung des ›Bauernstandes‹ wie sie z. B. im nationalsozialistischen »Reichserbhofgesetz« von 1934 zum Ausdruck kamen.[107]

Die Erforschung des Erbrechts und der Erbrechtsregelungen richtete sich bisher vor allem auf die ländlichen Gesellschaften. Hier waren die regionalen Varianten groß und die Frage der Erbfähigkeit aufgrund der besonderen Bedeutung des immobilen Besitzes zentral. In den europäischen Städten dagegen gab es immer starke Tendenzen zur Gleichbehandlung der Kinder. Die Durchsetzung der Freiteilbarkeit des Erbes im französischen

Code civil und den daran anschließenden Gesetzgebungswerken zielte im Wesentlichen auf städtische Produktions- und Besitzformen, die weniger an einen bestimmten Ort, sondern an beliebig teil- und transferierbares Kapital gebunden waren. Dennoch finden sich auch in den Städten zumindest in der Frühen Neuzeit vielfach Formen von Anerbenrecht oder vor allem im Mittelmeerraum auch von deutlicher Bevorzugung der männlichen Linie. Letzteres war z. B. im Florenz der Renaissance der Fall, wo Frauen keinen Grund- und Hausbesitz erben konnten und Töchter, wenn sie allein erbende Kinder waren, dennoch nur ein Viertel des väterlichen Vermögens erhielten. Der Rest fiel an die Agnaten, die weitere männliche Verwandtschaft des Vaters zurück.[108] Auch das Prinzip der ›consorteria‹, der gemeinsamen Verwaltung und Nutzung von Besitz und Rechten findet sich in Florenz zumindest bei den großen Familienverbänden noch bis zum Beginn der Frühen Neuzeit.[109] In der Stadt Bordeaux gab es bis ins 17. Jahrhundert so genannte ›communautés familiales‹, bei denen das gesamte Erbe von allen Erwachsenen gemeinschaftlich besessen und auch die Mitgift einheiratender Frauen nicht gesondert erfasst wurde. Diese Erbschaftsform entstammte dem bäuerlichen Hinterland, fand sich zu Beginn der Frühen Neuzeit aber auch in über 10 Prozent der Heiratsverträge in allen Schichten der Stadt. Erst im 17. Jahrhundert löst sich diese Sitte in Bordeaux allmählich auf.[110] In Deutschland und England lassen sich für die Frühe Neuzeit ähnliche Variationen der städtischen Erbgewohnheiten feststellen.

Im 19. und 20. Jahrhundert griffen die allgemeinen gesetzlichen Regelungen in den Städten sicher besser als auf dem Land. Die prinzipielle Gleichstellung der Erben, wie sie außer dem Code Napoléon auch das 1900 in Kraft getretene bürgerliche Gesetzbuch Deutschlands vorsah, war hier einfacher zu überwachen als auf dem Land, wo sich lokale Praktiken zumindest auf Umwegen besser halten konnten. Allerdings muss man auch im städtischen Kontext beachten, dass private Großbetriebe und Banken, aber auch einfache Geschäfte durchaus ein Interesse daran haben konnten, eine Erbteilung zu vermeiden, um die Kapazität der Firma zu erhalten. Insofern gab es hier ähnliche Strategien der Vermögensübertragung an einen Erben wie auf dem Land und einen ähnlichen Druck auf Kinder und vor allem auf Töchter, ihren Anteil am Geschäft nicht einzufordern, sich mit Aussteuer oder einer Ausbildung zufrieden zu geben. In England, wo der Code civil keinen Einfluss auf das Rechtssystem besaß, lässt sich für die Unternehmerfamilien im 19. Jahrhundert, die sich am System der im englischen Adel üblichen Primogenitur hätten orientieren können, allerdings eine starke Tendenz zur möglichst ausgeglichenen Berücksichtigung der Kinder bei der Vermögensübertragung feststellen. Samuel Galton, ein Bankier aus Birmingham, richtete in seinem Testament z. B. zunächst für seine Töchter Vermögensfonds ein, die ihnen ein ausreichendes Einkommen sichern sollten, und teilte den Rest des Vermögens dann unter seine Söhne auf.[111]

Eine Sonderform des Erbrechts hatte sich schließlich beim Adel herausgebildet. Zum Zweck des ungeteilten Erhalts des Familienguts hat sich hier europaweit das Institut des Fideikommisses etabliert, durch den ein Familiengut ganz oder zu großen Teilen für unteilbar und unveräußerbar erklärt wurde. Adelige Fideikommisse entstanden vielfach erst im 18. Jahrhundert aufgrund der Erfahrung des Niedergangs mächtiger Häuser durch die Folgen der Erbteilung. In Deutschland wurden sie 1919 in der Verfassung der Weimarer Republik als Symbol und Garant adeliger Sonderrechte für ungültig erklärt.[112]

Insgesamt ging der Trend vor allem in Mittel- und Westeuropa in der Neuzeit in die Richtung einer allgemeinen Gleichbehandlung der Kinder beim Erben. In Ost- und Südosteuropa hat sich dieser Trend im agrarischen Bereich dagegen kaum durchgesetzt, auch in Italien blieb die Bedeutung des »Hauses« und die Dominanz der Agnaten besonders im bäuerlichen Bereich, aber auch in den Städten stark. Die Entwicklung der rechtlichen Bestimmungen zielte aber – trotz einiger, zeitlich befristeter gegenläufiger Tendenzen im bäuerlichen Erbrecht – auch in Italien in Richtung auf ein egalitäres Erbrecht.[113] Dass dessen Ausbreitung auf so breiter Basis möglich war, unterscheidet europäische Familienformen von den meisten außereuropäischen und verweist noch einmal auf die besonderen Strukturen des bilateralen Verwandtschaftssystems, die sich in Mittel- und Westeuropa bereits im Mittelalter durchgesetzt haben.

d) Pluralisierung oder De-Institutionalisierung von Familienformen und Lebensläufen in der Moderne?

Eine fortschreitende Individualisierung und Pluralisierung der Lebensformen gilt als Kennzeichen moderner Gesellschaften. Die zunehmende Herauslösung der Menschen aus »traditionalen, familialen, nachbarschaftlichen, beruflichen und kulturellen Bindungen«[114] bringt die Möglichkeit oder auch den Zwang zur individuellen Gestaltung des Lebenslaufs mit sich und führt zur Ausbildung eines breiten ›Angebots‹ möglicher Formen des Zusammenlebens mit anderen Menschen. Die abnehmende Verbindlichkeit und Integrationskraft sozialer Institutionen wie der Familie scheint eine notwendige Folgeerscheinung dieses Prozesses zu sein, sein Symbol ist der ›Single‹, der allein lebende Erwachsene. Singles verzichten nicht nur auf traditionelle Lebensformen in Ehe und Familie, sondern auch auf dauerhafte informelle Verbindungen. »Die Grundfigur der durchgesetzten Moderne«, so der Soziologe Ulrich Beck, »ist – bis ganz zu Ende gedacht – der oder die Alleinstehende.«[115]

In der Tat war speziell seit den 1980er Jahren in den europäischen Städten die Zunahme von Einpersonenhaushalten enorm. In den meisten Großstädten und vor allem in innerstädtischen Wohnbezirken liegt heute der Anteil der Einpersonenhaushalte bei über der Hälfte aller Haushalte. Dies ist ein aus demographischer Perspektive neues Phänomen. Einpersonenhaushalte waren noch in den Bevölkerungszählungen des 19. Jahrhunderts eine deutliche Minderheit. Dennoch ist bei der Interpretation dieses Befundes Vorsicht angebracht und eine differenzierte Analyse notwendig.

Überblickt man die Entwicklung der Haushaltsgrößen im 20. Jahrhundert, so lässt sich in allen europäischen Staaten als klare Tendenz zunächst die Abnahme der Kinderzahl erkennen. Die Bevölkerungswissenschaftler sprechen von einem ersten und einem zweiten demographischen Übergang. Der erste war verbunden mit dem im ausgehenden 19. Jahrhundert einsetzenden und bis in die 1930er Jahre reichenden Geburtenrückgang. An seinem Ende stand die ›Normalfamilie‹ mit zwei bis drei Kindern. Zwischen der Mitte der 1960er und der Mitte der 1970er Jahre ergab sich dann – mit der Verbreitung der ›Pille‹ – ein zweiter, drastischer Abfall der Geburtenraten. In der Bundesrepublik halbierten sich die Geburtenzahlen in dieser Zeit annähernd. Verheiratete oder unverheiratete Paare ohne Kinder oder mit nur einem Kind stehen inzwischen an der Spitze der Hauhaltsstatistiken. Dies ist eine eindeutige und nachhaltige Veränderung, die eine rasche Verbreitung über ganz Europa gefunden hat. Allerdings muss man sehen, dass sich hinter den Durchschnittszahlen deutliche schichtspezifische Unterschiede verbergen. Eine schichtspezifische Analyse der Haushaltsformen in der Bundesrepublik in den 1980er Jahren ergab, dass 1984 von Personen im Alter von 25–29 Jahren 69 % derjenigen mit Hauptschulabschluss verheiratet, aber nur 47,3 % derjenigen mit Fachhochschulreife oder Abitur eine Ehe eingegangen waren. Eine Analyse derselben Gruppe im Jahr 1989, also 5 Jahre später, ergab, dass nun bereits 84 % der Hauptschulabsolventen, aber erst 61,6 % der Personen mit Abitur verheiratet waren. Ähnliche Unterschiede finden sich auch bei der Kinderzahl. Im Alter zwischen 30 und 34 Jahren hatten knapp 45 % der Hauptschulabsolventen 2 und mehr Kinder. Bei den Personen mit Abitur waren es nur 25 %.[116]

Die Verfolgung einer Geburtskohorte über mehrere Jahre zeigt sehr deutlich, dass das Phänomen der Einpersonenhaushalte und auch das des unehelichen Zusammenlebens zwar neue Phänomene darstellen, dass sie aber eingeordnet werden müssen in eine Sequenz im Lebenslauf. Mit dem Aufkommen des Kinderwunsches steigt auch die Bereitschaft zur Eheschließung. Der Phase des Lebens im Einpersonenhaushalt folgt im Lebenszyklus heute gewöhnlich eine Zeit des unverheirateten Zusammenlebens und – je nach Bildungsschicht – unterschiedlich spät und häufig eine Eheschließung. Die hohe Zahl der Einpersonenhaushalte gerade in Deutschland hängt auch mit den langen Ausbildungsgängen und der relativ hohen Selbständigkeit der Jugendlichen und jungen Erwachsenen zusammen, kann also als eine moderne Ausdrucksform der spezifisch west- und nordeuropäischen Tradition des hohen Heiratsalters und der langen Jugend gewertet werden.[117]

Diese Einordnung der Einpersonenhaushalte in das so genannte »European marriage pattern« der späten Heiraten und der damit verbundenen Jugendphase (die immer auch eine Phase der Lösung von der Familie und der Individualisierung war) wird besonders plausibel, wenn man die geographisch sehr ungleiche Verteilung von Einpersonenhaushalten und der Koresidenz von Jugendlichen und jungen Erwachsenen mit ihren Eltern in Betracht zieht. Hier ist ein deutliches Gefälle zwischen Süd- und

Nordwesteuropa zu beobachten. Um nur die Extreme zu nennen: 1990/91 waren in Schweden 44 % aller Haushalte Einpersonenhaushalte, in Portugal dagegen nur 16,6 %. In diesen Zahlen sind auch die Anteile der alleinewohnenden Alten enthalten, die den größten Teil der Einpersonenhaushalte stellen. Die Relationen lassen sich jedoch wenigstens ungefähr auch auf die der jungen Erwachsenen übertragen.

Abb. 32: Prozentsatz der Einpersonenhaushalte in Europa, 1990/91.

Land	*Prozent*	*Land*	*Prozent*
Österreich	32,3	Schweden	44,0
Belgien	31,4	Großbritannien	30,0
Dänemark	38,1	Griechenland	21,1
Finnland	38,0	Italien	23,7
Frankreich	29,2	Portugal	16,6
Deutschland	37,7	Spanien	16,9
Irland	27,1		
Niederlande	37,7	Europ. Union	30,3

Dieses Nord-Süd-Gefälle bei den Einpersonenhaushalten korrespondiert auffällig mit den Werten der Koresidenz Jugendlicher im elterlichen Haushalt. Diese sind in Südeuropa wesentlich höher als im Norden. Lebten in England 1994 20,8 % der Männer und 10,8 % der Frauen zwischen 25 und 29 Jahren noch im elterlichen Haushalt, so waren es in Italien 66, % der jungen Männer und 44,1 % der Frauen. In den anderen mediterranen Ländern lagen diese Werte zumindest für Männer ähnlich hoch wie in Italien und durchgehend über 60 %.[118]

Es ist auffällig, dass mit diesem Verteilungsmuster auch ein historisches Strukturmerkmal der Haushaltsformung übereinstimmt, nämlich die Verteilung von Gesinde in Europa während der Neuzeit. Im Nordwesten war der Gesindeanteil bis ins frühe 20. Jahrhundert – mit regionalen Schwankungen – generell hoch, während er in Südeuropa im Allgemeinen niedrig war. Der Umfang der Gesindehaltung hängt zwar vor allem von den Schwerpunkten der Landwirtschaft, aber auch von Familien- und Haushaltsstrukturen und dem Heiratsalter ab. So lässt die Tatsache, dass in den untersuchten Gemeinden in Italien, Spanien, Portugal oder Südfrankreich der Anteil des Gesindes an der Gesamtbevölkerung immer unter 10 % und in den nordwesteuropäischen Ländern meist um 15 % lag, vielleicht Rückschlüsse auf die Bedeutung der innerfamilialen Zusammenarbeit und Solidarität zu.

Vor allem aber verweist dieser Befund auf den unterschiedlichen Stellenwert der außerhäuslichen Ausbildung und der Selbständigkeit in der Jugend. Die hohe Zahl der Einpersonenhaushalte setzt aus der Perspektive der Lösung der Jugendlichen aus dem elterlichen Haushalt somit in gewisser Weise eine in Nordwesteuropa verbreitete Tradition fort. Neu ist allerdings, dass diese Phase nicht mehr mit der Einbindung in einen anderen Haushalt gekoppelt, also nicht mehr mit hausrechtlicher Abhängigkeit, sondern mit Unabhängigkeit und Selbständigkeit verbunden ist. Zusammen mit der Entkoppelung von legitimer Sexualität und Ehe macht dies die Lebensform des Einpersonenhaushalts heute für viele zu einer erstrebenswerten Option, die sie auch noch bei Bestehen einer Partnerschaft möglichst lange fortsetzen wollen (»living together apart«).

Aus dieser längeren historischen Sicht ist der im ausgehenden 20. Jahrhundert einsetzende Wandel der Lebens- und Haushaltsformen somit nicht so dramatisch wie manche Gesellschaftswissenschaftler meinen. Vor allem ist er durch seine deutlichen geographischen Besonderheiten mit langfristigen Entwicklungstendenzen und grundlegenden Strukturunterschieden der Haushaltsformen innerhalb Europas verbunden und weniger eine generelle Konsequenz der Moderne. Die Familie als Institution ist durch diese Entwicklung nicht wirklich bedroht. Es kommt zu keiner ›De-Institutionalisierung‹ der Familie, sondern allenfalls zu einer Pluralisierung der Haushaltsformen – wobei auch hier die Variationsmöglichkeiten nicht überschätzt werden sollten. Im Prinzip reduziert sich das ›Angebot‹ auf vier Grundformen: verheiratet, ledig bei den Eltern, ledig allein oder ledig in nichtehelicher Lebensgemeinschaft lebend. Nach einer Analyse der Lebensformen der 25- bis 29-jährigen lebten in der Bundesrepublik 1984 über 85 % in einer dieser vier Haushaltsformen, 1989 waren es immerhin noch über 81 %.[119]

Der Blick auf diese sozialen und historischen Zusammenhänge des Wandels der Haushaltsbildung ist auch nützlich, um die von der Soziologie ebenfalls hervorgehobene Individualisierung des einzelnen Lebenslaufs, die gewissermaßen die Grundlage der Theorie von der De-Institutionalisierung oder Pluralisierung der Familien- und Haushaltsformen darstellt, nüchtern zu betrachten. Die These von der Individualisierung des Lebenslaufs ist eng verbunden mit der Beobachtung der bereits erwähnten funktionalen Differenzierung moderner Gesellschaften: In der traditionalen europäischen Gesellschaft hatte die Zugehörigkeit zu einem Stand als dominantes Gliederungsprinzip über spezifische Privilegien bzw. Verbote den Zutritt zu bestimmten Berufen und sonstigen Lebenschancen geregelt bzw. beschränkt. In der funktional differenzierten Gesellschaft verschwinden die Stände als Strukturprinzip. Der Einzelne hat im Prinzip Zugang zu allen Funktionsbereichen, muss sich dadurch jedoch in einer Vielzahl möglicher Rollen – gleichzeitig und in der Sequenz des Lebenslaufs – zurechtfinden und diese zu einer spezifischen Form persönlicher Identität integrieren. »Die Umsetzung der gesellschaftlichen Systemdifferenzierung in ein sachlich und zeitlich je einmaliges Rollenmanagement – das ist der Mechanismus, der nach soziologischer Vorstellung die Individualisierung der Personen erzwingt.«[120]

In diesem großen soziologischen Blick ist Individualisierung ein Prozess, der sich mindestens über die letzten drei Jahrhunderte erstreckte. Aus einer engeren Perspektive lässt sich mit dem Soziologen Ulrich Beck nochmals ein spezieller und für die Geschichte von Kindheit und Jugend besonders relevanter Individualisierungsschub in der zweiten Hälfte des 20. Jahrhunderts feststellen. Er wurde ausgelöst durch die enorme Steigerung des materiellen Lebensstandards, die gestiegene geographische und soziale Mobilität und die Bildungsexpansion.[121] Es war nach Beck dieser rasante Transformationsprozess nach dem Zweiten Weltkrieg, der die alten sozialen und konfessionellen Milieus vor allem der Arbeiterschaft, aber zunehmend auch die Familien aufgelöst habe und so nicht nur neue Chancen schuf, sondern auch alte Sicherheiten beseitigte und die Individuen in einem neuen Ausmaß »verstärkt auf sich selbst und ihr individuelles Arbeitsmarktschicksal mit allen Risiken, Chancen und Widersprüchen« verwies.[122]

Dieser moderne Zwang zur Individualität und Selbstgestaltung des Lebens ist jedoch – nur scheinbar paradox – eingebunden in eine immer stärkere ›Standardisierung‹ der zeitlichen Zäsuren und Sequenzen von Lebensläufen. Vormoderne Gesellschaften zeichneten sich – gerade für Kinder und Jugendliche – zunächst durch eine prinzipielle Unsicherheit des Lebens, vor allem durch die ständige Bedrohung durch einen vorzeitigen Tod aus. Dazu kam eine große Variationsbreite z. B. im Alter des Eintritts in Schulen oder Universitäten oder auch eine große soziale Varianz des Heiratsalters. Die moderne Lebensplanung dagegen vollzieht sich vor dem Hintergrund einer generell hohen Lebenserwartung und – zumindest bis in die 1980er Jahre hinein – auch in dem Rahmen zeitlich außerordentlich homogener lebensgeschichtlicher Übergänge innerhalb einer Altersgruppe. Überspitzt ausgedrückt: Es wurde im 20. Jahrhundert zunächst immer wahrscheinlicher, dass junge Menschen bestimmte Entscheidungen zum gleichen Zeitpunkt wie der Rest ihrer Altersgruppe trafen und dass bestimmte Zäsuren des Lebenslaufs der individuellen Entscheidung gerade entzogen sind. Es kam zu einem »chronologisch standardisierten ›Normallebenslauf‹«, der ein zentrales Orientierungs- und Ordnungsprinzip der modernen Gesellschaften darstellt.[123]

Diese verborgenen Zwänge und Strukturen des modernen Lebens bilden somit die andere Seite der Individualisierung. Der tatsächliche Spielraum für bestimmte Lebensentscheidungen ist offensichtlich gering, die normierende Kraft von Strukturen und Gewohnheiten dagegen groß. Dazu gehört vor allem auch die bei einer allzu einfachen Fassung des Individualisierungskonzeptes oft unterschlagene Fortdauer sozialer Ungleichheit. Individualisierung bedeutet nicht, dass Lebenswege wirklich individuell planbar wären. Dagegen sprechen alle Ergebnisse soziologischer Ungleichheitsforschung.[124] Dies zeigt sich auch in familienbezogenen Bereichen. Die schichtspezifische Analyse macht deutlich, dass die Entscheidung für die Ehe, für Kinder, für die Berufstätigkeit der Frau, die Ehescheidung, das Heiratsalter, die Kinderzahl etc. »in hohem Maße aus Merkmalen wie Bildungsabschluss, Berufe der Eltern oder Lage im sozialen Raum zu erklären ist«.[125] Insgesamt trat in den europäischen Gesellschaften während der letzten Jahrzehnte eine deutliche Polarisierung des Verhaltens zwischen den Einzelnen vor allem über den Bildungsabschluss definierten sozialen Schichten ein. Das familienbezogene Verhalten innerhalb dieser Schichten dagegen blieb relativ konstant.

Die über die Durchlässigkeit des Bildungssystems vermittelte erhöhte soziale Mobilität führte jedoch zu erheblichen Verschiebungen in der Größe der jeweiligen Gruppen und so zu einer Überakzentuierung bestimmter, auf Durchschnittsberechnungen beruhender statistischer Befunde. Das Verhalten innerhalb der einzelnen Gruppen hatte sich wesentlich weniger verändert als es zunächst den Anschein hatte und der Individualisierung der Lebensläufe sind offensichtlich ähnlich enge sozialstrukturelle Grenzen gesetzt wie der Pluralisierung der Familienformen.

II. Die Haushaltsfamilie

1. Haushaltsformen und materielle Grundlagen des Familienlebens

Verfolgt man Lebensläufe west- und nordeuropäischer Akademiker, die in der zweiten Hälfte des 20. Jahrhunderts geboren wurden, dann ergibt sich eine oft verwirrende Abfolge von Lebensstationen in ganz unterschiedlichen Haushaltsformen. Nach dem Schulabschluss verlassen die meisten den elterlichen Haushalt zum Studium bzw. die jungen Männer zunächst zu Militär- oder Zivildienst. Häufig ist dieser Abschied aus dem elterlichen Haushalt allerdings nur temporär – mit Rückkehrmöglichkeit in das eigene Zimmer wenigstens am Wochenende. Am Studienort folgt auf eine Zeit im Wohnheim häufig die Gründung einer Wohngemeinschaft mit Freunden, danach der Rückzug in eine Zweierbeziehung mit eigener Wohnung zur Ehe auf Probe. Spätestens zu diesem Zeitpunkt wird die Verbindung zum elterlichen Haushalt lockerer, die Rückkehrmöglichkeit nicht mehr in Anspruch genommen. Wird dieser Weg nicht beschritten erfolgt nach dem Examen bisweilen auch die Rückkehr zu den Eltern, um Zeiten der Arbeitslosigkeit materiell besser abfangen zu können. Die Gründung einer eigenen Familie – mit oder ohne Trauschein – erfolgt in der Regel erst nach einer gewissen beruflich-materiellen Absicherung wenigstens eines der Partner. Mit den Kindern kommt es wieder zu engeren Beziehungen zu den Großeltern, wenn sie in der Nähe leben. Sie wohnen zwar nicht mit Kindern und Enkelkindern im gleichen Haushalt, greifen jedoch regelmäßig helfend ein. Meist unterstützen sie die jungen Familien, oft auch materiell. Von besonderer Bedeutung können die Großeltern werden, wenn die Ehepartner sich trennen, beide Partner Unterstützung brauchen oder für die Kinder nach einer stabilen Bezugsgruppe suchen.

An diesem fiktiven Lebenslauf, der in Südeuropa ziemlich anders verlaufen würde, werden drei Dinge deutlich: Zum einen sieht man, dass die Haushaltsformen, zu denen sich Menschen am Ende des 20. Jahrhunderts zusammenschließen, sehr unterschiedlich sein können. Kernfamilie, Wohngemeinschaft oder Wohnheim, Zweierhaushalt ohne Kinder usw. sind in der Regel bestimmten Lebensphasen zugeordnet. Zum anderen kann man sehen, dass auch der einzelne Haushalt einem ständigen Wandel unterliegt, der vor allem mit der Altersentwicklung der Kinder zusammenhängt, aber auch mit der Notwendigkeit, bestimmte materielle Notlagen oder Krisen abzufangen. Schließlich wird daran deutlich, dass die Definition und Abgrenzung von Haushalten außerordentlich schwierig ist. Auch bei getrennten Wohnungen kann es sehr enge Formen der Zusammenarbeit und gegenseitigen Unterstützung geben, während es in Wohngemeinschaften oder auch vor Scheidungen zu weitgehend getrennten Arbeits- und Versorgungseinheiten innerhalb eines Haushalts kommen kann.

Für die Familienforschung stellte die historische Entwicklung von Haushaltstypen und -größen lange Zeit ein bevorzugtes Forschungsfeld dar. Zunächst konnte – wie oben dargelegt – die historische Familienforschung den »Mythos der vorindustriellen Großfamilie« widerlegen und zeigen, dass komplexe, um verheiratete Verwandtschaft oder Inwohner erweiterte Hauhaltsformen im vorindustriellen Westeuropa nicht der vorherrschende Haushaltstyp waren, dass der Großteil der Familien in kernfamilialen Haushalten wohnte und dass die Industrialisierung im 19. und 20. Jahrhundert den Zusammenhalt der Verwandtschaft und komplexe Wohnformen in der Regel eher beförderte als zerstörte. »Die Möglichkeit, dass Großeltern und Enkelkinder für längere Zeit zusammenleben, ist ein Phänomen des 20. Jahrhunderts«.[126]

Dabei wurden Haushalte von der Familienforschung allerdings selbst lange als statische Einheiten begriffen und nicht berücksichtigt, dass sie alle Entwicklungen durchlaufen und in bestimmten Phasen Dreigenerationenhaushalte sind, sich dann verkleinern, aber auch wieder erweitern können. Diese Anpassungsfähigkeit der Haushaltsstrukturen trifft für die vor- und frühindustrielle Zeit noch mehr zu als für die Gegenwart. Haushalte in vorindustriellen europäischen Gesellschaften waren, so drückte es die Familienhistorikerin Tamara K. Hareven aus, »wie eine Ziehharmonika, die sich je nach den wechselnden familialen Erfordernissen und äußeren Umständen dehnte oder zusammenzog.«[127] Die Familienzyklen und ihr Wandel sind inzwischen zu einem zentralen Feld der historischen Familienforschung der Neuzeit geworden. Eine zentrale Funktion der Familie wird gerade in ihrer Fähigkeit zur flexiblen Synchronisation kollektiver Familienziele, individueller Lebensläufe und sich verändernder

Ressourcen gesehen. Die Familie ist aus dieser Perspektive alles andere als eine statische Einheit, sondern viel eher eine außerordentlich flexible »time budgeting association«.[128] Die neueren Ansätze beschäftigen sich daher vor allem mit Familienzyklen und dem Vergleich von berufs-, schicht- oder kulturspezifischer Verlaufsstrukturen, Familienstrategien und Zeitplanungsmuster.

Die historisch-demographische Familienforschung, die für ihre Untersuchungen über Haushaltsgrößen auf Unterlagen der amtlichen Statistik angewiesen ist, hatte außerdem nicht bedacht, dass die Grenzen eines Haushalts nicht einfach zu bestimmen und die Kriterien der amtlichen Haushaltsstatistiken für ihre Fragestellungen oft wenig nützlich sind. Koresidenz unter einem Dach ist kein ausreichendes Kriterium, um die Qualität des Zusammenhangs und der tatsächlichen Interaktion zwischen Personen und Gruppen zu beschreiben. Dennoch hatten und haben auch synchrone Analysen der Haushaltsgrößen und -strukturen einer Bevölkerung zu einem gegebenen Zeitpunkt ihre Berechtigung und ihren Sinn. Sie geben einen guten Überblick, über die in der untersuchten Gruppe üblichen Variationen der Haushaltsbildung, also auch über die im Laufe des Familienzyklus möglichen Formen. Im Folgenden soll die Veränderung der synchronen Haushaltsstrukturen und der Familienzyklen in verschieden sozialen Schichten und Gruppen unter Berücksichtigung ihrer jeweiligen regionalen Ausprägung in Europa verfolgt werden.

a) Konstanz und Wandel der ländlichen Haushalte in der Neuzeit

Bis ins ausgehende 18. Jahrhundert waren in allen europäischen Ländern mit gewissen regionalen Schwankungen etwa 80 % der Bevölkerung in der Landwirtschaft beschäftigt. 1900 waren es noch 40 %, in der Gegenwart sind es – mit deutlichen Abweichungen vor allem in Südeuropa – nur noch knapp 10 %, mit weiter fallender Tendenz. Durch die gesamte Frühe Neuzeit und bis weit ins 19. Jahrhundert hinein stellten die mit der landwirtschaftlichen Produktion verbundenen Familien bzw. Haushalte somit noch die größte Gruppe dar. Hinter dem Begriff des bäuerlichen Betriebs und des bäuerlichen Haushalts verbergen sich jedoch enorme Unterschiede. Je nach Größe und Spezialisierung der Betriebe kam auch den bäuerlichen Familien eine ganz unterschiedliche Funktion im Rahmen der landwirtschaftlichen Arbeit zu. Es ist deshalb sinnvoll, einen kurzen Überblick über die Betriebsformen und ihre regionale Verbreitung zu geben.

Formen bäuerlicher Wirtschaft

An der Spitze landwirtschaftlicher Betriebe steht der Großgrundbesitz Dazu zählt man in der Regel Güter von über 200 ha Grundfläche. Solche großen Güter dominierten in Deutschland im Nordosten im Bereich der so genannten ostelbischen Gutsherrschaft sowie in Schlesien.[129] In diese Kategorie gehören außerdem die italienischen Latifundien oder die großen Güter eines Teils des englischen Adels. Im deutschsprachigen Bereich wurden diese Güter mit Leibeigenen (Frondienste) oder – nach der Bauernemanzipation im 19. Jahrhundert – auch mit landwirtschaftlichen Arbeitern bewirtschaftet, die in aller Regel auf dem Gut jeweils auch eine marginale Eigenwirtschaft betrieben. In England und z.T. auch in Italien hatte sich das System der feudalen Abhängigkeit schon sehr viel früher in Pachtverhältnisse oder in landwirtschaftliche Lohnarbeit umgewandelt. Die Familienformen der Großgrundbesitzer jedenfalls waren selbst kaum von der Art der landwirtschaftlichen Produktion bestimmt. Sie können im Zusammenhang der bäuerlichen Haushaltsformen daher vernachlässigt werden. In Italien wohnten die großen Landbesitzer ohnehin in den Städten.[130]

Großbäuerliche Wirtschaften mit Betriebsgrößen zwischen 20 und 200 ha finden sich vor allem in den Gebieten mit geschlossener Hofübergabe, den so genannten Anerbengebieten, im westlichen Norddeutschland, in Bayern und in weiten Teilen der Habsburger Monarchie, aber auch in England, Skandinavien und Teilen Südfrankreichs. Besonders ausgeprägt sind große Bauernhöfe jedoch auch im Bereich der ostelbischen Gutsherrschaft zu finden, wo – wie z. B. in Ostpreußen – keineswegs das gesamte Land über adelige Gutshöfe bewirtschaftet wurde, sondern sich auch eine breite großbäuerliche Schicht etablieren konnte.[131]

Mittel- und Kleinbäuerlicher Besitz findet sich als Regelgröße besonders in den so genannten Realteilungsgebieten Süddeutschlands, Frankreichs und Spaniens sowie in Teilen Italiens. Daneben gab es aber auch in allen anderen Regionen viele klein- und unterbäuerliche Betriebe mit zum Teil schlechten Eigentumsrechten und Pachtverhältnissen. Im 18. und 19. Jahrhundert stieg ihre Zahl im Zuge des allgemeinen Bevölkerungswachstums und der so genannten Bauernbefreiung – die ja lediglich eine finanzielle Ablösung landwirtschaftlicher Abgaben war – überall drastisch an. In Preußen z. B. machte die landlose Landbevölkerung um die Mitte des 19. Jahrhunderts bereits ein Drittel der Gesamtbevölkerung aus. Für Österreich werden ähnliche Größenverhältnisse angenommen. Für süddeutsche Realteilungsgebiete wie Württemberg kann man zeigen, dass der Anteil des Splitterbesitzes – also Höfe von weniger als zwei bis drei Hektar – bereits 1857 fast die Hälfte (44 %) aller landwirtschaftlichen Betriebe ausmachte. Die Zahl der Höfe unterhalb der Rentabilitätsgrenze von 10 ha lag in Württemberg in der Mitte des 19. Jahrhunderts bei etwa 80 % aller Betriebe. Diese Struktur hielt sich hier bis in die bundesrepublikanische Zeit. Ähnliche Verhältnisse finden sich aber auch in den meisten anderen Realteilungsgebieten Europas. Viele Kleinbauern mussten nun als ländliche Lohnarbeiter ihren Lebensunterhalt verdienen oder aber ihr landwirtschaftliches Einkommen durch Heimarbeit oder Fabrikarbeit ergänzen.

Die unterschiedlichen ökonomischen, naturräumlichen und rechtlichen Bedingungen wirkten sich auf Haushalt und Familie aus. Die Familienforschung spricht deshalb im Hinblick auf die bäuerlichen Haushalte auch von bestimmten »Ökotypen«. Regional dominante Wirtschaftsweisen haben über die dazu notwendige Form der Arbeitsorganisation relativ kleinräumig die lokal vorherrschenden Familienstrukturen beeinflusst.[132] Dennoch wurde von der historischen Familienforschung gerade am Beispiel der ländlichen Familien auch der Versuch unternommen, bestimmte Großräume vorherrschender Haushaltstypen zu identifizieren.

Großräume und regionale Varianten ländlicher Haushaltsformen und Heiratsmuster im 19. Jahrhundert

Michael Mitterauer wies in seinen Ausführungen zur Entwicklung der Haushaltstypen im Mittelalter bereits auf die grundlegende Beobachtung John Hajnals hin, dass es bis zum Zweiten Weltkrieg in Europa zwei unterschiedliche Heiratsmuster gegeben habe und dass diese auch zwei unterschiedliche Typen der Haushaltsformation bewirkt hätten, die Hajnal als System einfacher Haushalte (simple household system) bzw. als System multipler Haushalte (joint household system) bezeichnete. Davon kann die erste Beobachtung Hajnals, die Besonderheit des westeuropäischen Heiratsmusters, als durch die weitere Forschung zumindest im Prinzip weitgehend bestätigt gelten.[133] Westlich der Linie St. Petersburg–Triest herrschte die – weltweit einzigartige –

Sitte vor, dass Mann und Frau bei der Erstheirat bereits relativ alt (Ende 20) waren, dass sie vor der Heirat in einen fremden Haushalt in Dienst gingen und dass ein hoher Prozentsatz der Bevölkerung dauerhaft ledig blieb.[134] Die später formulierte These Hajnals, dass das westeuropäische Heiratsmuster mit der Tendenz zu einfachen (d. h. überwiegend kernfamilialen bzw. um Gesinde oder unverheiratete Verwandte erweiterten) Haushaltssystemen verbunden sei, das osteuropäische dagegen eine Tendenz zur Ausbildung multipler (d. h. aus mehreren Kernfamilien zusammengesetzter) Haushaltssysteme besäße, hat sich dagegen sowohl in der kausalen Verknüpfung von Heiratsmuster und Haushaltsstruktur wie auch in der geographischen Zuordnung als zu einfach erwiesen. Es sind hier regionale Differenzierungen notwendig sowie die Berücksichtigung der Tatsache, dass die einzelnen Haushalte sich im Laufe der Zeit wandeln, also gewissermaßen einen Familienzyklus durchlaufen.

Im Jahr 1851 waren nach einer Studie Richard Walls in 12 untersuchten englischen Dörfern zwischen bis zu 7 % aller Haushalte multiple Haushalte, umfassten also mindestens zwei verheiratete Paare; zwischen 11 und 16 % waren um ledige Personen erweitert. Dabei korrespondierten in diesen englischen Dörfern jeweils die höchsten Zahlen für erweiterte Haushalte mit den höchsten Werten für multiple Haushalte, so dass bis zu 23 % der Haushalte so genannte komplexe (das heißt: erweiterte oder multiple) Haushalte sein konnten. Umgekehrt kann man aber auch sagen, dass etwa 80 % der Haushalte nur aus Kernfamilien bestand. Das macht deutlich, dass komplexe Haushaltsformen in England nicht die Regel waren, dass sie aber auch nicht vernachlässigt werden können und ganz offensichtlich innerhalb des Lebenszyklus‹ von Familien mit einer gewissen Regelmäßigkeit vorgekommen sein müssen.

Ähnliche Zahlen finden sich für Frankreich. Der Anteil der komplexen Haushalte lag hier in der Regel etwas über den englischen Werten und konnte vor allem in einzelnen Regionen wie den Pyrenäen um 1850 bis zu 37 % erreichen. Das traf auch für Portugal, Spanien und vor allem für Italien zu. Hier wiesen speziell in den untersuchten Orten des Friaul bis zu einem Drittel der untersuchten Haushalte sogar multiple Formen auf, waren also aus mehreren Familien zusammengesetzt. In Schweden finden sich in der Mitte des 19. Jahrhunderts ähnliche Prozentsätze wie in Frankreich, in Finnland jedoch lagen die Zahl der multiplen Haushalte und der erweiterten Haushalte nochmals deutlich über dem west- und norwesteuropäischen Durchschnitt. Gut die Hälfte aller Haushalte wiesen in den dort untersuchten Gemeinden komplexe Strukturen auf. In Zentral- und Osteuropa stieg dieser Wert bis auf knapp 75 % an, mit einem Anteil von multiplen Haushalten in Russland von über 60 %.[135]

Die übliche Form des multiplen Haushalts war in Westeuropa die Ausgedingfamilie, in der die Eltern mit einem verheirateten Kind und dessen Familie zusammenlebten, wobei in Westeuropa die Leitungsfunktion in aller Regel an den verheirateten Sohn – also an die mittlere Generation – abgetreten wurde. Über die Ausgedingfamilie hinausgehende multiple Haushaltsformen fanden sich in Westeuropa vor allem in manchen Regionen Südfrankreichs.[136] In diesen auch als »communauté« oder »frerèche« bezeichneten Haushaltsformen lebten mehrere meist verwandte Familien unter einem Dach und nahmen auch die Mahlzeiten gemeinsam ein. Das war in diesen Regionen die Voraussetzung dafür, dass die Familien ihr Pachtland über den Generationenwechsel halten konnten. In dieser regional begrenzten und für die Pächter ungünstigen Variante des französischen Feudalsystems (bourdelage) wurde die Vererbung des Landes nur erlaubt, wenn die Erben mit dem Pächter zum Zeitpunkt des Erbfalls in einem gemeinsamen Haushalt gelebt hatten und der Besitz nicht geteilt werden sollte. Dadurch entstanden große Haushalte, in denen Eltern mit ihren Söhnen und deren Familien zusammenlebten. Haushaltsvorstand blieb bis zu seinem Tod der Vater, dann übernahm der älteste Sohn die Leitungsfunktion.

Es gab in Frankreich aber auch Communautés, die nicht ausschließlich aus verwandtschaftlich verbundenen Familien zusammengesetzt waren und den Haushaltsvorstand wählten. Private Nutzung des Landes war hier ebenso wenig vorgesehen wie individuelles Eigentum an Land. In solchen communautés konnten 30–40 Personen zusammenleben, es wurden sogar Gemeinschaften von bis zu 100 Personen nachgewiesen. Die meisten dieser communautés lösten sich bereits im 17. Jahrhundert auf, als sie aufgrund der steigenden Steuerlast ihren Besitz veräußern mussten. In der Provinz Nivernais oder im Limousin gab es aber noch bis zum Ende des 19. Jahrhunderts solche multiplen Haushalte.[137]

Ähnliche Haushaltsformen finden sich auch in Mittel- und Norditalien (Umbrien, Toskana, Emilia Romagna), wo durch ein besonderes System der Teilpacht (Mezzadria) alle Familienmitglieder an die Landarbeit gebunden wurden und es für die pachtende Familie günstig war, über möglichst viele familiale Arbeitskräfte zu verfügen. Hier formten sich multiple Haushalte mit mehreren verheirateten Paaren und deren Kindern, die sehr groß sein konnten (20 bis 30 Personen), in der Regel aber etwa 10 Personen umfassten. Auch bei italienischen Landarbeitern (bracchianti) fand sich in manchen Regionen noch im 19. Jahrhundert eine erhöhte Tendenz zu multiplen Haushalten, ohne dass dies durch Pachtverträge erzwungen worden wäre.[138] In Süditalien dagegen herrschte auch bei den Pächtern eher eine Tendenz zur Kernfamilie vor – wobei es wie immer Regionen mit bezeichnenden Ausnahmen gab.[139] In Italien sind bisher alle Versuche, einheitliche Muster der Haushaltsformierung oder gar ein »Italian Marriage Pattern« herauszuarbeiten, an der Vielgestaltigkeit der ländlichen Familie gescheitert.

Östlich der Hajnal-Linie im Baltikum, in Russland, Finnland, aber auch in Ungarn und auf dem Balkan waren nach Walls Studie die multiplen Familien in der Tat häufig. Sie stellten aber keineswegs den einzigen Haushaltstyp dar. Außerdem lässt sich gerade für diese Region zeigen, dass Hajnals Verbindung zwischen niedrigem Ledigenanteil in der Bevölkerung und der Tendenz zur Ausbildung komlexer Haushaltsformen problematisch ist, da sowohl in Finnland wie im Baltikum die Ledigenquote praktisch nicht vom westeuropäischen Muster abwich, also ebenfalls relativ hoch war. Man muss sich deshalb der Tatsache bewusst bleiben, dass die regionalen Variationen in Osteuropa mindestens so groß waren wie im Westen, dass es Übergangszonen gibt und spezifische aus den Strukturen der bäuerlichen Wirtschaft oder der Agrarverfassung erklärbare Abweichungen.[140]

Eine breite Diskussion hat sich in diesem Zusammenhang über die Verbreitung und das Alter einer spezifischen Form der komplexen Familie in der Balkanregion ergeben, der so genannten Zadruga. Die Zadruga war eine Form der patrilinealen Stammfamilie. Sie basierte auf agnatischer Verwandtschaft, umfasste also verheiratete Großeltern, Brüder, Vettern etc. Der Begriff Zadruga ist allerdings eine Wortschöpfung des 19. Jahrhunderts. Die Frage war deshalb, wie alt und wie weit verbreitet das Phänomen dieser besonderen Form eines multiplen Haushalts schon vor dieser Wortschöpfung wirklich war. Eine Wurzel scheint, wie Mitterauer gezeigt hat, der sehr viel ältere Ahnenkult zu sein, der verdeckt in manchen Regionen des Balkans bis heute anzutreffen ist. Darüber hinaus wurde allerdings darauf hingewiesen, dass auch politisch-rechtliche und ökonomische Faktoren in der Neuzeit die Ausbildung von komplexen Haushalten in dieser Region unterstützen konnten. Vor allem spezifische Regelungen der Besiedlung der habsburgischen Militärgrenze zum Osmanischen Reich haben – ähnlich wie die Pachtverhältnisse in Frankreich und Italien – diesen Effekt gehabt.[141]

Gleichzeitig gilt es zu bedenken, dass auch die Zadruga nirgends der alleinige Haushaltstyp war und dass auch sie keine statische Einheit darstellte. Wie die westlichen Haushalte kannte auch die Zadruga zyklische Veränderungen, die zur Abspaltung von Kernfamilien und der allmählichen Ausbildung neuer komplexer Haushaltsformen führte. Schließlich war die Zadruga eingebettet in eine Reihe anderer Möglichkeiten der komplexen Haushaltsbildung in dieser Region.[142] Dies zeigt, dass es auf dem Balkan wie in den anderen Regionen Ost- und Westeuropas eine Reihe unterschiedlicher »Ökotypen« bäuerlicher Familien gab und ›der‹ Balkan daher nicht als eine Einheit behandelt werden sollte.

Regionale Varianten des europäischen Heiratsmusters

Die Frage nach dem Alter und der Verbreitung der Zadruga legte in der Forschung eine kritische Rückfrage an das European Marriage Pattern und die Abgrenzung zwischen West- und Osteuropa überhaupt nahe. Hajnal hat die Grenze St. Petersburg–Triest auf der Basis statistischer Untersuchungen aus den verschiedenen europäischen Ländern aus der Zeit um 1900 gezogen. Mitterauer sieht den Grund für diese unterschiedlichen Heiratsmuster in der mittelalterlichen Ausdehnung des Lehenswesens und in den spezifischen Charakteristika der Westkirche. Für die Neuzeit haben demographische Analysen zu einzelnen Orten oder Regionen ergeben, dass innerhalb dieses Musters die Schwankungen im Heiratsalter national-, regional- und vor allem schichtspezifisch beträchtlich waren. Der Demograph E.A. Wrigley meinte deshalb, das europäische Heiratsmuster sei besser als ein »repertoire of adaptable systems« zu beschreiben denn als ein Muster.[143] Ein großer Unterschied bestand vor allem zwischen Großbritannien und dem Kontinent. In England sank das durchschnittliche Heiratsalter zwischen etwa 1670 und 1870 kontinuierlich und stieg erst im letzten Drittel des 19. Jahrhunderts wieder deutlich an. Auf dem Kontinent vollzog sich mit Ausnahme vor allem Frankreichs, wo das Heiratsalter zwar im 18., jedoch nicht mehr im 19. Jahrhundert anstieg, in der Regel die entgegengesetzte Bewegung. Hier sank das Heiratsalter in Folge des hohen Bevölkerungsverlusts durch Pest und Krieg im 16. und 17. Jahrhundert bei Frauen zum Teil auf etwa 20 Jahre ab und stieg erst im frühen 18. Jahrhundert und vor allem im 19. Jahrhundert wieder deutlich an. Erst um 1880 trafen sich im europäischen Vergleich die nationalen Durchschnittswerte des Heiratsalters der Frauen und kurz vor dem Ersten Weltkrieg auch die der Männer wieder. Das Heiratsalter lag nun europaweit relativ einheitlich bei 25,5 Jahren für Frauen und knapp 28 Jahren für Männer.[144]

Diese Zahlen stellen Durchschnittswerte aus verschiedenen Regionen dar. In den agrarischen Gebieten lagen in England wie auf dem Kontinent die Werte zumindest in den Bereichen mit einer eigenständigen bäuerlichen Familienwirtschaft teilweise erheblich höher. In dem bayrischen Ort Kreuth erreicht das durchschnittliche Heiratsalter in der ersten Hälfte des 19. Jahrhunderts 37,1 Jahre für Männer und 32,8 für Frauen.[145] Aus Lokalstudien, in denen das durchschnittlichen Heiratsalter und auch die Verehelichungsquote schichtspezifisch differenziert berechnet wurde, lässt sich zugleich sehen, dass es beim Heiratsalter zu sehr starken kurzfristigen Schwankungen kommen konnte und dass in der Regel große Unterschiede zwischen den Werten der Ober- und der Unterschicht bestanden. In ländlichen Gesellschaften reagierten die Familien auf Versorgungskrisen in aller Regel sehr eindeutig mit einer zurückhaltenden Heiratsneigung. Mit dem Getreidepreis stieg auch das Heiratsalter. Dies gleicht sich zwar in längerfristigen Durchschnittsberechnungen wieder aus, für die individuelle Lebensplanung war jedoch diese Abhängigkeit von den äußeren Gegebenheiten und den Schwankungen der Natur ausschlaggebend.

Ähnlich differenziert wie das Heiratsalter ist auch das Phänomen des Ledigenanteils zu betrachten. Ganz generell ging Hajnal für Westeuropa von einem deutlich höheren Anteil lebenslang lediger Personen aus als für Osteuropa. Dieser Anteil konnte in manchen Regionen vor allem Österreichs noch im 19. Jahrhundert bei 30 % (Salzburg) bis 40 % (Kärnten) der Männer liegen.[146] In Deutschland war dieser Anteil in der Regel geringer. Die Verehelichungsquote der Männer lag dabei deutlich über derjenigen der Frauen, die der Reichen über der der Armen. In Dörfern des württembergischen Realteilungsgebiets z. B. blieben noch am

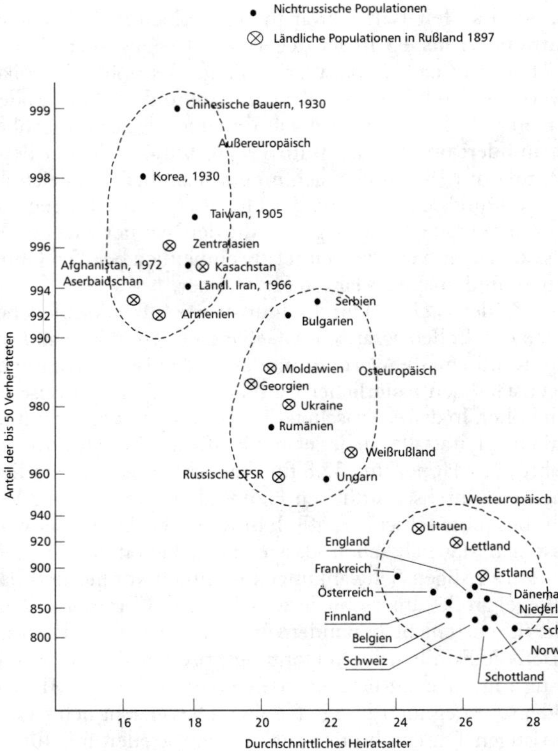

Abb. 33: West-, ost- und außereuropäische Heiratsmuster. Die westeuropäischen Länder zeichnen sich durch ein deutlich höheres durchschnittliches Heiratsalter und einen geringeren Anteil der bis zum 50. Lebensjahr überhaupt Verheirateten pro 1000 Einwohner aus. Es wird deutlich, daß man Estland, Lettland und Litauen noch zum Randgebiet des westeuropäischen Heiratsmsuters rechnen kann. Von dem osteuropäischen Muster läßt sich nochmals deutlich ein außereuropäisches Muster (hier bezogen auf Zentralasien und China) abgrenzen.

Ende des 19. Jahrhunderts fast 20 % der Kinder aus der Unterschicht lebenslang ledig, während nur 7,6 % der Oberschichtkinder nicht heiraten konnten.[147] In Anerbengebieten kam zu dieser Form des »sozialen Zölibats« der Unterschichten in den wohlhabenderen Bauernfamilien noch der innerfamiliale Druck auf die

Geschwister des Hoferben, nach Möglichkeit ledig und als Arbeitskraft auf dem Hof zu bleiben. Der Besitz sollte nicht durch die Verpflichtung zur Auszahlung der Geschwister geschmälert werden. Besonders hoch war der Druck auf die Töchter, die nur mit einer ordentlichen Mitgift gute Heiratschancen hatten. Die nichterbenden Söhne dagegen konnten sich zum Teil auch selbständig durch ein Handwerk fortbringen.[148] Eine besondere Ausnahme sowohl in der Frage des Heiratsalters als auch in derjenigen der Ledigenquote stellte Irland dar. Hier stieg nach der verheerenden Hungerkatastrophe in der Mitte des 19. Jahrhunderts das durchschnittliche Heiratsalter stark an. Noch 1946 lag es bei über 33 Jahren für Männer und 28 Jahren für Frauen, und ein Drittel aller Männer und ein Viertel der Frauen blieben selbst nach dem Zweiten Weltkrieg lebenslang ledig. Dabei lagen die Werte für die ländlichen Armutsgebiete vor allem Westirlands tendenziell noch höher.[149] So ergibt sich bei entsprechend kleinräumiger und detaillierter Analyse auch innerhalb des »European Marriage Pattern« ein sehr differenziertes Bild von Heiratsalter, Ledigenquote und Haushaltsstrukturen. Insgesamt deutet diese Vielfalt darauf hin, dass speziell in der Frühen Neuzeit weder die individuellen noch die familialen Lebenszyklen in der gleichen Weise planbar und einheitlich waren, wie sie dies im Laufe vor allem des 20. Jahrhunderts wurden. Familien und Individuen mussten sich gerade auf dem Land flexibel an kurzfristige Veränderungen anpassen können. Familie und Haushalt waren ständig in Bewegung.[150]

Abb. 34: Heiratsquote (jährliche Eheschließungen pro 1000 Einwohner) in unterschiedlichen europäischen Ländern.

Russland	1840–50	10,4‰
Preußen	1840–50	8,9‰
Sachsen	1841–50	8,5‰
England	1841–50	8,0‰
Holland	1840–49	7,4‰
Schweden	1831–40	7,1‰
Belgien	1840–50	6,8‰
Bayern	1835–43	6,5‰
Frankreich	1835–50	5,3‰

Kommentar: Die Heiratsquote, die an der Zahl der jährlichen Eheschließungen pro 10000 Einwohner gemessen wird ist ein alternativer Index zur Ledigenquote, die an am Anteil der dauerhaft ledigen eines Geburtsjahrgangs errechnet wird. Dies setzt eine genaue Rekonstruktion der Familien voraus, kann deshalb nur auf lokaler Ebene berechnet werden, während die Heiratsquote auf einer nationalen Ebene angegeben werden kann, aber weniger das individuelle Schicksal verdeutlicht. Der Unterschied zwischen Ost- und Westeuropa wird dennoch deutlich.

Komplexe Haushaltsformen im Familienzyklus

Die von Wall für die Mitte des 19. Jahrhunderts bestätigte Existenz einer gar nicht so kleinen Zahl multipler Haushalte in praktisch allen ländlichen Gesellschaften Westeuropas hatte ihre Ursache zum Teil in den spezifischen Rechtsverhältnissen der Grundherrschaft, des Erbrechts oder der Pacht.[151] Vor allem aber war es Ausdruck des Strukturwandels der Haushalte im Laufe des Familienzyklus. Ein Teil der bäuerlichen Familien durchlief (beeinflusst auch durch die steigende Lebenserwartung) eine Phase, in der trotz des hohen Heiratsalters in Westeuropa die Familie des Hoferben mit beiden oder einem Großelternteil mehr oder weniger eng zusammenwohnte. In Deutschland und Österreich zogen sich die Eltern vielfach aufs so genannte Altenteil zurück. Je nach Umständen konnte dies ein eigenes kleines Haus oder aber auch nur eine Kammer oder gar ein Schlafplatz innerhalb des Hauses sein. Die Häufigkeit von solchen Ausgedingfamilien hing im Anerben – wie im Realteilungsrecht – stark davon ab, ob der Hof an das älteste oder das jüngste Kind abgetreten wurde. Im zweiten Fall waren Hofübergabe und Heirat meist an den Tod des Vaters gekoppelt, die Koresidenz von mehreren Generationen daher unwahrscheinlich bzw. auf einen kurzen Zeitraum beschränkt.

Etwas häufiger als multiple Haushalte waren die um ledige Personen erweiterten. Auch sie waren zum Teil Ausdruck einer spezifischen Phase des Familienzyklus. Das späte Heiratsalter und die geringe Tendenz zur Bildung multipler Haushalte führten in Westeuropa dazu, dass die Institution des Gesindedienstes zur Deckung des Arbeitskräftebedarfs eine ganz besondere Bedeutung erhielt. Waren die Kinder klein und konnten noch nicht als Arbeitskräfte eingesetzt werden, so wurde häufig Gesinde in den Haushalt genommen. Der Gesindedienst war allerdings nicht überall gleich verbreitet, sondern vor allem in Regionen mit starker Viehhaltung üblich, denn diese verlangte einen durch das ganze Jahr gleich bleibend hohen Arbeitseinsatz, der entweder über arbeitsfähige Kinder oder über ständig anwesende Mitarbeiter gedeckt werden mussten. Wohl in allen Regionen verfügten die reicheren Bauern über die größeren Haushalte. Bei ihnen war

Gesinde eher und in größerer Zahl anzutreffen als bei Kleinbauern. In einer englischen Gemeinde lag der Anteil der um Gesinde erweiterten Haushalte bei durchschnittlich 18 %, in der obersten Steuerkategorie jedoch bei 66 %.[152] Im deutsch-österreichischen Raum waren in aller Regel etwa die Hälfte der Haushalte von Viehbauern um Gesinde erweitert, ebenfalls mit großen Unterschieden im Umfang.[153] In Ackerbaugebieten dagegen konnten die saisonalen Arbeitsspitzen eher durch zeitlich beschränkte Taglohndienste oder durch auf dem Hof wohnende Heuerlinge oder Inwohner überbrückt werden. Dennoch gab es – wenngleich in bescheidenerem Umfang als in den Viehhaltungsregionen – den Gesindedienst auch in den Ackerbaugegenden. Aber Höfe mit über 40 ganzjährig eingestellten Knechten und Mägden, wie wir sie von reichen Höfen aus österreichischen Viehzuchtgegenden in der Frühen Neuzeit kennen, waren in den Getreideanbauzonen z. B. im Norden und Osten Deutschlands nicht üblich.[154] In reinen Weinbaugegenden schließlich, die einen noch stärker saisonal begrenzten Arbeitskräftebedarf und kleinere Betriebsgrößen besaßen, wurde fast ausschließlich auf Taglohnarbeit zur Ergänzung des Arbeitskräftebedarfs zurückgegriffen.

Allerdings waren diese Spezialisierungen nicht die einzigen Determinanten der Gesindehaltung. Sie hing auch von anderen wirtschaftlichen und kulturellen Faktoren ab. In der früh kapitalisierten englischen Landwirtschaft ging auch in Viehhaltungsregionen der ursprünglich hohe Gesindeanteil schon im 18. Jahrhundert zugunsten landwirtschaftlicher Lohnarbeiter zurück,[155] während zumindest im nördlichen Frankreich Gesinde als Ergänzung der familialen Arbeitskräfte selbst in kleinen Pächterfamilien verbreitet war. In der ebenfalls stark auf Weidewirtschaft ausgerichteten schottischen Landwirtschaft dagegen besaß aufgrund der besonderen Strukturen des Pachtsystems der Clans der Gesindedienst überhaupt keine Bedeutung, auch in Italien war der Anteil an landwirtschaftlichem Gesinde immer relativ gering. In Norditalien, wo die Verbreitung des ländlichen Gesindedienstes noch stärker war als im Süden, wurden in Gebieten wie der Emilia Romagna seit dem ausgehenden 19. Jahrhundert immer mehr Güter durch besoldete Landarbeiter oder Kleinpächter bewirtschaftet. Unter den Pächterfamilien allerdings war das Institut des Gesindedienstes als Teil des Lebenszyklus durchaus bekannt und verbreitet. Verwandtschaftliche Beziehungen scheinen hier jedoch bei der Wahl des Arbeitsplatzes eine besondere Rolle gespielt zu haben, so dass dies zum Teil auch als ein innerfamiliales Netzwerk der Aushilfe gesehen werden kann.[156]

Abb. 35: Anteil des Gesindes in ausgewählten Gemeinden und Regionen Europas in Prozent.

Land	*Jahr*	*Prozent*	*Land*	*Jahr*	*Prozent*
Dänemark	1787/1801	17,6	Frankreich:		
			-Nord	1778	12,6
Island	1729	17,1	-Süd	1644–97	6,4
Norwegen	1801	8,9	Italien:		
			-Pisa	1740–1858	9,5
Belgien	1814	14,2	-Neapel	1610–1839	0,7–1,5
Österreich	17.–19.Jh.	13,0	Portugal	1796	4,6
Holland	1622–1795	11,7	Spanien:		
			-Nord	1786	7,3
Deutschland	1795	10,7	-Süd	1719–1829	1,3

In osteuropäischen Ländern mit niedrigerem Heiratsalter und größerer Tendenz zur Ausbildung komplexer Familienstrukturen war der Gesindedienst ganz generell keine vergleichbare Institution. Hier konnte der Arbeitskräftebedarf aus den zusammenwohnenden Familienmitgliedern gedeckt werden.[157] Peter Laslett spricht daher von »Western servants« oder »Life-Cycle-Servants« als einem Charakteristikum der westeuropäischen bäuerlichen Familienstruktur. Diese Bezeichnung deutet darauf hin, dass der Gesindedienst im bäuerlichen Bereich nicht nur der Ergänzung der landwirtschaftlichen Arbeitskräfte diente. Für die Knechte und Mägde selbst konnte der Gesindedienst – ähnlich, wenn auch nicht so ausgeprägt wie die Wanderschaft beim Handwerk – einen Ausbildungsaspekt haben. Da in der Landwirtschaft allerdings die Vertrautheit mit den örtlichen Verhältnissen die eigentlich bedeutsame Qualifikation war, wechselten die Hoferben selten als Knechte in einen anderen Haushalt. Die Wanderschaft des ländlichen Personals diente daher bei nicht-erbenden Söhnen und Töchtern vor allem auch der Suche nach einem potentiellen Ehepartner außerhalb der eigenen Ortschaft. Für ärmere Bauernfamilien, die beim Heranwachsen der Kinder meist mehr Arbeitskräfte als Arbeit besaßen, war sicher auch der Aspekt wichtig, einen »Esser« weniger am Tisch zu haben. Schließlich erlaubte den Jugendlichen die Zeit als Knecht oder Magd, sich ein gewisses ›Vermögen‹ anzusparen, das man in die Gründung eines eigener Haushalts einbringen konnte. Denn während man im elterlichen Haushalt ohne Entgelt arbeiten musste, konnte man den Lohn, den man als Knecht oder Magd verdiente, privat behalten.

Zum Gesinde zu gehören, bedeutete deshalb im bäuerlichen Bereich nicht von vornherein einen niedrigen sozialen Status, sondern eine Durchgangsphase im Lebenszyklus selbst wohlhabenderer Bauernkinder. Nur wer dauerhaft ledig und in der Position eines Knechts oder einer Magd verblieb, musste einen deutlichen Statusverlust hinnehmen, wenngleich man dafür in der Hierarchie des Gesindes auf einem größeren Hof auch in eine leitende Position aufrücken konnte. Insgesamt war das Gesinde in der Landwirtschaft vielfach bis in dieses Jahrhundert hinein in den bäuerlichen Haushalt so integriert, dass es mit der Familie des Bauern aß und auch den Wohnraum teilte. Häufig besaßen die bäuerlichen Familien mit Gesinde keinen privaten Bereich. Nur in gutsherrschaftlichen Anwesen war dies deutlich anders.

Gesinde stellte in Westeuropa in den Gegenden mit starker Viehhaltung die wichtigste Gruppe dar, um die die bäuerlichen Haushalte erweitert wurden. Daneben gab es besonders in Getreidewirtschaftsregionen noch die so genannten Inwohner, eine unterbäuerliche Schicht, die gegen Dienste auf einem Hof ein Unterkommen und auch ein notdürftiges Auskommen erhielten. Im Gegensatz zum Gesinde konnten Inwohner verheiratet sein und besaßen zum Teil auch eine kleine eigene Wirtschaft. Die Form ihrer Integration in den großbäuerlichen Haushalt war regional sehr verschieden. In der Regel wurden sie jedoch vom Hausherrn rechtlich nach außen vertreten, befanden sich also in mehr als nur ökonomischer Abhängigkeit von ihrem Wohnungs- und Arbeitgeber.[158]

Die wirtschaftliche und rechtliche Integration von Verwandten, Gesinde oder Inwohnern in den Haushalt stand im Zentrum des Verständnisses der bäuerlichen Familie als »ganzes Haus«. Diese auf Wilhelm Heinrich Riehl zurückgehende und von dem Historiker Otto Brunner in den 1940er Jahren aufgenommene Kategorie wurde wegen ihres konservativ-sozialharmonischen Konzepts in der Forschung vielfach zu Recht kritisiert.[159] Als Form der Beschreibung der rechtlichen und ökonomischen Integration von Personen in einen Haushalt ist sie jedoch für die bäuerlichen Haushalte im Bereich der Gesindewirtschaft sicher sinnvoll. Allerdings muss genau nach der zeitlichen Dauer dieser Strukturen und den Auswirkungen des ökonomischen Veränderungsdrucks, der seit dem 19. Jahrhundert immer stärker auf der

Landwirtschaft lastete, gefragt werden. Welchen Einfluss besaßen die Demokratisierung der Gesellschaft und welchen die alternativen Beschäftigungsmöglichkeiten gerade der ländlichen Unterschichten im Bereich der sich entfaltenden Industrie? Wie beeinflussten diese Faktoren nicht nur die Stellung des Gesindes, sondern die ländlichen Haushaltsstrukturen insgesamt?

Protoindustrialisierung als Faktor des Wandels?
Als ein Faktor des Wandels der frühneuzeitlichen klein- und unterbäuerlichen Haushalte wurde vielfach die so genannte Protoindustrialisierung angesehen. Darunter versteht man die im ausgehenden 16. Jahrhundert einsetzende und bis weit in das 19. Jahrhundert hineinreichende Form der im Auftrag städtischer Kaufleute betriebenen, exportorientierten hausindustriellen Produktion besonders von Textilien und zum Teil auch von Metallwaren auf dem Lande. Protoindustrialisierung war ein gesamteuropäisches Phänomen, betraf jedoch in den verschiedenen Ländern einzelne Regionen stärker als andere.[160]

Mit dem Konzept der Protoindustrialisierung war die Vermutung verbunden, dass durch die Verlagerung der gewerblichen Produktion auf das Land die alten, auf dem Landbesitz basierenden Regulierungsmechanismen für Eheschließung und Bevölkerungswachstum unwirksam wurden. Durch die Ausweitung des ländlichen Textilhandwerks hätten sich neue Verdienstmöglichkeiten für Kleinbauern und ländliche Unterschichten ergeben. Das habe frühe Heiraten ermöglicht und damit zur Auflösung des »European marriage pattern«, also dem System der späten Heiraten und hohen Ledigenanteile, in diesen Regionen geführt. Der erhöhte Arbeitskräftebedarf und bestimmte traditionale Formen bäuerlicher Produktionsmentalität, die nicht auf Rentabilität und Profitmaximierung, sondern auf Sicherung der Subsistenz ausgerichtet gewesen seien, hätten die vermehrte Ausbeutung billiger familialer Arbeitskräfte erfordert. Deshalb hätten in protoindustriellen Regionen die Kinderzahl pro Ehe und die Häufigkeit multipler Haushaltsformen zugenommen.[161]

Diese Hypothesen wurden zunächst durch erste Untersuchungen bestätigt: Im Zürcher Oberland z. B. wohnten 1634 in dem Gehöft »Heferen« der Gemeinde Wald ein Ehepaar mit einem Kind, das Großelternpaar und ein kinderloses Inwohnerehepaar. Hundert Jahre später bestand der Weiler nicht mehr aus drei Haushalten mit zusammen sieben Personen, sondern aus dreizehn Haushalten mit über 50 Personen, die auf engem Raum beieinander wohnten und sich im Wesentlichen von der Hausindustrie ernährten. Das heißt, die Kinder blieben, auch wenn sie keinen oder nur unwesentlichen Grundbesitz erbten, am Ort, heirateten und betrieben selbständig oder im Verbund mit der erweiterten Familie das Textilhandwerk, das sie und ihre Kinder einigermaßen ernährte. Dabei kam es zu engen Verflechtungen der verschiedenen Haushalte und neuen Formen der Arbeitsteilung. Manche Dörfer des Zürcher Oberlandes erreichten so am Ende des 18. Jahrhundert bereits eine Bevölkerungsdichte, die nur unwesentlich unter der von Zürich selbst lag.[162]

Allerdings haben die demographischen Forschungen der letzten Jahre gezeigt, dass eine überregional gültige ursächliche Verknüpfung zwischen Protoindustrialisierung und niedrigem Heiratsalter, Kinderreichtum und einer verstärkten Tendenz zur Herausbildung multipler Haushaltsformen nicht aufrecht erhalten werden kann. In dem protoindustriellen Weberort Laichingen auf der Schwäbischen Alb z. B. zeigten die Weber – je nach Vermögen – ganz unterschiedliche Heiratsmuster.[163] Auch in der protoindustriellen Region des Schwarzwaldes führte das ländliche Textilgewerbe weder zu niedrigem Heiratsalter noch zu vermehrtem Zusammenleben in multiplen Haushalten.[164] In einem groß angelegten internationalen Vergleich bestätigte sich zwar für England der generelle Trend, dass das durchschnittliche Heiratsalter auf dem Land mit der zunehmenden Entwicklung kapitalistischer Produktionsverhältnisse sank, an der deutschen Entwicklung im 19. Jahrhundert wurde jedoch deutlich, dass lokale und soziale Traditionen die ökonomischen Strukturen in diesem Punkt durchaus überlagern konnten. »Der Zusammenhang von Kapitalismus und Industrialisierung mit niedrigem Heiratsalter bestand auch in Deutschland, aber er prägte nur in wenigen Regionen die Sozialstruktur und fand nicht in einem generellen Wandel der Heiratsmuster, sondern in einer hohen regionalen Inhomogenität seinen Ausdruck«.[165] Besonders aufschlussreich ist in diesem Zusammenhang auch der Vergleich west- und osteuropäischer Protoindustrialisierungsgebiete. In Russland, das durch ein traditionell niedriges Heiratsalter und eine geringe Ledigenquote gekennzeichnet war, traf die Protoindustrialisierung gewissermaßen auf ein demographisches Regime, in dem die durch sie im Westen angeblich bewirkten Veränderungen bereits vorhanden waren. Der Effekt der Ausbreitung ländlicher Industrie war in

Russland daher nicht ein sinkendes Heiratsalter und eine erhöhte Verehelichungsquote, sondern eine durch mangelnde hygienische Verhältnisse erhöhte Sterblichkeit und eine eher stagnierende Bevölkerung.[166]

Bezüglich der Wirtschaftsweise des ›ganzen Hauses‹ führte die protoindustrielle Textilherstellung in der Regel nicht zur Auflösung der gemeinsamen Verwaltung und Nutzung der Ressourcen und zur Individualisierung von Arbeitsleistung und Arbeitslohn. Alle Familienmitglieder – Eltern, Kinder und sonstige Inwohner – blieben nicht nur in den Produktionsprozess einbezogen, sondern wirtschafteten auch in eine Kasse und stellten eine Konsumeinheit dar. Selbst nach dem Übergang einzelner Familienmitglieder zur Fabrikarbeit war es selbstverständlich, dass im Haus wohnende unverheiratete Jugendliche ihren Lohn den Eltern ablieferten, die darüber frei verfügen konnten.[167] Es bildete sich dadurch jene duale Struktur von Industriearbeit und landwirtschaftlichem Nebenerwerb heraus, die in vielen kleinbäuerlichen Realteilungsgebieten bis in die Gegenwart Bestand hat.

Modernisierung und Haushaltsformen in der Landwirtschaft des 19. und 20. Jahrhunderts

Schon vor der Industrialisierung setzte in vielen Regionen Europas eine Modernisierung der Landwirtschaft ein. Ein globaler Nahrungsmittelmarkt bildete sich heraus. Klein- und großbäuerliche Betriebe gerieten dadurch immer stärker unter Rationalisierungs- und Mechanisierungsdruck. Eine steigende Kapitalisierung der Landwirtschaft war die Folge. Im Zuge dieser Entwicklung kam es in Europa im Laufe des 18. und 19. Jahrhunderts zu einer weit gehenden Abstreifung der feudalen Strukturen und zu einer Umwandlung der alten Abhängigkeitsverhältnisse in Lohnarbeit oder in eigenständige Familienunternehmen.

Eine wichtige Zäsur war in West-, Mittel- und Osteuropa die Bauernemanzipation zwischen 1789 (Frankreich) und 1861 (Russland).[168] Während die so genannte Leibeigenschaft meist ersatzlos aufgehoben wurde, mussten die Abgaben an den Grundherren mit erheblichen Geldsummen abgelöst werden. Viele Kleinlandwirte konnten ihre Feudallasten jedoch nicht ablösen und waren daher gezwungen, das Land an den Grundherrn zu verkaufen. Aus wirtschaftlich selbständigen, aber persönlich abhängigen Bauern wurden dann persönlich freie, aber wirtschaftlich abhängige Landarbeiter. Auf der anderen Seite entstand aber auch eine breite Schicht selbständiger mittlerer Bauern, die ihre Höfe als Familienbetriebe bewirtschafteten. In England und Italien, wo der Prozess der Umgestaltung der feudalen Agrarordnung bereits im ausgehenden Mittelalter eingesetzt hatte, stellten proletarisierte Landarbeiter schon lange einen großen Teil der landwirtschaftlichen Arbeitskräfte. Die Familien dieser klein- und unterbäuerlichen Schichten oder Landarbeiter entsprachen keineswegs dem Idealtyp des »ganzen Hauses«. Ihr bäuerlicher Betrieb konnte weder genügend Arbeit noch genügend Nahrung für alle bereitstellen. Kinder mussten gegen Nahrung frühzeitig in andere Haushalte verdingt werden, Eltern bei Nachbarn Taglohnarbeiten verrichten. Ein großer Teil dieser Bauernfamilien war seit dem ausgehenden 18. Jahrhundert daher nicht mehr durch die Einheit von Arbeit und Konsum gekennzeichnet, sondern durch Strukturen, die sie gerade in diesen Punkten von anderen Haushalten abhängig machten. Kernfamiliale Haushaltsformen und fallende Kinderzahlen kennzeichneten diese Familien.

Ganz anders verliefen die Trends bei den vollbäuerlichen Familien vor allem im 20. Jahrhundert. Hier können wir insgesamt eine Stärkung von familienwirtschaftlichen Tendenzen feststellen. Die sukzessive oder vollständige Übergabe des Hofes an die nächste Generation war meist mit der Heirat der Kinder verbunden. Aufgrund des im 20. Jahrhundert sinkenden Heiratsalters und der steigenden Lebenserwartung, aber auch wegen der zunehmenden Schwierigkeiten, Gesinde oder Taglöhner zu finden und zu bezahlen, nahm die ökonomische Bedeutung der bäuerlichen Dreigenerationenfamilien nach dem Ersten Weltkrieg deutlich zu. Eine Umfrage in der Bundesrepublik aus den frühen 1960er Jahren ergab, dass über 50 % der bäuerlichen Familien in Drei- oder sogar Viergenerationenhaushalten lebten, während der Bundesdurchschnitt damals bei 7 % lag. Das heißt, dass in einer großen Mehrzahl der bäuerlichen Familien das Zusammenleben mit Eltern bzw. Großeltern in den Jahren nach dem Zweiten Weltkrieg zu einem festen Bestandteil des Familienzyklus wurde.[169] Am Ende des 20. Jahrhunderts betrugen der Anteil der bäuerlichen Dreigenerationenhaushalte in der Bundesrepublik immerhin noch 20 %, gegenüber 3 % im Bundesdurchschnitt.

Damit verbunden war in der Regel die Beibehaltung eines modifizierten Systems der bäuerlichen Familienökonomie. Kinder, die auf dem elterlichen Hof lebten, erhielten für ihre Arbeit keinen Lohn. Besonders von den zukünftigen Hoferben wurde erwartet, dass sie auch als erwachsene junge Leute unentgeltlich auf dem elterlichen Betrieb mitarbeiteten. Noch 1960 waren über 50 % der in der Landwirtschaft beschäftigten Personen mithelfende Familienangehörige. Über ein Drittel davon gehörten in die Altersgruppe der 14- bis 25-jährigen. Obwohl ihre durchschnittliche Arbeitszeit zwischen 10 und 13 Stunden betrug, erhielten nur die wenigsten von ihnen einen regulären Lohn. Den meisten wurde nur bei Bedarf ein Taschengeld bezahlt, um das sie zuerst noch bitten mussten.[170] Erst in den letzten beiden Jahrzehnten haben sich diese Verhältnisse auch auf dem Land gelockert und an die gewerblichen Arbeitsverhältnisse angepasst. Ganz auflösen kann sich die bäuerliche Familienwirtschaft allerdings noch immer nicht. Seit viele mittlere Betriebe um ihre Existenz ringen und der Erhalt des Hofes für die zukünftigen Generationen auf dem Spiel steht, bekommen alte Strukturen und Mechanismen der Familienwirtschaft europaweit oft neue Aktualität. 1987 arbeiteten in Europa auf 45 % aller kleineren Höfe nur Familienangehörige.[171]

b) Der Wandel städtischer Haushaltsformen in der Neuzeit

Eine der grundlegenden Veränderungen der europäischen Gesellschaften in der Neuzeit war die Verstädterung. In Mittel- und Westeuropa setzte das Wachstum der Städte bereits in vorindustrieller Zeit ein, in Osteuropa in der Regel erst während des 19. Jahrhunderts. Überall beschleunigte es sich spätestens ab etwa 1850 dramatisch und setzte sich auch noch im 20. Jahrhundert kontinuierlich fort. Die Verstädterung war eng mit dem Prozess der Industrialisierung verbunden, lässt sich jedoch nicht ausschließlich darauf zurückführen. Bis ins 19. Jahrhundert nahmen viele Städte zunächst in ihrer Funktion als Handels- und Dienstleistungszentren für die agrarische Produktion des Umlandes an Bevölkerung zu, andere wuchsen als Verwaltungs- und Garnisonsstädte. Mit Ausnahme der großen englischen Industriestädte war das Städtewachstum auch in Mittel- und Westeuropa erst nach der Mitte des 19. Jahrhunderts durch die Konzentration der Produktion in industriellen Ballungszentren bedingt. Nun entstanden zum einen neue Städte und stadtähnliche Agglomerationen aus einer Reihe von Industriedörfern wie Gelsenkirchen im Ruhrgebiet, zum anderen wuchsen Großstädte aus alten urbanen Zentren und ihrem Umland zusammen. Dies lässt sich an den großen europäischen Metropolen wie London, Paris oder Berlin, aber auch an kleineren Großstädten verfolgen. Ganz allgemein war die Grundlage der raschen Bevölkerungszunahme der Städte weniger das natürliche Wachstum der Bevölkerung als die Zuwanderung arbeitssuchender Menschen. So veränderte sich durch das rasche Wachstum auch der Altersaufbau und die Geschlechterrelation in den Städten.

Abb. 36: Die Verstädterung im 19. und 20. Jahrhundert.[172] (Anteil der Bevölkerung in Orten über 5000 Einwohnern in %).

	Europa	England	Frankreich	Deutschland	Niederlande	Spanien	Russland/ Sowjetunion
1800	12	23	12	9	37	18	6
1850	19	45	19	15	39	18	7
1910	41	75	38	49	53	38	14
1950	51	83	48	53	75	55	34
1980	66	79	69	75	82	73	61

Für die Betrachtung des Wandels der Haushaltsformen in der Neuzeit stellt sich die Frage, ob das »europäische Heiratsmuster«, dessen Herausbildung so eng mit den Strukturen der mittelalterlichen Agrargesellschaft und den spezifischen Anforderungen unterschiedlicher bäuerlicher Wirtschaftsweisen verbunden war, auch in den Städten Gültigkeit besaß? Lassen sich hier ähnliche regionale Varianten der Haushaltsbildung feststellen wie im agrarischen Bereich oder gibt es einen speziellen städtischen »Ökotypus« der Familie, der sich in der Neuzeit europa- oder gar weltweit verbreitet?

Dies war die Annahme, die hinter der Theorie der Konvergenz der Haushalts- und Familienformen in modernen industriellen Gesellschaften stand. Kleine kernfamiliale Haushalte mit hoher Mobilitätsbereitschaft, geringer verwandtschaftlicher und örtlicher Bindung seien funktional und charakteristisch für urbanisierte industrielle Gesellschaften. Es hatte sich bei der Betrachtung der ländlichen Gesellschaft herausgestellt, dass der Umkehrschluss, dass große und komplexe Familienformen kennzeichnend für vorindustrielle Gesellschaften gewesen seien, nicht richtig ist. Traf dies auch für die Städte zu? Wie stark wirkten sich städtische Lebensweise und städtische Industrialisierung auf die zentralen Faktoren des »European marriage pattern«, das hohe Heiratsalter und die hohe Ledigenquote, und wie auf die Haushaltsformen aus? Wie groß waren im städtischen Lebensraum die schichtspezifischen Unterschiede der Haushaltsstrukturen?

Regionale Varianten des europäischen Heiratsmusters in den Städten?
Die regional vergleichende Forschung zu städtischen Heiratsmustern und Haushaltsstrukturen wurde von der Historischen Demographie bisher kaum systematisch betrieben. Dennoch lassen sich aus Untersuchungen zu einzelnen Städten einige grundlegende Beobachtungen zusammenstellen:

1. *Heiratsalter:* Auch die mittel- und westeuropäischen Städte zeichneten sich in der Frühen Neuzeit durch ein im Vergleich zu Osteuropa relativ hohes Heiratsalter aus. Im frühen 17. Jahrhundert heirateten Männer in London im Durchschnitt mit 27,6 Jahren. Das lag zwar etwas unter dem nationalen englischen Durchschnitt jener Zeit von 28,1 Jahren, war aber im Vergleich zu Osteuropa immer noch sehr hoch.[173] In der kleinen bischöflichen Residenzstadt Trier bewegte sich das Heiratsalter für Männer in der zweiten Hälfte des 18. Jahrhunderts zwischen 27 und 28 Jahren, für Frauen zwischen 25 und 26 Jahren.[174] Auch in vielen italienischen Städten lag in der frühen Neuzeit das Heiratsalter für junge Männer deutlich über 25 Jahren. Für die Stadt Prato in der Toskana konnte bereits für das ausgehende 15. Jahrhundert ein durchschnittliches Heiratsalter für Männer von 29,6 Jahren errechnet werden, für Rom im 18. Jahrhundert eines von etwa 28 Jahren. In den italienischen Städten lag allerdings während der Frühen Neuzeit das Heiratsalter für Frauen in aller Regel noch deutlicher unter demjenigen der Männer, als dies in den mittel- und westeuropäischen Städten der Fall war. Erst im 19. Jahrhundert glichen sich hier die geschlechtsspezifischen Heiratsalter stärker aneinander an.[175]

Fügen sich die allgemeinen Durchschnittszahlen auch beim Heiratsalter in den Städten gut in das »European Marriage Pattern«, so enthüllen Mikroanalysen wiederum bezeichnende soziale und regionale Abweichungen. Interessant ist, dass sich in den frühneuzeitlichen Städten häufig markante Unterschiede zwischen dem Heiratsalter der Ortsgebürtigen und dem der zugezogenen Männer und Frauen zeigten. In Rom lag im 18. Jahrhundert das durchschnittliche Heiratsalter einheimischer Männer bei 27 Jahren, das von zugezogenen dagegen bei über 29 Jahren. Für Frauen betrug es 23 bzw. 24 Jahre. Noch deutlichere Unterschiede zeigen sich in London zu Beginn des 17. Jahrhunderts. Hier wichen – über alle Standesunterschiede hinweg – vor allem die Werte einheimischer und zugezogener Frauen voneinander ab, deren durchschnittliches Heiratsalter hier bei 20,5 bzw. 24,2 Jahren lag.[176] Diese Unterschiede zwischen Einheimischen und Fremden hingen bei den Frauen mit den starken Tendenzen zur sozialen Endogamie besonders in den Oberschichten zusammen. Bei den Männern kamen noch die Heiratsbeschränkungen für Auswärtige hinzu, die die Zünfte zum Schutz ihrer Mitglieder vor Konkurrenz durchzusetzen versuchten. Mit dem Rückgang bzw. der gesetzlichen Aufhebung lokaler Ehebeschränkungen wichen diese Unterschiede zwischen einheimischen und auswärtigen Ehepartnern im Laufe des 19. und 20. Jahrhunderts einer stärker schichtspezifischen Differenzierung zwischen Ober- und Unterschichten. Innerhalb der Arbeiterschaft bestanden außerdem zum Teil deutliche Unterschiede zwischen den verschiedenen Industriebranchen.

Auch für die Städte des 19. Jahrhunderts lässt sich beim Heiratsalter schließlich jener prinzipielle Unterschied zwischen England und dem Kontinent feststellen, der auch für die ländlichen Entwicklung kennzeichnend war: In England sank für Männer wie für Frauen das durchschnittliche Heiratsalter bei Erstheiraten zwischen dem ausgehenden 17. und der Mitte des 19. Jahrhunderts während es auf dem gesamten Kontinent im 18. und – mit Ausnahme Frankreichs – auch noch im 19. Jahrhundert bis etwa 1870 anstieg.[177] Im Gegensatz zum Kontinent war es in England in den Städten zudem niedriger als auf dem Land. Das hing mit der rascheren Auflösung traditionell handwerklicher Lebensformen in Großbritannien zusammen. Die Zeit der Wanderschaft und die lange hausrechtliche Abhängigkeit der Lehrlinge, Gesellen und oft auch noch der Fabrikarbeiter vom Meister (mit der auch immer der Status des Ledigseins verbunden war) hob in den Städten auf dem Kontinent das durchschnittliche Heiratsalter der Männer an. In England hatten diese Rahmenbedingungen schon in der Frühen Neuzeit ihre Bedeutung verloren.

2. Ledigenquote: Unterschiede zwischen England und dem Kontinent lassen sich auch bei dem zweiten Faktor des europäischen Heiratsmusters, der Ledigenquote, feststellen. In England lagen im 19. Jahrhundert die Werte in den Städten unter denen des Umlandes, während das Verhältnis auf dem Kontinent umgekehrt war. In Kontinentaleuropa war der Anteil der Ledigen an den heiratsfähigen Jahrgängen und auch der Anteil der lebenslang Ledigen in den Städten zum Teil erheblich höher als im agrarischen Umland.

Abb. 37: Heiratsverhalten im Land-Stadt-Vergleich, England 1861, Deutsches Reich 1880, Österreich 1880[178]. Anteil der ledigen Männer an den jeweiligen Altersgruppen in Prozent.

	25–34 Jahre	*45–54 Jahre*
England 1861		
Landgemeinden	35,0	
Städte	30,5	
London 1881	33,2	9,6
Deutsches Reich 1880		
Bayern		
Landgemeinden	60,7	12,6
Kleinstädte	60,2	11,6
Mittel- u. Großstädte	63,3	12,2
Preußen		
Landgemeinden	49,7	7,6
Kleinstädte	52,5	8,4
Mittel- u. Großstädte	55,2	9,3
Sachsen		
Landgemeinden	35,0	4,9
Klein- u. Mittelstädte	37,5	5,6
Dresden, Leipzig, Chemnitz	53,4	8,9
Österreich	*21–30 Jahre*	*51–60 Jahre*
Ortsgröße > 500	67,7	12,9
500–2000	60,2	8,9
2000–5000	64,5	12,3
5000–10 000	73,4	13,5
10 000–20 000	75,5	13,3
> 20 000	79,9	13,4

Die Annahme, dass Industrialisierung und Urbanisierung zu einem raschen Sinken des Heiratsalters und der Ledigenquoten in den Unterschichten geführt hätte, lässt sich nach diesen Statistiken zumindest für den deutschsprachigen Bereich nicht bestätigen. Das »europäische Heiratsmuster« scheint auch in diesem Bereich biszum Ende des 19. Jahrhunderts selbst im städtischen Milieu außerordentlich stabil gewesen zu sein. Ein exaktes Bild erhält man allerdings erst, wenn man die Durchschnittszahlen nach Berufen aufschlüsselt. Dann zeigt sich, dass z. B. im Deutschen Reich um 1880 der Anteil der Verheirateten in der Altersgruppe zwischen 20 und 29 Jahren bei den industriellen Berufen in manchen Regionen doch deutlich höher war als im traditionellen Handwerk. So waren in der sächsischen Industrieregion um Zwickau 1880 nur 31,8 % der 25- bis 29-jährigen Männer noch ledig, während es in der rheinischen Industriestadt Düsseldorf 54,8 % waren.[179] Die Zwickauer Region war durch eine lange protoindustrielle Entwicklung und eine relative Schwäche traditioneller zünftiger Handwerksstrukturen gekennzeichnet. In Düsseldorf waren sie dagegen auch am Ende des 19. Jahrhunderts noch ziemlich stark.

Ganz generell heirateten die Arbeiter in den süddeutschen Staaten später als in den nord- und ostdeutschen. Diese regionalen Unterschiede hingen vor allem mit den in den süddeutschen Staaten stark ausgeprägten und bis 1871 gültigen sozialen Heiratsbeschränkungen zusammen. In der württembergischen Industriestadt Esslingen hielt sich bis in die 1850er Jahre die Praxis, dass Gesellen erst nach Ablegung der Meisterprüfung einen Antrag auf Heiratserlaubnis stellen konnten; Fabrikarbeiter hatten zunächst kaum eine Chance auf Heirat. Dieses restriktive Verfahren wurde erst mit der fortschreitenden Industrialisierung der Stadt in den 1860er Jahren liberalisiert. Arbeiter heirateten aber auch im ausgehenden 19. Jahrhundert in Esslingen noch deutlich später als kleine Selbständige oder Angestellte.[180] Diese Tradition der gesetzlichen Ehebeschränkungen gab es weder in Preußen noch in England oder Frankreich.

Wie beim Heiratsalter waren auch bei der Ledigenquote im innereuropäischen Vergleich die Unterschiede zwischen England und dem Kontinent die markantesten. Auch sie waren primär eine Folge der langsameren Industrialisierung bzw. der vor allem im deutschsprachigen Raum sehr viel länger vorherrschenden alten Handwerkstraditionen und ihrer Muster der Haushaltsbildung. Von Lehrlingen und Gesellen wurde erwartet, dass sie unverheiratet waren und beim Meister wohnten. Dies war in Deutschland, Österreich und der Schweiz in vielen Berufszweigen des Kleinhandwerks noch bis ins ausgehende 19. Jahrhundert die Regel, in England dagegen kaum mehr der Fall. Zwar gab es auch auf dem Kontinent Industrieregionen, die sich – wie Sachsen oder Böhmen – in der Nähe der englischen Entwicklung bewegten.[181] Die Regel war dies jedoch nicht.

Erst nach dem Zweiten Weltkrieg führte die allgemeine Zunahme des Wohlstandes zu einem deutlichen Wandel der Ledigenquote. Der Anteil derjenigen, die dauerhaft ledig blieben, strebte nun auch in den Städten praktisch gegen Null – ein Trend der sich erst durch die Zunahme der Single-Haushalte in den letzten beiden Jahrzehnten des 20. Jahrhunderts wieder umkehrte.[182]

3. Haushaltsstrukturen: Von den Befunden zum Heiratsalter und den Ledigenquoten in den Städten ausgehend stellt sich die Frage, ob sich in den Städten auch die dritte Größe, die Haushaltsstrukturen, in das System des ›European marriage pattern‹ fügten. Wie sehr waren sie bereits in der Frühen Neuzeit durch ein Vorherrschen kleiner kernfamilialer Haushalte gekennzeichnet? Geht man auch für die Frühe Neuzeit zunächst von einer durchschnittlichen Haushaltsgröße von vier bis fünf Personen aus, dann lässt sich zeigen, dass sie in den Städten mit einer hohen Regelmäßigkeit darunter lag. In Antwerpen betrug sie im Jahr 1755 nur 3,04 und in Brüssel 3,2 Personen, lediglich 3,7 Personen bildeten im Jahr 1695 im Durchschnitt einen Haushalt in Toulouse und ebenso viele in Genf im Jahr 1797.[183]

Solche Durchschnittszahlen sind allerdings nicht besonders aufschlussreich, da sich aus ihnen das Spektrum möglicher Haushaltsgrößen nicht ablesen lässt. Eine detaillierte Untersuchung von etwa 3000 Pariser Haushalten zwischen 1640 und 1790 gibt jedoch eine genauen Einblick in die unterschiedlichen Haushaltsstrukturen einer frühneuzeitlichen Großstadt. In Paris bestanden 44 % der untersuchten Haushalte aus Kernfamilien, weitere 20 % aus Ehepaaren ohne Kinder und 14 % aus Witwern bzw. Witwen mit oder ohne Kindern sowie 16 % aus allein stehenden Personen. Nur 2 % aller Haushalte hatten als ihren Kern Familien, die um Verwandtschaft erweitert waren. Die Kinderzahl lag in den Haushalten mit Kindern bei durchschnittlich 2,1, wobei die Familien mit nur einem Kind 36 % dieser Haushalte ausmachten, die mit zwei Kindern 29 %, mit drei Kindern noch 16 %, mit vier Kindern 9 %. Haushalte mit mehr als vier Kindern stellten nur eine Minderheit von knapp 10 % dar. Diese Zahlen sagen allerdings nichts über die Gesamtgeburtenzahlen der Frauen aus, sondern nur über die Anzahl der zu einem bestimmten Zeitpunkt mit ihren Eltern lebenden Kinder. Sie stellen also Mindestwerte dar.

Zu den Kindern muss man für die Berechnung der Haushaltsgrößen außerdem noch das in den Haushalt integrierte Gesinde hinzuzählen. Die Erbschaftsakten, die dieser Analyse zugrunde liegen, sind keine besonders gute Quelle für die Erfassung von Gesindezahlen. Wenn von den über diese Erbschaftsakten erfassten Pariser Haushalten nur 27 % um Gesinde erweitert waren, dann stellt auch diese Angabe einen Mindestwert dar. Aufschlussreich ist jedoch die Gesamtzahl der in den Haushalten mit Gesinde angetroffenen Dienstboten. Sie lag bei durchschnittlich 1,6 Angestellten. Die Mehrzahl der Haushalte mit Gesinde verfügte nur über einen weiblichen oder männlichen Dienstboten. Nur vornehme Haushalte besaßen eine umfangreichere Gesindezahl.[184]

Ähnliche Größenordnungen ergaben sich bei einer Untersuchung der frühneuzeitlichen Haushalte in Salzburg. Hier lag zwar die Zahl der um Verwandtschaft erweiterten Familien insgesamt etwas höher als in Paris, erweiterte Familien waren aber auch nicht die Regel. Ihr Anteil sank von 13,6 % im Jahr 1569 auf 8,8 bzw. 8,9 % in den Jahren 1647 und 1794. Ein auffälliges Ergebnis der Untersuchung zu Salzburg war die deutliche soziale Zuordnung der nur aus Kernfamilien bestehenden Haushalte zu den Wohnquartieren der ärmeren Schichten. Im Jahr 1569 umfassten sie hier bis zu 50 % und 1647 immerhin noch 42,3 % der Haushalte. In den Wohnquartieren der Oberschicht dagegen lag ihre Zahl nur bei 5,3 bzw. 13,2 %. Hier waren dagegen die um Verwandtschaft und besonders die um Gesinde erweiterten Haushaltsformen wesentlich stärker verbreitet. Die Gesamtzahl der um Gesinde erweiterten Haushalte fiel zwar auch in Salzburg vom 16. zum 18. Jahrhundert von 51,6 auf 33,3 % ab; bei den vornehmeren Familien der Innenstadt war dieser Rückgang jedoch nicht so gravierend wie bei den ärmeren Haushalten in den Vorstädten. Bei weiblichem Hauspersonal war in den wohlhabenderen Haushalten sogar ein gewisser Zuwachs zu verzeichnen. Die durchschnittlichen Haushaltsgrößen lagen im 17. Jahrhundert in Salzburg jedoch auch in den um Gesinde erweiterten Haushalten der Innenstadt nur bei 4,5 bis 5,1 Personen.[185]

Diese Beispiele aus Paris und Salzburg zeigen, dass man auch in den frühneuzeitlichen Städten nicht von vorindustriellen ›Großfamilien‹ sprechen kann. Komplexe, vor allem um Verwandtschaft erweiterte Familienformen waren in einem nennenswerten Umfang nur in der sozialen Oberschicht verbreitet. Eine differenzierte Betrachtung der städtischen Haushaltsformen muss daher die schichtspezifischen Unterschiede berücksichtigen. Einen eigenständigen »Ökotypus« der städtischen Familie gab es in Europa zumindest bis ins frühe 20. Jahrhundert nicht.

Materielle Situation und Haushaltsstrukturen städtischer Oberschichten
Die städtischen Oberschichten Europas setzen sich in der Regel aus den wirtschaftlichen und politisch-administrativen Eliten der Kommunen bzw. der in Residenzstädten angesiedelten territorialstaatlichen Verwaltungen zusammen. In den meisten deutschen Reichsstädten der Frühen Neuzeit hatten sich die mächtigsten Familien zum so genannten Patriziat zusammengeschlossen, das heißt zu einem quasi-adeligen Geburtsstand, der sich gegenüber den Machtansprüchen der Handwerkszünfte abschottete. In den italienischen Städten und Stadtrepubliken gab es ebenfalls eine herrschende adelige Oberschicht, die sich »nobili« oder auch »patricii« nannte und sich – prinzipiell unabhängig vom Vermögen – streng von den nicht ratsfähigen Schichten absonderte.[186] Meist waren die sozialen Schichten in den großen europäischen Städten aber durchlässiger und der Aufstieg in politische Führungspositionen über wirtschaftlichen Erfolg durchaus die Regel. Außerdem bildeten sich neben den adeligen und wirtschaftlichen Eliten in den meisten europäischen Städten eine durch den Besitz von Bildungspatenten gekennzeichnete Gruppe der Oberschicht heraus. Sie war mit der politisch-administrativen Elite zunehmend verquickt, ging aber keineswegs in dieser auf. Zumindest für das 19. Jahrhundert ist auch das akademisch gebildete Bürgertum zu den städtischen Oberschichten zu zählen.[187]

Haushaltsstrukturen und familiale Netzwerke sind – besonders außerhalb des Adels – stark abhängig von der materiellen Lage der Familien. Die Familien der städtischen Oberschichten stellen hinsichtlich ihrer materiellen Ressourcen keineswegs eine homogene, überlokal vergleichbare Schicht dar. Wer jeweils zu den bürgerlichen Oberschichten zu rechnen war, hing in der Frühen Neuzeit stark vom jeweiligen Stadttyp ab: Bürger, die in einem städtischen Marktflecken als Spitzenverdiener galten, wären in einer auf Fernhandel orientierten Hansestadt wie Hamburg oder einer ausfuhrorientierten Gewerbestadt wie Lyon allenfalls knapp in den Bereich der Mittelschicht gelangt. In der kleinen Reichsstadt Schwäbisch Hall z. B. schwankten im ausgehenden 17. Jahrhundert die Vermögen der 30 reichsten Bürger ungefähr zwischen 5000 und 70 000 Gulden. In reichen Handelsstädten wie Frankfurt, Nürnberg oder Augsburg stellten selbst die Haller Spitzensätze vergleichsweise geringe Vermögenswerte dar. Hier besaßen die reichen Familien jeweils ein Millionenvermögen.[188] In Städten wie Augsburg, Nürnberg oder Hamburg setzte sich die Elite meist aus Fernhandelskaufleuten und Bankiers zusammen. In einer Kleinstadt wie Schwäbisch Hall dagegen war die Führungsgruppe sehr gemischt und umfasste von Handwerkern und Handelsleuten, über die Räte der Stadt bis zu den Pfarrern ganz verschiedene Gruppen und Quellen des Reichstums.[189]

Mit dem Aufkommen der Großindustrie und der zunehmenden Mobilität des Kapitals entstanden im 19. und 20. Jahrhundert neue Wirtschaftseliten. Neben die Eigentümer von Fabriken traten bald die Großaktionäre und vor allem die leitenden Angestellten mit Spitzengehältern. Das große Wirtschaftsbürgertum verband sich jedoch im Laufe des 19. und 20. Jahrhunderts in allen europäischen Ländern (und vor allem in England) familiär relativ eng mit der alten Aristokratie – oder wie in Frankreich zumindest mit dem alten vorrevolutionären Amtsadel. Dadurch entstand eine neue »composite elite«, die in Lebensstil und Einflussbereich ihren bürgerlich-städtischen Bezug vielfach abgelegt hatte.[190] Das gesellschaftliche Prestige und die materielle Absicherung des Bildungsbürgertums ging demgegenüber in den meisten Ländern seit dem ausgehenden 19. Jahrhundert stark zurück. Das Bildungsbürgertum wird heute kaum mehr zu den Oberschichten zu rechnen sein.

Dieser Vielfalt der ökonomischen Lebenslagen entsprachen ganz unterschiedliche Größenordnungen der Haushalte. Wie oben bereits am Beispiel von Paris und Salzburg für die Frühe Neuzeit angedeutet wurde, waren in Europa gerade die Haushalte der bürgerlichen oder patrizisch-adeligen Oberschichten in den Städten durch eine Erweiterung um Gesinde gekennzeichnet. Dies gilt bis in die Gegenwart. In der Frühen Neuzeit kam dem durchaus ein ökonomischer Sinn zu, denn auch die bürgerlichen Haushalte der Städte besaßen in aller Regel größere Ländereien. Sie waren zwar in ihrer Versorgung nicht autark, die Eigenproduktion und Verarbeitung von Nahrungsmitteln im Rahmen der Vorratshaltung spielte bis weit ins 19. Jahrhundert hinein eine erhebliche Rolle. Frau Rat Goethe z. B., die Mutter des Dichters, war intensiv beschäftigt mit ihren haushaltlichen Pflichten und hatte nach ihren Angaben nicht nur Wäsche besorgt und eingekauft, sondern auch »vor das ganz Jahr Butter zentnerweise eingemacht«.[191]

Allerdings wird Frau Goethe dabei selten wirklich selbst intensive körperliche Arbeit geleistet, sondern eher die Arbeit anderer überwacht haben. Ihr standen für ihre hausfraulichen Pflichten als ständiges, im Haus wohnendes Personal eine Köchin, zwei Hausmädchen und ein Diener zur Verfügung. Darüber hinaus gab es noch »einen Kreis nicht ständig beschäftigter Personen, die aber trotzdem in dauerndem Zusammenhang mit dem Haushalt blieben und in festem Sold standen: Die Waschfrau, die Reinemachefrau, die Näherin, der Schuster, der Schneider, die Schneiderin, der Fleischer, der Polsterer, der Ofensetzer, der Ofenkehrer, der Böttger, der Schmied, der Dachdecker, der Schornsteinfeger, ja der Barbier und der Zahnarzt wurden zu den zum Haushalt gehörenden Kräften gezählt.«[192] Diese große Gruppe von Hilfskräften blieb offensichtlich über Jahre konstant, entwickelte eine feste Bindung an den Arbeitgeber, von dem sie nicht nur Taglohn, sondern zum Teil ein regelmäßigeres Entgelt für ihre Dienste erhielten.

Mit vier im Haus logierenden Dienstkräften gehörte der Goethe'sche Haushalt durchaus zu den größeren in Frankfurt. Es bestand ganz allgemein ein enger Zusammenhang zwischen materiellem Wohlstand und der Zahl des von bürgerlichen Haushalten angestellten Gesindes. Das lässt sich auch an Beispielen anderer europäischer Städte zeigen. Im französischen Toulouse verfügten im Jahr 1750 über 89 % der adeligen Haushalte über Dienstboten, in der städtischen Mittelschicht, dem gehobenen Wirtschafts- und Bildungsbürgertum, waren es noch 51,5 % der Haushalte und in den unteren Schichten lediglich 11,7 %. Die Zahl der Dienstboten im gehobenen Bürgertum lag bei zwei bis drei und in den größeren städtischen Adelshaushalten bei drei bis sechs Dienstboten pro Haushalt.[193] In Paris gab es Haushalte des städtischen Adels mit 20 bis 30 Dienstboten, in der Regel wich das Bild jedoch nicht wesentlich von dem der Provinzstadt Toulouse ab.[194] Der Haushalt des Rates Goethe in Frankfurt, konnte sich also auch im internationalen Vergleich sehen lassen.

Der wesentliche Unterschied zwischen der Beschäftigung von Gesinde in adligen oder großbürgerlichen und in ländlichen oder kleinbürgerlichen Haushalten bestand darin, dass die Zahl der Dienstboten in den Oberschichten weitgehend unabhängig vom Familienzyklus war. Weil die Familie der Herrschaft zwar in die

Beaufsichtigung, nicht aber in die manuelle Arbeit der Haushaltsführung eingebunden war, spielte es keine Rolle, ob Kinder in arbeitsfähigem Alter im Haus waren oder nicht. Der Grundbestand des Gesindes orientierte sich vielmehr an den im bürgerlichen Haushalt zu verrichtenden Tätigkeiten, die wie das Kochen, Waschen oder Putzen jeweils unterschiedlichen Personen zugewiesen wurden. Vom Familienzyklus abhängig waren allenfalls die Posten der Hauslehrer oder auch der Kindermädchen und Ammen. Über Gesinde zu verfügen war in diesen Schichten außerdem ein wichtiger Teil der Präsentation von sozialem Status.

Die am Beispiel des Haushalts des Rats Goethe in Frankfurt für das 18. Jahrhundert beschriebene Form der Eigenwirtschaft bürgerlicher Haushalte verschwand im Laufe des 19. und vor allem des 20. Jahrhunderts mit der Ausdehnung der Nahrungsmittelindustrie weitgehend. Bürgerliche Haushalte verfügten zwar oft weiter über eigene Hausgärten, aber eine eigene Landwirtschaft mit Feldern und Weinbergen wurde nicht mehr betrieben. Die Vorratsräume der alten Bürgerhäuser verschwanden. Im Zuge der Urbanisierung wurde sogar das eigene Haus auch in gehobenen Kreisen vielfach durch eine Etagenwohnung in den modernen Stadthäusern ersetzt. Dennoch blieb die Hereinnahme von Gesinde bis weit ins 20. Jahrhundert ein deutliches Charakteristikum bürgerlicher Haushalte, ein Prestigeobjekt zur Demonstration von Wohlstand und sozialem Status durch die Entlastung von manueller Arbeit.

Allerdings konnten sich das seit dem ausgehenden 19. Jahrhundert immer weniger bürgerliche Familien wirklich leisten. In der zweiten Hälfte des 19. Jahrhunderts ging aufgrund dieser finanziellen Belastung die Zahl der Haushalte mit Dienstboten im mittleren und gehobenen Bürgertum und teilweise auch in den Familien der führenden Wirtschaftseliten zurück. Immer mehr Dienstleistungen wurden im Einzelauftrag nach außen vergeben bzw. mussten von den bürgerlichen Frauen mit Hilfe der aufkommenden elektrischen Haushaltsmaschinen selbst bewältigt werden. In Berlin z. B. hatten im Jahr 1871 noch 17,3 %, im Jahr 1900 aber nur noch 12,4 % der Haushaltungen Dienstboten. Die allmählich bessere Bezahlung und soziale Absicherung des Gesindes seit der Zeit nach dem Ersten Weltkrieg ließ die dauerhafte Beschäftigung von Hausangestellten zunehmend zu einem Luxus werden, den sich nach dem Zweiten Weltkrieg auch in den anderen europäischen Ländern nur noch die oberste Oberschicht zu leisten pflegte. Lediglich bei doppelverdienenden Ehepaaren mit Kindern kommt es über das Au-Pair-Wesen auch heute noch zu – nun familienzyklusgebundenen – Erweiterungen des Haushalts durch ›Gesinde‹.

Neben dem Rückgang des Gesinde lässt sich für die städtische Oberschicht auch schon früh eine rückgehende Kinderzahl nachweisen. Gaben bereits die recht geringen durchschnittlichen Haushaltsgrößen einen Hinweis auf nicht allzugroße Familiengrößen, so bestätigen Lokalstudien, dass zumindest in den protestantischen Oberschichten mancher Städte bereits im 17. Jahrhundert Geburtenkontrolle praktiziert wurde, um eine allzu große Aufteilung des Familienvermögens zu verhindern und die soziale Position der Familie zu sichern. In Zürich z. B. griffen die ratsfähigen Familien nach dem Aufhören der Pestzüge und der dadurch tendenziell steigenden Kinderzahl zu diesem Mittel.[195] Auch unter protestantischen Handwerkern lässt sich dieses Verhalten bereits für das ausgehende 17. und das 18. Jahrhundert nachweisen.[196] Im katholischen Trier dagegen lagen in den städtischen Oberschichten im 18. Jahrhundert die Geburtenzahlen der Frauen mit durchschnittlich 8,5 Kindern pro vollständiger Ehe deutlich über denen der Mittel- und Unterschichten mit 7,6 Kindern und fielen erst im 19. Jahrhundert – als Folge von Geburtenkontrolle – auf das Niveau der anderen Schichten.[197]

Für das ausgehende 19. Jahrhundert lässt sich dann ein allgemeiner Rückgang der Geburtenzahlen in den Städten feststellen, wobei sie in Deutschland in den protestantischen Oberschichten rascher fielen als in den katholischen und auch rascher als in den protestantischen Unterschichten. Dieser Unterschied hielt sich bis weit ins 20. Jahrhundert. Die niedrigste Kinderzahl hatten im ausgehenden 19. Jahrhundert in Deutschland allerdings die Familien der jüdischen Oberschicht. In den Familien der großen Bankiers, die meist protestantischer oder jüdischer Herkunft waren, fiel die durchschnittliche Kinderzahl bereits im ausgehenden 19. Jahrhundert auf knapp über zwei Kinder pro Familie.[198]

Allerdings darf der konfessionelle Faktor nicht unbesehen verallgemeinert werden. Frankreich war trotz Katholizismus bei der Geburtenkontrolle insgesamt und natürlich auch in den Oberschichten der gesamteuropäischen Entwicklung etwa 50 Jahre voraus, auch im katholischen Belgien fielen die Geburtenzahlen früher als in protestantischen Ländern wie Dänemark, Norwegen oder den Niederlanden. In Belgien allerdings lassen sich beim

Geburtenrückgang deutliche Unterschiede zwischen dem liberalen und kirchenkritischen wallonischen und dem eher konservativ-katholischen flamischen Bürgertum feststellen.[199] Im 20. Jahrhundert haben sich diese religionsbezogenen Unterschiede spätestens in der Zeit nach dem Zweiten Weltkrieg nicht nur in den Oberschichten eingeebnet.

Materielle Situation und Familienzyklen des städtischen »Mittelstands«
Zwischen den städtischen Oberschichten und der Gruppe der Taglöhner, Arbeiter und Armen sollen in diesem Überblick diejenigen Familien bzw. Haushalte zu einer Gruppe zusammengefasst werden, die nicht in Reichtum und Luxus, aber auch nicht in Armut oder ständiger Angst vor Not lebten. Sie werden im Folgenden summarisch mit einem erst im 19. Jahrhundert aufkommenden Begriff als »Mittelstand« oder auch als »Kleinbürgertum« bezeichnet.[200] Diese Gruppe umfasste im Laufe der Neuzeit Familien mit ganz unterschiedlicher materieller Grundlage und sozialer Verankerung im Gefüge der städtischen Gesellschaft: Neben die Handwerker, kleinen Kaufleute oder Wirte traten die kleinen und mittleren Beamten und vor allem die seit dem 19. Jahrhundert ständig wachsende Gruppe der Angestellten. Die materielle Absicherung, die beruflichen Risiken und die Bedingungen und Funktionen der Haushaltsgründung konnten in dieser Gruppe sehr verschieden sein, gemeinsam ist diesen Familien jedoch ein starkes Bemühen, sich gegenüber den städtischen Unterschichten deutlich abzugrenzen. Dies beeinflusste auch die Formen von Familie und Haushalt.

In dieser großen Gruppe des Mittelstandes mögen die absoluten Unterschiede im Einkommen nicht so gravierend gewesen sein wie im gehobenen Bürgertum. Relativ gesehen waren sie jedoch wesentlich folgenreicher. Viel stärker als in den oberen Gesellschaftsschichten beeinflussten die Einkommensunterschiede im kleinen Bürgertum die individuellen Lebenschancen und die Strukturen des Haushalts. Dies lässt sich besonders deutlich an der bis zum Ende des 19. Jahrhunderts wichtigsten Gruppe des städtischen Mittelstandes, den Handwerkern, zeigen. Ausschlaggebend für die soziale Platzierung eines Handwerkers war, ob er eines der besseren Gewerbe betrieb oder zu dem Heer der Schneider, Schuster oder Weber zählte. Sie lebten nur knapp über und oft unterhalb der Armutsgrenze, waren also nicht mehr zum eigentlichen Mittelstand zu rechnen – auch wenn ihnen als Bürgern einer Stadt politische Rechte und die Integration in die Zünfte zustanden. In Göttingen zählten z. B. im Jahr 1792 von den annähernd 200 Schuhmachern der Stadt 34 zu den ständigen Almosenempfängern, von 97 Schneidern gehörten immerhin 19 in diese Gruppe. In Frankfurt war jeder zehnte Schneidermeister völlig verarmt.[201] Andere Handwerke dagegen konnten sehr gute Einkommen erzielen. Im Laufe des 19. Jahrhunderts nahm die Polarisierung zwischen den weitgehend proletarisierten armen Handwerkern und den erfolgreichen Betrieben zu. Letztere entwickelten sich immer mehr zu mittelständischen Unternehmen. Dieser Trend setzte sich im 20. Jahrhundert fort. Selbständige Handwerksbetriebe wurden immer seltener, ihre Einbindung als Filialbetriebe in große Firmen und eine häufig verdeckte Existenz der Betriebsführer als Angestellte ist inzwischen fast die Regel.[202]

Durchschnittliche Handwerkereinkommen sind für die Frühe Neuzeit schwer zu berechnen. Für andere, den mittleren Handwerkern vergleichbare Berufsgruppen, z. B. für die Subalternbeamten, besitzen wir jedoch aus den Abrechnungen der Verwaltungen genaue Aufstellungen über das jeweilige Jahreseinkommen. So verdiente 1778 ein Kanzlist in Passau 250 Gulden mit einigen Sonderzulagen. Etwa um die gleiche Zeit hatte ein Kanzlist bei der preußischen Regierung ein Einkommen von 170 Reichstalern, das waren etwa 260 Gulden. Diese Kanzlisten waren keineswegs die am schlechtesten bezahlten Subalternbeamten. Ihr Einkommen wird also in etwa dem eines mittleren Handwerkbetriebs entsprochen haben.[203]

Stellt man diesem hypothetischen mittleren Jahreseinkommen eines Handwerksbetriebs oder einer nicht-handwerklichen Kleinbürgerfamilie die Lebenshaltungskosten einer fünfköpfigen Familie gegenüber, dann sieht man, dass das Budget einer solchen Familien schon in Normalzeiten außerordentlich angespannt war. Das Existenzminimum einer fünfköpfigen Familie lag am Ende des 18. Jahrhunderts in den deutschen Territorien bei etwa 110 Reichstalern im Jahr. Dies war das absolute Minimum und ermöglichte noch kein ›standesgemäßes‹ Auskommen. Die Aufwendungen dafür schwankten für einen kleinbürgerlichen Haushalt um das Jahr 1750 zwischen 150 und 200 Reichstalern, je nach Größe der Stadt. Ein Berliner Kanzlist mit einem Jahreseinkommen von 170 Rtl. konnte also kaum standesgemäß leben.[204]

Wofür gab ein Haushalt, der am Existenzminimum lebte, sein Einkommen aus? Eine fünfköpfige Berliner Maurerfamilie musste nach einem fiktiven Warenkorb im Jahr 1800 über 44 % des Lohns für Brot aufwenden, knapp 15 % für tierische Produkte, also für Fleisch, Butter und Milch oder Eier. Insgesamt entfielen fast 73 % der Ausgaben auf Lebensmittel, lediglich 14,4 % auf Miete und der Rest von knapp 13 % auf sonstige Ausgaben wie Kleidung und Heizung. Dies ist im Vergleich zu den heutigen

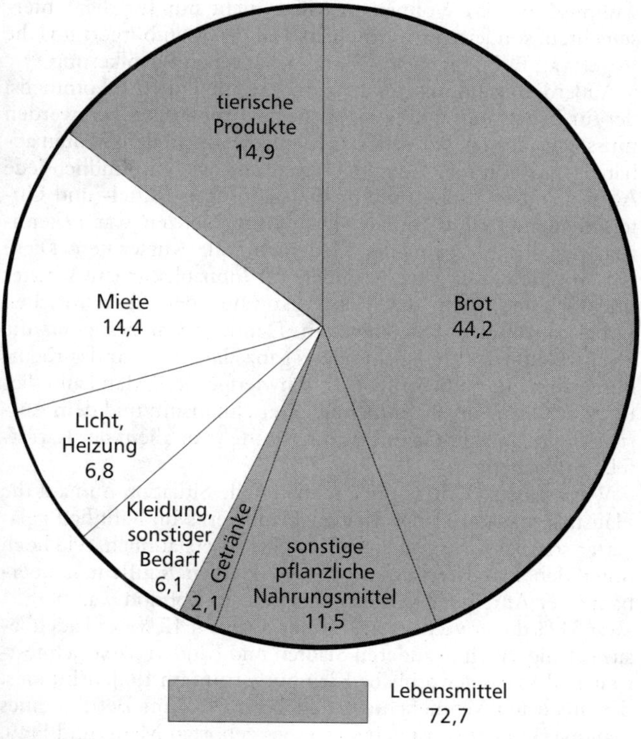

Abb. 38: Lebenshaltungskosten einer fünfköpfigen Maurerfamilie in Berlin um 1800 (in Prozent des Einkommens).
Weit über die Hälfte des Einkommens einer Handwerkerfamilie mußte für Lebensmittel ausgegeben werden, fast die Hälfte nur für Brot. Die Ausgaben für Miete und Kleidung waren dagegen geringfügig. Der hohe Anteil der Ausgaben für Brot macht deutlich, wie existenziell die städtischen Handwerker von der Entwicklung der Brotpreise in Folge von Missernten betroffen waren.

Ausgabenstrukturen, die ein fast umgekehrtes Verhältnis zwischen den Ausgaben für Wohnung und für Lebensmittel aufweisen, außerordentlich aufschlussreich. Für die historische Familienforschung deutet dies zudem auf den wichtigen Sachverhalt, dass in den größeren Städten schon zu Beginn des 19. Jahrhunderts nur ein geringer Anteil der zwischen Kleinbürgertum und Unterschicht angesiedelten Handwerker ein eigenes Haus bewohnte, und das Wohnen in Miete nicht nur für die Unterschichten, sondern auch für einen Teil des Kleinbürgertums die Regel war. Es betraf etwa 50 % der städtischen Bevölkerung.[205]

Außerdem kann man an dem großen Anteil des Einkommens, der für Lebensmittel und vor allem für Brot ausgegeben werden musste, ermessen, wie sehr das Kleingewerbe in den Städten abhängig war von den Getreidepreisen und wie empfindlich jede Agrarkrise und Preiserhöhung die städtischen Mittel- und Unterschichten treffen musste. Die Frühe Neuzeit war gekennzeichnet durch regelmäßig wiederkehrende Missernten. Diese Krisen trafen zwar ganz besonders die lohnabhängigen Arbeiter und Gesellen, denn die Meister konnten den ökonomischen Druck zum Teil auf sie abwälzen. Dennoch war besonders die zweite Hälfte des 18. Jahrhunderts ganz allgemein für das Kleinbürgertum eine außerordentlich schwierige Zeit. Man kann dies unter anderem am abnehmenden Fleischkonsum und dem Aufstieg neuer, billiger Grundnahrungsmittel, vor allem der Kartoffel, festmachen.

Wir wirkte sich diese prekäre materielle Situation nun auf die Haushaltsstrukturen des kleinen Handwerks und ähnlich gelagerter sozialer Gruppen aus? Zunächst ist erstaunlich, wie hoch unter den Handwerksmeistern und kleinen Kaufleuten überhaupt der Anteil der Verheirateten war. In London waren 1851 zwar 31 % der erwachsenen Männer, aber nur 12 % der Ladenbesitzer ledig. Auch in anderen Städten und Ländern lässt sich feststellen, dass das gewerbliche Kleinbürgertum im 19. Jahrhundert den höchsten Verehelichtenanteil besaß.[206] Zum Betrieb eines Handwerks oder sonstigen Gewerbes gehörten Mann und Frau. Dies schrieben vielfach auch die Zünfte vor, die deshalb auch die rasche Wiederverheiratung von Witwern oder Witwen forderten. Die Position der Hausfrau musste ebenso besetzt sein wie die des Hausherrn, auch wenn die Frauen in die eigentliche Produktion im zünftigen Handwerk nicht integriert waren. Sie besaßen wichtige Versorgungsfunktionen für die Mitarbeiter und hatten zum

Teil auch Kompetenzen im Bereich des Verkaufs und der Abrechnung.

Die große Bedeutung der Heirat vor allem im Handwerk des 19. Jahrhunderts ist allerdings nicht so zu erklären, dass es sich dabei um ein Relikt einer älteren familienwirtschaftlichen Organisation der Produktion gehandelt hätte. In der Forschung wurde vielmehr darauf hingewiesen, dass die wichtigste Institution im Handwerk der Frühen Neuzeit nicht die Familie, sondern die Zunft war, die über Produktionsbedingungen sowie letztlich über die Übertragung des Betriebs auf die nächste Generation zu entscheiden hatte.[207] Der Handwerksbetrieb des Ancien Régime basierte auch nicht in gleicher Weise auf der Arbeit aller Familienmitglieder wie ein Baurnhof. Dies änderte sich erst mit der Zurückdrängung der Zünfte und der Durchsetzung der Gewerbefreiheit.

Ausdruck dieser geringen Bedeutung der Familie als einer Produktionseinheit war die Tatsache, dass in städtischen Handwerkerhaushalten in der Frühen Neuzeit die Zahl der koresidierenden erwachsenen Kinder in der Regel gering war. Auch die Vererbung des Betriebs innerhalb der Familie spielte eine eher untergeordnete Rolle. Besonders wenn einem Meister das Haus, in dem er sein Geschäft betrieb, nicht gehörte und der Wert der Produktionsmittel wie z. B. bei einem Schneider gering war, dann bestand für die Söhne kein Grund, das Handwerk des Vaters zu erlernen, um einmal den Betrieb übernehmen zu können. Auch die Notwendigkeit oder der Anreiz, möglichst lange als Arbeitskraft im elterlichen Haushalt zu bleiben, war im Prinzip gering. So finden sich in der Frühen Neuzeit bei Handwerkern deutlich weniger Haushalte, in denen Ehepaare mit Eltern oder Elternteilen zusammenlebten als im ländlichen Bereich. Die Vererbung des Berufs oder die Übernahme des Hauses, der Wohnung oder der Werkstatt spielte eine wesentlich geringere Rolle als die Nachfolge auf der Hofstelle im bäuerlichen Milieu. Neolokalität der Kinder war fast die Regel, selbst wenn ein Sohn den gleichen Beruf wie der Vater ergriff.

In Untersuchungen zu Salzburg und anderen österreichischen Städten konnte gezeigt werden, dass die Koresidenz der Kinder mit den Eltern im Handwerk im 17. Jahrhundert noch außerordentlich niedrig war. 1647 lebten in Salzburg zwar in 11,5 % der Meisterhaushalte über 14 Jahre alte Söhne, Söhne über 24 fanden sich aber nur in 2 % der Handwerkerfamilien. Das deutet darauf hin, dass der Wanderzwang die Kinder des Meisters aus dem Haus führte und sie in der Regel nicht in den elterlichen Haushalt zurückkehrten. Interessant ist, dass sich mit der Aufhebung des Wanderzwanges im ausgehenden 18. Jahrhundert diese Zahlen deutlich in Richtung eines längeren Verbleibens im elterlichen Haushalt bzw. einer höheren Koresidenzquote verschoben. 1794 lebten in 27,7 % der Salzburger Meisterhaushalte über 14 Jahre alte Söhne und in 8,5 % Söhne über 24 Jahre. Im 19. Jahrhundert stiegen diese Werte auch in anderen österreichischen Städten deutlich an.[208]

Untersuchungen zu anderen Ländern bestätigen diese Tendenz. In Düsseldorf z. B. folgten im 19. Jahrhundert in den meisten Handwerken ungefähr ein Viertel der Söhne ihren Vätern im Beruf. Niedrigere Werte gab es besonders bei den ärmeren Handwerken wie Schneidern oder Schustern, während bei Schreinern und Metall verarbeitenden Handwerken die ›Berufsvererbung‹ deutlich stärker verbreitet war.[209] Für die niederländische Industriestadt Tilburg konnte für die Hausweber im ausgehenden 19. Jahrhundert nicht nur eine hohe intergenerationelle Berufsfolge (über 65 %), sondern auch eine deutlich engere Bindung der Kinder an den elterlichen Haushalt nachgewiesen werden. In der zweiten Hälfte des 19. Jahrhunderts lebten dort bei den Heimwebern noch etwa 80 % der zwanzigjährigen Söhne und etwa 25 % der dreißigjährigen mit ihren Eltern. Allerdings führte Heirat bei den Söhnen in fast allen Fällen zum Ausscheiden aus dem elterlichen Haushalt.[210]

Diese hohen Werte in Tilburg waren charakeristisch für ein Gewerbe mit geringer zünftiger Ausbildungstradition und hohem familialem Arbeitseinsatz ähnlich wie in der ländlichen Hausindustrie. Die in den anderen Gewerben übliche Erweiterung der Haushalte um inwohnende Lehrlinge und Gesellen spielte hier nur eine geringe Rolle, üblicher waren inwohnende Verwandte. Im zünftigen Handwerk dagegen wurde der Arbeitskräftebedarf nicht über Kinder, sondern über auszubildende Arbeitskräfte von außen gedeckt. Diese lebten im Prinzip im Haushalt des Meisters und waren ledig. Branchenspezifisch unterschiedlich löste sich der Zwang zur Integration in den Meisterhaushalt zum Teil bereits im 18. Jahrhundert, durchgehend jedoch im Laufe des 19. Jahrhundert auf. Damit war für die Gesellen auch die Möglichkeit zur Heirat eröffnet. Dies wurde umso wichtiger, je weniger sie die Aussicht auf die Etablierung eines selbständigen Meisterbetriebs besaßen. In Salzburg waren bereits 1794 über 22 % der Gesellen verheiratet. Die meisten von ihnen gehörten dem schon früh in Großbetrieben organisierten Baugewerbe an. In den anderen Salzburger Gewerben dagegen waren verheiratete Gesellen im ausgehenden 18. Jahrhundert noch eine verschwindende Minderheit.[211] Dies änderte sich in der Folgezeit rasch: In der Mitte des 19. Jahrhunderts war im Wiener Textilgewerbe über die Hälfte der Gesellen verheiratet, auch in Hannover lebten zu dieser Zeit nur noch etwa 40 % der Gesellen bei ihren Meistern, in Düsseldorf oder München war die Integration der Gesellen und zum Teil auch der Lehrlinge in den Meisterhaushalt bereits in den 1860er Jahren praktisch ganz verschwunden.[212] Allerdings blieb das Ausscheiden der Gesellen aus dem Meisterhaushalt zunächst ein auf Großstädte konzentriertes Phänomen. In den Kleinstädten erhielt sich die alte Struktur bis in die Zeit nach dem Ersten Weltkrieg. In den skandinavischen Ländern, besonders in Schweden, vollzog sich der Rückgang der inwohnenden Gesellen weitgehend parallel zu dem in Deutschland; in Großbritannien und Frankreich dagegen war diese Praxis im Handwerk bereits in der Mitte des 19. Jahrhunderts praktisch verschwunden.[213] Eine Ausnahme machten allerdings die Angestellten im städtischen Einzelhandel. In Großbritannien untersagte erst der »Shop Act« von 1904 den Ladeninhabern zu verlangen, dass die Hilfskräfte in ihrem Haus wohnen mussten.[214]

Bis zur Mitte des 19. Jahrhunderts waren die Haushalte der kleinen Gewerbetreibenden somit durch die Hereinnahme von Gesinde von ihrer Struktur her so genannte erweiterte Haushalte. Dadurch waren sie – im Vergleich zu anderen Haushalten der städtischen Mittelschicht, aber auch zum Teil der kleinbäuerlichen Schicht – traditionell auch relativ umfangreich. Der englische Zensus von 1851 ist eine unter Demographen und Familienhistorikern berühmte Quelle. Er zeigt z. B. für London, dass mit durchschnittlich 5,27 Personen die Haushalte der Ladenbesitzer und Handwerker deutlich über dem Mittelwert von 4,3 Personen lagen. Die Ursache dafür war nicht eine erhöhte Kinderzahl oder das Zusammenleben mit anderen Verwandten, sondern die Hereinnahme von Angestellten. (Während 1851 durchschnittlich 55 % der Londoner Haushalte nur aus miteinander verwandten Personen bestanden, lag diese Zahl bei den Ladenbesitzern nur bei 17 %.)[215] Denn die Kinderzahlen waren in dieser Schicht – und das gilt nicht nur Großbritannien – um die Jahrhundertmitte bereits rückläufig. Das Kleinbürgertum war zwar nicht der Vorreiter der Geburtenkontrolle, aber im ausgehenden 19. Jahrhundert verringerte sich die Kinderzahl in dieser Schicht schneller als in anderen. Eine besondere Rolle spielte dabei die wachsende Zahl der Angestellten. Bei ihnen war der Trend zur Ein-Kind-Familie schon früh ausgeprägt, auch der Anteil kinderloser Familien war unter ihnen besonders hoch.[216] Dies führte in der Folgezeit zu einer ganz ausgeprägten Stadt-Land-Differenz in den Kinderzahlen. Angestellte und Beamte, unabhängige Berufe und Handelsleute lagen im ausgehenden 19. und frühen 20. Jahrhundert bei der Geburtenkontrolle deutlich vor den Bauern, allerdings auch vor den Arbeitern.[217]

Arbeiterhaushalte

Unter Arbeiterfamilie verstehen wir gewerblich tätige lohnabhängige Familien, bei denen der Haushalt nicht mehr Ort der Produktion ist. Durch die Trennung von Wohnen und Arbeiten unterscheiden sie sich von den Heimarbeiter- und Handwerkerfamilien, durch die zunehmende Besitzlosigkeit auch von den so genannten Arbeiter-Bauern-Familien. Die Herausbildung dieses Familientypus geht einher mit der Durchsetzung der Industrialisierung und der rapiden Verstädterung der Bevölkerung. Beide Prozesse fallen auf dem europäischen Kontinent – mit einem gewissen West-Ost-Gefälle – eher in die zweite Hälfte des 19. Jahrhunderts, während sie in Großbritannien bereits um die Jahrhundertwende einsetzten. Allerdings muss man sehen, dass es besonders in der Textilindustrie im frühen 19. Jahrhundert eine breite Übergangszone zwischen hausindustriell und fabrikmäßig organisierter Arbeit gab. Selbst im industriell fortgeschrittenen England übertraf bis in die 1840er Jahre hinein die Zahl der hausindustriellen Handwebstühle die der Maschinenwebstühle in den Fabriken. Der Schwerpunkt dieser Hausindustrie lag in ländlichen Gewerberegionen und nicht in Städten.

In der zweiten Hälfte des 19. Jahrhunderts wurde die städtische Industriearbeiterfamilie zum Prototyp der Arbeiterfamilie. Andauernde existenzbedrohende materielle Unsicherheit war eine ihrer zentralen Erfahrungen. Sie machte aus Arbeitern das, was man im 19. Jahrhundert »Proletarier« zu nennen begann. Das Einkommen aus Industriearbeit reichte in der Regel nicht zur Überlebenssicherung der Familie. Jeder Einbruch der Konjunktur, vor allem aber Arbeitslosigkeit, Krankheit und Alter waren verbunden mit Armut und Not. Der Begriff des Proletariers verweist zum einen auf diese materielle Unsicherheit von Menschen, die außer ihren Kindern (lat.: Proles) nichts besaßen; zum anderen wurde der Begriff mit der Entwicklung der europäischen Arbeiterbewegung zur selbstbewussten Eigenbezeichnung, die das Zusammengehörigkeitsgefühl bzw. das Klassenbewusstsein dieser Schicht zum Ausdruck brachte. Beide Dimensionen sind von Bedeutung für die Geschichte der Familie der Industriearbeiterschaft. Der materielle Spielraum war entscheidend z. B. für den Zeitpunkt der Heirat, die Familiengröße, die Wohnverhältnisse, die Erwerbstätigkeit der Frauen und Kinder, die Erweiterung der Familien durch Verwandte oder durch fremde Untermieter. Das Klassenbewusstsein wirkte sich auf familiale Netzwerke, auf die Freizeitgestaltung, auf Partner- und Eltern-Kind-Beziehungen aus.

Die erste Frage gilt also der Entwicklung der industriellen Arbeitslöhne. Reichten sie zum Unterhalt einer Familie aus? Wie hoch war der Zwang für Frauen und Kinder, das Familieneinkommen zu ergänzen? Die erste Hälfte des 19. Jahrhunderts war in ganz Europa eine Zeit schwerer Krisen- und Hungerjahre, die gerade die frühe Arbeiterschaft besonders hart trafen. Für die zweite Hälfte des 19. Jahrhunderts und speziell für das letzte Drittel lässt sich dagegen in Europa ein allgemeiner Anstieg der Löhne feststellen. Setzt man z. B. für das Deutsche Reich die Löhne von 1895 mit der Indexzahl 100 an, so stiegen die Nominallöhne zwischen 1871 und 1913 um etwa 130 % von 70 auf 163 Indexpunkte. Die auf die Kaufkraft bezogenen Reallöhne verdoppelten sich in diesem Zeitraum. Sie stiegen von 66 auf 125 Indexpunkte an, wobei die Hauptzunahme in die Zeit zwischen 1870 und 1900 fiel. Nach 1900 stiegen die Löhne in Deutschland nur noch sehr langsam.[218] In anderen europäischen Ländern verlief die Entwicklung ähnlich.

Diese Zahlen scheinen ein deutlicher Beleg dafür zu sein, dass die Industrialisierung, als sie einmal über ihre ersten Anfänge hinausgekommen und in die Phase der Hochindustrialisierung eingetreten war, nicht die von Karl Marx prognostizierte Verelendung der Arbeiterschaft brachte, sondern zu einer erheblichen Verbesserung ihrer wirtschaftlichen und sozialen Lage führte. Dieser Schluss ist sicher nicht falsch, aber Durchschnittszahlen verschleiern mehr als sie erklären. Sehr viel aufschlussreicher sind deshalb Differenzierungen des Lohnniveaus nach Gewerbe-

Abb. 39: Index der Löhne und Lebenshaltung in Deutschland (1895 = 100).

	Nominallöhne	Lebenshaltung	Reallöhne
1871	70	106	66
1875	98	113	87
1880	82	104	79
1885	87	88	88
1890	98	102	96
1895	100	100	100
1900	118	106	111
1905	128	112	114
1910	147	124	119
1913	163	130	125

sektoren. Enorme Unterschiede bestanden im ausgehenden 19. Jahrhundert vor allem zwischen der Textil- und der Metallindustrie. Die Metallarbeiter avancierten in der zweiten, von der Maschinenindustrie geprägten Phase der Industrialisierung zur Aristokratie der Arbeiterschaft. Ihre Löhne überrundeten in Deutschland sogar die der traditionell gut organisiertren und gut bezahlten Drucker.[219]

Abb. 40: Nominale durchschnittliche Arbeitsjahreslöhne in Deutschland nach Branchen (in Mark).

	1870	*1890*	*1913*
Bergbau	767	966	1496
Metallerzeugung	741	915	1513
Metallverarbeitung	636	880	1417
Textil	359	8509	786
Holz	605	799	1215
Druck	1007	1402	1493
Bau	636	900	1446
Steine	–	702	1162
Chemie	–	911	1324
Leder	–	740	1255
Bekleidung	–	581	941
Papier	–	554	844
Verkehr	681	967	1502
Gesamtdurchschnitt	*506*	*711*	*1163*

Hinter dieser Branchendifferenz verbirgt sich zudem ein Unterschied der geschlechtsspezifischen Arbeitslöhne. In der Textilindustrie waren vor allem Frauen beschäftigt, während in der Metallbranche fast nur Männer arbeiteten. Frauenlöhne betrugen innerhalb einer Branche in der Regel nur etwa 60 % des Männerarbeitslohnes. Aber auch unter Männern waren die Lohnunterschiede zwischen einzelnen Industriezweigen und zum Teil auch innerhalb einer Firma enorm. Im Bergbau verdiente 1890 ein Schlepper nur 70–80 % des Durchschnittslohns, ein Hauer oder Steiger dagegen 150–160 %. In der Maschinenfabrik Esslingen schwankten die Monatslöhne im letzten Drittel des 19. Jahrhunderts zwischen 200 Mark für ungelernte Arbeiter und 600 Mark für gelernte Schmiede und andere Metallfacharbeiter bzw. Meister.[220] Schließlich gab es noch ein deutliches Ost-West-Gefälle der Löhne und vor allem eine altersspezifische Differenzierung. Letztere ist für die Familiengeschichte von besonderem Interesse.

Die Entwicklung der Arbeitslöhne im Laufe des Lebenszyklus war eine Folge zum einen der generell unterschiedlichen Bezahlung von jugendlichen und erwachsenen Arbeitern, zum anderen der höheren Entlohnung von Akkordarbeit und Überstunden. Ab dem 18. oder 20. Lebensjahr konnte ein Mann den vollen Normallohn eines erwachsenen Arbeiters erhalten. Davor wurden deutlich niedrigere Jugendlöhne bezahlt. Zwischen 25 und 40 Jahren erreichte ein Mann außerdem das Maximum seiner körperlichen Arbeitskraft und damit auch das Maximum dessen, was er durch Überstunden und Akkord an Arbeitslohn verdienen konnte. Danach fiel seine Lebenslohnkurve wieder ab. Im Gegensatz zu den Beamten und Angestellten, die erst mit 40 Jahren in die Spitzenpositionen vorrückten, ging das Einkommen von Industriearbeitern je nach Branche zwischen dem 40. und dem 50. Lebensjahr bereits wieder zurück. Aus der Perspektive der Familiengeschichte ist daran bedeutsam, dass dieser Lohnrückgang die Arbeiterfamilien aufgrund des späten Heiratsalters in einer Phase traf, in der sie in der Regel noch kleine, nicht arbeitsfähige Kinder hatten oder die Kinderzahl – je nach Alter der Frau – sogar noch anwachsen konnte. Arbeiterfrauen konnten deshalb zu diesem Zeitpunkt nur bedingt dazuverdienen, die älteren Kinder waren meist noch zu jung, um durch eigene Arbeit das Familieneinkommen spürbar aufzubessern.[221] Diese kritische Situation der Arbeiterfamilien wird auch durch verschiedene zeitgenössische Untersuchungen bestätigt. In Chemnitz z. B. konnten 1900 die Kosten für den Unterhalt einer fünfköpfigen Familie von 58,8 % der gelernten Metallarbeiter, von 81,6 % der gelernten Arbeiter in der Textilindustrie und von 86 % der gelernten Arbeiter im Baugewerbe nicht aus dem Lohndes Mannes bestritten werden. Für die Mehrzahl selbst der gelernten Arbeiter, also der Spitzenverdiener ihrer Branchen, reichte im Jahr 1900 der Arbeitslohn der Männer nicht zur Ernährung ihrer Familien aus.[222]

Wie knapp die Mittel zum Lebensunterhalt in der Industriearbeiterschaft waren, lässt sich auch aus Notariatsakten rekonstruieren. In einigen Gegenden Europas – in der Regel dort, wo man bei bäuerlichen Erbschaften Realteilungsrecht praktizierte – wurde bei Heirat und Tod eine detaillierte Aufnahme des gesamten Vermögens vorgenommen. Diese Quelle wurde für die Arbeiter der Maschinenfabrik Esslingen ausgewertet. Daraus ergab sich, dass die Arbeiter dieser Fabrik in allen Berufssparten an ihrem Lebensende drastisch schlechter dastanden als zu Beginn ihrer Familiengründung, dass sie während ihrer Berufstätigkeit praktisch nichts ansparen konnten und Altersarmut deshalb eine gewöhnliche Erscheinung war.[223]

Trotz der Reallohnsteigerung im ausgehenden 19. Jahrhundert war in fast allen Arbeiterfamilien zumindest zeitweilig die Lohnarbeit der Frauen und Kinder eine dringende Notwendigkeit. Im Zeitraum zwischen 1895 und 1907 nahm die außerhäusliche Frauenarbeit in Deutschland insgesamt um 46 % zu. Der Anteil der Industriearbeiterinnen an der Gesamtzahl der beschäftigten Frauen nahm in dieser Zeit zwar von 63,2 % im Jahr 1895 auf 51,1 % im Jahr 1907 ab, in absoluten Zahlen hatte sich aber auch weibliche Industriearbeit in diesem Zeitraum von 140 000 auf fast 280 000 in Fabriken beschäftigte Frauen verdoppelt. Die eigentliche Zunahme weiblicher Erwerbstätigkeit fand allerdings im Bereich der kleinen Angestellten und vor allem der unqualifizierten Nebentätigkeiten statt. Ein nicht unbeträchtlicher Teil der Arbeiterfrauen verdiente Geld mit Putzen, Austragen und vor allem als Näherinnen in der expandierenden Bekleidungsindustrie. Der Beginn der Massenfertigung von Textilien und die Erfindung der Nähmaschine durch Elias Howe im Jahr 1845 führten zu einer Revolution in dem bisher von männlichen Schneidern dominierten und nun auf weibliche Hausindustrie umgestellten Bekleidungsgewerbe. In Berlin, einem Zentrum der neuen Massenbekleidungsindustrie in Deutschland, waren 1896 etwa 90 000 hausindustriell arbeitende Frauen in diesem Bereich beschäftigt.[224]

Von vielen Arbeiterfrauen wurde diese neue Heimarbeit gesucht. Sie ermöglichte ihnen, im eigener Haushalt zu bleiben und die Kinder zu versorgen. Den Arbeitern, speziell den gelernten Arbeitern, war dies wichtig, da die ›Entlastung‹ der Frauen von

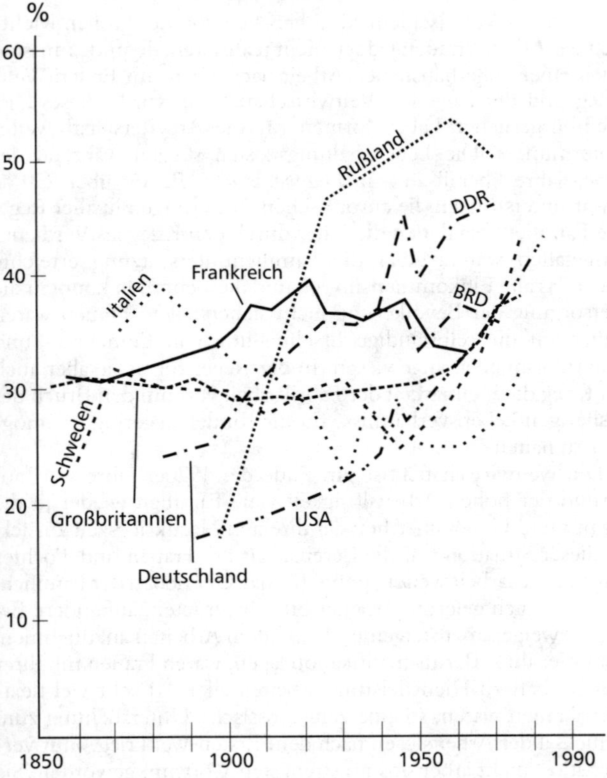

Abb. 41: Erwerbstätigkeit von Frauen in ausgewählten Ländern in Prozent der erwerbstätigen Bevölkerung insgesamt, 1850–1990.
In Deutschland, Frankreich, aber auch Rußland und den USA nahm die Erwerbstätigkeit von Frauen im ausgehenden 19. Jahrhundert stark zu, wobei ein präziser internatinoaler Vergleich im einzelnen auf der Grundlage dieser Zahlen schwierig ist, da die nationalen Erhebungsgrundlagen (vor allem im Bereich der Einbeziehung landwirtschaftlicher Arbeit) zum Teil deutlich voneinander abwichen.

der Fabrikarbeit eine wenigstens scheinbare Annäherung an das auch in der Arbeiterschaft immer stärker in den Vordergrund tretende Ideal der bürgerlichen intimen Kernfamilie ermöglichte und damit nach außen eine gewisse Respektabilität symbolisierte.[225] Dieses Mittelschichtsideal ließ sich von der großen Mehrheit der Arbeiterfrauen jedoch nicht realisieren, denn sie mussten auch einer außerhäuslichen Arbeit nachgehen. Im Ersten Weltkrieg und der Zeit der Weltwirtschaftskrise wurde dieses Ziel kleinbürgerlicher Lebensformen für die Arbeiterschaft weiter unterminiert. Die Lebenshaltungskosten stiegen während der Kriegsjahre überall an – in Deutschland z. B. um über 250 %. Zwar unterstützten die europäischen Regierungen in aller Regel die Familien, bei denen die Väter durch den Krieg als Verdiener ausgefallen waren. Aber die Familienunterstützung erreichte nicht das alte Einkommensniveau und die Behörden konnten die Versorgung der Bevölkerung nicht sicherstellen. Frauen waren daher auf die selbständige Erschließung von Einnahme- und Nahrungsquellen angewiesen. In der Regel zogen sie aber auch im Krieg die Heimarbeit der Fabrikarbeit vor, um den Bruch der bisherigen Lebensverhältnisse für die Kinder so gering wie möglich zu halten.[226]

Die Weltwirtschaftskrise am Ende der 1920er Jahre warf auf Grund der hohen Arbeitslosigkeit viele Familien wieder in die Armut und Ungesichertheit der direkten Nachkriegszeit zurück. In dieser Situation war die Bereitschaft der Frauen und Töchter zur Erwerbsarbeit weiter zentral für das Überleben der Familien. Während sich gelernte Arbeiter oft schwer taten, auf andere Erwerbszweige umzusteigen und vor allem Arbeiten anzunehmen, die unter ihrer Berufsqualifikation lagen, waren Frauen mit ihrer Bereitschaft zu Dienstleistungsarbeiten aller Art sehr viel flexibler. Frauen waren, so eine zeitgenössische Untersuchung zum Schicksal der Arbeitslosen nach dem Ersten Weltkrieg, »nur verdienstlos, nicht arbeitslos im strengsten Wortsinn geworden. Sie haben den Haushalt zu führen, der ihren Tag ausfüllt. Ihre Arbeit ist in einem festen Sinnzusammenhang, mit vielen Orientierungspunkten, Funktionen und Verpflichtungen zur Regelmäßigkeit.«[227]

Nach dem Zweiten Weltkrieg wiederholt sich bezüglich der ökonomischen Grundlagen und der materiellen Sicherung der Arbeiterfamilien verschärft die Problematik des Ersten Weltkriegs. Die Ernährungslage war katastrophal, in vielen Industriestädten war ein großer Teil des Wohnraumbestandes zerstört, es fehlte an allen Dingen des täglichen Lebens: Kleidung, Möbel, Hausrat und vor allem Nahrung und Arbeit. Erst in den 50er Jahren begann zumindest in den nordwesteuropäischen Staaten der wirtschaftliche Aufschwung. Der soziale Wohnungsbau boomte, Nahrungsmittel wurden verfügbar und vergleichsweise immer billiger, die Massengüterfertigung von elektronischen Hauhaltsgeräten, Autos und die beginnende Unterhaltungselektronik steckten den Familien feste Ziele ihres materiellen Wiederaufstiegs. Dieser war in den Arbeiterfamilien allerdings nur unter zum Teil erheblichen Anstrengungen der gesamten Familie zu erreichen, denn in den 1950er und 60er Jahren reichte das Einkommen von Arbeitern und unteren Angestellten nicht zur Befriedigung der umfangreichen Konsumwünsche der Familien: »Zur Standardausrüstung zählten breite Bevölkerungskreise inzwischen den Besitz von Radio, Plattenspieler, Tonbandgerät, Waschmaschine, Kühlschrank, elektrischen Küchengeräten.«[228] Dazu kam der Beginn des Massentourismus mit entsprechenden Urlaubsreisen auch von Arbeitern. Um diese Ziele zu erreichen mussten in der Bundesrepublik zu Beginn der 1960er Jahre über 87 % der Industriearbeiterfrauen mitarbeiten, die Männer Überstunden machen oder am Wochenende schwarz arbeiten. Dennoch leiteten die 60er Jahre eine Zeit bisher nicht da gewesener materieller Sicherung und relativen Wohlstandes der Arbeiterschaft ein, die erst seit den Wirtschaftskrisen der 70er Jahre, dem Strukturwandel der Wirtschaft und der damit verbundenen hohen Dauerarbeitslosigkeit wieder längerfristige Rückschläge erlitt.

Wie wirkten sich diese Konjunkturen auf die Zusammensetzung und Größe der Haushalte aus? Historisch-demographische Untersuchungen haben gezeigt, dass Industriearbeit im 19. Jahrhundert nicht, wie ursprünglich angenommen, zu einem ›Verfall‹ traditionaler Familienformen führte, sondern im Gegenteil oft komplexe Haushaltsstrukturen erst hervorbrachte. Eine inzwischen klassische Untersuchung galt der englischen Industriestadt Preston, einem Vorort Manchesters.[229] Es wurde gezeigt, dass hier in den Wohnvierteln der Arbeiter die durchschnittlichen Haushaltsgrößen sogar über dem langfristigen englischen Durchschnitt lagen und dass es eine Vielzahl von Haushalten gab, die zwar weniger durch Dienstboten, aber sehr wohl durch Verwandte und sonstige Inwohner oder Untermieter erweitert waren. In Preston umfassten die Haushalte im Jahr 1851 durchschnittlich 5,4 Personen. Außerdem waren 23 % der Haushalte um Verwandtschaft und weitere 23 % um sonstige Inwohner erweitert.[230] Diese vergleichsweise hohen Werte Prestons wurden zwar nicht generell für alle europäischen Industriestädte bestätigt, jedoch wurde deutlich, dass das Zusammenwohnen in komplexen Haushaltsformen für die Arbeiterschaft keineswegs ungewöhnlich war. Auch Arbeiterfamilien durchliefen einen Zyklus, in dem sie Verwandte oder Inwohner in den Haushalt aufnahmen oder aufnehmen mussten, gerade weil kernfamiliale Lebensformen nicht automatisch funktional waren für das entstehende industriekapitalistische Wirtschaftssystem und innerfamiliale Solidarität ein wichtiges Element der Überlebensstrategien der Industriearbeiterschaft darstellte.

Wie wichtig Familienbindungen und wie komplex die Überlebensstrategien von Familien in der Arbeiterschaft oder im halbproletarischen kleinen Handwerk waren, wurde in verschiedenen neueren mikrohistorischen Studien bestätigt. In Lille wurde am Beispiel einer Straße in einem kleinindustriellen Viertel herausgearbeitet, wie eng die Verbindungen zwischen den Verwandten waren, wie langfristig Versorgungsprobleme vor allem des Alters vertraglich abgesichert wurden, welcher Druck auf jüngere Kinder ausgeübt wurde, ledig zu bleiben, wie wichtig der Erhalt des Hauses für die Familie war.[231] An dieser Straße konnte gezeigt werden, dass die Einheit einer Familie in diesem Milieu trotz aller Fluktuation außerordentlich stabil sein konnte und die Erforschung nur der quantitativen Haushaltsstrukturen letztlich wenig von den »solidarités invisibles« erfasst.

Darauf wiesen auch Familienforscher hin, die weniger statistisch, sondern mit qualitativen Quellen wie Autobiographien oder Interviews arbeiteten. In diesen Quellen wird die Bedeutung der Familiensolidarität für die Industriearbeiterschaft und die Fortdauer der traditionellen Vorstellung, dass Familien bzw. Haushalte eine Wirtschafts- und Konsumeinheit bilden, immer wieder bestätigt.[232]

Die führte auch zu einer prinzipiellen Kritik an den quantitativen Haushaltsanalysen der Historischen Demographie. Die Formen des Zusammenlebens und der gegenseitigen Unterstützung lassen sich gerade im 19. und 20. Jahrhundert über die Bildung eines gemeinsamen Haushalts nicht wirklich erfassen. Großeltern, die eine eigene Wohnung im gleichen Haus oder in der Nachbarschaft bewohnen, führen einen eigenen Haushalt, obgleich sie eng mit ihren Kindern und Enkelkindern zusammenleben. Ähnliches gilt für Arbeitsmigranten, die zwar oft weit entfernt vom Familienhaushalt wohnen, ihre Arbeit aber deutlich als

Beitrag zur gemeinsamen Wirtschaft sehen. Im Rahmen der Land-Stadt-Wanderungen des 19. und frühen 20. Jahrhunderts traf dies vor allem auf Mädchen zu, die durch ihre Fabrikarbeit häufig die Ausbildung von Brüdern mitfinanzieren mussten. Die Konzentration der Historischen Demographie auf die Rekonstruktion quantitativer Haushaltsstrukturen trägt außerdem der Tatsache nicht Rechnung, dass damit automatisch ein Schwergewicht auf die immobilen Teile der Bevölkerung gelegt wird. Die oft rasch wechselnden Haushaltsstrukturen geographisch mobiler Personen oder Gruppen entgehen solche Analysen. Dies ist besonders für die Analyse städtischer Haushalte ein gravierender Mangel. Das Interesse der Forschung richtet sich deshalb heute vor allem auf die Rekonstruktion von Netzwerken und von wechselnden Wohnkonstellationen in individuellen Lebensverläufen.[233]

c) Der Wandel adeliger Haushalte in der Neuzeit

Mit Ausnahme Japans gibt es kein Beispiel außerhalb Europas, in dem über gut 1000 Jahre eine schmale genealogisch kontinuierlich verbundene Machtelite die politischen Geschicke eines Landes oder sogar eines Kontinents geleitet hätte. Der europäische Adel ist in dieser Hinsicht ein außergewöhnliches Phänomen. Im Kampf des Adels um die Sicherung seiner politischen und sozialen Position spielte sein ›Haus‹ – im alten Sinn des Begriffs – eine zentrale Rolle. Seinem Erhalt und seiner Ordnung galt das Interesse des Adels in ganz besonderer Weise. Das macht den Adel bis in die Neuzeit hinein auch für die Familienforschung interessant.

Der europäische Adel war keine homogene soziale Gruppe und entwickelte sich auch in den verschiedenen europäischen Ländern im Laufe der Neuzeit recht unterschiedlich, sowohl bezüglich seiner internen Differenzierung in verschiedene Ränge als auch seiner wirtschaftlichen, sozialen und politischen Macht. Durch den europäischen Adel liefen seit dem Spätmittelalter im Prinzip zwei speziell für die Heiratspolitik wichtige Standesgrenzen, die allerdings nicht in allen Ländern gleich stark ausgeprägt waren: Zunächst ist zwischen Hoch- und Niederadel zu differenzieren. Etwa seit dem 11. Jahrhundert etablierte sich neben dem aus Berufskriegern und Ministerialen bestehenden Rittertum ein Hochadel, der sich zum erblichen Geburtsstand abschloss, das heißt, einen Aufstieg von ›unten‹ nach Möglichkeit abwehrte. Zu dieser dünnen Schicht des Hochadels wurden die geistlichen und weltlichen Fürsten und – im Reich – auch die reichsunmittelbaren Grafen gerechnet. Nur sie waren eigenständige Landesherren. In Frankreich wurde dieser Hochadel durch die Politik Ludwigs XIV. immer mehr zum Hofadel, das Element der Landesherrschaft trat zurück, ebenso bei der englischen »court aristocracy«.

Parallel zu dieser sozialen Schließung des Hochadels grenzte sich im Bereich des Deutschen Reiches mit der zunehmenden Erblichkeit der Lehen auch der Ritterstand immer stärker gegen neuen Zustrom aus dem Niederadel ab und etablierte sich ebenfalls als erblicher Geburtsstand. Neben diesen drei Gruppen entstand schließlich durch neue Adelsverleihungen eine separate und allenfalls langsam über Generationen in die Gruppe des niederen Adels hineinwachsende Schicht des Amtsadels. Zu den Hierarchien der Titel kamen noch die teilweise enormen Unterschiede in der materiellen Lage und realen politischen Macht hinzu. Entscheidend besonders für die Heiratsverbindungen waren jedoch zunächst und vor allem die Standesunterschiede in den Graden des Adels. Denn mit einer Radikalität, die keinem anderen Stand der Frühen Neuzeit sonst eigen war, herrschte im Adel die Ansicht, dass die adeligen Qualitäten nur vererbt, aber nicht verliehen oder gar erworben werden können – oder wie Karl Marx dies ironisch ausdrückte: »Das Geheimnis des Adels ist die Zoologie.«[234] Dieses Denken in ›zoologischen‹ Kategorien war grundlegend für die Auswahl der Partner, aber auch für die Gestaltung des Ehe- und Familienlebens. Es durchzog das Verhältnis der Gatten zueinander und beeinflusste auch die Beziehung zwischen Eltern und Kindern.

Regeln der Eheschließung im Adel

Das Ideal adliger Eheschließung war die ständische Endogamie. Theoretisch war die ›Normalehe‹ zwischen Adeligen daher eine zwischen ebenbürtigen Partnern – der Versuch, diese Regel zu durchbrechen und innerhalb des Adels sozial aufzusteigen gehörte aber zur zentralen Maxime adeliger Heiratsstrategien.[235] Allerdings durfte der soziale Abstand nicht zu groß sein und zumindest bei den Stammhaltern nach Möglichkeit auch nicht aus der Gruppe des Adels herausführen. Erst dann waren die Lehensfolge, das Erbrecht und die Rechtsstellung der Kinder gesichert; nur eine solche Ehe konnte vom Familienrat im Prinzip gebilligt werden.[236] Eine gewisse Ausnahme stellte hier der venezianische Adel – und wahrscheinlich auch der Stadtadel in anderen italienischen Städten – dar, der zumindest bei den nicht ganz so vornehmen Familien auf die Frage des Standes der Heiratspartner weniger Wert legte, so lange die Grenze der Oberschicht der Stadt nicht überschritten wurde.[237] Waren die Partner einer adeligen Liebesbeziehung nicht ebenbürtig, dann gab es drei Möglichkeiten der Verbindung, die so genannte morganatische Ehe zur linken Hand, die wirkliche Mésalliance und die Mätressen.

Die morganatische Ehe, das matrimonium ad morganaticum, war eine standesungleiche Ehe, die nur auf der Grundlage der Morgengabe des Mannes und keiner weiteren materiellen Leistungen (Wittum etc.) des Mannes für die Frau geschlossen wurde. Durch besonderen Vertrag konnte in dieser Verbindung die Stellung der Kinder etwas verbessert werden, denn grundsätzlich galt für standesungleichen Ehen im Adel, dass die Kinder bei Rang und Adelsprädikat der »ärgeren Hand«, also dem geringeren Titel folgten und auch von der Erbfolge und (im katholischen Adel) der so genannten Stiftsfähigkeit ausgeschlossen wurden. Die Stellung der Frau blieb durch die Eheschließung standesrechtlich unverändert. Sie wurde durch die Heirat nicht ebenbürtig, war also gesellschaftlich nicht auf dem gleichen Niveau. Im westfälischen Adel war nach einer Untersuchung die morganatische Ehe noch »bis ins 16. Jahrhundert [...] eine akzeptierte Gewohnheit«[238] Danach schloss sich der westfälische Adel standesmäßig sehr viel strenger ab. Im 18. und 19. Jahrhundert wurden die morganatische Ehen im Prinzip nur noch bei standesungleichen Ehen im Hochadel praktiziert. In Preußen wurde dieses Sonderrecht des Adels in Ehe- und Erbrechtsfragen erst 1920 aufgehoben.[239]

Neben den morganatischen Ehen gab es auch richtige Mésalliancen. Als solche galten Heiraten mit Angehörigen nichtadliger Stände oder auch des städtischen Patriziats. Bei einer solchen Mésalliance entfiel jeder Anspruch der Kinder auf Adelstitel, Erbteil und Stiftsfähigkeit.[240] Eine westfälische Adlige machte ihrem Bruder, der eine solche Mésalliance eingehen wollte, im Jahr 1790 in einem Brief sehr bezeichnende, auf das Schicksal der Kinder verweisende Vorwürfe, weil diese »auf alle Vorzüge unseres Standes Versigt [= Verzicht] tuhn« müssten. »Wie druckend wirt dieses vorzüglig den jüngeren Sohnen werden – und wie den armen Mägdens, die in keinem Stifte kommen können, also die elende Aussicht haben, zeitlebens von den Ihrigen abzuhängen, dan weder Bürger noch Edelman wirt eine davon heirate(n) wollen noch können«.[241] Die Ablehnung solcher Mésalliancen war in Deutschland und speziell in Preußen besonders stark ausgeprägt. Waren in England die Möglichkeiten der ehelichen Verbindung zwischen dem niedern Adel, der Gentry, und wohlhabenden bürgerlichen Familien durchaus gegeben, so zementierte in Preußen das sonst sehr fortschrittliche Allgemeine Landrecht von 1794 gerade in den Eherechten des Adels die adligen Standes- und Sonderinteressen in einer ungemein scharfen Weise. Nach dem Allgemeinen Landrecht waren Ehen zwischen adligen und »Weibspersonen aus dem Bauern- oder geringen Bürgerstand« verboten. Sie wurden für nichtig erklärt. Diese Bestimmungen waren bis 1869 gültig.[242]

Schließlich konnten sich die Männer des Hochadels innerhalb ihres adeligen Haushalts Geliebte als Mätressen ›halten‹. Für bürgerliche Personen wäre dies strafbar gewesen, bei »grossen Fuersten und Herren« müsse man diese Form des Ehebruchs jedoch akzeptieren, meinte ein zeitgenössisches Juristengutachten, »indeme diese den legibus privatorum poenalibus nicht unterworfen / sondern allein GOTT vor ihren Handlungen Rechenschafft geben muessen«.[243] Zu ihren Mätressen unterhielten die »grossen Herren« ein engeres und vertraulicheres Verhältnis als zu ihren Ehefrauen. Ludwig XIV. von Frankreich genoss in den Privaträumen seiner Mätresse, der Madame de Maitenon, ein fast häusliches Eheglück.[244] Ähnlich suchte auch Ludwig XV. einen Rückzugsort aus der Öffentlichkeit der Repräsentationsräume. Er ließ sich im Versailler Schloss eine Dachstockwohnung ausbauen, schuf sich dort ein häuslich-bürgerliches Ambiente mit Bibliothek und Katze, um sich mit Mätresse und Freunden dorthin zurückzuziehen.[245] Selbst im niederen katholischen Adel Westfalens waren noch im 18. Jahrhundert Mätressen nicht ganz ungewöhnlich – aufgrund der räumlich wie moralisch etwas ›beengteren‹ Verhältnisse führten solche ›ménages à trois‹ dort in der Regel jedoch zu menschlichen Katastrophen für die legitimen Ehefrauen, die sich kaum wehren und aus diesen Ehen auch nicht befreien konnten.[246] Die Kritik an diesen Sexualprivilegien adliger Männer wurde in Europa im 18. Jahrhundert jedoch deutlich stärker, in England gab es im ausgehenden 18. Jahrhundert sogar einige – allerdings erfolglose – Gesetzesinitiativen gegen diese Praxis. Insgesamt scheint die Stellung der legitimen Frauen im Adel jedoch zum Ende des 18. und besonders im 19. Jahrhundert stärker geworden zu sein.[247]

Aus diesen im europäischen Adel verbreiteten außerehlichen Beziehungsformen lässt sich ermessen, dass das Heiraten in Adelskreisen eine außerordentlich schwierige Sache war und dass die Wahl eines legitimen Ehepartners nicht auf der autonomen Entscheidung der Heiratenden beruhte. Die nach Familien- bzw. auch nach Staatsinteressen arrangierten Adelsheiraten waren ein allgemeineuropäisches Phänomen, bei dem es zwar besonders bei den nachgeborenen Söhnen gewisse Konjunkturen in der Strenge der Durchsetzung der ›Familiendisziplin‹ gab. Speziell die Stammhalter waren jedoch bis in dieses Jahrhundert hinein an die Entscheidung der Familie gebunden. Ihre Ehen dienten primär dem Erhalt und der Fortpflanzung des adeligen Stamms, wie es in den Ehekontrakten oft hieß. Sie waren eine Sache des gesamten Hauses.

Heiratsmuster im Adel

Die Unterordnung der Ehe der einzelnen Mitglieder unter den Primat der Erhaltung des Hauses hatte verschiedene Folgen für die adeligen Heiratsmuster, die nicht in jeder Hinsicht bzw. nicht in allen Ländern in gleicher Weise dem European Marriage Pattern angepasst waren. Was das Heiratsalter im europäischen Adel anbetrifft, so wurde für England zumindest für den Hochadel ein eher unter dem Durchschnitt liegendes Heiratsalter festgestellt. Bei Frauen ergab sich zwischen der Mitte des 16. und dem Ende des 18. Jahrhunderts ein langsamer Anstieg von 20 auf etwas über 22 Jahre. Auch die erbenden Söhne heirateten im englischen Hochadel lange Zeit sehr früh. Ihr mittleres Heiratsalter lag nur ein bis zwei Jahre über dem der Töchter und stieg erst im ausgehenden 18. Jahrhundert als Folge von zunehmendem Universitätsbesuch und adligen Bildungsreisen auf etwa 30 Jahre an. Die nicht erbenden Söhne heirateten konstant später als ihre erbenden Brüder.[248] An französischen und deutschen Beispielen lässt sich eine ähnliche Entwicklung feststellen: Das durchschnittliche Heiratsalter der jeweils ältesten Söhne und Töchter französischer Herzöge (*Ducs*) stieg zwischen der Mitte des 18. und der Mitte des 19. Jahrhunderts von 20 auf 26 bzw. von 17 auf 20 Jahre, das der jüngeren Söhne und Töchter von 24 auf 31 bzw. von 18 auf 21 Jahre.[249] Im westfälischen Adel lag das durchschnittliche Heiratsalter in dieser Zeit zwar beträchtlich höher, aber die interne Differenzierung war ähnlich. Es stieg bei zukünftigen Stammheren zwischen 1720 und 1870 von 26 auf 32 Jahre, das der nachgeborenen Söhne von 30 auf 37 Jahre im selben Zeitraum. Frauen dagegen heirateten deutlich früher (19–26 Jahre).[250] Nicht sehr stark abweichende Ergebnisse von diesem Befund lassen sich auch für andere europäische Adelsgruppen zusammentragen.[251] Daraus folgt, dass adlige Haushalte, was die Heirat anbetraf, nicht in gleicher Weise abhängig waren von der Übergabe des Besitzes an einen Erben und den Rückzug der Eltern auf das Altenteil wie die bäuerlichen Familien. Es war wichtiger, bestimmte Heiratsstrategien zu verfolgen und dadurch rechtzeitig den Fortbestand der Familie abzusichern. Auch war es wichtig sicherzustellen, dass ein nichterbender Bruder jung genug nachrücken konnte, falls der Stammhalter früh und kinderlos sterben sollte.

Eine weitere Folge des frühen Heiratsalters war, dass in adligen Kreisen der Prozentsatz ›multipler‹, also aus mehreren verheirateten Paaren zusammengesetzter Haushalte oder zumindest derjenige der Stammfamilien höher sein konnte als in anderen Bevölkerungsschichten. Dies war zum Beispiel im Florentiner oder Genueser Patriziat während der Frühen Neuzeit der Fall, ebenso im niederen Landadel in anderen Ländern, während sich die Haushalte des Hochadels auf verschiedene Güter verteilten und verheirateten Kindern in der Regel ein eigenes Gut zur Verfügung stand.[252]

Aufschlussreicher als die Angaben zum durchschnittlichen Heiratsalter sind die Ledigenquoten. Hier zeigt sich die Bedeutung der ›Familiendisziplin‹ für den Erhalt des sozialen Status in ganz besonderer Weise. Die Ledigenquote in den Adelsfamilien lagen trotz des Wohlstandes dieses Standes nicht nur in der Frühen Neuzeit, sondern auch noch im 19. Jahrhundert zum Teil erheblich über dem allgemeinen Durchschnitt. Während der Anteil der Kinder aus hochadligen Familien, die niemals heirateten, in England im 17. und 18. Jahrhundert noch relativ niedrig bei etwa 25 % der Töchter und 20 % der nichterbenden Söhne lag,[253] so erreichte dieser Anteil im 17. und 18. Jahrhundert bei den adeligen Familien des Kontinents zum Teil mehr als 50 %.

Tab. 42a: Prozentsatz der Kinder adliger Familien, die nie heirateten.

Land/ Region	Zeit	Söhne	Töchter
Frankreich			
Toulouse: 15 adlige Familien	1670–1700	50,0	48,7
	1700–1730	51,4	61,4
	1730–1760	39,4	59,9
	1760–1790	31,4	28,0
Italien			
Mailand	1600–1649	49,0	75,0
	1650–1699	56,0	48,5
	1700–1749	50,5	34,5
	1750–1799	36,5	13,0
Florenz	1500–1599	48,0	30,0
	1600–1699	60,0	55,0
	1700–1799	38,0	14,0
Venedig	1500–1599	51,0	
	1600–1699	60,0	
	1700–1799	66,0	
Deutsches Reich			
Südwestdtl.:	1500–1549	40,0	31,0
Kath. Niederadel	1550–1599	30,0	29,0
	1600–1649	47,0	5,0
	1650–1699	43,0	30,0
Südwestdtl.:	1500–1549	–	6,0
Prot. Niederadel	1550–1599	32,0	17,0
	1600–1649	47,0	14,0
	1650–1699	32,0	8,0
Westfalen:	1720–1769	52,0	67,0
Kath. Adel	1770–1819	41,0	45,0
	1820–1869	46,0	54,0

Abb. 42b: Prozentsatz der Kinder adliger Familien, die nie heirateten.

Land/ Region	Zeit	Söhne	Töchter	Erben	jüngere Söhne
England					
Peers	1728–1752			16,7	41,1
	1753–1777			12,6	31,7
	1758–1802			18,7	36,5
Dukes	1330–1479	9,0	–	–	–
	1480–1679	7,0	7,0	4,0	9,0
	1680–1729	17,0	6,0	–	–
	1730–1779	14,0	17,0	8,0	20,0
	1780–1829	16,0	14,0	–	–
Schweiz					
Genf			14,0		

Nachgeborenen Kindern im Adel wurde eine hohe Familiendisziplin und Rücksichtnahme auf die Vermögensverhältnisse des Hauses abverlangt. In katholischen Ländern wurden viele von ihnen dem geistlichen Stand gewidmet. Dass diese Möglichkeit im Protestantismus nicht mehr gegeben war, mag mit dazu beigetragen haben, dass die Ledigenquoten in protestantischen Adels- und Patrizierfamilien generell niedriger lagen als in katholischen.

Ein besonders interessantes Phänomen waren schließlich die Heiratsstrategien des Adels. Auf der einen Seite versuchten auch adelige Familien immer, die Regel der Ebenbürtigkeit zu durchbrechen und eine möglichst gute Partie zu machen, also ihre Kinder über dem eigenen Stand zu verheiraten. Auf der anderen Seite waren diese Regelverletzungen aber selbst wieder bestimmten Normen unterworfen. Es galt innerhalb eines großen Teils des europäischen Adels als Regel, dass sich Aufwärtsmobilität über die Töchter vollziehen sollte. Es war eher akzeptabel, dass ein Adeliger ein Mädchen aus einem etwas niedrigeren Adelsrang oder sogar aus der Finanzelite zur Frau nahm als umgekehrt. In England war die Einheirat eines adeligen Mannes – vor allem der nicht erbenden Söhne – in die reichen Londoner Kaufmannsfamilien durchaus üblich.[254] Der deutsche Adel stellte eine gewisse

Ausnahme von dieser Regel der Aufwärtsheiraten der Frauen dar. Hier hatte sich aufgrund der ausgeprägten Adelshierarchie ein System der standesspezifischen Fixierung der bei der Heirat zu zahlenden Mitgift durchgesetzt. Sie ermöglichte es aber auch wohlhabenden Söhnen aus niedererem Rang, mit Konkurrenten eines höheren Adelsgrades bei der Brautwerbung mitzuhalten, ohne sich bzw. die eigene Familie zu ruinieren.[255] Aufwärtsmobilität bei Heiraten war hier deshalb auch für Männer möglich.

Insgesamt stand die adlige Jugend bei der Partnerwahl unter einem erheblichen Konformitätsdruck. Heirat war eine politische Angelegenheit. Das wirkte sich auf die Formen des Zusammenlebens der Ehepartner aus, die vor allem in der Frühen Neuzeit sehr sachlich waren und ganz unter dem Primat der Geburt und Erziehung eines Stammhalters für das adelige Haus standen. Dieser Zwang zur Disziplin nahm mit der zunehmenden ökonomischen Gefährdung des Adels im 19. Jahrhundert eher zu als ab. Allerdings lässt sich um die Zeit der Französischen Revolution auch unter den Kindern des Adels eine Tendenz feststellen, sich diesen Familienzwängen nicht zu beugen und Partner der eigenen Wahl zu heiraten.[256] Erst das endgültige Ende der rechtlichen Sonderstellung des Adels im 20. Jahrhundert brachte in den meisten europäischen Ländern eine deutliche Annäherung der Strukturen adliger Haushalts- und familialer Lebensformen an die der bürgerlichen Elite.

2. Die räumlichen Dimensionen der Haushaltsfamilie

a) rechtliche und soziale Bedeutung von Haus und Wohnung

Das Haus oder die Wohnung sind die zentralen Orte des privaten Lebens.[257] Handlungen im Haus sind Privatsache, indem sie in der Regel nicht nur der Kenntnis der anderen, sondern auch der Kontrolle der öffentlichen Rechtsordnung bis zu einem gewissen Grade entzogen sind. Was hinter der Wohnungstür vor sich geht, ob man Kinder schlägt, beleidigend über Personen spricht oder Straftaten plant, geht im Prinzip niemanden etwas an. Der Schutz dieser Privatsphäre gilt als eines der Grundrechte, das besonders liberale, auf die Wahrung individueller Freiheitsrechte gegenüber dem Staat bedachte Politiker vehement verteidigen. Aber nicht erst seit den Verfassungswerken des 19. Jahrhunderts steht die Privatsphäre des Hauses unter einem besonderen Rechtsschutz. Auch in Antike und Mittelalter galt jedes unbefugte Eindringen in den Bereich des Hauses als Vergehen. Schwelle und Schlüssel kamen daher immer eine besondere symbolische Bedeutung zu.[258]

Allerdings war diese Bestimmung des Hauses als Ort der Privatheit sowohl im rechtlichen als auch im sozialen Sinne immer prekär: Zum einen reichte die Öffentlichkeit in Form von gesetzlichen Bestimmungen und Normen, Spionen und Kontrollen, Rügen und Strafen immer in den Bereich des Hauses hinein. Die Ausdifferenzierung und Absicherung vor allem der Rechte von Frauen und Kindern führte dazu, dass innerhäusliche Verhaltensweisen vor allem der Männer in den letzten Jahrzehnten zunehmend rechtlichen Normen und einklagbaren Ansprüchen unterworfen wurden. Institutionen wie Schule, Jugendämter, aber auch Amts- und Schulärzte haben heute geradezu die Aufgabe zu kontrollieren, was hinter der verschlossenen Wohnungstür geschieht. Schließlich ist die moderne Familie durch die uferlose Ratgeberliteratur in ein enges Netz indirekter sozialer Kontrollmechanismen eingespannt, auch die elektronischen Medien, an die praktisch alle Haushalte angeschlossen sind, können durch ihre zeitstrukturierende und vor allem den familialen Konsum normierende Kraft zu den Kontrolleuren des privaten Lebens gerechnet werden.[259] Die Privatheit des Hauses ist de facto von den Rahmenbedingungen her einem kontinuierlichen Wandel unterworfen, obwohl der Rechtsschutz des privaten Innenraums zu einer der langen Traditionen der europäischen Rechtsgeschichte gehört, und nur von Unrechtsregimen systematisch unterminiert wurde. Zum anderen machten die Vielzahl inwohnender Personen und zum Teil auch die räumlichen Strukturen des Hauses oder der Wohnung einen Rückzug des Individuums in einen separaten Bereich des Hauses meist unmöglich und soziale Kontrolle permanent. Viele können sich in der Form ihres Zusammenlebens den Zwängen der überkommenen architektonischen Strukturen des Hauses nicht entziehen. Häuser überdauern oft Jahrhunderte, können umgebaut, aber – von den amerikanischen Wohnwagenhäusern einmal abgesehen – nicht in eine neue Nachbarschaft, einen größeren Garten oder ein besseres Stadtviertel versetzt werden. Sie strukturieren daher die innerfamilialen Beziehungen nachhaltig. Häuser sind deshalb eine wichtige Quelle der Familiengeschichte. »Jeder Bau und vor allem jedes Wohnhaus ist ein Indikator wirtschaftlicher Verhältnisse, sozialer Beziehungen und kultureller Leistungen einer Zeit, einer Gegend und einer sozialen Schicht.«[260] Langfristig passen Gesellschaften und Gruppen ihre Wohnformen dem Wandel ihrer sozialen Beziehungen und Bedürfnisse an. Umbauten und Umnutzungen von Häusern sind daher besonders interessant, lassen sie doch oft einen klar datierbaren Bedürfniswandel bezüglich der Raumstrukturen des familialen Zusammenlebens erkennen.

b) Wohnen in der Stadt: Bürger und Kleinbürger

Der wichtigste Prozess im Wandel der Raumstruktur des städtisch-bürgerlichen Hauses in der Frühen Neuzeit war die zunehmende Differenzierung des Innenbereichs und der Einbau neuer funktionsspezifischer Räume. Für viele städtische Bürgerhäuser im nordwesteuropäischen Raum kann man davon ausgehen, dass sie noch im 12. und 13. Jahrhundert keine Abtrennungen einzelner Räume enthielten. Allerdings waren die regionalen Varianten im städtischen Bauen groß, vor allem im mediterranen Raum Italiens und Frankreichs waren die Bautraditionen der städtischen Oberschichten ganz andere als im Norden. Schließlich waren überall große Unterschiede zwischen den Ober- und Unterschichten sichtbar.[261] Die Höfe oder Stadtburgen des städtischen Patriziats oder Adels waren von Anfang an größer und besaßen eine komplexere Raumstruktur als normale Bürgerhäuser. Bei den Häusern der städtischen Mittel- und Unterschichten dagegen gibt es für Norddeutschland noch bis ins 16. Jahrhundert Belege für Einräumigkeit. »In diesen einräumigen Häusern müssen alle zum Haushalt gehörigen Personen, sowohl die Familienangehörigen wie auch das Gesinde gelebt, gearbeitet und geschlafen haben, während für die Landwirtschaft und das Vieh zumeist ein eigenes Gebäude auf dem Hof vorhanden war.«[262]

Schon zwischen dem 13. und 15. Jahrhundert setzten sich Glasfenster und Öfen mit Kamin durch – der Begriff Kachelofen lässt sich in Deutschen ab 1405 belegen. In jener Zeit zeigte sich bereits eine deutliche Tendenz zur Binnendifferenzierung des Hauses. In norddeutschen Bürgerhäusern wurde nun in der großen Diele durch Zwischenwände eine so genannte Stube abgeteilt, die auch beheizbar gemacht wurde. Die Funktion der beheizten Stube war allerdings zunächst nicht die Privatisierung des Lebens der Kernfamilie. Sie diente vielmehr als Arbeitsraum des Hausherrn, in dem er z. B. als Kaufmann seine Geschäftsunterlagen aufbewahren und sich mit Kunden besprechen konnte.[263] Ein privaterer Wohnbereich wurde in diesen Bürgerhäusern erst etwas später durch den Anbau eines Hinterhauses eingerichtet. Der allgemeine Trend ging zur zunehmenden Trennung zwischen Wohnen und Wirtschaften und zur räumlichen Absonderung der einzelnen Gruppen des Hauses, der Herrschaft, des Gesindes, der Kinder und Alten in jeweils geschlossene Eigenräume. Die Multifunktionalität des einen Raumes wurde aufgegeben zugunsten der Monofunktionalität vieler Räume.[264] Dahinter stand ein mentaler Wandel, der zu einer strikteren Wahrnehmung der sozialen Schranken, die durch einen Haushalt liefen, und zu einem erhöhten Bedürfnis nach Intimität, nicht zuletzt im sexuellen Bereich, führte.

Bei der Möglichkeit zur Befriedigung dieser Bedürfnisse zeigten sich rasch die sozialen Schranken: Der am Ende des 18. Jahrhunderts in einfachsten Verhältnissen geborene und aufgewachsene Karl Friedrich von Klöden beschreibt in seinen Lebenserinnerungen die Wohnung eines Onkels, in der eine Familie mit drei Kindern, einer Großmutter und einem Lehrling wohnte. Diese Wohnung bestand »aus einer Stube vorn heraus, in welcher gearbeitet wurde und welche zugleich Wohnzimmer der Familie war, und einer Stube nach dem Hofe, in der die Großmutter wohnte. Zwischen beiden lag die kleine Küche, die ihr Licht durch ein Zwischenfenster aus dem Zimmer der Großmutter empfing [...] Dicht unter jenem Zwischenfenster stand der große Ambos und an der Seite die Ziehbank«.[265] Wohnen, essen, arbeiten, schlafen waren in diesem Handwerkerhaushalt am Ende des 18. Jahrhunderts räumlich noch völlig gemischt. Das war allerdings nicht freie Wahl. Privatheit war ein Luxus, den sich nur wenige leisten konnten.

In den Städten bewohnten bereits während der Frühen Neuzeit immer weniger Familien der unter- und kleinbürgerlichen Mittelschichten ein eigenes Haus. Als Mieter zu wohnen war für viele kleine Handwerker selbstverständlich. In großen Städten wie Paris war dies selbst für die wohlhabenderen Schichten üblich. Im Paris des ausgehenden 17. und 18. Jahrhunderts wohnten etwa drei Viertel der Bevölkerung zur Miete. Besonders kleine

Handwerker lebten in sehr beengten Verhältnissen, vielfach waren Werkstatt, Wohnraum und Küche in einem Raum untergebracht, das Ehepaar schlief in einem Alkoven, einer kleinen, durch einen Vorhang abzutrennenden Nische. Diese Wohnverhältnisse nahmen im Paris des 18. Jahrhunderts eher zu als ab. Im Jahr 1751 standen in Paris 33 Prozent von 500 untersuchten Haushalten solche Ein-Zimmer-Wohnungen zur Verfügung.[266] In Städten anderer Länder waren die Verhältnisse ganz ähnlich. Eine Analyse der Wohnverhältnisse der Einwohner der badischen Stadt Durlach im 18. Jahrhundert ergab, dass im Jahr 1766 die Hälfte der Durlacher Wohnungen nur aus zwei Räumen bestand und 30 % der Wohnungen sogar nur über einen einzigen Raum verfügten. Nur 20 % aller Wohnungen hatten 3 und mehr Räume. Diese größeren Wohnungen wurden zwar zu fast 80 % auch von Handwerkern bewohnt, aber der größte Teil der Einwohner lebte trotzdem in sehr bescheidenen Verhältnissen.

Den beengten Wohnverhältnissen entsprechend war in diesen Haushalten auch die Raumausstattung dürftig. Vielfach waren die Wohnungen ohnehin so klein, dass kaum Mobiliar untergebracht werden konnte. Umfang und Qualität der Einrichtung waren zudem außerordentlich konjunkturabhängig. Eine Untersuchung der Nachlassinventare von Bürgern der württembergischen Kleinstadt Nürtingen zeigte, dass hier vor allem bei den Unterschichten starke Schwankungen in der Raumausstattung festzustellen waren. Die wirtschaftlichen Schwierigkeiten am Ende des 18. Jahrhunderts führten hier dazu, dass in der Schicht der kleinbürgerlichen Handwerker der Standard der Wohnungseinrichtung unter den Stand der Mitte des 17. Jahrhunderts absank und erst um die Mitte des 19. Jahrhunderts wieder das Niveau der Zeit nach dem Dreißigjährigen Krieg erreichte.[267] Bettzeug und Betten stellten in diesen Kreisen die wichtigsten und teuersten Ausstattungsgegenstände dar. Liegen, so genannte »Lotterbetten«, waren im 17. Jahrhundert noch durchaus verbreitet, verschwanden jedoch im 18. Jahrhundert gänzlich aus den Nürtinger Inventaren. Erst um die Mitte des 19. Jahrhunderts tauchen darin dann sporadisch Sofas oder Kanapees als Luxusgegenstände auf. Auch Sessel waren als Regelausstattung kleinbürgerlicher Haushalte erst eine Errungenschaft des 19. Jahrhunderts.

Im Gegensatz zu den kleinbürgerlichen Unter- und Mittelschichten, die während des 18. Jahrhunderts praktisch keinen

Zuwachs an Wohnraum und Wohnkomfort erhielten, setzte sich in den städtischen Oberschichten gerade im 18. Jahrhundert europaweit das durch, was man als bürgerlichen Lebensstil bezeichnen kann. Eine neue Wohnkultur war eines seiner wesentlichen Kennzeichen. Die Zahl der Wohnräume nahm mit der Binnendifferenzierung der bürgerlichen Haushalte zu. Aristokratische Vorbilder beeinflussten deutlich Baustil und Innenausstattung bürgerlicher Häuser und Wohnungen. In Städten wie Paris setzte sich ab 1750 in bürgerlichen Haushalten zum Beispiel ein separates Speisezimmer durch, bei zahlreichem Gesinde gab es auch einen gesonderten Ess- und Aufenthaltsraum für die Angestellten. Aus dem Nachlassinventar eines Osnabrücker Weinhändlers aus dem Jahr 1776 geht hervor, dass sich im neuen Hintergebäude seines Hauses ein Billardzimmer mit seidenen Tapeten sowie ein 70 qm großer, mit Damast verkleideter Saal befanden, außerdem zwei mit Stuckatur und nach der neuesten Mode mit Wachstuchtapeten ausgestattete Zimmer und Räume, die Funktionsbezeichnungen wie Kinderstube, Herrenzimmer, Bedientenstube etc. trugen. Dem Haus schloss sich ein großer, parkartiger Garten im französischen Stil an, und die Ausstattung des Mobiliars war entsprechend qualitätvoll und reichhaltig. Im Nachlass fanden sich 120 Servietten![268]

Im 18. Jahrhundert hielten auch sonst manche Neuerungen des höfischen Luxus Einzug in die städtischen Bürgerhäuser. Ein Novum jener Zeit stellte die im adligen Kontext entstandene Kommode dar. Sie verbreitete sich nun auch in den bürgerlichen Haushalten. Bei den weiteren so genannten Verwahrmöbeln lösten Schränke die alten Truhen ab. Zugleich lässt sich auch sprachgeschichtlich eine große Differenzierung dieser Mobiliargruppe nachweisen. Im 18. Jahrhundert kamen erstmals Bezeichnungen auf wie Wäscheschrank, Glasschrank, Küchenschrank, Porzellanschrank usw. Nicht nur zwischen den Personengruppen des Hauses, sondern auch beim toten Inventar fand eine Differenzierung nach Funktionen und Räumen statt. Am wichtigsten aber war wohl die Veränderung der Sitzgewohnheiten. Bis ins 18. Jahrhundert hinein waren die Bürgerhäuser lediglich mit Bänken, hölzernen Stühlen und Sesseln ausgestattet, die vielfach geschlechtsspezifisch gestaltet waren – Frauenstühle waren nicht nur niedriger sondern hatten in der Regel auch keine Armlehnen. Das 18. Jahrhundert brachte nun Ensembles gleichartiger Stühle und Sessel, die gepolstert waren, brachte Sofas, Teppiche und weiteren Wohnkomfort, der dann zum Inbegriff bürgerlicher Wohnkultur des 19. Jahrhunderts wurde.

Im 19. Jahrhundert setzte sich in den großbürgerlichen Wohnverhältnissen der Städte eine noch deutlichere Trennung von Kernfamilie und Gesinde durch. Die bürgerliche Familie zog sich nun in eine Sphäre der Privatheit zurück, zu der den Dienstboten der Zutritt nur auf Verlangen gestattet war. Symbol dieser Trennung waren die Klingelzüge, die alle Zimmer der Herrschaft mit dem Dienstbotenzentrum im Souterrain des Hauses verbanden. Mit diesem Rückzug der Kernfamilie war zugleich eine Verstärkung des Intimbereichs der einzelnen Personen verbunden. Die Ausdifferenzierung der Raumfunktionen wurde ergänzt durch die »Verhäuslichung« der Körperhygiene. Aborte, ursprünglich (wenn überhaupt verhanden) außerhalb des Hauses gelegen, bekamen nun einen eigenen Raum zunächst innerhalb des Hauses oder Mietshauses, schließlich innerhalb der Wohnung. Auch Badezimmer waren eine neue Einrichtung. Sie lösten das alte hölzerne Waschfass und die Waschschüssel auf der Kommode im Schlafzimmer ab, setzten sich allerdings langsamer durch als die Toiletten in der Wohnung. In England waren 1951 noch 37 % aller Wohnungen ohne festes Bad, in der Bundesrepublik Deutschland 1950 anscheinend noch fast 80 %, 1989 waren dies nur noch 4 % (DDR 18 %). Heute ist praktisch keine Wohnung mehr ohne diesen Standard vermietbar, allerdings gibt es hier weiterhin große Unterschiede zwischen den europäischen Ländern.[269]

Ein weiterer Aspekt dieses Rückzuges der Familie in einen Bereich des Privaten und Intimen war im Bürgertum der Versuch der Beschränkung des Aktionsfeldes von Frauen auf den innerhäuslichen Bereich. In diesem Zusammenhang kam es zu einer deutlichen innerhäuslichen Verräumlichung der Geschlechtsunterschiede auch über den Bereich von Küche und Haushalt hinaus. Dies lässt sich besonders an der Differenzierung nach getrennten Gesellschaftsräumen für Männer und Frauen beobachten. Männer und Frauen verfügten vielfach über getrennte Gesellschaftsräume, in die sie sich z. B. auch bei Abendeinladungen nach dem Essen zur geschlechtsspezifischen Unterhaltung zurückzogen.

Sicher darf man die Familiarisierung der bürgerlichen Frauen während des 19. und frühen 20. Jahrhunderts auch nicht überbetonen, denn diese Zeit sah zugleich den Aufstieg der weiblichen Angestellten, den Beginn des Frauenstudiums und vor allem die

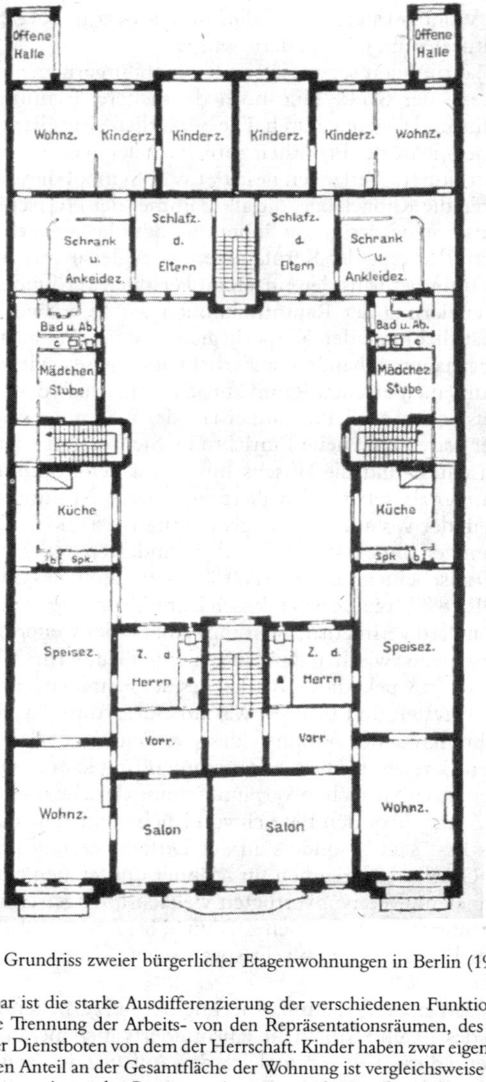

Abb. 43: Grundriss zweier bürgerlicher Etagenwohnungen in Berlin (19. Jahrhundert).
Erkennbar ist die starke Ausdifferenzierung der verschiedenen Funktionsbereiche und eine Trennung der Arbeits- von den Repräsentationsräumen, des Lebensbereichs der Dienstboten von dem der Herrschaft. Kinder haben zwar eigene Zimmer, aber deren Anteil an der Gesamtfläche der Wohnung ist vergleichsweise gering. Sie sind zudem weit von den Repräsentationsräumen der Familie entfernt.

massive Zunahme der ehrenamtlichen Tätigkeit von Frauen im Wohlfahrtsbereich.[270] Dennoch scheint die Verräumlichung von Geschlechtsdifferenzen in bürgerlichen Wohnhäusern im 19. Jahrhundert eher zu- als abgenommen zu haben.

c) Wohnsituation der Arbeiterfamilie

Die rapide Verstädterung der Bevölkerung in Europa während des letzten Drittels des 19. Jahrhunderts war hauptsächlich eine Folge der Zunahme der industriellen Arbeiterschaft in den industriellen Ballungszentren. In vielen Großstädten führte dies einer akuten Wohnungsnot, auf jeden Fall aber zu einer ganz erheblichen Wohndichte. Im Jahr 1861 lebten von der Berliner Bevölkerung von gut einer halben Million 10 % in Kellerwohnungen, 20 % mit fünf und mehr Personen in Wohnungen mit nur einem heizbaren Zimmer. Noch um 1900 konnten in Berlin in einer Wohnung mit zwei Zimmern bis zu acht Personen wohnen, ohne dass die Wohnung von den städtischen Aufsichtsbehörden als überbelegt eingestuft wurde. 43 % aller Haushaltungen in Berlin waren in diesem Jahr in einräumigen, weitere 28 % in zweiräumigen Wohnungen (die Küche eingerechnet) untergebracht. In fast 2000 Wohnungen lebten in einem einzigen Raum bis zu 10 Personen. Häufig wohnten zwei Familien in einem Raum, die ihren jeweiligen Lebens- und Kompetenzbereich nur durch symbolische Grenzen wie einen auf dem Bodenen gezogenen Kreidestrich voneinander abgrenzen konnten.[271]

Eine besonders typisches Phänomen der Arbeiterfamilien waren die so genannten Schlafgänger. Besaß eine Familie eine Wohnung in der eine extra Kammer war, dann wurde diese besonders von jungen Familien meist untervermietet, um das schmale Budget aufzubessern. Im Jahr 1880 wohnten in gut 22 % der Berliner Haushaltungen Schlafgänger oder Untermieter oder anders ausgedrückt: 7,27 % aller männlichen Personen in Berlin lebten als Schlafgänger. Im Ruhrgebiet waren über 20 % der Bergleute auf eine solche Unterkunft angewiesen. Vielfach konnte auch gar keine Extra-Kammer gemietet werden, sondern nur ein Bett. Im Ruhrgebiet waren bei dem Schichtbetrieb der Zechen viele Betten sogar dreifach vermietet. Auch die Familie selbst teilte oft ihre Betten mit familienfremden Personen. In den Erinnerungen eines Arbeiters heißt es zu diesem Schlafgängertum: »Mit der Zeit gefiel es mir nicht mehr in meinem Quartier, denn mein Wirth hatte während des Sommers noch zwei Kostgänger angenommen oder gar drei. Anfänglich hatte ich lange Zeit in einem Bett allein geschlafen, aber schließlich mussten wir in einem breiten Bett unter dem Dache drei Mann zusammen schlafen, und zeitweise kam auch noch der Lehrling hinzu. Da graute einem bei der Hitze, wenn man zu Bett musste, und konnte schlecht schlafen, und Abends war man froh, wenn Feierabend war, und des Morgens war man noch viel froher, wenn man, ganz in Schweiß gebadet, wieder aus dem Bett konnte.«[272] Ebenso schlimm wie für die Schlafgänger war diese Situation für die Familie, die ihnen Unterkunft gewährte, denn sie verfügte über keinen Privatbereich. Ihr gesamtes Leben spielte sich in einer Halböffentlichkeit ab.

Diese offenen oder halb offenen Wohnformen der Arbeiterschaft waren nicht auf die deutschen Industriereviere beschränkt, sondern ein gemeineuropäisches Phänomen, das sich in Glasgow ebenso findet wie in Wien oder Mailand.[273] Für die bürgerlichen Stadt- und Industrialisierungskritiker waren die engen Wohnverhältnisse der Arbeiter die eigentliche Ursache des von ihnen diagnostizierten Sittenverfalls der Gegenwart und ein Nährboden für revolutionäre Ideen. Für die Beteiligten mögen diese Wohnformen nicht ganz so unerträglich gewesen sein, wie sie heute erscheinen, denn die ländlichen Unterschichten, aus denen sich die städtische Fabrikarbeiterschaft hauptsächlich rekrutierte, waren diese Wohnformen gewöhnt. Einen Schlafplatz mit nicht-verwandten Personen zu teilen, war bis ins 20. Jahrhundert hinein besonders für die Armen auf den Dörfern normal. Auch war man an andere Formen der Soziabilität gewöhnt. Die Straße war keineswegs nur in südlichen Ländern eine wesentliche Erweiterung der Wohnung. Das Zusammenleben in der Nachbarschaft war auch in den Städten eng. Viele Arbeiterautobiographien erzählen daher ganz positiv von den Menschen, die in diese halb offenen Familien für einige Zeit einzogen. Die schlagenden Väter wurden oft sehr viel traumatischer erlebt als die Schlafgänger.

Der Drang zur Privatisierung des Familienlebens war dennoch auch in der Arbeiterschaft nicht zu übersehen. Die Zahl der Bett- oder Kostgänger ging überall um die Jahrhundertwende deutlich zurück, es begann die große Phase des kommerziellen, aber auch des sozialen Wohnungsbaus und der Siedlungsgenossenschaften. Der Wunsch der Arbeiter richtete sich allerdings nicht auf eine neue Wohnung in einer der Mietskasernen, die die städtebauliche Entwicklung der zweiten Hälfte des 19. Jahrhunderts bestimmt

Abb. 44: Straßenmusikanten in den 1920er Jahren (in Berlin?).
Die Straße war zusätzlicher »Wohnraum« in Arbeiterquartieren, nicht nur für Kinder. Die Hinterhöfe der neuen Mietskasernen waren wichtige Kommunikationsräume.

hatten,[274] sondern auf ein Eigenheim oder zumindest eine Wohnung in einer mit individuellen Einheiten gestalteten Siedlung.

Die Idee von Gartenstädten entstand. Ausgehend von Großbritannien verbreitete sich dieses Modell neuer Siedlungen für Arbeiter im Grünen bald über Europa. Licht und Luft und eine gewisse Distanz von den Nachbarn wurde auch für die Arbeiter immer wichtiger.[275]

Die Lösung der Wohnungsfrage galt daher seit dem ausgehenden 19. Jahrhundert als eines der zentralen Probleme der Sozialpolitik. In der Familiarisierung der Arbeiter und in ihrer Verwandlung von »eigentumslosen Arbeitern in arbeitende Eigentümer«[276] sah man den besten Schutz vor der Ausbreitung des Sozialismus. So heißt es schon in einer Entschließung der Bonner Conferenz über die Arbeiterfrage, bei der sich im Jahr 1870 Arbeitgeber zur Behandlung der Wohnungsfrage berieten: »Solange der Mensch nur in und mit der Familie sein irdisches Wohl begründen kann, so lange nicht kommunistische und sozialistische Experimente die Individualität und damit jedes denkbare reine

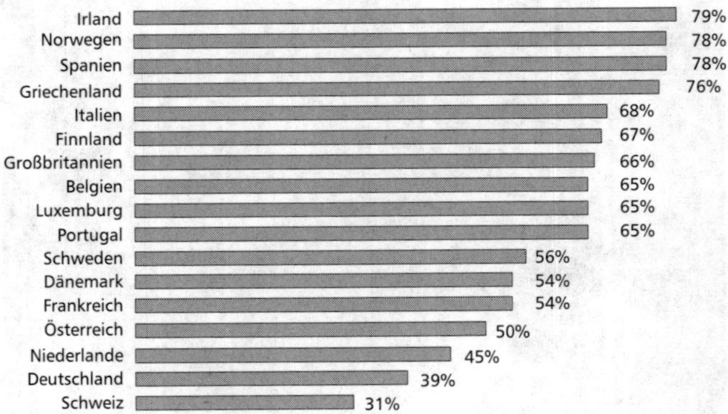

Abb. 45: Wohneigentumsquoten in Europa 1990/91.
Die Graphik zeigt die großen Unterschiede, die in den Ländern der Europäischen Gemeinschaft im Bereich des Wohneigentums herrschen. Dies ist zum Teil Folge unterschiedlicher nationaler Ansätze der Sozialpolitik und der Wohnungsbauförderung, die bereits zu Beginn des 20. Jahrhunderts verschiedene Strukturen des Wohnungsmarktes und der Baufinanzierung entstehen ließ.

Glück zunichte machen, gilt als erste Erforderniss die Abgeschlossenheit der Familie und ihrer Wohnung gegen Dritte.«[277]

Die Auflösung der gemischten Wohnstruktur der Arbeiterfamilien entsprang sicher einem Bedürfnis der Arbeiter, aber sie wurde in den Formen des öffentlichen Wohnungsbaus auch ganz bewusst kalkuliert und zentral gesteuert. In die Anstrengungen zur Behebung von Wohnungsnot mischen sich immer Versuche der sozialen Kontrolle. Konservative Parteien halten in der Regel die Eigentumsbindung von Arbeitern für ein wichtiges Element zur Sicherung politischer und sozialer Stabilität. Bis weit ins 20. Jahrhundert hinein fürchteten sie, dass Vermassung, Vereinsamung und Verwahrlosung notwendige Folgen des Mietwohnungsbaus seien und eine potentielle Gefahrenquelle für die gesellschaftliche Ordnung darstellten. In der Bundesrepublik ging die CDU-Regierung deshalb mit der Novellierung des Wohnungsbaugesetzes von 1953 zur Förderung des Eigenheimbaus über. Durch die staatliche Unterstützung des Eigenheimbesitzes sollten, so der Wohnungsbauminister Paul Lücke, »aus besitzlosen Proletariern verantwortungsbewusste Staatsbürger« gemacht werden.[278] Favorisierte die deutsche Sozialdemokratie den Mietswohnungsbau, beförderte in Großbritannien die Labour Regierung nach dem Krieg auch den Bau von Doppel- und Reihenhäusern. Die eigentliche Zeit der subventionierten billigen Mietwohnungen (council houses) fällt hier in die späten 1950er und die 1960er Jahre, wurde aber von der Bevölkerung in Großbritannien nie in der gleichen Weise akzeptiert wie z. B. in Deutschland.[279] Die Vorstellungen, wie die Arbeiter wohnen sollten, waren also nicht nur mit politischen Zielen und Grundsatzentscheidungen verknüpft, sondern auch mit nationalen Traditionen städtischen Wohnens.

d) Ländliches Wohnen

Die Entwicklung des familialen Wohnraums unterlag auf dem Land im Prinzip den gleichen großen Veränderungstendenzen wie in der Stadt. Das heißt, sie war gekennzeichnet durch eine zunehmende Ausdifferenzierung des Innenbereichs in funktionsspezifische Einzelräume, die den einzelnen Familienmitgliedern auch mehr Privatheit einräumten. Allerdings vollzog sich dieser Prozess insgesamt langsamer, außerdem wurde die durch das Aufkommen der Fabriken und den Strukturwandel des Handwerks vorangetriebene Trennung von Wohnen und Arbeit im bäuerlichen Bereich in den meisten Regionen Europas bis heute nicht aufgehoben. Das Haus der Bauernfamilie blieb in enger Verbindung mit der landwirtschaftlichen Produktion.

Die mittelalterliche Architektur bäuerlicher Wohnhäuser war ähnlich wie der städtische Wohnungsbau im mittel- und nordeuropäischen Bereich sehr stark von relativ einfachen Raumstrukturen geprägt. Bauernhäuser bestanden vielfach aus einer großen Halle oder einem mehr oder weniger großen Raum, in dem Mensch und Vieh gemeinsam lebten. Mittelpunkt war der Herd bzw. das offene Feuer. Allerdings waren die regionalen und schichtspezifischen Varianten von Anfang an beträchtlich, auch dauerten ältere Bauformen wie z. B. in den Boden eingelassene

Abb. 46: Mahlzeit in einem niederdeutschen Bauernhaus mit offener Diele (Gemälde von Max Liebermann, 1847–1935).
Die geringe Differenzierung des Wohnraumes in norddeutschen Bauernhäusern hielt sich zum Teil bis in das ausgehende 19. Jahrhundert. Der Bereich der Tiere war von dem der Bauernfamilie nicht klar getrennt. Räumliches Zentrum des Haushalts war eine offene Diele, von der zunächst einzelne Alkoven oder später auch Schlafkammern abgetrennt waren.

Grubenhäuser unter den Bauern Osteuropas teilweise bis ins 19. Jahrhundert fort. Einräumige Haustypen – oft ohne Fenster und Kamin – fanden sich besonders im südeuropäischen Raum in den unterbäuerlichen Schichten bis ins ausgehende 19. und beginnende 20. Jahrhundert,[280] aber auch nördlich der Alpen waren einfache Raumstrukturen durchaus verbreitet. Und selbst dort, wo mehrere Kammern zur Verfügung standen, spielte sich das Leben des Haushalts meist in der »Rauchstube« ab, dem einzigen

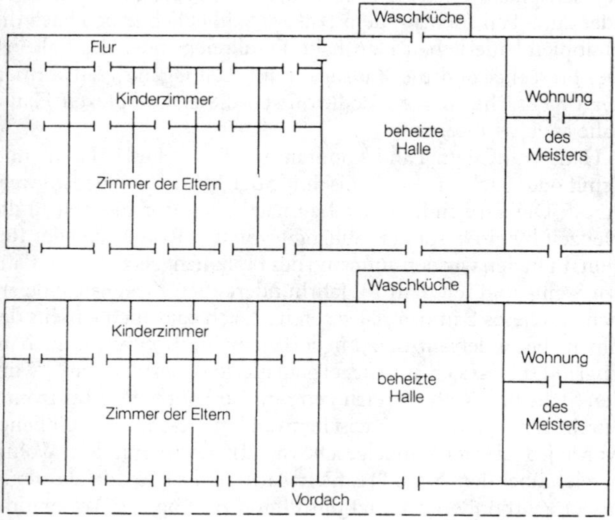

Abb. 47: Plan einer typischen stillschweigenden Gemeinschaft. Zwei Versionen: Mit Flur und mit Vordach.
Es gab in einigen Regionen Frankreichs und des Balkans komplexe Haushaltsformen, in denen Stammfamilien, zum Teil aber auch – wie bei den sogenannten »stillschweigenden Gemeinschaften« – ursprünglich nicht-verwandte Familien unter der Leitung eines Haushaltsvorstandes zusammenwohnten und einen Haushalt bildeten. Die Entstehungsursachen von Zadrugas, Frèrèches und stillschweigenden Gemeinschaften sind jeweils unterschiedlich. Sie weisen nicht auf das allgemeine Vorherrschen bäuerlicher Großhaushalte in der Frühen Neuzeit, sondern auf jeweils spezifische Ursachen meist im Kontext von Grundherrschaft, Erbrecht und Besteuerung hin.

warmen Raum im Winter. Die »Rauchstube« mit dem offenen Feuer war »charakteristisch für einen Typ von Familienhaushalt, der unmittelbar im Kontext einer praktischen Ökonomie steht«.[281] Je nach Lage konnten jedoch auch einfache Bauernhäuser sehr früh Festungscharakter annehmen wie z. B. in Großbritannien im schottischen Grenzgebiet. In anderen Regionen gibt es bei den wohlhabenderen Gehöften ein um einen abgeschlossenen Innenhof arrangiertes Ensemble von Wohn- und Nutzbauten. Solche »Vierkanthöfe« waren regional begrenzt bereits im Mittelalter über weite Teile Europas verbreitet. Man findet sie im deutschsprachigen Bereich ebenso wie in England, Frankreich oder zum Teil auch auf dem Balkan. Schließlich haben auch die multiplen bäuerlichen Haushalte Frankreichs oder des Balkans, die ›Frerèche‹ und die Zadruga, zum Teil eigene Hausformen hervorgebracht, die den Bedürfnissen dieser komplexen Haushalte angepasst waren.

Häuser auf dem Land konnten aus Stein, Holz, Lehm und Schilf oder auch aus einer Mischung der Materialien gebaut werden.[282] Die Verwendung der Baumaterialien war bis weit in die Neuzeit hinein besonders abhängig von den Ressourcen der Region. In Italien wurden aufgrund des Holzmangels auch von Bauern Stein- und seit dem 13. Jahrhundert auch Ziegelgebäude errichtet. Dieses Baumaterial verbreitete sich bald auch jenseits der Alpen, besonders in den Niederlanden und teilweise auch in England finden sich aus Ziegel gemauerte Bauernhäuser.[283] Wurden Stall- und Wohnbereich getrennt, so konnte dies horizontal durch Einziehen von Zwischenwänden geschehen. Üblicher wurde jedoch eine doppelgeschossige Bauweise mit dem Wohnbereich über dem Stall. Das hielt warm und sparte Heizkosten.

Der Zeitpunkt der Funktionsdifferenzierung des Wohnraums hing sehr stark von den materiellen Verhältnissen ab. Ein ganz wesentlicher Anstoß, Räume abzutrennen, war die seit dem 16. Jahrhundert auch auf dem Land verstärkt einsetzende Verbreitung von Kachelöfen mit Rauchabzug. Dies erforderte vielfach eine Umgestaltung der Häuser. Meist ging man nun aus Brandschutzgründen auch im Norden dazu über, die ofenbeheizten Teile der Häuser aus Stein aufzuführen. Mit dem Aufkommen des Ofens wurden Küche und Wohnen getrennt. In der Küche blieb das offene Feuer bis zur Mitte des 19. Jahrhunderts ohne Alternative. Erst danach setzte jener für die moderne Küchenentwicklung charakteristische Prozess »einer immer stärkeren Konzentration ihrer Wärmequellen«[284] ein, breiteten sich gusseiserne Herde, die sich in bürgerlichen Küchen seit dem ausgehenden 18. Jahrhundert finden, auch auf dem Land aus.

Durch die Abtrennung der Küche wurde die Stuben immer mehr zum Wohnraum im engeren Sinn. »Mit einer gewissen Verzögerung setzte sich das Biedermaier im Bauernhaus durch und bescherte den reicheren Bauern Polstersofa und Kommode, Schlaf- und Kinderzimmer«.[285] Allerdings wurden die Stuben zunächst nur in wohlhabenden Bauernhäusern zu Repräsentationszwecken mit besonderem Mobiliar ausgestattet. In der Regel blieb die bäuerliche Stube bis ins frühe 20. Jahrhundert ein eher auf die Produktion und die Gemeinschaft des Haushalts orientierter Raum, mit überwiegend einfachem und meist regionalspezifisch stereotypem Mobiliar.[286] Dazu kamen nun die Schlaf-

Einige Beispiele für die innere Ausstattung der Lauffener Bauernstube

1. In einem älteren Bauernhaus mit guten Verhältnissen	2. In einem älteren herrschaftlichen Bauernhause
Bewohnerzahl: 7	Bewohnerzahl: 11
Räume: 4	Räume: 6 und 2 Küchen
Art der Verwendung der Räume:	Art der Verwendung der Räume:
1 Wohnstube	1 bessere Wohnstube
3 Schlafräume	1 Esstube
	4 Schlafräume
Ausstattung der Räume:	Ausstattung der Räume:
geweisst	3 tapeziert
tannene weisse Bretterböden	3 geweisst
	1 geölter Boden
	5 tannene weisse Bretterböden
Wohnstubenausstattung:	Ausstattung der besseren Stube:
2 Bänke	1 Sofa
1 Tisch	1 alter Sekretär
1 Kommode	1 alte Kommode
1 Nähmaschine	1 Tafelklavier
1 Waschtisch	1 älteres Tischchen mit weissem Teppich
1 Milchkästle	gute Stühle
1 Grossvaterstuhl mit Leder	christliche Bilder
Schlafstubenausstattung:	
2 Betten	
1 Kasten	
2 Stühle	

Abb. 48: Innere Ausstattung von Bauernstuben in Lauffen/Württemberg im frühen 20. Jahrhundert.
Dies ist ein Beispiel einer »gehobenen« Ausstattung in bäuerlichen Wohnstuben in Süddeutschland. Gepolsterte Sitzmöbel waren auch in »guten Verhältnissen« selten, beschränkten sich häufig wie in Beispiel 1 auf den »Großvaterstuhl«. Das Sofa charakterisierte bereits das »herrschaftliche Bauernhaus«, ebenso das Klavier. In Beispiel 1 ist jedoch die Nähmaschine ein wichtiges Zeichen eines gewissen Wohlstandes.

kammern, die den älteren Alkoven, die durch Vorhang abzutrennende Schlafnische, ablösten. Eine individuelle Schlafkammern war aber meist dem Bauernehepaar vorbehalten, Kinder und Gesinde schliefen in einem gemeinsamen Raum, meist unter dem Dach.
Solche durch eine nur sehr rudimentär ausdifferenzierte Wohnstruktur gekennzeichneten Häuser waren in vielen kleinbäuerlichen Regionen bis ins frühe 20. Jahrhundert verbreitet. In einem genauer untersuchten württembergischen Dorf mussten sich noch um die Wende zum 20. Jahrhundert in den unteren Schichten acht bis zehn Personen eine aus drei bis vier Räumen bestehenden Wohnung teilen. Kinder, Gesinde, Altenteiler oder auch arme Untermieter schliefen auf Laubsäcken auf dem Dachboden unter den »unverwahrten Ziegeln«, also ohne Isolierung und auch ohne Abtrennung der Geschlechter. Gleichzeitig wurden dort häufig auch die Hühner bei Nacht gehalten.[287] Liest man Berichte über die Wohnverhältnisse der ländlichen Unterschichten in Irland oder Süditalien, dann unterscheiden sie sich in den Details kaum, waren eher noch ärmlicher.[288]

Ganz anders dagegen waren die Wohnbedingungen auf den wohlhabenderen Höfen z. B. Norddeutschlands, Ostelbiens oder auch auf den größeren englischen Gütern. Hier setzten sich mit der stark kapitalisierten Landwirtschaft auch auf dem Lande bereits im Laufe der Frühen Neuzeit stark an bürgerlichen

Abb. 49: Kaserne für Landarbeiter und Saisonarbeiter in Ostelbien, erbaut um 1870.

Wohnformen orientierte Muster der Raumdifferenzierung durch. Es trat eine stärkere Trennung der Familie der Herrschaft vom Gesinde ein, das hier ohnehin nicht so zahlreich war, da der Großteil der Arbeit über Heuerlinge und Taglöhner und bis zur Mitte des 19. Jahrhunderts dann auf meist saisonal beschäftigte ländliche Lohnarbeiter umgestellt wurde. Diese ländlichen Arbeiter, die in Ostelbien vielfach aus Polen kamen, mussten unter zum Teil empörenden Bedingungen arbeiten und leben. Sie wurden in kasernenähnlichen Massenquartieren untergebracht, erhielten wesentlich weniger Lohn als die städtischen Arbeiter und hatten praktisch keinerlei gesicherte Arbeitszeiten. Die Bauernfamilien dagegen bildeten oft einen geradezu großbürgerlichen Lebensstil aus, der sich in einer entsprechenden Architektur mancher neuerbauter Bauernhäuser in Ostdeutschland im besten wilhelminischen Villenbaustil und in einer völligen Trennung der Kernfamilie vom bäuerlichen Betrieb niederschlug.

Abb. 50: Wohnhaus eines Großbauern, erbaut um 1885 in Ostelbien.
Nicht nur die adeligen Herrengüter, sondern auch die großbäuerlichen Betriebe entfernten sich von den bäuerlichen Wohnformen. Die Villa als Form der Herrschaftsarchitektur breitete sich auch hier aus. Im Kontrast dazu wurden die Landarbeiter, häufig Saisonarbeiter aus Polen, in kasernenartigen Gebäuden in Massenquartieren untergebracht.

Diese Wohnformen blieben aber eher die Ausnahme und auf die bäuerliche Oberschicht in bestimmten Regionen beschränkt. Bis in die Gegenwart hinein machen sowohl in Deutschland wie in Frankreich und Italien mittlere bäuerliche Betriebe noch immer den größten Anteil an der in der Landwirtschaft beschäftigten Bevölkerung aus. Ihre Wohnformen haben sich – was die Ausstattung mit Komfort (Badezimmer etc.) und die Möglichkeiten zur Privatheit anbetrifft – erst in den letzten Jahrzehnten über Dorferneuerungsprogramme, Neubauten von Aussiedlerhöfen und Eigeninitiativen allmählich an die Wohnstandards der städtischen Mittelschicht angeglichen. Nun finden sich Polstergarnituren und bürgerliches Wohndekor auch in den kleinbäuerlichen Wohnzimmern, zunehmend setzt besonders die jüngere Generation auch auf einen individuellen, sich von dem ererbten Möbiliar der Eltern absetzenden Wohnstil ›im Geschmack der Zeit‹. Gerade die Inneneinrichtung der ländlichen Wohnräume symbolisiert so auch deutlich einen Anschluss der klein- und mittelbäuerlichen Schichten an die städtisch-bürgerliche Lebenswelt.[289]

III. Persönliche Beziehungen und Erfahrungen in der Familie

1. Die Ehepartner

Beschäftigt man sich mit der Entwicklung der Ehe in der Neuzeit, ist es hilfreich, sich noch einmal zu vergegenwärtigen, dass im interkulturellen Vergleich zum Teil sehr unterschiedliche Verbindungen und Formen des Zusammenlebens unter diesem Begriff gefasst werden. Die europäische Vorstellung von der Qualität der durch eine Ehe begründeten Beziehungen ist keineswegs universal. Ein Versuch einer sehr allgemeinen, nicht kulturspezifischen Definition von Ehe lautet: »Ehe ist eine wechselseitige Beziehung zwischen zwei Personen, die gegenseitige Rechte und Pflichten im Hinblick auf eine mögliche Vielzahl von Aktivitäten definiert. Häufig umfassen diese gemeinsame Produktion, gemeinsame Konsumption, gemeinsames Wohnen, das Anrecht auf Arbeit und auf sexuelle Verbindung, die Verwandtschaftsbeziehung zu den Kindern, die Unterstützung einer auf unterschiedliche Weise definierten Gruppe von Abhängigen usw.«[290] Das Ausmaß, in dem diese einzelnen Rechte und Pflichten in einer Ehe jeweils realisiert werden, variiert von Kultur zur Kultur. Im jüdisch-christlichen Bereich sowie im Islam wird das Recht auf sexuellen Zugang zum Partner und die Begründung von Verwandtschaftsverbindungen sowie die Hausgemeinschaft besonders stark hervorgehoben. In anderen Gesellschaften stehen andere Aspekte im Vordergrund. In indischen Gesellschaften konnte z. B. der höhere Status eines Mannes ihm einen gegenüber dem Ehemann bevorrechtigten Zugang zum sexuellen Verkehr mit dessen Frau einräumen, auch die Hausgemeinschaft ist keineswegs selbstverständlich. Viele Gesellschaften betonen die räumliche Trennung der Geschlechter als grundsätzliche gesellschaftliche Gliederung und nicht die von »Familien«.[291]

Schließlich gilt es gerade bei der Eheschließung zu berücksichtigen, dass das europäische Modell der monogamen Ehe weltweit keineswegs das dominante Modell war und trotz seiner zunehmenden Ausdehnung wohl auch noch immer nicht ist. Viele Gesellschaften kennen und tolerieren die Polygynie, die eheliche Verbindung eines Mannes mit mehreren Frauen, auch wenn dies keineswegs heißt, dass in diesen Gesellschaften jeder verheiratete Mann mehrere Frauen hat. Im Gegensatz zur Polygynie ist die Polyandrie, die Ehe einer Frau mit mehreren Männern sehr selten, beschränkt sich im Wesentlichen auf wenige Gesellschaften in Polynesien, Tibet und Südindien.[292] Unter diesen Heirats- und Familiensystemen sind die Perspektiven auf Partnerwahl und Ehe vollständig andere als in Europa. Allianzen zwischen Familien können über mehrere Heiraten akkumuliert werden, vielfach sind sie auch mit Vorschriften verbunden, aus welchem Kreis man die Partner zu wählen hat. Umgekehrt sind die Scheidungsregeln hier meist weniger strikt, als dies in Europa bis ins 20. Jahrhundert der Fall war.

Blickt man aus dieser vergleichenden Perspektive auf die Geschichte der Ehe in Europa, dann wird deutlich, dass der Partnerwahl hier notwendig eine ganz besondere Bedeutung zukommt. Die Kombination von intensivierter monogamer Paarbeziehung, ständiger Haushalts- und Arbeitspartnerschaft sowie die Berücksichtung der sozialstrategischen Funktion der Ehe zur Sicherung von sozialem Status der Familie macht die Partnerwahl in Europa zu einem komplexen Vorgang, bei dem die beteiligten Akteure

(Mann, Frau, Familie und Verwandtschaft) sehr unterschiedliche Interessen verfolgen können. Im Folgenden sollen die Strukturbedingungen verschiedener Formen der Partnerwahl in der Neuzeit herausgearbeitet wurden.

a) Von der »Vernunftehe« zur »Liebesehe«? Zur Geschichte der Partnerwahl

Grundprobleme einer Geschichte der Partnerwahl

Am Ende des 19. Jahrhunderts befand sich in England und Wales fast die Hälfte des gesamten Bodens im Besitz von etwa 2500 Personen; in der französischen Arbeiterstadt Lille besaßen 1850 knapp 8 % der Einwohner 90 % des Vermögens – mit steigender Tendenz; in der Bundesrepublik Deutschland verfügten in den 1970er Jahren etwa 20 % der Bevölkerung über fast 80 % des Nettoinlandvermögens.[293] Diese Vermögen wurden nicht jeweils neu erarbeitet, sondern ererbt und erheiratet. Die Partnerwahl ist daher bis heute ein ganz zentrales Element der Reproduktion von Strukturen sozialer Ungleichheit und gesellschaftlicher Macht über den Wechsel der Generationen. Besonders in den Oberschichten bietet die Heirat innerhalb der eigenen sozialen Gruppe die Möglichkeit zur Akkumulierung von Vermögen und damit zur weiteren Absicherung der wirtschaftlichen und sozialen Position der Familie auf lokaler, nationaler oder internationaler Ebene. Aber auch in anderen Schichten beruht zumindest die Stabilität sozialer Milieus auf einer Begrenzung der Heiratskreise. Nicht alle Gesellschaften bieten eine rechtliche oder brauchmäßige Grundlage zur Erzwingung sozialer Endogamie; aber in den meisten Gesellschaften versuchen Eltern und Verwandte, die Partnerwahl der nachwachsenden Generation im Sinne der sozialen und wirtschaftlichen Ziele der Familie zu steuern.[294]

Der Soziologe William Goode arbeitete in einem globalen Überblick fünf Typen der Partnerwahl und ihrer Steuerung heraus:[295] Die radikalste Form ist die Verheiratung von Personen im Kindesalter. Sie kommt jeder selbständigen Wahl zuvor und ist bis heute in vielen Gesellschaften eine akzeptierte Form der Partnerwahl.[296] Häufig ist diese Form mit einem zweiten Typus verknüpft, bei dem der jeweilige Partner aus einer ganz bestimmten Gruppe, meist der weiteren Verwandtschaft, gewählt werden muss. In Europa wurde die Klanendogamie durch die christlichen Kirchen seit dem Mittelalter bekämpft, wirklich präskriptive Systeme der Partnerwahl waren im europäischen Kontext ohnehin nicht üblich. Ein dritter Typ der Steuerung der Partnerwahl ist nach Goode die Segregation der geschlechtsreifen Jugendlichen von potentiellen Heiratspartnern. Dies kann durch klare räumliche Trennung vor allem der Mädchen (Harem, Mädchenpensionat) oder durch die prinzipielle Begrenzung der Ehepartner auf Personen außerhalb des eigenen Dorfes bzw. des weiteren Aktionskreises von Jugendlichen erfolgen. Die Ehepartner werden dann von den Eltern gewählt oder es wird durch von den Eltern arrangierte Kontaktmöglichkeiten die Wahl auf einen sehr kleinen Kreis beschränkt.

Ein vierter und ein fünfter Typ erlauben dagegen eine wesentlich freiere Partnerwahl. Der fünfte und freieste Typ basiert allein auf der Entfaltung emotionaler Bindungen zwischen den beiden Partnern. Die Wahl wird durch die Eltern allenfalls indirekt duch die Tatsache gesteuert, dass Bekanntenkreise sozial und regional immer eingeschränkt sind. Dieser Typus schließt auch voreheliche sexuelle Annäherung nicht aus, zumindest wird die erotische Anziehung als wichtiger Teil auch der späteren Partnerbeziehung anerkannt. Davor platziert Goode als vierten Typ noch eine weitere Form, bei der die Jugendlichen zwar überwacht, aber nicht strikt voneinander getrennt werden. Die Eltern haben dabei einen deutlichen Einfluss auf die Partnerwahl, die Entfaltung emotionaler Beziehungen wird jedoch nicht ausgeschlossen, ist sogar erwünscht, wobei sexualle Kontakte jedoch strikt verboten sind und die Jungfräulichkeit der Braut deshalb auch eine ganz wesentliche Voraussetzung ihrer Akzeptanz als Partnerin darstellt.

Insgesamt lassen sich diese fünf Typen der Partnerwahl nach Goode auch als eine Skala begreifen, an deren einem Ende die Auffassung, dass Liebe die Grundlage einer Ehe darstellen soll, von der Gesellschaft als »lächerliche oder tragische Verwirrung« angesehen wird; am anderen Ende der Skala dagegen gilt es als »beschämend [...] zu heiraten, ohne in den Partner verliebt zu sein«.[297] Bis auf das System der präskriptiven endogamen Heiratsregeln lassen sich diese Typen auch im neuzeitlichen Europa in der einen oder anderen Form nachweisen. Freie Partnerwahl und die Entfaltung emotionaler Beziehungen zwischen den Partnern vor der Ehe bzw. als Grundlage der Ehe (Typ 5) gilt heute zumindest in der westlichen Welt als Normalform, war aber auch in Europa keineswegs immer die Regel.

In der historischen Familienforschung entwickelte sich vor dem Hintergrund dieses Befundes in den 1970er Jahren eine Debatte, seit wann junge Männer und Frauen die Unterordnung ihres persönlichen Glücks unter das Interesse des ›Hauses‹ bzw. der Familie als Zumutung empfunden und angefangen hätten, auch gegen den Willen der Eltern an ihren Partnern aus ›Liebe‹ festzuhalten und damit den Übergang zu dem vierten bzw. fünften der oben beschriebenen Typen der Partnerwahl zu vollziehen. Eine Position in dieser Debatte war, dass es Liebe als Grundlage der Partnerwahl vor dem ausgehenden 17. Jahrhundert nicht geben habe. Auch in der Ehe habe Liebe nicht das Band zwischen den Partnern dargestellt. Der Aufstieg der Liebesheiraten sei zuerst im 17. Jahrhundert bei den gebildeten Mittelschichten Englands festzustellen. Die auf individuelle Seelenprüfung ausgerichtete Religiosität des Puritanismus habe hier die Entwicklung einer weltlichen Gefühlskultur nachhaltig befördert.[298] Andere Historiker betonten dagegen die Bedeutung der individualisierenden Wirkung der kapitalistischen Wirtschaftsweise und der Arbeiterschaft für die Durchsetzung von Liebesbeziehungen und Liebesheiraten. Da es in dieser Schicht kein nennenswertes Vermögen zu vererben gab, hätten die Eltern auch keine Handhabe besessen, auf die Partnerwahl ihrer Kinder einzuwirken. Schließlich seien es hier vor allem die Frauen gewesen, die sich aus alten Strukturen befreit hätten und nun bereit gewesen seien, »die traditionelle Keuschheit aufzugeben und stattdessen mit verschiedenen Männern auszugehen, schon vor der Ehe Geschlechtsverkehr zu haben und sich hauptsächlich um das persönliche Glück zu kümmern«.[299] Ein Kriterium für die neuen Liebesbeziehungen stellten dabei die seit der Mitte des 18. Jahrhunderts sprunghaft angestiegenen Illegitimitätsquoten dar. Die Zunahme unehelicher Kinder zeige die Durchsetzung eines neuen, auf ›romantischer Liebe‹ basierenden Musters der Paarbeziehung. Die jungen Menschen kümmerten sich bei der Aufnahme sexueller Beziehungen nicht mehr um elterliche Eheverbote oder Einsprüche der Gemeinde. Der amerikanische Historiker Edward Shorter sprach in diesem Zusammenhang von einer ersten »sexuellen Revolution«, die der zweiten, durch die modernen chemischen Verhütungsmittel ausgelösten Revolution des Sexualverhaltens Jugendlicher in den 1960er Jahren um fast 200 Jahre vorausgegangen sei.[300]

Die weitere Forschung hat beide Positionen kritisiert. Rasch suchte und fand man Belege für Liebesheiraten auch in früheren

Zeiten und verlegte deshalb das Aufkommen ›romantischer Liebe‹ immer weiter zurück. Auch im Mittelalter habe es bereits Liebe als Band zwischen Ehepartnern gegeben.[301] Gegen Shorter argumentierten zum einen Vertreter der Historischen Demographie. Die Interpretation der Entwicklung illegitimer Geburten sei schwierig. Jede Erforschung nicht-ehelicher Sexualität stehe vor dem Problem, dass sie die Illegitimitätsdefinitionen der Statistiker reproduziere, die nicht unbedingt mit den Regeln der jeweiligen Gesellschaft übereinstimmen müssten. Kirchliche Eheschließungen haben sich, wie wir sahen, vielfach nur langsam durchgesetzt, in vielen Gesellschaften wurde ohnehin mit der Verlobung die Erlaubnis zum Intimverkehr gegeben.[302] Die starken regionalen Varianzen der Illegitimitätsraten wiesen zudem eher auf wirtschaftliche und rechtliche Faktoren als auf einen allgemeinen Mentalitätswandel hin.[303]

Zum anderen hielten vor allem Historikerinnen Shorters Darstellung des angeblich lockeren Umgangs der Unterschichtsfrauen mit Sexualität für verfehlt und ohne Einsicht in die Zwänge und Gefahren, die mit vorehelichem Geschlechtsverkehr für diese Frauen weiterhin verbunden waren.[304] Schließlich wiesen anthropologisch orientierte Familienforscher darauf hin, dass es sinnlos sei, einen Anfang der Partnerliebe zu suchen; denn die Vorstellung von Liebe als einer gewissermaßen lange Zeit verborgenen oder unterdrückten Fähigkeit menschlichen Fühlens, die historisch zu einem gewissen Zeitpunkt ›befreit‹ worden sei, übersehe die Tatsache, dass Emotionen wie Liebe historisch und kulturell wandelbare Konstruktionen sozialer Beziehungen seien. Eine Sicht der Liebe, die ihr einen festen, unwandelbaren Kern zuzuschreiben versuche, verfehle gerade die historisch wichtige Aufgabe, nach dem Wandel dieses Gefühls zu fragen.[305]

Diesen Einwänden ist zuzustimmen. Liebe als emotionales Kriterium der Partnerwahl findet sich sicher nicht erst seit dem ausgehenden 17. Jahrhundert. Je mehr die Ehe als eine Verbindung zwischen zwei Personen und nicht zwischen zwei Familien begriffen wurde, desto stärker konnten und mussten sich auch die Kriterien der Partnerwahl individualisieren. Ob sie sich dabei ganz auf nicht-materielle Kriterien, auf das ›reine Gefühl‹, beschränkten, ist eine andere Frage, die zusammenhängt mit der sozialen Konstruktuion und Artikulation von Gefühlen. Emotionen und materielle Interessen müssen keinen Gegensatz darstellen. Emotionen sind vielmehr eingelagert in vielschichtige Prozesse des sozialen Austausches und der gegenseitigen materiellen und sozialen Abhängigkeit. Ihre sprachliche ›Codierung‹ ist vielschichtig. Es ist daher ebenso irreführend, die Abwesenheit materieller Interessen anzunehmen, wenn in bürgerlichen ›Werberitualen‹ des 19. und 20. Jahrhunderts nur von Liebe die Rede ist, wie es falsch wäre, von der Betonung primär materieller Interessen bei der bäuerlichen Partnerwahl der Frühen Neuzeit auf die Abwesenheit emotionaler Beziehungsstrukturen zu schließen.[306] Die Gefühle eines Paares als Grundlage der Partnerwahl müssen also immer im breiteren Zusammenhang sozialer Beziehungen und Strategien analysiert werden. Das Bedeutungsspektrum des Begriffs Liebe erschließt sich nur einer detaillierten Analyse der Kontexte des Gebrauchs.

Dies macht einen strukturorientierten historischen Überblick über europäische Entwicklungen schwierig. Was an dieser Stelle möglich ist, ist ein Ausloten von Erwartungen und Handlungsspielräumen bei der Partnerwahl unter den Bedingungen verschiedener rechtlicher oder brauchmäßig festgelegter Rahmenbedingungen und dominanter Praktiken. Dabei werden bestimmte Entwicklungen sichtbar, vor allem aber wird deutlich, dass ganz unterschiedliche Modi der Partnerwahl auch innerhalb einzelner Gesellschaften oder Regionen parallel bestehen und sich nebeneinander entwickeln konnten. Im Folgenden sollen – Goodes Beobachtungen aufgreifend, aber etwas anders zusammenfassend – für das neuzeitliche Europa drei Formen der Partnerwahl unterschieden werden: ein autoritäres Modell, ein gemeinde- oder milieuzentriertes Modell und ein ›liberales‹ Modell.

Das autoritäre Modell: die arrangierte Ehe

Den Extremfall des Einflusses von Eltern und Verwandtschaft auf die Partnerwahl stellen die meist frühzeitig von der Familie arrangierten Ehen dar. In verschiedenen Regionen Nordafrikas, Chinas, Indiens sowie in Japan sind arrangierte Ehen auch heute noch anzutreffen, wenngleich sich besonders in den städtischen Bildungsschichten vielfach freiere Formen der Partnersuche durchgesetzt haben.[307] Im Jahr 1930 waren in der sunnitischen Bevölkerung von Damaskus noch 96 % der Ehen arrangiert, 1960 nur noch 64 Prozent. 1930 kannte hier mehr als die Hälfte der Frauen ihren Ehemann vor der Hochzeit nicht, 1960 traf dies bei der Verlobung noch auf 30 Prozent der Frauen zu, bei der Hochzeit nur noch auf 5 Prozent.[308] Die Möglichkeiten vor allem von Frauen, sich gegen solche Entscheidungen zu wehren, waren eingeschränkt, fehlten aber meist nicht ganz.[309]

In Europa waren nach dem kanonischen Recht der katholischen Kirche wie nach den protestantischen Kirchenordnungen arrangierte Ehen ohne freie Zustimmung der Partner nicht rechtmäßig. Deshalb war auch die Verheiratung unmündiger Kinder verboten. Dennoch war dieser Usus in der Frühen Neuzeit keineswegs verschwunden, ebenso wenig die mehr oder weniger zwangsweise Verheiratung mündiger Kinder. Besonders weit verbreitet war das Arrangieren von Ehen in den Häusern des europäischen Hochadels; denn so genannte Staatsheiraten waren ein wichtiger Teil der großen Diplomatie.[310] Kinder wurden nach Kriterien der politischen Konvenienz zur Ehe versprochen und zum frühest möglichen Termin auch verheiratet. So wurde der minderjährige Ludwig XV. von Frankreich 1721 mit einer vierjährigen Infantin von Spanien verlobt, die dann – bis zur Lösung der Verlobung aus machtpolitischen Gründen – am französischen Hof erzogen wurde. Das Erheiraten von Erbansprüchen auf Herrschaftstitel führte im europäischen Hochadel zudem häufig zu Verwandtenehen. Päpstliche Ehedispense waren auf dieser Ebene kaum ein Problem.

Auch im niederen Adel wurden meist politische Ehen geschlossen und Kinder oft zu einem sehr frühen Zeitpunkt verlobt und verheiratet. Besonders im englischen Adel war die Sitte der Kinderehen bis ins 17. Jahrhundert verbreitet. Gewöhnlich wurde in diesen Fällen allerdings für mehrere Jahre auf einen Vollzug der Ehe verzichtet. Der junge Ehemann ging weiter seiner Ausbildung nach, die junge Frau blieb während dieser Zeit bei ihren Eltern.[311] Am häufigsten finden sich solche Kinderehen in England bei adeligen Waisen oder bei drohender Gefahr von Verwaisung. Da mit der Eheschließung die Mündigerklärung und eine Besitzübertragung verbunden war, konnte eine Kinderehe verhindern, dass das Kind und der adelige Familienbesitz – wie nach den Bestimmungen des englischen Feudalrechts bei Verwaisungen vorgesehen – unter die Aufsicht und Nutzung der Krone kam. Dieses Recht des obersten Lehensherrn war für die betroffenen Familien eine harte Regelung, denn die Krone versuchte, nicht nur aus dem Grundbesitz der Waisen, sondern auch aus ihrer Verheiratung Profit zu ziehen. So bestimmte z. B. im ausgehenden 16. Jahrhundert ein englischer Lord, dass als Ausstattung seines illegitimen Sohnes von der englischen Krone die Waisenpflegschaft für ein Mädchen mit einem Grundbesitz von wenigstens 200 Pfund Jahreseinkommen gekauft werden sollte. Der illegitime Sohn sollte dieses Mädchen dann so bald wie möglich heiraten, um ihren Besitz übernehmen zu können. Lehnte er die Partnerin ab, würde er sein Anrecht auf eine Ausstattung verlieren. Dass das Mädchen sich weigern könnte, wurde nicht in Erwägung gezogen.[312]

Neben diesen in Europa weitgehend auf den Adel beschränkten Formen der Zwangsverheiratung unmündiger Kinder nach politischen und materiellen Gesichtspunkten gab es auch in den anderen gesellschaftlichen Ständen oder Schichten bis weit in das 19. Jahrhundert das Arrangieren von Ehen für erwachsene junge Männer und Frauen durch die Familie. Solche arrangierten Ehen wurden in der Regel über Heiratsvermittler angebahnt. Das konnten Verwandte oder Freunde, aber auch Familienfremde sein. Welche Handlungsspielräume den zukünftigen Partnern dabei dennoch blieben, kann ein konkretes Beispiel verdeutlichen: Vor einem württembergischen Dorfgericht wurde 1779 eine Frau aus einem Nachbardorf auf Schadensersatz verklagt, weil sie ihren Eheverspruch kurz vor der Hochzeit zurückgezogen hatte. In der Verhandlung wurden die Stufen der Partnerwahl rekonstruiert: Der erste Kontakt zwischen den Familien wurde wohl über einen Heiratsvermittler angebahnt, dann kam die Braut mit Vater und Bruder selbst in den Ort, um sich die materiellen Umstände, die Wohnsituation und vor allem die von ihr in Zukunft geforderte Arbeit genauer anzusehen. Nach einigem Hin- und Her akzeptierte die Braut, von ihrer Familie gedrängt, die Vebindung und nahm entsprechende Verlobungsgeschenke an. Das Aufgebot wurde bestellt. Nun zog die Braut ihre Zusage jedoch zurück mit der Begründung, die Frauenarbeit in dem Bleicherdorf, in dem von ihr tägliche Wäschereiarbeit verlangt worden wäre, sei ihr zu schwer. Erst als der Vater des Mannes die materielle Ausstattung seines Sohnes durch eine vorgezogene Übertragung seines Erbteils erneut erhöhte, kam die Verbindung zustande.[313]

Neben dem Entscheidungsspielraum der Partner, gegen deren Willen eine Verbindung nicht geschlossen werden konnte, zeigt dieser Fall zugleich die starke Einbindung der Familie in die Partnerwahl. Vater und Bruder der Braut führten die Verhandlungen. Sie taten dies nicht ganz uneigennützig, denn sie hatten der Frau und ihren Kindern in Zukunft bei Ehekonflikten und in Notlagen beizustehen. Die ›autoritäre Partnerwahl‹ blieb im bäuerlichen Bereich bis ins 20. Jahrhundert eingebunden in ein System familialer Solidarität. Die Familie hatte daher ein gewisses Anrecht darauf, eine schlechte Versorgung der Tochter bzw. Schwester zu verhindern.

Es ist nicht einfach, die Verbreitung arrangierter Ehen systematisch zu erfassen. Sie kamen wohl in ganz Europa in allen Schichten vor. Allerdings mischten sich die Eltern in den verschiedenen europäischen Ländern mit unterschiedlicher Intensität in die Partnerwahl der Kinder ein. Bürgerliche Eltern in Frankreich galten als besonders streng. Graf Gasparin – ein französischer Protestant – meinte 1865 in einem weit verbreiteten und in mehrere europäische Sprachen übersetzten Buch über die Familie: »In Frankreich verhindert eine törichte Sitte, die unserer Moral kaum zum Ruhme gereicht, dass die künftigen Gatten einander vor der Ehe wirklich kennen lernen. Sie mögen sich bei einem Ball begegnet sein; die finanzielle Seite mag von den Anwälten geregelt, der Heiratsantrag gemacht und angenommen worden sein; und dann, nachdem alles entschieden ist, mag es ein paar unbedeutende Gespräche gegeben haben.« Und er fügt hinzu, dass in England, Deutschland, der Schweiz und den Vereinigten Staaten die Dinge ganz anders gehandhabt würden: »Hier herrscht von Rechts wegen große Freiheit des Verkehrs zwischen jungen Männern und Frauen. Sie haben einander kennen gelernt, sie werden über alles Ehrenwerte gesprochen haben, und ihre Einwilligung in die Ehe ist alles andere als leere Formalität.«[314]

Gasparin urteilte über die französischen Verhältnisse aus der Perspektive eines calvinistischen Protestanten. Im Calvinismus und in dem mit ihm eng verbundenen angloamerikanischen Puritanismus wurde die gegenseitige Liebe der Partner stärker als Grundlage der Ehe in den Vordergrund gestellt. Reine Vernunftehen lehnten diese protestantischen Denominationen aus theologischen Gründen ab; denn das Zusammenfinden eines Mannes und einer Frau war für Calvinisten und Puritaner kein Zufall, sondern von Gott vorherbestimmt. »Ebensowenig wie der Glaube«, schrieb der englische Theologe Thomas Gataker zu Beginn des 17. Jahrhunderts, »läßt sich die Liebe erzwingen. [...] Die Frau, nach deren Hand du dich sehnst, ist die Tochter Gottes [...] Gott ist es, der über ihr Herz verfügt. [...] Die Eltern können nicht über die Zuneigung gebieten, sondern Gott ist fähig, sie dort, wo er will, zu beeinflussen«.[315] Ein Eingriff der Eltern in die

Partnerwahl der Kinder aus rein materiellen Gründen wäre eine Sünde gegen die Vorhersehung Gottes. Der Historiker Lawrence Stone sah deshalb im Calvinismus und Puritanismus die wichtigsten Kräfte für den Beginn von »affektivem Individualismus« und Liebesheiraten in Europa und Nordamerika in der Frühen Neuzeit.[316] Besonders der Puritanismus, der sonst die familiale Hierarchie und die Dominanz der Väter über ihre Frauen und Kinder bis zum Exzess betonte, war aus theologischen Gründen an diesem Punkt schwach und ließ bei der Partnerwahl Raum für Gottes Vorsehung, und das hieß: für die Gefühle der Partner. Im kontinentalen Calvinismus war diese Tendenz jedoch deutlich schwächer ausgeprägt, dem Luthertum war diese Sichtweise ganz fremd. Aber auch an der ›optimistischen‹ Sicht Stones bezüglich der Freiheit der Partnerwahl im frühneuzeitlichen England wurde in jüngster Zeit Kritik geübt und der Einfluss von Familie und Gemeinde wieder stärker betont.[317]

Im katholischen Mittelmeerraum galt zwar wie überall in Europa die Bestimmung des kanonischen Rechts, dass niemand gegen seinen Willen verheiratet werden durfte. Auch hier war jedoch die Partnerwahl vor allem in der Frühen Neuzeit eine im Wesentlichen von den Familien gesteuerte Angelegenheit. Besonders die jungen Frauen hatten wenig Anteil an der Auswahl. Die Bedeutung der Heiratspolitik in den Oberschichten wurde für den venezianischen Adel genau erforscht. Zum Teil wurde hier sogar innerhalb der Familie darum prozessiert, ob Vater oder Großvater den Ehemann für ein Mädchen aussuchen dürften, auf jeden Fall war das Mitbestimmungsrecht der Töchter marginal. Frauen, die eine von der Familie arrangierte Ehe ablehnten, blieb meist nur die Wahl, ins Kloster zu gehen.[318] Im ländlichen Italien waren die Verhältnisse kaum anders. Die hohe Bedeutung, die in der mediterranen »Kultur der Ehre« der Virginität der Braut zugemessen wurde, machte andere Formen der Partnerwahl bis ins 20. Jahrhundert hinein riskant.[319] In Griechenland besteht sowohl auf dem Land wie in den Städten bis in die Gegenwart neben der freien Partnerwahl die Praxis, eine Ehe durch Heiratsvermittlung zu arrangieren. Diese Tätigkeit übernehmen auch hier meist die Väter, im Gegensatz zu den nördlichen europäischen Ländern teilweise aber auch Mütter oder Tanten. Der Heiratsvertrag wird aber durchweg von Männern ausgehandelt.[320]

Ein interessantes Phänomen im Kontext der arrangierten Ehen ist die Tatsache, dass in Europa seit der Mitte des 18. Jahrhunderts

Abb. 51: Der bürgerliche Ehevertrag.
»Ein Ehevertrag gehörte bei einer Hochzeit im Bürgertum, vor allem in Paris, fast immer dazu. Vater und Notar waren dabei die Hauptakteure; Frauen waren Vertragsobjekte oder Zeuginnen. Immerhin war es für Frauen ein Schritt zur Individualisierung, mit ihrem Namen zu unterzeichnen« (Ariès/Duby 1992, 245).

Heiraten innerhalb der Verwandtschaft zunahmen. Dies bezieht sich auf alle Schichten, wobei aber in den untersuchten Regionen der bäuerlichen Bevölkerung in der Regel eine gewisse Vorreiterrolle zukam.[321] Bestanden z. B. in dem württembergischen Dorf Neckarhausen vor 1740 klar exogame Heiratsstrukturen bzw. ein von innerdörflichen Klientelsystemen bestimmtes Heiratsmuster, wuchs seit den 1740er Jahren und vor allem im 19. Jahrhundert die Zahl der Ehen zwischen Cousins und Cousinen zunächst des zweiten, dann auch des ersten Grades. Dies ist ein für ganz Europa feststellbarer Trend. Am deutlichsten lässt er sich an den päpstlichen Dispensationen für Verwandtenehen ablesen. In den Jahren 1683–85 finden sich nur 310 Ehedispense für Frankreich, Italien und Spanien zusammen, um 1860 dagegen waren dies mehrere tausend pro Jahr. Ähnliche Entwicklungen lassen sich für protestantische Länder wie England, Skandinavien und – allerdings noch wenig erforscht – auch für Deutschland feststellen.[322] In England erregte die steigende Zahl der »Cousin-Marriages« bereits in den 1870er Jahren das Interesse von Statistikern.[323] Bald begann auch eine breite Debatte unter Medizinern und Biologen über die möglichen Folgen dieser Entwicklung.

Der allmähliche Rückgang dieses Phänomens seit dem ausgehenden 19. Jahrhundert hängt sicher mit dem sich in Europa ausbreitenden Diskurs der Eugenik zusammen, in dem solche Ehen als biologisch nicht wünschenswert beurteilt wurden. Dazu kam nach dem Ersten Weltkrieg noch der massive Verlust von Geldvermögen in bürgerlichen Familien durch Inflation und Währungsreform, der die Verwandtenehe in diesen Kreisen auch ökonomisch unwichtiger werden ließ.

Den sozialen Sinn der Verwandtenheiraten zeigen einige Lokalstudien sehr deutlich: In Neckarhausen stieg der Anteil der Verwandtenehen zwischen der Mitte des 18. und der Mitte des 19. Jahrhunderts von 25,4 % auf 49,4 %, wobei der Anteil bei den Bauern und besonders bei den ratsfähigen Familien sogar deutlich über 50 % lag.[324] Ähnliche Studien mit vergleichbaren Ergebnissen liegen für Neapel,[325] die Bretagne,[326] das Gévaudan in Südostfrankreich[327] und einige andere Landgemeinden Frankreichs vor. [328] Diese Zahlen legen nahe, dass durch die Verwandtenheirat der Austausch zwischen zwei Familien gefestigt, ihr Vermögen zusammengehalten und ihr sozialer und politischer Status gesichert werden sollte. Verwandtschaftsehen nahmen bezeichnender Weise in einer Zeit zu, als sich in den untersuchten Dörfern, Städten und Regionen eher klientelorientierte soziale Zusammenhänge auflösten und durch schicht- oder klassenorientierte Strukturen ersetzt wurden. Die steigende Zahl der Verwandtenehen und die fortschreitende Klassenbildung stehen, so eine der Thesen der Forschung, auch über den agrarischen Bereich hinaus, in einem engen Zusammenhang.

Genauer wurden diese Verwandtenehen bisher vor allem für Adel und Bauern untersucht, sie finden sich jedoch auch im Bürgertum des 19. Jahrhunderts. Die Klassenkonstituierung der Bourgeosie vollzog sich nicht nur über ökonomische, sondern auch über soziale bzw. verwandtschaftliche Verbindungen zwischen führenden Familien.[329] Die Einrichtung von bürgerlichen Familienvereinen, Familientreffen oder die Verbindungen über Patenschaften verstärkten das durch Heiraten geknüpfte familiäre Netzwerk.[330] Auch auf den Jugendlichen des Bürgertums lastete daher häufig der Zwang, solchen Allianzwünschen der Eltern nachzugeben. Verwandtenehen besitzen daher in der Regel eine große Nähe zu den arrangierten Ehen.

Das gemeinde- oder milieuzentrierte Modell

Neben dem autoritären Modell der durch die Familien arrangierten Ehen bestanden häufig zeitlich und räumlich parallele Formen der Partnerwahl, die Jugendlichen innerhalb des engen Rahmens der Ehegesetzgebung – die auch bei Mündigkeit bis weit ins 19. Jahrhundert in der Regel die Zustimmung der Eltern zur Ehe verlangte – einen etwas größeren Spielraum einräumten. Die Phase des Kennenlernens wurde in diesem Modell intensiviert, war allerdings einer zusätzlichen Kontrolle durch die Jugendlichen einer Gemeinde unterworfen. Solche durch die Jugend organisierten Formen des Kennenlernens fanden sich vor allem in ländlichen Gebieten Europas. Sie basierten dort auf einem Zusammenschluss der ledigen männlichen Jugend einer Gemeinde zu Burschenschaften. In den Städten fanden sich bisweilen wohnbezirks- oder milieugebundene Spielarten solcher Jugendorganisationen, meist in Form von Jugendbanden, die Straßenzüge und die dort wohnenden heiratsfähigen Mädchen kontrollierten.[331]

Ländliche Burschenschaften traten im europäischen Bereich vor allem dort auf, wo sich ausgeprägte Formen kirchlicher und weltlicher Landgemeinden entwickelt hatten und sich keine komplexen Großfamilien mit endogamer Tendenz finden. In Deutschland, Frankreich, der Schweiz, Oberitalien, Österreich, Ungarn und Rumänien und vor allem auch in Skandinavien trifft man diese Burschenschaften zum Teil bis ins frühe 20. Jahrhundert an. Im Verbreitungsgebiet der Zadruga gab es sie jedoch nicht, während man sie in anderen slavischen Bereichen durchaus nachweisen kann.[332] Im Detail bestanden große regionale Unterschiede zwischen den Organisationsformen lediger Jugendlicher, in ihrer Hauptfunktion, der Eheanbahnung im lokalen Rahmen, stimmten sie aber stark überein.[333] Die Burschenschaften waren zuständig für eine kollektiv organisierte Annäherung der Geschlechter, sie suchten Freier aus anderen Orten abzudrängen und wachten zumindest indirekt auch über die Sozialverträglichkeit der sich anbahnenden Verbindungen. Zentrale Einrichtungen waren in diesem Zusammenhang die Lichtstuben, aber auch Dorftänze oder ritualisierte Spaziergänge der Jugendlichen. Letztere gab es auch in Städten.[334]

Lichtstuben waren im Prinzip Orte der ländlichen Arbeitsgeselligkeit. Dort trafen sich während der Wintermonate die Frauen und Mädchen zu gemeinsamer Arbeit – angeblich um Licht zu sparen. Bis ins 16. Jahrhundert hinein waren die Lichtstuben wahrscheinlich gemischtgeschlechtlich. Seit dem 16. Jahrhundert lassen sich jedenfalls massiert Gesetze und Ordnungen feststellen, die die Geschlechtertrennung in diesen Lichtstuben – mehr oder weniger erfolgreich – durchzusetzen versuchten. Auf jeden Fall blieben die Lichtstuben weiterhin Ausgangspunkt für nächtliche Aktivitäten von Jugendlichen beiderlei Geschlechts. In vielen Gegenden hat sich in diesem Zusammenhang das so genannte Fensterln (Bayern, Österreich), Nachtfreien oder Kiltgehen (Schweiz) lange erhalten. Es war vor allem in Skandinavien, im Baltikum und im deutschen Küstengebiet sowie im Alpenraum verbreitet, ist aber auch in Teilen Großbritanniens (als so genanntes »bundling«) nachweisbar.[335] Es handelt sich dabei entweder um individuelle Aktionen[336] oder aber um von den Burschenschaften organisierte und überwachte Formen der intimen Kontaktaufnahme, wobei man davon ausgehen kann, dass auch

Abb. 52: Europäische Verbreitung des Kiltgangs.
Der nächtliche Besuch von jungen Männern bei ihren Geliebten, in der Schweiz als Kiltgang bekannt, war eine weit verbreitete und meist brauchmäßig regulierte und kontrollierte Form der Eheanbahnung. In Teilen Skandinaviens sowie im Alpenraum wird dieser Brauch sehr stark von den Burschenschaften organisiert und kontrolliert, in anderen Regionen beruht er stärker auf individueller Initiative, wobei dennoch bestimmte Regeln eingehalten werden sollten.

die individuellen Formen des Nachtfreiens einer gewissen Beobachtung durch die Jugendlichen des Ortes unterlagen.

Aus volkskundlichen Untersuchungen zum schwedischen Kiltgang vom Beginn dieses Jahrhunderts weiß man, dass dieser ein exakt geregeltes und von den Burschen genau kontrolliertes System der altersmäßig zunehmenden Lizenz sexueller Annäherung war. Mit sechzehn durften die Jungen bei den Mädchen in voller Montur auf der Bettdecke liegen, mit siebzehn durften sie dabei die Jacke ausziehen, mit achtzehn angezogen unter die Bettdecke kommen usw. Übertreter wurden streng bestraft.[337] Solche Bräuche sind nicht gleichzusetzen mit sexueller Promiskuität, denn die Erlaubnis zum Beischlaf war in der Regel an das Eheversprechen gebunden.

In Gegenden mit Kiltgang oder anderen jugendautonomen Formen der Eheanbahnung gab es zwar in der Regel erhöhte Illegitimitätsraten (wobei allerdings der Umkehrschluss nicht immer zutrifft), zumindest die Kinder der dörflichen Oberschicht haben dieses Instrument aber nicht taktisch zur Erzwingung selbstgewählter Heiratsverbindungen gegen den Willen der Eltern eingesetzt.[338] Dörfliche Jugendgruppen stellten das System der familialen Heiratsstrategien nicht nachhaltig in Frage, verbanden es aber mit größeren Freiräumen für das Kennenlernen und die sexuelle Annäherung. Ähnliches lässt sich für die Jugendgruppierungen in Städten sagen, die durch eine Kontrolle des Verhaltens der Mädchen und die Abwehr von fremden Jugendlichen durchaus zur Beschränkung der Partnerwahl und zur Milieuintegration in den Unterschichten beitrugen.[339] Die Partnerwahl und Eheanbahnung im gehobenen Bürgertum kannte dagegen keine solche Einbindung in jugendautonome Organisationsformen.

Die Funktionen der Jugendgruppen im Rahmen der Eheanbahnung sind ambivalent. Neben der selbständigen Annäherung der Geschlechter und dem ›Testen‹ von Partnern steht die Kontrolle der Wahl durch die Gruppe, die in ihren Werten nicht prinzipiell von der Elterngeneration abweichen musste. Die Bezugsgrößen waren für die Jugendorganisationen allerdings auf Grund ihres meist ausgeprägten Territorialismus das Dorf und das städtische Quartier und nicht die familialen Allianzen. Es war für sie wichtiger, fremde Jugendliche von dem eigenen Territorium und den örtlichen Mädchen fern zu halten, als bestimmten Familien langfristige Positionsvorteile durch die richtige Heirat zu verschaffen. Außerdem handelten sie im Interesse ihrer Generation, indem sie die Wiederverheiratung von Witwern oder Witwen mit jugendlichen Partnern zu verhindern suchten oder zumindest rügten.[340]

Durch Aktivitäten der Jugendgruppen kam damit ein Element in die Partnerwahl, das durchaus soziale Sprengkraft hatte: die relative Bevorzugung von Gleichaltrigen. Ehen im Ancien Régime waren häufig durch einen erheblichen Altersabstand der Partner, in der Regel ein wesentlich höheres Heiratsalter des Mannes, gekennzeichnet. In bürgerlichen Kreisen galt dies bis ins 20. Jahrhundert. Die Partnerwahl im Rahmen der peer group dagegen führte zur Annäherung Gleichaltriger. Der durchschnittliche Altersabstand zwischen den Ehepartnern war in diesen Regionen bzw. den von diesen Formen der Partnerwahl beeinflussten sozialen Schichten bei Erstehen in aller Regel geringer.[341] Das war eine nicht unwesentliche Voraussetzung für eine gewisse Gleichberechtigung der Frauen in solchen Ehen.

Das ›liberale‹ Modell der Partnerwahl

Als ›liberales‹ Modell sollen hier Formen der Partnerwahl bezeichnet werden, die nicht durch gezielte Eingriffe oder Aufsicht von außen gesteuert wurden. Das bedeutet nicht, dass hier strukturelle Elemente wie Standeszugehörigkeit, soziale Schicht oder Konfession keinen Einfluss auf die Partnerwahl besäßen. Insofern entspricht dieses Modell nicht der idealistischen Vorstellung einer von allen ›sachfremden‹ Kriterien freien Wahl nur nach den ›inneren‹ Werten des Partners oder der Partnerin. Schicht- oder Klassenzugehörigkeit, Besitz von »kulturellem Kapital«[342] wie Bildung oder Umgangsformen beeinflussen gerade diese freieren Formen der Wahl besonders stark. Es gibt auch klare Erwartungshaltungen auf der Seite der jeweiligen Herkunftsfamilien. Diese können oder wollen sich jedoch nicht in der gleichen Weise präskriptiv einmischen wie dies bei den arrangierten Ehen der Fall ist, auch eine Kontrolle durch die Gleichaltrigen, die Gemeinde oder Nachbarschaft fehlt.

Bestimmte strukturelle und weltanschauliche Voraussetzungen begünstigen eine solche Individualisierung der Partnerwahl. Dazu gehören die Entkoppelung der Lebens- und Zukunftssicherung der Kinder vom Besitz der Eltern, die Mobilität der jüngeren Generation, das frühe und mehr oder weniger dauerhafte Verlassen des Elternhauses und der Gemeinde in der Jugend. Aber auch spezifische religiöse Auffassungen vom Wesen der Ehe, wie bereits am Beispiel des Calvinismus und Puritanismus gezeigt, konnten das Verhalten der Eltern prägen.[343] Schließlich besaßen vor allem im Bürgertum seit der Aufklärungszeit die neuen Vorstellungen von den Rechten der Person und den Formen individuellen Glücks Auswirkungen auf den Umgang mit der Zukunft der Kinder. Je nachdem, welchen dieser Aspekte man stärker gewichtet, wird man die Anfänge des liberalen Modells in unterschiedlichen Zeiten und Schichten suchen. Die Forschung hat deshalb auch sehr verschiedene Antworten auf diese Frage gegeben.

1. Entkoppelung: Nach der oben erwähnten Darstellung Edward Shorters nahmen sich seit dem ausgehenden 18. Jahrhundert zunächst in der entstehenden Fabrikarbeiterschaft die Kinder die Freiheit der autonomen Partnerwahl, da sie nicht von der Übertragung eines Erbes abhängig waren, ihre Zukunft gewissermaßen nicht mehr mit der der Eltern verkoppelt war. Die Forschung hat Shorters weit reichende These, dass hier der Ursprung moderner individualisierter Partnerschaftsverhältnisse zu suchen sei, nicht bestätigt. Denn die Unehelichkeitsziffern, Shorters zentrales Kriterium für seine These, stiegen im städtischen wie im ländlichen Bereich nicht durch eine wachsende Fabrikarbeiterschaft an, sondern durch die Zunahme von ledigem Gesinde. Sie hingen im städtischen Bereich außerdem von den abnehmenden Verselbständigungs- und Heiratschancen der Gesellen ab sowie von der Präsenz anderer lediger Bevölkerungsgruppen wie Soldaten oder Matrosen. Im ländlichen Bereich mag die Ausbreitung der hausindustriellen Textilproduktion zu einem etwas ›riskanteren‹ Sexualverhalten von Jugendlichen beigetragen haben. Die Fabrikindustrie, die sich ohnehin erst großflächig durchsetzte, als die Zunahme der illegitimen Geburten bereits ihren Höhepunkt überschritten hatte, besaß daran kaum ursächlichen Anteil.[344]

Wenn man diese Einwände berücksichtigt und Shorters These zugleich ihrer Fortschrittsrhetorik entkleidet, dann zeigen sich an den konkreten Formen der Eheanbahnung unter Arbeitern dennoch einige interessante Befunde. Unter den Bedingungen großstädtischer Anonymität breiteten sich unter der frühen Fabrikarbeiterschaft in der Tat eheähnliche Lebensverhältnisse aus, mit denen die rechtlichen, wirtschaftlichen oder sozialen Anforderungen für eine Eheschließung unterlaufen wurden. Für Großbritannien konnte gezeigt werden, dass sich in diesem Kontext eine sehr liberale Kultur der Partnerwahl etablierte. Ein uneheches Kind war im Milieu der städtischen Unterschichten für eine Frau kein moralischer Makel; für einen Mann nur, wenn er nicht bereit war, für den Unterhalt des Kindes zu bezahlen. Viele Frauen zogen sogar die Alimente der Heirat vor, da sie so freier blieben und nicht die rechtlichen und sozialen Einschränkungen einer Ehe auf sich nehmen mussten.[345]

Auch in Frankreich entwickelte sich im 19. Jahrhundert unter den Arbeitern das unverehlichte Zusammenleben, die »concubinage«, zu einer verbreiteten Form der Ehe auf Probe. Solche Beziehungen wurden meist erst legalisiert, wenn Kinder geboren wurden oder das entsprechende Vermögen vorhanden war, damit der Mann eine Familie ohne die Fabrikarbeit seiner Frau unterhalten konnte; denn auch in der Arbeiterschaft blieb die Vorstellung von Ehe und den damit einhergehenden Geschlechterrollen sehr traditionell. Eine Ehefrau sollte nicht weiter in die Fabrik gehen, sondern den Haushalt führen. Mit diesen »concubinages« war in Frankreich allerdings kein radikaler Mentalitätswandel im Hinblick auf voreheliche Sexualität verbunden, sondern eher eine Anpassung an veränderte Rahmenbedingungen.[346] Dennoch werden hier Formen der Partnerwahl sichtbar, deren Freiheit weit über das hinausging, was Jugendlichen in der gleichen Zeit im Adel oder Bürgertum möglich gewesen wäre. Auch in Dörfern wurden derartige Beziehungen in der Regel nicht geduldet.

2. Mobilität: Neben der Entkoppelung der Zukunft der Jugendlichen von der Besitzübertragung durch die Eltern war für die liberaleren Formen der Partnerwahl besonders die Mobilität lediger Jugendlicher und ihr Heraustreten aus dem elterlichen Haushalt eine wichtige Voraussetzung. Diese Ausgangskonstellation stellte auch schon früher die Basis einer liberaleren Form der Partnerwahl bei Gesellen und Gesinde dar. Gesellen, die auf Wanderschaft gingen, suchten in dieser Zeit nicht nur die berufliche Fortbildung, sondern meist auch eine Möglichkeit zur Einheirat in einen Betrieb. In Berufen, bei denen der Wert der Ausstattung der Werkstatt relativ gering war, bestand wenig Anreiz zur Rückkehr in die Heimatstadt und zur Übernahme des elterlichen Betriebs. Das Zusammenwohnen der Gesellen mit einer fremden Meisterfamilie vergrößerte zugleich die Chancen zum gegenseitigen Kennenlernen. So konnte die Partnerwahl unter genauem Abwägen der jeweiligen persönlichen Qualitäten und materiellen Umstände getroffen werden. Das Weiterwandern ermöglichte den Gesellen die Auflösung einer Beziehung, die vielleicht doch nicht ganz ihren Vorstellungen entsprach, oder war die notwendige Antwort auf die Zurückweisung durch die Meisterstochter. Diese Verbindung von Wanderschaft und Partnersuche wurde in der europäischen Volksliedliteratur auch über den deutschsprachigen Bereich hinaus vielfach thematisiert.

Mobilität und abnehmende Bedeutung des elterlichen Besitzes eröffnete außerdem der männlichen und seit dem 20. Jahrhundert auch der weiblichen akademischen Jugend zunehmend breitere Möglichkeiten zu autonomer Partnerwahl. Die Durchsetzung qualifikations- und leistungsbezogener Berufskarrieren führte – zusammen mit der Wirkung akademischer Überfüllungskrisen – zu einem steigenden Heiratsalter bürgerlicher Männer. Sie mussten mit der Eheschließung warten, bis sie in der Ämterlaufbahn eine entsprechende berufliche Stellung erlangt und damit finanzielle Selbständigkeit erreicht hatten. Oft waren sie dann weit über 30 Jahre. Die Frauen, die sie sich als Partnerinnen suchten waren allerdings wesentlich jünger. An einem Sample von etwa 100 bürgerlichen Familien aus Deutschland konnte gezeigt werden, dass im ausgehenden 18. Jahrhundert in der Hälfte der Ehen die Ehemänner zehn bis zwanzig Jahre älter waren als ihre Frauen.[347] Im 19. Jahrhundert veränderten sich die Werte in dieser Gruppe nicht wesentlich, auch scheinen die Variationen zumindest im nordwesteuropäischen Kontext gering.[348] Insgesamt begünstigte Wohlstand in der Regel die frühe Heirat von Mädchen, während Ausbildung und Laufbahnstruktur von Beamten ein hohes Heiratsalter der Männer erzwang.[349]

Diese spät heiratenden Männer nahmen ihre Brautwahl meist selbst in die Hand, obwohl es bis in die zweite Hälfte des 19. Jahrhunderts genügend Beispiele des Gegenteils gab. In der jüdischen Bankiersfamilie Warburg z. B. lernte Siegmund Warburg seine russische Braut Theophile Rosenberg erst kennen, nachdem die Eltern sich 1862 schriftlich über die Mitgift bzw. über die Beteiligung Siegmunds am väterlichen Unternehmen verständigt hatten.[350] In der Regel aber überließen die ›jungen‹ Männer die Wahl nicht mehr ihren Eltern oder Heiratsvermittlern. Auf Bällen, in der Kirche, in den Familien von Arbeitskollegen (am besten von Vorgesetzten) oder in der Verwandtschaft suchten sie ihre zukünftigen Ehefrauen. Auch die im 19. Jahrhundert aufkommenden Heiratsannoncen sind eine Form der selbst organisierten Partnerwahl. Diese Freiheit galt allerdings zunächst nur für Männer. Für die sehr viel jüngeren Bräute blieb die Zustimmung der

Eltern auch über ihre rechtliche Erforderlichkeit hinaus noch lange unerlässlich. Erst nach dem Zweiten Weltkrieg und speziell mit dem starken Kulturwandel und der »sexuellen Revolution« der 1960er Jahre setzte sich die Liberalisierung der Partnerwahl auch für die Mädchen durch – zunächst in den nordwesteuropäischen Ländern, mit einiger Verzögerung dann auch in Südeuropa.

3. Kriterien freier Partnerwahl: Nach welchen Kriterien in diesem liberaleren Regime von den jungen Männern und Frauen die Partnerwahl vorgenommen werden sollte, wurde in den bürgerlichen Kreisen bereits im 18. Jahrhundert breit diskutiert. War im Calvinismus bzw. Puritanismus bei aller Bedeutung der Vorsehung letztlich die religiöse Übereinstimmung der Partner das eigentliche Kriterium, so gewann mit der Aufklärung zunehmend das Konzept der Liebe an Bedeutung. Die Liebesheirat wurde europaweit zu einem zentralen Thema in Literatur und Publizistik, allerdings war das bürgerlich Ideal im 18. Jahrhundert noch nicht die ›romantische‹, sondern die ›vernünftige‹ Liebe.[351] Kriterien der Vernunft sollten nicht der Besitz, sondern die moralischen Qualitäten der Partner sein. Zur Vernunft in der Liebe gehörte zudem das Respektieren von Standesgrenzen. Erst das Konzept der ›romantischen Liebe‹ integrierte seit der Wende zum 19. Jahrhundert zumindest literarisch die Erotik in die Liebe der bürgerlichen Ehepartner. Mit der weit gehenden Freigabe der Sexualität für Jugendliche als Teil der Partnersuche im ausgehenden 20. Jahrhundert, wurde die erotische Dimension zu einem zentralen Kriterium der Entscheidungsfindung. Voreheliches Zusammenleben von Partnern ist heute in allen Gesellschaftsschichten die Regel.

Dennoch führten die freieren Formen und neuen Kriterien der Partnerwahl gerade im Bürgertum nicht zu einer Durchbrechung der Schichtspezifik der Ehen. Bis in die Gegenwart blieb die soziale Endogamie ein deutliches Charakteristikum der Partnerwahl bürgerlicher Oberschichten.[352] Wie sehr man im 19. Jahrhundert in diesen Kreisen trotz des literarischen Kults um die ›romantische Liebe‹ weiter auf die materiellen Umstände achtete, wird aus der neuen Quellengattung der Heiratsannoncen deutlich. Hier suchten Personen angeblich nach Liebe. Dennoch hielt man primär nach Partnern Ausschau, deren reales und symbolisches Kapital die eigene soziale Stellung festigte. Das Modell für eine Heiratsannoce in einem der am weitesten verbreiteten deutschen Briefsteller des 19. Jahrhunderts lautete z. B.: »Ein Mann von 45 Jahren, fester Gesundheit, angenehmem Äußern und einem jährlichen Einkommen von 1500 Mark, wünscht eine Lebensgefährtin von gutem Ruf, gefälligem Äußern, Sinn für Häuslichkeit und einer Bildung, wie sie in dem Bürgerstande größerer Städte zu finden ist. Einiges Vermögen wäre dabei erwünscht, ist jedoch nicht unumgänglich nötig, wofern nur eine gute Ausstattung vorhanden ist. Das Alter dürfte nicht über 30 Jahre sein.«[353] Ein Mann gab in solchen Annocen ganz ungeniert sein Einkommen an und erwartete dafür eine solide Mitgift der Frau. Das war die zentrale Anforderung. Daneben spielte – als symbolisches Kapital – ihr guter Ruf eine Rolle; das hieß, sie durfte kein uneheliches Kind haben. Außerdem sollte sie so viel Bildung besitzen, dass sie den Mann in Gesellschaft nicht in Verlegenheit brachte.[354]

Im 20. Jahrhundert änderten sich diese Parameter trotz noch größerer Unabhängigkeit der Wahl von den Wünschen der Familie nicht grundlegend. Speziell für Frauen, die traditionell leichter über ihrer Herkunftsschicht heiraten konnten als die Männer, nahm in den letzten Jahrzehnten die soziale Heiratsmobilität sogar ab. Besonders das ›kulturelle Kapital‹ der Bildung führte im 20. Jahrhundert zu einer deutlichen Begrenzung der Heiratskreise. Es lässt sich feststellen, dass »der über die Bildung der Frauen indirekt vermittelte Einfluss ihrer sozialen Herkunft noch entschiedener die Ehekonstellationen prägt; gleichzeitig hat die Bedeutung des eigenen erworbenen Status der Frau für die Assoziation mit entsprechenden Partnern zugenommen.« Dieser erworbene Status der Frau und das damit verbundene selbständige Einkommen wurden »zunehmend zur Mitgift, die sie ebenfalls in die Ehe einzubringen hat«.[355] In den modernen Industriegesellschaften hat sich also aus der Perspektive des Heiratsverhaltens gerade nicht jene in den 1950er Jahren von Soziologen prognostizierte »nivellierte Mittelstandsgesellschaft« (Schelsky) eingestellt. Vielmehr erhielten sich ausgeprägte Schicht- oder Klassengegensätze, die sich in den letzten Jahrzehnten sogar noch verschärften. In Deutschland z. B. stieg zwischen 1978 und 1987 bei den in freien Berufen und in höheren Angestellten- und Beamtenverhältnissen berufstätigen Frauen der Anteil der Ehen mit Partnern aus der gleichen Berufsklasse in der Regel um annähernd zehn Prozent auf Werte zwischen vierzig und fünfzig Prozent an. Die Berufsendogamie der Männer nahm vor allem bei den mittleren Angestellten und Beamten und den freien Berufen zu, ging aber bei den großen und mittleren selbständigen Unternehmern von knapp sechzig auf etwa fünfzig Prozent zurück. Diese Männer waren nun eher bereit, ökonomisch weniger potente Frauen vor allem aus der gehobenen Bildungsschicht als Ehepartnerinnen zu akzeptieren. »Eine Heiratsanzeige, die Symbolcharakter für beide Geschlechter haben würde, könnte dann etwa so aussehen: Selbständiger sucht kulturelles Kapital zwecks Einheirat in die gehobenen Stände und bietet Bildungsbürgerin solventen Hausstand zur Verwirklichung ihrer vielfältigen musischen Interessen.«[356]

Durch die Abschottung der Heiratskreise der oberen Gesellschaftsschichten ist es heute auch in den weniger qualifizierten Berufsgruppen mit der sozialen Durchlässigkeit schlecht bestellt, wenngleich die extremen Werte, die noch zu Beginn der 1970er Jahre zu finden waren, in den letzten Jahrzehnten leicht zurückgingen. Nach dem Mikrozensus der Bundesrepublik von 1971 stammten zwei Drittel der Ehefrauen von Arbeitern aus Arbeiterfamilien. Rechnet man noch die Bauern als handarbeitende Berufe dazu, dann stammten zumindest bei den ungelernten und angelernten Arbeitern über 80 % der Partner aus der gleichen Schicht. Lediglich 7 bis 8 % der Frauen von Arbeitern kamen aus Familien von einfachen oder mittleren Beamten, unter 1 % aus Familien der höheren Angestellten- oder Beamtenschaft, 1978 lag der Anteil schichtendogamer Ehen bei ungelernten Arbeitern bei 72 %, 1987 noch bei 65 %.[357]

Das liberale Modell der Partnerwahl findet sich also in ganz unterschiedlichen Gesellschaftsschichten. Es trat zunächst besonders bei Jugendlichen mit hoher Mobilität wie z. B. den Gesellen auf. Mit der Ausdehnung des höheren Schulwesens und des Frauenstudiums wuchsen auch die Spielräume für selbstbestimmte Partnersuche zunächst für die männliche und schließlich auch für die weibliche Jugend aus bürgerlichen Schichten. Heute hat sich in Europa vor allem im Nordwesten das liberale Modell als Regelform der Partnerwahl durchgesetzt. Bis in die Gegenwart bleibt allerdings die Schichtspezifik allgemein ein Charakteristikum der Partnerwahl in Europa. Es gibt weiterhin enorme »Interaktionsschranken« (Mooser) zwischen den Schichten, die die Suche nach einem Partner in hohem Maße auf das jeweilige Herkunftsmilieu beschränken.

b) Voreheliche Sexualität und nicht-eheliche Lebensgemeinschaften

Die freie Form der Partnerwahl ist vor allem in der Gegenwart eng verbunden mit vorehelicher Sexualität. Wie weit das auch in der Vergangenheit der Fall war, ist umstritten. Zwischen 1750 und 1850 trat in ganz Europa eine deutliche Zunahme unehelicher Geburten auf. Sie machten in der Regel zwischen 10 und 20 % aller Geburten aus. In manchen Regionen konnte ihr Anteil auf über 50 % ansteigen. Von dem Historiker Edward Shorter wurde dieser säkulare Anstieg der Unehelichkeitsquoten als »sexuelle Revolution« interpretiert. Shorters Interpretation war jedoch, wie gezeigt, auf Widerspruch gestoßen.

Für die Erklärung des Wandels vorehelicher Sexualität im europäischen Überblick sind zunächst besonders die großen regionalen Unterschiede bedeutsam. Es wurde schon darauf hingewiesen, dass es einen deutlichen Zusammenhang zwischen der späten Heirat im Gebiet des European Marriage Pattern und den hohen Illegitimitätsraten gibt. Im Balkanraum und in Russland, wo bis ins 20. Jahrhundert das Heiratsalter in der Regel niedrig war, waren auch uneheliche Geburten seltener. Die veränderten politischen Rahmenbedingungen mit dem Übergang zum Sozialismus, die auch tief in die Struktur der ländlichen Gesellschaft eingriffen, haben hier im 20. Jahrhundert allerdings einen raschen Wandel eingeleitet. Niedrig sind die Illegitimitätszahlen bis in die Gegenwart auch im mediterranen Bereich, mit der Ausnahme Portugals, wo schon seit langem deutlich höhere Anteile unehelicher Geburten festzustellen sind.[358] Portugal ist ein auffallendes Beispiel, weil es mit den relativ hohen Illegitimitätszahlen sowohl aus dem mediterranen Kontext der Ehre und der bewachten Virginität, als auch aus der katholischen Front auszuscheren scheint.[359] Ausgesprochen niedrige Unehelichkeitsziffern fanden sich dagegen lange im katholischen Irland, aber auch in einigen überwiegend protestantischen Ländern wie den Niederlanden oder der Schweiz.

Derartige Großüberblicke aufgrund von nationalen Durchschnittszahlen sind allerdings problematisch, denn sie verdecken die teilweise gravierenden Unterschiede, die innerhalb dieser Länder zwischen einzelnen Unterregionen bestehen können. Im deutsch-österreichischen Raum z. B. sind Regionen mit extrem hohen Illegitimitätswerten vor allem der bayerische Alpenraum

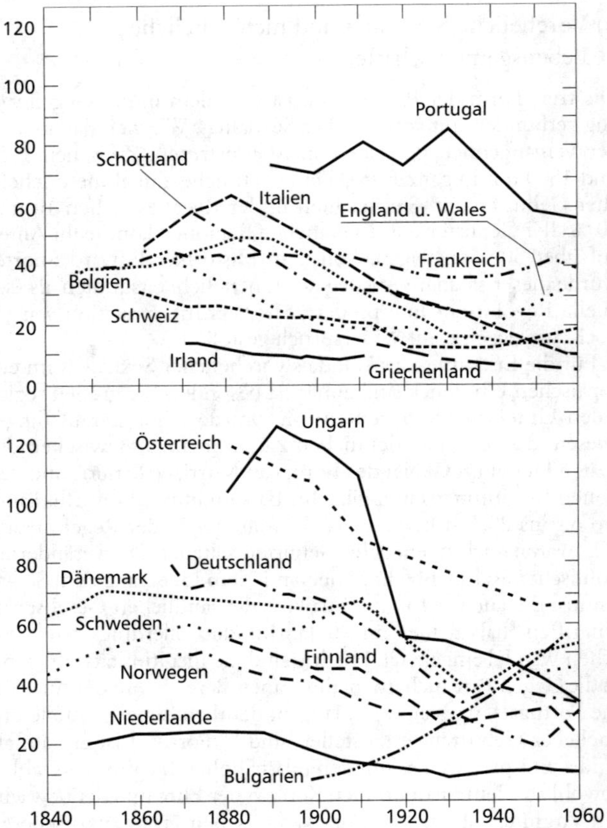

Abb. 53: Rückgang der unehelichen Geburten in Europa, 1840–1960.
Mit Ausnahme Portugals verzeichneten sämtliche west- und nordeuropäischen Länder seit dem ausgehenden 19. Jahrhundert einen Rückgang der Illegitimitätsquote (Zahl der unehelichen Kinder auf 1000 Geburten). Die Ausgangswerte waren dabei sehr unterschiedlich. Österreich und Ungarn verzeichneten noch 1880 extrem hohe Illegitimitätsraten, während sowohl das katholische Irland wie die protestantischen Niederlande, aber auch das orthodoxe Griechenland und Bulgarien sehr niedrige Werte hatten.

sowie Südwürttemberg und Südbaden. In Kärnten gibt es Orte, in denen noch in der zweiten Hälfte des 19. und im frühen 20. Jahrhundert über 80 % der Geburten unehelich waren, in Südbaden wurden in der ersten Hälfte des 19. Jahrhunderts in einzelnen Gemeinden Werte über 60 % erreicht. Weitere Regionen mit hoher Illegitimitätsquote waren außerdem Sachsen, Schlesien, Hannover und Thüringen.[360]

Die Ursachen unterschiedlicher Illegitimitätsraten innerhalb des Gebiets des European Marriage Pattern können auf auf sehr verschiedenen Ebenen liegen. Ein Faktor ist sicher Religiosität. In Kärnten, dem »Jamaica Europas« (Mitterauer), war die Bevölkerung im 19. und frühen 20. Jahrhundert stark antikirchlich eingestellt, auch in Frankreich scheint sich ein Zusammenhang zwischen Dechristianisierung und zunehmender Illegitimität nicht von der Hand weisen zu lassen. Umgekehrt sind Regionen mit starker kirchlicher Bindung – unabhängig von der Konfession – durch eher niedrige Illegitimitätsquoten gekennzeichnet: das katholische Irland, Tirol, die Niederlande, aber auch vom Pietismus geprägte Orte in Deutschland.[361]

Eine besonders wichtige Rolle für den Anstieg der unehelichen Geburten in ländlichen Regionen spielte die Agrarrevolution. Im Rahmen der Intensivierung der Landwirtschaft kam es auf dem Land zu einem Ansteigen des Gesindes, also zur Zunahme einer Bevölkerungsgruppe, die in hausrechtlicher Abhängigkeit stand und in der Regel nicht heiraten konnte. In anderen Regionen erhielten die ländlichen Arbeitskräfte als Tagelöhner ein so geringes Einkommen, dass ihnen eine Hausstandsgründung ebenfalls nicht möglich bzw. aufgrund der staatlichen Heiratsverbote auch nicht erlaubt war. Umgekehrt waren dort, wo Gesindeehen erlaubt waren, auch die Illegitimitätsquoten niedrig.[362]

Einen ähnlichen Zusammenhang zwischen steigender Gesindezahl und zunehmender Illegitimitätsquote lässt sich auch für die Städte aufzeigen. Seit der zweiten Hälfte des 18. Jahrhunderts stieg europaweit die Dienstbotenhaltung in den Großstädten an. Zugleich ging die Verbindlichkeit des Musters des ›ganzen Hauses‹ zurück, das Gesinde des aufsteigenden neuen Bürgertums war immer weniger in den herrschaftlichen Haushalt integriert. Im Rahmen der Herausbildung der intimisierten Kernfamilie wuchs die soziale Distanz gegenüber den Dienstboten, die auch immer häufiger und rascher ihre Stellen wechselten. Dadurch wurde die soziale Kontrolle geringer, die Neigung und Möglichkeit der Dienstboten zur Aufnahme vorehelicher sexueller Kontakte stieg entsprechend an. Auch die frühe städtische Arbeiterschaft trug wesentlich zum Anstieg der unehelichen Geburten bei. Konkubinate waren hier, wie gezeigt, durchaus nicht unüblich. Das ließ die staatlichen Unehelichkeitsstatistiken entsprechend ansteigen, auch wenn es sich hier vielfach um dauerhafte Verbindungen handelte.[363]

Der allgemeine Rückgang der Illegitimitätsquote nach 1875 darf nicht darüber hinwegtäuschen, dass gerade in der Arbeiterschaft der Anteil unehelicher Kinder an den erstgeborenen weiterhin bedeutend blieb. Zwischen 1850 und 1900 waren bei den württembergischen Metall- und Textilarbeitern noch zwischen 25 und 35 % der erstgeborenen Kinder unehelich. Fast die Hälfte der Arbeiter der Daimler-Motoren-Gesellschaft in Stuttgart hatten in den Jahren vor dem Ersten Weltkrieg bei der Eheschließung bereits uneheliche Kinder.[364] In anderen Industriegebieten, wie z. B. in der durch Textil- und Maschinenindustrie geprägten Industriestadt Linden bei Hannover, lag die Illegitimitätsquote allerdings zu Beginn des 20. Jahrhunderts deutlich niedriger bei 10 %.[365] Mit dem Rückgang der Illegitimitätsquote war bei den Arbeitern gleichzeitig ein Anstieg der Heiratshäufigkeit verbunden. Dies bedeutet allerdings nicht, dass sich die Gewohnheiten vorehelicher Sexualität damit nachhaltig verändert hätten. Verschiedene Untersuchungen zeigen deutlich, dass der Rückgang der Illegitimitätsquote durch ein Ansteigen der Zahl vorehelich gezeugter Kinder ersetzt wurde, vorehelicher Geschlechtsverkehr also weiterhin die Regel blieb.[366]

Erst seit den 1960er Jahren hat sich dieser Trend zur Verheiratung wieder umgekehrt, allerdings unter deutlich anderen wirtschaftlichen und rechtlichen Rahmenbedingungen. Heute ist das uneheliche Zusammenleben von zwei Personen kein Phänomen der Unterschichten mehr, eher im Gegenteil. Insgesamt ist es in Europa fast zum Normalfall geworden, der jeder Eheschließung als Lebensphase vorausgeht und auch immer häufiger diese ersetzt. Noch bis in die 1970er Jahre hinein war dies in den meisten europäischen Ländern verboten, stellte einen Straftatbestand dar. Der juristische Begriff dafür war »Konkubinat«. Er besaß auch in seiner alltagssprachlichen Verwendung eine deutlich negative Bedeutung, weshalb er von den Juristen in Deutschland heute durch »nichteheliche Lebensgemeinschaft« ersetzt wurde. Vielen Sozialwissenschaftlern scheint auch dieser Begriff nicht wertfrei, sie sprechen deshalb im Anschluss an die internationale Terminologie von Kohabitation. Im römischen Recht, aus dem der Begriff des »Konkubinats stammt, war dieser Terminus weitgehend neutral. Konkubinat bezeichnete jede erbrechtlich nicht anerkannte Geschlechtsgemeinschaft von Mann und Frau. Es war im römischen Staat vor allem die Form des Zusammenlebens von Partnern ungleicher Standesherkunft, zwischen denen keine rechtsgültige Ehe geschlossen werden konnte, oder von Witwen, die nicht durch eine vollgültige zweite Ehe das Erbe ihrer Kinder aus erster Ehe schmälern wollten. Das Konkubinat war, zumindest seit der Kaiserzeit, keine Form der rechtlich sanktionierten Polygamie, sondern eine Lebensform statt der Ehe.[367]

Die römische Kirche ging, nachdem sie die Rechtsform des Konkubinats zunächst toleriert hatte, seit dem 13. Jahrhundert zu dessen Bekämpfung über und erkannte nur noch die vor der Kirche geschlossenen Vollehen an.[368] Dass dies eine neue Entwicklung war, lässt sich daran zeigen, dass noch in vielen Stadtrechten des Mittelalters, vor allem in Italien, das Zusammenleben von Ledigen im Konkubinat als einer Eheform minderen Rechts explizit erlaubt war und lediglich der außereheliche Geschlechtsverkehr von Verheirateten (adulterium) und die Verführung einer Jungfrau ohne nachfolgende Heiratsabsicht (stuprum) sowie der Verkehr mit Huren als Straftatbestände angesehen wurden.[369] Mit der Verkirchlichung der Eheschließung setzte sich in Europa auch die Ablehnung des Konkubinats durch weltliche Instanzen durch. Im deutschen Reich definierte die Reichspolizeiordnung vom Jahr 1530 das Zusammenleben außerhalb »von Gott aufgesetzter Ehe« als ein strafbares Vergehen. Damit war ein Prozess reichsweit zum Abschluss gekommen, der sich in den einzelnen Landesrechten schon seit dem ausgehenden 15. Jahrhundert angebahnt hatte. Bereits in vorreformatorischen Landesordnungen hieß es, wie z. B. in Württemberg, dass die »Konkubinarier Gott dem Allmächtigen besonders verhasst und auch dem Christenvolk ärgerlich« seien, da durch sie oft »viel Plagen und Strafen« entstünden. Deshalb solle jeder Untertan bei seinem Untertaneneid solche Leute der Obrigkeit anzeigen und diese sofort gegen sie einschreiten.[370]

Neu aufgegriffen wurde die Frage des Konkubinats im Kontext des aufgeklärten Naturrechts. Die Rechtsphilosophie der Aufklärungszeit lehnte eine Bestrafung des Konkubinats aus verschiedenen Gründen ab. Selbst der Philosoph Fichte, sonst ein Vordenker des bürgerlichen Patriarchalismus, war aus prinzipiellen Gründen der Freiheit über den eigenen Körper gegen ein Verbot des Konkubinats. In seinen »Grundlagen des Naturrechts« von 1796 heißt es: »Es ist die Pflicht des Staates, die Ehre des weiblichen Geschlechts [zu schützen], d. h. [...], daß sie nicht gezwungen werden, sich einem Manne zu ergeben, außer aus Liebe [...] denn diese Ehre ist ein Teil, ja der edelste Teil ihrer Persönlichkeit. Jeder hat aber auch das Recht [...] seine Persönlichkeit aufzuopfern. [...] Der Staat kann, aus dem eben angegebenen Grunde, das Konkubinat nicht verbieten. Nur muß er zuvörderst sich überzeugen, daß dem Weibe keine Gewalt zugefügt werde, sondern daß sie den zwar schändlichen Kontrakt freiwillig geschlossen.« Das Konkubinat ist nach Fichte zwar unmoralisch, aber der Staat hat kein Recht es zu verbieten. Die Frau solle dem Staat gegenüber eine Erklärung abgeben, dass sie sich freiwillig in diese Situation begeben habe, diese Erklärung könnten die Polizeidiener entgegennehmen, »die ohnedies verpflichtet sind, sich mit unehrlichen Sachen zu beschäftigen«.[371]

Dieses Votum der Philosophen und aufgeklärten Rechtstheoretiker setzte sich jedoch nicht durch. In Preußen, aber auch in allen anderen Staaten blieb das Konkubinat verboten. Das bayerische Polizeistrafgesetzbuch verordnete noch in seiner Ausgabe von 1861, dass »Personen welche in fortgesetzter außerehelicher Geschlechtsverbindung in einer Wohnung zusammenleben, an Geld bis zu 25 fl und mit Arrest bis zu 8 Tagen zu bestrafen und zu trennen« seien.[372] Dieses Verbot erhielt besondere Prägnanz durch die gleichzeitige Verschärfung der sozialen und wirtschaftlichen Ehebeschränkungen im Zeitalter des Pauperismus, das vielen Menschen den Zugang zur Ehe lebenslänglich verweigerte.

In allen deutschen Territorien blieb das Konkubinat strafbar bis zum neuen Reichsstrafgesetzbuch von 1872, in dem es nicht mehr erwähnt wurde. Allerdings wurde das Zusammenleben unverheirateter Personen unter anderen Straftatbeständen wie dem der Erregung öffentlichen Ärgernisses oder der Kuppelei weiter verfolgt. Vor allem der 1876 eingeführte Kuppelei-Paragraph diente in Deutschland der Unterdrückung ›wilder Ehen‹. Er wurde erst 1974 aufgehoben. Bis dahin konnten Vermieter oder auch Eltern, die in ihrer Wohnung unverheiratetes Zusammenwohnen der Kinder gestatteten, mit zum Teil schweren Strafen belegt werden. Der Rechtshistoriker Uwe Wesel berichtet von einem spektakulären Urteil des Bundesgerichtshofs aus dem Jahr 1954 zum »Verlobtenbeischlaf«: »Die Tochter war schwanger von einem Verlobten, einem Mann, der sich hatte scheiden lassen, um sie heiraten zu können. Nach der Scheidung erlaubte die Mutter, daß er bei ihrer Tochter übernachtete, und machte sich damit strafbar. Schwere Kuppelei, sagte der Bundesgerichtshof, Zuchthaus bis zu fünf Jahren oder Gefängnis bei mildernden Umständen.«[373]

In den 1960er Jahren bahnte sich jedoch ein tief greifender Wandel zuerst des Verhaltens, dann der rechtlichen Regelungen an. Am deutlichsten machte sich dieser Wandel in den skandinavischen Ländern, vor allem in Schweden und Dänemark, bemerkbar, wo der Anteil nichtehelicher Lebensgemeinschaften seit dem Ende der 1960er Jahre rasch anstieg. In Schweden waren 1975 bereits 11 % aller Paare unverheiratet, heute sind es fast 20 %.[374] In den anderen mittel- und nordeuropäischen Ländern stiegen die Zahlen ähnlich an. In Deutschland lebten in der alten

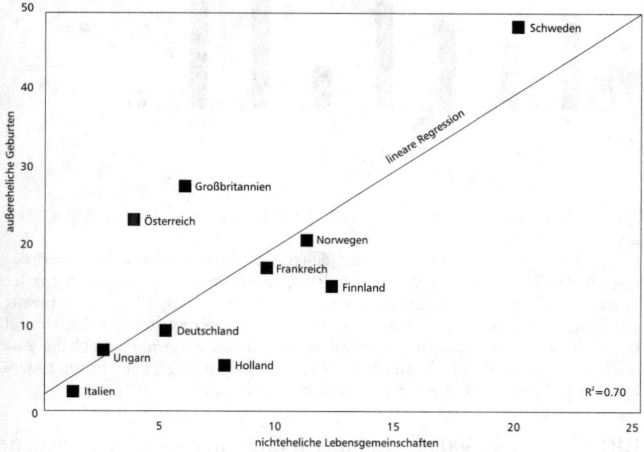

Abb. 54: Zusammenhang zwischen nichtehelichen Lebensgemeinschaften und außerehelichen Geburten in Europa 1985.
In den skandinavischen Ländern und ganz besonders in Schweden zeigt sich ein ganz deutlicher Zusammenhang zwischen steigender Zahl von nichtehelichen Lebensgemeinschaften und dem Anteil der unehelichen Kinder an der Gesamtgeburtenzahl. In Österreich und Großbritannien dagegen liegt die Unehelichenquote relativ hoch trotz niedriger Zahl nichtehelicher Lebensgemeinschaften.

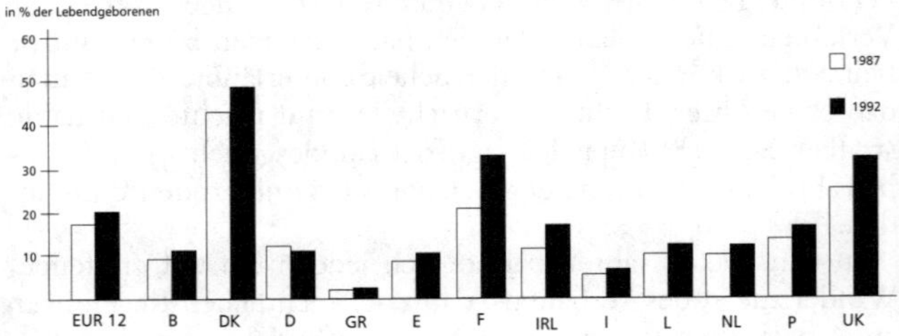

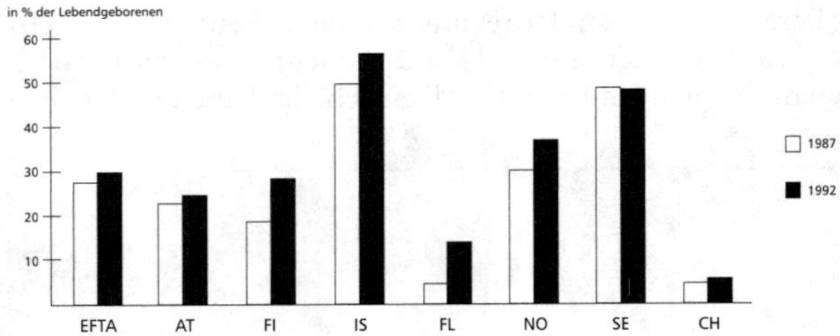

Abb. 55: Nichtehelich Geborene in den EU-Staaten (oben) und in den EFTA-Staaten (unten), 1987–1992.
In den EU- wie in den EFTA-Staaten fallen die hohen Unehelichkeitsraten der skandinavischen Länder auf. Während in Island und Noregen noch ein Zuwachs der Unehelichkeitsquote zu verzeichnen war, war in Schweden und Dänemark bereits eine Stagnation eingetreten. Von den anderen EU-Ländern waren Frankreich und Großbritannien die »Spitzenreiter« und verzeichneten weiterhin erhebliche Zuwachsraten in der Illegitimitätsrate. Deutschland nimmt einen Platz knapp unterhalb des EU-Mittels ein – sogar mit rückläufiger Tendenz.

BRD 1972 etwa 300 000 Männer und Frauen ›ohne Trauschein‹ zusammen. Heute sind es in der neuen Bundesrepublik gut 3 Millionen. Damit stehen in der Bundesrepublik 1,5 Millionen nichteheliche Lebensgemeinschaften etwa 15 Millionen ehelichen gegenüber. Das würde einem Anteil von 10 % entsprechen. Genaue Erhebungen sind jedoch schwierig, verschiedene Forscher gehen heute eher von einem Anteil von über 15 % aus. In

Südeuropa und Irland liegt die Quote der nichtehelichen Lebensgemeinschaften noch deutlich niedriger.[375]

Was dies für die Entwicklung von Ehe und Familie bedeutet, ist noch nicht genau abzusehen. Sozialwissenschaftliche Untersuchungen wiesen zunächst darauf hin, dass es sich bei den steigenden Kohabitationsraten gewissermaßen um eine Veränderung der Verlobungszeit handelt, denn spätestens mit dem ersten Kind würden diese Verbindungen in Ehen umgewandelt. Inzwischen ist auch eine Analyse des längerfristigen Verhaltens verschiedener Geburtskohorten möglich. Es zeigte sich dabei, dass auch der Anteil älterer nichtverheirateter Paare und besonders der Anteil unverheirateter Paare mit Kindern ansteigt.[376] In Dänemark und Schweden werden heute etwa die Hälfte aller Kinder außerhalb einer Ehe geboren, in Frankreich und Großbritannien jeweils etwa ein Drittel. In Deutschland liegt diese Quote erst bei 20 %, in Griechenland jedoch nur bei 3 % und in Italien bei 8 %. Hinter diesen markanten Unterschieden stehen weniger religiöse Faktoren (auch in den katholischen Ländern Portugal, Spanien und Irland sind die Quoten unehelicher Kinder inzwischen relativ hoch, und auch in Italien wird massiv Geburtenkontrolle betrieben), sondern eher stukturelle Unterschiede in der Bedeutung von Familie und Verwandtschaft. Stellen Ehen weiterhin eine starke rechtliche oder brauchmässige Verbindung zwischen den Herkunftsfamilien eines Paares her, verursachen diese neuen Formen des Zusammenlebens schwerwiegende Unsicherheit, stellen uneheliche Kinder, besonders wenn sie von verschiedenen Partnern abstammen, deutlich größere Probleme dar als dies bei geringerer Bedeutung von Familien- und Verwandtschaftsbeziehungen der Fall ist. Die neuen Formen der Kohabitation und der Familien ›ohne Trauschein‹ sind daher besonders in denjenigen Regionen Europas hoch, in denen sich auch historisch eine größere Toleranz gegenüber vorehelichen Beziehungen und unehelichen Kindern findet, wie das besonders in Skandinavien der Fall war.

c) Eheliche Sexualität und Fruchtbarkeit

Bis ins 20. Jahrhundert stellen die Ehe und ihre Vorformen in Europa den einzigen Ort legitimer oder zumindest ›ordentlicher‹ Sexualität dar, war das Ehebett »der anerkannte Altar für die Zeremonie der Sexualität«.[377] Seit der Spätantike stellte die katholische

Ehelehre aber auch diese innereheliche Sexualität unter ein Lustverbot. Der Geschlechtsverkehr diene der Fortpflanzung nicht der erotischen Liebe. Man solle seine Frau »mit Urteilsvermögen lieben, nicht mit Leidenschaft«, denn nichts sei schändlicher, »als eine Ehefrau zu lieben wie eine Mätresse«, heißt es in einem Text des Kirchenvaters Hieronymos aus dem 5. Jahrhundert.[378] Diese Position blieb bis ins 19. Jahrhunderts charakteristisch für die katholische – und auch die offizielle anglikanische! – Sexualethik. Erst seit dem 20. Jahrhundert ist Geschlechtsverkehr der Ehepartner nach katholischer und anglikanischer Doktrin auch ohne ›Fortpflanzungsintention‹ ein legitimer Ausdruck der Gattenliebe. Die Lambeth-Konferenz der anglikanischen Kirche und die Eheenzyklika Pius' XI. »Casti Connubii« verurteilten beide im Jahr 1930 eine geschlechtliche Vereinigung innerhalb der Ehe, die nicht Ausdruck der gegenseitigen Zuneigung der Partner sei, zu der nicht die Liebe bewegt habe. Eine allein auf Fortpflanzung gerichtete Sexualität entsprach damit auch nicht mehr den katholischen Vorstellungen. Die anglikanische Kirche öffnete sich außerdem deutlich der Praxis der Geburtenkontrolle.[379]

Bis zu dieser Wende blieb ›legitime‹ eheliche Sexualität aus katholischer Perspektive an die Intention der Zeugung von Nachkommen gebunden. Auch das so genannte ›debitum conjugale‹, die Pflicht zum sexuellen Verkehr mit dem Ehepartner, unterlag nach kirchlicher Lehre diesem Zwang.[380] Bestimmte Zeitpunkte oder Stellungen des Sexualverkehrs schlossen eine Intention zur Zeugung aus. Daher gab es in der älteren kirchlichen Literatur auch einen ausführlichen Diskurs über die Details ehelicher Sexualpraktiken. Geschlechtsverkehr während der Schwangerschaft sollte unterbleiben, die »Missionarsstellung« beim Geschlechtsakt verpflichtend sein. Der Erfolg derartig einschränkender Vorschriften war sicher nicht besonders groß. Aus der Liebesliteratur der italienischen Renaissance und anderer Epochen oder aus privaten Aufzeichnungen lassen sich auch ganz andere sexuelle Praktiken erschließen.[381] Es gibt jedoch katholische Beichtspiegel des 16. und 17. Jahrhunderts, in denen zur Feststellung der Sünde und zur Bemessung der Bußleistungen detaillierte Auskünfte über die ehelichen Sexualpraktiken verlangt wurden.[382]

Im Gegensatz zur katholischen Ehelehre hatten die protestantischen Kirchen die Sexualität in der Ehe immer schon unabhängig von der Zeugungsintention akzeptiert. Gerade weil Sexualität eine Grundtatsache des menschlichen Lebens ist, sei die Ehe eine so notwendige Institution. Wer nicht eheliche, so Luther, müsse »huren«.[383] Sexualität sei ein Teil der Schöpfung; aus diesem Grund tolerierte Luther auch – als bewusste Provokation der katholischen Kirche – den Ehebruch, wenn der Partner die eheliche Pflicht aus asketischen oder anderen Gründen verweigerte. Wenn »ein halsstarriges Weib die eheliche Pflicht nicht zahlen will«, dann solle der Mann ihr drohen: »Willst du nicht, so will eine andere; will die Frau nicht, so komme das Mädchen (Magd). So jedoch, daß der Mann zuvor zwei- oder drei mal mit ihr rede und warne sie und lasse es vor andere Leute kommen, damit man öffentlich von ihrer Halsstarrigkeit wisse und sie vor der Gemeinde strafe.«[384] Das gleiche Recht gestand Luther – im Prinzip – auch den Frauen zu.

Weil protestantische Theologen den sexuellen Bedürfnissen einen weiteren Spielraum einräumten als die katholischen, lehnten sie auch das Verbot des Geschlechtsverkehrs während der Schwangerschaft ab. Selbst wenn der Geschlechtsverkehr nicht zu einer Zeugung führen könne, sei er erlaubt; denn es sei besser »zu freien, als zu brennen«.[385] Allerdings trennten auch die protestantischen Theologen die Sexualität nicht von der Ehe. Sie verknüpften sie vielmehr eng und stellten damit die Beziehung der Partner auf eine neue Grundlage. Es bestimmten in der Frühen Neuzeit also zwei sehr gegensätzliche Tendenzen die protestantische Ehelehre. Auf der einen Seite beförderte die Stärkung des Elternrechts eine Partnerwahl der Kinder, die sich eher an der ökonomischen Vernunft orientierte. Auf der anderen Seite unterstützte die protestantische Sexuallehre eine Intimisierung und Emotionalisierung des Gattenverhältnisses bis in ihre sexuellen Beziehungen hinein.

Manche Familienforscher sahen aufgrund dieser zweiten Tendenz den Aufstieg moderner Eheformen enger mit dem Protestantismus als mit dem Katholizismus verbunden. Im britischen Kontext wurde diese ›Protestantismus-These‹ besonders im Hinblick auf die Partnerbeziehungen bei den Puritanern vertreten. Der Puritanismus hatte nicht nur wegen der Prädestination der Partner füreinander den Elterneinfluss auf die Partnerwahl zurückgedrängt, sondern war auch – entgegen landläufiger Vorstellungen von »puritanischer Moral« – keineswegs gegen eheliche Sexualität. Nach puritanischer Lehre war der Geschlechtstrieb dazu da, um Mann und Frau einander anzunähern und ihnen die

Ehe zu ermöglichen, ihre Liebe zum Ausdruck zu bringen und zu stärken. »Das Besteigen des Ehebetts gründet in der menschlichen Natur« schrieb ein puritanischer Geistlicher aus Massachusetts im 18. Jahrhundert.[386] Katholische Vorschriften zur Meidung aller Formen und Zeitpunkte des ehelichen Geschlechtsverkehrs, die nicht zur Zeugung führen konnten, wurden auch im Puritanismus abgelehnt. Allerdings wurde außereheliche Sexualität im Puritanismus ebenso verurteilt wie im gesamten Protestantismus und vor allem Ehebruch hart bestraft.[387]

Die theologische Theorie blieb sicher nicht ohne Einfluss auf die sexuelle Praxis der Ehepaare. Es ist allerdings schwierig festzustellen, bis zu welchem Grad das Eheleben von den kirchlichen Lehren wirklich beeinflusst wurde. Neben den relativ seltenen Aussagen in Briefen, Tagebüchern und Autobiographien sind es vor allem die Kirchenbücher und ihre Auswertung durch die Historische Demographie, die einen gewissen Aufschluss über innerehelicher Sexualität geben. Eines der Themen, denen sich die Historische Demographie in diesem Zusammenhang zugewandt hat, ist die Frage der innerehelichen Geburtenkontrolle. Seit wann, in welchem sozialen Kontext und auf welche Weise haben die Menschen der Vergangenheit Geburtenkontrolle betrieben und damit die kirchliche Verknüpfung von Sexualität und Fruchtbarkeit unterlaufen?

Frühe Forschungen zur Historischen Demographie gingen in der Regel davon aus, dass die systematische innereheliche Geburtenbeschränkung in Europa ein Phänomen des 19. Jahrhunderts gewesen sei. Intensivierte und individualisierte Partner- und Eltern-Kind-Beziehungen hätten besonders im Bürgertum seit dem ausgehenden 19. Jahrhundert zu einer freiwilligen Beschränkung der Kinderzahl – und damit auch zum Rückgang der hohen Kindersterblichkeit – geführt.[388] Der französische Historiker Flandrin vermutete in diesem Zusammenhang, dass in Westeuropa zwar schon immer ein Modell der erotisch-lustbetonten, kontrazeptiv ausgerichteten Sexualität bestanden, aber nur für die außereheliche Liebe gegolten habe. Erst im 19. Jahrhundert sei dieses Modell auf die Ehe übertragen worden und habe die unter kirchlicher Vormundschaft lustlos gewordene und fortpflanzungsorientierte innerehliche Sexualität verdrängt.[389]

Die Historische Demographie konnte jedoch anhand zahlreicher Untersuchungen zur ehelichen Fruchtbarkeit in frühneuzeitlichen Dörfern und Städten nachweisen, dass bereits im

17. Jahrhundert bewusste Geburtenkontrolle innerhalb der Ehe praktiziert wurde. In der Zürcher Oberschicht schöpften viele Frauen seit der zweiten Hälfte des 17. Jahrhunderts ihre fruchtbare Phase nicht mehr voll aus, wenn sie bereits zwei lebende Söhne jenseits des durch Tod besonders bedrohten frühen Kindesalters hatten. Das Ziel war, ihnen ein möglichst umfangreiches Erbe zu erhalten, um den sozialen Status der Familie über die Generationen zu sichern.[390] Ähnliche Strategien der innerehelichen Geburtenkontrolle, die entweder auf einem Abbruch des Gebärens vor dem Ende der fruchtbaren Lebensphase einer Frau oder auf dem künstlichen Vergrößern der Intervalle zwischen den Geburten beruhten, lassen sich für die Frühe Neuzeit auch für andere soziale Gruppen nachweisen. Im 17. Jahrhundert praktizierte der französische Hochadel ebenso Geburtenkontrolle wie der englische, lässt sich Familienplanung in einigen französischen Dörfern oder im katholischen Bayern ebenso nachweisen wie in ländlichen Regionen protestantischer Territorien.[391]

Allerdings gibt es auch genügend Beispiele für Dörfer, in denen sich Geburtenkontrolle erst im 19. Jahrhundert demographisch belegen lässt.[392] Auf wirklich breiter Front, gewissermaßen als Regelverhalten, setzte sich innereheliche Geburtenbeschränkung deshalb erst im 19. Jahrhundert durch. Den Beginn im europäischen Vergleich machte Frankreich, wo die Zahl der Geburten pro Ehe bereits im frühen 19. Jahrhundert deutlich zu sinken begann, die restlichen europäischen Länder folgten zwischen 1860 und 1910, mit Ausnahme einiger peripherer Gebiete bzw. besonders traditionell katholisch ausgerichteten Ländern und Regionen wie Irland, dem Alpenraum oder Teilen Spaniens, Portugals und Süditaliens.

Aus der tabellarischen Übersicht von Messzahlen ehelicher Fruchtbarkeit geht die fast europaweite Tendenz zur Geburtenkontrolle seit dem ausgehenden 19. Jahrhundert deutlich hervor. Messzahlen über 650 entsprechen dabei einem Fruchtbarkeitsniveau ohne Geburtenkontrolle, Werte unter 600 sind »mit großer Sicherheit das Ergebnis wohl überlegter Verhaltensweisen, um die Geburtenabstände zu vergrößern oder die Fortpflanzung zu stopppen.«[393] Bis auf Frankreich und Ungarn hatten in den 1880er Jahren noch alle europäischen Länder Werte über 650, um 1910 waren es nur noch Irland, die Niederlande, Norwegen, Russland und Schweden, in einigen anderen Ländern lag der Wert in der Übergangszone zwischen 600 und 650 und in neun

Abb. 56: Eheliche Fruchtbarkeit in europäischen Ländern.

Österreich	1880	677	Finnland	1880	698
	1910	588		1910	647
	Index	87		Index	93
Schweiz	1860	724	Norwegen	1875	752
	1910	513		1900	701
	Index	71		Index	80
Spanien	1887	650	Belgien	1846	757
	1910	623		1910	444
	Index	96		Index	59
Frankreich	1831	537	Irland	1871	708
	1911	315		1911	708
	Index	59		Index	100
Portugal	1864	682	Schweden	1880	700
	1911	636		1900	652
	Index	93		Index	93
Dänemark	1852	671	Deutschland	1867	760
	1911	522		1910	542
	Index	78		Index	71
Italien	1864	677	Russland	1897	755
	1911	616		1926	665
	Index	91		Index	88
England	1851	675	Ungarn	1880	589
	1911	467		1910	529
	Index	69		Index	71
Holland	1859	816	Schottland	1861	742
	1909	652		1911	565
	Index	80		Index	76

Anmerkung: »Der Index errechnet sich für jedes Land aus dem Wert des älteren Zeitpunkts (gleich 100) im Verhältnis zum Wert des jüngeren Zeitpunkts. Die eheliche Fruchtbarkeit ist ein nach Alter und Familienstand standardisierter Index.« (Livi Bacci 1999, 199).

Ländern unter 600. Mit Ausnahme Irlands zeichnete sich aber schon vor dem Ersten Weltkrieg überall eine Abnahme ehelicher Fruchtbarkeit ab. Dabei erwiesen sich allerdings einige katholische Gebiete mit starken familienwirtschaftlichen Traditionen wie z. B. die katholischen Kantone am Vierwaldstätter See in der Schweiz, Nordbrabant und Limburg in den Niederlanden, das Mezzogiorno und das Veneto in Norditalien oder auch Nordportugal deutlich resistenter gegen innereheliche Geburtenkontrolle als vergleichbare protestantische oder stärker durch die Fabrikindustrie geprägte katholische Gebiete.[394] Jüdische Bevölkerungsgruppen dagegen betrieben – zumindest in den Städten – in ganz

Europa noch früher und noch konsequenter Geburtenkontrolle als die protestantischen oder katholischen Mitbürger.[395]

Neben den regional- und konfessionsspezifischen Faktoren ist eine schichtspezifische Differenzierung der innerehelichen Geburtenkontrolle auch für internationale Vergleiche besonders aufschlussreich. Es wurde bereits darauf hingewiesen, dass in der Frühen Neuzeit bestimmte Gruppen wie der Adel oder das Bürgertum zu den Pionieren der Geburtenkontrolle zählten. Im ausgehenden 19. und frühen 20. Jahrhundert ist eine schichtspezifische Differenzierung weiterhin deutlich. Eheliche Fruchtbarkeit war in Deutschland in den Städten niedriger als auf dem Land, in Stadt und Land bei der Arbeiterschaft höher als bei den Angestellten oder Beamten. Bei höheren Beamten, Lehrern oder freiberuflich Tätigen kamen auf Ehen, die zwischen 1875 und 1890 geschlossen worden waren, noch durchschnittlich drei, auf zwischen 1900 und 1914 geschlossene Ehen nur noch 2,1 Kinder. Ehen der städtischen Arbeiterschaft dagegen hatten noch 1939 durchschnittlich 4,4 Kinder. Landarbeiter übertrafen in der gleichen Zeit mit 6,05 Kindern pro Ehe deutlich die selbständigen Bauern mit 5,4 Kindern.

Zieht man als einen Vergleich das in der Geburtenkontrolle im 19. Jahrhundert bereits besonders fortgeschrittene Frankreich heran, so ergeben sich hier deutliche Unterschiede vor allem in der Stadt-Land-Relation. In vielen ländlichen Regionen Frankreichs setzte sich Geburtenkontrolle früher durch als in den Städten (mit Ausnahme von Paris). 1911 hatten Bäuerinnen der Gironde oder der Gegend um Bordeaux nur noch 1,93 bzw. 1,86 Kinder im Durchschnitt, lediglich in Paris lagen die Werte mit 1,72 Kindern pro Ehe noch niedriger.[396] Auch in den französischen Städten zeigte sich allerdings, dass wohlhabende Bildungsschichten die Zahl der Geburten pro Ehe stärker beschränkten als Arbeiter und kleine Angestellte. Für die Stadt-Land-Differenz anderer europäischer Länder ist das deutsche Modell eher typisch als das französische. Die Verbindung zwischen Wohlstand bzw. Bildungsniveau und Geburtenkontrolle bei der städtischen Bevölkerung ist dagegen ein allgemeines Phänomen.[397]

Die demographischen Rahmendaten geben Aufschluss darüber, dass, aber nicht wie und warum Geburtenkontrolle betrieben wurde. Bei den Techniken war prinzipiell die ›katholische Variante‹ der verstärkten oder vollständigen Enthaltsamkeit als sicherstes Mittel durchaus denkbar. Die Regel wird dies aber nicht gewesen sein. Bis zur Erfindung der Vulkanisierung von Kautschuk und ihrer Einsatzmöglichkeiten in der Kondomproduktion, die sich Charles Goodyear 1844 patentieren ließ, war die in Europa am meisten praktizierte Methode der Empfängnisverhütung der Coitus interruptus – eine von den Kirchen als »ehelicher Onanismus« verurteilte Praxis.[398] Im Gegensatz zum öffentlichen Vertrieb von Kondomen, der auch im 20. Jahrhundert in vielen katholischen Ländern noch gesetzlich behindert wurde, konnte diese Verhütungspraxis weder vom Staat noch von den Kirchen kontrolliert werden. Untersuchungen aus dem frühen 20. Jahrhundert haben zudem ergeben, dass beim Einsatz von Kondomen ein deutlicher Stadt-Land-Unterschied herrschte, obgleich Kondome auch zur geheimen Ware vieler Landwanderhändler gehörten. Außerdem ließ trotz Vertrauen erweckender Namen wie »Ohnefurcht«, »Pechs Garantie«, mit denen die Hersteller von Kondomen ihre Artikel bezeichneten, deren Sicherheit noch vielfach zu wünschen übrig.[399] Der Coitus interruptus blieb daher noch lange eine viel praktizierte (wenn auch ebenfalls unsichere) Verhütungstechnik. Es ist allerdings aus Untersuchungen zu Frankreich deutlich geworden, dass hier der Geburtenrückgang vor allem nach 1870 im Wesentlichen auf der Anwendung empfängnisverhütender Mittel beruhte.[400] Vergleichende Untersuchungen zur Verhütungspraxis von Paaren in verschiedenen Ländern aus dem Jahr 1996 zeigen allerdings, dass bis heute erhebliche nationale Unterschiede bestehen. In Italien verhüteten in diesem Jahr noch 30 % der Paare auf dem Weg des Coitus interruptus, 23 % benützten Präservative, bei weiteren 23 % nahmen die Frauen die Pille und 10 % der Frauen verhüteten mit Hilfe einer Spirale. In Deutschland und Belgien nahmen nach dieser Untersuchung weitaus die meisten Frauen die Spirale, in Frankreich und Schweden die Pille oder die Spirale, in Großbritannien, Holland, den Vereinigten Staaten und Kanada stieg inzwischen außerdem die Sterilisation entweder des Mannes oder der Frau in den älteren Altersgruppen auf erhebliche Größen (45–60 %) an.[401]

Der Übergang zur allgemeinen Praxis der Geburtenregelung war begleitet von ausführlichen moral- und bevölkerungspolitischen Diskussionen. Von verschiedenen Gruppen wurde die Geburtenkontrolle öffentlich begrüßt und propagiert. Dazu gehörte zum einen die bürgerliche Frauenbewegung, zum anderen die so genannte Malthusianischen Liga. Ihr Ziel war die Verbesserung der sozialen Lage der Unterschichten und die Entschärfung von internationalen Spannungen durch die Reduzierung des Bevölkerungswachstums. Marie Huot, eine französische Anhängerin der Malthusianischen Liga, rief 1892 zu einem »grève des ventres«, einem Streik der Bäuche auf.[402] Die politische Arbeiterbewegung allerdings war ganz gegen die von den bürgerlichen Malthusianischen Ligen propagierte Geburtenkontrolle eingestellt. Man wollte keine Lösung der sozialen Frage durch Enthaltsamkeit der Arbeiterschaft, sondern empfahl im Gegenteil eine Vermehrung des Proletariats: »Es galt, möglichst viele Proletarier in die Welt zu setzen: nicht als Kanonenfutter der Kapitalisten, sondern als Soldaten der Revolution«.[403] Erst nach dem Ersten Weltkrieg wurde in den Arbeiterparteien der Widerstand gegen die Geburtenbeschränkung aufgegeben und der Verbesserung der materiellen Verhältnisse der Arbeiter durch Familienplanung der Vorzug gegeben. Die meisten Arbeiter hatten sich ohnehin an die Parteilinie genauso wenig gehalten wie an kirchliche Vorschriften.[404]

Konservative Kritiker der Geburtenkontrolle sahen vor allem die Wehrfähigkeit ihrer jeweiligen Nation gefährdet. So führte die Erfahrung des frühen Geburtenrückganges in Frankreich bereits nach dem verlorenen Krieg von 1870/71 zu einer ausgedehnten bevölkerungspolitischen Diskussion. In Italien und Deutschland spielte dieses Thema nach dem Ersten Weltkrieg im Zusammenhang faschistischer Politik eine wichtige Rolle – allerdings meist ohne großen Erfolg. Die Zahl der Kinder pro Ehe sank in Italien auch in den 1930er Jahren, selbst im nationalsozialistischen Deutschland ging die Zahl der Familien mit vier und mehr Kindern zunächst weiter zurück. In Deutschland stabilisierte sich allerdings die durchschnittliche Familiengröße in den Jahren vor dem Zweiten Weltkrieg. Das erste Nachkriegsjahrzehnt stellte dann in fast allen europäischen Ländern eine Phase stabiler oder sogar zunehmender Geburtenzahlen pro Frau dar. Ab der Mitte der 1960er Jahren setzte jedoch europaweit ein drastischer Rückgang der durchschnittlichen Kinderzahlen ein, der nun besonders auch die katholischen Länder Italien und Spanien erfasste.[405] Sowohl in der Kinderzahl wie auch im Anteil der vorehelichen Schwangerschaften wurden die Unterschiede zwischen Katholiken und Protestanten in der Zeit nach dem Zweiten Weltkrieg in den meisten europäischen Ländern – mit der Ausnahme Irlands – marginal.[406]

Die Möglichkeiten zur Schwangerschaftsverhütung entkoppelten seit dem ausgehenden 20. Jahrhundert auch die innereheliche Sexualität ganz von der Fruchtbarkeit. Vor allem für Frauen war damit eine deutliche psychische Entlastung und Befreiung verbunden. Allerdings bekam nun die Frage der körperlichen und emotionalen Befriedigung in und durch die Sexualität für das Verhältnis der Partner neue, teilweise auch wiederum angstbesetzte Dimensionen, die für Partnerschaften kritisch werden konnten. Vor allem aber wurde die Entscheidung für das Kind nun zu einem bewussten und nicht immer leichten Schritt, bei dem es unterschiedliche Interessen und Möglichkeiten der Lebensplanung genau abzuwägen galt. Fragen der Statussicherung der Familie, die gewissermaßen am Anfang der Geburtenkontrolle standen, spielen dabei in der Gegenwart noch immer eine wichtige Rolle. Kinder kosten Mühe, Zeit und Geld. Vor allem für die Frauen ist die Entscheidung für ein Kind heute zu einer der schwierigsten lebensgeschichtlichen Passagen geworden. Die Zeitschrift »Psychologie heute« bot ihren Lesern deshalb bereits im Jahr 1977 eine Entscheidungshilfe und veröffentlichte eine ›Check-Liste‹ mit »70 Gründe für oder gegen ein (weiteres) Kind«. In drei methodischen Analyseschritten: »Prüfung«, »Bewertung«, »Erwartung« sollte den Lesern nach Art einer betriebswirtschaftlichen Investitionsentscheidung eine Handhabe gegeben werden, den eigenen Kinderwunsch »gründlich zu durchdenken und dann einigermaßen rational zu entscheiden«.[407]

d) Gechlechterrollen zwischen Arbeitsteilung, Hierarchie und Gleichberechtigung

Die Frage, wie die natürliche Kategorie des Geschlechtes (sex) mit sozialen Differenzierungen und Hierarchien verbunden wird, so dass daraus Geschlecht als soziales und kulturelles Konstrukt (gender) entsteht, ist zentral mit der Konstruktion von Familie und Verwandtschaft und der Stellung der Individuen in diesem System verbunden.[408] In Europa und anderen westlichen Gesellschaften wurde die Emanzipation der Frau, die Gleichberechtigung der Geschlechter auch im familialen Alltag, langfristig begünstigt durch Faktoren wie ein bilaterales Verwandtschaftssystem, die Fähigkeit der Frauen, Eigentum zu besitzen, zu verwalten und zu vererben, oder auch durch das Prinzip der Neolokalität des neu verheirateten Paares, das die in vielen anderen Gesellschaften übliche Unterordnung unter die Vorfahren des Mannes oder der Frau umgeht. Insofern herrschten, wie das bereits für den Bereich des Mittelalters gezeigt wurde, in Europa besonders günstige strukturelle Voraussetzungen für eine Individualisierung von Mann und Frau und damit auch für ihre Herauslösung aus einseitigen Hierarchien und Abhängigkeiten.

Zwar haben sich auch in der europäischen Geschichte über Jahrhunderte Formen des sozialen Ungleichgewichts und der Hierarchie zwischen den Geschlechter etabliert und erhalten, zwar wurde auch hier die soziale Differenz zwischen Männern und Frauen über die Kategorie Geschlecht gewissermaßen naturalisiert, aber wenn man die europäischen Befunde mit außereuropäischen vergleicht, scheinen die Trennungslinien zwischen Männern und Frauen keineswegs so strikt wie in anderen Kulturen. Außerhalb Europas können die Lebenssphären auch von verheirateten Männern und Frauen weitgehend voneinander getrennt sein und Geschlecht die grundlegende soziale Klassifikation bilden. In Europa gibt es keine Dörfer mit einer Männer- und einer Frauenseite,[409] sondern nur Haushalte, zu denen Männer und Frauen gehören.

Weshalb sich in Europa dennoch teilweise strikte Abgrenzungen zwischen männlichen und weiblichen Aufgaben und Rechten etabliert haben, ist umstritten. Im Zentrum steht die Frage nach der geschlechtsspezifischen Arbeitsteilung und ihrer Begründung. Lässt sie sich letztlich funktional aus der Organisation des Überlebens ableiten oder ist sie dieser vorgeschaltet und aus anderen Zusammenhängen (z. B. kultischen) heraus zu erklären?[410] Im Folgenden gilt es allerdings nicht die Frage des Ursprungs zu klären, sondern die Wandlungen in der Neuzeit zu verfolgen. Diese sind in der Tat eng verknüpft mit den unterschiedlichen Strukturveränderungen der wirtschaftlichen Basis der Haushalte, aber auch beeinflusst von politischen und religiösen Faktoren.

Wie die Gesellschaften im Ganzen besaßen auch die Ehen in der Frühen Neuzeit eine feste und in ihrer Hierarchie religiös sanktionierte Ordnung. Indem der Hausvater und auch die Hausmutter ihre jeweiligen Funktionen als Hausvorstände erfüllten, nahmen sie zugleich ›Regierungsaufgaben‹ wahr. Obwohl die Leitung des Haushalts beiden Ehepartnern zukam und eine »Hauswirthin« nach der frühneuzeitlichen Hausväterliteratur Hausväterliteratur genauso wie »jr Hauswirth den Kindern und

Gesinde mit gutem Exempel vorgehen« soll[411], lag die Leitung des Hauses dennoch beim Mann. Claudia Ulbrich hat das Verhätnis zwischen Mann und Frau treffend als »konsensuell gestützte Herrschaft« bezeichnet. Sie weist damit darauf hin, dass die Gefährtenschaft zwischen Mann und Frau in eine hierarchische Beziehung eingebettet blieb, die sich letztlich immer erst in der sozialen Praxis realisierte.[412] Die Stellung einer wieder verheirateten Witwe, die einiges Vermögen in die Ehe eingebrachte hatte, war eine andere, als die einer Frau, die zum ersten Mal verheiratet und wesentlich jünger war als ihr Mann. Daraus konnten sich Spannungen ergeben, wenn der Mann auf seine Entscheidungskompetenzen pochte. In der Regel tat er dies auch, weil die hierarchische Ordnung im Haus nicht in das Belieben eines Paares gestellt war. Der Hausvater wurde für die Einhaltung dieser Ordnung verantwortlich gemacht.[413]

Religiöse Ordnungs- und Erziehungsvorstellungen wirkten stark auf die Geschlechterhierarchie der Frühen Neuzeit ein. Das theologische Reden über die Aufgaben von Mann und Frau war im 16. Jahrhundert zunächst noch geprägt von der Auseinandersetzung der Humanisten und Reformatoren mit den frauenfeindlichen Strömungen der spätmittelalterlichen Kirche. Die Gynäkophobie der Asketen schlug sich nicht nur in einer Sexual- und Ehefeindlichkeit nieder, sondern auch in der stark normativen Betonung der – durchaus als degradierend konzipierten – Unterordnung der Frau unter den Mann. So heißt es in einer Predigt des Heiligen Bernhardin, eines Franziskanermönches aus Siena, am Beginn des 15. Jahrhunderts: »Muß das Haus gefegt werden? Ja. – Ja. Laß es sie fegen. Muß das Geschirr gespült werden? Laß es sie spülen. Muß gesiebt werden? Laß sie sieben, laß sie doch sieben. Muß Wäsche gewaschen werden? Laß sie sie zu Haus waschen. – Aber es ist doch eine Dienerin da! – Und wenn eine Dienerin da ist. Laß es sie [die Gattin] machen, nicht weil es nötig ist, daß sie es macht, sondern als Übung für sie. Laß sie die Kinder hüten, die Windeln waschen und sonst alles. Wenn du ihr nicht angewöhnst, alles zu machen, wird sie bald ein hübsches Stück Fleisch werden. Laß sie nicht in Ruhe, sag ich dir. Solange du sie in Trab hältst, wird sie nicht am Fester hängen und ihr nicht das eine oder andere durch den Kopf gehen.«[414] Die Belastung der Frauen mit den anfallenden Arbeiten des täglichen Lebens wurde von Bernhardin als probates Erziehungsmittel empfohlen, um die zur Unordnung drängenden Tendenzen des weiblichen Wesens in Schach zu halten. Es ist deutlich, dass ihm die häuslichen Arbeiten der Frau als die sozial niedrigeren Tätigkeiten galten, mit denen ein Mann sich auf keinen Fall abgeben sollte und die deshalb zum Symbol der weiblichen Unterordnung unter seine Herrschaft wurden.

Das Frauenbild der Humanisten und Reformatoren degegen war wesentlich positiver. Luther lehnte die Frauenfeindlichkeit der Asketen ab. Er sah die Frau als ein dem Mann gleichberechtigtes Werk Gottes und die Ehe als eine von Gott gewollte Institution. Es gab für ihn im Haus daher auch keine besseren oder schlechteren Arbeit und die Rollenverteilung sah er nicht so eng. Als ob er auf den Text Bernhardins von Siena antworten wollte, schrieb Luther: »Wenn ein Mann herginge und wüsche die Windeln oder tät sonst am Kinde ein verachtet Werk, und jedermann spottete seiner und hielte ihn für einen Maulaffen und Frauenmann«, dann seien, so Luther, diese Spötter die »größten Narren auf Erden«.[415] Die Kraft dieser theologischen Vorgaben, die Normen des Alltags zu durchbrechen, war allerdings gering. Das zeigt sich nicht zuletzt daran, dass auch die protestantischen Kirchen die traditionelle Unterordnung der Frau unter den Willen des Mannes im häuslichen Leben in der Folgezeit nicht zurückdrängten, sondern mehr noch als die katholische Kirche durch ihre besondere Verbindung zum frühneuzeitlichen hierarchischen Ordnungsdenken zementierten. So waren es weniger religiöse Kräfte als vielmehr die Prozesse der Säkularisierung und Demokratisierung, die im Verlauf der Neuzeit auch die innere Ordnung des Hauses umgestalteten. Zumindest wurde der Hierarchie der Geschlechter und der ungleichen Verteilung von Arbeit und Macht zunächst die religiöse Legitimation, dann zunehmend auch die rechtliche Basis entzogen. Besonders die zweite Hälfte des 20. Jahrhunderts stellte in ganz Europa in diesem Bereich eine Zeit des beschleunigten Wandels dar – wobei auch hier allerdings die Theorie der Praxis vielfach vorauseilte. Insofern gilt auch für die Gegenwart, dass sich die Ordnung der Ehe und die Verhaltensspielräume von Männern und Frauen nur aus dem jeweiligen sozialen und wirtschaftlichen Kontext erschließen.

Geschlechtsspezifische Arbeitsteilung in Landwirtschaft und Hausindustrie

Vorindustrielle Bauern- und Handwerkerhaushalte waren dadurch gekennzeichnet, dass in ihnen in der Regel alle Funktionsstellen besetzt sein mussten. Der hohe Grad an geschlechtsspezifischer Arbeitsteilung in vorindustriellen Gesellschaften machte es notwendig, dass an der Spitze eines Haushaltes ein Mann und eine Frau, in der Regel hieß das: ein Ehepaar, standen. Der Mann war Vorgesetzter aller männlichen Arbeitskräfte des Hauses, der Frau unterstanden die weiblichen. Idealtypisch kann man für ein bäuerliches Paar der frühen Neuzeit davon ausgehen, dass – neben einigen gemeinsamen Arbeiten besonders im Bereich des Feld- und Weinbaus – der Mann für alle Tätigkeiten zuständig war, die einen größeren Einsatz an Körperkraft erforderten und mit einem erhöhten Risiko verbunden waren. Der Umgang mit Zugtieren, das Pflügen des Ackers und die Arbeit im Wald gehörten deshalb zum Tätigkeitsbereich des Bauern. Die Bäuerin dagegen versorgte nicht nur das Haus, sondern auch den Stall, war für die Kühe, Schweine, das Geflügel und den gesamten Bereich der Produktion von Nahrungsmitteln zuständig.[416]

Dies ist eine idealtypische Rekonstruktion bäuerlicher Arbeitsteilung, die zunächst den physiologischen Unterschieden zwischen Mann und Frau Rechnung trägt. In Wirklichkeit war diese Form geschlechtsspezifischer Arbeitsteilung meist durch verschiedene Faktoren der ökonomischen Bedeutung und sozialen Geltung der Tätigkeiten und damit durch die innereheliche Machtverteilung modifiziert. Bei dem nordwestgriechischen Hirtenstamm der Sarakatsanen z. B. war das Melken der Schafe eine reine Männersache, Frauen sollten sich den Schafherden am besten nicht nähern. Sie waren dagegen für die Ziegen zuständig, denn Ziegen und Frauen hätten gemeinsame Charaktermerkmale. Zudem galten Frauen als unrein, besonders während der Menstruation. Sie stellten dadurch eine Gefahr für Vieh und Milch dar.[417]

Arbeitsteilung konnte also eng mit religiösen Vorstellungen und kultischen Praktiken verbunden sein. Sie konnte sich aber auch aufgrund von Verschiebungen in der wirtschaftlichen Bedeutung von Produkten wandeln. Vielfach gingen agrarische Erwerbszweige in dem Maße, in dem sie durch zunehmende Marktintegration einen überproportionalen Beitrag zum Familienbudget leisteten und Bargeld einbrachten, in die Hand von Männern über. Das war zum Beispiel bei der schweizerischen und holländischen Milchwirtschaft so. Als hier nicht mehr für den Eigenbedarf der bäuerlichen Familie, sondern nach der Entwicklung von Verfahren zur Herstellung von dauerhafterem

Hartkäse für größere Märkte und den Export produziert wurde, übernahmen Männer zunehmend die traditionell den Frauen zugeordnete Käseherstellung.[418] Ähnliche Muster der ›Vermännlichung‹ weiblicher Arbeitsbereiche lassen sich auch im Rahmen der Intensivierung des Getreideanbaus in den ostelbischen oder norddeutschen Gutsbetrieben feststellen.[419] Eine Aufweichung der idealtypischen bäuerlichen Rollenverteilung fand auch im Alter statt. Ein Großvater konnte auch zur Beaufsichtigung kleiner Kinder herangezogen werden. Die geschlechtsspezifische Arbeitsteilung im bäuerlichen Bereich war in der Fühen Neuzeit somit keineswegs starr fixiert, sondern abhängig von der ökonomischen Macht und dem Ansehen, die mit bestimmten Tätigkeiten verbunden waren. Männer konnten traditionelle Frauenarbeiten übernehmen, wenn sie ökonomisch wichtig wurden, allerdings gelang es Frauen insgesamt weniger, umgekehrt in traditionell männliche Rollen einzudringen: Säen, Pflügen oder der Umgang mit Pferden wurde den Bäuerinnen nur in Not- und Krisenzeiten gestattet bzw. von ihnen gefordert.[420]

Deutliche Veränderungen in der geschlechtsspezifischen Arbeitsteilung löste das ländliche Nebengewerbe aus. Auch hier lässt sich das bereits beschriebene Muster feststellen, dass Männer in die ökonomisch bedeutenderen Bereiche ursprünglich weiblicher Tätigkeiten eindrangen. Mit dem Aufstieg protoindustrieller Textilproduktion auf dem Land wandten sich Männer in klein- und unterbäuerlichen Schichten seit dem Beginn der Frühen Neuzeit rasch typischen Frauenarbeiten wie dem Spinnen zu. Arbeiten über die Frühindustrialisierung in Vorarlberg oder im Appenzeller Land zeigten, dass dies durchaus als Einbruch in die Arbeitsbereiche des anderen Geschlechts registriert wurde.[421] Derselbe Wandel ergab sich im Bereich der Weberei, die bis in die Mitte des 19. Jahrhunderts hinein die zentrale ländliche Nebenbeschäftigung in Mitteleuropa darstellte. Als Männer die Weberei übernahmen, wurden Frauen wieder in die ökonomisch weniger lukrative Zulieferarbeit des Spinnens abgedrängt.[422] Es konnte aber auch der umgekehrte Fall eintreten, dass Frauen zu Ernährerinnen ihrer Familien wurden und die Männer neben der Landwirtschaft den Haushalt besorgten. So gibt es Berichte aus dem frühen 19. Jahrhundert aus Westfalen, in denen es heißt: »Nicht selten sieht man Großmutter, Mutter und Enkelin mit dem Spinnen beschäftigt, während der Vater und der erwachsene Sohn auf dem Feld arbeiten oder andere häusliche Arbeiten verrichten, die

Mahlzeiten vorbereiten, Rüben putzen oder Kartoffel schälen«.[423] Hier übernahmen die Männer einen Teil der traditionellen weiblichen Arbeiten und ermöglichten dadurch den Frauen gewerbliche Erwerbsarbeit. Dieser Wechsel der Arbeitsbereiche von Mann und Frau im Rahmen der Protoindustrialisierung war jedoch nicht die Regel, wies große regionale Unterschiede auf und hing sowohl von grundherrschaftlichen Gegebenheiten als auch von der Art der hergestellten Textilien ab.[424] Zu einer völligen Umkehrung der Rollen führte dies nirgendwo. Die Außenkontakte und die Vermarktung der Waren blieben überall Männersache, viele Bereiche der traditionellen Hausarbeit dagegen weiterhin den Frauen vorbehalten.

Im ausgehenden 19. Jahrhundert lässt sich schließlich in industrienahen Dörfern, in denen sich für einen Teil der Bevölkerung der Übergang zur Fabrikarbeit anbot, ein ähnliches Muster der flexibleren Arbeitsteilung beobachten wie bei der Hausindustrie: Bauernfamilien, die sich nicht mehr von der Landwirtschaft allein ernähren konnten, schickten zunächst ihre Töchter in die Fabrik, um das Familienbudget aufzufüllen, während die Söhne eher in der Landwirtschaft blieben oder als Wald- oder Bauarbeiter ihr Zubrot verdienten. In der Lombardei stammten nach einem italienischen Industriebericht aus dem Jahr 1870 »neun Zehntel der in den Spinnereien beschäftigten Frauen aus Bauernfamilien«[425], meist waren es Mädchen. Die Familien lebten zwar nicht ausschließlich von diesem Einkommen, aber es war zum Überleben unverzichtbar, weshalb die Mädchen auch Heiraten und Schwangerschaften hinauszögern mussten und die Zahl der »eposti«, der ausgesetzten Kinder, in dieser Region parallel zur weiblichen Fabrikarbeit zunahm.[426] Ähnliche Verhältnisse von Mädchenfabrikarbeit als Teil des Familieneinkommens finden sich in vielen anderen Regionen mit überwiegend kleinbäuerlicher Landwirtschaft.[427] Mit der Ausdehnung der Fabrikarbeit drehte sich dieses Verhältnis in den Folgejahren jedoch rasch um. Frauen fiel nun umgekehrt in kleinbäuerlichen Verhältnissen der Großteil der Landwirtschaft zu. Es bildete sich jene Struktur der Nebenerwerbslandwirtschaft heraus, in der landwirtschaftliche Arbeit weitgehend zur Domäne der Frauen wurde, während die Männer in die nächstgelegene Fabrik pendelten und allenfalls nach Feierabend mithelfen konnten.

Dieses umgekehrte System der Arbeiterbauernwirtschaft entstand in den 1890er Jahren und dauert in vielen Regionen vor allem Deutschlands, Frankreichs und Österreichs bis heute fort. Es ist im Wesentlichen eine Folge der Differenzierung der industriellen Löhne in Frauen- und Männertarife und der Tatsache, dass verheiratete Frauen als Fabrikarbeiterinnen wegen möglicher Ausfallzeiten während der Schwangerschaft nicht erwünscht waren und auch keine Arbeitsplatzsicherheit besaßen. Dadurch setzte in den Arbeiterbauernfamilien in den letzten Jahrzehnten des 19. Jahrhunderts eine neue ›Verhäuslichung‹ der Frauen ein. Sie gewannen zwar im landwirtschaftlichen Betrieb mehr Kompetenzen, bezahlten dies allerdings mit einer ungeheuren Intensivierung ihrer Arbeitsaufgaben. Da der Mann außer Hauses war, mussten die Frauen nicht nur ihre eigenen Aufgaben bewältigen, sondern auch die landwirtschaftlichen Arbeit des Mannes übernehmen: Feldarbeit mit den Zugtieren, körperliche Kraftakte, schließlich auch das Wissen um die Techniken des Feldbaus wurden ihnen selbstverständlich abverlangt. Die Frauen wurden dadurch in den klein- und unterbäuerlichen Schichten zu den Hüterinnen der landwirtschaftlichen Tradition. Sie erhielten den Betrieb aufrecht, der bei misslicher industrieller Konjunktur und Arbeitslosigkeit des Mannes plötzlich zur einzigen Erwerbsquelle der gesamten Familie werden konnte und somit zum Teil bis in die Gegenwart das eigentliche soziale Netz darstellte.

Die Intensivierung der Arbeitsleistung der Frauen ist ein ganz wesentlicher Trend in der Geschichte der modernen Bauernfamilien. Sie traf nicht allein die Nebenerwerbsbäuerinnen. Auch die Frauen in landwirtschaftlichen Haupterwerbsbetrieben mit regulärer geschlechtsspezifischer Arbeitsteilung mussten im Laufe des 19. Jahrhunderts mit einer gravierenden Verschärfung ihrer Arbeitsleistung rechnen. Dafür waren im Wesentlichen drei Prozesse verantwortlich: die Familiarisierung der Betriebe, also das Zurückgehen des landwirtschaftlichen Personals im Rahmen der Rationalisierung und Mechanisierung der Landwirtschaft,[428] die Ausdehnung des Kartoffelanbaus sowie die Einführung neuer Anbaufrüchte wie der Zuckerrübe und schließlich die erhöhten Anforderungen an die Haushaltsführung der Bäurinnen.[429]

Auch im bäuerlichen Haushalt mussten gegen Ende des 19. Jahrhunderts immer mehr auf Ordentlichkeit und Sauberkeit geachtet werden. Die bürgerlichen Hygienevorstellungen beeinflussten Stadt und Land, vor allem nach den Cholera-Epidemien der 1830er Jahre wurde die »weiße Wäsche« zu einem wichtigen Zeichen guter Gesundheitsfürsorge für die Kinder. Das bedeutete mehr Kochwäsche bei Windeln und Unterwäsche. Der Übergang von Woll- zu Baumwollstoffen im Verlauf der Industriellen Revolution steigerte den Bedarf an Kleidern, deren Haltbarkeit abnahm und damit mehr Flickarbeiten notwendig machte.[430] Auch die allmähliche Übernahme bürgerlicher Tischsitten steigerte die Anforderungen an die Hausarbeit. In den meisten Regionen verschwand spätestens im ausgehenden 19. Jahrhundert das gemeinsame Essen aus einer Schüssel – vornehmlich aus hygienischen Gründen nach der Entdeckung der Tuberkulose- und Cholerabazillen. Der Wandel der Tischsitten hing aber auch mit einer Umstellung der Nahrung von Suppen und Grützen auf Fleisch, Gemüse und Kartoffeln im Rahmen eines allmählich wachsenden Wohlstandes zusammen.[431]

Beim Kartoffelanbau wurden alle wesentlichen Schritte von Frauen (und Kindern) bestellt, der sich seit der Jahrhundertmitte ausbreitende Rübenanbau brachte für die Frauen vor allem das körperlich immens anstrengende Jäten der Rübenfelder und das Verziehen der Rüben.[432] Da hier neue und zeitraubende Arbeitsschritte dem weiblichen Tätigkeitsbereich zugeordnet wurden, muss man davon ausgehen, dass sich die Gesamtarbeitszeit der Frauen in der Landwirtschaft im Laufe des 19. Jahrhunderts allgemein ausdehnte. Genaue Zeitbudgets liegen allerdings erst für den Beginn dieses Jahrhunderts vor. In einer Untersuchung aus dem Jahr 1918 über die Bäuerin in zwei Gemeinden Württembergs wurde herausgearbeitet, dass Frauen vor dem Ersten Weltkrieg in den Hauptarbeitsmonaten des Sommers täglich 17–18 Stunden zu arbeiten hatten.[433] Untersuchungen aus den 1960er Jahren errechneten für Frauen in einem Vollerwerbsbetrieb immerhin noch eine ganzjährige durchschnittliche Arbeitszeit von mehr als zwölf Stunden pro Tag, während ihre Männer durchschnittlich gut eine Stunde am Tag weniger arbeiteten. [434] Erst die fortschreitende Mechanisierung sowohl der landwirtschaftlichen Arbeit als auch der Hausarbeit brachten den Bäuerinnen in den Jahrzehnten nach dem Zweiten Weltkrieg allmählich eine gewisse Entlastung.

Die bäuerliche Familie reagierte in ihrer geschlechtsspezifischen Arbeitsteilung somit sehr sensibel auf die wirtschaftlichen Veränderungen. Vor allem die zunehmende Marktverflechtung der bäuerlichen Produktion brachte gravierende Verschiebungen in den Arbeitsrollen von Mann und Frau. In der Regel passte sich die patriarchalische Struktur flexibel den neuen wirtschaftlichen

Gegebenheiten an. Es gab aber auch die gegenläufige Tendenz zur Umkehr der geschlechtsspezifischen Arbeitsbereiche. Aber auch eine solche Umkehr brachte sowohl im heimindustriellen wie im agrarischen Bereich den Bäuerinnen nicht nur mehr Handlungsspielraum, sondern vor allem mehr Arbeit. In einer Zeit, in der in der Industrie bereits um rückläufige Arbeitsstunden gekämpft wurde, weitete sich für die Bäuerinnen die Arbeitszeit kontinuierlich aus.

Arbeitsteilung und Geschlechterhierarchie in Familien des bürgerlichen Mittelstandes und der Arbeiterschaft

Im ausgehenden 18. und beginnenden 19. Jahrhundert verfestigte sich in den Familien der bürgerlichen Mittel- und Oberschichten die Tendenz zur außerhäuslichen Arbeit des Mannes. Beamte oder Angestellte gingen morgens zu ihren Dienststellen, aber auch selbständige Kaufleute trennten zunehmend den Arbeits- vom Wohnbereich, zogen mit ihren Familien in die vornehmeren Vororte und beließen die Kontore in den Innenstädten. Den Frauen wurde dadurch ausschließlich der häusliche Bereich und die Kinder zugeordnet. Es entstand jenes bürgerliche Rollen- und Familienkonzept, das die Frau ganz als Mutter, Gattin und Hausfrau erforderte, ohne dass ihre Tätigkeit als Arbeit verstanden wurde. Hausarbeit stellte eine neue Kategorie der Arbeit dar, die sich durch ihre angebliche Ausgliederung aus dem eigentlichen ökonomischen Bereich grundsätzlich von der Frauenarbeit innerhalb der Wirtschaftseinheit des Bauern- oder Handwerkerhaushalts unterschied.[435] Gleichzeitig wurde der Ehemann nun zum Hauptenährer der Familie definiert. Er übte zwar seinen Beruf zunehmend außerhalb des Hauses aus, den Anspruch auf die Position des Herrn im Haus und die Repräsentation der Familie in der Öffentlichkeit gab er damit jedoch nicht auf.

Diese Umwertung der Tätigkeit der Frau von realer Arbeit zu einem selbstverständlichen Akt der Liebe wurde in der bürgerlichen Familienideologie des ausgehenden 18. und 19. Jahrhunderts mit der weiblichen Natur begründet. Hingebende Liebe, Häuslichkeit, Anlehnungsbedürfnis und Mütterlichkeit wurden Frauen nun als gewissermaßen genetisch verankerte Charaktermerkmale zugeschrieben. Der für die europäische Erziehungs- und Bildungsgeschichte wirksamste Text für diese Sicht des Geschlechterverhältnisses war Rousseaus Erziehungsroman »Emile« aus dem Jahr 1762. Rousseau geht darin von der grundlegenden

Ungleichheit der Geschlechter und einer naturbestimmten Abhängigkeit und Unterlegenheit der Frau aus. Deshalb zielte die ›natürliche‹ Erziehung Sophies in diesem Roman auch ganz auf ihre praktisch-häusliche Ausbildung. Ähnliche Konstruktionen finden sich bei anderen Aufklärungsphilosophen. Auch das neue Konzept der ehelichen Liebe wurde in dieses System der Unterordnung auf Grund natürlicher Ungleichheit eingeordnet. Der deutsche Philosoph Fichte fasste diese Auffassung prägnant zusammen: »Diejenige [Frau], welche [dem Mann in der Ehe] ihre Persönlichkeit mit Behauptung ihrer Menschenwürde hingibt, gibt notwendig dem Geliebten alles hin, was sie hat. [...] Das Geringste, was daraus folgt, ist, dass sie ihm ihr Vermögen und alle ihre Rechte abtrete, und mit ihm ziehe. [...]. Sie hat aufgehört das Leben eines Individuums zu führen; ihr Leben ist ein Teil seines Lebens geworden, (dies wird trefflich dadurch bezeichnet, dass sie den Namen des Mannes annimmt)«.[436]

Die Abtretung des Namens, des Besitzes und der Rechte kennzeichneten die Stellung der verheirateten Frau durch das gesamte 19. und einen Teil des 20. Jahrhunderts. In Deutschland wurde ihre Rechtsfähigkeit zwar mit der Gesetzgebung der Weimarer Republik endgültig anerkannt, aber die gesetzliche Bindung der Ehefrau an den Haushalt blieb bis in die Familiengesetzgebung der Bundesrepublik erhalten. Hieß es im BGB von 1900 apodiktisch, dass die Frau den Haushalt für den Mann zu führen habe, so lautet der entsprechende Paragraph im Familienanpassungsgesetz der BRD von 1957 immerhin noch: »Die Frau führt den Haushalt in eigener Verantwortung. Sie ist berechtigt, erwerbstätig zu sein, so weit dies mit ihren Pflichten in Ehe und Familie vereinbar ist.« Erst seit der Änderung von 1977 regeln die Ehegatten »die Haushaltsführung im gegenseitigen Einvernehmen« (§ 1356 BGB). Dies ist eine auf Gleichberechtigung zielende Formulierung, die sich heute in vielen europäischen und außereuropäischen Ländern in entsprechenden Gesetzen findet, bei der die rechtliche Norm den realen Verhältnissen aber vielfach vorauseilt.[437]

Das Modell der Alternativrollen von Mann und Frau, von männlicher Erwerbs- und weiblicher Hausarbeit fand im Bürgertum des 19. Jahrhunderts seine deutlichste Ausprägung. Es galt bis in die obersten Vermögensschichten hinein, selbst Industriellenfrauen beschäftigten sich im Haushalt, kochten, machten für den Winter ein und bezogen daraus einen Teil ihrer Identität als

Ehefrauen.[438] Diese Rollenverteilung blieb aber nicht auf die bürgerlichen Schichten beschränkt. Obwohl gerade in der frühen Arbeiterschaft im Rahmen der protoindustriellen Produktion die Geschlechtsrollen relativ flexibel und den ökonomischen Vorteilen angepasst waren, setzte sich in der Fabrikarbeiterschaft des ausgehenden 19. Jahrhunderts das bürgerliche Modell der geschlechtsspezifischen Arbeitsteilung zumindest als Orientierungsziel der Männer durch. Dieses Idealbild des bürgerlichen Heims mit dem Mann als Ernährer stimmte allerdings aufgrund des geringen Einkommens vieler Arbeiter und der dadurch überlebensnotwendigen Erwerbsarbeit ihrer Frauen für die meisten Arbeiter und Arbeiterinnen nicht mit der Wirklichkeit überein. Dennoch versuchten staatliche Regulierungen von Frauenarbeit, Wohnungsbauprogramme und die Propaganda bürgerlicher Frauenvereine in allen europäischen Industrieländern die ›Familialisierung‹ der Arbeiterfrauen zu befördern.[439]

Normen dürfen nicht mir der Realität gleichgesetzt werden. Dennoch traf im Falle der geschlechtsspezifischen Zuordnung von Hausarbeit die Wortwahl des BGB, dass die Frau für den Mann den Haushalt zu führen habe, den Sachverhalt ziemlich genau. Hausarbeit war, wenn sie nicht – wie in manchen bürgerlichen Familien – an Hausangestellte übertragen werden konnte, von den Ehefrauen und Kindern, d. h. vor allem den Mädchen, zu erledigen. Die Männer haben sich im Bürgertum genauso wie in der Arbeiterschaft von diesen Tätigkeiten weitgehend entlastet. Dies gilt in Europa bis in die Gegenwart, allerdings mit deutlichen Nord-Süd-Unterschieden. In den Mittelmeerländern ist die geschlechtsspezifische Zuordnung der Hausarbeit noch immer sehr ausgeprägt,[440] während in den skandinavischen Ländern und in Großbritannien die Kooperation der Partner selbstverständlicher ist.

Abb. 57: Verteilung des Spülens in % (ca. 1980).

	Mann	Frau	Kinder	Sonstige Familienangehörige
Japan	0,8	88,6	3,2	3,5
USA	6,8	64,0	7,3	20,6
BRD	4,4	72,0	2,8	17,5
UK	14,9	55,9	3,4	20,2

Insgesamt hat die zunehmende außerhäusliche Berufsarbeit auch von Mittelschichtsfrauen in Europa erst in Ansätzen dazu geführt, dass Hausarbeit geteilt würde: In einer Umfrage der 1980er Jahre unter 1200 berufstätigen Frauen zwischen 20 und 60 Jahren in Baden-Württemberg gaben 80 % an, dass sie von ihren Männern wenig oder gar keine Hilfe im Haushalt erhielten. In solchen Haushalten lag auch die Mithilfe der Kinder sehr niedrig. Ähnliche Zahlen finden sich allerdings auch in den Niederlanden oder der ehemaligen DDR. Berufstätige Frauen leben in Europa daher auch heute noch mit der Doppelbelastung von Beruf und Haushalt.[441]

e) Ehekonflikte – Ehescheidung – Wiederverheiratung

Die Zunahme von Ehescheidungen ist eines der markantesten Merkmale der Familiengeschichte des 20. Jahrhunderts. In den USA wurde in den 1980er Jahre jede zweite Ehe getrennt. In Europa waren die Werte etwas niedriger: Die höchsten Zahlen verzeichnen hier Großbritannien, Dänemark und die skandinavischen Länder. In Deutschland endete jede dritte Ehe vor dem Scheidungsrichter, wobei die Scheidungsrate, die Zahl der Ehescheidungen pro 1000 Einwohner, in Deutschland damals noch deutlich über dem europäischen Durchschnitt lag. Besonders die südeuropäischen Länder Spanien, Italien und Griechenland zeichneten sich auch am Ende des 20. Jahrhunderts noch durch sehr niedrige Scheidungsraten aus; in Irland ist Ehescheidung bis heute nicht legal. Trotz dieser Einschränkungen gilt auch für den europäischen Raum insgesamt, dass die Scheidungsraten ein Niveau erreichten, das auf einen deutlichen Wandel der Einstellung zur Ehe bzw. zu Ehekonflikten hindeutet. Ehekonflikte werden heute sehr viel rascher durch Scheidungen beendet als früher. Die Scheidung erscheint vielfach nicht mehr als ultima ratio in einem langen Prozess des Auseinandergehens. Heute, so der Scheidungshistoriker Phillips, gilt: »the first resort tends to be the last resort, divorce«.[442]

Allerdings wurde zurecht vor einer Dramatisierung dieser Ergebnisse gewarnt. Zum einen lassen sich im interkulturellen Vergleich viele Gesellschaften mit traditionell hohen Scheidungsraten finden wie zum Beispiel Japan oder die arabische Welt, wo Scheidung immer als ein mögliches Ende einer Ehe angesehen wurde. [443] Zum anderen wurde auf die hohen Wiederverheiratungsquoten verwiesen, die darauf hindeuten, dass die Bedeutung der Ehe auch für Geschiedene weiterhin hoch ist. Schließlich wurde vorgebracht, dass trotz hoher Scheidungsraten aufgrund der steigenden Lebenserwartung noch nie in der Geschichte Europas »derart viele Menschen eine so lange Zeit ihres Lebens mit demselben Ehepartner zusammen[lebten] wie heute«.[444] Auf Grund hoher Sterblichkeitsquoten waren Wiederverheiratungen und »patchwork-families« mit Stiefeltern und Stiefgeschwistern bis weit ins 19. Jahrhundert hinein eine Lebenserfahrung eines Großteils der Bevölkerung. Die hohen Scheidungsraten bedeuten somit in gewisser Weise auch eine Rückkehr zu einem System einer »sukzessiven Mehrehe«, die trotz prinzipieller Festlegung auf die Monogamie für Europa de facto kennzeichnend war. Man sollte allerdings über die historischen Parallelen die Unterschiede nicht übersehen: der Tod war ein ›von außen‹ kommendes Ereignis. Er trennte Paare, ob sie harmonisch waren oder nicht. Scheidung dagegen ist Ausdruck der Krise einer Ehe, Zeichen nachhaltig enttäuschter Erwartungen an die Form des Zusammenlebens. Hohe Ehescheidungsraten finden in außereuropäischen Gesellschaften in einem anderen religiösen sowie familien- und geschlechterstrukturellen Kontext statt, durch den vor allem Status und Versorgung der geschiedenen Frauen meist klarer (wenn auch nicht immer befriedigend) geregelt sind. Insofern ist die Entwicklung der europäischen Scheidungszahlen im 20. Jahrhundert durchaus als ein wichtiger Veränderungsprozess zu betrachten und in seiner historischen Entwicklung zu analysieren.

Die Ursachen, die hinter diesem Wandel stehen, sind sehr komplex. Erklärungshypothesen, die für das zunehmende Scheitern von Ehen ausschließlich den angeblichen Aufstieg romantischer Liebe und die Individualisierung der Partnerwahl verantwortlich machen,[445] greifen ebenso zu kurz wie solche, die einseitig die Liberalisierung des Scheidungsrechts in den Vordergrund stellen. Neben dem Recht spielt auch die damit keineswegs deckungsgleiche Rechtspraxis eine wichtige Rolle; neue Muster der Partnerwahl verweisen zugleich auf Faktoren wie die Veränderungen der Stellung und der Versorgungsmöglichkeiten verheirateter und unverheirateter Frauen, den Wandel des Erwartungshorizonts an eine eheliche Beziehung und die abnehmende Kompetenz der Kirchen bei der Regelung des Alltags auch in anderen Bereichen. Alle diese Faktoren sind wiederum verbunden mit zunehmender Verstädterung und Bildung. Ein wichtiger Aspekt, den es bei jeder Behandlung von Ehescheidungen außerdem zu berücksichtigen gilt, ist die Tatsache, dass niedrige Scheidungsraten, besonders wenn sie auch durch gesetzliche Scheidungsverbote bewirkt sind, keineswegs auf eine höhere Harmonie oder Stabilität der Ehen deuten.[446] Das heißt, eine Geschichte der Ehescheidung muss letztlich immer auch die Geschichte der Ehekonflikte und der informellen Trennungen einbeziehen. Dies ist aber vor allem am historischen Material schwierig. Ehekonflikte wurden nur selten aktenkundig, die Methoden der Befragung, die der soziologischen Scheidungsforschung offen stehen, sind für frühere Zeiten nicht gegeben. Zudem besteht auf diesem Feld besonders für die Sozialgeschichte des 19. Jahrhunderts noch ein hoher Forschungsbedarf. Trotz dieser Schwierigkeiten soll im Folgenden von den Konflikten als Vorstufen der Scheidung ausgegeangen werden.

Ehekonflikte

Mit der Kontrolle über die Eheschließung konnte die katholische Kirche im ausgehenden Mittelalter zugleich ihre Aufsicht über das Innenleben der Ehe etablieren. Die Vermittlung in Ehekonflikten wurde zu einer kirchlichen Angelegenheit. Auch in den protestantischen Ländern wurde diese kirchliche Kompetenz in Ehesachen nicht prinzipiell in Frage gestellt. Häufig waren dafür in protestantischen Territorien allerdings gemischte Gremien zuständig, die aus Vertretern der kirchlichen und der weltlichen Gemeinde zusammengesetzt waren. De facto kam in diesen Institutionen der Stimme des Pfarrers aber das Größte Gewicht zu.

Ehekonflikte sind immer häufiger als Ehescheidungen. Dennoch ist auch bei den Konflikten auffällig, dass in der Frühen Neuzeit die Zahl der Paare, die einen Ehestreit vor einem lokalen Ehegericht austrugen, das heißt dieses Gericht um Vermittlung bzw. auch um klare Anweisungen für einen der Partner angingen, relativ gering war. In einer der wenigen Lokalstudien, in der die Zahl der vor einem Ehegericht verhandelten Konfliktfälle einmal auf die Anzahl der im Ort lebenden Ehepaare umgerechnet wurde, ergab sich, dass es in der Frühen Neuzeit und bis ins 19. Jahrhundert hinein durchgehend weniger als fünf Prozent der Ehen waren, die irgend wann einmal eine amtliche Konfliktlösung beantragten – die im Übrigen keineswegs immer auf eine Scheidung abzielen musste.[447] Diese aktenkundig gewordenen Ehestreitigkeiten waren sicher nur die Spitze des Eisberges realer Streitfälle in diesem Ort; die geringe Zahl deutet jedoch an, dass in der Regel anderen Lösungsmöglichkeiten – von der familialen oder nachbarschaftlichen Intervention bis zur Resignation – der Vorzug vor einer öffentlichen Austragung der Streitigkeiten vor Gericht gegeben wurde.

Fragt man danach, welche Konflikte vor allem dazu angetan waren, dass sie nicht mehr von den Partnern selbst bzw. ihrer direkten Umgebung gelöst werden konnten, so stößt man in den frühneuzeitlichen Gerichtsakten neben den klassischen, aber gar nicht so häufigen Scheidungsgründen des Ehebruchs und der Impotenz vor allem auf vier besonders oft genannte und nicht immer klar voneinander trennbare Konfliktbereiche: Misshandlung, Verletzung von Geschlechtsrollen, Konflikte mit angeheirateten Kindern, Alkoholismus bzw. Verschwendung.[448] Meist überlagerten sich mehrere dieser Konfliktursachen. Drei Beispiele können die wichtigsten Problemlagen verdeutlichen:

Die berühmten Memoiren des Schweizers Ulrich Bräker geben einen sehr ernüchternden Einblick in den Alltag einer Vernunftehe im bäuerlich-kleinbürgerlichen Milieu im 18. Jahrhundert: »An Aller Seelen Tag (3. Nov.) wurden wir copulirt. Herr Pfarrer Seelmatter hielt uns eine schöne Sermon, und knüpfte uns zusammen. So nahm meine Freyheit ein Ende, und das Zanken gleich den ersten Tag seinen Anfang – und währt noch bis auf den heutigen. Ich sollt' mich unterwerfen und wollte nicht, und will's noch itzt nicht. Sie sollt' es auch, und will's noch viel minder.«[449]

Hintergrund von Bräkers Konflikt war seine Hilflosigkeit gegenüber einer Frau, die aufgrund ihres in die Ehe eingebrachten Vermögens auch bestimmte Entscheidungskompetenzen für sich beanspruchte. Dies stimmte mit Bräkers Bild der innerehelichen Geschlechterhierarchie nicht überein. Da er jedoch Konflikte scheute und »etwas mit dem Meisterstecken durchzusetzen«, auch nicht seine Sache war,[450] mied Bräker sein Haus immer mehr und vernachlässigte seine Geschäft. Andere verließen Frau und Familie auch ohne Scheidung dauerhaft und wanderten aus.

Bei dem zweiten Beispiel, einem gerichtlichen Ehestreit in einem württembergischen Dorf aus dem Jahr 1825, ging es darum, dass eine Frau mehrfach den Verdacht äußerte, ihr Mann würde das Geld, das er aus dem Verkauf von Vieh erlöste, versaufen. Das führte schließlich zu einem Gewaltausbruch des Mannes, der durch die Familie der Frau mit einer Klage wegen Körperverletzung beantwortet wurde. Im Verlauf des Prozesses kamen eine

Reihe älterer Konflikte dieser bereits 15-jährigen Ehe zutage. Sie deuteten darauf hin, dass die Frau und ihre Familie bestimmte Entscheidungskompetenzen des Mannes in Frage stellte. Die Frau gab bei Gericht eine sehr charakteristische Äußerung ihres Mannes an. Ihr Mann habe ihr schon länger erklärt »sie sey ein Streitkopf, so könne er nicht mit ihr haußen, sie müsse nach seinem Willen leben, oder er schlage sie zu tod oder tue sich etwas am Leben.«[451] In diesem Fall wurde der Mann zwar wegen der gravierenden Misshandlung seiner Frau und weil sie glaubhaft machen konnte, dass er ihr nach dem Leben trachtete, zu einer eintägigen Haftstrafe verurteilt, in anderen Fällen konnte aber auch durchaus die Frau zur Respektierung der Kompetenzen des Mannes aufgefordert werden. Das schloss auch die Erduldung einer maßvollen körperlichen Züchtigung mit ein.

Am dritten Beispiel wird deutlich, dass umgekehrt auch die Männer die Rollen der Frau achten mussten. Hier gab es in der Regel weniger Konflikte, da Männer sich selten in den häuslichen Bereich einmischten. Streit gab es besonders dann, wenn eine Ehefrau durch eine mitwohnende Schwiegermutter oder eine Stieftochter daran gehindert wurde, die volle Entscheidungsgewalt über den Haushalt zu übernehmen und von ihrem Mann in diesem Anspruch nicht unterstützt wurde. In einem anderen württembergischen Dorf beklagte sich eine Frau, dass die Stieftochter sie nicht in die Küche und für ihren Mann kochen lasse, und dass der Mann seiner Tochter dies nicht verbiete. Hier bekam die Frau recht, der Mann und die Stieftochter wurden aufgefordert, die Kompetenzen der neuen Ehefrau zu respektieren.[452]

In allen diesen Fällen überlagern sich mehrere Konfliktursachen. Es wird aber immer deutlich, dass die Missachtung von Geschlechterrollen ein wichtiger Auslöser von Konflikten war. Man kann die Achtung der jeweiligen Rollenkompetenz vielleicht am besten als Respekt bezeichnen. Dieser Respekt wurde nicht nur von den Partnern selbst eingefordert, sondern auch von der Herkunftsfamilie kontrolliert.[453] Die Reaktionsweisen der Partner auf Regelverletzungen waren verschieden. Bräker gab nach, entzog sich seiner Frau physisch oder mental und überließ ihr das Feld; andere reagierten gewalttätig, fingen an zu saufen, verweigerten dauerhaft den Beischlaf, wieder andere gingen direkt vor das Ehegericht, um ihre Ehre und ihr Vermögen zu verteidigen.

Die Bedeutung der Einhaltung von Geschlechtsrollen für das Funktionieren von Ehen ist heute zurückgegangen bzw. hat sich

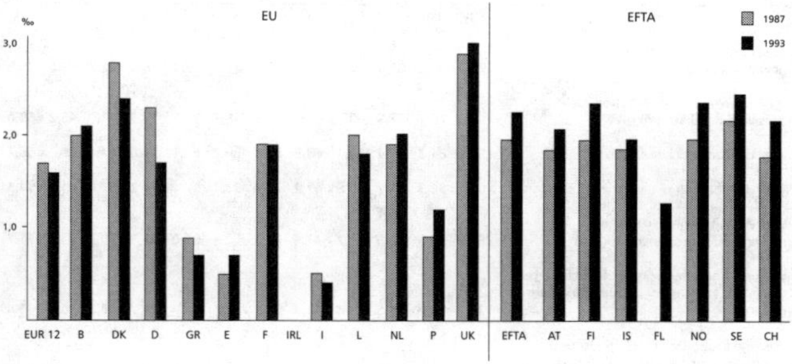

Abb. 58: Scheidungsrate in den Staaten der EU und der EFTA, 1987–93. Spitzenreiter in den Scheidungszahlen in den EU-Staaten sind Großbritannien, Dänemark und Deutschland, die beiden letzten jedoch in diesem Zeitraum mit rückläufiger Tendenz. Ein Trend, der sich zumindest in Deutschland nicht fortgesetzt hat.

in das Gegenteil verkehrt – die Auflösung starrer Zuordnungen, das Teilen bestimmter Aufgaben wird für viele Paare zunehmend zur Grundlage befriedigender Partnerschaft in der Ehe. Heute entwickeln sich deshalb viele Ehekonflikte um diesen Bereich unter umgekehrten Vorzeichen. Besonders für Frauen ist das stillschweigende oder explizite Beharren von Männern auf traditionellen Rollenkompetenzen häufig der Beginn von Konflikten. Allerdings ist ihre Toleranzschwelle noch immer sehr hoch. Nicht mehr toleriert wird das Verhalten von Partnern in der Regel erst, wenn die Konflikte auch auf traditionelle Weise, das heißt gewalttätig ausgetragen werden.

In einer Umfrage der Europäischen Gemeinschaft, wann man sich vom Ehepartner scheiden lassen würde, wurde Gewalttätigkeit des Partners bzw. der Partnerin mit Abstand am häufigsten genannt – und zwar sowohl von Frauen (83,7 %) als auch von Männern (78,8 %). Erst danach kommen mit deutlich weniger Nennungen mangelnde Kommunikation zwischen den Partnern (63,5 bzw. 66,7 %), Untreue (61,4 bzw. 60,1 %), Alkohol- oder Drogenabhängigkeit (57,3 bzw. 49,4 %). Nur 21,4 % der befragten Frauen und 24,9 % der Männer würden sich scheiden lassen, »weil die große Liebe zu Ende ist und nur noch Freundschaft und Respekt geblieben sind«; unbefriedigende sexuelle Beziehungen in der Ehe wären sogar nur für 18,7 % der Frauen und 22,3 % der

	B	DK	D	GR	E	F	IRL	I	L	NL	P	UK
Weil der Partner/die Partnerin gewalttätig ist	78,4	91,6	85,7	72,2	68,3	88,5	71,2	77,3	78,6	82,7	61,6	85,6
Weil es keine Kommunikation mehr zwischen den Partnern gibt	64,8	79,2	67,9	60,3	60,0	71,6	48,7	57,5	57,3	71,0	45,2	68,0
Weil die Partner untreu sind	59,6	61,2	57,7	74,4	63,6	65,8	50,0	61,1	56,6	57,7	69,1	56,1
Weil die Charaktere unvereinbar sind	60,0	56,7	52,7	45,8	47,2	72,1	33,7	57,1	61,2	57,8	41,2	54,1
Weil die Partnerin/der Partner alkohol- oder drogenabhängig ist	53,9	59,5	48,5	51,1	43,4	68,5	52,4	57,0	41,3	50,7	43,2	51,7
Weil es abgesehen von der finanziellen Sicherheit keine gemeinsame Interessen mehr gibt	38,1	55,9	49,5	42,8	41,3	58,8	31,5	39,9	39,7	46,3	36,5	45,4
Weil die große Liebe zu Ende ist und nur noch Freundschaft und Respekt geblieben sind	14,4	25,2	22,1	19,7	26,1	25,3	22,4	19,8	14,6	15,0	26,6	27,1
Weil die sexuellen Beziehungen unbefriedigend geworden sind	15,9	17,1	20,5	22,1	18,1	30,7	21,0	18,0	19,9	12,6	17,2	17,6
Weil es schwerwiegende Probleme zwischen der Partnerin/dem Partner und den im Haushalt lebenden Kindern gibt	14,8	13,0	15,4	8,1	13,6	28,5	29,2	13,8	13,5	9,6	17,9	31,3
Weil die Partnerin/der Partner mit der Rollenverteilung unzufrieden ist	15,6	14,3	14,8	9,9	18,2	20,4	15,8	14,5	5,9	11,2	5,4	17,2
Weil sich der Partner/die Partnerin von seiner/ihrer Arbeit vereinnahmen läßt	10,2	5,4	8,6	11,2	9,0	14,5	14,1	9,4	11,1	18,4	10,7	16,5
Weil das Paar keine Kinder bekommen kann	5,3	1,7	3,3	4,5	2,1	10,0	4,1	4,9	7,0	2,6	3,5	3,1

Angaben in %

Abb. 59: Motive für eine Ehescheidung, Antworten nach Ländern.
In Dänemark und Frankreich wird vor allem Gewalt als Scheidungsgrund angesehen, während dies in Portugal und Spanien weniger häufig als Motiv angegeben wird. In Griechenland und Portugal ist Untreue der wichtigste Grund für die Scheidung, während diese Frage in Irland offensichtlich mit großer Nachsicht beurteilt wird. In Dänemark, Frankreich und den Niederlanden wird besonderer Wert auf die Kommunikation in der Ehe gelegt. Unvereinbarkeit der Charaktere wäre für mehr als 70 % der Französinnen und Franzosen, aber nur für 33,7 % der Irinnen und Iren ein ausreichender Scheidungsgrund. Erkalten der Liebe als Scheidungsgrund wird am häufigsten in Portugal, Spanien, Frankreich und Dänemark angeführt. Eine schlechte Rollenverteilung in der Ehe wäre vor allem in Frankreich, Spanien und dem Vereinigten Königreich ein Scheidungsgrund. Vereinnahmung durch die Arbeit wird vor allem in den Niederlanden, im Vereinigten Königreich und in Frankreich genannt. Offenbar sind die Französinnen und Franzosen aus fast allen genannten Motiven am ehesten zu einer Scheidung bereit.

Männer ein Scheidungsgrund.[454] Dies sind hypothetische Ursachen, die nicht in wirklichen Scheidungsprozessen vorgebracht wurden. Darüber gibt es keine statistisch vergleichenden Daten. Sie geben also aus der Binnenperspektive erwachsener Personen die eignen Toleranzgrenzen an. Als solche sind diese Zahlen durchaus aussagekräftig. Am auffallendsten ist daran die im Gegensatz zur Hypersexualisierung des Geschlechterverhältnisses in den Medien auffallend geringe Bedeutung von Sexualität als Konfliktpunkt.

Schlüsselt man diese Durchschnittsangaben nach Ländern auf, so zeigen sich allerdings deutliche nationale Unterschiede in der Gewichtung der einzelnen Scheidungsgründe: Gewalt in der Ehe wurde vor allem in Dänemark und Frankreich als überragender Anlass für eine Scheidung angesehen, während in Spanien und Portugal Untreue mindestens so stark, wenn nicht stärker gewertet wurde. Dennoch ist die insgesamt sehr hohe Sensitivität beider Partner und auch der Ehegerichte gegenüber Gewalt innerhalb der Ehe auffallend. Sie muss jedoch im Zusammenhang mit den realen Befunden gelesen werden: Ein Viertel aller Frauen in der Europäischen Gemeinschaft wird heute nach EU-Statistiken mindestens einmal von ihrem Partner misshandelt, jede zweite Frau, die Opfer eines Gewaltverbrechens wurde, wurde von ihrem Partner getötet. In Umfragen innerhalb der EU wurden als Ursachen für die innerfamiliale Gewalt gegen die Ehefrauen an erster Stelle Alkoholismus (96 %) und Drogenabhängigkeit (94 %) angegeben, dann folgten soziale Proble wie Arbeitslosigkeit (79 %) und Armut (75 %), aber auch Rollenkonflikte (59 %) und provozierendes Verhalten von Frauen (46 %). Nur 62 % aller in dieser Umfrage befragten Personen fanden im Übrigen Gewalt gegen Frauen so inakzeptabel, dass sie bestraft werden sollte.[455] Diese Beispiele zeigen, dass Ehekonflikte de facto auch heute noch auffallend stark durch – vor allem männliche – physische Gewalt geprägt sind. Die Dauer der Akzeptanz dieses Verhaltens scheint allerdings gesunken, der Weg zum Scheidungsrichter deshalb kürzer geworden zu sein.

Scheidungsrecht und Scheidungspraxis in der Frühen Neuzeit

Der Kölner Ratsherr Hermann von Weinsberg (1518–98) verfasste eine Familienchronik, in der er auch die Lebensgeschichte seiner Schwester Sibylla erzählte.[456] An der Geschichte des Scheiterns ihrer Ehe lassen sich viele Konfliktpunkte frühneuzeitlicher Ehen und das komplizierte Verfahren einer katholischen Ehetrennung illustrieren: Sibylla hatte im August 1562 den Gelegenheitsarbeiter und Söldner Conrad Eck geheiratet, doch bereits nach zwei Jahren begann diese Ehe auseinander zu brechen. Der

Mann vergeudete die Mitgift seiner Frau und schlug sie, wenn sie ihm diesbezüglich Vorwürfe machte. Im Jahr 1568, nach sechs Ehe- bzw. vier offenkundigen Streitjahren, verließ Sibylla ihren Mann und zog zu ihrer Mutter. Dagegen schritt der Kölner Bürgermeister ein und ermahnte sie, dass eine solche Trennung gegen Gottes Gebot und Anlass zur Sünde sei. Auch Conrad Eck wurde vorgefordert und wegen seiner schlechten Haushaltung gerügt. Eine Versöhnung des Paares kam jedoch erst nach weiteren zwei Jahren des eigenmächtigen Getrenntlebens zustande und war auch nur von kurzer Dauer. Im Jahr 1571 zog Eck nach Dänemark in den Krieg und kam 1572 bankrott zurück. Sibylla zog von Neuem aus und stellte nun einen offiziellen Antrag auf Trennung. Der Antrag wurde dilatorisch behandelt und das Verfahren nicht zuende geführt. Erst als Ecks Magd 1576 ein Kind von ihm bekam, klagte Sibylla erneut auf Ehetrennung, nun wegen Ehebruchs. Im Juni 1580, also nach weiteren vier Jahren, wurde schließlich eine rechtskräftige und dauerhafte Trennung bewilligt.

Scheidung im katholischen Sinn des Wortes bedeutet nicht die Auflösung einer Ehe, sondern nur die offizielle Anerkennung der »Trennung von Bett und Tisch«. Denn die Ehe ist ein Sakrament und kann durch Menschen nur geschieden werden wenn sie unter Nichtbeachtung gravierender Ehehindernisse zustandegekommen war. Dann galt sie als nicht rechtmäßig geschlossen. Aber auch vor einer Trennung von Tisch und Bett wurde dem Paar eine lange Duldungsphase zugemutet. Es mussten mehrere Sühneversuche von Seiten der weltlichen oder geistlichen Obrigkeit unternommen werden.[457] Der eigenwillige Auszug Sibyllas war im Prinzip ebenso wenig statthaft wie das Betragen des Mannes. Die offizielle Trennung von Tisch und Bett, war eine ultima ratio, die am Ende eines langen Verfahrens stand.

Die einzige Art und Weise, eine gültig geschlossene Ehe rechtmäßig zu beenden und damit die Möglichkeit zur Wiederverheiratung zu erlangen, war der Tod des Ehepartners. Dies bestimmte auch den weiteren Lebensweg von Sibylla Weinsberg. Eck zog nach der Trennung mit der Magd, die ein Kind von ihm hatte, aufs Land und gab sie dort als seine Ehefrau aus. Die Familie Weinsberg erfuhr dies und reagierte empört. Der Mann wurde angeklagt und eingesperrt, weil er mit einer Hure zusammenlebe, wo er doch noch mit einer ehrbaren Bürgerstochter verheiratet sei. Er antwortete darauf, die Magd »were sin ehefrawe, aber nit uff die pabstische weise getrawet«. Eck hatte sich dem Wiederverheiratungsverbot also durch Konfessionswechsel entzogen. Sibylla selbst blieb als gute Katholikin ledig, bis Eck 1587 an Syphilis starb. Danach heiratete sie einen verwitweten Brauereibesitzer. Erst mit Ecks Tod war für sie die Ehe beendet.

Die meisten katholisch geprägten Länder in Europa blieben bis in das 20. Jahrhundert bei dieser Regelung. Zwar hatte es in manchen dieser Staaten ähnlich wie bei der Eheschließung auch lange gedauert, bis sich die Bestimmungen des kanonischen Rechts voll durchgesetzt hatten. In Spanien zum Beispiel konnte eine Ehe noch lange zwar nicht geschieden, aber aufgrund von Ehebruch und anderen Kriterien annulliert werden, so dass eine Wiederverheiratung möglich war.[458] Aber im Laufe der Frühen Neuzeit setzten sich die katholische Kirche und das kanonische Recht in allen katholischen Ländern durch. Die primäre Zuständigkeit für katholische Ehen bzw. Ehekonflikte lag damit bei kirchlichen Instanzen, lediglich die Frage der Gütertrennung und der Versorgungspflichten wurde in der Regel weltlichen Gerichten überlassen. Auch für Sühneversuche wurden sie zum Teil eingeschaltet. Daraus konnten sich, wie z. B. in Frankreich, gewisse Kompetenzstreitigkeiten über die Zuständigkeiten ergeben. Insgesamt aber blieben das Jurisdiktionsmonopol der Kirche unangetastet und die Unauflösbarkeit der Ehe in dem Sinne, dass durch die Trennung eine Wiederverheiratung möglich geworden wäre, bestehen.

Im Protestantismus wird die Ehe nicht als Sakrament angesehen. Daher kann sie mit einem Recht auf Wiederverheiratung geschieden werden.[459] Im Luthertum galten neben dem Ehebruch vor allem vier Gründe als legitime Ursachen für die Auflösung einer Ehe: die »bösliche Verlassung«, Impotenz oder Verweigerung der »ehelichen Pflicht«, Unglauben oder Konfessionswechsel und schließlich – allerdings mit starken Einschränkungen – andere Ursachen, die man zusammenfassend als Zerrüttung der Ehe bezeichnen könnte, wobei körperliche Gewalttätigkeit vor allem des Mannes gegen die Frau allein noch kein hinreichender Scheidungsgrund war.[460] Bösliche Verlassung liegt nach Luthers Schrift »Von Ehesachen« aus dem Jahr 1530 dann vor, wenn ein Mann von der Frau »on yhren wissen und willen, heimlich und meuchlings weg leufft, lesst sie schwanger odder mit kindern sitzen, Schickt yhr nichts, schreibt yhr nichts, entbeut yhr nichts, leufft seiner buberey nach«.[461] Wer sich so verhielt, war in Luthers Augen kein Christ mehr, und wenn ein Christ von einem nichtchristlichen Partner um der Religion willen verlassen wurde, dann erlaubte sogar das kanonische Recht die völlige Trennung. Mit der Anerkennung der Verweigerung der ehelichen Pflicht und der allgemeinen Unverträglichkeit der Partner akzeptierte Luther de facto auch die Zerrüttung einer Ehe als Scheidungsgrund.

Diese relativ großzügigen Scheidungsregeln Luthers stießen zwar nicht bei allen Reformatoren auf gleiche Gegenliebe, setzten sich jedoch im Laufe des 16. Jahrhunderts in den lutherischen Ländern allgemein durch, besaßen somit auch vor allem im skandinavischen Raum Gültigkeit.[462] In reformierten Territorien wurde die prinzipielle Auflösbarkeit der Ehe akzeptiert, aber die Kriterien teilweise strikter (Genf), teilweise eher großzügiger definiert (Zürich, Basel).[463] Eine gewisse Ausnahme unter den protestantischen Ländern stellte England dar, wo auf Grund der Eheaffären Heinrichs VIII. eingeleiteten Reformation in Ehefragen das kanonische Recht beibehalten wurde und lediglich eine Trennung von Tisch und Bett ohne Wiederverheiratungsmöglichkeit vorgesehen war. Erst ab dem ausgehenden 17. Jahrhundert sprach das Parlament aufgrund vorausgegangener Untersuchungen durch ein kirchliches Ehegericht in so genannten »private bills« volle Ehescheidungen mit Recht auf Wiederverheiratung aus. Ein erstes weltliches Scheidungsgesetz wurde in England 1857 verabschiedet.[464] Das calvinistische Schottland dagegen übernahm die Genfer Regelungen weitgehend, akzeptierte somit nur zwei Scheidungsgründe, den Ehebruch und das bösliche Verlassen, war aber in dem Verfahren relativ liberal.[465]

Wie sah die protestantische Scheidungspraxis nun aus? In Zürich z. B. galten als Scheidungsgründe Ehebruch, Impotenz, böswillige Verlassung, schwerwiegende Unverträglichkeit der Partner und Betrug. Böswillige Verlassung und Ehebruch waren hier die bei weitem häufigsten Scheidungsursachen. Zwischen 1525 und 1531, also direkt nach der Reformation, wurden vor dem Zürcher Ehegericht 72 Scheidungsanträge wegen Ehebruchs, 28 wegen Impotenz eines Partners und 107 wegen böswilliger Verlassung verhandelt. Der Ehebruch war in 42 Fällen von Frauen begangen worden, war also kein primär männliches Delikt – oder wurde zumindest gegenüber Frauen unnachsichtiger verfolgt als gegenüber Männern, die zudem ungestraft auch noch Bordelle besuchen konnten.[466] In Schottland wurden in der Zeit zwischen

1691 und 1830 insgesamt 904 Ehescheidungsprozesse vor dem zuständigen Gericht in Edinburgh geführt, davon 803 wegen Ehebruchs und 101 wegen Verlassung.[467]

Ehebrechern wurde in protestantischen Ländern in der Regel die Wiederverheiratung gestattet, zugleich war der Ehebruch aber ein Delikt, das bestraft wurde. Auf den ersten Ehebruch stand in Zürich eine dreitägige Turmstrafe bei Wasser und Brot. Außerdem hatte Ehebruch einen zeitweiligen Kirchenbann und einen vorübergehenden Verlust öffentlicher Ämter und der Mitgliedschaft in Gilden und Zünften zur Folge. Beim zweiten und dritten Vergehen wurde die Strafe jeweils verdoppelt, bei einem vierten Ehebruch konnte die Verbannung aus der Stadt ausgesprochen werden. Auf den fünften Seitensprung, der vor Gericht kam, stand die Todesstrafe durch Ertränken in der Limmat. In Basel und anderen Städten verlief die Eskalation der Strafen ähnlich. Auch hier galt der fünfte Ehebruch als Verbrechen, das mit dem Tod bestraft werden konnte. Der schuldlos geschiedene Teil konnte in der Regel gleich wieder heiraten, der schuldige hatte einige Zeit zu warten und bedurfte auch einer speziellen Erlaubnis des Ehegrichts zur Wiederverheiratung. Die Wartefrist lag in Zürich bei einem Jahr für ehebrüchige Männer, bei drei Jahren für Frauen. Eine Heiratserlaubnis für Personen, die zum zweiten Mal wegen Ehebruchs geschieden wurden, verweigerte das Züricher Ehegericht.

Richteten sich die Vorwürfe des Ehebruchs vor allem gegen Frauen, so betrafen Eheprobleme wegen Impotenz überwiegend die Männer. Die Anklagen konnten sich aber auch gegen Frauen richten, die sich z. B. aufgrund von Geburtsverletzungen nicht in der Lage sahen, das »debitum conjugale«, die eheliche Pflicht, regelmäßig zu gewähren. Beide Fälle wurden genau untersucht, denn eine eventuell nur vorübergehende Impotenz, die aus einer vielleicht ebenfalls nur vorübergehenden Entfremdung der Partner resultierte, wurde nicht als Scheidungsgrund anerkannt. Auch die Frigidität der Frau stellte keinen Scheidungsgrund dar, denn, so urteilte das Zürcher Ehegericht, es gebe viele Schmerzen, die in einer Ehe miteinander geteilt werden müssten.[468]

Die größte Gruppe der Zürcher Scheidungsgesuche stellten die Klagen verlassener Ehepartner dar. Zugleich war das Verlassen des Ehepartners selbst eine Form der eigenmächtigen Scheidung. Diese war nicht zuletzt deshalb so häufig, weil auch die protestantischen Kirchen den Scheidungswilligen im Falle von Ehekonflikten hohe Hürden in den Weg legten, die denen der katholischen Kirche sehr ähnlich waren. Ein im Streit lebendes Paar musste in der Regel eine ganz Reihe von Sühneversuchen absolvieren, bevor eine Trennung möglich war. Zudem kostete das Verfahren Geld. Die Armen konnten sich eine Scheidung deshalb in der Regel nicht leisten. Meistens waren es die Männer, die ihre Frauen verließen, auswanderten, in die Armee oder in die Marine gingen. Die verlassenen Frauen waren dann – wie auch geschiedene Frauen – vielfach auf die Armenunterstützung angewiesen. Zu England liegen Untersuchungen vor, die die Armenunterstützungsakten als Quelle für quantifizierende Untersuchungen zur Häufigkeit informeller Scheidungen durch Verlassen des Ehepartners und der Familie heranziehen. In dem Ort Colyton in Devon endeten zehn Prozent aller zwischen 1741 und 1769 geschlossener Ehen auf diese Weise.[469] Generell kamen zwischen 1700 und 1830 in Südengland auf dem Land kontinuierlich etwa fünf Prozent aller Anträge auf Armenunterstützung von verlassenen Ehefrauen, in London lag dieser Anteil bei über zehn Prozent und konnte in Kriegszeiten im 18. Jahrhundert auf ein Drittel aller Unterstützungsgesuche ansteigen. Als besonders krisen- und scheidungsanfällig erwiesen sich hier die Ehen, die in den Kirchen der Fleet-Street unter Umgehung von Elternkonsens oder sonstiger Anforderungen geschlossenen worden waren. Vor dem Verbot dieser »Fleet-Marriages« im Jahr 1754 waren 60 % der gescheiterten Ehen von Londoner Armen dort geschlossen worden.[470]

Genaue quantitative Übersichten über offizielle Trennungen von Bett und Tisch bzw. Scheidungen liegen für die Frühe Neuzeit und auch für das 19. Jahrhundert nur für wenige Städte, Regionen oder gar Staaten vor, noch seltener finden sich Untersuchungen zu ›wilden Scheidungen‹ durch Verlassen des Partners. Deutlich wird aus den wenigen Arbeiten allerdings, dass es sich zumindest bei den offiziellen Trennungen um vergleichsweise seltene Maßnahmen handelte. Unter den protestantischen Ländern war bezüglich der Scheidungszahlen England besonders extrem. Die Kosten der ab dem ausgehenden 17. Jahrhundert möglichen vollständigen Scheidung durch Parlamentsbeschluss führte dazu, dass in der ersten Hälfte des 18. Jahrhunderts in England und Wales lediglich drei bis vier Ehen pro Jahr geschieden wurden. Nach 1750 stiegen die Zahlen etwas an und schwankten zwischen etwa 10 und maximal 50 Scheidungen pro Jahr. Für die offiziellen Trennungen von Tisch und Bett, die von kirchlichen Ehegerichten ausgesprochen wurden, errechnete Lawrence Stone eine Quote von etwa 0,1 % der Ehen. Ein wesentlich höherer Teil der Ehen ging auch in England de facto auseinander, ohne dass dafür ein Verfahren eingeleitet wurde.[471] Eine englische Besonderheit bei den eigenmächtigen Trennungen war der Verkauf von Frauen. Männer boten ihre Frauen meistbietend öffentlich feil, meist im Zusammenhang eines Ehebruchs, so dass häufig der Liebhaber die Frau ersteigerte. Im 19. Jahrhundert wurde dieser Brauch, für den es keine massenhaften Belege gibt, der aber definitiv häufiger war als Scheidungen durch das Parlament, vor allem von Frauen und Frauenvereinen heftig angegriffen und entsprechende Auktionen oft gestört.[472] In Schottland, wo das Scheidungsrecht im Prinzip sehr viel liberaler war als in England, fanden bis in die frühen 1770er Jahre ebenfalls nur ein bis zwei Ehescheidungen pro Jahr statt. Erst danach stieg die Zahl allerdings stark auf zehn bis zwanzig Scheidungen pro Jahr an.[473] Für Frankreich liegen einige regionale Studien vor, die zeigen dass die Trennung von Tisch und Bett im Ancien Régime ebenfalls außerordentlich selten war. In der etwa 400 000 Seelen umfassenden Diözese Cambrai gab es in der ersten Hälfte des 18. Jahrhunderts durchschnittlich 5,4 Ehetrennungen pro Jahr mit leicht steigender Tendenz in der zweiten Jahrhunderthälfte.[474] Eine besondere Möglichkeit der Trennung boten in Frankreich die »lettres de cachet«, Haftbefehle, die private Personen beim König oder beim Polizeipräsidenten beantragen konnten, um gegen eine Person aufgrund von angeblichem oder realem Missverhalten einen Haftbefehl zu erwirken. Allerdings musste der Kläger für die Haftkosten aufkommen. In Frankreich machten auch Eheleute von dieser Möglichkeit Gebrauch, um im Falle von Trunksucht, Verschwendung, Gewalttätigkeit etc. sich des Ehepartners zu entledigen.[475]

Diese Beispiele zeigen, dass sich in der Frühen Neuzeit unterhalb der offiziellen kirchlichen Lehren vielfach Praktiken der Auflösung von Ehen durchsetzten und auch geduldet wurden, die das strenge kanonische Recht auch für Katholiken oder Anglikaner abmilderten und ihnen Wege aus unerträglichen Ehesituationen öffneten.

Das Scheidungsrecht des Code civil und des Preußischen Allgemeinen Landrechts

Die Französische Revolution ordnete mit der Abkehr vom sakramentalen Eheverständnis und der Einführung der Zivilehe auch den Bereich der Ehescheidung neu. Im September 1792 wurde in Frankreich ein Scheidungsrecht eingeführt, das in den Rechtsgrundsätzen wie im Verfahren deutlich über die Spielräume des protestantischen Scheidungsrechts hinausging. Da die Ehe als privatrechtlicher Vertrag ohne religiöse Dignität konzipiert wurde, sollte es den Partnern im Prinzip auch freistehen, diesen Vertrag wieder zu lösen. Stimmten die Partner darin überein, konnte eine Ehe getrennt werden, bei »Unvereinbarkeit der Gemüter und Charaktere« war dies auch auf einseitigen Wunsch eines Ehegatten möglich. Das Gesetz sah zwar drei Versöhnungsversuche vor, mischte sich aber nicht weiter in den »Unvereinbarkeitsverdacht« ein, sondern akzeptierte eine Weigerung, die Ehe fortzusetzen. Die Ehe wurde damit nicht mehr »als eine auf die Dauer angelegte Zeugungs- und Hilfsgemeinschaft« angesehen, wie dies trotz aller Kritik am katholischen Eheverständnis auch die protestantischen Kirchen getan hatten.[476]

Die Einführung der Ehescheidung in der Revolution hatte in Frankreich zumindest in den Städten zunächst sprunghaft steigende Scheidungszahlen zur Folge. Insgesamt wurden zwischen 1792 und 1804 in Paris über 13 000 Ehen geschieden, in Lyon und Rouen jeweils gut 1000, wobei die ersten Jahre besonders hohe Zahlen zeigten. Nach 1795 blieben die Scheidungszahlen auf einem relativ konstant niedrigen Niveau. Für Großstädte wie Lyon oder Rouen bedeutete dies zwischen 50 und 100 Scheidungen pro Jahr. Die hohen Anfangszahlen deuten allerdings weniger auf eine massive neue Scheidungspraxis hin als vielmehr auf die Legalisierung bereits de facto durch Verlassen beendeter Ehen.[477]

Das liberale Scheidungsrecht der Revolution wurde bereits im Code civil von 1804 durch Napoleon wieder ansatzweise zurückgenommen, vor allem die einseitige Aufkündigung der Ehe bei mangelnder Übereinstimmung wurde nun verwehrt. Nach dem Sturz Napoleons führte man mit der Restauration der politischen und kirchlichen Strukturen auch das alte katholische Eherecht wieder ein und akzeptierte lediglich eine Trennung von Bett und Tisch. Erst 1884 kehrte die französische Gesetzgebung beim Scheidungsrecht zum Code civil zurück.

In Deutschland brachte an der Wende vom 18. zum 19. Jahrhundert vor allem das Allgemeine Landrecht (ALR) in Preußen eine deutliche Erleichterung der Scheidungsmöglichkeiten, aber auch der französische Code civil bestimmte in vielen deutschen Staaten sogar über 1815 hinaus das Scheidungsrecht. Das preußische Landrecht ergänzte ebenfalls die traditionellen Scheidungsgründe wie Ehebruch, bösliche Verlassung und Nachstellung nach dem Leben durch Ansätze des Zerrüttungsprinzips. Ehen durften nach dem ALR auch dann geschieden werden, wenn »der Widerwille so heftig und tief eingewurzelt ist, dass zu einer Aussöhnung und zur Erreichung der Zwecke des Ehestandes gar keine Hoffnung mehr übrig bleibt.«[478] In Preußen wurden aufgrund dieser Scheidungsbestimmungen allein im Jahr 1810 insgesamt 631 Ehen getrennt, davon entfielen 264 auf den Zuständigkeitsbereich des Berliner Stadtgerichts. Die Tendenz war dabei steigend: Zwischen 1817 und 1822 wurden in Preußen fast 18000 Ehen geschieden, annähernd 3000 pro Jahr – eine im Vergleich zu England enorme Zahl.[479]

Auch wenn diese relativ liberalen Bestimmungen des ALR in Preußen im Prinzip bis zum Erlass des bürgerlichen Gesetzbuches im Jahr 1900 in Kraft blieben, hatte es während des 19. Jahrhunderts doch einige Veränderungen gegeben, die die Scheidungsmöglichkeiten auf indirektem Weg wieder einschränkten. 1844 kam es zwar nicht, wie ursprünglich beabsichtigt, zu einer konservativen Reform des Scheidungsrechts, aber es konnte durchgesetzt werden, dass vor jeder Ehescheidung ein Sühneversuch durch einen Pfarrer zu stehen hatte und dass die Ehe gerichtlich erst geschieden werden konnte, wenn der Pfarrer diesen Versuch für gescheitert erklärte. Außerdem wurde die Kompetenz in Scheidungsfragen von den Landgerichten an die Oberlandesgerichte verlagert, die nicht nur langsamer arbeiteteten, sondern auch teurer waren. Die Folge davon war, dass in Preußen die Zahl der Scheidungen nach 1844 trotz des anhaltenden Bevölkerungswachstums absolut zurückging und die Zahl der abgelehnten Gesuche anstieg. Im Jahr 1840 wurden in Preußen gut 3000 Ehen gerichtlich getrennt, 1850 waren es noch 3094, aber 1869 gab es lediglich 2748 Ehetrennungen. Das liberale Eherecht wurde durch eine sehr restriktive Scheidungspraxis unterlaufen. Dass es allerdings noch immer relativ großzügig war zeigt ein Blick auf die preußische Rheinprovinz, die überwiegend katholisch war und in der zudem bis 1900 der restriktivere Code civil galt. In den

Jahren 1849 bis 1851 wurden hier 142 Scheidungsverfahren verhandelt, davon wurde aber nur 67 Gesuchen stattgegeben. Bezieht man die preußische Scheidungsquote auf das Rheinland, so hätten dort gemäß dem Bevölkerungsanteil weit über 300 Scheidungen ausgesprochen werden müssen, um eine gleiche Quote zu erlangen.[480]

Die restriktive Scheidungspraxis und die hohen Verfahrenskosten hatten in Preußen und in anderen Ländern zur Folge, dass die Zahl der informell getrennten Ehen zunahm. Vielfach war die informelle Trennung auch im 19. Jahrhundert die Vorstufe zur Ehescheidung, aber sie musste im Prinzip auch in protestantischen Ländern formell angezeigt oder beantragt werden. In Württemberg wurden im 19. Jahrhundert Ehepartner, die sich »eigenmächtig voneinander trennten, ohne der Obrigkeit davon Nachricht zu geben« vor den so genannten Kirchenkonvent zitiert und mussten eine Strafe bezahlen. In den großen Städten ließ sich das aber kaum mehr kontrollieren. Hier ist mit großen Dunkelziffern zu rechnen. Das illegale Verlassen der Ehefrau war zudem eine Maßnahme, die in den mobilen Unterschichten eher möglich war, als in den Mittel- und Oberschichten, die durch gesellschaftliche Stellung und Vermögen sehr viel stärker gebunden waren.

Das Gros der Scheidungsprozesse wurde von Frauen angestrengt. In Preußen kamen 1840 etwa 75 % der eingereichten Klagen von Frauen, die meisten von solchen aus den Unterschichten oder dem Kleinbürgertum. Vielfach waren es Reaktionen auf innereheliche Gewalt und Alkoholismus der Männer. »Rohheit und Trunk der Männer in den niederen Ständen vorzugsweise in den Städten und die Sittenlosigkeit des niederen und selbst, ja vorzugsweise, des mittleren Standes in den Städten, sind die Veranlassung der meisten Ehescheidungen«, hieß es in einem Bericht des Berliner Kammergerichts aus den 1840er Jahren.[481] Bei den genehmigten Ehescheidungen selbst überwogen in Preußen jedoch die Klagen wegen böslicher Verlassung durch den Mann. Im 19. Jahrhundert hatten die Auswanderungswellen oft dazu geführt, dass Männer allein nach Amerika zogen. Dies war einer der von den Gerichten am einfachsten anerkannten Scheidungsgründe. Hier konnten keine Sühneversuche mehr gemacht werden, und es gab keine Möglichkeit für die Pfarrer, die Ehe noch zu retten.

Ehescheidung im 20. Jahrhundert

Die Reform des Ehescheidungsrechts war im 19. Jahrhundert nicht nur in Deutschland ein intensiv diskutiertes Thema. In England wurde 1857 ein neues Scheidungsrecht erlasssen und weltliche Ehegerichte etabliert, vor denen sich Paare – Männer leichter als Frauen – nun wegen Ehebruchs trennen lassen konnten. In Frankreich stellte man 1884 wenigstens die Regelungen des alten Code Civil wieder her; die Schweiz erließ ein einheitliches Scheidungsrecht für alle Kantone, das allerdings in manchen Bestimmungen strikter war als die alten Regelungen. In Portugal dagegen, wo Scheidungen zuvor verboten waren, wurde mit der Revolution von 1910 ein außerordentlich liberales Scheidungsrecht eingeführt, das sich an der französischen Revolutionsge-

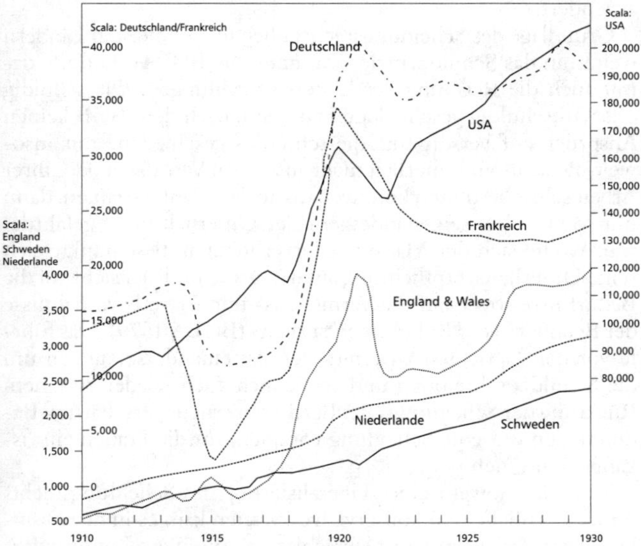

Abb. 60: Zahl der Ehescheidungen in ausgewählten Ländern, 1910–1930.
In Europa wiesen Deutschland und Frankreich absolut (und auch relativ) deutlich höhere Scheidungszahlen auf als z. B. England. Interessant ist allerdings das parallele Ansteigen in allen Ländern in der Zeit nach dem Ersten Weltkrieg. Die Zahlen pendelten sich auch nach dem Ende der kriegsbedingten Scheidungen auf einem deutlich höheren Niveau ein.

setzgebung von 1792 orientierte.[482] In Deutschland dehnte das Personenstandsgesetz von 1875 die preußischen Regelungen auf alle Staaten des Reiches aus, auch die katholischen. Allerdings hatten die Restriktionen in der Scheidungspraxis den preußischen Bestimmungen bereits viel von ihrer ursprünglichen und im europäischen Kontext einmaligen Liberalität genommen. Diese von den Konservativen wie vom Zentrum unterstützte Tendenz der Restriktion der Scheidungsmöglichkeiten schlugen sich 1900 schließlich in einer deutlichen Verengung der Spielräume im Bürgerlichen Gesetzbuches nieder: Das Zerrüttungsprinzip wurde an den Nachweis von schwerwiegenden Verletzungen der ehelichen Pflichten oder von ehrlosem oder unsittlichem Verhalten eines Partners gebunden. (§ 1568 BGB) Das heißt, es mussten materiale Tatbestände vorliegen, eine allmähliche Entfremdung der Partner wurde als Zerrüttungsgrund nicht mehr akzeptiert.

Grundlage des Scheidungsrechts blieb in den meisten Ländern weiterhin das Schuldprinzip. Das deutsche BGB verknüpfte damit auch die Regelung der Unterhaltszahlungen. Die schuldig oder mitschuldig geschiedene Frau hatte nach dem BGB keinen Anspruch auf Versorgung, die schuldlos geschiedene nur insoweit, als sie ihren Unterhalt nicht aus ihrem Vermögen oder ihrer Arbeit selbst bestreiten konnte. Musste der Mann bezahlen, dann nur so viel, dass sein standesgemäßer Unterhalt nicht gefährdet war. Wollte sich der Mann wiederverheiraten, beschränkte sich seine Unterhaltsverpflichtung auf das, was »mit Rücksicht auf die Bedürfnisse sowie auf die Vermögens- und Erwerbsverhältnisse der Beteiligten der Billigkeit entspricht« (BGB § 1579). Das führte vor den Gerichten zu erbitterten Auseinandersetzungen um die Schuldzuschreibung und schließlich auch wieder zu einem Rückgang der Scheidungsrate. Bei diesen erneut verschärften Bedingungen war eine Scheidung vor allem für die Frauen ein riskantes Unternehmen.

Trotz der Abwehr einer Liberalisierung des Scheidungsrechts durch kirchliche und konservative Parteien kam es in der Nachkriegszeit – nicht nur in Deutschland – zu einem kontinuierlichen Anstieg der Ehescheidungen. In der Zeit von 1905–13 wurden in Preußen pro Jahr knapp 9000 Ehen getrennt, in den Jahren 1919 bis 1922 betrug die jährliche Zahl der Ehescheidungen über 21 000. In beiden Zeitabschnitten wohnten über die Hälfte der Ehepaare, die sich scheiden ließen, in Städten mit mehr als

100 000 Einwohnern und weniger als 20 % kamen aus ländlichen Gemeinden. Mehr als 50 % der geschiedenen Männer waren im Bereich »Industrie und Handwerk« beschäftigt und knapp ein Viertel im Bereich von Handel und Verkehr.[483] Das zeigt, dass Ehescheidungen in Preußen nach dem Ersten Weltkrieg auf keinen Fall ein Privileg höherer Gesellschaftsschichten, sondern ein allgemeines Phänomen waren, das quantitativ immerhin dem Stand der Bundesrepublik in den sehr ehestabilen 1960er Jahren entsprach.

Im europäischen Vergleich sind diese Zahlen der Zwischenkriegszeit durchaus sehr hoch. Deutschland lag in der Scheidungsstatistik sowohl in absoluten Zahlen wie in relativen Quoten deutlich an der Spitze der europäischen Länder. Insgesamt bestätigt die Statistik einen auch anderweitig beobachtbaren Zusammenhang zwischen Krieg und steigenden Scheidungsraten. Diese Verbindung zeigte sich z. B. in den USA bereits im 19. Jahrhundert nach dem Amerikanischen Bürgerkrieg und in Europa wieder nach dem Zweiten Welkrieg. Die genaue Erklärung für dieses Phänomen ist komplex. Im Falle des Ersten Weltkriegs waren dafür zum Teil die vor und während des Krieges deutlich gestiegenen Heiratszahlen vor allem jugendlicher Kriegsteilnehmer verantwortlich (USA, Großbritannien). Dies traf aber gerade auf Deutschland und Frankreich, die beiden europäischen Länder mit den höchsten Scheidungsquoten nach dem Ersten Weltkrieg, nicht zu. Hier sanken die Heiratszahlen vor und während des Krieges. Die Ursachen lagen hier mehr in den Kriegserfahrungen und den Nachkriegsbedingungen.

In der Zwischenkriegszeit war die Entwicklung des Ehe- und Scheidungsrechts in Europa stark durch die weltanschauliche Polarisierung zwischen Sozialismus und Faschismus geprägt. Gegen das liberale Scheidungsrecht und die antifamiliaristische Politik der Sowjetunion setzten nationalistische Parteien und faschistische Regimes vielfach im Verbund mit der katholischen Kirche auf Restriktionen im Scheidungsrecht und eine Stärkung der Ehe als Stütze des Staates. In Spanien wurde 1939 unter Franco das zivile Ehe- und Scheidungsrecht aus der kurzen Zeit der Republik aufgehoben und zu katholischen Grundsätzen zurückgekehrt. Ehescheidungen im vollen Wortsinn und mit Recht auf Wiederverheiratung wurden in Spanien erst 1981 wieder zugelassen.[484] In Portugal wurde das liberale Scheidungsrecht von 1910 unter der semifaschistischen Diktatur Salazars zwar nicht offiziell rückgängig gemacht, aber aufgrund eines Konkordats mit der katholischen Kirche wurden Katholiken, die sich kirchlich trauen ließen, seit 1940 gezwungen, auf ihr Scheidungsrecht zu verzichten, für bereits bestehende Ehen wurde es deutlich eingeschränkt. Bereits 1944 erfolgte in Portugal jedoch aufgrund der hohen Popularität des alten Scheidungsrechts die Rückkehr zu den früheren Bestimmungen.[485] Auch das Vichy-Regime drängte Liberalisierungen des französischen Scheidungsrechts der 1920er und 1930er Jahre wieder zurück, und in Italien galt seit Mussolinis Konkordat von 1929 in Ehesachen wieder das kanonische Recht. Zwar blieb hier die Zivilehe als Möglichkeit offen, das Scheidungsrecht wurde jedoch wieder ganz auf kirchliche Ehegerichte übertragen und damit in Italien jede Scheidungsmöglichkeit de facto aufgehoben.

Eine wirkliche Ausnahme unter den faschistischen Regimen stellte bezüglich des Scheidungsrechts nur Deutschland dar. Obwohl die Familienideologie des deutschen Faschismus ebenfalls zu einer massiven Stärkung der Ehe tendierte, führte die rein bevökerungspoplitisch und rassehygienisch ausgerichtete Definition des Ehezwecks das NS-Regime zu einer Lockerung des Scheidungsrechts und zu einer Erleichterung der Bestimmungen zur Wiederverheiratung. Neue Ehen sollten erleichtert werden, das Zerrüttungsprinzip wurde daher weitgehend anerkannt, eine dreijährige Trennung der Partner galt als ausreichender Grund zur Auflösung einer Ehe, zumindest wenn dem beide Teile zustimmten. Das Schuldprinzip als Grundlage der Versorgungsansprüche wurde allerdings auch im Ehegesetz von 1938 nicht aufgehoben.[486]

Unter dem starken Einfluss der katholischen Soziallehre wurde in der frühe Bundesrepublik trotz der enormen Scheidungszahlen nach dem Krieg eine Fortentwicklung des Ehe- und Scheidungsrechts zunächst blockiert und das Schuldprinzip im Scheidungsfolgenrecht, d. h. bei der Versorgung der Frau, beibehalten.[487] Damit ging man allerdings mehr oder weniger konform mit einer gesamteuropäischen Entwicklung, die in der Zeit nach dem Zweiten Weltkrieg stark auf eine Wiederbelebung von Ehe und Familie setzte. Erst in den 1960er und 1970er Jahren kam europaweit wieder Bewegung in die Fragen des Scheidungsrechts. Die Entwicklung ist generell durch eine Tendenz zur besseren wirtschaftlichen Absicherung geschiedener Frauen und eine Abkehr vom Schuldprinzip gekennzeichnet.[488] Den neuen Scheidungsrechten geht es deshalb weniger um eine Rekonstruktion

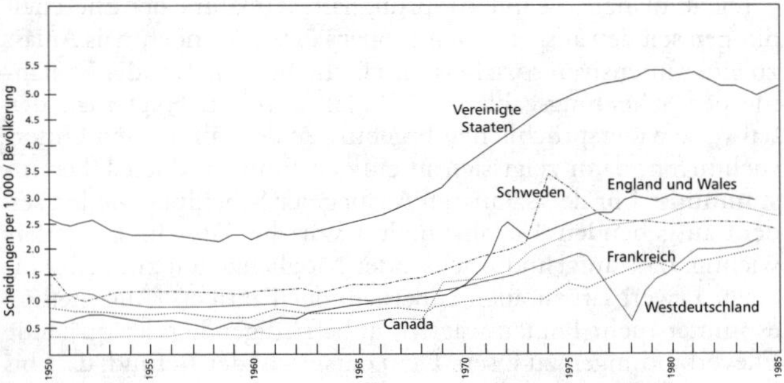

Abb. 61: Scheidungsraten (Scheidungen per 1000 Einwohner) in ausgewählten Ländern, 1950–1985.
Seit den 1960er Jahren stieg in den westlichen Ländern die Scheidungsrate generell an. In Deutschland gab es durch die Reform des Scheidungsrechts von 1977 (Übergang vom Verschuldens- zum Zerrüttungsprinzip mit Folgen für die materielle Absicherung) einen kurzfristigen Rückgang der Scheidungszahlen.

von Tatbeständen. Sie verstehen sich als Instrumente zur Regelung der Scheidungsfolgen, um beiden Partnern die Möglichkeit zu geben, eine neue Lebensperspektive aufzubauen. Als wesentliches Element wurde dabei in der Bundesrepublik 1986 die Pflicht beider Ehepartner verankert, den jeweils finanziell Schwächeren zu unterstützen sowie möglichst rasch den angemessenen Lebensunterhalt wieder selbst zu verdienen. Damit wurde rechtlich die Frauenarbeit normalisiert, allerdings konnten strukturelle Ungleichheiten auch durch diese Bestimmungen nicht beseitigt werden. Eine Scheidung stellt für Frauen immer noch einen wesentlich gravierenderen Bruch ihrer Biographie dar, als für Männer. Das gesamte Renten- und Sozialversicherungssystem basiert auf der Erwerbstätigkeit, begünstigt also die berufstätigen Männer; die Rückkehr in Berufe ist für Frauen meist schwierig, zumal für allein erziehende Mütter. Die Gesetzgeber reagierten mit diesen Reformen auf das zunächst allmähliche und ab Ende der 1960er Jahre sprunghafte Ansteigen der Scheidungszahlen und die daraus resultierenden Probleme. Erst Ende der 1980er Jahren scheint ein gewisser Höhepunkt bei den Scheidungszahlen erreicht worden zu sein. Seither sind die Quoten jedenfalls weitgehend stabil oder sogar etwas rückläufig.

Die in manchen Ländern sprunghafte Zunahme der Ehescheidungen seit den ausgehenden 1960er Jahren gab nochmals Anlass zu einer intensiven sozialwissenschaftlichen Analyse der Zunahme der Scheidungszahlen im 20. Jahrhundert. Folgt man den teilweise widersprüchlichen Ergebnissen der zahlreichen Untersuchungen, dann zeigt sich in einigen Punkten doch Übereinstimmung: Für den säkularen Anstieg der Scheidungszahlen seit dem ausgehenden 19. Jahrhundert war die Tatsache besonders wichtig, dass aufgrund wachsender Möglichkeiten zur selbständigen Erwerbsarbeit auch außerhalb der Fabriken (Angestellte), es immer mehr Frauen wagten, unbefriedigende oder quälende Eheverbindungen zu lösen. Dem entspricht der Befund, dass bis heute Scheidungen überwiegend von Frauen beantragt werden. Durchgängig erkennbar ist bis heute auch ein deutlicher Stadt-Land-Unterschied in den Scheidungsraten, außerdem ist ein höheres Scheidungsrisiko in den unteren sozialen Schichten zu beobachten.[489] Dem stehen allerdings mehr außerehliche Partnerbeziehungen vor allem in den akademischen Kreisen gegenüber, deren Auflösung von der Scheidungsstatistik nicht erfasst wird.

Insgesamt wird man die hohen Scheidungszahlen sicher auch dahingehend interpretieren können, dass die Erwartungen an die Ehe und die Qualität des Zusammenlebens gestiegen und die Toleranzgrenzen gesunken sind, da die sozialen Konsequenzen einer Scheidung weniger belastend wurden. Man kann aus den Scheidungszahlen allerdings nicht ableiten, dass die Ehe im 20. Jahrhundert prinzipiell entwertet worden wäre. Dem widersprechen vor allem die hohen Wiederverheiratungsquoten der Geschiedenen. In Deutschland, wo die Wiederverheiratungsquoten allerdings besonders hoch sind, verheirateten sich zu Beginn der 1980er Jahre über 70 % aller Geschiedenen ein weiteres Mal. Dieser Anteil ist heute allerdings in allen europäischen Ländern rückläufig.[490] Das Ausmaß und die Folgen dieser Entwicklung für die Akzeptanz von Ehe und Familie sind jedoch noch kaum zuverlässig zu prognostizieren.

2. Eltern und Kinder

a) Kinderwunsch, Schwangerschaft, Geburt

Am 2. April 1549 schrieb die Frau eines Nürnberger Kaufmanns, Barbara Behaim, an ihren Mann, der zur Frankfurter Messe gereist war: »hertz lieber peham, mein freundliche pit ist an dich, du wolst frolich und gutter dingk seyn. Das ist noch aus, weider weist du wol wie ichs mein. Ich hof zu gott, es sey gewis. Gott der her wol uns gluck dartzu verleihen«. Diese zunächst etwas rätselhafte Passage löst sich im Verlauf des weiteren Briefwechsels rasch auf: Barbara Behaim war schwanger. »Das ist noch aus« sollte also heißen, dass Barabaras Regelblutung ausgeblieben war und damit Hoffnung auf eine Schwangerschaft bestand. Sie freute sich darüber, teilte es gleich ihrem Mann mit und bat Gott, dass er ihr Glück in dieser Schwangerschaft verleihe. Ihre Schwangerschaft war dann auch Gesprächsthema in Briefen anderer Familienmitglieder an Behaim nach Frankfurt. So schrieb dessen Vetter: »dein Hausfrau gehapt sich auch wol und wechst dz peuchlein ziemlich, got verleih zu seiner zeit einen froelichen anplick«. Die Frau selbst allerdings klagte im Laufe der nächsten Wochen öfters über die Leiden der Schwangerschaft: »hab warlich hertz lieber beham ein lange zeit biss her gehabt und ein schwereß kindt tragen. Got der almechtig las mich die zeit mit gedult uber winden«.[491]

Briefe wie diese, die aus dem frühneuzeitlichen Bürgertum zahlreich überliefert sind, zeigen, dass die Schwangerschaft für Frauen nicht nur angstbesetzt war, sondern dass sie sich, bei allen Beschwerden, auch darauf freuen und diese Zeit intensiv erleben konnten. In ihren Briefen tauschte sich das Ehepaar Behaim über alle Details der Schwangerschaft aus, das Erbrechen und den wiederkehrenden Appetit der Frau, die beginnenden Kindsbewegungen und die Vorbereitungen fürs Kindbett. Behaim junior war ganz offensichtlich ein Wunschkind. Sicher wird man dabei berücksichtigen müssen, dass dies die erste Schwangerschaft Barbara Behaims und dass sie zudem verheiratet und wohlhabend war. Wie heute hing die Erfahrung von Schwangerschaft auch in der Frühen Neuzeit von der sozialen Lage und den besonderen Umständen ab, in denen sich eine Frau oder ein Paar befand.[492] Eine uneheliche Schwangerschaft war in der Frühen Neuzeit in vielen europäischen Ländern ein Makel, der das Leben einer Frau zumindest dann nachhaltig beeinflusste, wenn der Vater des Kindes nicht früher oder später auch der Ehemann wurde. Manche Regionen waren, wie wir gesehen haben, ledigen Müttern gegeüber toleranter als andere. Wo, wie im mediterranen Raum, Virginität vor der Ehe ein hoher Wert war, wo starke patriarchalische Familienstrukturen eine strikte Aufsicht über Frauen und unverheiratete Töchter ermöglichten, war ein uneheliches Kind eine Katastrophe und eine Schwangerschaft ein traumatisches Ereignis. Hier lockerten sich, wie man an den noch immer niedrigen Illegitimitätsraten sehen kann, die Verhältnisse auch im 20. Jahrhundert erst langsam.[493]

Die Erfahrung von Schwangerschaft war aber nicht nur eingebettet in einen regional differenzierten sozialen Kontext. Sie wurde auch beeinflusst von den wissenschaftlichen Vorstellungen über die Entstehung des Lebens. Barbara Behaim hatte im Januar 1549 geheiratet, im April schrieb sie ihrem Gatten nach Frankfurt die zitierte Nachricht, dass sie schwanger sei. Im Juli teilte sie ihm noch einmal mit, dass sie ein »lembdiss [= lebendiges] kindt trag seider vergangenen samstag«.[494] Am Ende des dritten Monats spürte sie Kindsregungen. Erst jetzt ging sie davon aus, dass das Kind auch lebendig bzw. »beseelt« war.

Es war in ganz Europa lange eine gängige, auf Autoritäten wie Aristoteles zurückgehende Annahme, dass die Beseelung des Kindes erst Wochen nach der Konzeption, etwa um die 20. Schwangerschaftswoche, eintritt. Erst ab diesem Zeitpunkt war das Kind ein Mensch. Dies schlug sich in entsprechenden Strafregelungen für Abtreibung oder Tötung einer schwangeren Frau nieder: Augustin und andere Kirchenväter übernahmen die Position des Aristoteles und hielten eine Abtreibung der »unbeseelten« Frucht nicht für Mord (homicidium). Ganz deutlich ist diese Position im angelsächsischen Recht des hohen Mittelalters. Die Peinliche Halsgerichtsordnung Karls V., die Carolina von 1532, ordnete die Abtreibung zwar unter den Punkt des Kindsmordes ein, differenzierte aber zwischen einem lebendigen Kind und einem, das noch nicht lebte. Im zweiten Fall wurde die Strafbemessung den Richtern vor Ort überlassen.[495]

Allerdings war die Lehre der späten Beseelung in der katholischen Kirche seit der Spätantike umstritten – wenn auch zunächst ohne Folgen für die Gläubigen. Die Kontroverse über diese Frage wurde lange auf einem interessanten Nebenschauplatz ausgetragen, dem Streit um das Datum der unbefleckten Empfängnis Mariens. Sollten die kirchlichen Feiern neun Monate vor dem Geburtstag Mariens angesetzt werden oder nur sechs oder gar nur vier Monate vorher? Erst 1708 wurde diese Frage durch Papst Clemens IV. entschieden und das Datum auf den 8. Dezember festgelegt – und damit eine Beseelung des Kindes gleich bei der Zeugung angenommen. Papst Pius IX. verkündete 1854 dann die Lehre von der unbefleckten Empfängnis Mariens in der Bulle Ineffabilis Deus, die festsetzte, dass Maria von Beginn ihrer Zeugung an frei war von der Erbsünde. 1869 tilgte Pius IX. schließlich die Unterscheidung zwischen der Abtreibung eines beseelten und eines unbeseelten Kindes aus dem kanonischen Recht. Erst seit diesem Zeitpunkt gilt das Kind in der katholischen Kirche vom Punkte der Zeugung an definitiv als ein Mensch.[496] Die Folgen dieser Entwicklung in der katholischen Dogmatik, der sich auch viele Protestanten anschlossen, bestimmen die Abtreibungsdiskussion bis heute.

Die Kindsbewegungen blieben bis ins 20. Jahrhundert die wichtigste Form der Wahrnehmung der Frucht durch die Mutter. Heute greift die Medizintechnik zunehmend in diese private Beziehung ein. Besonders bedeutsam ist die visuelle Überwachung der Entwicklung des Foetus. Fand die eigentliche Anerkennung des Kindes als soziales Wesen – teils biologisch determiniert, teils rituell geregelt – bisher mit der Hinwendung der Eltern zum Kind nach der Geburt statt, so wurde dieser Vorgang durch die Sonogramme des Foetus im Uterus in die Zeit der Schwangerschaft vorverlegt.[497] Moderne Fotoalben von Kindern beginnen nicht mit der Geburt, sondern mit Ultraschallbildern, mit »intrauterinen Porträtfotos«[498] ab der 9. Woche. Das Geschlecht steht für die Eltern spätestens zu diesem Zeitpunkt fest. Der Name kann nun vergeben und entsprechende Babykleider eingekauft werden. In Großbritannien buchen um die Zukunft ihres noch ungeborenen Kindes besorgte Eltern dann bereits Schulplätze in begehrten Privatschulen oder schließen Versicherungen ab.

Die Medikalisierung von Schwangerschaft und Geburt war ein Vorgang, der sich in Europa bereits im Laufe des 19. Jahrhunderts anbahnte, die Klinikgeburt setzte sich jedoch erst im 20. Jahrhundert durch. Damit verbunden war zugleich ein Prozess der ›Vermännlichung‹ der Geburtshilfe: Allmählich verdrängten akademisch ausgebildete Mediziner die Hebammen und befreundeten Frauen aus diesem Bereich.[499] Während der Frühen Neuzeit war die Geburt selbst ein soziales Ereignis, das nicht nur die engere Familie oder den Haushalt betraf. Im bäuerlichen Bereich, aber auch in den Städten waren die Frauen der Nachbarschaft helfend in das Geburtsgeschehen einbezogen. Erstes Untersuchen, Waschen und Ankleiden des Kindes waren Aufgaben, die die bei der Geburt versammelten Frauen für die Mutter ausführten. Dafür erhielten sie Essen und Trinken. Die »Weibergelage« oder »Kindbettzechen« nach der Niederkunft und auch zur Taufe waren in vielen Gegenden ein wichtiges Ritual der Frauengemeinschaft eines Dorfes oder eines städtischen Quartiers. Im deutsch-französischen Grenzgebiet an Saar und Mosel wurden bei dieser Gelegenheit auch die jung verheirateten, noch kinderlosen Frauen mit Initiationsriten in den Verband der verheirateten Frauen aufgenommen. Bei all diesen Gelegenheiten waren Männer nicht anwesend, zum Teil waren sie sogar – bis auf die Paten – von der Taufe ausgeschlossen.[500]

Während es in manchen Kulturen durchaus üblich ist, dass die Ehemänner bei der Geburt anwesend sind, war dies in Westeuropa bis ins 20. Jahrhundert nicht die Regel und gewöhnlich nur in Notfällen der Fall. Dennoch waren die Ehemänner auch im Umfeld der Geburt nicht ›funktionslos‹. Von ihnen wurde erwartet, dass sie die Frauen in der Zeit der Schwangerschaft und nach der Geburt von schwerer Arbeit entlasteten. Zudem fiel ihnen die Aufgabe zu, die Hebamme zu holen und eventuell später auch die Amme auszuwählen. Die Anwesenheit bei der Geburt war in Notfällen selbstverständlich, die Regel war dies – abgesehen von den großen Königshäusern, wo die Legitimität des Thronfolgers bezeugt werden musste – jedoch nicht.[501] Die Selbstverständlichkeit der Anwesenheit des Ehemanns im Kreissaal seit den 1960er Jahren ist verbunden mit dem Wandel der Partnerbeziehungen und der damit verbundenen Enttabuisierung von Sexualität und Körperlichkeit.

b) Taufe, Namensgebung und Patenschaft

»Der 6. Januar [1518] war der Heiligendreikönigstag, da bin ich wiedergeboren durchs Sakrament der heiligen Taufe. Dies war meine geistliche Geburt, und es ging so zu dabei: Man hat mich aus meiner Mutter Wohnung nachmittags um zwei Uhr öffentlich mit der Frauen-Prozession in die St.-Jakobs-Kirche mit dem vorgetragenen Silber und Wachskerzen (wie dies in Köln bei ehelichen Kinder üblich) gebracht, und Herr Peter Fuisgin [...] hat mich gesegnet und getauft und aus einem Heiden einen Christen gemacht.«[502] So schildert der Kölner Ratsherr Hermann von Weinsberg in seinen Lebenserinnerungen seine Taufe, von der ihm seine Mutter (wie auch von ihrer Schwangerschaft) ausführlich erzählt hatte. Wie die Geburt war auch die Taufe und ihre rituelle Ausgestaltung ganz wesentlich von Frauen bestimmt. Das neugeborene Kind wurde – drei Tage nach der Geburt – mit einer Frauenprozession in die Kirche geleitet. Die Mutter selbst war bei der Taufe sicher nicht anwesend, denn für Frauen galt ganz allgemein eine Wochenbettzeit von vier bis sechs Wochen, in der sie in der Regel das Haus nicht verlassen, auf jeden Fall keine Kirche besuchen durften. Erst nach Ablauf dieser sechs Wochen wurden sie in einem spezielle Akt von einem Priester oder Pfarrer »ausgesegnet« und damit wieder in die Gemeinde aufgenommen. Dies scheint ein in Europa allgemein verbreiteter Brauch gewesen zu sein. Er galt in Deutschland sowohl für die katholischen wie die protestantischen Territorien, in Frankreich präsentierten sich Mütter bei so genannten »relevailles« wieder der Kirchengemeinde. Auch die anglikanische Kirche kennt das »churching« der Mütter nach sechs Wochen. Ganz zentral war diese rituelle Reinigung der Mütter nach dem Ende des Wochenflusses auch im Judentum.[503] Hinter dieser Sitte stand sowohl ein Schutz der Mutter vor einer zu frühen Rückkehr zu schwerer Arbeit als auch ein Schutz der Gemeinde vor den negativen Kräften der wegen des Wochenflusses als unrein geltenden Frau. Sie war in aller Regel auch innerhalb des Hauses mit vielen Verhaltensregeln und Verboten belegt. Normalerweise war vor allem der Stall für diese Frauen tabu, um Schaden von dem Vieh fern zu halten.[504] Dies sind über Europa hinaus weit verbreitete Vorstellungen und Sitten. In islamischen Gesellschaften gilt die Frau ebenfalls für 40 Tage nach der Geburt als unrein und wird mit ähnlichen Verboten belegt.[505]

Hermann von Weinsbergs wurde nach der Taufe »mit dem gleichen Pomp aus der Kirche wieder ins Haus Weinsberg getragen«.[506] Dort wurde mit vielen Verwandten und Freunden gefeiert. Weinsberg erwähnt dazu speziell dass Männer und Frauen getrennt bei Tisch gesessen hätten, wie es damals noch der Brauch gewesen sei. Dies habe sich seit seiner Taufe jedoch sehr geändert. Auch beim Tauffest Hermann von Weinsbergs lässt sich zeigen, dass die Geschlechtertrennung und vor allem der Zusammenhalt von Frauen ein ganz wesentliches Element frühneuzeitlicher »Geburtskultur« war. Dies verdeutlicht zugleich die enge Vernetzung von individuellem Haushalt und Nachbarschaft über eine Solidarität der Frauen. In Köln selbst hat sich nach Weinsbergs Aussagen die Geschlechtertrennung bei derartigen Anlässen allerdings bereits gelockert. In ländlichen Regionen lässt sie sich jedoch zum Teil bis heute fassen.

An Hermann von Weinsbergs Schilderung werden noch weitere strukturelle Merkmale des Tauffestes in der Frühen Neuzeit deutlich: »Johann Keppel, meines Vaters Oheim, und Hermann Windeck, sein Schwager, waren meine Paten und Margret Bachmann, seine Schwiegermutter, war mein Taufgote; sie haben mich bei der Taufe gehalten, mir einen christlichen Namen gegeben und mich Hermann genannt, nach Hermann Windeck und auch auf Begehren meiner Großmutter und Taufgote meinem Großvater Hermann Korth zu Ehren.« Die Taufpaten Hermann von Weinsbergs wurden sowohl aus der väterlichen wie aus der mütterlichen Verwandtschaft genommen. Nicht verwandte oder angeheiratete Taufpaten tauchen in diesem Fall gar nicht auf. Dass Paten aus der Familie genommen werden, dass auch Großmütter zu Patinnen berufen werden konnten, war durchaus üblich, allerdings bestanden hier regional im Europa der Frühen Neuzeit durchaus unterschiedliche Modelle. In vielen Teilen Europas wurden die Paten aus der engeren Verwandtschaft gewählt, aber im Florenz der Renaissance z. B. suchte man sie immer außerhalb, also in der Nachbarschaft, unter Geschäftspartnern oder Freunden. Ähnliches lässt sich auch für andere Teile Italiens bis in die Gegenwart und für manche ländlichen Gegenden z. B. im deutsch-französischen Grenzgebiet zumindest bis ins 18. Jahrhundert feststellen.[507] In den nordwesteuropäischen Ländern scheint besonders in bürgerlichen Kreisen im Laufe des 18. und 19. Jahrhunderts die Patenwahl innerhalb der Verwandtschaft zugenommen zu haben – parallel zu der Zunahme der »cousin-marriages«. Nach ethnologischen Berichten aus Sizilien aus den 1970er Jahren dagegen war die Wahl der Paten (cumpari) und die damit begründete spirituelle Verwandtschaft hier ein außerordentlich enges Band, das man weiterhin für Allianzen vor allem mit nicht direkt verwandten Familien einsetzte. Die Rückweisung eines Patenschaftsangebots kam der Zurückweisung einer engen Freundschaft gleich und wurde als schwerwiegender Affront angesehen.[508] In bestimmten Teilen der Arbeiterschaft des

19. Jahrhunderts lässt sich auch in Deutschland und anderen Ländern eine Gegegenbewegung zur Patenwahl aus der Verwandtschaft beobachten. Paten wurden hier zunehmend nach Klassengesichtspunkten zum Aufbau von Allianzen innerhalb der eigenen Schicht oder Berufsgruppe eingesetzt. Patenwahl kann hier als ein Element der »Konstituierung des Proletariats als Klasse« begriffen werden.[509]

Mit der Patenwahl war vielfach die Namenswahl verbunden. Bei Herrmann von Weinsberg spielte der Name eines Paten, des Schwagers seines Vaters, eine wichtige Rolle. Außerdem machte auch die Großmutter mütterlicherseits ihren Einfluss auf die Namenswahl geltend. Sie war an der Fortführung des Namens ihres Mannes interessiert, der wie der des Paten lautete. (In Florenz, wo die Verwandten nicht zu Paten berufen wurden, wurden allerdings die Namen nur aus der Verwandtschaft gewählt.) Bei der Taufe des Hermann von Weinsberg unterhielten sich die Gäste offensichtlich über die Namensgebung: »Sie waren gar fröhlich miteinander und wie man mir sagte, sollen allein acht Verwandte und Nachbarn mit Namen Hermann dabei gewesen sein, worüber man sich sehr verwunderte, weil niemand ahnte, dass dieser Name schon so verbreitet sei.«[510] Hermann war in Köln offensichtlich ein häufiger, wenngleich aus der Wahrnehmung der Taufgesellschaft ein eher neuer, in deutschen Adelshäusern auch der Region aber schon seit langem durchaus verbreiteter Name.

Ein Grundprinzip europäischer Namengebung war, wie für den Bereich des Mittelalters ausführlich dargestellt, die ›Nachbenennung‹ nach Fürsten, Heiligen und natürlich – was mit den anderen beiden Formen durchaus übereinstimmen kann – nach Vorfahren und Paten. Das Namenrepertoire in europäischen Gesellschaften war deshalb vergleichsweise gering. Die meisten Familien kamen mit relativ wenigen Namen aus. Dies galt im Prinzip auch noch für das 19. Jahrhundert. Lediglich im englischen Puritanismus und im deutschen Pietismus kamen in nennenswertem Umfang neue Namen hinzu, im Puritanismus vor allem alttestamentarische, im Pietismus Namen wie Traugott, Gottlieb etc.[511] Für Italien wurde dargestellt, dass in der optimistischen Phase der Nationalstaatsbildung und des beginnenden Imperialismus im ausgehenden 19. Jahrhundert große Familie in der Oberschicht wieder prestigeträchtig wurden und die Rückkehr zu dem römischen Prinzip der Benennung der Kinder mit Zahlen, z. B. Settimo für das siebte, Ottavio für das achte Kind, auch nach außen hin den ›Reproduktionserfolg‹ der Familie darstellen sollte.[512]

In den beiden ersten Jahrzehnten des 20. Jahrhunderts trat bei der Namensgebung auf zwei Ebenen ein radikaler Wandel ein. War es zum einen bis über die Jahrhundertwende hinaus besonders in bäuerlichen Familien noch üblich gewesen, dass Kinder einen in der Familie gängigen Namen bekamen, auch wenn dieser Name bereits einmal an ein inzwischen verstorbenes Kind vergeben war, so gingen nun sämtliche Gesellschaftsschichten dazu über, jedem Kind einen individuellen Namen zu geben und den Namen innerhalb einer Generation nicht mehr zu wiederholen. Auch dem früh gestorbenen Kind wurde eine Individualität zugestanden, die ganz eng mit dem Namen verbunden war.

Zum anderen verlor die traditionelle Nachbenennung an Bedeutung gegenüber dem Anspruch, den Namen der Individualität des Kindes anzupassen. Die Betonung familialer Kontinuität wurde sekundär, ebenso die Bindung an Heilige. Dagegen tauchten nun ganz neue Namen auf, und die Namenswahl wurde zu einem Feld des intensiven Austauschs zwischen den Partnern. So schrieb ein österreichischer Mann, der spätere Bundespräsident Adolf Schärf, 1917 an seine schwangere Frau Hilda aus dem Feld: »Die Namen für das Kind. In den ersten Tagen wird der Name gewählt, wo man noch gar nicht weiß, wie es einst ausschauen wird und der erwachsene Mensch trägt dann den Namen, der vielleicht schön ist, aber nicht zu seinem Äußeren passt«. Und an anderer Stelle schrieb die Frau: »Die Kinder gleich wie die Eltern zu nennen, halte ich nicht für gut. Sie sind ja neue Wesen und sollen einen eigenen Namen haben.«[513]

Die Namen der Kinder wurden in den bürgerlichen Kreisen bereits in der Zeit um den Ersten Weltkrieg sehr sorgfältig ausgewählt. Sie sollten der Individualität des Kindes angemessen sein. Weil man diese noch nicht kannte, war die Wahl für die Eltern so schwierig. Eine gewisse Orientierung an anderen Trägern dieses Namens, also eine gemilderte Form der Nachbenennung, steuerte deshalb auch noch die Namenwahl des Ehepaares Schärf. Familiale oder religiöse Überlegungen spielten dabei allerdings keine Rolle mehr, die Orientierung an Personen aus der Politik oder der modernen Unterhaltungskultur, die heute für die kurzen Wellen der Namensfavoriten sorgen, waren 1917 zumindest für dieses Paar noch kein Kriterium.

Insgesamt wird aus verschiedenen namenskundlichen Untersuchungen in Frankreich, Großbritannien oder auch der Bundesrepublik deutlich, dass die Nachbennenung nach Vorfahren oder auch nach Paten deutlich zurückgeht. Damit löst sich auch ein über die Namen zum Ausdruck gekommenes Gefühl von Gebunden sein an familiale Vorbilder, Traditionen und Verpflichtungen auf. »Es scheint um mehr Freiheit und Selbstbestimmung zu gehen, wenn man dem Kind signalisiert, daß sein Lebensweg nicht durch die Familie determiniert wird. Gesellschaftlich bedingt waren solche Determinationen in historischer Zeit notwendig. [...] Das Ende der innerfamilialen Nachbenennung ist so verstanden Ausdruck historisch möglich gewordener Emanzipation«.[514]

c) Affektive Bindungen

Liebe gilt als wichtigstes Kennzeichen der Beziehungen zwischen Eltern und vor allem jüngeren Kindern. Eltern wenden sich ihren Kindern intensiv zu, fühlen sich in die Bedürfnisse ihrer jeweiligen Entwicklungsstufe ein und gehen entsprechend pädagogisch mit ihnen um. Der Beziehung zwischen Mutter und Kleinkind, der Mutterliebe, kommt in diesem Beziehungssystem eine ganz besondere Bedeutung zu. Wie mit der Liebe des Paares hat sich die historische Forschung auch mit der Liebe der Eltern zu ihren Kindern (kaum jedoch mit dem umgekehrten Aspekt) beschäftigt. Die Diskussion wurde vor allem von drei Thesen bestimmt: Zum einen von der von dem französischen Historiker Philippe Ariès formulierten Annahme, dass die Erwachsenen bis weit in die Frühe Neuzeit hinein kein wirkliches Verständnis für die Eigenart und die Bedürfnisse von Kindern gehabt hätten.[515] Darauf aufbauend wurde dann zum anderen in Zweifel gezogen, dass Mutterliebe eine anthropologisch konstante Disposition, gewissermaßen ein weiblicher »Instinkt« sei. Die intensive Zuwendung der Mütter zu ihren Kindern sei vielmehr an den Aufstieg der intimisierten bürgerlichen Kernfamilie gebunden – und damit historisch variabel bzw. reversibel.[516] Ariès äußerte schließlich in diesem Zusammenhang die Vermutung, dass Eltern aufgrund der hohen Säuglingssterblichkeit gewissermaßen als Selbstschutz vor zu viel Trauer nicht die gleichen emotionalen Beziehungen zu den Neugeborenen entwickelt hätten wie sich moderne Eltern dies bei geringer Säuglingssterblichkeit und niedrigerer Kinderzahl emotional ›leisten‹ könnten.[517]

Ariès' These des mangelnden Verständnisses für Kindheit und der Gefühlskälte der Eltern gegenüber ihren kleinen Kindern im Mittelalter hat zu einer Vielzahl weiterer Untersuchungen geführt, die fast durchweg seine Auswahl und Interpretation der Quellen kritisierten. Für die ikonographische Repräsentation von Kindheit wurde der Übergang zu einer individualistischeren Darstellung von Kindern deutlich vor den von Ariès postulierten Wandel im 14. Jahrhundert gelegt. Bei der Erforschung der Bezeichnungen für die unterschiedlichen Alters- und Entwicklungsstufen von Kindern wurde hervorgehoben, dass sich besonders im mittelalterlichen Latein präzisere Einteilungen einzelner Kindheitsphasen nachweisen lassen als Ariès dies angenommen hatte, dass dabei allerdings zum Teil deutliche geschlechtsspezifische Unterschiede bestanden. In mittelhochdeutschen Texten z. B. habe es für die Kindheit und Jugend von Jungen je nach Stand und sozialem Zusammenhang eine differenzierte volkssprachliche Terminologie gegeben, während für Mädchen praktisch nur die Bezeichnung ›maget‹ zur Verfügung gestanden habe.[518] Empathie und Zuwendung der Eltern für ihre Kinder ließ sich schließlich besonders anhand von Briefen und literarischen Quellen für die Zeit des Spätmittelalters dicht belegen. In Familienbriefen wurde genau über die Entwicklungsschritte der Kinder, ihre Fortschritte im Gehen und Sprechen, ihren Umgang mit Spielzeug etc. berichtet. »Das Kind wurde nicht, wie behauptet, als eine Miniatur des Erwachsenen, sondern als ein Wesen mit jeweils eigenen Charakteristiken und Bedürfnissen in den einzelnen Altersstufen angesehen.«[519]

Dennoch gibt es auch für die Frühe Neuzeit und darüber hinaus Befunde, die an einem allzu harmonischen Bild zweifeln lassen. Vier Bereiche wurden in diesem Zusammenhang besonders intensiv untersucht: die Kindersterblichkeit, die Reaktionen der Eltern auf den Kindstod, das Stillen von Kindern und die Kindesaussetzung. Diese Bereiche sind für einen europäischen Überblick auch deshalb interessant, weil es hier in einzelnen Ländern und Regionen oder in verschiedenen sozialen Schichten zum Teil zu deutlich unterschiedlichen Befunden kam.

Kindersterblichkeit

Für die Zeiten vor der exakten Führung von Kirchenbüchern oder Personenstandsregistern lassen sich nur schwer präzise Angaben über den zahlenmäßigen Umfang von Kindersterblichkeit machen. Für die Zeit vor dem 16. Jahrhundert, aber vielfach auch noch danach (früh gestorbene Kinder wurden oft gar nicht in die Kirchenbücher eingetragen), ist man dafür auf die archäologische Analyse von Gräberfeldern angewiesen. In Schweden wurde der Friedhof einer im späten Mittelalter abgegangenen Ortschaft namens Westerhus entdeckt und genau untersucht. Dieser zwischen 1100 und 1350 belegte Friedhof enthielt insgesamt 364 Gräber. Davon enthielten 113, also 31 % Skelette von Kindern unter einem Jahr, 70 Bestattungen, also 19 %, betrafen Kinder zwischen einem und fünf Jahren. Weitere 27 Skelettreste (7,4 %) gehörten der Altersgruppe der sechs- bis 13-jährigen an. Rechnet man dies zusammen, so haben 50 % der Bevölkerung in jener Zeit das fünfte Lebensjahr nicht erreicht, etwa 60 % starben vor dem vierzehnten Lebensjahr. Dieser Befund wird durch ähnliche Grabungen und die Analyse früher Kirchenbücher bestätigt.[520]

Im gehobenen Bürgertum von Limoges starben zwischen 1350 und 1500 29 % aller Nachkommen im Kleinkindalter, weitere 25 % als Kinder und Jugendliche. Es erreichten also auch in der Oberschicht weniger als die Hälfte aller Kinder das Erwachsenenalter. In Genf erlangten im 17. Jahrhundert von 1000 Kindern der Unterschicht nur 400, also weniger als die Hälfte das 10. und nur knapp ein Drittel das 20. Lebensjahr. In der Oberschicht sah es hier deutlich besser aus, aber auch von diesen Familien erreichten nur etwa 60 % der Kinder das heiratsfähige Alter. Im Prinzip hielten sich in Europa hohe Mortalitätsraten vor allem der Säuglinge und Kleinkinder bis zum Beginn des 20. Jahrhunderts. Auch im 19. Jahrhundert wurden durch Seuchen (Cholera) vor allem kleine Kinder Opfer eines frühen Todes – allerdings mit immer stärkeren schichtspezifischen Unterschieden. Um die Mitte des 19. Jahrhunderts betrug in England die durchschnittliche Lebenserwartung von Handwerkern in der ostenglischen Region Rutland 52 Jahre, die von Arbeitern 38 Jahre, die von Arbeitern in Manchester dagegen nur 17 Jahre und im Londoner Armenstadtteil Bethnal Green sogar nur 16 Jahre. Verantwortlich für diese niedrige durchschnittliche Lebenserwartung war die Säuglings- und Kindersterblichkeit, die in den Armen- und Arbeiterquartieren der expandierenden Industriestädte aufgrund

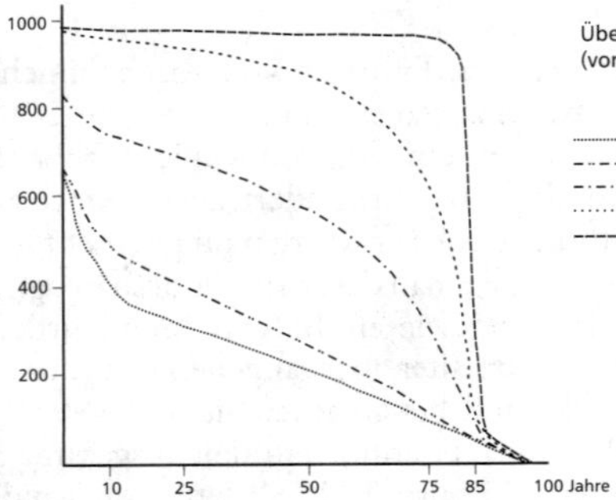

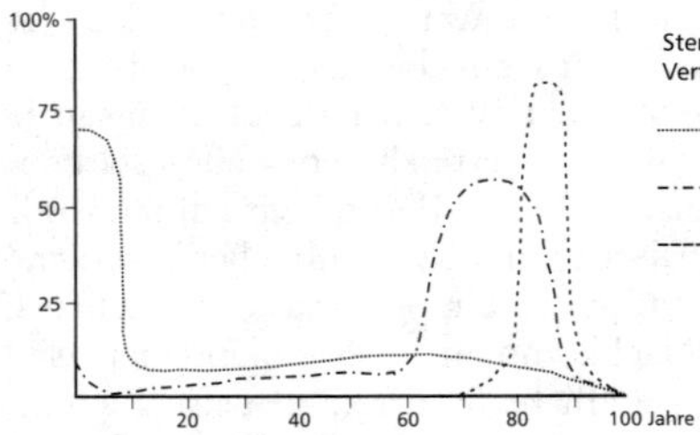

Abb. 62: Veränderung des durchschnittlichen Sterbealters in der Neuzeit. Besonders im 20. Jahrhundert hat mit dem Absinken der Kindersterblichkeit die durchschnittliche Lebenserwartung in den europäischen Ländern enorm zugenommen. Über 75 % der Menschen erreichen heute das 70. Lebensjahr.

der ungenügenden hygienischen Bedingungen immer besonders hoch war.

Wie gingen die Eltern mit diesen grausamen Fakten um? Wie beeinflusste die ständige Todesgefahr die Beziehung der Eltern zu ihren Kindern? Oder waren diese hohen Sterblichkeitszahlen eventuell, wie manche Historiker vermuten, nicht nur Schicksalsschläge, sondern zumindest teilweise die Folge einer bewussten oder unbewussten Bevölkerungsplanung?

Eine besondere Fundgrube für die Einstellungen der Eltern sind private Briefwechsel und Tagebuchaufzeichnungen. Hier findet man vor allem Ausdruck von Trauer und Schmerz. Auch in der Frühen Neuzeit konnte der Tod von Kindern eine gravierende Zäsur im Leben von Familien und Eltern darstellen. In der Selbstbiographie des Basler Humanisten Thomas Platter, der es aus einfachsten Verhältnissen zum Drucker und Verleger Calvins und Leiter der Basler Lateinschule gebracht hatte, heißt es über den Tod seiner kleinen, gut einjährigen Tochter Margarethe, dass er und seine Gattin geweint hätten, dass seine Frau dem Mädchen einen kleinen Kranz geflochten habe, dann sei es bestattet worden. Seine Frau sei nach dem Tod der Tochter nie mehr so fröhlich gewesen wie früher und habe auch nicht mehr singen wollen.[521] Ulrich Bräker schrieb 1772 in sein Tagebuch: »Im Herbstmonathe, da die rohte Ruhr allethalben graßirte, kehrte sie auch bei mir ein, und traf zuerst meinen lieben Erstgeborenen. Von der ersten Stund an, da er sich legte, wollt' er außer lauterm Brunnenwasser nichts, weder Speis noch Trank mehr zu sich nehmen; und in acht Tagen war er eine Leiche. Nur Gott weiß, was ich bey diesem Unfall empfunden: Ein so gutartiges Kind, das ich wie meine Seele liebte, unter einer so schmerzhaften Krankheit geduldig wie ein Lamm Tag und Nacht – denn es genoß auch nicht eine Minute Ruh' – leiden zu sehen! Noch in der letzten Todesstunde, riß es mich mit seinen schon kalten Händchen auf sein Gesicht herunter, küßte mich noch mit seinem erstorbenen Mündchen, und sagte unter leisem Wimmern [...] ›Lieber Aeti! es ist genug. Komm auch bald nach. Ich will itzt im Himmel ein Engelin werden‹; rang dann mit dem Tod und verschied. Mir war mein Herz wollte mir in tausend Stücke zerspringen. Mein bitteres Klaglied über diesen ersten Raub des großen Würgers in meinem Hause, liegt in meinem Tagebuch.«

Diese Dokumente sprechen für sich selbst und zeigen deutlich, wie sehr der Tod kleiner Kinder die Eltern schmerzte, zur Zeit der Reformation genauso wie im 18. Jahrhundert. Stärker interpretationsbedürftig ist dagegen die Reaktion Luthers auf den Tod seiner acht Monate alten Tochter Magdalena. Er schrieb, dass er über den Tod dieses Kindes so trauerte, dass er krank wurde. »Es ist wunderlich, ein wie bekümmertes, fast weibisches Herz sie mir zurückgelassen hat, so werde ich vom Jammer über sie bewegt«. Und an seinen Freund Justus Jonas schrieb er am 23. September 1542 dazu: »Ich vermute, daß die Nachricht zu dir gelangt ist, daß Magdalene, meine von Herzen geliebte Tochter, wiedergeboren ist zum ewigen Reich Christi. Und obwohl ich und meine Frau nur fröhlich Dank sagen sollten für ihren so glücklichen Heimgang und ihr seliges Ende, durch das sie der Macht des Fleisches, der Welt, des Türken und des Teufels entgangen ist, so ist doch die Macht der natürlichen Liebe so groß, daß wir es ohne

Schluchzen und Seufzen des Herzens [...] nicht vermögen. Es haften doch tief im Herzen ihr Anblick, die Worte und Gebärden der lebenden und sterbenden [...] Tochter, daß nicht einmal Christi Tod (und was sind alle Tode der Menschen verglichen mit seinem Tod?) dies ganz vertreiben kann, wie es doch sein sollte. Sage Du darum Gott Dank an unserer Statt. Denn wahrlich, er hat ein großes Werk der Gnade an uns getan, daß er unser Fleisch so verherrlicht hat.«[522]

Der Brief Luthers führt auf eine Ebene des Erlebens von Kindstod, die von den Vertretern der ›Härte-Theorie‹ zu wenig berücksichtigt wird – die religiöse Dimension des Todes, der prinzipiell eine Erlösung und Rückkehr zu Gott war. Übermäßige Trauer verbot sich gewissermaßen aus religiösen Gründen bzw. wurde im Rahmen dieses Weltbildes vielleicht wirklich nicht in der gleichen Weise verspürt wie in säkularen Gesellschaften. Das ewige Leben war ein Bestandteil der eigenen Lebensperspektive, das Dasein auf der Erde ohnehin nur eine Episode. Das Kind Ulrich Bräkers wusste, wo es hinkommen würde, als es starb, und es wusste, dass es dem Vater auf diesem Weg nur vorausging. Luther sah seine große Trauer und seine Unfähigkeit, Gott für die Heimberufung seiner kleinen Tochter zu danken, geradezu als Sünde an. Er bat deshalb einen guten Freund darum, dieses Dankgebet stellvertretend für ihn zu sprechen.

Wenn der Tod von Kindern im ausgehenden Mittelalter und zu Beginn der Frühen Neuzeit nicht so ›tragisch‹ genommen wurde, dann muss man dies auch in diesem religiösen Kontext sehen. Eine solche scheinbar indifferente Haltung war weniger ein Zeichen von Härte oder Abstumpfung als Ausdruck der Überzeugung, dass die toten Kinder an einem besseren Ort sind. Die »natürliche Liebe«, wie Luther dies nannte, konnte diese religiöse Überzeugung eventuell überwältigen. Tat sie es nicht, so darf man dies dennoch nicht als Beweis für Gleichgültigkeit werten.

Neben diesen beeindruckenden Befunden elterlicher Liebe gibt es für die Frühe Neuzeit wie für das 19. Jahrhundert aber auch andere Stimmen. Ariès zitierte verschiedene literarische Zeugnisse, z. B. aus den Aufzeichnungen des französischen Moralphilosophen Montaigne aus dem 16. Jahrhundert, der über den Tod seiner Kinder schrieb: »Ich habe zwei oder drei Kinder im Säuglingsalter verloren, nicht ohne Bedauern, aber doch ohne Verdruß.« Montaigne wusste also nicht einmal genau, wie viele Kinder ihm gestorben waren, und es hat ihn nicht sonderlich berührt. Ariès folgerte aus solchen Zeugnissen: »Die Vorstellung, daß solch ein Kind bereits eine vollständige menschliche Persönlichkeit verkörperte, wie wir heute allgemein glauben, kannte man nicht. Zu viele starben. [...] Diese Gleichgültigkeit war eine direkte und unausweichliche Konsequenz der Demographie der Epoche. Auf dem platten Land hält sie sich bis ins 19. Jahrhundert, jedenfalls insoweit sie mit dem Christentum vereinbar war, das die unsterbliche Seele des getauften Kindes achtete.«[523] Aus Sprichworten und auch aus autobiographischen Äußerungen lassen sich bis ins frühe 20. Jahrhundert durchaus Beispiele für diese ›härtere‹ Variante der Eltern-Kind-Beziehung ableiten: Man hatte viele Kinder und fand sich damit ab, dass Gott die Hälfte rasch wieder zu sich nahm. In einer volkskundlichen Studie zum Kinderleben aus dem Jahr 1911 heißt es zu der bäuerlichen Einstellung zum Tod von Kindern: »Starben die Kinder klein, dann war selten großes Leid. ›Ist a schöner Engel im Himmel; wir haben noch genug von den übrigen!‹ hieß es. Verlor man aber ein Kind, das schon bei der Arbeit helfen konnte, dann war das Bedauern allgemein: ›Es hat schon so viel Arbeit und Mühe gekostet; nun ist alles umsonst; lieber hätte eines von den Kleinen gehimmelt‹.«[524] Der Wert der Kinder und die Trauer über ihr Ableben wurde nach dieser Interpretation auf dem Lande vor allem nach dem Arbeitswert der Kinder und der bereits in sie investierten Mühe bemessen. Meist kamen solche Einschätzungen von bürgerlichen Beobachtern, die sich von der ›rohen Masse‹ des Volkes distanzierten. Ähnliche Äußerungen gibt es aber auch aus der städtischen Arbeitschaft des 19. und frühen 20. Jahrhunderts. Aus den 1920er Jahren sind Äußerungen von überforderten Arbeiterinnen überliefert wie: »Das dritte Kind starb mit sieben Monaten. Das Schicksal meinte es gut mit mir, denn zwei Kinder sind genug.«[525] Zahlreiche Belege für eine distanzierte Einstellung zum Kindstod finden sich außerdem in bestimmten Praktiken der Kinderpflege oder -vernachlässigung.

Ammenwesen

Eine aus moderner Sicht besonders irritierende Institution war das Ammenwesen. Es hatte sich, wie bereits von Mitterauer dargestellt, seit dem Mittelalter von Süden her zunächst in den europäischen Oberschichten ausgebreitet. In der Frühen Neuzeit findet es sich auch in den städtischen Mittelschichten, und im 19. Jahrhundert zumindest in Frankreich und in Deutschland in

Eigene Kinder			Kinder im Stillgeschäft		
Rang	Geburtsdatum	Sterbedatum	Rang	Sterbedatum	Alter beim Tod
1.	13. 09. 1779	?			
2.	13. 05. 1781	?			
			1.	15. 06. 1782	5 Monate
3.	27. 10. 1782	16. 08. 1783			
4.	20. 06. 1784	14. 07. 1784			
			2.	26. 07. 1784	10 Tage
			3.	26. 08. 1784	15 Tage
			4.	17. 09. 1784	11 Tage
			5.	25. 10. 1784	14 Tage
			6.	23. 11. 1784	15 Tage
			7.	16. 12. 1784	10 Tage
			8.	24. 12. 1784	6 Wochen
			9.	27. 02. 1785	8 Tage
			10.	02. 03. 1785	10 Tage
			11.	09. 03. 1785	8 Tage
			12.	14. 03. 1785	4 Tage
			13.	23. 03. 1785 gleicher	10 Tage
			14.	23. 03. 1785 Tag	12 Tage
			15.	07. 04. 1785	5 Tage
			16.	08. 04. 1785	5 Wochen
			17.	10. 04. 1785	8 Tage
			18.	04. 05. 1785	12 Tage
			19.	10. 05. 1785	18 Tage
			20.	23. 05. 1785 gleicher	12 Tage
			21.	23. 05. 1785 Tag	12 Tage
			22.	16. 06. 1785	15 Tage
			23.	27. 06. 1785	6 Tage
			24.	28. 06. 1785	6 Tage
			25.	17. 07. 1785 gleicher	15 Tage
			26.	17. 07. 1785 Tag	2 Monate
			27.	24. 07. 1785	3 Monate
5.	02. 08. 1785	02. 08. 1785			
			28.	23. 08. 1785 gleicher	3 Wochen
			29.	23. 08. 1785 Tag	3 Wochen
			30.	01. 09. 1785	5 Wochen
			31.	20. 09. 1785	5 Wochen
			32.	23. 09. 1785	7 Tage
6.	03. 04. 1788	14. 09. 1788			

Abb. 63: Das Stillgeschäft einer französischen Nähramme am Ende des 18. Jahrhunderts: 32 Säuglingssterbefälle in 32 Jahren.
Der Tod des eigenen Kindes ermöglichte die Annahme von Stillkindern. Oftmals hatte die Amme mehrere Kinder gleichzeitig, wie aus den parallelen Todesdaten ersichtlich ist. Wie viele Kinder überlebten, geht aus der Tabelle nicht hervor. Die Amme stillte fremde Kinder bis wenige Tage vor der Geburt ihres nächsten Kindes.

der städtischen Arbeiterschaft. Es sind zwei Arten des Ammenwesens zu unterscheiden, die auch einen schichtspezifischen Aspekt enthalten. Man konnte eine Amme ins Haus kommen lassen, oder man konnte die Kinder zu einer Amme weggeben. Während in den adeligen Oberschichten Europas sowie im deutschen Stadtbürgertum der Frühen Neuzeit in der Regel die erste Variante praktiziert wurde, setzte sich besonders im Paris des 18. Jahrhunderts, aber auch in anderen französischen Städten in den Mittel- und Unterschichten die zweite Variante durch. Kinder wurden zu Ammen auf das Land gegeben. Dort aber war die Sterblichkeit dieser Säuglinge deutlich höher als ohnehin, da die Ammen trotz einer zunehmenden Regulierung des Ammenwesens durch Koordinationsbureaus in Paris oft mehrere Kinder neben ihrem eigenen stillten und die hygienischen Verhältnisse ebenfalls zu wünschen übrig ließen. Dieses erhöhte Lebensrisiko für die Kinder wurde von den städtischen Familien durchaus hingenommen.[526]

Die Ursachen für das Ammenwesen sind vielfältig und für die verschiedenen Epochen auch kaum einheitlich. Ein Strang, der sich von der Antike bis in die Frühe Neuzeit verfolgen lässt, ist die Vorstellung, dass die Milch der Mutter durch eine weitere Schwangerschaft an Qualität verliere und das gesäugte Kind dadurch Schaden erleide. Stillende Mütter sollten daher keine Sexualkontakte haben, da Verhütung nicht sicher und seit dem Mittelalter zudem kirchlich verboten war. Für die Oberschichten des Mittelalters wird deshalb eine Rivalität zwischen Sexualität bzw. weiterer Nachkommenschaft und Kindswohl während der Stillphase angenommen. Das Stillen der Kinder durch Ammen wäre somit ein Schutz des Kindes gewesen, den sich die Oberschicht hätte leisten können. Zudem wurde Stillen als eine niedere, eher animalische Tätigkeit angesehen. Durch die Beschäftigung von Ammen konnten sich Frauen der Oberschicht von diesem Bereich sozial distanzieren.[527]

Für die späteren Zeiten lassen sich diese Zusammenhänge zwar nicht mehr ohne weiteres als Begründung aufrecht erhalten. Sie verdeutlichen aber, dass die Vorstellungen von den Stadien der kindlichen Entwicklung und deren lebensgeschichtlicher Bedeutung auf der Ebene der Praktiken des Umgangs mit dem Kind immer in eine Vielzahl anderer sozialer, wissenschaftlicher und moralischer Bezüge und Strukturen eingebaut sind und nicht direkt als Vernachlässigung gelten können. Aus deutschen Familienbriefen und Tagebüchern des Spätmittelalters und der frühen Neuzeit geht zudem hervor, dass Männer nicht nur sehr viel Sorgfalt auf die Auswahl der Amme, die man ins Haus holte, verwendeten, sondern sich diese besondere Pflege für das Kind auch einiges kosten ließen.[528] Eine wirkliche Ablehnung des Ammenwesens setzte deshalb erst spät ein, vor allem aufgrund der hohen Sterblichkeitsraten der auf das Land gegebenen Kinder. Erst seit der Mitte des 18. Jahrhunderts versuchten Mediziner, Theologen und Pädagogen in einer Flut von Erziehungstraktaten, Mütter zum Stillen ihrer Kinder zu bewegen, indem sie ihnen die schädlichen Konsequenzen des Ammenwesens für die charakterliche Entwicklung ihrer Kinder vorhielten.[529]

Es ist wahrscheinlich kein Zufall, dass das Stillen des Kindes durch die Mutter genau in jener Zeit zu einem Thema und Test für Mutterliebe wurde, als sich die Strukturen der bürgerlichen Familien so veränderten, dass die alten Rollen- und Verhaltensvorgaben des »ganzen Hauses« obsolet wurden. Die emotionale Bindung der Mutter an das Kind begründete auf neue Weise ihre Stellung im Haus und in der Familie, aber auch die Arbeitsteilung zwischen Mann und Frau. Frauen wurden über ihre ›natürliche‹ Zuständigkeit für das Kind und sein Wohl nun moralisch und faktisch an das Haus gebunden.[530] Das Stillen durch Ammen wurde im Laufe des 19. Jahrhunderts daher in manchen Ländern eher ein Unterschichtenphänomen: Arbeiterfrauen mussten ihre Kinder weggeben, um ihren Lebensunterhalt in der Fabrik zu verdienen. Erst im Rahmen der großen bevölkerungspolitischen Debatte an der Wende vom 19. zum 20. Jahrhundert, als man aufgrund der rückläufigen Geburtenziffern um den Erhalt der Wehrfähigkeit fürchtete, wurden die Möglichkeiten für verheiratete Frauen, ihre Kinder unter der Arbeit zu stillen, verbessert. Speziell in Frankreich wurden in manchen Fabriken besondere Stillräume für Frauen eingerichtet.[531] Zu den sizilianischen Oberschichten liegen allerdings gerade für das 19. Jahrhundert Berichte vor, die das Stillen durch Ammen noch als einen wichtigen Teil der Demonstration von Wohlstand und als Mittel der Verkürzung der Geburtenabstände im Rahmen einer protnatalistischen Stimmung des Landes schildern. Hier lässt sich zudem ein positiver Zusammenhang zwischen Stillen und Überlebenschancen der Kinder zeigen. Unter den Bedingungen einer möglichst raschen nächsten Schwangerschaft konnte über Ammen die Stillzeit verlängert werden.[532] Insgesamt stellte dieses ›sizilianische Modell‹ jedoch im ausgehenden 19. Jahrhundert auch für die europäischen Oberschichten eine Ausnahmeerscheinung dar.

Kindesaussetzung
Vor allem in Frankreich und Italien, aber auch in Deutschland war das Phänomen der Kindesaussetzung durch das Mittelalter und die gesamte frühe Neuzeit außerordentlich weit verbreitet. In Deutschland gab es in fast allen großen Städten seit dem späten Mittelalter Findelhäuser. In Freiburg, Köln, Memmingen, Nürnberg lassen sie sich seit dem 14. Jahrhundert nachweisen, in Augsburg, Straßburg, München seit dem 15. Jahrhundert. In Straßburg wurden im ausgehenden 15. Jahrhundert jährlich bis zu 20 Kinder im Münster ausgesetzt und dann ins Findelhaus gebracht. Vor allem seit der Mitte des 18. Jahrhunderts nahm die Kindesaussetzung in Europa noch einmal stark zu, weshalb diese Zeit auch als »Jahrhundert der Findelkinder« bezeichnet wurde.[533] In Frankreich wurden noch in der Mitte des 19. Jahrhunderts jährlich über 30 000 Kinder ausgesetzt, viele davon anscheinend nicht nur von ledigen Müttern, sondern auch von Ehepaaren.[534] Ähnliche Größenordnungen finden sich in Italien, Spanien, Portugal, aber auch in Russland. In den Findelhäusern von St. Petersburg und Moskau wurden 1887 über 27 000 Säuglinge abgegeben, in Italien um die Mitte des 19. Jahrhunderts insgesamt über 35 000.[535]

In Italien und Frankreich waren es überwiegend die illegitimen Kinder, die ausgesetzt wurden. Für die Jahre zwischen 1865 und 1879 hat man für Italien etwa eine Million unehelicher Geburten errechnet, die Hälfte davon wurde an die über 1000 Findelhäuser des Landes gegeben. In den katholischen Ländern, aber auch in Russland, unterstützten Staat und Kirche diese Praxis, um Schlimmeres, d. h. Kindsmord, zu verhüten und die Ehre der ledigen Mütter zu schützen, die besonders in den mediterranen Gesellschaften unter dem Einfluss von Kirche und Staat in der Neuzeit starken Stigmatisierungen ausgesetzt waren. Unter dem vorgeblichen Schutz der Ehre der Frauen verbarg sich aber zugleich auch ein Abbau der Verantwortlichkeit der Männer für die unehelich geschwängerten Frauen und ihre Kinder. Ein Gesetz Napoleons verbot 1804 die gerichtliche Identifizierung der Väter unehelicher Kinder und schrieb für Frankreich wie für Italien die Einrichtung von anonymen Abgabemöglichkeiten für uneheliche Kinder vor.[536]

Neben dem Problem der Ehre gab es aber auch den Druck der Armut, der vor allem verheiratete Paare dazu brachte, Kinder im Findelhaus abzugeben. In der französischen Stadt Limoges lässt sich für das 18. Jahrhundert eine gewisse Parallelität der Kurve der Getreidepreise mit derjenigen der Zahl der Findelkinder feststellen. Außerdem war das Durchschnittsalter der ausgesetzten Kinder umso höher, je höher die Preise waren. Das deutet darauf hin, dass sich die Eltern nicht nur von Neugeborenen, sondern auch von älteren Kleinkindern auf diese Weise trennten. Vielfach waren dies allerdings nur vorübergehende, aus der Not geborene Trennungen vom Kind. So erhielten die ausgesetzten Kinder bisweilen Zettel angesteckt wie den folgenden: »Die Zeiten sind so hart und unselig, und das Elend ist so groß, dass wir ganz gegen unseren Willen dazu gezwungen sind, unser liebes dreijähriges Kind auszusetzen. Wir bitten die guten Schwestern des Findelhauses, unser armes Mädchen durch irgend ein Zeichen und die Tageszeit ihrer Aussetzung kenntlich zu machen, so daß wir die Freude haben werden, sie wiederzuerkennen und sie zu uns zu nehmen«.[537]

Mochte die Aussetzung gelegentlich dem Wohl des Kindes gedient und seinem Überleben haben, so war dies dennoch nicht die Regel. Eltern, die solche Zettel an ihren Kindern befestigten, kamen selten zurück, um sie in besseren Tagen wieder zu sich zu nehmen. Und vielfach setzten sie sie auch aus, wenn es gar kein Kloster oder Findelhaus in der Nähe gab. In London stolperte in den 1730 Jahren Captain Coram bei seinem Weg vom Eastend in die City häufig über ausgesetzte Kinder. Der Anblick dieser ausgesetzten Kinder »sometimes alive, sometimes dead, sometimes dying« veranlasste ihn angeblich dazu, im Jahr 1741 ein Findelhaus in London zu gründen. 1756 wurde es dann durch einen Parlamentsbeschluss für die ausgesetzten Kinder des ganzen Landes geöffnet. Die Folgen waren katastrophal, denn nun wurden jährlich drei bis vier tausend Kinder dort eingeliefert, die von Wanderhändlern in Körben und gegen einen Trägerlohn aus dem ganzen Land nach London transportiert wurden. Die Überlebenschancen dieser Kinder waren gering. Von den etwa 15 000 Kindern die zwischen 1756 und 1760 in dieses Foundling Hospital kamen, starben etwa 10 000 nach kurzer Frist.[538]

Die Findelhäuser brachten, wo sie im 18. Jahrhundert neu eingerichtet wurden, ein Problem an den Tag, das zuvor zwar nicht ganz verborgen war, das bis dahin aber doch wenig diskutiert worden war, den Infanticid. Schon im 18. Jahrhundert gab es in England Stimmen, die den Anstieg der Findelkinder nach der Einrichtung des Londoner Findelhauses sozusagen als Ersatz für die Kindstötung ansahen. Denn, so formulierte es ein englischer Autor aus dem 18. Jahrhundert, für das menschliche Herz und das Diktat der Selbsterhaltung sei es viel einfacher, ein Kind irgendwo abzusetzen, als es zu töten.[539]

Bewusste Vernachlässigung

Vielfältige Hinweise auf einen relativ sorglosen Umgang mit dem Leben der Kleinkinder liefert auch die Historische Demographie. Anhand der Sterbedaten von Kindern konnte für viele ländliche Bereiche festgestellt werden, dass noch während des 19. Jahrhunderts in den Erntemonaten prozentual wesentlich mehr Kinder starben, als während der Winterzeit. Phasen starker Arbeitsintensität in der Landwirtschaft gingen bis zum Ende des 19. Jahrhunderts in den meisten europäischen Ländern mit einer erhöhten Säuglingssterblichkeit einher. »In der Zeit, in der die Seidenraupe wächst, gehen die meisten Kinder ins Paradies ein« besagt ein französisches Sprichwort aus der Gegend von Montpellier, wo man intensiv die Seidenraupenzucht betrieb. Das Sammeln der Raupen war Frauenarbeit, während der Erntewochen hatten sie deshalb wenig Zeit, sich um ihre Kinder zu kümmern. Die Säuglingssterblichkeit war in dieser Zeit besonders hoch.[540] Die gleichen Zusammenhänge lassen sich auch für den deutschen Bereich belegen. In dem württembergischen Dorf Kiebingen nahm die Säuglingssterblichkeit im Lauf des 19. Jahrhunderts allgemein zu (von knapp 30 % auf über 50 % aller Neugeborenen). Im Juli und August war die Sterblichkeit der Neugeborenen jedoch fast doppelt so hoch wie im Dezember und Januar. Säuglinge wurden in den Monaten des starken Arbeitsanfalls vernachlässigt, von den Müttern weniger gestillt und von Kindermädchen mit Brei gefüttert. Sie starben daher sehr häufig an Magen-Darm-Erkrankungen.[541]

In diese Richtung der Arbeitsüberlastung der Mütter deutet für den ländlichen Bereich auch die Schichtspezifik der Säuglingssterblichkeit. In dem bereits erwähnten Ort Kiebingen stammten – überraschenderweise – weit über die Hälfte der um 1850 gestorbenen Kinder von Eltern der Oberschicht. Untersuchungen zu anderen Dörfern weisen in eine ähnliche Richtung. Anhand von Hebammentagebücher konnte für Kiebingen gezeigt werden, dass die Frauen der bäuerlichen Oberschicht ihre Kinder nur selten selbst stillten. Noch in den 1880er Jahren gaben weniger als 10 % der Kiebinger Oberschichtsmütter ihren Kindern für längere Zeit die Brust, sondern ernährten sie mit Surrogaten. Die Stillquote der Unterschichtsmütter lag dagegen bei über 90 %. Entsprechend höher waren die Überlebenschancen ihrer Kinder.[542]

Der Volkskundler Utz Jeggle zog in seiner Studie über Kiebingen daraus den Schluss, dass die dörfliche Oberschicht aus Erbgründen (bewusst oder unbewusst) eine Praxis der ›postnatalen Geburtenkontrolle‹ getrieben habe. Man wollte die Zahl der Erben klein halten, um die soziale Position der Familie nicht zu gefährden. Andere Arbeiten zu Kiebingen und anderen Dörfern mahnen aus verschiedenen Gründen eher zur Vorsicht vor einem solch weit reichenden Schluss und machen eher die stärkere Arbeitsbelastung dieser kleinbäuerlichen Oberschichtfrauen dafür verantwortlich.[543] Ganz ausschließen lässt sich der Verdacht der bewussten Vernachlässigung jedoch nicht. Denn das Faktum der Schichtspezifik der Kindersterblichkeit fiel nicht erst modernen Historikern auf, sondern fand schon seinen Ausdruck in zeitgenössischen Sprichwörtern wie »Armer Leute Rinder und reicher Leute Kinder leben nicht lang«. Auch die Ärzte führten praktisch durch das ganze 19. Jahrhundert hindurch einen Kampf gegen die auf dem Land übliche Praxis der Kinderernährung. Der Bevölkerung waren die Zusammenhänge zwischen Kinderernährung und Kindersterblichkeit durchaus bewusst. Erst im ausgehenden 19. Jahrhundert fingen in Kiebingen jedoch auch die Bäuerinnen der agrarischen Oberschicht an zu stillen. Daraufhin ging die Kindersterblichkeit rasch zurück.[544]

Ein weiteres Indiz, das stärker auf soziale als auf natürliche Ursachen hoher Säuglingssterblichkeit hinweist, ist die deutlich niedrigere Lebenserwartung unehelicher Kinder. In dem in der Nähe Kiebingens gelegenen württembergischen Dorf Ohmenhausen waren zwar die Kinder von Unterschichtsfamilien in der Regel deutlich stärker gefährdet als die der agrarischen Oberschicht. Die höchste Sterblichkeitsrate aller Gruppen hatten hier jedoch uneheliche Kinder aus der dörflichen Oberschicht.[545] Auch für spät geborene Kinder in kinderreichen Familien bestand wenig Hoffnung. Wenn bereits mehrere Kinder das gefährliche Kleinkindalter überstanden hatten, nahm die Überlebenschance für die nächsten Kinder deutlich ab.[546] In einer vergleichenden Studie zur Kindersterblichkeit in verschiedenen Regionen

Deutschlands geht Arthur Imhof schließlich davon aus, dass Kindersterblichkeit nicht nur schichtspezifisch, sondern auch regional unterschiedlich hoch war. Es gab nach Imhof unterschiedliche demographische »Systeme«, eines der »Bewahrung menschlichen Lebens«, in dem relativ wenige Kinder geboren, aber auch nur wenige starben, und eines der »Verschwendung menschlichen Lebens«. Hier gebaren Frauen viele Kinder, von denen jedoch meist über ein Drittel bereits im ersten Lebensjahr wieder starb. In Norddeutschland neigte man nach Imhof eher zu einem System der Bewahrung, im deutschen Südwesten eher zur Verschwendung.[547] Ob das allerdings heißt, dass in diesen »Systemen der Verschwendung« die Eltern, weil sie keine Geburtenkontrolle betreiben konnten oder wollten, gezielt den Tod ihrer Kinder herbeiführten oder ihn zumindest bewusst in Kauf nahmen ist – wie gesagt – umstritten. Dennoch bleibt aus den verschiedenen Faktoren und den Analysen der statistischen Ungleichheit der Lebenschancen insgesamt der Befund einer starken Ambivalenz vieler Eltern gegenüber Kindern, wenn diese den Status oder die Existenz der Familie gefährdeten. Diese Ambivalenz war aber eingelassen in eine religiöse Überzeugung, dass die Kinder es nach ihrem Tod besser haben würden, als im »irdischen Jammertal«.

Die Möglichkeit eines frühen Todes war bis zum Ende des 19. Jahrhunderts fester Bestandteil der Erfahrung und Erwartung von Kindern. Heute wird der Tod als Erfahrungsbereich von Kindern fern gehalten. Und wenn Kinder das Schicksal eines frühen Todes trifft, dann gilt dies als besonders grausam – nicht weil dadurch familiale Arbeitskräfte vorzeitig ausfallen, sondern weil ein Lebenszyklus, auf den jeder einen Anspruch zu haben scheint, nicht vollendet wurde. Für das 20. Jahrhundert wurden noch keine systematischen Untersuchungen über den Zeitpunkt der nächsten Geburt nach dem Verlust eines Kindes durchgeführt. Es scheint jedoch so zu sein, dass im Gegensatz zur Frühen Neuzeit und zum 19. Jahrhundert, wo der Tod eines Kindes im ersten Lebensjahr dazu führte, dass die nächste Schwangerschaft rascher als üblich eintrat (da der Konzeptionsschutz des Stillens wegfiel), sich im 20. Jahrhundert der Abstand zur nächsten Geburt eher vergrößerte. Das deutet auf eine längere Phase der Trauer und des Widerstandes gegen eine zu schnelle neue Schwangerschaft.

Der Übergang »von der unsicheren zur sicheren Lebenszeit« (Imhof), die zunehmende Säkularisierung sowie die Reduzierung der Kinderzahl durch Geburtenkontrolle waren wichtige Faktoren, die die Perspektive auf Leben und Tod von Kindern nachhaltig veränderten. Die Geburtenverhütung war – paradoxerweise – gleichzeitig auch die Voraussetzung für die seit dem ausgehenden 19. Jahrhundert einsetzende Verklärung und Sentimentalisierung von Kindheit. Im Jahr 1903 veröffentlichte Ellen Key ihr berühmtes Buch »Das Jahrhundert des Kindes«. Sie brachte darin zum Ausdruck, was in den Kreisen der kleinen Familien des Bürgertums mit ihren drei bis vier Wunschkindern inzwischen auf breite Zustimmung stieß, dass nämlich Kinder sozusagen göttliche Wesen auf der Erde sind: »Die Zeit wird kommen, in der das Kind als heilig angesehen werden wird, selbst wenn die Eltern mit profanen Gefühlen dem Mysterium des Lebens genaht sind«. Und Maria Montessori schrieb um die gleiche Zeit: »Das Kind ist der einzige Messias, der immer wieder unter die gefallenen Menschen zurückkehrt, um sie ins Himmelreich zu führen.«[548] Die Funktion von Kindheit und die Verbindung des Individuums und der Familie über das Kind mit der Zukunft hatte sich ganz offensichtlich verändert. Das Kind wird nicht erlöst durch den Frühen Tod, sondern es erlöst selbst, indem es – unschuldig und unentfremdet – den Erwachsenen immer wieder das Potential für die Projektion einer besseren Zukunft zur Verfügung stellt.

Kleinkinderpflege und Erziehung

Im vorangegangen Abschnitt stand das Problem der Vernachlässigung von Kindern und die Ambivalenz der elterlichen Gefühle im Vordergrund. Emotionale Ambivalenz war besonders in den Unterschichten Ausdruck der Prekarität des eigenen Lebens. Ablehnung und Vernachlässigung waren aber durchaus eingebettet in Formen der Zuwendung und Sorge als der Grundlage der Beziehung zwischen Eltern und Kindern.[549] Seit dem ausgehenden 18. Jahrhundert wurde ausgehend von den bürgerlichen Kreisen in Europa das Stillen zum eigentlichen Prüfstein für Mütterlichkeit. Akademische Mediziner, die sich bisher mit diesen Themen ebenso wenig abgegeben hatten wie mit dem gesamten Bereich der Geburtshilfe, der in den Händen von Hebammen lag, eroberten sich hier einen neuen Markt und eine sozialpolitische Relevanz. Sie machten die Mütter sozusagen zu ihren Handlangerinnen. »Unterricht für Mütter und Kinderwärterinnen, Kinder in gesunden und kranken Tagen gehörig zu behandeln« hieß der Titel eines 1788 in Augsburg erschienenen Bandes. Ihm folgten unzählige Ratgeber für Mütter in allen europäischen Sprachen. Der Großteil dieser Bücher drehte sich um die Ernährung und vor allem um das Stillen des Kindes. »Wehe dem Mutterherzen«, heißt es in einem dieser Titel aus dem Jahr 1827, »welchem die Vollziehung dieser Pflicht [des Stillens] nicht süß, nicht leicht wird, wehe der Mutter, die sich nicht in jedem Verlangen des Säuglings nach ihrem Busen [...], in dem Suchen seiner Händchen für die Beschwerden zehnfach belohnt fühlt. [...] Liebe und Sitte und wahre Kindesliebe sind das Element des Weibes! Und jede Pflichterfüllung trägt ihren Lohn, wie jede Pflichtversäumnis ihre Strafe in sich selbst.«[550] Diese seit dem ausgehenden 18. Jahrhundert massenhaft produzierte Literatur zielte nur zum Teil auf das Wohl des Kindes. Ihre eigentliche Intention war eine Neudefinition der Rolle der Frau, die in den bürgerlichen Familien nun ganz auf die Funktion als Mutter festgelegt wurde.

Wichtiger als die Frage, wer stillt, ist aus der Perspektive des Kindes wahrscheinlich diejenige, wer über den Zeitpunkt des Stillens und die Quantität der Nahrung entscheidet. Kulturgeschichtlich bedeutsam ist außerdem, wer den Zeitpunkt des Abstillens bestimmt. In Traktaten des frühen 15. Jahrhunderts wurde ein zweijähriges Stillen der Kinder empfohlen, danach eine allmähliche Umstellung auf Breinahrung. Anhand der vorzüglichen Florentiner Quellen konnte vom 14. bis zum 16. Jahrhundert ein allmählicher Rückgang der Stilldauer nachgewiesen werden, von 23 auf 20 Monate bei Knaben und von 21 auf 19,6 Monate bei Mädchen. Mädchen wurden hier also immer etwas weniger lange gestillt als Knaben, beide jedoch annähernd zwei Jahre.[551] Auch die Kinder des Nürnberger Kaufmanns Behaim wurden von einer Amme gestillt. Aus seinen Abrechnungsbüchern geht hervor, dass er – ohne Unterschied des Geschlechts der Kinder – jeweils für ein Jahr eine Amme beschäftigte.[552] Dies scheint für die Frühe Neuzeit allerdings eine untere Grenze zu markieren. Heute gilt ein Stillen von mehr als einem Jahr dagegen als ungewöhnlich und auch aus Ernährungsgesichtspunkten nicht optimal.

Es kann beim Stillen für die Frühe Neuzeit wohl davon ausgegangen werden, dass kein fester Rhythmus des Stillens praktiziert wurde, d. h. Kinder in der Regel auf Verlangen Nahrung bekamen.[553] Erst im ausgehenden 19. und frühen 20. Jahrhundert scheint die pädiatrische Literatur auf feste Stillzeiten und eine genaue Stilldauer gedrängt zu haben. Der Wiener Kinderarzt C. Hochsinger plädierte in einer 1896 erschienenen Schrift bei Säuglingen für maximal fünf Stilltermine pro Tag im Dreistundentakt mit einer langen Nachtpause zwischen 23:00 Uhr und 6:00 Uhr. Die Mutter sollte nicht länger als 15 Minuten stillen. »So kann eine rationelle Erziehung des Kindermagens gleichzeitig als ein pädagogisches Mittel ersten Ranges für die moralische Gesamtentfaltung des Kindes verwendet werden.«[554] Dieses Beispiel zeigt, dass zunehmende wissenschaftliche Erkenntnisse im medizinischen und psychologischen Bereich nicht unbedingt mit einer Orientierung an den Bedürfnissen des Kindes verbunden sind bzw. dass die Antwort auf die Frage: »Is what the baby likes good for him?«[555] letztlich nicht vom Kind beantwortet wird, sondern von dem spezifischen sozialen und kulturellen Kontext, in den die Pflege und Erziehung von Kindern eingelassen ist. Dies bestätigen auch viele ethnologische Studien zu den Praktiken der Säuglingspflege und -ernährung.[556]

Beim Abstillen wurden – wie heute – auch in der Frühen Neuzeit bereits sehr unterschiedliche Praktiken empfohlen: manche legten ein rasches Abstillen nahe, das im Zweifelsfall erzwungen werden sollte, indem man die Brustwarze mit übelschmeckenden Kräutern einrieb, andere bevorzugten ein langsames Entwöhnen des Kindes, wie es z. B. Luther in Familienbriefen seiner Frau nahe legte.[557] In vielen Gesellschaften kam das Recht, den Zeitpunkt des Abstillens zu bestimmen, den Männern zu – zumindest sahen dies von Männern geschriebene Ratgeber und teilweise sogar Gesetze vor. Das Preußische Allgemeine Landrecht von 1794 bestimmte z. B. ausdrücklich: »Eine gesunde Mutter ist ihr Kind selbst zu säugen verpflichtet […] Wie lange sie aber dem Kinde die Brust reichen solle, hängt von der Bestimmung des Vaters ab«.[558] Wahrscheinlich basierte die Verordnung des Allgemeinen Landrechts durchaus auf einer gängigen Praxis.

Was die körperliche Pflege der Kinder anbetrifft ist heute vor allem die Frage der Sauberkeitserziehung ein wichtiges Thema, das besonders im Rahmen der psychoanalytischen Phasentheorie der kleinkindlichen Entwicklung seinen besonderen Stellenwert bekommen hat. Nachrichten über bzw. Ratschläge für das ›Sauberkeitstraining‹ von Kleinkindern scheinen sowohl aus der Antike wie aus dem Mittelalter zu fehlen bzw. nur sehr spärlich überliefert zu sein.[559] Auch in den sonst sehr detaillierten Tagebüchern des königlichen Leibarztes am französischen Hof über die Kindheit Ludwigs XIII. zu Beginn des 17. Jahrhunderts findet dieses Thema kaum Erwähnung.[560] Selbst die medizinische Ratgeberliteratur der Aufklärungszeit lässt sich noch kaum über diesen Punkt aus,[561] während die Pädiater des frühen 20. Jahrhunderts dann für einen frühzeitigen Beginn der Reinlichkeitserziehung plädierten und darin eine Vorschule für die Einübung in »Willensbeherrschung, in Subordination unter Anordnungen der Erzieher, also Gewöhnung an strikten Gehorsam« sehen.[562] Im ländlichen Bereich wurde dies aber bis weit in das 20. Jahrhundert hinein nicht strikt gehandhabt. Kinder hatten meist bis ins Schulalter geschlechtsunspezifisch Kleidchen an und trugen auch keine Unterwäsche, was die Sauberkeitserziehung weniger dringlich machte. Diese besaß hier ohnehin nicht die ideologische Funktion, die ihr in bürgerlichen Familien zukam.[563] In letzteren wurde die Sauberkeitserziehung zu einem zentralen Thema der Ratgeberliteratur zum Umgang mit dem Kleinkind. Der Erziehung zur Selbstbeherrschung kam ein hoher gesellschaftspolitischer Symbolwert zu, weshalb die gesellschaftskritische »antiautoritäre Erziehung« der 1960er Jahre neben der Unterdrückung kindlicher Sexualität gerade auch die bürgerliche Sauberkeitserziehung angriff.[564]

Ein besonders wichtiger Aspekt des Umgangs mit dem Kleinkind ist für Eltern wie für Entwicklungsexperten heute die sprachliche Zuwendung der Eltern und die Formen der nonverbalen Kommunikation mit dem Neugeborenen. Sie spielt in allen Sozialisationstheorien eine herausragende Rolle. Dies ist allerdings ein Bereich, zu dem es für frühere Zeiten wenig Quellen gibt und der historisch deshalb außerordentlich schwer zu erforschen ist. Aus Untersuchungen zur Gegenwart, aber auch aus ethnologisch vergleichenden Untersuchungen wissen wir, dass die Formen der sprachlichen Zuwendung zum Kleinkind kulturell und schichtspezifisch sehr unterschiedlich sein können. Ob die Tatsache, dass in frühen Familiendokumenten und Tagebüchern auch der Oberschicht wenig über die sprachliche Zuwendung zum Säugling und auch wenig über dessen Äußerungen und erste sprachliche Fortschritte enthalten ist,[565] bedeutet, dass diesem Aspekt früher weniger Aufmerksamkeit geschenkt wurde, ist schwierig zu entscheiden. Aus medizinischen Traktaten und anderen Dokumenten weiß man, dass seit der Antike klare Vorstellungen über die Stadien der sprachlichen Entwicklung des Kindes vorhanden waren.[566] Dies scheint aber selten in direkte

Verhaltensanweisungen für die Eltern umgesetzt worden zu sein, sich dem Kind intensiv verbal zuzuwenden. Reflexionen darüber oder systematische Aufzeichnungen über die frühe sprachliche Entwicklung des Kindes und auch die Selbstbeobachtung der Eltern beginnen erst mit der Versprachlichung der Erziehung in den bürgerlichen Familien des ausgehenden 18. Jahrhunderts.[567]

d) Strukturen und Wandel der Familienerziehung

Moderne Erziehung in Nordwesteuropa zielt vor allem darauf, Kinder und Jugendliche in die Lage zu versetzen, autonom über die Art ihrer Lebensgestaltung zu entscheiden. Nicht die Bindung an Familie und Verwandtschaft oder die Rücksichtnahme auf übergeordnete Familieninteressen sind die obersten Sozialisationsziele, sondern die möglichst optimale Entfaltung individueller Anlagen und Fähigkeiten und die Befriedigung der daraus resultierenden Bedürfnisse. Diese Prominenz einer Erziehung, die Autonomie ganz von den Bedürfnissen des Individuums und nicht von einem überzeitlichen »moralischen Imperativ« her definiert, ist auch in Nordwesteuropa relativ neu und im interkulturellen Vergleich ziemlich außergewöhnlich. Ins Zentrum der pädagogischen Theorie rückte diese Sicht letztlich erst im 20. Jahrhundert. Die pädagogische Praxis der Familien veränderte sich noch langsamer. Die 1960er Jahre bilden einen markanten Einschnitt. Nannten noch zu Beginn der 1950er Jahre bei einer Emnid-Umfrage nach den wichtigsten Erziehungszielen 25 bis 30 Prozent der Bundesbürger »Gehorsam und Unterordnung« und etwa 50 Prozent »Ordnungsliebe und Fleiß« an erster Stelle, so lagen nach 1968 »Selbständigkeit und freier Wille« mit meist weit über 50 Prozent an der Spitze der Erziehungsziele. »Gehorsam und Unterordnung« der Kinder dagegen bildete nur noch für eine unter 10 Prozent liegende Mindeheit einen besonderen Wert. »Ordnungsliebe und Fleiß« allerdings stabilisierten sich in diesen regelmäßig wiederholten Umfragen bis in die 1980er Jahre hinein auf einem Wert um 40 Prozent als wichtige Erziehungsnormen.[568]

Vieles, was in der Diskussion am Ende der 1960er Jahre noch kontrovers war, wurde inzwischen zu pädagogischem Allgemeingut und wird heute in in zahllosen Erziehungsratgebern reproduziert. Auch in Gesetzesänderungen schlug sich dieser Wandel nieder: Seit einem Bundesverfassungsgerichtsurteil von 1968 werden Kinder in der Bundesrepublik als »Rechtssubjekte« behandelt, 1989 beschloss die UN eine noch weiter gehende Erklärung über die Rechte des Kindes. Der Staat hat danach die Aufgabe, ihre psychische und physische Unversehrtheit zu gewährleisten – auch gegenüber den Eltern, deren Züchtigungsrecht und deren Anspruch auf die Arbeitskraft der Kinder nun deutlich eingeschränkt sind.[569]

Blickt man auf die außereuropäischen Vorstellungen von dem Zusammenhang zwischen Individualität und Entwicklung in Kindheit und Jugendalter, so wird deutlich, dass sich die europäischen davon sehr deutlich unterscheiden. Vergleichende Untersuchungen zu Erziehungsvorstellungen und -praktiken europäischer und chinesischer Einwanderer in den USA zeigen z. B., dass Selbstachtung, Unabhängigkeit und Selbständigkeit der Kinder in den Erziehungspraktiken der europäischen US-Bürger sehr viel stärker betont wurden als dies bei den chinesischen der Fall war. Deren Erziehung war nach dieser Untersuchung weniger auf »independence« als auf »interdependence« ausgerichtet.[570] Dahinter vermuten Ethnologen ein anderes, gewissermaßen soziozentrisches Konzept von Person, das nicht die Autonomie, sondern die Verbindung des Einzelnen mit der Umgebung hervorhebt. Ähnliches ist von Ethnologen auch für die japanische Gesellschaft beobachtet worden.[571]

Auch im europäischen Kontext ist die Respektierung der kindlichen Bedürfnisse und des »Eigenwillens« als Mittel der Erziehung zur Autonomie relativ neu. Die christliche und ganz besonders die protestantische Erziehung war bis weit in das 19. Jahrhundert hinein gerade bei den kleineren Kindern auf das Gegenteil, nämlich das Brechen des Eigenwillens ausgerichtet. Der Eigenwille war Ausdruck der Erbsünde und damit ein Hindernis auf dem Weg der Selbstunterwerfung des Kindes unter die Gebote und den Willen Gottes. Da Eltern für das Kind die Stellvertreter Gottes auf Erden darstellen sollten, mussten sie in ihrer Erziehung prinzipiell auf dem Gehorsam der Kinder bestehen.[572] Dies galt für alle Schichten, wenngleich die Erziehungstheorie immer strikter war, als die Erziehungspraxis und vor allem in den ersten Lebensjahren vielfach ein eher weicher Umgang mit den Kindern herrschte.

Adelige Standeserziehung

Im europäischen Hochadel wurden neugeborene Kinder und vor allem die Kronprinzen in der Frühen Neuzeit gleich in einem eigenen Haushalt mit separatem Hofstaat untergebracht. Diesem Hof stand in der Regel eine Frau vor. Am französischen Königshof kamen die Eltern gelegentlich, um ihre Kinder zu besuchen, aber wohl keineswegs täglich. Das heißt allerdings nicht, dass sie sich nicht um die Aufzucht und Erziehung ihrer Kinder gekümmert hätten. Die Auswahl von Ammen und später auch von Lehrern war ein Vorgang, der von den Eltern sehr sorgfältig gesteuert wurde. Im Hochadel gab man die Kinder nicht zu den Ammen aufs Land, sondern holte sich diese ins Haus. So konnte sichergestellt werden, dass die Amme von ihrem Ehemann getrennt war, da sexueller Umgang nach zeitgenössischen Vorstellungen die Muttermilch verunreinigte.

Hochadelige Kinder hatten in der Regel einen häufigen Wechsel der Bezugspersonen zu verkraften, zumal auch im Säuglingsalter meist mehrere Ammen nacheinander beschäftigt wurden. Ludwig XIV. hatte insgesamt neun verschiedene Ammen, sein Vater acht. Speziell über die Kindheit des letzteren, also Ludwigs XIII., wissen wir über die Tagebücher des Leibarztes Jean Héroard genau Bescheid. Ganz erstaunlich ist die Vehemenz, mit der auch in diesen hochadligen Familien der Wille des Kindes zu einem außerordentlich frühen Zeitpunkt gebrochen werden sollte. Mit zwei bis drei Jahren wurde Ludwig gepeitscht, wenn er eigenwillig war. Sein Vater, Heinrich IV., war einmal wütend, als Ludwig zu ihm gebracht wurde und seinen Hut nicht abnahm. Er misshandelte das Kind daraufhin – eine Maßnahme die der Kleine ihm außerordentlich übel nahm und mit Tobsuchtsanfällen beantwortete. Der Kronprinz war in seinem eigenen Haushalt das unbestrittene Zentrum und auch von seinen Eltern bis vor kurzem nur gehätschelt worden. Nun aber sollte er sich plötzlich vor allem dem Vater unterordnen. Nach Héroard beantwortete Ludwig diese Zumutung mit Schreien wie: »Ich töte euch alle, ich töte Gott«.[573] Mit fünf Jahren, nachdem er bereits viele Prügel hatte eingestecken müssen, war Ludwig nach Ansicht Héroards dann ganz gefügig. Nun konnte seine Erziehung beginnen, der sich jetzt auch der König intensiver zuwandte. Körperliche Züchtigung blieb aber weiterhin ein fester Bestandteil dieser Erziehung. Dabei wurde Ludwig teilweise von Soldaten festgehalten, da er Angst davor hatte und auszubrechen versuchte. Noch Jahre später bereitete ihm diese Behandlung Alpträume.[574]

Das Brechen des kindlichen Willens war ein fester Bestandteil der frühneuzeitlichen Pädagogik. Es wurde nicht nur an Ludwig mit der beschriebenen Systematik betrieben. Die strikte Unterordnung der Kinder unter den Vater war ein in allen adligen Familien eisern durchgesetztes Gebot – wahrscheinlich mehr als in gewöhnlichen Familien. Auch im englischen Adel war dieses Gebot im 16. und 17. Jahrhundert sehr ausgeprägt. Unterordnung hatte sich in Anrede und Gestik ebenso zu äußern wie im Gehorsam. Ein Adliger, Sir Dudley North, »obwohl bereits 63 Jahre alt, als er 1666 den Titel erbte, pflegte nie vor seinem Vater den Hut aufzusetzen oder Platz zu nehmen, es sei dennn, es würde ihm befohlen. Männer von 30 und 40 Jahren, so erinnert sich Aubrey, ›mußten wie Stumme und Narren barhäuptig vor ihren Eltern stehen; und die Töchter (erwachsene Frauen) mußten während der gesamten Dauer des Besuchs ihrer stolzen Mütter am Schranke stehen, wenn nicht [...] um die Erlaubnis gebeten wurde, auf einem Kissen niederknien zu dürfen [...] nachdem sie stehend genug gebüßt hatten.‹«[575] Die oft fast lebenslängliche Subordination der Kinder war ein fester Bestandteil der frühneuzeitlichen Gesellschaftstheorie (nicht unbedingt der Realität). In ihr war die politische Unterordnung der Untertanen unter ihre Obrigkeit sozusagen vorgebildet. Und die Durchsetzung dieser Ordnung am königlichen Hof und in der königlichen Familie selbst waren von außerordentlicher Symbolkraft.

Ziel adeliger Ausbildung war allerdings nicht die gebrochene Persönlichkeit, sondern die Erziehung zum Hofmann und Kavalier. Das Ideal des gebildeten Hofmannes entstand in der Italienischen Renaissance und strahlte von dort aus auf die gesamte europäische Adelsbildung aus. Bahnbrechend war Baldesar Castigliones »Buch vom Hofmann« aus dem Jahr 1528.[576] Darin wird das Bild eines idealen Höflings entworfen, der universale Bildung mit einer hart erarbeiteten Mühelosigkeit und Eleganz im gesellschaftlichen Umgang mit den Damen des Hofes verbindet und sich durch christliche Lebensführung ebenso auszeichnet wie durch die Ästhetik seiner äußeren Erscheinung. Dieses Ideal des italienischen Hofmannes des 16. Jahrhunderts setzte sich im französischen Begriff des honette homme des 17. Jahrhunderts oder des englischen Gentleman fort, die alle von Castigliones Buch beeinflusst waren und jeweils auf dieser Doppelung von geistiger und körperlicher Vollendung beruhten.

Aus diesem Ideal flossen zwei verschiedene Anforderungen an die Erziehung der älteren Söhne: eine akademische und eine im weitesten Sinne sportliche. Auch die adeligen Söhne sollten in gewissem Umfang den Bildungskanon der europäischen Gelehrtenschicht beherrschen. Daneben trat die Kavaliersausbildung im engeren Sinne: Reiten, Tanzen, Fechten waren Grundsportarten, die man zu beherrschen hatte; aber auch die Ausbildung der allgemeinen Körperhaltung, der Stimme und die ›Polierung‹ des äußeren Erscheinungsbild waren von großer Wichtigkeit. In einer Instruktion Franz Theodor von Fürstenbergs für die Erziehung seiner Kinder heißt es, der Hofmeister solle darauf sehen, dass sie sich »auch in den guten Sitten und Gebärden [...] üben und befleißigen, sich des affectierten Gangs, Kopfschüttelns und Maulaufsperrens und anderen dergleichen abgeschmackten kindischen Betragens entschlagen«.[577] Der Erzieher Friedrich Wilhelms von Preußen plagte in den 1750er Jahren seinen Zögling mit der Verbesserung seiner Sprechweise. Er machte dem Kind schriftliche Vorhaltungen über die Schlampigkeit seiner Artikulation. Da heißt es zum Beispiel: »Ich begnüge mich damit, Ihnen zum letzten Mal zu wiederholen, dass Sie beim Sprechen immer mehr stammeln und beim Lesen in einer Art brummeln, so dass es fast nicht mehr verständlich ist, besonders wenn Sie eine Art Geschnüffel hinzufügen, wie Sie anfangen, es zu tun, das zu widerlich zu beschreiben ist und das Sie schwerlich verlieren werden, wenn sie es erst einmal angenommen haben.«[578] Der Prinz musste unterschreiben, dass diese schlechten Angewohnheiten lediglich eine Folge seiner eigenen Nachlässigkeit seien und nicht eine Folge mangelnder Aufmerksamkeit oder gar der Anleitung des Hofmeisters. Da er sich nicht änderte, bekam er diesen Brief mehrere Jahre hintereinander zur Unterschrift vorgelegt. Eine solche Art zu reden widersprach dem Ideal des honnete homme, dem gerade ein König besonders zu entsprechen hatte. Der Hofmeister nahm das so ernst, dass er es sich schriftlich geben ließ, dass dieser Defekt des zukünftigen Herrschers nicht ihm angelastet werden könne.

Die häusliche Erziehung durch den Hofmeister bildete die Grundlage für die Weiterbildung der adligen Söhne außerhalb des Haushaltes. Diese erfolgte zum Teil schon früh als Pagen in anderen Haushalten. Dort wurden sie ebenfalls in allen wichtigen Dingen des höfischen Lebens unterrichtet. Zum Teil kamen sie im 18. Jahrhundert auch bereits in so genannte Kadettenanstalten, also in eine militärische Ausbildung. Wichtig war dann aber zumindest im Rahmen der älteren Kavalierserziehung das Studium an einer Hochschule. Dies fand zunächst an den regulären

Universitäten statt, an denen auch Edelleute studierten. Seit dem 16. Jahrhundert wurde die adelige Standeserziehung jedoch zunehmend in neugegründete Ritterakademien verlagert. Diese zeichneten sich im Gegensatz zu den Universitäten vor allem dadurch aus, dass sie die von der adeligen Kavaliersausbildung geforderte Dualität von akademischem Unterricht und körperlichem und sportlichem Verhaltenstraining kombinierten. Gleichzeitig wurden die bürgerlichen Schichten von dieser Standeserziehung ausgeschlossen. Der Adel war hier unter sich. Diese Ritterakademien waren ein gesamteuropäisches Phänomen und ein zentraler Bestandteil frühneuzeitlicher Adelserziehung.

In der Erziehung der adeligen Töchter spielte die Dressur des Körpers ebenfalls eine erhebliche Rolle. Die Anforderungen an ihren akademischen Unterricht traten dagegen sehr zurück, wenn sie auch nicht völlig fehlten. Der historisch-politische Teil des adeligen Bildungskanons wurde für sie weitgehend beschnitten, der schöngeistige und der religiös-moralische dagegen erheblich ausgebaut. Über die Töchtererziehung heißt es bei Franz Theodor von Fürstenberg: »Die französische Sprache, die deutsche Sprache, um selbige wohl lesen, in selbiger wohl reden, wohl schreiben zu können [...] ein wenig Lateinisch zwischendurch, selbiges kann nicht schaden [...] Es muss vielleicht etwas Musik gemacht werden, muss dann hauptsächlich gearbeitet, genähet werden. Andächtige Bücher, des livre morales, von der Sittenlehre, von auferbaulichen historien, Haushaltungs-, Koch-, Arznei-Bücher müssen gelesen werden.«[579]

Was die Politik für die männliche Jugend, das war die Einübung in die Praxis der Haushaltsführung für die weibliche Jugend des Adels – teilweise bis in den höchsten Ebenen hinauf. Die schöngeistige Lektüre der angehenden Damen war diesen Aspekten eher untergeordnet und unterlag zudem einer strengen Zensur. Sie durften im Bereich der Belletristik nicht lesen, zu was sie Lust hatten, sondern waren an einen Kanon guter und nützlicher oder erbaulicher Schriften gebunden. Noch Maria Theresia gab ihrer Tochter Marie Antoinette auf ihre Reise nach Frankreich zu ihrem zukünftigen Ehemann im Jahr 1770 ein Verhaltensreglement mit, auf dem oben vermerkt stand: »alle Monate zu lesen«. Darin wurde sie nicht nur zu regelmäßigem Gebet aufgefordert, sondern auch ermahnt: »Ich will stets wissen, welches Buch ihr leset [...] Lest kein wenn auch noch so gleichgültiges Buch ohne vorherige Billigung Eures Abbé«, also des Beichtvaters.[580] Maria

Theresia hatte Angst vor frivolen Romanen, die in jener Zeit durchaus in Mode waren und die Sitten ihrer Tochter verderben könnten. Adlige Mädchen führten also ein außerordentlich reglementiertes und bis ins kleinste Detail überwachtes Leben, in dem es wenig Freiraum für private Entwicklung gab. Sie waren immer in der Öffentlichkeit und es lastete ein starker Zwang auf ihnen, sich in vorgefertigte Rollen einzupassen.[581] Letzteres blieb in gewisser Weise bis in die Gegenwart ein Charakteristikum der Erziehung im europäischen Hochadel.

Arbeitserziehung in Bauern- und Arbeiterfamilien

Die Erforschung von Kinderarbeit konzentrierte sich lange vor allem auf die Fabrik- und Grubenarbeit von Kindern während der Frühphase der Industriellen Revolution. Industriearbeit machte im 19. Jahrhundert jedoch nur einen kleinen Teil der Beschäftigung von Kindern im Rahmen der gewerblichen Produktion aus. Zudem übersieht diese Konzentration auf das Gewerbe den großen Bereich der Kinderarbeit in der Landwirtschaft, die Lohnarbeit ebenso wie die kaum erfassbare innerfamiliale Mithilfe, die bis heute oft nicht als Kinderarbeit definiert wird, auch wenn sie zeitlich einen beträchtlichen Umfang einnimmt und von erheblicher ökonomischer Bedeutung ist. In vorindustrieller Zeit war Kinderarbeit allgegenwärtig, wurde nicht nur von der merkantilistischen Wirtschaftspolitik der Staaten des 18. Jahrhunderts gefördert, sondern auch von Pädagogen als probates Mittel der Erziehung der Unterschichten zur »Industriosität« befürwortet.[582] Kinderarbeit war im Europa der Frühen Neuzeit »eine soziale Tatsache, nicht ein soziales Problem«,[583] sie war für den Großteil aller Kinder ein Faktum.

Familienerziehung zeichnete sich in den bäuerlichen und in den Arbeiterfamilien daher bis ins 20. Jahrhundert durch eine möglichst frühe Einbindung der Kinder und Jugendlichen in den Produktionsprozess aus. Zwar wurde den Kleinkindern besonders in den Ländern des Mittelmeerraumes zunächst auch ein erheblicher Freiraum zugebilligt, dennoch war Kindheit kein Schonraum im eigentlichen Sinn, weder in bäuerlichen, noch in Arbeiterfamilien.[584] Die allmähliche, aber eben doch frühe Eingliederung in die Arbeitsvorgänge der Erwachsenen war in Bauernfamilien selbstverständlich. Arbeitserziehung geschah hier naturwüchsig, da »die von den Kindern zu übernehmenden Einstellungen, Verhaltensweisen und Fertigkeiten durch unmittelbares

Erleben im Rahmen der Hausgemeinschaft vermittelt wurden.«[585] Diese Einbeziehung in die Arbeitswelt der Erwachsenen war durchaus ambivalent. Sie verlangte den Kinder auf der einen Seite viel ab und nahm wenig Rücksicht auf ihre Bedürfnisse; auf der anderen Seite war sie vielfach nicht ohne Konventionen und pädagogische Alltagstheorie. Wie Frauen und Männern wurden im ländlichen Bereich auch den Kindern bestimmte Arbeiten, z. B. das Viehhüten, zugewiesen; eine zu weit gehende Ausbeutung der Kinder konnte im Dorf durchaus auch Protest hervorrufen.[586] Vielfach fertigte man für Kinder besonderes, ihrer Größe und ihrem Können angepasstes Arbeitsgerät an. Häufig spielten Großeltern mit ihrer etwas verminderten Arbeitslast und -geschwindigkeit für die Einübung der Kinder in landwirtschaftliche Tätigkeiten eine besondere Rolle. Die erfolgreiche Erledigung solcher Arbeiten konnte Kinder auch mit Selbstbewusstsein und Stolz erfüllen. Einer zu sein, »den man brauchen kann«, und sichtbar zum eigenen wie zum Familienunterhalt beizutragen, waren durchaus wichtige und persönlichkeitsbildende Erfahrungen.[587]

Allerdings war Kinderarbeit auch in der Landwirtschaft keineswegs ausschließlich Arbeit im elterlichen Betrieb. Die Kinder armer Familien wurden zur Taglohnarbeit verdingt. Oft arbeiteten sie auf demselben Hof wie die Eltern, wenn diese ebenfalls Taglöhner waren. Eine Entlohnung in Geld gab es meistens nicht, sondern in der Regel nur Verpflegung. Aber auch dies war für den elterlichen Haushalt bereits eine Entlastung. Geld erhielten Kinder nur, wenn sie auf bäuerlichen Großbetrieben arbeiteten oder sich während der Sommermonate über längere Zeit auswärts verdingten. Es war selbstverständlich, dass sie ihren Lohn vollständig den Eltern abgaben.

Von allen Formen der Kinderarbeit hielt sich diejenige in der Landwirtschaft am längsten. Die Mischform von Familienhilfe und regulärer Arbeit entzog diesen Bereich lange der staatlichen Aufsicht – im Prinzip bis in die Gegenwart. Eine deutliche Entlastung der Kinder von harter körperlicher Arbeit trat erst mit der zunehmenden Mechanisierung der Landwirtschaft, also in der Zeit nach dem Zweiten Weltkrieg, ein. Die Krise der kleinbäuerlichen Betriebe in der Gegenwart wird zudem wesentlich dazu beigetragen haben, dass Bauernfamilien heute eher akzeptieren, dass ihre Kinder sich auch schon in jüngerem Alter von der Landwirtschaft abwenden. Die Schulbildung erhält nun einen höheren Stellenwert. Damit gehen auch die täglichen Arbeitsanforderungen an die Kinder, die früher meist schon vor Schulbeginn in den Stall oder auf das Feld mussten, deutlich zurück.[588]

Auch in Familien, die ihr Einkommen in der Haus- oder Fabrikindustrie verdienten, wurden Kinder früh zur Arbeit angehalten. Je geringer das Einkommen des Mannes, desto wichtiger wurde der Zusatzverdienst von Frauen und Kindern. In der Hausindustrie erarbeiteten Frauen und Kinder sogar häufig den größeren Teil des Familieneinkommens. Kinder waren daher in der Hausindustrie, vor allem im Textilbereich, ganz wichtige Arbeitskräfte. Zwar lässt sich die These, dass hausindustrielle Familien aufgrund des niedrigeren Heiratsalters und der hohen ökonomischen Bedeutung der Kinderarbeit generell mehr Kinder als z. B. kleinbäuerliche Familien gehabt hätten, als allgemeine Annahme nicht aufrechterhalten,[589] dennoch war die Integration der Kinder in den Arbeitsprozess der Erwachsenen und damit auch der Arbeitszwang gerade in der Hausindustrie besonders hoch. Das Angewiesensein der Erwachsenen auf die Zuarbeit der Kinder verlieh dieser Arbeit gegenüber der Kinderarbeit in der Landwirtschaft oder im Handwerk eine besondere Stetigkeit und damit auch einen besonderen Ausbeutungscharakter durch Überforderung.[590]

In der Textilindustrie war auch der Anteil der in den frühen Fabriken beschäftigten Kinder besonders hoch. Dies gilt nicht nur für England, sondern auch für den Kontinent. In niederösterreichischen Baumwollspinnereien z. B. lag im Jahr 1840 der Anteil der Kinder an den Beschäftigten zwischen 25 und 35 %.[591] Ganz generell war die frühe Fabrikgesetzgebung mit ihren Versuchen, Kinderarbeit einzuschränken, zunächst wenig erfolgreich. Erst in den letzten zwei Jahrzehnten des 19. Jahrhunderts ging die Beschäftigung von Kindern unter 12–14 Jahren in den Fabriken drastisch zurück – nicht jedoch die Kinderarbeit, die nun auch in Fabrikarbeiterfamilien auf hausindustrielle Nebenbeschäftigungen verlagert wurde. Im Jahr 1900 zählte man im Deutschen Reich in einer Erhebung noch über 540 000 gewerbstätige Kinder außerhalb der Fabriken. Vermutlich war dies nur die Spitze des Eisberges. Diese Kinder waren zwischen sechs und 14 Jahre alt und in der Hausindustrie, im Handel oder in anderen Gewerben beschäftigt. Fast die Hälfte von ihnen musste an sechs bis sieben Tagen in der Woche mehr als drei Stunden arbeiten, viele oft bis tief in die Nacht. Durch das Heimarbeitergesetz von 1911 wurde

Abb. 64: Kinder helfen beim Herstellen von Kunstblumen. Heimarbeit von Mutter und Kindern um 1910.

in Deutschland auch diese Form der Kinderarbeit eingeschränkt bzw. in die Illegalität abgedrängt. Verschwunden ist sie keineswegs.[592]

Kinderarbeit wurde in den städtischen Arbeiterfamilien des ausgehenden 19. und frühen 20. Jahrhunderts also immer stärker auf den Tätigkeitsbereich der Mütter und ihren Zusatzverdienst durch Heimarbeit konzentriert. Auch hier waren besonders Zuarbeiten im Bereich der Textilindustrie gefordert. Spulen, Wolle zupfen oder Knöpfe sortieren waren monotone Arbeiten, mit denen Kinder stundenlang beschäftigt wurden. Die langen Arbeitsleistungen der Kinder wurden vielfach mit Strenge eingefordert: »Arbeiterkultur war [...] eine ›Kultur der Armut‹ (O. Lewis), eine schwere Disziplin aus Notwendigkeit, Fleiß, Sparsamkeit und Sorge um die Sicherung des täglichen Brotes, die Überflüssiges nicht duldete. Das bedeutete ein harte Erziehung innerhalb der Familie.«[593] Der Arbeitersohn und Autor Max von der Grün berichtete einmal, dass die Erziehungsmaximen seiner Mutter nur aus Sätzen bestanden hätten wie: »Wer nicht arbeitet, der braucht auch nicht zu essen. Hast du dir heute schon dein Brot verdient? Müßigkeit ist aller Laster Anfang. [...] Das können wir uns nicht leisten. Hast du nichts zu tun? Vom Lesen wird man nicht satt.«[594]

Dies ist eine Moral, die angesichts der ständigen Knappheit aller lebenswichtigen Güter auch von den Kindern ständig die Kontrolle ihrer Bedürfnisse verlangte. Die Arbeiterfamilie war eine Solidargemeinschaft mit der Funktion, sich in den fast permanenten Zeiten der Not gegenseitig das Überleben zu sichern. Die Kinder wurden von Anfang an in diese Familienfunktion hineinsozialisiert. Die Entwicklung von Individualität und Entfaltung besonderer beruflicher und anderer Neigungen war ein Luxus, den man sich bzw. den Kindern nicht erlaubte. Diese Haltung blieb in vielen Arbeiterfamilien bis in die Zeit nach dem Ersten Weltkrieg ein Habitus, der sich aus den ökonomischen Umständen allein nicht erklären lässt. Noch gegen Ende des 20. Jahrhunderts beklagten alte Fabrikarbeiter in sozialhistorischen Interviews die Ausbeutung ihrer Arbeitskraft während ihrer Kindheit.[595] Aus diesen Interviews wurde auch sehr deutlich, dass sie das, was sie als Kinder und Jugendliche an Härte und Ausbeutung erfahren haben, ihren eigenen Kindern ganz bewusst nicht zumuten wollten und ihnen in der Regel auch nicht angetan haben. Für die Generation der um den Ersten Weltkrieg geborenen Arbeiter war inzwischen fraglos geworden, »daß Beruf, Wohnung und ökonomische Entwicklung der Eltern hinter dem eigenen Recht der Kinder zurücktreten müssen.«[596]

Erziehung in Familien der bürgerlichen Oberschichten

Die bürgerlichen Oberschichten der Städte setzten sich aus sehr unterschiedlichen Gruppen zusammen: Handelsleute, höhere Beamte, Akademiker in freien Berufen. Sie verfügten über unterschiedlichen Wohlstand, strebten teilweise auch unterschiedliche Berufslaufbahnen für ihre Kinder an. In Beziehung auf die Familienerziehung von Kindern herrschte zwischen ihnen jedoch eine klare Übereinstimmung: Im Vordergrund stand auch in der Frühen Neuzeit nicht die Arbeit, sondern die Ausbildung – zumindest für die Jungen, bis zu einem gewissen Grad der Bildung aber auch für die Mädchen.

In den ersten drei Lebensjahren waren die Kinder auch in bürgerlichen Haushalten während der Frühen Neuzeit in der Obhut von Frauen, der Mütter, Ammen, Kindermädchen. Nach dieser Kleinkindzeit jedoch wechselte meist die Zuständigkeit. In den bürgerlichen Familien der Frühen Neuzeit waren Erziehung und Ausbildung der Kinder überwiegend eine Sache der Väter. Die meisten Erziehungsschriften der Aufklärungszeit waren deshalb explizit an sie gerichtet. Die Ursachen dafür sind vielschichtig. Zum einen stand dahinter die Überzeugung, dass die Vernunft männlich war, dass Aufklärung und rationale Erziehung daher nicht den Frauen überlassen werden durfte, die selbst noch ein Objekt der Aufklärung waren. Zum anderen waren diese Schriften eine Reaktion auf den in Wirklichkeit bereits eingetretenen Funktionsverlust der Väter in der Erziehung. In dem Maße, in dem sich die Berufe der Männer räumlich vom Haushalt der Familie trennten und die Ausbildung der Kinder zugleich über die allmählich einsetzende Verschulung der Gesellschaft aus der Familie herausgenommen wurden, schwand die naturwüchsige Autorität und Macht der Väter in der Familie und veränderte sich die Aufgabenstellung der Familienerziehung.[597] Die Dominanz der Väter in der Erziehung der Aufklärungszeit war also bereits eine Reaktion auf ihren eingetretenen Autoritätsverlust, war gewissermaßen ein »Sekundärpatriarchalismus« (Wild).

Seit dem ausgehenden 18. Jahrhundert wurde diese Dominanz der Männer in der Erziehungsliteratur deutlich abgebaut, die Ratgeberliteratur richtete sich nun direkt an die Mütter. Sie dominierten – auch aufgrund der beruflichen Abwesenheit der Väter – den Erziehungsprozess immer mehr. Der 1802 geborene Hofmaler Wilhelm v. Kügelgen berichtete über seine Mutter: »Diese liebe Mutter strebte nach keiner anderen Ehre als der einer guten Frau und Mutter. […] Aus diesem Grunde studierte sie auch fleißig die gepriesensten pädagogischen Werke ihrer Zeit, aus denen sie freilich wenig Nutzen ziehen mochte; denn eine halbwegs gescheite Mutter weiß schon allein, wie sie ihre Kinder zieht – wo nicht, so lernt sie es schwerlich, weder von Campe noch von Pestalozzi.«[598]

Für Frauen war diese Entwicklung sehr ambivalent. Sie bedeutete auf der einen Seite zwar eine gewisse Emanzipation aus der Bevormundung durch den Mann auch im innerhäuslichen Bereich, stärkte mithin ihre Kompetenzen innerhalb des Hauses. Auf der anderen Seite führte dies zu einer Festschreibung der Rolle von ›Frau und Mutter‹ als angeblich weiblichem ›Geschlechtscharakter‹. Die Frau wurde zur Spezialistin nicht nur für das leibliche Wohl des Kindes, sondern auch zuständig für dessen gesunde geistige Entwicklung und für das dazu notwendige familiale Binnenklima.

Ein weiterer Bereich fiel im Laufe des 19. Jahrhunderts ebenfalls in die Zuständigkeit der Frauen: Religion, Kirche und religiöse Sozialisation der Kinder. Empfänglichkeit für Religion wurde – im Gegensatz zur ›Rationalität‹ der Männer – im 19. Jahrhundert geradezu als Teil des weiblichen Geschlechtscharakters angesehen.[599] Waren in der Frühen Neuzeit die religiöse Instruktion der Familie und auch die Überwachung der Einhaltung kirchlicher Normen und Pflichten in erster Linie eine Aufgabe der Hausväter, so ging die Verantwortlichkeit für diesen Bereich im Laufe des 19. und frühen 20. Jahrhunderts immer mehr auf die Mütter über. Sie waren seit dem Ende des 19. Jahrhunderts in beiden großen Konfessionen wie auch bei den kleineren christlichen Gemeinschaften beim Kirchgang und allen religiösen Aktivitäten überrepräsentiert, in kirchlichen Gremien und Leitungsfunktionen dagegen kaum je vertreten. Diese intensivere religiöse Betätigung von Frauen lässt sich auf verschiedene Ursachen zurückführen, zu denen auch Unterschiede zwischen weiblicher und männlicher Sozialisation gehören. Vermutlich war der Ausschluss der Mädchen von der höheren Bildung wesentliche Ursache für die Sonderstellung der Frauen gegenüber Religion und Kirche. Höhere Bildung gestattete und förderte im 19. Jahrhundert auch religionskritisches Denken. Die Auseinandersetzung zwischen wissenschaftlichem und religiösem Weltbild war eines der zentralen Themen des 19. Jahrhunderts. Die kritische Auseinandersetzung mit der Religion im Zuge des Erwachsenwerdens wurde somit zu einem Privileg männlicher Jugend.[600]

Die bürgerlichen Väter verschwanden im 19. Jahrhundert allerdings nicht vollständig aus der Erziehung. Sie zogen sich jedoch – ähnlich wie in Arbeiterfamilien – vielfach auf die Rolle des distanzierten, nur die Gesetzesübertretungen strafenden Herrschers zurück.[601] Wo sie allerdings als praktizierende Pädagogen tätig wurden, setzten sie vielfach wieder mehr auf die Unterwerfung der Kinder als auf Überzeugung und Rationalität. Einer der Protagonisten einer solchen strengen Erziehung durch die Väter war der Arzt Daniel Moritz Gottlob Schreber (1806–61), Erfinder des »Schrebergartens« und gefeierter Vorkämpfer für Volksgesundheit und Massensport. Sein immerhin in zwei Auflagen erschienenes Erziehungsprogramm »Kallipädie« installierte wieder den Vater als obersten Leiter der Erziehung: »Wo also eine planmäßige, auf Grundsätzen beruhende Erziehung gedeihen soll, da muss vor allem der Vater die Zügel in der Hand haben.« Das Ziel der Erziehung ging auf strikte Unterwerfung der Kinder unter den Willen des Vaters. Über die Erziehung von Kindern bis zum ersten Lebensjahr schreibt Schreber: »Unsere ganze Einwirkung auf die Willensrichtung des Kindes erstreckt sich zurzeit auf die Gewöhnung an unbedingten Gehorsam [...] Es darf in dem Kinde der Gedanke gar nicht aufkommen, dass sein Wille herrschen könne, vielmehr muss die Gewohnheit, seinen Willen dem Willen der Eltern oder Erzieher unterzuordnen, in ihm unwandelbar befestigt werden«.[602] Körperliche und geistige Selbstdisziplin war das oberste Ziel, das Schreber mit aller Härte – und den fürchterlichsten Hilfsmitteln und Folgen – auch bei seinen eigenen Kindern durchsetzte. Diese Forderung nach Selbstdisziplin galt dann vor allem auch den pubertierenden Kindern. Schreber schloss hier mit seinen Ratschlägen an die Onanie-Debatte an, die europaweit die pädagogische und medizinische Ratgeberliteratur des 19. Jahrhunderts beherrschte.[603]

Schrebers Pädagogik war kein ›typisch deutsches‹ Produkt. Ähnliche Überlegungen wurden auch in England und Frankreich geäußert. Das System war letztlich religiös begründet und eine konsequente Fortsetzung der bedingungslosen Unterwerfung des Menschen unter den Willen Gottvaters. Das 19. Jahrhundert war, besonders in seiner zweiten Hälfte, ein »religiöses Jahrhundert«, wobei die verschiedenen religiösen Strömungen im Gegensatz zum 18. Jahrhundert einen deutlich konservativen Charakter besaßen. Dies wirkte sich auch auf Erziehungskonzeptionen aus. Eine Tochter Schrebers beschrieb in einem Brief, dass im elterlichen Haushalt alles »gottwärts gerichtet« gewesen sei, aber: »All dies war mit dem plötzlichen Tod unseres Vaters zu Ende«. Aus dem strikten Protestantismus Englands sind ähnliche Zusammenhänge und Schicksale wie in der Familie Schreber bekannt.[604]

Die Familienkonstellation, die in der Familie Schreber herrschte, war extrem, aber für viele bürgerliche Familien des ausgehenden 19. Jahrhunderts nicht ganz untypisch.[605] Es ist die Konstellation, aus der heraus Freuds Theorie vom Ödipuskomplex erst verständlich wird: Nahbeziehung zur Mutter, Kastrationsangst und Hass gegenüber dem Vater. Im Fall von Schrebers Söhnen ist das alles klar zu greifen. Die »Denkwürdigkeiten eines Geisteskranken«, die der schizophrene Sohn Schrebers verfasste und die auch Freud analysierte, wurden zu einer der meistzitier-

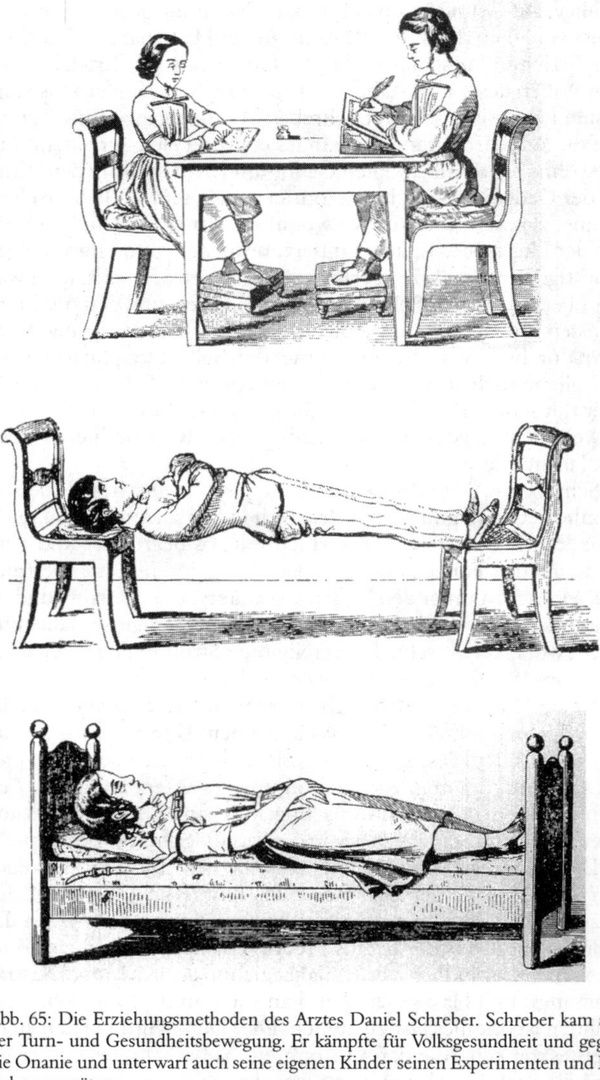

Abb. 65: Die Erziehungsmethoden des Arztes Daniel Schreber. Schreber kam aus der Turn- und Gesundheitsbewegung. Er kämpfte für Volksgesundheit und gegen die Onanie und unterwarf auch seine eigenen Kinder seinen Experimenten und Erziehungsgeräten.

ten Quellen der Psychoanalyse. Insofern besitzt dieser Fall Modellcharakter für eine Erziehungskonstellation, die bürgerliche Familien im ausgehenden 19. Jahrhundert zumindest im nordwesteuropäischen Raum stark prägten.

Mit dem zunehmenden Bedürfnis nach Kontrolle von Kindern war im Bürgertum die »Verhäuslichung« (Zinnecker) von Kindheit und die Ausdifferenzierung eigener Wohnbereiche für Kinder, also das Aufkommen von Kinderzimmern, verbunden. Straße und Nachbarschaft, die bis dahin schichtübergreifend in den Städten einen wichtigen Teil des Lebensraums für Kinder darstellten, wurden im gehobenen Bürgertum seit dem ausgehenden 19. Jahrhundert, im Kleinbürgertum im Laufe des frühen 20. Jahrhunderts als Sozialisationsorte disqualifiziert. Das Leben des Kindes wurde ganz in den ›Schoß der Familie‹ und hinter die schützenden Mauern der eigenen Wohnung verlegt. Das Kinderzimmer war somit auch ein Symbol für die zunehmende Distanz zwischen dem Bürgertum und den niedereren sozialen Schichten.

Mit der Verhäuslichung von Kindheit wurde zugleich der Einfluss der von den Eltern kaum kontrollierbaren Gleichaltrigengruppe zurückgedrängt. Dies lässt sich als ein Element der Kontrolle, aber auch als Faktor einer Individualisierung von Kindheit begreifen. Denn die Straße gilt als der Sozialisationsort, an dem schon Kinder über die Dominanz der peer group stark in die für die traditionalen europäischen Gesellschaften charakteristischen kollektiven Bindungen eingepasst wurden. Die ›verhäuslichten‹ Kinder des städtischen Bürgertums dagegen hätten sich, so meinen manche Forscher, nicht so sehr an den Erwartungen einer Gruppe, sondern an denen der Eltern bzw. dann ihres eigenen Über-Ich orientiert. Mit dieser verinnerlichten Verhaltensdisziplin und der damit verbundenen Leistungsmotivation habe die intimisierte bürgerliche Familie einen Sozialisationstyp geschaffen, der der modernen Marktgesellschaft mit ihrer erhöhten Mobilität und ihrer individualistischen Wirtschaftsweise entsprechend angepasst sei.[606] Nur für die Kinder der Arbeiterschaft und des kleinen Bürgertums spielte die Straße weiterhin eine wichtige Rolle. Für die Kinder dieser Schichten stellte sie nicht nur eine Gegenwelt zu der hierarchisch strukturierten Familie, sondern auch einen erweiterten Wohnraum dar, der die im Zuge von Industrialisierung und Urbanisierung zunehmend enger werdenden häuslichen Wohnverhältnisse kompensieren musste.[607]

Familienfunktionen und Familienerziehung im 20. Jahrhundert

Die Familie Schreber war trotz ihrer barbarischen Erziehungsmethoden in einer bestimmten Weise modern: sie war ganz und gar kindzentriert. Die Geburt des ersten Kindes oder der Kinderwunsch ist heute in den meisten europäischen Gesellschaften der wichtigste Grund, bestehende Partnerschaften in eine formelle Ehe zu überführen. Die Rücksicht besonders auf minderjährige Kinder ist gegenwärtig in allen europäischen Ländern der bei weitem wichtigste Grund für entfremdete Ehepaare, sich (noch) nicht zu trennen.[608] Aber auch die nichtehelichen Lebensgemeinschaften sind, wenn sie Kinder haben, in besonderer Weise auf diese Nachkommenschaft fixiert.

Ein Grund für diese neue Intensität der Zuwendung zu den Kindern ist sicher die Tatsache, dass aufgrund der allgemein verfügbaren Verhütungsmittel und Abtreibungsmöglichkeiten der Geburt eines Kindes in der Regel eine bewusste Entscheidung der Eltern zugrunde liegt. Es gibt jedoch auch einen Zusammenhang mit den Strukturen moderner Gesellschaften. Die Funktion von Kindheit als Phase im Prozess des Erwachsenwerdens hat sich in modernen Gesellschaften geändert, weil sich die Anforderungen an das Phänomen des Erwachsenseins verschoben haben. Elternschaft und Familie wurden dadurch vor neue Aufgaben gestellt, die das Kind notwendig ins Zentrum der Familie rückten.

Ein grundlegendes Kennzeichen moderner Gesellschaften ist ihre zunehmend funktionale Differenzierung. Immer mehr Interaktions- und Wissensbereiche der Gesellschaften folgen ihren eigenen Regeln, bilden sich zu eigenständigen Subsystemen heraus. Jedes Individuum kann im Prinzip an diesen Subsystemen partizipieren und muss sich den jeweiligen Systemregeln anpassen und sich normkonform verhalten. »Die besondere Schwierigkeit, die sich für das Individuum in diesem Zusammenhang ergibt, ist, dass es sich als Einheit und Ganzheit in keiner realen Situation mehr zum Thema machen kann.«[609] Die Anforderungen an die Integrationsleistungen des Individuums sind also enorm gestiegen. Sich in dieser Vielfalt eine Identität zu bewahren, für sich und auch für andere trotz Rollenvielfalt erkennbar der- oder dieselbe zu bleiben, erfordert eine Festigung der Persönlichkeit, bevor man ins gesellschaftliche Leben ›entlassen‹ werden kann. Psychologisch gewendet: die Bildung eines starken Über-Ichs als Kontrollinstanz ist eine der zentralen Leistungen, die die Familie unter den veränderten Bedingungen der modernen sozial und regional mobilen Gesellschaften zu leisten hat. Dies stellt im Bürgertum seit dem 18. Jahrhundert sozusagen einen Teil der Ausbildung dar, auf den das Kind gewissermaßen einen Anspruch besitzt und in die die Eltern vor allem ein Kapital einzubringen hatten, ihre elterliche Liebe. Zwar sind die einzelnen Mitglieder in der Familie (als Mann, Frau, Kinder etc.) ebenfalls in Rollen eingebunden, haben hier aber dennoch – idealiter – die Möglichkeit, sich gerade als Kinder und Jugendliche in ihren eigenen Identitätsentwürfen und Bedürfnissen einzubringen. Die Familie erhebt zumindest den Anspruch der Ort zu sein, an dem sie »nicht bloß als Funktion, sondern als Mensch«[610] wirken können und wo sie vor allem einen unbedingten Vertrauensvorschuss für mögliche Entwicklungen genießen.

Insofern erscheinen heute allzu funktions- und wirtschaftsbezogene Rollen in der Familie als geradezu familienfremd, sprach die Soziologie von einer »thematischen Reinigung« (Tyrell) der Familie in der Moderne. Kritiker dieser Entwicklung sehen in der Reduzierung der familialen Aktivitäten auf Felder, die nicht der Überlebenssicherung dienen, die Ursache sowohl des leichteren Auseinanderbrechens von Familien als auch eines beklagten Mangels an Erziehungsleistung. In der Tat ist zu konstatieren, dass der zentrale Bereich gemeinsamer Familienaktivitäten eben nicht mehr Arbeit, sondern die Gestaltung von Freizeit ist. Familie ist zur »zentralen Freizeitinstanz« (H. Lüdtke) geworden. »Die Familie ist sowohl die dominante soziale Gruppe, in der für die Familienmitglieder verbindlich festgelegt wird, was für das Individuum als Freizeit zu gelten hat, als auch (als Haushaltseinheit) die zentrale Verteilungsinstanz für die individuelle Allokation von ›freier‹, disponibler Zeit.«[611] Diese Perspektive des Einflusses der Familie auf die Definition von freier Zeit ist wichtig, weil dadurch Freizeit nicht nur als negative Kategorie außerhalb der beruflichen Arbeitsverpflichtung in den Blick kommt, sondern in ihrem Zusammenhang für die Koordination individueller und kollektiver Bedürfnissen in und durch die Familie gesehen wird. In diese Richtung deutet auch, dass Freizeit die wichtigste Kontaktzeit für die Familie ist und deshalb auch – abhängig vom Alter der Kinder – ein Großteil der Freizeitaktivitäten an Werktagen wie an Wochenenden mit der ganzen Familie durchgeführt werden. An oberster Stelle dieser gemeinsamen Aktivitäten steht an Werktagen das Fernsehen, wichtig sind aber auch Sport und – außerhalb des Alltagsablaufs – vor allem der gemeinsame Urlaub.

Die intensivste gemeinsame Freizeitphase durchleben Familien heute, wenn die Kinder zwischen neun und zwölf Jahre alt sind.[612]

Freizeit ist ein Bereich, in dem die Familie entlastet von den Rollenzwängen der Arbeit und Schule individuelle Bedürfnisbefriedigung ermöglicht und zugleich die Einheit der Familie nach innen und vielfach auch nach außen darstellt. Speziell der gemeinsame Urlaub von Eltern und Kindern ist zu einem zentralen Symbol familialer Einheit geworden, unablässig festgehalten in Familienphotos, die gleichzeitig auch der Präsentation von »Statuskonsum« und »demonstrativem Müßiggang« als Mitteln sozialer Distinktion dienen. Freizeit und Urlaub sind eingebunden in die Gesetze der modernen Konsumgesellschaft, die die Befreiung der Individuen von den Zwängen des Alltags dialektisch unterläuft. Besonders für die Kinder ist dennoch die gemeinsam erlebte Zeit (die allerdings auch Anlass für Konflikte geben kann), die gemeinsamen Aktivitäten und der mit manchen Urlaubsformen verbundene Abenteueraspekt ein wichtiges Erlebnis, das über die Dokumentation in Fotoalben und auf Videofilmen als Erinnerung an vergangene familiale Gemeinsamkeit lange präsent bleibt.

e) Familie und Gesinde

Gesindedienst war im bäuerlichen Bereich nicht automatisch Zeichen eines niedrigen sozialer Status, sondern primär eine Durchgangsphase im Lebenszyklus (life-cycle-servants). Der Gesindedienst begann für die Kinder in der Regel zwischen dem 12. und 14. Lebensjahr und dauerte bis zur Hochzeit. Meist begann er in relativer Nähe zum Elternhaus und führte die Kinder erst allmählich über den dörflich-verwandtschaftlichen Bereich hinaus. Was der Beginn des bäuerlichen Gesindedienstes für die Kinder in der Frühen Neuzeit bedeutete, ist schwer auszumachen. Aus dem 19. Jahrhundert gibt es jedoch Schilderungen, die zeigen, dass die Übergabe der Kinder bei ihrem ersten Gesindedienst zumindest in manchen Gegenden einen gewissen formalisierten oder rituellen Rahmen besaß, mit dem das Kind in die Obhut des neuen Bauern bzw. als Mädchen auch der Bäuerin übergeben wurde, die nun die elterliche Verantwortung für das Kind übernahmen. Zu diesen Zeremonien gehörte eine Besichtigung des Hofes durch die Eltern und ein gemeinsames Essen.[613]

Über den Gesindedienst wurde in gewisser Weise auch eine Verbindung zwischen zwei Familien hergestellt.

Das ledige Gesinde war Teil der Familie. Das heißt, es teilte sich ursprünglich die Räume des Hauses mit der Bauernfamilie, nahm an den gemeinsamen Mahlzeiten und an allen Familienanlässen teil. Erst im Laufe des 18. Jahrhunderts ist in manchen Regionen und Schichten eine stärkere Differenzierung der Wohn- und Lebensbereiche der bäuerlichen Familie und ihres Gesindes zu beobachten. In Norddeutschland lässt sich dies deutlich an der architektonischen Binnendifferenzierung der großen Fachhallenhäuser verfolgen. Hier wurde durch den Einbau von Kammern und gesonderten Schlafplätzen die Bauernfamilie vom Gesinde zunehmend abgetrennt. Zuvor spielte sich das ganze Leben in einem großen Raum ab, in dem es lediglich eine Art Wärmehierarchie gab. Der Bauer und die Bäuerin konnten in diesen kalten und zugigen Häusern die Plätze in der nächsten Nähe zum Kamin beanspruchen. Dann kam das Gesinde seiner Bedeutung nach. Die Kinder waren ursprünglich in die Gesindehierarchie eingegliedert und rückten erst allmählich mit zunehmender Bedeutung der kernfamilialen Einheit neben die Eltern in die Nähe des Feuers.[614] Eine ähnliche Entwicklung der allmählichen Differenzierung zwischen Kernfamilie und Gesinde wurde auch an der Entwicklung der Tischgemeinschaft festgestellt. Eine symbolische Akzentuierung der kernfamilialen Einheit wurde nicht für nötig erachtet, die Tischordnung spiegelt vielmehr die bäuerliche Arbeitsordnung. Besonders auf Höfen mit viel Gesinde gab es eindeutige Rangordnungen, in die dann auch die arbeitenden Kinder des Bauern eingegliedert waren. Das heißt der Großknecht durfte ihnen Arbeitsanweisungen geben, durfte sie zurechtweisen und stand im Arbeitsprozess sozusagen zwischen ihnen und dem Bauern. Die Großknechte besaßen meist auch altersmäßig eine hervorgehobene Stellung. Sie waren in der Regel erheblich älter als das andere Gesinde. Das bedeutet, dass für diese Männer – und auch für die entsprechenden Mägde – die Dienstphase keine transitorische war, dass sie, aus welchen Gründen auch immer, aus dem Gesindestand eben nicht durch Heirat herauskommen konnten und sich so zwar zu erfahrenen Arbeitskräften entwickelten, die eine starke Stellung im bäuerlichen Haushalt besaßen, damit aber auch den Übergang vollzogen vom Gesindedienst als Lebensphase zum Gesindedienst als niederem sozialen Status.

Gesindedienst in bürgerlichen und adeligen Haushalten besaß – mit Ausnahme der Lehrlinge und Gesellen des Handwerks und der adeligen Diener bei Hofe – eher eine Konnotation des niedrigeren Status als auf dem Land. Detaillierte Untersuchungen zu der Kleinstadt Schwäbisch Hall gehen davon aus, dass im 17. Jahrhundert ein gutes Drittel der Frauen dieser Stadt für eine gewisse Zeit in einem fremden Haushalt gedient hatte. Sie kamen zu einem großen Teil aus sozial niedrigeren Schichten. In den französischen Städten Toulouse, Bordeaux und Paris kamen im 18. Jahrhundert etwa 90 % des männlichen und 95 % des weiblichen Gesindes aus ländlichen Gemeinden meist der näheren Umgebung. Der Großteil von ihnen stammte aus Familien von ländlichen Arbeitern, sonstigen Taglöhnern und Kleinhandwerkern.[615] In der Kleinstadt Schwäbisch Hall war der Eintritt in den Gesindedienst bei Frauen aus der oberen Mittel- und Oberschicht in aller Regel verbunden mit Familienkrisen, die die Übernahme einer solchen Tätigkeit erzwangen. Fast immer ging ihrem Dienstantritt der Tod eines Elternteils, meist des Vaters, voraus. Nur wenigen dieser Mägde gelang es, innerhalb ihrer ursprünglichen Herkunftsschicht zu heiraten.[616]

Auch in bürgerlichen und adligen Haushalten war das Gesinde in der Frühen Neuzeit zunächst in den Haushalt integriert, genoss in adeligen Haushalten sogar vielfach eine besondere Vertrauensstellung.[617] Spätestens im Laufe des 18. Jahrhunderts setzte jedoch in den Oberschichten eine deutliche Distanzierung ein, in stadtbürgerlichen Haushalten, zum Teil sogar schon früher. Dass jedoch schon immer ein klarer Unterschied zwischen Gesinde und inwohnender Verwandtschaft gemacht wurde, wird nicht zuletzt daran deutlich, dass nur das weibliche Gesinde häufig Objekt sexueller Ausbeutung durch den Dienstherrn werden konnte und vielfach auch wurde. Mägde stellten meist den größten Teil der Mütter mit illegitimen Kindern. In französischen Städten des 18. Jahrhunderts wurden zwischen 12 und 16 % der illegitim schwangeren Mädchen von ihren Meistern verführt, weitere 20 % von anderen Oberschichtsmännern. Diese hatten es zudem ganz deutlich auf jüngere Mädchen abgesehen. Beim (eher freiwilligen) unehelichen Geschlechtsverkehr mit männlichem Gesinde oder anderen Männern der Mittel- und Unterschichten waren die Frauen dagegen in der Regel bereits etwa 25 Jahre alt.[618]

Der Dienst in einem städtischen Haushalt stellte für viele Mädchen vom Land aber nicht nur wegen der ständigen Gefahr sexu-

Abb. 66: Berliner Dienstbotenunterkunft. Ein Zwischenboden im Badezimmer der Familie war die Schlafstätte und der einzige »Privatraum« einer Berliner Dienstbotin. Diese Form der Unterbringung war nicht die Regel, aber auch nicht selten. Dienstboten waren ein Luxus, den sich immer weniger bürgerliche Familien leisten konnten, der aber doch ein zentrales Statussymbol war. Man sparte daher an ihrer Unterbringung.

eller Belästigung eine wichtige Zäsur dar. Für die Situation der Dienstmädchen, die oft schon im Alter von 14 Jahren aus dem elterlichen Haushalt heraus in Stellung gingen, wurde immer mehr kennzeichnend, dass sie einerseits räumlich stark an den neuen Haushalt gebunden waren und diesen aufgrund ihrer geringen Freizeit kaum verlassen konnten, andererseits aber im 19. Jahrhundert immer weniger in das Familienleben der Dienstherrschaft integriert wurden. Die soziale Distanz zur Dienstherrschaft wurde im 19. Jahrhundert prägend für die Dienstmädchenexistenz, damit einher ging mangels anderer Kontaktmöglichkeiten vielfach eine soziale Vereinsamung. Umso schwerer war ihre oft diskriminierende Unterbringung zu ertragen. 44 %

der Berliner Dienstmädchen hatten um 1900 keinen eigenen Raum. Sie schliefen auf so genannten Hängeböden (eingezogenen Zwischendecken), im Bad, auf dem Korridor oder in einer Abstellkammer des herrschaftlichen Haushalts. Dies wurde noch verschärft durch die schlechte Bezahlung und die meist geringe Anerkennung ihrer Leistung. Viele Dienstmädchen bewältigten diese Situation nicht. Prostitution und Selbstmord waren die häufige Folge. Nach den Soldaten wiesen die Dienstmädchen im 19. Jahrhundert die höchste Selbstmordrate auf.[619]

f) Familienrituale

Essen und Tischrituale

»Es kennzeichnet die häuslichen Lebensgemeinschaften aller Kulturen und Epochen, daß sie den Alltag durch Mahlzeiten gliedern. Dadurch werden die dort stattfindenden Mahlzeiten wie kaum eine andere Einrichtung des menschlichen Zusammenlebens zu einer mit größter Regelmäßigkeit wiederkehrenden, somit erwartbaren Situation der Teilhabe und des Austauschs unter *Verschiedenen* (Männern und Frauen, Eltern und Kindern, Älteren und Jüngeren, Gleich- und Minderberechtigten, Höher- und Niedriggestellten usw.).«[620] Herausgenommen aus dem Bereich der Freizeit im engeren Sinne ist die Mahlzeit eine der zentralen Schnittstellen individueller Zeitbudgets im familialen Tageslauf und zugleich ein auf verschiedenen Ebenen hochgradig symbolischer Akt, der Einheit von Familie und Haushalt ebenso zum Ausdruck bringt wie innerfamiliale Hierarchien und Unterschiede.

Essen ist seit langem ein zentrales Feld ethnologischer Forschung, während der letzten Jahre ist es zunehmend auch zu einem Thema der europäischen Ethnologie (Volkskunde), der Soziologie und der Sozialgeschichte geworden. Die Historische Familienforschung hat sich dieses Themas jenseits der Frage der geschlechtsspezifischen Arbeitsteilung bei der Essenszubereitung bisher jedoch nur zögernd angenommen. Drei Dimensionen sind dabei für eine vergleichende Familiengeschichte besonders interessant:

1. Das Zubereiten von Mahlzeiten: Die Zubereitung von Mahlzeiten besitzt viele sehr grundsätzliche Aspekte des menschlichen Zusammenlebens und des Selbstverständnisses von Familien, Gesellschaften und Kulturen. Kochen und Braten sind nicht nur chemische Transformationen von ›Rohstoffen‹, sondern Teil eines komplexen kulturellen Regelwerks. Dieses beinhaltet nicht nur symbolträchtige Grundoperationen wie die Überführung von Rohem in Gekochtes, von Natur in Kultur, sondern übermittelt durch Auswahl und Kombination von Rohstoffen (z. B. akzeptable und nicht akzeptable Fleisch- und Gemüsesorten, Gewürze etc.) und Speisefolgen auch kultur- und schichtspezifische Bedeutungen. Dieses weite Feld der Bedeutung der Zubereitung von Mahlzeiten ist Gegenstand einer breiten anthropologischen und soziologischen Forschung, auf die hier nur summarisch verwiesen werden kann.[621]

Die Geschlechtsspezifik der Zubereitung von Mahlzeiten ist ein zentrales Thema vor allem feministischer Forschung zu Familie und Haushalt. Sie betont, dass durch die Zuweisung der Nahrungszubereitung zum Aufgabenbereich der Frauen deren untergeordnete Stellung symbolisch dargestellt und zugleich institutionalisiert wird. Der Essenszubereitung innerhalb der Familie haftet eine dienende Funktion an, der die Konsumption, der Verzehr der Mahlzeit, gewissermaßen als eine Form der Herrschaft übergordnet ist. Die Verzehrenden eignen sich das Resultat meist unbezahlter Arbeit an, fällen Urteile über Qualität und Quantität des Essens und produzieren durch ihren Verzehr nochmals neue Arbeit vom Abwasch bis zur Resteverwertung.[622] Es ist symptomatisch für diese Herrschaftsbeziehung zwischen Zubereitung und Verzehr von Nahrung, dass Ehekonflikte sich sehr häufig daran entzünden, dass eine Frau die Mahlzeit nicht fertig auf dem Tisch hat, wenn ihr Mann von der Arbeit nach Hause kommt. Besonders betrunkene Männer wecken oft spätnachts ihre Frauen und verlangen von ihnen, für sie zu kochen. Dies sind vor allem in gewalttätigen Ehebeziehungen häufig wiederkehrende Konfliktmuster, die sich in Ehekonfliktsschilderungen der Frühen Neuzeit bereits ebenso finden wie in solchen der Gegenwart.[623]

In Zusammenhang mit der geschlechtsspezifischen Arbeitsteilung wurde bereits darauf hingewiesen, dass in den europäischen Gesellschaften die Tendenz bestand und besteht, dass Männer weibliche Tätigkeiten dann übernehmen, wenn sie mit Geldeinnahmen, Prestige oder vom Haus entfernter Arbeit verbunden sind. Dies ist auch beim Kochen so. Kochen als Tätigkeit bei Hof oder in Restaurants ist ebenso Männersache wie heute berufstätige Männer der Oberschicht bei Einladungen für Gäste zu kochen pflegen, in der Regel jedoch nicht im familiären Alltag.[624] Selbst in Schweden, der europäichen Gesellschaft mit der schwächsten Geschlechterhierarchie bei Haushaltstätigkeiten, lag in Familien mit zwei Elternteilen die Planung der alltäglichen Mahlzeiten sowie das Einkaufen und Kochen auch im ausgehenden 20. Jahrhundert noch immer überwiegend bei der Frau oder bei beiden Partnern zusammen, aber sehr selten beim Mann allein. Nur bei einem Prozent der Familien fielen in Schweden Planung und Einkauf ganz dem Vater zu, bei 44 % übernahm die Mutter die Planung, bei 16 % auch den Einkauf allein. In fast 60 % der Familien wurde das tägliche Essen nur von der Mutter gekocht, lediglich bei der Frühstückszubereitung waren die Männer mit 13 % etwas aktiver beteiligt. Ganz eine Domäne der Männer ist dagegen überall das Grillen von Fleisch bei Partys und Familienausflügen. Allerdings sind diese Aufgabenverteilungen zum Teil abhängig von den Phasen des Familienzyklus und variieren schichtspezifisch sehr stark. Nach Untersuchungen zu Großbritannien steigt zu Beginn der Kinderphase und nach Rückkehr der Frauen in eine außerhäusliche Berufstätigkeit mit zunehmenden Alter der Kinder gewöhnlich auch der Anteil der Männer an der Hausarbeit. Am deutlichsten ist hier die geschlechtsspezifische Zuordnung der Haushaltstätigkeit zu den Frauen in der Arbeiterschicht.[625] In südeuropäischen Gesellschaften war und ist die Arbeitsteilung bei der Speisezubereitung durchweg noch stärker geschlechtsspezifisch geprägt als in Mittel- und Nordeuropa.[626]

Bei der genaueren Analyse des allgemeinen Musters der Zuordnung der Essenszubereitung zu dem Bereich der weiblichen Aufgaben kommen soziologische Untersuchungen allerdings zu zwei unterschiedlichen Bewertungen der Mikrostruktur dieses Tätigkeitsbereichs. Manche Untersuchungen betonen, dass hier keineswegs nur untergeordnete Tätigkeiten geleistet werden, sondern dass mit der Nahrungszubereitung auch eine Machtstellung verbunden ist. Frauen agieren in diesem Zusammenhang als »Wächterinnen« (gatekeeper), die den Zustrom der Lebensmittel in den Haushalt und die Form, wie diese auf den Tisch kommen, kontrollieren. Sie besitzen die Verfügungsgewalt darüber, was, wann und wie gegesssen wird. Diese Funktion konnten in herrschaftlichen Haushalten die Angestellten übernehmen: Das Einkaufen auf dem Markt, die Verhandlungen mit den Lebensmittellieferanten etc. galten aber auch dort als besonders verantwortungsvolle Tätigkeiten und waren innerhalb der Gesindehierarchie hoch angesiedelt.[627]

Allerdings wurde diesem Modell der Kontrollfunktion der Frauen entgegengehalten, dass es vor allem in modernen Mittel- und Unterschichtsfamilien letztlich der Geschmack der Männer sei, der entscheidet, was auf den Tisch kommt.[628] Die Zubereitung des Essens nach dem Geschmack der Männer, der wiederum durch familiale und regionale Traditionen[629] geprägt ist, schränkt die Entscheidungsfreiheit der Frauen stark ein. Bei der am Geschmack der Männer orientierten Auswahl des Menüs kommt die hohe symbolische Bedeutung des Kochens für die Beziehung zwischen Mann und Frau (»Liebe geht durch den Magen«) zum Ausdruck, allerdings hat sich in der Gegenwart eine stärkere Ausrichtung der Speisen an den Essenswünschen der Kinder etabliert. Seit der Einrichtung von Werkskantinen und Schnellrestaurants wird die Hauptmahlzeit von den ›Ernährern‹ während der Woche außerhalb der Familien eingenommen bzw. nicht von den Frauen zubereitet. Bis in die Zeit nach dem Ersten Weltkrieg hinein war es dagegen noch übliche, dass Frauen und Kinder den Vätern die zu Hause gekochte Mahlzeit in die Fabrik brachten.

Trotz der Einschränkungen durch Männervorlieben und Traditionen besitzen Frauen eine erhebliche Gestaltungsfreiheit bei der Essenszubereitung, bringen die Traditionen und Techniken der eigenen Herkunftsfamilie mit in die Speisezubereitung ein und setzten damit das Prinzips der Neolokalität und des »eigenen Herdes« in eine eigene familiale Esskultur um. Besonders in Gesellschaften oder Schichten, in denen die Anleitungen zum Kochen nicht verschriftlicht waren, sondern über die Erfahrung der Praxis von der Mutter an die Tochter weitergegeben wurden, verfügten die Frauen über ein Wissen und damit auch eine Macht, ihren Stil durchzusetzen. Auf den kochenden Frauen lastet heute allerdings auch die durch Ratgeberliteratur und Kochbücher verbreitete Verantwortung für die gesunde Ernährung der Kinder. Insofern stellt das Kochen heute auch ein ›Einfallstor‹ für die indirekten Kontrollmechanismen der Gesellschaft über das Innenleben der Familie dar.

Die Art und Weise zu kochen und die Mahlzeit einzunehmen, auch die Platzierung der Mahlzeit im Tageslauf und die Tischrituale sind wichtige Symbole eines von allen Familien ausgebildeten eigenen »Familienstils«. Dieser enthält zwar immer überindividuelle Elemente regional- und schichtspezifischer Besonderheiten, besitzt aber jeweils auch einen eigenen Charakter. Erinnerungen an die Küche der Herkunftsfamilie und die Mahlzeiten gehören – im positiven wie im negativen Sinne – zu den stark prägenden Sozialisationserfahrungen. Essen stellt durch den starken Familien- und Kindheitsbezug für das Individuum eine besonders starke Verankerung in der Vergangenheit dar, »serves as one of the links between historical time, individual time and household time.«[630]

2. Die Tischsitten: Die gemeinsame Mahlzeit an einem Tisch ist ein zentrales Symbol der Einheit und Zusammengehörigkeit von Familie und Haushalt. Die regelmäßige Teilnahme an wenigstens einer gemeinsamen Mahlzeit am Tag gilt als wichtiges Charakteristikum für die Zugehörigkeit zu einem Haushalt.[631] Gerade das gemeinsame Mahl ist jedoch ein sozial außerordentlich stark strukturiertes Ereignis mit vielen rituellen Elementen, in dem neben Zusammengehörigkeit auch soziale Hierarchien und Distanzen zum Ausdruck kommen, in dem Macht ausgeübt, Rivalitäten zwischen Geschwistern (auf und unter dem Tisch) oder Konflikte zwischen den Eltern ausgetragen und Kindern kulturelle Standards andressiert werden.

Die hohe Bedeutung der gemeinsamen Mahlzeit, ihr gewissermaßen sakraler Charakter, wurde in den europäischen Gesellschaften bis ins 20. Jahrhundert hinein von einem Großteil der Bevölkerung durch das gemeinsame Tischgebet zu Beginn und am Ende der Mahlzeit zum Ausdruck gebracht. Kirchliche Statistiken aus der Zeit des ausgehenden 19. und des beginnenden 20. Jahrhunderts zeigen, dass diese Tradition auch in den kirchenferneren Arbeiterfamilien noch lange beibehalten wurde. Das gemeinsame Mahl der christlichen Familie knüpft symbolisch immer auch an das große Vorbild des christlichen Abendmahls an.[632] Insofern ist gerade die religiöse Einrahmung des gemeinsamen Essens wichtiger Ausdruck des Selbstverständnisses als christliche Familie bzw. als christlicher Haushalt.[633] Zugleich zeigt sich auch beim Tischgebet der allgemeine Wandel, der die Repräsentation der religiösen Bindung der Familie im Laufe des 19. Jahrhunderts von einer Männer- zu einer Frauenaufgabe werden ließ. Immer mehr mussten die Mütter das Tischgebet sprechen, das heute allerdings mit der Säkularisierung der Gesellschaft und des Familienverständnisses in Europa fast vollständig verschwunden ist. Nach einer Untersuchung unter katholischen

Schülern der Bundesrepublik wurde am Ende der 1990er Jahre in gut 85 % der Haushalte kein Tischgebet mehr gesprochen.[634]

Wesentlicher Ausdruck der Hierarchie der Mahlzeit ist die Sitzordnung. In adeligen Haushalten wurde der Anordnung der Personen bei Tisch von den Zeremonienmeistern und zum Teil auch von den Herrschern selbst große Aufmerksamkeit geschenkt. Die Nähe zum Hausherrn war ein wichtiges Element der Rangordnung. Auch in bäuerlichen Haushaltungen mit Gesinde wurde in der Regel bei Tische eine der Stellung im Arbeitsprozess entsprechende Sitzordnung eingehalten. Bei bürgerlichen Familienfeiern der Gegenwart spiegelt die Sitzordnung ebenfalls die Beziehung zu den zentralen Personen wider. Selbst im Alltag moderner Kernfamilien ist die Anordnung bei Tisch nicht beliebig: Wer sitzt am nächsten zur Küche, wer am schmalen Ende des Tisches mit mehr Bewegungsfreiheit, wie ordnen sich Geschwister einander zu? Auch das Recht zu sitzen, war viel-

Abb. 67: Bäuerliche Mahlzeit (Niederlande, 17. Jahrhundert). Das Essen aus einer gemeinsamen Schüssel und das Stehen der Kinder bei Tisch waren in manchen Regionen in bäuerlichen Familien noch bis ins frühe 20. Jahrhundert verbreitet.

fach Ausdruck einer deutlichen Rangordnung beim Essen. Kinder, soweit sie an den Tisch der Erwachsenen zugelassen wurden, mussten in der Frühen Neuzeit oft stehen. Hier sind allerdings die regionalen Variationen groß, ebenso beim Stehen der Frauen. Sie bedienten in manchen Gegenden die Männer und setzten sich erst, wenn diese gegessen hatten.[635] Dies lässt sich auch in vielen außereuropäischen Gesellschaften beobachten. In ägyptischen Dörfern z. B. durften Mädchen bis zur Pubertät mit dem Vater und den männlichen Kindern am Tisch essen, danach mussten sie ihre Mahlzeit mit den Frauen nach dem Essen der Männer einnehmen.[636]

Ein wichtiger Veränderungsprozess bei den Mahlzeiten war die zunehmende soziale Trennung zwischen Herrschaft und Gesinde sowohl in den bürgerlichen Haushalten der Städte als auch auf den größeren Höfen auf dem Land. Bereits im 16. Jahrhundert lässt sich dieser Prozess in italienischen Städten verfolgen, spätestens im 17. Jahrhundert auch sonst bei den adligen Oberschichten. In der Folgezeit breitete sich diese Abschließung der Kernfamilie vom Gesinde bei den Mahlzeiten weiter aus, lediglich in kleinbäuerlichen Betrieben und im kleinen Handwerk wurde die Tischgemeinschaft zum Teil bis ins 20. Jahrhundert beibehalten. In vielen Berggegenden Österreichs war es zudem bis ins frühe 20. Jahrhundert hinein verbreitet, dass man nicht nur das Mahl miteinander einnahm, sondern auch gemeinsam aus einem Topf aß.

Allerdings bildete sich auch im bäuerlichen Bereich zunehmend eine Trennung zwischen Gesinde und Herrschaft durch die Einrichtung eines speziellen Gesindetisches heraus. Je reicher der Hof war, desto früher und stärker trat in der Regel eine solche Differenzierung ein. In einer auf die Salzburger Gegend bezogenen Quelle aus dem ausgehenden 18. Jahrhundert heißt es: »Der vermöglichere Bauer hält sich hier mit seiner Hausfrau und den zur Arbeit noch unfähigen Kindern meistens seinen eigenen Tisch und eine bessere Küche als die Dienstboten […] Bei kleineren Wirtschaften frühstückt und isst Bauer und Bäuerin mit dem Gesinde; bei größeren aber ist dies nicht der Fall.«[637] An diesem Bericht ist neben der zunehmenden räumlichen Trennung zwischen Bauer und Gesinde auch die qualitative Differenzierung des Essens interessant. Auf dem Tisch des Bauern gab es mehr oder auch besseres Fleisch. Traditionell wurde diese Unterscheidung der Quantität und der Qualität der Fleischportionen sonst zwischen den Geschlechtern gemacht. Es war wohl fast überall üblich, dass die Männer, also auch die Knechte, die besseren und größeren Fleischportionen erhielten. Außerdem ist an dem Salzburger Bericht von Interesse, dass dort nur die noch nicht arbeitsfähigen Kinder mit den Eltern am Tisch speisten, während die arbeitsfähigen in das Gesinde eingegliedert waren. Das sagt sowohl etwas über den Stand des Gesindes wie über den der Kinder aus. Die Kinder wurden primär in ihrer Funktion als Arbeitskräfte des Hofes gesehen. Eine symbolische Akzentuierung der kernfamilialen Einheit wurde nicht für nötig erachtet, vielmehr spiegelte die Tischordnung im Bauernhaus die Arbeitsordnung.

Abb. 68: Das Gemeinsame Mahl der großen Familiengruppe (Frankreich, 18. Jahrhundert). Das gemeinsame Mahl der großen Familiengruppe, die Rétif de la Bretonne in »La vie de mon père« beschreibt, ist auf dieser Illustration seines Werkes dargestellt. Das Portrait des Ahnen dominiert die Szene. Kinder essen stehend abseits vom großen Familientisch.

Die zunehmende soziale Trennung bei Tisch war in den Oberschichten begleitet von einer Verfeinerung der Tischsitten. Seit dem 17. Jahrhundert setzte sich an den höfischen Tafeln durch, dass jede Person ein eigenes Gedeck und ein eigenes Glas benutzte. Das Essen mit den Fingern wurde verpönt. Die Gabel war die wichtigste Innovation der europäischen Tischkultur, Reinlichkeit beim Essen nun oberstes Gebot. Eine Fülle von Benimmregeln bei Tisch wurden nun im Kontext der höfischen Gesellschaft entwickelt, die in der Folgezeit gewissermaßen als sinkendes Kulturgut ihren Siegeszug durch die europäischen Gesellschaften antraten. ›Richtig‹ zu essen wurde spätestens seit dem 18. Jahrhundert auch in bürgerlichen Kreisen zu einer der wichtigsten Kulturtechniken, die den Kindern bei Tisch möglichst frühzeitig antrainiert werden mussten und deshalb zum Gegenstand zahlloser Anstandsbücher und Elternratgeber wurden.[638] Die bürgerliche Disziplinierung der Kinder beim Essen war dann in den 1960er Jahren auch ein Angriffsziel der antiautoritären Bewegung. Neben der Unterdrückung kindlicher Sexualität wurde die ›Dressur‹ bei Tisch als Inbegriff sowohl von Klassenbewusstsein als auch von Trieb- und Bedürfnisunterdrückung abgelehnt und Kindern hier weit gehende Freiheiten (Essen mit den Händen, Aufstehen vom Tisch etc.) gelassen.

3. Die Tischgespräche: Zur gemeinsamen Mahlzeit gehört die Konversation. Eine Mahlzeit, bei der niemand spricht, ist unerträglich und in aller Regel Ausdruck einer Krise in der Familie. Allerdings ist auch das Reden bei Tisch bestimmten Regeln und Gattungszwängen des Gesprächs unterworfen, außerdem ist es Ausdruck von Hierarchien und Routinen. Beim Tischgespräch gab es zumindest in Nordwesteuropa bis gegen Ende des 19. Jahrhunderts eine sehr ausgeprägte Altershierarchie. In allen Schichten galt, dass Kinder bei Tisch nicht reden sollten, zumindest still zu sein hatten, wenn die Erwachsenen redeten. »Kinder bei Tische sind stumm wie die Fische«, hieß ein viel zitierter Merkvers. In autobiographischen Aufzeichnungen und lebensgeschichtlichen Interviews wird immer wieder auf die bis in die ersten Jahrzehnte des 20. Jahrhunderts hinein übliche Schweigepflicht der Kinder bei Tisch verwiesen.[639] Geredet haben allenfalls die Eltern und im ländlichen Haushalten auch das ältere Gesinde. Am Mittagstisch wurden im bäuerlichen Milieu die nächsten Arbeitsschritte für den Tag zwischen den Eltern abgesprochen und Arbeitsanweisungen gegeben, ansonsten gab man sich auch am

Mittagessen vielfach wortkarg. In bürgerlichen und adligen Haushalten dagegen war die Konversation bei der Mahlzeit eine wichtige Aufgabe. In Verhaltenslehren der Frühen Neuzeit wird der Konversation bei Tisch und bei anderen Gelegenheiten immer viel Aufmerksamkeit geschenkt.[640]

In heutigen Kernfamilien sind die hierarchischen Aspekte des Redeverhaltens bei den Mahlzeiten zwar nicht verschwunden, aber zumindest das Sprechverbot für Kinder ist einer im Prinzip umgekehrten Sprechaufforderung gewichen. Die Frage nach dem Schultag, den Klassenarbeiten und Noten sind in den meisten Familien wiederkehrende Themen der Konversation während der Mahlzeit. In soziologischen Untersuchungen zum Gesprächsverhalten in modernen Familien wurde auf den repetitiven Charakter gerade auch der Tischgespräche verwiesen. Familien haben ein eingeschränktes Themenreservoir, und es wird auf die gleiche Art und Weise immer wieder über die gleichen Dinge geredet.[641] In der Familiensoziologie wird das Verhalten von Familien bei Mahlzeiten daher auch nach den dominanten Gesprächsstoffen klassifiziert. Es gibt z. B. Familien, in denen vor allem über nicht anwesende Personen bzw. Personen außerhalb der eigenen Familie verhandelt wird, und solche, in denen Erlebnisse und Meinungen der anwesenden Mitglieder im Vordergrund stehen. Daneben gibt es weiterhin Familien, in denen bei Tisch sehr wenig gesprochen wird, und schließlich solche, in denen die Mahlzeiten ganz von der häuslichen ›Kriegsführung‹ bestimmt sind und ein Großteil gerade der Tischunterhaltungen aus Streitereien besteht.[642]

Mahlzeiten sind also nicht nur Ausdruck familialer Einheit, sondern in krisenanfälligen Familien auch Kristallationspunkte für Konflikte. Häufig wird die Kritik am Essen selbst Medium der Konfliktaustragung, fungiert gewissermaßen als verschlüsselte Botschaft für eine weiterreichende Unzufriedenheit des Mannes in der Ehe. Dies findet sich auch schon in frühneuzeitlichen Ehekonflikten.[643] Allerdings bleibt die Kritik in der Regel ein Privileg der Männer, die ein Nörgeln der Kinder an der Qualität der Mahlzeit nicht tolerieren. Unter Gesellen und Knechten bzw. Mägden war jedoch die Kritik am Essen der Hausherrin, das Zurückweisen der Nahrung oder auch die Verrufung eines Haushalts wegen seiner notorisch schlechten Küche ein traditionelles und weit verbreitetes Protestmittel. Im kernfamilialen Bereich hat die Kindzentrierung der modernen Familie und die generelle

Entformalisierung der Mahlzeiten auch hier Veränderungen gebracht. Kinder können Kritik äußern und tun dies auch häufig, ohne dass damit allerdings unbedingt eine ›Beziehungskrise‹ angedeutet wird.

Neben der Kritik am Essen kommen durch den Kommunikationszwang beim gemeinsamen Mahl in modernen Kernfamilien Konflikte auch direkt zur Austragung. Schulleistungen der Kinder, Ordnung und Mithilfe, Freizeitgestaltung sind heute häufige Streitthemen. Kinder meiden dann oft gemeinsame Mahlzeiten, und in der Erinnerung konzentriert sich gerade in den Tischszenen alles das, was man an seiner Familie als bedrückend und einengend empfand.[644] Soziologische Untersuchungen zeigen allerdings, dass die einzelnen Familien sehr unterschiedliche Stile entwickeln, mit diesen Konflikten bei Tisch umzugehen. Manche verfügen über sehr kreative Formen des Konfliktmanagments und wenden die Tischgespräche dadurch in eine eher einheitsstiftende Interaktion; andere Familien sind der Eigendynamik der Gespräche bei Tisch relativ hilflos ausgesetzt.

Der Zusammenbruch von Kommunikation wird häufig durch den Ausschluss aus der Tischgemeinschaft symbolisiert. Dies kann einerseits Personen innerhalb des Haushalts betreffen. Kinder werden als Strafe ohne Essen ins Bett geschickt oder an einen besonderen Tisch verbannt. Aus der Alltagserfahrung ist auch die Verbindung zwischen Teilnahme an der gemeinsamen Mahlzeit und dem Anspruch vor allem der Väter auf Gehorsam der älteren Kinder bekannt, der in Sentenzen wie »So lange Du an meinem Tisch isst …« ausgedrückt wird. Der Ausschluss von der Tischgemeinschaft kann aber andererseits auch ganze Gruppen betreffen wie dies z. B. in den mittelalterlichen Verboten der Tischgemeinschaft von Christen mit Juden zum Ausdruck kam. Ähnliche Mechanismen greifen schließlich auch bei Familienfeiern und Festmahlzeiten. Die soziale Arithmetik der Einladung von Verwandten und Freunden zu Feiern bringt deutlich Nähe und Distanz zum Ausdruck und das Bedürfnis nach Aufrechterhaltung von Kommunikation auch über die Feier hinaus zum Ausdruck. Entfernteren Verwandten signalisiert man durch Nicht-Einladen, dass man die Verbindung zu ihnen für nicht besonders relevant erachtet. Familienmahlzeiten sind also ein vielfältiges Zeichen und Kommunikationssystem; es kommt bei ihnen weitaus mehr auf den Tisch als nur das einfache Essen.

Familienfeste

Begreift man – wie die moderne Familienforschung dies tut – Familien als »time budgeting association«, als Institutionen, die kollektive Familienziele, individuelle Lebensläufe und sich verändernder Ressourcen zu synchronisieren versucht,[645] dann kommt der Frage der Ausgestaltung von lebensgeschichtlichen Übergängen durch die Familie eine ganz besondere Bedeutung zu: Taufe, Hochzeit und Beerdigung sind zentrale Ereignisse nicht nur im Leben des Individuums, sondern auch des größeren Familienverbandes. Zu diesen Gelegenheiten findet sich deshalb auch heute noch in aller Regel die Verwandtschaft jenseits der Kernfamilie zusammen. Die Teilnahme an Taufen und Hochzeiten und am Abschied von den Toten oder – in katholischen Regionen – auch am Totengedenken in Seelenmessen gehört quer durch alle sozialen Schichten zu den selbstverständlichen Pflichten verwandtschaftlicher Solidarität. Zugleich sind dies allerdings Feste, die – mit Ausnahme des Adels – auch die Einbettung einer Familie in eine kirchliche bzw. weltliche Gemeinde, vor deren Öffentlichkeit die entscheidenden Rituale vollzogen werden, zum Ausdruck bringen. Im ländlichen Bereich wird diese Verbundenheit der Familie mit der Gemeinde bei solchen Familienfesten vielfach bis heute durch Austeilen von Kuchen oder sonstigen Speisen in der näheren oder weiteren Nachbarschaft – also durch das symbolische Teilen von Nahrung – zum Ausdruck gebracht. Vielfach war es zumindest in den dörflichen Oberschichten bis ins 20. Jahrhundert üblich, die gesamte Gemeinde zu Hochzeitsfesten einzuladen, vor allem in ländlichen Gegenden Südeuropas ist dies zum Teil bis heute der Brauch.[646]

Aus der Perspektive der Kern- und Verwandtschaftsfamilie ist an diesen Ereignissen und Festen wichtig, dass die Passagen im individuellen Lebenslauf immer auch Übergänge in der Struktur und und Funktion einer Familie bedeuten.[647] Dass diese Zäsuren auch in modernen Kernfamilien im Kreis der weiteren Verwandtschaftsfamilie gefeiert oder zumindestens wahrgenommen werden und einen Brief, einen Telefonanruf oder ein Geschenk erfordern, zeigt ein weiteres Mal, dass die Kernfamilie trotz der in Westeuropa insgesamt niedrigen wirtschaftlichen Solidaritätsfunktion der Familie als in einen größeren familialen Verwandtschaftszusammenhang eingebunden gedacht wird. Dieses Denken in Verwandtschaftszusammenhängen ist sicher schichtspezifisch unterschiedlich stark ausgeprägt oder findet zumindest ver-

Paul Wolfgang Merkel und seine Familie
gemalt 1794 von C. Ludwig
(das Zimmer ist Phantasie).

1	Paul Wolfgang Merkel	1756–1820	
2	Katharina Susanna von Schückher geb. Merkel	1747–1808	Schwester
3	Johann Christoph von Schückher	–1816	Schwager
4	August Martin Kießling	–1819	Schwager
5	Maria Elisab. Kießling geb. Merkel	1750–1797	Schwester
6	Marg. Dorothea Bepler geb. Spieß	1740–1824	Stief-Schwieger-mutter
7	Marg. Elisabeth Merkel geb. Bepler	1765–1831	Ehefrau
8	Georg Nikolaus Merkel	1760–1824	Bruder
9	Johannes Bepler	1719–1804	Schwiegervater
10	Paul Merkel	1787–1862	Sohn
11	Katharina Merkel (∞ Friedr. Roth)	1792–1842	Tochter
12	Johann Merkel	1785–1838	Sohn
13	Heinrich Merkel	1790–1843	Sohn
14	Friedrich Merkel (nachtr. gemalt)	1794–1795	Sohn
a	Maria Hedwig Kießling geb. Merkel (∞ Tobias Kießling 1742–1824)	1752–1789	Schwester
b	Maria Magdalena Merkel geb. Merz	1724–1783	Mutter
c	Caspar Gottlieb Merkel	1715–1783	Vater
d	Eibert Heinrich Merkel	1758–1787	Bruder
e	Susanne Merkel	1788–1789	Tochter

Abb. 69: Paul Wolfgang Merkel und seine Familie (C. Ludwig, 1794). Eine bürgerliche Verwandtschaft, die sich mitsamt der Ahnenbilder in bürgerlichem Ambiente porträtieren läßt und so ihre Einheit darstellt. Derartige Familienporträts waren in bürgerlichen Kreisen des ausgehenden 18. Jahrhunderts in Deutschland sehr beliebt.

schiedene Ausdrucksformen. In bürgerlichen Kreisen entwickelten sich im 19. Jahrhundert Familienvereine mit eigener Satzung, die Familientage organisierten, eigene Nachrichtenblätter und Familienbücher herausgaben oder auch Familienarchive führten. Kern solcher Familienvereine sind teilweise die sehr viel weiter zurückreichenden Familienstiftungen, in denen über Vermächtnisse ein Kapital angelegt wurde zur Unterstützung Not leidender Familienangehöriger und besonders zur Unterstützung von Studierenden in Form von Stipendien. In Deutschland wurde der Großteil der Vermögen solcher Familienstiftungen durch Inflationen und Währungsreformen im 20. Jahrhundert vernichtet, manche existieren jedoch bis heute. Im ländlichen Bereich sind Familienvereine und Familientage eher selten, aber zumindest im 20. Jahrhundert auch nachweisbar. Meist wurden sie von Mitgliedern initiiert, die geographische und soziale Mobilität aus dem Dorf heraus und in stadtbürgerliche Schichten geführt hat. Ein wichtiger Bestandteil solcher Familientreffen ist heute das Familienfoto, eine Großgruppenaufnahme zum Beleg und zur Demonstration generationsübergreifender Zusammengehörigkeit. Vor der Demokratisierung dieser Erinnerungsform durch die Fotographie war die Visualisierung der Einheit ein Privileg der Oberschichten. Auch bürgerliche Kreise ließen nicht nur die Kernfamilie porträtieren, sondern vielfach auch größere Verwandtschaftsgruppen bei besonderen Anlässen oder zierten ihre Wohnstuben zumindest additiv mit Ahnenporträts nach dem Vorbild adliger Häuser.

Neben den Festen zu den großen Zäsuren im Lebenslauf sind auch die wiederkehrenden Geburts- oder Namenstage und die großen kirchlichen Feste an Ostern und Weihnachten Kristallationspunkte für die symbolische Demonstration der Zusammengehörigkeit. Lässt man deren religiöse Dimension einmal beiseite, dann stehen im Zentrum dieser Feste das gegenseitige Schenken und wiederum die gemeinsamen Mahlzeiten. Die Volkskunde hat sich sehr ausführlich mit den Weihnachts- und Osterbräuchen beschäftigt und z. B. gezeigt, wie sich erst im Laufe der Neuzeit der Schenktermin vom Nikolausfest auf die Weihnachtstage verschob und sich dabei regional unterschiedlich im 19. Jahrhundert der Weihnachtsmann bzw. das Christkind als Gabenbringer etablierten.[648] Das Schenken konzentrierte sich zunächst auf die Kinder. Soziologisch bedeutsam an den Formen des indirekten Schenkens der Eltern über die Gabenbringer ist, dass dadurch der sonst mit dem Schenken grundsätzlich verbundene Charakter der Reziprozität durchbrochen wird. Die Geschenke kommen nicht von einer Person, die man vielleicht selbst zuvor beschenkt und auf deren Geschenke man nun ein Anrecht hat, sondern vom ›Himmel‹. Dieses Geben von Außen mag eine symbolische Verbindung zum Geschenk der Gnade Gottes gehabt haben, es machte es den Eltern aber auch einfacher, reichlich zu schenken. Die Volkskunde sieht deshalb einen sehr engen Zusammenhang zwischen der Ausbreitung von Christkind und Weihnachtsmann und der enormen Expansion der Spielzeug- und Süßwarenindustrie im 19. Jahrhundert infolge bürgerlicher Schenkgewohnheiten. Damit einher ging zudem die Ausbreitung des Weihnachtsbaumes in Europa und die damit verbundene Ästhetisiserung oder Verkitschung des Weihnachtsfestes.

Inzwischen ist die Verlagerung des weihnachtlichen Schenkens auf eine Mittlerfigur einem normalen, fast geschäftsmäßigen direkten ›Warentausch‹ gewichen, der allerdings über seine Rezi-

Abb. 70: Kinderstube um 1825 (Johann Michael Volz). In bürgerlichen Häusern hatten Kinder seit dem ausgehenden 18. Jahrhundert zunehmend eigene Kinder- und Spielzimmer, die nun eine bis dahin ungekannte Fülle von Spielzeug beherbergten.

prozität durchaus noch symbolische Bedeutung für soziale Nähe besitzt; an Weihnachten besteht in den meisten Familien gewissermaßen ein Schenkzwang, der von der Warenwerbung entsprechend genutzt wird. Außerdem gibt es an Weihnachten einen sehr starken Zwang zu gegenseitigen Besuchen innerhalb der Verwandtschaft. In empirischen Untersuchungen zu Weihnachtsritualen in Bremen, Köln, Helsinki und Dublin wurde herausgearbeitet, dass es gerade in den stärker modernisierten Metropolen während der Weihnachtsfeiertage zu einer intensiveren Besuchstätigkeit innerhalb der Verwandtschaft kommt, während in den weniger stark differenzierten Gesellschaften die Besuche innerhalb der Verwandtschaft über das Jahr regelmäßiger stattfinden. Daraus wurde von Soziologen die Vermutung abgeleitet, dass Rituale in modernen Gesellschaften eine größere Funktionalität für Verwandtschaftssysteme besitzen und daher auch differenzierter sind und einen höheren Pflichtcharakter haben. In Bremen war die Zahl der von den untersuchten Familien angegebenen jedes Jahr wiederkehrenden und für die Familienglieder mit Pflichtcharakter versehenen Elemente des Weihnachtsfestes wesentlich höher als in Dublin, in Helsinki allerdings fast so hoch wie in Köln. Das deutet auch auf konfessionelle Unterschiede hin. Für Familien in den protestantischen Städten (Bremen, Helsinki) sind die Weihnachtsrituale insgesamt verpflichtender als für die in den katholischen (Köln, Dublin).[649]

Das gegenseitige Schenken ist mit einer Erwartung an Harmonie verbunden, die, ähnlich wie bei den alltäglichen Mahlzeiten, oft nicht erfüllt wird und dann zu entsprechenden Familienkrisen führt. Redewendungen des ›Volksmundes‹ wie »Fest der Liebe, Fest der Hiebe« oder »Einmal kriegen wir noch Krach, heissa dann ist Weihnachtstag« fassen die emotionale Ambivalenz, mit der diese zentrale Familienfeier für viele Personen verbunden ist, prägnant zusammen. Viele Familien besonders mit heranwachsenden Kindern versuchen dieser Situation inzwischen zu entgehen und verbringen Weihnachten an einem Urlaubsort.[650] Auf der anderen Seite stellen die Familienfeste, für die hier paradigmatisch das Weihnachtsfest herangezogen wurde, vielfach prägende Erinnerungen an die Kindheit dar, verbunden mit positiven Erinnerungen an Gerüche, Mahlzeiten und bestimmte Riten, die tradiert werden und damit auch ein Element der Familienkontinuität bilden.

Kirchgang und Spaziergang

Kernfamilien sind nicht nur in größere Verwandtschaftszusammenhänge eingebunden, sondern auch in Nachbarschaften, Gemeinden und andere Sozialformen. Es gibt verschiedene Formen, die soziale Stellung der Familie in der Gemeinde zum Ausdruck zu bringen. Auf dem Land wie in der Stadt war der Kirchgang eine Gelegenheit, bei der sich die Familie bzw. der Haushalt in der Öffentlichkeit präsentierte. In der Frühen Neuzeit war der Hausvater in beiden christlichen Konfessionen dafür verantwortlich, dass sein Haus ein christliches Haus war. Er hatte deshalb auch darauf zu achten, dass Familie und Gesinde regelmäßig die Kirche besuchten. Der Gang der Familie in ihrer Festtagskeidung durch das Dorf oder durch die Stadt zur Kirche war eine öffentliche Präsentation von sozialem Status, von Größe und Disziplin des Haushalts. Welche Bedeutung diese öffentliche Präsentation von Wohlstand durch Kleidung in der Frühen Neuzeit besaß, lässt sich auch an den vielfachen obrigkeitlichen Versuchen zur Regulierung des Kleiderluxus an Sonn- und Feiertagen durch ständische Kleiderordnungen belegen.[651] Der Gang der Familie zur Kirche besaß zudem eine repetitive Ordnung: Die Männer gingen vorneweg, Frauen und Kinder folgten; oder das Hauselternpaar führte den Zug an, und Kinder und Gesinde kamen hintendrein. Hier bildeten sich familiale Gewohnheiten aus, vielfach gab es auch regional verbreitete Sitten. Heute ist der gemeinsame Kirchgang weitgehend verschwunden; es sind überwiegend Frauen, die die Familie noch in der Kirche repräsentieren, der öffentliche Kirch-Gang ist der Anfahrt mit dem Auto gewichen.

Soziologisch aufschlussreich ist auch die Sitzordnung in der Kirche. Im Laufe der Frühen Neuzeit hat sich in den Kirchen die Aufstellung von Kirchenstühlen durchgesetzt. Besonders die protestantischen Kirchen, in deren Gottesdienst das Hören der Predigt im Zentrum stand, statteten ihre Gotteshäuser rasch mit Bänken – oder auch etwas vornehmeren Sitzmöglichkeiten – aus. Zum Teil gab es bis in das 19. oder 20. Jahrhundert hinein Kirchen, in denen nicht nur adelige Familien, die in ihren Schlosskirchen spezielle Logen einrichteten, sondern auch bürgerliche Haushalte über besonders abgegrenzte Sitzbezirke verfügten. Die Regel war allerdings, dass Familien sich Sitzplätze in den Bankreihen erwarben, die von den Kirchen auf bestimmte Zeit oder auch auf Lebenszeit verkauft wurden. Hier war die Nähe zum Altar meist Zeichen eines gehobenen sozialen Rangs. Besonders in protestantischen, aber auch in orthodoxen Kirchen war es außerdem üblich, dass die Sitzverteilung im Kirchenraum geschlechts- und altersspezifisch gegliedert war. Dann endete die beim Gang zur Kirche demonstrierte Einheit des Haushalts an der Kirchentür, saßen die verheirateten Männer und die verheirateten Frauen jeweils in einem Kirchenschiff – die Männer rechts, die Frauen links – zusammen, wobei der soziale Rang bei den Frauen dem der Männer folgte, sie also in der gleichen Reihenfolge der Familien saßen. Die ledigen Männer bekamen ihre Sitze oft auf der Empore zugewiesen. Auch die ledigen Mädchen und die Mütter mit unehelichen Kindern hatten in den Kirchen in aller Regel ihre festen Plätze.[652]

War besonders im Erbfall das Anrecht auf einen Kirchenstuhl unklar, gab es vielfach Streit um die ›besseren Plätze‹ – bis hin zu Schlägereien vor allem zwischen Frauen. Die Kirchen haben deshalb im Laufe des 19. Jahrhunderts die feste Vergabe von Kirchenstühlen meist abgeschafft. Auf dem Land hat sich jedoch zumindest die Sitte der geschlechs- und altersspezifischen Trennung vielerorts bis ins 20. Jahrhundert gehalten. Heute geht der Trend deutlich dahin, dass zumindest die Ehepaare, meist jedoch die gesamte Familie in der Kirche nebeneinander sitzen. Daran wird vor allem für den ländlichen Bereich deutlich, dass die starken geschlechtsspezifischen Differenzierungen, die für die dörfliche Öffentlichkeit charakteristisch waren (männlicher Stammtisch, weibliche Lichtstube etc.), ihre Prägekraft eingebüßt haben. Die öffentliche Repräsentation der Zusammengehörigkeit der Partner ist bedeutsamer geworden als das Sich-Einfügen in das Schema der sozialen Differenzierung traditionaler Gesellschaften.

Wie der Gang zur Kirche ist besonders in den stadtbürgerlichen Kreisen auch der sonntägliche oder abendliche Spaziergang eine Gelegenheit zur Präsentation der Familie (und vor allem ihrer heiratsfähigen Töchter) in der Öffentlichkeit.[653] Das Wachstum der Städte im 19. Jahrhundert, das meist mit dem Schleifen der mittelalterlichen Befestigungsanlagen und der Einrichtung erster Grüngürtel verbunden war, schuf innenstadtnahe Spazierwege, die man zur Promenade nutzte. Die Muße zum Spaziergang signalisierte zum einen sozialen Status – besonders an Werktagen; zum anderen bot sie die Möglichkeit zum ›zufälligen‹ Treffen, zur freundlichen oder weniger freundlichen Begrüßung, der ungezwungenen, jederzeit beendbaren Kommunikation – und zur Be-

Abb. 71: Bürgerliche Spaziergänger in Stuttgart (Schnorr, der Bopserbrunnen, 1840). Paare, Familien, auch einzelne Männer flanieren. Junge Damen können sich zumindest als ›Duo‹ selbständig in der Öffentlichkeit bewegen, nur weibliche Dienstboten laufen auch alleine. Jungen Männern bietet sich hier die Möglichkeit zur Brautschau.

obachtung. Auch Gruppen von Frauen konnten sich gemeinsam und ohne männliche Begleitung so in der Öffentlichkeit zur Muße bewegen, was sie in den Innenstädten vor der Einrichtung von Kaufhäusern mit Schaufenstern nicht ohne weiteres hätten tun können. Der Spaziergang bot daher auch Frauen gewisse Freiräume und den wohl behüteten Töchtern bürgerlicher Häuser die Möglichkeit, sich zu zeigen und unter der Aufsicht ihrer Mütter mögliche Freier zu mustern.

Wie beim Kirchgang entwickelte sich auch beim Spaziergang eine Hierarchie des Haushalts. Die Kindermädchen und das Gesinde gingen, soweit sie mit ausgeführt wurden, hinter der Herrschaft. Der Historiker Karl Friedrich von Klöden bekam das in seiner Kindheit als Lehrjunge im Haus seines Onkels deutlich zu spüren. Seine Kusine sagte ihm, als er während des Spaziergangs neben seinem Onkel ging, auf Eingeben der Großmutter: »‹Du mußt nicht mit uns in einer Reihe gehen, der Borsche gehört hintenhin!‹ Ich tat als hätte ich es nicht gehört; aber ich wußte sehr wohl, wer der Souffleur dieser Worte gewesen war. Daß dies meine Lust, die Familie zu begleiten, nicht vermehrte, war natürlich.«[654] Die Großmutter vermittelte in diesem Fall auch im bürgerlichen Spaziergang noch »das Ständedenken des 18. Jahrhunderts mit einem Vorne und Hinten als sozialer Gehordnung«.[655]

Bot der Kirchenraum eine statische Soziologie der Gemeinde, so zeigte der Spaziergang die bürgerliche Gesellschaft in Bewegung – im körperlichen wie im übertragenen Sinn sich anbahnender Begegnungen und Koalitionen, Strategien der Annäherung und Vermeidung. Der Flâneur, der sich in der Stadt bewegende Beobachter, der professionelle Müßiggänger, registrierte dies genau. Er wurde nicht umsonst zu einer zentralen Figur der bürgerlichen Literatur des 19. und frühen 20. Jahrhunderts.[656]

g) Waisenkinder

Demographie der Verwaisung

Die Historische Demographie hat sich in den letzten Jahren zwar sehr ausführlich mit der Kindersterblichkeit beschäftigt, aber nur wenig mit der Elternsterblichkeit und der damit verbundenen Frage der Verwaisung. Es gibt jedoch ausreichend Anhaltspunkte, um die Dimensionen des Problems deutlich werden zu lassen: In der Stadt Trier haben in der Zeit zwischen 1730 und 1860 nur etwa die Hälfte der Eltern die Hochzeit ihrer Kinder erlebt, wobei die Zahlen für das 18. Jahrhundert vor allem in der Unterschicht deutlich über der 50 % Marke lagen. Zumindest während der Jugendzeit verlor im 18. Jahrhundert noch die Hälfte aller Geborenen in Trier ein oder gar beide Elternteile.[657] In den 1650er und 1660er Jahren waren z. B. in der Pfarrei von St. Mary‹s in Manchester zwischen 50 und 60 % aller Bräute ohne Vater.[658] Verschiedene Untersuchungen haben außerdem gezeigt, dass in der Altersgruppe der 20–40-jährigen die Sterblichkeit der Frauen generell höher war als die der Männer. Dieser allgemeine Befund wurde durch den häufigen Tod von Frauen im Kindsbett noch verschärft.[659] In der Kleinstadt Radolfzell am Bodensee lag in der letzten Hälfte des 18. Jahrhunderts die Sterblichkeit der Jungen und Männer bis zum 30. Lebensjahr wesentlich über derjenigen der Mädchen und Frauen, bei den 30 bis 70-jährigen dagegen lag die Sterblichkeitsquote der Frauen um etwa ein Drittel über der der Männer. Die Bedrohung der Gesundheit der Frauen durch die Risiken der Geburt bzw. die Folgen der häufigen Schwangerschaften waren erheblich. Nach Untersuchungen Imhofs in verschiedenen deutschen Orten starben zwischen 4 % und 10 % der verheirateten Frauen im Kindsbett.[660] Rechnet man in seiner Untersuchung die gesamten Sterblichkeitszahlen verheirateter Männer und Frauen vor Erreichen des 55. Lebensjahres (also einem Zeitpunkt, zu dem man noch mit einiger Sicherheit die Anwesenheit unverheirateter und unversorgter Kinder in der Familie vermuten kann) zusammen, so ergibt sich, dass auch im 19. Jahrhundert noch mindestens ein Drittel der Ehen durch den frühzeitigen Tod wenigstens eines Elternteils beendet wurden. Die Kinder aus jeder dritten Ehe mussten sich früher oder später also mit dem Problem der teilweisen Verwaisung auseinander setzen. Dass ein Kind wenigstens ein Elternteil – meistens die Mutter – vor der Hochzeit verlor, war in den Unterschichten wesentlich wahrscheinlicher als in den Oberschichten, jüngere Kinder traf dies naturgemäß früher als ihre älteren Geschwister.

Die detaillierteste demographische Untersuchung zur Geschichte der Verwaisung liegt zu England vor. Peter Laslett analysierte Einwohnerlisten des Dorfes Clayworth bei Nottingham in Mittelengland.[661] Auch daraus geht hervor, dass im 17. Jahrhundert ein Drittel aller im Ort wohnenden unverheirateten Kinder Waisen oder Halbwaisen waren. Überraschend an diesem englischen Beispiel ist jedoch, dass es hier mehr Halbwaisen ohne Vater als ohne Mutter gegeben haben soll. Nach den Sterblichkeitsstatistiken Imhofs zu deutschen Gemeinden müsste man das Gegenteil erwarten. Dieser Befund aus Clayworth wiederholt sich in einer Durchschnitssberechnung anhand von 19 Stichproben aus verschiedenen Ortschaften Englands zwischen 1599 und 1811. Auch nach diesen Zahlen lebten mehr als die Hälfte aller Waisen mit einer verwitwten Mutter, und weitere 12 % mit ihrer Mutter und einem Stiefvater. Laslett zieht daher den Schluss, dass es entgegen der Dominanz der Stiefmutter in den Märchen (Stiefväter spielen hier kaum eine Rolle) in der frühen Neuzeit sehr viel wahrscheinlicher war, den Vater zu verlieren, als die Mutter.

Es scheint allerdings unwahrscheinlich, dass es im Gegensatz zur höheren Frauensterblichkeit, die in Deutschland bis ins frühe 20. Jahrhundert in den relevanten Altersgruppen ganz zweifelsfrei vorherrschte, in England eine höhere Männersterblichkeit gegeben haben soll. Die Ursachen der häufigeren Koresidenz von Halbwaisen mit ihren verwitweten Müttern müssen m. E. andere gewesen sein als eine höhere Sterblichkeit der Väter. Darauf weisen auch französische Untersuchungen hin, nach denen die Zahl der vaterlosen Halbwaisen in der Frühen Neuzeit nur unerheblich über der der mutterlosen lag.[662] Vermutlich führte der Tod der Mutter eher dazu, dass größere Kinder das Haus verließen. Denn die Väter heirateten (wie bei Aschenputtel) in der Regel rasch eine neue Frau. Die Stiefmutterkonstellation war spannungsreich und Ursache eines großen Teils der innerfamilialen Konflikte. So ist es wahrscheinlich, dass die Kinder, wenn sie es konnten, ihre Familie verließen und in andere Häuser in Dienst bzw. auf Wanderschaft gingen. Bei Witwen war die Wiederverheiratungsquote dagegen sehr viel niedriger. Sie konnten nach dem Tod des Ehepartners eher selbständig einen Haushalt führen als die Männer, waren dabei allerdings für den landwirtschaftlichen Bereich stärker auf die Mithilfe älterer Kinder, vor allem der Söhne, angewiesen. Es ist auch möglich, dass die Kinder von Witwern, da die Väter sie nicht versorgen konnten, eher Aufnahme in Waisenhäusern fanden.

Überraschend scheint an dem englischen Beispiel auch die außerordentlich geringe Zahl von Vollwaisen. In Clayworth lebten nach den Einwohnerlisten von 1676 und 1688 gar keine Vollwaisen, in dem Sample von 19 verschiedenen Dörfern waren von insgesamt 1383 Waisen lediglich 46 Vollwaisen. In der Stadt Lichfield, die 1697 fast 3000 Einwohner hatte, soll es lediglich 5 Vollwaisen gegeben haben.[663] Auch hier werden die wirklichen Zahlen vermutlich höher gewesen sein, da viele Vollwaisen in Waisenhäusern oder auch bei Verwandten in anderen Orten untergebracht wurden oder in Dienst gingen. In der kleinen badischen Residenzstadt Karlsruhe waren zum Vergleich am Ende der 1760er Jahre bei einer Gesamtpopulation von etwa 4500 Einwohnern 40 Waisen in Pflege gegeben worden.[664] Dennoch kann man davon ausgehen, dass die Zahl der Vollwaisen auch in der Frühen Neuzeit nicht so hoch war, wie man vielleicht annehmen möchte.[665] Verwaisung bedeutete auch in jener Zeit vor allem den Verlust eines Elternteils. Hier wurden allerdings quantitative Dimensionen erreicht, wie sie erst wieder für die Kinder unserer Gesellschaft durch den sprunghaften Anstieg der Scheidungsraten während der letzten zwei Jahrzehnte Wirklichkeit wurden.

Rechtsgeschichte der Waisenkinder

Obwohl das Schicksal, beide Elternteile zu verlieren, auch in der frühen Neuzeit nur wenige Kinder betraf, ist doch der Umgang mit diesen Kindern aufschlussreich für das Verhältnis der frühneuzeitlichen Gesellschaften zu Kindern und zur Kindheit. Zwei Aspekte sind hier besonders zu berücksichtigen: die Rechtsstellung bzw. der Versorgungsanspruch von Waisen und die Entwicklung der Waisenanstalten. Die Versorgung der Armen, Kranken, Witwen und Waisen ist eine bereits in der Bibel verankerte Christenpflicht. Die Regelung der Waisenfürsorge gehört daher seit dem Mittelalter zu den festen Bestandteilen eines guten Regiments einer christlichen Obrigkeit. Bereits in den Weistümern des 15. Jahrhunderts wird in vielen Orten klar geregelt, dass die Obrigkeit für die Versorgung der Waisenkinder verantwortlich ist. Dies war zunächst eine Frage der Ernährung und damit auch der Finanzen. Hatten die Kinder ein Erbe, so wurde dieses zu ihrem Unterhalt verwendet, waren sie mittellos, so hatte die Herrschaft für sie einzustehen bis zu ihrem siebten Lebensjahr, wie es in einem Breisgauer Weistum aus dem Jahr 1461 hieß, oder bis sie selbst »mus und brot gewinnen mögen« wie es um die selbe Zeit ein Weistum des Klosters Wettingen bestimmte.[666]

Neben bzw. an die Stelle der Herrschaften traten in der Frühen Neuzeit die Kommunen als Träger der Armenfürsorge und Waisenpflege. Sie waren zur Versorgung der armen Waisen verpflichtet, die meist aus frommen Stiftungen oder auch aus dem Kirchenkasten vorgenommen wurde. Üblich war zunächst, dass die Kinder gegen ein Kostgeld in Familien der Gemeinde gegeben wurden. Da die Stiftungen in der Regel immer in Finanzschwierigkeiten waren bzw. die Armenversorgung allgemein die städtischen Mittel stark belastete, verdingte man die Waisen in der Regel an die Familie, die das günstigste Angebot machte. In dem württembergischen Ort Botnang hinterließ im Jahr 1818 eine Witwe »4 Enkel, ganz entblöst u. räudig, für welche der Ort Sorge zu tragen hat.« Vier verwaiste Kinder waren hier zunächst von der Großmutter aufgezogen worden, nach deren Tod traf der Kirchenkonvent die Bestimmung, dass »1.) Ludwig, das kleinste Kind, ohngefähr 2 Jahr alt, der Wittwe des Andreas Häbich gegen ein wöchentliches Kost Geld à 5x [= Kreuzer] u. gegen ein jährliches Kleider Geld à 5 fl [= Gulden] überlaßen [wird], mit dem Zusatz: daß sie dies Kind in dem Fall wieder abzugeben habe, wann ein anderer Orts Einwohner dasselbe um ein geringeres Kostgeld übernehmen wolle.« Der fünfjährige Bruder kam zu gleichen Bedingungen zu einem Bauern des Orts, die 15-jährige Schwester wurde fortgeschickt. Sie sollte sich eine Dienststelle suchen. Allerdings wurden bei der Versorgung der Waisen deutlich schichtspezifische Unterschiede sichtbar. Die erwähnten Kinder stammten aus einer Familie am untersten Rand der dörflichen Gesellschaft. Als zwei Jahre später die Waise eines angeseheneren Bürgers zu versorgen war, bekam die aufnehmende Familie nicht nur 4 Kreuzer täglich statt 5 Kreuzer wöchentlich, sondern der Knabe wurde der neuen Familie auch mit dem ausdrücklichen Bemerken übergeben, »nicht nur für den Leib, sondern auch für die Seele des Kindes gewissenhaft Sorge zu tragen«.[667]

In diesem zweiten Fall war ein eigenes Vermögen des Kindes vorhanden. Die Last der Versorgung lag also nicht ausschließlich auf den öffentlichen Kassen, so konnte man großzügiger sein. Allerdings waren die Kommunen verpflichtet, auch mit dem Vermögen der wohlhabenderen Kinder sparsam umzugehen. Denn sonst schmolz deren zukünftige Lebensbasis rasch dahin. Gemeinden mussten deshalb Pflegschaften für die Waisenkinder einsetzen, die in der Regel bis zur Volljährigkeit oder zumindest bis zur Heirat für die Finanzen des Kindes verantwortlich waren. Bis dahin besaß ein Waisenkind keinen freien Zugriff auf sein Vermögen. Es musste, z. B. auch als Geselle auf Wanderschaft, den Pfleger jeweils um Bezahlung der lebensnotwendigen Ausgaben, sei es für Kleider oder Werkzeug oder die Begleichung einer Arztrechnung bitten. Die Quellengattung der Pflegschaftsakten gibt daher einen guten Einblick nicht nur in die Lebenshaltungskosten von Kindern und Jugendlichen, sondern auch in die teilweise recht vertrauten, teilweise aber auch sehr konfliktgeladenen Beziehungen zwischen Waisen und ihren Pflegern.

Fürsorgeeinrichtungen

Die Integration von Vollwaisen in ortsansässige Familie, sehr häufig in die von Verwandten oder Paten, war in der Frühen Neuzeit die Regel. Falls die Kinder keinerlei Vermögen besaßen, übernahm die Kommune die Unterhaltskosten oder aber sie bemühte sich, das Kind in einem Waisenhaus unterzubringen. Dann konnte sie zumindest einen Teil der Lebenshaltungs- und Ausbildungskosten auf diese Institution abwälzen. Eigenständige Waisenhäuser sind jedoch eine relativ junge Einrichtung der kommunalen oder staatlichen Fürsorge. Die Pflege verwaister oder verarmter Kinder wurde nicht als Sonderaufgabe angesehen. So wurden Waisen meist in allgemeinen karitativen Einrichtungen, den so genannten Spitälern, oder in Klöstern untergebracht. In größeren Spitälern fand sich eine Kinderstube. Im Stuttgarter Spital zum Beispiel gab es im ausgehenden 16. Jahrhundert Platz für 20 bis 30 Kinder. Im Tübinger Seelhaus waren 1589 30 Waisen in ziemlich finsteren Stuben untergebracht. Die Waisenkinder waren zusammen mit Alten, Kranken, Armen und Irren, mit denen sie die Einrichtungen des Spitals, aber auch manche Arbeit zu teilen hatten. Ein Bedürfnis für eine gesonderte Behandlung dieser Kinder verspürte man nicht. Der Straßburger Armenpfleger Alexander Berner beschrieb 1531 als Ergebnis einer Informationsreise durch Süddeutschland und die Schweiz diese Zustände für mehrere Städte. Ein spezielles Waisenhaus scheint es nach seinen Angaben nur in Augsburg gegeben zu haben.[668] Dies mag das Vorbild dafür gewesen sein, dass 1532 auch in Straßburg ein Waisenhaus gegründet wurde, Speyer folgte 1573, München 1615, Frankfurt 1679. Diese Waisenhäuser waren aber noch keine pädagogischen Institutionen. Vielfach verbargen sich hinter diesem Namen weiterhin die alten Mischformen einer alle Randgruppen zusammenfassenden kommunalen Fürsorge. Noch bis ins 18. Jahrhundert hinein spiegelte sich diese Multifunktionalität der Fürsorgeeinrichtungen auch in den Namen wieder. So wurde 1714 z. B. in Pforzheim ein »Waisen-, Toll-, Kranken-, Zucht- und Arbeitshaus« gegründet, in dem zumindest dem Anspruch nach zunächst alle diese Gruppen vereint und zu nützlichen Bürgern erzogen oder zumindest nutzbringend beschäftigt werden sollten. Erst in der Mitte des 18. Jahrhunderts wurden die Waisen aus pädagogischen Gründen aus dieser Anstalt ausgegliedert.[669]

Die Anfänge einer neuen Waisenpädagogik lagen allerdings bereits am Beginn des 18. Jahrhunderts. 1698 gründete der Theologe und Pietist August Hermann Francke in Halle die berühmten Franckeschen Anstalten, die sich aus einer Waisenanstalt und Armenschule bald zu einer großen Schulstadt entwickelten mit vielen verschiedenen Zweigen und weiterführenden Schulen. Die Franckeschen Anstalten besaßen europaweit eine starke Ausstrahlungskraft und initiierten einen großen Trend hin zur Anstaltsversorgung von Waisen, der bis ins frühe 20. Jahrhundert hinein anhielt, unter dem Einfluss der modernen Pädagogik aber wieder von einer Dominanz der Familienunterbringung abgelöst wurde. An dem öffentlichen Umgang mit Waisenkindern lassen sich damit sehr gut die allgemeinen Veränderungen in den Vorstellungen von den Bedürfnissen und Entwicklungsprozessen von Kindern ablesen.

»Scheidungswaisen«

Die Elternsterblichkeit ist heute drastisch zurückgegangen, Verwaisung im Kindesalter daher ein eher seltenes Phänomen. Folgt man der Umgangssprache, dann gibt es in modernen Gesellschaften jedoch einen neuen Modus der Verwaisung von Kindern, die so genannten Scheidungswaisen. Dieser Begriff suggeriert Analogien, die allerdings nur zum Teil tragen, denn Scheidung ist nicht Tod. In aller Regel halten beide geschiedenen Elternteile heute, gerade weil Scheidung ein so alltägliches Phänomen geworden ist, auch den Kontakt zu ihren Kindern zumindest für eine gewisse Zeit aufrecht, auch wenn das Sorgerecht nur einem Elternteil übertragen wurde. Da ein Großteil der zerbrechenden Ehen aber schon nach wenigen Ehejahren (2–4 Jahre) geschieden wird, ist die Gefahr der Entfremdung der kleinen Kinder von dem nicht koresidierenden Elternteil groß. Gemeinsames Sorgerecht der Eltern nach der Scheidung wird zwar von vielen Juristen eher skeptisch beurteilt, Familientherapeuten sehen darin heute jedoch in der Regel einen Vorteil für das Kind. Interessant ist hier, dass erst in der jüngeren Rechtsentwicklung dem Wunsch des Kindes selbst in diesen Fragen mehr Rechnung getragen wird. Das Kind hat inzwischen Anrecht auf Gehör in allen Verfahren, die es betreffen.[670]

Wo die Wortbildung von den »Scheidungswaisen« eine gewisse Berechtigung hat, sind die mit der häufigen Wiederverheiratung der Geschiedenen verbundenen Stieffamilien. Aufwachsen mit Bezugspersonen, die nicht die leiblichen Eltern und Geschwister sind, ist heute wieder für viele Kinder eine prägende Erfahrung. Allerdings steht in der Gegenwart weniger die Stiefmuttersituation, die früher aufgrund der höheren Wiederverheiratungsquoten von Witwern die übliche Konstellation war, im Vordergrund, sondern das Stiefvaterproblem, das emotional für die Kinder in der Regel etwas weniger schwierig zu sein scheint. Zurecht wurde allerdings darauf hingewiesen, dass gerade für Kinder aus geschiedenen Ehen die weitere Verwandtschaft, besonders die Großeltern, eine wichtige Bedeutung haben und die Vervielfältigung der Großelternbeziehungen durch Wiederverheiratung für die Orientierung der Kinder nicht einfach ist.[671] Die über die Eltern und Geschwister hinausgehenden scheinbar natürlichen familialen Verbindungsstrukturen verleihen Kindern eine gewisse Sicherheit und zeitliche und kulturelle Orientierung. Diese Funktion der Verwandtschaft wird durch die wechselnden Verwandtschaftserweiterungen durch Wiederverheiratung der Eltern deutlich eingeschränkt.

3. Verbindungen: Verwandtschaft und Familienfremde

Familien und Haushalte sind weder autonome noch wirtschaftlich autarke Einheiten. Sie sind in fast allen Aspekten ihres Lebens eingebunden in soziale Bezüge und Strukturen, die das Leben in der Familie beeinflussen und in vieler Hinsicht auch erst ermöglichen. Weder Kernfamilien noch komplexere Haushalte waren und sind in der Lage, alle für das physische und soziale Leben notwendigen Funktionen unter einem Dach zu vereinen. Auch wandeln sich die Bedürfnisse der Familien nicht nur mit der Veränderung von Gesellschaften im Verlauf der Geschichte, sondern auch mit den Stadien des eigenen Familienzklus'. Es sind daher ganz unterschiedliche Institutionen, die zu verschiedenen Zeiten in Interaktion mit den Familien treten, von diesen Funktionen zugewiesen oder abgetreten bekommen, aber ihrerseits – das wird vielfach übersehen – auch von der Unterstützung durch Familien abhängig sind. Im Sinne der in den Anfangskapiteln dieses Überblicks gestellten Frage nach Funktionsverlust oder Funktionsentlastung der europäischen Familie im Verlauf der Neuzeit, sollen hier abschließend noch einmal vier wichtige soziale Interaktionsfelder zur Sprache kommen, auf denen Familien sich die vielfältigen Aufgaben der Organisation des täglichen Lebens mit anderen Personen, Gruppen oder Institutionen teilen.

a) Verwandtschaftsnetzwerke

Das in West- und Nordeuropa verbreitete »European Marriage Pattern«[672] kombinierte hohes Heiratsalter und hohe Ledigenquote mit so genannter Neolokalität des neuen Paares. Im Gegensatz zu Gebieten, in denen – wie z. B. in Teilen Osteuropas oder in vielen außereuropäischen Gesellschaften – mehrere verheiratete Söhne oder Töchter mit ihren Partnern als so genannte ›joint families‹ im Haushalt der Eltern wohnten, lebten im Gebiet des europäischen Heiratsmusters die Generationen zum Teil in räumlich, vor allem aber in wirtschaftlich getrennten Haushalten.

Diese konnten sich in nächster Nähe, teilweise sogar unter demselben Dach wie der elterliche Haushalt befinden, sie konnten aber auch deutlich von ihnen getrennt sein. In Westeuropa und den USA legten nicht nur die Kinder Wert auf diese Trennung. Es scheint auch schon früh das Ziel der älteren Generation gewesen zu sein, möglichst lange selbständig in einem eigenen Haushalt zu leben. Diese prinzipelle Trennung der Generationen führt in Mittel- und Nordwesteuropa zu einem ganz spezifischen Problem der Versorgung der alternden Eltern bzw. Großeltern und lockerte auch die Verbindung mit den Geschwistern und der weiteren Verwandtschaft.

Großeltern

In bäuerlichen Familien war für die Position und Versorgung der Eltern das Erbrecht zentral. In der Regel wird davon ausgegangen, dass in Gebieten des Anerbenrechts, in denen ein Kind (meist der älteste oder jüngste Sohn) den landwirtschaftlichen Betrieb geschlossen übernahm, mit der Hofnachfolge auch die Pflicht der Versorgung der Eltern verbunden war. Die idealtypische Konstruktion war, dass die Elterngeneration die Leitung des Hofes mit der Heirat des designierten Hoferben an diesen abgab und dabei zugleich einen Übergabevertrag schloss, der die zukünftigen Leistungen des Sohnes für die Eltern festlegte. Solche Ausgedingverträge sind eindrückliche Dokumente für die minutiöse Regelung sämtlicher Leistungen, die ein Kind für die Eltern zu erbringen hatte, von den Arbeitsleistungen über die Abgabe von Nahrungsmitteln bis zu Geldunterstützungen. Nach Untersuchungen zu Oberösterreich sicherten sich hier im 17. Jahrhundert die Eltern zwischen 25 % und 50 % des Ertrags des Hofes für ihre Altersversorgung.[673]

Solche Verträge liegen auch für die so genannten Realteilungsgebiete vor, in denen alle Kinder gleiche Anteile am Hof erhalten sollten. Hier konnte nicht ein Kind für die Elternversorgung verantwortlich gemacht werden, aber auch hier übernahm in aller Regel ein Kind als Haupterbe das Anwesen, wenn auch nicht mit allen Ländereien. Dennoch gab dieses System den Eltern einen sehr breiten Spielraum zur Entscheidung an die Hand, wann sie welchem Kind welche Anteile und zu welchen Konditionen abtreten würden. Gegenüber den Geschwistern wurden die Lasten der Elternversorgung in der Regel mit dem Erbe verrechnet. Es konnte aber auch durchaus sein, dass ein Rotationsprinzip unter den Kindern ausgemacht wurde oder dass die Eltern sich trennten und zu verschiedenen Kindern zogen.[674]

Ausgedingverträge breiteten sich in Europa seit dem 13. Jahrhundert zunächst in Mitteleuropa und England, dann auch in Skandinavien aus, weniger in Süd- und Osteuropa, wo die Leitungsfunktion des Haushaltes stärker in der Hand des ältesten Paares blieb. Den Höhepunkt ihrer Verbreitung in den ländlichen Gesellschaften erreichten sie im 19. Jahrhundert.[675] Ausgedingverträge waren allerdings nicht in allen Familien die Regel. Zum einen musste überhaupt ausreichend Vermögen vorhanden sein, um etwas zu vererben bzw. es musste der Hof groß genug sein, um zwei Familien zu ernähren. Zum anderen musste der Wille der Eltern da sein, die Leitung des Hofes abzugeben. Nach Untersuchungen zu verschiedenen österreichischen Gemeinden lebten dort zwischen dem 17. und 19. Jahrhundert nur acht Prozent der 51- bis 70-jährigen in Ausgedingen, 11 % der Haushalte umfassten Mitglieder, die sich aufs Altenteil zurückgezogen hatten.[676] Viele Eltern hielten also auch in Anerbengebieten de facto die Position des Haushaltsvorstandes in Händen entweder bis zu ihrem Tod oder bis ins höhere Alter. Am ehesten gaben verwitwete Frauen die Leitung an die mittlere Generation gegen die Zusicherung des Unterhalts ab. Die Abgabe von Land und Macht war also vielfach eine Sache des Aushandelns zwischen den Generationen, um die es genau so Konflikte gab wie später um die Einhaltung der Bestimmungen. Allerdings zeigen Untersuchungen über das Alter der abgebenden Eltern, dass es auch regionale Gewohnheiten gegeben haben muss, die der nachfolgenden Generation einen gewissen Erwartungshorizont boten. Dennoch führten die Konflikte dazu, dass seit dem ausgehenden 19. Jahrhundert Höfe vielfach an die Erben verkauft wurden. Die ›Altenteiler‹ lebten dann von den Zinsen. Erst die Einbeziehung der Landwirtschaft in die Sozialversicherungssysteme in der Zeit nach dem Zweiten Weltkrieg hat diese Problematik der Verknüpfung der Generationen über die divergierenden materiellen Interessen entschärft.

Das Problem der Versorgung der Alten stellt sich natürlich nicht nur in bäuerlichen Familien. Weder im städtischen Handwerk noch in den Oberschichten oder in der Industriearbeiterschaft war jedoch die Problematik der Verknüpfung der Generationen über das immobile Produktionsmittel des Bodens gegeben. Die besseren Möglichkeiten zur Kapitalisierung des Erbes in

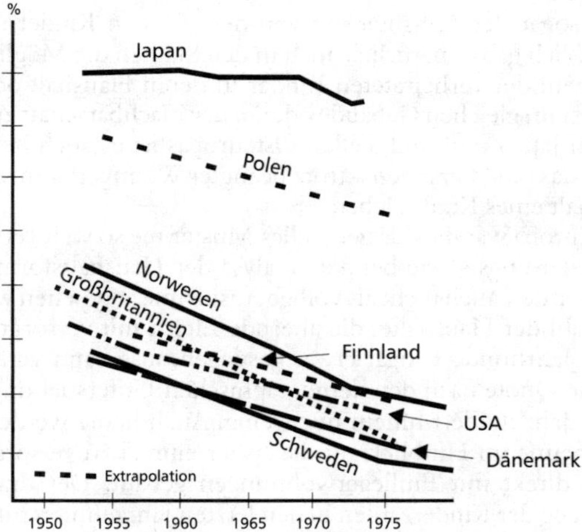

Abb. 72: Anteil der alternden Eltern, die bei ihren Kindern wohnen. Acht Länder im Vergleich, 1955–75.
Auffallend sind die fast konstant hohen Zahlen für Japan, wo sich die Form der Stammfamilie trotz Industrialisierung erhalten hat. In allen anderen mittel- und nordeuropäischen Ländern ist die Tendenz (von unterschiedlichen Ausgangswerten her beginnend) deutlich rückläufig. Nicht erfasst wurden die Mittelmeerländer, in denen diese Zahlen insgesamt etwas anders ausfallen würden und sich eher im Bereich der polnischen Werte bewegen.

Handwerk und städtischer Oberschicht, aber auch die höhere Mobilität der Individuen erforderten und ermöglichten daher andere Strategien der Altersversorgung. Neolokalität der Kinder war besonders im städtischen Bereich in den meisten Regionen die Regel, wenngleich der Mittelmeerraum auch hier zum Teil wieder eine Ausnahme darstellte.[677] Im städtischen Bereich, wo Eltern ohnehin damit zu rechnen hatten, dass alle Kinder ihre berufliche Zukunft außerhalb des elterlichen Haushalts und vielfach auch außerhalb der Heimatstadt suchen müssten, gab es verschiedene Formen der Absicherung für das Alter. Zum einen war es in städtischen Familien aller sozialen Schichten durchaus verbreitet, dass Eltern ein Kind, in der Regel die jüngste Tochter, dazu bestimmten, ledig zu bleiben und die Eltern im Alter zu versorgen. Zum anderen gab es in Städten eher die Möglichkeit, sich zur Versorgung im hohen Alter in ein Spital einzukaufen. Viele Bürger haben dies gemacht. Sie zogen vielleicht die Pflege im

Spital sogar der Abhängigkeit von den eigenen Kindern vor.[678] Schließlich gab es natürlich auch in den Städten die Möglichkeit, bei einem der verheirateten Kinder in deren Haushalt oder zumindest im gleichen Gebäude oder in der Nachbarschaft zu wohnen. In Japan und und Teilen Osteuropas ist es auch heute die Regel, dass alte Personen – trotz beengter Wohnverhältnisse – im Haushalt eines Kindes leben.

In Europa war dies als generelles Muster nie so weit verbreitet, kann allerdings – wie bei der Analyse der Haushaltsformen gezeigt wurde – auch nicht als völlige Ausnahme angesehen werden. Die Zahl der Haushalte, die alternde Eltern mit versorgten war im 19. Jahrhundert sogar etwas gestiegen, insgesamt veränderte sich die Quote nach den demographischen Untersuchungen bis ins 20. Jahrhundert hinein nur wenig. Auch heute werden viele Eigenheime im Hinblick auf die später einmal zu versorgenden Eltern direkt mit Einliegerwohnungen gebaut. Der drastische Rückgang der Kinderzahlen in den letzten Jahrzehnten führte jedoch dazu, dass im ausgehenden 20. Jahrhundert in manchen europäischen Gesellschaften bis zu einem Drittel der unterstützungsbedürftigen alten Personen besonders in Städten gar keine überlebenden Kinder haben, die Unterbringung in Heimen daher auch aus diesem Grund stark angestiegen ist.[679]

Das Zusammenleben in einem Haushalt ist jedoch nur ein relativ grober Indikator, der letztlich wenig aussagt über die Qualität der Beziehungen zwischen den Generationen. Eltern konnten in der Nachbarschaft leben oder sie konnten auch aus der Ferne mit Geld unterstützt werden. Sehr gut lassen sich diese informelleren Verbindungen zwischen Kindern und alternden Eltern für die Frühe Neuzeit wieder am Beispiel der Autobiographie des Kölner Bürgers Hermann von Weinsberg verfolgen. Als der Vater Hermanns starb, versammelte er seine Familie um sich »sagte zu meiner Mutter, sie solle sich trösten, er wolle auch Gott für sie bitten und empfahl seinen Kindern, dass sie ihrer Mutter gehorchen und sie ehren und dass sie Frieden untereinander halten sollten, er befahl mir insonderheit, dass ich meiner Mutter die Hand überm Haupte halten solle.«[680] Hermann war der älteste der Weinsberg-Geschwister. Ihm oblag daher der Schutz der Mutter. Das war eine Verpflichtung, die er sehr ernst nahm. Er berief sich bei mehreren Handlungen zu ihren Gunsten explizit auf diesen Auftrag seines Vaters. Die Mutter selbst räumte jedoch für ihren Sohn das Familienhaus, zog zunächst in ein Nachbarge-

Abb. 73: Kontakthäufigkeit älterer Menschen über 60 in den RG-Ländern mit Familienangehörigen 1992.

	Von 100 Befragten haben Kontakte mit Familienangehörigen						
Land	jeden Tag	Zweimal od. öfter/Woche	Einmal/Woche	Einmal in zwei Wochen	Einmal im Monat	Weniger als einmal im Monat	Kein Kontakt
Deutschland	46,5	15,6	13,8	9,2	5,4	5,5	3,9
Belgien	35,5	22,0	23,5	4,7	3,5	6,0	4,4
Dänemark	13,8	26,0	25,4	16,6	7,8	8,2	1,8
Frankreich	34,2	16,2	25,1	5,8	6,8	9,0	3,0
Griechenland	64,8	9,7	5,8	4,2	2,0	7,3	6,3
Großbritannien u. Nordirland	21,9	28,3	19,0	6,8	5,6	14,5	4,0
Irland	50,1	19,3	14,1	2,5	3,8	6,8	3,4
Italien	70,7	14,4	7,8	1,2	0,8	1,6	3,4
Luxemburg	38,0	21,1	19,4	9,5	3,5	6,5	3,1
Niederlande	19,2	26,6	25,4	10,8	8,9	5,8	3,2
Portugal	59,8	9,6	8,7	3,8	4,2	10,1	3,8
Spanien	60,7	15,5	7,4	3,8	2,9	8,3	1,4
EG-Länder insgesamt	44,4	18,3	15,5	6,1	4,6	7,6	3,4

bäude, hielten aber engen Kontakt zum Sohn und zu ihren anderen Kindern.

Solche Strukturen gegenseitiger Hilfeleistung und intensiver intergenerationeller Verbindung waren nicht auf die Frühe Neuzeit beschränkt und wurden in zahlreichen Studien auch für die städtische Arbeiterfamilien festgestellt. Entgegen der Annahme zeitgenössischer Kritiker, dass Urbanisierung und Industrialisierung die Familienbindungen auflöse, zeigten sich in dieser Schicht nicht nur starke Muster der Koresidenz, sondern auch der intensiven Kooperation. Enge Familienzusammenhänge stellten gerade für die ärmeren Schichten vielfach das einzige Sicherungssystem in sozialen Notlagen dar. Auch die kommunale und staatliche Armenfürsorge verwies in den meisten europäischen Ländern die Bedürftigen zunächst einmal an die Familie.[681] Allerdings gibt es zumindest aus dem Zusammenhang von Untersuchungen zur Armenpflege Hinweise darauf, dass die finanzielle Unterstützung der alternden Eltern durch Kinder schon immer eher gering war und auch heute noch ist. Vielfach versuchten sich Personen der gesetzlichen Unterstützungspflicht durch Wohnortwechsel etc. zu entziehen, was allerdings nicht unbedingt gleich bedeutend mit dem Abbruch der Beziehungen zu den Eltern sein musste, sondern zunächst nur als ein Zeichen für eine möglichst umfassende Nutzung des Systems der öffentlichen Unterstützungsfonds interpretiert werden darf.[682]

Neben materieller Unterstützung ist die praktische Hilfestellung in Betracht zu ziehen. Hier zeigen sowohl historische wie gegenwartsbezogene soziologische Untersuchungen eine deutliche Altersspezifik: In der Gruppe der 60 bis 70-jährigen Großeltern gehen heute die Hilfestellungen meist stärker von der älteren zur jüngeren Generation. Hilfe im Haushalt und Aufsicht über die Enkel zur Freistellung vor allem der Frauen für außerhäusliche Berufsarbeit sind die wichtigsten Formen der Unterstützung. Nicht selten bezahlen die berufstätigen Kinder allerdings auch ihre Eltern eine bestimmte Summe für solche Dienste, die sich damit auch ihre Altersversorgung ein wenig aufbessern können.[683] Später sind dann vor allem die Großeltern diejenigen, die Hilfe empfangen. Aufgrund der niedrigeren Lebenserwartung von Männern trifft dies allerdings vor allem auf ältere Frauen zu. Auf 100 über 75-jährige Männer kamen am Ender de 1980er Jahre z. B. in Wien 212 Frauen dieser Altersgruppe. Fast die Hälfte von ihnen lebte in Einpersonenhaushalten, sehr viele verwitwete

Frauen wurden jedoch in einem noch weiter fortgeschrittenen Alter von ihren Töchtern in deren Haushalt aufgenommen. Mit zunehmenden Alter steigt außerdem die Besuchsfrequenz und vor allem die Häufigkeit des Tefonkontakts deutlich an.

Träger dieser intergenerationellen Kontakte und der Hilfestellungen für die Eltern sind heute überwiegend die Frauen. Nicht nur die Sorge um die häuslichen Belange alternder Eltern (Essen, Wäsche etc.), sondern auch die Aufrechterhaltung der Kommunikation wird von Töchtern sehr viel intensiver wahrgenommen als von Söhnen.[684] Der Anstieg der Ein-Kind-Familien führte allerdings dazu, dass die Aufgabe der Sorge um die ältere Generation sich – geschlechtsunspezifisch – immer mehr auf dieses einzige Kind konzentrierte.

Weitere Verwandtschaft

Neben der Eltern-Kind-Beziehung spielt für die sozialen Netzwerke der Familien auch die weitere Verwandtschaft eine Rolle. Hier sind allerdings vor allem in West- und Nordeuropa die Solidarbeziehungen deutlich geringer als zwischen Eltern und Kindern. Ganz generell gilt für das Gebiet des European Marriage Pattern in der Neuzeit, was der Soziologe Talcott Parsons in den 1940er Jahren auch für die USA festgestellt hatte, dass die meisten Formen der verwandtschaftlichen Hilfe informell und freiwillig sind.[685] Speziell materielle Hilfestellung kann von der weiteren Verwandtschaft nicht verlangt werden. Das gilt auch für Südeuropa, zumindest für Italien, wo wenigstens in den Unterschichten öffentliche Hilfe eher in Anspruch genommen wurde als die Unterstützung von weiter entfernten Verwandten. Selbst in der durch starke Verwandtschaftsbeziehungen charakterisierten griechischen Hirtengesellschaft der Sarakatsanen ist das Netzwerk der »effective kindred«, der auch ökonomisch relevanten Verwandtschaft, deutlich begrenzt.[686] Der wenig formalisierte Charakter der Solidarität entfernterer Verwandtschaft in den meisten europäischen Gesellschaften bedeutet allerdings nicht, dass keine Bindungen vorhanden sind. In Europa wie in den USA werden auch die lateralen Verwandten als wichtige Glieder des eigenen sozialen Netzwerks gesehen. Die Bedeutung, die man dieser Verwandtschaft zumisst, hängt in der Gegenwart allerdings auch vom eigenen Familienstand ab, außerdem spielen soziale Schicht und räumliche Nähe oder Distanz eine Rolle. Paare mit Kindern halten heute eher eine Verbindungen auch zu genetisch und räumlich etwas weiter entfernten Verwandten aufrecht als Singles oder kinderlose Paare. In der städtischen Arbeiterschaft spielt vor allem räumliche Nähe eine Rolle für die Intensität der Kontakte mit lateraler Verwandtschaft.[687] Eine vergleichende Untersuchung zur Bedeutung von Verwandtschaft in vier europäischen Städten zeigte deutlich, dass die engere Verwandtschaft, also auch die Familien der Geschwister, für sehr wichtig gehalten werden für das eigene soziale Umfeld. Nur etwa ein Drittel der befragten Personen hielt nur die eigene Familie für relevant. Überraschender Weise wurde allerdings in Bremen z. B. die entferntere Verwandtschaft für deutlich wichtiger gehalten als in Dublin, wo man aufgrund der hohen Bedeutung kernfamilialer Solidarität auch eine stärkere Verwandtschaftsorientierung hätte vermuten können.

Abb. 74: Verwandte, die für wichtig gehalten werden (in v. H.).

	Bremen		Köln		Helsinki		Dublin	
	Mann	Frau	Mann	Frau	Mann	Frau	Mann	Frau
Entfernte Verwandte (Onkel, Tanten, Cousins u. ihre Familien)	15	13	11	7	11	9	6	6
Enge Verwandte (Eltern, Geschwister u. ihre Familien)	47	53	52	61	59	68	58	63
Nur die eigene Familie	35	33	33	28	25	20	34	30
Keine Antwort	3	1	4	5	4	3	2	1
(N=)	(158)	(158)	(123)	(123)	(140)	(140)	(160)	(160)

Im Gegensatz zu den direkten Vorfahren oder Nachkommen besteht in mittel- und nordwesteuropäischen Gesellschaften keine Unterhaltspflicht für laterale Verwandte. Auch Geschwister müssen sich nicht gegenseitig unterstützen, wurden weder in der Vergangenheit noch in der Gegenwart von Kommunen oder Staat zu Leistungen zwangsverpflichtet. Dennoch gibt es eine Vielzahl von Gelegenheiten, bei denen die laterale Verwandtschaft eine auch ökonomisch wichtige Rolle spielte und teilweise auch heute noch spielt. So fungierten Geschwister, aber auch Onkel, Tanten und deren Kinder im Zusammenhang von Migrationsbewegungen als wichtige Anlaufstellen. Nicht nur bei der Massenauswanderung des 19. Jahrhunderts nach Übersee lässt sich die Bedeutung von Verwandtschaft für die so genannte Kettenwanderung feststellen, auch für die Land-Stadt-Wanderung im Rahmen der Industrialisierung waren Verwandte wichtige Anlaufstellen. Als Untermieter und Kostgänger nahmen viele Familien lieber Verwandte als Familienfremde auf. Verwandtschaftsnetzwerke sind bis heute ein wichtiger Bestandteil der Mobilität europäischer Gesellschaften.

Auch in wirklichen Krisensituationen von Familien besteht in der Regel bis heute eine zwar nicht gesetzliche, aber doch konventionell deutlich geregelte Verpflichtung zur Hilfeleistung durch Verwandte. Wurden Waisenkinder in Pflege gegeben, waren es nicht selten die Verwandten, die sich dieser Kinder annahmen. Für Familien des Wirtschaftsbürgertums des 19. Jahrhunderts ließ sich zeigen, dass das Verwandtschaftssystem für das Ausleihen von Kapital und für die Übernahme von Bürgschaften eine ganz wichtige Rolle spielte.[688] Bei Arbeitern lassen sich Verwandtschaftsnetzwerke in Fabriken feststellen. Sie waren im 19. Jahrhundert vor allem unter Arbeitsmigranten sehr ausgeprägt und finden sich in diesen Gruppen bis in die Gegenwart. Verwandte helfen nachziehenden Familienangehörigen über lokales Wissen und Fürsprache bei der Arbeitsbeschaffung.[689] Im ländlichen und kleinbürgerlichen Bereich spielt die Verwandtschaft beim gegenseitigen Aushelfen beim Hausbau eine ganz wesentliche Rolle, aber auch bei Krisen und in Krankheitsfällen. Allerdings scheint sich hier in den letzten Jahren eine Verschiebung ergeben zu haben. Zumindest in emotionalen Krisen wenden sich generell mehr Menschen an Freunde als an Verwandte. Aus soziologischen Verwandtschaftsuntersuchungen ergibt sich zudem eine deutliche Präferenz der Verwandtschaft der Frau gegenüber derjenigen des Mannes sowohl bei der Kontaktdichte wie bei der Erwartung von Hilfeleistungen.

Abb. 75: Erwartungen für Hilfeleistungen im Fall finanzieller Krise und im Fall von Krankheit (in v. H.).

	Bremen		Köln		Helsinki		Dublin	
	Mann	Frau	Mann	Frau	Mann	Frau	Mann	Frau
Finanzielle Krise	20	34	22	28	26	23	24	41
Krankheit	27	36	39	53	23	34	29	54
(N=)	(158)	(158)	(123)	(123)	(140)	(140)	(160)	(160)

Bei finanziellen Krisen, vor allem aber in Fällen von Krankheit wurde nach dieser Untersuchung von den Verwandten der Frau deutlich mehr Hilfe erwartet als von denen des Mannes. Die hohen Werte für Dublin und Köln legen dabei auch nochmals konfessionsspezifische Einflüsse nahe.

Verwandtschaft ist also auch in modernen Gesellschaften noch von hoher Bedeutung, wenngleich durch die sinkende Geburtenzahl das Verwandtschaftsnetzwerk, über das eine Person verfügen kann, in den letzten Jahrzehnten deutlich kleiner geworden ist. Die geschlechtsspezifische Verteilung der Relevanz von Verwandtschaft deutet noch einmal auf die starke Parität weiblicher und männlicher Verwandtschaft in europäischen Familien hin. Zugleich ist eine der besonderen Funktionen von Verwandtschaftsnetzwerken auch und vielleicht gerade in modernen Gesellschaften, dass sie im Gegensatz zu Freundschafts- und Nachbarschaftsbeziehungen, mit der Verbindung von Mann und Frau verknüpft ist und diese in der Regel auch stützt. Verwandte sind allen Mitgliedern der Kernfamilie verbunden, während Freunde oft zu einem Mitglied eine engere Bindung haben als zu den anderen, weshalb Verwandtenbesuche auch häufiger von beiden Ehepartnern oder der gesamten Familie unternommen werden als Besuche bei Freunden: »joint visiting to kin ceremonially states the existence of and solidarity of the conjugal tie«.[690]

b) Nachbarn und Freunde

Neben der Verwandtschaft spielen für den Alltag der Familien Nachbarschaft und Freunde eine wichtige Rolle. Nachbarschaft war im bäuerlichen Kontext des Mittelalters und der Frühen Neuzeit im Prinzip eine durch Dorfordnungen rechtlich oder zumindest gewohnheitsrechtlich geregelte Form der Nutzungsgemeinschaft an bestimmten gemeindeeigenen Einrichtungen. Die Nachbarschaft in diesem rechtlichen Sinne setzte im dörflichen Kontext den Besitz einer bäuerlichen Stelle voraus. In manchen Regionen Norddeutschlands musste ein Hoferbe sich in der Frühen Neuzeit durch Spendieren eines Essens in die Nachbarschaft einkaufen. Übernahm der Sohn den Hof zu Lebzeiten des Vaters, so wurde dieser in einigen Orten Thüringens z. B. nicht nur von den Leistungen der Nachbarschaft, sondern auch von ihren geselligen Treffen ausgeschlossen.[691] Die Nachbarschaft in diesem Sinne war also ein Teil oder besonderer Aspekt der Gemeindemitgliedschaft. Daneben gab es aber auch im ländlichen Bereich informellere Formen der Nachbarschaftsbeziehungen, die komplizierte Systeme gegenseitiger Hilfeleistungen und vor allem Leih- und Tauschbeziehungen beinhalteten, vielfach trugen sie auch den Charakter von Klientelbeziehungen, beinhalteten also auch eine Form der Abhängigkeit der ökonomisch Schwächeren. In der Regel besaßen die meisten Dorfbewohner bis ins 20. Jahrhundert hinein nicht sämtliche notwendigen Geräte zum bäuerlichen Betrieb. Vielen Kleinbauern fehlten Pflüge oder Eggen, oft auch das notwendige Zugvieh. Sie waren darauf angewiesen, dass sie es sich leihen konnten. Schließlich benötigte man sich gegenseitig als Hilfskräfte bei schwierigen Aufgaben in Feld und Stall. Diese Formen der Nachbarschaftshilfe waren in der Regel zwar nicht schriftlich fixiert, aber doch sehr stark normiert. Sächliche und physische Hilfe konnten kaum verweigert werden. Vielfach vererbeten sich auch solche Netzwerke von einer Genereration zur nächsten, waren also nicht unbedingt an räumliche Nähe gebunden.[692]

Solche Nachbarschaften mit einem deutlich verpflichtenden Charakter gegenseitiger Unterstützung waren kein ausschließlich ländliches Phänomen. Auch in den Städten der Frühen Neuzeit waren Nachbarschaftsverbindungen wichtig. Zwar bestanden besonders im Bereich des Handwerks in den Zünften alternative Unterstützungssysteme mit hohem Verpflichtungscharakter, aber diese konnten für viele Dinge des täglichen Lebens die Nachbarschaft nicht ersetzen. Vor allem für Frauen waren diese städtischen Nachbarschaftsnetzwerke besonders wichtig und die Teilnahme daran in gewisser Weise verpflichtend. Bei den Ritualen der Geburt wurde bereits darauf hingewiesen. Auch städtische Frauen bestärkten diese nachbarschaftlichen Verbindungen durch gemeinsame Mahlzeiten. Nachbarschaft wurde aber nicht nur bei Geburten aktiviert, sondern auch in Not- und Krankheitsfällen, für das Ausleihen von Lebensmitteln, Haushaltsgeräten und Geld. Auch hier konnten Nachbarschaftsverhältnisse und Klientelbeziehungen ineinander übergehen.[693]

Selbst in den Großstädten des 19. Jahrhunderts besaß Nachbarschaft – ähnlich wie Verwandtschaft – weiterhin eine hohe Bedeutung. Auch hier lassen sich Nachbarschafts- vielfach nicht von Klientelbeziehungen unterscheiden. Der Ladenbesitzer eines Viertels, der Kredit gab, war in gewisser Weise auch in ein solches nachbarschaftliches System einbezogen. Hungernden Arbeiterfamilien konnte der Kredit in Krisenzeiten kaum verweigert werden, wenn man sicherstellen wollte, dass sie auch in besseren Zeiten im Laden einkauften.[694] Daneben gab es vielfältige Anlässe zur informellen gegenseitigen Hilfe unter Gleichen, in die die Nachbarn ebenso einbezogen waren wie die Verwandten.

Nachbarschaft spielte aber nicht nur für Hilfestellungen eine Rolle, sondern war immer auch verbunden mit Soziabilität. Dies ist ein Aspekt, der für Nachbarschaft bis heute kennzeichnend ist, in bestimmten Phasen des Lebens- und Familienzyklus heute vielleicht sogar wichtiger geworden ist als die Hilfe. Die Großstadtsoziologie hat schon früh darauf hingewiesen, dass die Vorstellung von der »isolierten Kleinfamilie« in empirischen Netzwerkuntersuchungen zu verschiedenen europäischen Großstädten keine Unterstützung findet. Familien sind nicht nur in Verwandtschafts-, sondern meist auch in Nachbarschafts- und Freundschaftsbeziehungen eng eingebunden, verfügen über eine Vielzahl von Kontaken. In schichtspezifischen Untersuchungen wurde außerdem herausgearbeitet, dass die Zahl der Bekannten und die Häufigkeit des geselligen Verkehrs mit ihnen mit dem Bildungsgrad der Familien steigt. Das Gleiche gilt für die Fähigkeit Freundschaften zu schließen. Sie ist unter den Frauen der Oberschichten am stärksten ausgeprägt, deutlich weniger bei den Männern, aber in der gleichen Weise schichtspezifisch abgestuft. Allerdings dominieren bei den sozialen Kontakten der Familie die Bekannten des Mannes, während bei Verwandtschaftsverbindungen diejenigen der Frau im Vordergrund standen. Die häufig geäußerte Vermutung, dass in stärker partnerschaftlich orientierten Familien die Verwandten zugunsten der Bekannten und Freunde an Bedeutung verlieren würden, hat sich jedoch nicht grundsätzlich bestätigt. Verwandtschaft, Nachbarschaft und Freundschaft bilden in den städtischen Familien der Gegenwart vielmehr ein auch untereinander verknüpftes Netz sozialer Beziehungen, in das die Familien eingebunden sind.[695]

c) Familie, Wirtshaus und Vereine

Zumindest für die Männer standen und stehen die Familien in zum Teil erheblicher Konkurrenz zu außerhäuslichen Sozialkontakten. Im 19. Jahrhundert war ein großer Teil der Arbeiterschaft in Vereinen organisiert, gehörte einer der Arbeiterparteien und der Gewerkschaft an, bürgerliche Männer hielten sich in Clubs,

Lesegesellschaften oder Salons auf. Die Ansprüche dieser Organisationen an die arbeitsfreie Zeit ihrer Mitglieder war hoch, entsprechend häufig auch die innerehelichen Konflikte um diese Rivalen der Familie. Zu dem Vereinswesen kam besonders in der städtischen Arbeiterschaft noch das Wirtshaus. Hier spielte sich nicht nur ein großer Teil ihres geselligen, sondern auch des politischen Lebens ab. Die Bedeutung der Wirtschaften für die Geselligkeit der städtischen Unterschichten spiegelt sich in ihrer Zunahme im Rahmen des Urbanisierungsprozesses wider. In den alten Provinzen Preußens stiegen die Schanklizenzen von 2,5 pro 1000 Einwohner im Jahr 1852 auf 4,8 im Jahr 1872. Auf diesem Wert scheint sich die Zahl der Konzessionen dann für den Rest des Jahrhunderts ungefähr stabilisiert zu haben. In der Zeit des Durchbruchs der Industrialisierung hat sich somit die Zahl der Gasthäuser pro 1000 Einwohner fast verdoppelt. Die städtischen Arbeiterviertel waren an diesem Zuwachs ganz wesentlich beteiligt.

Ähnliche Steigerungsquoten zeigen sich im Alkoholkonsum. In England z. B. löste der Bierkonsum in den Unterschichten den Gin ab. Der durchschnittliche jährliche Bierverbrauch stieg hier von etwa 85 Litern pro Person im Jahr 1850 auf über 180 Liter im Jahr 1874 an. Gaststätten spielten bei dieser Zunahme des Alkoholgenusses eine ganz wesentliche Rolle. Sie boten neben Alkohol auch Soziabilität, waren wärmer, bequemer und die Atmosphäre meist fröhlicher als in der eigenen Wohnung. In Deutschland waren die Wirtshäuser zudem ein zentraler Ort der Arbeiterbewegung, besonders in der Zeit der Sozialistengesetze, in denen offizielle Organisationsformen verboten waren. Karl Kautsky bezeichnete 1891 in einem Aufsatz über den Alkoholismus und seine Bekämpfung das Wirtshaus als »das einzige Bollwerk der politischen Freiheit des Proletariats« und meinte: »Gelänge es der Temperenzlerbewegung in Deutschland ihr Ziel zu erreichen und die deutschen Arbeiter in Masse zu bewegen, das Wirtshaus zu meiden und sich außerhalb der Arbeit auf das ihnen so verlockend geschilderte Familienleben zu beschränken: gelänge das den Temperenzlern, dann hätten sie erreicht, was dem Sozialistengesetz niemals auch nur annähernd gelungen: der Zusammenhalt des Proletariats wäre gesprengt«.[696]

Mit dem Durchschnittskonsum stieg auch der Alkoholismus vorwiegend der Männer (es gab im 19. Jahrhundert aber durchaus auch schon einen ausgeprägten Frauenalkoholismus). Alkohol und Gaststätten waren daher gerade in den Unterschichten ein zentrales Problem für das Familienbudget und das Ehe- und Familienleben. Auf Frauen lastete dabei immer eine doppelte Veranwortung. Von ihnen wurde erwartet, »daß sie nicht nur ihren eigenen Alkoholkonsum kontrollieren, sondern auch den ihrer Ehemänner«.[697] Die Temperenzbewegung fand nicht umsonst die nachhaltige Unterstützung auch der politischen Frauenbewegung

Wirtshäuser sind in aller Regel eine von Männern dominierte Öffentlichkeit, die ihre Bedeutung gerade auch aus dem Gegenüber zu der den Frauen zugewiesenen häuslichen Sphäre erhält. Eine ähnliche Funktion erfüllen für die Oberschichten – besonders in Großbritannien – die Clubs, während das weibliche Pendant gehobener Geselligkeit, der Salon, im Privathaus der Veranstalterin stattfindet. Einer der traditionellesten ›Männerorte‹ in Europa ist das griechische Kafenion. Auch wenn, zumal heute, zu bestimmten Gelegenheiten auch Frauen und Kinder mit ins Kafenion kommen, ist dies im Alltag noch immer eine Schaubühne der Männer, deren Verhalten dort relativ festen Regeln folgt: Man hält sich an bestimmte Begrüßungsrituale, lädt sich gegenseitig zu Getränken ein, Tischgesellschaften signalisieren der beobachtenden Öffentlichkeit eine bestimmte Nähe sozialer Verbindungen, Erzählen und rhetorische Selbstpräsentation sind für die Aushandlung von Statuspositionen wichtig. Im Kafenion ist in gewisser Weise die Dorfgemeinde repräsentiert – mit all ihren Bruchlinien. So spielt die politische Ausrichtung der Wirte eine wichtige Rolle für die Rekrutierung der Klientel, auch auf dem Dorf. Von hoher symbolischer Bedeutung ist im griechischen Kafenion schließlich der gemeinsame Fleischverzehr von Männern, das man sich vom Wirt braten lässt und mit den anderen teilt. Während gekochtes Fleisch und Gemüse vielfach mit dem heimischen Herd in Verbindung gebracht werden, gehört gebratenes Fleisch zur Männergesellschaft.[698]

Die verschiedenen Formen europäischer Wirtshäuser konvergieren also darin, dass sie bis in dieses Jahrhundert hinein eine Domäne der Männergesellschaft waren. Sie bildeten den Ort, über den die von den Männern repräsentierte Familie in die Alltagssoziabilität von ländlicher Gemeinde oder städtischem Quartier integriert war. Als solches stellen die Wirtshäuser aus familienhistorischer Perspektive ein wichtiges strukturelles Pendant zur Privatheit des Hauses dar, auch eine wichtige Ergänzung zu den eher innerhäusliche gepflegten Nachbarschaftsbeziehungen der Frauen. Auf dem Land erfüllen die Wirtshäuser diese Funktion zum Teil bis heute. Der Männerfrühschoppen nach der Kirche ist ein noch in vielen Dörfern nicht nur Deutschlands gepflegtes Ritual. In den Städten hat sich die Integrationsfunktion der Wirtschaften vielfach verflüchtigt, obwohl in Großbritannien z. B. der »local«, die Kneipe der Wahl, die viele Männer allabendlich besuchen, auch in den Städten eine hohe, gerade aus der Spannung der Männergesellschaft zur Familie entstehende Bedeutung besitzt. Allerdings geht allenthalben die Geschlechtsspezifik zurück, Paare besuchen vielfach gemeinsam die Kneipe, geschlechtshomogene Formen der Geselligkeit verlieren mit der Aufweichung von Geschlechterstereotypen und der veränderten Stellung von Frauen in der gesellschaftlichen und politischen Öffentlichkeit an Bedeutung.

d) Familie, Staat und professionelle ›Helfer‹

Im 20. Jahrhundert sind Familien nicht nur eingebunden in soziale Netzwerke von Verwandten, Freunden und Nachbarn. Sie sind in zunehmenden Maß auch Ziel der ›Zuwendung‹ von Politikern, Vertretern staatlicher Bürokratien, öffentlicher und privater Institutionen und ihrer professionellen Helfer. Zwar ist die Prognose, die der französische Soziologe Émile Durkheim bereits 1895 machte, dass die Familie zu einer untergeordneten Instanz des Staates würde, in dieser Schärfe nicht eingetreten, aber es ist unübersehbar, dass die Familien heute eng in das Regelwerk des modernen Verwaltungsstaats eingespannt sind und der Staat über Hilfestellungen für die Familien oder einzelne Mitglieder viel Einfluss auf ihren Alltag gewonnen hat. Familienpolitik ist heute eine Aufgabe, zu der sich alle Parteirichtungen in den europäischen Staaten bekennen und äußern müssen. Sie ist auch von hoher Bedeutung für die Akzeptanz von Regierungen.

Der Begriff der Familienpolitik ist in Deutschland zwar erst in den Jahren um den Ersten Weltkrieg aufgekommen, das Phänomen jedoch ist älter. Vor allem in Frankreich wurde, wie oben dargestellt, bereits um die Mitte des 19. Jahrhunderts die Unterstützung der Familie als zentrale bevölkerungspolitische Aufgabe des Staates angesehen.[699] Heute integriert Familienpolitik in Europa alle Familien mehr oder weniger weit reichend in staatlich kontrollierte Verteilungs- und Transfersysteme und moduliert dadurch auch deren ›Innenleben‹: Kindergeld, Ehestandsdarlehen, Steuerbegünstigung für Verheiratete, staatlich verordnete und garantierte Alters- und Pflegeversicherungen sind Formen, über die der Staat massiv nicht nur in die wirtschaftlichen Belange, sondern auch in die persönlichen Beziehungen der Familienmitglieder eingreift.

Unterstützung für Notleidende von Kirche, Kommune oder Staat hat es natürlich schon lange gegeben. Der Einzelne war in der europäischen Geschichte zumindest seit christlicher Zeit in Notlagen nie ganz auf Familie und Verwandtschaft angewiesen. Allerdings war zumindest die Verantwortlichkeit der Kommunen in Nordwesteuropa immer größer als im katholischen Mittelmeerraum, wo – neben der Kirche – der Familie bis in die Gegenwart eine höhere Verantwortung für die Armen und Alten zukommt. Als neue Perspektive der Familienpolitik kam im 19. und vor allem im 20. Jahrhundert zunächst in Nordwesteuropa hinzu, dass die Familie als solche, als gesellschaftliche Institution, geschützt und ihre Handlungsfähigkeit gestärkt werden sollte.[700] Damit waren zugleich massive Einflussnahmen auf ihre Aufgaben und ihre inneren Strukturen verbunden. Familienpolitik ist ein Teil der Sozialpolitik und versucht, unter bestimmten Konzepten von Staat, Gesellschaft und Familie auf die Gestaltung der Familie Einfluss zu nehmen. Sie kann bevölkerungspolitisch oder sozialkonservativ orientiert sein und primär die Interessen des Staates (Verteidigungsbereitschaft, Sicherung der Altersversorgung, Stärkung konservativer Werte durch Familiensozialisation) verfolgen. Sie kann aber auch an den Bedürfnissen der in ihr lebenden Individuen ausgerichtet sein, vor allem an der Befreiung einzelner Familienmitglieder von wirtschaftlichen und sozialen Notlagen, um ihnen dadurch eine Teilhabe am sozialen und politischen Leben der Gesellschaft zu ermöglichen. Familien- und Sozialpolitik bewegt sich somit immer in einem Spannungsfeld zwischen emanzipatorischer Unterstützung und sozialtechnologischer Disziplinierung der Unterstützten.[701]

Diese Ambivalenz der Familienpolitik lässt sich besonders gut an der zumindest in den stärker industrialisierten und urbanisierten europäischen Gesellschaften im ausgehenden 19. Jahrhundert einsetzenden Politik der Jugendhilfe verfolgen. Die Idee einer besonderen Jugendhilfe als Aufgabe des Staates entstand in den 1880er Jahren aufgrund einer neuen Wahrnehmung des Jugendproblems im Rahmen der Herausbildung der industriellen

Klassengesellschaft. Es ging dabei um die Kontrolle der schulentlassenen männlichen Arbeiterjugend, die man dem Zugriff der Sozialdemokratie entziehen und im Sinne konservativer und militärischer Leitbilder zu einer ›nationalen Jugend‹ formen wollte. Die Elemente der Jugendpflege waren soziale Unterstützung von Jugendlichen, aber auch Zwangserziehung und vor allem verschiedene Formen der Einwirkung auf die Freizeitgestaltung der Jugendlichen. Paramilitärische Boy Scouts, kirchliche Jünglings- und Jungfrauenverbände oder deren Äquivalente entstanden vielen europäischen Ländern und versuchten, auf die Jugendlichen einzuwirken. In Deutschland erhielt die Jugendpflege durch das Reichsjugendwohlfahrtsgesetz von 1922 schließlich einen klaren rechtlichen Rahmen. In diesem Gesetz war das Recht des Kindes auf Erziehung verankert, was den Staat nicht nur zur entsprechenden materiellen Absicherung dieser Erziehung verpflichtete, sondern den Behörden auch die Möglichkeit zum Eingriff in die inneren Verhältnisse der Familie gab: Die zwangsweise Herauslösung von Kindern und Jugendlichen aus Familien, ihre Einweisung in Institutionen der Fürsorgeerziehung bei Normverstößen der Eltern wurden dadurch ebenso geregelt wie die Möglichkeiten zur Intervention in die Familie durch Beratung und psychoanalytische Investigation elterlichen Fehlverhaltens. Schließlich wird die materielle Ausstattung von Kindern in Alltag und Ausbildung reguliert, um Benachteiligungen durch die soziale Lage der Familie zu reduzieren. Ein nicht unerheblicher Teil von Kindern und Jugendlichen ist heute auf eine solche staatliche Förderung angewiesen.[702]

Sozial- und Familienpolitik ist außerdem nie geschlechtsneutral. Über die Steuerung sozialer Prozesse mit staatlich-fiskalischen Mitteln werden auch bestimmte Strukturen des Geschlechterverhältnisses verstärkt oder verändert: Die Ausschließung der Frauen vom Arbeitsmarkt, ihre ›Familiarisierung‹ durch Ehestandsdarlehen, Erziehungsgeld, usw., die finanzielle und soziale Prämierung von Geburten sind Elemente einer solchen geschlechtsspezifischen Sozialpolitik. Sie wurden vor allem von konservativen Regierungen in Europa im 20. Jahrhundert ausgiebig zur Beförderung ihrer Vorstellung von Familie als Bollwerk gegen sozialistische Bestrebungen eingesetzt und zugleich zur Befestigung der bestehenden Formen geschlechtsspezifischer Arbeitsteilung.[703] Die Erfolge dieser Politik waren auf lange Sicht überall bescheiden, indem gerade für solche Familien, in denen trotz gegenteiliger finanzieller Anreize Mütter auch außerhäuslicher Lohnarbeit nachgehen wollten oder mussten, nicht gesorgt wurde.

Die Aufgaben der Familienpolitik der Gegenwart liegen daher vor allem darin, Rahmenbedingungen zu schaffen, durch die Familie und außerhäusliche Arbeit für beide Elternteile vereinbar werden. In diesem Bereich sind vor allem die skandinavischen Länder, aber auch Großbritannien wesentlich aktiver als z. B. Deutschland. Hier fließt ein großer Teil der Unterstützung in Form von Kindergeld direkt in die Familien, während in Dänemark, das insgesamt bei der Familienunterstützung innerhalb der Europäischen Gemeinschaft einen Spitzenplatz einnimmt, das Kindergeld sehr viel geringer ausfällt, dafür aber die Rahmenbedingungen für Mütter und vor allem für allein erziehende Elternteile sehr viel günstiger sind.

Außerdem wird in diesem Bereich der staatlichen Familienunterstützung noch einmal ein deutlicher Unterschied zwischen den nordwesteuropäischen Länder und jenen des Mittelmeerraumes sichtbar. In letzteren sind die Einzelnen noch verbindlicher in familiale Strukturen eingebunden, der Zusammenhalt der Generationen wird stärker durch gegenseitige Verpflichtungen, aber auch durch ein Gefühl der Gemeinsamkeit geregelt. Familie ist hier eine deutlicher als in den nördlicheren Ländern von staatlichem Handeln abgesonderte Welt. Dies zeigt sich nicht zuletzt daran, dass bei den Staaten der Europäischen Gemeinschaft die Differenz zwischen den Anteilen des Bruttoinlandsprodukts für Sozialausgaben insgesamt wesentlich geringer ist als diejenige zwischen den Anteilen für Mutterschaft und Familienpolitik (vgl. Abb. 72 und 73). So sehr sich der relative Umfang wohlfahrtsstaatlicher Ausgaben insgesamt in den europäischen Staaten angeglichen hat, so groß blieben gerade im Bereich der Familienunterstützung die Differenzen. Das zeigt sehr deutlich, dass Familie keine »Instanz des Staates« geworden ist, sondern eher umgekehrt staatliches Handeln von den jeweiligen Strukturen und Bedürfnissen der Familien beeinflusst wird.

Es werden sich daher in Zukunft vermutlich nicht nur die Unterschiede zwischen europäischen und außereuropäischen Familienmustern erhalten, sondern auch diejenigen innerhalb Europas. Bei aller Gleichgerichtetheit der Veränderungen in Bereichen wie Heiratsalter, Geburtenbeschränkung oder Scheidungszahlen haben sich in quantifizierbaren Bereichen die Verhältnisrelatio-

	B	DK	D	GR	E	F	IRL	I	L	NL	P	UK	EUR
Soziale Sicherung	28,7	28,5	28,1	–	18,1	28,3	22,6	22,9	26,6	30,7	17,0	23,6	25,6
Davon													
Mutterschaft u. Familie	2,18	3,47	1,91	–	0,28	2,86	2,69	1,11	2,36	2,35	1,15	2,23	1,96
– Mutterschaft	0,08	0,43	0,21	–	0,16	0,47	0,44	0,11	0,38	0,12	0,14	0,18	0,23
– Familie	2,10	3,04	1,70	–	0,12	2,39	2,25	1,00	1,98	2,23	1,01	2,05	1,73

Abb. 76: Der Anteil (in %) des Bruttoinlandsprodukts, der auf soziale Sicherung und Mutterschaft-Familie entfällt (1987/88).

	B	DK	D	GR	E	F	IRL	I	L	NL	P	UK
1. Kind	60,1	47,0	25,1	12,2	3,2	–	24,5	–	52,1	37,9	18,1	65,6
2. Kind	111,2	47,0	50,2	41,9	3,2	94,2	24,5	–	106,7	47,0	18,1	65,6
3. Kind	166,0	47,0	110,4	91,5	3,2	120,7	24,5	–	190,6	50,4	18,1	65,6
weitere	166,0	47,0	120,5	105,8	3,2	120,7	24,5	–	156,3	55,0	18,1	65,6

Abb. 77: Höhe des Kindergeldes nach der Ordnungsnummer des Kindes in Kaufkraftparitäten (1986).

nen zwischen den einzelnen europäischen Ländern nur wenig verändert. Es scheint sich daher die Prognose mancher Soziologen, dass sich in westlichen Industriegesellschaften ein Einheitstyp der Familie herausbilden wird, bisher nicht einmal für Europa selbst zu bestätigen. Trotz der im Vergleich zu manchen außereuropäischen Gesellschaften deutlichen Ähnlichkeiten sind die Unterschiede zwischen Familien des Mittelmeer- oder auch Balkanraums und der nordwesteuropäischen Länder immer noch deutlich erkennbar. Sie ruhen auf nachhaltig wirksamen historischen Strukturen auf, die auch noch die Ausprägungen moderner wohlfahrtsstaatlicher Politik und ihre Berücksichtigung der Familie beeinflussen.

Anhang

Anmerkungen zur Einleitung

1 Burke 1980. Vgl. dazu auch Schmale 2001, 11ff.
2 Schmale 2001, 16f.
3 Zu holzschnittartig und mit vielen problematischen Interpretationen behaftet ist daher der Versuch einer Familien- und Industrialisierungs- bzw. Kapitalismusgeschichte eng verknüpfenden Theorie eines (west-)europäischen Sonderwegs von Oesterdiekhoff 2000. Vgl. dagegen das vorsichtige Resumee in Goody 2002, 233ff. sowie Mitterauer 1999a.
4 Shafer 1990; Busch 1990, 91ff.
5 Fortes 1970; zur Veränderung dieser Gesellschaften im 20. Jahrhundert sehr aufschlußreich Oppong 1981.
6 Kaser 1995, 167.
7 Kaser 1995, 175.
8 Kaser 2000, v. a. 202ff.; Kaser 1995, 176f.
9 Kaser 1995, 176.
10 Vgl. dazu auch Mitterauer 1999a, 325ff.
11 Bester Forschungsüberblick über die Gesamtproblematik aus europäischer und interkultureller Perspektive bei Kaser (2000), an dem allerdings auch die Grenzen einer großräumigen Abhandlung gerade dieses Themas deutlich werden.

Anmerkungen zu »Antike« (Krause)

1 Gute Einführungen sind Parkin 1992; Frier 1999.
2 Vgl. Harkness 1896; Burn 1953.
3 Garnsey 1991, 52: Von mehr als 16.000 Grabsteinen aus Rom und Italien, die das Alter des Verstorbenen verzeichnen, gehörten nur 1,3 % zu Säuglingen, die während ihres ersten Lebensjahres verstorben sind. Der Anteil steigt in der Altersgruppe von 1–5 Jahren, ist aber immer noch nicht so groß, wie aufgrund der demographischen Strukturen in der Antike zu erwarten wäre.
4 Hierzu Hopkins 1966/7; Clauss 1973.
5 Frier 1983, 330ff.
6 Pilet/Alduc-Le-Bagousse 1987, 24ff.
7 Vgl. Parkin 1992, 41ff.
8 Grundlegend ist Bagnall/Frier 1994.
9 Shaw 1996.
10 Saller 1994, 43ff.
11 Zum Heiratsalter in Griechenland: Garland 1990, 210ff.; Gallant 1991, 17ff.; Vérilhac/Vial 1998, 214ff.
12 Cox 1998, 120f.
13 Gallant 1990, 19.
14 Vgl. hierzu Gardner 1995, 44ff. Generell zum Heiratsalter auch Bang 1921; Parkin 1992, 124ff.

15 Vgl. Hopkins 1964/5.
16 Durry 1955a; 1955b; 1956. Die These Durrys ist in der Forschung vielfach auf Kritik gestoßen; vgl. u. a. Eyben 1985, 439ff.
17 Foucault 1989b, 169f.
18 Vgl. Hopkins 1964/5, 318ff.
19 Vgl. Shaw 1987a.
20 Vgl. Saller 1987.
21 Krause 1994/5, 1, 33f.
22 Vgl. Isager 1981/2, 88f.
23 Vgl. Gourevitch 1984, 142ff.; Garland 1990, 36ff.
24 Zu den Alimentarstiftungen vgl. Duncan-Jones 1964; Woolf 1990.
25 Zur Familienplanung in der Antike vgl. Eyben 1980/1; Hopkins 1965/6. Zusammenfassend: Dixon 1988, 93ff.; Néraudau 1984, 187ff.
26 Hierzu Boswell 1988; Harris 1994.
27 Ob Mädchen in der Antike tatsächlich in so viel größerer Zahl ausgesetzt wurden als Knaben, ist in der Forschung allerdings umstritten; vgl. hierzu Golden 1981.
28 Codex Iustinianus 8, 51 (52), 2 (374 n. Chr.); 9, 16, 7 (8) (= Codex Theodosianus 9, 14, 1) (374 n. Chr.).
29 Concilium Vasense (442 n. Chr.), Canon 9; Concilium Arelatense sec. (442–506 n. Chr.), C. 51.
30 Zu den Haushaltsstrukturen bzw. zum Familienzyklus bei den Griechen Erdmann 1934, 130ff.; Sissa 1988, 163ff.; Gallant 1991, 11ff.
31 Vgl. Bagnall/Frier 1994, 57ff.; ferner Hopkins 1980, 328ff.
32 Martin 1996.
33 Saller/Shaw 1984, 134ff.; Shaw 1984.
34 Zum Oikos vgl. Humphreys 1983, 1ff.; Foxhall 1989; MacDowell 1989; Strauss 1990; Todd 1993, 204ff.; Bodei Giglioni 1996; Cox 1998, 130ff.
35 Harrison 1968, 75f.; Lacey 1968, 125f.
36 Harrison 1968, 79ff.
37 Vgl. hierzu Harrison 1968, 19ff.; 109f.; Just 1989, 45f.
38 Zur Eheschließung im klassischen Griechenland sowie zur *engye* bzw. *edkosis* vgl. Erdmann 1934, 225ff.; Harrison 1968, 3ff.; Just 1989, 40ff.; Sealey 1990, 25ff.; Patterson 1991; Todd 1993, 212ff.; Vérilhac/Vial 1998, 229ff.
39 Zur Hochzeit vgl. Erdmann 1934, 250ff.; Redfield 1982; Garland 1990, 217ff.; Blundell 1995, 122f.; Vérilhac/Vial 1998, 281ff.
40 Vgl. Walcot 1987; Blundell 1995, 121f.
41 Vgl. Thompson 1967.
42 Zur Mitgift im klassischen Griechenland vgl. Erdmann 1934, 300ff.; Harrison 1968, 45ff.; Schaps 1979, 74ff.; 99ff.; Todd 1993, 215f.; Vérilhac/Vial 1998, 125ff.
43 Die Frage, ob Frauen in Athen vom Landbesitz ausgeschlossen waren, ist in der Forschung umstritten; vgl. Todd 1993, 208f. Außerhalb Athens und später im Hellenismus und in der Kaiserzeit sind Frauen als Grundbesitzerinnen in großer Zahl bezeugt.
44 Zum Eheleben im klassischen Athen vgl. Cox 1998, 69ff.
45 Zu den Rechten des *kyrios* vgl. Erdmann 1934, 33ff.; Schaps 1979, 48ff.; Just 1989, 26ff.; Sealey 1990, 37ff.; Hunter 1994, 9ff.
46 Schaps 1977.
47 Todd 1993, 208.
48 Anderer Auffassung hier Schaps 1979, 53ff.

49 Vgl. Todd 1993, 209f.
50 Harrison 1968, 30ff.; Todd 1993, 214f.
51 Vgl. hierzu Blundell 1995, 140ff.
52 Pomeroy 1994.
53 Blundell 1998, 65ff.
54 Vgl. hierzu Cohen 1989; Just 1989, 105ff.; 1995, 135ff.
55 Vgl. hierzu Cox 1998, 155ff.
56 Zur Rolle der Frauen in der griechischen Religion vgl. Bruit Zaidman, in: Schmitt-Pantel 1990, 363ff.; Blundell 1995, 160ff.
57 Zum Ehebruch vgl. Harrison 1968, 32ff.; Just 1989, 68ff., Blundell 1995, 125f. und vor allem Cohen 1984; 1990.
58 Just 1989, 138ff.
59 Zum griechischen Scheidungsrecht vgl. Erdmann 1934, 386ff.; Harrison 1968, 39ff.; Rosivach 1984; Todd 1993, 214f.
60 Wiedervererheiratungen: Erdmann 1934, 403ff.; Thompson 1972; Cox 1998, 152ff.
61 Vgl. Isager 1981/2, 92.
62 Zum Stiefvater vgl. Cox 1998, 89ff.
63 Zu den Hetären und Konkubinen vgl. Cox 1998, 170ff.
64 S. hierzu unten S. 101.
65 Wolff 1944, 207ff.; 240f.; Just 1989, 50ff.
66 Wolff 1944, 209ff.; Just 1989, 55ff.
67 Zur Kindheit im klassischen Athen vgl. Golden 1990.
68 Blundell 1995, 110f. Zu Schwangerschaft und Entbindung im klassischen Griechenland vgl. ferner Demand 1994 (vor allem nach den hippokratischen Schriften).
69 Erziehung der Mädchen: Blundell 1995, 132ff.
70 Hierzu Harrison 1968, 70ff.
71 Cox 1998, 80ff.
72 Golden 1990, 106ff.; Strauss 1993; Cox 1998, 77ff.; 84ff.
73 Golden 1990, 166ff.
74 Zur Vormundschaft vgl. Harrison 1968, 97ff.; Cox 1998, 143ff.
75 Zur Adoption vgl. Harrison 1968, 82ff.; Todd 1993, 221ff.; Cox 1998, 88f.; 125ff.; 148ff.
76 Vgl. Cox 1998, 126.
77 Zu den Epikleroi vgl. Schaps 1979, 25ff.; Todd 1993, 228ff.; Cox 1998, 94ff.; Vérilhac/Vial 1998, 104ff.
78 Raepsaet 1971, 86ff.; Gnilka 1985.
79 Vgl. Hunter 1994, 31.
80 Vgl. Hunter 1989a; 1989b; 1994, 29ff.; Cox 1998, 99ff.
81 Zu den Sklaven im griechischen Haushalt vgl. Hunter 1994, 70ff.; Cox 1998, 150ff.
82 Zum griechischen Haus vgl. Walker 1983; Jameson 1990; Blundell 1995, 138f.
83 Cohen 1991, 85ff.
84 Zum athenischen Erbrecht vgl. Harrison 1968, 122ff.; Todd 1993, 216ff.
85 Humphreys 1986.
86 Hunter 1994, 43ff.
87 Cox 1998, 105ff.
88 Golden 1990, 115ff.
89 Golden 1990, 128ff.; Cox 1998, 114ff.
90 Golden 1990, 136ff.

91 Vgl. Digesta 50, 16, 195 (Ulpian); Saller 1984a.; 1994, 74ff.
92 Zum *conubium* vgl. Treggiari 1991, 43ff.; Gardner 1995, 36ff.
93 Vgl. Treggiari 1991, 54ff.; 170ff.
94 Noy 1990.
95 Treggiari 1991, 125ff.
96 Treggiari 1991, 119ff.
97 Vgl. Raepsaet-Charlier1994, 178ff.
98 Eyben 1985, 447f.; Gardner 1995, 52ff.
99 Shaw 1997.
100 Zur *manus* vgl. Gardner 1995, 18ff.
101 Zur Mitgift vgl. Treggiari 1991, 323ff.; Gardner 1995, 99ff.; Krause 1994/5, 2, 47ff.
102 Kaser 1971, 338f.
103 Zur Funktion und Höhe der Mitgift in Rom vgl. Saller 1984b; 1994, 204ff.; Treggiari 1991, 340ff.
104 Krause 1994/5, 2, 67ff.
105 Corbett 1930, 205ff.; Kaser 1975, 193ff.
106 Zur Frauenvormundschaft vgl. Krause 1994/5, 2, 178ff.
107 Krause 1994/5, 2, 174ff.
108 Zum Schenkungsverbot vgl. Söllner 1969, 127ff.; Humbert 1972, 204ff.; Treggiari 1991, 366ff.
109 Krause 1994/5, 2, 75ff.
110 Stelzenberger 1933, 416ff.
111 Tacitus, Annales 3, 34; vgl. Raepsaet-Charlier 1982; 1994, 173f.
112 Vgl. hierzu Benabou 1987, 1260f.
113 Hierzu Hopfner 1938, 367ff.
114 Deißmann 1989, 506ff.
115 Thraede 1972.
116 Hallett 1984, 139ff.
117 Ehescheidungen: Treggiari 1991, 435ff.
118 Bagnall/Frier 1994, 123ff.
119 Bagnall 1987; vgl. auch Evans Grubbs 1995, 253ff.
120 Humbert 1972; Krause 1994/5, 1, 86ff.
121 Krause 1994/5, 1, 58ff.
122 Zur Stiefmutter vgl. Noy 1991; Watson 1995.
123 Berufstätige Frauen: Krause 1994/5, 2, 123ff.
124 Krause 1994/5, 1, 67ff.
125 Bradley 1991a.
126 Treggiari 1981.
127 Vgl. Bradley 1984, 47ff.; Gardner 1995, 67ff.
128 Vgl. hierzu Garnsey 1991.
129 Zur *patria potestas* vgl. Kaser 1938; Sachers 1953; Voci 1980; Lacey 1986; Saller 1986.
130 Vgl. Thomas 1982b, 531ff.
131 Thomas 1984; Harris 1986.
132 Codex Theodosianus 4, 8, 6, pr. (= Codex Iustinianus 8, 46 [47], 10) (323 n. Chr.).
133 Arjava 1998.
134 Vgl. Eyben 1991; Saller 1994, 102ff.
135 Shaw 1987b, 21ff.
136 Thomas 1981; 1982a.

137 Zur Rolle der Mutter vgl. Dixon 1988.
138 Vgl. Corbett 1930, 120; Humbert 1972, 191ff.
139 Krause 1994/5, 3, 113ff.
140 Krause 1994/5, 3, 4ff.
141 Zur Vormundschaft vgl. Krause 1994/5, 3, 85ff.
142 Krause 1994/5, 3, 49ff.
143 Bradley 1985.
144 Zur familiären Altersversorgung in Rom vgl. Parkin 1997.
145 Krause 1994/5, 2, 82ff.
146 Novellae Iustiniani 53, 6 (537 n. Chr.); 117, 5 (542 n. Chr.).
147 Sachers 1951, 353ff.
148 Krause 1994/5, 2, 17ff.; 105ff.
149 Bremmer 1987.
150 Champlin 1991, 133ff.
151 Champlin 1991, 176f.
152 Zu den Wohnverhältnissen der Sklaven vgl. George 1997.
153 Vgl. Wallace-Hadrill 1997.
154 Vgl. Wallace-Hadrill 1994, 91ff.
155 Vgl. Hobson 1985.
156 Zur Verwandtschaft vgl. Saller 1997.

Anmerkungen zu »Mittelalter« (Mitterauer)

1 Duby 1988,106f.
2 Schmid 1957, vor allem 50f. und 55. Vgl dazu weitere einschlägige Studien bei Schmid 1983.
3 Guerreau-Jalabert 1981, 1030f.
4 So der sicher vom Verfasser autorisierte Cover-Text der Erstausgabe von 1983, deutsch 1986. Unter dem Eindruck der Kritik modifiziert: Goody 1996, 172; die ursprüngliche These mit zusätzlichen Argumenten verstärkt: Goody 1998, 52–58; zusammenfassend: Goody 2000, 31ff.
5 Goody 1986, 299; Mintz-Wolf, 1950, 341ff.
6 Mintz-Wolf 346f.
7 Z. B. Bouchard 1986, 693ff.; White 1988, 180ff., Martin 1993, 149ff.
8 Benveniste 1967, 217; Fritsche 1967; Kaser 1995, 167ff.
9 Anderson 1963,1ff., vgl. dazu auch Goody 1986, 275ff., Kaser 1995, 167ff., Cardona 1988, 287ff., Le Jan 1995, 168ff.
10 Anderson 1963, 33f.
11 Ebd., 34.
12 Goody 1986, 280ff. Ruipérez 1984, 122, 192ff.
13 Goody 1986, 284.
14 So Anderson 1963, 18.
15 Anderson 1963, 19.
16 Charles-Edwards 1993, 34.
17 Anderson 1963, 2.
18 Anderson 1963, 21.
19 Anderson 1963, 20; Hastrup 1990, 45ff.
20 So Anderson 1963, 2.
21 Hastrup 1990, 49, nach Meinhard 1975.

22 Ruipérez 1984, 122, 192ff. sowie 28ff., 62ff., 67ff., Anderson 1963, 16ff.
23 Ruipérez 1984, 28ff., 62ff., 67ff.
24 Szymczak 1966, 228; Friedrich 1967; Ruipérez 1984, 132.
25 Friedrich 1967; Ruipérez 1984, 132; Kaser 1995, 172.
26 Kaser 1995, 172; Krader 1955, 68.
27 Krader 1955, 68.
28 Etwa Todorova 1993, 151ff.
29 Kaser 1999b.
30 Vor allem Todorova 1993 sowie Laslett 1972 und 1983.
31 Dazu vor allem Kaser 1992, 1993 und 1995; Ruipérez 1984, 134 und 142.
32 Ruipérez 1984, 134 und 142.
33 Friedrich 1963, Friedrich 1964.
34 Anderson 1963, 11.
35 Kaser 1995, 251ff., Campbell 1964, 42.
36 Etwa Ruipérez 1984, 19ff.
37 Blochwitz 1965, 44.
38 Cardona 1988, 294.
39 Blochwitz 1965, 44.
40 Cardona 1988, 294.
41 Bettini 1992, 127.
42 So Cardona 1988, 296.
43 Bettini 1992, 53.
44 Benveniste 1993.
45 Miller 1953, 47; Grunow 1966, 113, 132.
46 Charles-Edwards 1993, 34 und 170.
47 Anderson 1963, 22ff.; Goody 1986, 281ff.; Guichard und Cuvillier 1997, 17ff.
48 Cardona 1988, 306.
49 Schürr, 1965, 212.
50 Goody 1986, 282.
51 Ebd., 281.
52 Kaser 1995, 175.
53 Charles-Edwards 1993, 34f.
54 Kaser 1995, 174f.
55 Fritsche 1977, 148, 140, 144, 152, Friedrich 1963, 3, 5, 14f.; 1964, 156f.
56 Miller 1953, 46ff.
57 Szymczak 1966.
58 Oepke, A.: Art. »Ehe I«, in: Reallex. f. Antike und Christentum 4, 656ff.
59 Lynch 1986, 201.
60 Lynch 1986, 333.
61 Vgl. etwa Müller 1981.
62 Lynch 1986, 83ff.; Jussen 1991, 131ff.; Mintz und Wolf 1950, 343ff.
63 Lynch 1986, 165ff., Guerreau-Jalabert 1996, 167.
64 Lynch 1986, 223ff.
65 Mintz und Wolf 1950, 344, Fine 1994, 67.
66 Mintz und Wolf 1950, 342.
67 Kaser 1995, 260.
68 Hammel 1968, 8ff., Levin 1989, 153.
69 Hammel 1968, 65.
70 Hammel 1968, 45ff., Kaser 1995, 259ff.
71 Hammel 1968, 47f.
72 Hammel 1968, 9.

73 Patlagean 1978.
74 Kaser 1995, 211ff.
75 Campbell 1964, 223.
76 Hammel 1968, 87.
77 Hammel 1968, 82.
78 Cardona 1988, 308f.
79 Keller 1935, 157ff.
80 Keller 1935, 165.
81 Goody 1986, 211, 282.
82 Keller 1935, 157; Fine 1994, 202.
83 Belting 1990, 594, Mitterauer 1993, 146ff.
84 Deutsches Wörterbuch von Jacob und Wilhelm Grimm 13, Leipzig 1991, Sp. 1499.
85 Ebd. 8, Leipzig 1958, Sp. 990ff.
86 Bennett 1979, 2.
87 Lynch 1986, 210; Bennett 1979, 2.
88 Lynch 1986, 209; Mintz und Wolf 1950, 345.
89 Kummer, A.: Art. »Gevatterschaft«, in: Handwb. des dt. Aberglaubens 3.
90 Mintz-Wolf 1950, 349, Fine 1994, 127ff. sowie 54ff. Allgemein zu Präferenzen der Patenwahl Teuscher 1998, 121.
91 Cardona 1988, 298; Blochwitz 1965, 68, Benveniste 1993, 173.
92 Cardona 1988, 299.
93 Schelkle, K.H., Art. »Bruder«, in: Reallex. f. Antike und Christentum 2, 631ff.
94 Blochwitz 1965, 85ff.
95 Blochwitz 1965, 98 und 104.
96 Rösener 1985, 196.
97 Fritsche 1977, 198ff., Kaser 1995, 174, Fügedi 1982, 30.
98 Krader 1955, 84f., Harva 1939, 98ff.
99 Krader 1955, 68ff.
100 Krader 1955, 84.
101 Fritsche 1977, 200.
102 Doer 1937, Fraenkel, E.: Art. »Namenwesen«, in: Paulys Realencyclopädie d. class. Altertumswiss. 16, 1611–1670.
103 Bömer 1943, Bethe 1935; Bettini 1992, 148.
104 Kajanto 1977, 426; Doer 1937.
105 Migne, Patrologia Graeca 53, Paris 1859, Sp. 179.
106 Migne, Patrologia Graeca 50, Paris 1859, Sp. 515.
107 Dazu Mitterauer 1993, vor allem 330ff.
108 Ebd., 118ff.
109 Mitterauer 1993, 202ff.
110 Goitein 3, 1978, 2ff.
111 Endress 1987, 175ff.
112 Goitein 3, 1978, 8.
113 Morgan und Morgan 1985, 130.
114 Fox 1978, 76.
115 Byrne 1973, 280ff.
116 Charles-Edwards 1993, 34, 48; Goody 1986, 250.
117 So Birdwell-Pheasant 1998, 23, nach Patterson 1994, 320. Die Bezeichnungen nach Charles-Edwards 1993, 33ff.
118 Charles-Edwards 1993, 88, 181ff., 211ff.
119 Charles-Edwards 1993, 90.

120 Charles-Edwards 1993, 34.
121 Goody 1986, 251.
122 Murray 1983, Wenskus 1977, 300ff.
123 Woolf 1939, 2. Vgl. auch Le Jan 1995, S. 193ff.
124 Mitterauer 1993, 385ff., Ewig 1991.
125 Grönbech 1, 1961, 295.
126 Mitterauer 1988a, 398, 1993, 130.
127 Von Rimscha 1970, 47.
128 Europäische Stammtafeln. Stammtafeln zur Geschichte der europäischen Staaten, hg. von Detlev Schwennike, NF Bd. 2, Marburg 1984, 176–183.
129 Kaser 1995, 190.
130 Mitterauer 1988a, 386ff., 1993, 387.
131 Mitterauer 1988a, 311f.
132 Lynch 1986, 234ff.
133 Mitterauer 1988b, 280ff., 1993, 243ff., 293ff.
134 Bennett 1979, 10f.; Goody 1986, 218, 246.
135 Mitterauer 1993, 308.
136 Angenendt 1973, 143ff.
137 Buisson 1960, 124.
138 Mitterauer1988b, 326ff. Zahlreiche Hinweise auf Entsprechungen dieser Art schon bei Flach 3, 1893, 445ff. und 491ff.
139 Pastoureau 1979, 44.
140 Mitterauer 1993, 330ff.
141 Lynch 1986, 208; Belting 1990, 594. Allgemein zu solchen Beziehungen Guerreau-Jalabert 1996, 193.
142 Grönbech 1, 1961, 164.
143 Grönbech 1, 1961, 358.
144 Mitterauer 1993, 241ff.
145 Patlagean 1984, 31.
146 Schmid 1957, Duby 1988, 106f.
147 Patlagean 1984, 25, Herlihy 1976, 17.
148 Morgan und Morgan 1985, 24.
149 Lévy-Strauss 1987, Augustins 1989. Zur Diskussion dieser Charakteristik Birdwell-Pheasant und Lawrence-Zúñiga 1999, 5ff.
150 Goitein 3, 1978, 26ff., Patai 1977, 483; Mitterauer 1990, 58ff.
151 Goitein 3, 1978, 211; Art. »jabam«, in: Theologisches Wörterbuch zum Alten Testament 3, Stuttgart 1977, 393ff.
152 Goitein 3, 1978, 26.
153 Goody 1990, 380.
154 Goody 1986, 69ff., Herlihy 1985, 11ff., Flandrin 1976, 31; Duby 1978, 17ff., Schröter 1985, 351, Lynch 1986, 260f., Mitterauer 1990, 46ff.
155 Vgl. o. Einleitung.
156 Goody 1986, 70.
157 Schminck, A.: Art. »Ehe« in: Lex. d. Mittelalters 3, Sp. 1642.
158 Dauvillier und de Clercq 1936, Levin 1998, 137ff.
159 Mitterauer 1990, 53.
160 Nemroy 1986, 125ff.
161 Mitterauer 1990, 68ff.
162 Dümmler 2, 1887, 37.
163 Goody 1990, 470ff.
164 Mitterauer 1996c, 63ff., Kaser 1995, 162ff., Harva 1939, 108ff.

165 Fritsche 1977, 244.
166 Mitterauer 1996a, 397, in Anschluss an Parin 1992.
167 Hammel 1968, 3f.
168 Goody 1990, 470ff.
169 Kaser 1995, 211ff., Goehrke 1992, 146, Haase 1939, 32f., Krader 1955, 78.
170 Schröter 1985, 205ff., Müller 1974, 7ff., Bader 1962, 8.
171 Mitterauer 1996a, 400f.
172 Müller 1974, 11.
173 Prevenier, W./de Hemptinne, Th.: Art. »Ehe«, in: Lex. d. Mittelalters 3, Sp. 1637.
174 Müller 1974, 7, Schröter 1985, 207ff.
175 Müller 1974, 7.
176 Claude 1971, 40.
177 Claude 1971, 175.
178 Dünninger 1967.
179 Lengeling, E. J.: Art. »Ehe«, in: Lex. d. Mittelalters 3, Sp. 1610, Schröter, 1985.
180 Hollerweger, H.: Art. »Begräbnis«, in: Lex. d. Mittelalters 1, Sp. 1806.
181 Rösener 1993, 213.
182 Rawson 1986, 12.
183 Engemann, J.: Art. »Friedhof«, in: Lex. d. Mittelalters 4, Sp. 923.
184 Angenendt 1990, 677ff., Ohler 1990, 134.
185 Rötting, H.: Art. »Friedhof«, in: Lex. d. Mittelalters 4, Sp. 924, Großer Historischer Weltatlas 2, München 1970, Karte 64a sowie Erläuterungen 48f., Illi 1992, 13ff., Ohler 1990, 143.
186 Bayerischer Geschichtsatlas, München 1969, Karte 9a und Kommentar 56.
187 Illi 1992, 14.
188 Illi 1992, 16, Ohler 1990, 144ff.
189 Charles-Edwards 1993, 264.
190 Ebd., 264.
191 Ebd., 263.
192 Phillpotts 1913, 272.
193 Haase 1939, 389.
194 Art. »Mari Religion«, in: The Encyclopedia of Religion 9, New York 1987, 209; Gunda 1982, 45, Fügedi 1982, 32; Kaser 1995, 192 und 199f.
195 Kaser 1995, 132f.
196 Herrmann, B.: Art. »Friedhof«, in: Lex. d. Mittelalters 4, Sp. 925; Illi 1992, 49ff. Zu Frühformen adeliger Sondergrablegen Duby 1997, 34.
197 Frauenstädt 1881, 10.
198 Böttcher, H.: Art. »Blutrache« II, 9a, in: Reallexikon d. germ. Altertumskunde 3.
199 Frauenstädt 1881, 13.
200 Böttcher, H.: Art. »Blutrache« II, 6, in: Reallexikon d. germ. Altertumskunde 3.
201 Ebd., I, 1 und II, 5.
202 Boehm 1984, 218.
203 Böttcher, H.: Art. »Blutrache« II, 9e, in: Reallexikon d. germ. Altertumskunde 3.
204 Roth, A. u. a.: Art. »Wergeld«, in: Lex. d. Mittelalters 8, Sp. 2199–2204; Charles-Edwards 1993, 25ff., Wormald 1985, 77ff., Kaser 1995, 226ff., Hasluck 1954, 219ff.

205 Böttcher, H.: Art. »Blutrache« II, in: Reallexikon d. germ. Altertumskunde 3, Berlin 1978.
206 Phillpotts 1913, 267.
207 Vinogradoff, 1900, 22; Le Jan 1995, 232.
208 Charles-Edwards 1993, 25.
209 Lynch 1986, 243.
210 Wolfram 1995, 69.
211 Bloch 1982, 274; Buisson 1958, 104.
212 Schwarz 1966, 94.
213 Heers 1974, 115ff., 205ff.; Brunner 1976, 495.
214 Braudel 1, 1994, 51.
215 Kaser 1999a, 72ff.
216 Kaser 1999a,27ff. Zu Patrilinearität und Unigenitur als gegesätzlichen Mustern der Strukturierung von Verwandtschaft und Erbrecht in Europa allgemein auch Birdwell-Pheasant 1998, 23.
217 Vgl. o. II, 1, a.
218 Hughes 1978, 262f., Klapisch-Zuber 1995, 52.
219 Weimar, P. u. a.: Art. »Erbrecht«, in: Lex. d. Mittelalters 3, Sp. 2102ff.
220 Kaser 1999a, 47.
221 Kaser 1999a, 35ff.
222 Kaser 1999a, 40ff.
223 Lisón-Tolosana 1976, 305ff.; Brettell in: Kertzer/Saller 1991, 351; Barrera-González 1998, 226.
224 Kaser 1999a, 134.
225 Schulz, K.: Art. »Besthaupt«, in: Lex. d. Mittelalters 1, Sp. 2071.
226 Rösener 1985, 96.
227 Duby 1988, 107.
228 Rösener 1985, 197. Diesbezüglich zu Spanien Barrera-González 1998, 226.
229 Kaser 1998, 67ff.
230 Schwarz 1966, 145ff.; Kaser 1995, 192ff.
231 Schwarz 1966, 222.
232 Dittrich 1964, 395.
233 Kaser 1998, 142.
234 Kern 1967, 14ff., 250ff.
235 Martin 1987, 97.
236 Goody 1986, 68.
237 Guichard und Cuvillier 1997, 18f.
238 Maier 1973, 234ff.
239 Ebd., 200f.
240 Vgl. o. II, 2, b.
241 Schwennike, Tafel 48.
242 Kern 1967, 20ff.
243 Angenendt 1990, 374f.
244 Kern 1967, 36ff.
245 Kern 1967, 23.
246 von Rimscha 1970, 37.
247 Hajnal 1965; Hajnal 1983, 65f.
248 Laslett 1983, 513ff.
249 Hajnal 1983, 69.
250 Vor allem Smith 1979 und 1981, 107–128.
251 Kaser 1995, 23ff.; Mitterauer 1996a, 401f., 1996b und 1999.

252 Rösener, W. u. a.: Art. »Grundherrschaft«, in: Lex. d. Mittetalters 4, 1743.
253 Laslett 1983, 526f.
254 Handbuch der europäischen Wirtschafts- und Sozialgeschichte 2, Stuttgart 1980, 360, 416, vor allem 434ff.
255 Laslett 1983, 526.
256 Vgl. o. II, 2, c.
257 Charles-Edwards 1993, 37 und 59.
258 Handbuch der europäischen Wirtschafts- und Sozialgeschichte 2, Stuttgart 1980, 763ff.
259 Laslett 1983, 520f.
260 Fichtenau 1992, 165ff.; Duby 1997, 13; Mitterauer 1979, 20ff., 27ff.
261 Art. »curia« in: Lex. d. Mittelalters, 373ff.
262 Borst. 1979, 475f.
263 Fichtenau 1992, 83, Althoff 1990, 203ff.
264 Zotz, Th. u. a.: Art. »curia« in: Lex. d. Mittelalters 3, München 1986, 373ff.
265 Ebd., 374.
266 Fichtenau 1992, 242.
267 Ebd., 240.
268 Mühlbacher 1959, 65.
269 Schramm 1, 1960, 21ff.
270 Fichtenau 1992, 240.
271 Von Rimscha 1970, 27.
272 Bürgel, 1991, 90ff.
273 Charles-Edwards 1993, 94.
274 Konecny 1976, 65ff.
275 Ebd., 74.
276 Ebd., 71.
277 Byrne 1987, 31.
278 Charles-Edwards 1993, 341ff.; Byrne 1987, 43.
279 Mitterauer 1993, 215f.
280 Johansen 1964, 302f.
281 Mitteis 1933, 67.
282 Mitteis 1962, 317.
283 Duby 1988, 276.
284 Nagel, T. u. a.: Art. »Eunuchen«, in: Lex. d. Mittelalters 4, Sp. 99ff.
285 Ebd. 99; Fischer-Weltgeschichte 14, Frankfurt a.M. 1968, 76.
286 Dannenbauer, 109.
287 Schmid 1957, 41.
288 Mitterauer 1980, 192ff.
289 Bloch 1982, 480.
290 Mitterauer 1980, 216ff.
291 Ebd., 228ff.
292 Tabacco, K.: Art. »Adel«, in: Lex. d. Mittelalters 1, Sp. 130.
293 Heers 1974, 71ff.
294 Ebd., 103f.
295 Bardach 1977, 345.
296 Kaser 1977, vor allem 525ff.
297 Rösener, W.: Art. »Fronhof«, in: Lex. d. Mittelalters 4, Sp. 989; ders.: Art. »Grundherrschaft«, ebd. 4, Sp. 1739; Rösener 1985, 25f., ders. 1993, 52.
298 Kuchenbuch 1978, 259.
299 Rösener 1993, 52.

300 Ders.: Art. »Frondienste«, in: Lex. d. Mittelalters 4, Sp. 987.
301 Kuchenbuch 1978, 255.
302 Fried 1962, 195.
303 Kuchenbuch 1978, 254.
304 Ebd. 255.
305 Hammer 1983, vor allem 246.
306 Kuchenbuch 1978, 89ff.
307 Z. B. Tremel 1940, 175ff.; Derouet 1995, 676.
308 Mitterauer 1990, 92ff.
309 Rösener, W.: Art. »Gynäceum«, in: Lex. d. Mittelalters 4, Sp. 1811; Herlihy 1976, XI, 18, 78, 82.
310 Gunda 1979, 282ff.
311 Medick 1980, 19ff.
312 Kuchenbuch 1978, 285.
313 Ebd., 279ff.
314 Ebd., 289.
315 Mitterauer 1974, 291.
316 Bosl 1973, 413.
317 Rösener 1993, 54.
318 Fichtenau 1992, 167; Guerreau-Jalabert 1996, 141.
319 Ebda, 1965, Meyer 1998, 292.
320 Angenendt 1990, 104ff.; Meyer 1998, 280ff.
321 Fichtenau 1992, 166.
322 Ebd., 165.
323 Regula s. Benedicti c. 59 (ed. Rudolf Hanslik 1977).
324 De Jong 1996, Fichtenau 1992, 246.
325 Angenendt 1990, 106; Meyer 1998, 286.
326 Binding, G.: Art. »Dormitorium«, in: Lex. d. Mittelalters 3, Sp. 1317f.
327 Frank, K. 1993, 66ff.
328 Frank, I. 1984, 39f.
329 Angenendt 1990, 277.
330 Byrne 1973, 12; Charles-Edwards 1993, 264; Angenendt 1990, 205.
331 Angenendt 1990, 277.
332 Angenendt 1990, 367.
333 Frank, I.W. 1984, 121, 130, 134ff.
334 Fichtenau 1992, 251ff.
335 Schreiner 1989, 241ff.
336 Fichtenau 1992, 269.
337 Schreiner 1989, 200.
338 Ebd., 219.
339 Paulsen 1, 1919, 16.
340 Maschke 1980, 54ff.
341 Brunner 1956, 33ff., Mitterauer 1992, 267.
342 Bosl 1966, 211.
343 Mitterauer 1974, 315.
344 Bücher 1886, 141ff.
345 Mitterauer 1992, 283.
346 Ebd.
347 Maschke 1979, 50.
348 Kunze 1998, 106ff.
349 Schulz, K.: Art. »Geselle«, in: Lex. d. Mittelalters 4, Sp. 1386.

350 Schulz, K.: Art. »Lehrling«, in: Lex. d. Mittelalters 5, Sp. 1844.
351 Schulz 1984, 325, Sprandel 1984, 329ff.
352 Hughes 1975, 117ff.
353 Ketsch 1, 1983, 142ff.
354 Schulz 1984; Sprandel 84, 328.
355 Bücher 1886, 230.
356 Mitterauer 1992, 270.
357 Herlihy und Klapisch-Zuber 1978, 484; Mitterauer 1992, 279.
358 Bücher 1882. Zur Kritik vor allem Wesoly 1980, 69ff.
359 Ketsch 1, 1983, 51ff.
360 Heers 1974, 73ff.; Stojanovich 1994, Lebecq, S.: Art. »Sklave«, in: Lex. d. Mittelalters 7, Sp. 1977ff.
361 Laslett 1983, 527 und 534.
362 Heers 1974, 75.
363 Lebecq, S.: Art. »Sklave«, in: Lex. d. Mittelalters 7, Sp. 1984.
364 Gaudemet, J.: Art. »Familie I«, in: Reallex. f. Antike und Christentum 7, Sp. 338.
365 Duby 1978, zur Kritik Fichtenau 1992, 12ff.
366 Bosl 1973.
367 Vgl. dazu Mitterauer 1979, 9, 20 und 29ff.
368 Richarz 1991, 43ff.
369 Dassmann, E.: Art. »Haus II«, (Hausgemeinschaft), in: Reallex. f. Antike und Christentum 13, Sp. 339.
370 Ebd., Sp. 857.
371 Ebd., Sp. 858.
372 Gaudemet, J.: Art. »Familie I« (Familienrecht), in: Reallex. f. Antike und Christentum 7, Sp. 339.
373 Ebda, Sp. 338.
374 Angenendt 1997, 345ff.
375 Ebd., 61ff.
376 Drüppel, H.: Art. »Gerade«, in: Lex. d. Mittelalters 4, Sp. 1295.
377 Richarz 1991, 76.
378 Ebd., 112.
379 Ebd., 123ff.
380 Haase 1939, 23.
381 Ebd., 125.
382 Ebd., 124.
383 Ebd., 227.
384 Ebd., 15ff.
385 Ebd., 25. Vgl. auch Steindorff 1994, 48ff.
386 Ebd., 130.
387 Ebd., 253. Vgl. auch Steindorff 1994, 57.
388 Ebd., 253.
389 Ebd., 282.
390 The Encyclopedia of Religion 13, New York 1986, 358; 5, 1978, 334ff.; 6, 1987, 530f.; Theologische Realenzyklopädie 11, 1993, 180ff.
391 Theologische Realenzyklopädie 11, 1993, 182. Vgl. Harva 1939, 119.
392 Vgl. o. II, 1, c, Kaser 1995, vor allem 211ff., Kaser 1993, 93ff.
393 Dassmann, E.: Art. »Haus II« (Hausgemeinschaft), in: Reallex. f. Antike und Christentum 13, 1986, Sp. 853.
394 Patai 1997, 439 und 519; Herweg 1994, 88, 72.

395 Herweg 1994, 95.
396 Erlich 1966, 362.
397 Köbler, G.: Art. »Munt«, in: Lex. d. Mittelalters 6.
398 Ders.: Art. »Vormund, -schaft«, in: Lex. d. Mittelalters 8, Sp. 1854f.
399 Bartlett 1996, 91.
400 Pastoureau 1979, 44.
401 Rösener 1985, 181ff.
402 Vgl. o. II, 2, c.
403 Bieniak 1977, 322.
404 Vgl. o. II, 2, c.
405 Brunner 1968, 203.
406 Rösener 1985, 20f. und 28f.
407 White 1983.
408 Rösener 1985, 21.
409 Rösener 1985, 193; Wunder 1992, 96ff.
410 Ketsch 1, 1983, 80ff.; Mitterauer 1992, 93ff.; Rösener 1985, 193f.
411 Mitterauer 1992, 94.
412 Rösener 1982, 62f., 218ff.
413 Ennen 1985, 20.
414 Barker 1985, 133, 137, 141, 152, 179, 181, 186, 242; Benecke 1994, 162ff.
415 Herlihy 1976, 27.
416 Charles-Edwards 1993, 266.
417 Herlihy 1976, 27.
418 Charles-Edwards 1993, 70.
419 Ketsch 1, 1983, 80; Mitterauer 1992, 58ff. und 80ff., Rösener 1985, 193.
420 Ketsch 1, 1983, 84f.
421 Ennen 1985a, 20.
422 Mitterauer 1992, 126ff.
423 Schlumbohm 1994, 23–34.
424 Goehrke 1992, 112.
425 Goehrke 1992, 114; Friedrich 1964, 134.
426 Rösener 1985, 147.
427 Goehrke 1992, 192.
428 Goehrke 1992, 113f., Friedrich, 1964, 133; Moring 1998, 117ff.
429 Von Rimscha 1970, 51.
430 Friedrich 1964, 135; Hellmann 1960, 252.
431 Mitterauer 1990, 162f.
432 White 1978, 92ff.; Rösener 1993, 60ff.
433 Kertzer und Saller 1991, 17f.
434 Goody 1986, 43.
435 Barker 1985, 60; Schwarz 1966.
436 Rösener 1993, 68; Schwarz 1966, 166ff., 209ff., 145.
437 Braudel 1, 1994, 105ff., 120ff., Barker 1985, 59f.
438 Schneider 1971, 1ff.
439 Jussen 1991, 152.
440 Lynch 1986.
441 Bennett 1979, 3.
442 Shahar 1991, 70.
443 Dauvillier und De Clercq 1936, 156; Filipovic 1982, 127; Luzbetak 1951, 56.
444 Shahar 1991, 74ff.
445 Ebd., 76.

446 Ebd., 73.
447 Ketsch 1, 1983, 59ff.
448 Shahar 1991, 276; Arnold 1980, 20.
449 Mitterauer 1992, 301.
450 Ariès 1975, 506.
451 Ebd., 509.
452 Gillis 1980, 23f.
453 Ariès 1975, 502f.
454 Kußmaul 1981, 70ff.; Wall 1978, 181ff.
455 Kußmaul 1981, 74.
456 Mitterauer 1992, 306ff.
457 Desportes 1966, 498ff.
458 Herlihy und Klapisch-Zuber 1978, 331.
459 Smith 1981, 117f.
460 Herlihy und Klapisch-Zuber 1978, 331.
461 Barbagli 1984, 226, 228, 235.
462 Ariès 1975, 83.
463 Zemon-Davies 1965, 108.
464 Mitterauer 1992, 316ff.
465 Ketsch 1, 1983, 60.
466 Charles-Edwards 1993, 37, 78ff.
467 Ebd.
468 Byrne 1973, 12, 34.
469 Charles-Edwards 1993, 37f.
470 Ebd., 78f.
471 Buisson 1960, 108.
472 Köbler, G.: Art. »Munt«, in: Lex. d. Mittelalters 6, Sp. 919.
473 De Jong 1996.
474 Shahar 1991, 221, 364.
475 De Jong 1996, 156ff.
476 Shahar 1991, 222.
477 De Jong 1996, 132ff., Angenendt 1997, 292f.
478 De Jong 1996, 198f.
479 De Jong 1996, 232ff.
480 Ariès 1975, 221ff.
481 Vgl. o. III, 1, e.
482 Shahar 1991, 283.
483 Angenendt 1997, 180f.
484 Shahar 1991, 239.
485 Mitterauer 1998, 69ff.
486 Shahar 1991, 251.
487 Shahar 1991, 251.
488 Bischof 1985, 379ff.
489 Shahar 1991, 239f.
490 Rösener, W.: Art. »Knappe«, in: Lex. d. Mittelalters 5, Sp. 301ff.
491 Fasoli 1976, 205.
492 Rösener, W.: Art. »Knappe«, in: Lex. d. Mittelalters 5, Sp. 1232.
493 Duby 1976, 362ff.
494 Ariès 1975, 304.
495 Shahar 1991, 253.
496 Paulsen 1, 1914, 339; Mitterauer 1986, 146.

497 Schulz, K.: Art. »Geselle«, in: Lex. d. Mittelalters 4, Sp. 1386f.
498 Shahar 1991, 265.
499 Ketsch 1983, 142ff.; Mitterauer 1992, 290ff.
500 Shahar 1991, 265.
501 Schulz, K.: Art. »Lehrling«, in: Lex. d. Mittetalters 5, Sp. 1844; Shahar 1991, 266.
502 Shahar 1991, 264.
503 Hanawalt 1993, 82.
504 Verger J.: Art. »Schule« in: Lex. d. Mittelalters 7, Sp. 1585.
505 Herlihy und Klapisch-Zuber 1978, 563.
506 Hanawalt 1993, 82.
507 Mitterauer 1986, 163; 1992, 327.

Anmerkungen zu »Neuzeit« (Gestrich)

1 Goode 1963.
2 Koselleck 1981, 112f.; Schwab 1997; Mitterauer 1978b.
3 Gestrich 1999a, 4f.
4 Martin Luther 1524, WA 15, 364.
5 The Compact Edition of the Oxford English Dictionary, Oxford 1971, vol. 1, 958.
6 Vgl. Ritzer 1962; Friedberg 1865.
7 Schwab 1967, 23. Kritisch gegenüber einer einfachen »Verdrängungstheorie« Michaelis 1989, 107f.
8 Klapisch-Zuber 1985, 183ff.
9 Michaelis 1989, 111ff.; Friedberg 1865, 58ff.; Burguière 1978; Pillorget 1979, 19ff.
10 Schröter 1985 v. a. 146ff.; Friedberg 1865, 17ff. (germanisches Recht); Conrad 1951, 299.
11 Zu England z. B. Furnival, 1973.
12 Brooke 1981, 27f.
13 Otis-Cour 2000, 123ff.
14 Brooke 1989, 129; zum röm. Recht Ulpian, Digesten 35.1.15; 50.17.30.
15 Otis-Cour 2000, 120.
16 Herweg 1995, 45ff.
17 Herlihy 1985, 122ff.
18 M. Todd 1980; O'Day 1994, 39ff.; zur Reaktion der katholischen Kirche gegen humanistische Ehe- und Familienlehre auf dem Konzil von Trient Bossy 1970, 55.
19 Martin Luther 1522/1983, 186f. [WA 10,2; 275-304]
20 Joyce 1932, 363ff.
21 Luther 1522, 196.
22 Vgl. z. B. zur puritanischen Familie Dohrn van Rossum 1982, 67.
23 Klassisch: Schücking 1964; kritisch zur Puritaner-Theorie z. B. M. Todd 1980.
24 Luther, Katechismus 1529, 38ff.
25 J. Hoffmann 1959; für England Davidoff/Hall 1987, 108ff. Zur aufschlussreichen Gattung der protestantischen Hochzeitspredigten vgl. Karant-Nunn 1999.
26 Joyce 1932, 118ff.

27 Adelman 2001.
28 Gillis 1985, 84ff., 92ff.
29 Friedberg 1865, 437ff.
30 Forte 1984; Smout 1981.
31 Gillis 1985, 90ff.; R.L. Brown 1981 zur genauen Auswertung der Heiratsregister.
32 Gillis 1985, 196ff.
33 Joyce 1932, 215ff.
34 Friedberg 1865, 581ff.
35 Traer 1980, 31ff.
36 Mit ausführlichen Belegen Traer 1980, 48ff.
37 Thomasius 1705/1963.
38 Buchholz 1988, 189; Thomasius 1705/1963 III 3, §§ 38–43.
39 Buchholz 1988, 408ff.
40 Joyce 1932, 230ff.
41 Zur eherechtlichen Diskussion in der Französischen Revolution Traer 1980, 79ff.
42 Pörschke 1795, 230 u. 234. Vgl. Schwab 1979, 281.
43 Wollstonecraft 1792/1975, 263.
44 Pörschke 1795, 244. Vgl. Schwab 1975, 282.
45 Ribbeck 1798, 17. Vgl. Schwab 1975, 282.
46 Allgemeines Landrecht für die preußischen Staaten, 2. Teil, Tit. 2, § 110, 112ff.
47 Ebd., 2. Teil, Tit. 2, §§ 65, 76, 108 (Zitat).
48 Koselleck 1981, 114ff.; Tenfelde 1979.
49 Dies war in Deutschland allerdings eine preußische Besonderheit. Die anderen Landesrechte kannten diese Regelung zumindest im 19. Jahrhundert nicht mehr. Jelowik 1995.
50 Zit. nach Sachße/Tennstedt 1982, 87–130, 90; vgl. Gerlach 1996, 87.
51 F. Tanner 1952, 132ff., 192ff.
52 Schleiermacher [1798], 11.
53 Daniel 1989b.
54 Engels 1973, 82ff.
55 Muncy 1973; Gillis 1985, 224ff.
56 Kerblay 1998, 95f.
57 Reich 1936/1971.
58 Horkheimer 1970, 219.
59 Hegel [Berlin 1821]1972, 151f., Anm. 2, 159; vgl. Villwock 1999, 128ff., Weber 1983.
60 Rotteck 1837, 386; vgl. Schwab 1975, 289.
61 Zit. nach Davidoff/Hall, 187.
62 Le Play 1855. Vgl. Schwägler 1970, 42ff.; gut zu Le Play auch Janssens 1993, 2ff.
63 Riehl 1855/1904, 164.
64 Ebd., 231.
65 Vgl. Raphael 1996.
66 Ehmer 1991, S. 45ff.; Matz 1980; Mantl 1997, Knodel 1988, 124f.
67 Gute Zusammenfassung der europäischen Bevölkerungspolitik der Zwischenkriegszeit bei Ipsen 1996, 12ff., 26ff.; zu Frankreich: McLaren 1983; zu Großbritannien: Kevles 1986; allgemein: Gillis/Tilly/Levine (eds.) 1992.
68 Glass 1940; Gillis/Tilly/Levine (eds.) 1992; Ipsen 1996, 26ff.
69 Hitler 1933, 446f.; Gerlach 91ff.

70 Ipsen 1996, v. a. 65ff.
71 Kevles 1986.
72 Ramm/Grandke/Berié 1994, 17ff.; Gestrich 1999a, 47ff.; für Osteuropa: Gayer 1993.
73 Bester Überblick zur Geschichte der »Homosexualitäten« Hergemöller 1999.
74 Durkheim 1921, 14; Durkheim 1981.
75 Goode 1963.
76 Laslett 1972a, 51ff.
77 Anderson 1972, 232ff.
78 Tyrell 1976, 394; Parsons 1955, 10ff.; vgl. auch Tyrell 1979.
79 Ogburn 1969.
80 Rosenbaum 1982, 17ff., 263; Tyrell 1976, 395f.
81 Mitterauer/Sieder 1977, 95.
82 Mitterauer/Sieder 1977, 94ff.
83 Tyrell 1976, 397.
84 Rosenbaum 1982, 18.
85 Bock/Duden 1977, 89; Rosenbaum 1982, 371ff.
86 Beer, U. 1990, 50f.
87 Beck, U. 1986, 177.
88 Rosenbaum 1982, 18ff.
89 Geißler 1992; für Frankreich Perrot 1992, 113.
90 Beispiele für Frankreich bei Perrot 1992, 112f.
91 Reher 1997, 48ff.; zum römischen Recht und der Bedeutung des Testaments sowie zu anderen Landesrechten am Übergang vom Mittelalter zu Neuzeit vgl. auch Lexikon des Mittelalters, s. v. Erbrecht.
92 Baumgartner 1930, 388ff.; Fuchs 1930, 420ff.; in Spanien wurde von dieser Möglichkeit der speziellen testamentarischen Verfügung allerdings kaum Gebrauch gemacht. Vgl. Brettell 1991, 347f.
93 S.o. Mitterauer, Kap. II.2.c); zum Gesamtzusammenhang v. a. Kaser 2000, 27ff.
94 Howell 1976, 154.
95 Spufford 1976, 158.
96 Vgl. für Deutschland z. B. Berkner 1976.
97 Sabean 1976, 97f.
98 Vgl. v. a. Goody 1976b 13; Goody 2002, 125ff.; für die Aussteuer als Beispiel für die Weitergabe in der Matrilinie vgl. Klapisch-Zuber 1995, 90ff.
99 Vgl. Mitterauer, oben Kap. II.2.c) sowie Goody 1976b, 35f.; fundiert kritisch gegenüber Goodys Theorie Klapisch-Zuber 1995, 52f. sowie aus der Perspektive des adeligen Erbrechts vgl. Bastl 2000, 50ff.; Kaplan (ed.) 1985, Hughes 1978.
100 Zu den ›Optimisten‹ zählt v. a. Berg 1993.
101 Klapisch-Zuber 1995, 55.
102 Vgl. dazu für Spanien Lehfeldt 2000.
103 Vgl. Sabean 1976, 103ff.
104 Code civil, Art. 826; Dörner 1964.
105 Weibel 1932, 10; Stobbe 1885, 376; Perrot 1992, 112f.; Claverie/Lamaison 1982.
106 Sering/v. Dietze 1930, Bd. 178/III.
107 Grundmann 1979.
108 Klapisch-Zuber 1995, 55.
109 Kent 1977, v. a. 121ff.

110 Lafon 1952.
111 Davidoff/Hall 1987, 226f.; Finch 1994, 96; skeptisch bezüglich der Frauenrechte Owens 2001.
112 Reif 1979, 80ff.
113 Die umgekehrte These von Emmanuel Todd, dass die Erfahrung des egalitären Erbrechts für die Gedanken der Französischen Revolution besonders empfänglich gemacht habe, scheint dagegen zumindest in der von Todd vorgebrachten Verallgemeinerung eher abwegig. Vgl. E. Todd 1990, 201ff.
114 Beck, U. 1986, 132.
115 Beck, U. 1991, 5.
116 Strohmeier 1993, 20.
117 Ausführlich zum European marriage pattern unten Gestrich, Kap. II.1.a)–c) sowie oben bei Mitterauer, Kap. III.1.a).
118 Vgl. Reher 1998, Nr. 2, 223.
119 Strohmeier 1993, 18ff.
120 Luhmann 1987, 126.
121 Beck, U. 1986, 122ff.
122 Ebd., 116.
123 Kohli 1985, 2.
124 Vgl. dazu auch Beck, U. 1986, 143ff.
125 Gerlach 1996, 62.
126 Hareven 1999, 36.
127 Ebd., 40.
128 Hill 1977, 12.
129 Differenzierter Überblick bei Trossbach 1993, 6ff.
130 Zu Italien v. a. Kertzer 1984, 25 zur Region Bologna.
131 Trossbach 1993, 31ff., 38.
132 Mitterauer 1986a, 188.
133 Coale/Watkins 1986.
134 Hajnal 1965.
135 Wall 1997.
136 Collomp 1972; Peyronnet 1975.
137 Dussourd 1978; Schaffer 1982.
138 Kertzer 1984, 26ff.
139 Kertzer 1984, 192ff.; zu den Ausnahmen Douglass 1980; speziell zu Sizilien Schneider/Schneider 1996.
140 Plakans/Wetherell 1997.
141 So v. a. Todorova 1997, 287ff.
142 Plakans/Wetherell 1997; Todorova 1997; Kaser 1995, 265ff.
143 Wrigley 1981, 182.
144 Ehmer 1991, 18, Knodel 1988, 122ff., der den Anstieg des Heiratsalters in 14 deutschen Dörfern weniger stark betont als Ehmer; vgl. zur Kritik an Ehmer auch Pfister, Chr. 1994, 81f.
145 Knodel 1988, 123.
146 Ehmer 1991, 295.
147 Kaschuba/Lipp 1982, 348ff.
148 Bourdieu 1962, 60; Kaschuba/Lipp 1982, 350.
149 Humphreys 1966, 65ff.
150 Sehr deutlich wird dies auch an neueren Untersuchungen zu Spanien; vgl. Barricarte 2001; Reher 1991.
151 Mitterauer 1986a, 208ff.

152 Wall 1984, 452.
153 Berkner 1972, 410; Mitterauer 1973, 180, 203; Mitterauer 1982, 255ff.
154 Vgl. Sieder 1987, 50.
155 Wall 1986, 496f., 525ff.; Kussmaul 1981, 128f.
156 Kertzer 1984, 12ff., 172ff.
157 Interessanter Vergleich zwischen deutschen Siedlungen in Ungarn und kroatischen und ungarischen Dörfern hinsichtlich des verschiedenen Gebrauchs von Gesinde bei Faragó 1986, v. a. 165ff.; zu Russland Czap 1982; Mitterauer/Kagan 1982.
158 Mitterauer 1986a, 213ff.; Mitterauer 1978a; Mooser 1984b, 256.
159 Brunner [2]1968; Forschungsüberblick bei Trossbach 1993, 88ff.; Trossbach 1993a sowie Opitz 1994.
160 Zum Konzept und Stand der Forschung: Ogilvie/Cerman 1996.
161 Kriedte/Medick/Schlumbohm 1977.
162 Braun 1979.
163 Medick 1996, 324f.
164 Ogilvie 1997.
165 Ehmer 1991, 230.
166 Gestwa 1999, 448f.
167 Gestrich 1986, 90ff.
168 Dipper 1980, 10ff.
169 Planck 1964; zur Entwicklung in Österreich seit dem ausgehenden 19. Jahrhundert Mitterauer 1986a, 259.
170 Planck/Ziche 1979.
171 Commission of the European Community (ed.) 1992, 233, Anm. 205.
172 Nach: Zimmermann 2000, 16.
173 Boulton 1987, 103.
174 Kohl 1985, 150ff.
175 Klapisch-Zuber 1985, 28; Arru 1997, 121.
176 Elliott 1981, 85ff.
177 Vgl. Ehmer 1991, v. a. 156f.
178 Aus: Ehmer 1991, 150.
179 Ehmer 1991, 114ff.
180 Schraut 1989, 92ff., 112ff.
181 Ehmer 1991, v. a. 229ff.
182 S.o. Kap. I.2.d).
183 Hèlin 1972, 332; Mols 1955, 116ff.
184 Pardailhé-Galabrun 1991, 31ff.
185 Mitterauer 1979b, v. a. 41ff.
186 Vgl. z. B. Hunecke 1995, 20f., 33ff.
187 Vgl. Conze/Kocka 1985, 11f.
188 Vgl. z. B. Freudenthal 1986, 7f.; Stromer 1973; Blendiger 1973; Fassl 1996, 228.
189 G. Wunder 1980 97f.; Guggerli 1988, 155ff.
190 Mosse 1998, 314.
191 Zit. nach Freudenthal 1986, 11.
192 Ebd., 12.
193 Fairchilds 1984, 6–15.
194 Ebd., 15; Pardailhé-Galabrun 1991, 37ff.
195 Pfister, U. 1985.
196 Zschunke 1984, 210ff.

197 Kohl 1985, 182ff.
198 Knodel 1974, 88ff.; Reitmayer 1999, 236f.
199 Lesthaeghe 1977, 135ff.
200 Zur Begrifflichkeit und Geschichte dieser Gruppe ausführlich Haupt/Crossick 1998, 11ff.
201 Lenger 1988, 26.
202 Lenger 1988, 210ff.
203 Möller 1969, 104.
204 Möller 1969, 107
205 Möller 1969, 106f.
206 Haupt/Crossick 1998, 120f.
207 Ehmer 1984.
208 Mitterauer 1979c, 104.
209 Lenger 1986, 105ff.
210 Janssens 1993, 200ff.
211 Mitterauer 1979c, 121.
212 Lenger, 1988, 98ff.
213 Haupt/Crossick 1995, 141f. mit detaillierteren Zahlenangaben.
214 Jones, R.B. 1971, 195.
215 Dazu ausführlich Haupt/Crossick 1995, 139ff.
216 Spree 1981, 279–308.
217 Knodel 1974, 120.
218 Desai 1968, 36.; Flora 1983/87.
219 W.G. Hoffmann 1965, 468.
220 Schomerus 1977, 124ff.
221 Dazu v. a. Schomerus 1981.
222 Rosenbaum 1978b, 397ff.
223 Schomerus 1977, 143ff.
224 Hausen 1978.
225 Dasey 1981.
226 Daniel 1989a, 71.
227 Jahoda/Lazarsfeld/Zeisel (1933) 1975, 89; zum Verhalten der Männer: Sieder 1987, 227.
228 Wolf 1962, 114.
229 Anderson 1971; Anderson 1972, 218ff.
230 Anderson 1971; Anderson 1972, 218ff.
231 Hontebeyrie/Rosental 1998.
232 V. a. Hareven 1999.
233 Vgl. v. a. Kertzer 1984, 194ff.
234 Marx 1964, 310f.
235 Vgl. z. B. Spiess 1993, 49ff.
236 Eindrucksvolle Beispiele aus dem südwestdeutschen Adel bei Hurwich 1998, 178f.
237 Hunecke 1995, 148ff., 394ff. Erst Österreich führte nach 1815 im Veneto eine strengere Adelsprobe ein.
238 Reif 1979, 575, Anm. 70.
239 Adelsgesetz vom 23.6.1920, ähnlich auch in anderen deutschen Ländern; zur morganatischen Ehe vgl. Gierke 1895, § 47.
240 Vgl. Erler/Kaufmann 1963, s. v. »Ebenbürtigkeit«, »Mißheirat«.
241 Bruns 1971, 624.
242 Allgemeines Landrecht, Zweyter Theil, §§ 30–33, 952.

243 Thomasius 1721, 93. Zur Rechtsgeschichte vgl. Becker 1978; Schott 1985.
244 Massenbach (Hg.) 1985, 306.
245 Castan 1991, 428.
246 Reif 1979, 265.
247 Zu England: Andrew 1997; zu Frankreich: Darrow 1979; zum Deutschen Reich: Reif 1979, 263ff. mit dem Hinweis auf die vermögensrechtliche Besserstellung adeliger Frauen in Westfalen im 17. Jahrhundert als Grundlage ihrer innerehelichen Statusverbesserung.
248 Stone 1977, 41ff.
249 Darrow 1979, 59.
250 Reif 1979, 243ff.
251 Vgl. z. B. Hajnal 1965, 113ff.
252 Cooper 1976, 300.
253 Stone, 1977, 41ff.; unter dem oberen Hochadel, den peers, lag der Prozentsatz allerdings wesentlich höher, vgl. Cooper 1976, 289.
254 Dewald 1996, 169; Stone/Stone 1984.
255 Hurwich 1998, 194; Spiess 1993, 364ff.; Mitterauer 1974a.
256 Reif 1981; Reif 1982.
257 Herausragend zu diesem Thema Ariès/Duby 1989–93.
258 Vgl. z. B. Lexikon des Mittelalters, s. v. Haus, Hausformen, 1989, Sp. 1968
259 Trotha 1990.
260 Bedal 1976, 165.
261 Zu den adeligen Wohnverhältnissen in Italien im Spätmittelalter zusammenfassend Roncière (1985) 1990, 172ff.; zu Frankreich Barthelmy 1990.
262 Kaspar 1985, 46.
263 Kaspar, 1987.
264 Meiners 1987, 190.
265 Klöden 1874/1911, 198.
266 Pardailhé-Galabrun 1991, 40f.
267 Benscheidt 1985, 235.
268 Mohrmann 1985.
269 Gleichmann 1977/1982; Brunhöber 1983, 189; zu England, Burnett 1978, 278.
270 Vgl. zu diesem komplexen Problem der Verschränkung von Öffentlichkeit und Privatheit mit der Geschlechterdifferenz die breite Diskussion innerhalb der Geschlechtergeschichte, z. B. Rosaldo 1980.; Hausen 1992; Pateman 1983; Davidoff/Hall 1987; zusammenfassend Gestrich 1999b, 94ff.
271 Treue 1969; Johansen 1978, 99.
272 Göhre 1903, 178; Brüggemeier/Niethammer 1978.
273 Vgl. Rodger 1985, 319ff.; Ehmer 1980; Jackson 1981.
274 Vgl. zur »größten Mietskasernenstadt der Welt« Bodenschatz 1988.
275 Perrot 1981; Schollmeier 1990; Ward (ed.) 1992.
276 Brunhöber 1983, 187.
277 Führ/Stemmrich 1985, 309.
278 Zit. nach Brunhöber 1983, 187.
279 Burnett 1978, 286ff.
280 Schneider/Schneider 1996, 106f.
281 Heidrich 1984, 37; Fliege 1998, 282ff.
282 Einen differenzierten Überblick zu Großbritannien bei Brunskill 1982, 26ff.; Überblicke zu verschiedenen europäischen Regionen in Teuteberg (Hg.) 1985, 25ff.; für Norddeutschland Schepers 1994; zu Süditalien Angaben bei Schneider/Schneider 1996, 103ff.

283 T. Hoffmann 1999, 704f.
284 Giedion 1987, 572; Tränkle 1992.
285 Fliege 1998, 286.
286 Heidrich 1983, 37; Weber-Kellermann 1987, 215f.
287 Zit. nach Gestrich 1986, 56. Vgl. dazu auch Mutschler 1986, 65ff. Vgl. zu ländlicher Armut auch Medick 1996, 183ff.
288 Schneider/Schneider 1996, 105ff.
289 Vgl. bes. Fliege 1998, 292ff.
290 Hammel 1981, 81 (Übers. A.G.).
291 Vgl. allgemein den Überblick bei Pfeffer 1985; zum indischen Beispiel: Gough 1962; Fernando 1981.
292 Guter Überblick bei Vajda 1985.
293 Perrot 1992, 113; Gestrich 1999a, 20; Geißler 1992, 58, Mierheim/Wicke 1978, 58, 72ff.
294 Vgl. dazu auch Goody 1976c, 102.
295 Goode 1959/1976, 120–132.
296 Vgl. z. B. Lardinois 1997, 351ff.
297 Goode, 1959/1976, 123.
298 Stone 1987, 149ff.; Shorter 1983, 72ff., 99ff.
299 Shorter 1983, 295.
300 Shorter 1983, 99ff.
301 Macfarlane 1986 entdeckt Liebe in England bereits im 14. Jahrhundert im Zusammenhang aufkommendem Individualismus; vgl. auch Macfarlane 1978; für Deutschland im 15. und 16. Jahrhundert M. Beer 1990; dazu auch Ozment 1983 u. 1989 sowie van Dülmen 1988, 67ff.
302 Mitterauer 1985, 551ff.; zum Gesamtzusammenhang auch Laslett 1980.
303 Vgl. als Zusammenfassung und Weiterführung dieser Diskussion v. a. Mitterauer 1983.
304 Vgl. v. a. Tilly/Scott/Cohen 1976, 447–476; Fairchilds 1978, 627–667.
305 So v. a. Gillis 1988, 88ff.
306 Vgl. v. a. Medick/Sabean (Hg.) 1984; aus anthropologischer und (wissens)soziologischer Sicht: Kahle (Hg.) 1981; dieser Fehlkonstruktion unterliegt auch Trepp 1996; vgl. zur Kritik daran auch Habermas 2000, 259ff.
307 Fargues 1997, 436ff., 447ff.; zur Parallelität unterschiedlicher Modi in Ägypten und zu den Möglichkeiten von Frauen, sich gegen die Partnerwahl des Vaters zu wehren vgl. die eindrückliche Darstellung von Abu-Lughod 1993, v. a. 45ff., 87ff.; Beillevaire 1997, 334f.
308 Fargues 1997, 451.
309 Abu-Lughod 1993, 42ff.
310 Zu Staatsheiraten und ihrer zeremoniellen Ausgestaltung vgl. Stolleis 1985.
311 Furnivall 1897/1978, XXXII; Stone 1977, 130f.
312 Stone 1977, 130.
313 Gestrich 2000, 106f.
314 Gasparin 1870, zit. nach Gay 1987, 103. Zu Gasparin vgl. Lachenmann 1928. Gay übersieht Gasparins Verwurzelung im französischen Calvinismus.
315 Zit. nach Flandrin 1978, 195; Vgl. Stone 1977, 101.
316 Stone 1977, 149ff.
317 O'Hara 2000.
318 Hunecke 1995, 141ff.
319 Zur mediterranen Kultur der Ehre vgl. z. B. Peristiany 1965; zur Bewachung der Jungfrauen und der Jungfräulichkeit in Italien J. Schneider 1971, 1–24.

320 Zur Rolle von Frauen Kleber-Mavridis 1982, 35f.; Krasberg 1996, 114ff.; zur strikt patriarchalische Strukturen bei den transhumanten Hirtenvolk der Sarakatsanen in Nordwestgriechenland Campbell 1964, 124ff.; zur Problematik der familialen Heiratsstrategien in griechischen Auswanderungsregionen vgl. Vernier 1984, 55–110, v. a. 106ff.

321 Sabean 1998, 170ff., 441ff.

322 Sabean 1998, 428ff.; Gouesse 1986, 31–61.

323 Darwin 1975, 153–184.

324 Sabean 1998, 531, 539.

325 Delille 1985.

326 Segalen 1981.

327 Claverie/Lamaison 1982; Lamaison 1979, 721–743.

328 Vincent 1980, 77–100.

329 Vgl. Hirschmann 1996; Zwahr 1980, 86–145, v. a. 89ff.

330 Budde 1994, 89ff., 262ff.; Habermas 2000; Trepp 1996.

331 Für englische ländliche und städtische Industrieregionen Gillis 1985, 121ff.; Cohen 1979, 238–266; Mitterauer 1986b, 206ff.

332 Mitterauer 1986b, 169.

333 Mitterauer 198b6, 165.

334 Beispiele für Spaziergänge als Werberituale aus Frankreich bei Shorter 1983, 147ff.; für nordenglische ländliche wie städtische Industriegebiete vgl. Gillis 1985, 123ff., für Griechenland Mavridis-Kleber 1982, 37; für Lichtstuben in Frankreich und anderen europ. Ländern Hufton 1995, 125ff.

335 Wikman 1937, 264; Mitterauer 1986b, 171f.; Mitterauer 1983, 56f.

336 Beispiele für weit verbreitetes individuelles »night visiting« im englischen Landarbeiterproletariat gibt Gillis 1985, 114f.

337 Wikman 1937, 165ff.; für England und Wales Gillis 1985, 109ff.; »Bundling« bedeutete ebenfalls, angezogen in einem Bett zu liegen.

338 Zum Zusammenhang Kiltgang und Illegitimität Mitterauer 1983, 55ff.; Kaschuba/Lipp 1982, 458; zur Schichtendogamie in ländlichen Gesellschaften mit starkem Jugendbrauchtum vgl. Gestrich 1986, v. a. 134ff., 153ff.; die detaillierteste Analyse der Praktiken der Partnerwahl unter Einschluss von Kiltgang bietet an bayerischen Beispielen Breit 1991, 84ff.

339 Gillis 1980, 74; Mitterauer 1986b, 206ff.

340 Zum Problem der Wiederverheiratung und des entsprechenden Jugendbrauchtums zahlreiche Beispiele in Dupâquier u. a. (Hg.) 1981; für Italien v. a. Corsini 1981, 391ff.; zu England: Thompson 1980; für Frankreich: Davis 1971.

341 Detaillierte Analyse z. B. bei Kaschuba/Lipp 1982, 456ff.

342 Zum Begriff des »Kulturellen Kapitals« vgl. Bourdieu [8]1996, 497ff.

343 Für die englische »middle class« des 19. Jahrhunderts vorzüglich Davidoff/Hall 1987, 219ff., 321ff.; für die liberale »dating culture« der USA und das »assortative mating«, die Schichtendogamie der Gegenwart, die soziologische Analyse des Whyte 1990, 17ff., 99ff.

344 Mitterauer 1985, 630ff., 668f.

345 Gillis 1985, 116ff.

346 Vgl. für Frankreich z. B. Berlanstein 1980; Frey 1978; für Deutschland Lipp 1986; Lipp 1990.

347 Hausen 1988. Vgl. für Deutschland auch v. Nell 1973, 69ff.; Sieder 1987, 133f.

348 Deyon 1981, 240; Lesthaege 1977, 89.

349 Zu diesem Zusammenhang Schraut 1989, 112ff., R. Müller, 2000, 211ff.; für die Oberschicht in der ländlichen Bevölkerung Schlumbohm 1992, 328ff.
350 Reitmayer, 1999, 230.
351 Rosenbaum 1982, 264.
352 Eindrucksvolle Mikrostudie für das 19. Jahrhundert bei Habermas 2000, 266ff.
353 Traut 1886, 317.
354 Zu Heiratsannoncen vgl. Berghaus 1985.
355 Teckenberg 2000, 173.
356 Teckenberg 2000, 168, die Zahlenwerte nach ebd., 130.
357 Teckenberg 2000, 130.
358 Zu Illegitimität in Portugal v. a. Brettell 1986, 210ff. mit ausführlicher Diskussion der Forschungsliteratur zu Portugal.
359 Brettell 1986, 213.
360 Mitterauer 1985, 566ff.
361 Mitterauer 1985, 578ff.
362 Mitterauer 1985, 660ff.; Lee 1977.
363 Mitterauer 1985, 676; Linse 1972; Lipp 1990; Bajohr 1981.
364 Lipp 1990, 245.
365 Rosenbaum 1992.
366 Rosenbaum 1992, 134 ff.; Knodel 1988, 209 ff.
367 Vgl. dazu oben Krause, Kap. V.6.
368 H. Wunder 1992, 59f.
369 Graf 1982; 54; Breit 1991, 76.
370 Württembergische Landesordnung v. 1521, in Reyscher.
371 Zit. nach Becker, H.-J. 1978, 36.
372 Zit nach Becker H.-J. 1978, 36.
373 Wesel 1996.
374 Burkart/Fietze/Kohli 1989, 39.
375 Zu Italien vgl. z. B. Barbagli 1997, 11f.; internationaler Vergleich auch bei Prinz 1995.
376 Burkart/Fietze/Kohli 1989, 35ff.
377 Perrot 1992, 121.
378 Hieronymos, Adversus Jovinianem, I, 49, zit. nach Flandrin 1984, 155. Zum Wandel christlicher Sexualauffassung in der Spätantike P. Brown 1989; Ariès/Bejin 1984.
379 Eine vorzügliche Zusammenfassung der katholischen Ehediskussion im frühen 20. Jahrhundert und der Forschungsliteratur bei Rölli-Alkemper 2000, v. a. 34–50.
380 Flandrin 1978, 190.
381 Vgl. Roncière 1990, 212.
382 Foucault 1986, Bd. 1, 29ff., 75ff.
383 Luther 1522/1983, 165–199.
384 Luther 1522/1983, 183.
385 Luther 1522/1983, 195.
386 Zit. nach Gay 1987, 53.
387 Gay 1987, 53f.; Flandrin 1978, 194.
388 Schubnell 1941.
389 Flandrin 1978; vgl. Pfister, Chr. 1994, 93.
390 Pfister, U. 1985; vgl. dazu auch Pfister, Chr. 1994, 92ff.
391 Ausführliche Literaturnachweise bei Pfister, Chr. 1994, 94.

392 Knodel 1974, 65ff.
393 Livi-Bacci 1999, 198.
394 Lesthaege / Wilson 1986, 291.
395 Livi-Bacci 1986, 189ff.
396 Dupâquier 1988, Bd. 3, 358; Dienel 1995, 28f.
397 Vgl. v. a. Sharlin 1986.
398 Ein aufschlussreicher Überblick über Bezeichnungen bei Dienel 1995, 10f.; zur Kondomproduktion McLaren 1990, 184.
399 Zu Bezeichnungen: Hagemann 1990, 246; zur Stadt-Land-Differenz: Marcuse 1917; zum Vertrieb: Woycke 1988, 48ff.
400 Le Bras 1981; Dienel 1995, 29.
401 Barbagli/Saraceno 1997, 10.
402 Zit. nach Schubnell 1941, 2.
403 Gay 1986, 285.
404 Linse 1972; Lipp 1990.
405 Zur europäischen Diskussion und Entwicklung vor und nach dem Ersten Weltkrieg zusammenfassend Ipsen 1996, 26ff.
406 Ausgezeichnetes statistisches Material zur Konfessionsspezifik für Deutschland bei Rölli-Alkemper 2000, 194ff.
407 Zit nach Lenzen 1985, 119.
408 Vgl. zum Gesamtzusammenhang Martin/Zoepffel (Hg.), 1989.
409 Pfeffer 1985, 62.
410 Vgl. dazu Martin/Zoepffel, 1989a, 6.
411 Coler, Johann, »Von allerley gemeinen Haußarbeiten/ und sachen/ die in der Haußhaltung täglich vorfallen«, Wittenberg o. J., Kap. 6, zit. nach Dürr 1995, 131.
412 Ulbrich 1999, 21; vgl. auch Frühsorge 1978.
413 Donzelot 1979, 61.
414 Zit. nach Delumeau 1985, Bd. 2, 470.
415 Luther 1522/1983, 190.
416 Mitterauer 1989, 821ff. u. 842ff.; Lorenz-Schmidt 1998, passim.
417 Campbell 1964, 31ff.
418 Wiegelmann 1964; Mitterauer 1989, 834, 883ff.; Mitterauer 1992; ein ähnlicher Prozess fand auch in der amerikanischen Käseherstellung statt vgl. McMurry 1995, 80f.
419 Wiegelmann 1975, 5ff.; skeptisch dazu Mitterauer 1989, 861f.
420 Vgl. z. B. Gestrich 1986, 49; Mitterauer 1989, 865f.
421 Fitz 1985; A. Tanner 1982; Mitterauer, 1989, 874.
422 Vgl. Maynes (im Druck)
423 Zit. nach Mitterauer 1989, 876.
424 Es scheint allerdings in der protoindustriellen Textilindustrie so zu sein, dass zumindest ein Elternteil von der Landwirtschaft freigestellt werden musste, um die Finger geschmeidig genug zu halten für die Arbeit am Webstuhl oder auch am Spinnrad, da diese ein außerordentlich taktiles ›Feingefühl‹ voraussetzten, das bei der Feldarbeit verloren ging. Vgl. Mitterauer 1989, 877; Quataert 1986; Rosenbaum 1982, 228ff.
425 Zit. nach Bull/Corner 1993, 27.
426 Bull/Corner 1993, 28.
427 Gestrich 1986, 87; Quataert 1985, 152ff.
428 Müller, W./Willms/Handl 1983.
429 Sabean 1977.

430 Sabean 1990, 180.
431 Hausen 1987; Gruber/Ortmayr 1982; Wiegelmann 1986.
432 Mitterauer 1989, 863ff. mit Hinweis auf Symbolik der gebückten Arbeit.
433 Bidlingmaier 1990, 209.
434 Stübler/Posega 1963.
435 Vgl. z. B. Bock/Duden 1977; Jacobi-Dittrich 1983; G. Schildt 1993.
436 Rousseau 1762/1981; Fichte 1796, zit. nach Gerhard 1978, 146.
437 Hagemann 1990, 159ff.; Hoshii 1986, 212.
438 Fassl 1996, 244.
439 Knapp 1984, Bd. 2, 274f.; Frevert 1985; Tilly/Scott/Cohen 1976, 457ff.; Janssens 1997.
440 Chapman 1971, 32; Krasberg 1996, 35ff.; Dubisch 1986, 197f.
441 Kaufmann 1990, 51f.
442 Phillips, 1988, 632.
443 Vgl. zu den »stable high divorce rate systems« in Japan und der arabischen Welt v. a. Goode 1993, 214ff. u. 251ff.
444 Nave-Herz (Hg.), 1988, 75.
445 Furstenberg, 1987; Schenk 1987; Burkart/Fietze/Kohli, 1989, 24ff.
446 Zur Unterscheidung zwischen »marriage stability« und »marriage quality« in der sozialwissenschaftlichen Scheidungsforschung Whyte 1990, 173ff.
447 Häußermann 1995, 220ff.; Vgl auch Gestrich 2000, 123.
448 Vgl. dazu auch Beck, R. 1992.
449 Bräker 1978, 213.
450 Bräker 1978, 278.
451 Gestrich 1986, 63.
452 Gestrich 2000, 78.
453 Thomas/Znaniecki 1958, 89.
454 Amt für amtliche Veröffentlichungen der Europäischen Gemeinschaft (Hg.) 1995, 56.
455 http://europa.eu.int/comm/employment_social/equ_opp/violence_en.html, European Commission Directorate-General X (ed.), Eurobarometer 51.0: Europeans and their views on domestic violence, 1999, 6ff.; Egger/Fröschl/Lercher/Logar/Sieder 1994, 125ff.
456 Das Buch Weinsberg. 1990, 299f., 357ff. etc.
457 Stolz 1983; zum katholischen Scheidungsrecht und der Scheidungspraxis auch Beck, R. 1992, v. a. 137ff. sowie H. Wunder 1992, 76f.; Phillips 1988, 30ff.
458 Phillips 1988, 34. Ähnliche Anpassungen des kanonischen Rechts an die lokalen Traditionen gab es auch in den spanischen Kolonien.
459 Dietrich 1970; May 1965; Staehelin 1957 gut für die Rechtspraxis in der Übergangsphase; im europäischen Überblick Phillips 1988, 40ff.
460 Vgl. für knappen Überblick Schorn-Schütte 1997, v. a. 97f.
461 Luther, Von Ehesachen (1530) WA, Bd. 30,3, 242.
462 Phillips 1988, 50ff.
463 Knappe Übersicht bei H. Wunder 1992, 70f.; ausführlich Phillips 1988, 52ff.
464 Stone 1990; Stone 1993, 18ff.
465 Leneman 1998, 6ff.
466 Köhler 1932; ähnliche Zahlen, allerdings mit deutlichem Überwiegen des Ehebruchs, für die Zeit 1529–54 bei Staehelin 1957, 181ff.
467 Leneman 1998, 16.
468 Köhler 1932, 119; zu Impotenz in Basler Prozessen Staehelin 1957, 195f.

469 Sharpe 1990, 66f.
470 Snell 1985, 359ff.; D.A. Kent 1990, 29; Stone 1993, 5f.
471 Stone 1993, 12.
472 Menefee 1981; Phillips 1988, 289ff.
473 Leneman 1998, 13f.
474 Phillips 1988, 162.
475 Farge/Foucault 1989; Phillips 1988, 302ff.
476 Schwab 1967, 219; Phillips 1988, 175ff.
477 Phillips 1988, 258f.; Phillips 1980, 44ff.
478 Allgemeines Landrecht 1970, 368, ALR 2. Teil, 8. Abschnitt § 717; vgl. Blasius 1992, 30; Dörner 1964.
479 Blasius 1997, 663.
480 Blasius 1992, 35f.
481 Zit. nach Blasius 1997, 666.
482 Phillips 1988, 432f.
483 Blasius 1992, 158.
484 Phillips 1988, 540f.
485 Phillips 1988, 542f.
486 Blasius 1992, 188ff.; Schwab 1997, 815f.
487 Vgl. Schwab 1997, 806ff.
488 Schwab 1997, 816.
489 Phillips 1988, 613f.
490 Burkart/Fietze/Kohli 1989, 23f.
491 Zit. nach Beer, M. 1990, 209–211
492 Ausführlich zur Selbstwahrnehmung schwangerer Frauen und zu den erwünschten und nicht erwünschten Schwangerschaften Labouvie 1998, 9ff., 35ff.
493 S. o. Gestrich, Kap. III.1.a).
494 Beer, M. 1990, 211.
495 Gélis 1989, 87f.; Bondeson 1983; Noonan 1986, 90; zum angelsächsischen Recht: Riddle 1992, 21; zur Carolina: Jerouschek 1987, 5f., Kluge 1986.
496 Vgl. diesen Diskussionen: Nicholas 1958, 333; S. Gruber 1970.
497 Vgl. zu den Praktiken und Ritualen um die und nach der Geburt z. B. Gélis 1989, v. a. 216ff.
498 Knecht 1994; vgl. zum Gesamtzusammenhang auch Feyerabend 1994 sowie Gestrich (im Druck).
499 Labouvie 1999, v. a. 247ff.
500 Labouvie 1998, 210ff., 217ff.
501 Gélis 1989, 161ff.
502 Das Buch Weinsberg 1990, 31.
503 Gibson 1989, 78.
504 Labouvie 1998, 238ff., 252ff.
505 Vgl. z. B. Ammar 1973, 91f.
506 Das Buch Weinsberg 1990, 31.
507 Klapisch-Zuber 1985, 287; Labouvie 1998, 223 u. Anm. 133.
508 Eindringliche Schilderung des sizilianischen »cumparatu« bei Chapman 1973, 115ff.
509 Zwahr 1981, 163ff.
510 Das Buch Weinsberg 1990, 31.
511 Mitterauer 1993, v. a. 241ff. u. 405ff.
512 Schneider/Schneider 1996, 87f.

513 Briefwechsel Hilda und Adolf Schärf, zit. nach Mitterauer 1993, 406.
514 Mitterauer 1993, 425f.
515 Ariès 1978
516 Badinter 1981.
517 Ariès 1978, 98.
518 Eine besonders eingehende Darstellung der Thesen von Ariès und der sich daran anschließenden Diskussion und Forschung findet sich bei Pollock 1983, 1ff. sowie bei Hansmann 1995, 111ff.; vgl. dazu auch Gestrich 1999b, 43ff., 102ff. Zur Ikonographie von Kindheit Arnold 1980; Ulbricht 1992; zur Terminologie Shahar 1990, 95ff.; Schultz 1995, 40f., 54.
519 M. Beer 1990, 272.
520 Gejvall 1960; Imhof 1988, v. a. 19ff.; Imhof 1981a.
521 Zit. nach Beer, M. 1990, 309.
522 Luther, Briefe, 1983, Bd. 6, 240.
523 Ariès 1978, 99.
524 Ploss 1912, 565; vgl. auch Imhof 1981b, 44; Lenzen 1985, 326.
525 Rosenbaum 1992, 190, vgl. aber auch ebd., 87ff.
526 Zu Deutschland: Lindemann 1981; zu Frankreich: Faÿ-Sallois 1980; Badinter 1981, 159ff.; Imhof 1981b, 63ff.; zum englischen Adel: Stone 1978, 441f.
527 Shahar 1990, 72ff. Vgl. dazu auch Klapisch-Zuber 1995, 115f.; insgesamt dort anhand des ungewöhnlichen Florentiner Materials die wohl beste Analyse der Strukturen und vielfältigen Zusammenhänge des spätmittelalterlichen Ammenwesens.
528 Beer, M. 1990, 247ff.
529 Donzelot 1979, 23ff.
530 Donzelot 1979, 34.
531 Segalen 1998, 37.
532 Schneider/Schneider 1996, 113ff.
533 Hunecke 1987, 11ff.; Meumann 1995, 141ff.
534 Shorter 1983, 202.
535 Kertzer 1991, 5; Ransel (1988) 307; europ. Überblick bei Societè Italiana a Demografia Storica (ed.) 1991.
536 Kertzer 1991, 16ff.
537 Peyronnet 1972; Peyronnet 1976.
538 Stone 1977, 298.
539 Stone 1978, 474f.
540 Shorter 1983, 201.
541 Kaschuba/Lipp 1982, 565ff.
542 Kaschuba/Lipp 1982, 557; Gestrich 1986, 164f.; Medick 1996, 368.
543 Jeggle 1977, 193; Kaschuba/Lipp 1982, 558f.; Lipp 1984; vorsichtig auch R. Müller, 2000, 289ff.; starke Hinweise für die Praxis postnataler Geburtenkontrolle in bestimmten Regionen Deutschlands dagegen bei Imhof 1981a, 369ff. sowie Saunders 1995, 395.
544 Kaschuba/Lipp 1982, 564.
545 Gestrich 1986, 163f.
546 Vorbildliche Analysen bei R. Müller, 2000, 293ff.
547 Imhof 1981a, 369ff.
548 Key 1902, 42; Montessori 1982, 77; Lenzen 1985, 346ff.
549 Zu dieser Ambivalenz eindrücklich Farge 1989, 65ff.
550 Zit nach Schütze 1988, 124f.

551 Klapisch-Zuber 1995, 112ff. Einen sehr differenzierten Überblick über die Stillpraktiken im frühneuzeitlichen Eingland gibt auch Pollock 1983, 212ff.; ausführliche Quellensammlung zum Thema Pollock 1987, 53ff. Vgl. zum folgenden auch Gestrich 1999b, 142f.
552 Beer, M. 1990, 249.
553 Vgl. v. a. den Überblick bei Löhmer 1989, 129ff. mit reichen Quellenbelegen.
554 Hochsinger [3]1912, 153, zit. nach Spree 1986, 639.
555 Wolfenstein 1955, 170.
556 Aufschlussreich v. a. Erikson 1957.
557 Zu unterschiedlichen Abstillmodi in Florenz Klapisch-Zuber 1995, 112; zu Luthers Ratschlägen Beer, M. 1990, 256f.
558 Allgemeines Landrecht 1970, 384; Budde 1994, 152 (zu englischen und deutschen Bürgerfamilien im 19. Jahrhundert).
559 Zu dem in diesem Kontext ebenfalls bedeutsamen Wickeln der Kinder vgl. zusammenfassend Gestrich 1999b, 143f.
560 Hunt 1970, 140ff.
561 Spree 1986, 627f. Ein interessanter Überblick zum entstehenden Reinlichkeitsdiskurs im ausgehenden 18. Jahrhundert, allerdings ohne direkten Bezug auf die frühkindliche Reinlichkeitserziehung bei Maurer 1996, 364ff. Traditionelle Praktiken werden aber vielfach in volkskundlichen Untersuchungen noch greifbar. Vgl. dazu besonders Loux 1991, 190ff.
562 Spree 1986, 640.
563 Mutschler 1986, 61f.
564 Zur europäischen Bewegung der antiautoritären Erziehung Gestrich 2001, 467ff.
565 Vgl. Pollock 1983, 228ff.
566 Shahar 1990, 92f.
567 Budde 1994, 124ff.
568 Zit. nach der Zusammenstellung bei Fend 1988, 114.
569 Pühler 1999, 28.
570 Vgl. z. B. Chao 1995.
571 Zu China: Markus/Kitayama 1991, die Unterschiede etwas relativierend: Elvin 1985; zu Japan: Bachnik 1992.
572 Van Dülmen, 1990, Bd. 1, 38ff.; Gestrich 1999b, 98ff.
573 Hunt 1970, 148.
574 Nach Hunt 1970, passim.
575 Stone 1978, 440.
576 Castiglione 1986.
577 Reif 1979, 143.
578 Zit. nach Fertig 1991, 18.
579 Zit nach Reif 1979, 146.
580 Fertig 1991, 20.
581 Vgl. dazu auch Reif 1982.
582 Conze 1979, 171ff.; vgl. Papathanassiou 1999, 22ff.
583 Hardach-Pinke/Hardach 1978, 31; Papathanassiou 1999, 22.
584 Chapman 1973, 31; Rosenbaum 1982, 93ff.
585 Sieder1975, 217.
586 Zu traditionellen Kinderarbeiten vgl. Papathanassiou 1999, 60ff.
587 Mutschler 1986, 45ff.
588 Zu den Arbeitszeiten Papathanassiou 1999, 78ff.; Schlumbohm 1983, 69f.
589 Vgl. zu diesem Zusammenhang oben Gestrich, Kap. II.1.a).

590 Vgl. dazu v. a. Rosenbaum 1982, 241 (mit autobiographischen Quellen).
591 Papathanassiou 1999, 108.
592 Rosenbaum 1982, 419f.
593 Mooser 1984a, 141.
594 Zit. nach Mooser 1984a, 141.
595 Gestrich 1986, 91f., Papathanassiou 1999, 136ff.; Rosenbaum 1982, 411f.
596 Lehmann 1983, 246.
597 Wild 1987, 238.
598 Kügelgen 1963, 30; Petsalozzi schrieb Erziehungsratgeber speziell für Mütter; wechselnde Zuständigkeiten beschreibt Habermas 2000, 381ff.
599 McLeod 1988, 141ff.; Hölscher, 1996, 49ff.
600 Hölscher 1996, 53.
601 Vgl. dazu Rosenbaum 1982, 358ff.; eher positiv zur Rolle der Väter Trepp 1996; Budde 1994; Habermas 2000, 382ff.
602 Schreber 1858, 66; vgl. Schatzmann 1978, 26.
603 Hull 1996, 257ff.; Lütkhaus 1992; Schroth 1994.
604 Zit. nach Schatzmann 1978, 23; zu England vgl. z. B. die autobiographische Darstellung Gosse 1907.
605 Vgl. dazu auch Rosenbaum 1982, 358ff.
606 Schlumbohm 1981; Zinnecker 1979.
607 Zinnecker 1979; Zinnecker 1990
608 Amt für amtliche Veröffentlichungen der Europäischen Gemeinschaft 1995, 60.
609 Bohn/Hahn 1999, 35.
610 Horkheimer 1970, 219.
611 Nauck 1989, 325.
612 Nauck 1989, 330ff.
613 Sieder 1987, 53.
614 Kaiser 1982.
615 Fairchilds 1984, 61ff.
616 Dürr 1995, 145ff.
617 Fairchilds 1984, 150ff.
618 Fairchilds 1984, 86ff.
619 Schulte 1978, 910ff.; Schulte 1979; Wierling 1987.
620 Zingerle 1997, 80f.
621 Vorzüglicher Überblick über die verschiedenen theoretischen Ansätze und die internationale Forschung bei Beardsworth/Keil 1997.
622 Zum »clearing up« als einer meist übersehenen Kategorie des Kochens Goody 1982, 37.
623 Ellis 1984.
624 Frerichs/Steinrücke 1997, 246ff.; zum Prestige der Köche an den Höfen des Ancien Régime Fairchilds 1984, 28ff.; zu ›aristokratischem‹ Koch und bürgerlicher ›Köchin‹ Barlösius 1991, 209.
625 Beardsworth/Keil 1997, 81f.
626 Segalen/Zonabend 1998, 180ff.; Krasberg 1997, 433ff.
627 Fairchilds 1984, 25f.
628 Beardsworth/Keil 1997, 85f. mit Überblick über soziologische Literatur.
629 Vgl. dazu die verschiedenen Beiträge in Teuteberg/Neumann/Wierlacher (Hg.) 1997, v. a. 179ff.
630 Zum Familienstil Claessens 1962, 134; Zur »Identitätsbildung bei Tische« Zingerle 1997; zur schicht- oder klassenspezifischen Bedeutung der zeitlichen

Platzierung der Hauptmahlzeit z. B. Martin-Fugier 1992, 210. Zitat Morgan 1996, 166.

631 Morgan 1996, 157f.

632 Sehr präsent und wichtig ist dieser Bezug in der griechischen Familie, vgl. Krasberg 1997, 430; Dubisch 1986, 207.

633 Fuchs, G. 1998.

634 Bucher 2000; Fuchs, G. 1998.

635 Für Italien z. B. Bell 1979, 105; für Dänemark Wiegelmann 1986.

636 Ammar 1973, 37f.

637 Sandgruber 1983, 140f.; vgl. auch Sieder 1987, 54.

638 Flandrin 1991, 270ff.; Martin-Fugier 1992, 210ff.

639 Vgl. z. B. für das Kleinbürgertum Haupt/Crossick 1998, 263.

640 Vgl. z. B. Castiglione 1986, 128ff.; zum bäuerlichen Milieu Mutschler 1986, 76.

641 Keppler 1994, 47ff.

642 Zusammengefasst nach Keppler 1994, 48.

643 Beardsworth/Keil 1997, 85.

644 Zahlreiche literarische Beispiele bei Wierlacher 1987.

645 Hill 1977, 12; Hareven 1999, 29; vgl. oben Gestrich, Kap. I.2.d).

646 Bräuche bei Festen im Lebenslauf waren ein bevorzugter Gegenstand volkskundlicher Forschung. Zu ländlichen Hochzeiten in Deutschland z. B. Gestrich 1986, 144ff.; in Griechenland Krasberg 1996, 124ff.

647 Hareven 1999, 30ff.

648 Weber-Kellermann 1978; Weber-Kellermann 1974, 223ff.

649 Lüschen 1970, 275ff.

650 Weber-Kellermann 1974, 240ff.

651 Z. B. Dölves 2000.

652 K. König 1922; Wex 1984; Gestrich 2000, 147ff.; Krasberg 1996, 165f.

653 Hervorragend dazu G.M. König 1996.

654 V. Klöden 1874/1911, 210; vgl. G.M. König 1996, 229.

655 G.M. König 1996, 229.

656 Liesenfeld 2000; Burton 1994.

657 Kohl 1985, 164ff.; Mitterauer 1986b, 102.

658 Laslett 1977, 169.

659 Vgl. z. B. Imhof 1981b, 147f.

660 Kessler 1992; Imhof 1981b, 147f.

661 Laslett 1977.

662 Le Bras 1973.

663 Laslett 1977.

664 Chr. Müller, 1992, 317.

665 Allerdings muss man bei solchen Berechnungen auch berücksichtigen, dass bereits Halbwaisen im Kleinkindalter eine deutlich erhöhte Sterblichkeit hatten; vgl. Beekink u. a. 1999.

666 Fehr 1912, 241f.

667 Gestrich 2000, 81f.

668 Berner 1981, 84.

669 Stier 1988, 67.

670 Limbach, 1989, 234ff.; Ramm u. a. 1994, 86.

671 Mitterauer 1997a, 24.

672 Vgl. dazu oben Gestrich, Kap. II.1.a) und b).

673 Rebel 1983, 173.

674 Vgl. z. B. Gestrich 1986, 57f.; Sabean 1990, 248ff.
675 Ehmer 1996, 60; Gaunt 1982, 173ff.; Sieder 1987, 65ff.; Guinnane 1996; Kertzer/Hogan 1996; Plakans 1996; Barbagli 1996.
676 Held 1982; ähnliche Zahlen für Frankreich Troyansky 1989, 144.
677 Reher 1997, 95ff., 107ff.
678 Stier 1988, 56ff.; Troyansky 1989, 181ff.; Finch 1995,93.
679 Zu Wien: Klar 1993, 128f.
680 Das Buch Weinsberg 1990, 205.
681 Finch 1995, 95ff.; Vgl. Anderson, M. 1971, 139ff.; Hareven 1999, 180ff.
682 Zu England: Finch 1995, 97.
683 Beispiele für England vgl. Finch 1993, 99.
684 Gute Darstellung am Beispiel Wiens Klar 1993, v. a. 164ff.; zu Deutschland: Schütze 1989; zu England: Finch 1993.
685 Nach Hareven 1999, 33.
686 Laslett 1984, 357, Campbell 1964, 109.
687 Farber 1981.
688 Kocka 1982, 173ff.
689 Vgl. an amerikanischen Beispielen besonders Hareven 1999, 87ff.
690 Bott 1971, 297.
691 B. Schildt 1996, 144ff.
692 Gestrich 1986, 52f.
693 Vgl. z. B. für einen Londoner Stadtteil im 17. Jahrhundert Boulton 1987, 228ff.
694 Haupt/Crossick 1998, 264.
695 Nachweise zu der breiten Forschung zu den »urban villagers« und ihren Sozialbeziehungen bei Lüschen 1989, 445ff.
696 Zit. nach Roberts 1982, 127f.
697 Haavio-Mannila/Holmila 1989, 601.
698 Krasberg 1996, 39ff.
699 Vgl. oben Kap. I.1.e)
700 Dritter Familienbericht 1979, 17f.
701 Peukert 1986, 18ff.; Dickinson 1996, 291f.; Donzelot 1979.]
702 Peukert 1986.
703 Vgl. v. a. Bock/Thane 1991; Rouette 1993.

Bibliographie

Abu-Lughod, Lila: Writing Women›s Worlds. Bedouin Stories, Berkeley/Los Angeles 1993.
Adelman, Howard Tzvi: Law and Love. The Jewish Family in Early Modern Italy, in: Continuity and Change 16 (2001), 283–303.
Alderson, Arthur S./Sanderson, Stephen K.: Historic European Household Structures and the Capitalist World-Economy, in: Journal of Family History 16 (1991), 419–432.
Allgemeines Landrecht für die preußischen Staaten von 1794. Textausgabe, hg. v. H. Hattenhauer, Frankfurt a. M. 1970.
Althoff, Gerd: Verwandte, Freunde und Getreue, Darmstadt 1990.
Ammar, Hamed: Growing up in an Egyptian Village: Silwa, Province of Aswan, New York 1973.
Amt für amtliche Veröffentlichungen der Europäischen Gemeinschaft (Hg.): Frauen und Männer in der Europäischen Union. Ein Porträt, Luxemburg 1995.
Anderson, Michael: Family Structure in Nineteenth-Century Lancashire, Cambridge 1971.
Anderson, Michael: Household Structure and the Industrial Revolution; Mid-Nineteenth-Century Preston in comparative perspective, in: Laslett/Wall (Hg.), Household and Family in Past Time 1972, 215–235.
Anderson, Michael: Approaches to the History of the Western Family 1500–1914, London 1980.
Anderson, Robert T.: Changing Kinship in Europe, in: Kroeber Anthropological Society Papers 28 (1963), 1–48.
Andreau, Jean/Bruhns, Hinnerk (Hg.): Parenté et stratégies familiales dans l'Antiquité romaine. Actes de la table ronde des 2–4 octobre 1986. Collection de l'École française de Rome 129, Rom/Paris 1990.
Andrew, Donna T.: ›Adultery à-la-Mode‹: Privilege, the Law and Attitudes to Adultery 1770–1809, in: History 82 (1997), 5–23.
Angenendt, Arnold: Das Frühmittelalter, Stuttgart 1990.
Angenendt, Arnold: Geschichte der Religiosität im Mittelalter, Darmstadt 1997.
Ariès, Philippe/Bejin, André (Hg.): Die Masken des Begehrens und die Metamorphose der Sinnlichkeit. Zur Geschichte der Sexualität im Abendland, Frankfurt a. M. 1984.
Ariès, Philippe/Duby, Georges: Geschichte des privaten Lebens, 5 Bde., Frankfurt a. M. 1989–1993 [frz.1985–87].
Ariès, Philippe: Geschichte der Kindheit, München/Wien 1975.
Ariès, Philippe: Geschichte des Todes, München/Wien 1980.
Arjava, Antti: Paternal Power in Late Antiquity, in: Journal of Roman Studies 88 (1998) 147-165.
Arnold, Klaus, Kind und Gesellschaft in Mittelalter und Renaissance. Beiträge und Texte zur Geschichte der Kindheit, Paderborn 1980.
Arru, Angiolina: Zuwanderung, Heiratsmarkt und die soziale Konstruktion der Stadtbürgerschaft. Rom im 18. und 19. Jahrhundert, in: Ehmer/Hareven/Wall 1997, 103–122.
Augustins, Georges: Comment se perpétuer? Devenir des lignées et destins de patrimoine dans les paysanneries européennes, Nanterre 1989.
Bachnik, Jane M.: The Two ›Faces‹ of Self and Society in Japan, in: Ethnos 20 (1992), 3–32.

Bader, Karl Siegfried: Dorfgenossenschaft und Dorfgemeinde, Weimar 1962.
Badinter, Elisabeth: Die Mutterliebe. Geschichte eines Gefühls vom 17. Jahrhundert bis heute. München 1981.
Bagnall, Roger S.: Church, State and Divorce in Late Roman Egypt, in: K.-L. Selig - R. Somerville (Hg.), Florilegium Columbianum: Essays in Honor of Paul Oskar Kristeller, New York 1987, 41-61.
Bagnall, Roger S./Frier, Bruce W.: The Demography of Roman Egypt, Cambridge 1994.
Bajohr, Stefan:, Uneheliche Mütter im Arbeitermilieu. Die Stadt Braunschweig 1900–1930, in: Geschichte und Gesellschaft 7 (1981), 474–506.
Bang, Martin: Das gewöhnliche Alter der Mädchen bei der Verlobung und Verheiratung, in: Ludwig Friedlaender, Darstellungen aus der Sittengeschichte Roms in der Zeit von August bis zum Ausgang der Antonine 4, Leipzig ^{9}1921, 133-141.
Barbagli, Marzio/Saraceno, Chiara: Lo stato delle famiglie in Italia. Bologna 1997.
Barbagli, Marzio: Sotto lo stesso tetto. Mutamenti della famiglia in Italia dal XV al XX secolo, Bologna 1984.
Bardach, Juliusz: L'indivision familiale dans le pays du Centre-Est européen, in: Duby, Georges/Le Goff, Jacques (Hg.), Famille et parenté dans l'occident médiéval, Rom 1977, 335–353.
Barker, Graeme: Prehistoric farming in Europe, Cambridge 1985.
Barlösius, Eva: Köchin und Koch: Familial-häusliche Essenszubereitung und berufliches Kochen, in: Ehlert 1991, 207–218.
Barrera-González, Andrés: Domestic Succession, Property, Transmission and Family Systems in the Agrarian Societies of Contemporary Spain, in: The History of the Family 3 (1998), 221–246.
Barricarte, Jesús J. Sánchez: Changes in Marriage Patterns in the Spanish Province of Navarre from the Eighteenth to the Twentieth Century, in: Continuity and Change 16 (2001), 71–93.
Barthelémy, Dominique: Domestizierte Festung: 11. bis 13. Jahrhundert, in: Ariès/ Duby, Bd. 2, 1990, 373–398.
Bartlett, Robert: Die Geburt Europas aus dem Geist der Gewalt, München 1996.
Bastl, Beatrix: Tugend, Liebe, Ehre. Die adelige Frau in der Frühen Neuzeit, Wien/Köln/Weimar 2000.
Baumgartner, Joseph: Die Vererbung des landwirtschaftlichen Grundbesitzes in Bayern rechts des Rheins, in: Sering/v. Dietze, Teil I, 1930, 385–413.
Beardsworth, Alan/Keil, Teresa (Hg.): Sociology on the Menu. An Invitation to the Study of Food and Society, London/New York 1997.
Beck, Rainer: Frauen in der Krise. Eheleben und Ehescheidung in der ländlichen Gesellschaft Bayerns während des Ancien régime. In: Dülmen, Richard van (Hg.): Dynamik der Tradition. Studien zur historischen Kulturforschung, Frankfurt a. M. 1992, 137–213.
Beck, Ulrich: Jenseits von Frauen- und Männerrolle oder: Die Zukunft der Familie, in: Universitas 1 (1991), 1–9.
Beck, Ulrich: Risikogesellschaft. Auf dem Weg in eine andere Moderne, Frankfurt a. M. 1986.
Becker, Hans-Jürgen: Die nichteheliche Lebensgemeinschaft (Konkubinat) in der Rechtsgeschichte, in: Landwehr, Götz (Hg.): Die nichteheliche Lebensgemeinschaft, Göttingen 1978, 13–38.
Bedal, K.: Gefüge und Struktur. Zu Standort und Arbeitsweise volkskundlicher Hausforschung. In: Zeitschrift für Volkskunde 72 (1976), 121–176.

Beer, Mathias, Eltern und Kinder des späten Mittelalters in ihren Briefen. Familienleben in der Stadt des Spätmittelalters und der frühen Neuzeit mit besonderer Berücksichtigung Nürnbergs (1400–1550), Nürnberg 1990.

Beekink, Erik/Poppel, Frans van/Liefbroer, Art C.: Surviving the Loss of the Parent in a Nineteenth-Century Dutch Provincial Town, in: Journal of Social History 33 (1999), 641–669.

Beer, Ursula: Geschlecht, Struktur, Geschichte. Soziale Konstituierung des Geschlechterverhältnisses, Frankfurt a. M. [u. a.] 1990.

Behnken, I./du Bois-Reymond, M./Zinnecker, J.: Verhäuslichung von Kindheit im 20. Jahrhundert im interkulturellen Vergleich, in: Schildt/Sywottek 1988, 41–62.

Beillevaire, Patrick: Die Familie: Instrument und Modell der japanischen Nation, in: Burguière u. a., Bd. 3, 1997, 305–341.

Bell, Rudolph M.: Fate and Honour, Family and Village. Demographic and Cultural Change in Rural Italy since 1800, Chicago/London 1979.

Belting, Hans: Bild und Kult, München 1990.

Benabou, Maral: Pratique matrimoniale et représentation philosophique: Le crépuscule des stratégies, in: Annales (Économie, Sociétés, Civilisations) 42 (1987), 1255–1266.

Benecke, Norbert, Der Mensch und seine Haustiere. Die Geschichte einer jahrtausendealten Beziehung, Stuttgart 1994.

Bennett, Michael: Spiritual kinship and the baptismal name in traditional European society, in: L. O. Frappell (Hg.), Principalities, Powers and Estates, Adelaide 1979, 1–13.

Benscheidt, Anja R.: Kleinbürgerlicher Besitz. Nürtinger Handwerkerinventare von 1660 bis 1840, Münster 1985.

Benveniste, Emile: Indoeuropäische lnstitutionen. Wortschatz, Geschichte, Funktion, Frankfurt a. M. 1993.

Berg, Maxine: Women's Property and the Industrial Revolution, in: Journal of Interdisciplinary History XXIV, 2 (1993), 233–250.

Berkner, Lutz K.: Inheritance, Land Tenure and Peasant Family Structure: A German Regional Comparison, in: Goody/Thirsk/Thompson 1976, 71–95.

Berkner, Lutz K.: The Stem Family and the Developmental Cycle of the Peasant Houshold: An Eighteenth Century Austrian Example. In: American Historical Review 77 (1972), 398–418.

Berlanstein, Lenard R.: Illegitimacy, Concubinage, and Proletarization in a French Rural Town, 1760–1914, in: Journal of Family History 5 (1980), 360–374.

Berner, Alexander: Erkundungen über das Armenwesen in Süddeutschland und der Schweiz (1531), in: Sachße, Christoph/Tennstedt, Florian: Geschichte und Geschichten. Jahrbuch der Sozialarbeit 4, Reinbek 1981, 69–89.

Bethe, Erich: Ahnenbild und Familiengeschichte bei Römern und Griechen, München 1935.

Bettini, Maurizio: Familie und Verwandtschaft im antiken Rom, Frankfurt a. M. 1992.

Bidlingmaier, Maria: Die Bäuerin in zwei Gemeinden Württembergs. Tübingen 1918 (ND: Kirchheim/Teck 1990.)

Bieniak, Janus: Clans de chevalerie en Pologne du Xlll[e] aux XIVe siècle, in: Duby, Georges/Le Goff, Jacques (Hg.), Famille et parenté dans l'occident médiéval, Rom 1977, 321–331.

Birdwell-Pheasant, Donna/Lawrence-Zúñiga, Denise: Introduction: Houses and Families in Europe, in: Dies. (Hg.), Houselife. Space, Place and Family in Europe, New York 1999, 1–38.

Birdwell-Pheasant, Donna: Family Systems and the Foundations of Class in Ireland and England, in: The History of the Family 3 (1989), 17–34.
Bischof, Norbert: Das Rätsel Ödipus, München 1985.
Blasius, Dirk: Ehescheidung in Deutschland im 19. und 20. Jahrhundert Göttingen 1987 (Taschenbuchausgabe: Frankfurt a. M. 1992).
Blasius, Dirk: Reform gegen die Frau: Das preußische Scheidungsrecht im frühen 19. Jahrhundert, in: Gerhard 1997, 659–669.
Blendiger, Friedrich: Die wirtschaftlichen Führungsschichten in Augsburg 1430–1740, in: Helbig, Herbert (Hg.), Führungskräfte der Wirtschaft in Mittelalter und Neuzeit 1350–1850, Teil I, Limburg 1973, 51–86.
Bloch, Marc: Die Feudalgesellschaft, Frankfurt a. M. 1982.
Blochwitz, Werner: Präzisierungstendenzen der altgaskognischen Urkundensprache im Begriffsfeld Verwandtschaft, Heidelberg 1965.
Blum, Jerome: Die bäuerliche Welt, München 1982.
Blundell, Sue: Women in Ancient Greece, London 1995.
Blundell, Sue: Women in Classical Athens, Bristol/London 1998.
Bock, Gisela/Duden, Barbara: Arbeit aus Liebe – Liebe aus Arbeit. Zur Entstehung der Hausarbeit im Kapitalismus, in: Gruppe Berliner Dozentinnen (Hg.), Frauen und Wissenschaft. Beiträge zur Berliner Sommeruniversität für Frauen. Berlin 1977, 118–199.
Bock, Gisela/Thane, Pat (Hg.): Maternity and Gender Policies. Women and the Rise of the European Welfare States, 1880s–1950s. London/New York 1991.
Bodei Giglioni, Gabriella: L'»oikos«: realtà familiare e realtà economica, in: S. Settis (Hg.), I Greci. Storia, cultura, arte, società, Bd. 2, 1, Torino 1996, 735–754.
Bodenschatz, Harald: Die Berliner ›Mietskaserne‹ in der Wohnungspolitischen Diskussion seit 1918, in: Schildt/Sywottek 1988, 127–149.
Boehm, Christopher: Blood Revenge. The Anthropology of Feuding in Montenegro and Other Tribal Societies, Kansas 1984.
Bömer, Franz: Ahnenkult und Ahnenglaube im alten Rom, Leipzig 1943.
Bondeson, William B. u. a. (Hg.): Abortion and the Status of the Fetus, Dordrecht/Boston/Lancaster 1983.
Borscheid, Peter/Teuteberg, Hans J. (Hg.): Ehe, Liebe, Tod. Zum Wandel der Familie, der Geschlechts- und Generationsbeziehungen in der Neuzeit. Münster 1983.
Borscheid, Peter: Geld und Liebe. Zu den Auswirkungen des Romantischen auf die Partnerwahl im 19. Jahrhundert. In: Ders./Teuteberg 1983, 112–134.
Borscheid, Peter: Geschichte des Alters. Vom Spätmittelalter bis zum 18. Jahrhundert. Münster 1987 (Taschenbuchausgabe: München 1989).
Borst, Arno: Lebensformen im Mittelalter, Frankfurt a. M. 1973.
Bosl, Karl: Die »familia« als Grundstruktur der mittelalterlichen Gesellschaft, in: Zeitschr. f. bayer. Landesgesch. 38 (1975), 403–424.
Bosl, Karl: Die Sozialstruktur der mittelalterlichen Residenz- und Fernhandelsstadt Regensburg, in: Untersuchungen zur gesellschaftlichen Struktur der mittelalterlichen Städte in Europa, Konstanz 1966, 93–214.
Bossy, John: The Counter-Reformation and the People of Catholic Europe, in: Past and Present 47 (1970), 51–70.
Boswell, John: The Kindness of Strangers. The Abandonment of Children in Western Europe from Late Antiquity to the Renaissance, New York 1988.
Bott, Elizabeth: Family and Social Network. Roles, Norms, and External Relationships in Ordinary Urban Families, London 1957, [2]1971.
Bouchard, Constance: Family Structure and Family Consciousness among the Aristocracy of the ninth to eleventh Century, in: Francia 14 (1986), 639–658.

Boulton, Jeremy: Neighbourhood and society. A London suburb in the seventeenth century, Cambridge 1987.
Bourdieu, Pierre: Célibat et condition paysanne, in: Études Rurales 1962, 32–136.
Bourdieu, Pierre: Die feinen Unterschiede. Kritik der gesellschaftlichen Urteilskraft, Frankfurt a. M. [8]1996.
Bradley, Keith R.: Discovering the Roman Family. Studies in Roman Social History, Oxford 1991.
Bradley, Keith R.: Slaves and Masters in the Roman Empire, Bruxelles 1984.
Bradley, Keith R.: Child Labour in the Roman World, in: Historical Reflections / Réflexions Historiques 12, 1985, 311–330. Ndr. in: ders., Discovering the Roman Family. Studies in Roman Social History, Oxford 1991, 103–124.
Bradley, Keith R.: Remarriage and the Structure of the Upper-Class Roman Family, in: Beryl Rawson (Hg.), Marriage, Divorce, and Children in Ancient Rome, Canberra–Oxford 1991, 79–98. Ndr. in: ders., Discovering the Roman Family. Studies in Roman Social History, New York–London 1991, 156–176. (= 1991a).
Bräker, Ulrich: Lebensgeschichte und Nathürliche Ebentheuer des Armen Mannes im Tockenburg. Hg. v. Samuel Voellmy, Basel 1978.
Braudel, Fernand: Das Mittelmeer und die mediterrane Welt in der Epoche Philipps II., 3 Bde., Frankfurt a. M. 1994.
Braun, Rudolf: Industrialisierung und Volksleben. Veränderungen der Lebensformen unter Einwirkung der verlagsindustriellen Heimarbeit in einem ländlichen Industriegebiet (Zürcher Oberland) vor 1800, Erlenbach/Zürich 1960, Göttingen [2]1979.
Breit, Stefan: »Leichtfertigkeit« und ländliche Gesellschaft. Voreheliche Sexualität in der frühen Neuzeit, München 1991.
Bremmer, Jan N.: The Old Women of Ancient Greece, in: Blok, Josine/Mason, Peter (Hg.): Sexual Asymmetry. Studies in Ancient Society, Amsterdam 1987, 191–215.
Bresc, Henri: Stadt und Land in Europa zwischen dem 13. und 15. Jahrhundert, in: Burguière u. a., Bd. 2, 1997, 159–207.
Brettell, Caroline B.: Men Who Migrate, Women Who Wait. Population and History in a Portuguese Parish, Princeton 1986.
Brettell, Caroline B.: Property, Kinship and Gender: A Mediterranean Perspective, in: Kertzer/Saller 1991, 340–354.
Brooke, Christopher: Marriage and Society in the Central Middle Ages, in: Outhwaite 1981, 17–34.
Brooke, Christopher: The Medieval Idea of Marriage, Oxford 1989.
Brown, Peter: Die neue Ehemoral im Osten und im Westen, in: Ariès/Duby, Bd. 1, 1989, 285–297.
Brown, Roger Lee: The Rise and Fall of the Fleet Marriages, in: Outhwaite 1981, 117–136.
Brüggemeier, F.J./Niethammer, L.: Schlafgänger, Schnapskasinos und schwerindustrielle Kolonie. Aspekte der Arbeiterwohnungsfrage im Ruhrgebiet vor dem Ersten Weltkrieg, in: Reulecke, Jürgen/Weber, Wolfhard (Hg.): Fabrik – Familie – Feierabend. Beiträge zur Geschichte des Alltags im Industriezeitalter. Wuppertal 1978.
Brunhöber, Hannelore: Wohnen, in: Benz, Wolfgang (Hg.): Die Bundesrepublik Deutschland, Bd. 2, Frankfurt a. M. 1983, 183–208.
Brunner, Otto/Conze, Werner/Koselleck, Reinhart (Hg.): Geschichtliche Grundbegriffe. Historisches Lexikon zur politisch-sozialen Sprache in Deutschland, 7 Bde., Stuttgart 1979–1992.
Brunner, Otto: Adeliges Landleben und Europäischer Geist. Salzburg 1949.

Brunner, Otto: Art. ›Hausväterliteratur‹. In: Handwörterbuch der Sozialwissenschaften, Bd. 5. Tübingen/Stuttgart/Göttingen 1956, 33–61.

Brunner, Otto: Das »ganze Haus« und die alteuropäische »Ökonomik«, in: Ders.: Neue Wege der Sozialgeschichte, Göttingen 1956, 33–61.

Brunner, Otto: Europäisches Bauerntum, in: Ders., Neue Wege der Sozialgeschichte, Göttingen 1956, 62–79.

Brunner, Otto: Land und Herrschaft, Wien/Wiesbaden 1959.

Brunner, Otto: »Bürgertum« und »Feudalwelt« in der europäischen Sozialgeschichte, in: Carl Haase (Hg.), Die Stadt des Mittelalters, Bd. 3, Darmstadt 1976, 480–502.

Bruns, Alfred: Ein adliger Brautkauf in Westfalen 1790, in: Genealogie 10 (1971), 620–625.

Brunskill, R.W.: Houses, London 1982.

Bucher, Anton: Religionsunterricht zwischen Lernfach und Lebenshilfe. Eine empirische Untersuchung zum katholischen Religionsunterricht in der Bundesrepublik Deutschland, Stuttgart 2000.

Bücher, Karl: Die Bevölkerung der Stadt Frankfurt am Main im XIV. und XV. Jahrhundert, Tübingen 1826.

Buchholz, Stephan: Standesungleichheit als Ehehindernis im 19. Jahrhundert, in: C. Bergfeld u. a. (Hg.): Aspekte europäischer Rechtsgeschichte. FS Helmut Coing. Frankfurt 1982, 29–64.

Buchholz, Stephan: Recht, Religion und Ehe. Orientierungswandel und gelehrte Kontroversen im Übergang vom 17. zum 18. Jahrhundert, Frankfurt a. M. 1988.

Budde, Gunilla-Friederike: Auf dem Weg ins Bürgerleben. Kindheit und Erziehung in deutschen und in englischen Bürgerfamilien 1840–1914, Göttingen 1994.

Buisson, Ludwig: Formen normannischer Staatsbildung, Studien zum mittelalterlichen Lehnswesen, Lindau 1960, 95–184.

Bull, Anna/Corner, Paul: From Peasant to Entrepreneur. The Survival of the Family Economys in Italy, Oxford/Providence 1993.

Bulst, Neithard/Goy, Joseph/Hoock, Jochen (Hg.): Familie zwischen Tradition und Moderne. Studien zur Geschichte der Familie in Deutschland und Frankreich vom 16. bis zum 20. Jahrhundert, Göttingen 1981.

Bürgel, Johann Christoph, Allmacht und Mächtigkeit, München 1991.

Burguière, André: Le rituel du mariage en France: pratiques ecclesiastiques et pratiques populaires (XVIe–XVIIIe siècles), in: Annales, E.S.C., H. 3 (1978), 637–649.

Burguière, André u. a. (Hg.): Geschichte der Familie, 4 Bde., Frankfurt a. M. 1996–98 [frz.1986].

Burkart, Günter/Fietze, Beate/Kohli, Martin: Liebe, Ehe, Elternschaft. Eine qualitative Untersuchung über den Bedeutungswandel von Paarbeziehungen und seine demographischen Konsequenzen, Wiesbaden 1989.

Burke, Peter: Did Europe exist before 1700?, in: History of European Ideas 1 (1980), 21–29.

Burn, Andrew R.: Hic breve vivitur. A Study of the Expectation of Life in the Roman Empire, in: Past and Present 4 (1953), 2–31.

Burnett, John: A Social History of Housing, 1815–1970, Newton Abbott 1978.

Burton, Richard D.E.: The Flaneur and his City. Patterns of Daily Life in Paris 1815–1851, Durham 1994.

Busch, Ruth C.: Family Systems. Comparative Study of the Family, New York 1990.

Byrne, Francis J.: Irish Kings and High-Kings, London 1987.

Byrnes, Robert F.: Communal Families in the Balkans: The Zadruga, London 1976.

Campbell, J.K.: Honour, Family and Patronage. A Study of Institutions and Moral Values in a Greek Mountain Community, Oxford 1964.

Cardona, Giorgio Raimondo: I nomi della parentela, in: Piero Melograni (Hg.), La famiglia Italiana dall'ottocento a oggi, Rom 1988, 287–321.
Casey, James: The history of family, New York 1989.
Castan, Nicole: Öffentlich und privat, in: Ariès/Duby, Bd. 3, 1991, 411–450.
Castiglione, Baldesar: Das Buch vom Hofmann (1528), München 1986.
Champlin, Edward: Final Judgments. Duty and Emotion in Roman Wills, 200 B.C.–A.D. 250, Berkeley/Los Angeles/Oxford 1991.
Chao, Ruth K.: Chinese and European American Cultural Models of the Self Reflected in Mothers' Childrearing Beliefs, in: Ethnos 23,3 (1995), 328–354.
Chapman, Charlotte Gower: Milocca: A Sicilian Village, London 1973.
Charles-Edwards, T.M.: Early Irish and Welsh Kinship, Oxford 1993.
Charlier, Marie-Therese/Raepsaet, Georges: Étude d'un comportement social: les relations entre parents et enfants dans la société athénienne à l'époque classique, in: Antiquité Classique 40 (1971), 589–607.
Claessens, Dieter: Familie und Wertsystem. Eine Studie zur »zweiten, sozio-kulturellen Geburt« des Menschen, Berlin 1962.
Claude, Dietrich: Adel, Kirche und Königtum im Westfrankenreich, Sigmaringen 1971.
Clauss, Manfred: Probleme der Lebensalterstatistiken aufgrund römischer Grabinschriften, in: Chiron 3 (1973), 395–417.
Claverie, E./Lamaison, P.: L'impossible mariage. Violence et parenté en Gévaudan, XVIIe, XVIIIe et XIXe siècle, Paris 1982.
Coale, Ansley/Watkins, Susan Cotts (Hg.): The Decline of Fertility in Europe. The Revised Proceedings of a Conference on the Princeton European Fertility Project, Princeton 1986.
Code civil, 71. éd., Paris 1972.
Cohen, David: Law, Sexuality, and Society. The Enforcement of Morals in Classical Athens, Cambridge 1991.
Cohen, David: Seclusion, Separation, and the Status of Women in Classical Athens, in: Greece & Rome 36 (1989), 3–15.
Cohen, David: The Athenian Law of Adultery, in: Revue internationale des droits de l'Antiquité 31 (1984), 147–165.
Cohen, David: The Social Context of Adultery at Athens, in: Paul Cartledge/Paul Millett/Stephen Todd (Hg.), Nomos. Essays in Athenian Law, Politics and Society, Cambridge 1990, 147–165.
Cohen, Phil, Territorial- und Diskursregeln bei der Bildung von »Peer-Groups« unter Arbeiterjugendlichen, in: Clarke, John u. a. (Hg.), Jugendkultur als Widerstand. Milieus, Rituale, Provokationen, Frankfurt a. M.1979, 238–266.
Collomp, Allain: Famille nucléaire et famille élargie en Haute Provence au XVIIIe siècle (1703–1734), in: Annales E.S.C. 1972, 969–975.
Commission of the European Community (Hg.), Farm Household Adjustment in Western Europe 1987–91. Final Report on the Research Programme on Frame Structures and Pluriactivity, Luxembourg 1992.
Conrad, Hermann: Das tridentinische Konzil und die Entwicklung des kirchlichen und weltlichen Eherechtes, in: Schreiber, Georg (Hg.), Das Weltkonzil von Trient. Sein Werden und Wirken, Bd. 1, Freiburg 1951, 297–324.
Conze, Werner/Kocka, Jürgen, Einleitung, in: Dies., Bildungsbürgertum im 19. Jahrhundert, Teil I: Bildungssystem und Professionalisierung im internationalen Vergleich, Stuttgart 1985, 9–26.
Conze, Werner (Hg.): Sozialgeschichte der Familie in der Neuzeit Europas. Neue Forschungen. Stuttgart 1977.

Conze, Werner: Art. Arbeit, in: Brunner/Conze/Koselleck 1979, Bd. 1, 154–215.
Cooper, J.P.: Patterns of Inheritance and Settlement by Great Landowners from the Fifteenth to the Eighteenth Centuries, in: Goody/Thirsk/Thompson 1976, 192–327.
Corbett, Percy Ellwood: The Roman Law of Marriage, Oxford 1930.
Corsini, Carlo: Why is Remarriage a Male Affair? Some Evidence from Tuscan Villages during the Eighteenth Century, in: Dupâquier, Jacques u. a. (Hg.), Marriage and Remarriage in Populations of the Past, London u. a. 1981, 385–395.
Cox, Cheryl Anne: Household Interests. Property, Marriage Strategies, and Family Dynamics in Ancient Athens, Princeton 1998.
Cox, Cheryl Anne: Sibling Relationships in Classical Athens: Brother-Sister Ties, in: Journal of Family History 13 (1988), 377–395.
Craik, Elisabeth M.: Marriage in Ancient Greece, in: Dies. (Hg.), Marriage and Property, Aberdeen 1984, 6–29.
Cseh-Szombathy, Lázló (Hg.): Familien in Wien und Budapest, Wien 1993.
Czap, Peter: The perennial multiple family household, Mishino, Russia, 1782–1858, in: Journal of Family History 7 (1982), 5–26.
Daniel, Ute: Arbeiterfrauen in der Kriegsgesellschaft. Beruf, Familie und Politik im Ersten Weltkrieg, Göttingen 1989. (= 1989a)
Daniel, Ute: Die Liebe, das Klima und der Kosmos – das revolutionäre Potential des Privatlebens in der Utopie des Frühsozialisten Charles Fourier, in: Journal Geschichte 1989, H. 1, 26–35. (= 1989b)
Dannenbauer, Heinrich: Adel, Burg und Herrschaft bei den Germanen, in: Herrschaft und Staat im Mittelalter, Darmstadt 1956, 60–134.
Darrow, Margaret H.: French Noblewomen and the New Domesticity, in: Feminist Studies 5 (1979), 41–65.
Darwin, George H.: Marriages between First Cousins in England and their Effects, in: Journal of the Statistical Society 38 (1975), 153–184.
Das Buch Weinsberg. Aus dem Leben eines Kölner Ratsherrn. Im Auftrag der Stadt Köln hg. v. Johann Jakon Hässlin, München [4]1990.
Das Gupta, Monica: Lifeboat versus corporate ethic: social and demographic implications of stem and joint families, in: Fauve-Chamoux, Antoinette/Ochiai, Emiko (Hg.), House and the stem-family in EurAsian perspective, Kyoto 1998, 444–460.
Dasey, Robyn: Women's Work and the Family: Women Garment Workers in Berlin and Hamburg Before the First World War, in: Evans/Lee 1981, 221–255.
Dassmann, Ernst/Schöllgen, Georg: Art. Haus II (Hausgemeinschaft), in: Reallexikon für Antike und Christentum 13 (1986), 801–905.
Dauvillier, Jean/Clercqu, Carlo de: Le mariage en droit canonique oriental, Paris 1936.
Davidoff, Leonore/Hall, Catharine: Family Fortunes. Men and Women of the English Middle Class 1780–1850, London 1987.
Davis, Nathalie Z.: The Reasons of Misrule: Youth Groups and Charivari in Sixteenth Century France, in: Past and Present 50 (1971) 41–75.
De Jong, Mayke: In Samuel's Image. Child Oblation in the Early Medieval West, Leiden 1996.
Deer, Bruno: Die römische Namengebung, Stuttgart 1937.
Deißmann-Merten, Marie-Luise: Zur Sozialgeschichte des Kindes im antiken Griechenland, in: Martin/Nitschke 1986, 267–316.
Deißmann, Marie-Luise: Aufgaben, Rollen und Räume von Mann und Frau im antiken Rom, in: J. Martin/R. Zoepffel (Hg.), Aufgaben, Rollen und Räume von Frau und Mann, Historische Anthropologie 5, 2, Freiburg/München 1989, 501–564.

Delille, Gérard: Famille et propiété dans le royaume de Naples (XVe–XIXe siècle), Rome/Paris 1985.
Delumeau, Jean: Angst im Abendland. Die Geschichte kollektiver Ängste im Europa des 14. bis 18. Jahrhunderts, 2 Bde., Reinbek 1985.
Demand, Nancy H.: Birth, Death, and Motherhood in Classical Greece, Baltimore/London 1994.
Derouet, Bernard: Territoire et parenté. Pour une mise en perspective de la communauté rurale et de formes de reproduction familiale, in: Annales E.S.C. 50 (1995), 645–686.
Desai, A.V.: Real Wages in Germany 1871–1913, Oxford 1968.
Desportes, Pierre: La population de Reims au XVe siècle d'après un dénombrement de 1422, in: Le Moyen Age 72, 1966, 463–509.
Dewald, Jonathan: The European Nobility, 1400–1800, Cambridge 1996.
Deyon, Pierre: Die Rolle familialer Strukturen in der Entwicklung Roubaix' im 19. Jahrhundert, in: Bulst/Goy/Hoock 1981, 239–244.
Dickinson, Edward Ross: The Politics of German Child Welfare from the Empire to the Federal Republic, Cambridge/Mass. 1996.
Dienel, Christiane: Kinderzahl und Staatsräson. Empfängnisverhütung und Bevölkerungspolitik in Deutschland und Frankreich bis 1918, Münster 1995.
Dieterich, Hartwig: Das protestantische Eherecht in Deutschland bis zur Mitte des 17. Jahrhunderts. (Jus Ecclesiasticum, Bd. 10.) München 1970.
Dipper, Christof, Die Bauernbefreiung in Deutschland, Stuttgart 1980.
Dittrich, Z.R.: Die Frage der slawischen Agrarverfassung im mittelalterlichen Böhmen und Mähren, in: Die Anfänge der Landgemeinde und ihr Wesen 2, Konstanz 1964, 387–402.
Dixon, Suzanne: The Roman Mother, London/Sydney 1988.
Dixon, Suzanne: The Roman Family, Baltimore/London 1992.
Dohrn van Rossum, Gerhard: Die Puritanische Familie, in: Reif 1982, 61–81.
Dölves, Annegret: Gegen die Pracht und Üppigkeit. Kleiderordnungen mit Beispielen aus Hamburg, Hamburg 2000.
Donzelot, Jaques: Die Ordnung der Familie. Frankfurt 1979.
Dörner, H.: Industrialisierung und Familienrecht. Die Auswirkungen des sozialen Wandels dargestellt an den Familienmodellen des ALR, BGB und des französischen Code civil. Berlin 1974.
Douglass, William A.: The south Italian family: A critique, in: Journal of Family History 5 (1980), 338–359.
Dritter Familienbericht, hg. v. der Sachverständigenkommission der Bundesregierung, Bonn 1979.
Dubisch, Jill, Culture Enters through the Kitchen: Women, Food, and Social Boundaries in Rural Greece, in: Dies. (Hg.): Gender and Power in Rural Greece, Princeton 1986, 195–214.
Duby, Georges: Die Ursprünge des Rittertums, in: Arno Borst (Hg.), Das Rittertum im Mittelalter, Darmstadt 1976, 349–369.
Duby, Georges: Krieger und Bauern. Die Entwicklung von Wirtschaft und Gesellschaft im frühen Mittelalter, Frankfurt a. M. 1977.
Duby, Georges: Les trois ordres ou l'imaginaire du féodalisme, Paris 1978.
Duby, Georges: Ritter, Frau und Priester, Frankfurt a. M. 1988.
Duby, Georges: Private Macht, öffentliche Macht, in: Ariès/ Duby, Bd. 2 1994, 17–46.
Duby, Georges: Mütter, Witwen, Konkubinen. Frauen im 12. Jahrhundert, Frankfurt a. M. 1997.

Dülmen, Richard van: Kultur und Alltag in der Frühen Neuzeit, Bd. 1: Das Haus und seine Menschen 16.–18. Jahrhundert, München 1990.

Dülmen, Richard van: Fest der Liebe. Heirat und Ehe in der frühen Neuzeit. In: Ders. (Hg.): Armut, Liebe, Ehre. Studien zur historischen Kulturforschung, Frankfurt 1988.

Dümmler, Ernst: Geschichte des ostfränkischen Reiches, Bd. 2, Leipzig 1897.

Dünninger, Dieter: Wegsperre und Lösung, Berlin 1967.

Duncan-Jones, Richard P.: The Purpose and Organisation of the Alimenta, in: Papers of the British School at Rome 32 (1964), 123–146.

Dupâquier, Jacques u. a. (Hg.): Histoire de la population française, Bd. 3, Paris 1988.

Dupâquier, Jacques u. a. (Hg.): Marriage and Remarriage in Populations of the Past, London u. a. 1981.

Durkheim, Emile: Introduction à la Sociologie de la Famille, in: Annales de la Faculté des Lettres de Bordeaux, Dixième Année, 257–281; dt. in: Ders.: Frühe Schriften zur Begründung der Sozialwissenschaft. Hg., eingeleitet u. übers. von Lore Heisterberg, Darmstadt/Neuwied 1981, 53–76.

Dürr, Renate: Mägde in der Stadt. Das Beispiel Schwäbisch Hall in der Frühen Neuzeit, Frankfurt a. M./New York 1995.

Durkheim, Emile: La famille conjugale. In: Revue Philosophique de la France et l'Etranger 91 (1921).

Durry, Marcel: Le mariage des filles impubères à Rome, in: Comptes Rendus de l'Académie des Inscriptions et Belles-Lettres (1955), 84–90. Ndr. in: Revue des Études Latines 47 bis (1969 (1970)) (= Mélanges Marcel Durry), 17–25.

Durry, Marcel: Le mariage des filles impubères dans la Rome Antique, in: Revue internationale des droits de l'Antiquité 2 (1955), 263–273.

Durry, Marcel: Sur le mariage romain. Autocritique et mise au point, in: Revue internationale des droits de l'Antiquité 3 (1956), 227–243. Ndr. in: REL 47 bis (1969 (1970)) (= Mélanges Marcel Durry), 27–41.

Dussourd, Henriette: Les communautés familiales agricoles du centre de la France, Paris 1978.

Egger, Renate, u. a: Gewalt gegen Frauen in der Familie, Wien 1995.

Ehlert, Trude (Hg.): Haushalt und Familie in Mittelalter und früher Neuzeit, Sigmaringen 1991.

Ehmer, Josef/Hareven, Tamara/Wall, Richard (Hg.): Historische Familienforschung. Ergebnisse und Kontroversen, Frankfurt a. M./New York 1997.

Ehmer, Josef/Mitterauer, Michael (Hg.): Familienstruktur und Arbeitsorganisation in ländlichen Gesellschaften, Wien 1986.

Ehmer, Josef: Familienstruktur und Arbeitsorganisation im frühindustriellen Wien. Wien 1980.

Ehmer, Josef: Familie und Klasse. Zur Entstehung der Arbeiterfamilie in Wien, in: Mitterauer/Sieder 1982, 300–325.

Ehmer, Josef: The artisan family in nineteenth-century Austria: embourgeoisement of the petite bourgeosie?, in: Crossick, Geoffrey/Haupt, Heinz-Gerhard (Hg.): Shopkeepers and Master Artisans in Nineteenth-Century Europe, London 1984, 195–218.

Ehmer, Josef: Heiratsverhalten, Sozialstruktur, ökonomischer Wandel. England und Mitteleuropa in der Formationsperiode des Kapitalismus, Göttingen 1991.

Ehmer, Josef: Soziale Traditionen in Zeiten des Wandels. Arbeiter und Handwerker im 19. Jahrhundert, Frankfurt a. M. 1994.

Elliott, Vivien Brodsky: Single Women in the London Marriage Market: Age, Status and Mobility, 1598–1619, in: Outhwaite (Hg.) 1981, 81–100.

Ellis, Rhian: The Way to a Man's Heart: Food in the Violent Home, in: Murcott 1984, 164–171.
Elvin, Mark: Between the Earth and Heaven: Conceptions of the Self in China, in: Michael Carrithers u. a. (Hg.), The Category of the Person. Anthropology, Philosophy, History, Cambridge 1985, 156–190.
Endress, Gerhard: Einführung in die islamische Geschichte, München 1987.
Engels, Friedrich: Der Ursprung der Familie, des Privateigentums und des Staates. In: Marx, Karl/Engels, Friedrich: Werke, Bd. 21, Berlin 1973.
Ennen, Edith: Die Frau in der Landwirtschaft vom Mittelalter bis zur frühen Neuzeit, in: Die Frau in der deutschen Wirtschaft (Zeitschrift für Unternehmergeschichte, Beiheft 35), Stuttgart 1985, 18–29.
Ennen, Edith: Frauen im Mittelalter, München 1985.
Erdmann, Walter: Die Ehe im alten Griechenland, München 1934.
Erikson, Erik H.: Kindheit und Gesellschaft, Zürich 1957.
Erler, Adalbert/Kaufmann, Ekkehard (Hg.): Handbuch zur deutschen Rechtsgeschichte, Berlin 1963, s. v. »Ebenbürtigkeit«, »Mißheirat«.
Erlich, Vera St.: Family in Transition, Princeton 1966.
European Commission Directorate-General X (Hg.), Eurobarometer 51.0: Europeans and their views on domestic violence, 1999.
Evans Grubbs, Judith A.: Law and Family in Late Antiquity. The Emperor's Constantine's Marriage Legislation, Oxford 1995.
Evans, Richard J./Lee, W. Robert: The German Family. Essays on the Social History of the Family in Nineteenth- and Twentieth-Century Germany. London 1981.
Ewig, Eugen: Die Namengebung bei den ältesten Frankenkönigen und im merowingischen Königshaus, in: Francia 18/1, 1991, 21–69.
Eyben, Emiel: Family Planning in Graeco-Roman Antiquity, in: Ancient Society 11/2 (1980/1), 5–82.
Eyben, Emiel: Geschlechtsreife und Ehe im griechisch-römischen Altertum und im frühen Christentum, in: Ernst Wilhelm Müller (Hg.), Geschlechtsreife und Legitimation zur Zeugung, Freiburg/München 1985, 403–478.
Eyben, Emiel: Sozialgeschichte des Kindes im römischen Altertum, in: Martin/Nitschke 1986, 317–363.
Eyben, Emiel: Mann und Frau im frühen Christentum, in: Martin/Zoepffel 1989, Bd. 2, 565–605.
Eyben, Emiel: Fathers and Sons, in: Rawson, Beryl (Hg.): Marriage, Divorce, and Children in Ancient Rome, Canberra/Oxford 1991, 114–143.
Eyben, Emiel: Restless Youth in Ancient Rome, London/New York 1993.
Fairchilds, Cissie: Domestic Enemies. Servants and their masters in Old Regime France, Baltimore/London 1984.
Fairchilds, Cissie: Female Sexual Attitudes and the Rise of Illegitimacy: A Case Study, in: Journal of Interdisciplinary History VIII (1978), 627–667.
Fantham, Elaine: Sex, Status, and Survival in Hellenistic Athens: A Study of Women in New Comedy, in: Phoenix 29 (1975), 44–74.
Faragó, Tamás: Formen bäuerlicher Haushalts- und Arbeitsorganisation in Ungarn um die Mitte des 18. Jahrhunderts, in: Ehmer/Mitterauer 1986, 103–183.
Farber, Bernard: Conceptions of kinship, New York 1981.
Farge, Arlette/Foucault, Michel: Familiäre Konflikte. Die ›Lettre de cachet‹. Aus den Archiven der Bastille im 18. Jahrhundert (1982), Frankfurt a. M. 1989.
Farge, Arlette: Das brüchige Leben. Verführung und Aufruhr im Paris des 18. Jahrhunderts, Paris1986, dt. Berlin 1989.

Fargues, Philippe: Arabischer Raum: Das Haus als Festung, in: Burguière u. a., Bd. 3, 1997, 435–475.
Fasoli, Gina: Grundzüge einer Geschichte des Rittertums, in: Arno Borst (Hg.), Das Rittertum im Mittelalter, Darmstadt 1976, 198–211.
Fassl, Peter: Wirtschaftliche Führungsschichten in Augsburg 1800–1914, in: Möckl 1996, 217–250.
Faÿ-Sallois, Fanny: Les nourrices à Paris au XIXe siècle, Paris 1980.
Fehr, Hans: Die Rechtsstellung der Frau und der Kinder in den Weistümern. Jena 1912.
Fend, Helmut: Sozialgeschichte des Aufwachsens. Frankfurt a. M. 1988.
Fernando, Dallas F.S.: Marriage and Remarriage in some Asian Civilizations, in: Dupâquier 1981, 89–93.
Fertig, Ludwig (Hg.): Bildungsgang und Lebensplan. Briefe über Erziehung von 1750 bis 1900. Darmstadt 1991.
Feyerabend, Erika: Schwangerschaft im Zeitalter der Technokratie, in: Wichterich, Christa, Menschen nach Maß. Bevölkerungspolitik in Nord und Süd, Göttingen 1994, 67–84.
Fichte, Johann Gottlieb: Grundlage des Naturrechts nach Prinzipien der Wissenschaftslehre (1796). Hamburg 1960.
Fichtenau, Heinrich: Lebensordnungen des 10. Jahrhunderts, Stuttgart 1984.
Fildes, Valerie A.: Breasts, Bottles and Babies. A History of Infant Feeding, Edinburgh 1986.
Filipovic, Milenko S.: Among the People, Ann Arbor 1982.
Finch, Janet: Do Families Support Each Other More or Less than in the Past?, in: Drake 1995, 91–105.
Fine, Agnès: Parrains, marraines. La parenté spirituelle en Europe, Paris 1994.
Fitz, A.: Familie und Frühindustrialisierung in Vorarlberg, Dornbirn 1985.
Flach, Jacques: Les origines de l'ancienne France, 4 Bde., Paris 1886–1917.
Flandrin, Jean-Louis: Familien. Soziologie – Ökonomie – Sexualität. Frankfurt a. M./Berlin/Wien 1978.
Flandrin, Jean Louis: Das Geschlechtsleben der Eheleute in der alten Gesellschaft: Von der kirchlichen Lehre zum realen Verhalten, in: Ariès/Béjin 1984, 147–164.
Flandrin, Jean Louis: Der gute Geschmack und die soziale Hierarchie, in: Ariès/Duby 1991, Bd. 3, 269–311.
Fliege, Thomas: Bauernfamilien zwischen Tradition und Moderne. Eine Ethnographie bäuerlicher Lebensstile. Frankfurt a. M. 1998.
Flora, Peter u. a.: State, Economy, and Society in Western Europe 1815–1975. A Data Handbook, 2 Bde., Frankfurt a. M. 1983/87.
Forte, A.D.M.: Some Aspects of the Law of Marriage in Scotland, 1500–1700, in: Craik, Elizabeth (Hg.), Marriage and Property – Women and Marital Customs in History, Aberdeen 1984, 104–118.
Fortes, Meyer: Kinship and the Social Order, London 1970.
Fossier, Robert: Die Epoche des Feudalismus (11.–13. Jahrhundert) in: Burguière u. a. 1997, Bd. 2, 125–158.
Foucault, Michel: Sexualität und Wahrheit, 3 Bde., Frankfurt a. M. 1986.
Fox, Robin: The Tory Islanders. A People on the Celtic Fringe, London 1978.
Foxhall, Lin: Household, Gender and Property in Classical Athens, in: Classcial Quarterly 39 (1989), 22–44.
Foxhall, Lin: The Law and the Lady. Women and Legal Proceedings in Classical Athens, in: Foxhall, Lin/Lewis, Andrew D.E. (Hg.), Greek Law in Its Political Setting. Justification not Justice, Oxford 1996, 133–152.

Frank, Isnard W.: Kirchengeschichte des Mittelalters, Düsseldorf 1982.
Frank, Karl S.: Geschichte des christlichen Mönchtums, Darmstadt 1993.
Frauenstädt, Paul: Blutrache und Totschlagsühne im deutschen Mittelalter, Leipzig 1881.
Frerichs, Petra/Steinrücke, Margareta: Kochen – ein männliches Spiel? Die Küche als geschlechts- und klassenstrukturierter Raum, in: Dölling, Irene/Krais, Beate (Hg.): Ein alltägliches Spiel. Geschlechterkonstruktion in der sozialen Praxis, Frankfurt a. M. 1997, 231–255.
Freudenthal, Margarethe: Gestaltwandel der städtischen, bürgerlichen und proletarischen Hauswirtschaft zwischen 1760 und 1910, Würzburg1934 (ND: Frankfurt a. M. 1986).
Frevert, Ute: »Fürsorgliche Belagerung«: Hygienebewegung und Arbeiterfrauen im 19. und frühen 20. Jahrhundert, in: Geschichte und Gesellschaft 11 (1985), 420–446.
Frevert, Ute (Hg.): Bürgerinnen und Bürger. Geschlechterverhältnisse im 19. Jahrhundert, Göttingen 1988.
Frey, M.: Du mariage et du concubinage dans les classes populaires à Paris (1846–1847), in: Annales E.S.C. 33 (1978), 809–829.
Fried, Pankraz: Herrschaftsgeschichte der altbayerischen Landgerichte Dachau und Kranzberg, München 1962.
Friedberg, Emil: Das Recht der Eheschließung in seiner geschichtlichen Entwicklung. Neudruck der Ausgabe Leipzig 1865, Aalen 1965.
Friedrich, Paul: An Evolutionary Sketch of Russian Kinship, in: Proceedings of the Annual Spring Meeting of the American Ethnological Society 1963, 1–26.
Friedrich, Paul: Semantic Structure and Social Structure: An Instance from Russian, in: Ward Hunt Goodenough (Hg.), Explorations in Cultural Anthropology, New York 1964, 131–166.
Friedrich, Paul: Proto-Indo-European Kinship, in: Ethnology 5, 1966, 1–36.
Frier, Bruce Woodward: Roman Life Expectancy: Ulpian's Evidence, in: Harvard Studies in Classical Philololgy 86 (1982), 213–251.
Frier, Bruce Woodward: Roman Life Expectancy: The Pannonian Evidence, in: Phoenix 37 (1983), 328–344.
Frier, Bruce Woodward, Roman Demography, in: D. S. Potter/D. J. Mattingly (Hg.), Life, Death, and Entertainment in the Roman Empire, Ann Arbor 1999, 85–109.
Fritsche, Michael: Semantische Struktur und Sozialstruktur am Beispiel der Verwandtschaftsterminologie der Balkansprachen, Berlin 1977.
Frühsorge, Gotthard: Die Begründung der ›väterlichen Gesellschaft‹ in der europäischen oeconomia christiana. Zur Rolle des Vaters in der ›Hausväterliteratur‹ des 16. bis 18. Jahrhunderts in Deutschland. In: Tellenbach, Hubert (Hg.): Das Vaterbild im Abendland, Stuttgart 1978, 110–123.
Fuchs, C.J.: Die ländliche Vererbung in Württemberg und Hohenzollern, in: Sering/v. Dietze 1930, Teil I, 415–495.
Fuchs, Guido: Mahlkultur. Tischgebet und Tischritual, Regensburg 1998.
Fügedi, Erik: Some Characteristics of the Medieval Hungarian Noble Family, in: Journal of Family History 7, 1982, 27–39.
Fügedi, Erik: The Elefánthy. The Hungarian Nobleman and His Kindred, Budapest 1998.
Führ, Eduard/Stemmrich, Daniel: »Nach gethaner Arbeit verbleibt im Kreise der Eurigen.« Bürgerliche Wohnrezepte für Arbeiter zur individuellen und sozialen Formierung im 19. Jahrhundert, Wuppertal 1985.

Furnivall, Frederick J. (Hg.): Child-Marriages, Divorces, and Ratifications etc. in the Diocese of Chester, A.D. 1561–66, London 1897 (ND: Millwood 1978).
Furstenberg, Frank F. Jr.: Fortsetzungsehen. Ein neues Lebensmuster und seine Folgen, in: Soziale Welt 38 (1987), 29–39
Gallant, Th. W.: Risk and Survival in Ancient Greece. Reconstructing the Rural Domestic Economy, Cambridge 1991.
Gardner, Jane F.: Women in Roman Law and Society, London/Sydney 1986.
Gardner, Jane F.: Family and *familia* in Roman Law and Life, Oxford 1998.
Garland, Robert: The Greek Way of Life from Conception to Old Age, London 1990.
Garnsey, Peter: Child Rearing in Ancient Italy, in: Kertzer/Saller 1991, 48–65.
Gasparin, Agénor E. de: La famille. Ses devoirs, ses joies et ses douleurs, Paris 1865; dt. u. d. T. Die Familie, ihre Pflichten, ihre Freuden und ihre Schmerzen, Gütersloh 1870.
Gaunt, David: Formen der Altersversorgung in Bauernfamilien Nord- und Mitteleuropas, in: Mitterauer/Sieder 1982, 156–191.
Gay, Peter: Erziehung der Sinne. Sexualität im bürgerlichen Zeitalter. München 1986.
Gay, Peter: Die zarte Leidenschaft. Liebe im bürgerlichen Zeitalter. München 1987.
Gayer, Aniko: Anfänge der Familienpolitik in Budapest in den letzten hundert Jahren, in: Cseh-Szombathy/Richter 1993, 203–214.
Geißler, Rainer: Die Sozialstruktur Deutschlands. Ein Studienbuch zur gesellschaftlichen Entwicklung im geteilten und vereinten Deutschland, Bonn 1992.
Gejvall, Nils-Gustav: Westerhus. Medieval Population and Church in the Light of Skeletal Remains, Diss. Lund 1960.
Gélis, Jaques: Die Geburt. Volksglaube, Rituale und Praktiken von 1500–1900, München 1989.
George, M.: Servus and domus: the Slave in the Roman House, in: R. Laurence/A. Wallace-Hadrill (Hg.), Domestic Space in the Roman World: Pompeii and beyond, Journal of Roman Archaeology, Suppl. 22, Portsmouth, Ri. 1997, 15–24.
Gerhard, Ute: Verhältnisse und Verhinderungen. Frauenarbeit, Familie und Rechte der Frauen im 19. Jahrhundert. Mit Dokumenten. Frankfurt a. M. 1978.
Gerhard, Ute (Hg.): Frauen in der Geschichte des Rechts. Von der Frühen Neuzeit bis zur Gegenwart, München 1997.
Gerlach, Irene, Familie und staatliches Handeln. Ideologie und politische Praxis in Deutschland, Opladen 1996.
Gestrich, Andreas: Traditionelle Jugendkultur und Industrialisierung. Sozialgeschichte der Jugend in einer ländlichen Arbeitergemeinde Württembergs, 1800–1920, Göttingen 1986.
Gestrich, Andreas: Protestant religion, the state and the suppression of traditional youth culture in Southwest Germany, in: History of European Ideas 11 (1989), 629–636.
Gestrich, Andreas: Geschichte der Familie im 19. und 20. Jahrhundert, München 1999. (=1999a)
Gestrich, Andreas: Vergesellschaftungen des Menschen. Einführung in die Historische Sozialisationsforschung, Tübingen 1999. (=1999b)
Gestrich, Andreas u. a.: »Aufwiegler, Rebellen, saubere Buben«. Alltag in Botnang. Geschichte eines Stuttgarter Stadtteils, Stuttgart [2]2000.
Gestrich, Andreas, Kindheit und Jugend – Individuelle Entfaltung im 20. Jahrhundert, in: Dülmen, Richard van (Hg.): Entdeckung des Ich. Die Geschichte der Individualisierung vom Mittelalter bis zur Gegenwart, Köln/Weimar/Wien 2001, 465–487.

Gestrich, Andreas: Sind Foeten Menschen? In: Reinhard, Wolfgang/Stagl, Justin (Hg.): Grenzen des Menschseins (im Druck).

Gestwa, Klaus: Proto-Industrialisierung in Rußland. Wirtschaft, Herrschaft und Kultur in Ivanovo und Pavlovo, 1741–1932, Göttingen 1999.

Gibson, Wendy: Women in the Seventeenth-Century France, Basingstoke/London 1989.

Giedion, Siegfried: Die Herrschaft der Mechanisierung. Ein Beitrag zur anonymen Geschichte, Frankfurt a. M. 1987.

Gierke, Otto: Deutsches Privatrecht, Bd. I, Leipzig [u. a.] 1895.

Gieysztor, Alexander: Le lignage et la famille nobiliaire en Pologne aux XIe, XIe et XIIIe siècles, in: Duby, Georges/Le Goff, Jacques (Hg.), Famille et parenté dans l'occident médiéval, Rom 1977, 299–308.

Gillis, John/Tilly, Louise/Levine, David (Hg.): The European Experience of Declining Fertility, Cambridge 1992.

Gillis, John R.: Geschichte der Jugend. Tradition und Wandel im Verhältnis der Altersgruppen und Generationen in Europa von der zweiten Hälfte des 18. Jahrhunderts bis zur Gegenwart, Weinheim 1980.

Gillis, John R.: For Better, For Worse, British Marriages 1600 to the Present, New York/Oxford 1985.

Gillis, John R.: From Ritual to Romance. Toward an Alternative History of Love, in: Stearns, Carol Z./Stearns, Peter N. (Hg.): Emotion and Social Change. Toward a New Psychohistory, New York 1988, 87–121.

Glass, D.V.: Population Policies and Movements in Europe, Oxford 1940.

Gleichmann, Peter Reinhart: Die Verhäuslichung körperlicher Verrichtungen, in: Ders. u. a. (Hg.): Materialien zu Norbert Elias' Zivilisationstheorie (1977), Frankfurt a. M. 1982, 254–278.

Gnilka, Christian: Art. Altersversorgung, in: Reallexikon für Antike und Christentum, Suppl. 1/2 (1985(84)), 266–289.

Goehrke, Carsten: Frühzeit des Ostslaventums, Darmstadt 1992.

Göhre, Paul (Hg.): Denkwürdigkeiten und Erinnerungen eines Arbeiters. Leipzig ²1903.

Goitein, Shlomo D.: A Mediterranean Society. The Jewish Communities of the Arab World as Portayed in the Documents of the Cairo Geniza, Bd. 3: The Family, Berkeley u. a. 1978.

Golden, Mark: Demography and the Exposure of Girls at Athens, in: Phoenix 35 (1981), 316–331.

Golden, Mark: The Effects of Slavery on Citizen Households and Children: Aeschylus, Aristophanes and Athens, in: Historical Reflections/Réflexions historiques 15 (1988), 455–475.

Golden, Mark: Childhood in Classical Athens, Baltimore/London 1990.

Goode, William J.: World Revolution and Family Patterns, New York 1963.

Goode, William J.: The Theoretical Importance of Love, in: American Sociological Review 24 (1959), S. 38–47 (zitiert nach dem Wiederabdruck in: Larson, Lyle E. (Hg.): The Canadian Family in Comparative Perspective, Ontario 1976, 120–132).

Goode, William J.: World Changes in Divorce Patterns, New Haven/London 1993.

Goody, Jack/Thirsk, Joan/Thompson, E.P. (Hg.): Family and Inheritance. Rural Society in Western Europe 1200–1800, Cambridge 1976.

Goody, Jack: Inheritance, Property and Women: Some Comparative Considerations, in: Goody/Thirsk/Thompson 1976, 10–36. (= 1976a)

Goody, Jack: Introduction, in: Goody/Thirsk/Thompson 1976, 1–9. (= 1976b)

Goody, Jack: Production and Reproduction: A Comparative Study of the Domestic Domain, Cambridge 1976. (= 1976c)
Goody, Jack: Cooking, Cuisine and Class: A Study in Comparative Sociology, Cambridge 1982.
Goody, Jack: Die Entwicklung von Ehe und Familie in Europa, Berlin 1986.
Goody, Jack: The Oriental, the Ancient and the Primitive. Systems of marriage and the family in the pre-industrial societies of Eurasia, Cambridge 1989.
Goody, Jack: Comparing Family Systems in Europe and Asia: Are There Different Sets of Rules?, in: Population and Development Review 22 (1996), 1–20.
Goody, Jack: The East in the West, Cambridge 1996.
Goody, Jack: Food and Love. A Cultural History of East and West, Cambridge 1998.
Goody, Jack: The European Family. An Historical-Anthropological Essay, Oxford 2000.
Goody, Jack: Geschichte der Familie, München 2002.
Gosse, Edmund: Father and Son. A Study of Two Temperaments, London 1907.
Gouesse, Jean-Marie, Marriages de proches parents (XVIe–XXe siècle). Esquisse d'une conjoncture, in: Le Modèle familial européen: Normes, déviances, contrôle du pouvoir, Rome 1986, 31–61.
Gough, E.K. Nayar: Central Kerala, in: Schneider, D.M./Gough, K. (Hg.), Matrilineal Kinship, Berkeley 1962, 298–384.
Gould, John: Law, Custom and Myth: Aspects of the Social Position of Women in Classical Athens, in: Journal of Hellenic Studies 100 (1980), 38–59.
Gourevitch, Danielle: Le mal d'être femme. La femme et la médecine dans la Rome antique, Paris 1984.
Graf, Wolfgang: Ehebruch im fränkischen und deutschen Mittelalter unter besonderer Berücksichtigung des weltlichen Rechts, Würzburg 1982.
Grönbech, Wilhelm: Kultur und Religion der Germanen, 2 Bde., Darmstadt 1961.
Gruber, Beatus/Ortmayr, Norbert: Familie und Alltag ländlicher Unterschichten nach der Jahrhundertwende. Zur Analyse klein- und unterbäuerlicher Lebenswelt im Geschichtsunterricht, in: Zeitgeschichte 10 (1982), H. 2, 60–83.
Gruber, Siegfried: Mariologie und katholisches Selbstbewußtsein. Ein Beitrag zur Vorgeschichte des Dogmas von 1854 in Deutschland, Essen 1970.
Grundmann, F.: Agrarpolitik im »Dritten Reich«. Anspruch und Wirklichkeit des Reichserbhofgesetzes, Hamburg 1979.
Grunow, Oskar: Die Bezeichnungen einiger Verwandtschaftsgrade. Ihre Etymologie und Wortgeographie im österreichisch-bairischen Sprachraum, phil. Diss. (masch.), Wien 1966.
Guerreau-Jalabert, Anita: ›spiritus et caritas‹. La baptême dans la société médiévale, in: Héritier-Augé, Françoise/Copet-Rougier, Elisabeth (Hg.), Le parenté spirituelle, Paris 1996.
Guerreau-Jalabert, Anita: Qu'est-ce que l'›adoptio‹ dans la société chrétienne médiévale, in: Médiévales 35, 1998, 33–49.
Guerreau-Jalabert, Anita: Sur le structure de parenté dans l'Europe médiévale, in: Annales E.S.C. 36 (1981), 1028–1094.
Guggerli, David: Zwischen Pfrund und Predigt. Die protestantische Pfarrfamilie auf der Zürcher Landschaft im ausgehenden 18. Jahrhundert, Zürich 1988.
Guichard, Pierre und Cuvillier, Jean-Pierre: Europa in der Zeit der Völkerwanderungen, in: Burguière u. a. 1997, Bd. 2, 13–86.
Guichard, Pierre: Structures sociales ›orientales‹ et ›occidentales‹ dans l'Espagne musulmane, Paris/Den Haag 1977.

Gunda, Béla: Arbeitshütten auf der Balkanhalbinsel, in: Ders.: Ethnographica Carpatho-Balcanica, Budapest 1971.

Gunda, Béla; The Ethno-Sociological Structure of the Hungarian Family, in: Journal of Family History 7 (1982), 40–51.

Günther, Linda-Marie: Witwen in der griechischen Antike – zwischen Oikos und Polis, in: Historia 42 (1993), 308–325.

Haase, Felix: Volksglaube und Brauchtum der Ostslaven, Breslau 1939.

Haavio-Mannila, Elina/Holmila, Marja: Familie und Alkoholismus, in: Nave-Herz/Markefka 1989, 595–606.

Habermas, Rebekka: Frauen und Männer des Bürgertums. Eine Familiengeschichte (1750–1850), Göttingen 2000.

Hagemann, Karen: Frauenarbeit und Männerpolitik. Alltagsleben und gesellschaftliches Handeln von Arbeiterfrauen in der Weimarer Republik, Bonn 1990.

Hajnal, John: European marriage Patterns in perspective, in: Glass, D.V./Eversley, D.E.C. (Hg.): Population in history. Essays in historical demography, London 1965, 101–143.

Hajnal, John: Two kinds of preindustrial household formation system, in: Richard Wall u. a. 1983, 65–104.

Hall, John A.: ›States and Societies‹: The Miracle in Comparative Perspective, in: Jean Baechler u. a. (Hg.), Europe and the Rise of Capitalism, Oxford 1988, 20–38.

Hallett, Judith P.: Fathers and Daughters in Roman Society. Women and the Elite Family, Princeton 1984.

Hammel, Eugen A.: Introduction to Part II, in: Dupâquier u. a. 1981, 81–84.

Hammel, Eugene: Alternative Social Structures and Ritual Relations in the Balkans, Englewood Cliffs 1968.

Hammel, Eugene: Some Medieval Evidence on the Serbian Zadruga: A Preliminary Analysis of the Chrysobulls of Decani, in: Byrnes 1976, 100–116.

Hammer , Carl I. Jr.: Family and »familia« in early medieval Bavaria, in: Richard Wall u. a. 1983, 217–248.

Hanawalt, Barbara: The Ties That Bound. Peasant Families in Medieval England, Oxford 1986.

Hansmann, Otto: Kindheit und Jugend zwischen Mittelalter und Moderne. Ein Lese-, Arbeits- und Studienbuch, Weinheim 1995.

Hanson, Ann Ellis: The Roman Family, in: D. S. Potter/D. J. Mattingly (Hg.), Life, Death, and Entertainment in the Roman Empire, Ann Arbor 1999, 19–66.

Hardach-Pinke, Irene/Hardach, Gerd: Die Entdeckung der Geschichte der Kindheit, in: Dies. (Hg.), Deutsche Kindheiten. Autobiographische Zeugnisse 1700–1900, Kronberg/Ts. 1978, 1–59.

Hareven, Tamara K. (Hg.): Aging and Generational Relations Over the Life Course. A Historical and Cross-Cultural Perspective, Berlin/New York 1996.

Hareven, Tamara K.: Familiengeschichte, Lebenslauf und sozialer Wandel, Frankfurt a. M. 1999.

Harris, William V.: Child-Exposure in the Roman Empire, in: Journal of Roman Studies 84 (1994), 1–22.

Harris, William V.: The Roman Father's Power of Life and Death, in: Bagnall, Roger S./William V. (Hg.), Studies in Roman Law in Memory of A. Arthur Schiller, Leiden 1986, 81–95.

Harrison, Alick Robin Walsham: The Law of Athens. 1: The Family and Property, Oxford 1968.

Harkness, A.G.: Age at Marriage and at Death in the Roman Empire, in: Transactions and Proceedings of the American Philological Association 27 (1896), 35–72.

Harva, Uno: Der bau des verwandtschaftnamensystems und der verwandtschaftsverhältnisse bei den Fenno-Ugriern, in: Finnisch-Ugrische Studien 26 (1939), 91–120.

Hasluck, Margaret: The Unwritten Law in Albania, Cambridge 1976.

Hastrup, Kirsten: Island of Anthropology. Studies in past and present Iceland, Viborg 1990.

Haupt, Heinz-Gerhard/Crossick, Geoffrey: Die Kleinbürger. Eine europäische Sozialgeschichte des 19. Jahrhunderts, München 1998.

Hausen, Karin: Die Polarisierung der ›Geschlechtscharaktere‹ – Eine Spiegelung der Dissoziation von Erwerbs- und Familienleben, in: Conze, Werner (Hg.): Sozialgeschichte der Familie in der Neuzeit Europas, Stuttgart 1976, 363–393.

Hausen, Karin: Technischer Fortschritt und Frauenarbeit im 19. Jahrhundert. Zur Sozialgeschichte der Nähmaschine. In: Geschichte und Gesellschaft 4 (1978), 148–169.

Hausen, Karin: Große Wäsche. Technischer Fortschritt und sozialer Wandel in Deutschland vom 18. bis ins 20. Jahrhundert, in: Geschichte und Gesellschaft 13 (1987), 273–303.

Hausen, Karin: »…eine Ulme für das schwankende Efeu«. Ehepaare im deutschen Bildungsbürgertum. Ideale und Wirklichkeiten im späten 18. und 19. Jahrhundert, in: Frevert 1988, 85–117.

Hausen, Karin: Öffentlichkeit und Privatheit. Gesellschaftspolitische Konstruktionen und die Geschichte der Geschlechterbeziehungen, in: Dies./Heide Wunder (Hg.): Frauengeschichte – Geschlechtergeschichte, Frankfurt/New York 1992, 81–88.

Häußermann, Martin Carl: Der württembergische Kirchenkonvent am Beispiel der Amtsstadt Waiblingen. Seine Geschichte, Bedeutung und Einflußnahme auf die Gesellschaft, Stuttgart phil.Diss. 1995 [Mikrofiche].

Haverkamp, Alfred (Hg.): Haus und Familie in der spätmittelalterlichen Stadt, Köln/Wien 1984.

Heers, Jacques: Le clan familial au Moyen Age, Paris 1974.

Hegel, Georg Wilhelm Friedrich: Grundlinien der Philosophie des Rechts oder Naturrecht und Staatswissenschaft im Grundrisse [Berlin 1821], hg. u. eingeleitet von Helmut Reichelt, Frankfurt a. M. 1972.

Heidrich, Hermann: Grenzübergänge. Das Haus und die Volkskultur in der frühen Neuzeit, in: van Dülmen, Richard (Hg.): Kultur der einfachen Leute. Bayerisches Volksleben vom 16. bis zum 19. Jahrhundert. München 1983, 17–41.

Heidrich, Hermann: Wohnen auf dem Lande. Am Beispiel der Region Tölz im 18. und frühen 19. Jahrhundert, München 1984.

Held, Thomas: Rural Retirement Arrangements in Seventeenth- to Nineteenth-Century Austria: A Cross-Community Analysis, in: Journal of Family History 7 (1982), 227–254.

Hèlin, Etienne: Size of Households before the Industrial Revolution: the case of Liège in 1801, in : Laslett/Wall 1972, 319–334.

Hellmann, Manfred: Probleme des Feudalismus in Rußland, in: Studien zum mittelalterlichen Lehenswesen, Konstanz 1960, 235–258.

Henderson, Jeffrey: Older Women in Attic Old Comedy, in: Transactions of the American Philological Association 117 (1987), 105–129.

Hergemöller, Bernd-Ulrich: Einführung in die Geschichte der Homosexualitäten, Tübingen 1999.

Herlihy, David/Klapisch-Zuber, Christiane: Les Toscans et leur familles. Un étude du catasto Florentin du 1427, Paris 1978.

Herlihy, David : Opera muliebria. Women and Work in Medieval Europe, Philadelphia 1976.

Herlihy, David: Medieval Households, Cambridge, Mass./London 1985.

Herweg, Rachel Monika: Die jüdische Mutter. Das verborgene Matriarchat, Darmstadt 1995.

Hill, Reuben: Social Theory and Family Development, in: Cuisenier, Jean/Segalen, Martine (Hg.): The Family Life Ccycle in European societies. Le cycle de la vie familiale dans les sociétés européenes, Mouton [u. a.] 1977, 9–38.

Hintze, Otto: Weltgeschichtliche Bedingungen der Repräsentativverfassung, in: Ders., Staat und Verfassung (Gesammelte Aufsätze), Göttingen 1970, 140–185.

Hirschmann, Gerhard: Die Bedeutung des Konnubiums, aufgezeigt an Beispielen aus dem Nürnberger Wirtschaftsbürgertum im 19. Jahrhundert, in: Möckl 1996, 307–316.

Hitler, Adolf: Mein Kampf, München 17. Aufl. d. Volksausgabe, München 1933.

Hobson, Daf: House and Household in Roman Egypt, in: Yale Classical Studies 28 (1985), 211–229.

Hochsinger, Carl: Gesundheitspflege des Kindes im Elternhause (1896), Leipzig/Wien [3]1912.

Hoffmann, J.: Die ›Hausväterliteratur‹ und die ›Predigten über den christlichen Hausstand‹. Weinheim 1959.

Hoffmann, Tamás: Volkstümliche Architektur, in: Museum für Völkerkunde Hamburg (Hg.): Das gemeinsame Haus Europa. Handbuch zur europäischen Kulturgeschichte, München 1999, 701–715.

Hoffmann, Werner G.: Das Wachstum der deutschen Wirtschaft seit der Mitte des 19. Jahrhunderts, Berlin 1965.

Hölscher, Lucian: »Weibliche Religiosität«? Der Einfluß von Religion und Kirche auf die Religiosität von Frauen im 19. Jahrhundert, in: Kraul, M./Lüth, Chr. (Hg.): Erziehung der Menschen-Geschlechter. Studien zur Religion, Sozialisation und Bildung in Europa seit der Aufklärung. Weinheim 1996, 45–62.

Hontebeyrie, Joskowicz M./Rosental, Paul-Andrè: Segregation sociale de l'espace et dynamiques longues de peuplement: la rue Wacquez-Lalo à Loos-lès-Lilles (1866-1954), in: Grafmeyer, Y./Dansereau, F. (Hg.): Trajectoires familiales et espaces de vie en milieu urbain, Lyon 1998, 73–100.

Hopfner, Theodor, Das Sexualleben der Griechen und Römer von den Anfängen bis ins 6. Jahrhundert nach Christus, Bd. 1, Prag 1938.

Hopkins, Keith: The Age of Roman Girls at Marriage, in: Population Studies 18 (1964/5), 309–327.

Hopkins, Keith: Contraception in the Roman Empire, in: Comparative Studies in Society and History 8, 1965/6, 124–151.

Hopkins, Keith: On the Probable Age Structure of the Roman Population, in: Population Studies 20 (1966/7), 245–264.

Hopkins, Keith: Brother-Sister Marriage in Roman Egypt, in: Comparative Studies in Society and History 22 (1980), 303–354.

Horkheimer, Max: Autorität und Familie, in: Ders. (Hg.): Studien über Autorität und Familie, Paris 1936 (ND in Ders.: Traditionelle und kritische Theorie. Vier Aufsätze. Frankfurt a. M. 1970, 162–230).

Hoshii, Iwao: The World of Sex, Vol. 2: Sex and Marriage (Perspectives on Japan and the West), Woodchurch 1986.

Howell, Cicely: Peasant inheritance customs in the Midlands, 1280–1700, in: Goody, J. u. a. 1976, 112–155.

Hufton, Olwen: The Prospect Before Her. A History of Women in Western Europe, Vol. I: 1500–1800, London 1995.

Hughes, Diane Owen: Domestic Ideals and Social Behavior. Evidence from medieval Genoa, in: Charles Rosenberg (Hg.), The Family in History, Pennsylvania 1978, 115–145.

Hughes, Diane Owen: From Brideprice to Dowry in Mediterranean Europe, in: Journal of Family History 3 (1978), 262–296.

Hull, Isabell: Sexuality, State, and Gender in Germany, 1700–1815, Ithaca/London 1996.

Humbert, Michel: Le remariage à Rome. Étude d'histoire juridique et sociale, Milano 1972.

Humphreys, Alexander J.: New Dubliners. Urbanization and the Irish Family, London 1966.

Humphreys, Sarah C.: The Family, Women and Death. Comparative Studies, London 1983.

Humphreys, Sarah C.: Family Tombs and Tomb Cult in Ancient Athens: Tradition or Traditionalism?, in: Journal of Hellenic Studies 100 (1980), 96–126 (ND in: Dies., The Family, Women and Death. Comparative Studies, London 1983, 79–130).

Humphreys, Sarah C.: Kinship Patterns in the Athenian Courts, in: Greek, Roman and Byzantine Studies 27 (1986), 57–91.

Hunecke, Volker: Die Findelkinder von Mailand. Kindesaussetzung und aussetzende Eltern vom 17. bis zum 19. Jahrhundert, Stuttgart 1987.

Hunecke, Volker: Der venezianische Adel am Ende der Republik 1646–1797. Demographie, Familie, Haushalt, Tübingen 1995.

Hunt, David: Parents and Children in History. The Psychology of Family Life in Early Modern France. New York/London 1970.

Hunter, Virginia: The Athenian Widow and Her Kin, in: Journal of Family History 14 (1989), 291–311.

Hunter, Virginia: Women's Authority in Classical Athens. The Example of Kleoboule and Her Son (Dem. 27–29), in: Echos du monde classique 33 (1989), 39–48.

Hunter, Virginia: Policing Athens. Social Control in the Attic Lawsuits, 420–320 B. C., Princeton 1994.

Hurwich, Judith J.: Marriage Strategy among the German Nobility, 1400–1699, in: Journal of Interdisciplinary History XXIX, 2 (1998), 169–195.

Illi, Martin: Wohin die Toten gingen. Begräbnis und Kirchhof in der mittelalterlichen Stadt, Zürich 1992.

Imhof, Arthur E.: Unterschiedliche Säuglingssterblichkeit in Deutschland, 18.-20. Jahrhundert – warum?, in: Zeitschrift für Bevölkerungswissenschaft 7 (1981), 343–382. (= 1981a)

Imhof, Arthur E.: Die gewonnen Jahre. Von der Zunahme unserer Lebensspanne seit dreihundert Jahren oder von der Notwendigkeit einer neuen Einstellung zu Leben und Sterben. Ein historischer Essay. München 1981. (= 1981b)

Imhof, Arthur E.: Von der unsicheren zur sicheren Lebenszeit. Fünf historisch-demographische Studien. Darmstadt 1988.

Ipsen, Carl: Dictating Demography. The Problem of Population in Fascist Italy, Cambridge 1996.

Isager, Signe: The Marriage Pattern in Classical Athens: Men and Women in Isaios, in: Classica et Mediaevalia 33 (1981/2), 81–96.

Jackson, James H.: Overcrowding and Family Life: Working Class Families and the Housing Crisis in Late Nineteenth-Century Duisburg, in: Evans/Lee 1981, 194–220.

Jacobi-Dittrich, Juliane: »Hausfrau, Gattin und Mutter«. Lebensläufe und Bildungsdinge von Frauen im 19. Jahrhundert, in: I. Brehmer (Hg.), Frauen in der Geschichte IV. »Wissen heißt leben…«. Beiträge zur Bildungsgeschichte von Frauen im 18. und 19. Jahrhundert. Düsseldorf 1983, 262–281.

Jahoda, Marie/Lazarsfeld, Paul/Zeisel, Hans: Die Arbeitslosen von Marienthal. Ein soziographischer Versuch über die Wirkungen langandauernder Arbeitslosigkeit. Mit einem Anhang zur Geschichte der Soziographie (1933). Frankfurt a. M. 1975.

Jameson, Michael H.: Domestic Space in the Greek City-State, in: Susan Kent (Hg.), Domestic Architecture and the Use of Space. An Interdisciplinary Cross-Cultural Study, Cambridge 1990, 92–113.

Janssens, Angélique (Hg.): The Rise and Decline of the Male Breadwinner Family? Cambridge 1997.

Janssens, Angélique: Family and Social Change. The Household as a Process in an Industrializing Community, Cambridge u. a. 1993.

Jeggle, Utz: Kiebingen – Eine Heimatgeschichte. Zum Prozeß der Zivilisation in einem schwäbischen Dorf. Tübingen 1977.

Jelowik, Lieselotte: Die standesungleiche Ehe in Preußen im 19. Jahrhundert, in: Zeitschrift für Neuere Rechtsgeschichte (1995), 177–200.

Johansen, Erna M.: Betrogene Kinder. Eine Sozialgeschichte der Kindheit, Frankfurt a. M. 1978.

Johansen, Paul: Einige Funktionen und Formen mittelalterlicher Landgemeinden in Estland und Finnland, in: Die Anfänge der Landgemeinde und ihr Wesen 2, Konstanz 1964, 273–306.

Jones, R.B.: Economic and Social History of England, 1770–1970, London 1971.

Joyce, George Hayward: Die christliche Ehe. Eine geschichtliche und dogmatische Studie, Leipzig 1932.

Jussen, Bernhard: Patenschaft und Adoption im frühen Mittelalter, Göttingen 1991.

Just, Roger: Women in Athenian Law and Life, London/New York 1989.

Kahle, Gerd (Hg.): Logik des Herzens. Die soziale Dimension der Gefühle, Frankfurt a. M. 1981.

Kaiser, Hermann: Mägde, Knechte, Heuerlinge. Gesinde auf dem Lande zwischen Weser und Ems, in: Dienstboten in Stadt und Land. Berlin 1982, 22–41.

Kajanto, Jiro: The emergence of the late single name system, in: L'onomastique latine, Paris 1977.

Kaplan, Marion A. (Hg.), The Marriage Bargain: Women and Dowries in European History, New York 1985.

Karant-Nunn, Susan C.: ›Fragrant Wedding Roses‹: Lutheran Wedding Sermons and Gender Definition in Early Modern Germany, in: German History 17 (1999), 25–40.

Kaschuba, Wolfgang/Lipp, Carola: Dörfliches Überleben. Zur Geschichte materieller und sozialer Reproduktion ländlicher Gesellschaft im 19. und frühen 20. Jahrhundert, Tübingen 1982.

Kaser, Karl: Hirten, Kämpfer, Stammeshelden. Ursprünge und Gegenwart des balkanischen Patriarchats, Wien 1992.

Kaser, Karl: Familie und Verwandtschaft auf dem Balkan. Analyse einer untergehenden Kultur, Wien [u. a.] 1995.

Kaser, Karl: Macht und Erbe. Männerherrschaft, Besitz unf Familie im östlichen Europa (1500–1900), Wien [u. a.] 2000.

Kaser, Karl: Schreiben über die Balkanfamilie – eine Frage der political correctness?, in: Otium (in Druck).

Kaser, M.: Der Inhalt der patria potestas, in: Zeitschrift der Savigny-Stiftung für Rechtsgeschichte (Romanistische Abteilung) 58 (1938) 62–87.

Kaser, M.: Das römische Privatrecht, 2 Bde., München [2]1971/75.

Kaspar, Fred: Bau- und Raumstrukturen städtischer Bauten als sozialgeschichtliche Quelle dargestellt an bürgerlichen Bauten des 14. bis 18. Jahrhunderts aus Nordwestdeutschland, in: Schuler 1987, 165–186.

Kaspar, Fred: Beiträge zur Frühgeschichte des Bürgerhauses, in: Wiegelmann 1985, 23–62.

Kaufmann, Franz Xaver: Zukunft der Familie. Stabilität, Stabilitätsrisiken und Wandel der familialen Lebensformen sowie ihre gesellschaftlichen und politischen Bedingungen, München 1990.

Keller, Oskar: Gudazzo, Guidazzo, »padrino« in den lombardischen Mundarten, in: Festschrift für Ernst Tappolet, Basel 1935, 156–177.

Kent, D.A.: ›Gone for a Soldier‹. Family Breakdown and the Demography of Desertion in a London Parish, 1750–91, in: Local Population Studies 45 (1990), 27–42.

Kent, William Francis: Household and Linage in Renaissance Florence. The Family Life of the Capponi, Ginori, and Rucellai, Princeton 1977.

Keppler, Angela: Tischgespräche. Über Formen kommunikativer Vergemeinschaftung am Beispiel der Konversation in Familien, Frankfurt a. M. 1994.

Kerblay, Basile: Sozialistische Familien, in: Burguière u. a., Bd. 4, Frankfurt a. M. 1998, 91–135.

Kern, Fritz: Gottesgnadentum und Widerstandsrecht, Darmstadt 1967.

Kertzer, David/Fricke, Tom (Hg.): Anthropological Demography. Toward a New Synthesis, Chicago/London 1997.

Kertzer, David I./Saller, Richard P. (Hg.): The Family in Italy from Antiquity to the Present, New Haven/London 1991.

Kertzer, David I./Hogan, Dennis P.: Relations Between Older Adults and Their Adult Children in a Nineteenth-Century Italian Town, in: Hareven 1996, 120–139.

Kertzer, David I., Family Life in Central Italy, 1880–1910, New Brunswick 1984.

Kertzer, David I.: Gender Ideology and Infant Abandonment in Nineteeth-Century Italy, in: Journal of Interdisciplinary History XXII,1 (1991), 1–25.

Kessler, Alexander: Die Bevölkerung der Stadt Radolfzell am Bodensee im 17. und 18. Jahrhundert. Demographische Strukturen einer ›Ackerbürgerstadt‹ vor Beginn der Industrialisierung. Konstanz 1992.

Ketsch, Peter: Frauen im Mittelalter, Bd. 1: Frauenarbeit im Mittelalter. Quellen und Materialien, Düsseldorf 1983.

Kevles, D.: In the Name of Eugenics, Berkeley 1986.

Key, Ellen: Das Jahrhundert des Kindes. Berlin 1902.

Klapisch-Zuber, Christiane: Women, family and ritual in Renaissance Italy, Chicago 1985.

Klapisch-Zuber, Christiane: Das Haus, der Name, der Brautschatz. Strategien und Rituale im gesellschaftlichen Leben der Renaissance, Frankfurt a. M. u. a. 1995.

Klar, Sabine: Familien in Wien und Budapest. Soziale Kontakte, soziale Unterstützung und Belastung der Familienmitglieder und Familien in Wien, in: Cseh-Szombathy/Richter 1993, 121–184.

Kleber-Mavridis, Maria: Die Frau in der griechischen Gesellschaft, Dipl. Arbeit (masch.) Tübingen 1982.

Klöden, Karl Friedrich v.: Jugenderinnerungen. Hg. v. M. Jähns (1874), Neuaufl. Leipzig 1911.

Kluge, Dieter: Eyn noch nit lebendig Kindt. Rechtshistorische Untersuchungen zum Abbruch der Schwangerschaft in den ersten drei Monaten der Entwicklung der Frucht auf der Grundlage der Carolina von 1532, Frankfurt a. M. 1986.

Knapp, Ulla: Frauenarbeit in Deutschland, 2 Bde, München 1984.

Knecht, Michi: Zwischen Reproduktionstechnologie und neuer Mütterlichkeit. Verschiebungen und Umbrüche in der Abtreibungsdebatte, in: Wichterich, Christa, Menschen nach Maß. Bevölkerungspolitik in Nord und Süd, Göttingen 1994, 107–128.

Knodel, John E.: The Decline of Fertility in Germany, 1871–1939. Princeton 1974.

Knodel, John E.: Demographic Behavior in the Past. A Study of Fourteen German Village Populations in the Eighteenth and Nineteenth Centuries, Cambridge 1988.

Kocka, Jürgen: Familie, Unternehmer und Kapitalismus. An Beispielen aus der frühen deutschen Industrialisierung, in: H. Reif (Hg.), Die Familie in der Geschichte. Göttingen 1982, 163–186.

Kocka, Jürgen (Hg.): Bürgertum im 19. Jahrhundert. Deutschland im europäischen Vergleich. 3 Bde., München 1988.

Kohl, Thomas: Familie und soziale Schichtung. Zur Historischen Demographie Triers 1730–1860, Stuttgart 1985.

Köhler, Walther: Zürcher Ehegericht und Genfer Konsistorium, Bd. 1: Das Zürcher Ehegericht und seine Auswirkungenin der deutschen Schweiz zur Zeit Zwinglis, Leipzig 1932.

Kohli, Martin: Die Institutionalisierung des Lebenslaufs: Historische Befunde und theoretische Argumente, in: Kölner Zeitschrift für Soziologie und Sozialpsychologie 37 (1985), 1–29.

Konecny, Silvia: Die Frauen des karolingischen Königshauses, Wien 1976.

König, Gudrun M.: Eine Kulturgeschichte des Spazierganges. Spuren einer bürgerlichen Praktik, 1780–1850, Wien u. a. 1996.

König, Karl: Das Gebrauchsrecht am Kirchenstuhl ›Kirchengerechtsame‹ nach protestantischem und katholischem Kirchenrecht, Marburg 1922.

Koselleck, Reinhart: Die Auflösung des Hauses als ständischer Herrschaftseinheit. Anmerkungen zum Rechtswandel von Haus, Familie und Gesinde in Preußen zwischen der Französischen Revolution und 1848, in: Bulst/Goy/Hoock 1981, 109–124.

Krader, Lawrence: Principles and Structures in the Organisation of Asiatic Stepp-Pastoralists, in: Southwestern Journal of Anthropology 11 (1955), 67–92.

Krasberg, Ulrike: Kaluthea. Männer und Frauen in einem griechischen Dorf, Frankfurt/New York 1996.

Krasberg, Ulrike: Nahrung und Ernährung als Ausdruck des kulturellen Geschlechterverhältnisses im ländlichen Griechenland, in: Teuteberg/Naumann/Wierlacher 1997, 428–437.

Krause, Jens-Uwe u. a.: Bibliographie zur römischen Sozialgeschichte, Bd. 1, Stuttgart 1992.

Krause, Jens-Uwe: Die gesellschaftliche Stellung von Witwen im Römischen Reich, in: Saeculum 45 (1994), 71–104.

Krause, Jens-Uwe: Witwen und Waisen im Römischen Reich, 4 Bde., Stuttgart 1994/5.

Kriedte, Peter/Medick, Hans/Schlumbohm, Jürgen: Industrialisierung vor der Industrialisierung. Gewerbliche Warenproduktion auf dem Lande in der Formationsperiode des Kapitalismus, Göttingen 1977.

Kuchenbuch, Ludolf: Bäuerliche Gesellschaft und Klosterherrschaft im 9. Jahrhundert, Wiesbaden 1978.
Kügelgen, W. v.: Jugenderinnerungen (1824), Frankfurt a. M. 1963.
Kunze, Konrad: dtv-Atlas Namenkunde. Vor- und Familiennamen im deutschen Sprachgebiet, München 1998.
Kussmaul, Annegret: Servants in Husbandry in Early Modern England, Cambridge 1981.
Labouvie, Eva: Andere Umstände. Eine Kulturgeschichte der Geburt, Köln/Weimar/Wien 1998.
Labouvie, Eva: Beistand in Kindnöten. Hebammen und weibliche Kultur auf dem Land (1550–1910), Frankfurt a. M./New York 1999.
Lacey, Walter K.: The Family in Classical Greece, London 1968.
Lacey, Walter K.: Patria Potestas, in: Beryl Rawson (Hg.), The Family in Ancient Rome. New Perspectives, London/Sydney 1986, 121–144.
Lachenmann, Art. De Gasparin, in: RGG, Tübingen ²1928, Bd. 2, Sp. 861.
Lafon, Jaques: Les Epoux Bordelais, 1450–1550, Paris 1952.
Laiou-Thomadakis, A.E.: Peasant Society in the Late Byzantine Empire. A Social and Demographic Study, Princeton 1977.
Lamaison, Pierre: Les stratégies matrimoniales dans un système complexe de parenté: Ribennes en Gévaudan (1650–1830), in: Annales E.S.C. 34 (1979), 721–743.
Lane Fox, Robin: Aspects of Inheritance in the Greek World, in: Paul A. Cartledge/David Harvey (Hg.), Crux. Essays Presented to G.E.M. de Ste. Croix on His 75th Birthday, London 1983, 208–232.
Lardinois, Roland: Weltordnung und Familienstruktur in Indien, in: Burguière u. a. 1997, Bd. 2, 335–384.
Laslett, Peter/Wall, Richard (Hg.): Household and Family in Past Time. Comparative Studies in the Size and Structure of the Domestic Group over the Last Three Centuries in England, France, Serbia, Japan and Colonial North America, with Further Materials from Western Europe. Cambridge/London/ New York/Melbourne 1972.
Laslett, Peter: Introduction: The History of the Family, in: Laslett/Wall 1972, 1–89. (=1972a)
Laslett, Peter: Characteristics of the Western Family Considered Over Time. In: Journal of Family History 2 (1972), 89–116. (=1972b)
Laslett, Peter: Parental Deprivation in the Past. In: Ders.: Family Life and Illicit Love in Earlier Generations. Essays in Historical Sociology. Cambridge [u. a.] 1977, 160–174.
Laslett, Peter: Introduction: Comparing Illegitimacy over Time and between Cultures, in: Laslett, Peter/Oosterveen, Karla/Smith Richard M. (Hg.), Bastardy and ist Comparative History, London 1980, 1–64.
Laslett, Peter: Family and Household as Work Group and Kin Group: Areas of Traditional Europe Compared, in: Wall/Rabin/Laslett (Hg.), Family Forms, 513–564.
Laslett, Peter: The Family as a Knot of Individual Interests, in: Netting/Wilk/Arnould 1984, 353–379.
Le Bras, Hervé: Parents, grant-parents, bisaieux. In: Population 28,1 (1973), 9–38.
Le Bras, Hervé: Histoire secrète de la fécondité, in: Le Débat 8 (1981), 77–101.
Le Jan, Régine: Famille et pouvoir dans le monde Franc (VIIe–Xe siècle). Essai d'anthropologie sociale, Paris 1995.
Le Play, Frédéric: Les Ouvriers européens. Etudes sur les travaux, la vie domestique et la condition morale des populations ouvrières de l'Europe, précédées d'un exposé de la méthode d'observation. Paris 1855.

Le Roy Ladurie, Emmanuel: Montaillou. Ein Dorf vor dem Inquisitor, Frankfurt a. M. 1980.

Lee, W.R.: Bastardy and the Socioeconomic Structure of South Germany, in: Journal of Interdisciplinary History 7 (1977), 403–425.

Lehfeldt, Elizabeth A.: Convents as Litigants: Dowry and Inheritance Disputes in Early Modern Spain, in: Journal of Social History 34 (2000), 645–664.

Lehmann, Albrecht: Erzählstruktur und Lebenslauf. Autobiographische Untersuchungen, Frankfurt 1983.

Leneman, Leah: Alienated Affections. The Scottish Experience of Divorce and Separation, 1684–1830, Edinburgh 1998.

Lenger, Friedrich: Zwischen Kleinbürgertum und Proletariat. Studien zur Sozialgeschichte der Düsseldorfer Handwerker 1816–1878, Göttingen 1986.

Lenger, Friedrich: Sozialgeschichte der deutschen Handwerker seit 1800, Frankfurt 1988.

Lenzen, Dieter: Mythologie der Kindheit. Die Verewigung des Kindlichen in der Erwachsenenkultur. Versteckte Bilder und vergessene Geschichten, Frankfurt 1985.

Lesthaege, Ron/Wilson, Chris: Modes of Production, Secularization, and the Pace of the Fertility Decline in Western Europe, 1870–1930, in: Coale/Watkins 1986, 261–292.

Lesthaege, Ron J.: The Decline of Belgian Fertility, 1800–1970, Princeton 1977.

Levin, Eve: Sex and Society in the World of Orthodox Slavs 900–1700, Ithaca 1989.

Lévy-Strauss, Claude: Anthropology and Myth, Lectures 1951–1982, Oxford 1987.

Lewin, Moshe: Popular Religion in Twentieth-Century Russia, in: Ders., The Making of the Soviet System. Essays in the Social History of Interwar Russia, New York 1985, 155–168.

Lexikon des Mittelalters. 9 Bde. Stuttgart, 1977–99.

Liesenfeld, Gertraud: Nichts tun. Vom Flanieren, Pausieren, Blaumachen und Müßiggehen; Wien 2000.

Lindemann, Mary: Love for Hire: The regulation of wetnursing business in 18th centrury Hamburg, in: Journal of familiy history 6 (1981), 379–395.

Linse, Ulrich: Arbeiterschaft und Geburtenentwicklung im Deutschen Kaiserreich von 1871, in: Archiv für Sozialgeschichte, Bd. XII (1972), 205–272.

Lipp, Carola: Gerettete Gefühle? Überlegungen zur Erforschung der historischen Mutter-Kind-Beziehung. In: Sozialwissenschaftliche Informationen 13 (1984), 59.

Lipp, Carola: Sexualität und Heirat, in: Ruppert, Wolfgang: Die Arbeiter. Lebensformen, Alltag und Kultur von der Frühindustrialisierung bis zum »Wirtschaftswunder«, München 1986, 186–197.

Lipp, Carola: Die Innenseite der Arbeiterkultur. Sexualität im Arbeitermilieu des 19. und frühen 20. Jahrhunderts, in: Dülmen, Richard van (Hg.), Arbeit, Frömmigkeit und Eigensinn. Studien zur historischen Kulturforschung. Frankfurt a. M. 1990, 214–259.

Lisón-Tolosana, Carmelo: The ethics of inheritance, in: J.G. Peristiany (Hg.), Mediterranean Family Structures, Cambridge 1976, 305–316.

Littman, Robert Jacob: Kinship in Athens, in: Ancient Society 10 (1979), 5–31.

Livi-Bacci, Massimo: Social-Group Forerunners of Fertility Control in Europe, in: Coale/Watkins 1986, 182–200.

Livi-Bacci, Massimo: Europa und seine Menschen. Eine Bevölkerungsgeschichte, München 1999.

Löhmer, Cornelia: Die Welt der Kinder im fünfzehnten Jahrhundert, Weinheim 1989.

Lorenz-Schmidt, Sabine: Vom Wert und Wandel weiblicher Arbeit. Geschlechtsspezifische Arbeitsteilung in der Landwirtschaft in Bildern des Spätmittelalters und der Frühen Neuzeit, Stuttgart 1998.

Loux, Françoise: Das Kind und sein Körper in der Volksmedizin. Eine historisch-ethnographische Studie, Frankfurt a. M. 1991.

Luhmann, Niklas: Die gesellschaftliche Differenzierung und das Individuum, in: Olk, Thomas/Ott, H.-U. (Hg.): Soziale Dienste im Wandel, Bd. 1, Darmstadt 1987, 121–137.

Lüschen, Günther: Familie und Verwandtschaft. Interaktion und die Funktion von Ritualen. Ein interkultureller Vergleich in Deutschland, Finnland und Irland, in: Lüschen, Günther/Lupro, Eugen (Hg.): Soziologie der Familie (= Kölner Zeitschrift für Soziologie und Sozialpsychologie, Sonderh. 14), Opladen 1970, 270–284.

Lüschen, Günther: Verwandtschaft, Freundschaft, Nachbarschaft, in: Nave-Herz/Markefka, Bd. 1 (1989), 435–452.

Luther, Martin :Vom ehelichen Leben (1522), in: Karin Bornkamm/Gerhard Ebeling (Hg.) Martin Luther. Ausgewählte Schriften, Bd. 3, Frankfurt a. M. ²1983, 165–199 [WA 10,2; 275–304].

Luther, Martin :Der 127. Psalm ausgelegt an die Christen zu Riga in Liefland (1524), WA 15, 348–379.

Luther, Martin :Der Große Katechismus 1529, in: Luther Deutsch. Die Werke Martin Luthers in neuer Auswahl für die Gegenwart, hg. v. Kurt Aland, Bd. 3, Stuttgart/Göttingen 1961, 11–150 [WA 30,1, 545–733].

Luther, Martin: Von Ehesachen (1530) WA, Bd. 30,3, 198–248.

Luther, Martin: Briefe. Auswahl, Übersetzung und Erläuterung von Johannes Schilling, in: Martin Luther, Ausgewählte Schriften, hg. v. Karin Bornkamm und Gerhard Ebeling, Bd. 6, Frankfurt a. M. 1983.

Luzbetak, Louis: Marriage and the Family in Caucasia, Wien 1951.

Lynch, Joseph H.: Godparents and Kinship in Early Medieval Europe, Princeton 1986.

MacDowell, Douglas M.: The Oikos in Athenian Law, in: Classical Quarterly, N.S. 39 (1989), 10–21.

Macfarlane, Alan: The Origins of English Individualism. The Family, Property and Social Transition, Oxford 1978.

Macfarlane, Alan: Marriage and Love in England. Modes of Reproduction 1300–1840. Oxford [u. a.] 1986.

Maier, Franz Georg: Byzanz. Fischer Weltgeschichte Bd. 13, Frankfurt a. M. 1973.

Mantl, Elisabeth: Heirat als Privileg. Obrigkeitliche Heiratsbeschränkungen in Tirol und Vorarlberg 1820 bis 1920, München 1997.

Marcuse, Max: Der eheliche Präventivverkehr, seine Verbreitung, Verursachung und Methodik. Dargestellt und beleuchtet an 300 Ehen. Mit einem Anhang: Tabellarische Übersicht über die willkürlichen Geburtenbeschränkung (Präventivverkehr und Fruchtabtreibung) nach einer früheren Erhebung an 100 Berliner Arbeiterfrauen. Ein Beitrag zur Symptomatik und Aitiologie der Geburtenbeschränkung, Stuttgart 1917.

Markus, Hazel R./Kitayama, Shinobu: Culture and the Self: Implications for Cognition, Emotion, and Motivation, in: Psychological Review 98 (1991), 224–253.

Martin, Dale B.: The Construction of the Ancient Family: Methodological Considerations, in: Journal of Roman Studies 86 (1996), 40–60.

Martin, Jochen/Nitschke, August (Hg.): Zur Sozialgeschichte der Kindheit, Freiburg/München 1986.

Martin, Jochen/Zoepffel, Renate (Hg.): Aufgaben, Rollen und Räume von Frau und Mann, 2 Bde., Freiburg/München 1989.

Martin, Jochen/Zoepffel, Renate: Einleitung, in: Dies. 1989, 1–33. (= 1989a)

Martin, Jochen: Spätantike und Völkerwanderung, München 1987.

Martin, Jochen: Zur Anthropologie von Heiratsregeln und Besitzübertragung. 10 Jahre nach den Goody-Thesen, in: Historische Anthropologie 1 (1993), 149–162.

Martin-Fugier, Anne: Riten der Bürgerlichkeit, in: Ariès/Duby, Bd. 4, 1992, 201–266.

Marx, Karl: Kritik des Hegelschen Staatsrechts (1843), in: Marx, Karl/Engels, Friedrich: Werke, Bd. 1, Berlin 1964.

Maschke, Erich: Die Familie in der deutschen Stadt des späten Mittelalters (Sitzungsberichte der Heidelberger Akademie der Wissenschaften, phil. hist. Klasse 4), Heidelberg 1980.

Massenbach, Sigrid von (Hg.): Die Memoiren des Herzogs von Saint-Simon, 4 Bde., Berlin 1985.

Matz, Klaus-Jürgen: Pauperismus und Bevölkerung. Die gesetzlichen Ehebeschränkungen in den süddeutschen Staaten während des 19. Jahrhunderts. Stuttgart 1980.

Maur, Eduard: Das bäuerliche Erbrecht und die Erbschaftspraxis in Böhmen im 16. bis 18. Jahrhundert, in: Historická demografie 20 (1996), 93–119.

Maurer, Michael: Die Biographie des Bürgers. Lebensformen und Denkweisen in der formativen Phase des deutschen Bürgertums (1680–1815), Göttingen 1996.

May, Georg: Die Stellung des deutschen Protestantismus zu Ehescheidung, Wiederverheiratung und kirchlicher Trauung Geschiedener, Paderborn 1965.

Maynes, Mary Jo: Arachne's Daughters: European Girls' Labour in the International Textile Industry, 1750–1880 (im Druck).

McLaren, Angus: Sexuality and the Social Order: The Debate Over the Fertility of Women and Workers in France, 1770–1920, New York 1983.

McLaren, Angus: A History of Contraception. From Antiquity to the Present Day, Oxford/Cambridge/Mass. 1990.

McLeod, Hugh: Weibliche Frömmigkeit-männlicher Unglaube? Religion und Kirche im bürgerlichen 19. Jahrhundert, in: Frevert 1988, 134–156.

McMurry, Sally: Transforming Rural Life. Dairying Families and Agricultural Change, 1820–1885, Baltimore/London 1995.

Medick, Hans/Sabean, David (Hg.): Emotionen und materielle Interessen. Sozialanthropologische und historische Beiträge zur Familienforschung, Göttingen 1984.

Medick, Hans: Spinnstuben auf dem Dorf. Jugendliche Sexualkultur und Feierabendbrauch in der ländlichen Gesellschaft der frühen Neuzeit. In: Huck, Gerhard (Hg.): Sozialgeschichte der Freizeit. Untersuchungen zum Wandel der Alltagskultur in Deutschland, Wuppertal ^{2}1980, 19–50.

Medick, Hans: Weben und Überleben in Laichingen: 1650–1900. Lokalgeschichte als Allgemeine Geschichte. Göttingen 1996.

Meiners, Uwe: Wandel von Wohnstrukturen und Wohnfunktionen in städtischen Haushalten vom 17. bis 19. Jahrhundert, in: Schuler 1987, 187–202.

Meinhard, H.H.: The Patrilineal Principle in Early Teutonic Kinship, in: J. Beattie und G. Lienhardt (Hg.), Studies in Social Anthropology. Essays in Memory of E.E. Evans-Pritchard, Oxford 1975.

Menefee, Samuel Pyeatt: Wives for Sale, Oxford 1981.

Meumann, Markus: Findelkinder, Waisenhäuser, Kindsmord, Unversorgte Kinder in der frühneuzeitlichen Gesellschaft, München 1995.

Meyer, Ulrich: Soziales Handeln im Zeichen des »Hauses«, Göttingen 1998.
Michaelis, Karl: Das Abendländische Eherecht im Übergang vom späten Mittelalter zur Neuzeit, in: Nachrichten der Akademie der Wissenschaften in Göttingen aus dem Jahr 1989, Philologisch-Historische Klasse, Göttingen 1989, 95–141.
Mierheim, Horst/Wicke, Lutz: Die personelle Vermögensverteilung in der Bundesrepublik Deutschland, Tübingen 1978.
Miller, M.: Greek Kinship Terminology, in: The Journal of Hellenic Studies 73 (1953), 46–52.
Mintz, Sidney/Wolf, Eric R., Analysis of ritual co-parenthood (compadrazgo), in: Southwestern Journal of Anthropology 6 (1950), 341–365.
Mitteis, Heinrich, Der Staat des hohen Mittelalters, Weimar 1962.
Mitteis, Heinrich: Lehnrecht und Staatsgewalt, Darmstadt 1974.
Mitterauer, Michael/Sieder, Reinhard: Vom Patriarchat zur Partnerschaft. Zum Strukturwandel der Familie. München 1977.
Mitterauer, Michael/Sieder, Reinhard: The Developmental Process of Domestic Groups: Problems of Reconstruction and Possibilities of Interpretation. In: Journal of Family History 4 (1979), 257–284.
Mitterauer, Michael/Sieder Reinhard (Hg.): Historische Familienforschung. Frankfurt 1982.
Mitterauer, Michael/Kagan, A.: Russian and Central European Family Structures: A Comparative View, in: Journal of Family History 7 (1982), 103–131.
Mitterauer, Michael/Ortmayr, Norbert (Hg.): Familie im 20. Jahrhundert. Traditionen, Probleme, Perspektiven, Frankfurt a. M. 1997.
Mitterauer, Michael: Zur Familienstruktur in ländlichen Gebieten Österreichs im 17. Jahrhundert, in: Beiträge zur Bevölkerungs- und Sozialgeschichte Österreichs, hg. v. H. Helczmanovszki. Wien 1973, 167–222.
Mitterauer, Michael: Produktionsweise, Siedlungsstruktur und Sozialformen im österreichischen Montanwesen des Mittelalters und der frühen Neuzeit, in: Ders. (Hg.), Österreichisches Montanwesen, Wien 1974, 234–315.
Mitterauer, Michael, Zur Frage des Heiratsverhaltens im österreichischen Adel, in: Fichtenau, Heinrich/Zöllner, Erich (Hg.): Beiträge zur neueren Geschichte Österreichs, Wien 1974, 176–194. (= 1974a)
Mitterauer, Michael: Arbeitsorganisation und Altenversorgung seit dem Mittelalter. In: Beiträge zur Historischen Sozialkunde 5 (1975) 4–10.
Mitterauer, Michael, Gesindeehen in ländlichen Gebieten Kärntens – Ein Sonderfall historischer Familienbildung, in: Beiträge zur Handels- und Verkehrsgeschichte. Graz 1978, 227–246. (= 1978a)
Mitterauer, Michael: Problematik des Begriffs ›Familie‹ im 17. Jahrhundert, in: Rosenbaum 1978, 73–82. (= 1978b)
Mitterauer, Michael: Grundtypen alteuropäischer Sozialformen. Haus und Gemeinde in vorindustrieller Zeit, Stuttgart 1979.
Mitterauer, Michael: Faktoren des Wandels historischer Familienformen, in: Pross 1979, 83–132. (= 1979a)
Mitterauer, Michael: Vorindustrielle Familienformen. Zur Funktionsentlastung des ganzen Hauses im 17. und 18. Jahrhundert (1975), in: Ders., Grundtypen alteuropäischer Sozialformen. Haus und Gemeinde in vorindustriellen Gesellschaften, Stuttgart-Bad Cannstatt 1979, 35–97. (=1979b)
Mitterauer, Michael: Zur familienbetrieblichen Struktur im zünftischen Handwerk, in: Ders., Grundtypen alteuropäischer Sozialformen. Haus und Gemeinde in vorindustriellen Gesellschaften, Stuttgart-Bad Cannstatt 1979, 98–122. (=1979c)

Mitterauer, Michael, Herrenburg und Burgstadt, in: Ders.: Markt und Stadt im Mittelalter, Stuttgart 1980, 192–234.

Mitterauer, Michael: Auswirkungen der Agrarrevolution auf die bäuerliche Familienstruktur in Österreich, in: Ders./Sieder 1982, 214–270.

Mitterauer, Michael: Ledige Mütter. Zur Geschichte illegitimer Geburten in Europa, München 1983.

Mitterauer, Michael: Illegitimität in Europa. Historische Bedingungen in Familienverfassung, Wertsystem und Arbeitsorganisation, in: Müller, Ernst Wilhelm (Hg.): Geschlechtsreife und Legitimation zur Zeugung, Freiburg 1985, 551–682.

Mitterauer, Michael: Formen ländlicher Familienwirtschaft. Historische Ökotypen und familiale Arbeitsorganisation im österreichischen Raum, in: Ehmer/Mitterauer 1986, 185–323. (= 1986a)

Mitterauer, Michael: Sozialgeschichte der Jugend, Frankfurt a. M. 1986. (= 1986b)

Mitterauer, Michael: Zur Nachbenennung nach Lebenden und Toten in Fürstenhäusern des Frühmittelalters, in: Gesellschaftsgeschichte (Festschrift für Karl Bosl), München 1988, 386–399. (= 1988a)

Mitterauer, Michael: »Senioris sui nomine«. Zur Verbreitung von Fürstennamen durch das Lehenswesen, in: Mitt. d. lnst. f. österr. Geschichtsforsch. 96 (1988), 275–330. (= 1988b)

Mitterauer, Michael: Geschlechtsspezifische Arbeitsteilung und Geschlechterrollen in ländlichen Gesellschaften Mitteleuropas, in: Martin/Zoepffel 1989, 819–914.

Mitterauer, Michael: Historisch-anthropologische Familienforschung. Fragestellungen und Zugangsweisen, Wien/Köln 1990. (= 1990a)

Mitterauer, Michael: Komplexe Familienformen in sozialhistorischer Sicht, in: Ders. 1990a, 87–130. (= 1990b)

Mitterauer, Michael: Familie und Arbeitsteilung. Historisch vergleichende Studien, Wien. 1992.

Mitterauer, Michael: Ahnen und Heilige. Namengebung in der europäischen Geschichte, München 1993.

Mitterauer, Michael: Family Contexts: The Balkans in European Comparison, in: The History of the Family 1 (1996), 387–406. (= 1996a)

Mitterauer, Michael: Medieval roots of European family developments, in: J. Michálek (Hg.), Stredoeurópske kontexty ludovej kultúry na Slovensku, Bratislava 1996, 92–102. (= 1996b)

Mitterauer, Michael: Die Witwe des Bruders, Leviratsehe und Familienverfassung, in: Otium 3 (1996), 53–70. (= 1996c)

Mitterauer, Michael: »Das moderne Kind hat zwei Kinderzimmer und acht Großeltern«. Die Entwicklung in Europa, in: Mitterauer/Ortmayr 1997, 13–51.

Mitterauer, Michael: Predigt – Holzschnitt – Buchdruck. Europäische Frühformen der Massenkommunikation, in: Beiträge zur historischen Sozialkunde 28 (1998), 69–78.

Mitterauer, Michael: Ostkolonisation und Familienverfassung. Zur Diskussion um die Hajnal-Linie, in: Vilfanov zbornik. Pravo-zgodovina-narod, Ljubljana 1999, 203–222.

Mitterauer, Michael: Europäische Familienformen im interkulturellen Vergleich, in: Museum für Völkerkunde Hamburg (Hg.), Das gemeinsame Haus Europa. Handbuch zur europäischen Kulturgeschichte, München 1999, 313–332. (= 1999a)

Möckl, Karl (Hg.): Wirtschaftsbürgertum in den deutschen Staaten im 19. und beginnenden 20. Jahrhundert, München 1996.

Modrzejewski, Joseph: La structure juridique du mariage grec, in: Edda Bresicani u. a. (Hg.), Studi in onore di Orsolina Montevecchi, Bologna 1981, 231–268.

Mohrmann, Ruth-E.: Städtische Wohnkultur in Norddeutschland vom 17. bis zum 19. Jahrhundert (aufgrund von Inventaren), in: Wiegelmann 1985, 89–155.

Möller, Helmut: Die kleinbürgerliche Familie im 18. Jahrhundert. Verhalten und Gruppenkultur. Berlin 1969.

Mols, P. R.: Introduction à la démographie historique des villes d'Europe, Louvain 1955, Bd. 2.

Montessori, Maria: Die Rechte des Kindes, in: Dietrich, Theo (Hg.): Die pädagogische Bewegung »Vom Kinde aus«, Bad Heilbrunn ^{4}1982, 71–77.

Mooser, Josef: Arbeiterleben in Deutschland 1900–1970. Klassenlagen, Kultur und Politik. Frankfurt 1984. (= 1984a)

Mooser, Joseph: Ländliche Klassengesellschaft 1770–1848. Bauern und Unterschichten, Landwirtschaft und Gewerbe im östlichen Westfalen, Göttingen 1984. (= 1984b)

Morgan, David H.J.: Family Connections. An Introduction to Family Studies, Cambridge 1996.

Morgan, T.J. und Prys: Welsh surnames, Cardiff 1985.

Moring, Beatrice: The Finnish stem-family in historical perspective. Strategies of social and economic survival of the land-holding group, in: Fauve-Chamoux, Antoinette/Ochiai, Emiko (Hg.), House and the stem-family in EurAsian perspective, Kyoto 1998, 115–137.

Mosse, Werner: Adel und Bürgertum im Europa des 19. Jahrhunderts. Eine vergleichende Betrachtung, in: Kocka, Jürgen (Hg.), Bürgertum im 19. Jahrhundert. Deutschland im europäischen Vergleich, Bd. 2, München 1998, 276–314.

Mühlbacher, Engelbert: Deutsche Geschichte unter den Karolingern, Stuttgart 1959.

Müller, Christina: Karlsruhe im 18. Jahrhundert. Zur Genese und sozialen Schichtung einer residenzstädtischen Bevölkerung, Karlsruhe 1992.

Müller, Ernst Wilhelm: Der Begriff ›Verwandtschaft‹ in der modernen Ethnosoziologie, Berlin 1981.

Müller, Maria E. (Hg).: Eheglück und Liebesjoch. Bilder von Liebe, Ehe und Familie in der Literatur des 15. und 16. Jahrhunderts, Weinheim 1988.

Müller, Rita: Von der Wiege bis zur Bahre. Weibliche und männliche Lebensläufe im 19. und frühen 20. Jahrhundert am Beispiel Stuttgart-Feuerbach, Stuttgart 2000.

Müller, Walter/Willms, Angelika/Handl, Johann: Strukturwandel der Frauenarbeit 1880–1980. Frankfurt a. M./New York 1983.

Müller, Walter: Entwicklung und Spätformen der Leibeigenschaft am Beispiel der Heiratbeschränkungen. Die Ehegenoßsame im alemannisch-schweizerischen Raum, Sigmaringen 1974.

Muncy, Raymond Lee: Sex and Marriage in Utopian Communities, Bloomington 1973.

Murcott, Anne: The Sociology of Food and Eating. Essays on the Sociological Significance of Food, Aldershot 1984.

Murray, Alexander: Germanic Kinship Structures, Toronto 1983.

Mutschler, Susanne: Ländliche Kindheit in Lebenserinnerungen. Familien- und Kinderleben in einem württembergischen Arbeiterbauerndorf an der Wende vom 19. zum 20. Jahrhundert. Tübingen 1986.

Naerebout, Frits Gerard.: Male-Female Relationships in the Homeric Epics, in: Josine Blok/Peter Mason (Hg.), Sexual Asymmetry. Studies in Ancient Society. Amsterdam 1987, 109–146.

Nave-Herz, Rosemarie (Hg.): Wandel und Kontinuität der Familie in der Bundesrepublik Deutschland, Stuttgart 1988.
Nave-Herz, Rosemarie/Markefka, Manfred (Hg.): Handbuch der Familien- und Jugendforschung, Bd. 1: Familienforschung, Neuwied/Frankfurt a. M. 1989.
Nell, Adelheid von: Die Entwicklung generativer Strukturen bürgerlicher und bäuerlicher Familien von 1750 bis zur Gegenwart, Diss. Bochum 1973.
Nemroy, Leon: Karaite Anthology, New Haven 1986.
Néraudau, Jean-Pierre: Etre enfant à Rome, Paris 1984.
Netting, Robert Mac C./Wilk, Richard R./Arnould, Eric J. (Hg.): Households. Comparative and historical studies of the domestic group, Berkeley [u. a.] 1984.
Nicholas, M.J.: The Meaning of the Immaculate Conception in the Perspective of St. Thomas, in: E.D. O'Connor (Hg.), The Dogma of the Immaculate Conception, Notre Dame/Indiana 1958.
Nippa, Annegret: Haus und Familie in arabischen Ländern. Vom Mittelalter bis zur Gegenwart, München 1991.
Noonan, John Thomas, Contraception: A History of Its Treatment by the Catholic Theologians and Canonists, Rev. ed. Cambridge 1986.
Noy, David: Matchmakers and Marriage-Markets in Antiquity, in: Echos du Monde Classique 34 (N.S. 9) (1990), 375–400.
Noy, David: Wicked Stepmothers in Roman Society and Imagination, Journal of Family History 16 (1991), 345–361.
O'Day, Rosemary: The Family and Family Relationships, 1500–1900. England, France and the United States of America, New York 1994.
Oesterdiekhoff, Georg W.: Familie, Wirtschaft und Gesellschaft in Europa. Die historische Entwicklung von Familie und Ehe im Kulturvergleich, Stuttgart [2]2002.
Ogburn, W.F.: Die Ursachen für die Veränderung der Familie, in: Ders., Kultur und sozialer Wandel: Ausgewählte Schriften. Neuwied/Berlin 1969, 238–252.
Ogden, Daniel: Greek Bastardy in the Classical and Hellenistic Periods, Oxford 1996.
Ogilvie, Sheilagh/Cerman, Markus (Hg.): European proto-industrialization, Cambridge 1996.
Ogilvie, Sheilagh: State Corporatism and Proto-Industry. The Württemberg Black Forest, 1580–1797, Cambridge 1997.
O'Hara, Diana: Courtship and Constraint: Rethinking the Making of Marriage in Tudor England, Manchester 2000.
Ohler, Norbert: Sterben und Tod im Mittelalter, München 1990.
Opitz, Claudia: Neue Wege der Sozialgeschichte? Ein kritischer Blick auf Otto Brunners Konzept des ›ganzen Hauses‹, in: Geschichte und Gesellschaft. Zeitschrift für Historische Sozialwissenschaft 20, H. 1 (1994), 88–98.
Oppong, Christine: Middle Class African Marriage, London 1981.
Oßwald-Bargende, Sybille: Die Mätresse, der Fürst und die Macht. Christina Wilhelmina von Grävenitz und die höfische Gesellschaft, Frankfurt a. M. 2000.
Otis-Cour, Leah: Lust und Liebe. Geschichte der Paarbeziehungen im Mittelalter, Frankfurt a. M. 2000.
Outhwaite, Richard B. (Hg.): Marriage and Society. Studies in the Social History of Marriage, London 1981.
Owens, Alastair: Property, Gender and the Life Course: Inheritance and Family Welfare Provision in Early Nineteenth-Century England, in: Social History 26 (2001), 299–317.
Ozment, Steven (Hg.): Magdalena & Balthasar. Briefwechsel der Eheleute Paumgartner aus der Lebenswelt des 16. Jahrhunderts, Frankfurt a. M. 1989.

Ozment, Steven: When Fathers Ruled. Family Life in Reformation Europe. Cambridge (Mass.)/London 1983.

Papathanassiou, Maria: Zwischen Arbeit, Spiel und Schule. Die ökonomische Funktion der Kinder ärmerer Schichten in Österreich 1880–1939, München 1999.

Pardailhé-Galabrun, Annik: The Birth of Intimacy. Privacy and Domestic Life in Early Modern Paris (1988), Oxford 1991.

Parin, Paul: Der Widerspruch im Subjekt. Ethnopsychoanalytische Studien, Hamburg 1992.

Parkin, Tim G.: Demography and Roman Society, Baltimore/London 1992.

Parkin, Tim G.: Out of Sight, Out of Mind: Elderly Members of the Roman Family, in: B. Rawson/P. Weaver (Hg.), The Roman Family in Italy. Status, Sentiment, Space, Canberra/Oxford 1997, 123–148.

Parsons, Talcott: The American Family: Its Relations to Personality and the Social Structure, in: Ders./Bales, R.F. (Hg.), Family, Socialization and Interaction Process. New York/London 1955, 3–33.

Pastoureau, Michel: Traité d'heraldique, Paris 1979.

Patai, Raphael: The Jewish Mind, New York 1977.

Pateman, Carol: Feminist Critique of the Public. Private Dichotomy, in: Benn, I.S./Gans, G.F., Public and Private in Social Life, London 1983, 281–303.

Patlagean, Evelyne: Christianisation et parentés rituelles. La domaine de Byzance, in: Annales E.S.C. 1978, 625–636.

Patlagean, Evelyne: Les débuts d'une aristocratie byzantine et le témoignage de l'historigraphie: systèmes des noms et lieus de parenté aux IXe et XIe siècles, in: Michael Angoldt (Hg.), The Byzantine Aristocracy IXth to XIIIth Centuries, Oxford 1984.

Patlagean, Evelyne: Familie und Verwandtschaft in Byzanz, in: Burguière u. a., Bd. 2, 1997, 207–236.

Patterson, Cynthia: ›Not Worth the Rearing‹: The Causes of Infant Exposure in Ancient Greece, in: Transactions of the American Philological Association 115 (1985) 103–123.

Patterson, Cynthia: Marriage and the Married Woman in Athenian Law, in: Sarah B. Pomeroy (Hg.), Women's History and Ancient History, Chapel Hill/London 1991, 48–72.

Patterson, Nerys: Cattle-lords and clansmen. The social structure of early Ireland, Notre Dame 1994.

Paulsen, Friedrich: Geschichte des gelehrten Unterrichts auf den deutschen Schulen und Universitäten vom Ausgang des Mittelalters bis zur Gegenwart 1, Leipzig 1919.

Peristiany, J.G.: Mediterranean Family Structures, Cambridge 1976.

Peristiany, John (Hg.): Honor and Shame: The Values of Mediterranean Society, London 1965.

Perrot, Michelle: Funktionen der Familie, in: Ariès/Duby, Bd. 4, 1992, 111–126.

Perrot, Michelle: Les ouvriers, l'habitat et la ville au XIXe siècle, in: Flamand, Jean-Paul (Hg.), La Question du logement et le Mouvement ouvrier français, Paris 1981, 19–39.

Peukert, Detlev J.K.: Grenzen der Sozialdisziplinierung. Aufstieg und Krise der deutschen Jugendfürsorge 1878–1932, Köln 1987.

Peyronnet, Jean Claude: Recherches sur les enfants trouvés de l'hopital général de Limoges au XVIIIe siècle, These de 3e cycle, Université de Poutiers 1972.

Peyronnet, Jean-Claude: Famille élargie ou famille nucléaire? L'example du Limousin au début du XIXe siècle, in: Revue d'histoire et contemporaine 1975, 568–582.

Peyronnet, Jean Claude, Les enfants abandonnés et leurs nourrices à Limoges au XVIIIe siècle, in: Revue d'histoire moderne et contemporaine 23 (1976), 418–441.
Pfeffer, Georg, Formen der Ehe. Ethnologische Typologie der Heiratsbeziehungen, in: Völger/Welck, 1985, Bd. 1, 60–78.
Pfister, Christian: Bevölkerungsgeschichte und Historische Demographie 1500–1800, München 1994.
Pfister, Ulrich: Die Anfänge der Geburtenbeschränkung in Europa: Wege zu einer umfassenderen Analyse. In Borscheid/Teuteberg 1983, 213–232.
Pfister, Ulrich: Die Anfänge der Geburtenbeschränkung. Eine Fallstudie – ausgewählte Zürcher Familien im 17. und 18. Jahrhundert, Bern 1985.
Phillips, Roderick: Family Breakdown in Late 18th Century France. Divorces in Rouen 1792–1803, Oxford 1980.
Phillips, Roderick: Putting Usunder. A History of Divorce in Western Society, Cambridge 1988.
Phillpotts, Bertha Surtees: Kindred and Clan in the Middle Ages and After: A Study in the Sociology of the Teutonic Races, Cambridge 1913.
Pilet, Christian/Alduc-Le-Bagousse, A.: Les vivants et les morts en Gaule romaine, in: F. Hinard (Hg.), La mort, les morts et l'au-delà dans le monde romain. Actes du colloque de Caen 20–22 novembre 1985, Caen 1987, 13–31.
Pillorget, René: La tige et le rameau. Familles anglaise et française 16e–18e siècle, Paris 1979.
Plakans, Andrejs/Wetherell, Charles: Auf der Suche nach einer Verortung. Die Geschichte der Familie in Osteuropa 1800–2000, in: Ehmer/Hareven/Wall 1997, 301–326.
Plakans, Andrejs: Retirement, inheritance, and generational relations: life-course analysis in historic Eastern Europe, in: Hareven 1996, 140–157.
Planck, Ulrich/Ziche, J.: Land- und Agrarsoziologie. Eine Einführung in die Soziologie des ländlichen Siedlungsraumes und des Agrarbereichs. Stuttgart 1979.
Planck, Ulrich, Der bäuerliche Familienbetrieb zwischen Patriarchat und Partnerschaft, Stuttgart 1964.
Ploss, Hans: Das Kind in Brauch und Sitte der Völker, hg. v. B. Renz, 2 Bde., Leipzig 1911/12.
Pollock, Linda A.: Forgotten Children. Parent-Child Relations from 1500 to 1900, Cambridge u. a. 1983.
Pollock, Linda A.: A Lasting Relationship. Parents and Children over Three Centuries, Hannover 1987.
Pomeroy, Sarah B. (Hg.): Xenophon. Oeconomicus, Oxford 1994.
Pomeroy, Sarah B.: Families in Classical and Hellenistic Greece. Representations and Realities, Oxford 1997.
Pomeroy, Sarah B.: Goddesses, Whores, Wives, and Slaves. Women in Classical Antiquity, London 1976. Dt. Übersetzung: Frauenleben im klassischen Altertum, Stuttgart 1985.
Pörschke, Karl Ludwig: Vorbereitung zu einem populären Naturrecht, Königsberg 1795.
Prinz, Christopher: Cohabiting, Married, or Single, Aldershot 1995.
Pross, Harry (Hg.): Familie – wohin? Leistungen, Leistungsdefizite und Leistungswandlungen der Familien in hochindustrialisierten Gesellschaften, Reinbek 1979.
Pühler, Susanne: Die UN-Kinderrechtskonvention. Übereinkommen über die Rechte des Kindes, in: Lintz, Martin (Hg.), Von der Würde des Kindes. Die Kindheit verstehen und schützen, Stuttgart 1999, 26–30.

Quataert, J.H.: Combining Agrarian and Industrial Livelihood: Whole Households in the Saxon Oberlausitz in the Nineteenth Century, in: Journal of Family History, Summer 1985, 145–162.

Quataert, Jean H.: Teamwork in Saxon Homeweaving Families in the Ninteenth Century. A Preliminary Investigation into the Issue of Gender Work Roles, in: Joeres, Ruth-Ellen/Maynes, Mary Jo (Hg.): German Women in the Eighteenth and Nineteenth Centuries: a Social and Literary History, Bloomington 1986, 3–23.

Raepsaet, Georges: Les motivations de la natalité à Athènes aux Ve et IVe siècles avant notre ère, in: Antiquité Classique 40 (1971), 80–110.

Raepsaet, Georges: A propos de l'utilisation de statistiques en démographie grecque. Le nombre d'enfants par famille, in: Antiquité Classique 42 (1973), 536–543.

Raepsaet, Georges: Sentiments conjugaux à Athènes aux Ve et IVe siècles avant notre ère, in: Antiquité Classique 50 (1981), 677–684.

Raepsaet-Charlier, Marie Therese: Étude d'un comportement social: les relations entre parents et enfants dans la société athénienne à l'époque classique, in: Antiquité Classique 40 (1971), 589–607.

Raepsaet-Charlier, Marie-Therese: Epouses et familles de magistrats dans les provinces romaines aux deux premiers siècles de l'Empire, in: Historia 31 (1982), 56–69.

Raepsaet-Charlier, Marie-Therese: La vie familiale des élites dans la Rome impériale: le droit et la pratique, in: Cahiers du Centre Gustave Glotz 5 (1994), 165–197.

Ramm, Thilo/Grandkie, Anita/Brié, Hermann: Familie und Recht. Zum Familienrecht im vereinten Deutschland und zur Bedeutung der Rechtsprechung des Europäischen Gerichtshofes für Wanderungsbewegungen. Materialien zum 5. Familienbericht, Bd. 2, München 1994.

Ransel, David: Mothers of Misery. Child Abandonment in Russia, Princeton 1988.

Raphael, Lutz: Die Verwissenschaftlichung des Sozialen als methodische und konzeptionelle Herausforderung für eine Sozialgeschichte des 20. Jahrhunderts, in: Geschichte und Gesellschaft 22 (1996), 165–193.

Rawson, Beryl: The Roman Family, in: Ders. (Hg.), The Family in Ancient Rome, London 1986.

Razi, Zvi: The Myth of the Immutable English Family, in: Past and Present 140 (1993), 3–44.

Redfield, James: Notes on the Greek Wedding, in: Arethusa 15 (1982), 181–201.

Reher, David S.: Marriage Patterns in Spain, 1887–1930, in: Journal of Family History 16 (1991), 7–30.

Reher, David S.: Perspectives on the Family in Spain, Past and Present, Oxford 1997.

Reher, David S.: Family Ties in Western Europe: Persistent Contrasts, in: Population and Development Review 24, Nr. 2 (1998), 203–233, 223.

Reich, Wilhelm: Die sexuelle Revolution. Zur charakterlichen Selbststeuerung des Menschen (1936), Frankfurt a. M. 1971.

Reif, Heinz: Westfälischer Adel 1770–1860. Vom Herrschaftsstand zur regionalen Elite, Göttingen 1979.

Reif, Heinz: ›Erhaltung des adligen Stamms und Namens‹ – Adelsfamilie und Statussicherung im Münsterland 1770 bis 1914, in: Bulst/Goy/Hoock (Hg.) 1981, 275–307.

Reif, Heinz: Väterliche Gewalt und 'kindliche Narrheit'. Familienkonflikte im katholischen Adel Westfalens vor der Französischen Revolution. In: Ders. (Hg.): Die Familie in der Geschichte. Göttingen 1982, 82–113.

Reitmayer, Morten: Bankiers im Kaiserreich, Göttingen 1999.

Ribbeck, Conrad Gottlieb: Predigten für Familien zur Beförderung häuslicher Tugend und Zufriedenheit, Magdeburg 1798.

Richarz, Irmintraut: Oikos, Haus und Haushalt. Ursprung und Geschichte der Haushaltsökonomik, Göttingen 1991.

Riddle, John M., Contraception and Abortion from the Ancient World to the Renaissance, Cambridge/Mass. 1992.

Riehl, Wilhelm Heinrich: Die Naturgeschichte des Volkes als Grundlage einer deutschen Social-Politik, Bd. 3: Die Familie [1855], Stuttgart/Berlin [12]1904.

Rimscha, Hans von, Geschichte Rußlands, Darmstadt 1970.

Ritzer, Korbinian: Formen, Riten und religiöses Brauchtum der Eheschließung in den christlichen Kirchen des ersten Jahrtausends, Münster 1962.

Roberts, James S.: Wirtshaus und Politik in der deutschen Arbeiterbewegung. In: G. Huck (Hg.) Sozialgeschichte der Freizeit. Untersuchungen zum Wandel der Alltagskultur in Deutschland. Wuppertal 1982, 123–139.

Rodger, Richard G.: Die Krise des britischen Wohnungswesens 1830–1920, in: Teuteberg 1985, 301–332.

Rölli-Alkemper, Lukas: Familie im Wiederaufbau. Katholizismus und bürgerliches Familienideal in der Bundesrepublik Deutschland 1945–1965, Paderborn 2000.

Rösener, Werner: Bauern im Mittelalter, München 1985.

Rösener, Werner: Die Bauern in der europäischen Geschichte, München 1993.

Roncière, Charles de la: Gesellschaftliche Eliten an der Schwelle zur Renaissance. Das Beispiel Toskana, in: Ariès/Duby, Bd. 2, 1990, 161–297.

Rosaldo, Michelle: The Use and Abuse of Anthropology. Reflections on Feminism and Cross-Cultural Understandig, in: Signs 5 (1980), 392–416.

Rosenbaum, Heidi (Hg.): Seminar: Familie und Gesellschaftsstruktur. Materialien zu den sozioökonomischen Bedingungen von Familienformen. Frankfurt a. M. 1978.

Rosenbaum, Heidi: Formen der Familie, Untersuchungen zum Zusammenhang von Familienverhältnissen, Sozialstruktur und sozialem Wandel in der deutschen Gesellschaft des 19. Jahrhunderts, Frankfurt a. M. 1982.

Rosenbaum, Heide: Proletarische Familien: Arbeiterfamilien und Arbeiterväter im frühen 20. Jahrhundert zwischen traditioneller, sozialdemokratischer und kleinbürgerlicher Orientierung. Frankfurt a. M. 1992.

Rosenbaum, Heidi: Verwandtschaft in historischer Perspektive, in: Verwandtschaft. Sozialwissenschaftliche Beiträge zu einem vernachlässigten Thema, Stuttgart 1998, 17–33.

Rosivach, Vincent J.: Aphairesis and Apoleipsis. A Study of the Sources, in: Revue internationale des droits de l'Antiquité 31 (1984), 193–230.

Rotteck, Carl von: Art. Fam., in: Ders./Welcker, Staatslexikon, Bd. 5, 386.

Rouette, Susanne: Sozialpolitik als Geschlechterpolitik. Die Regulierung der Frauenarbeit nach dem Ersten Weltkrieg, Frankfurt a. M. 1993.

Rousseau, Jean-Jaques: Emile oder über die Erziehung (1762), Paderborn 1981.

Ruipérez, Germán: Die strukturelle Umschichtung der Verwandtschaftsbezeichnungen im Deutschen, Marburg 1984.

Sabean, David: Kinship and Property in rural Western Europe before 1800, in: Goody u. a. (Hg.), Family and Inheritance, 1976, 96–111.

Sabean, David: Intensivierung der Arbeit und Alltagserfahrung auf dem Lande. In: Sozialwissenschaftliche Informationen für Unterricht und Studium 6 (1977), 148–152.

Sabean, David: Property, Production and Family in Neckarhausen 1700–1870, Cambridge u. a. 1990.

Sabean, David: Die Ästhetik der Heiratsallianzen. Klassencodes und endogame Eheschließung im Bürgertum des 19. Jahrhunderts, in: Ehmer/Hareven/Wall 1997, 157–170.

Sabean, David Warren: Kinship in Neckarhausen, 1700–1870, Cambridge 1998.

Sachers, E.: Das Recht auf Unterhalt in der römischen Familie der klassischen Zeit, in: Festschrift Fritz Schulz, Bd. 1, Weimar 1951, 310–363.

Sachers, Erich, Potestas patria, in: RE 22, 1 (1953), 1046–1175.

Sachße, Christoph/Tennstedt, Florian: Familienpolitik durch Gesetzgebung: Die juristische Regulierung der Familie. In: Kaufmann, F.-X. (Hg.): Staatliche Sozialpolitik und Familie. München 1982, 87–130.

Saller, Richard P./Shaw, Brent D.: Tombstones and Roman Family Relations in the Principate: Civilians, Soldiers and Slaves, in: Journal of Roman Studies 74 (1984), 124–156.

Saller, Richard P.: *Familia*, *domus*, and the Roman Conception of Family, in: Phoenix 38 (1984), 336–355.

Saller, Richard P.: Roman Dowry and the Devolution of Property in the Principate, in: Classical Quarterly, N.S. 34 (1984), 195–205. (= 1984b)

Saller, Richard P., Patria potestas and the Stereotype of the Roman Family, in: Continuity and Change 1 (1986), 7–22.

Saller, Richard P.: Men's Age at Marriage and Its Consequences in the Roman Family, in: Classical Philology 82 (1987), 21–34.

Saller, Richard P.: Slavery and the Roman Family, in: Slavery and Abolition 8 (1987), 65–87.

Saller, Richard P.: I rapporti di parentela e l'organizzazione familiare, in: Emilio Gabba/Aldo Schiavone (Hg.), Storia di Roma. 4: Caratteri e morfologie, Torino 1989, 515–555.

Saller, Richard P.: Roman Heirship Strategies in Principle and in Practice, in: Kertzer/Saller 1991, 26–47.

Saller, Richard P.: Patriarchy, Property and Death in the Roman Family, Cambridge 1994.

Saller, Richard P.: Roman Kinship: Structure and Sentiment, in: Beryl Rawson/Peter Weaver (Hg.), The Roman Family in Italy. Status, Sentiment, Space, Canberra/Oxford 1997, 7–34.

Samsonowicz, Hendrik: La famille noble et la famille bourgeoise en Pologne du XIIIe aux XVe siécles, in: Duby, Georges/Le Goff, Jacques (Hg.), Famille et parenté dans l'occident médiéval, Rom 1977, 309–317.

Sandgruber, Roman: Innerfamiliale Einkommens- und Konsumaufteilung: Rollenverteilung und Rollenverständnis in Bauern-, Heimarbeiter- und Arbeiterfamilien Österreichs im 18., 19. und 20. Jahrhundert. In: Borscheid/Teuteberg 1983, 135–149.

Saunders, Timothy G.: Familie, Fortpflanzung und Bevölkerungsentwicklung im Hunsrück. Eine historisch-demographische Untersuchung der Lebensverhältnisse und gesellschaftlichen Strukturen in Kirchberg, Kastellaun und Gemeinden 1650–1800, Frankfurt a. M. u. a. 1995.

Schaffer, John W.: Family and Farm. Agrarian Change and Household Organization in the Loire Valley, 1500–1900, New York 1982.

Schaps, David M.: Economic Rights of Women in Ancient Greece, Edinburgh 1979.

Schatzman, Morton: Die Angst vor dem Vater. Langzeitwirkungen einer Erziehungsmethode. Eine Analyse am Fall Schreber. Reinbek 1974.

Schenk, Herrad: Freie Liebe – wilde Ehe. Über die allmähliche Auflösung der Ehe durch die Liebe, München 1987.

Schepers, Josef: Haus und Hof westfälischer Bauern , Münster [7]1994.

Schildt, Axel/Sywottek, Arnold (Hg.): Massenwohnung und Eigenheim. Wohnungsbau und Wohnen in der Großstadt seit dem Ersten Weltkrieg. Frankfurt a. M./New York 1988.

Schildt, Bernd: Bauer – Gemeinde – Nachbarschaft. Verfassung und Recht der Landgemeinde Thüringens in der Frühen Neuzeit, Weimar 1996.

Schildt, Gerhard: Frauenarbeit im 19. Jahrhundert. Pfaffenweiler 1993.

Schleiermacher, Friedrich: Fragmente, in: Athenäum 1/2 (1798).

Schlumbohm, Jürgen: ›Traditionale‹ Kollektivität und ›moderne‹ Individualität: einige Fragen und Thesen für eine historische Sozialisationsforschung. Kleines Bürgertum und gehobenes Bürgertum in Deutschland um 1800 als Beispiel. In: Rudolf Vierhaus (Hg.): Bürger und Bürgerlichkeit im Zeitalter der Aufklärung. Heidelberg 1981, 265–320.

Schlumbohm, Jürgen (Hg.): Kinderstuben, Wie Kinder zu Bauern, Bürgern, Aristokraten wurden 1700–1850. München 1983.

Schlumbohm, Jürgen: Sozialstruktur und Fortpflanzung bei der ländlichen Bevölkerung Deutschlands im 18. und 19. Jahrhundert. Befunde und Erklärungsansätze zu schichtspezifischen Verhaltensweisen, in: Voland, Eckart (Hg.): Fortpflanzung: Natur und Kultur im Wechselspiel. Versuch eines Dialogs zwischen Biologen und Sozialwissenschaftlern, Frankfurt a. M. 1992, 322–346.

Schlumbohm, Jürgen: »Proto-Industrialisierung« als forschungsstrategisches Konzept und als Epochenbegriff – eine Zwischenbilanz, in: Cerman, Markus/Ogilvie, Sheilagh (Hg.), Proto-Industrialisierung in Europa, Wien 1994, 23–34.

Schmale, Wolfgang: Geschichte Europas,Wien/Köln/Weimar 2001.

Schmid, Karl: Zur Problematik von Familie, Sippe und Geschlecht, in: Zs f. Geschichte des Oberrheins 105 (1957), 1–62. (ND in: Ders., Gebetsgedenken und adeliges Selbstverständnis. Augewählte Beiträge, Sigmaringen 1983, 183–244).

Schmitt-Pantel, Pauline (Hg.): Histoire des femmes en Occident. 1: L'Antiquité, Paris 1990.

Schneider, Jane C./Schneider, Peter T., Festival of the Poor. Fertility Decline and the Ideology of Class in Sicily 1860–1980, Tucson 1996.

Schneider, Jane: Of Vigilance and Virgins: Honor, Shame and Access to Resources in Mediterranean Societies, in: Ethnology 10 (1971), 1–24.

Schnell, Rüdiger: Sexualität und Emotionalität in der vormodernen Ehe, Köln/Weimar/Wien 2002.

Schollmeier, Axel: Gartenstädte in Deutschland. Ihre Geschichte, städtebauliche Entwicklung und Architektur zu Beginn des 20. Jahrhunderts, Münster 1990.

Schomerus, Heilwig: Die Arbeiterschaft der Maschinenfabrik Esslingen: Forschungen zur Lage der Arbeiterschaft im 19. Jahrhundert, Stuttgart 1977.

Schomerus, Heilwig: The Family Life-Cycle: A Study of Factory Workers in Nineteenth-Century Württemberg, in: Evans, Richard J./Lee, W. Robert: The German Family. Essays on the Social History of the Family in Nineteenth- and Twentieth-Century Germany. London 1981, 175–193.

Schorn-Schütte, Luise: Wirkungen der Reformation auf die Rechtsstellung der Frau im Protestantismus, in: Gerhard 1997, 94–104.

Schott, Clausdieter: Lebensgemeinschaft zwischen Ehe und Unzucht – ein historischer Überblick, in: Eser, Albin (Hg.): Die nichteheliche Lebensgemeinschaft, Paderborn 1985, 13–32.

Schrader, Oskar: Über Bezeichnungen der Heiratsverwandtschaft bei den indogermanischen Völkern, in: Indogermanische Forschungen 17, Straßburg 1904/5, 11–35.

Schramm, Percy Ernst: Der König von Frankreich, Darmstadt 1960.
Schraut, Sylvia: Sozialer Wandel im Industrialisierungsprozeß. Esslingen 1800–1870, Esslingen 1989.
Schreber, Daniel G.M.: Kallipädie oder Erziehung zur Schönheit durch naturgetreue und gleichmäßige Förderung normaler Körperbildung, Leipzig 1858.
Schröter, Michael : »Wo zwei zusammenkommen in rechter Ehe.« Sozio- und psychogenetische Studien über Eheschließungsvorgänge vom 12. bis 15. Jahrhundert, Frankfurt a. M. 1985.
Schroth, Hans Henning: Zum Onanieproblem: Die Abhandlung der Onanie in den populärmedizinischen Handbüchern der Jahrhundertwende, Bonn 1994.
Schubnell, Hermann: Der Kinderreichtum bei Bauern und Arbeitern. Untersuchungen aus Schwarzwald und Rheinebene, Freiburg 1941.
Schücking, Levin L.: Die puritanische Familie in literatursoziologischer Sicht, Bern 1964.
Schuler, Johannes-Peter (Hg.): Die Familie als sozialer und historischer Verband. Untersuchungen zum Spätmittelater und zur frühen Neuzeit, Sigmaringen 1987.
Schulte, Regina: Dienstmädchen im herrschaftlichen Haushalt. Zur Genese ihrer Sozialpsychologie, in: Zeitschrift für Bayrische Landesgeschichte 41 (1978), 779–920.
Schulte, Regina: Sperrbezirke: Tugendhaftigkeit und Prostitution in der bürgerlichen Welt. Frankfurt a. M. 1979.
Schultz, James A.: The Knowledge of Childhood in the German Middle Ages, 1100–1350, Philadelphia 1995.
Schulz, Knut: Die Stellung der Gesellen in der spätmittelalterlichen Stadt, in: Haverkamp, 1984, 304–326.
Schürr, Friedrich: Die Alpenromanen, in: Die Alpen in der europäischen Geschichte des Mittelalters, Konstanz 1965, 201–220.
Schütze, Yvonne: Mutterliebe – Vaterliebe. Elternrollen in der bürgerlichen Gesellschaft des 19. Jahrhunderts, in: Frevert 1988, 118–133.
Schütze, Yvonne: Pflicht und Neigung: Intergenerationelle Beziehungen zwischen Erwachsenen und ihren alternden Eltern. Ergebnisse einer Pilotstudie, in: Zeitschrift für Familienforschung 1 (1989), 72–102.
Schwab, Dieter: Grundlagen und Gestalt der staatlichen Ehegesetzgebung in der Neuzeit bis zum Beginn des 19. Jahrhunderts, Bielefeld 1967.
Schwab, Dieter: Art. ›Familie‹, in: Brunner/Conze/Koselleck, Bd. 2, 1975, 253–301.
Schwab, Dieter: Gleichberechtigung und Familienrecht im 20. Jahrhundert, in: Gerhard 1997, 790–827.
Schwägler, Georg: Soziologie der Familie: Ursprung und Entwicklung. Tübingen 1970.
Schwarz, Gabriele: Allgemeine Siedlungsgeographie, 1966.
Schwennike, Detlev (Hg.): Europäische Stammtafeln. Stammtafeln zur Geschichte der europäischen Staaten NF, Marburg 1984.
Sealey, Raphael: Women and Law in Classical Greece, Chapel Hill/London 1990.
Seccombe, Wally: A millenium of family change: Feudalism to capitalism in northwestern Europe, London/New York 1992.
Segalen, Martine/Zonabend, Françoise: Familien in Frankreich, in: Burguière u. a. 1998, Bd. 4, S. 169–209.
Segalen, Martine: Fifteen Generations of Bretons: Kinship and Society in Lower Britanny 1720–1980, Cambridge 1981.
Segalen, Martine: Die Familie. Geschichte, Soziologie, Anthropologie, Frankfurt a. M. 1990.

Segalen, Martine: Die industrielle Revolution: Vom Proletarier zum Bürger, in: Burguière u. a. 1998, Bd. 4, 13–58. (= 1998a)

Sering, Max/Dietze, Constantin v. (Hg.): Die Vererbung des ländlichen Grundbesitzes in der Nachkriegszeit, 3 Teile, Berlin 1930.

Shafer, Ann Eastlack: The Status of Iroquois Women (1941), in: Spittal, W.G. (Hg.) Iroquois Women. An Anthology, Oshweken 1990.

Shahar, Shulamith, Childhood in the Middle Ages, London 1990; dt. München/Zürich 1990.

Sharlin, Allan: Urban-Rural-Differences in Fertility in Europe during the Demographic Transition, in: Coale/Watkins 1986, 234–260.

Sharpe, Pamela: Marital Separation in the Eighteenth and Early Nineteenth Centuries, in: Local Population Studies 45 (1990) 66–70.

Shaw, Brent D., The Family in Late Antiquity. The Experience of Augustine, in: Past and Present 115 (1987), 3–51.

Shaw, Brent D.: Latin Funerary Epigraphy and Family Life in the Later Roman Empire, in: Historia 33 (1984), 457–497.

Shaw, Brent D.: The Age of Roman Girls at Marriage. Some Reconsiderations, in: Journal of Roman Studies 77 (1987), 30–46.

Shaw, Brent: The Cultural Meaning of Death: Age and Gender in the Roman Family, in: Kertzer/Saller, The Family in Italy from Antiquity to the Present, New Haven/London 1991, 66–90.

Shaw, B.D.: Seasons of Death: Aspects of Mortality in Imperial Rome, in: Journal of Roman Studies 86 (1996), 100–138.

Shaw, B.D.: Agrarian Economy and the Marriage Cycle of Roman Women, in: Journal of Roman Archaeology 10 (1997), 57–76.

Sheehan, Michael M./Murray, Jacqueline: Domestic Society in Medieval Europe. A Select Bibliograhy, Toronto 1990.

Shorter, Edward: Die Geburt der modernen Familie, New York 1975, dt. Reinbek 1983.

Sieder, Reinhard: Persönlichkeitsbildung in Haus und Familie. Studie zur Sozialisation im ländlich-bäuerlichen Bereich. Phil. Diss. (masch.) Wien 1975.

Sieder, Reinhard: Sozialgeschichte der Familie, Frankfurt a. M. 1987.

Sissa, Giulia: La famille dans la cité grecque (V^{e}–IVe siècle av. J.-C.), in: Chr. Klapisch-Zuber u.a. (Hg.), Histoire de la famille, Bd. 1, Paris 1986, 163–193.

Smith, Richard M.: Some reflections on the evidence for the origins of the »European marriage pattern« in England, in: C. Harris (Hg,) The sociology of the family, Keele 1979.

Smith, Richard M.: The people of Tuscany and their families in the fifteenth century: Medieval or Mediterranean? in: Journal of Family History 6 (1981), 107–128.

Smout, T. C[hristopher].: Scottish Marriage, Regular and Irregular 1500–1940, in: Outhwaite 1981, 204–236.

Snell, Keith D.M.: Annals of the Labouring Poor, Cambridge 1985.

Societè Italiana a Demografia Storica (Hg.): Enfance abandonnée et société en Europe : XIVe–XXe siècle ; actes du colloque international organisé par la Società Italiana a Demografia Storica, Rome, 30 et 31 janvier 1987, Rom 1991.

Söllner, A.: Zur Vorgeschichte und Funktion der actio rei uxoriae, Forschungen zum römischen Recht 26, Köln/Wien 1969.

Spiess, Karl Heinz: Familie und Verwandtschaft im deutschen Hochadel des Spätmittelalters. 13. bis Anfang 16. Jahrhundert, Stuttgart 1993.

Sprandel, Rolf: Gesellschaft und Verfassung im Mittelalter, Paderborn 1975.

Spree, Reinhard: Angestellte als Modernisierungsagenten. Indikatoren und Thesen zum reproduktiven Verhalten von Angestellten im späten 19. und im frühen 20. Jahrhundert, in: J. Kocka (Hg.), Angestellte im europäischen Vergleich. Die Herausbildung angestellter Mittelschichten seit dem späten 19. Jahrhundert. Göttingen 1981.

Spree, Reinhard: Sozialisationsnormen in ärztlichen Ratgebern zur Säuglings- und Kleinkinderpflege. Von der Aufklärungs- zur Naturwissenschaftlichen Pädiatrie, in: Martin/Nitschke 1986, 609–659.

Spufford, Margaret: Peasant inheritance customs and land distribution in Cambridgeshire from the sixteenth to the eighteenth centuries, in: Goody/Thirsk/Thompson 1976, 156–176.

Staehelin, Adrian: Die Einführung der Ehescheidung in Basel zur Zeit der Reformation, Basel 1957.

Steindorff, Ludwig: Memoria in Altrußland. Untersuchungen zu den Formen christlicher Totensorge, Stuttgart 1994.

Stelzenberger, Johannes: Die Beziehungen der frühchristlichen Sittenlehre zur Ethik der Stoa. Eine moralgeschichtliche Studie, München 1933.

Stier, Bernhard: Fürsorge und Disziplinierung im Zeitalter des Absolutismus. Das Pforzheimer Zucht- und Waisenhaus und die badische Sozialpolitik im 18. Jahrhundert, Sigmaringen 1988.

Stobbe, Otto: Handbuch des deutschen Privatrechts, Bd. 5, Berlin 1885.

Stojanovic, Traian: Balkan Worlds. The first and last Europe, New York 1994.

Stolz, J.: Zur Geschichte der Trennung von Ehegatten. Rechtsinstitut, Versöhnungsmittel, Scheidungsvoraussetzung, Kiel 1983.

Stone, Lawrence/Stone, Jeanne C. Fawthier: An Open Elite? England 1540–1880, Oxford 1984.

Stone, Lawrence: The Family, Sex and Marriage in England 1500–1800, Harmondsworth 1977.

Stone, Lawrence: Die Familie des englischen Adels, in: Rosenbaum 1978, 437–443.

Stone, Lawrence: Heirat und Ehe im englischen Adel des 16. und 17. Jahrhunderts, in: Rosenbaum 1978, 444–479.

Stone, Lawrence: Road to Divorce: England 1530–1987, Oxford 1990.

Stone, Lawrence, Broken Lives. Separation and Divorce in England 1660–1857, Oxford 1993.

Strauss, B. S.: *Oikos / polis:* Towards a Theory of Athenian Paternal Ideology 450–399 B.C., in: W. R. Connor u.a. (Hg.), Aspects of Athenian Democracy, Classica et Mediaevalia Dissertationes 11, Kopenhagen 1990, 101–127.

Strauss, Baryl S.: Fathers and Sons in Athens. Ideology and Society in the Era of the Peloponnesian War, London/Princeton, N.J. 1993.

Strohmeier, Klaus Peter: Pluralisierung und Polarisiernug der Lebensformen in Deutschland, in: Aus Politik und Zeitgeschichte. Beilage zur Wochenzeitung Das Parlament, B 17/93, 11–22, 20.

Stromer, Wolfgang von: Reichtum und Ratswürde. Die wirtschaftlichen Führungsschichten der Reichsstadt Nürnberg 1348–1648, in: Helbig, Herbert (Hg.), Führungskräfte der Wirtschaft in Mittelalter und Neuzeit 1350–1850, Teil I, Limburg 1973, 1–50.

Stübler, Elfriede/Posega, Gertrud: Die Arbeitsverhältnisse der Bäuerin in 53 Betrieben Baden-Württembergs mit besonderer Berücksichtigung der Hauswirtschaft, Stuttgart-Hohenheim 1963.

Szymczak, Mieczyslaw: Nazwy stopny prokrewienstwa i powinowactwa rodzinego w historii i dialektach jezyka polskiego, Warschau 1966.

Tanner, Albert, Spulen – Weben – Sticken. Die Industrialisierung in Appenzell-Außerrhoden, Zürich 1982.

Tanner, Fritz: Die Ehe im Pietismus, Zürich 1952.

Teckenberg, Wolfgang: Wer heiratet wen? Sozialstruktur und Partnerwahl, Opladen 2000.

Tenfelde, Klaus: Ländliches Gesinde in Preußen, Gesinderecht und Gesindestatistik 1810 bis 1861, in: Archiv für Sozialgeschichte 19 (1979), 189–229.

Teuscher, Simon: Bekannte-Klienten-Verwandte. Soziabilität und Politik in der Stadt Bern um 1500, Köln 1998.

Teuteberg, Hans Jürgen/Neumann, Gerhard/Wierlacher, Alois (Hg.): Essen und kulturelle Identität. Europäische perspektiven, Berlin 1997.

Teuteberg, Hans-Jürgen (Hg.): Homo Habitans. Zur Sozialgeschichte des ländlichen und städtischen Wohnens in der Neuzeit, Münster 1985.

The Compact Edition of the Oxford English Dictionary, Bd. 1, Oxford 1971.

Thomas, William/Znaniecki, Florian: The Polish Peasant in Europe and America (1918), Dover 1958.

Thomas, Yan: Parricidium I: Le père, la famille et la cité, in: Mélanges d'Archéologie et d'Histoire de l'École française de Rome (Antiquité) 93 (1981), 643–715.

Thomas, Yan: Droit domestique et droit politique à Rome. Remarques sur le pécule et les *honores* des fils de famille, in: Mélanges d'Archéologie et d'Histoire de l'École française de Rome (Antiquité) 94 (1982), 527–580.

Thomas, Yan: La peur des pères et la violence des fils: Images rhétoriques et normes du droit, in: Droit et cultures, Université de Nanterre 4 (1982), 5–24. (= 1982a)

Thomas, Yan: *Vitae necisque potestas*. Le père, la cité, la mort, in: Du chatiment dans la cité. Supplices corporels et peine de mort dans le monde antique, Rom 1984, 499–548.

Thomas, Yan: A Rome, pères citoyens et cité des pères (IIe siècle av. J.-C.–IIe siècle ap. J.-C.), in: Christiane Klapisch-Zuber u. a. (Hg.), Histoire de la famille 1, Paris 1986, 195–229.

Thomasius, Christian: Ernsthaffte/aber doch Muntere und Vernuenfftige Thomasische Gedancken und Erinnerungen über allerhand außerlesene Juristische Haendel. 3. Teil, Halle 1721.

Thomasius, Christian: Fundamenta iuris naturae et gentium ... in quibus ubique secernentur principia honesti, iusti ac decori … [1705] (ND der 4. Aufl. von 1718, Aalen 1963).

Thompson, Edward Paul: »Rough Music« oder englische Katzenmusik, in: Ders.: Plebeische Kultur und moralische Ökonomie. Aufsätze zur englischen Sozialgeschichte des 18. und 19. Jahrhunderts, Frankfurt a. M. u. a. 1980, 130–168.

Thompson, Wesley E.: The Marriage of First Cousins in Athenian Society, in: Phoenix 21 (1967), 273–282.

Thompson, Wesley E.: Athenian Marriage Patterns: Remarriage, in: California Studies in Classical Antiquity 5 (1972), 211–225.

Thraede, Klaus: Art. Frau, in: Reallexikon für Antike und Christentum 8 (1972), 197–269.

Thür, Gerhard: Armut. Gedanken zu Ehegüterrecht und Familienvermögen in der griechischen Polis, in: Dieter Simon (Hg.), Eherecht und Familiengut in Antike und Mittelalter, München 1992, 121–132.

Tilly, Louise A./Scott, Joan W./Cohen, Miriam: Women's Work and European Fertility Patterns, in: Journal of Interdisciplinary History VI (1976), 447–476.

Todd, Emmanuel: L'invention de l'Europe, Paris 1990.

Todd, Margo: Humanists, Puritans and the Spiritualized Household, in: Church History 49 (1980), 18–34.

Todd, Stephen C.: The Shape of Athenian Law, Oxford 1993.

Todorova, Maria N.: Balkan Family Structure and the European Pattern, Washington 1993.

Todorova, Maria: Zum erkenntnistheoretischen Wert von Familienmodellen. Der Balkan und die ›europäische Familie‹, in: Ehmer/Hareven/Wall 1997, 283–300.

Toubert, Pierre/Cuvillier, Jean-Pierre: Die karolingischen Einflüsse (8.–10. Jahrhundert) in: Burguière u. a. 1997, Bd. 2, 89–124.

Traer, James F.: Marriage and the Family in Eighteenth-Century France, Ithaca/London 1980.

Tränkle, Margret: Zur Geschichte des Herdes. Vom offenen Feuer zur Mikrowelle. In: Andritzky, Michael (Hg.): Oikos. Von der Feuerstelle zur Mikrowelle. Haushalt und Wohnen im Wandel. Katalogbuch zur Ausstellung. Gießen 1992, 37–53.

Traut, H. Th.: Otto Friedrich Rammlers Deutscher Reichs-Universal-Briefsteller oder Musterbuch zur Abfassung aller in den allgemeinen und freundschaftlichen Lebensverhältnissen sowie im Geschäftsleben vorkommenden Briefe, Dokumente und Aufsätze. Ein Hand- und Hilfsbuch für Personen jeden Standes... 56. umgearbeitete und von neuem stark vermehrte Aufl. v. H. Th. Traut. Leipzig 1886.

Treggiari, Susan: Concubinae, in: Papers of the British School at Rome 49 (1981), 59–81.

Treggiari, Susan: Consent to Roman Marriage: Some Aspects of Law and Reality, in: Echos du monde classique 26 (1982), 34–44.

Treggiari, Susan: *Digna condicio*: Betrothals in the Roman Upper Class, in: Echos du monde classique 28 (1984), 419–451.

Treggiari, Susan: *Iam proterva fronte*: Matrimonial Advances by Roman Women, in: Eadie, John W./Ober, Josiah (Hg.), The Craft of the Ancient Historian. Essays in Honor of Chester G. Starr, Lanham/London 1985, 331–352.

Treggiari, Susan: Divorce Roman Style: How Easy and How Frequent Was It?, in: Rawson, Beryl (Hg.), Marriage, Divorce, and Children in Ancient Rome, Canberra/Oxford 1991, 31–46.

Treggiari, Susan: Roman Marriage. *Iusti coniuges* from the Time of Cicero to the Time of Ulpian, Oxford 1991.

Tremel, Ferdinand: Die Anfänge der Gemeinerschaften in den Ostalpen, in: Vierteljahrschrift für Sozial- und Wirtschaftsgeschichte 33, 1940, 175–180.

Trepp, Anne-Charlott: Sanfte Männlichkeit und selbständige Weiblichkeit. Frauen und Männer im Hamburger Bürgertum 1770–1840, Göttingen 1996.

Treue, Wilhelm: Haus und Wohnung im 19. Jahrhundert. In: Arzelt, W., u. a.: Städte-, Wohnungs- und Kleiderhygiene des 19. Jahrhunderts in Deutschland. Stuttgart 1969.

Trossbach, Werner: Bauern 1648–1806, München 1993.

Trossbach, Werner: Das »ganze Haus« – Basiskategorie für das Verständnis ländlicher Gesellschaft deutscher Territorien in der Frühen Neuzeit, in: Blätter für deutsche Landesgeschichte 129 (1993), 277–314. (1993a)

Trotha, Trutz von: Zum Wandel der Familie, in: Kölner Zeitschrift für Soziologie und Sozialpsychologie 42 (1990), 452–473.

Tyrell, Hartmut: Probleme einer Theorie der gesellschaftlichen Ausdifferenzierung der privatisierten modernen Kernfamilie, in: Zeitschrift für Soziologie 5 (1976), 393–417.

Tyrell, Hartmut: Familie und soziale Differenzierung, in: Pross 1979, 13–82.

Ulbrich, Claudia: Shulamit und Margarete. Macht, Geschlecht und Religion in einer ländlichen Gesellschaft des 18. Jahrhunderts, Wien/Köln/Weimar 1999.

Ulbricht, Otto: Der Einstellungswandel zur Kindheit in Deutschland am Ende des Spätmittelalters (ca. 1470–ca. 1520), in: Zeitschrift für Historische Forschung 19 (1992), 159–187.

Vajda, László: Polygynie und Polyandrie. Zwei Formen der Vielehe, in: Völger/ Welck, Bd. 1 (1985) 80–87.

Vérilhac, Ann-Marie/Vial, Claude: Le mariage grec du VIe siècle av. J.-C. à l'époque d'Auguste, Paris/Athènes 1998.

Vernier, Bernard: Vom rechten Gebrauch der Verwandten und der Verwandtschaft: Die Zirkulation von Gütern, Arbeitskräften und Vornamen auf Karpathos, in: Medick/Sabean 1984, 55–110.

Versnel, Hendrik S.: Wife and Helpmate. Women of Ancient Athens in Anthropological Perspective, in: Blok, Josine/Mason, Peter (Hg.), Sexual Asymmetry. Studies in Ancient Society, Amsterdam 1987, 59–86.

Veyne, P.: La famille et l'amour sous le Haut-Empire romain, in: Annales (Économie, Sociétés, Civilisations) 33 (1978), 35–63.

Veyne, P.: L'Empire romain, in: ders. (Hg.), Histoire de la vie privée 1, Paris 1985, 19–223.

Villwock, Jörg: Die Familie. Studien zu ihrer geistigen Wirklichkeit im Abendland, Hamburg 1999.

Vincent, J.F.: Ethnogénéalogie de la communauté familiale des Quittard-Pinon (1550–1860), in: Revue d'Auvergne 95,4 (1980), 77–100.

Vinogradoff, Paul: Geschlecht und Verwandtschaft im altnorwegischen Recht, in: Zeitschrift für Sozial- und Wirtschaftsgeschichte 7, (1900), 1–43.

Vinski, Zdenko: Die südslawische Großfamilie in ihren Beziehungen zum asiatischen Großraum, Wien 1937.

Voci, Pasquale: Storia della patria potestas da Augusto a Diocleziano, in: Iura 31 (1980), 37–100.

Völger, Gisela/Welck, Karin von (Hg.): Die Braut. Geliebt – verkauft – getauscht – geraubt. Zur Rolle der Frau im Kulturvergleich, 2 Bde. Köln 1985.

Walcot, Peter: Plato‹s Mother and Other Terrible Women, in: Greece and Rome 34 (1987), 12–31.

Walcot, Peter: Romantic Love and True Love: Greek Attitudes to Marriage, in: Ancient Society 18 (1987), 5–33.

Walcot, Peter: On Widows and Their Reputation in Antiquity, in: Symbolae Osloenses 66 (1991), 5–26.

Walker, Susan: Women and Housing in Classical Greece: the Archaeological Evidence, in: Cameron, Averil/Kuhrt, Amelie (Hg.), Images of Women in Antiquity, London/Canberra 1983, 81–91.

Wall, Richard, The Aage at Leaving Home, in: Journal of Family History 3 (1978), 181–202.

Wall, Richard/Robin, Jean/Laslett, Peter (Hg.): Family Forms in Historic Europe. Cambridge 1983.

Wall, Richard: Real Property, Marriage and Children: the Evidence From Four Pre-Industrial Communities, in: Smith, Richard M., Land, Kinship and Life-Cycle, Cambridge 1984, 443–479.

Wall, Richard, Arbeit, Fürsorge und Familie. Eine vergleichende Betrachtung von Handwerkern, Bauern und Arbeitern in Devon und Westflandern, in: Ehmer/ Mitterauer 1986, 494–554.

Wall, Richard: Zum Wandel der Familienstrukturen im Europa der Neuzeit, in: Ehmer/Hareven/Wall 1997, 255–282.

Wallace-Hadrill, Andrew: Houses and Society in Pompeii and Herculaneum, Princeton 1994.

Wallace-Hadrill, Andrew: Rethinking the Roman atrium House, in: R. Laurence/A. Wallace-Hadrill (Hrsg.), Domestic Space in the Roman World: Pompeii and beyond, Journal of Roman Archaeology, Suppl. 22, Portsmouth, Ri. 1997, 219–240.

Ward, Stephen V. (Hg.): The Garden Ccity: Past, Present and Future, London 1992.

Watson, P.A., Ancient Stepmothers. Myth, Misogyny and Reality, Mnemosyne, Suppl. 143, Leiden 1995.

Weber, Martin: Zur Theorie der Familie in der Rechtsphilosophie Hegels, Berlin 1983.

Weber, Max: Wirtschaft und Gesellschaft, Tübingen 1922.

Weber-Kellermann, Ingeborg: Die deutsche Familie. Versuch einer Sozialgeschichte, Frankfurt a. M. 1974.

Weber-Kellermann, Ingeborg: Das Weihnachtsfest, Luzern 1978.

Weber-Kellermann, Ingeborg: Landleben im 19. Jahrhundert, München 1987.

Weibel, Eberhard: Das Anerbenrecht in Württemberg, (Diss. Tübingen) Berlin 1932.

Weiler, Ingemar: Witwen und Waisen im griechischen Altertum. Bemerkungen zu antiken Randgruppen, in: Kloft, Hans (Hg.), Sozialmaßnahmen und Fürsorge. Zur Eigenart antiker Sozialpolitik, Graz/Horn 1988, 15–33.

Weiler, Ingemar: Zum Schicksal der Witwen und Waisen bei den Völkern der Alten Welt, in: Saeculum 31 (1980), 157–193.

Wenskus, Reinhard: Stammesbildung und Verfassung, Köln/Wien 1977.

Wesel, Uwe: Die Geschichte der nichtehelichen Lebensgemeinschaft, in: DIE ZEIT Nr.52 vom 20.12.1996.

Wesoly, Kurt: Der weibliche Bevölkerungsanteil in spätmittelalterlichen und frühneuzeitlichen Städten und die Betätigung der Frauen im zünftigen Handwerk, in: Zeitschrift für die Geschichte des Oberrheins 128 (1980), 69–117.

Wex, Reinhold: Ordnung und Unfriede. Raumprobleme des protestantischen Kirchenbaus im 17. und 18. Jahrhundert in Deutschland, Marburg 1984.

White, Lynn, jr.: Die Ausbreitung der Technik 500–1500, in: Cipolla, Carlo/Borchardt, Knut (Hg.), Europäische Wirtschaftsgeschichte 1, Mittelalter, Stuttgart 1983, 111–140.

White, Stephen D.: Custom, Kinship and Gifts to Saints, The ›Laudatio Parentum‹ in Western France 1050–1150, Chapel Hill 1988.

Whyte, Martin King: Dating, Mating, and Marriage, New York 1990.

Wiegelmann, Günter (Hg.): Nord-Süd-Unterschiede in der ländlichen Kultur Mitteleuropas, Münster 1985.

Wiegelmann, Günter: Bäuerliche Arbeitsteilung in Mittel- und Nordeuropa – Konstanz oder Wandel?, in: Ethnologica Scandinavica 1975, 5–22.

Wiegelmann, Günter: Die Modernisierung der Tischsitten bei der Landbevölkerung Mitteleuropas, in: Teuteberg, Hans J./Wiegelmann, Günter (Hg.): Unsere tägliche Kost. Geschichte und regionale Prägung, Münster 1986, 43–62.

Wiegelmann, Günter: Zum Problem der bäuerlichen Arbeitsteilung in Mitteleuropa. In: Aus Geschichte und Landeskunde. FS Franz Steinbach, Bonn 1964, 637–671.

Wierlacher, Alois: Vom Essen in der deutschen Literatur. Mahlzeiten in Erzähltexten von Goethe bis Grass, Stuttgart [u. a.] 1987.

Wierling, Dorothe: Mädchen für alles: Arbeitsalltag und Lebensgeschichte städtischer Dienstmädchen um die Jahrhundertwende. Berlin 1987.

Wikman, K.R.V.: Die Einleitung der Ehe. Eine vergleichende ethno-soziologische Untersuchung über die Vorstufen der Ehe in den Sitten und Gebräuchen des schwedischen Volkstums, Abo 1937.

Wild, Reiner: Die Vernunft der Väter. Zur Psychographie von Bürgerlichkeit und Aufklärung in Deutschland am Beispiel ihrer Literatur für Kinder. Stuttgart 1987.

Wolf, Richard: Zur Lebenssituation der Industriearbeiterfamilie, München 1962.

Wolfenstein, Martha: Fun Morality: An Analysis of Recent American Child-training Literature, in: Mead, Margaret/Wolfenstein, Martha (Hg.), Childhood in Contemporary Cultures, Chicago/London 1955, 168–178.

Wolff, Hans Julius: Marriage Law and Family Organization in Ancient Athens: A Study on the Interrelation of Public and Private Law in the Greek City, in: Traditio 2 (1944), 43–95 (Dt. u. d. T. Eherecht und Familienverfassung in Athen, in: Ders., Beiträge zur Rechtsgeschichte Altgriechenlands und des hellenistisch-römischen Ägypten, Weimar 1961, 155–242).

Wolff, Hans Julius: Die Grundlagen des griechischen Eherechts, Tijdschrift voor Rechtsgeschiedenis 20 (1952) 1–29; 157–163 (ND in: Erich Berneker (Hg.), Zur griechischen Rechtsgeschichte, Darmstadt 1968, 620–654).

Wolfram, Herwig: Die Germanen, München 1995.

Wollstonecraft, Mary: A Vindication of the Rights of Women [1792], Harmondsworth 1975.

Woolf, G.: Food, Poverty and Patronage. The Significance of the Epigraphy of the Roman Alimentary Schemes in Early Imperial Italy, in: Papers of the British School at Rome 58 (1990) 197–228.

Woolf, Henry B: The Old Germanic Principles of Namegiving, Baltimore 1939.

Wormald, Jenny: Lords and Men in Scotland: Bonds of Manrent 1442–1603, Edinburgh 1985.

Woycke, James: Birth Control in Germany 1871–1933, London/New York 1988.

Wrigley, E. A.: Marriage Fertility and Population Growth in Eigtheen-Century England. In: Outhwaite 1981, 137–185.

Wunder, Gerd, Die Bürger der Reichsstadt Hall. Sozialgeschichte einer Reichsstadt 1216–1802, Sigmaringen 1980.

Wunder, Heide: ›Er ist die Sonn, sie ist der Mond‹. Frauen in der Frühen Neuzeit, München 1992.

Wunder, Heide: Herrschaft und öffentliches Handeln von Frauen in der Gesellschaft der Frühen Neuzeit, in: Gerhard 1997, 27–54.

Zemon-Davis, Natalie: The Reasons of Misrule, in: Dies. Society and Culture in Early Modern France, London 1965, 97–123.

Zimmermann, Clemens: Die Zeit der Metropolen. Urbanisierung und Großstadtentwicklung, Frankfurt a. M. [2]2000.

Zingerle, Arnold: Identitätsbildung bei Tische. Theoretische Vorüberlegungen aus kultursoziologischer Sicht, in: Teuteberg/Neumann/Wierlacher 1997, 69–86.

Zinnecker, Jürgen: Straßensozialisation. Versuch, einen unterschätzten Lernort zu thematisieren, in: Zeitschrift für Pädagogik 26 (1979), 727–746.

Zinnecker, Jürgen: Vom Straßenkind zum verhäuslichten Kind. Kindheitsgeschichte im Prozeß der Zivilisation, in: Stadtgesellschaft und Kindheit im Prozeß der Zivilisation. Konfigurationen städtischer Lebensweise zu Beginn des 20. Jahrhunderts. Hg. v. I. Behnken. Opladen 1990, 142–162.

Zoepffel, Renate: Aufgaben, Rollen und Räume von Mann und Frau im archaischen und klassischen Griechenland, in: Martin/Zoepffel 1989, Bd. 2, 443–500.

Zoepffel, Renate: Geschlechtsreife und Legitimation zur Zeugung im alten Griechenland, in: Ernst Wilhelm Müller (Hg.), Geschlechtsreife und Legitimation zur Zeugung, Freiburg/München 1985, 319–401.

Zschunke, Peter: Konfession und Alltag in Oppenheim. Beiträge zur Geschichte von Bevölkerung und Gesellschaft einer gemischtkonfessionellen Kleinstadt in der frühen Neuzeit, Wiesbaden 1984.

Zwahr, Hartmut: Zur Klassenkonstitutierung der deutschen Bourgeosie, in: Ders.: Proletariat und Bourgeosie. Studien zur Klassendialektik, Köln 1980, 86–145.

Zwahr, Hartmut: Zur Konstituierung des Proletariats als Klasse. Strukturuntersuchungen über das Leipziger Proletariat während der industriellen Revolution, München 1981.

Abbildungsnachweise

Zu »Antike« (Krause):

Abb. 1: Athen, Nationalmuseum.
Abb. 2: Athen, Nationalmuseum.
Abb. 3: München, Glyptothek.
Abb. 4: Wolfram Hoepfner/Ernst-Ludwig Schwandtner, Haus und Stadt im klassischen Griechenland, München [2]1994, 211 Abb. 204.
Abb. 5: Rom, Musei Vaticani, Museum Gregoriano Profano.
Abb. 6: New York, Metropolitan Museum of Art.
Abb. 7: Andrew Wallace-Hadrill, Houses and society in Pompeii and Herculaneum, Princeton 1994, 40 fig. 3.1.
Abb. 8: Andrew Wallace-Hadrill, Houses and society in Pompeii and Herculaneum, Princeton 1994, 40 fig. 3.7.

Zu »Mittelalter« (Mitterauer):

Abb. 9: Ruipérez 1984, 218f.
Abb. 10: Karl Kaser, Familie und Verwandtschaft auf dem Balkan, Wien 1995, 258.
Abb. 11: Ariès/Duby (Hg.), Geschichte des privaten Lebens, Bd. 2, Frankfurt a. M. 1990, 134 und 136.
Abb. 12: K. Jerberg/S. Jud (Hg.), Sprach- und Sachatlas Italiens und der Südschweiz, Karte 35.
Abb. 13: Theodor Mayer, Die Königsfreien und der Staat des frühen Mittelalters, in: Vorträge und Forschungen 2, Sigmaringen 1970, 43. Richard R. Ring, Early Medieval Peasant Households in Central Italy. In: Journal of Family History 4 (1979), 14; Ludolf Kuchenbuch 1978, 81; Theodor Bitterauf, Die Tradition des Hochstifts Freising 1, München 1905, 85, Nr. 58.
Abb. 14: Faustino Menéndez Pidal de Navascués, Comment étaient comprises les armoiries. In: Genealogica & Heraldica, Copenhagen 1982, 313.
Abb. 15: Konrad Kunze: dtv-Atlas Namenkunde. Vor- und Familiennamen im deutschen Sprachgebiet, München 198, 60.
Abb. 16–18: Eric Fügedi, The Eléfanthy. The Hungarian Nobleman and His Kindred. Karbic, Damir (Hg.), Budapest 1998, 10/11, 13/14, und 16/17.
Abb. 19a: Martin Illi, Wohin die Toten gingen, Zürich 1992, 15.
Abb. 19b: Andrej Pleterski, Die Methode der Verknüpfung der retrogressiven Katasteranalyse mit schriftlichen und archäologischen Quellen am Beispiel der Bleder Region in Nordostslowenien. In: Siedlungsforschung 13 (1995), 271.
Abb. 20: Karl Heinz Schröder, in: Großer Historischer Weltatlas, hg. v. Bayerischen Schulbuchverlag 2, München 1970, Karte 96/7; Putzker-Bruckmüller, Historischer Weltatlas zur allgemeinen und österreichischen Geschichte, Wien 1998, 70.
Abb. 21: Schwarz, 1966, 147.
Abb. 22: Frank Kämpfer, Das russische Herrscherbild, Recklinghausen 1978, 59.

Abb. 23: Hammer jr. 1983, 246.
Abb. 24: Hubert Treiber/Heinz Steinert, Die Fabrikation des zuverlässigen Menschen, München 1980, 58.
Abb. 25: Pierre Desportes, La population de Reims aux XVe siècle d'après un dénomination de 1422. In: Le Moyen Âge 72 (1966), 476, Anm. 54.
Abb. 26: Ariès/Duby (Hg.), Geschichte des privaten Lebens, Bd. 2, Frankfurt a. M. 1990, 433.
Abb. 27: Karl Brunner und Gerhard Jaritz, Landherr, Bauer, Ackerknecht, Wien 1985, 91.
Abb. 28: Ehlert 1991, 248.
Abb. 29: Ariès/Duby, Geschichte des privaten Lebens, Bd. 2, Frankfurt a. M. 1990, 419.
Abb. 30: Ehlert 1991, 255.

Zu »Neuzeit« (Gestrich):

Abb. 31: Kaser 2000, 55.
Abb. 32: Eurostat, Statistiques en bref. Population et conditions sociales (1995/no. 5), zit. nach Reher 1998, 227.
Abb. 33: Mitterauer 1983, 51.
Abb. 34: Gestwa 1999, 409.
Abb. 35: Reher 1998, 228f.
Abb. 36: Zimmermann, Metropolen, 16.
Abb. 37: Ehmer, Heiratsverhalten, 150.
Abb. 38: Michael Stürmer, Herbst des Alten Handwerks. Zur Sozialgeschichte des 18. Jahrhunderts, München 1979, 124.
Abb. 39: Desai 1968, 36.
Abb. 40: Hoffmann 1965, 468.
Abb. 41: Marilyn J. Boxer/Jean Quataert (Hg.), Connecting Spheres. Women in the Western World, 1500 to the Present, Oxford 1987, 192.
Abb. 42a: Frankreich: Cooper 1976, 289. – Italien: Cooper 1976, 287 (für Venedig ist jedoch kritisch zu berücksichtigen Huneke 1995, 204ff.). – Kath. Niederadel: Hurrow 1998, 177. – Prot. Niederadel: Reif 1979, 242.
Abb. 42b: England: Cooper 1976, 289, 291. – Schweiz: Hajnal 1965, 114.
Abb. 43: Adelheid von Saldern, Im Hause, zu Hause […], in: Jürgen Reulecke (Hg.): Geschichte des Wohnens, Bd. 3: 1800–1913: Das bürgerliche Zeitalter, Stuttgart 1997, 176.
Abb. 44: Gert Kähler (Hg.): Geschichte des Wohnens, Bd. 4: 1889–1945: Reform, Reaktion, Zerstörung, Stuttgart 1996, 57.
Abb. 45: Ingeborg Flagge (Hg.): Geschichte des wohnens, Bd. 5: 1945 bis heute: Aufbau, Neubau, Umbau, stuttgart 1999, 582.
Abb. 46: Jürgen Reulecke (Hg.): Geschichte des Wohnens, Bd. 3: 1800–19313: Das bürgerliche Zeitalter, Stuttgart 1997, 263.
Abb. 47: Segalen, 35.
Abb. 48: Jürgen Reulecke (Hg.): Geschichte des Wohnens, Bd. 3: 1800–19313: Das bürgerliche Zeitalter, Stuttgart 1997, 247.
Abb. 49, 50: Das Bild vom Bauen. Vorstellung und Wirklichkeit vom 16. Jahrhundert bis zur Gegenwart, Berlin 1978, 115 (= Schriften des Museums für Deutsche Volkskunde, Bd. 3).

Abb. 51: Ariès/Duby (Hg.), Geschichte des privaten Lebens, Bd. 4. Frankfurt a. M. 1992, 245.
Abb. 52: Mitterauer 1983, 57.
Abb. 53: Mitterauer 1983, 109.
Abb. 54: Barbagli/Saraceno 1997, 9.
Abb. 55: Europäische Kommission (Hg.), Frauen und Männer in der Europäischen Union. Ein statistisches Protrât, Luxemburg 1995, 63.
Abb. 56: Massimo Livi Bacci, Europa und seine Menschen. Eine Bevölkerungsgeschichte, München 1999, 199. – A. J. Coale/S. C. Watkins (Hg.): The European Fertility Decline, Princeton 1986, 31ff., 390ff.
Abb. 57: Hoshii 1986, 211.
Abb. 58: Europäische Kommission (Hg.): Frauen und Männer in der Europäischen Union. Ein statistisches Porträt, Luxembourg 1995, 58.
Abb. 59: Europäische Kommission (Hg.): Frauen und Männer in der Europäischen Union. Ein statistisches Porträt, Luxembourg 1995, 57.
Abb. 60: Phillips 1988, 518.
Abb. 61: Phillips 1988, 560.
Abb. 62: Imhof 1988, 22.
Abb. 63: Imhof 1981b, 65.
Abb. 64: Lewis C. Hine, Children at work. München/London/New York 1999, 8.
Abb. 65: Schatzmann 1974, 46f.
Abb. 66: Heidi Müller, Dienstbare Geister. Leben und Arbeitswelt städtischer Dienstboten. Schriften des Museums für Volkskunde Bd. 6, Berlin 1981, 183.
Abb. 67: Erna M. Johansen, Betrogene Kinder. Eine Sozialgeschichte der Kindheit. Frankfurt a. M. 1978, 29.
Abb. 68: Ariès/Duby (Hg): Geschichte des privaten Lebens. Bd. 3. Frankfurt a. M. 1991, 516.
Abb. 69: Habermas 2000, 4.
Abb. 70: Schlubohm 1983, 305.
Abb. 71: König 1996, 123.
Abb. 72: Hareven 1996, 180f.
Abb. 73: Statistisches Bundesamt (Hg.) 1994, 70.
Abb. 74: Lüschen 1970, 273.
Abb. 75: Lüschen 1970, 280.
Abb. 76: Statistisches Amt der Europäischen Union, Frauen in der europäischen Gemeinschaft. Luxemburg 1992, 46.
Abb. 77: Statistisches Amt der Europäischen Union, Frauen in der europäischen Gemeinschaft. Luxemburg 1992, 48.

Sachregister

F

G

H

I

J

O

P